KB150784

대서양의 두 제국

영국령 아메리카와 에스파냐령 아메리카 1492~1830

대서양의 두 제국

영국령 아메리카와 에스파냐령 아메리카 1492~1830

발행일 초판 1쇄 2017년 8월 30일 | 초판 2쇄 2019년 8월 10일
지은이 존 H. 엘리엇 | **옮긴이** 김원중
펴낸이 유재건 | **펴낸곳** (주)그린비출판사 | **신고번호** 제2017-000094호
주소 서울시 마포구 와우산로 180, 4층 | **전화** 02-702-2717 | **팩스** 02-703-0272 | **이메일** editor@greenbee.co.kr

ISBN 978-89-7682-273-4 93900
이 도서의 국립중앙도서관 출판시도서목록(CIP)은 서지정보유통지원시스템 홈페이지(http://seoji.nl.go.kr)와
국가자료 공동목록시스템(http://www.nl.go.kr/kolisnet)에서 이용하실 수 있습니다.(CIP제어번호: CIP2017020210)

철학이 있는 삶 **그린비출판사** www.greenbee.co.kr

이 저서는 2008년도 정부(교육부)의 재원으로 한국연구재단의 지원을 받아 수행된 연구임(NRF-2008-362-B00015).

트랜스라틴 총서 19

대서양의 두 제국

영국령 아메리카와 에스파냐령 아메리카 1492~1830

존 H. 엘리엇 지음 | 김원중 옮김

그린비

| 일러두기 |

1 이 책은 J. H. Elliott, *EMPIRES OF THE ATLANTIC WORLD: Britain and Spain in America 1492-1830*(Yale University Press, 2006)을 완역한 것이다.

2 이 책에서 자주 언급되는 문헌들은 다음과 같이 약어로 표기했다.

AHR The American Historical Review

BAE Biblioteca de Autores Españoles

CHLA The Cambridge History of Latin America, ed. Leslie Bethell (11 vols, Cambridge, 1984~95)

HAHR The Hispanic American Historical Review

OHBE The Oxford History of the British Empire, ed. Wm. Roger Louis et al. (5 vols, Oxford, 1998)

TRHS Transactions of the Royal Historical Society

WMQ The William and Mary Quarterly

3 주석은 지은이 주와 옮긴이 주가 있는데 모두 각주로 배치했으며, 옮긴이 주의 경우 주석 뒤에 '옮긴이'라고 표시하여 지은이 주와 구분했다.

4 본문에서 옮긴이가 독자의 이해를 돕기 위해 추가한 내용은 대괄호([ ])로 묶어 표시했다.

5 단행본과 정기간행물 등에는 겹낫표(『 』)를, 단편과 논문, 회화 작품명 등은 낫표(「 」)를 써서 표기했다.

6 외국 인명이나 지명은 2002년에 국립국어원에서 펴낸 '외래어 표기법'을 따라 표기했다.

서문 _ 바다 저편의 세계들

"오, 육지에서 바다를 바라보는 것보다 바다에서 육지를 바라보는 것이 얼마나 더 멋진 일인가!"[1] 이런 기분을 느낀 사람은 1573년 대서양을 건너 신대륙으로 간 에스파냐인 관리 한 사람만이 아닐 것이다. 12주가 넘는 기간 동안 높은 파도에 죽을 만큼 시달린 끝에 비틀거리며 아메리카 땅에 발을 디딘 유럽인 이주자들—1500년부터 1780년대 사이에 그렇게 건너간 사람이 150만 명이 넘었다[2]—은 우선 엄청난 안도감을 느꼈을 것이다. 1577년, 마리아 디아스María Díaz는 멕시코시티에서 세비야에 사는 딸에게 보낸 편지에 "폭풍이 얼마나 거세게 몰아쳤던지 돛대가 부러질 정도였고 우리는 영락없이 바다에 빠져 죽는 줄로만 알았단다. 하지만 이 모든 난관에도 불구하고 하느님께서는 우리를 항구로 인도해 주셨고……"라고 썼다.[3] 이 일이 있고 나서 50년쯤 후에 뉴잉글랜드로

---

1) Carla Rahn Phillips, *Life at Sea in the Sixteenth Century. The Landlubber's Lament of Eugenio de Salazar*(The James Ford Bell Lectures, no. 24, University of Minnesota, 1987), p. 21.

2) 이주자 수에 대해서는 Ida Altman and James Horn(eds.), *'To Make America', European Emigration in the Early Modern Period*(Berkeley, Los Angeles, Oxford, 1991), p. 3.

3) Enrique Otte, *Cartas privadas de emigrantes a Índias, 1540~1616*(Seville, 1988), letter

이주한 청교도 목사 토머스 셰퍼드Thomas Shepard는 폭풍우가 몰아치는 바다에서 천신만고 끝에 겨우 살아남은 후에 이렇게 썼다: "이번에 목숨을 건진 것은 너무나도 놀라운 일이었다. 그때 나는 주님께서 나를 만약 살려만 주신다면 마치 죽었다 살아난 사람처럼 열심히 살겠노라고 맹세했다."[4)]

이주자들을 유럽 본국으로부터 3,000마일(약 4,800킬로미터) 이상 떨어진 대서양 건너편의 새롭고 기이한 세계로 데리고 간 경험의 보편성에 비하면 종교와 국적의 차이는 그다지 중요하지 않았다. 두려움, 안도감, 걱정, 기대감은 문화적 차이와는 무관한 감정이었다. 이주자들이 아메리카로 건너간 동기는 일을 하기 위해서(혹은 하지 않기 위해서), 옛 사회에서 도망쳐 나와 새 사회를 건설하기 위해서, 부를 얻기 위해서, 혹은 뉴잉글랜드로 간 초기 식민정주자들의 말처럼 '권세를 누리며 떵떵거리며 살기 위해서'……[5)] 등등 각양각색이었다. 그러나 정든 세계를 떠나 무엇이 기다리고 있을지 모르는 미지의 세계로 가 수많은 적응과 새로운 대응을 해야 했고, 낯선 환경에 적응해야 하는 도전에 직면하게 되었던 것은 누구에게나 마찬가지였다.

그런데 그 도전에 대한 응전은 오래오래 '형성기적 영향력'을 행사하게 될 모국 문화에 의해 어떤 식으로든 영향을 받을 수밖에 없었을 것

---

73. 에스파냐 령 해상에서 벌어진 선원들의 삶에 대해서는 Pablo E. Pérez-Mallaína, *Spain's Men of the Sea. Daily Life on the Indies Fleets in the Sixteenth Century*(Cambridge, 1986)를 참조.

4) David Cressy, *Coming Over, Migration and Communication between England and New England in the Seventeenth Century*(Cambridge, 1987), p. 157에서 인용.

5) Daniel Vickers, 'Competency and Competition: Economic Culture in Early America', *WMQ*, 3rd ser., 47 (1990), pp. 3~29.

이다. 그것은 신세계에서의 새로운 삶을 위해 의식적으로 모국 문화를 거부한 사람들에게도 마찬가지였다. 신세계로 건너간 이주자들은 묵직한 문화의 보따리를 어깨에 짊어지고 갔고, 그 보따리는 아메리카라는 새로운 환경에서 그냥 내던져버릴 수만은 없는 무게와 부피를 갖고 있었다. (신세계) 주변 도처에 널려 있는 낯선 것들에 대해 뭔가 이해를 갖게 되는 것은 결국 이미 알고 있는 것과의 비교를 통해서였다.[6] 그러므로 그들은 신세계에서 자신의 힘으로 새로운 사회를 건설해 갔으되, 그 사회는 그들이 유럽을 떠나올 때 두고 온 것과 의도에서는 달랐지만 당시 알고 있었던(혹은 상상하고 있었던) 모국 사회의 가장 특징적 측면들 가운데 많은 것들과 여러모로 비슷할 수밖에 없었다.

그러므로 데이비드 흄이 자신의 에세이집 『국민성에 관하여』*Of National Characters*에서 "한 국민nation은 몇 가지 매너를 공유하며, 어디에 가도 그것을 버리지 못한다. 마찬가지로 그들은 법과 언어도 공유한다. 그러므로 에스파냐 식민지, 영국 식민지, 프랑스 식민지, 네덜란드 식민지는 열대 지방에서 함께 모여 있어도 식별이 가능하다"라고 말한 것은 결코 놀라운 일이 아니다.[7] 데이비드 흄의 관점에 의하면 태생nature이 양육nurture 혹은 교육을 근절할 수는 없었다. 그러나 대서양 저편에서 형성되어 간 새로운 식민지 사회에서 직접 살아 본 경험이 있는 사람들은 여러 중요한 측면에서 자신들이 모국의 영향에서 벗어나 있다는 사실을 의심하지 않았다. 18세기 유럽의 평자評者들은 그 차이를 아메리카의 환

---

6) 아메리카에서 근대 초 유럽인들이 부딪혀야 했던 인식론적 문제에 대하여는 Anthony Pagden, *The Fall of Natural Men*(revised edn, Cambridge, 1986), 특히 서문과 제1장을 참조.
7) David Hume, Essays, *Moral, Political and Literary*(Oxford, 1963), p. 210.

경에 내재해 있다고 생각되는 퇴화의 과정을 언급하는 것으로 설명하기도 했는데,[8] 적어도 그들은 (아메리카로 간) 이주자들이 모국으로부터 멀리 떨어져 있었다는 사실 자체에 대해서는 이의를 제기하지 않았다. 양육만이 아니라 태생도 새로운 식민지 세계를 창출하는 데에 기여한 것이다.

실제로 아메리카의 식민화는 다른 모든 식민화와 마찬가지로, 외부로부터 수입된 태도 혹은 기술과 대개는 매우 완고한 해당 지역의 조건(때때로 그것은 식민정주자들colonists에게 모국의 규범과 현저하게 다른 대응을 요구할 정도로 강제적인 성격을 갖기도 한다) 간의 끊임없는 상호작용으로 이루어져 있었다. 그로 인해 흄의 표현을 빌려 오면, (식민 사회들) 서로 간에도 '구별'될 수 있지만 그들의 모국 사회들과도 구별되는 그런 식민 사회들이 생겨났다. 누에바에스파냐[9]는 분명 비에하에스파냐[10]가 아니었으며, 뉴잉글랜드New England도 올드잉글랜드old England가 아니었다.

제국 본국과 주변부 식민지 간의 차이를 옛것의 밀어냄push of the old과 새것의 끌어당김pull of the new으로 설명하려는 시도는 이미 있어 왔다. 루이스 하츠Louis Harts는 1964년에 펴낸 한 영향력 있는 책에서 새로 건설된 해외령 사회를 '서유럽 세계를 근대세계로 바꿔 놓은 혁명의 과정에서 떨어져 나온, 유럽이라는 더 큰 전체의 작은 파편들'이라고 묘사한 바 있다. 또 그는 어느 한 시점에 자신들을 낳아 준 모국 사회로부터 분

---

8) Antonello Gerbi, *The Dispute of the New World. The History of a Polemic, 1750~1900*, trans. Jeremy Moyle(Pittsburgh, 1973) 참조.

9) Nueva España, New Spain; 식민 시대의 멕시코를 지칭하는 이름—옮긴이.

10) vieja España, old Spain; 지금의 스페인을 의미—옮긴이.

리되어 나온 그들이 '파편의 부동성'immobilities of fragmentation을 보여 주었으며, 자신들이 빠져나온 그 장소뿐만 아니라 그 시점에 의해서도 항구적으로 프로그램화 되었다고 주장했다.[11] 식민지 사회들의 두드러진 특징은 그 사회들이 태동할 당시 모국 사회가 갖고 있던 특징들이며, 모국 사회가 새로운 발전 단계로 이전해 갈 때도 식민지의 후손들은 타임캡슐에 갇혀 거기에서 쉽게 빠져 나올 수 없었다는 것이다.

하츠가 말한 부동적인 식민지 사회는 터너Frederick Jackson Turner와 그의 지지자들이 '프런티어'라는 조건에 대응하여 출현했다고 주장한 '혁신적인 식민지 사회'의 안티테제였다.[12] 터너 등은 프런티어가 창의력과 강건한 개인주의를 출현하게 했으며, 또 그것이 명백하게 '아메리카적인' 특징을 만들어 내는 필수적 요소였다고 주장했다. 많은 지지자와 비판자를 동시에 만들어 낸 이 가설에서[13] '아메리카적'이란 말은 곧 '북아메리카적'임을 의미했다. 그러나 프런티어가 갖는 보편성은 이 가설을 어렵지 않게 다른 지역으로도 확대될 수 있게 만들었다. 사람들은 만약 '프런티어 정신' 같은 것이 존재한다면 원칙적으로 영국인이 정주한 신세계뿐만 아니라 에스파냐인과 포르투갈인이 정주한 지역에서도 발견될 수 있다고 생각했다.[14] 이런 인식의 이면에는 아메리카 국경 지역

---

11) Louis Hartz, *The Founding of New Societies*(New York, 1964), p. 3.

12) 터너는 1893년 미국 역사학회에서 행한 「미국사에서 프런티어가 갖는 의미」라는 강의에서 자신의 가설을 처음으로 개진했다(이 강연은 *Frontier and Section. Selected Essays of Frederick Jackson Turner*[Englewood Cliffs, NJ, 1961]로 출간되었다).

13) 이 가설에 대한 비판적 논의에 대하여 Ray Allen Billington, 'The American Frontier', in Paul Bohannen and Fred Plog(eds.), *Beyond the Frontier. Social Process and Cultural Change*(Garden City, NY, 1967), pp. 3~25를 참조.

14) 프런티어 이론과 라틴아메리카의 관계에 대해서는 Alistair Hennessy, *The Frontier in Latin American History*(Alburquerque, NM, 1987)와 Francisco de Solano and Salvador

을 전문적으로 연구한 역사가 허버트 볼튼Herbert Bolton이 1932년 역사가들에게 '위대한 아메리카의 서사시'에 대해 연구해야 한다고 한 유명한 주장이 자리하고 있었다(이 과업은 두 아메리카가 같은 역사를 공유한다는 것을 전제로 하고 있었다).[15]

그러나 볼튼의 주장은 그가 기대한 반응을 불러일으키지 못했다.[16] 그가 제안한 과업 자체의 스케일이 너무나 컸고, 거기다 프런티어 가설 같은 대단히 중요한 설명이 현장조사라는 시험을 통과하지 못했기 때문에 그에 대한 불신은 더욱 깊어졌다. 남북 양 아메리카 역사가들 간의 대화가 긴밀하게 이루어진 적은 거의 없었으며, 그것은 한 세대의 북아메리카 역사가들이 개별 식민지들 혹은 그 식민지들을 구성하는 개별 지역 공동체들의 역사에 대해 매우 구체적인 면까지 연구를 진행했기 때문에 더욱 위축되었다. 점증해 간 지역 단위 연구는 (식민지) 버지니아의 역사가가 뉴잉글랜드 역사가의 목소리에 귀를 기울이지 않게 만들고, 중부 식민지Middle Colonies(지금의 뉴욕, 뉴저지, 펜실베이니아, 델라웨어 주에 해당하는 식민지들이 여기에 해당했다)를 밖으로 뻗어나갈 만한 경계선이 없는 가운데에 자리 잡게 했으며, 영국령 아메리카 역사가들과 다른 지역 동료 역사가들 간의 진지한 대화를 불가능하게 만들었다.

Bernabeu(eds.), *Estudios (nuevos y viejos) sobre la frontera*(Madrid, 1991)를 참조.

15) Herbert E. Bolton, 'The Epic of Greater America', 그의 *Wider Horizons of American History*(New York, 1939; repr. Notre Dame, IL, 1967)에서 재간되었다. 또한 Lewis Hanke(ed.), *Do the Americas Have a Common History?*(New York, 1964)와 J. H. Elliott, *Do the Americas Have a Common History? An Address*(The John Carter Brown Library, Providence, RI, 1998)를 참조.

16) 최근에 이 문제를 다루고 있는 대담한 시도로는 Felipe Fernández-Armesto, *The Americas. A Hemispheric History*(New York, 2003)가 있다.

동시에 이베로-아메리카 역사가들(멕시코, 브라질, 안데스 지역의 역사가들)은 서로 제 갈 길을 갔을 뿐 다른 사람들의 연구 성과에 관심을 갖지 않았다. 두 아메리카의 역사학은 전문화와 원자화가 앞서거니 뒤서거니를 반복하며 평행선을 내달렸다.

'위대한 아메리카의 서사시'는 새로운 연구논문들이 발표되고 시간이 지나면서 점점 더 뜬구름 잡는 것이 되어 갔다. 그럼에도 불구하고, 두 아메리카 가운데 한쪽에서 나타난 지역적 경험의 몇몇 측면은, 그것이 범아메리카적인 것이든 범대서양적인 것이든 좀더 넓은 맥락에 비추어 보아야 제대로 이해될 수 있다는 인식이 학자들 사이에서 확산되어 갔다. 이 견해는 지금까지 노예제 연구에 강한 영향을 주었고,[17] 최근에는 유럽인의 신세계로의 이주 과정에 관한 논의에 신선한 자극을 제공하고 있다.[18] 그런 논쟁은 암묵적으로나 명시적으로나 비교의 요소를 포함할 수밖에 없었으며, 비교사는 두 아메리카의 파편화된 역사를 새롭고 보다 일관된 틀 속에서 이해하는 데 도움을 줄 수 있는 유용한 도구가 될 수 있다.

아메리카사에서는 아웃사이더이지만 위대한 고대사가였던 로널드 사임 경Sir Ronald Syme은 식민지 엘리트층에 관한 간단한 비교 고찰에

---

17) Frank Tannenbaum의 독창적이고 도발적인 저서 *Slave and Citizen. The Negro in the Americas*(New York, 1964)를 참조.

18) 특히 Altman and Horn(eds.), 'To Make America'와 Nicholas Canny(ed.), *Europeans on the Move. Studies on European Migration, 1500~1800*(Oxford, 1994)을 참조. 노예제와 이주(移住)가 중심이 되고 있는 최근 유행하는 '대서양사'(Atlantic History)의 개념에 대하여는 Bernard Bailyn, *Atlantic History. Concept and Contours*(Cambridge, MA and London, 2005); David Armitage and Michael J. Braddick(eds.), *The British Atlantic World, 1500~1800*(New York, 2002); 그리고 Horst Pietschmann(eds.), *Atlantic History and the Atlantic System*(Göttingen, 2002)을 참조.

서 '에스파냐 식민지와 영국 식민지가 분명한 대조를 이루고 있다는 것'을 알게 되었으며, 두 식민지의 '서로 다른 운명'에서 '흥미로운 연구거리'를 찾아냈다.[19] 이 '분명한 대조'는 1970년대에 비록 결점은 있지만 도발적이었던 한 연구자로 하여금 이 문제를 좀더 구체적으로 추적하게 만들었다. 제임스 랭은 자신의 저서 『정복과 교역. 아메리카 내 에스파냐와 잉글랜드』에서[20] 두 제국을 차례로 고찰하고 나서, 아메리카 내 에스파냐 식민지를 '정복 제국'으로, 영국 식민지를 '상업 제국'으로 정의했다. 이러한 구분은 그 역사가 18세기까지 거슬러 올라간다. 좀더 최근에는 클라우디오 벨리스Claudio Véliz가 두 전설적 동물, 즉 에스파냐의 바로크적 고슴도치와 (영국의) 고딕적 여우를 비교하면서 영국령 아메리카와 히스파니아령 아메리카 간 차이의 기원을 문화적 측면에서 추적한 바 있다. 그러나 이 비교는 재치는 인정할 수 있을지언정 그다지 설득력을 갖고 있다고 말할 수는 없다.[21]

비교사는 다른 점만이 아니라 유사한 점에도 관심을 가진다(아니, 가져야 한다).[22] 여러 면에서 극명하게 대조되는 광대하고 복잡한 정치조직체들의 역사와 문화에 대한 어떠한 비교도 복잡한 과거를 공정하게

---

19) Ronald Syme, *Colonial Elites. Rome, Spain and the Americas*(Oxford, 1958), p. 42.

20) James Lang, *Conquest and Commerce. Spain and England in the Americas*(New York, San Francisco, London, 1975).

21) Claudio Véliz, *The New World of the Gothic Fox. Culture and Economy in British and Spanish America*(Berkeley, Los Angeles, London, 1994). 필자의 리뷰 'Going Baroque', *New York Review of Books*, 20 October 1994 참조.

22) 비교사 문제에 대한 논의에 대해서는 George M. Frederickson, 'Comparative History', in Michael Kammen(ed.), *The Past Before Us*(New York, 1980), ch. 19; J. H. Elliott, 'Comparative History', in Carlos Barra(ed.), *Historia a debate*(3vols, Santiago de Compostela, 1995), 3, pp. 9~19, 그리고 거기에 첨부된 참조 사항 참조.

평가해 낼 수 없을 것이다. 같은 이유로 차이점을 희생시키고 유사성만을 강조하는 것도 역시 인위적인 통일성 밑에 차별성을 감추게 되기 때문에 환원주의적reductionist이라고 할 수 있다. 식민화의 역사에 관한 비교사적 접근에는 유사성과 대조성을 같은 정도로 확인하는 작업이 필요하며, 둘 모두에 공평한 설명과 분석을 요한다. 그러나 식민지 국가의 수와 그 국가들이 남북 아메리카에 건설한 사회의 다양성을 고려할 때, 신세계 전체를 포괄하는 지속적인 비교는 개별 역사가들의 노력만으로는 어렵다. 그럼에도 본서처럼 아메리카의 두 유럽 제국에 국한된 제한된 시도는 적어도 비교사적 접근이 가진 가능성 혹은 그에 따른 문제 가운데 일부를 설명해 줄 수 있을 것으로 생각된다.

사실 두 제국에 국한된 비교라 해도 문제가 결코 간단치는 않다. '영국령 아메리카'와 그리고 특히 '에스파냐령 아메리카'는 한편으로는 고립되어 있는 카리브해의 제도諸島들과 다른 한편으로는 본토의 영토들을 포함하는 광대하고 다양한 정치체들로 이루어져 있고, 그 가운데 다수는 멀리 떨어져 있으며 기후와 지형적 차이로 날카롭게 구분되고 있었다. 버지니아의 기후는 뉴잉글랜드의 기후와 다르며, 멕시코의 지형은 페루의 지형과 다르다. 서로 다른 이 지역들은 고유한 과거를 갖고 있기도 했다. 처음 아메리카에 도착했을 때, 유럽인들은 현지 주민들이 서로 다른 방식과 매우 다른 인구 밀도 속에서 살고 있음을 알게 되었다. 전쟁과 정주 활동에는 유럽인들이 이미 거기에 살고 있던 원주민 사회 속으로 침입해 들어가는 과정이 포함되어 있었다. 유럽인들은 이들 원주민 사회 구성원들을 '인디언'이라는 편리한 이름으로 뭉뚱그려 불렀지만 그 원주민들은 적어도 16세기 잉글랜드 주민과 카스티야 주민이 다른 것만큼이나 서로 달랐다.

공간의 변수만이 아니라 시간의 변수도 존재했다. 식민지들은 성장하고 발전해 가면서 변해 갔다. 더불어 그 식민지들의 모태가 된 모국 사회도 변해 갔다. 식민지들은 고립적이거나 자급자족적인 사회가 아니었으며, 여러 가지 방식으로 제국 본국과 연계되어 있는 한 모국의 가치와 관습의 변화로부터 자유로울 수 없었다. 모국으로부터 새 이주자들이 끊임없이 도착했고, 그들은 모국 사회에서 유행하는 새로운 태도와 라이프 스타일을 갖고 왔다. 또 유럽에서 수입된 책과 사치품은 식민지인들에게 새로운 태도와 취향을 소개해 주었다. 새로운 뉴스도 점점 더 빨리 그리고 자주 대서양 세계를 오갔으며, 교통의 개선으로 대서양의 심리적 거리는 점점 줄어들었다.

마찬가지로, 제국 중심부에서 나타난 이념과 관심사의 변화는 제국 정책의 변화로 나타났다. 그리고 그로 인해 제3세대, 제4세대 이주민들은 과거에는 타당성이 인정되었던 건국 시조들의 생각과 대응 가운데 상당 부분이 타당성을 상실한 제국적 틀 안에서 제국 정책이 작동되는 것을 발견하게 되었다. 그리고 그것은 다시 변화를 강요했다. 최초의 영국인 정주자들의 아메리카와 18세기의 영국령 아메리카에는 분명 연속성도 있었지만 외·내적 변화에 의해 초래된 중요한 단절도 분명 존재했다. 그러므로 루이스 하츠가 지적한 '파편의 부동성'은 상대적인 것이었다. 비교 대상이 되는 두 정치체, 즉 영국령 아메리카와 에스파냐령 아메리카는 고정된 형태로 머물러 있지 않고 시간의 흐름과 함께 변해가는 정치체들이었다.

그러나 파편화의 순간(즉 식민지가 건설되는 순간)이 이 해외령들의 자아 형성, 그리고 그로 인해 생겨나는 성격 형성의 결정적 순간이 될 가능성은 여전히 남아 있다. 만약 그렇다면 서로 다른 역사적 시점에 건설된 공동체들을 비교하여 설명하는 데는 분명 어려움이 있다. 에스파냐령 아메리카의 첫번째 식민지가 확실하게 자리 잡은 것은 16세기 초이다. 종교개혁이 유럽 문명에 만들어 낸 심대한 변화는 불가피하게 유럽 본국뿐만 아니라 식민화 정책과 식민화 과정에도 영향을 주었다. 북아메리카에 대한 영국의 식민화가 라틴아메리카에 대한 에스파냐의 식민화와 동일한 시기에 이루어졌더라면, 그보다 한 세기 후, 즉 영국에서 프로테스탄티즘이 공식 종교로 자리 잡고, 영국 국민들의 삶에서 의회의 위상이 크게 강화되고, 국가와 국가 경제의 적절한 질서에 관하여 유럽인들의 생각이 많이 달라지고 난 시점에 이루어진 (실제) 식민화와는 성격이 많이 달랐을 것이다.

이 시차 때문에 영국과 에스파냐의 해외 영토의 발전에서 태생과 양육이 갖는 상대적 비중을 평가하려는 비교 과정은 더욱 복잡해졌다. 에스파냐인들은 아메리카 정주사업의 선구자였고, 나중에 도착한 영국인들은 에스파냐인들의 선례를 참고할 수 있었다. 영국인들은 에스파냐인들이 저지른 실수를 피하든 그렇지 않든 적어도 에스파냐의 경험에 비추어 정책과 절차를 입안하고 조정할 수 있었다. 그러므로 여기에서의 비교는 자기 안에 갇힌 두 문화 세계 간의 비교가 아니라, 서로의 존재를 잘 알고 있었고, 필요하다면 상대방의 생각이라도 빌릴 수 있는 두 문화 세계 간의 비교이다. 에스파냐의 제국 이념이 16세기 영국인들에게 영향을 주었다면, 에스파냐인들은 18세기 영국의 제국 이념을 채용하기 위해 애썼다. 이와 비슷한 과정이 식민지 사회들 내에서도 일어났다. 만약 영국 식민지의 선례가 없었다면 과연 에스파냐 식민지들이 전에는 생각하지 못했던 것을 추구하고, 19세기 초에 독립을 선언할 수 있었을까?

장소, 시간, 상호 영향의 효과로 생겨날 수 있는 모든 변수를 다 고려하면 영국령 아메리카 식민지와 에스파냐령 아메리카 식민지 세계에 대한 일관된 비교는 어떤 방식으로도 완전치 못한 것이 될 수밖에 없다. 비교사 서술에 포함된 움직임movements은 아코디언을 연주할 때 작동되는 움직임과 별반 다르지 않다. 비교 대상이 되는 두 사회는 하나로 모였다가 얼마 안 가 분리된다. 둘 간의 유사성은 처음 생각했던 것만큼 크지 않다. 처음에는 보이지 않던 차이가 얼마 안 가 드러나게 된다. 그러므로 비교는 계속 등락을 포함하는 과정이며, 자세히 조사해 보면 생각보다는 많은 것을 설명해 주지 않는 것이 되기 쉽다. 그러나 그렇다고 그 시도가 무익하다고 치부해 버려도 안 될 것이다. 왜냐하면 불완전한 비교도 새로운 문젯거리를 제시하고 새로운 관점을 제공하여 역사가들이 편협성을 깨부수는 데 도움을 줄 수 있기 때문이다. 이 책에서 필자가 바라는 것이 바로 그것이다.

필자가 보기에 과거는 무한한 다양성 속에서 너무나 복잡하고 무제한적으로 매력적이어서 그것을 몇 가지 공식으로 치환해 버릴 수가 없다. 그러므로 필자는 영국령 아메리카의 역사와 에스파냐령 아메리카의 역사의 유사점과 차이점을 목록화하고, 상쇄시키는 등의 방식으로 깔끔하게 구분하려고 하지 않았다. 그보다는 두 개의 스토리를 계속 비교·병렬하고 뒤섞어 놓음으로써 파편화된 역사를 하나로 끌어모으고, 3세기의 기간 동안 이 두 위대한 신세계 문명이 경험한 발전 과정을 펼쳐 내보이려고 했다. 그리고 이를 통해 어떤 한 시점에서 그 두 문명 가운데 하나에 쏟아진 빛이 동시에 다른 쪽의 역사에도 햇살을 비춰 주기를 기대했다.

한 반구半球 대부분 지역의 역사를, 거기에다 3세기가 넘는 오랜 기간의 역사를 집필하려고 했기 때문에 필자는 불가피하게 그 중 많은 부분을 다루지 못하게 되었다. 최근 대서양에서 일어난 아프리카 노예제와 아메리카 원주민의 과거 회복 등이 매우 흥미로운 연구 분야로 떠오른 것을 모르는 바는 아니지만, 지금까지 필자는 백인 이주민 사회의 발전과 이주민 사회와 모국과의 관계에 대해 관심을 기울여 왔다. 필자는 이 관심이 이 책의 내용에 얼마간의 일관성을 제공해 주었으면 좋겠다는 바람을 갖고 있다. 그러나 필자는 식민지 사회의 발전이 유럽인과 비유럽인의 끊임없는 상호작용에 의해 형성되었다는 것을 늘 유념해 왔고, 특정 시간과 공간에서 왜 그런 상호작용이 일어났는지 제시할 수 있기를 바랐다. 하지만 주요 강조점은 이주자 사회에 두면서도 여전히 폭이 넓은 붓으로 색칠을 해야만 했다. 필자의 이야기가 이베로-아메리카가 아닌 에스파냐령 아메리카에 국한되고 있다는 것은 1580년부터 1640년까지 약 60년, 즉 포르투갈이 에스파냐 세계 제국의 일부를 이루었던 기간을 간단히 살펴보는 것을 제외하고는 포르투갈령 브라질 정주지가 거의 완전히 논의 대상에서 빠지게 됨을 의미한다. 영국령 북아메리카에 대해 언급할 때 필자는 최근 역사적으로 큰 관심의 대상이 되고 있는 중부 식민지에 대해서도 언급하기 위해 노력했다. 그러나 틀림없이 많은 사람들은 상대적으로 뉴잉글랜드와 버지니아 쪽에 너무 치우치고 있다고 생각할 것인데, 그 지적은 분명 타당하다. 또 필자는 영국령 아메리카와 에스파냐령 아메리카 모두에 관해 언급할 때, 카리브제도에 비해 본토 식민지들에 훨씬 큰 비중을 두었다는 점을 인정하지 않을 수 없다. 이 책처럼 장기적인 시간과 광대한 공간을 다루는 책에서 선택은 불가피하다.

또한 이런 종류의 작업은 다른 사람들의 연구 성과에 크게 의존할 수밖에 없다. 현재 영국령 아메리카와 에스파냐령 아메리카 식민지 사회의 역사에 대해서는 대단히 많은 연구들이 나와 있다. 필자는 오랜 시간을 두고 수많은 전문연구자들의 연구 성과들을 살펴보아야 했고, 필자에게 주어진 제한된 지면 안에서 최선을 다해 그 성과를 요약하려고 했다. 그리고 다른 사람의 결론을 왜곡하지도, 비교적 틀에 잘 들어맞는 해석을 편애하지도 않는 가운데 상충하는 해석들 사이에서 해결점을 모색하려고 했다. 이 모든 연구들, 그리고 각주나 참고문헌에서 언급하지 못한 많은 다른 연구들에도 필자는 큰 빚을 지고 있으며, 그것은 필자가 그들과 견해를 같이 하지 않은 경우라도 마찬가지이다.

이 책을 처음 구상하게 된 것은 프린스턴에 있는 고등연구소Institute for Advanced Study에 있을 때였다. 그때 나는 합스부르크 에스파냐와 유럽 역사에서 벗어나 에스파냐와 그 해외 영토들 간의 상호작용에 대해 좀더 꼼꼼히 들여다볼 때가 되었다고 생각했다. 당시 나는 미국에서 거의 17년을 보내고 있었기 때문에, 대서양 세계 전체를 포괄하고 에스파냐인과 영국인의 아메리카에서의 경험을 비교·고찰하게 해 줄 맥락에서 에스파냐령 아메리카 식민지를 살펴볼 생각을 하게 되었다. 이 두 식민 제국 연구의 입문 단계에서 격려와 자극을 아끼지 않으신 연구소 동료들과 방문연구원들, 그리고 프린스턴대학교 사학과 동료 교수들에게 깊은 감사의 마음을 전하고 싶다. 그 중에서도 스티븐 이네스Stephen Innes 교수와 윌리엄 테일러William B. Taylor 교수에게 큰 빚을 졌는데, 고등연구소 방문교수를 역임하신 이 두 분은 1989년에 버지니아대학교에 나를 불러 주셨고, 덕분에 나는 여러 번의 세미나를 통해 이 책 주제에 대한 기본 개념들을 정리할 수 있었다.

1990년 영국으로 돌아와 옥스퍼드대학교 근대사 흠정강좌 교수에 취임하게 되어 약 7년 동안 이 주제에서 손을 놓아야 했다. 그러나 이 주제에 대한 관심을 계속 유지할 수 있게 하고, 이 책에서 개진된 주제 중 일부를 발전시킬 수 있도록 해 준 수차례의 초빙강좌에 대해 매우 고맙게 생각한다. 그 중에서도 1992년 코넬대학교의 베커 강좌Becker Lectures, 1993년 레딩대학교의 스탠튼 강좌Stenton Lecture, 1994년 워윅대학교의 래드클리프 강좌Radcliffe Lectures(이 대학교는 알리스테어 헤네시Alistair Hennessy 교수와 앤서니 맥팔레인Anthony McFarlane 교수의 주도로 영국의 아메리카 비교 연구를 선도하고 있다)를 언급하지 않을 수 없다. 그리고 내가 발표한 논문이나 강의에 대해 대서양 양편의 동료 연구자들이 보여 준 정중하면서도 날카로운 비판에도 감사의 마음을 전하고 싶다. 티머시 브린Timothy Breen, 니컬러스 케니Nocholas Canny, 잭 그린Jack Greene, 존 머린John Murrin, 메리 베스 노튼Mary Beth Norton, 앤서니 파그덴Anthony Pagden, 마이클 주커먼Michael Zuckerman 등이 그들이다. 또한 바르셀로나의 폼페우파브라대학의 조셉 프라데라Josep Fradera, 마드리드 CSICConsejo Superior de Investigaciones Científicas의 마누엘 루세나 히랄도Manuel Lucena Giraldo 선생은 필자에게 최근 출간된 성과물에 대해 귀중한 조언과 시사를 보내 주셨다.

옥스퍼드대학교에서 필자의 지도를 받는 대학원생 제자들과의 대화에서도 많은 것을 배웠는데, 각각 식민지 페루사와 식민지 누에바에스파냐사를 연구하는 케네스 밀스Kenneth Mills와 카예탄사 알바레스 데 톨레도Cayetanza Alvarez de Toledo가 그들이다. 퇴임 이후에야 나는 드디어 저술에 전념할 수 있게 되었는데, 옥스퍼드의 새로 생긴 로더미어 아메리카연구소Rothermere American Institute의 비어 함스워스 도서관Vere Harmsworth Library을 이용할 수 있었던 것도 작업 진행에 큰 도움이 되었다. 저술 작업 막바지에 2003~4년 옥스퍼드대학교에 함스워스 방문 교수로 오셔서 아메리카사를 강의하신 펜실베이니아의 리처드 비먼Richard Beeman 교수는 원고 전체를 다 읽어 주시는 호의를 베풀어 주셨다. 교수님의 꼼꼼한 검토와 지적에 대해, 그리고 그로 인해 가능하게 된 수정과 개선에 대해 큰 고마움을 느끼고 있으며, 그 분의 지적 가운데 많은 부분이 이 책에 반영되었음을 밝혀 둔다.

에드먼드 모건Edmund Morgan과 데이비드 웨버David Weber는 작업 막바지에 귀중한 조언을 아끼지 않으셨으며, 또한 개별 분야에 대해 코멘트를 해 주신 조너선 브라운Jonathan Brown과 피터 베이크웰Peter Bakewell 선생에게도 감사를 드린다. 마지막 단계에서 필립 모건Philip Morgan 씨는 시간과 수고를 아끼지 않고 제안과 참고문헌의 자세한 목록을 준비해 주셨다. 주어진 시간만으로는 그 모든 것을 추적할 수 없었기 때문에 그의 제안은 책의 내용을 충실하게 하는 데 많은 도움이 되었으며, 수정하려고 한 문제들을 새로운 관점에서 고찰할 수 있게 해 주었다.

책을 준비하는 마지막 단계에서는 세라 제인 화이트Sarah Jane White 씨의 도움을 많이 받았다. 그녀는 귀중한 시간을 내서 참고문헌을 보기 좋게 만들어 주셨다. 원고를 정리해 주신 버나드 도드Bernard Dod와 로저먼드 하우Rosamund Howe, 색인을 준비해 준 멕 데이비스Meg Davis, 삽화를 위해 수고를 아끼지 않으신 줄리아 럭스턴Julia Ruxton 씨에게도 역시 감사의 마음을 전하고 싶다. 예일대학 출판사의 로버트 볼덕Robert Boldock 씨는 작업 진행에 많은 관심을 가지고 시종일관 물심양면으로 지원을 아끼지 않으셨다. 그와 그의 팀에게 깊은 감사를 드리며, 그 중에서도 특히 제책 작업이 신속하고 효율적으로 진행될 수 있게 해 주시고, 결국에는 이처럼 멋진 모습의 책으로 태어날 수 있도록 노력을 아끼지 않으신

칸디다 브라질Candida Brazil 씨와 스티븐 켄트Stephen Kent 씨에게도 감사드린다. 이처럼 많은 도움을 받을 수 있었기에 본 저자는 행운아가 아닐 수 없다.

오리엘 칼리지, 옥스퍼드

2005년 11월 7일

차례

지도 차례

제1부

점령

1장 _ 침입과 제국

에르난 코르테스와 크리스토퍼 뉴포트

(에스파냐의) 엑스트레마두라 출신의 식민정주자colonist[1] 겸 모험가로 변신한 주도면밀한 한 공증인, 그리고 미들섹스 주 라임하우스 출신으로 팔이 하나밖에 없는 전직 사략선 선원. 이 두 사람, 즉 에르난 코르테스Hernán Cortés와 크리스토퍼 뉴포트Christopher Newport 선장이 각각 이끌었고, 87년의 시차를 두고 이루어진 두 원정이 아메리카 본토에 건설된 에스파냐 제국과 영국 제국의 토대가 되었다. 10척의 선박으로 구성된 코르테스의 원정대는 1519년 2월 18일 쿠바를 출발했다. 3척의 선박으로 구성된 뉴포트의 원정대는 1606년 12월 29일 런던을 출발했다(선장 뉴포트와 그의 선원들에게는 출항일이 19일이었는데, 그것은 그들이 아직도 율리우스력으로 날짜를 계산하고 있었기 때문이다). 에스파냐와 유럽 대륙 대부분 지역에서는 1582년에 이미 폐기된 율리우스력을 영국인들은 계속 사용하고 있었다는 사실은 앞서 말한 87년의 기간 동안 유럽 대

---

1) 유럽에서 아메리카로 건너가 살게 된 백인 정주자를 '식민정주자'로 번역하였다—옮긴이.

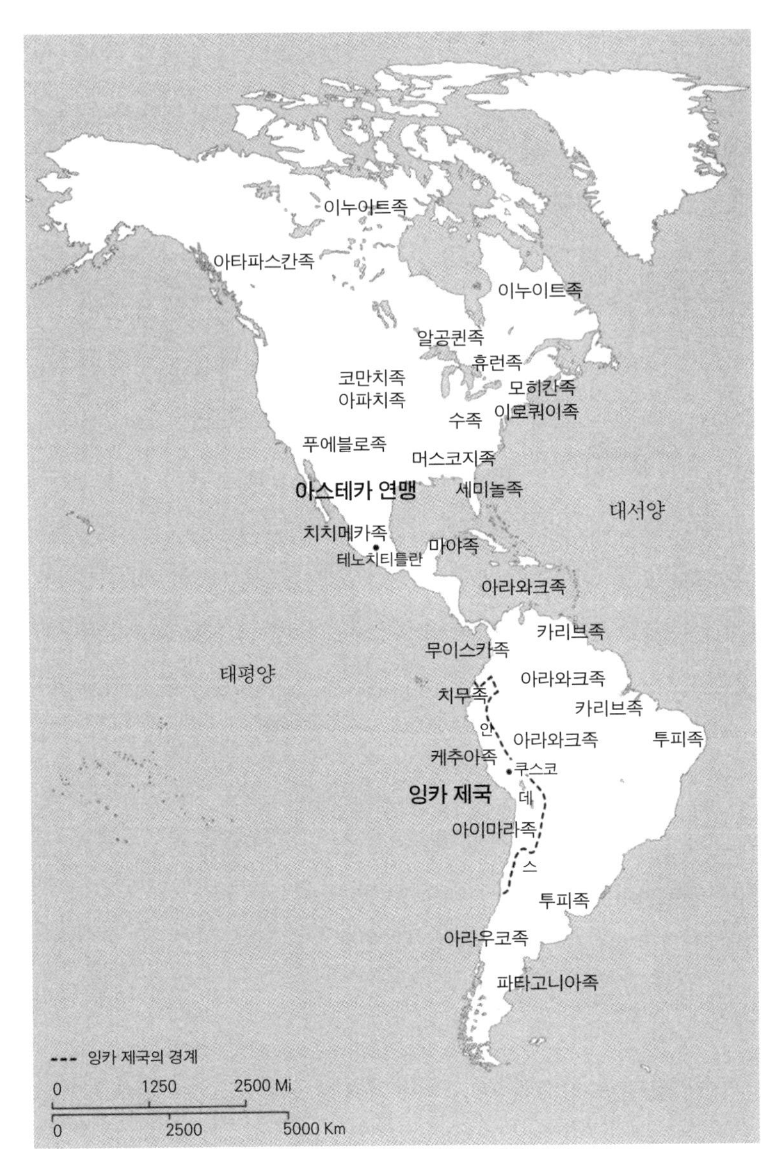

〈지도 1〉 1492년 아메리카의 여러 종족들. 피에르 쇼뉘의 *L'Amérique et les Amériques* (Paris, 1964), 지도 3을 토대로 완성함.

륙을 엄습한 변화의 보편적 성격을 말해 주는 작지만 분명한 징후라 할 수 있다. 코르테스가 서둘러 쿠바를 떠나 (대륙) 본토 쪽으로 가고 있던 바로 그 무렵, 이미 무르익고 있었던 루터의 종교개혁은 오랫동안 하나의 통일체로 존재해 온 서유럽 기독교세계를 서로 맹렬하게 싸우는 여러 종파로 나누어 놓게 될 힘을 분출시키고 있었다. 로마의 '반反그리스도'[교황—옮긴이]의 본거지에서 유래한 새 그레고리우스력을 인정하지 않고 구식의 날짜 계산법을 고수하기로 한 엘리자베스 치하 영국의 결정은 (후대 역사가들의 주장에도 불구하고) 프로테스탄티즘과 근대성이 반드시 동의어가 아니라는 것을 말해 준다.[2)]

유카탄반도 해안을 정찰하고 나서 코르테스(그가 이끄는 선박들은 에스파냐인들이 산후안데울루아San Juan de Ulúa라고 이름 붙인 섬에 정박해 있었다)는 1519년 4월 22일, 530명의 전체 대원 가운데 200명가량을 배에 싣고 멕시코 본토를 향해 갔다.[3)] 해안에 도착한 이들 에스파냐인 침입자들은 먼저 그곳에 살고 있던 토토낙Totonac 원주민의 환대를 받은 데 이어 그 지역 추장의 공식 영접을 받았는데, 그 추장은 자신이 위대한 황제 몬테수마Montezuma의 신하 자격으로 그 지역을 지배하고 있으며, 그 황제에게 전령을 보내 이미 수염이 덥수룩한 낯선 백인들의 도착에 대

---

2) 잉글랜드와 그 해외 영토는 1752년에 가서야 그레고리우스력으로 바꾸었다. 아메리카 식민지에서는 그레고리우스력으로의 전환이 별 혼란 없이 순조롭게 진행되었는데, 부분적으로 그것은 대륙 유럽 출신 이민자들이 이미 많이 들어와 있었고, 그래서 많은 식민지 아메리카인들이 이미 율리우스력과 그레고리우스력의 병용에 익숙해 있었기 때문이다. Mark M. Smith, 'Culture, Commerce and Calendar Reform in Colonial America', *WMQ*, 3rd ser., 55(1998), pp. 557~84.

3) 코르테스 원정에 참가한 유럽인 총 수가 약 530명이었다는 점에 대해서는 Hugh Thomas, *The Conquest of Mexico*(London, 1993), p. 151, n. 36을 참조.

해 보고했다고 말했다. 코르테스는 수 주 동안 몬테수마의 답신을 기다리면서 해안 지역을 정찰했으며, 그 과정에서 몬테수마가 다스리는 멕시카 제국Mexica empire이 심각한 내분에 빠져 있음을 알게 되었다. 이어 코르테스는 공증인의 입회하에 에스파냐의 왕 카를로스 1세(얼마 후 그는 신성로마제국 황제로 선출되며, 황제로는 카를 5세Karl V로 불렸다)의 이름으로, 차후 탐험하게 될 땅을 포함하여 그 지역 전체에 대한 지배권을 공식 선언했다.[4] 당시 그는 직속상관인 쿠바 총독 디에고 벨라스케스Diego Velázquez의 명령을 따르고 있었는데, 벨라스케스로부터 그는 '새로 발견될 모든 섬들에서, 동행하게 될 서기관과 여러 증인이 입회한 가운데 국왕 폐하의 이름으로 그 섬들에 대한 지배권을 엄숙하게 선언하라'는 명령을 받고 있었다.[5]

그러나 다른 한편으로 코르테스는 한때 벨라스케스의 비호를 받기도 했고 그의 비서를 역임한 적도 있었지만 (원정 당시에는) 그에게 매우 불충한 인물이었다. 쿠바 총독(벨라스케스)은 이번 원정의 목적이 교역과 탐험에 있음을 분명히 하고 있었다. 그는 코르테스에게 (어떤 지역을) 정복하거나 정주하라고 명령한 적이 없었다.[6] 벨라스케스의 목적은 자

---

4) Francisco López de Gomara, *Cortés. The Life of the Conqueror by his Secretary*, trans. and ed. Lesley Byrd Simpson(Berkeley and Los Angeles, 1964), p. 66. 정복 과정에 대해서는 Thomas, *The Conquest*와, Hernán Cortés, *Letters from Mexico*, trans. and ed. Anthony Pagden(New Haven and London, 1986)을 참조.

5) José Luis Martínez(ed.), *Documentos cortesianos*(4 vols, Mexico City, 1990~2), 1, p. 55(Doc. 1, 'Instrucciones de Diego Velázquez a Hernán Cortés', clause 55). 그리고 에스파냐인들이 땅에 대한 지배권을 주장하기 위해 치른 의식에 대해서는 Francisco Morales Padrón, 'Descubrimiento y toma de posesión', *Anuario de Estudios Americanos*, 12 (1995), pp. 321~80을 참조.

6) Martínez(ed.), *Documentos*, 1과, José Martínez, *Hernán Cortés*(Mexico City, 1990), pp. 141~3 참조.

신의 지배하에 떨어지게 될 아메리카 본토에 정주지를 만들기 위해 필요한 허가가 에스파냐로부터 도착하기를 기다리면서, 다른 한편으로 자신의 이익을 챙기겠다는 것이었다. 그러나 코르테스와 그 측근들의 생각은 달랐다. 그는 처음부터 정주하려는*poblar*, settle ―발견하게 될 땅에 마을을 세우고 거주하는 것 ―의도를 품고 있었고, 그러기 위해서는 벨라스케스의 명령에 불복하고 왕으로부터 직권을 직접 부여받는 과정이 필요했다. 그는 이 과정을 일련의 기발한 책략을 통해 추진해 나갔다. 중세 카스티야 법에 따르면, 특정 상황에서는 공동체가 '전제적인' 군주나 그 대리인에 반대하여 집단행동을 취할 수 있었다. 코르테스의 원정대는 1519년 6월 28일, 스스로를 하나의 도시town로 법인화 하는 방식을 거쳐(그 도시를 그들은 비야리카데베라크루스Villa Rica de Vera Cruz로 명명했다), 하나의 정식 공동체로 재편하고, 곧바로 도시 설계와 건설에 착수했다. 새 도시 공동체는 쿠바의 '전제적인' 총독(즉 벨라스케스. 공동체는 그의 권위를 부인했다) 대신 왕의 이름으로 곧바로 코르테스를 그 도시의 시장alcalde mayor 겸 국왕군 사령관captain으로 임명했다. 그렇게 해서 코르테스는 '전제적 지배자' 벨라스케스에게 지고 있던 책무로부터 자유로워지게 되었고, 그후로는 왕의 최선의 이익을 추구하면서, 몬테수마의 제국을 정복하고, 그 땅에 대한 명목상의 소유권을 실질적인 소유권으로 바꾸기 위해 부하들을 이끌고 내륙 지역으로 침투해 들어가는 인물로 자처할 수 있었다.[7)]

이 정복 사업의 최종적 실현은 후에 에스파냐인들에게 닥치게 될

---

7) 이것과, 코르테스가 펼친 다른 책략에 대해서는 J. H. Elliott, 'Cortes, Velázquez and Charles V', in Cortes, *Letters from Mexico*, pp. xi~xxxvii 참조.

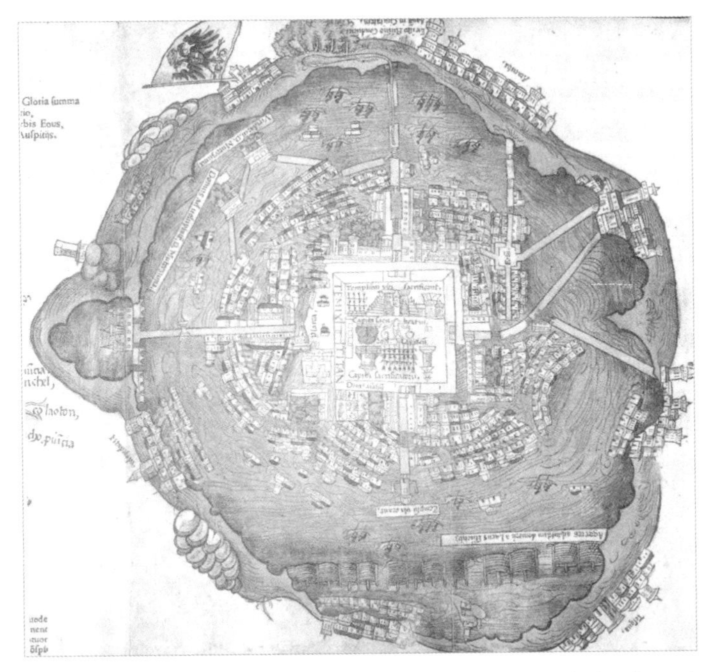

〈그림 1〉 '멋진 도시 테노치티틀란'의 모습이 담긴 이 지도는 1524년 뉘른베르크에서 출간된 것으로, 에르난 코르테스가 카를 5세에게 보낸 '두번째 편지' 라틴어 판본에 첨부된 목판 삽화이다. 1519년 11월 8일 코르테스와 그의 일행은 익스타팔라파(Ixtapalapa) 둑길을 통해(왼쪽) 텍스코코 호수를 건너 도시 안으로 진입했다. 지도 한가운데에는 '태양의 신전'이 있고, 그 아래에 대광장이 있다.

참혹한 시련과 고난, 그리고 메소아메리카 원주민들의 엄청난 인명 손실을 초래하게 되지만 처음에는 이 계획이 예상보다 훨씬 순조롭게 진행되었다. 8월 8일, 코르테스와 약 300명의 병사로 이루어진 원정대가 호수 안에 건설된 수도 테노치티틀란(그림 1)에 살고 있는 몬테수마를 만나기 위해 내륙으로 진군하기 시작했다. 진군 중에 그들은 인디언들의 신전에 모셔져 있는 '우상들'을 파괴하고 거기에 십자가를 세웠으며, 싸우기도 하고 교묘한 책략을 사용하기도 하면서 험준한 산악지대를 뚫고 전진해 들어갔다. 그 과정에서 그들은 멕시카족의 지배에 불만을 품고 있던 상당수의 메소아메리카인들('메소아메리카'란 대략 중앙 멕시코로부터 벨리즈, 과테말라, 엘살바도르, 온두라스, 니카라과 그리고 북부 코스타리카에 이르는 지역 혹은 문화 지역을 지칭하며, 이 지역에서 여러 콜럼버스 이전 사회가 15, 16세기 에스파냐의 아메리카 식민화 이전에 꽃을 피웠다)을 자신의 동맹 세력으로 만들었다. 11월 8일 코르테스와 그 일행은 호수 안의 도시(테노치티틀란)와 호수 밖 육지를 연결하는 긴 둑길을 따라 도시가 위치한 쪽으로 서서히 진입해 들어가기 시작했다. 코르테스의 비서이자 종군사제였던 프란시스코 로페스 데 고마라가 수년 후에 쓴 기록에 의하면, 에스파냐인들이 도시로 진입하는 과정은 "우리(에스파냐인들)를 보러 나온 수많은 원주민 군중을 뚫고 가야 했기 때문에 어려움이 많았다." 도시 가까이에 이르렀을 때 에스파냐인들은 '영접하러 나온 4,000여 명의 궁정 귀족들을 볼 수 있었으며', 드디어 에스파냐인들이 나무로 된 도개교에 이르자 황제 몬테수마가 "금과 녹색 깃털로 장식한 망토를 걸치고, 은제 발을 앞세우고, 네 명의 귀족이 든 가마를 타고 친히 그들을 맞으러 나왔다(그림 2)."[8)]

이 일은 세계사의 기념비적 사건이라 할 수 있었으니, 그것은 지금까지 서로 전혀 모르고 있던 두 문명을 대표하는 두 사람이 드디어 만나는 역사적인 순간이었기 때문이다. 둘 가운데 한쪽은 겉으로는 침착한 척 했으나 내심 몹시 불안한 마음을 감출 수 없었던 나와어를 사용하는 멕시카족 '황제'였다. 이 멕시카족은 1345년경 비옥한 멕시코 계곡에 위치한 호수 안의 한 섬에 자리 잡은 이후, 참혹하고 피비린내 나는 수많은

---

8) Gómara, *Cortés*, pp. 138~9.

〈그림 2〉 안토니오 로드리게스가 그린 것으로 알려져 있는 목테수마(모테쿠소마 2세)의 초상화(1680~97년경 제작). 원래 이 초상화는 17세기 말 멕시코에서 그려졌지만, 이 그림은 16세기에 만들어진 사본들의 이미지를 토대로 다시 그려진 것이다.

전쟁에서 승리하고, '삼자동맹'Triple Alliance이라는 동맹세력의 우두머리가 되었으며, 그후 멕시코 중부 지역을 지배하게 된 민족이었다. 다른 한 쪽은 스스로 에스파냐 왕의 대리인을 자처하는 교활하고 주도면밀한 에르난 코르테스라는 인물이었다. 에스파냐 왕(카를로스 1세)은 이 사건이 있기 4개월 전, 카를 5세라는 이름으로 신성로마제국 황제로 선출되었으며, 르네상스기 유럽에서 자타가 인정하는 최강의 군주였다.

이 만남은 곧바로 상호 이해의 문제를 드러냈다. 고마라의 기록에 따르면 코르테스가 '에스파냐 식으로 인사를 하기 위해 말에서 내려 몬테수마에게 다가가자 황제를 보좌하고 있던 사람들이 앞을 가로막고 나섰는데, 그들의 그런 몸짓은 멕시카족이 황제에게 손을 대는 것을 금기로 여기고 있었기 때문이었다.' 그러나 코르테스는 그들의 제지를 뚫고 다가가 자신이 차고 있던 진주-유리 목걸이를 벗어 몬테수마의 목에 걸어 주었다. 그 선물은 몬테수마를 기쁘게 만들었던 것으로 보인다. 황제는 답례로 두 개의 목걸이를 코르테스에게 선물했는데, 그것들에는 각각 새우 모양의 금 덩어리가 여덟 개씩 달려 있었다. 두 사람은 함께 시내로 들어갔고, 몬테수마는 한때 자신의 부왕父王이 쓰던 화려한 궁전을 에스파냐인들에게 숙소로 내주었다.

코르테스와 그의 부하들이 휴식을 취하는 동안 몬테수마는 더 많은 선물을 가지고 에스파냐인들이 머물고 있던 숙소로 돌아왔다. 그는 에스파냐인들을 상대로 환영 연설을 했다. 코르테스의 기록에 의하면, 이 연설에서 몬테수마는 에스파냐인들을 오래 전 나와족의 땅에서 추방되었다가 다시 주권을 회복하기 위해 돌아온 한 위대한 군주의 후손들로 생각했으며, 그래서 몬테수마와 그의 신민들은 에스파냐 왕을 자신들의 '천부적 주군'natural lord으로 받들겠다고 약속했다. 호의와 환영의 의사를 그들 식으로 표현한 것뿐인 것을 에스파냐식으로 이해한 것이거나, 아니면 그것을 의도적으로 오해한 것에 다름 아닌 것으로 생각되는 이 '자발적인' 주권 이양이 있고 나서 며칠 후, 코르테스는 놀라울 정도로 대담하게 몬테수마를 자기 곁에 인질로 잡아 두는 조치를 단행했다. 이에 몬테수마는 또 한 번 (이번에는 좀더 공식적으로) 코르테스에게 복종하겠다는 약속을 바쳤다.[9)]

이로써 코르테스는 자신이 원한 '제국의 이양'translatio imperii, 즉 제국의 지배권을 몬테수마로부터 자신의 주군인 황제 카를 5세에게 이양시키는 과업을 이루어냈다. 에스파냐의 관점에 따르면, 이 '제국의 이양'은 멕시카족의 영토와 그 지배 영토에 대한 합법적 지배권을 카를 5세에게 넘기는 것이었으며, 그러므로 나중에 도시(테노치티틀란)에서 일어난 멕시카족의 봉기 때 전투에서 패하여 (에스파냐인들이) 칠흑같이 어두운 밤에 천신만고 끝에 테노치티틀란을 빠져나온 다음 이제 에스파냐인들이 자신의 소유라고 생각하게 된 것을 '되찾기' 위해 14개월이라는 긴 시간을 싸우면서 보낸 그 이후 에스파냐인들의 행동은 정당하고 합법적인 것이 되었다. 1521년 8월, 치열한 전투 끝에 테노치티틀란이 함락됨으로써 멕시카 제국은 멸망했다. 멕시코는 이론적으로나 현실적으로나 카스티야 왕정의 소유 영토가 되었으며, 이제 적절한 절차를 거쳐 에스파냐의 첫번째 아메리카 부왕령, 즉 누에바에스파냐 부왕령이 될 것이었다.

1606년 12월 크리스토퍼 뉴포트가 런던을 출발할 당시에 이미 코르테스라는 인물과 그의 멕시코 정복 이야기는 잉글랜드에서 잘 알려져

9) Cortés, *Letters from Mexico*, pp. 85~6, 98~9.

있었다. 코르테스가 황제 카를 5세에게 보낸 보고서*Cartas de Relación*가 유럽 대륙에서는 이미 널리 읽히고 있었지만 헨리 8세 시대 영국제도British Isles에서 그에 대해 특별한 관심이 나타났다는 증거는 아직 발견되지 않고 있다. 그전에 금과 향신료라는 유혹에 마음이 끌리고, (아메리카 정복 사업에서) 에스파냐와 포르투갈에 기회를 다 빼앗기고 마는 것은 아닌가 노심초사하던 헨리 8세의 부친(헨리 7세)은 존 캐벗John Cabot(이탈리아인이며 이탈리아식 이름은 지오바니 카보토였다)에게 북대서양 항해에서 발견할지 모를, 아직 기독교도들의 수중에 들어가지 않은 땅을 영국왕의 이름으로 '정복하고 점령하도록' 허가한 적이 있었다.[10] 그러나 1509년 헨리 7세가 죽고 난 이후 뉴펀들랜드 어장의 발견으로 부를 쌓았으나 손쉬운 부를 차지하려는 시도에서는 실망을 금치 못한, 튜더 왕조의 잉글랜드는 대서양 사업에서 손을 뗐다. 그후 반세기 동안 이 사업은 에스파냐인, 포르투갈인, 프랑스인들에게 돌아갔다. 1550년대에 (잉글랜드의) 메리 튜더와, 카를 5세의 아들이자 그의 후계자인 펠리페 간에 맺어진 혼인으로 펠리페가 잠깐 동안이지만 잉글랜드의 공동왕이 되었을 때 리처드 이든Richard Eden은 피터 마터Peter Martyr의 『수십 년의 신세계』*Decades of the New World* 첫 세 권의 영역본에서 동시대 영국인들이 에스파냐인들에게서 교훈을 얻어야 한다고 주장했다. 그러나 영국인들은 1580년대에 가서야 그 말에 진지한 관심을 보이기 시작한다.[11]

1580년대에 영국의 대양 항해는 횟수와 도전 강도에서 크게 증가·

---

10) Anthony Pagden, *Lords of All the World. Ideologies of Empire in Spain, Britain and France c.1500~c.1800*(New Haven and London, 1995), p.64.

11) John Parker, *Books to Build an Empire*(Amsterdam, 1965), pp.45, 94.

강화되었으며, 종교적 적대감은 집단적 국민의식의 날을 세웠고, 잉글랜드와 에스파냐 간의 무력 충돌 가능성은 점점 커져 갔다. 충돌이 가시화되면서 책과 팸플릿은 전쟁 도구가 되었다. 에스파냐에서 수감 생활을 한 적이 있는 영국 상인 토머스 니컬러스Thomas Nicholas는 1578년 로페스 데 고마라의 『인디아스의 역사』*History of the Indies*를 축약 영역하여 『재미있는 서인도 정복 이야기』*The Pleasant Historie of the Conquest of the Weast India*라는 제목으로 출간했다. 여기서 영국 독자들은 비록 많이 축약되기는 했지만 코르테스 자신이 직접 쓴 정보를 기반으로 하는 멕시코 정복에 관한 생생한 이야기를 접할 수 있었다.[12] 그런데 니컬러스의 영역본은 고마라의 텍스트를 과도하게 축약했을 뿐만 아니라 명백하게 영국적 색깔까지 입혀놓고 있었다. 몬테수마가 평의회와 신분의회를 소집했고, 그 모임에 멕시코와 그 주변 지역의 모든 귀족들이 참석했다고 말하면서 몬테수마가 공식적으로 주권을 카를 5세에게 이양했다고 쓴 부분을 읽은 영국인 독자들은 틀림없이 그(정복자 코르테스)가 의회를 소집했고, '몬테수마와 멕시카 제국의 의원들이 차례로 나와 카스티야 왕의 신민이 되기로 약속하고 충성을 맹세했을 것'이라고 생각했을 것이다.[13]

수년 후, 영국 해외제국의 주요 주창자이자 선전자로 활동하던 리처드 해클루트[14]는 자신의 저서 『주요 항해들』*Principall Navigations*에서 독

12) Francisco López de Gómara, *The Pleasant Historie of the Conquest of the Weast India, now called New Spayne*(London, 1978). 이 책은 1596년에 재출간되었다. Gómara의 *Cortés*를 L. B. Simpson이 영역한 책의 p. xvii와 Parker, *Books to Build on Empire*, pp. 87~8 참조.

13) Gómara, *Cortés*, p. 184, *The Pleasant Historie*, pp. 230, 232.

14) Richard Hakluyt the younger(c. 1552 or 1553~1616). 영국의 작가. 영국인들의 북아메리카로의 이주를 장려한 것으로 유명하다—옮긴이.

자들에게 "에스파냐의 보잘 것 없는 하급귀족 출신 에르난 코르테스가 (어떻게) 강력한 황제 무테수마[몬테수마의 다른 이름—옮긴이]를, 당시 적어도 50만 명의 인구를 가진 멕시코 제국의 수도(테노치티틀란)에 포로로 잡고, 얼마 가지 않아 앞서 말한 그 도시뿐만 아니라 제국 전체의 지배권을 장악할 수 있었는지"에 대해 상기시켰다.[15] 지배권을 빼앗는 것이 해클루트의 말처럼 그렇게 간단하거나 조용하지는 않았지만 그가 전하려고 한 메시지는 명백했다.

엘리자베스 시대 몇몇 영국인들은 코르테스가 카리브 지역에서 에스파냐인 동료들이 저지른 파괴와 유린을 직접 목격하고 깨달았던 것처럼, 제국을 획득하기 위해서는 (약탈이 아니라) 주민의 정주와 식민화가 확실히 이루어져야 한다는 것을 인식하게 되었다. 1580년 자크 카르티에의 캐나다(뉴 프랑스) 발견에 관한 설명을 영어로 번역한 존 플로리오John Florio는 책 서문에서 영국 독자들에게 '에스파냐인들은 정주한 곳 말고는 어디에서도 번영하거나 성공하지 못했다'고 말했다.[16] 1584년 리처드 해클루트는 『서부 정주 이야기』*Discourse of Western Planting*라는 책에서, 코르테스에 앞서 유카탄반도를 정찰한 적이 있었으나 정주지를 건설하지는 않은 후안 데 그리할바Juan de Grijalva의 어리석음에 대해 이야기한 고마라의 언급을 인용하면서 정주의 필요성을 역설했다.[17] 같은 해, 한 영국 원정대는 로어노크섬Roanoke Island(후에 노스캐롤라이나가 되

15) Richard Hakluyt, *The Principall Navigations Voiages and Discoveries of the English Nation*, facsmile edn(2 vols, Hakluyt Society, Cambridge, 1965), 2, p. 715(여기서 나는 이 책 다른 부분과 마찬가지로 당시의 철자를 오늘날의 철자로 바꿔서 소개했다).

16) Parker, *Books to Build*, p. 105.

17) E. G. R. Taylor, *The Original Writings and Correspondence of the Two Richard Hakluyts*(2 vols, Hakluyt Society, 2nd ser., 76~7, London, 1935), 2, p. 275.

〈그림 3〉 존 화이트(John White), '고기를 잡는 인디언'(수채화, 1585?). 존 화이트는 1585년 월터 롤리 경이 버지니아 원주민의 생활을 조사하라며 파견한 사람이다. 이 수채화는 캐롤라이나 알공퀸족의 일상을 보여 주는 여러 장의 그림 가운데 하나인데, 화이트의 그림은 16세기 아메리카 원주민의 삶에 대해 유럽인이 남긴 가장 뛰어난 시각적 기록물이라 할 수 있다.

는 곳의 해안 지역에 해당한다)을 에스파냐령 서인도제도의 약탈을 노리는 영국 사략선들의 본거지로 만들었다. 그러나 월터 롤리[18] 같은 사람은 이 본거지에서 노략질을 위한 기지로서의 잠재력뿐만 아니라 식민 사업을 위한 기지로서의 잠재력을 발견했으며, 그리하여 이듬해 로어노크섬은 궁극적으로는 실패로 끝나지만 영국이 대서양 건너편에서 시도한 최초의 진지한 정주 대상지가 되었다(그림 3).[19]

롤리의 로어노크 식민지 사업은 결국 실패로 돌아갔다. 그러나 그것은 제임스 1세(1603~25년 영국 왕으로 재위) 시대인 1606~7년 크리스토퍼 뉴포트의 원정으로 시작되는 보다 지속적인 식민화 계획에 귀중한 교훈을 남겼다. 그렇지만 로어노크 식민 사업의 실패는 뉴포트의 원정이 코르테스와 달리 아메리카에 어떤 전초기지도 없었기 때문에 원정대 조직이나 자금이 직접 모국으로부터 조달되어야 한다는 것을 의미했다. 코르테스의 경우 원정 자금 가운데 일부는 쿠바 총독 디에고 벨라스케스의 사유재산에서, 나머지는 코르테스 자신과 필요한 물건을 그에게 외상으로 대부해 준 두 명의 쿠바 주민 사이에 이루어진 사적 계약을 통해서 조달되었다.[20] 그에 비해 뉴포트의 원정은 런던에 본부를 둔 버지니아회사라는 주식회사에 의해 자금 조달과 원정대 조직이 이루어졌으며, 이 회사는 1606년 4월에 제임스 6세 겸 1세(스코틀랜드 왕으로는 제임스 6세, 영국 왕으로는 제임스 1세)로부터 아메리카 본토에 속한 체서

---

18) Walter Raleigh(1552~1618). 영국의 군인, 탐험가, 정치가—옮긴이.

19) D. B. Quinn(ed.), *The Roanoke Voyages*(2 vols, Hakluyt Society, 2nd ser., 104~5, London, 1955), 1, p. 6. 그리고 로어노크 사업에 대해서는 David Beers Quinn, *Set Fair for Roanoke, Voyages and Colonies, 1584~1606*(Chapel Hill, NC and London, 1985)을 참조.

20) Henry R. Wagner, *The Rise of Fernando Cortés*(Los Angeles, 1944), pp. 27~8; Martínez, *Hernán Cortés*, pp. 128~9.

피크만[21] 지역에 대한 독점적 정주권을 부여한다는 내용의 특허장을 받았다. 같은 특허장에서 플리머스에 본부를 둔 회사는 그보다 북쪽에 위치한 지역의 식민지 개발권을 받았다. 원정에 필요한 자금은 투자자들이 제공했으며 투자자들 대부분은 런던 상인들이었다. 그리고 13명으로 구성된 국왕평의회royal council가 선임되어 이 사업에 대한 지배권을 행사했다. 이는 국가가 이 사업을 지원할 것이라는 확신을 갖게 해 주었다.[22]

그러므로 코르테스가 (비록 곧바로 쿠바 총독의 명령을 거부하고 독립을 선언하기는 했지만) 명목상 쿠바 총독(국왕의 관리)의 명령에 따라 활동한 데 비해, 뉴포트는 회사에 고용된 피고용인 신분을 갖고 있었다. 버지니아회사의 (원정대장) 선택은 쿠바 총독(디에고 벨라스케스)의 그것보다 훨씬 현명했다. 코르테스는 너무나 영악하고 야심이 커서 단역端役에 만족할 인물이 아니었다. 엑스트레마두라의 이달고(하급 귀족) 출신인 그의 부친은 남부 에스파냐 지역의 재정복 전쟁(대 무어인[에스파냐 내 무슬림들] 전쟁)에 참여한 적이 있었다. 라틴어를 배우고 살라망카에 체류할 때 법에 대한 기본적인 지식을 쌓은 것으로 보이는 그의 아들(에르난 코르테스)은 1506년 스물 두 살의 나이에 대서양을 건너 아메리카로 갔다.[23] 코르테스가 인디아스[24]로 떠날 당시 그는 한평생을 공증인

21) Chesapeake Bay. 미국 버지니아 주와 메릴랜드 주에 걸쳐 있는 대서양 연안의 만—옮긴이.
22) Charles M. Andrews, *The Colonial Period of American History*(4 vols, New Haven, 1934~8; repr. 1964), 1, ch. 4; David Beers Quinn, *England and the Discovery of America, 1481~1620*(London, 1974), ch. 18; 그리고 Theodore K. Rabb, *Enterprise and Empire*(Cambridge, MA, 1967).
23) 휴 토머스는 *Conquest of Mexico*, pp. 129~30에서 코르테스가 아메리카로 건너간 것이 많은 사람들이 언급하고 있는 1504년이 아니라 1506년인 것 같다고 주장하고 있다.
24) Indias. 정복 초기 에스파냐인들이 아메리카에서 점령하고 있던 땅을 일괄하여 부르는 용어—옮긴이.

으로 살 생각이 추호도 없었다. 그는 대부분의 몰락한 이달고들과 마찬가지로 명성과 부를 원하였으며, 아수아Azúa라는 작은 도시의 공증인으로 일하면서도 언젠가는 화려한 비단옷을 입고, 이국적 용모를 가진 여러 명의 하인들에게 둘러싸여 극진한 섬김을 받으며 살아갈 꿈을 꿀 정도로 만만치 않은 야심의 소유자였다. 그는 친구들에게 언젠가 자신은 나팔소리를 감상하며 정찬을 즐기거나 아니면 교수대에 매달려 죽게 될 것이라고 말했다고 한다.[25] 그러나 비록 야심이 큰 사람이기는 했어도 그는 때를 기다릴 줄을 알았고, 에스파뇰라와 쿠바에서 보낸 몇 년의 세월은 그가 신세계에서 성공하고자 하는 사람들 앞에 놓인 기회와 위험을 정확하게 이해할 수 있게 해 주었다. 그러므로 멕시코 정복에 나서게 되었을 때 그는 비록 군사적 경험은 많지 않았지만 이미 지도자로서의 자질을 갖추고 있었고, 사람을 판단함에 있어서 빈틈없는 안목의 소유자가 되어 있었다.

뉴포트 역시 모험가였지만 코르테스와는 전혀 다른 부류의 인물이었다.[26] 1561년 하리치Harwich에서 선장의 아들로 태어난 그는 이미 핏속에 바다를 갖고 있었다. 1580년 첫번째 대서양 횡단 항해에서 그는 브라질 바이아Bahía 항에 상륙했으나 1584년 잉글랜드로 돌아와 결혼을 했다(이것이 그의 첫번째 결혼이었고 그 이후 그는 두 번 더 결혼하게 된다). 당시 그는 막 도제 수업을 마친 선장이었으며, 장차 그를 당대 영국 최고

25) 이 이야기는 16세기 연대기작가 세르반테스 데 살라사르(Cervantes de Salazar)의 말이다. J. H. Elliott, *Spain and its World, 1500~1700*(New Haven and London, 1989), ch. 2 ('The Mental World of Hernán Cortés'), pp. 33~4 참조.

26) 뉴포트의 생애에 대해서는 알려진 것이 많지 않으나 Kenneth R. Andrews, 'Christopher Newport of Limehouse, Mariner', *WMQ*, 3rd ser., 11(1954), pp. 28~41과, 그의 책 *Elizabethan Privateering*(Cambridge, 1964), pp. 84~6을 참조할 수 있다.

의 선원 가운데 한 명으로 만들어 주게 될 풍부한 경험을 쌓아 가는 중이었다. 그후 수년 동안 잉글랜드와 에스파냐가 전쟁 관계로 접어들면서 그는 무역 겸 약탈 활동에 참여했다. 그는 런던 상인들과 행동을 함께 했으며, 1587년에는 드레이크와 함께 카디스로 항해했다가 일이 끝나고 나서도 그곳에 남아 에스파냐 해안 약탈에 참여하기도 했다. 1590년에 그는 '리틀 존'Little John 호의 선장이 되어 카리브해 지역으로 첫번째 독립 항해를 나섰다. 이때 멕시코에서 출발한 두 척의 보물선을 나포하려는 과정에서 벌어진 쿠바 해안 해전 도중에 오른팔을 잃었다. 1595년 런던의 부유한 금세공인의 딸과 세번째 혼인을 함으로써 신흥 대규모 상업 겸 약탈 벤처 사업의 한 파트너가 되었고, 장비를 잘 갖춘 선박도 한 척 갖게 되었다. 그후 그는 거의 매년 서인도제도를 방문했으며, 1604년 영국-에스파냐 평화조약이 체결될 무렵 당대 어떤 영국인보다도 카리브해 지역에 정통한 사람이 되어 있었다. 이렇게 에스파냐령 아메리카에서의 오랜 경험과 수준 높은 항해 기술의 소유자였던 그는 1606년 버지니아회사가 북아메리카 본토에 식민지를 개척하려고 했을 때 자연스럽게 책임자로 선택될 수 있었다(그림 4).

뉴포트와 동행한 105명의 '첫번째 식민정주자들'first planters(그들을 그렇게 불렀다) 가운데 36명은 젠트리 신분으로 분류되었다.[27] 이 원정대에는 목수 2명, 벽돌공 2명, 석공 1명, 대장장이 1명, 양복공 1명, 이발사 1명, 그리고 따로 분류되지 않은 12명의 노동자를 포함하여 여러 명

27) 완전한 형태의 원정대원 명단은 남아 있지 않다. 그러나 명단 가운데 일부는 존 스미스 선장이 *The Complete Works of Captain John Smith*, ed. Philip L. Borbour(3 vols, Chapel Hill, NC and London, 1986), 1, pp. 207~9에서 제시하고 있다.

의 기술자가 포함되어 있었다. 젠트리의 비율은 높은 편이었으며, 이 새 식민지가 잉글랜드로부터 두 번에 걸쳐 인원을 보충 받은 후에는 그 비율이 더 높아져 모국 전체 인구 가운데 젠트리가 차지하는 비율보다 무려 여섯 배나 더 높게 되었다.[28] 그 비율은 코르테스의 원정대에서 젠트리[29]가 차지하는 비율에 비해서도 다섯 배 더 높았다. 코르테스가 베라크루스 시를 세울 때 그 자리에 함께 했던 '최초의 정복자들' 가운데 확실하게 '이달고'로 간주될 수 있었던 사람은 열여섯 명에 불과했다.[30] 그렇지만 그보다 훨씬 더 많은 사람들이 자신의 신분이 이달고라고 주장했고, 베르날 디아스 델 카스티요는 『누에바에스파냐 정복사』*History of the Conquest of New Spain*에서 '비록 어떤 사람은 다른 사람에 비해 가문이 분명치 않고, 이 세계에서는 신분이나 덕성에서 모든 사람이 다 똑같게 태어나지 않는다는 것을 잘 알고는 있지만 우리 중에 대부분은 이달고들이다'라고 주장하기도 했다.[31] 코르테스의 원정대에는 몇 명의 직업 군인과 인디아스에서 체류하면서 카리브해 제도들에의 약탈원정·정찰·물물교환·정주 원정에 참가한 적이 있는 사람도 상당수 포함되어 있었다. 코르테스의 원정대에는 또한 두 명의 사제(뉴포트의 원정대에는 '목사 마스터 로버트 헌트'Master Robert Hunt Preacher가 동행했다)와 몇 명의 공증인, 그리고 기술자들과 전문직업인들도 있었다. 사실 코르테스의 무리는 쿠바 거주민의 단면을 반영하고 있었으며, 원정대 출발 당시 쿠바에 거주

28) Edmund S. Morgan, *American Slavery, American Freedom*(New York, 1975), p. 84.
29) 에스파냐에서는 이달고(hidalgo)가 그와 비슷한 신분에 속했다—옮긴이.
30) Robert Himmerich y Valencia, *The Encomenderos of New Spain, 1521~1555*(Austin, TX, 1991), p. 29.
31) Bernal Díaz del Castillo, *Historia verdadera de la conquista de la Nueva España*, ed. Joaquín Ramírez Cabañas(3vols. Mexico City, 1944), 3, p. 239.

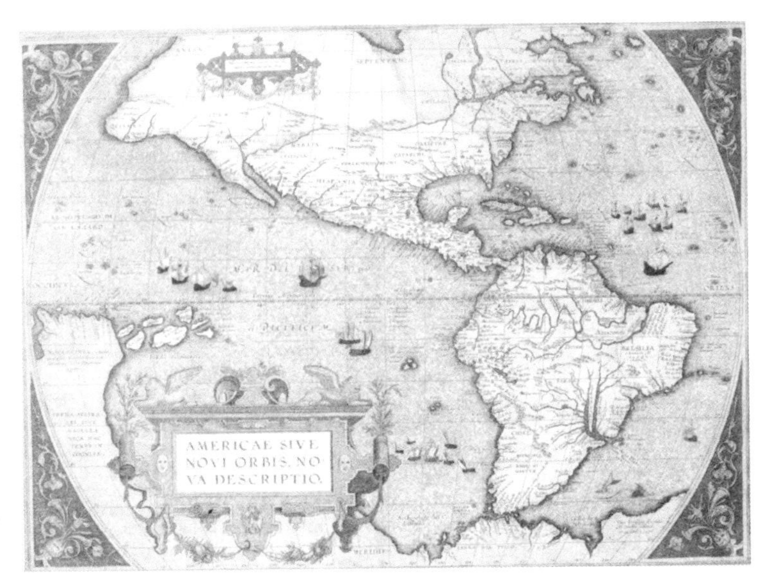

〈그림 4〉 에이브러햄 오르텔리우스(Abraham Ortelius)의 「테아트룸 오르비스 테라룸」(*Theatrum Orbis Terrarum*; 1570년에 제작된 최초의 근대적 지도)에 들어 있는 '새 아메리카 지도.' 오르텔리우스가 제작한 지도의 1592년 판본(앤트워프에서 출간)에 들어 있는 이 지도는 크리스토퍼 뉴포트가 알고 있던 신세계의 모습을 보여 준다. 지도에 기록된 체서피크만은 1585년 랠프 레인(Ralph Lane)이 이끌고 로어노크섬에서 출발한 정주자들에게 발견되었다.

하고 있던 에스파냐인 가운데 3분의 1이 원정에 참가하고 있었다.[32] 그러므로 그들은 뉴포트의 무리(그들은 아메리카에 도착한 지 채 반 년이 안 되어 거의 반 정도가 병으로 목숨을 잃었다)와 달리 이미 신세계의 환경에 상당히 익숙한 사람들이다.[33]

---

32) Himmerich, *Encomenderos*, p. 10.

33) Alden Vaughan, *American Genesis. Captain John Smith and the Founding of Virginia*(Boston and Totonto, 1975), p. 31.

뉴포트가 이끄는 선박들에 함께 타고 간 승객들의 차림새가 '식민 정주자'의 모습을 하고 있었다는 사실은 이 항해의 목적을 분명히 말해준다. 튜더 시대와 스튜어트 시대 영국인들에게 '플랜테이션'(주민 집단의 식민planting을 의미한다)은 '콜로니'colony와 동의어였다.[34] 이것은 튜더 왕조 아일랜드에서도 표준적인 용법이었는데, 이곳에서 '콜로니'와 '플랜테이션'이라는 말은 당시 영국 정부의 지배하에 있지 않은 지역에 영국인들이 정주하는 것을 의미했다.[35] 이 두 단어는 이 말의 원어原語인 로마인들의 콜로니아에coloniae를, 그리고 농장이나 영지를, 혹은 다른 지역으로 가서 '식민'plant 혹은 정착하기 위해settle, 그리고 농사를 짓기 위해colere 고향을 떠나는 이주자 집단, 특히 퇴역 군인들을 상기시켰다.[36] 이들은 '콜로니스트'colonists보다는 플랜터planters로 알려져 있었는데, 이 '콜로니스트'라는 말은 18세기에 들어와서야 사용되기 시작한 것으로 보인다. 1630년 영국인들이 신세계에 여러 개의 정주지를 건설했을 때 한 익명의 저술가가 이렇게 썼다: '우리는 콜로니라는 말을 한 국가 혹은 민족의 일부가 떨어져 나와 다른 지역에 가서 정착한 사람들의 사회를 가리키는 말로 사용한다.'[37]

---

34) M. I. Finley, 'Colonies—an Attempt at a Typology', *TRHS*, 5th ser., 26(1976), pp. 167~88.

35) Nicholas Canny, *Kingdom and Colony. Ireland in Atlantic World, 1560~1800* (Baltimore, 1988), p. 13.

36) 플랜테이션과 콜로니(어떤 땅에 정착하고 그 땅을 일구며 사는 사람을 의미한다)에 어떤 차이가 있는가는 엠마누엘 다우닝이 1633년에 쓴 한 편지에서 나타나고 있는데, 그는 퍼디난드 고지(Ferdinando Gorges) 경과 그의 동업자들이 '최근 몇 해 동안 뉴잉글랜드에 플랜테이션을 만들기 위해 노력했다, 그리고 최근에는 윈스럽(Winthrop) 씨가 건설하고 식민한 그 땅에 대한 소유권을 주장했다…'라고 썼다(Francis J. Bremer, John Winthrop, *America's Forgotten Founding Father*[Oxford, 2003], p. 233에서 재인용).

37) *The Planter's Plea*(Anon., 1630), in Myre Jehlen and Michael Warner(eds.), *The English Literatures of America, 1500~1800*(New York and London, 1997), p. 100. '식민정주자'

'플랜터'planter(식민정주자)에 해당하는 에스파냐어는 '포블라도르'poblador였다. 1498년 루이스 롤단Luis Roldán이 에스파뇰라섬에서 콜럼버스의 아우들이 다스리는 정부에 대항하여 반란을 일으켰을 때, 그 자신과 동료 정주자들을 '콜로노'colonos라고 부르지 말고 베시노vecinos; householders로 불러달라고 요구했는데, 이때 베시노는 물론 카스티야의 법에서 '베시노'로 일컬어진 사람들이 갖는 권리를 모두 가진 집단을 의미했다.[38] '콜로노'는 무엇보다도 지대 지불 의무가 수반된 땅을 일구며 살아가는 노동자였고, 롤단은 자신이 결코 그런 노동자 신분에 속하지 않는다는 것을 주장한 것이었다. 그 이후의 용어 사용도 이 입장을 견지했다. 합스부르크 왕조 시대 에스파냐령 아메리카 영토는 영국령 아메리카 영토와 달리 '콜로니'라 불리지 않았다. 그 영토는 카스티야 왕국이 소유하는 왕국들kingdoms이었으며, 그곳에 사는 사람들은 '콜로노'가 아니라 정복자와 그 후손들, 혹은 포블라도르(후에 아메리카에 도착한 사람들은 모두 이 명칭으로 불렸다)들이었다.

반대로 영국인들은 '정복자'가 아니라 항상 '식민정주자'planters였다. 영국인의 어법과 에스파냐인의 어법 간의 차이는 일견 해외 정주에 대한 두 나라의 상반된 접근을 말해 주는 것처럼 보인다. 버지니아회사의 토머스 게이츠 경Sir Thomas Gates과 그의 동료 창립자들은 국왕에게 '사람들이 보통 버지니아라고 부르는… 아메리카의 땅'에 여러 부류의 우리나라 사람들로 이루어진 콜로니를 건설하고 정주하는 것을' 허가해

(planter)와 호환적으로 사용할 수 있는 단어로서 '정착자'(Settler)라는 말이 처음 나타난 것은 17세기 말이다.

38) Jaime Eyzaguirre, *Ideario y ruta de emancipación chilena*(Santiago de Chile, 1957), p. 27.

달라고 요청했다.[39] 여기에 정복에 대한 언급은 없다. 반면에 1518년 카스티야 왕실과 디에고 벨라스케스 간에 체결한 계약은 벨라스케스에게 '유카탄과 코수멜을 발견하고 정복하러 갈' 권한을 허용하는 것으로 되어 있다.[40] 그러나 16세기~17세기 초 영국의 식민 사업 추진자들의 머릿속에 정복의 개념이 들어 있지 않은 것은 아니다. 에스파냐인들이 그들에게 선례를 제공하고 있었다. 에스파냐의 사례는 아버지elder 리처드 해클루트가 1585년 「버지니아 식민 사업을 위한 팸플릿」Pamphlet for the Virginia Enterprise을 쓸 때 그에게 많은 시사를 제공했는데, 이 소책자에서 그는 인디언들의 저항에 직면하여, '비록 그것이 쉽지는 않겠지만 우리는 결국 그들을 정복하고 요새를 세우고, 쾌적하고 비옥한 그곳에 (사람들을) 식민할 수 있을 것이며, 나중에는 그들(인디언들) 모두를 복속시키고, 그들을 문명세계로 이끌게 될 것이다'라고 썼다.[41]

첫 인상은 고무적이지 않았다. 체서피크만에 도착한 뉴포트 선장은 한 무리의 선원들을 웨일즈 공의 이름을 따서 '헨리곶'Cape Henry이라고 명명한 곳에 상륙시켰는데, 이들은 '야만인 다섯 명의 공격을 받아 그 중 두 명이 중상을 입는' 사태에 직면하게 되었다.[42] 영국인들은 당시 그 사실을 모르고 있었지만, 이 사건이 그 지역 원주민들과 유럽인 침입자 간의 최초의 만남은 아니었다. 이미 에스파냐인들이 이곳 해안 지

---

39) Philip L. Barbour(ed.), *The Jamestown Voyages under the First Charter, 1606~1609* (2 vols, Hakluyt Society, 2nd ser., 136~7, Cambridge, 1969), 1, doc. 1, p. 24(Letters Patent to Sir Thomas Gates and Others, 10 April 1606).

40) Milagros del Vas Mingo, *Las capitulaciones de Indias en el siglo XVI*(Madrid, 1986), doc. 10.

41) Taylor, *Writings of the Two Hakluyts*, 2, doc. 47, p. 330.

42) Smith, *Works*, 1, p. 205; Vaughan, *American Genesis*, p. 27.

역에, 그러니까 1557년에 산타엘레나Santa Elena(후에 사우스캐롤라이나로 발전한다)에, 그리고 후에는 플로리다(여기에서 페드로 메넨데스 데 아빌라가 1565년 프랑스 위그노들의 정주지를 파괴하고 세인트어거스틴 시를 건설했다)에 요새를 건설하려고 시도한 적이 있었다.[43] 그러고 나서 5년 후에 메넨데스의 축복 하에 여덟 명의 예수회 수사가 예수회 플로리다 지부 부관구장 후안 바우티스타 데 세구라Juan Bautista de Segura 신부의 인도로 산타엘레나를 출발했다. 그들은 안내인 겸 통역으로 젊은 알공퀸족 추장을 동행시키고 있었는데, 그는 그전에 꾸려진 원정에도 참가한 적이 있었고, 누에바에스파냐 총독 이름을 따 돈 루이스 데 벨라스코Don Luis de velasco라는 세례명을 갖고 있기도 했으며, 에스파냐를 방문하여 펠리페 2세Philip II 를 알현한 적도 있는 자였다. 이 젊은 추장은 아마도 고향으로 돌아가고 싶은 마음에 예수회 신부들을 설득하여 아하칸Ajacán에 선교구를 세우도록 부추겼던 것으로 보인다. 이 아하칸이 체서피크 어디쯤에 위치했는지 정확히 알 수는 없지만 아마도 미래의 제임스타운에서 5마일쯤 떨어진 곳이었던 것으로 보인다. 1571년 이 벨라스코는 핑계를 대고 자신의 부족에게 돌아갔는데, 후에 그는 동료 인디언들을 데리고 와 예수회 선교구를 파괴해 버렸다. 1572년 에스파냐인들은 이에 대해 보복 원정을 단행했으며, 그후 아하칸은 버려지고 황폐화되었다. 일부에서 주장하고 있듯이, 만약 벨라스코가 다름 아닌 '황제' 포와탄powhatan의 동생 오페찬카누Opechancanough가 맞다면 뉴포트와 그

---

43) 이 지역에 대한 초기 에스파냐인들의 관심에 대해서는 Paul E. Hoffman, *A New Andalucia and a Way to the Orient. The American Southeast During the Sixteenth Century*(Baton Rouge, LA and London, 1990)을 참조.

의 동료들은 유럽인들의 방식에 대해 이미 알고 있었을 뿐 아니라 그 방식을 매우 못마땅하게 생각하고 있던 인디언들의 땅에 눈독을 들인 셈이 된다.[44)]

뉴포트의 원정대는 좀더 안전한 상륙지점을 찾아 곶을 횡단하고 강을 거슬러 올라가 1607년 5월 13일, 향후 식민지의 첫 정주지가 될 제임스타운의 터전이 될 곳에 상륙했다. 런던 회사는 출항 전에 이미 식민지를 이끌어 갈 기구로 일곱 명으로 이루어진 주민위원회를 구성해 놓고 있었으며, 이 기구의 주도하에 곧바로 도시 터 닦기와 요새 건설이 시작되었다. 수심 깊은 정박지를 갖고 있었던 제임스타운은 영국 판 베라크루스, 즉 정찰과 배편으로 들어오는 보급품 공급의 전초기지가 될 것이었다.

베라크루스의 인디언들과 마찬가지로 이곳 인디언들도 유럽인들을 호의적으로 맞아 주었던 것으로 보인다: "야만인들은 가끔 호의를 갖고 우리를 방문하곤 했다."(그림 5)[45)] 뉴포트는 한 무리를 이끌고 강 상

---

44) 아하칸에 대해서는 Clifford M. Lewis and Albert J. Loomie(eds.), *The Spanish Jesuit Mission in Virginia, 1570~1572*(Chapel Hill, NC, 1953)와, Charlotte M. Gradie, 'Spanish Jesuits in Virginia. The Mission that Failed', in *The Virginia Magazine of History and Biography*, 96 (1988), pp. 131~56을 참조. David J. Weber, *The Spanish Frontier in North America*(New Haven and London, 1992), pp. 71~3도 같이 참조 바람. '돈 루이스 데 벨라스코'와 '오페찬카누'가 동일인인지 아닌지에 대해서는 Carl Bridenbauch, *Jamestown, 1544~1699*(New York and Oxford, 1989), pp. 14~20을 참조. 동일인이라는 주장에 대해 많은 이의가 제기되고 있는데, 예를 들어 Helen C. Rountree, *Pocahontas's People. The Powhatan Indians of Virginia through Four Centuries*(Norman, OK and London, 1990), pp. 18~19를 보라.

45) Smith, *Works*, 1, p. 206. 제임스타운 초기 시절 정주자와 포와탄 간의 관계에 대하여는 Martín H. Quitt, 'Trade and Acculturation at Jamestown, 1607~1609: the Limits of Understanding', *WMQ*, 3rd ser., 52(1995), pp. 227~58 참조.

〈그림 5〉 바솔로뮤 고스널드(Bartholomew Gosnold)를 환영하고 있는 뉴잉글랜드 원주민들. Theodor de Bry, *America*, book XIII (Frankfurt, 1628)에서 발췌. 고스널드는 1607년 크리스토퍼 뉴포트가 이끈 제임스타운 항해에 참여한 세 척의 배 가운데 한 척인 갓스피드(Godspeed) 호의 선장이었다. 그보다 5년 전에 그는 뉴잉글랜드 해안을 정찰한 바 있었는데, 이 정찰은 아메리카에 도착한 지 얼마 안 된 영국인들과 거래하기를 열망한 알공킨족 인디언들의 이상화된 재건의 무대를 제공해 주었다. 이 인디언들은 영국인들이 갖고 온 나이프와 자기들이 갖고 온 조개껍질 구슬 목걸이를 교환했다. 제임스타운에 도착한 고스널드는 다른 많은 동료들과 마찬가지로 식민지를 세우고 나서 몇 달 되지 않아 병사했다.

류 지역의 탐험에 나섰다. 그들은 "여러 개의 작은 주거지들을 지나 포와탄Powhatan이라는 마을에 도착했는데, 그 마을에는 작은 언덕 위에 옹기종기 들어선 열두 채의 가옥이 있었다." 언덕 뒤편에는 폭포가 있어서 영국인들이 타고 간 보트로는 더 이상 강을 거슬러 올라갈 수가 없었다. 뉴포트는 "폭포 입구에 있는 작은 섬들" 가운데 하나에 'Jacobus Rex. 1607'(국왕 제임스, 1607)라는 비문과, 그 밑에 자신의 이름을 새긴 "십자가 하나를 세웠다. 십자가를 세우면서 우리는 국왕 폐하를 위해, 그리고 이 사업이 큰 성공으로 끝나기를 기원했고, 큰 함성과 함께 그(국왕)를 이곳의 왕으로 선포했다."[46] 멕시코에서 에스파냐인들이 한 것처럼 영국인들도 공식적으로 토지를 점령한 것이다.

두 경우 모두 양심적인 사람들은 그들에게 과연 그럴 권리가 있었는지 의문을 제기했다. 로버트 그레이Robert Grey는 『버지니아에 행운을』*A Good Speed to Virginia*, 1609에서 "첫번째 반론은 저들이 우리에게 아무런 해를 입히지도 않고 우리에게 도발하지도 않았는데, 우리가 무슨 권리로 이 야만인들의 땅에 쳐들어가 재산을 빼앗고, 이들의 삶의 터전을 빼앗을 수 있는가 하는 것이다"라고 말했다.[47] 이것은 에스파냐인들이 이미 오래 전부터 고민해 온 문제였다. 신세계에 대한 에스파냐의 소유권 주장은 무엇보다도 1493~4년 교황 알렉산더 6세가 내린 교령敎令에 근거를 두고 있었다. 이것은 '로마누스 폰티펙스'[48]에서 포르투갈 왕실에 대한 교황의 정책으로 생겨난 전례에 따라 아시아로 가는 서쪽 항로에서 발견되었거나 발견될 섬 혹은 대륙에 대해 그곳 원주민들을 보호하고 그들에게 복음을 전할 책임을 떠맡는다는 조건하에 카스티야 왕들에게 지배권을 부여하는 내용으로 되어 있었다.[49]

---

46) Barbour, *Jamestown Voyages*, 1, doc. 13, p. 88 ('A Ralation... 21 May~21 June 1607').

47) Alexander Brown, *The Genesis of the United States*(2 vols, London, 1890), 1, doc. lxxxix, p. 299; Wesley Frank Graven, 'Indian Policy in Early Virginia', *WMQ*, 3rd ser., 1(1944), pp. 62~82, at p. 65.

48) Romanus Pontifex, 1455: 교황 니콜라스 5세가 포르투갈의 왕 아퐁수 5세에게 내린 교령을 가리킨다—옮긴이.

49) Charles Verlinden, *The Beginnings of Modern Colonization*(Ithaca, NY and London, 1970), pp. 230~1. 알렉산더의 칙령의 해석에 대한 최근의 간략한 고찰에 대해서는 Guy Bédouelle, 'La donation alexandrine et le traité de Tordesillas', in *1492. Le choc des*

그런 지배권의 탈취에 대해 원주민들의 반응이 항상 호의적이리라 기대할 수는 없었기에 그들이 평화적으로 기꺼이 복속될 마음을 갖고 있었다는 사실이, 레케리미엔토requerimiento를 그들에게 큰 소리로 낭독해 줄 때 거기에 그들이 있었다는 사실에 의해 확인되어야 했다. 레케리미엔토란 1512년 유명한 법학자 후안 로페스 데 팔라시오스 루비오스Juan López de Palacios Rubios가 작성한 악명 높은 문서인데, 에르난 코르테스의 원정을 포함하여 발견과 정복을 위한 모든 원정에서 빠짐없이 이것이 활용되었다. 이 문서는 먼저 기독교 교리와 인류 역사를 간략히 요약한 다음, 성 베드로와 그의 계승자들(즉 교황들)이 전 세계에 대해 지배권을 갖고 있으며, 그들이 새로 발견된 땅을 페르난도와 이사벨에게 하사했고, 그러므로 지역 원주민들은 그들에게 복종해야 하며, 만약 복종하지 않으면 그들을 상대로 전쟁을 수행할 수 있으며 그 전쟁은 정당하다는 내용으로 되어 있었다.[50] 이런 식으로 비기독교도 주민들과 그들의 영토를 교황이 (다른 기독교도들에게) 나눠 줄 수 있는 권한이 있는가에 대해서는 후에 프란시스코 데 비토리아Francisco de vitoria 같은 에스파냐 학자들이 의문을 제기하게 된다. 그러나 교황이 지배권을 (에스파냐인들에게) 양여讓與한 사실은 코르테스도 그렇게 하려고 했던 것처럼, 다른 근거나 주장들에 의해 강화·보완되기도 했지만 그후로도 에스파냐

---

deux mondes(Actes du Colloque international organise par la Commission Nationale Suisse pour l'UNESCO, Geneva, 1992), pp. 193~209를 참조.

50) Juan López de Palacios Rubios, *De las islas del mar océano*, ed. S. Zavala and A. Millares Carlo(Mexico and Buenos Aires, 1954), pp. cxxiv~cxxvi; James Muldoon, *The Americas in the Spanish World Order, The Justification for Conquest in the Seventeenth Century*(Philadelphia, 1994), pp. 136~9; Patricia Seed, *Ceremonies of Possession in Europe's Conquest of the New World, 1492~1640*(Cambridge, 1995), ch. 3.

인들이 인디아스에 대해 소유권을 주장하려 할 때 가장 기본적인 근거가 되어 주었다.

그러나 프로테스탄트 국가인 잉글랜드가 점령과 지배의 권리를 둘러싸고 똑같은 문제에 직면하게 되었을 때 교황의 허가는 분명 잉글랜드인들이 택할 수 있는 명분이나 근거가 될 수 없었다. 그러나 교황의 양여에 기반을 둔 주장이 갖는 일반적 취지는 리처드 해클루트의 다음과 같은 언급에서 알 수 있듯이 영국의 상황에도 어렵지 않게 적용될 수 있었다: "오늘날 잉글랜드의 왕과 여왕들은 '신앙의 수호자'라는 칭호를 갖고 있다. 내 생각에는 그러므로 그들은 그리스도교 신앙을 유지하고 수호할 책임뿐만 아니라 그것을 확대·발전시킬 책임도 갖고 있다."[51] 그러므로 잉글랜드도 에스파냐와 마찬가지로 아메리카에서 신이 부여한 소명을 갖고 있었으며, 그 소명은 1583년 크리스토퍼 칼레일Christopher Carleill의 언급처럼 "야만인들을 그리스도교와 문명 세계로… 이끄는 것"이라고 생각되었다.[52]

뉴포트가 도착할 당시 버지니아회사는 그곳의 원주민들보다는 그 이전에 에스파냐인들이 천명한 소유권 주장에 더 신경을 써야 했던 것으로 보인다. 식민정주자들은 원주민들과는 평화롭게 잘 살 수 있을 것이라고 생각했다. 수년 후 윌리엄 스트래치William Strachey는 에스파냐가 주장하는 소유권을 이렇게 부정했다: "어떤 군주도 새로 발견된 땅 가운데 그 군주의 신민이 직접 발견하고 실제로 점령한 땅 말고는… 소유권

51) Richard Hakluyt, 'Discourse of Western Planting'(1548) in Taylor, *Writings of the Two Hakluyts*, 2, p. 215.

52) D. B. Quinn(ed.), *The Voyages and Colonizing Enterprises of Sir Humphrey Gilbert* (Hakluyt Society, 2nd. ser., vols. 83~4, London, 1940), 2, p. 361.

을 주장할 수 없다."[53] 영국인들에게는 땅을 물리적으로 점령하고 있는가, 그리고 그것을 기존의 관행에 따라 실제로 이용하고 있는가 그렇지 않은가가 소유권을 결정하는 가장 중요한 요소였던 것이다.

무주물 원칙res nullius이라는 로마법에 근거한 이 주장은 명목상으로 소유권을 가졌다고 할 수 있을지라도 실질적인 정주를 통해 그것을 확실히 하고 있지는 못했던 에스파냐인들의 주장을 논박하는 데 쉽게 이용될 수 있었다. 그러나 이 주장은 비록 정주 초기에는 모든 상황을 숨기는 것이 현명한 것처럼 생각되어 드러내기를 꺼렸지만 얼마 가지 않아 영국인들이 인디언들의 땅을 점령하면서 내세운 정당화의 가장 중요한 근거가 되기도 했다.[54] 1610년 버지니아회사 직원들 앞에서 한 설교에서 윌리엄 크래쇼William Crashaw는 버지니아 사업을 정당화하는 주장을 개진했는데, 그 가운데 하나는 에스파냐 신학자 프란시스코 데 비토리아의 이론을 차용한 것이었다.[55] 그것은 만민법law of nations, ius gentium에 제시되고 있는, 교역과 교통의 자유에 관한 보편적 권리에 근거를 두고 있었다. 그는 "그리스도교도들은 이교도들과 거래할 수 있다"고 주장했다. 정당화의 또 다른 근거도 있었다. 그는 계속해서 "우리는 그들이 우리에게 허용할 수 있는 만큼만 취할 것이다. 첫째는 그들의 잉여 토지만을 취할 것이다……"(무주물 원칙의 논리이다). "둘째, 그들의 잉여물만을 취할 것이다……" 마지막으로, 그는 크리스토퍼 칼레일과 그 외

---

53) William Strachey, *The Historie of Travell into Virginia Britania*(1612), ed. Louis B. Wright and Virginia Freund(Hakluyt Society, 2nd ser., vol. 103, London, 1953), pp. 9~10.

54) Pagden, *Lords of All the World*, pp. 76~7.

55) Francisco de Vitoria, *Political Writings*, ed. Anthony Pagden and Jeremy Lawrance (Cambridge, 1991), pp. 278~80('On the American Indians', 3.1).

다른 사람들이 엘리자베스 여왕 치세에 이론화한 잉글랜드의 국가적 소명을 언급했다. "우리는 야만인들이 가장 필요로 하는 것을 제공할 것이다. 첫째, 그들의 신체를 위해 문명을 제공할 것이고, 둘째, 그들의 영혼을 위해 기독교 신앙을 제공할 것이다."[56) 그들은 이런 논리로 자신들의 사업에서 제기될 수 있는 모든 도덕적, 법적 반대를 극복하려고 했다.

인디언들과 관계를 만들어 가는 과정에서 뉴포트와 그 동료들은 런던 본사로부터 분명한 지시를 받고 있었다: "모든 과정에서 가능한 한 최선의 노력을 다해 그곳 원주민들과 평화롭게 교류할 것……"[57) 의심의 여지없이 멕시코의 사례에 고무되어(멕시코에서는 원주민들이 이상하게 생긴 백인 방문자들을 불사의 존재로 믿었다는 주장이 있었다) 런던의 위원회는 식민정주자들 가운데 누가 죽으면 그 사실을 은폐하여 원주민들이 "그들(식민정주자들)도 평범한 사람들에 불과하다"는 생각을 갖지 않도록 하라고 지시했다.[58) 그러나 현지 원주민들이 이런 술책에 속아 넘어가거나 겁을 집어먹지는 않았던 것 같다. 뉴포트가 제임스강을 정찰하기 위해 정주지에서 나가 있는 동안 인디언들이 제임스타운을 기습하여 두 명의 영국인을 살해하고 10여 명에게 부상을 입힌 사건이 발생했으며, 이에 영국 선박들은 해안 지역 원주민 부락을 대포로 공격해 보복한 일도 있었다.[59) 원주민과 무난한 관계를 수립하는 일은 이 원정에 재정 지원을 한 런던의 후원자들이 예상했던 것보다 분명 훨씬 어

56) William Crashaw's Sermon of 21 February 1609(i.e. 1610 New Style) in Brown, *Genesis of the United States*, 1. doc. cxx, p. 363.

57) Barbour, *Jamestown Voyages*, 1, doc. 4, p. 51.

58) *Ibid.*, p. 52.

59) Ian K. Steele, *Warpaths, Invasions of North America*(Oxford, 1994), p. 41.

려운 문제였다.

영국인 정주자들이 부딪혀야 했던 상황은 언뜻 보기에 멕시코에서 코르테스가 부딪혀야 했던 상황의 축소판 같았다. 원래 체나코마카Tsenacommacah라고 불렸던 이 지역은 포와탄이라는 이름의 '황제'에 의해 지배되고 있었는데, 뉴포트는 포와탄 폭포에서 있었던 그와의 첫 만남 때 선물을 주고받기도 했다. 포와탄은 그 이전 반세기 동안 이 지역에서 세력을 구축해 오고 있었으며, 전쟁과 술책을 통해 이 지역의 알공퀸어 사용 부족들을 지배해 오고 있었다. 그의 '제국'이 부나 인구 면에서 몬테수마의 제국과 비교될 수 없음은 물론이지만, 그래도 북아메리카에서는 아스테카 제국에 가장 근접한 모습을 하고 있었던 것으로 보인다.[60] 16세기 동안 에스파냐인들이 유럽에서 갖고 온 역병이 북쪽으로도 확산되어 북쪽 해안 지역 원주민들을 휩쓸었고, 그로 인해 당시 이곳에는 인구가 많지 않은 상태였다.[61] 중아메리카central America의 몬테수마의 제국이 코르테스 원정 당시 500만~2,500만의 인구를 갖고 있었던 것에 비해 1607년경 포와탄의 제국의 인구는 1만 3,000에서 1만 5,000명 정도에 불과했다.[62] 원주민 인구의 규모와 밀도의 차이는 두 식민지 세계가 그 이후 갖게 되는 특징에 큰 영향을 미치게 된다.

몬테수마는 백인 침입자들에게 쉽게 굴복하고 말았지만 포와탄은

---

60) James Axtell, *After Colombus. Essays in the Ethnohistory of Colonial North America* (Oxford, 1988), ch. 10 ('The Rise and Fall of the Powhatan Empire').

61) Francis Jennings, *The Invasion of America*(Chapel Hill, NC, 1975), pp. 23~4; Axtell, *After Columbus*, p. 186.

62) 정복 이전의 멕시코 인구에 관한 논쟁에 대하여는 Thomas, *The Conquest of Mexico*, appendix 1; 포와탄의 인구에 대해서는 Frederic W. Gleach, *Powhatan's World and Colonial Virginia. A Conflict of Cultures*(Lincoln, NE and London, 1997), p. 26 참조.

침입자들에게 결코 만만한 존재가 아니었다. 선장 존 스미스John Smith의 묘사에 의하면 '키가 크고 균형 잡힌 체형에 음산한 얼굴'을 갖고 있던 포와탄은 웅장함과 호화로움에서는 몬테수마에 비할 바가 못 되었지만, 그가 사는 모습 역시 영국인들에게 깊은 인상을 남길 정도는 되었다. '그의 곁에는 보통 40~50명의 건장한 전사들로 이루어진 호위대가 항상 동행했다. 매일 저녁 그가 사는 집 모퉁이에는 네 명의 보초가 배치되는데, 그들 각각은 화살 한 대 거리에 위치해 있었다. 30분마다 호위대원 가운데 하나가 소리를 지르면 보초들은 각기 자기 자리에서 응답해야 했다. 만약 응답하지 않으면 호위대가 사람을 보내 심한 매질로 응징을 했다.'[63] 포와탄은 외부침입자들(영국인)이 자신에게 이득이 될 수 있다는 사실을 재빨리 간파했다. 그는 영국인들이 갖고 온 물건들, 그 중에서도 모두가 탐내는 구리를 이용해 자신의 입지를 강화할 줄도 알았는데, 그는 그것을 이용해 하급 족장들의 충성심을 샀다. 또 그는 모나칸족the Monacan이나 체서피크족the Chesapeake 등 자신의 적들을 상대로 싸울 때 머스킷 총을 보유한 영국인들을 동맹으로 삼아 귀중한 도움을 그들로부터 받을 수 있을 것으로 생각했다. 만약 그들(영국인들)이 그곳에 계속 머물려고 한다면 식량 공급을 자신에게 의존할 수밖에 없었기 때문에 그들을 또 하나의 종속적 부족으로 붙잡아 둘 수 있으리라고 생각했던 것이다. 폭포 근처에서 두 사람이 만나 선물을 교환한 것이 포와탄에게는 (원주민) 적들과의 싸움에 대비해 영국인들과 군사동맹을 체결한다는 의미를 갖고 있었다.[64]

63) Smith, *Works*, 1, p. 173.

64) 포와탄과 영국인 간의 초창기 관계에 대하여는 Rountree, *Pocahontas's People*; Gleach,

영국인들은 그들대로 비슷한 생각을 하고 있었는데, 그들은 포와탄과 그 주민들을 아직 자리를 잡지 못하고 있는 (영국인) 식민지 사회에 식량을 안정적으로 공급해 줄 속국 주민으로 만들 수 있을 것으로 기대했다. 그러나 문제는 이 목적을 어떻게 현실화할 수 있느냐였다. 윌리엄 스트래치는 후에 토머스 게이츠 경의 말을 인용하여 '침입이나 정복 사업 혹은 멀리 떨어진 지역에서 벌이는 플랜테이션 가운데 바로 그 지역 혹은 그 근처에 모종의 다른 인간 집단 없이 성공한 예는 거의 없다. 세계 도처에서 진행된 정복들과 아메리카에서 에스파냐인들이 이룩한 모든 정복들이 그것을 말해 준다'라고 말했다.[65] 포와탄의 지배에 불만을 가진 적대적인 부족들이 존재하고 있었기 때문에 이론적으로는 이것이 가능하다고 할 수 있었다. 그러나 사실 그 지역 전체에 대한 포와탄의 지배력이 워낙 강했기 때문에 새 (영국인) 식민지 지도자들이 코르테스처럼 중간에서 농간을 부려 원주민 부족들끼리 싸움을 붙일 수 있을지는 극히 불투명했다.

1607년 뉴포트가 굶주림과 질병에 지친 백인 정주자들을 구하기 위해 보급품을 가져오려고 잉글랜드로 떠났을 바로 그 무렵 7명으로 이루어진 주민위원회의 일원이었던 선장 존 스미스가 포와탄이 지배하는 제국 한가운데 위치해 있었지만 제국에 속하지는 않았던 치카호미니Chikahominy족과의 협상 임무를 띠고 원정대를 이끌고 내륙으로 들어갔다. 그러나 12월에 그는 포와탄의 동생이자 후에 그를 계승하게 될 오페

Powhatan's World, 그리고 Axtell, *After Columbus*, ch. 10 외에 April Lee Hatfield, *Atlantic Virginia. Intercolonial Relations in the Seventeenth Century*(Philadelphia, 2004), ch. 1을 참조.

65) Strachey, *Travell into Virginia*, p. 106.

찬카누가 이끄는 무리에게 붙잡혀 몇 주 동안 갇혀 있어야 했다. 그러고 있는 동안 그에게 강요된 여러 가지 의식儀式과 포와탄의 딸 포카혼타스 Pocahontas가 그를 '구출'한 것과 관련하여 여러 가지 이야기가 있다. 그러나 이 에피소드는 포와탄이 영국인들을 자신의 지배하에 복속시키고 그들을 체나코마카의 영역 안에 끌어들이기 위해 취한 일련의 과정 가운데 하나였던 것으로 보인다.[66] 포와탄과의 대화중에 스미스는 뉴포트를 '내 아버지'라고 말했고,[67] 포와탄은 그런 스미스를 하급대장 가운데 한 명 정도로 보고, 그를 자기네 신민들과 얼마간 같이 생활하게 하여 포와탄 주민처럼 만든 다음, 그를 다시 돌려보내면 영국인들의 순종을 이끌어내는 데 도움이 될 것으로 생각한 것으로 보인다. 스미스는 1월 초, 그러니까 뉴포트가 굶주림에 시달리고 있던 식민지가 절실하게 필요로 하는 보급품을 갖고 돌아온 바로 그 시점에 풀려났다.

1608년 4월 뉴포트가 다시 새 정주자들을 데려오고 보급품을 가져오기 위해 영국으로 떠난 뒤 스미스는 여러 파당으로 분열된 식민지에서 지배적인 위치를 차지하는 데 성공했다. 유럽에서 풍부한 전쟁 경험을 가진 직업 군인 출신이었던 그는 그해 9월 정주지의 주민위원회 위원장에 선출되었다. 당시 정주지는 강력한 리더십을 필요로 했고, 그것을 제공할 수 있는 사람은 오직 그 뿐이었다.

포와탄의 한 주술사는 당시 "수염을 기른 사람들이 와서 그들의 나라를 뺏어갈 것"이라고 예언했다는데,[68] 이는 몬테수마의 행동에 영향

---

66) Gleach, *Powhatan's World*, pp. 109~22의 해석을 참조.
67) Smith, *Works*, 1. p. 55.
68) Axtell, *After Colombus*, p. 129.

을 주었던 것으로 알려진 예언과 흡사하다. 그러나 멕시코의 경우와 마찬가지로 버지니아에서 나타난 이런저런 '예언'이라고 하는 것도 사건이 있고 나서 조작된, 패배를 합리화하기 위해 만들어 낸 것일 가능성이 높다.[69] 그러나 포와탄은 적어도 이미 예정된 운명에 체념하여 굴복하는 모습을 보이지는 않았다. 그는 제임스타운 정주지가 자체적으로는 지속적인 식량 조달이 불가능하다는 점을 이용하여 백인 정주지를 상대로 '고양이와 쥐 놀이'를 할 수 있을 정도로 교활함과 기술을 겸비하고 있었다. 그의 그런 간계에 대처하기 위해서 영국인들은 에르난 코르테스 같은 사람을 필요로 했고, 그들은 포로 생활을 하는 동안 인디언들의 방식에 대해 얼마간의 지식을 습득하고 있었던 스미스가 그런 사람일 것으로 생각했다.

포와탄의 자신만만한 태도와 몬테수마가 보여준 바 있던 주저하는 태도 간의 대조는 포와탄의 대관戴冠이라는 기이한 사건에서 더욱 분명하게 드러나는데, 이 사건은 80년 전 테노치티틀란에서 일어난 일과 비슷하다. 코르테스가 몬테수마의 '자발적인' 복속을 끌어냄으로써 자신의 행동을 합법화하려고 한 것처럼, 버지니아회사도 아마도 멕시코의 예를 모방하여 비슷한 방식으로 자신들의 행동을 합법화하려고 했던 것으로 보인다.

뉴포트는 1608년 9월 잉글랜드에서 돌아왔다. 돌아올 때 그는 회사로부터 그 지역에 대한 지배권이 제임스 1세에게 있다는 것을 공식 인정

69) Elliott, *Spain and its World*, pp. 36~8; James Lockhart(ed.), *We People Here. Nahuatl Accounts of the Conquest of Mexico*(Repertorium Columbianum, 1. Berkeley, Los Angeles, and London, 1993), p. 17; Susan D. Gillespie, *The Aztec Kings*(Tucson, AZ, 1989), pp. 226~30.

하는 언급을 포와탄에게 받아 내라는 지시를 받고 있었다. 그러나 몬테수마와 달리 포와탄은 영국인들에게 인질로 잡혀 있지도 않았고, (복속을 약속하는) 예식을 위해 제임스타운을 방문해 달라는 뉴포트의 요구도 단호히 거절했다. 그는 뉴포트에게 '이곳의 왕은 나다. 이곳은 내 땅이다… 내가 당신 아버지에게 갈 것이 아니라 당신 아버지가 나에게 와야 한다'라고 말했다. 그래서 뉴포트는 여러 선물을 들고 직접 포와탄이 머무는 수도 웨로와코모코Werowacomoco로 찾아가야 했다. 그가 갖고 간 선물은 대야, 주전자, 침대, 가구, '자주색 외투와 겉옷' 등이었다. 이런 일련의 상황을 못마땅하게 생각한 대장 스미스의 조롱 섞인 표현에 따르면, 뉴포트는 그 외투와 겉옷을 "야단법석을 떨면서" 포와탄에게 입혀 주었다. 스미스는 '"포와탄이 왕관이 어떤 의미를 갖는지도 모르고, 무릎을 꿇으려고 하지 않는데도 그에게 왕관을 씌우기 위해 억지로 무릎을 꿇리려는 우스꽝스러운 장면이 연출되었다… 마침내 (옆에 있던 사람들이) 그의 어깨를 세게 누르자 그가 약간 상체를 구부렸으며, 그 틈을 타서 뉴포트는 재빨리 그에게 왕관을 씌웠다." 포와탄은 일제히 발사된 총소리에 깜짝 놀랐다가 정신을 차리고는 선물에 대한 답례로 자신의 "낡은 신발과 망토"를 뉴포트에게 건네주었다'라고 썼다.(그림 6)[70]

포와탄은 분명 몬테수마가 아니었다. 그리고 그의 '제국'은 에스파냐인들이 몬테수마의 제국에서 탈취한 것과 같은 엄청난 재물을 갖고 있지도 않았다. 1606년의 특허장은 식민지 주민위원회가 "모든 방법을 동원해 금과 은, 구리를 채굴하고 탐색할" 수 있게 하되, 그로부터 얻어지는 금은의 5분의 1(에스파냐의 2할세에 해당했다), 구리의 15분의 1은

70) Smith, *Works*, 1. pp. 236~7.

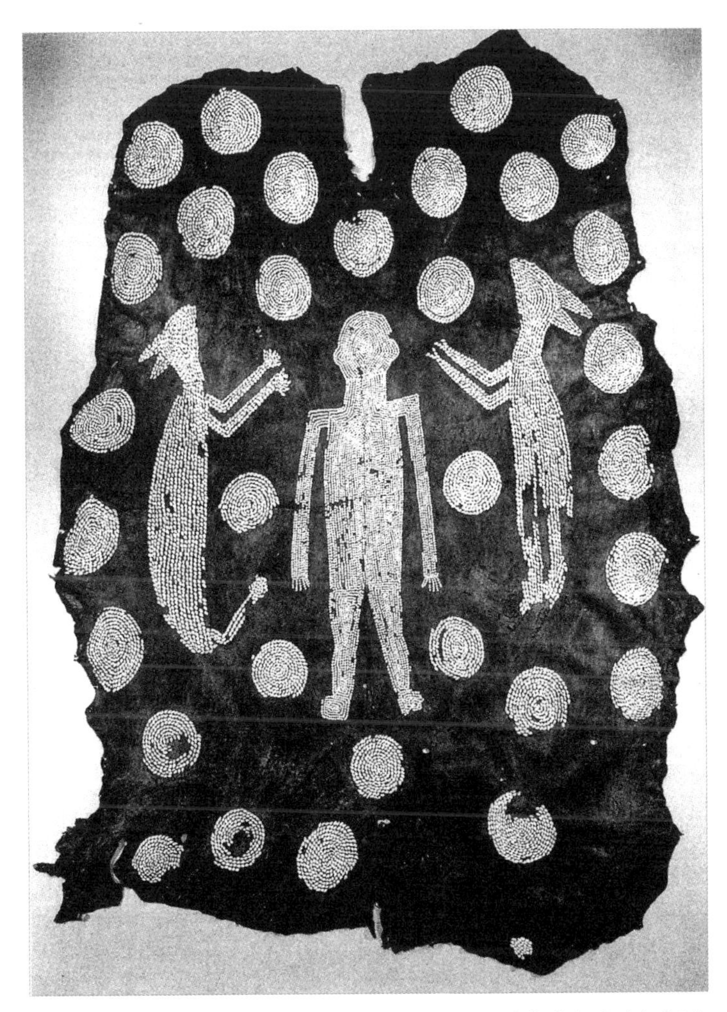

〈그림 6〉 포와탄의 망토. 조개껍질로 장식한 사슴가죽으로 되어 있다. 이 사슴가죽은 망토로 알려져 있지만 아마도 포와탄이 지배한 부족 혹은 마을의 상징물이었던 것으로 보인다. 현재 옥스포드의 애슈몰린 박물관에 소장중인 이 물건은 처음에는 1638년 '버지니아 왕의 옷'으로 기록되어 있었다. 이것은 원래 영국 왕 찰스 1세의 정원사였던 존 트러데스컨트(John Tradescant)가 수집한 '아크(The Arc)'라는 이름의 유명한 골동품 수집품 가운데 하나였다.

자동적으로 왕의 몫으로 한다고 규정했다.[71] 처음에는 기대가 상당히 컸다. 1607년 5월 혹은 6월에 식민지 주민 가운데 한 사람이 고향에 보낸 편지에는 다음과 같은 내용이 들어 있다:

> 이곳의 만灣, 강, 땅은 사람의 손길이 닿아 본 적이 없다. 여기에서 160마일 정도 떨어진 상류지역은 험준한 산과 바위로 둘러싸여 있는데, 아마 거의 무한한 양의 귀중한 자원이 묻혀 있을 것으로 보인다. 그러나 발견을 계속 추진하기에는 인원이 너무 적다. 이제 이곳에서는 왕의 위엄이 당당하게 천명되고 있다. 이곳은 어떤 그리스도교 군주에 의해서도 소유된 적 없는, 세계에서 가장 부유한 왕국이다. 우리는 앞으로 이 땅을 정복하고 발견하기 위해 원정대를 계속 파견할 것인데, 나는 네가 그 원정대의 일원이 되었으면 한다. 그러면 너는 우리 영국이 유럽의 어떤 다른 나라보다도 부강한 나라가 되는 것을 직접 목격할 수 있을 것이다.[72]

"이 땅을 정복하기 위해서"라고 되어 있다. 그러니까 뉴포트 일행의 사고방식이나 동기가 코르테스 일행과 별반 다르지 않았던 것이다. 금과 은, 공물供物로 대변되는 부의 획득이 바로 그들의 목적이었다. 그러나 뉴포트 일행의 기대는 곧 실망으로 바뀌었다. "인디언들은 금도 은도 갖고 있지 않다……"라고 1607년 8월 더들리 칼턴Dudley Carleton은 쓰고 있다.[73] 게다가 교역의 전망마저 매우 어두웠다. "이 지역의 상품은 보잘

---

71) Barbour, *Jamestown Voyages*, 1, doc. 1, p. 28.

72) *Ibid*., 1. doc. 17, p. 107(1607년 윌리엄 브로이스터가 보낸 편지).

73) *Ibid*., 1, doc. 21, p. 113.

것이 없다. 이곳 주민들은 다른 지역과 거의 교역하지 않으며, 수익收益에 대해 전혀 관심이 없다……"[74] 제한된 지역 자원, 일할 생각이라고는 전혀 없는 젠트리들이 우글거리는 식민지, 지역 상황에 대해 정확한 정보를 갖고 있지 않고 신속한 이익을 끌어내는 데만 골몰해 있는 본국의 모기업 버지니아회사, 포와탄 원주민들에게 식량 공급을 전적으로 의존해야만 하는 위험한 상황… 이 모든 것이 식민지를 붕괴 일보 직전으로 몰고 갔다. 제임스타운의 생명선을 계속 유지하기 위해 뉴포트가 자주 영국을 오고가야 했으므로 대장 스미스가 정주민들에게 나름대로 규율을 강제하기 위해 최선을 다하기는 했지만 식민지의 지휘체계는 일관성이 매우 부족했다. 당시 스미스는 인디언들에 대해 유화적인 접근을 거부하고 그들을 겁박하는 방식으로(이는 코르테스에게서 배운 것으로 보인다) 식량 확보에서 약간의 성과를 거두고 있었다.[75]

수년 후 스미스는 1609년에 떠나 다시는 돌아가지 않았던 식민지에서의 경험을 회상하면서 지배하는 위치에 있는 사람이 갖는 권리의 중요성에 대해서 언급했다: "콜럼버스, 코르테스, 피사로Francisco Pizarro, 소토Hernando de Soto, 마젤란, 그리고 그 외 모든 사람들은 오랜 준비 기간을 거치고 나서야 서인도제도에서 그들의 가장 기억할 만한 시도를 어떻게 시작할 것인지 알게 되었다……."[76] 그것은 사실 옳은 말이었다. 그러나 당시 상황도 스미스 자신의 기질도 그가 멕시코 정복의 과업을 북아메리카 땅에서 재연하는 것을 허용하지 않았다. 수년 동안 정주지가 생존

---

74) *Ibid.*, 1, doc, 14, p. 101.
75) Morgan, *American Slavery, American Freedom*, pp. 76~7.
76) Smith, *Works*, 1, p. 327.

할 수 있을 것인가는 양자, 즉 영국인과 포와탄 주민의 힘의 균형에 달려 있었으며, 1622년 1,240명의 정주민 가운데 약 400명이 사망하는 이른바 '대학살'이 발생하고, 그 후로 결국 영국인들이 점차 우위를 점하게 될 때까지 두 집단 간의 관계는 평화와 적대敵對가 번갈아 나타나는 상황의 연속이었다.[77] 그러나 이런 격심한 진통을 겪고 나서 태어난 버지니아 식민지는 많은 점에서 누에바에스파냐 부왕령과 달랐다. 누에바에스파냐와 달리 버지니아 식민지는 굶주림, 전쟁, 역병으로 수가 급감해 가는 원주민들이 바치는 공물과 부역의 기반 위에서 수립된 정치체가 아니었다. 그리고 구원의 손길이 찾아왔을 때, 그 구원은 금으로부터 온 것이 아니라 담배로부터 왔다.

동기와 방법

국왕 관리들과의 세력 다툼에서 밀린 코르테스는 황제에게 자신의 문제를 호소하기 위해 1528년에 에스파냐로 귀국했다. 황제는 그에게 총사령관직을 재확인해 주기는 했지만 누에바에스파냐 총독직은 허락하지 않았다. 1530년에 그는 누에바에스파냐로 돌아왔다. 그러나 중국과 몰루카제도로 가는 태평양 항로를 찾기 위한 원정은 많은 비용을 소모케 하고 심신을 탈진케 했으며, 이 원정에서 돌아온 뒤 1540년 다시 에스파냐에 귀국한 후로 다시는 아메리카로 돌아가지 못했다. 반면에 크

---

77) 포와탄 문화의 맥락에서 본 '1622년 대학살'에 관한 최근의 설명에 대해서는 Gleach, *Powhatan's World*, ch. 6을 참조. 글리치는 '학살'보다는 '쿠데타'라는 말을 선호한다. 다른 역사가들 중에는 '봉기'라는 말을 쓰는 사람도 있다(그의 책 Introduction, pp. 4~5를 참조). 그러나 모든 해석을 다 포용할 수 있는 하나의 단어는 없다.

리스토퍼 뉴포트는 1611년 아마도 제임스타운 정주지에 계속해서 식량을 공급하는 일에 신물이 난 나머지 버지니아회사 일을 그만 두고 동인도회사에 들어가서 그 회사를 위해 세번째 항해를 수행하는 중에 1617년 자바섬에서 숨을 거두었다. 두 사람은 모두 자신의 퇴진 과정에 실망을 느낄 만한 이유를 갖고 있었지만 각기 나름의 방식으로 제국의 토대를 닦았다고 할 수 있다. 대단한 리더십의 소유자였던 코르테스는 결연한 의지로 원정대원들이 타고 온 배들에 구멍을 뚫어 물속에 가라앉힌 다음 미지의 땅을 정복하여 자신의 주군, 즉 국왕에게 바치기 위해 원정대를 이끌고 내륙 지역으로 전진해 간 굳센 의지의 소유자였다. 그에 비해 타고난 선원이었던 뉴포트는 체서피크의 뱃길을 탐험하고, 북미 대륙 가장자리에 작은 정주지를 건설한 다음, 모국과의 생명선을 연결하여 그 정주지가 계속 유지될 수 있도록 만든 대단한 능력의 소유자였다.

이 두 사람이 이끈 원정대는 시간적으로나 공간적으로 많이 떨어져 있었지만 시간이 지날수록 가시화되어 간 중요한 차이점 못지않게 영국과 에스파냐의 식민화 과정에서 모종의 공통적 특징을 시사하는 유사점도 많이 갖고 있었다. 에스파냐와 영국의 아메리카 제국은 각각 '정복'의 제국과 '상업'의 제국으로 불려 왔다.[78] 그러나 이 (코르테스와 뉴포트의) 두 원정도 (양국의) 원정 동기가 그렇게 깔끔하게 구분되지 않음을 말해 주며, 식민화 방식 또한 단순한 분류와는 거리가 멀었다. 거의 집착이라고 할 정도로 정주에 열의를 보여 준 코르테스를 단지 황금에 눈이 먼 정복자라고 말할 수 있을까? 버지니아 사업의 주도자들이 오로지 상업적인 기회에만 관심을 갖고, 그 밖에 다른 것은 모두 도외시했을까?

---

78) James Lang, *Conquest and Commerce*.

튜더와 스튜어트 왕조 시대의 선전용 문건들은 아메리카 내 에스파냐인들의 활동에 대해 많이 언급하고 있는데, 그것은 식민화 사업에 대한 영국인들의 태도가 여러 가지 중요한 점에서 에스파냐인들로부터 많은 영향을 받았다는 것을 말해 준다. 그러나 동시에 에스파냐인들과 마찬가지로 영국인들도 그들 자신들의 우선적 고려사항과 목표를 갖고 있었고, 그것은 그들의 역사적 관심사, 축적된 경험, 당대의 관심 등에 의해 생겨난 것이었다. 제임스타운에 정주한 사람들과 멕시코를 정복한 사람들 모두의 열망과 행동은 두 경우 모두 수 세기 전으로 거슬러 올라가는 국가 차원의 정복과 정주 경험의 맥락 속에서만 완전히 이해될 수 있다. 역사적으로 카스티야와 잉글랜드는 모두 아메리카 식민화에 나서기 오래 전에 이미 원原식민 강국proto - colonial powers이었다.

중세 시대 잉글랜드는 브리티시제도諸島 내 비非잉글랜드 지역으로의 공격적인 팽창정책을 추구했었다. 웨일즈인, 스코틀랜드인, 아일랜드인 이웃을 상대로 전쟁을 했고, 켈트인들의 땅에도 잉글랜드의 이익을 증진시키고 잉글랜드적 가치를 고무할 공동체들을 건설한 적이 있었다.[79] 그러므로 잉글랜드인들은 식민화와, 식민화와 정복을 결합하여 뒤섞인 결과를 만들어 내는 데 필요한 경험을 이미 풍부하게 갖고 있었다. 스코틀랜드인을 상대로 한 싸움은 실패했지만 그 실패는 웨일즈인과의 싸움에서 거둔 승리로 균형이 맞추어졌다. 웨일즈는 1536년 잉글랜드 왕정(당시 이 왕정 자체는 웨일즈 왕조에 의해 지배되고 있었다)

---

79) R. R. Davies는 *The First English Empire. Power and Identities in the British Isles, 1093~1343*(Oxford, 2000)에서 식민화와 합병 과정으로서 잉글랜드가 중세 웨일즈와 아일랜드로 팽창한 것에 대해 날카로운 분석을 하고 있다.

에 공식 합병되었다. 바다 건너편에서는 잉글랜드인들이 게일족의 아일랜드를 복속시키고, 그곳에 잉글랜드인을 '식민하기' 위해 수 세기 동안 싸워 오고 있었으나 큰 성공을 거두지는 못했다. 12, 13세기에 노르만인들에 의해 장악되었던 영토의 상당 부분이 14, 15세기에 아일랜드인들에 의해 회복되었다.[80] 비록 1540년 헨리 8세가 아일랜드의 지위를 왕국으로 격상하기는 했지만 인구가 밀집하고 부유한 농업 지역이었던 페일인들the Pale의 지역[81] 너머에서는 잉글랜드의 지배권이 매우 불안한 상태이거나 아니면 아예 존재하지 않았다. 헨리 8세가 프로테스탄티즘으로 개종한 것과 함께 가톨릭적 성향이 강한 아일랜드에 대한 (잉글랜드) 왕권의 실효적 주장이 잉글랜드인들에게는 시급한 문제로 대두되었다. 엘리자베스의 치세 들어 아일랜드 땅에 대한 새로운 식민지 개척 사업이 한층 강력하게 추진되었고, 그에 따라 새 정복 전쟁 또한 강화되었다. 수십 년에 걸쳐 진행된 엘리자베스 시대 잉글랜드인들의 아일랜드 정주와 복속 과정은 만약 그렇지 않았더라면 대서양 저편에서 시작되고 있었던 정주지 건설 사업에 좀더 집중적으로 투입되었을 수도 있었을 국가적 에너지와 재원을 상당 부분 흡수해 버렸다.

마찬가지로 레콩키스타Reconquista(재정복운동)의 땅인 중세 에스파냐에서도 정복과 식민화의 결합이 굳건하게 자리 잡고 있었다. 레콩키스타는 이베리아반도의 땅을 무어인[82]의 지배로부터 해방시키기 위한 수 세기에 걸친 오랜 투쟁 과정이었다. 군사적이기도 하고 종교적이기

80) Nicholas Canny, *The Elizabethan Conquest of Ireland. A Pattern Established, 1563~1576*(New York, 1976), p. 118.

81) 12세기 이후 잉글랜드의 통치 하에 들어간 더블린 지역—옮긴이.

82) 이베리아반도에 거주하는 이슬람교도—옮긴이.

도 했던 이 사업은 전리품과 땅, 그리고 신민을 차지하기 위한 전쟁이기도 했고, (8세기에) 이슬람인들에게 상실한 광대한 영토를 그리스도교도들이 회복해 가는 십자군 전쟁이기도 했다. 그러나 그것은 주민의 대규모 이주를 포함하고 있기도 했는데, 왕실은 새로 회복된 방대한 땅을 개별 귀족들, 재정복 과정에 참여한 종교기사단들military-religious orders, 그리고 자치 도시들에게 나누어 주었으며, 그렇게 해서 그들은 넓은 후배지에 대한 지배권을 갖게 되었다. 새로운 기회에 이끌려 수공업 기술자와 농민들이 북부와 중부 카스티야에서 남쪽으로 대거 몰려와 빈 공간을 채워 나갔다. 영국제도에서와 마찬가지로 에스파냐에서도 정복과 정주 과정은 사람들의 행동양식을 만들어 내고 심성을 창출하는 데 기여했으며, 그것들은 유럽인의 해외 팽창 초기에 어렵지 않게 세계 먼 곳으로 이전되어 갈 수 있었다.[83)]

알-안달루스[84)]와 아일랜드를 정복하고 거기에 정주하는 일은 14세기 유럽인들에게 지금까지 미지의 지역이었던 아프리카와 대서양 동부 해역과 제도들에 대한 탐험에 나서기 시작할 때까지도 완료되지 않고 있었다.[85)] 후자(아프리카와 대서양 동부 지역 탐험)에서 선구자는 포르투갈인들이었다. 근대 초 유럽사에서 해외제국을 창출하기 위한 최초의 지속적 추진에 필요한 추동력을 제공한 것은 새 시장 개척을 원한 포르투갈 상인들의 요구와 새 영지와 신민을 획득하고자 한 포르투갈 귀족

---

83) 레콩키스타에 대한 영어로 된 간단한 설명으로는 D. W. Lomax, *The Reconquest of Spain* (London and New York, 1978)이 있다.

84) Al-Andalus; 중세 시대 에스파냐에서 내 무슬림들이 지배한 영토—옮긴이.

85) 콜럼버스 이전 유럽인들의 탐험 항해에 대해서는 J. R. S. Phillips, *The Medieval Expansion of Europe*(Oxford, 1988); Felipe Fernández-Armesto, *Before Columbus. Exploration and Colonization from the Mediterranean to the Atlantic, 1229~1492*(London 1987) 참조.

들의 바람의 결합이었다.[86] 포르투갈인들이 먼저 방향을 제시하자 다른 나라 사람들이 뒤를 따랐다. 특히 카스티야 왕들은 포르투갈인 사촌들이 자신들을 앞질러 나가는 것을 그냥 좌시할 수가 없었다. 1478년부터 1493년 사이에 카스티야인들에 의한 카나리아제도의 정복과 점령은 포르투갈의 힘과 부의 괄목할 만한 팽창이라는 도전에 대해 카스티야 왕실이 내보인 직접적인 대응이었다.[87]

포르투갈의 해외사업 초기 단계부터 제노바 상인들이 참여하고, 그로 인해 동부 지중해에서 개발된 식민화 기술이 확대 일로의 대서양 세계에 이전된 것은[88] 첫 단계부터 포르투갈 제국이 두드러지게 상업적 지향성을 갖게 만들었다. 그후 이 지향성은 포르투갈인들이 접촉하게 된 사회들의 성격에 의해 더욱 강화된다. 가진 물자나 각 지역 상황을 고려할 때 포르투갈이 아프리카와 아시아의 광대한 영토를 점령한다는 것은 불가능했다. 인력은 얼마 되지 않았고, (식민지) 지역 사회들은 강한 복원력을 갖고 있었으며, 낯선 기후와 질병은 새로 도착한 유럽인들에게 큰 피해를 안겨다 주곤 했다. 그 결과 포르투갈인들이 15, 16세기에 건설한 해외제국은 대체로 아프리카와 아시아의 (정복되지 않은) 대륙의 가장자리에 세워진 일련의 요새와 상관들feitorias로 이루어져 있었다. 여기에서 가장 분명한 예외는 마데이라제도와 아조레스제도, 그리고 1540년대 이후 브라질이었는데, 프랑스인들이 이 지역에 대해 모종의

---

86) 특히 Vitorino De Maghalaes Godinho, *A economia dos descobrementos henriquinos* (Lisbon, 1962), ch. 5와 Peter Russell, *Prince Henry 'the Navigator'. A Life*(New Haven and London, 2000)를 참조.

87) 카나리아 제도에 대해서는 Felipe Fernández-Armesto, *The Canary Islands after the Conquest*(Oxford, 1982)를 참조.

88) Verlinden, *Beginnings of Modern Colonization*, ch. 1을 참조.

시도를 계획하고 있음을 알고 깜짝 놀란 포르투갈인들이 좀더 실효적으로 브라질을 통치하기 위한 조치를 취하게 되었다. 반면에 에스파냐인들은 해외사업의 초동 단계부터 정복과 정주의 제국에 더 가까운 어떤 것을 건설하기 시작했다.

(에스파냐의) 제국 건설 과정은 카나리아제도에 살고 있던 관체족을 정복하면서 시작되었으며, 콜럼버스가 그 뒤를 이었다. 콜럼버스는 제노바에서 태어나고 리스본에 오래 체류했지만, 1492년 첫번째 항해를 마치고 귀국했을 때 그의 머릿속에는 이미 해외 무역기지 건설의 차원을 뛰어넘는 야심찬 어떤 계획이 들어 있었던 것으로 보인다. 그는 페르난도 왕과 이사벨 여왕에게 보낸 보고서에서 "이 섬(에스파뇰라)과 그 외 다른 섬들이 모두 카스티야 왕국과 마찬가지로 두 분 폐하의 소유이고, 여기에서 필요한 것이 있다면 정부가 들어설 자리를 선정하는 것과, 그들(원주민들)을 두 분 폐하께서 원하시는 대로 하게 하는 것입니다"라고 썼다. 계속해서 그는 에스파뇰라 주민들에 대해 "벌거벗은 채 돌아다니고, 전쟁을 모르며, 대단히 겁이 많은" 사람들이라고 기술하면서, "그들은 무슨 말을 해도 순종하며, 땅을 일구고 씨를 뿌리고, 그 밖에 무슨 일이든 시키는 대로 하는 순종적 성향을 갖고 있습니다. 그들에게 도시를 건설하게 하고, 옷을 입히고, 우리의 관습을 받아들이도록 가르치는 것은 그리 어렵지 않을 것으로 생각됩니다"라고 말하고 있다.[89] 여기에서 이미 오늘날 전형적인 식민지 체제의 특징으로 간주되는 프로그램이 나타나고 있음을 볼 수가 있다. 정부가 들어설 지점의 선정과 원주민을

89) Christopher Columbus, *Journal of the First Voyages*, ed. and trans. B. W. Ife (Warminister, 1990), pp. 133~5.

지배하기 위한 규정의 마련, 유럽인들이 원하는 상품을 생산하는, 유럽적 스타일의 경제적 작동 방식에 원주민들을 길들이기, "문명화 사명을 받아들이기"(여기에는 원주민에게 유럽인의 옷을 입히고, 그리스도교를 받아들이게 하는 것이 포함되었다) 등이 그것들이다. 이는 시간이 지나면서 아메리카에서 에스파냐인들이 실제로 추구하는 프로그램이 된다.

에스파냐의 해외 사업이 이 방향으로 진행되도록 추동한 원인은 모국에서 유래한 것이 있는가 하면, 현지(아메리카)에서 유래한 것도 있다. 레콩키스타는 카스티야에서 영토 정복과 정주의 전통을 확립해 놓고 있었다. (무슬림의 최후의 거점이었던) 그라나다가 1492년 1월, 마침내 항복하고 페르난도 왕과 이사벨 여왕이 당당하게 입성하는 것을 직접 목격하기도 한 콜럼버스는 레콩키스타의 오랜 역사의 정점이라 할 이 사건이 불러일으킨 환호의 분위기를 온몸으로 느끼기도 했고, 또 그 분위기를 적절히 이용할 줄도 알았다. 1492년의 관점에서 볼 때, 에스파냐의 해안선 너머에 계속 영토를 정복하고 레콩키스타를 연장하려는 생각은 자연스러운 것이었다. 지브롤터해협 건너편에는 모로코가 있었고, 머지않아 콜럼버스가 입증하게 되는 것처럼, 대서양 건너편에는 인디아스가 있었다.

그러나 중세 말 카스티야는 정주와 영토 팽창 외에도 강한 상업적 전통을 함께 갖고 있었으며, 그 전통은 카스티야가 해외 모험사업에 착수하게 되면 그와 함께 동행할 가능성이 있었다.[90] 인디아스 자체의 상황도 영토 정복을 부추겼는데, 인디아스(아메리카)의 상황은 아프리카

---

90) Juan Pérez de Tudela, *Las armadas de Indias y los orígenes de la política de colonización, 1492~1505*(Madrid, 1956), pp. 82~5.

나 아시아에서 포르투갈인들이 직면해야 했던 상황과 많이 달랐다. 비록 에스파뇰라와 쿠바에 거주하는 초기 에스파냐 정주자들이 주변 섬들에 사는 원주민들과 얼마간의 '레스카테'rescate(물물교환)를 하기는 했지만 콜럼버스에게는 실망스럽게도 카리브해에는 인도양에서 포르투갈인들이 발견했었던 수지맞는 교역망과 비슷한 어떤 것이 없었다. 에스파뇰라섬에서 소량의 금이 발견되기는 했지만 그 지역의 교역에서 귀금속이 차지하는 비중은 보잘 것이 없었으며, 만약 에스파냐인들이 그럼에도 불구하고 그것(귀금속)을 원한다면 그들 자신들이 직접 찾아내고 생산해야만 한다는 것이 곧 분명하게 드러났다. 그런데 광물 자원을 개발하기 위해서는 땅을 지배하지 않으면 안 되었다.

신세계 원주민 사회 또한 아프리카와 아시아 사회와 많이 달랐다. 우선 신세계 원주민 사회는 아프리카나 아시아 사회와는 달리 여러 가지 점에서 취약했다. 즉 유럽의 기술적 우위와 유럽의 질병에 매우 취약했다. 또 얼마 가지 않아 이곳 주민들이 그리스도의 복음을 한 번도 접한 적이 없다는 사실이 명확해졌다. 그러므로 그들을 개종시키는 일은 무엇보다도 중요한 일이 되었고, 또 그것은 교황의 축성을 통해 새로 발견된 인디아스에 에스파냐인들이 계속 머무르고자 할 때 필요로 하는 명분을 제공하게 될 것이었다. 이미 그라나다의 성공적인 재정복에서 신의 특별한 호의를 누린 바 있는 카스티야는 이제 새로 길이 열린 '대서양' 너머에서 자타가 공인하는 사명, 즉 미개한 민족들을 개종시키고 그들을 문명세계로, 다시 말해 유럽적 행동규범으로 인도해야만 하는 성스러운 사명을 갖게 되었다. 교황 알렉산더 6세의 교령에 따라 카스티야에게는 수고에 대한 보답으로 여러 가지 권리가 주어졌다. 에스파뇰라와 이어 쿠바와 다른 섬들의 원주민들은 에스파냐인들에게 정복되었고,

에스파냐 국왕의 신민이 되어야 했으며, 국왕과 식민정주자들을 위한 잠재적 노동원勞動源이 되지 않으면 안 되었다. 그러나 원칙적으로 원주민들은 노예가 아니라 공적 혹은 사적인 일에 동원되는 노동자의 신분을 갖고 있었는데, 그것은 국왕의 신민이면서 동시에 노예일 수는 없었기 때문이다.

그러므로 인디아스와 그곳 주민들의 성격은 무역 거점의 설립에 기반한 것보다는 정복과 복속에 기반한, 다시 말해 중세 카스티야의 전통 가운데 상업적 측면보다는 정복과 식민화를 강조하는 접근 방법에 더 유리했다. 그러나 초창기의 어수선한 기간이 지나고 나자 카리브해는 다시 정복과 식민화의 무대로서는 매우 실망스러운 곳이라는 사실이 밝혀지기 시작했다. 에스파뇰라는 어쨌거나 풍부한 금의 원천이 아닌 것으로 밝혀졌다. 최초의 에스파냐인 정주자들이 자신들의 신민 혹은 잠재적 노동원으로 생각한 타이노족Taino 원주민들은 유럽인들이 갖고 온 질병에 속절없이 쓰러져 갔고, 그들이 볼 때는 완전히 멸종 상태에 이르렀다.[91] 미친 듯이 금을 찾아다니는 과정에서 점령한 다른 섬들도 상황은 마찬가지였다. 그리하여 한동안 제국 건설의 실험은 시작하자마자 끝나버리는 것처럼 보였다. 빈약한 보답은 (제국 건설에 필요한) 엄청난 재원 투자를 정당화할 수 없었다. 그러나 일단 거대한 아메리카 본토의

---

91) Carl Ortwin Sauer, *The Early Spanish Main*(Cambridge, 1966)은 아직도 에스파뇰라섬과 그 섬의 운명에 관한 가장 중요한 연구로 남아 있다. 고고학적 연구 결과에 기반한 보다 최근의 연구 성과에 대하여는 Kathleen Deagan and José María Cruxent, *Columbus's Outpost among the Tainos. Spain and America at la Isabela, 1492~1498*(New Haven and London, 2002)을 참조. Hugh Thomas, *Rivers of Gold. The Rise of the Spanish Empire*(London, 2003)는 카리브해와 중앙아메리카 본토에서 초기 에스파냐인들이 펼친 활동에 대해 종합적 고찰을 제공하고 있다.

윤곽이 서서히 드러나고, 코르테스가 아스테카 제국을 무너뜨리고 나자 에스파냐의 인디아스 제국 건설은 계속 추진될 수 있음이 분명해졌다. 인디아스에는 엄청난 규모의 원주민이 살고 있었고, 그들은 비교적 어렵지 않게 에스파냐인들의 지배하에 들어올 수 있을 것으로 생각되었다. 땅에 대한 지배는 그곳 주민들에 대한 지배를, 그리고 안데스 산지와 북부 멕시코에서 엄청난 규모의 은광이 발견되고 난 후로는 상상할 수 없을 정도의 부를 가져다 주게 된다.

그러므로 정복과 정주의 관점에서 추진된 코르테스의 원정은 이베리아반도의 레콩키스타 과정에서 발전하고, 콜럼버스를 따라 카리브 지역으로 옮겨 간 일반적인 행동양식과 궤를 같이 했다. 전통적으로 레콩키스타는 국가의 후원과 개인의 주도가 결합된 형태로 추진되었으며, 둘 간의 균형은 원정대가 꾸려질 당시 왕과 현지 세력 간의 상대적 힘의 정도에 의해 결정되었다. 국왕은 한 원정대장과 정복계약capitulación을 체결하고, 그 원정대장은 계약에 따라 군사원정대를 꾸리고 그에 필요한 비용 마련의 책임을 지게 된다. 계획했던 대로 일이 잘 진행될 경우 원정대는 정복의 전리품 가운데서 우선 소요된 비용을 제하고, 카우디요caudillo, 즉 원정대장을 따라 원정에 참가한 사람들은 토지, 전리품, 그리고 공납의 의무를 지닌 원주민들을 할당 받는 방식으로 소정의 몫을 받게 된다.[92] 이 모든 과정이 코르테스에게는 낯설지 않았다. 그의 부친과 삼촌은 막바지 단계에 있던 그라나다 정복 전쟁에 참여한 적이 있었다. 그가 멕시코 정복을 마치 무어인들에 대한 전쟁을 수행하는 것처럼

92) Mario Góngora, *Studies in the Colonial History of Spanish America*(Cambridge, 1975), ch. 1.

추진한 것은 전혀 이상하지 않았다. 그는 메소아메리카 지역의 (인디오들의) 신전을 '모스크'라고 말했고,[93] 지역 인디언 추장들caciques과 동맹을 체결할 때, 혹은 몬테수마에게 카스티야의 고위 관직을 수락하라고 설득할 때도 (에스파냐인들이) 안달루시아의 무어인 지배자에게 사용한 바 있었던 전략을 사용했다. 국왕을 상대로 거래할 때도(그는 직속상관인 쿠바 총독과의 관계가 매우 모호했으므로 국왕과의 거래, 즉 그의 인정이 무엇보다도 필요했다) 전리품을 분배하기 전에 국왕에게 바치는 2할세royal fifth를 먼저 떼어 놓는 등 전통적인 레콩키스타의 관행을 엄격히 준수하려고 했다.[94]

그러나 코르테스는 스스로 전통적 의미의 카우디요에 불과한 존재가 아니라는 것을 보여 주었다. 1513년부터 다리엔Darien의 총독 자격으로 약탈원정대를 이끌고 파나마 지협을 통과하면서 엄청난 수의 인디오들을 학살한 바 있는 페드라리아스 다빌라Pedrarias Dávila 같은 인물과는 달리 그는 처음부터 정복사업에서 보다 건설적인 방식을 채택했다. 물론 그도 정복 과정에서 잔인하고 무자비한 행동을 서슴지 않은 적이 있기는 했지만 말이다. 그는 원래 자신의 먼 친척이며 엑스트레마두라 출신인 니콜라스 데 오반도Nicolás de Ovando를 따라 에스파뇰라섬에 도착했었는데, 이 오반도는 1501년 콜럼버스의 형제들이 지배하는 과정에서 혼란에 빠진 이 섬의 질서를 회복하고 이곳 식민지를 탄탄한 토대 위

93) 예를 들어, 그의 두번째 보고서에서 촐룰라 시를 묘사하면서 '나는 이 도시의 한 모스크 위에서 탑을 430개까지 셀 수 있었는데, 그 탑들은 모두 모스크들의 탑이었다'라고 썼다 (Hernán Cortés, *Cartas y documentos*[ed. Mario Sánchez-Barba, Mexico City, 1963], p. 51).

94) Góngora, *Studies*, p. 2; Cortés, *Letters from Mexico*, p. 40.

에 올려놓으라는 명령을 받고 총독으로 부임해 온 사람이었다.[95] 오반도가 1509년 에스파뇰라섬을 떠날 무렵 이 섬에는 이미 17개 마을이 건설되어 있었으며, 이곳에 정착한 에스파냐인들에게는 레파르티미엔토repartimiento('할당')제에 의해 인디언들이 할당되었다. 이 제도에 의해 백인 정주자들은 인디언들에게 그리스도교 교리를 가르칠 책임을 지는 대신 그들로부터 노동력을 제공받을 수 있었다. 그후 이 섬에서는 급속히 감소해 간 금 대신 가축 사육과 사탕수수 재배가 새로운 부원富源으로 자리 잡아갔다.

코르테스는 에스파뇰라섬이 점차 규율이 잡혀가고 경제적으로도 성장 가능한 공동체로 바뀌어 가는 과정을 직접 목격했고, 동시에 카리브제도에서의 경험은 섬에 항구적으로 정착하지 않는 모험가들이 저지르는 자의적인 약탈로 인한 파괴적인 결과를 절감하게 만들었다. 그러므로 그는 오직 파괴의 잔해만을 남길 뿐인 무분별한 정복이 멕시코에서는 재현되지 않아야 한다고 생각했고, 그렇게 되도록 노력했다. 고마라가 말했듯이 그의 철학은 '정주 없이 좋은 정복이 있을 수 없고, 땅이 정복되지 않으면 원주민들의 개종도 없다. 그러므로 정복자의 좌우명은 정주가 되어야 한다'는 것이었다.[96] 그가 동료 정복자들에게 인디언들을 '할당'한 것도 정주를 장려하기 위해서였으며(정복자들은 그 인디언들을 '엔코미엔다'encomienda 방식으로 보유했다), 이미 대규모 종교단지와

---

95) Ursula Lamb, *Frey Nicólas de Ovando. Gobernador de las Indias, 1501~1509*(Madrid, 1956).

96) Francisco López de Gómara, *Primera parte de la historia general de las Indias*(BAF, vol. 22, Madrid, 1852), p 181. 코르테스, 그리고 정주에 대한 그의 철학에 대해서는 Richard Konetzke, 'Hernán Cortés como poblador de la Nueva España', *Estudios Cortesanos* (Madrid, 1948), pp. 341~81을 참조.

도시들을 갖고 있던 그 지역에 도시를 건설 혹은 재건설해 나갔다. 그리고 그가 최초의 프란체스코회 수사들(이른바 '열두 사도들')을 멕시코에 불러들인 것은 원주민의 그리스도교 개종을 장려하기 위해서였다. 코르테스는 정복, 개종, 식민화가 함께 나란히 진행되어야 한다고 생각했다.

효과적인 식민화는 그 땅이 가진 자원을 개발하려는 진지한 노력이 없이는 불가능했고, 코르테스는 자신의 소유로 되어 있는 쿠에르나바카 Cuernavaca 영지에서 사탕수수 대농장을 운영하고, 장거리무역 벤처 사업 long-distance trading ventures을 추진하는 것으로 자신의 생각을 실행에 옮겼다.[97] 그러나 사업가적 특징을 분명히 보여 준 사람이 그만은 아니었고, 그는 그런 성향을 보인 다수의 초기 정복자와 정주자들 가운데 한 명이었을 뿐이다. 새로운 에스파냐인의 이주 물결이 멕시코와 페루 정복 이후 중남미 대륙을 휩쓸면서 가장 손쉽게 얻을 수 있는 형태의 부(은과 인디언들)는 운 좋은 소수에게만 허락된다는 것이 분명해졌다. 그러므로 실망한 정복자들과 새 이주자들은 수단과 방법을 가리지 않고 각자 살길을 찾지 않으면 안 되었다. 이것은 중세 안달루시아에서 기독교도들이 재정복한 땅에서 그랬던 것처럼, 도시에서 기술자로서 갖고 있던 기술을 활용하고, 지역적 가능성을 고려하여 새로운 부원을 개발해야 함을 의미했다. 예를 들어 16세기 과테말라—이 지역에는 은광이 없었다—의 정주민들은 아메리카와 유럽 시장에 인디고, 카카오, 짐승가죽을 수출하는 무역로를 개발했다.[98]

---

97) 코르테스의 사업가적 활동에 대해서는 France V. Scholes, 'The Spanish Conqueror as an Business Man: a Chapter in the History of Fernando Cortés', *New Mexico Quarterly*, 28 (1958), pp. 5~29를 보라.

98) Murdo J. MacLeod, *Spanish Central America. A Socioeconomic History, 1520~1720*

그런 식으로 영주가 되고자 하는 열망과 함께 사업가가 되고자 하는 열망이 이 에스파냐령 아메리카 식민지 사회에서 나타났고, 인디아스의 위대한 연대기작가 곤살로 페르난데스 데 오비에도는 이미 16세기 전반에 에스파냐인들의 사업적 성취에 대해 자부심을 표출한 바 있었다: '우리가 이곳 인디아스에 당도했을 때는 제당소가 하나도 없었다. 지금 있는 제당소들은 모두 다 얼마 되지 않은 기간 동안에 우리가 피땀 흘려 세운 것들이다.'[99] 마찬가지로 에스파뇰라와 멕시코를 '개선' improving시키는 데 에스파냐인들이 성공한 것에 대해 고마라가 하고 있는 칭찬은 이 '개선'이라는 용어(이 용어는 후에 영국인 식민정주자들이 카리브 지역과 북아메리카 본토에 자신들이 머물고 있는 것을 정당화하기 위해 사용한 것이다)가 영국인들보다 약 1세기 전에 이미 에스파냐인들에 의해 사용되고 있었음을 말해 준다.[100]

그러므로 에스파냐의 인디아스 제국을 단순하게 그 제국을 건설한 모국 사회의 군사적 혹은 영주적 가치만을 반영하여 쉽게 '정복의 제국'으로 분류해 버릴 수는 없다. 코르테스의 비전과 실행이 분명히 보여 주듯이, 그와 반대되는 추세도 작동하고 있었으며, 그것은 적당한 조건만

(Berkeley, 1973), ch. 6.

99) Gonzalo Fernández de Oviedo, *Historia general y natural de las Indias*(5 vols, *BAE*, vols 117~21, Madrid, 1959), p, 110에 있는 내용을 J. H. Elliott, *The Old World and the New, 1492~1650*(Cambridge, 1970; rept. 1992), p. 78에서 재인용함.

100) Gómara, *Historia general*, *BAE*, vol. 22, pp. 177, 184. 고마라는 '개선'(improve)을 의미하는 용어로 에스파냐어 mejorar를 사용하고 있다. 영국령 아메리카에서 개선(improvement)이라는 용어가 의미하는 바에 대해서는 Nicholas Canny and Anthony Pagden(eds.), *Colonial Identity in the Atlantic World, 1500~1800*(Princeton, 1987), pp. 10~11과 Davis Hancock, *Citizens of the World. London Merchants and the Integration of the British Atlantic Community, 1735~1785*(Cambridge, 1995), pp. 281~2를 참조.

주어지면 완벽하게 발전할 수도 있는 것이었다. 그러나 그 조건이 부분적으로는 국왕의 요구와 이해관계에 의해 설정되고 형성될 수밖에 없었는데, 그것은 국왕의 입장에서 볼 때 신대륙이 가진 자원의 개발과 발전 방식에 대해 초연하기에는 정복의 규모가 너무 크고, 자원의 잠재적 규모가 너무 방대했기 때문이다. 다시 말해 전통, 의무, 자기 이익……, 이 모두가 처음부터 긴밀하게 작동하여 에스파냐의 국왕이 해외 정주 사업에 큰 관심을 갖고 개입하게 만들었던 것이다.

1469년 카스티야의 이사벨과 아라곤의 페르난도 왕조 간 결합으로 탄생한 통합 에스파냐는 독특한 권위의 요소를 갖고 있었다. 내란과 혼란의 시기가 있고 나서 공동왕(이사벨과 페르난도)이 추진한 이베리아 반도의 질서 회복, 그들의 주도하여 승리로 완결시킨 레콩키스타는 해외팽창 사업이 시작될 무렵 그들에게 더할 나위 없는 권위를 가져다 주었다. 그들이 콜럼버스의 사업에 투자한 것(그것은 발견과 정복의 해외 원정에 국왕이 직접 재정적으로 참여한 매우 드문 예였다)[101]은 멋진 보상을 안겨 주었다. 그러나 공동왕이 콜럼버스와 체결한 '정복협정'(카피툴라시온)은 콜럼버스에게 지나치게 관대한 것이었다. 공동왕은 국내에서 자신들의 권위를 대단히 어렵게 확립한 경험이 있었기 때문에 아랫사람들이 해외에서 자신들보다 더 큰 권위를 갖는 상황을 허용하지 않으려고 했다. 그리하여 공동왕은 콜럼버스의 과도한 권한을 억제하려고 했으며, 차후 인디아스에서 벌어지는 일들을 주의 깊게 챙기려고 했다. 또

---

101) 1513년 페드라리아스 다빌라의 원정이 또 다른 드문 예이다. 국왕 페르난도는 이 원정의 세부 사항에까지 깊은 관심을 보였는데, 이에 대하여는 María del Carmen Mena García, *Pedrarias Dávila o 'la Ira de Dios'. Una historia olvidada*(Seville, 1992), p. 21 참조.

한 왕실의 이익을 지키고 왕실의 권위를 유지하고 지나치게 강력한 신하의 출현을 막기 위해 정복 원정에는 항상 왕의 관리를 동행시켜 꼼꼼히 감시하도록 했다.

아메리카 문제에 대한 국왕의 개입과 통제는 교황 알렉산더 6세의 교령에 포함된 의무사항, 즉 새로 지배하에 들어온 인디언 신민들의 정신적·물질적 복지를 보살피겠다고 한 공동왕의 약속으로 더욱 강화되었다. 원주민들에 대한 에스파냐 식민정주자들의 무분별한 착취를 저지할 수 있을지 아닐지는 전적으로 공동왕의 의지에 달려 있었다. 멕시코와 페루의 정복으로 수백만 명의 신민이 더 생겨났기 때문에 왕들의 의무는 한층 더 무거워졌다. 레콩키스타의 관행에 따라 국왕이 영토 획득과 정주 과정에 대해 최종적인 권위를 주장했던 것처럼, 왕들은 인디언들의 보호와 구원의 문제에서도 자신들이 궁극적인 권위를 갖는다고 주장했다.

그러나 그것이 비단 왕들의 양심의 문제만은 아니었다. 인디언들은 공물과 노동의 원천이었고, 왕들은 이 두 가지 점에서 자신들의 몫을 챙기겠다는 생각을 분명히 하고 있었다. 카를 5세 치하에서 국왕이 프랑스인들을 상대로 전쟁을 치르고 투르크의 위협으로부터 그리스도교 세계를 수호한다는, 유럽에서의 책무를 계속 감당하기 위해 싸웠기 때문에 그가 에스파냐 제국의 재원에 의존하는 정도 또한 증가했다. 1545년 안데스 산지에서 포토시 은광이 발견되고, 이듬해 북부 멕시코에서 매장량이 풍부한 사카테카스 은광이 개발됨에 따라 제국의 재원은 크게 증가했고, 카스티야의 인디아스 내 소유령은 거대한 부의 원천이 되었으며, 유럽 라이벌들이 보기에 그것은 보편 제국을 추구하는 카를 5세의 야심을 더욱 키워 놓을 것으로 보였다. 코르테스가 멕시코에서 카를에게 보낸 두번째 보고서에서 밝혔듯이, 그는 '폐하께서 하느님의 은총으로 현재 지배하고 계시는 독일(신성로마 제국) 못지않게 영광스런 이 왕국(인디아스)의 황제'를 자처할 수도 있었다.[102)]

카를 5세와 그의 계승자들이 코르테스의 제안을 받아들이지 않아 '인디아스의 황제'라는 칭호를 사용하지는 않았지만, 신세계 제국의 주인으로서의 카스티야 왕정에 대한 코르테스의 비전은 얼마 가지 않아 기정사실이 되었다. 카를 5세와 그의 계승자들은 이 제국을 자신들의 재정적 필요를 충족시켜 줄 풍요로운 부의 원천으로 보게 된 것이다. 그리하여 은광 개발과 거기서 나온 은괴를 정기적으로 세비야에 안전하게 운송하는 문제는 인디아스 문제에 대한 국왕의 지속적인 관심으로, 그리고 재정적인 고려가 불가피하게 우선시되는 일련의 정책과 관행으로 이어졌다. 16세기 유럽에서 은은 권력을 의미했으며, 코르테스와 피사로는 인디아스라는 보물창고의 문을 활짝 열어 놓음으로써 해외제국의 정복과 정주가 유럽 국가들의 힘을 얼마나 크게 키워 놓을 수 있는지를 보여 주었다.

이런 상황에서 엘리자베스 시대 영국이 제국적 열망을 표출한 것은 어찌 보면 당연한 것이었다. 그 열망은 엘리자베스 여왕의 '아르마다 초상화'에 고스란히 상징적으로 표현되어 있다. 여기에서 여왕은 지구의地球儀 위에 손을 얹고 있고, 그 옆에는 제국의 관冠이 놓여 있다.[103)] 제국은 제국을 부르는 법이다. 엘리자베스의 '제국'이 본질상 모든 영국제도諸島

102) Cortés, *Letters from Mexico*, p. 48.

103) Roy Strong, Gloriana. *The Portraits of Queen Elizabeth* (London, 1987), pp. 131~3. 이 언급에 관심을 갖게 해 주신 데이비드 아미티지 교수께 감사드린다.

를 포함하는 '그레이트브리튼' 제국이기는 했지만 '임페리움'의 개념은 융통성이 있는 것이어서 아일랜드뿐 아니라 대서양 저편 해안에도 영국의 플랜테이션이 확대될 수 있다고 생각되었다.[104] 해클루트를 비롯한 해외 식민지 사업의 주창자들에게는 '알렉산더의 교령'에 포함된 교황의 기증을 근거로 에스파냐가 신세계에 대해 소유권을 주장하는 것을 부정하는 것도 중요했다 1621년에 낸 『버지니아 여행이야기』*Historie of Travell into Virginia*에서 윌리엄 스트래치는 에스파냐 왕은 '다른 기독교도 군주들과 마찬가지로 (우리의 노력과 우리의 비용으로 우리의 것으로 만든…) 이 지역에 대해 그 어떤 소유권도 갖고 있지 않다'라고 단호하게 주장했다.[105]

에스파냐가 영국의 해외 제국 사업에 자극을 주고, 선례를 제공하고, 가끔은 타산지석의 역할을 한 것이 사실이지만 영국의 제국 건설자들은 자신들의 뒷마당에서도 얼마든지 좋은 선례를 찾을 수 있었다. 아일랜드는 재정복된 그라나다 왕국과 마찬가지로 왕국이자 식민지였으며, 안달루시아 지역과 마찬가지로 유용한 제국 건설의 실습장이 되어 주었다.[106] 예를 들어, 영국인들은 수 세기 동안 아일랜드의 왕과 족장들을 충성 네트워크에 포함시키기 위해 애써 왔다. 그러므로 버지니아회

---

104) 예를 들어, 에드먼드 스펜서의 엘리자베스 여왕에게 바친 헌서(獻書)(The Faerie Queene). 여기에서 그는 여왕을 'Magnificent Empresse Elizabeth by the Grace of God, Queen of England France and Ireland and Virginia'라고 부르고 있다, David Armitage, *The Ideological Origins of the British Empire*(Cambridge, 2000), pp 52~3을 보라. 그리고 16세기 '그레이트브리튼 제국'의 출현에 대해서는 pp. 45~7을 참조.

105) Strachey, *Travell into Virginia*, p. 9.

106) 아일랜드의 식민화와 북아메리카의 연계성에 대한 데이비드 퀸(David Quinn)의 선구적 연구(예를 들어 *The Elizabethans and the Irish*, Ithaca, NY, 1966)는 니콜라스 케니(Nicholas Canny) (특히 그의 *Kingdom and Colony*가 주목할 만하다) 등의 연구로 이어졌다.

사가 앞에서 말한 포와탄의 '대관'이라는 일종의 광대극을 실행하기 위해서 반드시 몬테수마의 복속이라는 선례를 참조해야만 했던 것은 아니었다.

그러므로 첫번째 아메리카 프로젝트를 입안하는 데 가장 적극적이었던 엘리자베스 시대 인물들—험프리 길버트 경Sir Hemphrey Gilbert, 월터 롤리 경, 랠프 레인, 토머스 화이트Thomas White 등—이 대부분 아일랜드 플랜테이션 계획에 깊이 개입한 경험이 있는 사람들이었음은 결코 우연이 아니다. 식민화라는 것이 그것을 후원한 사람들에게 큰 영토상의 부와 권력을 가져다 준다는 것을 길버트가 인식하게 된 것은 1566년 군인 겸 식민정주자로 아일랜드에 가 보고 나서였다.[107] 엘리자베스 시대 초기에 점증해 간 에스파냐에 대한 적대감, 에스파냐령 인디아스의 부를 차지하고 말겠다는 영국인들의 열망은 장기적인 사업보다는 전술적이고 사략적인 이해관계를 더 우선시하게 만들었다. 그러나 1578년 실패로 끝난 항해에서 길버트는 해적질의 차원을 넘어서 모종의 식민화 계획을 구상한 것으로 보인다.[108] 그 항해의 실패는 그를 그 방향으로 더 나아가게 만들었고, 1582년 그는 노룸베가Norumbega로 알려진 북아메리카 본토 지역의 850만 에이커의 땅에 정주지를 건설하겠다는 계획을 세웠다.[109]

---

107) *Voyages of Gilbert*, 1, p. 9.

108) 이 주장에 대한 간편한 요약은 Kenneth R. Andrews, *Trade, Plunder and Settlement. Maritime Enterprise and the Genesis of the British Empire, 1480~1630*(Cambridge, 1984), pp 187~90에서 찾아볼 수 있다.

109) 노룸베가에 대해서는 Emerson W. Baker et al.(eds.), *American Beginnings. Exploration, Culture and Cartography in the Land of Norumbega*(Lincoln, NE and London, 1994)를 참조.

험프리 길버트 경은 아일랜드에서 먼저 무역, 사략, 식민지 개척으로 사업을 시작한 소위 웨스트컨트리West Country[잉글랜드의 남서부 지역—옮긴이] 커넥션에 속했다. 롤리가, 커루가Carews, 길버트가, 그랜빌가 등이 포함된 이 커넥션은 이를테면 니콜라스 오반도, 에르난 코르테스, 프란시스코 피사로, 그리고 그 외에도 아메리카 정복자와 정주자들을 다수 배출한 엑스트레마두라 커넥션의 영국판이라 할 만 했다.[110] 길버트 경의 계획은 자신의 열망을 실현시킬 수단으로 땅과 다스릴 사람을 찾아 아일랜드로 건너간 농촌 젠트리들과 (귀족의) 차남 이하 아들들과 비슷한 계층의 사람들에게 다스릴 영지를 제공하겠다는 것이었다. 아일랜드의 경험은 에스파냐의 정복자들에게서 발견되는 것과 비슷한 가치관과 이상으로 충만해 있던 이들 젠트리 모험가들을 고무하였으니, 정복자로서의 이상이 결코 에스파냐인들만의 전유물은 아니었던 것이다. 그 경험은 월터 롤리 경에게 '광대하고 부유하고 아름다운 기아나Guiana 제국'의 정복을 통해 부와 명예를 차지하겠다는 야심을 고무했고, 또 그것은 제임스타운의 젠트리 모험가들의 머릿속을 금과 인디언으로 가득 채워 놓았다.[111]

해외팽창에 있어 잉글랜드인들의 계획과 카스티야인들의 계획은 모두 국가의 후원과 통제를 받으면서도 그것을 실현하는 과정은 개인 혹은 집단의 발의와 계획에 크게 의존했다는 점에서 유사성을 갖고 있

---

110) 엑스트레마두라에 대하여는 Ida Altman, *Emigrants and Society. Extremadura and Spanish America in the Sixteenth Century*(Berkeley, Los Angeles, London, 1989), ch. 6 참조. 서부 커넥션에 대해서는 Joyce Youings, 'Laleigh's Country and the Sea', *Proceedings of the British Academy*, 75(1989), pp. 267~90을 참조.

111) Morgan, *American Slavery, American Freedom*, pp. 83~4.

었다. 그러나 몇 가지 점에서 중요한 차이가 있었다. 엘리자베스 치하의 잉글랜드는 어쩔 수 없어서이기는 했지만 종교적 다원주의를 지향하고 있었고, 그것은 새 식민화 사업에도 그대로 반영되었다. 예를 들어 길버트 경의 식민화 사업의 주요 주창자 가운데 한 사람이 로마 가톨릭교도인 조지 페컴 경Sir George Peckham이었으며, 식민지가 적어도 부분적으로는 잉글랜드의 가톨릭 공동체에게 대안이 될 만한 공간을 제공할 생각을 하고 있었다는 것은 시사하는 바가 크다.[112] 1620년에는 이 가톨릭 교도들과 마찬가지로 일단의 분리주의자들이 윌리엄 브래드퍼드William Bradford의 인도 하에 자신들만의 공간을 찾아 아메리카로 떠나 코드곶Cape Cod에 상륙한 다음 매사추세츠만을 건너 뉴플리머스New Plymouth에 자리 잡게 된다. 이렇게 영국 왕실이 곤궁한 처지에 몰려 있던 종교적 소수집단들에게 아메리카에 피난처를 마련하는 프로젝트를 기꺼이 승인한 것은 유대인과 무어인 등 이교도들의 인디아스로의 이주를 엄격히 금한 에스파냐 왕실의 결정과 좋은 대조를 보인다.

그것은 또한 영국의 아메리카 사업이 에스파냐의 첫번째 해외사업보다 더 일관된 경제 철학에 입각해서 진행되도록 만든 변화하는 시대changing times의 반영이기도 했다. 에스파냐의 사업에는 초기부터 상업적인 고려가 포함되어 있었고, 콜럼버스가 국왕에게 제시한 계획안에서도 상업적인 고려가 무엇보다도 중요했다. 1530년대 초 베네수엘라의 식민화는 실제로 한 회사(즉 벨저가Welsers라는 독일의 한 상업-금융업 회사의 세비야 지부)에 의해 주도되었다. 그러나 그것은 후에 버지니아회사

112) *Voyages of Gilbert*, 1, p 71.

의 시도와 마찬가지로 실망스런 결과만을 가져다 주었을 뿐이다.[113] 그러나 엄청난 양의 은의 발견, 세비야로 들어오는 화물에서 귀금속이 차지하는 압도적 중요성은 불가피하게 다른 아메리카 상품들을 (비록 그것이 아무리 가치 있는 것이라고 해도) 에스파냐의 대서양 횡단 무역에서 부차적인 의미만을 갖게 만들었다. 16세기 중엽에 이미 몇몇 에스파냐인들은 이베리아반도로 귀금속이 끊임없이 유입되는 상황에 대해 그것이 경제적, 도덕적으로 부정적인 결과를 초래하고 있다는 우려를 표명했다.[114] 그러나 왕을 비롯하여 그로부터 이익을 얻고 있던 사람들은 이론가들이 무슨 말을 하든 개의치 않았다.

그러나 엘리자베스 치하 잉글랜드에서는 해외식민화 사업의 주창자들이 아직도 자신들의 생각을 지탱해 줄 명분을 찾아야만 했다. 아들 해클루트의 글은 반反에스파냐적, 애국적 감정으로 가득 차 있다. 하지만 애국심만으로는 충분치 않았다. 식민화 계획은 무엇보다도 상업 자본이 필요했고, (해클루트 부자가 밀접한 커넥션을 갖고 있는) 상인공동체의 관심을 끌 만한 내용이 담긴 계획안이 있어야 했다.[115] 국가가 새로운 수출 시장을 열심히 탐색하고 있던 당시 이것은 국내 제조업 제품의 배출구로서의 식민지의 가치를 강조하는 것을 의미했다. 이번에도 아들 해클루트의 머리에 먼저 떠오른 것은 에스파냐의 사례였다. 그는 1580

---

113) 벨저가의 실패에 대해서는 Juan Friede, *Los Welser en la conquista de Venezuela* (Caracas, 1961)를, 그리고 버지니아회사의 실패에 대해서는 Wesley Frank Craven, *Dissolution of the Virginia Company. The Failure of a Colonial Experiment*(New York, 1932)를 참조.

114) John Elliott, *Illusion and Disillusionment. Spain and the Indies*(The Creighton Lecture for 1991, University of London, 1992)를 참조.

115) Richard Helgerson, *Forms of Nationhood. The Elizabethan Writing of England* (Chicago and London, 1992).

년 펠리페 2세가 추진해 성공시킨 포르투갈과 그 해외 영토의 에스파냐로의 합병이 가져올 결과를 영국인들에게 경고하면서 '동인도와 서인도의 왕국이 한 군주의 수중에 들어간다면… 그들은 자기네 상품을 팔아먹고 교환할 곳이 너무나 많아서 우리 영국산 옷감을 사지도 않을 것이고 자기네 상품을 우리에게 팔지도 않을 것이다. 에스파냐인들이 생산하는 포도주와 양모는 서인도제도에 공급하기에도 벅찰 것이다…'라고 말했다.[116]

영국인들의 걱정은 엘리자베스 시대 영국의 인구 과잉이 가져올 사회적 결과에 대한 우려로 더 커졌다. 해클루트는 자신의 책 『서부 지역 식민에 대하여』*Discourse of Western Planting*에서 에스파냐와 포르투갈이 '발견을 통해 취업의 기회를 많이 만들어 냈기 때문에 최근 몇 년 동안 나는 이 두 나라 사람들이 해적질을 한다는 말을 들어보지 못했다. 그에 반해 우리 영국인과 프랑스인은 무도無道하고, 보편적이고 일상적인 해적질로 악명이 높다'라고 써 놓고 있다. '에스파냐와는 대조적으로 우리나라에는 나태한 사람들이 너무 많다. 그렇지만 반항적이고 불만에 차 공공질서를 위협하고 다니는 사람들에게 제공할 일자리는 없다'고 말했다.[117] 그러므로 해외식민화는 해클루트가 당시대인들과 후대인들을 위해 국가의 영예를 높이고 근면한 주민들의 이익에 기여할 위대한 영국 상업 제국의 비전을 제시했던 것처럼, 본국의 사회적·경제적 문제 해결에 기여할 적절한 방안으로 여겨졌다.

그런데 해클루트와 그의 친구들이 해외제국의 정당성을 역설하고

---

116) Taylor, *Writings of the Two Hakluyts*, 1, p. 143.
117) *Ibid.*, 2, pp. 233~4.

있던 바로 그때에 에스파냐의 여러 지식인들은 오히려 해외제국의 가치에 의문을 제기하기 시작했다는 것은 아이러니가 아닐 수 없다. 1580년대 초에 저술한 역작 『에스파냐의 역사』*History of Spain*에서 후안 데 마리아나Juan de Mariana는 아메리카 영토 획득에 대해 당대인들이 갖고 있던 생각의 변화를 다음과 같이 요약하였다:

> "인디아스의 정복은 이익과 손실을 동시에 가져다 주었다. 손실 가운데는 우리 신민들이 해외로 이주하고 해외로 흩어지게 됨으로써 우리의 힘이 약해졌다는 것, 우리가 지금까지 우리 땅에서 구해 왔던 그런대로 괜찮았던 생계수단을 이제는 우리의 선박들을 본국으로 데려다 주는 바람과 파도에 의존하게 되었다는 것, 우리 군주들이 이제 전보다 훨씬 더 많은 지역들을 방어하지 않으면 안 되어서 훨씬 더 많은 재원을 필요로 하게 되었다는 것, 우리나라 사람들이 음식이나 의복 등에서 사치를 하게 되고 그로 인해 심성이 나약해졌다는 것… 등이 포함되어 있다."[118]

마리아나의 언급은 장차 불어닥칠 불길한 사태의 조짐이었다. '쇠퇴'라는 불길한 단어가 에스파냐에 나돌기 시작한 1600년 무렵, 카스티야에서는 무엇이 카스티야 사회와 카스티야 경제를 힘들게 하는지를 두고 열띤 논쟁이 벌어지기 시작했다.[119] 이 논쟁 초기 단계부터 인디아스의 은이 에스파냐에 이득을 가져다 주었다는 주장은 신랄한 비판

---

118) Elliott, *Illusion and Disillusionment*, p. 14에서 재인용.

119) 이 논쟁의 개요에 대해서는 Elliott, *Spain and its World*, ch. 11('Self-Reception and Decline in Early Seventeeth-Century Spain')을 참조.

의 대상이 되었다. 논쟁에 참가한 사람들 중 가장 지적이고 영향력 있는 사람 가운데 한 명이었던 마르틴 곤살레스 데 세요리고Martín González de Cellorigo는 '우리 에스파냐는 지금껏 인디아스와의 교역에 지대한 관심을 가져왔으며, 지금도 그곳으로부터 금은이 유입되고 있다. 반면에 우리는 다른 이웃 국가들과의 교역을 포기해 왔다. 설사 신세계 원주민들이 발견해 왔고, 지금도 찾아내고 있는 금과 은 전체가 에스파냐에 들어온다고 해도 그 귀금속이 없었을 때에 비해 우리가 그다지 부유해지지도 강해지지도 않을 것이다'라고 썼다.[120] 이 글에는 궁극적으로는 귀금속이 부의 진정한 기준이 되지 못하며, 진정한 번영은 우연히 향유하게 된 귀금속이 아니라 국가의 생산성에 의해 평가되어야 한다는 인식이 자리 잡고 있다.

이는 에스파냐 내에서뿐만 아니라 밖에서도 학습되어야 할 교훈이었다. 귀금속 획득보다는 상품 교환에 기반을 둔 제국이 되어야 한다는 해클루트와 그의 동료들의 제국관은 상인들과 그들의 가치관이 영국 국민들의 의식에 새로 중요하게 인식되게 하는 데 기여했다. 당시 카스티야에서는 소수파가 국가를 재난에서 구하기 위해 그 같은 가치관(귀금속보다는 상품 교환이 더 중요하다고 생각하는 것)의 중요성에 대한 인식을 확산시키기 위해 어려운 상황에서도 분투하고 있었다.[121] 영국 상인들은 또한 사회적, 정치적 시스템으로부터 덕을 보기도 했는데, 영국의

---

120) *Memorial de la política necesaria y útil restauración a la república de España* (Valladolid, 1600), fo. 15v, in Elliott, *Illusion and Disillusionment*, pp. 12~13에서 재인용.
121) 16세기 말 카스티야에서 나타난 이 갈등에 대해서는 Michel Cavillac, *Cueux et marchands dans le 'Guzmán de Alfarache', 1599~1604*(Bordeaux, 1993)를, 그 중에서도 5장을 참조.

시스템은 (카스티야의 시스템이) 카스티야 상인들에게 제공한 것보다는 더 폭넓은 운신의 여지를 제공해 주었다. 카스티야 상인들의 경우, 그들이 에스파냐 왕정의 자의적인 재정적 요구에 맞서 자신들의 이익을 수호하는 것이 결코 쉽지 않았다.

영국인들의 해외식민화 사업이 영국 사회가 내적 압박, 이익과 권력의 관계에 대한 국내외에서 나타난 변화에 부응하여 좀더 상업적인 경향성을 띠어가고 있던 바로 그때 시작되었다는 사실은[122] 불가피하게 영국의 식민 사업에 카스티야의 해외팽창 시작 단계에서는 없었던 유리한 요소를 제공해 주었다. 1606년 국왕의 특허장을 통해 버지니아회사가 창설된 것은 국가의 주도보다는 자신들의 에너지와 열정의 산물인 법인조직을 통해 사적 이익과 공적 이익을 결합하려고 한 상인과 젠트리들의 새로운 결심에서 유래한 것이었다.[123] 식민 사업의 주체가 무역회사였다고 하는 사실 자체가 영국의 해외 제국이 '상업 제국'으로 나아갈 것임을 말해 주고 있었다.

그러나 첫 단계부터 버지니아회사를 어렵게 만든 갈등은 그 상업 제국이라고 하는 것이 결코 그렇게 되어 가도록 처음부터 예정된 것이 아니었음을 말해 준다. 제임스타운 정주지를 거의 파괴하다시피 한 영주적 열망seigneurial aspirations은 그 후 17세기 영국 식민화 계획들에서도 자주 나타난다. 원주민 노동력이 부족한 경우도 많았다. 그러나 노예 노

122) Carole Shammas, 'English Commercial Development and American Colonization 1560~1620', in K. R Andrews et al, *The Westward Enterprise*(Liverpool, 1978), ch. 8; Charles Wilson, *Profit and Power*(London, 1957), 그리고 Barry Supple, *Commercial Crisis and Change in England, 1600~1642*(Cambridge, 1959)를 참조.

123) Andrews, *Trade, Plunder and Settlement*, pp. 312~13.

동력의 도입은 시간이 지나면서 히스패닉 아메리카 세계에서 발견할 수 있었던 것과 비슷한, 풍족한 소비를 특징으로 하는 사회가 영국령 카리브 지역에서도 출현할 수 있게 해 준다.

만약 버지니아에서도 다량의 은이 발견되었더라면 거기에서도 틀림없이 추출抽出 경제가 나타났을 것이고, 제임스타운의 젠트리 정주자들이 실제 살았던 그런 생활에 만족하지 않는, 높은 소비 성향을 가진 엘리트들이 나타났을 것이다. 그러나 초창기 영국령 정주지에는 은도 원주민도 많지 않았고, 그 점은 정주자들에게 착취의 원리보다는 개발의 원리를 강요했다. 그리고 그것은 다시 17세기 잉글랜드의 국민적 자아 형성과 수사修辭에서 점점 중요한 자리를 차지해 가고 있었던 자립, 근면, 기업가 정신 등에 무게를 더해 주었다.

은의 존재와 부재, 유럽인들의 의도대로 순치될 수 있는 대규모 원주민의 존재와 부재는 두 제국의 식민 사업에 또 다른 중요한 의미를 가졌다. 식민지 발전의 결정적인 첫 단계에서 해외 식민화 문제에 대한 영국 왕실의 관심은 그로부터 직접적 이익을 얻을 수 있다는 기대가 에스파냐보다 훨씬 덜했기 때문에 상대적으로 낮을 수밖에 없었다. 이것은 에스파냐 왕실이 보인 빈번한 간섭과 좋은 대조를 이룬다. 에스파냐 왕실은 인디아스에서 생산되는 광물 자원 가운데 일정한 몫을 자신의 것으로 만들기 위해 이 지역에 분명하고 지속적인 관심을 표명했다. 마찬가지로 착취하고 개종시킬 인디언이 상대적으로 훨씬 적었던 영국 왕실과 영국 교회는 에스파냐 왕실과 에스파냐 교회에 비해 새로 정주가 이루어진 땅에 거주하는 원주민들의 처지에 대한 관심도 훨씬 덜했다.

이처럼 영국 왕과 교회가 영국령 아메리카에 대해 갖고 있는 이해와 관심의 수준이 상대적으로 낮았기 때문에 영국의 종교적 소수집단이나 절대자유주의를 추구하는 사람들이 대서양을 건너 아메리카로 갈 수 있는 기회는 에스파냐의 경우보다 훨씬 컸다. 매사추세츠가 영국 사회의 점증하는 다원주의를 반영하는 것이기도 했지만, 다른 한편으로 그것은 이 식민화 초기의 결정적 단계에서 자기 신민들이 대서양 건너편에서 만들어 가고 있던 공동체의 성격에 대한 영국 왕의 관심이 상대적으로 덜했음을 말해 주는 것이기도 하다. 코팅턴 경Lord Cottington은 '바보들처럼 담배나 심고 있고, 청교도들이나 받아들이고 있는' 정주자들에 대해 신경 쓸 필요가 없다고 말했다.[124] 그에 반해 에스파냐의 왕은 아메리카 은에 크게 의존하고 있는 데다가, 그 은이 외국의 공격에 취약하다는 것을 날카롭게 인식하고 있었기 때문에 자신의 해외 영토 정주사업에 그처럼 한가한 태도로 임할 수가 없었다.

코르테스와 뉴포트(제임스타운)의 원정이 시사하듯이, 많은 비슷한 열망들이 아메리카 내 에스파냐 제국과 영국 제국의 탄생에 관여했다고 한다면, 환경과 시점時點이라는 두 가지 우연적 요소는 두 제국이 각각 나름의 방식대로 발전하는 것을 확실히 하는 데 중요한 역할을 하게 된다. 그러나 정주 초기 단계에서 이 에스파냐와 영국의 아메리카 공동체들을 만들어 간 사람들은 서로 비슷한 문제와 도전에 직면했다. 그들은 말 그대로 땅의 '점령'을 분명히 하지 않으면 안 되었다. 그들은 이미 그곳에 정주하고 있던 사람들과의 관계를 어떻게 할 것인지 결정해야 했다. 그들은 그것이 만들어지는 데 부분적인 역할만 했을 뿐인 제도적 틀 안에서 공동체를 유지하고 발전시켜야 했다. 그리고 그들은 자신들이

---

124) Richard S. Dunn, *Puritan and Yankee. The Winthrop Dynasty of New England, 1630~1717*(Princeton, 1962), p. 36.

발전시켜 가고 있는 필요 혹은 희망사항과 본국 사회의 그것들 간에 균형을 맞추어야 했다. 아메리카의 환경에 의해 자유로워지기도 하고 구속되기도 한 그에 대한 그들의 반응은 그들이 빠져나온 구세계와, 그리고 이제 그들이 지배하려고 하고 자신들의 것으로 만들어 나가려고 하는 신세계, 둘 모두의 조건에 의해 결정될 것이었다.

2장_아메리카 공간 정복하기

아메리카의 정복과 정주에 참여한 유럽인들은 아메리카 공간의 지배라고 하는 거의 상상조차 어려운 엄청난 일에 직면하게 되었다. 윌리엄 버크는 1757년 출간한『아메리카 내 유럽인들의 정주에 관하여』라는 책에서, '아메리카는 북극으로부터 남위 57도 사이에 길게 걸쳐 있으며, 그 길이가 무려 8,000마일(약 12,800킬로미터)이 넘는다. 동·서 양반구를 모두 바라보고 있으며, 두 번의 여름과 두 번의 겨울을 갖고 있다. 또한 지구가 보여 줄 수 있는 모든 기후를 다 갖고 있으며, 두 개의 대양에 그 거대한 몸뚱이를 담그고 있다'라고 쓰고 있다.[1)]

버크의 언급처럼 아메리카라는 공간은 지형적으로나 기후적으로나 엄청난 다양성을 자랑한다. 하나의 아메리카가 아니라 여러 개의 아메리카가 존재하며, 이 아메리카들은 서로 다른 정주와 개발 양식을 만들어 냈다.[2)] 15세기부터 뉴펀들랜드 인근 황금어장을 찾아 (아메리카)

---

1) William Burke, *An Account of the European Settlements in America*(6th edn., London, 1777), pp. 203~4. 이 책 사본의 참조를 허락해 주신 레스터대학의 이안 해리스 박사께 감사드린다.

2) '대서양 아메리카'의 서로 다른 정주 형태에 관하여 현대 지리학자가 제시하고 있는 탁월한

북쪽 끝에 도착한 바스크인 혹은 잉글랜드 어민들은 아마도 황량하고 을씨년스런 이곳 해안 풍경과 마주쳤을 것이다. 좀더 남쪽 바다에서 바라본 육지의 모습은 그보다 훨씬 아름다웠을 것 같다. 1629년 잉글랜드에 있는 친구들에게 쓴 편지에서 프랜시스 히긴슨Francis Higginson이라는 목사는 '바닷가에 멋진 숲과 푸른 나무들이 있고, 노란 꽃들이 바다를 물들이고 있는 것'을 목격했는데, 그것은 '우리 모두 새로운 낙원 뉴잉글랜드를 한시라도 빨리 보고 싶게 만들었다. 거기서 우리는 저 멀리 뚜렷한 풍요의 징후를 목격할 수 있었다'라고 썼다.[3] 그러나 해안선 너머 내륙에는 시커먼 숲과 두려운 미지의 세계가 펼쳐져 있었다. 그보다 더 남쪽에는 체서피크만과 버지니아가 있었는데, 스미스 선장은 이곳을 '북위 34도와 44도 사이에 위치한 아메리카 지역으로, 여름은 에스파냐만큼 뜨겁고 겨울은 프랑스와 잉글랜드만큼 춥다'라고 기술했다.[4]

카리브해에 도착하여 중아메리카[5]와 남아메리카 쪽으로 진출한 에스파냐인들은 극히 대조적인 풍광과 기후, 즉 앤틸리스제도의 열대 도서 지역, 유카탄반도의 황량한 관목 지역, 남부와 중부 멕시코의 화산 고원 지역, 중아메리카 지협의 빽빽한 열대 우림 지역과 마주쳤다. 카리브

설명으로는 D. W. Meinig, *The Shaping of America*(New Haven and London, 1986), 제1권('Atlantic America, 1492~1800')이 있다.

3) Everett Emerson (ed.), *Letters from New England. The Massachusetts Bay Colony, 1629~1638*(Amherst, MA, 1976), p. 21.

4) Smith, *Works*, 1, p. 143('버지니아의 지도').

5) Central America; 북아메리카와 남아메리카를 잇는 지역으로 보통 벨리즈, 코스타리카, 엘살바도르, 과테말라, 온두라스, 니카라과, 파나마가 여기에 포함된다. 그에 비해 중앙아메리카(Middle America)는 아메리카 대륙의 중간 위도에 해당하는 지역으로, 보통 중아메리카 외에 멕시코와 서인도제도가 포함되며 가끔은 컬럼비아와 베네수엘라가 포함되기도 하고, 때로는 서인도제도가 배제되기도 한다—옮긴이.

제도와 중아메리카 열대 세계는 기후상의 통일성이 존재했지만 남아메리카 대륙은 극히 대조적인 풍광과 기후가 공존했다. 그 중에서도 페루가 가장 심한 편이었는데, 16세기 말 예수회 소속 대 문필가 호세 데 아코스타José de Acosta는 『인디아스의 자연과 도덕의 역사』*Natural and Moral History of the Indies*에서 '페루는 세 개의 길고 협소한 띠 모양의 땅으로 되어 있다. 평야 지대, 시에라(구릉) 지대, 안데스 산지가 그것이다. 평야는 해안선을 따라 달리고, 시에라 지대는 대개 몇 개의 계곡을 낀 비탈 지역으로 되어 있으며, 안데스 산지는 높고 험준한 산들로 이루어져 있다. 50 레구아[6]도 떨어져 있지 않은 지역에, 그리고 적도와 남·북극으로부터 멀리 떨어져 있는 지역에 거의 1년 내내 비가 오는 지역과 1년 내내 비 한 방울 내리지 않는 지역, 그리고 한 계절에만 비가 오고 다른 계절에는 거의 비가 오지 않는 지역이 공존하고 있다는 사실은 놀랍지 않을 수 없다'라고 썼다.[7]

남아메리카 세계에서 서로 간의 거리는 엄청났다. 그리고 그 거리는 남아메리카의 넓은 지역의 통행이 거의 불가능했기 때문에 더 엄청난 것이 되었다. 예를 들어 누에바그라나다 왕국의 경우, 마그달레나 계곡과 오늘날의 (컬럼비아) 오리엔탈 산맥 사이의 무덥고 습한 기후와 험준한 지형 탓에 에스파냐에서 산타페데보고타Santa Fe de Bogotá에 가려면 먼저 세비야에서 카리브해 항구 도시 카르타헤나까지 약 60일을 항해한 다음, 다시 카르타헤나에서 산타페데보고타까지 최소 30일 동안 3,000

---

6) legua; 거리의 단위. 영·미에서는 1레구아가 약 4.2킬로미터 혹은 2.6마일에 해당한다—옮긴이.

7) José de Acosta, *Historia natural y moral de las Indias, ed. Edmundo O'Gorman*(2nd edn, Mexico City and Buenos Aires, 1962), p. 127.

킬로미터를 이동하지 않으면 안 되었다.[8)]

에스파냐인들과 그 뒤를 이은 다른 유럽인들은 이 광대한 공간을 어떻게 정복했을까? 유럽인들에 의한 아메리카의 지배는 서로 연관된 세 개의 과정을 포함하고 있었다. 첫째는 땅의 상징적 점령이고, 둘째는 원주민의 예속민화 혹은 추방을 포함한 땅에 대한 물리적 점령이며, 셋째는 충분한 수의 백인 정주자들과 그 후손들이 그 땅에 들어가 살게 함으로써 그 지역 자원을 유럽인들의 기대와 관행에 따라 개발할 수 있게 만드는 것이었다.

상징적 점령

상징적 점령은 우선 의식[儀式]적 행위로 이루어지는 경향이 있었고, 그것의 성격과 정도는 해당 국가의 전통에 의해서만이 아니라 상당 부분은 상황에 따라서 달라지곤 했다.[9)] 에스파냐인과 영국인은 모두 로마법의 무주물 원칙을 인정하고 있었는데, 그것은 아직 점령되지 않은 땅은 누군가에 의해 사용될 때까지 인류 공동의 재산으로 남아 있다가 그것을 처음 사용한 사람의 것이 된다는 것이었다.[10)] 13세기 카스티야 왕국의 『7부법전』*Siete Partidas*은 '바다에서 새 섬이 솟아나는 경우는 별로 없다.

---

8) Thomas Gomez, *L'Envers de l'Edorado, Economie coloniale et. travail indigène dans la Colombie du XVIème siècle*(Toluluse, 1984), p. 143.

9) 퍼트리샤 시드(Patricia Seed)의 역저 *Ceremonies of Possession*과 그의 논문 'Taking Possession and Reading Texts: Establishing the Authority of Overseas Empires', *WMQ*, 3rd ser., 49(1992), pp. 183~209는 각국의 스테레오타입에 기반한 차이를 날카롭게 지적하고 있다.

10) 위의 책 p. 12와 Pagden, *Lords of All the World*, p. 76을 참조.

그런데 만약 그런 일이 일어난다면 그 섬은 맨 처음 그곳에 들어가 사는 사람의 소유가 된다'라고 말하고 있다.[11] 비슷한 원칙이 에스파냐 식민지 아메리카의 토지 소유권에도 적용되었는데, 소유possession란 점유occupation와 이용use을 근거로 하여 이루어진다는 것이었다.[12] 그러나 에스파냐인들은 영국인들과 달리 자신들의 주권을 주장하는 과정에서 무주물 원칙을 내세울 필요가 거의 혹은 아예 없었는데, 그것은 그들의 소유권이 교황이 에스파냐 왕에게 부여한 양여에 기반을 두고 있었기 때문이다. 더욱이 그들이 도착한 곳은 대부분 이미 인디언 원주민들이 살고 있던 지역이었고, 때문에 그들의 주된 관심은 땅에 대한 지배가 아니라 주민에 대한 지배를 정당화하는 것이었다.[13] 여기에서 에스파냐 왕이 부딪혀야 했던 가장 심각한 반대는 (에스파냐 왕실의 소유권 주장에 대해) 반대 주장을 펼치고 항의할 힘을 갖고 있지 않았던 외국 라이벌 국가들보다는 에스파냐 내부의 사람들로부터 나타나게 된다.

주권을 주장하는 것이 그것을 주장하는 사람들의 눈에는 (그것 자체로) 완전히 유효한 것이었다고 할지라도 모종의 의식을 통해 소유를 공식화하는 것이 다른 유럽 군주들이나 그 지역 주민들에게 그것을 확인시키는 행위가 될 수 있었다. 카스티야와 잉글랜드 모두 토지 재산을 소유하고자 할 때 그 경계가 되는 선을 뭔가로 때린다든가, 나뭇가지를 꺾어 놓는다든가 아니면 흙을 파 올린다든가 하는 모종의 상징적인 행

11) *Partida* III, tit. 28, ley 29, Morales Padrón, 'Descubrimiento y toma de posesión', p. 332에서 재인용.

12) Introduction by Eduardo Arcila Farias to Joseph del Campillo y Cosío, *Nuevo sistema de gobierno económico para la América* (2nd edn, Mérida, Venezuela, 1971), p. 50.

13) Pagden, *Lords of All the World*, pp. 91~2.

위를 동반하는 전통을 갖고 있었다. 카스티야인들이 1464년 카나리아 제도 테네리페섬을 점령했을 때, 디에고 데 에레라Diego de Herrera는 먼저 지역 족장들의 공식적 항복을 받아낸 다음 왕의 깃발을 들어 올리고, 그 지역에 대한 소유의 표시로 발로 땅을 쿵쿵 밟고, 주변의 나뭇가지들을 꺾으면서 2레구아 정도를 돌아다녔다……[14] 콜럼버스가 산살바도르에 상륙했을 때 그가 그런 의식을 치렀다는 기록은 없다. 대신 그는 페르난도 왕과 이사벨 여왕의 깃발을 들어 올리고 공증인이 입회한 가운데 섬에 대한 공동왕의 권리를 엄숙하게 선언했다. 그후로 그는 일지에 썼듯이, 다른 섬에서도 그와 비슷한 의식을 거행했다: '여러 섬들 가운데 하나에서만 소유권을 선언해도 모든 섬들을 소유하는 것이라고 얘기하는 사람도 있었지만 나는 모든 섬을 일일이 찾아다니며 섬들에 대한 소유권을 선언했다.'[15]

1493년 5월 4일의 '인테르 카에테라'[16]를 통해 교황이 카스티야와 포르투갈 왕에게 각각 지배 영역을 분할해 주었지만 그렇다고 두 나라의 탐험대장이나 원정대장이 새로운 땅에 상륙하면 모종의 의식을 통해 소유권을 천명하는 관행이 사라진 것은 아니다. 1494년 4월 9일 페드로 마르가리트Pedro Margarit에게 내린 훈령에서 콜럼버스는 '도로나 샛길을 따라' 가는 곳마다 '키 높은 십자가와 경계석을 세우고, 적당하다고 생각되는 모든 지점에 십자가를 세우고 쓰러지지 않도록 단단히 고정하도록 하시오. …… 신의 가호로 그 땅이 그리스도교도들에게 속하게 되

14) Morales Padrón, 'Descubrimiento y toma de posesión', p. 334에서 재인용.
15) *Journal of the First Voyage*, pp. 29, 36.
16) Inter Caetera. 교황 알렉산더 6세가 반포한 칙령 —옮긴이.

었으므로 그렇게 하는 것이 그리스도를 영원히 기억되게 할 것이오. 그리고 키가 크고 굵은 나무에는 잊지 말고 두 분 국왕 폐하의 이름을 새기도록 하시오'라고 말했다.[17] 에스파냐인들은 아메리카 본토를 횡단하면서 그와 비슷한 의식을 거행했다. 발보아Vasco Núñez de Balboa는 1513년 유럽인으로는 처음으로 태평양에 발을 담그게 되었을 때 왕의 깃발을 높이 올리고 카스티야 국왕의 이름으로 눈앞의 대양과 주변 지역, 그리고 섬들이 에스파냐 국왕의 소유가 되었음을 엄숙히 선언했다. 코르테스도 마찬가지로 쿠바 총독이 내린 명령에 따라 '지극히 엄숙하게 그곳이 국왕의 소유임을 선언'했으며, 1526년 온두라스에서도 풀을 뽑고 손으로 땅을 파는 의식을 거행했다.[18]

영국인들 중에서는 이런 에스파냐인들의 관행과 가장 유사한 행위가 1583년 험프리 길버트의 뉴펀들랜드 항해 때 나타났다. 그와 위원들은 국새國璽를 앞에 놓고 거기 모인 사람들과, 그 외 많은 외국 상인들과 어부들 앞에서 가지고 간 문건을 '엄숙하게 낭독했다.' 그러고 나서 '잉글랜드의 법과 관습에 따라 뗏장 한쪽을 뜯고, 누군가 그에게 건네준 그 뗏장을 개암나무로 된 직표職標를 갖고 받는 것으로 영국 왕의 이름으로 그 땅에 대한 소유권을 선언했다.' 1524년 베라사노Verrazano의 기술記述 이후 '노룸베가'라고 알려지게 된 문제의 그 땅은 크기를 측량할 수 없을 정도이고, 거의 무한대로 경계를 확장할 수 있는 장점을 갖고 있었다. 그곳에 모인 모든 사람들에게 그 내용을 확인해 주고, 그들로부터 여왕

---

17) Cristóbal Colón, *Textos y documentos completos*, ed. Consuelo Varela (2nd edn, Madrid, 1992), p. 272.

18) Morales Padrón, 'Descubrimiento y toma de posesión', pp. 331, 342. 코르테스에 대해서는 p. 4 참조.

에게 충성하겠다는 서약을 받은 다음 나무 기둥에 '납판에 새겨진 잉글랜드의 문장을 내걸었다.'[19]

교황의 양여라는 명분과 이점을 갖고 있지 않았던 영국 국왕은 여기에서 한 것처럼 '그 어떤 기독교 군주나 신민들에 의해서도 실효적으로 소유되지 않았던, 멀리 떨어져 있으며 야만적인 이교도들이 살고 있는 땅이나 나라 혹은 영토들'에 대해 자신들의 권리를 스스로 주장해야 했으며,[20] 그 권리가 다른 유럽 열강들에 의해 존중되도록 만들어야 했다. 사실 에스파냐가 플로리다반도에서부터 뉴펀들랜드에 이르는 대서양 해안 전 지역을 자신의 지배 지역인 라플로리다La Florida 영토로 생각했기 때문에[21] 영국 국왕의 주장은 논란의 소지를 안고 있었다. 이 점에서 무주물 원칙은 에스파냐인들보다는 영국인들에게 훨씬 더 유용한 것이 되었다. 그것은 아메리카 영토에 대해 소유권 주장은 하지만 그것을 현실화하지는 못하고 있던 다른 유럽 열강에 대해서도 그렇고, 유럽인들의 기준에 따르면 그 땅을 이용하지도 못하고 있었던 원주민들에 대해서도 유용하게 써먹을 수 있었다.[22] 세인트존스St. John's항에서 거행된 의식은 영국인들이 도착했을 때 '인공조형물이라고는 아무 것도 없었던'[23] 그 땅을 영국인의 소유지로 바꾸려 한 길버트의 생각을 분명하게 표명한 것이었다. 일단 인공이 가해지면 그 땅은 더 이상 무주물이 될 수 없으며, 누군가의 합법적이고 항구적인 소유가 된다고 생각했다.

---

19) Hakluyt, *Navigations*, 2, pp. 687, 702; Seed, 'Taking Possession', pp. 183~4.
20) Hakluyt, *Navigations*, 2, p. 677.
21) Gradie, 'Spanish Jesuits in Virginia', p. 133.
22) Pagden, *Lords of All the World*, pp. 76~9; and above p. 12.
23) Hakluyt, *Navigations*, 2, p. 687.

에스파냐인들이 점령한 아메리카 본토 지역(혹은 그보다는 덜했지만 버지니아도 거기에 포함될 수 있다)의 경우처럼 원주민 수가 많고 그들의 존재성이 분명한 곳보다는 원주민이 살고 있지 않거나 적게 살고 있는 곳에서 무주물 원칙을 적용하는 것이 훨씬 용이했음은 물론이다. 제임스타운 정주지는 분명히 포와탄의 영토에 건설된 것이었으므로 버지니아회사는 십자가를 세우고 제임스 1세를 그곳 왕으로 선언하는 것만으로는 뭔가 부족하다고 여겼으며, 그래서 그들은 포와탄의 '대관'이라는 우스꽝스러운 광대극까지 벌여야 했던 것이다. 버지니아뿐만 아니라 다른 곳에서도 1605년 선장 조지 웨이머스George Waymouth가 이끌고 간 뉴잉글랜드 항해에서 그랬던 것처럼, 당시 영국인들은 십자가를 세우는 에스파냐식 관행[24]을 계속 따랐던 것으로 보이지만, 후세대 영국인들은 대개 길버트가 실행한 좀더 정교한 의식은 더 이상 하지 않은 것으로 보인다.[25] 이것은 인디언의 수가 희박하다는 점과, 무한대는 아니지만 이미 방대한 지역에 대해 영국의 지배권이 주장되고 있었음을 고려하여 그렇게까지 할 필요가 없었기 때문으로 보인다.

그러나 영토 소유권을 주장하는 다른 방법 혹은 보완적인 방법들이 있었는데, 그 중 가장 광범하게 이용되었던 것이 지명을 바꾸는 것이었다. 콜럼버스는 항해 중에 만난 섬, 곶, 그리고 특징적인 지형들에 대해 자주 새 이름을 지어주었다. 대개 산살바도르San Salvador를 비롯한 기독교 성인의 이름, 왕족의 이름(페르난디나 혹은 후아나), 두드러진 물리적

---

24) D. B. Quinn and Alison M. Quinn(eds.), *The New England Voyages 1602~1608*(Hakluyt Society, 2nd ser., vol. 161, London, 1983), p. 267.

25) Seed, 'Taking Possession', pp. 190~1.

특징을 적절하게 묘사하는 이름, 혹은 '인디아스'Indies처럼 도착한 땅이 그 땅에 대해 미리 상상해 왔던 풍경과 일치했을 때 그대로 붙인 이름 등이 많이 이용되었다.[26)] 이름이나 이름 붙이기에 깊은 관심을 갖고 있었던 것은 콜럼버스의 군주들[이사벨과 페르난도—옮긴이]도 마찬가지였다. 그들은 1494년의 편지에서 콜럼버스에게 지금까지 얼마나 많은 섬들이 발견되었는지 알고 싶다면서, '그대가 섬들에 이름을 붙였다는데, 그 이름이 무엇인지 궁금하오. 그대가 써 보낸 편지에서 섬들 가운데 어떤 것은 새 이름을 붙이고 어떤 것은 그러지 않았다고 해서 하는 말이오'라고 말했다. 그들은 또 인디언들이 그 지역들을 원래 어떻게 불렀는지도 알고 싶다고 했다.[27)]

아메리카에서 유럽의 모든 열강들에까지 확산된 이 이름 바꿔 부르기 관행이 '권력의 표식'이었음은 분명하며, 그것이 '기독교적 제국주의'[28)] 행위로 여겨질 수 있겠지만 결코 유럽인들만의 관행은 아니었다. 과거 멕시카족도 중부 멕시코의 여러 나라를 자신의 제국에 병합하면서 피정복민들의 지명을 나와어로 번역해 사용하거나 아니면 원주민들이 부르던 이름과는 전혀 상관없는 새 나와어 이름으로 바꾼 적이 있었

---

26) Carmen Val Julián, 'Entre la realidad y el deseo. La toponomía del descubrimiento en Colón y Cortés', in Oscar Mazín(ed.), *México y el mundo hispánico*(2 vols., Zamora, Michoacán, 2000), 1, pp. 265~79; Stephen Greenblatt, *Marvelous Possessions. The Wonder of the New World*(Chicago, 1991), pp. 82~3; 그리고 콜럼버스의 지명 선택에 대한 보다 넓은 맥락에 대해서는 Valerie I. J. Flint, *The Imaginative Landscape of Christopher Columbus*(Princeton, 1992) 참조.

27) Helen Nader(trans. and ed.), *The Book of Privileges Issued to Christopher Columbus by King Fernando and Queen Isabel 1492~1502*(Repertorium Columbianum, 3, Berkeley, Los Angeles, Oxford, 1996), p. 99 (Letter of 16 August 1494)

28) Greenblatt, *Marvelous Possessions*, p. 82.

다.[29] 그러므로 코르테스가 몬테수마의 제국을 정복하고 나서 '이곳의 땅과 에스파냐의 땅이 둘 다 비옥하고 거대하고 춥고, 그 밖에도 여러 가지 점에서 비슷하다는 점을 고려하여' 누에바에스파냐Nueva España로 이름을 바꾸기로 했을 때 그는 부지불식간에 원주민 전임자들의 관행을 따르고 있었던 것이다.[30]

영국인들도 그 선례를 따랐다. '노룸베가'는 정체불명의 이름이기는 하지만 아마도 인디언들의 지명에서 유래한 것으로 보인다.[31] 후에 이 땅은 노스버지니아North Virginia로 불리기도 했지만 1616년 존 스미스는 그 지역에 대한 '기술'Description에서 코르테스가 멕시카족의 땅을 누에바에스파냐로 고친 것을 모방하여 재치 있게 이 땅을 뉴잉글랜드로 고쳤다.[32] 그러나 처음에는 '선원들을 비롯하여 많은 사람들이 계속해서 그곳을 누스콘쿠스Nusconcus, 카나다이Canaday, 페나퀴드Penaquid 등 인디언식 이름으로 불렀다.'[33] 그래서 스미스는 웨일즈 공에게 바치는 헌사에서 '그런 야만적인 이름 대신 후대 사람들이 찰스 왕세자님을 대대로 자신들의 대부代父로 생각할 수 있도록 영국식 이름으로 바꾸어 달라'고 청했다. 이에 왕세자는 비록 많은 인디언 지명이 스미스의 『뉴잉글랜드에 관한 기술』*A Description of New England*에 포함되는 것을 막을 수 있게 신속하게는 아니지만, 이 문제에 적절하게 개입했다. 그리하여 스미스

---

29) Barbara E. Mundy, *The Mapping of New Spain*(Chicago and London, 1996), p. 144.

30) Cortés, *Letters from Mexico*, p. 158. 코르테스와 그 외 다른 정복자들의 개명 관행에 대하여는 Carmen Val Julián, 'La toponomía conquistadora', *Relaciones*(El Colegio de Michoacan), 70(1997), pp. 41~61.

31) Baker, *American Beginnings*, ch. 3.

32) Smith, *Works*, 1, p. 324; Quinn, *New England Voyages*, p. 3.

33) Smith, *Works*, 3, p. 278.

의 텍스트는 '악가옴Aggawom을 사우스햄튼으로', '소오카투크Sowocatuck를 입스위치로'……처럼 이전 인디언식 지명과 이후 영국식 지명을 병기한 일람표를 제시하게 되었다.[34]

에스파냐인들과 영국인들은 사실 아메리카의 지명을 바꾸는 과정에서 비슷한 접근 방법을 택한 것으로 보인다. 그들은 정주를 시작하여 그곳의 지명을 정할 때 옛날 이름보다는 새 이름을 선호했지만 원래의 지명이 낯설지 않거나 발음이 어렵지 않을 때는 원래 이름을 그대로 쓰기도 했다. 테노치티틀란은 멕시코시티가 되었다. 그러나 코스코Qosqo는 발음이 어렵지 않아 쿠스코Cuzco라는 이름으로 남았다. 원주민식 지명인 쿠바는 에스파냐식 이름인 후아나Juana와의 경쟁을 이겨냈다. 그러나 원주민들의 원래 이름은 대개 유럽인들이 발음하기에 너무 길고 어려웠다. 그러므로 '인디언들에 의해 코나맙스쿠노오칸트Conamabsqunoocant라고 불렸던 개울'이 뉴잉글랜드 정주자들에 의해 '일반적으로 더크강Duck River이라고 불리게 된 것'은 전혀 놀라운 일이 아니었다.[35] 인디언식 이름을 경멸하는 경향도 물론 있었다. 예를 들어 1619년 키코우탄Kiccowtan의 주민들은 버지니아 하원에 그런 야만적인 이름 대신 엘리자베스시티Elizabeth City로 바꾸어 달라고 청했다.[36] 지명 선택에서 또 하나의 자연스런 경향은 정주자들의 본국 고향 도시 이름을 택하는 것—트루히요, 메리다, 도체스터Dorchester, 보스턴 등이 좋은 예이다—이었다. 그런 경향은 미지의 것을 기지의 범주 안에 끌어들이려는

---

34) Smith, *Works*, 1, pp. 309, 319.

35) George R. Stewart, *Names on the Land. A Historical Account of Place-Naming in the United States*(New York, 1945; repr. 1954), p. 64.

36) *Ibid.*, p. 59.

시도라 할 수 있다.

에스파냐의 원정대장들과 식민정주자들이 선호한 지명은 그들이 특별한 애정을 가진 성인의 이름이나, 혹은 그곳을 발견하거나 도시를 건설한 날에 해당하는 기독교 축일을 도시명으로 정하는 것이었다. 그 결과 에스파냐 연대기작가 페르난데스 데 오비에도의 말처럼, '이 해안 지역 가운데 한 지역의 모습을 표시한 항해 지도를 살펴보면 마치 잘 정리되지 않은 달력 혹은 성인들의 목록을 보는 듯한 느낌'을 주었다.[37] 후에 보스턴 시민 코튼 매더Cotton Mather는 이런 관행을 조롱했다.[38] 잉글랜드인들에게는 성스러운 이름이 살렘[39] 같이 성서에 나오는 지명, 혹은 로저 윌리엄스Roger Williams가 '고통 중에 있을 때 하느님의 자비가 내게 임하시는 것을 분명히 느꼈으므로 나는 그곳을 프로비던스Providence라고 부르기로 했다…'라고 한 것처럼[40] 신의 인도와 자비에 감사하는 마음을 표현하는 것으로 국한되었다.

새 지명은 1616년 존 스미스의 뉴잉글랜드 지도가 보여 주듯이 신속하게 지도에 표시되었다. 지도에 올리는 것 또한 소유권 획득의 상징적인 행위였는데, 한편으로 그것은 원주민 지명을 근절함으로써 유럽인의 지배를 공식화하는 것이기도 했고, 다른 한편으로는 유럽 열강을 상대로 아메리카 영토에 대한 자국의 권리를 선언하는 것이기도 했다. 해외 발견과 정주사업 초창기부터 에스파냐 왕정은 새로 획득한 영토의

37) Fernández de Oviedo, *Historia general y natural*, 2, p. 334. Seed, *Ceremonies of Possession*, p. 175를 함께 참조.

38) *Iconoclastes*, p. 1. Alicia Mayer, *Dos americanos, dos pensamientos. Carlos de Sigüenza y Góngora y Cotton Mather*(Mexico City, 1998), p. 161에서 재인용.

39) Salem; 가나안의 고대 도시. 현재의 예루살렘—옮긴이.

40) Stewart, *Names on the Land*, p. 53에서 재인용.

성격과 크기에 관한 자세한 정보 확보에 깊은 관심을 보였다. 16세기 에스파냐의 다른 분야들과 마찬가지로, 전에는 되는 대로 이루어지던 과정에 체계적인 방법과 시스템을 도입하려는 진지한 시도가 처음으로 나타난 것은 상세하고 정확한 설명에 대한 열정과 지식에 대한 르네상스적 열정을 겸비하였던 펠리페 2세 치세에 들어서였다.[41] 1571년에는 '인디아스 수석 지도제작관'이라는 직책이 새로 생겨났으며, 이 직책의 첫 번째 보유자가 된 후안 로페스 데 벨라스코Juan López de Velasco가 한 일은 새로 신세계 연대기와 지도를 만드는 것이었다. 그리고 포르투갈의 지도제작자 프란시스쿠 도밍케스Francisco Domínquez도 약식 지도를 만들라는 임무를 띠고 누에바에스파냐에 파견되었다. 실패로 끝난 이 같은 초창기 사업에 이어 1573년 개혁적 성향의 인디아스평의회[42] 위원장 후안 데 오반도Juan de ovando가 주도하는 유명한 프로젝트가 시작되었다. 에스파냐령 아메리카 전체에 파견된 지역 관리들에게 장문의 설문지를 보내 그 지역의 성격, 역사, 자원 등에 관해 최대한 상세한 최신 정보를 확보하고, 더불어 지도를 만들기 위한 것이었다. 에스파냐령 신세계 공동체들에 대한 식민정주자들의 생각과 원주민들의 생각을 함께 반영한 이 지도 제작 작업은 간헐적으로 그 결과물이 소정의 과정을 거쳐 에스파냐로 보내졌다. 이 지도들은 아메리카 소유령에 대한 정보가 라이벌 국

---

41) Geoffrey Parker, *Empire, War and Faith in Early Modern Europe*(London, 2002), ch. 4('Philip II, Maps and Power') 참조. 이 시기 이베리아반도의 지도 작성에 관한 좀더 개설적인 설명으로는 Ricardo Padrón, *The Spacious World. Cartography, Literature, and Empire*(Chicago, 2004)가 있다.

42) Council of the Indies; 16세기 에스파냐 제국 시대의 통치는 '평의회'를 중심으로 이루어졌고, 그 가운데 하나인 인디아스평의회는 에스파냐령 아메리카 문제를 관장하는 최고기구였다—옮긴이.

가들에게 넘어가는 것을 극도로 경계한 국왕들이 그것들을 문서고 한구석에 숨겨 보관한 덕분에 지금까지 원 상태로 남아 있을 수 있었다.[43)]

150년 후, 영국 제국 정부도 지도 확보와 제작에 대해 비슷한 관심을 나타내기 시작했다. 17세기 말까지만 해도 영국 무역부Board of Trade는 기껏해야 그런 지도를 몇 장 갖고 있었을 뿐이었다. 변화가 일어나기 시작한 것은 위트레흐트 조약 이후 식민지들 간 라이벌 의식이 강해지면서부터였다. 1715년 영국 무역부는 식민지의 지도를 구하기 시작했고, 프랑스가 갖고 있던 가장 우수한 지도 사본을 프랑스 당국에 요청하기도 했다. 그런 시도는 당연히 여의치 않을 수밖에 없었으므로 영국무역부는 '프랑스인들은 자신들의 힘으로 지도를 만들었고, 그들은 그로부터 우리가 어둠 속에서 헤매고 있을 때 큰 이익을 취할 수 있었다. 그러므로 우리도 유능한 인재를 파견하여 아메리카 북쪽 끝에서 남쪽 끝까지 돌아다니며 모든 식민지들을 자세히 조사하여 정확하고 상세한 지도를 만들 필요가 있다'라고 기록했다.[44)]

공적 관심의 결여에도 불구하고, 17세기에 만들어진 영국령 아메리카 지도는 비록 같은 시기 네덜란드인들의 것보다는 못했지만 꾸준히 만들어지고 확산되었다.[45)] 퓨리턴(청교도)들이 주로 거주한 뉴잉글랜드

---

43) Mundy, *The Mapping of New Spain*: *Richard L. Kagan*, *Urban Images of the Hispanic World, 1493~1793*(New Haven and London, 2000), ch. 3; Francisco de Solano(ed.), *Cuestionarios para la formación de las Relaciones Geográficas de Indias, siglos XVI~XIX*(Madrid, 1988); Howard F. Cline, 'The Relaciones Geográficas of the Spanish Indies, 1577~1586', *HAHR*, 44 (1964), pp. 341~74.

44) I. K. Steele, *Politics of Colonial Policy. The Board of Trade in Colonial Administration, 1696~1720*(Oxford, 1968), p. 154에서 재인용.

45) Benjamin Schmidt, 'Mapping an Empire: Cartographic and Colonial Rivalry in Seventeenth Century Dutch and English North America', *WMQ*, 3rd., 54 (1997), pp.

의 지도들은 선민選民들을 위한 성스러운 지리sacred geography라고 할 수 있었으며, '뉴잉글랜드판 가나안'의 건설과 성장을 보여 주었다.[46] 그러나 그보다 더 중요한 의미를 갖는 것은 뉴잉글랜드에 대한 존 스미스의 기술에서 볼 수 있듯이, 영어 단어와 영국식 이름을 갖고 있는 지도가 이주 희망자들에게 아메리카로 이주하는 것이 매력적이라는 것을 알려서 그들이 이주 대열에 합류하게 만들어야 하는 상황에서 식민화를 촉진하는 도구가 되었다는 사실이다. 만약 에스파냐인들의 방식대로 이 문제를 비밀에 부쳤더라면 영국인들의 이주는 더 어려워졌을 것이다.

물리적 점유

다양한 영국령 북아메리카 지도들은 그 땅에 대한 새로운 소유권의 공적 확인이라 할 수 있었다. 그러나 소유권이 주장된 땅이라 하더라도 물리적 점유가 이루어지지 않으면 안 되었으며, 그 점에서 지도상의 확인과 실제 현장에서 일어나는 것 간에는 상당한 괴리가 존재했다. 기술적으로는 에스파냐령 아메리카나 영국령 아메리카나 일단 그 땅에 대해 주권이 선언되면 그 땅은 왕에게 속하게 되었다. 이어서 왕은 그곳에 정주자들을 끌어들이기 위해 그 땅의 분배를 조정하게 되는데, 여기에는 여러 가지 방법이 있었다. 그 중 하나는 소유권이 일단 확보되면 그 땅을 분할하고 할당할 권한을 원정대장이나 식민정주자들에게 부여하는 것이었다. 예를 들어 1523년 에스파냐 국왕은 플로리다 지역 탐험을 위해

549~78.

46) Baker, *American Beginnings*, p. 304.

바스케스 데 아이욘Vázquez de Ayllón과 체결한 정복협정에 따라, 그에게 정복한 땅의 '물, 땅, 건축부지 등을 할당할 수 있는 권한을 부여했다.'[47] 마찬가지로 1583년 뉴펀들랜드 원정에서 험프리 길버트 경은 여왕이 내린 특허장에 의거하여 '세인트존스 항에 인접한 강변 지대에 위치한 땅을 (정주자들에게) 항구적인 영지로 분할해 주었다.'[48]

영국 왕실이 자주 이용한 또 한 가지 방법은 1629년 매사추세츠만 회사의 경우처럼 개인들이 모여 회사를 이룬 집단에 특허장을 내주는 것이었다. 에스파냐령 아메리카에서 회사 형태의 식민화와 가장 비슷한 것은 1528년 독일의 무역 가문인 벨저가의 대리인들(두 명의 세비야인)에게 베네수엘라의 발견, 정복, 정주에 필요한 허가를 내준 것이었다. 그러나 당국은 그 허가서에서 어떻게든 벨저라는 이름을 넣지 않으려고 했던 것 같다. 그래서 그 대리인들에게 회사 대표로서 취한 행동에 대해 책임을 묻지 않겠다고 약속할 것을 요구한 것으로 보인다.[49] 영국 왕은 아메리카 소유령을 통제하는 일에 대해 에스파냐 국왕보다는 관심이 덜했다. 영국 왕은 볼티모어 경 조지 캘버트George Calvert(그의 아들 세실리우스Cecilius가 1632년 메릴랜드 식민화를 위한 특허장을 받았다)의 경우처럼, 자주 자신이 특허장을 준 사람에게 독점권을 부여하곤 했다.[50] 그렇게 독점권을 받은 사람은 다시 자신이 가능한 한 많은 권리를 가질 수 있게 조처하면서, 가장 유리한 조건으로 정주자들에게 땅을 할당하는 절차를 밟았다. 그러나 영국령 아메리카에서의 토지 획득과 정주는 에

47) Vas Mingo, *Las capitulaciones de Indias*, pp. 81, 196.
48) Hakluyt, *Navigations*, 2, p. 687.
49) Friede, *Los Welser*, pp. 135~46; and see above, p. 25.
50) Andrews, *The Colonial Period*, 2, p. 282.

스파냐령 아메리카에서보다는 훨씬 두서없이 이루어졌다. 영국의 몇몇 식민지들(플리머스, 코네티컷, 로드아일랜드 등)은 국왕의 특허장을 받지 않았으며, 이는 인디언 영토에서 그들의 정주권에 대한 불확실성을 키워놓았다. 정주 초기에 뉴잉글랜드 식민정주자들은 인디언들과의 토지 구매 협상을 통해 자신들의 법적, 도덕적 딜레마를 해결하려 했다.[51)]

그러나 아메리카의 지속적 정주가 이루어지기 위해서는 모종의 민간 정부civil authority를 수립하고, 모두가 그것을 수용하는 절차가 필요했다. 코르테스가 1519년 6월 멕시코 해안에 도착하여 취한 첫번째 조치가 베라크루스 시를 건설하는 것이었다. 그가 그렇게 한 것은 빨리 민간 정부를 세워 자신의 과거와 미래의 행동을 정당화하고, 몬테수마의 영토에 에스파냐인들의 항구적 정주지의 토대를 구축하기 위해서였다. 고마라는 '새로 선임된 시장(알칼데 마요르alcalde mayor)과 관리들은 카스티야의 마을과 도시에서 보통 그렇게 하는 것처럼, 권위를 상징하는 홀笏을 하사받고, 각자의 직책을 제수받은 다음 시 청사 건물에 모두 모였다'라고 쓰고 있다.[52)] 1620년 11월 메이플라워호가 프로빈스타운Provincetown 앞바다에 닻을 내렸을 때도 그와 비슷한 절차가 행해졌다. 이때 청교도들은 바닷가에 상륙하기 전에 '보다 나은 질서와 안녕을 위해 우리 모두 하나의 민간 정치기구 안에서 서약하고 합심할 것을 결의했다.'[53)] 그러고 나서 그들은 베라크루스 시정부가 코르테스를 사령관

---

51) William Cronon, *Changes in the Land. Indians, Colonists, and the Ecology of New England*(New York, 1983), p. 69.

52) Gómara, *Cortés*, p. 67.

53) William Bradford, *Of Plymouth Plantation, 1620~1647*, ed. Samuel Eliot Morison(New York, 1952), p. 76; George D. Langdon Jr., 'The Franchise and Political Democracy in Plymouth Colony', *WMQ*, 3rd ser., 20(1963), pp. 513~26.

Captain 겸 최고법관Justicia Mayor으로 뽑았던 것처럼, 존 카버John Carver를 지배자governor로 선출했다.

이처럼 에스파냐인들과 영국인들은 낯선 환경에서 유럽적인 시민 사회를 재조직하는 것을 그 땅에 대한 항구적 점령의 필수적 전제 조건으로 간주했다. 같은 서유럽적 전통을 공유한 이 두 식민 민족(에스파냐인들과 영국인들)은 가부장적인 가족, 재산 소유권, 가능한 한 신의 질서에 부합한 사회질서 등을 정상적인 시민 사회라면 반드시 갖추어야 할 필수 요소로 생각했다. 그러나 두 나라는 모두 대서양 건너편에 익숙한 형태로 그것을 확립하기에는 그곳의 상황이 만만치 않다는 것을 알게 되었다. 처음부터 작동한, 넓은 공간이 갖는 점진적 소멸 효과dissolving effect는 여전히 유럽적 색깔을 갖고는 있지만 '아메리카적'이라고 기술될 수도 있을 만큼 (유럽과는) 상당히 다른 사회를 만들어 낼 반응을 불러일으키게 된다.

이 반응은 본국의 전통과 지역(아메리카) 상황의 결합에 의해 결정되고, 국적nationality에 의해서뿐만 아니라 지역region에 의해서도 달라지게 되었다. 예를 들어 뉴잉글랜드의 반응은 여러 가지 점에서 버지니아의 반응과는 달랐다. 그러나 뉴잉글랜드의 반응과 버지니아의 반응 간의 차이가 해당 지역의 지형에 의해 결정된 것이었으며, 그 차이는 아메리카 본토에서 에스파냐 식민지와 영국 식민지 간에 존재하는 엄청난 지형적, 기후적 차이에 비하면 무시해도 좋을 정도였다. 에스파냐인들이 아메리카에서 마주친 것은 윌리엄 브래드퍼드가 '끔찍하고 황량한 뉴잉글랜드'라고 표현한[54] 곳을 에덴동산처럼 보이게 만들 정도로 험준한 정글과 산맥, 그리고 사막이었다.

에스파냐인들은 배를 타고 내륙 깊숙이 들어갈 수 있는 미시시피 강, 미주리 오하이오강, 세인트로렌스강 같은 큰 강을 갖고 있지 않았다. 하지만 그들은 압도적으로 불리한 지역 조건에도 불구하고 테노치티틀란 점령 이후 채 한 세대가 지나지 않아 대륙 전체를 휩쓸고 돌아다녔다. 그에 반해 영국인들은 에스파냐인들에 비하면 훨씬 유리한 지형을 만났음에도 18세기까지도 해안 지역에만 머물러 있으려고 했다. 내륙 정주가 처음부터 시작된 곳은 허드슨강과 코네티컷강, 그리고 체서피크 일부 지역뿐이었다.[55] 정주 초기 20년 동안 매사추세츠 데덤Dedham의 주민들이 주변에 광활한 땅을 갖고 있었음에도 주민들에게는 작은 부지만 허용하고, 전체 주민이 총 3,000에이커가 채 되지 않는 땅만 이용했다는 것은 영국인들의 뿌리 깊은 선입견을 말해 주는 놀라운 사실이다.[56] 스스로 '황야를 이리저리 돌아다니는 것'을 자신들의 소임으로 알았던 뉴잉글랜드 식민정주자들이 황야에 대해 그처럼 철저히 등을 돌렸다는 사실은 아이러니가 아닐 수 없다.

에스파냐인들이 엄청난 거리와 말 못할 고초를 무릅쓰고 아메리카 대륙을 그처럼 멀리, 그리고 널리 쏘다닌 이유는 그들의 야심과 기대 때문이기도 하지만 이베리아반도의 오랜 전통에 기인하기도 했다. 에스파냐인들은 잉글랜드인들과 달리 어쩌면 내일이라도 지평선 바로 너머에서 거대한 정치 조직과 엄청난 인구를 가진 (원주민) 왕국이 발견될 수도 있다고 생각했다. 또 제임스타운의 정주자들이 열심히 찾아다녔으나

---

54) Bradford, *Plymouth Plantations*, 1620, p. 62.

55) Patrici U. Bonomi, *A Factious People. Politics and Society in Colonial New York*(New York and London, 1971), p. 22.

56) Kenneth A. Lockridge, *A New England Town. The First Hundred Years. Dedham, Massachusetts, 1636~1736*(New York, 1970), p. 12.

끝내 발견하지 못한 금광과 은광이 그곳에는 존재하고 있다는 증거를 이미 그들은 갖고 있었다. 거대한 부와 다스릴 영지에 대한 갈망, 명성에 대한 끝없는 야심이 1539~1542년에 아메리카 남부 지역을 휩쓸고 돌아다닌 에르난도 데 소토 같은 정복자들을 내륙 깊숙이 끌어들였다. 이에 비해 영국인들은 월터 롤리 경의 시도 이후로는 그런 노력을 거의 기울이지 않았다. '왜 우리 잉글랜드인들은 그렇게 빨리 단념하고, 다른 사람들보다 노력을 하지 않는가? …… 명예는 우리 인생의 야심이며, 인생에 대해 명예로운 기억을 갖는 것은 사후의 야심이다'라고 존 스미스 대장은 말한 바 있다.[57] 그러나 명예에 호소한다는 것은 아무리 사방을 둘러봐도 점령해 주기를 기다리는 텅 빈 땅 외에는 아무 것도 발견할 수 없었던 영국인 정주자들에게는 전혀 설득력을 갖지 못했다. 특히 영국인들은 윌리엄 우드William Wood가 1634년에 쓴 바에 따르면, '그런 대로 만족하고 있었고, 엄청난 부보다는 얼마간의 넉넉한 수입과 안락을 중시하는 사람들'이었으며,[58] 넉넉한 수입은 영광을 추구하는 것과는 별 상관이 없었다.

넉넉한 수입, 즉 엄청난 부보다는 얼마간의 풍족함을 가져다 줄 라이프 스타일을 위해 이주하고자 하는 경향이 영국인(혹은 일부 영국인) 식민정주자들만의 현상은 아니었다. 16세기 인디아스에 정착한 에스파냐인들과 그들의 친척 간에 오간 편지들은 그냥 '지금보다 조금 더 잘 살고 싶다'는 소박한 바람이 영국인 정주자들에게 그랬던 것처럼 에스

57) Smith, *Works*, 3, p. 277.

58) William Wood, *New England's Prospect*, ed. Alden T. Vaughan(Amherst, MA, 1977), p. 68. 그리고 Vickers, 'Competency and Competence'를 참조.

파냐인들에게도 위험을 무릅쓰고 대서양 횡단을 감행할 만한 충분한 이유가 되어 주었다. '이곳은 덕망 있고, 열심히 일하고, 다른 사람들로부터 존경받으며 살고자 하는 사람들이 살기에 아주 좋은 땅이다'라고 1586년 멕시코의 한 정주자는 에스파냐에서 멕시코로 이주를 고려하고 있던 한 젊은이에게 썼다.[59] 그렇기는 하지만 에스파냐가 점령하고 있는 땅에는 귀금속과 풍부하고 유순한 노동력이 존재했고, 그렇기에 이슬람 지배 하의 에스파냐에 대한 레콩키스타라고 하는 오래된 중세적 경험에서 만들어진 전통에서 성장한 사람들로 이루어진 히스패닉 세계에서는 부富가 (적에게서 탈취한) 전리품과 다스릴 영지로 인식되는 경향이 있었다.[60] 언제든지, 어느 날 갑자기 행운을 만날 수도 있다는 생각은 오랫동안 에스파냐령 인디아스에 새로 도착한 사람들의 마음을 사로잡았다.

그 때문에 에스파냐 정주자들, 혹은 적어도 그 가운데 첫번째 세대는 '바람직하고 쓸모 있는 것'에 대해 생각할 때 17세기 영국령 아메리카 정주자들보다는 땅을 덜 중요하게 생각했다. 그들이 원한 것은 땅이 아니라 다스릴 신민, 즉 원주민이었다. 그러므로 멕시코 중부 지역처럼 다수의 인디언들이 조밀하게 거주하고 있는 땅에서 그 인디언들을 일소해 버리는 것은 정주자들에게 전혀 바람직한 것이 아니었다.[61] 공물을 바치는 인디언들의 봉사를 향유할 수 있었던 에스파냐인들은 대영지를

---

59) Otte, *Cartas privadas*, pp. 169(pasar mejor)와 113(프란시스코 팔라시오가 안토니오 데 로블레스에게 1586년 6월 10일에 보낸 편지). 이 서신 가운데 일부(번역본)를 James Lockhart and Enrique Otte(eds.), *Letters and People of the Spanish Indies. The Sixteenth Century* (Cambridge, 1976)에서 볼 수 있다.

60) Pedro Corominas, *El sentimiento de la riqueza en Castilla*(Madrid, 1917)를 보라.

61) Charles Gibson, *The Aztecs under Spanish Rule*(Stanford, CA, 1964), p. 406.

직접 만들어 가는 수고를 치르지 않고도 영주로서의 수입과 라이프 스타일을 향유할 수 있었다. 그리고 어쨌거나 이주민이 많아져서 새로운 수요가 생겨날 때까지는 대영지의 산물을 사고팔 시장도 없었다. 그러므로 다수의 원주민들이 집단적으로 거주하는 지역을 정복하는 것이 에스파냐에서 온 정복자들과 초창기 정주자들의 최고 관심사였으니, 그것은 다수의 신민들을 지배할 수 있다는, 그리고 그를 통해 막대한 부를 손쉽게 손에 넣을 수 있을 거라는 희망을 충족시켜 줄 수 있는 것이 바로 그런 지역이었기 때문이다.

그러므로 에스파냐인들의 아메리카 정주는 사람에 대한 지배에 기반을 두고 있었고, 그것은 광대한 영토 점령을 포함하였다. 속성상 그런 지역에 들어가 정착해 사는 식민정주자들의 인구는 희박할 수밖에 없었으며, 그러므로 자위自衛의 목적 때문에라도 그들은 도시를 건설해 모여 살아야 했다. 그러나 인디아스에서 초창기 에스파냐 식민사회가 대체로 도시의 형태를 띤 것은 기존의 관행과 집단적 태도를 계승하는 것이기도 했다. 페르난도 왕과 이사벨 여왕은 1501년 혼란에 빠진 식민지 질서를 회복하기 위해 에스파뇰라섬에 니콜라스 데 오반도를 파견하면서 섬 내 적절한 장소에 도시들을 세우라고 명령했다.[62] 이것은 뿌리 없는 식민정주자들에게 일정한 거주지와 구심점을 제공하기 위한 것이었다. 인디아스를 도시화하는 정책은 중세 에스파냐의 레콩키스타 과정에서 발전한 관행에까지 거슬러 올라가는 것이었다. 중세 에스파냐에서 카스티야인들의 남쪽으로의 이동은 왕에게 넓은 주변 지역에 대한 지배권을 하사받은 도시와 소읍들을 바탕으로 하고 있었다.

---

62) Richard Konetzke, *América Latina. II, La época colonial*(Madrid, 1971), p. 38.

또한 에스파냐인들은 도시 생활을 선호하는 지중해 지역민들의 성향을 공유하고 있었다. 코르테스가 멕시코에 상륙했을 때 그가 주도한 민간 정부 수립을 위한 계약이 메이플라워호의 청교도들과는 달리 처음부터 도시라는 형태를 띤 것은 결코 우연이 아니다. 완벽한 공동체로서의 도시라고 하는 이상은 히스파니아의 전통에 깊이 뿌리내리고 있었으며, 그들은 인간이 사회로부터 멀리 떨어져 사는 것이 인간 본성과도 어긋난다고 생각했다. 도시는 또한 로마적 전통에 따라 임페리움[63]의 가시적 증거로 간주되었으며, 로마 제국에 대한 기억 또한 에스파냐 원정 대장이나 고위 관리들의 머리로부터 먼 곳에 있지 않았다.

에스파냐인들은 앤틸리스제도(에스파냐어로는 안티야스제도)에서 처음으로 도시를 이루지 않고 살아가는 사람들과 마주쳤는데, 에스파냐인들에게 그것은 충격적이었다.[64] 그러나 아메리카 대륙 본토에 도착하자 그들은 자기들에게 좀더 익숙한 세계를 발견하게 되었다. 이곳에는 에스파냐의 도시와 크게 다를 바 없는 도시 세계가 펼쳐져 있었다. 틀락스칼라, 테노치티틀란, 쿠스코 등 콜럼버스 이전의 대도시들은 에스파냐인들에게 베네치아나 그라나다 같은 에스파냐 혹은 유럽의 도시들을 떠올리게 했으며, 그것은 자신들이 앤틸리스제도보다 훨씬 수준 높은 문명을 가진 세계에 와 있다고 생각하게 만들었다. 코르테스는 테노치티틀란에 대해 이렇게 썼다: '이 도시는 세비야나 코르도바 못지않은 크기를 자랑합니다. …… (이곳에는) 살라망카 광장보다 두 배나 큰 광

---

63) imperium; 이 말은 라틴어로서, 넓은 의미로 '지배할 수 있는 힘'으로 번역될 수 있다—옮긴이.

64) Francisco de Solano, *Ciudades hispanoamericanas y pueblos de indios*(Madrid, 1990), p. 18.

장이 있습니다.'[65] 그러나 원주민 인구밀도가 희박한 북아메리카 해안 지역에 상륙한 영국인 정주자들이 (에스파냐인들이 하는 식으로) 인디언들의 도시를 본국의 노리치나 브리스톨과 비교할 수 없었을 것이다. 면밀한 검토를 통해 유럽의 도시와 메소아메리카나 안데스의 인디언 도시 혹은 종교 도시들 간의 유사성이 정복자들이 흥분 상태에서 느꼈던 것만큼 대단한 것은 아니었다는 것이 차츰 밝혀지기는 했다. 그러나 아메리카 본토에 거대한 인디언의 도시가 있다는 사실 자체가 도시와 문명 생활에 대해 에스파냐인들이 갖고 있던 선입견을 확인해 주었으며, 그들이 새 아메리카 땅에서 진정 도시적인 문명을 건설하게 하는 또 하나의 동기를 제공해 주었다.[66]

도시는 실제로 아메리카에서 에스파냐의 지배를 위한 토대가 되었다. 쿠스코나 테노치티틀란의 폐허 위에 세워진 멕시코시티처럼 콜럼버스 이전에 건설된 도시들을 에스파냐 식으로 리모델링한 것도 있었지만 대개는 새로 건설된 것이었다. 그러나 어떤 경우든 그것은 인디언들에게는 정복자들이 사방으로 떠돌아다니는 생활 방식을 포기하기로 했음을, 그리고 정복자들에게는 왕이 자신들(정복자들)이 이리저리 떠도는 생활을 청산하고 본국의 생활 규범에 맞추어 안정된 사회를 건설하기를 원했음을 말해 주는 것이었다. 초창기 앤틸리스제도에 팽배한 무정부 상태가 인디아스에서 에스파냐 지배령의 확립과 보존을 책임진 사람

65) Cortés, *Letters from Mexico*, pp. 102~3.

66) 에스파냐의 도시적 전통과 그 전통이 신세계로 이전된 현상에 대해서는 특히 Richard M. Morse, 'A Prologomenon to Latin American Urban History', *HAHR*, 52 (1972), pp. 359~94와 'The Urban Development of Colonial Spanish America', *CHLA*, 2, ch. 3; Kagan, *Urban Images of the Hispanic World*, ch. 2, 그리고 Solano, *Ciudades hispanoamericanas*를 참조.

들의 의식에 얼마나 큰 영향을 주었는지는 1524년 에르난 코르테스가 발표한 누에바에스파냐의 '선정'을 위한 법령에서 쉽게 발견할 수 있다. 이 법령은 인디언들의 개종으로 에스파냐인들의 안정적 체류가 불가피해졌다면서, '날마다 떠날 생각, 에스파냐에 돌아갈 생각만 하지 말아야 한다. 만약 그렇게 떠나버리면 지금까지 정주가 진행되었던 제도諸島들의 경험에 비추어 볼 때 이 지역과 원주민들은 파괴되고 말 것이다'라고 주장했다. 이를 위해 인디언들을 보유한 모든 사람들은 향후 8년 동안 이곳에 머무르겠다고 약속해야 하고, 결혼한 사람들은 1년 반 안에 카스티야에서 아내를 데려와야 하며, 총각들은 같은 기간 안에 결혼을 해야 하고, 누에바에스파냐의 모든 도시와 마을들에서 인디언을 보유한 주민들은 자신이 속한 도시에서 가정을 꾸려야 한다고 했다.[67]

그러므로 도시는 장기적으로 효과적인 식민화를 위해 필수적인 것으로 간주된 안정된 가정생활에 꼭 필요한 환경을 제공하는 것이었다. 그것은 또한 토지 분배, 정주, 지배를 위해 꼭 필요한 기관의 역할을 수행했다. 코르테스 자신도 고향 엑스트레마두라에서 에스파뇰라에 도착하자마자 총독 오반도의 서기로부터 '시민으로 등록하시오, 그러면 카바예리아caballería, 즉 집 지을 부지와 경작에 필요한 얼마간의 토지를 받게 될 것이오'라는 말을 들었다.[68] 집 지을 부지를 무료로 받고, 더불어 도시 외곽에 얼마간의 땅을 할당받는 것은 당시의 표준적 관행이었다.[69] 1503년 오반도가 에스파뇰라에 확립한 관행에 따라(그 관행은 다시 레

67) Martínez, *Documentos cortesianos*, 1, doc. 34, 특히 p. 281을 참조.
68) Gómara, *Cortés*, p. 10.
69) Konetzke, *La época colonial*, p. 41.

콩키스타 기간 동안 본국 에스파냐에서 발전한 관행에 근거한 것이었다) 아메리카 본토 도시 지도층 시민들에게는 레파르티미엔토 혹은 엔코미엔다 제도에 의해 인디언 주민들이 할당되었다.

에스파냐령 아메리카의 많은 지역에서 엔코미엔다는 전리품 가운데 한몫을 차지하려고 하는 정복자들의 요구를 인디언들이 바치는 공물과 부역으로 만족시켜 주고, 동시에 그 정복자들이 이미 정복한 땅을 버려두고 또 다른 정복지를 찾아 떠나는 것을 막기 위해 선택된 도구가 되었다. 어디론가 떠나려고 하는 부하들에게 인디언들을 데포시토depòsito('위탁') 혹은 레파르티미엔토('할당')하는 것을 조정하는 과정에서 코르테스는 아메리카 본토에서 장차 완전한 엔코미엔다 제도를 확립되게 되는 첫번째 조치를 취하였다.[70] 그는 부하들 가운데 300명(이는 테노치티틀란 정복에 참여했다가 살아남은 에스파냐 병사들 가운데 40%에 해당하며, 당시 인디아스에 건너와 있던 전체 유럽인 가운데 약 6%에 해당했다)에게 엔코미엔다를 할당해 주었다.[71] 그에 이어 피사로도 1532년 아타왈파Atahualpa를 만나기 위해 카하마르카Cajamarca로 떠나기 전에, 산미겔데피우라San Miguel de Piura에서 부하들에게 페루의 인디언들을 처음으로 '데포시토'해 주었다. 인디언들을 정복자들에게 할당(혹은 위탁)해 주는 것이 그들(정복자들)이 수행한 봉사에 대한 보답임을 명시한 문건은 이 정복 초기 단계에서 엔코미엔다의 본질적인 성격이 무엇인지를 분명히 하고 있다. 문건에 따르면 인디언들은 자신들을 '위탁' 받은 사람들을 위해 노동으로 봉사할 의무를 지며, 인디언들을 위탁 받은 자들

---

70) Above, p. 21.

71) Himmerich y Valencia, *The Encomenderos of New Spain*, p. 12.

은 인디언들에게 기독교 신앙을 가르치고 친절하게 대해야 할 의무가 있었다.[72]

후에 국왕은 코르테스가 대원들에게 할당한 엔코미엔다를 승인한 것처럼 피사로가 할당한 엔코미엔다도 승인했으며, 1540년대쯤이면 누에바에스파냐 부왕령에 약 600명, 페루 부왕령에 약 500명의 엔코멘데로(엔코미엔다의 소유자)가 존재했다.[73] 이는 신세계 판 봉건귀족 계층이 형성되어 가고 있었음을 시사한다. 그러나 그후로 엔코미엔다의 발전 과정은 정복자들의 높은 기대를 충족시키지 못하는 쪽으로 진행된다. 할당받은 인디언들에 대한 정복자들의 학대와 야만적인 착취, 그리고 그후 인디언 인구의 급속한 감소를 크게 우려하게 된 국왕은 엔코미엔다 인디언들의 과중한 노동 봉사를 공물 납부로 바꾸려고 했으며, 그 시도는 다양한 정도의 성공을 거두었다. 또한 국왕은 유럽의 귀족과 같은 특권 계층이 아메리카에서 생겨나는 것을 막기 위해 엔코미엔다가 상속을 통해 자동적으로 항구화되는 것을 막으려고 전력을 다했다. 모든 엔코미엔다는 현재 그것을 보유한 자가 죽으면 곧 국왕에게 귀속된다고 규정한 1542년의 신법New Laws(엔코멘데로들은 이 법을 맹렬하게 반대했다)에 담긴 항목들이 페루 정주자들의 반란과 누에바에스파냐 정주자들의 광범한 반대로 끝내 관철되지는 못했지만 엔코미엔다가 다음 세대로 자동적으로 이전되는 관행은 결국 뿌리내리지 못했다. (원칙적으로) 국왕이 계속해서 엔코미엔다의 주인이라는 사실은 사라지지 않고

---

72) José de la Puente Brunke, *Encomienda y encomenderos en el Perú*(Seville, 1992), p. 18.
73) Silvio Zavala, *Ensayos sobre la colonización española en América*(Buenos Aires, 1944), pp. 153~4; James Lockhart, *Spanish Peru, 1532~1560*(Madison, EI, Milwaukee, WI, London, 1968), p. 12.

남아 있었던 것이다.[74)]

무엇보다도 엔코미엔다는 원래 원칙대로 땅의 하사가 아닌 인디언 원주민의 하사로 남아 있게 된다. 인디언들이 떠나면 그 땅은 전에 그 인디언들을 할당받았던 엔코멘데로가 아니라 국왕에게 귀속되었다.[75)] 그러나 원칙적으로는 엔코미엔다가 토지 소유와 무관했지만 엔코멘데로들과 그 가족들은 식민지 사회가 발전해 가고 도시 인구가 증가하면서 확대되어 가는 기회를 이용할 수 있는 유리한 위치에 있었다. 그들은 법적으로 자신들이 엔코미엔다를 보유하고 있는 그 지역이 아니라 도시에 거주해야 했기 때문에 자기 영지에서 거주하면서 군림하는 유럽식 귀족으로 될 가능성은 거의 없었다.

이런 제약에도 불구하고 엔코멘데로들 가운데 좀더 영리한 사람들은 그들의 특권적 지위, 사회적 영향력, 엔코미엔다에서 얻어지는 수입을 통해 대규모의 토지를 구입할 수 있었고, 그 후손들은 급속히 확대되어가는 도시로부터의 수요에 부응하여 목축을 하거나 곡물을 생산하는 용도로 토지를 이용했다. 그러나 에스파냐령 아메리카의 토지 소유에는 본국 관행에 따라 엄격한 제한이 있었다. 비록 카스티야의 법에 따라 지표 밑의 토지는 타인에게 양도할 수 없는 왕의 소유로 남아 있었지만, (지상의) 토지 소유[possession]는 그것의 점유 혹은 이용이 어떠한가에 달려 있었다.[76)] 재산의 소유자는 그 재산에 경계 표시를 세울 수 있었으나

---

74) 엔코미엔다에 대한 가장 기본적인 저서로는 지금까지도 Silvio Zavala, *La encomienda mexicana*(1935; 2nd edn, Mexico City, 1973)와, Lesley Byrd Simpson, *The Encomienda in New Spain*(Berkeley and Los Angeles, 1950)이 꼽힌다.

75) Silvio Zavala, *Estudios indianos*(Mexico City, 1973), p. 298.

76) 그에 비해 영국에서는 광물에 대한 왕의 소유권을 타인에게 이전할 수 있었다. 지표 아래 땅(심토)의 소유에 대한 카스티야와 영국의 서로 다른 접근 방식에 대하여는 Patricia Seed,

그들의 영지estates에 울타리를 치는 것은 허용되지 않았다. 반면에 영국령 아메리카에서는 울타리가 그 토지가 '개선되었음'을 말해 주는 가시적 징표였다.[77] 에스파냐령 아메리카에서는 목부牧夫들과 그 외 다른 사람들이 사유 영지를 자유롭게 지나다닐 수 있었다. 숲과 물은 공동의 소유였던 것이다.[78]

엔코멘데로들과 다른 특권층 혹은 부유한 정주자들이 토지 재산을 획득하게 만든 과정으로 인해 에스탄시아estancia와 아시엔다hacienda(이 둘은 지역에 따라 크기와 기능이 상당히 달랐다)라는 도시와 농촌 영지estate의 두 가지 토대에 기반을 둔 고전적인 에스파냐령 아메리카 식민지 사회 모델이 출현하게 되었다. 비록 한사상속제mayorazgo(재산을 양도하지 못하게 하여 한 명의 상속자[대개는 장자]에게 몰아주는 상속제)의 발전으로 작은 보유지들이 장기적으로 큰 토지 재산에 흡수되는 과정이 촉진되기는 했지만 멕시코 오아하카 같은 일부 지역에서는 중·소규모의 농촌 경작지들도 있었다.[79] 그러나 도시는 이 사업에서도 핵심이 되고 있었는데, 누에바에스파냐의 엔코멘데로들 가운데 거의 절반에 해당하는 246명이 새로 건설된 멕시코시티의 베시노, 즉 가구주로 등록되어

American Pentimento. The Invention of Indians and the Pursuit of Riches(Minneapolis and London, 2001), ch. 4를 참조. 영국이 자신의 지배 영토에서 귀금속을 발견하지 못한 것이 아메리카의 맥락에서 광물권에 관하여 영국과 에스파냐가 갖는 관행상의 차이에 대한 관심을 감소시켰다. 사기업을 통해서 본 에스파냐령 아메리카 내 광산 채굴에 대하여는 Cronon, *Changes in the Land*, p. 93을 참조.

77) Cronon, *Changes in the Land*, p. 130.

78) Campillo, *Nuevo sistema*, *introduction*, pp. 50~2.

79) Guillermo Céspedes del Castillo, *América hispánica, 1492~1898*(Manuel Tuñon de Lara (ed.), *Historia de España*, 6 (Barcelona, 1983), pp. 217~18; James Lockhart and Stuart B. Schwartz, *Early Latin America. A History of colonial Spanish America and Brazil* (Cambridge, 1983), p. 137.

있었다. 나머지는 정복 이후에 새로 생겨난 도시들의 가구주였다.[80] 베시노만이 엔코멘데로가 될 수 있다는 법적 조건 때문에 누에바에스파냐와 페루에서는 정복 후 수십 년 동안 도시 건설이 붐을 이루었다. 1580년경이면 에스파냐령 인디아스에는 225개의 소읍town과 도시city가 있었으며, 한 가구 당 6명이라는 낮은 수치를 적용해도 에스파냐인 인구는 약 15만 명에 이르렀던 것으로 보인다.[81] 1630년경 도시 수는 331개로 늘어났고,[82] 18세기에도 많은 도시들이 생겨났다.

이 도시들은 1573년 펠리페 2세가 신세계 도시의 실태와 구획에 관하여 제시한 유명한 법령이 발표되기도 전에 이미 고유한 (구조상의) 특징을 분명히 가지고 있었는데, 그것은 나중에 왕에 의해 법령으로 공포되었다.[83] 도시 한가운데에 중앙 광장plaza mayor을 두고, 광장 주위로 교회와 공공건물이 배치되며, 그 주변 사방으로 격자형의 규칙적 형태의 거리들이 배치되는 것이 그 특징인데, 오반도는 이미 이 양식을 1502년 태풍으로 파괴된 산토도밍고 재건 당시 채택한 바 있었다. 이 격자형 도시 건설을 위한 좋은 선례는 페르난도와 이사벨이 그라나다 무어인들을 공격하기 위한 거점으로 건설한 전선 도시인 산타페를 비롯하여 이미 유럽에 많이 있었다. 격자형 도시 계획은 로마의 건축 저술가 비트루비우스Vitruvius의 이론을 따르는 것이기도 했고, 르네상스 건축 이론에 의해 널리 유행한 것이기도 했다.[84] 격자형 설계가 기본적으로 갖는 단순

---

80) Himmerich y Valencia, *The Encomenderos of New Spain*, pp. 41, 50~1.

81) Nicolás Sánchez-Albornoz, 'The Population of Colonial Spanish America', *CHLA*, 2, p. 18.

82) Céspedes del Castillo, *América hispánica*, p. 149.

83) Solano, *Ciudades hispanoamericanas*, ch. 3 참조.

84) Erwin Walter Palm, *Los monumentos arquitectónicos de la Española*(2 vols, Ciudad

성, 구획과 건축상의 용이성은 에스파냐에 두고 온 도시 생활의 안락감과 친숙함을 재건하는 일에 몰두해 있던 에스파냐령 식민지 사회에 이 양식이 대거 이전될 수 있게 만들었다.

에스파냐령 아메리카 식민지의 격자형 도시들은 대규모 공공건물과 종교 용도의 건물, 그리고 널찍널찍한 거리들을 가지고 사방으로 끝없이 펼쳐진 주변 공간 속으로 확대되었다. (외침의 위험이 상존하는 해안 도시 혹은 위험한 경계 지역을 제외하고는) 시야를 가리는 성벽도 없이[85] 도시는 외부 세계에 대해 에스파냐가 가진 지배권을 천명했다. 이 도시들은 정처 없이 떠도는 성향을 가진 정주자들을 한곳에 머물게 하고, 이제 막 형성되어 가고 있던 새 식민지 사회에 필수적인 안정을 제공한다는 소기의 효과를 가져다 주기도 했다.

17세기 초 영국인들은 인디아스의 에스파냐 정주자들이 건설한 도시 형태에 대해 알고 있었으며, 아마도 에스파냐령 아메리카의 도시계획에 대해서도 인지하고 있었던 것으로 보인다. 1605년 조지 웨이머스는 북아메리카 식민지 도시를 위해 직선적이면서 방사상放射狀 디자인도 포함된 도시 설계도들을 고안해 냈다. 이 기발한 디자인은 에스파냐의 관행보다는 르네상스 건축이론에서 많은 요소를 차용한 것으로 보인다.[86] 하지만 1622년 인디언들의 공격이 있고 나서 영국 식민지 수호

Trujillo, 1955), 1, ch. 2; Valerie Fraser, *The Architecture of Conquest. Building in the Viceroyalty of Peru 1535~1635*(Cambridge, 1990); Kagan, *Urban Images*, pp. 31~4.

85) Richard Kagan, 'A World Without Walls: City and Town in Colonial Spanish America', in James S. Tracy (ed.), *City Walls. The Urban Enceinte in Global Perspective*(Cambridge, 2000), ch. 5.

86) Quinn, *New England Voyages*, pp. 236~41; Fraser, *Architecture of Conquest*, p. 176, no. 31.

에 여념이 없었던 버지니아회사는 버지니아 주지사와 주의회에 보낸 훈령에서 도시에 의한 식민화라는 에스파냐식 식민화를 차용하라고 지시했다. 이 훈령은 인디언들의 공격에 맞서 스스로를 보호하기 위해 식민 정주자들이 한곳에 모여 사는 것이 중요하다며 다음과 같이 말하고 있다: '그 점을 고려하여, 보다 나은 도시 통치(거기에서 가장 중요한 요소는 상호공존이다)를 위해 비록 보기에는 그리 아름답지 않더라도 가옥과 건물들을 한곳에 집결시키는 형태로 설계하여 조밀하고 질서 정연한 도시를 만드는 것이 바람직하다고 생각한다. 그것이 새로운 식민화를 위한 가장 적절하고 성공적인 방식이다. 먼 옛날의 사례를 들 것도 없이 에스파냐인들이 서인도제도에서 실행에 옮긴 식민화가 그 좋은 예이다……'[87]

그러나 버지니아의 정주자들은 고집이 센 사람들이었다. 이 지역에서는 비록 버지니아회사가 1609년의 훈령에서 모든 원주민 부족들로부터 옥수수나 동물가죽 같은 지역 특산물로 공물을 수취하고, 주週 단위로 일정 수의 인디언들을 강제 부역에 종사하게 해야 한다고 규정하는 등, 처음에는 에스파냐 식민지와 비슷한 뭔가를 생각한 것처럼 보인다. 하지만 그곳 인디언들이 에스파냐식 엔코미엔다 제도의 기반을 이루어 준 공물이나 노동력을 백인들에게 제공할 수 없다는 것은 이미 오래 전부터 분명했다.[88] 백인들이 인디언들의 도움을 받을 수 없으리라는 점이 점차 분명해졌지만 그곳에는 대신 땅이 있었다. 그리고 일단 담배 경

87) Susan Myra Kingsbury(ed.), *The Records of the Virginia Company of London*(4 vols, Washington, 1906~35), 3, pp. 669~70, 그리고 John W. Reps, *Tidewater Towns. City Plannings in Colonial Virginia and Maryland*(Williamsburg, VA, 1972), p. 46을 참조.

88) Craven, 'Indian Policy', p, 70.

작의 경제적 가능성이 확인되자 땅을 점령하고 소유하는 것이 백인들에게 거부할 수 없는 유혹으로 다가왔다. 그러나 인디언들의 위협은 여전히 남아 있었다. 1622년 인디언들의 공격이 있고 나서 정주자들은 노골적인 반-인디언 정책으로 돌아서서 그들을 반도 아래쪽 땅에서 쫓아냈다. 1633년에는 6마일에 걸친 울타리가 세워졌고, 30만 에이커의 땅에서 인디언들이 타지로 소개疏開되었다.[89] 1644년 또 한 차례 인디언들의 공격이 있고 나서는 더 많은 요새와 울타리가 세워졌으며, 정주자들의 프론티어는 인디언 영토의 좀더 깊숙한 곳으로 이동해 갔다. 인디언들의 위협이 줄어들자 정주자들이 제임스타운식 모델에 따른 공동체에서 함께 살아야 할 필요성도 감소했다. 그로 인해 버지니아에 들어선 식민사회는 버지니아회사 위원회가 1622년에 막으려고 애썼던 바로 그 형태, 즉 정주자들의 분산을 그 특징으로 갖게 되었다.

강을 따라 북쪽과 서쪽으로 널리 펼쳐진 대규모의 강변지대 플랜테이션을 갖고 있었던 버지니아가 광활한 공간에 대응하는 방식은 에스파냐령 아메리카 식민정주자들의 반응과 달랐을 뿐 아니라 같은 시기 북쪽에서 식민지를 건설해 가고 있던 뉴잉글랜드 지역 식민정주자들과도 달랐다.[90] 런던에서 파견된 관리들이 의아해 하고 방문객들도 놀랍다는 반응을 보였던 것처럼, 버지니아와 체서피크 변두리 지역에는 도시가 거의 없었다.[91] 식민지 버지니아 사회는 분산되고 고립된 크고 작

---

89) *Ibid*., pp. 74~5.

90) Kevin P. Kelly, '"In dispersed Country Plantations": Settlement Patterns in Seventeenth-Century Surry Country, Virginia', in Thad W. Tate and David L. Ammerman(eds.), *The Chesapeake in the Seventeenth Century*(New York and London, 1979), essay 6.

91) Meinig, *The Shaping of America*, 1, p. 148; T. H. Breen, 'The Culture of Agriculture: the Symbolic World of the Tidewater Planter, 1760~1790', in David D. Hall, John M.

은 농장들로 이루어진 사회가 될 것이었다. 그러나 이곳 농장들은 농장주가 그곳에 직접 거주했다는 점에서 에스파냐령의 아시엔다와 달랐다. 누에바에스파냐나 페루의 지주들은 도시에 거처를 정한 반면, 버지니아의 대농장주들은 자기 농장에 거주했다. 공적인 회합이 있을 때 버지니아 대농장주들은 도시에서 만나지 않고 넓은 농촌에 드문드문 자리 잡은, 그리고 농촌 거주자들 중 다수가 편하게 만날 수 있는 지점에 위치한 대저택이나 교회에서 회동하였다.[92)]

좀더 도시적인 풍광을 만나기 위해서는 더 북쪽에 위치한 잉글랜드인 정주지들로 가야 했다. 이곳에서는 17세기 동안 버지니아와는 다른 종류의 식민화가 진행되었다. 버지니아에서는 제임스타운의 실험이 실패하고 나서 공동체 생활이 사실상 포기된 반면, 정주가 좀더 '통제적인' 방식으로 이루어진 매사추세츠에서는 소도시들과 버지니아회사가 시도하기는 했지만 이루지는 못한 '밀집되고 질서 정연한 마을들'로 구성된 상호 인접한 정주지들로 이루어진 풍광을 만들어 냈다.[93)] 1700년경 뉴잉글랜드에는 에스파냐령 아메리카의 도시들과는 성격과 형태가 달랐지만 대략 120~140개의 소읍이 있었다.[94)] 기본적으로 뉴잉글랜드

Murrin, That W. Tate(eds.), *Saint and Revolutionaries. Essays on Early American History*(New York and London, 1984), pp. 247~84; Rhys Isaac, *The Transformation of Virginia, 1740~1790*(Chapel Hill, NC, 1982), pp. 15~17, 그리고 버지니아의 일반 풍광에 대하여는 chs. 1~3 참조.

92) Reps, *Tidewater Towns*, p. 197; Richard R. Beeman and Rhys Isaac, 'Cultural Conflict and Social Change in the Revolutionary South: Lunenburg Country, Virginia', *The Journal of Southern History*, 46(1980), pp. 525~50, at p. 528.

93) W. W. Abbot, *The Colonial Origins of the United States, 1607~1763*(New York, London, Sydney, Toronto, 1975), p. 44.

94) John Frederick Martin, *Profits in the Wilderness*(Chapel Hill, NC and London, 1991), p. 319.

의 도시들은 특정 집단에 하사된 여러 개의 부지들로 이루어져 있었으며, 그 중앙에는 하나의 마을village이 있었다. 회합 장소는 마을 교회였으며, 마을들은 대개 공유지를 갖고 있었다. 에스파냐령 식민지 도시들과 마찬가지로 각 가족들에게는 집을 지을 땅이, 중심 거주 지역 외곽에는 농사지을 수 있는 일정 규모의 농지가 할당되었다. 누가 어떤 토지를 얼마나 할당받느냐는 에스파냐령 아메리카와 마찬가지로 그 토지의 '개선' 여부 혹은 유용성의 정도에 따라 달랐다.[95]

그러나 17세기 말이면 영국령 아메리카에서도 수많은 소도시들과 마을들 외에도 대서양 해안을 따라 여러 개의 도시들이 생겨났으며, 그 가운데 보스턴, 뉴포트, 필라델피아, 찰스타운, 뉴욕(원래는 네덜란드인들의 도시였고, 뉴암스테르담이란 이름을 갖고 있었다) 등이 가장 중요했다.[96] 소도시들이 지역 지형에 따라 건설되는 경향이 있었던 뉴잉글랜드 지역을 제외한 다른 지역에서는 새 도시들이 르네상스적 도시 계획의 이상에서 영감을 얻은 것처럼 보이기는 하지만 에스파냐령 식민 도시를 연상시키는 격자형으로 지어졌다. 캐롤라이나의 새 정주지에 들어선 찰스타운(후에 찰스턴으로 바뀐다)의 거리들은 1666년 대화재 이후 런던을 재건하기 위해 이용된 크리스토퍼 렌Christopher Wren의 설계를 고무한 규칙성과 대칭성의 이상에 따라 1672년경 설계도가 만들어졌다.[97] 10년 후 필라델피아를 건설할 때 윌리엄 펜william Penn은 '강 하상에서 들판 경계선에 이르기까지 장차 들어설 거리들이 일률적인 형태를 유지

---

95) Meinig, *Shaping of America*, 1. p. 104; Martin, *Profits in the Wilderness*, pp. 37~8.

96) Carl Bridenbaugh, *Cities in the Wilderness. The First Century of Urban Life in America, 1625~1742*(1939 repr. Oxford, London, New York, 1971) 참조.

97) Richard Bushman, *The Refinement of America*(New York, 1992), p. 142.

하게끔 지금 도시의 형태를 분명히 결정해야 한다… 가옥들은 반듯하게 정렬된 모습으로 지어져야 한다'고 했다(그림 7).[98] 필라델피아는 그에 따라 격자형으로 설계되었으며, 1773년 조사이어 퀸시Josiah Quincy는 이 도시를 '세계에서 가장 질서 정연하게 설계된 도시'라고 평했다.[99] 영국인 정주자들이 건설한 도시 가운데 최대 규모를 자랑했던 필라델피아의 기하학적인 규칙성은 매우 큰 영향력을 갖게 되었고, 17세기 말이면 필라델피아의 격자형 설계가 에스파냐령 아메리카에서와 마찬가지로 뉴잉글랜드를 제외한 영국령 아메리카 나머지 지역에서도 지배적인 도시 형태로 되었다.[100]

그러나 이런 도시의 성장에도 불구하고 영국령 아메리카는 에스파냐령 아메리카에 비해 오랫동안 압도적으로 농촌적 사회로 남아 있었다. 에스파냐령 아메리카 도시들에서는 공적 질서의 문제가 있기는 했지만 그럼에도 그곳 식민지 사회의 도시적 성격이 계속적인 사회적 통제를 제공했고, 식민지 인구가 농촌 지역으로 분산되는 것을 막아 주었다. 반면에 영국령 아메리카는 결국 인디언의 위협이 감소해 가면서 지속적인 서부로의 이동이 농업적 프런티어와 함께 주요한 특징을 이루게 될, 지리적 이동성이 훨씬 큰 사회가 될 것이었다.[101] 뉴잉글랜드도

98) James D. Kornwolf, *Architecture and Town Planning in Colonial North America*(3 vols, Baltimore and London, 2002), 2, p. 1174; John Nicholas Brown, *Urbanism in the American Colonies*(Providence, RI, 1976), p. 5.

99) Bushman, *Refinement of America*, p. 142에서 재인용.

100) Reps, *Tidewater Towns*, p. 296; Kornwolf, *Architecture and Town Planning*, 2, pp. 1175~6.

101) John J. McCusker and Russell R. Menard, *The Economy of British America, 1607~1789* (Chapel Hill, NC and London, 1985), p. 254.

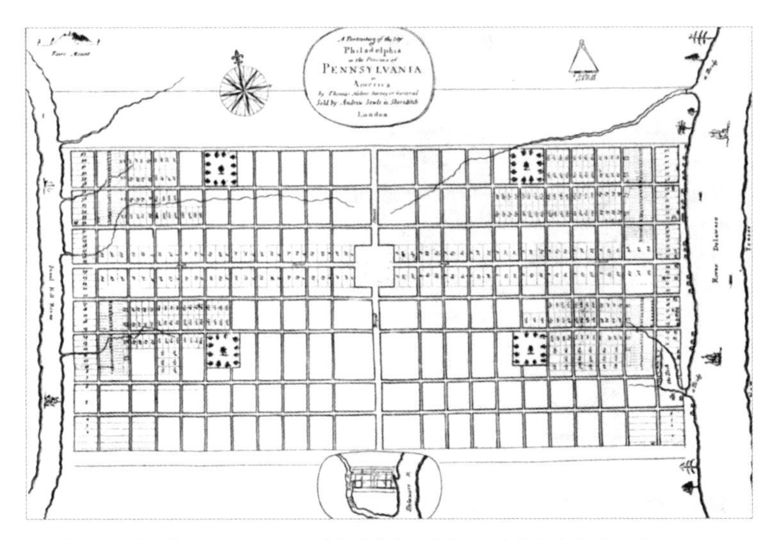

〈그림 7〉 토머스 홈(Thomas Holme)의 「펜실베이니아 주 필라델피아 시 조감도」(London, 1683). 이 조감도에서 볼 수 있듯이, 윌리엄 펜은 에스파냐령 아메리카에서 널리 사용된 격자형 도시 구획을 자신이 설계한 새 식민지의 수도에 적용했다. 펜은 거리들의 넓이를 50에서 100피트로 했고, 가옥들은 각 부지 가운데에 위치하게 했다. 그리고 이 사례를 통해 북아메리카에서 널리 퍼지게 될 패턴을 만들어 냈다.

여기에서 크게 벗어나지는 못했는데, 이곳에서는 새 이민자들이 도착하기 시작하면서 주민들의 농촌으로의 분산을 막으려는 시도가 지속적으로 있었고, 그것이 얼마간 성공을 거두기도 했다. 버지니아는 식민지의 만성적인 정주자 부족 문제를 해결하기 위해 식민지로 들어오는 각 개인들에 대해 인두권 제도headright system(한 명 혹은 그 이상의 이주자를 데리고 오거나 혹은 그렇게 하겠다고 약속하는 정주자에게 땅을 하사하는 제도)를 통해 각 개인들에게 유리한 쪽으로 토지를 분배해야 했다. 그에 반해, 뉴잉글랜드에서는 1630년대의 소위 '대이주 운동'[102]으로 새 이주

102) Great Migration; 이 시기에 영국인 청교도들을 비롯하여 다수의 영국인 정주자들이 아메

자들이 계속 유입되었기 때문에 식민 사업을 이끌고 있던 지도자들이 개인의 요구와 공동체의 요구 간의 균형을 어느 정도 맞추어 줄 정책 입안을 위한 충분한 여지를 가질 수 있었다.[103] 더욱이 체서피크에 온 최초의 이주자들이 주로 젊은 독신 남성들이었던 데 비해 뉴잉글랜드로 온 이주자들은 60퍼센트 이상이 가족을 동반하고 있었다.[104] 체서피크 이주자들보다 뉴잉글랜드 이주자들의 가족 동반 비율이 높았다는 사실은 버지니아에서는 세기 말에 가서야 확보하게 되는 좀더 양호한 세대 간 혹은 성별 간 균형을, 그리고 안정을 위한 결속력과 잠재력을 뉴잉글랜드에서는 일찌감치 확보할 수 있었음을 의미했다.

뉴잉글랜드 이주자들은 또한 자신들이 청교도들의 공화국에 와 있음을 잘 알고 있었다. 심지어 플리머스 식민지[105]에도 처음부터 필그림들 외에 '낯선 사람들'이나 '특별한 사람들'이 있었고, 그들이 계속 불화와 긴장을 초래한 것이 사실이다.[106] 그러나 대다수 이민자들 사이에서는 시 지도부가 신神의 공동체 건설이라는 위대한 실험을 할 수 있을 만큼 충분한 합의가 있었다. 1643년 제정된 '뉴잉글랜드 연방 헌장'New England Articles of Confederation 서문은 이렇게 시작한다: '우리 모두는 한 가

리카로 건너간 사실을 말한다—옮긴이.

103) Abbot, *Colonial Origins*, p. 45. 인두권 제도(headright system)에 대해서는 Alison Games, *Migration and the Origins of the English Atlantic World*(Cambridge, MA and London, 1999), p. 55 참조.

104) Alison Games, *Migration and the Origins of the English Atlantic World*(Cambridge, MA and London, 1999), pp. 53~3, 그리고 가족을 동반한 집단의 우위에 대하여는 Virginia DeJohn Anderson, *New England's Generation*(Cambridge, 1991), p. 21을 참조.

105) 필그림 파더즈(Pilgrim Fathers)가 1620년 매사추세츠에 건설한 식민지—옮긴이.

106) John Demos, *A Little Commonwealth. Family Life in Plymouth Colony*(London, Oxford, New York, 1970), p. 6.

지 목적을 가지고 이곳에 왔다. 주 예수 그리스도의 왕국을 만들어 나가고, 평화와 순수한 복음의 자유를 누리는 것이 바로 그것이다.'[107)]

그러나 비슷한 시기에 니카라과 해안 인근 프로비던스섬에서 시도된 퓨리턴(청교도)들의 실험이 실패로 돌아간 것은 '살아 있는 성인들' visible saints이 주도하는 경우라도 신성한 규율이 식민지의 지속적인 발전을 보장해 주지는 못한다는 것을 말해 준다.[108)] 프로비던스아일랜드회사는 주주들에게 적절한 이익을 보장해 주기 위해 토지 배분의 통제를 포함하여 잉글랜드에서 하달되는 방식의 중앙집권적 통제를 주장했다. 그러나 토지 보유권을 확실히 보장받지도 못하고, 자신들의 노동으로 발생한 수익의 절반을 자본투자자들에게 보내야 하는 절반소작농 신분의 프로비던스섬 식민정주자들은 실험이나 혁신을 시도할 만한 동기를 갖고 있지 않았다. 거기다 열대작물을 재배해 본 경험이 없는 그들은 고품질의 상품을 생산할 수 없다는 것이 분명했음에도 불구하고 담배농사를 고집했다. 그들은 또 새로운 특화特化 시도를 너무나 쉽게 포기해 버린 것 같기도 하다. 그런데 그 특화가 다른 섬의 식민지에서는 그 지역을 구해 주는 것이 되기도 했는데, 예를 들어 바베이도스섬은 1640년대에 주 작물을 담배에서 다른 작물(특히 사탕수수)로 전환하여 살아남을 수 있었다. 이런 점을 고려할 때 너무 이른 포기는 경솔한 것이었다고 할 수 있다.[109)] 1641년 에스파냐의 침입군이 프로비던스섬 식민지를 휩쓸었을 때 그들은 이미 실패로 몰락한 상태의 정주지를 파괴한 것이었다.

---

107) *The Journal of John Winthrop 1630~1649*, ed. by Richard S. Dunn, *James Savage and Laetitia Yeandle*(Cambridge, MA and London, 1996), p. 433.

108) Karen Ordahal Kupperman, *Providence Island, 1630~1641*(Cambridge, 1993).

109) *Ibid.*, pp. 110~16.

매사추세츠만의 식민정주자들이 프로비던스섬의 실패를 면할 수 있었던 이유 가운데 하나는 그들이 특허장을 갖고 있었기 때문에 처음부터 자신들의 삶과 토지 분배를 스스로 통제할 수 있었다는 점이다. 버지니아와 마찬가지로 매사추세츠에서도 비록 당대 퓨리턴 선전자들이 두 식민지의 건설 동기가 근본적으로 다르다고 주장했지만 구속되지 않은 토지의 사적 소유가 성공의 결정적 요인이었던 것이다. 이매뉴얼 다우닝Emmanuel Downing은 존 코크 경Sir John Coke에게 보낸 서한에서 '이 (매사추세츠) 플랜테이션과 버지니아 플랜테이션은 같은 이유로 발전하지도 않았고 같은 목적을 갖고 있지도 않습니다. 버지니아 플랜테이션은 수익을 지향하지만 매사추세츠 플랜테이션은 그 외에도 두 가지 목적이 더 있습니다. 그 중 하나는 양심과 관련하여 그들 자신들의 호기심을 만족시키려는 것이고, 다른 하나는 복음 말씀을 들어본 적이 없는 이교도들에게 복음을 전하는 것입니다'라고 말했다.[110]

후에 고전이 되다시피 한 이 구분, 즉 수익을 지향하는 버지니아 대 경건한 뉴잉글랜드 간의 구분은 뉴잉글랜드에서도 처음부터 이익에 대한 동기가 매우 강했고, 그것이 새 도시 건설에 큰 영향을 미쳤다는 불편한 진실을 은폐하고 있다.[111] 퓨리턴 지도부는 황야로의 팽창을 희생해 가면서까지 공동체 정신의 보전에 몰두한 반면에, 뉴잉글랜드 도시들은 그 구성원들이 종교공동체는 말할 것도 없고 도시 공동체와도 별 관계가 없는 토지 조합들land corporations에 의해 건설되고 장악되었다(이 토지 조합의 구성원이 되기 위해서는 그 도시에 거주해야 할 뿐 아니라 그 도

110) Anderson, *New England's Generation*, p.38에서 재인용.
111) Martin, *Profits in the Wilderness*를 참조.

시의 시민, 즉 에스파냐령 아메리카의 '베시노'에 해당하는 존재라 할 수 있는 가구주 혹은 세대주여야 했다).[112] 이 시민들로 구성된 토지 조합들을 소수 기업가들과 투기업자들이 지배하였는데, 그들은 토지 축적을 주요 수입원으로 보았고, 바로 이들이 17세기 뉴잉글랜드의 여러 도시들의 건설을 주도했다.[113]

로저 윌리엄스는 자신의 식민지 로드아일랜드가 보스턴 투기꾼들의 먹잇감으로 전락하는 것을 보고 '금이라는 우상이 에스파냐인들에게 그랬던 것처럼, 땅이라는 우상이 장차 우리 영국인들에게 열렬히 숭배받는 신이 될 것이다. 아니 지금 벌써 그렇게 되어가고 있다'라고 경고했다.[114] 그럼에도 불구하고 뉴잉글랜드 식민화 초기에 나타난 개인의 이익과 집단의 이상 간의 긴장은 결국 창조적인 것으로 나타났다. 그것은 영국령 아메리카의 다른 지역들과는 확연히 구분되는 풍광과 공동체를 북부 식민지들에 가져다 주었다. 이 지역 도시들의 토지 분배 패턴은 버지니아의 담배 플랜테이션 농장주나 식민지 뉴욕(이곳에서는 정주 패턴이 네덜란드 식민화 시기에 확립되었다)의 특권지주[115] 같은 대영주 계층이 뉴잉글랜드에서 출현하는 것을 막아 주었다.[116] 1628년 네덜란드 서

---

112) *Ibid*., pp. 235와 217~18. 히스패닉 세계의 베시노의 지위와 권리에 대해서는 Tamat Herzog, *Defining Nations. Immigrants and Citizens in Early Modern Spain and Spanish America*(New Haven and London, 2003), ch. 2. 또한 María Inés Carzolio, 'En los orígenes de la ciudananía en Castilla. La identidad política del venico durante los siglos XVI y XVII', *Hispania*, 62(2002), 637~91를 같이 참조.

113) Martín, *Profits in the Wilderness*, p. 79.

114) *Ibid*., p. 118에서 재인용.

115) patroons; 옛날 네덜란드 통치 때 뉴욕이나 뉴저지 주에서 영주적 특권을 누렸던 지주들—옮긴이.

116) Oliver A. Rink, *Holland on the Hudson. An Economic and Social History of Dutch New York*(Ithaca, NY and London, 1986); Meinig, *Shaping of America*, pp. 122~3.

인도회사는 뉴네덜란드 해안지역과 허드슨 강 유역의 토지를 농사지을 용의가 있는 유럽인 식민정주자들을 데려올 기업가들에게 관대한 조건으로 제공함으로써 민간 자본을 동원하고 이민자들을 확보하여 지역의 번영을 되살리려고 한 적이 있었다. 그로 인해 생겨난 특권지주제가 비록 식민지 인구의 의미 있는 증가를 만들어 내지는 못했지만 대신 미래를 위한 모델을 제공해 주었다. 1664년 그 식민지(뉴욕)를 영국인들이 점령하고 나서 17세기 말 뉴욕의 통치자들은 과거 네덜란드인들 못지않게 관대한 조건으로 토지를 제공했다. 비록 식민지 일부에 자유보유농들이 있기는 했지만 다른 곳, 특히 허드슨 강 계곡에서는 타 지역들과 구분되는 장원제가, 그리고 뉴잉글랜드의 독립 농민들로 이루어진 농촌사회와는 전혀 다른 귀족적인 지주들과 그 소작농들로 이루어진 농촌사회가 나타났다.

뉴잉글랜드가 계속해서 일련의 공동체적 이상을 고수한 것은 이 지역에 안정과 결속을 가져다 주었다. 그러나 17세기 말에 시도된 또 다른 신성한 실험—펜실베이니아—에서는 그 같은 안정과 결속을 이루어 내려는 시도가 훨씬 어려운 난관에 부딪히게 되었다. 뉴잉글랜드나 버지니아보다 늦게 시작된 펜실베이니아와 중부 식민지들의 경우 북동쪽에서는 소읍들이, 남쪽에서는 플랜테이션이 제공하는 응집cohesion이 발전하는 데 상당한 시간이 걸렸다.[117] 펜[118] 자신은 서로 인접한 소읍들에 기반을 둔 체계적인 발전 방식을 만들어 내려고 했다. 그러나 뉴잉글

117) Douglas Greenberg, 'The Middle Colonies in Recent American Historiography', *WMQ*, 3rd ser., 36(1979), pp. 396~427 참조.

118) William Penn, 1644~1718; 퀘이커교도로서 미국 펜실베이니아 주의 개척자—옮긴이.

랜드에서 발견되는 것과 비슷한 공동체 의식을 가진 조직화된 사회를 만들어 내려는 그의 희망은 투기적인 지주들과 새 정주자들의 도착으로 원래의 퀘이커적 이상이 약해지면서 좌절되고 말았다. 펜실베이니아는 뉴잉글랜드에 비해 비옥한 토지를 갖고 있다는 이점을 가지고 있었고, 정주자들의 토지 점령은 인디언 정주지가 그리 많지 않은 데 비해 토지는 풍부했기 때문에 매우 용이했다. 중부 식민지들에서는 이 땅의 많은 부분이 뉴잉글랜드의 경우와 달리 이미 콜럼버스 이전에 인디언들에 의해 경작되고 있었다. 이미 개간된 땅과 비옥한 토양은 소자유농 중심의 농촌 사회를 발전시키는 데 이상적이었다. 이 소자유농들의 행동과 태도는 이미 유럽식 가족 농장에 의해 형성되어 있었다. 가족 간 이해관계를 공동체적 이상보다 더 중요시했던 중부식민지의 분위기는 경쟁적인 시장 경제의 출현에는 매우 유리했으나 사회적 결속이나 정치적 안정에는 불리했다.[119)]

실제로 중부식민지들에는 안정이 더디게 찾아왔다. 이곳에는 다수의 새 이민자들이 계속 도착했기 때문에 유동적인 상태를 벗어나지 못했다. 18세기에는 잉글랜드뿐만 아니라 스코틀랜드와 아일랜드, 그리고 유럽 대륙에서도 이민자들이 유입되었고, 그래서 이 지역에서는 여러 다양한 인종 집단들의 불안한 뒤섞임이 나타났다. 그들은 필라델피아나 볼티모어에 도착하자마자 다시 땅을 찾아 다른 곳으로 이동했고, 그것은 당대 유럽의 그것보다 상당히 더 건전한 식민지 인구의 자연적 급증

---

119) James T. Lemon, *The Best Poor Man's Country. A Geographical Study of Early Southeastern Pennsylvania*(Baltimore and London, 1972), ch. 2; Gary B. Nash, *Race, Class and Politics. Essays on American Colonial and Revolutionary Society*(Urbana, IL and Chicago, 1986), pp. 8~11.

으로 생겨난 서쪽 농업 변경 지역에 대한 인구 압박에도 한몫을 했다. 관찰자들은 도시에 정주하지 않으려는 그들의 태도를 개탄해 마지않았다. 한 영국 관리는 '그들은 한곳에 붙어 있지 않는다. 정처 없이 떠도는 것이 그들의 속성인 것 같다……'라며 불만을 토로했다.[120)]

한곳에 머물기를 거부하는 성향은 영국령 아메리카나 에스파냐령 아메리카나 할 것 없이 공적 신분을 가진 사람들에게는 악몽이나 다름없었다. 에스파냐령 아메리카에서는 엔코미엔다 제도로 백인 주민들에게 인디언들을 할당해 주는 관행, 도시 생활을 선호하는 주민들의 성향, 그리고 그런 성향을 입법을 통해 국왕이 강력하게 뒷받침해 주는 관행 등은 식민정주자들을 한곳에 붙들어 두는 데 얼마간 효과가 있었다. 그러나 누에바에스파냐와 페루에 부임한 부왕들은 계속 이 싸움에서 패배하고 있었던 것으로 보인다. 엔코미엔다들은 소수 특권 계층의 수중에 있었고, 새 식민지 사회가 자리 잡고 나서부터는 새로 들어온 이민자들이 일을 하고 싶어도 일자리를 구하기가 매우 어려웠다. 16세기 중엽부터는 에스파냐인 방랑자들—대개 미혼이거나, 에스파냐에 아내를 두고 온 젊은이들이었다—에다 점점 더 많은 메스티소, 흑인, 물라토 방랑자들이 더해졌다. 에스파냐 국왕들은 특히 이 방랑자들이 인디언 마을들과 공동체들의 통합에 걸림돌이 되지 않을까 걱정했으며, 식민시대 내내 큰 성공을 거두지는 못했지만 이들의 방랑을 저지하기 위해 많은 노력을 기울였다.[121)]

---

120) Gordon S. Wood, *The Radicalism of the American Revolution*(New York, 1992; repre. 1993), p. 128에서 재인용.

121) Magnus Mörner, *La corona española y los foraneos en los pueblos de indios de América*(Stockholm, 1979), pp. 75~80.

영국령 아메리카에서는 처음부터 에스파냐령 아메리카보다 제약constraints은 더 약하고 압박pressures은 더 강했다. 정주 정책을 입안하고 방향을 제시하는 강력한 국왕 정부가 부재한 상황에서 북아메리카 내륙으로의 이동을 막는 가장 중요한 억제장치는 드문드문하기는 하지만 도처에 산재해 있던 인디언 원주민들이었다. 그런 상황이 팽창을 억제하는 물리적 장애물이 되었을 뿐만 아니라 도덕적, 심리적 장애물이 되기도 했다. 식민화 초기에 버지니아와 뉴잉글랜드로 간 정주자들은 평화적으로 교역하고 상호 유익한 관계를 맺을 수 있는 인디언들 옆에 정착하게 될 것으로 생각했다. 최초의 영국인 정착지들이 인디언들의 도움과 생필품을 제공받지 못했더라면 살아남지 못했을 것이라는 점은 사실이기도 했다. 그러나 개별 인디언 부족과 우호관계를 수립한 경우라 하더라도 정주민들의 마음속에는 (인디언들에 대한) 공포와 편견이 자리잡고 있었고, 그 때문에 그들은 매사에 조심했다. 인디언들이 '배신'하지 않을까하는 공포가 항상 마음 한구석에 남아 있었으며, 그것은 상호 몰이해에 따른 우발적인 사건들 때문에 더욱 증폭되는 경향이 있었다. 영국인들은 잘 알지도 못하고 이해할 수도 없는 인디언 부족들 간의 싸움에 휘말리기도 했으며, 그래서 자신들 옆에 있는 인디언들이 친구인지 적인지 판단하기조차 어려웠다. 버지니아의 정주자들에게는 결정적인 순간이 1622년의 '학살사건'으로 찾아왔다. 뉴잉글랜드 정주자들에게는 그것이 1634년 피쿼트족Pequots에 의해 2명의 선장과 여러 명의 선원이 살해된 사건, 그리고 1637년 야만적인 피쿼트 전쟁에서 정점을 이루게 되는 일련의 사건들로 찾아왔다.[122)]

---

122) 식민화 초기 단계에서 영국인들이 인디언들에 대해 보인 태도, 그리고 인디언들에 대한 영

그러나 이민자들의 작은 정주지들은 완전한 고립도 항구적 적대敵對도 선택할 수 없었다. 정주자들은 일상생활에서 부딪히는 현실적인 문제 때문에라도 적어도 얼마간은 인디언들과의 협력이 필요했고, 정주지가 커지면 인디언들의 땅이 필요했다. 식민화 초기에는 식민정주자들이 도덕률과 편의성 때문에 협상을 통해 인디언들로부터 토지를 구입했다. 그러나 나중에는 수적 균형이 식민정주자들에게 유리해지면서 침략을 통해 인디언들의 땅을 탈취하는 것이 거부할 수 없는 유혹으로 다가왔다. 그러나 버지니아에게나 뉴잉글랜드에게나 토지 분쟁을 둘러싸고 침입과 반격의 끝없는 악순환에 빠지고 싶지 않다면 모종의 모두스 비벤디modus vivendi(타협)가 필요하다는 것이 분명해졌다. 버지니아에서는 1646년의 평화조약과 1662년 의회를 통과한 포괄적 법령으로 토지에 대한 인디언들의 권리에 모종의 보호장치를 제공하려는 시도가 나타났다.[123] 뉴잉글랜드 식민지에서는 정주자들이 인디언의 토지를 매입할 수 있는 권한을 제한하는 규정이 도입되었다. 한편 1616~17년과 1633~34년의 역병으로 수가 많이 줄어든 인디언들은 대체로 자신들이 (백인들에게) 넘긴 땅에서 사냥하고 물고기를 잡고 모여 살 수만 있다면 그 땅을 기꺼이 팔아넘기려고 했다.[124]

국 정부의 정책에 대해서는 특히 Karen Ordahl Kupperman, *Settling with the Indians. The Meeting of English and Indian Cultures in America, 1580~1640*(Totowa, NJ, 1980)와 *Indians and English. Facing Off in Early America*(Ithaca, NY, and London, 2000); Alden T. Vaughan, *New England Frontier. Puritans and Indians 1620~1675*(1965; 3rd edn, Norman, OK and London, 1995); James Axtell, *The Invasion Within. The Contest of Cultures in Colonial North America*(New York and Oxford, 1985); Wesley Frank Craven, 'Indian Policy in Early Virginia', and *White, Red and Black. The Seventeenth-Century Virginian*(Charlottesville, VA, 1971)을 참조.

123) Craven, 'Indian Policy'.

피쿼트 전쟁[125]으로 뉴잉글랜드에서의 주도권이 정주자들에게 확실히 넘어가고, 1675년 '필립 왕의 전쟁'[126]이 발발하기 전 30여 년 동안 인디언 부족들과의 관계가 대체로 우호적이기는 했지만 무제한적인 내륙으로의 이동을 막는 법적·도덕적·심리적 장애는 여전히 남아 있었다. 마을 외곽에는 광활한 '황야'가 펼쳐져 있었다. 이 '황야'wilderness는 17세기 뉴잉글랜드 지역에서는 충만하고 감동을 자아내는 단어였다. 윌리엄 브래드퍼드는 코드곶에 필그림들이 안전하게 도착하는 장면을 묘사하면서, '그들이 도착해서 볼 수 있었던 것은 야수와 야수 같은 인간들로 가득 찬 섬뜩하고 황량한 황야 말고는 아무 것도 없었다'라고 썼다.[127] 수년 후 존 윈스럽John Winthrop은 수년 동안 그곳에 거주하고 나서도 여전히 비슷한 어조로 '야수와, 야수 같은 인간들 외에는 아무도 살지 않는 황야로 들어오고 있는 식민정주자들'에 대해 썼다.[128] 성서적 함의를 담고 있는 황야의 이미지는 정주자들의 마음속에 강하게 남아 있었고, 그것은 비단 뉴잉글랜드 주민들만의 현상은 아니었다. 버지니아의 식민정주자들 또한 자신들이 '황야' 한가운데에 살고 있으며 '이교도들'에 의해 둘러싸여 있다고 생각했다.[129] 그러나 황야의 이미지가 딱 부러지게 무엇인지 분명치는 않았다. 한편으로 그것은 위험과 어두움—사탄이

---

124) Vaughan, *New England Frontier*, pp. 107~9.

125) 1634~38년 피쿼트족과 매사추세츠베이·플리머스·세이브루크의 영국인 식민정주자 연합과 그들의 원주민 동맹세력 간에 벌어진 무장 충돌—옮긴이.

126) 1675~78년, 오늘날의 뉴잉글랜드의 아메리카 원주민들과, 영국인 식민정주자들과 그들의 원주민 동맹의 연합세력 간에 벌어진 무장 충돌—옮긴이.

127) Bradford, *Plymouth Plantation*, p. 62.

128) Winthrop, *Journal*, p. 416(22 September 1642).

129) James Horn, *Adapting to a New World*(Chapel Hill, NC and London, 1994), p. 128.

지배하는 땅—을 의미했지만, 다른 한편으로는 은거와 피난을 의미하기도 했으며, 거기에는 시련과 고난이 있고 길들여지지 않은 땅을 순치하고 개선하기 위한 투쟁 과정에서 신심 깊은 사람들의 정신을 강하고 순수하게 단련시키는 땅을 의미하기도 했다.[130)]

에스파냐인 정주자들에게도 황야에 대한 이런 상충하는 해석들 간에 긴장이 존재했지만 그 긴장이 그들의 마음을 혼란스럽게 한 것 같지는 않다. 에스파냐인들에게는 성서적 이미지의 영향력이 상대적으로 덜했다. 당시 '황야'의 개념을 표현하는 에스파냐어 단어는 '데스포블라도'despoblado[131)]—제국의 중심지로부터 멀리 떨어져 있는 '무인지경의' 땅을 의미—혹은 '데시에르토'desierto('황무지')였다. '데시에르토'가 초기 교부들의 이미지를 상기시켜 주기는 했지만(신세계에서 활동한 초기 탁발수사들이 이 교부들과 비교될 수 있었다)[132)] 그것은 결코 보통 사람들의 땅이 아니었다. 보통 사람들은 자신들의 잠재력을 발현하기 위해 사회적 존재를 필요로 했다. 퓨리턴들도 황야의 탈사회화 효과를 의식하고 있었으며, 1635년 매사추세츠 주가 '모든 가옥은 시청사에서 반半 마일 이내에 지어져야 한다'는 법령을 통과시킨 데서 알 수 있듯이 탈사

---

130) Perry Miller, *Errand into the Wilderness*(Cambridge, MA, 1956); Peter N. Carroll, *Puritanism and the Wilderness*(New York and London, 1969); John Canup, *Out of the Wilderness. The Emergence of an American Identity in Colonial New England* (Middletown, CT, 1990) 참조.

131) '데스포블라도'의 사전적 의미에 대해서는 Peter Boyd-Bowman, *Léxico hispanoamericano del siglo XVI*(London, 1971) 참조.

132) Fernando R. de la Flor, *La península metafísica. Arte, literatura y pensamiento en la España de la Contrareforma*(Madrid, 1999), pp. 130~54; D. A. Brading, *Chruch and State in Bourbon Mexico. The Diocese of Michoacán*(Cambridge, 1994), p. 29.

회화를 막기 위해 법령이 제정되기도 했다.[133] 그들은 또한 울타리나 방벽 혹은 장애물(이것들은 모두 누군가를 들어오지 못하게 하는 차단의 프런티어였다)을 설치하여 그런 위험을 막으려고 했다. 한편 자신들은 대개 도시에 모여 살고 있었던 데 비해서, 피정복민들(인디언) 중 다수는 대륙 전역에 널리 분산된 모습으로 살게 만들었던 에스파냐인들은 오히려 그 원주민들을 이미 자신들의 것이라고 주장하고 있었던 세계 안으로 끌어들이려고 했다. 이곳에서는 프런티어가 불가피하게 에스파냐인의 침입이 인디언 부족들에 의해 저지된 곳—북부 멕시코 혹은 칠레—에서 나타났다. 그러나 이 프런티어들도 에스파냐인들이 여러 가지 수단을 통해 전진을 계속 추진하면서 침투성이 매우 높은 것으로 나타났다.[134]

그러나 영국인 식민정주자들은 방어용 울타리를 설치하기도 했지만 그 울타리를 바깥쪽으로 밀어내려고도 했다. 그 현상을 부추긴 요인 중에는 심리적인 압력도 있었는데, 그들은 황야가 위험한 것이기는 하지만 순치되지 않으면 안 된다고 생각했다. 그 압력은 인구요인에 기인한 것이기도 했는데, 정주자가 늘어나면서 공간의 필요성이 증대한 것이었다. 이런 필요성에 반하여 퓨리턴 지도부가 강요하려고 했던 사회통제 메커니즘이 무한정으로 유지될 수는 없었다. 황야가 이 인구요인을 저지하는 항구적 장애물은 아니었다.

---

133) Canup, *Out of the Wilderness*, p. 50.

134) 에스파냐의 아메리카 프런티어에 대한 개괄적 설명에 대하여는 Hennesy, *The Frontier in Latin American History* 참조.

정주사업

에스파냐인들과 영국인들은 신세계에서 항구적으로 존재하기 위해 적어도 정주 초기 단계에서는 유럽으로부터 꾸준히 유입되는 이민자들에 의존했다. 초창기 이민자들의 사망률은 매우 높았다. 낯선 기후와 환경, 낯선 음식 혹은 음식의 절대적 부족, 고난과 궁핍이 인디언들의 무기보다 더 많은 사람들의 목숨을 앗아갔다. 1500년 산토도밍고에 도착한 한 프란체스코 수도회 수사는 '정도의 차이는 있지만 우리 중에 병들지 않은 사람은 없다'라고 썼다.[135] 에스파뇰라섬에서는 처음 10년 동안 에스파냐인의 3분의 2가 죽은 것으로 보이며, 뉴잉글랜드에서는 첫번째 맞은 겨울 동안 필그림들 가운데 절반 정도가 질병과 추위로 사망했다.[136] 첫번째 대서양 횡단 이주 운동에서 나타났던 남녀 간 성 불균형이 시정될 때까지는 모국으로부터 끊임없이 이주자들을 공급받지 않으면 백인 인구 증가는 물론이고 현상 유지도 불가능했다.

그 이전 수 세기 동안 카스티야인들은 에스파냐 남부 지방으로, 잉글랜드인들은 아일랜드로 토지와 기회를 찾아 이주하고 있었다. 이런 이주 전통이 있었기 때문에 대서양 횡단 항해가 어느 정도 진척되자 두 민족 모두는 대서양이 신세계로의 이주를 가로막는 절대적인 장애물은 아니라고 생각하게 되었다. 그러나 위험한 대양 횡단에 나서려면 그것을 감수할 만한 이유가 있어야 했고, 그것은 국내에서 나타난 심각한 인

---

135) Noble David Cook, *Born to Die. Disease and New World Conquest, 1492~1650* (Cambridge, 1998), p. 44.
136) *OHBE*, 1, p. 197.

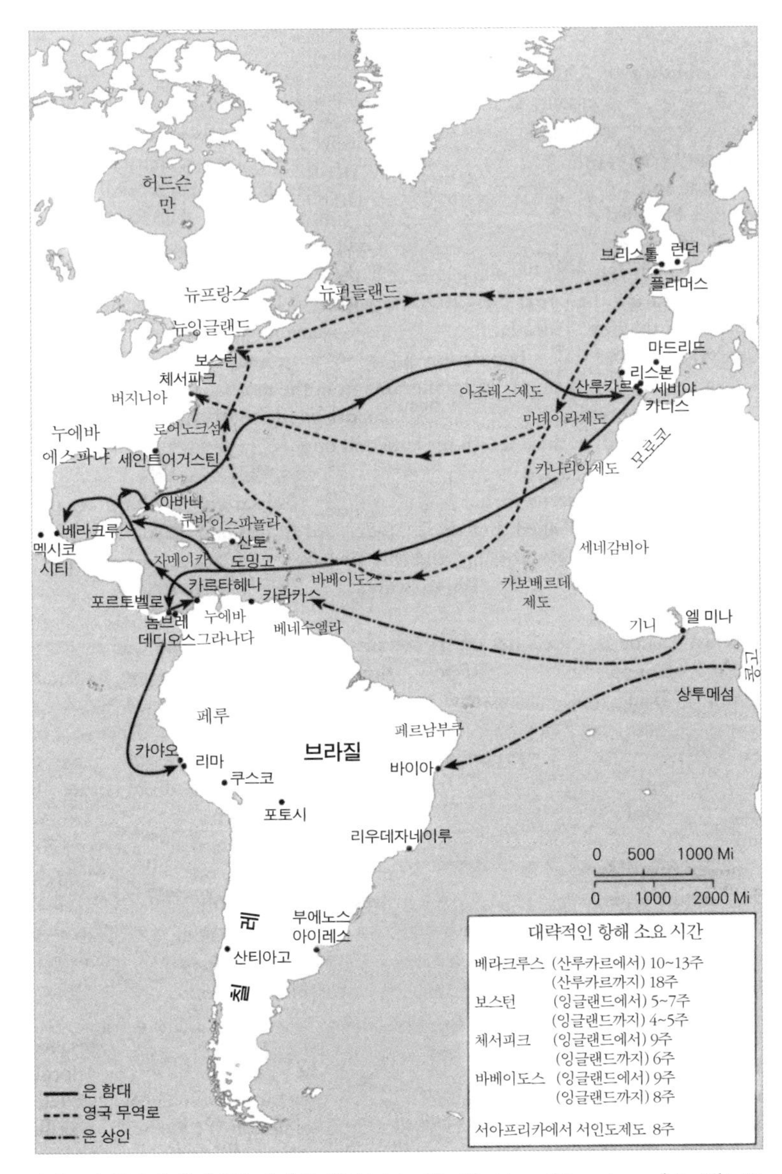

〈지도 2〉 근대 초의 대서양 세계. D. W. Meinig, *The Shaping of America*, vol. 1, *Atlantic America*, 1492~1800(1986), fig. 8; *The Oxford History of the British Empire*(1998), vol. 1, map 1.1; and Ian K. Steele, *The English Atlantic, 1675~1740*(1986), figs 2 and 3을 토대로 함.

구 압박이나 부자가 될 수 있을 것이라는 생각, 혹은 해외에 나가 보다 나은 삶을 펼쳐 보겠다는 마음, 아니면 이 둘의 결합으로부터 생겨나는 경향이 있었다.[137)]

카스티야인들이 인디아스 정복에 나설 무렵, 해외 이주를 불가피하게 할 정도로 심각한 인구 압박이 카스티야에 있었던 것은 아니다. 그러나 몇몇 지역의 토지제도는 매우 불공정해서 가난하고 실의에 빠진 사람들이 새 기회를 찾아 떠나도록 자극하기에 충분했다(에스파냐 전체 인구 가운데 차지하는 비율이 7%에 불과했지만 1580년까지 해외 이주자의 17%를 제공한 엑스트레마두라 지역이 특히 그러했다).[138)] 인디아스에서 엄청난 부가 발견되었다는 소문은 대부분 젊은이들로 이루어진 가난하고 실의에 빠진 이들에게 부를 찾아 떠나게 하는 강력한 동기를 부여했

---

137) 근대 초 유럽인들의 대양 횡단 이주, 특히 아메리카로의 이주에 대해서는 특히 Altman and Horn (eds.), *To Make America*에 수록된 글들과 Nicholas Canny (ed.), *Europeans on the Move*를 참조. 에스파냐인들의 신세계 이주에 대하여는 앞서 언급한 Altman, *Emigrants and Society* 외에 Peter Boyd-Bowman, *Índice geobiográfico de cuarenta mil pobladores españoles de América en el siglo XVI* (2 vols, Bogotá, 1964; Mexico City, 1986); Antonio Eiras Roel(ed.), *La emigración española a Ultramar, 1492~1914* (Madrid, 1991); Auke P. Jacobs, *Los movimientos entre Castilla e Hispanoamérica durante el reinado de Felipe III, 1598~1621*(Amsterdam, 1995) 참조. 영국인들의 이주에 대하여는 앞에서 언급한 Anderson, *New England's Generation*, 그리고 Games, *Migration and the Origins* 외에 Cressy, *Coming Over*, 그리고 Bernard Bailyn, *The Peopling of British America. An Introduction*(New York, 1986)과 *Voyagers to the West* (New York, 1986)를 참조.

138) Fredi Chiappeli(ed.), *First Images of America*(2 vols, Berkeley, Los Angeles, London, 1976), 2, p. 753; Altman, *Emigrants and Society*; 그리고 엑스트레마두라 내 산티아고 기사단 소유 토지의 영주제적 구조에 대해서는 마리오 공고라(Mario Góngora)의 선구적인 논문 'Régimen señorial y rural en la Extremadura de la Orden de Santiago en el momento de la emigración a Indias', *Jahrbuch für Geschichte von Staat, Wirtschaft und Geselschaft Latinamerikas*, 2(1965), pp. 1~29를 참조.

다. 그들은 대개 해외에서 재산을 모은 다음 고향으로 돌아오겠다는 기대를 갖고 있었다. 이들 첫번째 이주자들(이들 중에는 비자발적인 식민정주자들도 포함되어 있었다)은 자기 고향 출신의 유력인사를 따라서, 혹은 머지않아 에스파냐령 대서양을 오고 가게 되는 광범한 가족 네트워크를 이용하여 대서양을 건너는 데 성공했다. 그러나 그 가운데 많은 사람이 인디아스에서 갖게 되리라고 기대한 부를 수중에 넣지 못했음은 물론이다.

국왕이 인디아스에서 에스파냐인들의 항구적 존재를 확립하는 일에 깊숙이 개입하게 되면서 그는 자연스럽게 제멋대로인 이들 모험가들의 이주를 억제하고, 대신 아메리카의 자원 개발에 도움이 될 만한 의지와 기술을 가진, 좀더 믿을 만한 사람들을 보내야겠다는 생각을 하게 되었다. 국왕은 1503년 세비야에 세운 상무청Casa de la Contratación이라는 적절한 통제수단을 마련했으며(이 관청은 인디아스로 가는 모든 이주자들을 통제하기 위해 설치되었다), 세비야를 인디아스로 떠나는 사람들이라면 누구나 거쳐야 하는 유일한 독점항으로 정했다. 이주를 생각하는 사람은 대서양 횡단을 허락한다는 국왕의 허가장을 획득하기 위해 반드시 상무청 관리에게 자신의 배경과 출생지 등이 적힌 문서를 제시해야 했다. 그러므로 에스파냐인들의 아메리카 이주는 처음부터 통제된 이주였으며, 그 통제는 후에 필요와 우선순위 변화에 따라 강화 혹은 완화되었다. 예를 들어 '외국인'의 대서양 횡단은 1526년~1538년의 단기간을 제외하고 법적으로 금지되었다. 그러나 '외국인'에 대한 정의가 분명치 않았다. 기술적으로는 외국인 중에 아라곤 연합왕국[139]의 신민들도 포함

139) 카탈루냐, 발렌시아, 아라곤의 연합왕국—옮긴이.

되었다. 그러나 실제로 아라곤 연합왕국의 주민이 인디아스로 가려고 마음먹으면 얼마든지 갈 수 있었다. 그렇지만 그렇게 해서 인디아스로 간 사람은 많지 않았다. 그러니까 이것은 압도적으로 카스티야 왕국 주민들의 이주였으며, 그 중에서도 (에스파냐 남쪽) 안달루시아 지역 주민이 총 이주자 가운데 약 3분의 1을 차지했다.

에스파냐인이 아닌 사람들은 에스파냐령 아메리카로의 이주에서 공식적으로는 배제되었지만 만일 그곳에 가야 할 합당한 이유를 갖고 있다면 귀화를 신청하거나 특별허가장을 신청하면 되었다.[140] 유대인, 무어인, 집시, 이단자도 인디아스에 가는 것이 금지되었다. 식민화 초기만 해도 이 금지조치를 우회할 수 있는 방법을 어렵지 않게 발견할 수 있었다. 그러나 1552년, 즉 모든 잠재적 이주자는 고향에서 떼 온 '순혈증명서'limpieza de sangre, 즉 조상 중에 유대인이나 무어인이 없다는 것을 입증하는 문서를 제출하는 것이 의무 사항이 된 이후로는 그것이 매우 어려워졌다.[141]

에스파냐 왕실이 해외 이주 과정을 통제하고 규제하기 위해 많은 노력을 기울인 것과는 대조적으로 스튜어트 왕조 초기 영국 왕실은 이 문제에 대해 별로 신경 쓰지 않았다. 다만 1607년 제임스 1세가 허가를 취득하지 않은 채 외국 항구로 여행할 수 없다는 기존 규정을 재확인하고, 찰스 1세는 1630년 뉴잉글랜드로 건너가는 이주자는 출발하는 항구에 인적사항을 등록해야 한다는 선왕의 칙령을 환기시켰을 뿐이다.

---

140) Richard Konetzke, 'La legislación sobre inmigración de exgranjeros en América durante el reinado de Carlos V', in *Charles-Quint et son Temps*(Colloques Internarionaux du Cntre National de la Recherche Scientifique, Paris, 1959), pp. 93~108.

141) Jacobs, *Los movimientos*, p. 33.

1630년대, 즉 10년의 대이주 기간 동안 왕과 로드Laud 대주교는 북아일랜드로 이주할 사람이 많이 필요한 시기에 '뉴잉글랜드 등 다른 곳으로 사람들이 달려가는 현상'에 대해 걱정하는 마음을 갖게 되었다. 그러나 런던 항의 서기들이 이주자들의 이름과 인적사항을 세심하게 기록하기는 했지만 추밀원Privy Council이 아메리카로의 이주를 통제할 방법은 사실상 존재하지 않았다.[142)]

그런데 훨씬 엄격한 규제 장치를 갖고 있었고, 인디아스로 가는 이주에 관한 독점권을 세비야라는 한 독점 항에 부여하고 있었던 에스파냐 왕실도 완전한 성공을 거두지 못하기는 마찬가지였다. 서류는 어렵지 않게 위조될 수 있었으며, 아메리카로 가는 선박의 선장들을 뇌물로 회유하기는 그리 어렵지 않았다. 대서양 횡단 선박의 선원들과 병사들의 중도 감소율은 매우 높았는데, 그것은 그들이 인디아스의 베라크루스, 포르토벨로, 카르타헤나에 도착하자마자 배에서 뛰어내려 아메리카의 광활한 지리적 공간 속으로 사라져 버리곤 했기 때문이다.[143)] 아메리카 밀입국을 저지하려는 에스파냐 왕실의 노력이 '대체로' 실패했다면, 식민화 초창기에 승인을 거치는 이주를 증대시키려는 왕실의 노력은 거의 '완전히' 실패로 돌아갔다. 예를 들어 1512년 국왕평의회의 한 위원은 가난한 가족들을 국가가 비용을 대 아메리카에 이주시키자고 제안했다. 그러나 국가의 지원으로 농민과 수공업자 가족을 이주시키려는 계획은 성공하지 못했고, 왕실은 대서양을 건너는 데 필요한 운임을 제공하는 대신 인디아스에 도착하면 일정 기간 강제노동에 종사하게 하는

---

142) Games, *Migration and the Origins*, pp. 18~20; Cressy, *Coming Over*, ch. 5.

143) Jacobs, *Los movimientos*, pp. 111~20.

제도를 승인할 생각이 없었다. (이 제도는 후에 앵글로아메리카 세계에 도입되어 중요한 역할을 하게 된다.) 이 제도는 일종의 백인노예제였고, 그것은 '공짜로 이용할 수 있는' 인디언들이 넘쳐나는 라틴아메리카 세계에서는 성공 가능성이 거의 없었다.[144] 성의 불균형을 시정하려는 공적인 노력과 관련하여 기혼 남성이 인디아스에 갈 때는 반드시 아내를 동반해야 한다는 국왕의 명령이 여러 차례 반복해서 나타난 것은 그것이 제대로 지켜지지 않았기 때문이었다. 1575년 펠리페 2세는 에스파냐 출신의 헤픈 여자들이 너무 많이 와서 인디아스 내 가족의 안정과 공중도덕이 무너지고 있다는 페루 부왕의 불평에 대해 미혼 여성의 이주를 쉽게 하기 위한 조처를 철회해야 했다.[145]

인디아스로 가는 이주를 통제하고 감독하려는 에스파냐 왕실의 노력에도 불구하고 이주는 언제나 수요 공급의 원칙에 따라 이루어졌으며, 그것은 나중에 시작되는 영국인들의 경우에도 마찬가지였다. 16세기가 지나는 동안 카스티야 인구가 증가하면서(400만 이하에서 650만 명 정도로 증가했다)[146] 인구 이동에 대한 압박은 점차 커지게 되었다. 그러나 그로 인한 이주는 대부분 국내 이주, 즉 농촌에서 도시로 옮겨 가는 이주였다. 출발항을 세비야로만 제한한 것 자체가 세비야에서 멀리 떨어진 곳에 사는 사람들의 아메리카 이주를 가로막는 장애물이 되었고, 가족과 같이 떠날 생각을 하고 있던 사람들에게는 더욱 더 그러했다. 또 세비야에서 인디아스까지 가는 데는 추가적인 부담과 또 한 번의 무

144) Konetzke, *La época colonial*, pp. 37, 54.
145) *Ibid.*, p. 56.
146) Annie Molinié-Bertrand, *Au siècle d'or. L'Espagne et ses hommes*(Paris, 1985), p. 307.

거운 비용이 따랐다. 여행 중에 필요한 식량을 포함하여 대서양 항해에 드는 비용은 결코 만만치 않았다. 1580년대를 기준으로 대서양 횡단을 위해서는 성인 1인당 운항 비용만 20두카도ducats [당시 카스티야의 금화—옮긴이]가 들었던 것으로 보이며, 여기에 여행 중에 먹을 식량 구입을 위해 10~20두카도가 더 필요했다. 그러므로 임금에 의존하는 이주자들이 아메리카에 가기 위해서는 가진 재산을 팔아치우거나, 자기들보다 먼저 인디아스에 가 있는 친척이 보내온 송금의 도움을 받지 않으면 안 되었다. 부족한 비용을 조달하기 위해 많은 사람들은 더 부유한 승객의 하인으로 고용되든지 아니면 새로 부임해 가는 부왕이나 성·속 고관들의 수행원이 되는 방법을 찾아야 했다.[147]

16세기 동안 에스파냐에서 인디아스로 간 이민자는 총 20~25만 명, 즉 연 평균 2,000~2,500명 정도였다.[148] 이 가운데 대다수는 두 부왕령으로 갔는데, 페루가 36퍼센트, 누에바에스파냐가 33퍼센트를 차지했다. 그에 비해 누에바그라나다는 9퍼센트, 중앙아메리카는 8퍼센트, 쿠바는 5퍼센트, 칠레는 4퍼센트를 차지했다.[149] 이주 초기 단계에는 불가

---

147) Altman, *Emigrants and Society*, pp. 189~91; Altman and Horn, '*To Make America*', pp. 65~9. 대장(臺帳)에는 17세기 안달루시아 출신 이주자 가운데 36.8퍼센트가 '하인'으로 등록되어 있다. 그러나 이 수치를 다룰 때는 신중할 필요가 있는데 그것은 하인으로 등록해야 허가증을 쉽게 얻을 수 있었고, 그래서 가족 구성원이나 친구인 경우에도 하인으로 기재하는 경우가 많았기 때문이다. Lourdes Díaz-Trechuelo, 'La emigración familiar andaluza a América en el siglo XVII', in Eiras Roel(ed.), *La emigración española*, pp. 189~97.

148) Nicolás Sánchez-Albornoz, 'The Population of Colonial Spanish America', *CHLA*, 2, pp. 15~16. 그러나 제이콥스(Jacobs)는 그의 책 *Los movimientos migratorias*, pp. 5~9에서 같은 기간 동안 총 이민자 수가 10만 5,000명 정도, 연평균 1,000명 정도였다고 주장한다.

149) Céspedes del Castillo, *América hispánica*, p. 182.

피하게 남성 이주자가 압도적으로 많았으나 16세기 중엽 인디아스의 상황이 안정되면서 여성 이주자의 비율이 높아지기 시작했다. 가족 이민의 비율도 높아져 아메리카에서 성공적으로 정착한 남편 혹은 아버지와 합류하기 위해 나머지 가족이 이주하는 경우도 많았다. 17세기 100년 동안 안달루시아 출신 이주민 가운데 60퍼센트 이상이 가족 단위의 이주였으며,[150] 가족과 피보호clientage 네트워크가 에스파냐인의 이주에 결정적인 역할을 했다. 그러나 16세기 이주 물결이 절정에 이르렀던 1560년대와 1570년대에도 명부에 등록된 이민자 가운데 여성의 비율은 3분의 1이 채 되지 않았다.[151]

16세기 에스파냐령 아메리카에 정착한 이주자들이 에스파냐에 남아 있는 가족이나 친척들에게 아메리카로 와서 합류할 것을 요구하는 내용의 편지들이 많이 남아 있기는 하지만,[152] 좀더 많은 사람의 이주를 막은 가장 큰 장애물은 부담스런 여행비용도, 세비야가 대서양 항해를 독점하는 상황도, 복잡한 행정 절차도 아니었다. 가장 큰 장애물은 첫 번째 식민화 단계가 지나고 난 뒤 새로 이주하는 사람들이 가질 수 있는 기회가 상대적으로 줄어들었다는 사실이었다. 누에바에스파냐와 페루 부왕령을 비롯하여 에스파냐령 인디아스에는 이미 다수의 인디언 노동력이 있었고, 게다가 필요하면 북아프리카로부터 노예를 수입해 보완할 수 있었기 때문에 에스파냐인 이민자들에게 일거리를 제공할 광범한 노동시장이 존재하지 않았다. 에스파냐에서 건너온 수공업자들은 얼마

150) Díaz-Trechuelo, 'La emigración familiar', p. 192.
151) Canny, *Europeans on the Move*, pp. 29~30.
152) cf. Otte, *Cartas privadas*, and Lockhart (eds), *Letters and People*.

안 가 유럽의 기술을 익힌 인디언 기술자들과 경쟁하지 않으면 안 되었고, 이 경쟁에서 살아남지 못한 사람들은 이리저리 떠돌아다니는 부랑자가 되었다. 부왕들은 이들에 대해 자주 불평을 토로하곤 했다.[153] 아메리카로 갔다가 다시 에스파냐로 귀국한 사람들도 많았다(그 비율은 대략 10~20%였다).[154] 그 중에는 해외 임기를 마치고 귀국하는 성·속의 관리들도 있었고, 사업상 혹은 집안일 때문에 에스파냐에 잠깐 다니러 오는 사람들도 있었지만 상당수는 인디아스로 이주할 때 가졌던 기대가 좌절되어 고국으로 돌아오는 사람들이었다.

이에 반해 북아메리카에서는 인디언들이 밀집해 있지 않고 드문드문 산재해 있어서 새로 이주해 오는 사람들에게 돌아갈 일자리 사정이 훨씬 양호했다. 당대인들은 잉글랜드 역시 과잉 인구 때문에 여러 가지 문제가 발생하고 있다고 생각했다. 당시 잉글랜드의 국토 면적은 5만 333평방마일, 인구는 1600년을 기준으로 약 400만 명이었다.[155] 이에 비해 14만 7,656평방마일의 면적을 갖고 있었던 카스티야 왕국의 인구는 16세기 중엽 650만에서 1590년대의 파괴적인 흉작과 역병으로 16세기 말이면 600만 명 정도로 줄어들었다.[156] 그러므로 잉글랜드인들이 해외로 이주해야 할 필요성은 상대적으로 에스파냐보다 더 컸다고 할 수 있다. 그러나 서인도제도나 북아메리카 본토가 이주를 원하는 영국인들이 갈 수 있는 유일한 목적지는 아니었다. 17세기 초 영국에서 신세계로 이

153) Jacobs, *Los movimientos*, p. 170.

154) Altman, *Emigrants and Society*, p. 248.

155) E. A. Wrigley, *People, Cities and Wealth*(Oxford, 1987), pp. 215, 179.

156) 국토 면적(378,000제곱킬로미터)에 대하여는 J. H. Elliott, *Imperial Spain, 1469~1716*(1963; repr., London, 2002), p. 25와 Bartolomé Bennassar, *Recherches sur les grandes épidémies dans le nord de l'Espagne à la fin du XVIe siècle*(Paris, 1969), p. 62 참조.

주하는 것을 막는 가장 중요한 장애물은 신세계에서의 기회 부재가 아니라 신세계보다는 아일랜드로 가는 이주가 훨씬 용이했다는 점이다. 아일랜드는 1600년부터 1670년 사이 잉글랜드, 웨일즈, 스코틀랜드로부터 약 20만 명의 이주민을 받아들였다.[157] 그러므로 새로운 대서양 횡단 이주에 사람들의 관심을 끌기 위해서는 이민을 고려하는 사람들에게 아일랜드 이주보다 돈도 훨씬 더 많이 들고 위험한 아메리카 이주를 결심하게 만들 그럴듯한 유인책을 제공해야 했고, 풍부한 인디언 노동력을 가진 에스파냐령 아메리카에서는 필요치 않은 이주민 모집 방법을 동원해야 했다. 이주를 추진하는 측과 식민지를 지배하는 측은 서로 협력하여 '이주 장려 문학'을 통해 신세계로의 이주가 갖는 장점을 강조하며 식민지 이주를 장려했다. 이러한 이주 장려 문학이 에스파냐에는 존재하지 않았는데, 에스파냐에서는 윌리엄 알렉산더William Alexander의 『식민지로의 초대』*An Encouragement to Colonies*, 1624 같은 작품이 어울리지도 않았고 소용도 없었다.

『뉴잉글랜드 플랜테이션』*New England Plantation*, 1630 같은 이주 장려 문학은 대개 이제 개발해 주기를 기다리는 광활한 땅이 제공하는 기회와 가능성을 강조했다: '이곳은 말과 소와 양을 갖고 들어와 비옥한 땅을 경작하고자 하는 선량하고 정직한 그리스도교도들을 기다리고 있다. 구舊잉글랜드에서는 인구 과잉으로 수많은 정직한 사람들과 그 가족들이 힘겹게 살아가고 있는 이때에 농사를 짓고 가축을 기르기에 너무나도 적합한 광활한 땅이 이교도들의 지배하에서 누구에게도 점령되지 않은 채 방치되고 있는 것은 참으로 유감스러운 일이 아닐 수 없다. ……인

157) Canny, *Europeans on the Move*, p. 62.

디언들은 이곳 영토의 4분의 1도 이용하지 못하고 있고, 도시 같은 집단 거주지도 갖고 있지 않으며, 그 땅을 소유하려고 하지도 않는다. 그들은 이리저리 떠돌아다닐 뿐이다. 이곳의 땅은 거대하고 풍부한 데 비해 인구는 얼마 되지 않는다. 인디언들은 대개 우리 영국인들이 여기에 와서 정착해 사는 것을 좋아한다…….'[158]

이런 내용은 버지니아에 이주할 것을 권장하는 초기 문헌들에서 발견되는 것과 비교할 때 인디언들에 대해 대단히 우호적인 내용으로 되어 있다. 초기 버지니아 문헌들에서는 인디언에 대한 이미지가 대개 그들을 야만인으로 여기는 일반인들의 생각을 논박하는 쪽에 맞추어져 있었다.[159]

그러나 이런 이주 장려 문학은 만약 그런 것이 없었더라면 아메리카 이주를 생각해 보지도 않았을 사람들에게 그것을 한번 생각해 보게 하는 것 이상의 어떤 역할을 한 것 같지는 않다. 그보다는 아메리카에 가 있는 친구나 친지가 대서양 건너 고국에 사는 사람에게 이주를 권유하며 보내온 편지가 불확실한 광고 문구보다 훨씬 더 영향력을 발휘했던 것으로 보인다. 1632년 목사 토머스 웰드Thomas Welde는 옛날 자신의 교구였던 탈링Tarling의 신자들에게 '여기서 나는 평화, 풍요, 건강이라는 세 가지 중요한 축복을 풍족하게 누리고 있습니다……'라고 썼다.[160] 이 메시지는 그것을 접한 사람들에게 매력적으로 생각되었고, 그것이 이주를

---

158) *New England's Plantation*, in Peter Force, *Tracts and other Papers Relating Principally to the Origin, Settlement and Progress of the Colonies in North America*(4 vols., Washington, 1836~46), 1, no. 12, pp. 12~13.

159) Loren E. Pennington, 'The Amerindian in English Promotional Literature 1575~1625', in Andrews *et al.*, *The Westwood Enterprise*, ch. 9.

160) Emerson(ed.), *Letters from New England*, p. 96.

장려하는 신의 과업 혹은 신의 계획으로 소개되었기 때문에 특히 공동체 내 신심 깊은 사람들의 관심과 호의적 반응을 끌어낼 수 있었다.

에스파냐인들의 신세계 이주에서는 종교가 새로운 기독교 개종자들을 확보하기를 열망하는 수도교단원들의 복음화 활동으로 진화한 반면, 영국인들의 신세계 이주에서는 그 보다 더 광범한 영향력을 행사했다. 종교는 버지니아로 가는 이주에서도(이 버지니아의 이주는 상당수의 퓨리턴들을 받아들였다[161]), 메릴랜드로 가는 이주에서도(이곳으로의 이주는 원래 가톨릭교도들에게 피난처를 제공하기 위한 것이었다) 중요한 역할을 수행했다. 그러나 존 윈스럽의 '언덕 위의 도시' 건설 계획이 1630년대 아메리카로의 '대이주'에서 이주를 촉진하는 요인 가운데 하나이기는 했지만, 후대인들이 자신들의 선입견과 의도에 맞게 뉴잉글랜드 역사를 다시 쓰면서 언급한 것처럼 절대적이거나 압도적인 요인은 결코 아니었다.[162] '대이주' 때 대서양을 건너간 6만 명의 영국인 가운데 뉴잉글랜드로 간 사람은 2만 1,000명뿐이었으며,[163] 그중 약 20~25퍼센트가 하인이었다. 그리고 그중에는 청교도적 성향을 가진 사람도 있고 그렇지 않은 사람도 있었다. 또 그중에는 불경하고 천박한 사람도 많아서 뉴잉글랜드 지역 목사들이 그에 대해 끊임없이 불평을 토로할 정도였다.

에스파냐 이주자들과 마찬가지로 영국인 이주자들의 이주 동기도 다양했으며, 비싼 이주 경비(1630년 한 이주자는 비용이 너무 많이 든다

---

161) Horn, *Adapting to a New World*, pp. 55~6.

162) 퓨리턴의 창설 신화(foundation myths)와, 그것의 현실과의 관련성에 대해서는 Cressy, *Coming Over*, ch. 3 참조.

163) *Ibid.*, p. 68. Games, *Migration and the Origins*, p. 243, n. 5는 '대이주' 시기에 건너간 영국인의 수를 8만~9만 명으로 훨씬 높게 잡고 있다.

고 기술했다)는 에스파냐에서도 그랬지만 영국제도에서도 이주의 활성화를 막는 큰 장애물이었다.[164] 8주에서 12주 정도 걸리는 대서양 횡단에 소요되는 기본 경비는 17세기 초 두 나라에서 거의 같았는데, 영국에서는 5파운드, 에스파냐에서는 20두카도 정도가 소요되었다(당시 1파운드는 4두카도에 해당했다). 여기에 여행 중에 먹을 식량을 구입해야 했고, 아메리카에 도착해 당장 사용해야 할 생필품도 구입해야 했다. 그러므로 영국제도의 이주자 가운데 다수는 에스파냐의 이주자들과 마찬가지로 경비를 마련하기 위해 가진 재산을 처분하거나 아니면 누군가로부터 경비를 보조받아야 했다. 그러나 영국령 아메리카의 경우 에스파냐령 아메리카보다 이주자에 대한 수요가 더 컸기 때문에 여행 경비를 마련하지 못하는 이주 희망자의 경비를 마련하기 위한 보다 적극적이고 체계적인 노력이 경주되었다.

이에 따라 1618년부터 버지니아는 인두권 제도를 발전시켰는데, 그것은 각 이주자에게 100에이커의 땅을 제공하고, 그가 다른 사람을 동반할 경우 그 동반자에게도 각각 두당 100에이커를 추가로 제공한다는 것이었다.[165] 그러나 앵글로아메리카 세계 전역에서 대서양 횡단 이주의 가장 효과적이고 설득력 있는 수단은 계약노동제indentured service였다.[166] 이 제도에서 계약노동의 조건은 다양했지만 카리브해나 체서피크로 간 계약노동자들은 4년에서 5년 동안 일하는 것이 대부분이었다.[167] 이들

164) Cressy, *Coming Over*, p. 109.

165) Abbot, *Colonial Origins*, p. 28.

166) 계약노동제에 대하여는 특히 David Galenson, *White Servitude in Colonial America* (Cambridge, 1981) 참조.

167) Horn, *Adapting to a New World*, p. 66.

의 계약 조건은 비슷한 신분으로 아메리카로 건너간 에스파냐 이민자들보다 법적·제도적 구속의 측면에서 훨씬 더 열악했다. 에스파냐인의 경우 대개 같이 여행하는 성·속의 고관에게 모종의 봉사를 약속하고 경비를 지원받는 것이 보통이었는데, 그들은 인디아스에 도착하고 나서 얼마 가지 않아 당사자들 간 합의를 통해 자유를 획득할 수 있었다.[168] 영국령 아메리카에서는 계약노동의 조건이 시간과 장소에 따라 매우 달랐다. 일부 노동자는 메릴랜드에서처럼 계약노동자로서 갖는 법적 권리를 이용하여 법정에서 악랄한 주인에게서 시정조치를 끌어내기도 했다.[169] 그러나 다른 많은 사람들에게 계약노동제는 노예제나 다름없었다.

이 부자유한 백인 노동자들은 서인도제도와 체서피크의 플랜테이션 소유자들이 오랫동안 기대해 온 보다 순종적인 노동력을 아프리카 흑인 노예들에게서 발견하게 될 때까지 영국령 아메리카의 식민 사업과 개발에서 가장 중요한 노동력이었다. 이들 예속적 계약노동자들이 17세기에 체서피크로 이주한 사람들 가운데 75~85퍼센트를 차지했으며, 17세기에 아메리카의 모든 영국령 식민지로 이주한 사람 가운데 아마도 60퍼센트 정도는 다양한 형태의 노동계약자들이었다.[170] 예속적 계약노동자 가운데 23.3퍼센트는 여성이었다.[171]

이 마지막 수치는 에스파냐령 아메리카에서와 마찬가지로, 영국령 아메리카에서도 식민화 첫 세기에는 남성 비율이 여성 비율보다 압도

---

168) Altman and Horn, '*To Make America*', p. 7.

169) Christine Daniels, '"Liberty to Complaine": Servant Petitions in Maryland, 1652~1797', in Christopher L. Tomlins and Bruce M. Mann(eds.), *The Many Legalities of Early America*(Chapel Hill, NC and London, 2001), pp. 219~49.

170) Altman and Horn, '*To Make America*', pp. 7~8.

171) Galenson, *White Servitude*, p. 24.

적으로 높았음을 말해 준다. 예외가 있다면 뉴잉글랜드의 이주자들이었는데, 이곳에서는 1620년과 1649년 사이에 전체 이주자 중 여성의 비율이 40퍼센트에 달했다.[172] 뉴잉글랜드가 다른 식민지들에 비해 여성 비율이 훨씬 높았기 때문에 1650년경이면 이곳에서는 자체 재생산만으로도 백인 인구 집단을 유지할 수 있을 정도가 되었다. 반면에 체서피크의 백인 집단은 새로운 이주민의 끊임없는 유입을 통해서만 그 수준이 유지될 수 있었다. 이곳에서는 1630년대에 남성 이주자가 여성 이주자의 6배, 1650년대에는 좀 나아지기는 했지만 그래도 남성 이주자가 3배나 더 많았기 때문에 상당수 남성이 미혼 상태로 남아 있었다.[173]

해안 지역의 사망률은 놀라울 정도로 높아서 새로 도착한 사람들 가운데 무려 40퍼센트가 도착한 지 2년 안에 죽었고, 사망자 중 다수는 저지대 습지의 고질병인 말라리아로 희생된 것으로 보인다.[174] 이런 상황이 가져 온 결과는 짧은 결혼 생활, 소규모 가족, 어렸을 때 부모 중 한쪽이나 양쪽 모두를 잃은 아이들이었다. 연간 사망률이 10퍼센트에 이르렀기 때문에 17세기 중엽에 도착한 예속적 계약노동자 가운데 약 40퍼센트가 계약 기간을 채우지 못하고 죽었다. 살아남아 자유로운 신분이 된 사람들도 결혼을 늦게 하거나 아예 하지 않은 경우가 많았으며, 그

172) Richard Archer, 'A New England Mosaic: a Demographic Analysis for the Seventeenth Century', *WMQ*, 3rd ser., 47 (1990), pp. 477~502. 젠더와 가족의 지위에 대해서는 도표 III을 참조.

173) 이런 수치들과, 그로 인한 사회적 결과에 대해서는 Lorena S. Walsh, '"Till Death Us Do Part": Marriage and Family in Seventeenth-Century Maryland', and Lois Green Carr and Russell R. Menard, 'Immigration and Opportunity: The Freedman in Early Colonial Maryland', in Tate and Ammerman(eds.), *The Chesapeake*, essays 4 and 7을 참조.

174) Horn, *Adapting to a New World*, pp. 137~8.

중 다수는 다른 사람의 가정에서 같이 사는 노총각 동거인이 되는 경향이 있었다. 버지니아와 메릴랜드의 높은 사망률과 심한 성적 불균형이 결합하여 새로 도착한 이주자들의 영향력에 행동 패턴이 지나치게 좌우되는 불안전한 사회를 만들어 냈다. 체서피크 식민지에서 태어난 사람이 새로 이주해 온 사람들의 수를 능가하는 것은 17세기 말에 이르러서였다.[175)]

뉴잉글랜드는 온화한 기후와 조혼 풍조 덕분에 17세기 후반이면 자신의 노동 수요를 자체 내 인구 증가로 충당할 수 있게 되었고, 이에 따라 이주자의 필요성이 점차 감소해 갔다. 그로 인해 아메리카에 새로 도착한 이주자들은 뉴잉글랜드 대신 서인도제도나 중부식민지들로 향하는 경향이 나타났다. 그러나 신세계로 이주해 오는 사람들은 여전히 많았다. 영국인들의 아메리카 식민화가 시작되고 나서 첫 한 세기 동안 약 50만 명이 대서양을 건넌 것으로 추정되는데, 이는 1세기 전, 한 세기 동안 에스파냐 식민지에 들어온 이주민보다 2~4배나 많은 것이었다. 그러나 영국 왕실이 지배권을 주장하는 영토에는 더 많은 노동력이 필요했고, 거기에서는 '개선되어야 할 땅'을 좀더 쉽게 획득할 수 있었다.

서로 다른 이주 리듬은 카리브해 지역과 아메리카 본토 이주민 규모에 대한 비교 수치를 통해 거칠게나마 살펴볼 수 있다. 최초의 발견 항해가 있고 나서 70~80년이 지난 1570년경 에스파냐령 아메리카의 백인 인구는 15만 명 정도였던 것으로 보인다. 제임스타운의 정주가 있고 나서 약 80년이 지난 1700년경 영국령 아메리카에는 약 25만 명의 백인이

---

175) Carr and Menard, 'Immigration and Opportunity', in Tate and Ammerman(eds.), *The Chesapeake*, p. 209.

있었다.[176] 그 25만 명 가운데 대부분은 아메리카 본토에서 살았지만 아직은 대서양 해안 지역을 벗어나지 못하고 있었다. 그렇지만 그들은 좀 더 넓은 공간을 찾아 점차 서쪽을 향해 들어가기 시작했다. 이것은 필연적으로 좀더 많은 인디언 영토가 백인들에 의해 수용됨을 의미했다. 반면에, 아메리카 중부와 남부 지역 전역에 산재해 있었으며 주로 도시에 거주했던 에스파냐인 이주민들과, 아메리카에서 태어난 그들의 자녀들과 손자들은 그런 공간적 제약 때문에 어려움을 겪지 않아도 되었다. 그들은 도시에 있는 자기 집 창문에서 인디언들이 급속히 사라져 텅 빈 공간으로 되어 가는 바깥 풍경을 바라보았다. 아메리카 공간과의 맞대면은 원주민들과의 거대한 맞대면이기도 했는데, 그것은 거의 상상할 수 없을 정도의 엄청난 인구 재난을 가져오게 될 것이었다.

176) *CHLA*, 2, p. 17; Cressy, *Coming Over*, p. 70.

3장_아메리카 민족들과 대면하다

민족들의 모자이크

아메리카에 정주한 에스파냐인 혹은 영국인이 고유한 지리적, 기후적 특징을 가진 다수의 소세계micro-worlds들로 이루어져 있었다면, 아메리카 원주민들도 그에 못지않게 많은 소세계들로 이루어져 있었다. 콜럼버스는 카리브 섬들을 정찰할 때, 이 다양성을 분명히 인식하고 있었다. 그러나 그는 이 낯선 새로운 세계를 자신과 동료 유럽인들이 이해할 수 있게 하려고 노력했다. 그 과정에서 그는 원주민들 간의 사회적, 정치적, 언어적 차이를 애써 무시하거나, 아니면 그 차이를 발견하지 못하고 거칠게 대조적인 두 집단으로 분류했는데, 타이노족, 아라와크족Arawak이 그중 하나이고, 그들을 잡아먹는 사납고 식인 풍습을 가진 카리브족Carib이 다른 하나였다.[1] 촌락에서 살았고, 카시케cacique라는 단어로 서구 문

---

1) Samuel M. Wilson, 'The Cultural Mosaic of the Indigenous Caribbean' in Warwick Bray (ed.), *The Meeting of Two Worlds. Europe and the Americas 1492~1650*(Proceedings of the British Academy, 81, Oxford, 1993), pp. 37~66.

화에 항구적인 유산을 남겼으며,[2] 족장이 지배하는 다섯 개의 주요 정치체로 되어 있었던 에스파뇰라 섬의 타이노족은 에스파냐인들에게 많은 수수께끼를 안겨 주었는데, 그에 대한 해답은 이 정치체들이 해체되고 이 부족들이 소멸될 때까지도 발견되지 않고 있었다. 그들은 기독교에 대해 알고 있을까? 아니라면 왜 아닐까? 왜 그들은 벌거벗고 다니는 것일까? 왜 그러고도 부끄러워하지 않는 것일까? 처음 보았을 때 그렇게 생각되었던 것처럼 그들은 때 묻지 않은 존재, 타락하기 이전의 인간들일까? 그들에게 만약 신이 있다면 그 신은 어떤 신일까? 콜럼버스가 추정했듯이 그들을 어렵지 않게 기독교로 개종시킬 수 있을까? 그들은 유럽적 개념의 폴리시아policía, 즉 문명을 가지고 안정된 공동체에서 살아 왔을까 아니면 많은 에스파냐인들이 그렇게 생각했던 것처럼 인간의 삶이 아닌 야수와 비슷한 삶을 살아 왔을까?

이런 질문들은 에스파냐인들이 아메리카 원주민들을 처음 알게 되었을 때 품었던 의문들이다. 그리고 침입자들이 앤틸리스제도에서 아메리카 본토로 진입해 들어가고, 거기서도 여러 새로운 민족, 새로운 문화, 새로운 언어들을 만나게 되면서 이런저런 형태로 같은 질문을 되풀이했다. 곤살로 페르난데스 데 오비에도는 에스파뇰라 섬에의 오랜 거주 경험을 바탕으로 이 섬에 사는 인디언 원주민들에게서 나타나는 지나치게 두터운 두개골이 '흉폭하고 악의적인 마음'의 증거라고 단정하면서, 그러므로 그들이 그리스도교 교리를 받아들일 가능성은 없다고 보았다.[3] 반면에 코르테스는 멕시코에 도착하여 앤틸리스제도의 주민들과는 전

2) Colombus, *Journal*, p. 135 (17 December 1492).

3) Fernández de Oviedo, *Historia general y natural*, 1, p. 111.

혀 다른 능력을 가진 주민들을 만났고, 그것을 그는 그들이 에스파냐 국왕의 신민이 될 수 있음을 보여 주는 증거라고 생각했다: '우리가 그들의 삶의 방식이 잘못되었다는 것과, (우리의) 참 신앙의 본질을 잘 설명해 줄 통역만 갖게 된다면 그들 가운데 대부분, 아니 전부가 곧 자신들의 잘못된 믿음을 포기하고 우리 하느님의 참된 모습을 깨닫게 될 것으로 확신합니다. 그 이유는 그들이 이 지역에서 우리가 보았던 다른 주민들에 비해 훨씬 개화되고 합리적인 삶을 살고 있기 때문입니다.'[4]

에스파냐인들이 아메리카의 모든 주민들을 편의상 '인디오'라는 이름으로 무차별적, 일괄적으로 부르기는 했지만(이 관행은 그후 영국인 식민정주자들에 의해서도 계속되었다) 에스파냐인들은 원주민들 사이에 상당한 문화적, 인종적 차이가 있다는 것을 잘 알고 있었다. 에스파냐인들이 아메리카 대륙 본토에 도착했을 때 부딪혔던 언어 문제를 생각할 때, 그들이 원주민들의 다양성을 인식할 수밖에 없었음은 분명하다. 코르테스가 멕시코 내륙지역으로 진군해 들어갈 때 같은 에스파냐인인 헤로니모 데 아길라르Jerònimp de Águilar(그는 유카탄에서 8년 동안 인디언들의 포로로 잡혀 있었기 때문에 촌탈 마야어를 유창하게 말할 수 있었다)와 도냐 마리나Doña Marina(유명한 말린체Malinche. 그녀는 마야인들과 오랫동안 같이 살아 마야어를 잘 알았으나 그녀가 원래 사용한 언어는 멕시카족의 나와어였다)로부터 언어상의 도움을 받을 수 있었다는 점에서 정말 운이 좋았다고 할 수 있다. 코르테스는 말린체와 아길라르, 두 사람이 우연히 공통으로 말할 줄 알았던 마야어를 통해 멕시카족의 세계와 소통할 수 있었던 것이다. 그러나 그 경우에도 나와어가 점차 지배적인 언어가

4) Cortés, *Letters from Mexico*, p. 36.

되고는 있었지만 그것은 멕시코의 여러 언어들 가운데 하나에 불과했으며, 도냐 마리나 자신도 몬테수마의 제국 남쪽에서 사용하는 방언을 썼기 때문에 소통에 어려움이 많았다.[5] 북아메리카의 영국인들도 존 스미스가 『버지니아에 대하여』*Description of Virginia*에서 썼듯이, 코르테스가 그랬던 것처럼 다양한 언어를 사용하는 여러 부족들을 만났다: '포와탄의 영토에는 서로 다른 언어를 사용하는 여러 부족들이 있다… 그 부족들은 통역이 없이는 서로 의사소통을 할 수 없다.'[6] 헤로니모 데 아길라르처럼 인디언들과의 소통을 도와줄 사람을 갖지 못한 제임스타운의 식민 정주자들은 열세 살 먹은 토머스 새비지Thomas Savage라는 소년을 포와탄이 신뢰하는 하인과 맞교환했고, 그 소년은 얼마 가지 않아 포와탄족이 사용하는 알공퀸어를 배워 통역으로 활약할 수 있게 되었다.[7]

유럽인 자신들도(그리고 이베리아반도 주민들도 물론 마찬가지로) 언어적, 문화적 다양성을 어색해 하는 사람들이 아니었다. 코르테스도 그 점을 인정한 적이 있는데, 포로로 잡혀 있던 몬테수마가 난데없이 디에고 벨라스케스의 명령을 받아 코르테스 자신과 그의 부하들을 잡아가기 위해 멕시코 해안에 나타난 판필로 데 나르바에스Pánfilo de Narváez가 이끄는 스페인인들에 대해 누구냐고 물었을 때가 그때였다. 코르테스는 그에게 '우리 황제 폐하께서는 수많은 왕국과 영지를 갖고 있어서 거기 사는 민족들도 매우 다양하며, 그중 어떤 민족은 매우 용감하고, 어떤 민족은 그보다 더 용감하다. 우리들은 카스티야비에하Castilla Vieja("구카스

5) Thomas, *Conquest of Mexico*, p. 172.

6) Smith, *Works*, 1, p. 150.

7) Smith, *Works*, 1, p. 216; James Axtell, *Natives and Newcomers. The Cultural Origins of North America*(Oxford, 2001), p. 71.

티야")에서 온 사람들이고, 사람들은 우리를 카스티야인이라고 부른다. 셈포알라Cempoala에 머물고 있는 중대장과 그와 함께 있는 사람들은 비스카야라는 지방 출신들인데, 이들은 비스카야인이라 불리며 멕시코시티 인근에 사는 오토미족처럼 말한다……'라고 설명했다.[8)]

오토미족이나 바스크인, 카스티야인이나 멕시카족, 이들 모두는 거의 무한정한 인종적 다양성의 예들이었다. 그러나 아메리카는 유럽인들에게, 그중에서도 에스파냐인들에게 너무나 광범한 문화적, 사회적 차이를 보여 주었기 때문에 이 놀라운 다양성의 원인이 무엇일까에 대한 강렬한 호기심을, 그리고 세계 여러 민족들의 발전 단계에 관한 상당한 논란을 불러일으켰다.[9)] 코르테스가 앤틸리스제도에 체류하고 있을 때만 해도 그가 멕시코에 와서 발견하게 될 세련된 문명에 대해 마음의 준비를 할 만한 얘기를 들려 주는 사람이 없었다. 멕시코에는 대도시들과 질서 정연한 정치체들이 있었고, 그것들은 그리스도교 세계의 그것들과 비슷한 점이 많았다: '이들은 에스파냐에 사는 사람들과 거의 비슷한 삶을 살고 있습니다. 이들의 삶은 에스파냐인들 못지않게 조화롭고 질서 정연합니다. 이 사람들이 야만인이라는 사실과 이들이 지금까지 하느님과 모든 문명 세계들로부터 차단되어 있었음을 고려할 때, 여러 가지 점에서 이들이 이룬 성취는 놀라울 따름입니다.'[10)] 잉카 제국 또한 호의적인 에스파냐인들의 경탄에 찬 반응을 불러일으켰다. 아구스틴 데 사라

---

8) Díaz del Castillo, *Historia verdadera*, 2, p. 27 (115장).

9) 인종의 다양성에 대한 유럽인들의 반응에 대하여는 특히 Margaret T. Hodgen, *Early Anthropology in the Sixteenth Century and Seventeenth Centuries*(Philadelphia, 1964; repr., 1971), 6장과 7장을 참조.

10) Cortés, *Letters from Mexico*, p. 108.

테Agustín de Zárate는 '야만적이고 글을 알지 못하는 이 사람들이 이처럼 질서 정연한 방식으로 다스려지고 있다는 것은 참으로 놀라운 일이 아닐 수 없다'라고 썼다.[11)]

에스파냐인들이 아스테카 제국과 잉카 제국을 발견한 것은 그리스도교나 글쓰기의 혜택을 향유하지 못하고도 어떤 점에서는 유럽인과 비슷한 수준의 문명에 도달할 수 있음을 보여 줌으로써[12)] 야만성에 대한 유럽인들의 전통적인 개념에 의문을 불러일으켰다. 하지만 아메리카 대륙의 어떤 다른 곳에도 이 두 제국과 비교할 수 있을 만큼 대규모의 세련된 정치체가 존재하지 않는다는 사실은 점차 분명해졌다. 유카탄반도의 마야 세계에 들어간 에스파냐인들은 처음에 그곳이 상당히 높은 수준의 문명을 가진 것은 아닌가 하는 생각을 갖기도 했다. 그러나 얼마 안가 에스파냐인들은 항상 서로 싸우고 내적인 통일성을 갖지 못한 열여덟 개가 넘는 정치체로 분열되어 있는 유카탄반도의 복잡한 정치적, 사회적 시스템을 발견하고 당혹감을 감추지 못했다. 마야 세계의 이런 분열은 유카탄반도에 대한 에스파냐의 정복 사업을 두 세대 이상 걸릴 정도로 더디게 진행되게 만들었는데, 즉 그것은 1697년 페텐의 이차Itza 왕국의 복속에 이르러서야 마침내 완결되는, 지루하고도 힘든 과정으로 진행되었던 것이다.[13)] 그와 비슷한 통일성의 부재는 오늘날의 북부 콜롬비아 지역 여러 농업 공동체들 사이에서도 나타났다. 히메네스 데 케

---

11) Agustín de Zárate, *The Discovery and Conquest of Peru*, trans. and ed. J. M. Cohen (Harmondsworth, 1968), p. 54.

12) Elliott, *The Old World and the New*, pp. 41~50; Pagden, *Fall of Natural Man*, ch. 2.

13) Ralph Roys, *The Indian Background of Colonial Yucatán*(1843; repr. Norman, OK, 1972); Robert S. Chamberlain, *The Conquest and Colonization of Yucatán, 1517~1550* (Washington, 1948); Nancy M. Farriss, *Maya Society under Colonial Rule*(Princeton, 1984).

사다Jiménez de Quesada와 그의 부하들이 후에 누에바그라나다 왕국이라고 불리게 될 정치체를 만들어 내기 위해 1536년 이곳 마그달레나 계곡으로 들어갔을 때는 여러 부족령들이 모종의 통일체를 만들어 가는 과정 중에 있었다. 이 지역의 무이스카족은 마야족과 달리 에스파냐인들에게 저항하지 않은 온순한 부족이었다.[14] 그러나 다른 지역 원주민들은 달랐는데, 특히 칠레의 아라와크족은 끝까지 싸우려고 했고, 수렵채집 생활을 하는 북부 멕시코의 치치메카족은 에스파냐인들이 볼 때 유럽인들의 전통적 야만인상과 완전히 일치했다. 16세기 에스파냐의 의사 후안 데 카르데나스Juan de Cárdenas에 따르면 치치메카족은 '난폭한 야만인'처럼 살고 있었다.[15]

북아메리카도 중·남아메리카와 마찬가지로 인종적으로나 언어적으로나 다양한 원주민 집단들로 이루어져 있었다. 부족의 수가 다 합치면 500개는 되어 보였다.[16] 이 부족들 가운데 미시시피 강 하류에 살고 있던 내치즈족 인디언Natchez Indians의 위계적인 사회와 알공퀸어를 사용하는 포와탄 '제국' 정도만이 몬테수마와 아타왈파가 다스리던 중앙집권적 정치체와 겨우 비교할 수 있을 정도의 모습을 갖고 있었다.[17] 영국인들이 처음 정주한 지역에는 에스파냐인들이 경탄해 마지않았던 그런 도시가 하나도 존재하지 않았으며, 그 점은 이들 북아메리카 원주민들이 유럽인들이 생각하는 전형적인 야만인, 미개인의 이미지에서 쉽게

14) Gomez, *L'Envers de l'Eldorado*, pp. 56~61.
15) Juan de Cárdenas, *Problemas y secretos maravillosos de las Indias*(facsimile of 1591 edition, Madrid, 1945), fo. 188.
16) Steele, *Warpaths*, p. 3.
17) Wilcomb E. Washburn, *The Indian in America*(New York, 1975), p. 46.

벗어나지 못하게 만들었다. 존 스미스 대장은 유럽인과 신세계 원주민의 만남이 만들어낸 의미론적 혼란semantic confusion의 좋은 예를 보여주고 있는데, 그는 '코르테스와 300명이 채 안 되는 에스파냐인들이 멋지고 튼튼한 가옥에 무수한 야만인들이 거주하고 있던 테노치티틀란을 점령하는 데 성공한 사실과, 영국인 식민정주자들이 버지니아 해안 지역의 변변치 않은 부족들을 제압하는 데도 실패한 사실을 비교했다. 그는 영국인들의 실패 이유가 부분적으로는 영국 원정대가 코르테스의 원정대만큼 제대로 체계가 잡혀 있지 않았고, 맞서 싸워야 했던 원주민 부족들이 사분오열되어 있었다'는 점 때문이라고 보았다. 그는 '집과 재산을 가진 개명된 사람들이었던 멕시코의 야만인들에 비해, 버지니아의 원주민들은 짐승이나 다름없는 말 그대로 야만인이었다'라고 말하고 있다.[18)]

비록 서툴게 표현되기는 했지만 스미스가 언급하는 멕시코 중부 지역 원주민과 체서피크 원주민 간의 대조는 제국적 지배로 가는 길을 열어 준 두 지역의 군사적 충돌의 성격과 그 결과에서 나타난 중요한 차이를 말해 준다. 강철 무기와 화포를 가진 유럽인들의 군사기술상의 우위는 침입자들에게 활과 화살, 투석기와 돌, 도끼, 몽둥이, 나무칼을 갖고 있었을 뿐인 원주민들에 대해 결정적인 이점을 제공했다. 멕시카족이 사용하는 나무칼에는 매우 예리한 흑요석 파편이 박혀 있어서 치명적인 살상 효과를 낼 수도 있었지만 그렇더라도 결과는 마찬가지였다.[19)] 에

---

18) Smith, *Works*, 2, pp. 315~16.

19) 유럽인들의 무기상의 우위에 대해서는 Alberto Mario Salas, *Las armas de la conquista* (Buenos Aires, 1950); John F. Guilmartin, 'The Cutting Edge: an Analysis of the Spanish Invasion and Overthrow of the Inca Empire, 1532~1539' in Kenneth J. Andrien and Rolena Adorno(eds.), *Transatlantic Encounters. Europeans and Andeans in the Sixteenth Century*(Berkeley, Los Angeles, Oxford, 1991), ch. 2; Geoffrey Parker, *The*

스파냐인들의 화기는 장전에 시간이 걸리고 거추장스러웠으며, 화약은 물에 젖어 쉽게 못 쓰게 되는 경우가 많았다. 하지만 예리한 톨레도 산 강철 칼은 근접전에서 에스파냐인들에게 강력한 이점을 제공했다. 또 정복 초기 대포와 말(멕시카족의 표현에 따르면 '지붕만큼이나 키가 큰 사슴')이 가져다 준 두려움이라는 심리적 효과 때문에 에스파냐인들의 군사적 우위는 배가되었다.[20] 그러나 그 두려움이 그리 오래 가지는 않았고, 원주민들은 테노치티틀란의 완강한 저항과 1536년 망코 잉카의 반란이 보여 주듯이, 아메리카의 지역적 상황에 항상 잘 적응되어 있지 않은 유럽산 무기의 충격을 완화시키는 방법을 곧 터득하게 되었다.

그러나 스미스가 시사한 바 있듯이, 멕시코의 '야만인들'이 '개명된 부족'이었다는 바로 그 사실이 에스파냐인들에게 유리하게 작용했다. 멕시카족과 잉카족에 의해 이미 확립되어 있던 제국적 구조는 그것들이 가진 중앙집권적 성격으로 말미암아 유카탄반도나 북아메리카에 살고 있는 엉성한 체제를 가진 부족들이었다면 불가능했을 방식으로 유럽인들의 공격에 취약하게 만들었다. 코르테스와 피사로가 입증했듯이, 그런 (중앙집권적인) 구조하에서는 최고 권력자가 생포되면 제국의 메커니즘이 일대 혼란에 빠지게 마련이었다. 일단 그런 제국에 대해 최종적인 승리가 확보되면(그 승리는 대개 멕시카족이나 잉카족의 지배에 원한과 앙심을 품고 있던 다른 부족들의 도움을 받아서 이루어졌다) 과거의 지배 시스템을 회복하고 그것을 다른 지배자들(에스파냐인들)의 지배 시

Military Revolution(Cambridge, 1988), ch. 4를 참조. 이 주제에 관한 연구 동향에 대하여는 Wayne E. Lee, 'Early American Warfare: a New Reconnaissance, 1600~1815', *Historical Journal*, 44 (2001), pp. 269~89 참조.

20) Lockhart, *We People Here*, p. 80.

스템으로 대체하는 것이 그리 어렵지 않았다. 그렇게 해서 에스파냐인들은 막대한 원주민 인구에 대해 지배권을 행사할 수 있었다. 원주민들은 이미 제국 중심부(황제)에 공물을 바치고, 그로부터 명령을 받는 데 익숙해져 있었다. 정복자들은 또한 전쟁의 승자였으며, 에스파냐인들은 승자가 신들의 계서를 지배하는 우주관을 가진 사회에서 자신들의 신이 인디언들의 신보다 우월하다는 것을 입증한 데서 오는 이점을 향유할 수 있었다. 그러므로 패배를 인정한, 혹은 에스파냐의 승리를 멕시카족이나 잉카족으로부터의 해방으로 간주하는 원주민들과의 관계에서 정복자들은 정복당한 제국 중심부에 대한 지배권을 강화하는 데 유리한 위치에 있었다.

그에 반해 이리저리 떠도는 유목민적 성향을 가진 원주민들은 유럽인들에게 그와는 성격이 매우 다른 군사적 문제를 가져다 주었다. 중남미 다른 지역에서 에스파냐인들이 만난, 혹은 북아메리카에서 영국인들이 만난 사람들처럼 항구적인 정착지 없이 느슨한 형태로 결합되어 있던 주민 집단들도 마찬가지였다. 원주민 부족들을 서로 이간질하여 패배시키는 것은 어렵지 않았다. 그러나 부족들 간의 관계의 유동성은 그 자체로 동맹 관계가 수시로 바뀌고, 부족들의 이합집산이 빈번했기 때문에 그 성공이 일시적인 것이 되기가 쉬웠다. 초기에 대두한 평화적 공존의 희망은 땅과 금에 대한 유럽인들의 탐욕과 여전히 서로에 대해 잘 알지 못하고 있던 유럽인과 원주민 간의 상호 몰이해로 쉽게 파괴되곤 했다. 중부 멕시코를 정복하고 나서 에스파냐인들은 북아메리카에서도 새로운 부를 발견할 수 있으리라는 큰 기대를 갖고 있었다. 그러나 1540~42년 북아메리카 내륙지역에 대한 코로나도Coronado의 원정이 실패하면서 그 기대는 좌절되었다. 코로나도 일행의 원정은 1539~43

년 북아메리카 남동부 지역에 대한 데 소토의 그것과 마찬가지로, 그곳에 살고 있던 수니족Zuni을 비롯한 다른 부족들과의 무력충돌로 이어졌다.[21] 상호 몰이해는 에스파냐인들이 도착할 때까지 그들(에스파냐인들)의 야만성에 대해서 알지 못했던 지역에서조차 대화의 전망을 어둡게 만들었다.

에스파냐인들에게 북아메리카 내륙은 오랫동안 방치해 두어도 별 문제가 없는 지역이었지만 멕시코 북서부 지역은 그럴 수가 없었다. 중부 멕시코의 정주 원주민과 북부 유목 원주민 간의 경계 지역이었던 이곳에 벨트란 누뇨 데 구스만Beltrán Nuño de Guzmán이 1530년대에 야만적인 방법을 동원해 누에바갈리시아라는 왕국을 건설했다. 에스파냐인들의 잔인한 행동은 1541~42년 믹스턴 전쟁[22]이라 불리는 원주민들의 반란을 불러일으켰으며, 이 반란은 생겨난 지 얼마 안 된 누에바에스파냐 부왕령을 경악케 했다. 반란이 진압되고 나서, 이 변경지 원주민들을 병합하고, 엔코멘데로들에게 토지를 할당해야 했으며, 탁발수사들이 막 도착하기 시작하고 있었기 때문에 에스파냐인들의 정주지를 보호하기 위한 전략이 시급히 마련되어야 했다. 1546년 사카테카스의 첫번째 은광이 발견되어 광부들과 목부들이 치치메카족(이들은 유목민으로 멕시카족의 지배하에 있지 않았다)의 땅으로 쏟아져 들어오고 있어서 전략 마련은 시급한 문제가 되고 있었다. 이후 수십 년 동안 '광산촌과 카미노 레알'(누에바갈리시아의 광산과 멕시코시티를 연결하는 은의 루트)을 외

21) Weber, *The Spanish Frontier*, ch. 1.

22) Mixton War; 1540~42년에 에스파냐인 침입자들과 아스테카와 틀락스칼라 동맹군이 한편이 되고, 북서 멕시코 지역의 캑스컨족(Caxcanes)과 다른 반(半)유목 인디언들의 연합세력이 다른 한편이 되어 싸운 전쟁—옮긴이.

침으로부터 보호하는 일은 이곳 부왕들이 수행해야 할 가장 중요한 일 가운데 하나가 되었다.

16세기 후반 동안 치치메카족 문제를 해결하려는 에스파냐인들의 노력은 제국 변경 지역에서 에스파냐인들과 영국인들 모두가 부딪혀야 했던 어려움을 생생하게 보여 준다.[23] 에스파냐인들의 즉각적 대응은 요새들(에스파냐인들은 이것을 프레시디오presidios라고 불렀다)을 설치하는 것이었다. 마찬가지로 버지니아 식민정주자들은 1644년의 '학살사건' 이후 '국왕의 요새', 즉 찰스와 헨리Charles and Henry를 설치했다.[24] 그런데 이런 요새의 설치는 식민지인들의 삶에 중요한 변화를 가져다 주었다. 엔코멘데로들에게는 자신들의 엔코미엔다가 있는 지역을 방어할 의무가 있었다. 그리고 처음에 누에바갈리시아에서는 몇몇 유력한 엔코멘데로들이 국경 방어를 책임졌다.[25] 그러나 프레시디오가 설치되면 그것을 유지하기 위해 상설 수비대가 있어야 했고, 이것은 다시 직업적 군대를 필요로 했다. 1560년대부터 치치메카족 전사들이 에스파냐 도시들을 본격적으로 공격해오기 시작하면서 전면적인 국경 전쟁이 시작되었고, 이 전쟁은 누에바에스파냐에서 처음으로 직업 군인이 생겨나게 했으며, 이들 대부분은 크리오요criollos들이었다.[26] 그러나 군인들에 대한 급료 지불은 부왕령의 재정에 부담을 가져다 주었고, 부왕은 그것을 감당할 생각도 능력도 없었다. 이는 만약 가능하다면 전쟁이 수비대의

---

23) Philip Wayne Powell, *Soldiers, Indians and Silver. The Northwest Advance of New Spain, 1550~1600*(Berkeley, 1952) 참조.

24) Craven, 'Indian Policy', p. 75.

25) Powell, *Soldiers*, p. 5.

26) *Ibid.*, p. 134.

자체 비용으로 치러져야 함을 의미했고, 이때 이용할 수 있는 가장 손쉬운 방법은 변경 수비대에게 치치메카족 인디언들을 포로로 잡아 노예로 매각하는 것을 허용하는 것이었다. 이것은 에스파냐 왕에게 복속하라고 경고했음에도 불구하고 말을 듣지 않은 사람들을 무력으로 응징하는 것을 '정당한 전쟁'이라 선언하는 유럽인들의 원칙으로 보면 정당한 조치였다. 그러나 전쟁이 수지맞는 사업으로 바뀌면서 전쟁을 속히 종결시키려는 유인은 점차 줄어들었다. 후에 아라와크족을 상대로 전쟁이 벌어진 칠레 남부 변경에서도 그랬던 것처럼, 누에바에스파냐의 북서쪽 변경에서 자체 비용으로 수행되는 전쟁은 전쟁을 장기화하는 결과를 가져다 주었다.[27)]

영국인 식민정주자들도 에스파냐인 동료들과 마찬가지로 얼마 안 가 주변 인디언들의 공격에 대비해 영국에서 도입한 수비대 체제를 지역적 요구와 상황에 맞게 적용해 방어 체계를 구축했다.[28)] 버지니아에서 요새들과 프런티어 라인의 설치는 누에바에스파냐에서와 마찬가지로 급료를 받는 직업 군인으로 수비대를 보완할 필요를 낳았다. 그러나 이것은 식민정주자들이 부담스러워 할 정도로 세금이 늘어나는 것을 의미했고, 이 문제를 해결하기 위해 1675~6년 베이컨의 반란[29)] 때 반란자

27) *Ibid.*, pp. 186~7; Alvaro Jara, *Gurre et société au Chili. Essai de sociologie coloniale*(Paris, 1961), p. 138; Sergio Villalobos R., 'Tres siglos y medio de vida fronteriza chilena', in Solano and Bernabeu(eds.), *Estudios sobre la frontera*, pp. 289~359.

28) John Shy, *A People Numerous and Armed*(revised edn., Ann Arbor, 1990), ch. 2('A New Look at the Colonial Militia'); T. H. Breen, 'English Origins and New World Development: the Case of the Covenanted Militia in Seventeenth-Century Massachusetts', *Past and Present*, 57 (1972), pp. 74~96.

29) Bacon's rebellion; 1676년 총독 윌리엄 버클리의 지배에 대항해 너새니얼 베이컨(Nathaniel Bacon)이라는 젊은이가 이끄는 버지니아 정주자들이 일으킨 무장 반란—옮긴이.

들은 인디언 정주지에 대한 약탈 공격으로 전비를 스스로 마련하는 방식, 즉 누에바에스파냐와 칠레에서 시행된 방식을 주장했다.[30)]

버지니아에서는 수비대 시스템이 뉴잉글랜드의 그것에 비해 효과가 떨어졌던 것으로 보이지만(뉴잉글랜드에서는 도시와 마을들의 존재가 방어의 집중화를 가능케 했다) 체서피크 지역은 1646년 당시 100세가 다 된 오페찬카누가 체포된 이후 수비대의 필요성이 전보다는 감소한 상태였다. 총독 윌리엄 버클리William Berkeley는 오페찬카누를 잉글랜드로 이송할 계획이었으나 끝까지 위엄을 잃지 않았던 이 늙은 추장은 옥에 갇혀 있는 동안 복수심에 찬 한 수비대원에 의해 피살되고 말았다. 그의 후계자가 제3차 잉글랜드-포와탄 전쟁을 종결짓는 조약을 수용함으로써 버지니아의 잉글랜드 식민지는 사실상 체나코마카의 포와탄 정치체를 대체하게 되었다. 해마다 비버 가죽 20장을 영국에 공물로 바친다는 데 동의한 포와탄족은 요크 강과 제임스 강 사이에 있는 고향 땅에서 물러나는 대신 요크 강 북쪽 보류지를 할당받았다. 그후 수십 년 동안 새 이민자들이 도착하면서 영국인 정주지는 불가피하게 계속 확대되었고, 후에는 이 포와탄족 보류지에까지 손길이 미치게 되었다. 식민정주자들은 투스카루라족Tuscarooras과 체로키족Cherokees과의 모피 무역에서 포와탄족 혹은 비非포와탄족으로 이루어진 중간 상인들에게 의존해야 하기는 했지만, 식민지 자립 기반이 점차 견고해지면서 인디언들에 대한 식민정주자들의 의존도는 점차 약해져 갔다. 반면에 아메리카 원주민들은 유럽의 상품 공급에 점점 더 의존하게 되었으며, 이 의존의 심화는 원주

---

30) Shy, *A People Numerous*, p. 33.

민들로 하여금 백인과의 충돌을 주저하게 만들었다.[31)]

뉴잉글랜드에서는 1636~7년의 전쟁에서 피쿼트족이 당한 참패가 언뜻 버지니아에서 포와탄족이 당한 패배와 비슷한 영향을 미친 것처럼 보인다. 그러나 이 지역에서는 체서피크 지역과 달리 점증해 간 정주민의 지배와 인디언들의 땅에 대한 정주민들의 계속되는 침투가 원주민 부족들의 재편을 가져왔으며, 그것은 후에 원주민들이 백인들에게 강력하게 저항할 수 있는 근거를 제공하게 된다. 그 결과 왐파노아그족 Wampanoag 추장 메타콤Metacom(백인들에게는 '필립 왕'으로 알려져 있었다)과 그 동맹세력이 1675년 백인들에 대해 맹렬한 공격을 감행했고, 그로 인해 이 지역이 1년 넘게 참혹한 전쟁 상태에 빠져들고, 많은 영국인 정주지들이 초토화되었으며, 그 영향이 뉴잉글랜드 전역에 미쳤다.[32)]

유럽인의 침입에 대해 인디언들이 보인 다양한 반응(잉카족과 아스테카족 같은 조직적인 제국들의 급속한 몰락, 누에바그라나다 왕국의 무이스카 인디언들이 보인 수동적 태도, 치치메카족과 아라와크족의 끈질긴 저항, 포와탄족과 왐파노아그족의 호전적 태도 등)은 각 원주민 부족의 전통과 문화가 유럽인들의 다양한 접근 방법 못지않게 양자(유럽인과 인디언들) 간 대립 양상을 결정짓는 중요한 요인이었음을 분명히 보여 준다. 유럽인 정주지의 변경지역에서 이루어진 다양한 문명 간의 다양한 만남을 통해 상호간 문화변용 과정이 광범하게, 그리고 매우 다양하고

---

31) Craven, *White, Red and Black*, pp. 55~8, 66~7; Gleach, *Powhatan's World*, pp. 176~83; Warren M. Billings, *Sir William Berkeley and the Forging of Colonial Virginia*(Baton Rouge, LA, 2004), pp. 96~9; Hatfield, *Atlantic Virginia*, pp. 24, 34.

32) '필립 왕의 전쟁'과 그 성격에 대하여는 Jill Lepore, *The Name of War. King Philip's War and the Origins of American Identity*(New York, 1998) 참조.

불균등하게 진행되었다. 처음에는 이것이 빈번하게 전쟁에서의 문화변용을 가져다 주었다. 처음에 원주민들은 유럽인들의 화기에 놀라 자빠졌지만 곧 그 화기를 간절하게 원하게 되었고, 바로 그 점에서 플리머스 플랜테이션의 메리마운트의 토머스 모턴Thomas Morton처럼 원주민들에게 호의를 베풀 준비가 되어 있는 정주자나 상인은 어디든 있게 마련이었다: '…… 처음에 그는 원주민들에게 화기 다루는 방법을 가르쳐 주었다.…… 총 쏘는 법을 그들에게 가르친 다음 그들을 고용해서 짐승을 사냥하고 들새를 포획하게 했다. 원주민들은 발이 빠르고 민첩했기 때문에 어떤 영국인들보다 그 일을 훌륭히 해냈다.…… 나는 이 자리를 빌려 이 사악한 작자가 저지른 중대한 실수를 애통해 하지 않을 수 없다.…… 아무튼 오늘날 인디언들은 도처에서 사냥용 엽총, 머스킷 총, 권총 등의 무기를 소지하고 있다.'[33]

에스파냐인들은 그라나다에서 무어인들을 상대로 시행한 법령을 아메리카로 갖고 와 정주 초기부터 인디언들에 대한 무기 판매, 인디언들의 화기 소유를 법으로 금했는데, 적어도 제국 중심부에서는 이 정책이 성공적이었던 것으로 보인다. 인디언들은 칼을 휴대하거나 말을 탈 수 없었다.[34] 영국인들도 인디언들의 화기 소유를 법으로 금했으나 예외조항을 두었고, 어쨌거나 변경지역에서 모턴 같은 정주자들이 인디언들에게 화기를 판매하는 것을 막기란 불가능했다.[35] 말馬도 원주민의

---

33) Bradford, *Plymouth Plantation*, pp. 206~7.

34) Richard Konetzke, *Colección de documentos para la historia de la formación social de Hispanoamérica 1493~1810*(vol. 1, Madrid, 1953), doc. 7 (16 September 1501); Magnus Mörner, *Race Mixture in the History of Latin America*(Boston, 1967), p. 41.

35) Vaughan, *New England Frontier*, pp. 100~1; Axtell, *Invasion Within*, p. 148.

군사 문화에 동화되어 갔는데, 특히 전쟁을 하나의 생활양식으로 택한 아라와크족과 아파치족은 적극적으로 말을 전쟁에 이용했다.[36] 유럽인의 군사 기술에 적응하는 것 외에도 지금까지는 주로 모종의 상징적 우위를 확보하게 위해 싸웠던 원주민 부족들이 이제는 토지와 재산을 위해 싸우는 법을 알게 되었으며, 사람을 죽이기 위한 싸움도 습득하게 되었다. 다른 한편으로 유럽인들도 원주민들의 게릴라 전술(예를 들면 매복 공격이나 숲에서 갑자기 뛰어나와 기습하는 방식 등)에 자신들의 전술을 적응시키는 법을 배워야 했다.[37] 백인들은 아스테카 제국과 잉카 제국 정복에서 매우 성공적으로 이용된 방법을 사용하여 인디언들과의 전쟁에서 다른 인디언들의 도움을 구하고, 인디언들 서로 간에 싸움을 붙이고, 자기편 인디언 동맹 세력들의 네트워크를 구축하기도 했다. 에스파냐인들은 치치메카 변경지역에서 근래에 선물과 세금 면제, 말이나 총기 소유권 허가 등의 방법으로 적대관계를 해소한 부족들 가운데서 동맹세력을 끌어모았다. 버지니아는 우호적인 인디언들이 거주하는 완충지대를 구축했다. 뉴잉글랜드인들은 '필립 왕의 전쟁'에서 모히건족Mohegans을 비롯하여 몇몇 우호적인 부족들을 보조 부대로 활용했다.[38]

그러나 원주민에 대한 유럽인의 우위를 강요하는 과정에서 가장 효과적인 동맹세력은 인적 동맹이 아니라 생물학적 동맹, 즉 침입자와 정

---

36) Jara, *Guerre et société*, p. 63; Edward H. Spicer, *Cycles of Conquest*(Tucson, AZ, 1962), p. 243.

37) Adam J. Hirsch, 'The Collision of Military Cultures in Seventeenth-Century New England', *The Journal of American History*, 74(1988), pp. 1187~212; Vaughan, *New England Frontier*, pp. 153~4.

38) Powell, *Soldiers*, pp. 170~1; Shy, *A People Numerous*, p. 33; Vaughan, *New England Frontier*, p. 314.

주자들이 자신들도 알지 못한 채 신세계로 갖고 온 구세계의 역병이었다. 유럽인들이 처음 도착했을 때 아메리카 원주민의 수가 얼마나 되었는가에 대해서는 2천만에서 8천만, 혹은 그 이상에 이르기까지 추정치가 매우 다양하다. 이 2천만에서 8천만 명에 이르는 전체 원주민 가운데 북아메리카 원주민은 최소주의 인구사가들의 추정에 따르면 100만에서 200만 명, 최대주의 인구사가들에 따르면 1,800만 명 정도였다.[39] 전체 원주민 수는 앞으로도 계속 논란의 대상이 되겠지만 유럽인이 도착하고 나서 원주민 수가 급감했다는 데에는 이론의 여지가 없다. 두 문명 간의 첫 만남이 있고 나서 원주민 수는 1세기 동안 무려 90퍼센트 정도가 감소한 것으로 보인다.[40]

이 급속한 인구 감소에 정복 과정에서 저질러진 만행과, 그 이후 새로 주인이 된 백인들이 저지른 학대와 착취가 어느 정도의 역할을 했는가는 이미 정복 시대를 살았던 에스파냐인들 사이에서 치열한 논란거리가 된 바 있고, 지금도 그 논란은 계속되고 있다. 1552년 세비야에서 처음 출간된 바르톨로메 데 라스 카사스Bartolomé de Las Casas의 『인디아스 파괴에 관하여』*Brief Account of the Destruction of the Indies*는 자신의 동포들, 즉 에스파냐인들이 인디언들에게 저지른 야만적인 행동에 대한 지울 수 없

---

39) 방대하고 논란이 분분한 연구 결과에 대한 안내가 필요한 독자는 J. N. Biraben, 'La Population de l'Amérique précolombienne. Essai sur les méthodes', *Conferencia Internationale. El poblamiento de las Américas*, Vera Cruz, 18~23 May 1992 (Institut National d'Études Démographiques, Paris, 1992); John D. Daniels, 'The Indian Population of North America in 1492', *WMQ*, 3rd ser., 49 (1992), pp. 298~320; Linda A. Newson, 'The Demographic Collapse of Native Peoples of the Americas, 1492~1650', in Bray(ed.), *The Meeting of Two Worlds*, pp. 247~88; Cook, *Born to Die*를 참조.

40) Cook, *Born to Die*, p. 206.

는 기록으로서 유럽인들의 의식 속에 선명하게 각인되었다. 마찬가지로 사정을 잘 아는 사람들 가운데 그의 말을 뒷받침해 주는 사람도 많았다. 멕시코 아우디엔시아Audiencia(고등법원)의 판사였던 알론소 데 소리타는 「누에바에스파냐의 영주들에 대한 간략한 보고서」Brief Relation of the Lords of New Spain에서 '에스파냐인들은 원주민들에게 자신들이 원하는 모든 것을 내놓으라고 압박을 가하고 그들에게 세상에서 들어본 적도 없는 잔인한 행위와 고문을 자행했다'라고 썼다.[41] 그러나 다른 주장을 하는 사람도 있었다. 베르나르도 바르가스 마추카는 라스 카사스의 주장을 반박하면서, '잔인함을 완전한 색깔로 그리고 싶다면 인디언들을 있는 그대로 그리기만 하면 된다는 것이, 나와 그들을 잘 아는 사람들의 생각이다'라고 말했다.[42]

사실 에스파냐인들이 볼 때 자신들에게 공물을 바치고 노동력을 제공하는 인디언들을 죽여 없애서 이로울 것은 없었다. 물론 그렇다고 그것이 에스파냐인들 가운데 다수가 국왕이 (인디언들을 보호하기 위해) 제정한 법을 무시하고, 인디언들을 자신들의 환경으로부터 강제로 끌어내는 허가받지 않은(가끔은 허가 받은) 노예사냥을 계획하고, 그들을 임계점 혹은 그 이상까지 착취하지 않았다는 말은 결코 아니다. 그러나 소리타 자신도 인정했듯이, 인디언들은 그가 열거한 '세상에서 들어본 적도 없는 잔인한 행위와 고문' 때문만이 아니라 '그들에게 악영향을 미친 역병' 때문에도 엄청나게 죽어나갔다. 소리타는 더불어 멕시코 인디언

---

41) Alonso de Zorita, *The Lords of New Spain*, trans. and ed. Benjamin Keen(London, 1963), p. 202.

42) Bernardo Vargas Machuca, *Refutación de Las Casas*(edn, Paris, 1913), p. 173.

들은 과중한 노동과 전통적 생활 방식의 파괴로 인한 절망감 때문에 질병에 취약했다고 말했다.[43)]

자신들의 세계가 갑작스럽게 파괴됨으로써 생겨난 트라우마가 아메리카 원주민들에게 미친 심리적 악영향은 물론 의심의 여지가 없다. 알코올에 빠진 원주민 수가 크게 늘어난 것도 그 중 하나였는데, 그것은 에스파냐인 정주지와 영국인 정주지 모두에서 나타난 매우 두드러진 현상이었다.[44)] 그러나 그들이 역병에 취약한 것이 소리타가 말한 것처럼 단순히 정복과 착취에 따른 절망감 때문만은 아니었다. 무엇보다도 그들이 오랫동안 유라시아 대륙의 질병으로부터 격리되어 있었고, 바로 이 점이 유럽에서 유입된 질병에 그들을 그처럼 취약하게 만들었던 것이다. 이 질병들은 정복과 식민화의 트라우마를 겪은 원주민뿐만 아니라 유럽인들과의 접촉이 간헐적이었거나 혹은 직접적인 접촉이 없었던 주민들에게도 심각한 결과를 초래했다.

유럽에서는 치명적이지 않았던 질병들이 (그 질병들에 저항할 수 있는) 면역체계를 갖고 있지 않은 원주민들 사이에서는 파괴적인 위력을 발휘해 엄청난 비율의 사망자가 나타났다. 1520~21년 멕시코 테노치티틀란의 방어에 임하고 있던 멕시카족을 휩쓸고, 몬테수마의 후계자 쿠이틀라왁Cuitlàhuac을 그가 지배자가 된 지 몇 주 지나지 않아 죽게 만든 천연두를 비롯하여, 그후 수십 년 동안 여러 가지 역병이 멕시코 지역에서 발생했다. 그 가운데 여럿은 어떤 병이었는지 지금도 확인하기가 어

---

43) Zorita, *Lords of New Spain*, p. 212.

44) Gibson, *The Aztecs Under Spanish Rule*, p. 150; Inga Clendinnen, 'Ways to the Sacred: Reconstructing "Religion" in Sixteenth-Century Mexico', *History and Anthropology*, 5 (1990), pp. 105~41; Washburn, *Indian in America*, pp. 107~10.

렵다. 1531~34년에 홍역, 1545년에 발진티푸스와 폐병(이 병은 끔찍한 결과를 가져왔다), 1550년에 유행성 이하선염, 1559~63년에 홍역, 인플루엔자, 유행성 이하선염, 디프테리아, 1576~80년에 발진티푸스, 천연두, 홍역, 이하선염, 그리고 1593년에는 홍역이 멕시코 일대를 강타한 것으로 보인다. 안데스 지역의 상황도 비슷했다. 안데스 지역 주민들은 피사로가 페루를 정복하기 한참 전인 1520년대에 이미 천연두로 큰 피해를 입은 바 있었다.[45]

(콜럼버스의 항해 이후) 한 세기 동안 멕시코와 페루 원주민의 인구 감소는 약 90퍼센트에 이른 것으로 보인다. 그러나 인구 감소의 지역적 차이는 상당히 컸다. 예를 들어 페루 고원지대는 저지대보다 피해가 훨씬 덜했다. 역병의 피해 정도는 거기서 유럽인들이 얼마나 밀집해서 살았는지, 원주민의 정주 양상이 어땠는지에 따라 많이 달랐다. 정주 형태가 분산되어 있을수록 역병의 영향에서 벗어날 가능성은 그만큼 컸다.[46]

안데스 지역에 유럽인들이 정착하기 전에 유럽의 질병들이 먼저 찾아왔던 것처럼 북아메리카 대서양 해안지역에서도 영국인들이 대규모로 도착하기 전에 이미 역병이 들이닥쳐 많은 사망자를 발생시켰다. 이미 16세기에 유럽인들과의 간헐적인 접촉으로 전염병이 심각한 양상으로 발생하곤 했는데, 예를 들어 1561년 젊은 인디언 '돈 루이스 데 벨라스코'를 데리고 간 에스파냐의 배가 체서피크 만에 입항했을 때도 그런 일이 일어났다.[47] 접촉이 빈번해짐에 따라 질병도 빈번해졌다. 버지

45) Cook, *Born to Die*의 도표 3.2 p. 132를 참조.
46) Newson, 'Demographic Collapse', pp. 254~62.
47) Steele, *Warpaths*, p. 37, 벨라스코에 대해서는 p. 10을 참조.

니아의 인구는 1607년 제임스타운이 건설되기 전에 감소하고 있었다는 증거가 있고, 후에 뉴잉글랜드라 불리게 될 지역에서는 1612~13년과 1616~17년에 상당히 심각한 역병이 돌았다는 기록이 남아 있다(이때 이 지역에 살고 있던 파툭세트족Patuxets은 완전히 멸종해 버렸다[48]). 그 결과 영국인들은 이미 부분적으로 인구가 감소해 있던 땅에 정주하게 되었다. 이런 사실은 비록 그것이 적절한 원주민 노동력을 발견할 기회를 감소시켰다는 점에서는 실망스러운 것이었지만 그로 인한 이점도 있었고, 정주자들 중에는 그 사실을 인식한 사람도 있었다. 예를 들어 존 스미스 대장은 '한 지역의 원주민을 없애고 나서 재식민하는 것보다 (사람이 살지 않는 곳에) 식민하는 것이 훨씬 낫다'라고 말하면서, 에스파냐인들은 그들의 인디언들을 다 죽였기 때문에 그들을 대신하기 위해 다시 아프리카 노예들을 수입해 들여와야 했다고 말했다. 그는 계속해서 '그러나 에스파냐인들의 인디언들은 너무나 수가 많았기 때문에 달리 방법이 없었다. 그에 비해 우리 쪽은 인디언의 수가 적고 분산되어 있어서, 그들을 단시일 내에 일하게 하고 복종시키는 것이 별로 어렵지 않을 것'이라고 말했다.[49]

이것은 특별히 자신의 인디언들을 '일하게 하고 복종시키는 데' 분명히 실패한, 그래서 머지않아 부족한 노동력을 보충하기 위해 다수의

---

48) Jennings, *The Invasion of America*, p. 24; Cook, *Born to Die*, pp. 170~1; James H. Merrell, '"The Customs of Our Country", Indians and Colonists in Early America', in Bernard Bailyn and Philip D. Morgan(eds.), *Strangers Within the Realm. Cultural Margins of the First British Empire*(Chapel Hill, NC and London, 1991), pp. 117~56, at p. 123; Daniel K. Richter, *Facing East from Indian Country. A Native History of Early America*(Cambridge, MA, and London, 2001), pp. 60~7.

49) Smith, *Works*, 3, pp. 293~4.

아프리카인들을 수입해야만 했던 한 식민지 창설자에게서 나온 지나치게 낙관적인 평가라 할 수 있었다. 그러나 북부 대서양 해안지역에 인디언이 상대적으로 적었던 점은 영국인 정주자들의 앞날을 용이하게 해 주었고, 멕시코와 페루 정복자들은 할 수 없었던 방식으로 새로운 기반 위에서 '그 지역을 식민할' 수 있게 해 주었다. 존 윈스럽은 1634년 너새니얼 리치 경Sir Nathaniel Rich에게 보낸 편지에서 그 점을 다음과 같이 간결하게 설명했다: '…… 거의 모든 원주민들이 역병으로 죽어 버렸는데, 이는 주님께서 우리가 지금 소유하고 있는 것에 대한 권리(소유권)의 문제를 깨끗이 해결하신 것으로 보입니다.'[50] 사실 신의 섭리가 초기 영국인 정주자들이 생각하고 싶어 한 방식대로 '인디언 문제'를 해결하지는 못했다. 그러나 그것은 그 문제를 (비록 크게 줄어들기는 했지만) 에스파냐 정주자들이 직면했던 것과는 성격이나 규모면에서 상당히 다른 문제로 만들어 놓았다.

기독교와 문명

에스파냐인들은 영국인들과 달리 대규모의 인디언들에 대해 실질적인 지배권을 행사했다. 그러나 1583년 크리스토퍼 칼레일의 표현에 따르면, 영국인들도 아메리카에서 자신들이 추구해야 할 소명을 에스파냐인들과 마찬가지로 '야만인들에게 복음을 전하고, 문명을 향유하도록 "바꾸는 것"'으로 보았다.[51] 여기에서 '바꾸다'(에스파냐어로 reducir)라는

50) Emerson, *Letters from New England*, p. 116.
51) 위의 책, p. 11 참조.

말은 16, 17세기의 어휘에서는 '수준을 낮춘다'는 의미가 아니라[52] '되돌리다', '회복하다'라는 뜻을 갖고 있으며, 특히 설득 혹은 주장을 통해 회복한다는 의미를 갖고 있다. 1611년에 세바스티안 데 코바루비아스Sebastián de Covarrubias가 펴낸 카스티야어 사전에 수록된 이 용어에 대한 정의에 따르면, '바뀌는 것'은 '설득되는 것'을 의미했다.[53] 그러니까 아메리카 원주민들은 참된 신앙에 대한 지식과 이해에로 되돌려져야converted 할 사람들이었다. 이상적으로는 설득에 의해, 그러나 일부에서 주장하였듯이 필요하다면 강제로라도 되돌려져야 했으니, 그리스도께서도 '그들을 억지로라도 들어오게 하라'라고 하지 않으셨던가?[54]

개종을 이끌어 내는 것은 이론의 여지가 없는 너무나도 중요하고 분명한 일이었지만 '문명'의 삶으로 끌어내는 것은 논란의 여지가 있는 문제였다. '문명화된 존재'란 무엇이고, 어떤 점에서 아메리카 원주민들은 필요한 기준을 충족시키지 못하였단 말인가? 스미스가 테노치티틀란의 '야만인'을 '문명화된 민족'으로 표현한 것[55]은 유럽인들이 자신들과 관습이 전혀 다른 사람들을 만났을 때 느끼게 된 혼란의 일단을 보여주는 것이었다. 유럽인들이 정의한 기준으로 볼 때 원주민들의 문명 수준이 부족에 따라 크게 다르다는 것은 곧 분명해졌지만, 메소아메리카와 안데스에 살고 있던, '문명화적 계서'의 정점에 위치한 부족들은 문명civility의 기준에 얼마나 부합한가, 그리고 그들의 새로운 주인들(백인

---

52) cf. Axtell, *The Invasion Within*, p. 135.

53) Sebastián de Covarrubias, *Tesoro de la lengua castellana o española*(facsimile edn., ed. Martín de Riquer, Barcelona, 1987).

54) Luke 14: 23. Juan Gines de Sepulveda, *Democrates segundo o de las justas causas de la guerra contra los indios*, ed. Angel Losada(Madrid, 1951), p. 70.

55) 위의 책, p. 60.

들)은 그들의 비문명성을 시정하는 일에 어느 정도로 개입해야 하는가 등은 새롭게 논의되고 결정되어야 할 문제였다.

이 문제에 처음으로 직면해야 했던 사람들이 에스파냐인들이었기 때문에 자연히 에스파냐인들은 인디언들의 성격과 성향에 대해 치열한 논쟁을 벌여야 하는 수고를 감당해야 했다. 에스파냐인들은 자신들이 다른 사람들보다 앞서 나갔기 때문에 이 문제에서 선구자가 되어야 했으며, 많은 시행착오를 거치면서 자신들이 지배하게 된 원주민들을 얼마나 유럽적 행동규범 안에 '끌어들여야 할' 것인지의 문제에 대해 여러 가지 정책과 관행을 만들어 나가야 했다.[56] 이 도전은 전례 없는 것이었고, 또한 이 미지의 민족들을 가톨릭 신앙으로 인도하라는 교황 알렉산더의 교황령이 부여한 임무가 막중했으므로 에스파냐의 성속의 지배자들은 사실상 인디언들의 개종을 위해 필요한 프로그램(언젠가는 부지불식간에 광범한 히스패닉화를 만들어 낼 수 있는 프로그램)을 만들어 내지 않으면 안 되었다. 프로그램에 의한 접근 방법에 있어서나, 그것을 실행에 옮기려는 체계적인 노력에 있어서나 잉글랜드인들의 북아메리카에 대한 식민화는 중남미에 대한 에스파냐인들의 식민화와 비교가 되지 않았다.

에스파냐인들이 신세계 원주민들을 개종시키려는 노력에 바친 엄청난 열정은 15세기 말, 16세기 초 기독교 세계, 특히 이베리아반도인들 특유의 영적 관심의 맥락에서만 제대로 이해할 수 있다. 교계^{教界}와 정계^{政界} 모두에서 나타난 쇄신과 부활에 대한 열망은 대대적인 개혁운동을

---

56) Lewis Hanke, *Aristotle and the American Indians*(London, 1959); Elliott, *Spain and its World*, ch. 3; Pagden, *The Fall of Natural Man*.

분출시켰고, 그것은 이미 15세기 말 유럽 문명에 큰 충격을 안겨 주었다. 개혁운동은 천년왕국적 혹은 종말론적 색깔을 띠는 경우가 많았는데, 그런 경향은 재정복운동의 완결이 영적 흥분의 분위기를 만들어 내고 있던 에스파냐에서 특히 강하게 나타났다. 이슬람 세력의 패배, 예루살렘의 정복, 세계인의 개종(이 세계인의 개종은 세상 종말의 전조로 간주되었다)……, 이 모든 희망과 기대가 콜럼버스의 집착과도 같은 사고 속에서 하나로 융합되었으며, 페르난도 왕과 이사벨 여왕을 비롯하여 그가 접촉한 사람들을 고무시켰다.[57] 1492년 콜럼버스는 사실상 에스파냐와 그 군주들을 세계적 차원의 메시아적 사명에로 나아가게 했다. 그러나 이 사명의 성격이 그의 원정대에 통역은 포함되어 있되, 사제는 승선하지 않는 기이한 현상을 만들어 내기도 했다. 이 기이한 현상은 1493년의 (두번째) 항해에서 시정되었는데, 이번에는 한 명의 베네딕트회 수도승, 세 명의 프란체스코회 수사, 한 명의 히에로니무스회 수사가 동행해 갔다. 그 중 마지막에 언급한 히에로니무스회 수사 라몬 파네[Ramón Pané]는 에스파뇰라 섬에서의 체험을 바탕으로 아메리카 원주민에 관한 인류학적인 글을 썼고, 그것은 수도회 수사들이 쓴 비슷한 글들 가운데 최초의 것이었다.[58]

앤틸리스제도에 사제들이 체류하게 된 것은 이제 백인 정주자들의 행동, 특히 원주민과 관련된 행동이 자신들과는 전혀 다른 목적을 갖고

---

57) Alain Milhou, *Colón y su mentalidad mesiánica en el ambiente franciscanista español* (Valladolid, 1983), 특히 pp. 350~7과 part 2, ch. 4.

58) Fray Ramón Pané, *'Relación acerca de las Antigüedades de los Indios'. El primer tratado escrito en América*, ed. José Juan Arrom(Mexico City, 1974); English translation by Susan C. Griswold, *An Account of the Antiquities of the Indians*(Durham, NC, 1999).

신세계에 건너온 사람들의 감시 대상이 됨을 의미했다. 이것이 가져다 준 효과는 1510년 4명의 도미니코회 수사가 에스파뇰라에 도착하고, 그 중 한 사람인 안토니오 데 몬테시노스Fray Antonio de Montesinos가 1511년 성탄절 전날 일요일, 후에 바다 건너 유럽에서도 큰 공명을 불러일으키게 될 중요한 설교를 했을 때 분명하게 나타났다. 인디언들에 대한 야만적인 학대를 중단하라며 정주자들을 거세게 질타한 그의 맹렬한 비난은 많은 사람들에게 큰 충격을 안겨 주었으며, 이때 충격을 받은 사람들 가운데 한 명이 에스파뇰라섬에 거주하던 성직자 바르톨로메 데 라스 카사스였다. 그는 원래 자신에게 할당된 인디언들을 보유하기도 한 사람(엔코멘데로)이었다. 그러나 나중에 도미니코 수도회에 가입하게 되고, '인디언들의 사도'가 되어 그들의 입장을 열렬히 옹호하는 '인디언들의 수호자'가 된다. 몬테시노스의 설교는 엔코미엔다의 합법성과 에스파냐의 지배하에 있는 인디언들의 지위에 관한 모든 문제를 공개적인 논쟁거리로 만들었다. 그것은 적어도 상징적으로는 '아메리카 정복 사업에서 정의를 위한 (에스파냐의) 투쟁'의 서막을 여는 것이었으며, 또 처음에는 그런 민감한 문제에 도미니코 수도회가 간섭하는 것을 못마땅하게 생각했던 국왕으로 하여금 교황이 칙령을 통해 자신에게 부여한 의무라는 관점에서 이 문제를 재고하게 만들었다. 그 결과, 페르난도 왕은 1512년 신학자들과 고위관리들을 부르고스 시에 소집하여 특별위원회Junta를 열게 되었고, 여기서 그는 에스파냐령 인디아스를 위한 최초의 포괄적 법령인 부르고스 법Laws of Burgos을 선포하게 되었다.[59]

59) Lewis Hanke, *The Spanish Struggle for Justice in the Conquest of America*(Philadelphia, 1949). 부르고스 법에 대하여는 Konetzke, *Colección de documentos*, 1. doc. 25, and

이 특별위원회의 구성원들 가운데는 인디언들의 입장을 지지하는 사람도 있었고 엔코멘데로들을 지지하는 사람들도 있었으며, 이 위원회는 장차 에스파냐의 인디아스 지배의 기본이 될 만한 여러 가지 원칙을 만들었다. 이 특별위원회는 엔코미엔다가 불법이라고 선언하지는 않았지만, 인디언들이 페르난도 왕과 (이미 고인이 된) 이사벨 여왕의 유지를 받들어 자유민으로 간주되어야 한다고 결정했다. 원주민들은 자유민이므로 재산을 소유할 수 있어야 하고, (그들을 강제로 일하게 할 수는 있지만) 그 노동에 대해 대가가 지불되어야 한다고 했다. 또한 교황 알렉산더 6세의 교령에 따라 그들에게 기독교 신앙을 가르치려는 노력이 경주되어야 한다고 했다.[60)]

인디언들에게 기독교 신앙을 가르쳐야 한다는 점을 재확인한 것은 그들의 복음화에 대한 책임이 국왕에게 있음을 강조하는 것이었으며, 그 책임은 아메리카에 교회를 설립하라며 교황이 (국왕에게) 제공한 여러 가지 특혜로 더욱 강화되었다. 1486년 로마 교황청은 (정복되기 직전에 있던) 그라나다 왕국 내 교회에 대한 파트로나토Patronato를 에스파냐 왕들에게 하사한 바 있는데, 그것은 아직 무어인의 지배로부터 완전히 자유로워지지도 않은 영토(그라나다)에서의 모든 주요 성직에 대한 국왕의 추천권을 인정하는 것이었다. 그후 수년에 걸쳐, 즉 1493년 인디아스의 복음화에 대한 배타적 권리를 국왕에게 하사한 교황 알렉산더 6세의 교령 '인테르 카에테라'를 시작으로 여러 차례에 걸쳐 교황 칙령이

Lesley Byrd Simpson(trans. and ed.), *The Laws of Burgos of 1512~1513*(San Francisco, 1960). 또한 Simpson, *The Encomienda in New Spain*, ch. 3 참조.

60) Angel Losada, *Fray Bartolomé de las Casas a la luz de la moderna crítica histórica* (Madrid, 1970), ch. 4.

발표되었는데, 그것들은 누적되어 결국 인디아스에 대한 에스파냐 국왕의 파트로나토로 이어졌다. 1501년 알렉산더 교황은 인디아스 복음화 사업을 재정적으로 지원하는 차원에서 인디아스에서 수취되는 모든 십일조를 항구적으로 에스파냐 국왕에게 넘겼다. 1508년의 칙령에서 교황 율리우스 2세는 페르난도 왕이 간절히 원했던 것, 즉 에스파냐령 아메리카 내 모든 주교좌성당과 교회 직책에 대한 후보 추천권을 그에게 넘겨주었다. 이 파트로나토를 수중에 넣고 나서 국왕은 1511년 앤틸리스제도, 1513년 (아메리카) 대륙 본토에 대한 교구 설치를 시작으로 아메리카에 첫번째 교구들을 설치하기 시작했다.[61]

에스파냐령 아메리카에서 제도적 교회의 틀이 잡혀가고 있는 동안 인디언들을 개종시키려는 운동을 시작하고 이끌어 간 집단은 수도 교단들이었다. 재속성직자들의 허례허식과 부패에 깊은 불신을 갖고 있었던 코르테스는 1524년 10월 15일 국왕에게 보낸 네번째 보고서에서 멕시코의 피정복민들의 복음화는 탁발수사들에 의해 주도되어야 한다고 주장했다.[62] 당시 탁발수사들은 이미 인디아스에 와 있었다. 넉 달 전에 이미 마르틴 데 발렌시아Martín de Valencia를 수장으로 12명의 프란체스코회 수사들(이들은 '12사도들'이라고 불렸다)이 멕시코에 들어와 있었으며, 이들은 인디언의 개종과 교화라는 거대한 프로그램의 선구자라고 할 수 있었다. 그 뒤를 이어 1526년 12명의 도미니코회 수사들이, 7년 후에는 아우구스티누스회 수사들이 도착했다. 얼마 가지 않아 페루에서도 비

61) Pedro de Leturia S. I., *Relaciones entre la Santa Sede e Hispanoamérica. 1. Época del Real Patronato, 1593~1800*(Caracas, 1959), ch. 1; Ismael Sánchez Bella, *Iglesia y estado en la América española*(Pamplona, 1990), pp. 22~3.

62) Cortés, *Letters from Mexico*, pp. 332~3.

슷한 과정이 시작되어 3명의 도미니코회 수사가 피사로와 함께 파나마에 상륙했다. 그 가운데 한 명이 아타왈파와의 만남으로 유명한 발베르데Valverde 신부였는데, 그는 정복 기간 내내 피사로와 행동을 같이 했고, 후에 쿠스코의 초대 주교가 되었다. 1559년경 누에바에스파냐에는 프란체스코회, 도미니코회, 아우구스티누스회를 다 합쳐 총 802명의 수사(수도승)가 활동하고 있었으며, 총 160개의 성당을 유지하고 있었다.[63)]

교단들 간에 차이가 있기는 했지만 적어도 복음화 초기에는 아메리카에서 활동한 사제들의 앞날에 대한 전망은 낙관적인 관점이 지배적이었다. 그들은 아메리카에서 신세계의 오염되지 않은 순진무구한 사람들을 상대로 유럽 기독교 세계에 만연하고 있던 악덕에 오염되지 않은, 초기 기독교 시대 사도들이 이끌었던 원시적인 기독교와 유사한 교회를 재건할 수 있으리라고 생각했다.[64)] 그리하여 에스파냐령 아메리카의 복음화 프로그램은 신세계에서 새로운 개종자를 확보하고 영혼들을 구원할 유례없는 가능성을 본 종교 교단 구성원들 사이에서 뜨거운 열정을 불러일으켰다. 이 사업은 또한 국왕의 절대적인 지지를 받았는데, 그는 인디아스에 가려고 하는 사제들의 여비를 지원해 주었으며,[65)] 교황의 하사로 향유하게 된 십일조 수입을 인디아스 내 교구 운영을 책임질 사제들의 급료 지불, 교구 교회와 대성당 축조, 교회에의 기부 등에 사용했다. 복음화 프로그램은 프란체스코회 수사들이 멕시코 계곡에서 수많은 인디언들을 상대로 대규모 세례를 베푼 것을 시작으로 곧 설교, 교리 교

---

63) Robert Ricard, *La 'Conquête spirituelle' du Mexique*(Paris, 1933), p. 35; Fernando de Armas Medina, *Cristianizacin del Perú, 1532~1600*(Seville, 1953), pp. 21~36.

64) See below, p. 185.

65) Jacobs, *Los movimientos*, pp. 92~5.

육, 학교 설립으로 이어졌다.

독트리네로doctrinero라는 말은 처음에는 탁발수사들 혹은 머지않아 탁발수사가 될 사람들을 지칭하는 용어였는데, 후에는 독립적으로 활동하는 교구사제 혹은 그들과 함께 독트리나doctirinas, 즉 인디언 교구에서 활동하는 사제들을 가리키는 용어로 사용되었다. 이 용어는 당시 실행 중이던 프로그램의 성격을 말해 주는데,[66] 말하자면 그것은 가톨릭 기독교, 가톨릭의 신앙 체계, 가톨릭 7성사와 도덕률의 기본적인 내용을 교육하고 주입시키기 위한 프로그램이었다. 방대한 규모로 진행된 그 같은 야심적인 프로그램은 불가피하게 인디언들이 새로운 신앙을 얼마나 이해하고 소화할 수 있느냐, 혹은 최초의 프란체스코회 수도사들이 열정적으로 환호해 마지않았던 인디언들의 '개종'이 얼마나 진정한 것이었는가에 관한 근본적인 문제를 불러일으켰다. 이에 대해 회의주의자들은 '1539년의 발견 사건' 같은 몇몇 두드러진 예를 들면서 인디언들의 개종의 진정성에 의문을 표하였다. 이 1539년의 사건이란 이 해에 멕시코 원주민 엘리트 자제들의 교육을 위해 프란체스코 수도사들이 틀라텔롤코에 설립한 산타크루스대학을 우수한 성적으로 졸업한 돈 카를로스 데 텍스코코Don Carlos de Texcoco의 집에서 우상들을 모셔 둔 안치소가 발견된 일이었다.[67] 안데스의 원주민들이 완강하게 우아카huacas, 즉 그들이 신성시하는 물건과 장소를 포기하지 않으려 했던 페루에서 1541년 쿠스코의 주교 대리법무관vicar-general은 가톨릭 신앙의 확립을 가로막는 가장 큰 장애물은 우상숭배라고 주장하기도 했다.[68]

---

66) Lockhart and Schwarts, *Early Latin America*, p. 109.
67) Ricard, *La 'Conquête spirituelle'*, pp. 320~2.

좌절과 실패는 여러 다양한 반응을 불러일으켰다. 유카탄의 주교 디에고 데 란다Diego de Landa 같은 성직자들은 인디언들이 신성시하는 책들을 불 속에 집어던졌는데, 그 같은 행동은 원주민들로 하여금 오랫동안 기독교란 자신들을 괴롭히는 해로운 종교 혹은 관행일 뿐이라고 기억하게 만들었다.[69] 그러나 다른 사람들은 좀더 긍정적으로 반응했는데, 도미니코회 수사 디에고 두란Diego Durán은 '초기에 열정에 휩싸여 성급하게 원주민들의 성화를 불태우고 파괴한 사람들의 행위는 중대한 실수였다. 그런 행위는 우리가 그들(원주민)에 대해 무지하게 만들어 그들이 우리의 면전에서조차 우상숭배를 할 수 있게 하고 말았다'라고 말했다.[70] 요컨대 그들의 우상숭배를 근절하기 위해서는 먼저 그것을 이해해야 하며, 이는 오직 급속히 사라져가는 세계, 즉 원주민들의 전통적인 세계의 성격과 그들의 신앙을 후대인들을 위해 찾아내고 기록하려는 체계적인 노력에 의해서만 달성될 수 있다는 것이었다.

그 결과, 상당수의 탁발수사들은 교화 대상인 원주민들의 역사와 관습을 이해하기 위해 열정적으로 노력했다(그림 8). 그중 다수는 원주민의 언어로 복음을 전하기 위해 원주민 언어를 배웠다. 여러 개의 원주민 언어가 라틴어 알파벳으로 전사轉寫되었으며, 문법서와 사전도 만들어졌다. 예를 들어 1560년 수사 도밍고 데 산토 토마스Domingo de Santo Tomás는 케추아어 사전을 완성했다.[71] 동시에 아직 정복 이전의 삶에 대

68) Pierre Duviols, *La Lutte contre les religions autochtones dans le Pérou colonial*(Lima, 1971), pp. 82~3.

69) Inga Clendinnen, *Ambivalent Conquests. Maya and Spaniard in Yucatan, 1517~1570* (Cambridge, 1987), p. 70.

70) Elliott, *The Old Wolrd and the New*, p. 33에서 재인용.

71) José Luis Suaréz Roca, *Lingüistica misionera española*(Oviedo, 1992), p. 42.

〈그림 8〉 당시 생겨나고 있던 신세계의 민족지학. 「미초아칸에 관한 보고서」(*Relación de Michoacán*)는 에스파냐의 정복 이전 서·중부 멕시코 타라스코족 인디언의 역사와 관습에 대하여 많은 것을 말해 준다. 도미니코 수도회의 헤로니모 데 알칼라(Jerónimo de Alcalá)로 보이는 저자가 자신의 책을 부왕 돈 안토니오 데 멘도사(Don Antonio de Mendoza)에게 바치고 있다.

해 뭔가 알고 있었던 원주민 정보제공자들에게 아직 남아 있던 상형문자로 된 법전의 해석과 형상화를, 그리고 과거의 관행과 신앙에 관하여 공들여 작성한 설문지를 배포하고 응답을 의뢰했다. 1579년 나와어와 카스티야어, 두 가지 언어로 집성한 베르나르디노 데 사아군의 역저 『누에바에스파냐 자연사』*History of the Things of New Spain*는 인디언의 교화라는 특정 목적을 가진 것이기는 했지만, 어쨌거나 민족지학 연구임에는 틀림없었다. 사아군과 에스파냐 탁발교단 내 동료들은 비유럽인 민족들의 신앙과 관습을 체계적으로 연구하려고 한 선구적인 유럽인들이었다.[72]

에스파냐인이 도착하기 이전 원주민들의 사회적·정치적 조직에 대한 지식이 쌓여 가면서 몇몇 집단 사이에서 그것은 (인디언 문명에 대해) 경외감을 불러일으키게 되었다. 라스 카사스에게는 그런 지식이 아메리카 원주민들이 이성의 소유자들이며, 그들이 복음 말씀을 잘 이해하고 실천하려고 한다는 주장을 입증하는 데 필요한 무기를 제공해 주었다. 하지만 그것이 주변 도처에서 악마의 흔적을 발견하고 있었던 사람들을 승복시키기에는 충분치 않았다. 악마가 누에바에스파냐 거리를 활보하고 있으며, 진정한 기독교가 자리 잡기 위해서는 그 악마의 간계를 작동하게 만든 원주민 사회 내의 모든 것이 체계적으로 근절되지 않으면 안 된다고 믿는 사람도 많았다.[73]

---

72) 누에바에스파냐에 대해 연대기를 남긴 탁발수사들에 대하여는 Georges Baudet, *Utopía e historia en México. Los primeros cronistas de la civilización mexicana*(1520~1569) (Madrid, 1983)를 참조. 사아군에 대하여는 J. Jorge Klor de Alva, H. B. Nichloson and Elise Quiñones Keber(eds.), *The Work of Bernardino de Sahagún. Pioneer Ethnographer of Sixteenth-Century Mexico*(Institute for Mesoamerican Studies, Albany, NY, 1988)를 참조.

73) Fernando Cervantes, *The Devil in the New World. The Impact of Diabolism in New Spain*(New Haven and London, 1994), ch. 1.

그러나 이를 위해서는 이교적 의식과 미신적 관행을 근절하는 것 이상의 어떤 조치가 필요했다. 에스파냐인들이 멕시코에 도착했을 때 경악을 금치 못했던 원주민들의 인신공희 관행을 끝장내는 것과, 그런 야만적인 행위의 기반이 된 신앙 체계와 세계관을 붕괴시키는 것은 전혀 달랐다. 탁발수사들은 최선을 다해 옛 신들의 파괴와 원주민 사제 축출로 생겨난 정신적 공백을 메우기 위해 노력했고, 자신들의 양떼들에게 새로운 의식儀式과 전례, 새로운 성상, 그리고 새로운 신을 섬기는 데 도움이 될 새로운 전례력을 제공했다.[74] 새로운 기독교적 도덕률은 또한 사회적 관습과 전통적 생활방식의 중요한 변화를 의미했으며, 무엇이 폐지되어야 하고 무엇이 허용되어야 하는지 구분하는 것도 쉽지만은 않았다. 혼인 관습과 관련하여 정복 이전의 멕시코 지배 계급 사이에서 행해지던 일부다처제를 금해야 한다는 것, 근친상간에 대한 생각이 기독교적 개념에 따라 바뀌어야 한다는 데에는 의심의 여지가 없었다.[75] 그러나 복장 문제에 관해서는 비교적 선택의 여지가 있었다. 막스틀라틀maxtlatl, 즉 멕시코 남성들이 착용하는 허리에 두르는 간단한 옷은 기독교적인 예의범절 개념과는 들어맞지 않았기 때문에 16세기가 지나면서 서서히 사라지고 바지가 그것을 대신하게 되었다. 그러나 그보다 훨씬 점잖은 편이었던 인디언 여성들의 전통의상은 계속 허용되었다.[76] 탁발수사들이 자신들의 양떼가 유럽인들의 악덕에 오염되는 것을 막기 위해 많은 노력을 기울이기는 했지만 전체 개종 프로그램은 히스파니아

74) Clendinnen, 'Way to the Sacred'를 참조.

75) Gibson, *The Aztecs under Spanish Rule*, p. 151.

76) *Ibid*., pp. 336~7; James Lockhart, *The Nahuas After the Conquest*(Stanford, CA, 1992), pp. 198~200.

화라는 어쩔 수 없이 수반되는 배경과 맞물려 진행되었다. 영적, 사회적 압박은 인디언들을 유럽인의 범주 안으로 끌어들였으며, 기독교화와 문명화의 개념은 마구 뒤섞였다. '에스파냐인들의 생활방식'에 인디언들을 길들이려고 한 사람들에 대해 사아군은 비판적이었을지 모른다. 그러나 정복 문화 전체의 원리는 주교 란다의 말을 빌면, 그들을 '전과는 비교할 수 없을 정도로 더 인간답게' 살게 하려는 것이었다.[77]

실제로 많은 인디언들, 특히 중부 멕시코와 안데스 산맥의 인디언들이 놀라울 정도로 빠르게 정복자들의 문화에 적응해 갔고, 일부 수공업 분야에서는 얼마 가지 않아 정복자들과 비슷한 수준에 도달하거나 오히려 능가하기도 했다. 그리고 가끔은 기독교의 주요 요소들을 열정적으로 흡수하여 성직에 진출하는 인디언들까지 생겨났다.[78] 그러나 인디언들은 대개 자신들의 페이스pace에 따라, 자신들의 방식대로 행동했기 때문에 유럽인들 눈에는 완고한 우상숭배자들의 모습으로, 혹은 에스파냐인들이 생각하는 문명 개념에 따르기를 완강하게 거부하는 고집불통으로 여겨졌고, 그로 인해 점차 경멸과 동정의 대상이 되어 갔다. 복음화 사업이 급하게 진행된 초창기와 16세기 후반 사이에 인디언들의 이미지는 부정적인 쪽으로 바뀌어 갔다. 이 이미지의 악화가 부분적으

---

77) Elliott, *Spain and its World*, pp.61 and 52.

78) 종교적 변화와 '제설혼합주의'(syncretism) 문제에 대하여는 William B. Taylor, *Magistrates of the Sacred. Priests and Parishoners in Eighteenth-Century Mexico*(Stanford, CA, 1996), pp. 51~62를 참조. 정복 문화의 문화변용에 관한 일반적인 문제에 대하여는 George M. Foster, *Culture and Conquest. America's Spanish Heritage*(Chicago, 1960; 이 책은 정복당한 자들의 문화보다는 정복자들의 문화에 더 관심을 표하고 있다)와 James Lockhart, *Of Things of the Indies. Essays Old and New in Early Latin American History*(Stanford, CA, 1999), ch. 11('Receptivity and Resistence')을 참조.

로는 인디언들 자신들에게서 나타난 변화 때문이기도 했는데, 정복의 여파로 그들의 전통적인 사회적 규율과 행동규범이 붕괴된 것이 그런 결과를 만들어 냈던 것이다. 그러나 그것은 그들이 유럽인들을 좀더 많이 알게 됨으로써 생겨난 실망의 결과이기도 했으며, 또 탁발수사들 자신들 사이에서 나타난 세대 변화의 결과이기도 했다. 제1세대 탁발수사들이 약간은 르네상스 유럽의 낙관론과 호기심을 갖고 온 사람들이었다면, 제2세대는 아우구스티누스의 원죄 개념에 깊이 물들어 있었고, 종교개혁 혹은 대응종교개혁의 환경에서 교육 받은 사람들이었다. 페루의 복음화를 위해 도미니코회 수사들이 벌인 캠페인에서 이미 분명히 나타났듯이, 전에 비해 비관적인 이런 태도는 인디언들의 개종을 위한 접근방식에서 인디언들의 기독교 신앙 수용 능력을 훨씬 낮게 평가하는 등, 전보다 훨씬 조심스러운 태도를 취하게 만들었다. 인디언들은 의심의 여지없이 자신들이 받은 대로 돌려주었다.

그 결과, 인디언들의 본질에 관하여 점차 부정적인 여론이 나타났으니, 그것은 라스 카사스와 그와 동료들이 가졌던 관대한 환호와는 거리가 멀었다. 산타크루스대학은 실패로 간주되었고, 인디언들의 사제서품은 강한 반대에 부딪혀 금지되었다.[79] 인디언들이 성직자가 되기에는 부적절한 존재로 간주되었기 때문에 아메리카 내 에스파냐 교회는 정복자들의 방식대로 운영되는 교회로 남게 되었다. 라스 카사스는 인디언들의 마음을 백지상태로 보고, 그 위에 기독교의 원칙과 개념을 그려 넣는 것이 그리 어렵지 않다고 본 데 반해[80] 다른 사람들은 점차 인디언들

---

79) Ricard, *La 'Conquête spirituelle'*, pp. 275~6.

80) Fray Bartolomé de Las Casas, *Apologética historia sumaria, ed. Edmundo O'Gorman*(2

을 천성적으로 쉽게 악덕에 빠지는 경향을 가진, 지적으로 취약하고 변덕스런 사람들로 보았다. 그들은 인디언들이 합리적 사고 능력을 결하고 있어서 아리스토텔레스가 말한 자연적 열등성에 너무나도 잘 부합한다고 여겼다.

저명한 인문주의 학자 후안 히네스 데 세풀베다Juan Ginés de Sepúlveda는 아메리카 원주민들이 천성적으로 자질이 부족하므로 천부적 노예가 되는 것이 마땅하다고 주장하여 엔코멘데로들의 지지를 받았다.[81] 또 어떤 사람들은 인디언들이 기껏해야 아이들과 같은 존재에 불과하므로 신앙 면에서도 가장 기본적인 교리만 습득하게 해야 한다고 주장했다. 치아파스의 주교 페드로 데 페리아Fray Pedro de Feria는 1585년 제3차 멕시코 교구회의에서 인디언들은 어린아이와 같기 때문에 지도와 감독이 필요하다고 주장했다: '우리는 최선을 다해 인디언들을 사랑하고 그들을 도와야 합니다. 그러나 그들의 성품이 상스럽고 불완전하므로 사랑보다는 매로 다스리고, 정해진 목표를 향해 끌고 가야 합니다.'[82] 말을 안 듣는 아이들에게는 엄격한 훈육이 필요하다는 것이 그의 생각이었다.

에스파냐령 아메리카의 복음화에 여러 가지 실망스러운 점이 있기는 했지만 유럽인들이 볼 때 과거 암흑세계를 방황하고 사탄의 전제적 지배를 받던 수백만 명의 길 잃은 영혼들이 이제 밝은 광명의 세계로 들어오게 되었다는 사실에는 변함이 없었다. 다른 유럽인들이 볼 때 에스파냐가 이룬 성취는 대단한 것이어서 윌리엄 스트래치는 버지니아의 식

---

vols, Mexico City, 1967), 2, p. 262.

81) Pagden, *The Fall of Natural Man*, ch. 3 and 5를 참조.

82) Elliott, *Spain and its World*, p. 51에서 재인용.

민화에 나서면서 동료 영국인들에게 에스파냐의 사례를 본받아야 한다고 주장했다: '우리가 그들(에스파냐인들)보다 수단을 덜 갖고 있습니까? 우리의 신앙심이 그들보다 모자랍니까? 우리의 자비심이 그들만 못합니까? 우리의 종교가 더 부끄러운 것이어서 널리 알리는 것이 두려운 것입니까?' 윌리엄 스트래치가 주장했듯이, 기회는 엄청났다. 그는 라스 카사스가 말한 백지상태의 이미지를 사용하여 인디언들의 마음을 '그 위에 무엇이 그려지든 다 받아들일 준비가 되어 있는, 백지상태의 종이…'라고 말했다.[83)]

영국인들의 신앙심이 에스파냐인들보다 약했는지, 자비심이 그들만 못했는지, 아니면 그들의 종교가 더 부끄러운 것이었는지는 분명치 않다. 그러나 영국인들이 에스파냐인들보다 '수단을 덜 갖고 있었음'은 분명하다. 영국에서는 프로테스탄트 종교개혁으로 수도 교단들이 사라진 지 오래였다. 영국인 식민정주자들의 본국에는 북아메리카 주민들을 기독교로 개종시키려는 도전에 나설 준비가 되어 있는 호전적인 엘리트 선교사 집단이 없었다. 16세기 초 영국국교회는 국왕의 완전하고 효과적인 지원을 향유하는 에스파냐식 복음화 프로그램을 만들고 그것을 실행에 옮길 만한 상황에 있지 않았다. 영국국교회는 아직 영국 내에서조차도 확고한 입지를 굳히지 못하고 있었으며, 자신들의 교리를 확립하기 위해 분투하는 중이었다. 아직 영국국교회는 해외에서 자신을 기다리고 있는 기회에 진지한 관심을 기울일 만한 역동성도 재원도 갖고 있지 않았다.

1619년 버지니아 의회Virginia Assembly의 제1차 회의는 영국국교회를

---

83) Strachey, *Travell into Virginia Britania*, pp. 20 and 18.

식민지에서 법적으로 승인된 종교로 공인했다.[84] 그러나 영국국교회는 식민지에서 신속하게 혹은 효과적으로 정착하지 못했다. 1622년경 식민지에는 45개의 교구parishes가 생겨나 있었으나 그 중 목사가 부임한 곳은 10곳에 불과했다.[85] 점차 한 식민지colony에 하나의 교회가 생겨났고, 교구가 지역 생활의 필수적인 요소로 되어 갔다. 그러나 그것은 영국의 지도부와 거의 단절된 채 식민정주자들 자신들이 독자적으로 운영하는 교회였다. 그러므로 제도적으로 영국국교회는 대서양 건너편에 자신의 권위를 이식하는 데 실패하고 있었으며, 버지니아에는, 아니 영국령 북아메리카 어디에도 혁명 이전에 주교bishop가 없었다.[86] 이와 같은 권위체와 지도부의 부재를 고려할 때 버지니아의 인디언들을 기독교화하기 위해 개발된 체계적인 프로그램이 부재한 것, 인디언 자제들의 교육을 위해 1619년 설립된 엔리코 칼리지Enrico College가 문을 열기도 전에 폐쇄되어 버린 것은 그리 놀라운 일이 아니다.[87]

그러나 영국령 아메리카에서 영국국교회의 전교 노력을 가로막는 걸림돌이 되었던 것이 취약한 국교회 조직만은 아니었다. 영국국교회는 영국령 아메리카의 종교를 독점하지도 못했다. 에스파냐령 아메리카와 달리 영국인들의 정주지는 서로 경쟁하는 종교들이 서로 다투는 무대가 되고 있었다. 메릴랜드는 '로마 가톨릭 교도들의 천국'을 만들 의도로 기획되었지만 처음부터 가톨릭교도보다 프로테스탄트들이 더 많았다.

---

84) William H. Seiler, 'The Anglican Parish in Virginia' in James Morton Smith(ed.), *Seventeenth-Century America. Essays in Colonial History*(Chapel Hill, NC, 1959), p. 122.

85) Patricia U. Bonomi, *Under the Cope of Heaven. Religion, Society and Politics in Colonial America*(New York, 1986), p. 16.

86) John Butler, *Awash in a Sea of Faith*(Cambridge, MA and London, 1990), pp. 127~8.

87) Axtell, *The Invasion Within*, p. 180.

〈그림 9〉 매사추세츠만 컴퍼니의 인장. 이 인장의 그림은 회사가 인디언들의 개종에 많은 노력을 기울이고 있다는 점을 강조한다. 여기에서는 한 인디언이 성 바오로의 꿈에 나오는 '마케도니아인'이 한 말, 즉 '와서 우리를 도와주시오'라는 말을 따라 하고 있다.

이 식민지는 먼저 자리 잡은 유력한 교회가 없었기 때문에(그래서 영국령 아메리카에서는 에스파냐령 아메리카와 마찬가지로 특이하게 강제적인 십일조가 없었고, 사제들을 부양하기 위한 강제적인 기부금도 없었다), 그리고 종교를 사적인 문제로 만든 실용적인 관용을 택했기 때문에 어려운 초기 시대에서 살아남을 수 있었다.[88] 영국국교회를 메릴랜드의 공식 교회로 만들려는 최초의 시도가 나타난 것은 1692년 명예혁명이 있고 나서였다. 뉴잉글랜드에서 퓨리턴들의 정착지를 건설하려고 한 데는 기존 영국국교회 하에서 가능하리라고 생각했던 것보다 좀더 순수한 종교 생활과 신앙을 영위하려는 생각이 자리 잡고 있었다. 그리고 이 정착지의 건설자들은 무엇보다도 뉴잉글랜드에서 '살아 있는 성인들'의 교회를 건설하는 데 관심이 많았다.[89)]

이 관심이 인디언들을 개종시키기 위해 황야로 포교 활동을 떠나는 것을 상당히 복잡하게 만든 것은 사실이지만 그것을 방해하지는 못했다. 1629년 매사추세츠만 회사가 사용한 인장에는 한 인디언의 모습이 그려져 있고, 그의 입에서 '이리로 와서 우리를 도와주세요'(사도행전 16장 구절에 나오는 성 바오로의 비전에서 차용한 문구)라고 쓰인 두루마리가 빠져나오고 있는 모습이 표현되고 있다. 이것은 백인 정주자들이 애초에 약속한 전교 활동을 처음에는 실행하려고 노력했음을 보여 준다(그림 9).[90)] 그러나 정주 초기에는 백인 정주자들 자신들의 사목에 필요한 목사도 부족했고, 또 인디언들의 언어를 배우기가 어려웠던 점이 에스파냐령 식민지에서와 마찬가지로 영국령 식민지에서도 전교를 가로막는 또 다른 장애물이었다. 그러나 에스파냐령 아메리카에서와 마찬가지로 영국령 아메리카에서도 몇몇 개인들이 이 난관을 극복하기 위해 지대한 노력을 했다. '원주민들을 선하게 만드는 것'을 간절하게 원

---

88) Bonomi, *Cope of Heaven*, pp. 21~2; Horn, *Adapting to a New World*, pp. 386~8.

89) Edmund S. Morgan, *Visible Saints. The History of a Puritan Idea*(1963; repr. Ithaca, NY, 1971) 참조.

90) Lepore, *The Name of War*, p. xv; Axtell, *The Invasion Within*, pp. 133~4; Vaughan, *New England Frontier*, p. 240.

했던 로저 윌리엄스는 1643년 『아메리카 언어 입문』*A Key into the Language of America*이라는 책을 출간했다.[91] 1647년 총독 윈스럽은 자신의 일지에서 록스베리의 목사 존 엘리엇John Eliot이 알공퀸어를 배우기 위해 '필사적인 노력을 기울였고', 그래서 '불과 몇 달 만에 그들의 언어로 종교 문제에 대해 이야기할 수 있게 되었다'라고 썼다.[92] 비슷한 시기에 마서스 비니어드에 정착한 토머스 메이휴Thomas Mayhew는 상당수 인디언들을 개종시키는 데 성공했으며, 원주민 언어도 유창하게 구사했다. 이렇게 1640년대에 에스파냐인들의 경우에 비하면 미약하지만 북아메리카에서도 인디언들의 기독교화를 위한 노력은 나타나고 있었다.[93]

이런 노력은 영국 혁명에서 의회파가 거둔 승리의 덕을 보기도 했는데, 의회파의 승리가 잉글랜드 본국에서 퓨리턴들의 해외 선교사업 후원에 보다 유리한 분위기를 만들어 냈던 것이다. 1649년 잔여의회Rump Parliament는 기금 조성과 지출의 조직화를 통해 인디언 개종 사업을 지원하기 위해 창설된 '뉴잉글랜드복음전도협회'Society for Propagation of the Gospel in New England라는 단체를 승인했다.[94] 이 사업을 위한 기금은 신자들이 제공하는 자발적 기부에서 나왔으며, 그것은 영국 식민지 세계의 전교 사업이 민간단체들의 노력과 자발적인 단체에 의존하는 경향이 증대해 갔음을 보여 준다. 그에 비해 히스패닉 세계에서는 그것이 교

91) Edmundo S. Morgan, *Roger Williams. The Church and the State*(1967; repr. New York, 1987), pp. 43~4.

92) Winthrop, *Journal*, p. 682.

93) Vaughan, *New England Frontier*, chs. 9~11 참조.

94) *Ibid.*, pp. 254~5; Joyce E. Chaplin, *Subject Matter. Technology, the Body, and Science on the Anglo-American Frontier, 1500~1676*(Cambridge, MA, and London, 2001), pp. 289~90.

회와 국가의 공적 영역에 속하였다.

에스파냐령 아메리카에서와 마찬가지로, '전도협회'의 지지를 받은 뉴잉글랜드의 전교 사업에는 사전과 문법서 편찬, 원주민 언어로 된 교리문답서 제작이 포함되어 있었다.[95] 또 에스파냐인들의 전교 사업에서는 나타나지 않았던 것이 들어 있기도 했는데, 바로 성경을 원주민어로 번역하는 것이었다. 그것은 1659년 엘리엇에 의해 완성된 매우 의미 있는 업적으로서 1663년에 출간되었다. 프로테스탄트들은 글을 중시했고, 그런 맥락에서 인디언들에 대한 교육을 강조했으며, 실제로 1655년 하버드에 인디언들을 위한 학교를 설립하는 등 인디언 자녀 교육에 상당한 노력을 기울이기도 했다.[96] 그러나 뉴잉글랜드 전교 사업의 가장 성공적이라고 할 수는 없지만 가장 놀라운 특징은 '기도 도시'의 건설이었으니, 엘리엇이 매사추세츠에 개종 인디언들을 위해 14개의 마을 공동체를 건설한 것이 그것이었다.[97] 이 공동체들을 건설한 목적은 16세기 중엽부터 에스파냐령 식민지 세계에서 레둑시온[98]의 건설을 고무한 것과 비슷했다. 인디언들을 뿔뿔이 흩어져 살게 하는 대신 큰 정주지에 한데 모아 놓으면 그들을 교화하고, 그들을 외부의 오염으로부터 보호하기가 쉽다는 생각이었다. 레둑시온에다 인디언들을 한데 모아 놓겠다는

---

95) Lepore, *The Name of War*, p. 35에 나와 있는 엘리엇(Eliot)의 'Indian Library'의 출간물 목록을 참조.

96) Axtell, *The Invasion Within*, ch. 8.

97) Richard W. Cogley, *John Eliot's Mission to the Indians before King Philip's War* (Cambridge, MA and London, 1999).

98) reducciones; '미시온'(misiones)이라고도 불렸으며, 에스파냐령 아메리카에서 인디언들의 복음화를 위해 에스파냐인들이 거주하는 도시에서 멀리 떨어진 곳에 인디언들을 정주시키기 위해 세운 마을—옮긴이.

에스파냐인들의 정책은 멕시코와 페루에서 인디언들을 대규모로 강제 이주시키는 결과를 가져왔다.[99] 이에 비해 '기도 도시'는 에스파냐 부왕령들에서처럼 인구 구성을 급격하게 바꾸어 놓은 강제적인 인구 이동을 가져오지는 않았지만 레둑시온의 축소판이라 할 수 있었으며, 인디언들을 고립시켜 목사들의 감독하에 두기만 하면 언젠가는 그들이 성인들의 공동체에 합류할 수 있으리라는 확신에서 유래한 것이었다.

그러나 결과적으로 두 경우 모두 이 실험을 주도한 사람들의 높은 기대치를 만족시키지는 못했다. 페루의 인디언들 가운데 다수는 기회가 되는 대로 레둑시온에서 도망쳐 버렸고, 엘리엇의 '기도하는 인디언들' 가운데 상당수는 필립 왕의 전쟁에 참여했다.[100] 기도 도시들은 식민 정주자들 가운데 다수의 의심뿐만 아니라 기독교 교리에 흥미를 느끼지 못하는 인디언 부족들의 조롱과 적대감과도 부딪혀야 했다. 그리고 이런 적대적인 부족이 가까이에 있었다는 사실은 에스파냐 부왕령 한가운데 위치해 있던 레둑시온들 못지않게, 기도 도시들을 위태롭게 만들었다. 그러나 기도 도시들은 몇 가지 점에서 중요한 성공을 거두었는데, 에스파냐 교회가 인디언 원주민들의 사제 서품에 등을 돌린 데 비해 퓨리턴들은 다수의 인디언 개종자들을 훈련시켜 목사로 만드는 데 성공한 것이 그 중 하나였다. 그 인디언 목사들 가운데 일부는 개종하지 않는 인디언들을 직접 찾아가 복음을 전하는 전도사가 되기도 했다.[101] 퓨리턴 목사들의 1차적 임무가 백인 공동체를 위해 일하는 것이었고, 그들이 에

---

99) 예를 들어 페루의 경우에 대해서는 Duviols, La Lutte, pp. 248~63을 참조.

100) *Ibid.*, pp. 257~8; Merrell, 'Indians and Colonists', in Bailyn and Morgan, *Strangers Within the Realm*, p. 150.

101) Axtell, *The Invasion Within*, pp. 225~7.

스파냐령 아메리카의 탁발수사들과는 달리 인디언들에 대한 복음 전파에 전념할 수 없었다는 점에서 인디언 목사의 양성과 역할은 그만큼 더 중요했다.

1675년 필립 왕의 전쟁이 발발했을 당시 실행에 옮겨진 약 2,500명에 이르는 인디언의 개종(이는 뉴잉글랜드의 인디언 인구의 20%에 해당했다)은 에스파냐령 아메리카에서 진행되었던 인디언들의 '무조건적인' 개종과 비교하여 고려될 필요가 있다.[102] 뉴잉글랜드가 당시 아직 프런티어 사회였고, 비교적 소수의 인디언만 살고 있었던 점은 그곳 상황을 에스파냐 부왕령들과는 많이 다르게 만들어 놓았다. 예를 들어, 멕시코시티의 도시화된 환경에서 정착해 거주한 지 오래인 원주민 귀족들의 자녀들을 위해 칼리지를 설립하는 것과 매사추세츠의 젊은 인디언들에게 들판 생활을 버리고 정주 생활을 하게 하고, 낯선 식단의 식사를 하라고 설득하는 것은 전혀 다른 문제였다. 하버드에 세워진 인디언 칼리지는 틀라텔롤코에 세워진 산타크루스 칼리지가 아니었다. 산타크루스 칼리지는 1536년 설립되고 얼마 되지 않아 히스파니아화된 새로운 원주민 엘리트들을 생산해 냈고, 그 원주민 엘리트들은 키케로처럼 우아한 라틴어 문장을 만들어 내 에스파냐인 방문자들을 깜짝 놀라게 하는 등 큰 성과를 거두었다. 그에 비해 하버드의 인디언 칼리지는 입학생도 적었으며, 입학생 가운데 어려운 칼리지에서의 생활을 이겨낸 사람은 단 한 명도 없었다. 결국 그 칼리지는 1693년에 문을 닫았다.[103]

---

102) Vaughan, *New England Frontier*, p. 303.
103) Ricard, La 'Conquéte spirituelle', pp. 266~9; Vaughan, *New England Frontier*, pp. 281~4.

게다가 퓨리터니즘이 담고 있는 메시지의 성격은 그렇지 않아도 어려운 그 일을 더 어렵게 만들었다. 퓨리터니즘은 포용적인 종교가 아니라 배타적인 종교였으며, 인디언의 개종과 관련해서도 주로 신의 은총에 의존했다. 그 때문에 '억지로라도 그들을 들어오게 하는' 에스파냐인들의 정책을 택할 수가 없었다. 반대로 영국 식민지의 정책은 1630년대에 존 코튼John Cotton이 말했듯이, 인디언들을 '강요하지 말고 자발적으로 믿게 하거나 아니면 아예 믿지 말게' 하는 것이었다.[104] 퓨리턴 신학은 복잡했고, 글이라는 매혹적인 신비에 이제 막 입문하려는 원주민들에게는 그것이 훨씬 더 복잡하고 어려웠을 것임에 틀림없다. 더욱이 퓨리터니즘은 형상이 없는 종교였고, 아무 장식도 없는 살풍경한 교회 모습에서 자기네 신앙의 단순성에 자부심을 가졌던 종교였기에 멕시코나 페루의 원주민들에게 호소력을 가졌을 것이 분명한 조형물이나 의식을 통해 인디언들에게 신앙을 이해시키는 것도 불가능했다. 퓨리터니즘에서는 오직 찬송가 노래 소리만이 메시지의 엄격함을 다소 완화시켜 주었을 뿐이다.[105]

퓨리터니즘은 또한 가톨릭교회가 에스파냐령 아메리카에서 요구한 것보다 훨씬 더 엄격한 사회적 행동의 변화를 요구했다. 선택된 자의 교리는 '문명'의 수준에 관한 한 선택의 여지가 별로 없는 일련의 규범에 엄격하게 집착했다. '나는 문명civility이 반드시 종교를 동반해야 한다고 생각한다'라고 엘리엇은 말했다.[106] 기독교로의 개종은 영국식 삶으

---

104) Cogley, *John Eliot's Mission*, p. 18에서 재인용.

105) Vaughan, *New England Frontier*, pp. 303~8; Axtell, *The Invasion Within*, p. 278. 또한 인디언 교화 사업에서 뉴잉글랜드 식민정주자들이 직면해야 했던 장애물을 비교적 맥락에서 고찰하는 연구로는 Axtell, *After Columbus*, chs. 3~7을 참조.

로의 변화를 의미했고, '기도 도시'에서 인디언들은 이제 원형 오두막집을 버리고, 뉴잉글랜드 지역의 기후 조건을 고려하지 않고 지어진(영국인들의 말에 의하면, 훨씬 더 안락한) 영국식 가옥에서 살 것이 요구되었다.[107] 영국화는 심지어 인디언들에게 전통적인 장발 관습을 버릴 것을 요구하기도 했다. 한 목사는 '말씀이 그들의 가슴 속에 역사하기 시작했다. 그래서 그들은 자신들의 장발에 대해 갖고 있던 허영심과 자만심을 인식하게 되었으며, 자발적으로 머리카락을 단정하게 깎게 되었다'라고 말했다.[108] 인디언들의 장발에 대해 페루의 에스파냐인들 역시 뉴잉글랜드의 퓨리턴들 못지않게 못마땅하게 생각했다. 그러나 페루의 한 에스파냐인 관리인 후안 데 마티엔소Juan de Matienzo는 장발에 대해 좀더 신중한 태도를 보여 주었다. 그는 위생상의 이유 말고는 인디언들의 장발에 별로 반대하지 않았다. 그는 '그들의 습관을 바꾸는 것은 그들을 죽이는 것과 마찬가지다'라고 썼다.[109]

뉴잉글랜드에서 기독교로 개종한 인디언들은 개종하지 않은 그들의 형제들이 내뱉는 조롱에 적극적으로 맞대응하고, 유럽식 옷을 입고, 유럽식 헤어스타일을 수용할 정도로 기꺼이 삶의 방식을 바꾸려고 했다. 그 사실은 적어도 일부 부족들(아마도 그들의 삶이 유럽인들의 출현과 그들의 질병으로 심하게 붕괴된 부족들이었던 것 같다)에게는 새로운 신

---

106) Vaughan, *New England Frontier*, p. 260에서 재인용.

107) Axtell, *The Invasion Within*, p. 141.

108) Roger Williams, *The Complete Writings of Roger Williams*(Providence, RI, 1866), 1. p. 136, n. 97, from John Wilson(?), *The Day-Breaking of the Gospell with the Indians*(1647)에서 재인용. 또한 Axtell, *The Invasion Within*, pp. 175~8을 참조.

109) Juan de Matienzo, *Gobierno del Perú*(1567), ed. *Guillermo Lohmann Villena*(Paris and Lima, 1967), p. 80.

앙이 매우 복잡하고 어려웠음에도 불구하고 현실적인 필요와 맞아떨어졌음을 말해 준다.[110] 그러나 개종자는 아직 소수에 불과했고, 이교도들의 바다에 점점이 떠 있는 불안한 작은 섬들에 불과했다. 거기다 많은 백인 정주자들은 인디언들의 개종에 대해 의심의 눈초리를 거두지 않았는데, 그들은 인디언들이 개종과 문명에 대해 갖고 있는 모든 생각이 '단순한 판타지'라고 생각했다.[111] 그러나 토머스 모턴 같은 극소수 사람들은 그런 생각이 바람직하지 않다면서 '매사추세츠 인디언들은 기독교도들보다 인간성이 더 풍부하다'라고 말하기도 했다.[112] 그러나 모턴은 백인 사회에서 이단아로 명성이 자자한 사람이었다.

비록 존 엘리엇이 바르톨로메 데 라스 카사스와 마찬가지로 '인디언들의 사도'로 불리기는 했지만[113] 라스 카사스와는 그 중요성에서 비교가 되지 않았다. 라스 카사스는 아메리카와 에스파냐의 궁정에서 인디언들을 폄훼하려는 사람들에 맞서 인디언들을 옹호하는 캠페인을 벌이고 설득을 하고 글을 쓰는 데 긴 인생의 대부분을 바쳤다. 그는 '인디언들은 본질적으로 열등하다'는 이론으로 무장하고 그들에 대한 착취를 정당화하는 에스파냐인 정주자 사회에 대항하여 엔코미엔다 제도의 폐지를 위해 노력하고, 인디언들이 엔코멘데로들의 수중에서 해방되어 에스파냐 국왕의 자애로운 통치하에 놓이게만 된다면 진정한 기독교를 수

---

110) Axtell, *The Invasion Within*, pp. 285~6. 퓨리턴의 교리가 인디언의 신앙 혹은 전통과 성공적으로 융합된 방식의 예에 대해서는 David J. Silverman, 'Indians, Missionaries, and Religious Translation: Creating Wampanoag Cristianity in Seventeenth-Century Martha's Vineyard', *WMQ*, 3rd ser., 62 (2005), pp. 141~74를 참조.

111) Canup, *Out of the Wilderness*, p. 167에서 재인용.

112) Thomas Morton, *New English Canaan* (1632), in Force, *Tracts*, 2, no. 11, p. 77.

113) Vaughan, *New England Frontier*, p. 245.

용할 성향을 충분히 갖고 있다고 주장함으로써 인디언들에 대한 탄압을 종식시키려고 했다.

라스 카사스와 도미니코회 동료 수사들이 인디언들을 위해 전개한 운동은 상당히 강력해서 카를 5세를 설득할 정도에 이르렀는데, 카를 5세는 1550년 인디아스평의회의 권고를 받아들여 신학자들로 이루어진 특별위원회가 이 문제와 관련된 도덕적 문제에 관하여 판결을 내릴 때까지 신세계의 모든 정복 활동을 중단하라는 칙령을 내렸다. 이에 따라 1550년 9월 바야돌리드에서 첫번째, 그리고 1551년 5월 두번째 특별위원회가 소집되었고, 여기에서 치아파스의 주교 라스 카사스의 주장과, 황제의 궁정사제 세풀베다의 주장이 충돌했다. 여기에서 세풀베다는 아메리카 인디언들에 관해 많이 알지 못한 상태에서 아리스토텔레스에 대한 지식을 토대로 「제2의 민주주의자」Democrates secundus라는 논문을 발표하고, 인디언들의 천부적 열등성을 주장했다. 인디언들이 열등하기 때문에 그들을 상대로 전쟁을 벌이는 것은 정당하다는 것이 그의 견해였다.[114)]

라스 카사스가 인디언들을 옹호하는 내용의 터무니없이 긴 라틴어 논문을 장장 5일간이나 낭독하는 것에 대해 특별위원회의 심판관들이 충격을 받고 마음이 심히 흔들렸던 것은 분명했지만, 그렇다고 그들이 어느 한쪽의 손을 들어주지는 않았다. 라스 카사스와 그의 지지자들은

---

114) 바야돌리드 논쟁에 대해서는 Lewis Hanke, *All Mankind is One*(Dekalb, II, 1974)와 그의 *Spanish Sturuggle for Justice*, ch. 8을 참조. Losada, *Fray Bartolomé de Las Casas*, ch. 13도 좋은 참고 자료이다. 그리고 16세기 인디언의 천성에 대한 16세기 에스파냐에서 벌어진 논쟁이라는 일반적 맥락에서 라스 카사스와 세풀베다가 이 문제에 대해 펼친 주장에 대하여는 특히 Pagden, *Fall of Natural Man*을 참조.

인디언들의 지위와 조건을 개선시키겠다는 주된 목적을 달성하는 데는 실패했지만 억압자들로부터 인디언들을 지키는 것, 인디언들의 처지를 개선하기 위해 최선의 노력을 하는 것이 국왕의 의무라는 사실을 카를 5세에게 각인시키는 데는 성공한 것으로 보인다. 1563년 인디언들은 공식적으로 '가엾은 사람들'로 분류되었으며, 이 분류는 점차 법적인 내용을 획득해 갔다. 예를 들어 누에바에스파냐 부왕령과 페루 부왕령에서 인디언 관련 소송을 다루는 특별재판관이 임명되고, 소송을 제기하려는 인디언들에게는 법적 지원이 제공되었다.[115] 1573년 인디아스평의회 위원장 후안 데 오반도가 작성한 장문의 법령을 펠리페 2세가 공표했는데, 그것은 더 이상의 영토 팽창을 금하는 내용이었다.[116] 그러나 이 법령은 너무 때늦은 것이었고, 새로운 형태의 '강화'講和는 과거의 '정복'을 완곡하게 표현하는 것에 지나지 않았다. 그러나 바야돌리드 논쟁의 개최와 그 이후 법령 발표는 에스파냐 왕실이 인디언 신민들에 대한 '정의' 구현에 깊은 관심을 갖고 있었음을 말해 주며, 그 관심은 그것이 갖는 지속성이나 강도에서 다른 식민지 제국들의 역사에서는 유례를 찾기가 힘든 것이었다.

유럽 다른 지역에서는 라스 카사스가 무엇보다도 많은 사람들의 분노를 불러일으킨 저서 『인디아스 파괴에 관하여』로 유명해졌는데, 이 책은 1583년에 영어로 번역되었다. (영국의) 자메이카 정복과 대 에스파냐 전쟁이 있고 나서 1656년 런던에서 이 책의 새 번역본이 『인디언들

115) Woodrow Borah, *Justice by Insurance. The General Indian Court of Colonial Mexico and the Legal Aides of the Half-Real*(Berkeley, Los Angeles, London, 1983), pp. 80~2.

116) Stafford Poole, *Juan de Ovando. Governing the Spanish Empire in the Reign of Philip II*(Norman, OK, 2004), pp. 154~6.

의 눈물』*The Tears of the Indians*이라는 선정적인 제목을 달고 출간되어 올리버 크롬웰Oliver Cromwell에게 헌정되었다.[117] 그러므로 라스 카사스라는 이름은 영국인 독자들에게 잘 알려져 있었고, 존 엘리엇 역시 그를 잘 알고 있었으며, 얼마 동안 그는 라스 카사스의 행적을 의식적으로 따르려 했던 것으로 보인다. 그러나 영국령 아메리카에서는 라스 카사스 같은 사람이 출현할 수 있는 기회가 상대적으로 적었는데, 왜냐면 영국령 아메리카에는 명목상으로만 자유로울 뿐인 인디언들의 노동력을 착취하는 엔코멘데로 계급이 없었고, 세속 당국에 지속적으로 압력을 가할 수 있는 유력한 선교사 집단도 없었기 때문이다. 또 영국령 아메리카에는 입법을 할 수 있는 식민지 의회가 있었고, 입법 혹은 행정 행위를 통해 국왕이 인디언들을 위해 개입할 수 있는, 국왕의 지배가 모든 것에 우선하는 그런 시스템이 존재하지 않았기 때문이다.

영국인 정주지 안에 거주하게 된 인디언들은 점차 영국인 식민지 사회의 법적 영역 안에 들어오게 되었다. 청교도들이 정주한 뉴잉글랜드에서는 처음 몇 십 년 동안 영국법하에서 인디언들을 공평하게 대우하려는 노력이 나타났다. 비록 특정한 경우 그에 대한 해석이 다를 수는 있었지만 공정함과 상호주의의 개념이 알공퀸 인디언 사회와 청교도 사회 모두에 깊이 뿌리내리고 있었다. 그리고 알공퀸족은 자신들의 법적 자치를 고수했지만 가끔은 자발적으로 식민지 법정에 호소하기도 했는데, 특히 소송에서 중재가 필요할 때 그러했다. 1656년 매사추세츠 주는

117) Bartolomé de Las Casas, *Tears of the Indians*(repr. Williamstown, MA, 1970). 현대판 번역본으로는 Bartolomé de Las Casas, *A Short Account of the Destruction of the Indies*, trans. and ed. Nigel Griffin(Harmondsworth, 1992)을 참조.

인디언 문제를 담당하는 감독관 한 명을 임명했는데, 이는 에스파냐인들이 아메리카 본토의 식민화 초창기에 설치한 적이 있는 '인디언들의 보호자'라는 직책과 비슷한 것이었다.[118] 1670년대에는 6명의 인디언과 6명의 백인으로 구성된 배심원단이 알공퀸족과 백인 정주자들 간에 일어난 형사사건의 판결을 담당했다.[119] 그러나 1675~6년 필립 왕의 전쟁 이후 뉴잉글랜드 식민정주자들에 의해 설치되었던 인디언 법정은 폐지되었고, 대신 '감독관들'이 파견되어 인디언 문제를 다루었으며, 인디언들의 법적 권리는 지속적으로 축소되어 갔다.[120] 그에 반해 에스파냐의 법정은 인디언들이 사법 체계의 정점에 이르기까지 모든 과정에서 적어도 자신들의 권리를 위해 싸울 기회를 제공했다. 개인적으로 사법을 시행하고, 증거의 청취와 판단, 징벌의 선택에서 상당한 재량권을 갖고 있었던 에스파냐인 판사들은 음주로 인한 무질서나 가정 내 폭력이든 혹은 살인이든, 범죄에 대한 접근에서 상당한 융통성을 갖고 있었으며, 그것은 뉴잉글랜드 법정의 경직성과는 날카로운 대조를 이루었다.[121]

필립 왕의 전쟁은 엘리엇과 그 외 다른 '사도들'이 영국인들의 마음속에 심어 놓은 개념, 즉 아메리카 원주민들도 결국에는 '살아 있는 성인들'의 사회 안으로 들어올 수 있을 것이라는 생각을 파괴해 버렸다. 인디언들에게 필립 왕의 전쟁은 크나큰 재난이었는데, 이 전쟁에서 항복

---

118) Borah, *Justice by Insurance*, p. 64.

119) Vaughan, *New England Frontier*, pp. 19~5; Katherine Hermes, "'Justice Will be Done Us.' Algonquian Demands for Reciprocity in the Courts of European Settlers", in Tomlins and Mann (eds.), *The Many Legalities of Early America*, pp. 123~49.

120) Merrell, "Indians and Colonists", pp. 144~6.

121) William B. Taylor, *Drinking, Homicide and Rebellion in Colonial Mexican Villages* (Stanford, CA, 1979), pp. 105~6.

하거나 포로가 된 원주민 가운데 상당수가 노예가 되어 외국으로 팔려 나간 것이다. 그것을 정당화한 명분은 아직도 제국 변경 지역에서 에스파냐인들이 활용하고 있던 그것, 즉 '정당한 전쟁'에서 포로가 되었다는 것이다. 엘리엇은 이에 대해 도덕적인 이유로 이의를 제기한 유일한 인물이었던 것으로 보인다. 그러나 그의 항의는 (카를 5세가 이 문제를 바야돌리드 논쟁을 통해 공론화하고 해결하려고 노력했던 것과는 완전히 상반되게도) 지역 총독과 매사추세츠 시의회에 의해 단칼에 무시되었으며, 그후로는 더 이상 거론조차 되지 않았다. 라스 카사스가 (에스파냐령 아메리카에서) 수행한 역할을 엘리엇이 영국령 아메리카에서 수행할 수도 있었겠지만, 영국령 아메리카에서는 엘리엇의 목소리에 귀 기울이는 사람이 아무도 없었다.[122]

영국인 정주자들 사이에서 인디언들은 "영국인들이 들어오기 전에는 악마에 대한 믿음 말고는 어떤 종교도 갖고 있지 않은 타락한 야만인들"이었고, 그것은 지금도 마찬가지라는 인식이 널리 확산되어 갔다.[123] 그것은 에스파냐령 아메리카에서 확산되고 있던 인식과 비슷했으며, 또 후자와 비슷하게 가부장주의와 경멸감이 뒤섞인 감정을 수반하고 있었다. 그러나 뉴잉글랜드 정주자들에게는 그것 말고도 또 다른 부정적인 요소가 더해졌는데, 그것은 정주지 주변을 서성거리고 있는 적에 대한 두려움뿐만 아니라, 더 깊숙이 숨어 있는, 즉 그들 자신들의 내면 깊숙한 곳에 숨어 있는 적에 대한 두려움이었다.

---

122) Lepore, *The Name of War*, pp. 158~67 참조.

123) William Hubbard, *General History of New England*(1680) by Canup, *Out of the Wilderness*, p. 74에서 인용.

공존과 분리

아메리카에 정주한 유럽인들은 이제 자신들과 비슷하게 생기지도, 비슷하게 행동하지도 않는 사람들과 더불어 살게 되었다. 아메리카 원주민들은 적어도 그 중 일부라도 그전에 자신들이 접촉한 바 있었던 민족들과 전혀 비슷하지 않았다. 예를 들어, 콜럼버스가 카리브제도에서 처음 본 원주민들에 대해서 다음과 같이 언급했듯이 그들은 피부가 검지 않았다: "그들은 모두 상당히 키가 크고 반듯한 용모를 갖고 있다. 머리카락은 곱슬머리가 아니며 숱이 많고 말갈기처럼 아래로 흘러내린다. 상당히 넓은 앞이마와 큰 손을 갖고 있으며, 앞이마는 내가 전에 보았던 어떤 인종들 것보다 넓다. 그들의 눈은 결코 작다고 할 수 없으며 매우 아름답다. 그들 중 누구도 피부가 검지 않다. 그들의 피부색은 카나리아제도인들과 비슷한데, 그것은 이 섬이 카나리아제도의 페로Ferro 섬과 거의 같은 위도상에 위치해 있어서 그런 것 같다."[124]

16세기 유럽인들은 태양에 얼마만큼 노출되었는가를 가지고 피부색을 설명하는 경향이 있었고, 따라서 그것이 명목상으로는 유형화의 한 형태로 중립적이었다고 할 수 있지만 많은 유럽인들, 그 중에서도 특히 영국인들에게 검은색은 매우 부정적인 함의를 갖고 있었다.[125] 하지만 신세계 주민들은 검은색 피부를 갖고 있지 않았다. 에스파냐 왕실의 우주지학자 후안 로페스 데 벨라스코는 1574년 아메리카 원주민들이 '잘 구워진 모과색' 피부를 갖고 있다고 썼고, 1612년 윌리엄 스트래치

124) Columbus, *Journal*, p. 31(3 October 1492).
125) Winthrop D. Jordan, *White Over Black*(1968, repr. Baltimore, 1969), pp. 6~9.

는 '설구워진 모과색'이라고 주장했다.[126] 그러나 연대기작가 중에는 피부색을 기후로 설명하는 경향을 거부하는 사람도 있었다. 로페스 데 고마라는 자신의 『인디아스의 역사』에서 인디언들의 피부색이 "사람들이 생각하듯이 벌거벗고 돌아다녀서가 아니라 자연의 소산"이라고 주장하면서, 그 근거로 같은 위도상에서 사는 사람들이라도 피부색이 서로 다르다는 점을 지적했다.[127] 영국인들 역시 아메리카의 경험에 비추어 기후의 영향이라는 전통적이고 고전적인 이론이 가시적인 사실과 부합하지 않다는 것을 발견하게 되었다.[128] 그러나 일반적인 경향은 전통적인 패러다임을 따르는 것이었다. 그런 경향이 지배적인 것으로 남아 있는 한, 그리고 기후가 피부색의 주요 결정요인으로 간주되는 한, 황갈색 피부를 가진 인디언들은 피해자가 아니라 오히려 수혜자가 될 수 있었으니, 왜냐하면 그들의 피부색은 검은색이 갖는 대단히 부정적인 편견으로부터 자유로울 수 있었기 때문이다.

유럽인들이 아메리카 원주민을 평가할 때 적용한 첫번째 기준은 피부색이 아니라 문명화의 정도였다. 이 문명화에 관한 한, 영국령 식민지에서 나타난 인디언들의 분산된 정주 형태는 유럽인 식민정주자들이 보통 자신들과 인디언 원주민 사이에서 발견하게 되리라고 생각한 차이를

---

126) Juan López de Velasco, *Geografía y descripción universal de las Indias*, ed, Justo Zaragoza(Madrid, 1894), p. 27; Strachey, *The Historie of Travell into Virginia*, p. 70.

127) Gómara, *Historia general*, *BAE*, 22, p. 289.

128) Karen Ordahl Kupperman, "The Puzzle of the American Climate in the Early Colonial Period", *AHR*, 87(1982), pp. 1262~89. 에스파냐령 아메리카의 기후 결정론에 대해서는 Jorge Cañizares-Esguerra, "New World, New Stars: Patriotic Astrology and the Invention of Indian and Creole Bodies in Colonial Spanish America, 1600~1650", *AHR*, 104 (1999), pp. 33~68.

더욱 키워놓았다. 그러나 리처드 이번Richard Eburne은 식민화 과정에서 영국인들이 에스파냐인들보다 더 큰 도전에 부딪혔다는 사실을 부정했다. 그는 "에스파냐인들은 이곳에 사는 원주민들보다 훨씬 더 야만적이고 더 잔인한 민족들을 상당한 정도로 문명화했다. 그리고 만약 그처럼 폭압적으로 그들을 지배하지 않았더라면 그것보다 훨씬 더 잘했을 것이다"라고 썼다.[129)]

그러나 아메리카에서 관계relationships의 형태는 당시 상황뿐만 아니라 과거의 경험에 의해서도 결정되었다. 중세 에스파냐의 기독교도들은 수세기 동안 이슬람 문명과 공존해 왔고, 그 문명과 복잡하고도 미묘한 관계를 유지해 왔었다. 기독교도들은 무어인(중세 에스파냐의 무슬림을 지칭하는 말—옮긴이)에 맞서 싸우기도 했지만 여러 가지 점에서 자신들보다 훨씬 세련된 문화를 자랑하는 그들로부터 많은 것을 배우기도 했다. 비록 많은 점에서 종교가 중대한 장애물이 되었고, 혼인 문제가 걸린 상황에서는 특히 그러했지만[130)] 그럼에도 (기독교도들과 무슬림들 간에는) 개별적인 접촉의 기회는 많았다. 레콩키스타가 남하하고, 그에 따라 다수의 무어인이 기독교도들의 영토에 남게 되면서 접촉의 기회는 더 많아지게 되었다. 재정복이 이루어진 영토에서는 15세기 들어 레콩키스타가 마지막 단계로 치닫는 상황에서 관용이 줄고 갈등이 증대되기는 했지만 신념보다는 필요성 때문에 여전히 관용이 오랫동안 우세했다. 16세기 동안 에스파냐인들은 자신들과 함께 계속 살고 있는 모리스

---

129) Richard Eburne, *A Plain Path Way to Plantation*(1624), ed Louis B. Wright(Ithaca, NY, 1962), p. 56.

130) Joseph Pérez, *Histoire de l'Espagne*(Paris, 1996), p. 79.

코[131] 주민들을 경멸하고 무시하게 되었다. 그리고 모리스코들의 기독교 개종은 형식적인 차원에 지나지 않았다. 그러나 어떤 것으로도 자신들보다 문화적으로 열등하다고 할 수 없는, 인종적으로 다른 사회를 상대로 하여 갖고 있던, 장기적이고 때로 풍요롭기도 했던 상호작용의 경험을 완전히 지워 버릴 수는 없었다.[132]

중세 영국인들은 아일랜드에 대한 지배권을 확립해 가는 과정에서 그곳의 낯설고 야만적인 민족에 비해 자신들이 모든 점에서 우월하다는 것에 대해 추호도 의심하지 않았다. 영국인들은 1170년 헨리 2세가 그곳을 침입하기 전에 아일랜드 원주민들 중에 (극소수의 보잘것없는 종교용 건물을 제외하면) "돌이나 벽돌로 지은 집에서 사는 사람은 아무도 없으며", 그들은 "정원이나 텃밭도 갖고 있지 않고, 토지에 울타리를 치거나 개선을 시도하지도 않으며, 마을이나 소읍에 거주하지도 않고, 후손들을 위해 어떤 시설도 설치하지 않는다"라고 말했다.[133] 잉글랜드인들은 자신들의 문화·생활 방식과, "모든 상식과 이성에 반하는" 게일인들의 그것 간에 존재하는 엄청난 괴리를 의식하여 분리와 배제를 통해 주변 환경에서 유래하는 오염으로부터 자신들을 보호하려고 했다. 영국인과 아일랜드인 간의 혼인이나 동거는 영국인 배우자가 아일랜드적 방식에 의해 타락할 것이라는 염려 때문에 1366년 킬케니 법령Statutes of

131) moriscos; 기독교로 개종한 에스파냐 무슬림들을 지칭하는 말 — 옮긴이.

132) Miguel Angel de Bunes Ibarra, *La imagen de los musulmanes y del norte de Africa en la España de los siglos XVI y XVII*(Madrid, 1989), p. 113.

133) Sir John Davies, *Discovery of the True Causes why Ireland was never Entirely Subdued* (1612), by James Muldoon, "The Indian as Irishman", *Essex Institute Historical Collections*, 111(1975), pp. 267~89, at p. 269에서 인용.

Kilkenny에 의해 금지되었다.[134]

잉글랜드인들이 (아일랜드인과의) 동거를 금하는 법적 조치가 필요하다고 여겼다는 사실은 아일랜드에 사는 영국인 정주자들 중에 사실은 원주민에게 다가가고 싶은 유혹에 굴복한 사람이 있었음을 의미한다.[135] 이 '배반자'의 출현은 야만인들의 땅에서 문화적으로 퇴보할 수 있는 위험이 도사리고 있다고 여겼던 잉글랜드인들의 잠재적 두려움을 심화시켰던 것으로 보인다. 아일랜드인들은 16세기에도 여전히 잉글랜드인들에게 야만적인 민족으로 남아 있었고, 그들의 야만성은 이제 교황적 방식(가톨릭 신앙)을 고수하려는 그들의 완고한 고집 때문에 더욱 고약한 것이 되었다. 잉글랜드인들이 대서양을 건너가 다시 자기들보다 압도적으로 많은 수의 '야만적인' 민족과 더불어 살게 되자 과거의 모든 공포가 되살아났다.[136] 그런 상황에서 어렵지 않게 인디언들과 아일랜드인들 간에 등식이 만들어졌다. 아메리카 신세계에서 잉글랜드인들은 벽돌이나 돌로 지어진 집에서 살지도 않고, 토지를 개선하지도 못하는 또 다른 원주민들을 만나게 된 것이다. '뉴잉글랜드 지역 원주민들은 야만적인 아일랜드인들처럼 그런 식으로 집을 짓는 데 매우 익숙하다'라

---

134) 킬케니 법령과 영국인-아일랜드인 간 혼인에 대하여는 Muldoon, "The Indian as Irishman", p. 284; A. Cosgrove, "Marriage in Medieval Ireland", in Cosgrove(ed.), *Marriage in Ireland*(Dublin, 1985), p. 35; John Darwin, "Civility and Empire", in Peter Burke, Brian Harrison and Paul Slack(eds), *Civil Histories. Essays Presented to Sir Keith Thomas*(Oxford, 2000), p. 322를 참조.

135) 아일랜드에 거주하는 영국인 정주자들의 '게일화'의 정도에 대하여는 James Lydon, "The Middle Nation", in James Lydon(ed.), *The English in Medieval Ireland*(Dublin, 1984), pp. 1~26 참조.

136) 아메리카에 정주한 영국인들이 느낀 퇴보에 대한 두려움에 대하여는 Canup, *Out of the Wilderness*, 특히 제1장을, 그리고 그의 "Cotton Mather and 'Creolian Degeneracy'", *Early American Literature*, 24 (1989), pp. 20~34를 참조.

고 토머스 모턴은 쓰고 있다.[137] 1641년에 매사추세츠에서 잉글랜드로 귀국한 휴 피터Hugh Peter는 5년 후 '야만적인 아일랜드인들과 인디언들은 별로 다르지 않다'라고 말했다.[138]

그러므로 식민지 백인 지도자들의 본능적인 경향은 다시 한번 금줄을 치는 것이었다. 인디언의 공격 위험이 버지니아의 정주자들로 하여금 '울타리' 안에서 사는 것이 안전하다고 생각하게 만들었다면, 식민지 건설자들 또한 자신들의 동료들이 아일랜드에 침입한 노르만족이 갔던 길을 따라가는 것을 보고 싶어 하지 않았다(에드먼드 스펜서의 표현에 따르면 노르만족 가운데 대부분은 '타락했고, 그냥 아일랜드인이 되어 버렸다'). 잉글랜드인들에게 인디언들은 아일랜드인들보다 더 위험한 존재였다.[139] 그러므로 처음에는 정주자들이 인디언들로부터 스스로를 보호하기 위해 '울타리'를 쳤지만, 그것은 그들 자신들의 비천한 본능에 맞서는 보호 수단이기도 했다. 1609년 버지니아 정주 초창기에 윌리엄 시먼즈William Symonds는 모험가들과 농장주들에게 설교를 베풀었는데, 거기서 그는 그들이 하고 있는 사업과 창세기에 나오는 '내가 너희들에게 보여줄 땅으로' 가는 아브라함의 이주를 비교했다. '그러므로 아브라함의 후손들은 자신들끼리 어울려 살아야 한다. 할례를 하지 않은 이교도들과 결혼해서는 안 된다. 이 계율을 깨뜨리는 것은 이 항해의 모든 좋은

---

137) Morton, *New English Canaan*(Force, *Tracts*, 2, no. 11, p. 19).

138) H. C. Porter, *The Inconstant Savage*(London, 1979), p. 203에서 재인용. 이 자리를 빌려 사적인 자리에서 이 점과 관련하여 중요한 시사를 제공해 주신 올던 본(Alden Vaughan) 씨에게 감사드린다.

139) Spenser, *Works*, 9, p. 96, Muldoon, "The Indian as Irishman", pp. 275~6에서 재인용(spelling modernized).

〈그림 10〉 시몬 반 데 파스(Simon van de Passe)의 '포카혼타스의 초상화'(판화, 1616). 포와탄의 딸 포카혼타스는 잘 알려진 존 스미스 선장과의 만남이 있고 나서 부친의 요청으로 여러 차례 제임스타운 정주지에 가서 통역 역할을 수행했다. 기독교로 개종하고 레베카(Rebecca)라는 세례명을 갖게 되었으며, 1614년 존 롤프와 결혼한 뒤 1616년 어린 아들과 함께 남편을 따라 영국으로 건너갔다. 런던에서 성대한 환영을 받은 그녀는 이듬해 병에 걸렸고, 가족과 함께 버지니아로 돌아가기 위해 배를 기다리던 중에 죽었다. (인디언 출신인) 포카혼타스가 초기 정주자들 가운데 한 사람과 혼인한 것은 이례적인 현상이었다. 영국령 아메리카에서는 이(異)인종 간 결합이 에스파냐령 아메리카에 비해 매우 드물었다.

목적을 깨뜨리는 것이다'라고 경고했다.[140] 존 롤프John Rolfe가 '전능하신 하느님께서 레위와 이스라엘의 아들들이 이방인 여인들을 아내로 맞아들인 것에 대해 진노한' 사실을 기억하고, 계획 중이던 포카혼타스와의 혼인에 대해 고민했던 것은 결코 놀라운 일이 아니다.[141](그림 10)

낯선 땅에서 문화적으로 퇴보할지 모른다는 두려움은 1620년대와 30년대에 뉴잉글랜드로 간 퓨리턴 이주자들 사이에서 특히 두드러졌다. 성경에 나오는 또 하나의 엑소더스 장면, 즉 이집트에서 도망쳐 나온 이스라엘인들의 이미지도 그들의 마음속 깊이 각인되어 있었으며,[142] 그들의 지도자들은 도처에서 자신들을 기다리고 있는 위험을 완전하게 인식하고 있었다. 인디언들은 타락한 인종인 가나안인들이었고, 자신들의 퇴보를 통해 하느님의 선민들까지 타락시킬 수 있는 위험천만한 족속이었다. 그 때문에 뉴잉글랜드라는 (현대판) 이스라엘은 그들과 분리된 민족으로 남아야 하며, 당시 자신들이 추방시키고 있었던 그 족속(인디언들)이 꾀하는 유혹에 넘어가지 말아야 했다.[143] 뉴잉글랜드에서 영국인 정주자와 인디언 여성 간에 혼인이 있었다는 사실이 처음 알려진 것은 1676년에 이르러서였다. 이주자들의 성 비율이 더 불균형했던 버

---

140) William Symonds, *Virginia Britannia*, in Brown, *Genesis of the United States*, 1, pp. 287 and 290.

141) David D. Smits, "'We are not to Grow Wild': Seventeenth-Century New England's Repudiation of Anglo-Indian Intermarriage", *American Indian Culture and Research Journal*, 11(1987), pp. 1~32, at p. 6(spelling modernized).

142) 창세기와 출애굽기의 이주 형태의 구분에 대하여는 Avihu Zakai, *Exile and Kingdom. History and Apocalypse in the Puritan Migration to America*(Cambridge, 1992), pp. 9~10 참조.

143) Canup, *Out of the Wilderness*, pp. 79~80. 콘래드 러셀이 나에게 친절하게 지적해 주었듯이, 식민정주자들도 이스라엘인과 미디안인 간의 혼인을 금한 신의 두려운 경고에 대해서(민수기: 25) 잘 알고 있었던 것으로 보인다.

지니아에서는 1691년 식민지 의회에서 통과된 영국인-인디언 간 혼인 금지법이 역설적으로 그러한 결합의 존재를 말해 주기는 하지만 뉴잉글랜드의 사정과 별반 다르지 않았다.[144] 혹시나 그런 결합이 있었다고 하더라도 그 수는 로버트 베벌리가 자신의 책 『버지니아의 역사』에서 다음과 같이 탄식했듯이 매우 적었다:

> 초기에 인디언들은 영국인과 인디언 간 혼인을 환영했다. 인디언들은 만약 영국인들이 그 결혼 제안을 거부하면 영국인들이 자신들의 친구가 아니라는 확실한 증거라고 생각했다. 나는 만약 영국인들이 그 제안을 받아들였다면 이곳 사정이 지금보다는 더 나아졌을 것이라는 생각을 금할 수 없다. 왜냐하면 인디언들이 저지르는 대부분의 약탈과 살인사건의 원인으로 생각되는 그들의 질투심이 이 이인종 간 혼인으로 완전히 예방될 수 있었을 것이고, 그동안 양측 모두 흘려야 했던 엄청난 피도 피할 수 있었을 것이기 때문이다… 만약 그 제안을 받아들였다면 식민지는 양측 모두에 나타난 모든 인명 손실 대신 후손이 많이 늘어나고, 큰 이익을 얻었을 것이다. 그리고 모르긴 해도 틀림없이 인디언들 중 대부분은 아니라도 상당히 많은 수가 이 친절한 방법에 의해 기독교로 개종했을 것이다…….[145]

144) David D. Smits, "'We are not to Grow Wild'", p. 3과 6, 그리고 "'Abominable Mixture': Toward the Repudiation of Anglo-Indian Intermarriage in Seventeenth-Century Virginia", *The Virginia Magazine of History and Biography*, 95(1987), pp. 157~92.

145) Robert Beverley, *The History and Present State of Virginia*, ed. Louis B. Wright(Chapel Hill, NC, 1947), p. 38.

베벌리의 이 말은 그렇게 될 수도 있었는데 되지 못한 세계에 대한 때늦은 탄식이었다. 에스파냐인들 사이에서는 그와 똑같은 생각이 식민지 사회가 아직 태동 단계에 있을 때 이인종 간 결합을 위한 일련의 제안들에 영감을 제공했다. 가톨릭 공동왕은 1503년 에스파뇰라의 새 총독 니콜라스 데 오반도에게 내린 훈령에서 "일부 기독교도 남자들을 인디언 여성과 결혼시키고, 기독교도 여성들을 인디언 남성과 결혼시켜 서로 소통하고, 서로 가르치게 하며, 인디언들이 우리의 성스러운 가톨릭 신앙을 배우게 하고, 농사짓는 법과 재산 운영 방법을 가르쳐 합리적인 사람이 되게" 하라고 명령했다.[146] 이 정책이 어느 정도는 성공한 것처럼 보인다. 1514년 산토도밍고에 거주하는 171명의 기혼 에스파냐인 가운데 64명이 인디언 아내를 두고 있었다. 그러나 이들 에스파냐인들 중 대부분은 최하층 출신이었으며, 이 혼인들은 무엇보다도 이 섬에 에스파냐인 여성이 부족했던 점을 반영하는 것으로 보인다.[147] 에스파냐인 여성은 비록 비천한 출신이라도 아내감으로 선호되었다. 그러나 인디언 여성을 첩으로 들이는 것에 대해 그다지 거리낌은 없었다.

국왕은 1514년 이인종 간 혼인을 공식 승인함으로써,[148] 에스파냐인과 인디언의 결합이 인디아스 주민들에게 기독교와 문명을 전수한다는 에스파냐의 사명을 실천하는 데 도움이 될 것이라는 신념을 재확인하였다. 1526년 멕시코에서 활동 중이던 프란체스코회 수사들은 황제 카를 5세에게 인디언 개종사업에 박차를 가하기 위해서는 "이미 그 과

146) Konetzke, *Colección de documentos*, 1. pp. 12~13.

147) Magnus Mörner, *Race Mixture in the History of Latin America*(Boston, 1967), p. 26.

148) Konetzke, *Colección de documentos*, 1, doc. 28(15 October 1514). 또한 Alberto M. Salas, *Crónica florida del mestizaje de las Indias*(Buenos Aires, 1960), pp. 54~5도 같이 참조.

정이 시작되고 있지만, 기독교도와 이교도 두 민족이 서로 결합해야 하며 혼인을 통해 하나가 되어야 한다"라고 썼다.[149)] 라스 카사스는 에스파냐 농민들이 아메리카에 가서 식민지를 건설해야 한다고 주장하면서, "최상의 국가 가운데 하나, 아마도 세계에서 가장 기독교적이고 가장 평화로울 나라"를 건설하게 될 수단으로 에스파냐인과 인디언의 혼인을 제안했다.[150)]

두 민족이 혼외관계를 통해 이미 결합해 오고 있었다는 것은 의심의 여지가 없다. 코르테스 자신부터 시작해서, 정복자들은 제멋대로 인디언 여성을 취하고 또 버렸다. 하지만 정식 혼인도 없지는 않았는데, 이 경우 그 여성의 인종보다는 사회적 지위가 더 중요하게 생각되었다. 코르테스는 몬테수마의 딸 도냐 이사벨Doña Isabel을 정부로 데리고 있다가 같은 고향(엑스트레마두라) 출신 동료 페드로 가예고 데 안드라데Pedro Gallego de Andrade에게 넘겼다. 그리고 안드라데가 죽자 그녀를 다시 후안 카노Juan Cano에게 보냈는데, 카노는 그렇게 지위가 높은 아내를 맞이한 것에 대해 자부심을 느꼈던 것으로 보인다.[151)] 코르테스는 이 혼인을 멕시코 안정화를 위한 의도적 전략의 차원에서 추진했던 것으로 보인다. 그리고 그것은 그후 그의 동료들과 멕시코의 지배 가문 혹은 카시케[152)]

---

149) "Carta colectiva de los franciscanos de México al Emperador", 1 Sept. 1526, in Fray Toribio de Benavente o Motolinía, *Memoriales o libro de las cosas de la Nueva España y de los naturales de ella*, ed. Edmundo O'Gorman(Mexico City, 1971), p. 429.

150) Salas, *Crónica florida*, p. 56에서 재인용.

151) Donald Chipman, "Isabel Moctezuma: Pioneer of Mestizaje", in David G. Sweet and Gary B. Nash(eds), *Struggle and Survival in Colonial America*(Berkeley, Los Angeles, London, 1981), 2, pp. 60~2.

152) cacique; 원주민 부족의 우두머리를 지칭하는 말—옮긴이.

들의 여식들 간의 빈번한 혼인으로 이어졌다.[153] 인디언 여성이 귀족 출신인 경우 그 혼인은 불명예로 여겨지지 않았으며, 그것은 그 후 정주자들 사이에서 이런 혼인을 수용하는 분위기를 만들어 낸 것으로 보인다. 1571년 멕시코에 체류 중이던 한 상인은 에스파냐에 있는 조카에게 쓴 편지에서 자신은 기꺼이 인디언 여성과 혼인했다는 말과 함께 '에스파냐에 돌아가면 인디언 여성과 혼인한 것에 대해 말들이 많겠지만 여기서는 인디언들이 상당히 좋은 평가를 받고 있어서 인디언 여성과의 혼인이 결코 명예를 손상시키는 것이 아니다'라고 덧붙였다.[154]

이 상인이 에스파냐의 친척들에게 자신의 행동을 합리화하기 위해 그런 말을 했을 수도 있지만, 자기 조상 중에는 무어인이나 유대인이 한 사람도 없다는 주장에서 유래하는, 에스파냐 모국에 팽배해 있던 순혈純血에 대한 집착이 대서양을 건너면서 크게 약해졌을 가능성도 없지는 않다. 적어도 처음에는 신세계의 상황이 그와 같은 (순혈에 대한) 집착을 약화시키는 데 유리한 환경을 만들어 주었다. 에스파냐 출신 여성이 부족한 상황에서 인디언 여성과의 강제적 혹은 자발적 결합은 자연스러운 것으로 받아들여졌다. 이 결합으로 제1세대 메스티소 아이들이 태어났을 때 그 아이들의 아버지(에스파냐인)가 아이들을 자기 집에서 키우는 경향이 있었으며, 특히 그 아이가 아들인 경우 더욱 그랬다. 1531년 카를 5세는 멕시코 아우디엔시아에 '인디언 여성에게서 태어난 모든 에스파냐인의 아이들, 그러나 인디언들과 같이 살고 있는 아이들'을 불러 모

153) Angel Rosenblat, *La población indigena y el mestizaje en América*(2 vols, Buenos Aires, 1954), 2, pp. 60~2.

154) Otte, *Cartas privadas*, p. 61.

아 에스파냐식 교육을 제공하라고 명령했다.[155] 그러나 메스티소의 수가 점점 늘어나면서, 본능적으로 계서에 의해 작동되는 사회에서 카테고리화categorization라는 간단치 않은 문제가 나타났다. 메스티소들을 어디에 위치시켜야 옳은가? 만약 그 아이가 정식 부부 사이에서 태어났다면 자동적으로 크리오요(아메리카에서 태어난 에스파냐인)로 간주되었기 때문에 문제가 없었다. 혼인 관계에서 태어나기는 했지만 부모 가운데 한쪽만 인정하는 경우, 그 아이는 자신을 받아들인 집단에 속하게 되는 것이 보통이었다. 비록 서얼이라는 사실이 씻을 수 없는 불명예이고, 완전치 않은 동화는 모든 메스티소들 가운데 가장 유명한 사람인 잉카 가르실라소 데 라 베가[156]의 삶이 말해 주는 것처럼 당사자에게 지울 수 없는 좌절감을 가져다 주기도 했지만 말이다. 그렇지만 점차 부모 모두로부터 버림받는 메스티소들이 급증하게 되었고, 그 아이들이 계서적으로 조직화되고 집단화한 사회에서 확실한 자기 자리를 찾기란 결코 쉽지 않았다.

그 같은 문제가 영국인 정주자 공동체들에는 거의 영향을 미치지 않았음이 분명하다. 영국인 남성과 인디언 여성 간의 동거가 전혀 없지는 않았다. 1639년에는 뉴잉글랜드 식민정주자들에게는 혐오스럽기 그지없게도 영국인 여성과 인디언 남성이 동거하는 일까지 발생했다.[157] 그러나 그런 일은 에스파냐령 식민지에서 나타난 것에 비하면 극히 드

155) Mörner, *Race Mixture*, p. 55.

156) Inca Garcilaso de la Vega; 1539~1616, 에스파냐인과 인디언 사이에서 태어난 페루 출신의 작가 겸 역사가—옮긴이.

157) Ann Marie Plane, *Colonial Intimacies. Indian Marriage in Early New England*(Ithaca, NY and London, 2000), p. 36.

묻었으며, 그런 결합에서 태어난 메스티소들이 대개 역사적 기록에서 사라져 버렸다는 사실은 많은 것을 말해 준다.[158] 에스파냐령 식민지에서 흔히 나타났던 이인종 간 동거가 영국령 식민지에서는 쉽게 받아들여지지 않았음은 분명하다. 월터 롤리 경은 자신의 기아나 원정대에 대해, 에스파냐인 정복자들과는 달리 자기 일행 가운데 한 명도 인디언 여성을 건드리지 않은 것에 대해 대단히 자랑스러워했다.[159] 만약 그 자랑이 사실이라면 그 영국인들의 행동은 1537년 파라과이 강을 따라 올라가는 탐험에 참여한 70여 명의 에스파냐인 일행의 처신과는 완전히 달랐다고 할 수 있는데, 이 에스파냐인들은 그곳 인디언들이 자신들의 딸들을 주겠다고 제안하자 탐험을 중단하고 그곳에 정착하여 오늘날의 아순시온을 건설했다.

파라과이의 독특한 지역적 환경은 그곳을 에스파냐령 아메리카의 식민화에서 나타난 보다 일반적인 과정의 극단적인 예로 만들었다. 과라니족 인디언들은 적대적인 이웃 부족들에 맞서 자신들을 지키기 위한 싸움에서 도움이 될 동맹세력으로 에스파냐인들을 필요로 했다. 반면에 1,000마일 가량 떨어진 새로 건설된 부에노스아이레스 항으로부터 내륙 지방으로 이동 중이던 에스파냐인들은 과라니족의 도움 없이 그곳에 정착하기에는 그 수가 너무 적었다. 이런 상호적 필요에 기반을 둔 양쪽의 동맹관계는 과라니족이 자신의 딸들을 아내, 첩, 하녀로 에스파냐인들에게 제공함으로써 분명히 확인되었다. 정주지의 계속적인 고립, 에

158) Gary B. Nash, "The Hidden History of Mestizo America", *The Journal of American History*, 82 (1995), pp. 941~62.
159) Canny and Pagden(eds), *Colonial Identity*, pp. 145~6.

스파냐인 여성의 완전한 부재는 이곳에서 독특한 메스티소 사회가 급속하게 만들어지는 결과를 가져왔다. 메스티소 아들들은 부친을 이어 엔코멘데로가 되었으며, 대륙 다른 곳에서는 유례를 찾아볼 수 없을 정도로 인종과 문화의 융합이 진행되었다.[160)]

그러나 에스파냐인-인디언 간 동거는 에스파냐령 아메리카 전역에서 나타났고, 그로 인해 에스파냐의 교회와 국가 당국이 원래 두 공동체 사이에 그으려고 했던 구분선은 분명치 않게 되었다. 원래 에스파냐인들이 이상적이라고 생각한 사회는 '에스파냐인들의 공화국'과 '인디언들의 공화국'이라는 각각의 권리와 특권을 가진 두 개의 '공화국'으로 이루어진 사회였다. 그러나 서로 분리된 두 개의 공동체를 유지하려고 한 계획은 두 공동체 간 경계선에 걸쳐 있는 메스티소 집단이 생겨나기 시작한 지 채 한 세대도 지나지 않아서 흔들리게 되었다. 정복과 식민화에 따른 격변은 에스파냐인들과 인디언들을 매일, 그리고 가끔은 격의 없이 접촉하게 만들었다. 인디언 여성들은 하녀나 첩으로 에스파냐인의 집으로 들어갔고, 반면에 정복으로 인해 삶이 붕괴된 인디언들은 자연스럽게 정복자들의 세계에서 새로운 기회를 발견하기 위해 에스파냐인들이 건설한 새 도시들로 끌려들어 갔다.[161)]

그러므로 메스티사헤[mestizaje](혼혈) 과정에서 자연스럽게 나타난 인종과 문화의 뒤섞임은 정복과 정주 첫 단계 때부터 작동된 현상이었으

---

160) Elman R. Service, *Spanish-Guaraní Relations in Early Colonial Paraguay*(1954; repr. Westport, CT, 1971), pp. 19~20; 그리고 *CHLA*, 2, p. 76에 인용된 1620년 예수회의 보고서를 참조.

161) 에스파냐인과 인디언 간의 상호작용에 대해서는 Solange Alberro, *Les Espagnols dans le Maxique colonial. Histoire d'une acculturation*(Paris, 1992)을 참조.

며, 그것은 애초에 국왕 관리들이 만들어 내고 유지할 수 있으리라고 생각한 이원적 사회를 일찌감치 불가능하게 만들었다.[162] 국왕은 엔코멘데로들이 그들의 엔코미엔다 안에 있는 인디언 공동체에 접근하는 것을 금하는 법령을 제정할 수도 있었고, 인디언들을 레둑시온에 모여 살게 하거나, 도시 내에 그들만의 구역을 만들어 그곳에 모여 살게 할 수도 있었다. 그리고 백인 정주자들은 인디언들의 천성적인 '열등성'을 끊임없이 주장할 수도 있었을 것이다. 그러나 인디언들의 성적인 봉사 혹은 노동 봉사 없이는 살 수 없었던 백인 정주자들에 비해 인디언의 수가 압도적으로 많은 세계에서, 잉글랜드인-아일랜드 인을 나누었던 '경계'와 비슷한 어떤 것을 만들어 내 두 '공화국'을 항구적으로 분리시키기란 불가능했다.

국왕의 정책은 식민지의 관행에서 발견되는 것과 같은 분리와 통합 간의 긴장을 반영하게 되었다. 엔코미엔다는 얼마간 종교 문제를 제외하고는 통합을 막는 장애물이 되었다(엔코미엔다는 종교적 통합을 증진하기 위해 만들어진 것이었다). 그러나 1550년대에 국왕은 미혼의 에스파냐인들이 인디언 공동체 안이나 근처에 거주하는 것을 금하는 법령을 발표하면서, 동시에 '인디언들이 우리의 문명과 좋은 습관을 체득하고, 기독교 종교를 더 쉽게 이해하고 그 교리를 습득하게 하기 위해' 전통적인 관행을 무시하고 탁발수사들이 그들에게 카스티야어를 가르쳐야 한다는 법령을 발표함으로써 두 공화국 간의 언어적 장벽을 무너뜨리는

162) 분리 정책에 대해서는 Konetzke, *La época colonial*, pp. 196~7을 참조. 문화적 메스티사헤에 대한 탁월한 개관으로는 Carmen Bernand and Serge Gruzinski, *Histoire du nouveau monde*(2 vols, Paris, 1991~3), vol. 2(Les Métissages)가 있다.

첫번째 조치를 취하기도 했다.[163] 도시로 들어간 인디언들이 실용적 차원에서 카스티야어를 습득하고, 동시에 카스티야어 단어들이 대거 나와 어 어휘 속에 편입해 들어가면서 언어상의 변화 과정은 이미 진행되고 있었다.[164] 그러나 대다수 인디언 신민들은 카스티야어를 강요하는 정책에 저항하거나, 어떻게든 그 궤도 바깥에 머물려고 했으며, 다른 한편으로 탁발수사들도 대체로 국왕의 칙령을 무시하는 경향이 있었다. 또한 원주민 유모 밑에서 자란 크리오요들은 유아기 때 정복당한 자들(인디언)의 언어를 습득했고, 정복 전에 높은 수준의 언어적 통일성을 갖고 있었던 유카탄반도에서는 카스티야어가 아니라 마야인의 언어가 정복 이후 공용어가 되었다.[165] 한편 국왕은 무엇보다도 종교적인 고려 때문에 현실을 인정하게 되었다. 1578년 펠리페 2세는 인디언 언어를 모르는 사제는 인디언 관할 교구에 임명되지 못한다는 법령을 공표했으며, 2년 후에는 '인디언들에 의해 널리 사용되는 언어에 대한 지식은 가톨릭 교리를 설명하고 가르치는 데 꼭 필요하다'는 이유로 리마대학과 멕시코시티대학에 인디언 언어를 가르치는 강좌를 개설했다.[166]

영국인들은 자신들과 인디언들 간의 교류가 언어적 장벽에 부딪히게 되었을 때 처음에는 에스파냐인들과 비슷한 반응을 보였다. 인디언들은 침입자들의 언어를 배울 생각이 없었으며, 때문에 그들과 대화하거나 개종시키기 위해서는 영국인 정주자들이 낯선 인디언들의 언어

163) Konetzke, *Colección de documentos*, 1, doc. 183.

164) Lockhart, *The Nahuas*, ch. 7.

165) Farrisse, *Maya Society*, pp. 111~12.

166) Konetzke, *La época colonial*, pp. 200~4; Emma Martinell Gifre, *La comunicación entre españoles e indios. Palabras y gestos*(Madrid, 1992), pp. 188~93.

를 배우지 않으면 안 되었다. 에스파냐령 아메리카의 좀더 도시화된 세계의 원주민들에 비해 영국령 아메리카의 인디언들은 유럽인들의 언어를 배우려는 동기가 약했다. 물론 나중에 부족 구성원 중에 침입자들(영국인들)의 언어로 대화할 수 있는 사람이 몇 명이라도 있는 것이 유리하다는 것을 알게 되기는 했다. 그런데 세력 균형이 백인 정주자들에게 유리하게 기울면서 인디언들이 영어를 어느 정도라도 알아야 할 필요성도 커지게 되었으며, 결국 백인 식민정주자들은 이웃 원주민 부족들로부터 (영국인들의 지배에 대한) 복속의 한 조건으로 영국인의 언어를 배우겠다는 약속을 받아 내기에 이르렀다.[167] 영국령 아메리카에서는 에스파냐령 아메리카에서처럼 식민지 공동체 일부에서라도 원주민 언어의 습득을 적극적으로 장려하는 정책(이 정책은 나와어나 마야어 혹은 케추아어 등 주요 원주민 언어의 존속뿐만 아니라 확산이라는 의도치 않은 결과를 만들어 내기도 했다)이 추진되어야 한다는 주장이 나타나지 않았다. 에스파냐령 아메리카에서는 기독교 전교 사업에 대한 관심과 추진이 언어적 다양성에 유리하게 작용했으나 영국령 아메리카에서는 그런 현상이 나타나지 않았다.

인디언들의 조잡하고 거친 영어 습득이 발전해 가고 있던 식민지 사회에 대한 그들의 접근성을 확대시켜 주기는 했지만, 영국인 정주지의 경계 안에 거주하는 인디언들은 두 세계 모두로부터 경멸의 대상이 되는 경향이 있었다. 그들은 백인 사회에 동화되지도 못했고, 에스파냐령 아메리카의 많은 인디언 공동체들에서 나타나고 있던 집단적 정체성

---

167) Bailyn and Morgan (eds.), *Strangers within the Realm*, pp. 128~30.

을 유지하지도 못했다. 그렇게 된 이유 가운데 하나는 그들의 수가 에스파냐 지배하의 원주민 수보다 훨씬 적었기 때문이다. 그러나 둘 간의 차이는 영국령 식민지 세계와 에스파냐령 식민지 세계가 취한 상이한 정책에 기인하기도 했다. 에스파냐인들은 엄청난 수의 원주민들에 대한 지배권을 행사하면서, 그들을 한편으로는 기독교에 의해, 다른 한편으로는 에스파냐 왕의 신민이라는 신분에 수반되는 권리와 의무에 의해 정의되는 사회에 편입시키는 것을 자신들의 책무로 생각했다. 인디언들이 개종한 기독교도로서, 혹은 왕의 신민으로서 가능한 한 신의 질서에 근접하는 것을 모델로 삼은 사회 질서 내에서 자신의 지위를 향유할 권리를 갖게 한다는 것이었다.[168] 별도의 발전 전술을 통해 인디언들을 자신들이 생각하는 이상적인 사회로 끌어들이려는 바람은 인구 압박이라든지, 인디언들의 봉사를 바라는 정주자 공동체의 요구 혹은 유럽인들이 제공하지 않으면 안 되었던 것으로부터 이익을 얻으려는 인디언들 자신들의 바람과 같은 식민지의 상황에 의하여 계속 좌절되었다. 그러나 정복과 외부인의 지배로 파괴된 인디언 공동체들이 스스로 재결집하고, 새로 형성되어 가는 식민지 사회에서의 삶에 집단적인 적응을 시작할 수 있을 정도로는 정책이 유지되었다. 그리고 인디언들은 국왕 자신이 보존하기 위해서 노력을 아끼지 않았던 '인디언들의 공화국'의 유지를 위하여 많은 노력을 기울였으며, 그것은 비교적 성공적인 것으로 나타났다.

에스파냐인들은 인디언들을 장차 기독교와 문명화라는 최고의 혜

168) Richard Morse, 'Towards a Theory of Spanish American Government', *Journal of the History of Ideas*, 15(1954), pp. 71~93.

택에 이르게 해 줄 유기적이고 계서적으로 조직된 사회에 통합시키는 문제에 대해 깊이 고민하는 경향이 있었다. 그에 반해 영국인들은 처음에는 분명한 입장을 갖고 있지 않다가 결국 인디언들의 영국인화 혹은 배제 사이에 중도는 없다고 단정해 버린 것으로 보인다. 영국인들의 전교 열정은 너무나 약했고, 왕실은 너무나 멀리 떨어져 있었으며 거기다가 관심도 없어서 인디언들을 품 안에 끌어들이겠다는 이따금씩 천명한 목적을 달성할 수 있는 정책이 발전할 여지가 없었다. 영국령 아메리카에서 만약에 '인디언들의 공화국'이 세워진다면 그것은 아마도 뉴잉글랜드의 '기도 도시들'에 세워질 가능성이 높았다. 그러나 인디언들에 대해 그들이 영국인들처럼 행동하는 것을 배우든지, 아니면 사라지든지 둘 중에 택일할 것을 기대했던 정주자들에게는 그런 '공화국'에 관한 모든 개념이 매우 낯설었다. 튜더 왕조와 스튜어트 왕조의 잉글랜드는 합스부르크 왕조의 카스티야와 달리 사법상의 혹은 행정상의 반(半)자치적 고립 지역들을 용인할 생각도, 그리고 상당수에 이르는 인근의 인종적 소수 집단을 다뤄 본 경험도 갖고 있지 않았다.

정주자들 가운데 다수는 수많은 인디언들이 동화에 저항하는 것처럼 보였기 때문에 차라리 그들을 완전히 제거해 버리는 것이 낫겠다고 생각했다. 그런 생각이 백인 정주자들로 하여금 좀더 이문이 많이 남는 일을 추구하도록 만들었다. 1622년의 '학살 사건' 직후 버지니아의 총독 프랜시스 와이엇 경Sir Francis Wyatt은 '우리의 첫번째 소임은 야만인들을 쫓아내고, 거기다 소나 돼지를 키우는 것이다. 그것은 우리의 원기를 회복하게 하는 것 이상의 도움을 줄 것인데, 왜냐하면 그 이교도들과 사이좋게 지내고 그들을 동맹으로 만드는 것보다는 그들을 곁에 두지 않는 것이 훨씬 낫기 때문이다. 그들은 기껏해야 위험한 가시에 불과하다…….'[169] 그러니까 인디언들을 추방하는 것은 더 많은 정주자를 위한 공간을 확보함과 동시에, 정주자들의 곁에 있는 '가시'나 혹은 뭔가 위험한 것을 제거하는 일석이조의 효과를 낼 수 있다는 것이었다.

영국인들의 이런 반응은 부분적으로 두려움의 소산이었다. 이른바 인디언들의 '배신'과 무장충돌 사건이 있고 나서 버지니아와 뉴잉글랜드 모두에서 인디언들에 대한 태도는 점차 강경 대응 쪽으로 바뀌었고, 그런 상황에서 여전히 자신들의 수가 토지를 뺏긴 사람들에 비해 압도적으로 적었기 때문에 정주자들은(더구나 그런 사건들로 인해 대경실색해 있었던 정주자들은) 인디언들을 협박하고 잔인하게 보복하는 것을 자신들이 할 수 있는 유일한 선택지로 여겼다.[170] 만약 그것이 성공적으로 수행된다면 이제 막 형성 중에 있던 정착지들에서 인디언들을 추방하는 것은 적어도 얼마 동안은 안전을 제공할 수 있을 것처럼 보였다. 그러나 식량 조달의 측면에서 아직 원주민들의 도움이 필요했던 그 시기에 영국인들이 보인 그런 반응은 문명의 혜택을 이들 '무지몽매한' 민족들에게 가져다 줄 능력에 대해 에스파냐인들이 갖고 있던 확신을 영국인들은 갖고 있지 않았다는 것을 말해 주기도 한다.

이것은 또한 영국인들이 아일랜드에서 경험한 실패의 반영일 수도 있다. 에스파냐도 1609년 약 30만 명에 이르는 모리스코들을 이베리아 반도에서 추방하기로 했을 때 사실상 실패를 인정한 경험을 갖고 있었다. 그러나 에스파냐인의 실패가 신앙의 순수성을 이루어 낸 승리라는

---

169) 'Letter of Sir Francis Wyatt, Governor of Virginia, 1621~1626', *WMQ*, 2nd ser., 6 (1926), pp. 114~21.

170) Kupperman, *Settling with the Indians*, pp. 175~80을 참조.

명분으로 은폐될 수 있었다면 잉글랜드인들은 아일랜드인들의 완고한 (종교적) 고집 때문에 그런 교묘한 속임수를 쓸 수도 없었다. 에스파냐인들 중에는 아메리카에서 불가피하게 원주민들과 함께 살아야 했던 충격적인 사례도 없지 않았다. 선원 곤살로 게레로Gonzalo Guerrero의 예는 그 중에서도 대표적이라 할 수 있는데, 그는 타고 가던 배가 유카탄반도 해안에서 좌초되는 바람에 인근 마야인들에게 붙잡혀 그들과 함께 살고 있다가 후에 코르테스 일행에 의해 발견되었다. 발견 당시 그는 코와 귀에 피어싱을 하고 얼굴과 손에 문신을 한 채, 원주민들과 함께 잘 살고 있었다.[171] 식민화 초창기에 에스파냐인들은 영국인들이 원주민들과 처음 접촉할 때 가졌던 문화적 퇴보에 대한 과도한 두려움을 갖고 있지 않았던 것으로 보인다. 적어도 초기 단계에서는 대부분의 에스파냐인들이 만약 그 같은 딜레마에 직면하게 된다면 게레로가 아니라 그의 동료였던 헤로니모 데 아길라르와 같이 행동할 것이 분명했는데, 아길라르는 인디언들의 포로가 되어 고통을 당하고 유혹을 받았을 때도 자신의 신념을 굳게 고수했고, 게레로와는 달리 기회가 생기자 그곳에서 탈출하여 에스파냐인 동료들의 무리에 합류했다. 제임스타운 정주지로부터도 소수이기는 하지만 꾸준히 (인디언 지역으로의) 탈주자들이 생겨났다. 가난한 백인 정주자들 가운데 일부는 지체 높은 사람들의 지휘 하에 '문명화된' 공동체를 건설하는 과정에서 감수해야만 했던 엄격한 생활보다는 '거친' 인디언들과 뒤섞여 걱정 없이 사는 것을 선호하는 경향이 있었다. 그에 대해 식민지 지도자들은 우려를 표명하곤 했다.[172]

---

171) Thomas, *Conquest of Mexico*, pp. 163~4.
172) Nicholas Canny, 'The Permissive Frontier: the Problem of Social Control in English

생활이 불안정한 정주지 변경 지역에서도 궁극적으로는 기독교적 혹은 히스파니아적 가치가 승리하게 될 것이라는 강한 확신이 있었던 것으로 보인다. 탁발수사들과 국왕 관리들은 그들이 '야만적인' 민족들에게 제공하려고 하는 것[즉 유럽의 문명과 가치—옮긴이]이 분명히 (야만인들이 갖고 있는 것보다) 더 우월하다는 생각을 갖고 제국 변경 지역 유목민 혹은 반半정주 부족들에게 다가갔다. 시간이 지나면서 도시화되어 간 변경 정주지들과 선교구들의 결합이 여러 변경지역에 평화와 얼마간의 히스파니아화를 가져다 주었다. 특히 북부 멕시코에서 그런 현상이 두드러졌는데, 이곳에서는 16세기 후반 부왕의 정책이 총칼과 학살에서 외교와 종교적 설득이라는 좀더 부드러운 무기로 바뀐 것이 흉폭한 치치메카족을 순화시키는 주요 요인이 되었다.[173)]

국왕 관리들은 변경지역 인디언들에게 음식과 옷가지를 제공하는 것으로 그들을 회유하려고 했다. 탁발수사들은 의식儀式으로 그들의 기를 죽이고, 선물로 구워삶으려고 했다.[174)] 변경 지역 에스파냐 전진기지에 거주하는 사람들—병사, 목부, 광부—은 거리낌 없이 원주민들과 피를 섞었다.[175)] 탁발수사, 국왕관리, 정주자들이 서로 다른 방향으로 원주민들을 끌어들이려고 하는 경우 불가피하게 긴장이 나타나기도 했다. 그러나 그들은 모두 일관되고 통일된 문화를 서로 다른 방식으로 대변

Settlements in Ireland and Virginia 1550~1650', in Andrews, et al. (eds), *The Westward Enterprise*, pp. 30~5.

173) Powell, *Soldiers, Indians*, ch. 11.

174) Weber, *Spanish Frontier*, p. 107.

175) Ramón A. Gutiérrez, *When Jesus Came, the Corn Mothers Went Away. Marriage, Sexuality and Power in New Mexico*(Stanford, CA, 1991), p. 103; Spicer, *Cycles of Conquest*, p. 301.

하고 있었고, 그 문화는 자신들의 가치가 조만간 지배적인 것이 될 것임을 믿어 의심치 않았기 때문에 주변 민족들과 뒤섞이는 것을 두려워하지 않았다.

영국인들도 그와 비슷한 우월감을 갖고는 있었지만, 적어도 정착 초기에는 그 우월감이 낯선 환경에서 자신들의 사회적 가치가 결국 승리할 것이라는 것에 대해 그와 비슷한 정도의 확신을 수반하지는 못한 것으로 보인다. 그들 자신들의 문화적, 종교적 가치를 인디언들에게 주입시킬 수 있는 능력에 대해서도, 그리고 동료 영국인들이 유럽적인 것과는 다른 생활 방식에 직면하게 되었을 때 계속 자신들의 가치에 충실한 채로 남아 있을 수 있는지에 대해서도 확신을 갖고 있지 않았다. 종교적 차이, 사회적 차이, 단일한 노선의 결여……, 이 모두가 영국의 식민화 사업이 인디언들에게 가져다 줄 것이라고 생각되었던 기독교와 문명이라는 두 가지 메시지의 일관성을 감소시킨 것으로 보인다. 이것은 실패를 낳았고, 실패가 거듭되면서 인디언들을 끌어들이는 것이 아니라 배제하는 것이 영국인들의 관행이 되었다. 그러나 일단 인디언들이 패배하여 사회의 변경으로 물러나자 새로운 세대의 식민정주자들은 권력의식에 기반한 새로운 확신을 갖고 세상을 바라보게 되었다. 적어도 그들의 눈에는 자신들이 '야만인들'을 기독교화하거나 문명화하지는 못했지만 황야를 개척하고 땅을 바꾸어 놓는 일에 있어서는 대단한 업적을 이루었다고 주장할 수 있었다.

4장_아메리카 자원의 이용과 약탈

약탈과 '개선'

아메리카에 대한 유럽인들의 첫번째 이미지는 풍요, 즉 금이 생산되는 강, 비옥한 들판, 맛있는 과일로 가득 찬 지상낙원, 바로 그것이었다.[1] 그곳에는 무엇보다도 금이 있었는데, 처음에는 에스파뇰라에 있는 강들에서 얻을 수 있는 금이,[2] 그러고는 멕시코의 금이, 그후에는 페루의 금(즉, 아타왈파의 몸값으로 지불된 금—공식적으로는 그 가치가 132만 6,539금화 페소pesos of gold와 5만 1,600은화 마르크silver marks로 계산되었지만, 실제 액수는 그보다 훨씬 많았음이 분명하다[3]—)이 엄청나게 부유한 땅으로서의 아메리카의 이미지를 각인시켰다. 그러나 인문주의자이며 연대기작가이기도 한 페드로 마르티르 데 앙글레리아Pedro Mártir de

---

1) Columbus, *Journal*, p. 59에 기록되어 있는 콜럼버스의 첫 번째 항해에서 그가 쿠바에 대해 기술하고 있는 내용을 참조. 그리고 그에 관한 개관에 대하여는 Hugh Honour, *The New Golden Land. European Images of America from the Discoveries to the Present Time* (New York, 1975) 참조.

2) 콜럼버스의 '금의 강'에 대해서는 Thomas, *Rivers of Gold*, p. 122 참조.

3) Antonello Gerbi, *Il mito del Perù* (Milan, 1988), p. 29.

Anglería가 언급했듯이, '모든 사람들이 부를 찾아 떠난 곳은 추운 북쪽이 아니라 따뜻한 남쪽이었다.'[4] 그리고 결국 수포로 돌아가기는 했지만 월터 롤리경이 엘도라도를 찾아 탐험을 떠난 것도 당연히 남쪽이었다.

남쪽—중아메리카와 남아메리카 본토—은 귀금속을 획득할 수 있다는 전망과 실제를 제공했을 뿐만 아니라 원주민 사회의 노동력 공급과 잉여 생산에의 접근 가능성까지 제공해 주었다. 그리고 남쪽 사회는 북쪽 사회보다는 지역의 자원을 유럽인들의 필요와 기대에 더 잘 부응하는 방식으로 이용해 온 사회였다. '추운 북쪽'의 수렵채집인들은 후에 인디언-유럽인 간 무역의 한 요소가 되는 모피 말고는 유럽인들에게 제공할 것이 거의 없었다. 그에 비해 남부 뉴잉글랜드와 그 아래 해안지역 원주민들의 라이프 스타일은 좀더 농업적이었고, 그것은 정주 초기 많은 백인 식민정주자들의 목숨을 부지하게 해 줄 잉여 식량 생산을 가능케 했다. 그런 라이프 스타일은 또한 숲에서 나무를 베고 들판을 개간하는, 그래서 그렇지 않았더라면 울창한 숲으로 가득 찼을 땅의 개간을 효과적으로 수행하게 해 주기도 했다. 그에 비해 계절에 따라 비옥한 토양을 찾아 옮겨 다니고, 쉽게 휴대할 수 있는 몇 가지 가재도구에 의존해 삶을 살아가고 있던 인디언들은 노동력으로나 공납원으로나 분명 밝은 전망을 제공해 주지 못했다.[5]

그러므로 영국인 식민정주자들이 아메리카에, 즉 자연의 풍족함은 드문드문 산재해 있을 뿐이고, 전체적으로는 저주 받은 것처럼 보이는

4) Honour, *The New Golden Land*, p. 18.

5) *The Cambridge Economic History of the United States*, ed. Stanley L. Engerman and Robert E. Gallman, 1, *The Colonial Era*(Cambridge, 1996), p. 95; 그리고 인디언들의 일반적인 토지 사용에 대하여는 Cronon, *Changes in the Land*를 참조.

세계에 도착하여 곤혹감을 느끼게 된 것은 당연했다.[6] 땅을 '개선'하는 데는 많은 수고가 필요했는데, 인디언들이 그 일에 기꺼이 나서려고 하거나, 혹은 그것을 할 수 있을 것 같아 보이는 징후는 어디서도 찾아볼 수 없었다. 반면에 멕시코와 페루에 도착한 에스파냐인들은 그 모습이 대단히 기이하기는 했지만 비교적 이해할 수 있는 방식으로 작동하고, 또 기본적인 생존의 필요를 충당하는 정도가 아니라 그 이상의 과업 수행을 위해 대규모의 노동력을 동원할 줄 아는 정치체들로 조직화된 대규모 인구 집단을 발견했다. 깃털이나 카카오 콩이 금이나 은보다 더 귀하게 여겨지는 현상에 익숙해지는 것이 그리 쉽지는 않았지만 그렇더라도 그곳의 원주민들이 기율 잡힌 정치체, 농사 기술, 예술이나 수공업 기술을 갖고 있었고, 그 때문에 정복자들에게 유익한 재산이 될 수 있는 민족이라는 사실에는 변함이 없었다.

에스파냐인들은 자신들이 패배시킨 특권적인 엘리트들의 지위 안으로 어렵지 않게 스며들어 갔고, 그들은 눈앞에 펼쳐져 있는 눈부신 기회를 이용하는 데 주저하지 않았다. 정복에 대한 그들의 첫번째 반응은 동산의 형태로 된 전리품을 탈취해 나눠 갖는 것이었다. 또 그들은 정복이 초래한 혼란에도 불구하고 비교적 여전히 잘 작동되고 있었던 (원주민들의) 경제제도와 공납체계를 재빨리 자신들의 것으로 만들었다. 그러나 그들은 자제할 수 없는 탐욕을 만족시키기 위해 서둘러서 이 시스템들을 원래 취지와는 다르게 변질시켰다. 특히 페루에서 그런 현상이 두드러졌는데, 거기에서 에스파냐인들은 원래 해안지역으로부터 안

6) 초창기 영국인들이 아메리카의 새 환경에 대해 가졌던 기대와, 점차 현실에 적응해간 사실에 대해서는 Kupperman, 'The Puzzle of the American Climate'을 참조.

데스 고지에 이르는 지역의 다양한 고도와 생태 환경에서 살고 있는 주민들에게 충분한 식량을 공급하기 위해 만들어진 노동 조직과 재분배 체계를 원주민들로부터 물려받았다.[7] 멕시코와 페루 정복 이후 처음 20~30년 동안은 정복자들이 별 생각 없이 모종의 약탈 경제를 유지한 것이 사실이다. 거기에 엔코미엔다 제도라는 겉으로는 그럴듯한 모습을 부여하기는 했지만(엔코미엔다 제도는 원래 백인들의 모종의 정신적 혹은 도덕적 의무를 수반하는 것으로 계획되었다), 실제로 이 제도는 원주민들을 억압하고 착취하는 것을 허락하는 허가증에 다름 아닌 것이 되고 말았다.[8]

에스파냐인 정복자들은 피정복민들의 노동에 기대어 살아가는 것에 만족하기도 했지만, 어떻게든 충실하게 본국 특권 계급의 그것과 똑같은 라이프 스타일을 유지하려고 했다. 그들의 취향은 카스티야, 엑스트레마두라 혹은 안달루시아에서 이미 만들어진 것이었고, 수중에 부가 들어온 지금 그 취향을 포기할 생각이 없었다. '인디아스에서 자기네 고향 땅의 산물을 발견하려는 에스파냐인들의 열망은 너무나 강해서 그 욕구를 만족시키기 위해서 그들은 어떤 수고나 위험도 마다하지 않았다'라고 잉카 가르실라소 데 라 베가는 쓰고 있다.[9] 그들은 본국에서 마셨던 포도주를 마시려고 했고, 본국에서 먹었던 오렌지를 먹으려고 했

7) 안데스 정주지의 '군도(群島)적' 양상과 수직적 지배 체제에 대하여는 특히 John V. Murra, *Formaciones económicas y políticas del mundo andino*(Lima, 1975)와, 그의 논문 'Andean Societies Before 1532', *CHLA*, 1, ch. 3을 참조.

8) 1530년대~1560년대 페루의 '약탈 경제'에 대하여는 Karen Spalding, *Huarochirí, An Andean Society under Inca and Spanish Rule*(Stanford, CA, 1984), p. 109 참조.

9) José Durand, *La transformación social del conquistador*(2 vols, Mexico City, 1953), 1. pp. 41~2에서 재인용.

다. 개와 말, 강철 칼과 대포를 원했다. 그들은 과거 모국에서 소유했거나 하고 싶어 했던 것을 아메리카에서도 소유하고, 하려고 했다. 그들은 자신들의 전통적인 주식인 소고기와 빵을 먹고 싶어 했다.

이런 욕구를 만족시키는 것은 에스파냐인들이 (인디오들로부터) 이어받은 경제에 중대한 변화를 가해야 하는 것이었고, 그 변화는 다시 그들이 정주한 땅의 생태에 큰 변화를 가져다 줄 것이었다. 아메리카 문명은 옥수수를 기반으로 하고 있었다. 메소아메리카와 안데스 사회가 그처럼 거대한 인구를 부양하고, 농업 잉여를 창출할 수 있었던 것은 무엇보다도 파종량 대 수확량의 비율이 1대 60이 넘었던(1대 150 정도였다고 주장하는 연대기작가들도 있다) 옥수수였다(근대 초 시기 유럽의 밀은 그 비율이 1대 6에 불과했다).[10] 에스파냐인 정주자들이 옥수수로 만든 토르티야tortillas에 서서히 적응해 가기는 했지만,[11] 여전히 밀로 만든 빵을 먹고 싶어 했으며, 빵에 대한 그들의 집착은 식민 시대 말까지 계속되었다. 때문에 가난한 식민정주자들의 주식은 거친 빵이었고, 좀더 부유한 사람들은 가격이 두 배가 넘는 흰 빵을 먹었다.[12] 그에 비해 북쪽 잉글랜드인 정주자들은 환경 때문에 어쩔 수 없어서였겠지만 훨씬 더 높은 적응력을 보여 주었다. 인디언들의 옥수수는 그들의 식단에서 필수요소가 되었다. 옥수수는 재배하기도 쉽고 생산성도 매우 높았기 때문에 영국의 곡물(밀 등)보다 더 바람직한 품목으로 간주되었다. 뉴잉글랜드의 기

---

10) Arturo Warman, *La historia de un bastardo. Maíz y capitalismo*(Mexico City, 1988), p. 27; MacLeod, *Spanish Central America*, p. 18.

11) Alberro, *Les Espagnols dans le Mexique colonial*, pp. 46~9.

12) John C. Super, *Food, Conquest, and Colonization in Sixteenth-Century Spanish America*(Albuquerque, NM, 1988), pp. 32~7; Arnold J. Bauer, *Goods, Power, History. Latin America's Material Culture*(Cambridge, 2001), pp. 86~90.

후는 밀 생산에 불리하기도 했다. 밀, 보리, 오트밀, 라이밀 등이 17세기 말 체서피크 식민지들에서 충분히 생산되고, 소량을 수출할 정도가 되기도 했지만 그들의 '가장 중요한 식품'은 밀이 아니라 옥수수였다.[13)]

에스파냐인들의 정주 지역에서는 밀 경작을 위한 모든 시도가 무위로 돌아간 바 있었던 카리브제도를 제외하고는,[14)] 방대한 규모의 땅이 밀밭으로 바뀌었다. 인디언들은 옥수수 위주의 식단을 고수했기 때문에 멕시코와 페루의 풍광을 바꾸기 시작한 밀밭은 오로지 정복자들과 백인 정주자들을 위한 것이었다. 원주민 인구의 감소로 점차 땅이 풍부해지자 부왕들은 이해관계를 가진 집단들에게 토지를 하사할 수 있게 되었고,[15)] 점증해 간 소읍과 도시들은 새 대농장들에서 생산되는 생산물을 매각할 수 있는 준비된 시장을 제공해 주었다.

동시에 소, 양, 말, 염소 등 유럽산 가축의 도입과 그것들의 급속한 번식으로 아메리카 영토는 더 극적으로 변했다. 옥수수 밭을 짓밟고 돌아다니고, 밭작물들을 먹어치움으로써 인디언들의 농업에 엄청난 해를 끼쳤던 이 가축들의 출현은 사업가적 마인드를 가진 백인 정주자들에게 또 한 번의 기회를 제공했는데, 다시 성장 일로에 있던 국내 시장을 염두에 두고 목축업에 뛰어들게 한 것이 그것이었다. 목축 경제는 주로 누에바에스파냐 부왕령에서 발전했는데, 이곳에서는 에스파냐의 메스타 Mesta[중세 에스파냐의 목양주들의 조합—옮긴이] 제도가 목축업자들의

13) Cronon, *Changes in the Land*, pp. 154~5; Jack P. Greene, *Pursuits of Happiness. The Social Development of Early Modern British Colonies and the Formation of American Culture*(Chapel Hill, *NC and London*, 1988), p. 86; Horn, *Adapting to an New World*, p. 144, 그리고 '가장 중요한 식품'에 대하여는 278을 참조.

14) Super, *Food, Conquest, and Colonization*, p. 19.

15) François Chevalier, *La Formation des grands domaines au Mexique*(Paris, 1952), p. 66.

이익단체를 위한 모델이 되어 주었다.[16] 말과 소의 사육으로 특히 멕시코 북부 지역과 페루의 시에라(구릉) 지대에 아시엔다 혹은 에스탄시아라고 알려진 대규모 영지들이 만들어졌다.[17] 페루의 부왕 정부는 가난한 정주자들에게 토지를 제공함으로써 해안 지역에서 후에 뉴잉글랜드와 중부 식민지들에서 발전하게 되는 것과 비슷한 형태의 소농 계급의 발전을 기대한 것으로 보인다. 그러나 그들의 농장(차르카charcas라고 알려져 있다)은 자본 부족과 제한된 시장 때문에 경제적으로 살아남지 못한 경우가 많았다. 그리하여 16세기 말경이면 그중 상당수가 대지주들에게 흡수되었다.[18]

백인 정주자들이 필수 식료품을 처음에는 본국에 압도적으로 의존하던 경향이 있었으나 상업적 농업, 소와 양 사육의 발전, 칠레와 페루에서 시작된 포도 재배 등으로 그 의존도가 약화되기 시작했다. 그러나 1570~80년까지도 에스파냐 산 농산물—곡물, 포도주, 올리브유—은 세비야로부터 들어오는 화물 가운데 압도적인 비중을 차지했다.[19] 정주자들은 어떻게든 이 수입 생필품들과 자신들이 갖고 싶어 하는 사치품들—고급 직물류, 옷가지, 금속류, 가구, 책 등—을 구입하고 그에 대해 대가를 지불할 방법을 찾아야 했다. 그러기 위해서는 수출무역을 유지할 수 있는 적절한 품목을 선정하고 개발해야만 했다.

---

16) William H. Dusenberry, *The Mexican Mesta*(Urabana, II, 1963)

17) Charles Julian Bishko, 'The Peninsular Background of Latin American Cattle Ranching', *HAHR*, 32 (1952), pp. 491~515; Chevalier, *La Formation*, part 1, ch. 3; Robert G. Keith, *Conquest and Agrarian Change. The Emergence of the Hacienda System on the Peruvian Coast*(Cambridge, MA and London, 1976), p. 60.

18) Keith, *Conquest and Agrarian Change*, pp. 92~105.

19) Pierre Chaunu, *L'Améque et les Amérique*(Paris, 1964), p. 92.

북아메리카의 영국인 정주자들도 후에 그와 비슷한 품목, 즉 본국에서 많이 생산되지 않아서 해외 사업에 대한 자본과 재원의 투자를 정당화해 줄 품목을 찾아야 하는 상황에 직면하게 될 것이었다. 윌리엄 우드William Wood의 책 『뉴잉글랜드의 전망』*New England's Prospect*, 1634은 그 자신의 이야기를 담고 있었다. 토지 비옥도와 관련하여 그는 '자연 그대로의 땅이라면 나는 뉴잉글랜드가 서리Surrey[잉글랜드 남동부의 주—옮긴이]나 미들섹스Middlesex[잉글랜드 남동부의 옛 주—옮긴이]보다 낫다고 생각한다. 서리나 미들섹스는 꾸준히 거름을 주지 않으면 뉴잉글랜드의 가장 보잘 것 없는 땅보다 더 척박한 곳이 되고 말 것이다. 뉴잉글랜드는 개선이 이루어지고 세월이 지나면 잉글랜드보다 더 좋은 땅이 될 것이다'라고 했다. 지하자원과 관련해서는 '경험과 지식이 많지 않아서 자신 있게 말할 수는 없지만 …… 이 지역에 철광석이 매장되어 있다는 것은 분명하다 …… 또 단언할 수는 없지만 (뉴잉글랜드 지역의) 황량한 산지에 "에스파냐인들의 행복"(즉 금)이 묻혀 있으리라는 것 역시 결코 부인하지 못할 것이다'라고 말했다. 그리고 그 외 다른 자원에 대해서는 '그 땅이 제공하는 또 하나의 귀중한 품목은 풍부한 목재다……'라고 말했다.[20] 뉴잉글랜드인들은 후에 모국이 필요로 하는 물품에 관하여 자기들이 정주한 그 지역의 전망이 그리 밝지 않다는 것을 알게 된다.

아메리카 본토의 식민화 초기 단계에서 에스파냐인들이 추진한 일은 상당히 잘 풀려 나갔다. 약탈할 만한 것을 약탈하고 나서 그들의 첫번째 본능은 최소한의 가공 혹은 개발만을 필요로 하는 품목을 찾아내는 것이었다. 그 중에서 가장 중요한 것이 사금이었다. 진주도 포함될 수 있

---

20) Wood, *New England's Prospect*, pp. 35, 37, 38.

겠는데, 이 진주는 베네수엘라의 쿠마나Cumaná 해안에서 콜럼버스에 의해 처음 발견되었고, 처음에는 원주민과의 거래를 통해 획득되었으나 후에는 쿠바구아Cubagua 섬의 양식장에서 체계적으로 양식되기 시작했다.[21] 염료도 모국으로부터의 수요가 컸다. 1526년, 전통적인 '베네치아의 진홍색'보다 훨씬 우수한 붉은색을 내는 염료 원료인 코치닐이 멕시코에서 유럽으로 처음 수출되었고, 후에 그것은 수익성이 매우 좋은 대양 횡단 무역의 주요 품목이 되었다.[22] 이어서 인디고가 중아메리카의 수출 작물로 대두되었는데, 이 인디고 생산은 코치닐과 달리 기계 공정을 필요로 했다.[23] 유럽 시장에서 팔린 다른 아메리카산 작물들 가운데 주목할 만한 것이 카카오였다. 누에바에스파냐의 초기 백인 정주자들은 원주민들을 통해 초콜릿 맛을 알게 되었다. 신속한 부의 원천을 발견하기를 원했던 중앙아메리카 북부 이살코스Izalcos의 정주자들이 세기 중엽 카카오를 생산하기 시작했는데, 이는 점점 커져가는 멕시코 시장의 수요를 겨냥한 것이었다.[24] 이 카카오 붐은 얼마 가지 않아 사라졌다. 그러나 16세기 말 누에바에스파냐는 다시 에스파냐 본국에 카카오를 수출하게 되었다. 에스파냐에서는 멕시코산 초콜릿이 엘리트층 사이에서 탐닉의 대상이 되었으며, 심성이 선한 사람들 사이에서 그것은 중대한 도덕적 우려의 대상이 되기도 했다.[25]

---

21) Enrique Otte, *Las perlas del Caribe. Nueva Cádiz de Cubagua*(Caracas, 1977).

22) Richard L. Lee, 'American Cochineal in European Commerce, 1526~1635', *Journal of Modern History*, 23(1951), pp. 205~24. 코치닐의 역사에 대하여는 Amy Butler Greenfield, *A Perfect Red. Empire, Espionage, and the Quest for the Color of Desire*(New York, 2005)를 참조.

23) MacLeod, *Spanish Central America*, ch. 10; Chevalier, *La Formation*, pp. 87~9.

24) MacLeod, *Spanish Central America*, ch. 5.

또한 구세계에서 신세계로 이식된 품목에 기반한 수출로부터도 얻을 수 있는 이익이 있었는데, 이제 에스파냐령 카리브제도와 대륙 본토 식민지에서 어슬렁거리며 돌아다니는 가축들에서 얻어지는 짐승가죽과 콜럼버스가 두번째 항해 때 에스파뇰라로 갖고 간 사탕수수가 바로 그것이었다. 식민화 물결이 대륙 본토 쪽으로 옮겨 가고, 원주민들이 죽어 나가면서 섬들이 거의 버려지고 황폐화하면서 짐승가죽과 사탕수수는 에스파뇰라 경제의 근간으로 떠올랐다. 1520년대 들어 에스파뇰라의 미래에 이해관계를 갖고 있던 부유한 엔코멘데로들이 국왕 관리들의 지원과 격려하에 제당소를 만들기 시작했다. 이것이 에스파냐령 앤틸리스제도에서 발전하게 되는 플랜테이션 경제의 시작이었으며, 그것이 절정에 이른 1558년에는 6만 아로바[26]의 설탕이 세비야로 수출되었다. 1558년 이후 이곳의 설탕 생산은 아메리카 다른 지역에서 더 싸게 생산됨에 따라 가격 경쟁에서 밀려 이베리아 시장에서 사라지게 된다.[27] 멕시코 정복이 있고 나서 몇 년이 지나지 않아 설탕 생산은 에르난 코르테스가 툭스틀라Tuxtula와 쿠에르나바카에 제당소를 세우면서 (아메리카) 본토로 옮겨갔다. 이렇게 생산된 설탕 가운데 대부분은 수출되었고, 코르테스의 플랜테이션은 사업상의 부침이 있기는 했지만 식민 시대 내내

---

25) Antonio de León Pinelo, *Questión moral si el chocolate quebranta el ayuno eclesiástico* (Madrid, 1636; facsimile edn. Mexico City, 1994).

26) arrobas; 무게의 단위. 지역마다 다르기는 하지만 1아로바는 대략 13킬로그램에 해당한다—옮긴이.

27) David Watts, *The West Indies. Patterns of Development, Culture and Environmental Change since 1492*(Cambridge, 1987), pp. 125~6; Frank Moya Pons, *La Española en el siglo XVI, 1493~1520*(Santiago, Dominican Republic, 1978), pp. 256~68; Sauer, *The Spanish Main*, pp. 209~12; Robin Blackburn, *The Making of New World Slavery. From the Baroque to the Modern, 1492~1800*(London, 1997), p. 137.

살아남았다.[28)]

이처럼 에스파냐령 아메리카 세계 전체에서 손쉽게 얻을 수 있는 전리품이 줄어들면서 약탈은 개발에 자리를 내주게 되었고, 정복자와 초기 이주자들은 가까운 장래에 아메리카에서 획득한 부를 싸들고 고국에 돌아갈 가능성이 크지 않다는 것을 점점 분명히 인식하게 되었다. 그들의 이런 전망이 제2의 가정을 찾아, 그리고 윌리엄 우드의 말을 빌면 '풍요로운 생활보다는 넉넉한 수입을 찾아' 대서양을 건너온 뉴잉글랜드의 초기 주민들의 그것과 많이 달랐음은 의심의 여지가 없다.[29)] 물론 그 중에는 초기부터 큰 사업에 뛰어들어 1636년 자신의 아버지 윌리엄에 의해 건설되기도 했고, 또 자기 고향이기도 한 매사추세츠 스프링필드 시의 경제와 정치를 지배했던 존 핀천John Pynchon 같은 사업가도 있었지만, 뉴잉글랜드 주민들의 다수는 소박한 농장에서 농사와 목축으로 조금씩 재산을 늘려 가는 것에 만족했다.[30)] 그러나 위의 두 경우 모두 살아남아야 한다는 강박관념이 이주자들로 하여금 무엇보다도 지역 자원을 개발하고, 이주민 공동체의 성장으로 생겨난 기회를 이용할 수 있는 최선의 방법을 강구하게 만들었다.

유럽인들의 눈에 개선되지도 개발되지도 않아 보였던 아메리카 대륙은 수완 있고, 기꺼이 위험을 감수할 각오도 되어 있는 사람들에게 엄청난 가능성을 제공했다. 그러나 제반 조건이 자본이나 노동, 혹은 둘 다의 형태로 이미 재원을 가지고 있던 사람들에게 유리했음은 물론이

---

28) Ward Barrett, *The Sugar Hacienda of the Marqueses del Valle*(Minneapolis, 1970).

29) Wood, *New England's Prospect*, p. 68, 37.

30) Stephen Innes, *Labor in a New Land. Economy and Society in Seventeenth-Century Springfield*(Princeton, 1983).

다. 그런 사람들은 유리한 위치 때문에 쉽게 돈을 빌릴 수 있었고, 누에바에스파냐와 페루 부왕령에서 생겨나고 있었던 오브라헤[직물업 작업장—옮긴이] 같은 새로운 모험사업에 뛰어들 수도 있었다.[31] 초창기에는 에스파냐령 카리브해의 식민화 사업에 에스파냐와 유럽의 자본이 투자되었지만, 그 이후 에스파냐령 아메리카 세계의 발전은 대개 (아메리카의) 지역 자본과 재원에 의존해야 했다. 불규칙하기는 했지만 상당량에 달했던 금의 공급, 콜럼버스 이전 아메리카 제국들의 패배 이후 인디언들의 공납과 노동력의 유입으로 영국령 아메리카에서보다는 에스파냐령 아메리카에서 초기 자본 형성이 더 용이했다. 이런 부의 원천에 쉽게 접근할 수 있었던 상인, 엔코멘데로, 국왕 관리들이 특히 구세계의 요구에 응답하기 위해 신세계를 개조해야만 하는 상황이 만들어 낸 새로운 기회를 이용하는 데 유리한 위치에 있었다.

그러나 에스파냐령 아메리카 영토의 기대치를 극적으로 바꾸어 놓은 것은 1540년대 멕시코 북부와 안데스 지역에서 발견된 대규모 은광들이었다. 누에바에스파냐에서 첫번째 은광이 발견된 것은 정복되고 나서 10년이 채 지나지 않아서였지만 결정적인 사건은 1546년 사카테카스 북부 고원지역에서 은광이 발견되고, 그 후 수십 년 동안 그 인근 지역에서 또 다른 은광들이 연이어 발견된 것이었다.[32] 페루의 에스파냐인들은 이미 그 전해 안데스 동쪽 산맥에서 특별한 은산[銀山]을 발견한 적이 있었다. 이런 놀라운 은광들의 발견으로 감소 추세에 있던 약탈에 의

31) Richard J. Salvucci, *Textiles and Capitalism in Mexico. An Economic History of the Obrajes, 1539~1840*(Princeton, 1983).

32) P. J. Bakewell, *Silver Mining and Society in Colonial Mexico, Zacatecas 1546~1700* (Cambridge, 1971).

한 금 공급 대신 은이 아메리카 내 에스파냐 제국의 가장 중요한 광물 자원으로 등장하게 되었다.[33]

비록 에스파냐와 그 해외 영토의 지표 아래 심토에 대한 소유권은 국왕에게 있었지만[34] 누에바에스파냐의 광산업 발전에 대한 국가의 독점은 일치감치 포기되었다. 국왕에게 은이 절실히 필요했던 것은 사실이지만, 새 광맥을 발견하고 그것을 효과적으로 개발하고 채굴하는 일은 오로지 민간 기업을 통해서만 가능했다. 그러므로 국왕은 그 일을 해보겠다고 나선 사람들에게 항구적 양도의 형태로 시굴과 채광의 권리를 허가해 줄 준비가 되어 있었다. 대신 그 권리를 부여받은 사람은 국왕의 재정관에게 채굴한 전체 은 가운데 일부──2할세(5분의 1) 혹은 누에바에스파냐에서는 대개 1할세(10분의 1)──를 바쳐야 했다.[35] 비록 사기와 기만이라는 비싼 대가를 치러야 하기는 했지만 누에바에스파냐와 페루에서 광산업 경제가 급속히 발전할 수 있었던 것은 이처럼 심토에 대해 국왕이 자신의 권리를 포기했기 때문에 가능했다.

두 아메리카 부왕령에서 은이 대규모로 생산되기 시작한 것은 그 지역 경제와 사회에 큰 충격을 가져다 주었고, 그 충격은 귀금속을 원했으나 충분히 발견되지는 않은 아메리카 다른 지역들로 파도처럼 퍼져나가게 된다. 그것은 즉각 채광 기술과 생산 기술의 발전을 자극했다. 특히 안데스 지역과 달리 원주민의 전통적인 야금 기술조차도 이용할 수

---

33) Peter Bakewell, *A History of Latin America*(Oxford, 1997), p. 180; 그리고 Richard L. Garner, 'Long-Term Silver Mining Trends in Spanish America. A Comparative Analysis of Peru and Mexico', *AHR*, 93 (1988), pp. 898~935를 참조.

34) See above, pp. 40과 421 n. 70을 참조.

35) Bakewell, *Silver Mining*, pp. 181~2.

없었던 누에바에스파냐에서 먼저 반응이 나타났다. 가장 중요한 발전은 1550년대에 누에바에스파냐에서 수은의 아말감(혼합)을 이용하여 광석에서 은을 추출하는 기술이 개발된 것이다. 이 아말감 추출법이 안데스 지역에 전해지는 데는 약 20년이나 걸렸는데, 그렇게 된 것은 포토시의 에스파냐인 기업가들이 인디언 광부들에게 이 신기술을 전해 주지 않고 계속해서 그들의 전통적인 기술에 의존하게 함으로써 비용도 줄이면서 신속한 이익을 얻으려고 했기 때문이었다.[36] 결국 나중에 이 새 기술이 도입되자 은 생산이 획기적으로 증대했으며, 그것은 다행히도 1563년 리마 남동쪽 산지인 우앙카벨리카에서 수은 광산이 발견되어 그때까지 에스파냐 알마덴 광산으로부터 수입해 들여와야 했던 수은을 일부 대체할 수 있게 됨으로써 더욱 용이하게 되었다.[37]

대규모 광산 경영의 도입은 자본과 전문 기술의 집중화를 요하였고, 에스파냐와 인디아스 다른 지역 투기꾼과 상인들을 광산지역으로 끌어들였으며, 그들은 광부들에게 물건과 자금을 먼저 제공하고 후에 은광석으로 돌려받았다. 새 은광을 발견하려는 활발한 노력은 북부 멕시코에 새 정주지와 도시들이 생겨나게 한 주된 동력이었으며, 해발 1만 3,000피트라는 공기조차 희박한 안데스 산맥 높은 곳에 위치한 포토시는 17세기 초 무렵이면 원주민과 에스파냐인을 합쳐 인구 10만이 넘는 서구 세계에서 가장 큰 도시 가운데 하나가 되었다(그림 11).[38] 대규모

---

36) Peter Bakewell, *Miners of the Red Mountain. Indian Labor in Potosí 1545~1650* (Albuquerque, NM, 1984), p. 18.

37) G. Lohmann Villena, *Las minas de Huancavelica en los siglos XVI y XVII* (Seville, 1949); Bakewell, *Silver Mining*, ch. 7.

38) Peter Bakewell, *Silver and Entrepreneurship in Seventeenth-Century Potosí. The Life and Times of Antonio López de Quiroga* (Albuquerque, NM, 1988), p. 23.

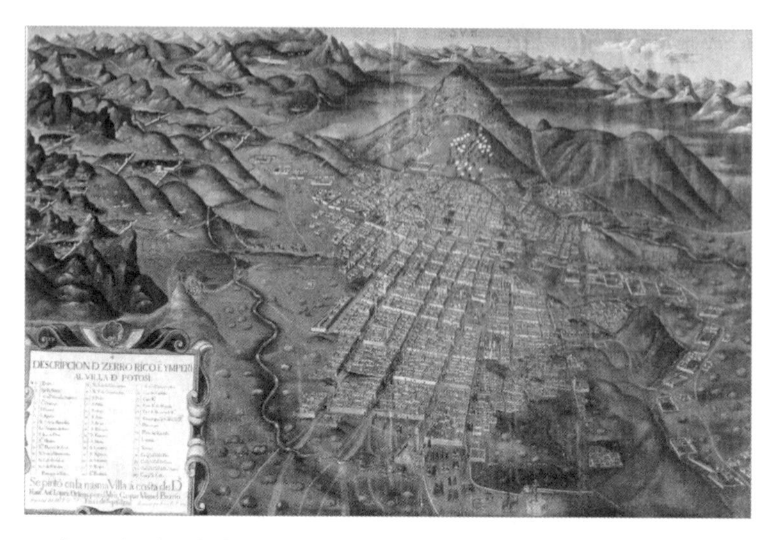

〈그림 11〉 가스파르 데 베리오(Gaspar de Berrio)의 「세로리코Cerro Rico와 제국 도시 포토시의 전경」(1758). 세로리코, 즉 은산(銀山)이 배경처럼 뒤에 우뚝 솟아 있고, 격자형으로 된 포토시 시가 그 앞에 펼쳐져 있다. 왼쪽에는 에스파냐인들이 은을 정제할 목적으로 물레방아를 돌리기 위해 만든 인공 호수와 댐이 있다. 광산에서 작업이 계속되는 동안 한 종교행렬이 신도단 깃발들을 들고 산 아래로 내려오고 있다. 안데스 산맥 해발 1만 3,000피트 지점에 위치한 포토시는 18세기 중엽 6만 명 정도의 인구를 갖고 있었는데, 이는 10만 명 이상의 인구를 자랑하면서 서방 세계에서 가장 큰 도시 가운데 하나였던 1600년에 비하면 상당히 감소한 것이다.

도시의 발전은 다시 인구가 증가하면서 점점 더 넓은 구역으로부터 식량과 물자를 들여와야 했기 때문에 농업과 목축업의 발전을 자극했다. 포토시는 결국 칠레의 태평양 해안(생선, 포도, 설탕의 생산지)으로부터, 파라과이와 부에노스아이레스 지역(육류 공급을 위한 소와 양의 사육지)에 이르는 광대한 집수集水 구역에 (식량과 물자를) 의존하게 되었다.[39]

---

39) Gwendolin B. Cobb, 'Supply and Enrepreneurship in Seventeenth-Century Potosí Mines, 1545~1640', *HAHR*, 29(1949), pp. 25~45. Zacarias Moutoukias, *Contrabando y control colonial en el siglo XVII. Buenos Aires, el Atlántico y el espacio peruano*(Buenos Aires, 1988)는 이 제도가 어떻게 작동했는지에 관하여 상세하고 가치 있는 설명을 제공한다.

은의 생산과 주조는 에스파냐령 아메리카의 점점 넓은 지역에 부분적으로나마 화폐경제를 가져다 주었다. 멕시코의 정복자들과 정주자들은 전에는 카카오 콩, 옷 등의 상품이 화폐로 이용되던 이곳에서 새로운 교환수단을 필요로 했다. 에스파냐로부터의 주화 공급은 단속적이고 불충분했으며, 그래서 한차례 논란이 벌어진 다음 1536년 멕시코시티에 화폐 주조소를 세워 은화와 동화를 주조했다(그 중 동화는 1565년 인디언들이 그것을 오남용한다는 것이 알려지면서 주조가 중단되었다).[40] 1565년에는 리마에 두번째 화폐 주조소가 세워졌다가 후에 포토시로 옮겨갔으며, 1574년 이 도시의 중앙광장 남쪽에 자리 잡은 화폐 주조소Casa de Moneda는 차후 지구 전역에서 통용될 은화를 주조하기 시작했다.[41]

주화가 도입되자 인디언들은 그들의 전통적 화폐인 카카오 콩과 함께 멕시코 시장에서 사용하기 시작했다.[42] 원주민들이 화폐와 복잡한 거래에 친숙해진 현상은 에스파냐인들이 원주민들을 화폐 경제에 끌어들이려는 목표를 이루는 과정에서 중요한 역할을 했다. 1567년 페루에 사는 한 에스파냐인 판사는 '노동에 대한 대가로 그들(원주민들)에게 자기 소유의 땅과 돈을 지불하여, 지역에서 생산된 양羊과 에스파냐에서 들여온 소牛 등을 살 수 있게 하면 그들도 노동에 관심을 갖게 될 것이고, 이런 과정을 통해 문명이 그들에게 스며들 것이다'라고 썼다.[43] 짤랑대는 주화 소리가 안데스인들에게 '문명'을 알리게 될 것이라는 얘기였다.

---

40) Wilbur T. Meek, *The Exchange Media of Colonial Mexico*(New York, 1948), pp. 42, 69~79; John Porteous, *Coins in History*(London, 1969), p. 170.

41) Bakewell, *History of Latin America*, p. 203.

42) Lockhart, *The Nahuas After the Conquest*, pp. 177~80.

43) Matienzo, *Gobierno del Perú*, p. 20.

영국인 정주지에는 은광이 없었으므로 이곳에서는 정주자들에게 통화 수단으로 주화를 공급하는 일이 에스파냐령 식민지보다 훨씬 더 여의치 않았다. 1620년대부터 체서피크에서는 계산은 파운드, 실링, 펜스 등으로 했지만 일반적인 거래수단은 담배였다.[44] 1652년에 매사추세츠에 화폐 주조소가 설치되었지만 약 30년 후 뉴잉글랜드 자치령이 도입되고 나서 폐쇄되었다.[45] 그후로 영국령 아메리카 식민지들은 화폐 주조소를 갖지 못했다. 이곳에서 유통된 금화나 주화는 모두 에스파냐나 포르투갈인들이 주조한 것이었으며, 에스파냐산 은화[46]가 가장 신뢰할 수 있는 주화로 간주되었다.[47] 이런 은화가 밀무역 혹은 에스파냐령 카리브제도와의 거래를 통해 북아메리카 본토로 유입되었으나 수요를 만족시킬 수 있을 만큼 충분한 양은 아니었다. 그 결과 금화와 은화 부족은 북미 지역에서 식민 시대 말까지 고질적인 문제가 되었고, 각 식민지들은 그 주화에 이웃 식민지들보다 더 높은 가치를 쳐 주어 끌어들이려고 했다. 영국에서 들어오는 물품을 정화로 결제해야 하는 상황에서 많은 지역적 거래에는 물물교환과 상품교환이 계속 이용되었다. 17세기 말에는 종이 화폐가 어음의 형태로 점점 더 일반적인 교환수단이 되고, 그를 통해 화폐 부족 경제의 부정적인 측면이 많이 완화되었다.[48]

---

44) Darrett B. and Anita H. Rutman, *A Place in Time. Middlesex County, Virginia 1650~1750* (New York and London, 1984), p. 42.

45) Richard L. Bushman, *King and People in Provincial Massachusetts*(Chapel Hill, NC and London, 1965), pp. 143~4.

46) 'real de a ocho'; '에스파냐 달러'라고도 알려진 8레알의 가치를 가진 은화—옮긴이.

47) John J. McCusker and Russel R. Menard, *The Economy of British America, 1607~1789* (Chapel Hill, NC and London, 1985), p. 339.

48) Richard B. Sheridan, 'The Domestic Economy', in Jack P. Greene and J. R. Pole (eds), *Colonial British America. Essays in the New History of the Early Modern Era*(Baltimore

에스파냐령 아메리카는 은광들 덕분에 상대적으로 화폐를 기반으로 하는 식민지 시장이 자연스럽게 발전할 수 있었다. 그러나 에스파냐령 아메리카도 풍부한 은의 생산에도 불구하고 이곳의 은화real de a ocho가 세계적인 통화가 되어 외부로 유출되었기 때문에 심각한 통화 부족을 겪어야 했다. 1556년 멕시코시티에서 주조된 모든 은 가운데 적어도 절반은 누에바에스파냐에 잔류시키라는 국왕의 명령도 은화 밀반출을 막지는 못했다. 지역적 거래에서 은화가 충분치 않은 곳에서는 상인들이 화폐로 만들어지지 않은 은괴에 의존하곤 했다. 국왕이 자신의 수입을 감소시키는 그 같은 행위를 저지하려고 했음에도 불구하고 이 관행은 없어지지 않았다.[49] 은이 넘쳐나는 이 사회에서 공개적이든 비공개적이든 개인적으로 부를 쌓을 기회는 많았으며, 멕시코시티와 리마의 대상인들은 다량의 은을 모아 지역 사업에 투자하면 많은 이익을 낼 수 있다는 것을 알게 되었다. 식민 시대 내내 신용대부는 에스파냐령 아메리카의 재정과 상업에 중요한 역할을 수행했다. 정식 은행제도가 없는 상황에서 그 역할을 대신한 것은 교회와 더불어 대부의 주역이 된 상인들이었다.[50]

16세기 이후 유럽은 은에 대해 결코 충족되지 않는 갈증을 느끼고

---

and London, 1984), pp. 72~3; John J. McCusker, *Money and Exchange in Europe and America, 1600~1771. A Handbook*(London, 1978), ch. 3; 17세기 말 뉴잉글랜드에 대해서는 Bernard Bailyn, *The New England Merchants in the Seventeenth Century*(1955; New York, 1964), pp. 182~9를 참조.

49) Meek, *Exchange Media*, p. 57.

50) Daviken Studnicki-Gizbert, 'From Agents to Consulado: Commercial Network in Colonial Mexico, 1520~1590 and Beyond', *Anuario de Estudios Americanos*, 57 (2000), pp. 41~68; Bakewell, *History of Latin America*, pp. 203~4.

있었다. 유럽인들은 자신들의 거래를 위해서도 그렇고, 아시아와의 만성적인 무역 적자를 메우기 위해서도 그렇고 은을 필요로 했다. 그러므로 인디아스에서 은이 유출되는 것은 불가피했다. 대개 총 생산량 가운데 4분의 1에서 2분의 1은 주화의 형태로든 은괴나 공예품——교회에서 사용하는 제단용 촛대, 부유한 집안에서 사용하는 보석함이나 식기류 등——의 형태로든 아메리카 땅에 잔류했지만,[51] 멕시코와 페루의 은은 에스파냐령 인디아스를 확대 일로의 유럽 경제에 무방비로 휩쓸려 들어가게 만들었다. 16세기 중엽부터 에스파냐령 아메리카는 눈에 띄게 은에 기반을 둔 제국이 되었으며, 그후에 즉위한 에스파냐 지배자들에게 그 은은 총 수입 가운데 상당 부분——20~25퍼센트——을 제공해 주었다. 또 아메리카의 은은 유럽 경제가 원활하게 작동되게 만들고, 식민지 사회들이 자신들이 생산하고 싶지 않거나 생산할 수 없는 물품을 유럽에서 구입할 수 있게 해 주었다.[52]

그러므로 에스파냐의 인디아스 제국은 대 유럽 수출 무역에서 한 가지 주력 상품(은)에 지나치게 의존적이게 되었다. 16세기 말, 17세기 초에 세비야로 수출되는 상품 가운데 가격으로 환산했을 때 그 한 가지 상품(귀금속)이 차지하는 비율은 무려 80~90퍼센트에 이르렀다.[53] 18세기에 브라질에서 다량의 금이 발견될 때까지 추출 경제 발전의 측면

---

51) Céspedes del Castillo, *América hispánica*, p. 128; Garner, 'Long-Term Silver Mining Trends', p. 902.

52) 이 주제에 대한 최근의 연구 상황에 관한 간단한 개관을 위해서는 Ward Barrett, 'World Bullion Flows, 1450~1800', in James D. Tracy(ed.), *The Rise of Merchant Empires. Long-Distance Trade in the Early Modern World, 1350~1750* (Cambridge, 1990), ch. 7을 참조.

53) Chanu, *L'Amerique et les Amériques*, p. 92; John R. Fisher, *The Economic Aspects of Spanish Imperialism in America, 1492~1810*(Liverpool, 1997), p. 38.

에서 누에바에스파냐와 페루가 대단히 독특한 현상이기는 했지만, 그처럼 단일 품목에 지나치게 의존하는 현상은 발전 초기 단계의 다른 아메리카 식민지 사회에서도 나타나는 독특한 현상이 되었다. 은이 생산되지 않는 다른 지역들은 대규모 수출에 적합한 작물을 발견하고 개발해야 했다. 뉴잉글랜드와 중부식민지들은 그런 작물을 찾아내지 못했지만 카리브제도와 체서피크 식민지는 달랐다. 이 두 지역은 후에 해외시장에서 큰 수요가 나타나게 되는 두 가지 작물, 즉 사탕수수와 담배를 재배할 수 있는 비옥한 땅을 갖고 있었다. 여기에 18세기 들어 로어사우스 지역Lower South(캐롤라이나와 조지아)이 개발됨에 따라 쌀과 인디고가 더해졌다. 에스파냐령 아메리카에서는 17세기 동안 카카오가 점차 주요 수출 작물로 부상했으며, 그것은 당시까지만 해도 상대적으로 소외된 지역이었던 베네수엘라, 그 중에서도 카라카스의 농장주들에게 큰 이익을 안겨주었다.[54)]

제임스타운 식민지에게는 지역 토양이 담배 경작에 적절하다는 것과 모국(영국)이 담배에 대해 좋은 가격을 지불할 준비가 되어 있음을 깨달으면서 돌파구가 마련되었다. 1620년대에 버지니아에서 담배 경작이 시작되었으며, 1630년대와 1640년대에는 그것이 새로 건설된 메릴랜드로 확대되었다. 담배 수출이 증가하자 인구도 늘어나 1630년 2,300명이던 버지니아 인구가 1650년에는 버지니아와 메릴랜드를 합쳐 2만 3,000명으로 증가했으며, 세기 말이 되면 10만 명으로 늘어났다.[55)] 담배

---

54) Robert J. Ferry, *The Colonial Elite of Early Caracas. Formation and Crisis, 1567~1767* (Berkeley, Los Angeles, London, 1989), chs. 1, 2.

55) Gloria L. Main, *Tobacco Colony. Life in Early Maryland 1650~1720*(Princeton, 1982), pp. 18~19.

경작은 체서피크 지역의 삶을 지배하게 되었으며, 수로를 따라 들어선 분산된 정주 형태, 그리고 노동력 공급의 성격까지 규정하게 되었다.

사탕수수는 바베이도스섬의 경제와 전망에 비슷한 효과를 가져다 주었다. 이 섬은 1625년 그곳을 지나가던 한 선장에 의해 발견되어 영국 영토로 합병되었고, 그후 런던의 한 조합이 추진한 모험사업에 의해 식민화되었으며, 찰스 1세는 그 소유권을 리워드제도Leeward Islands와 함께 칼라일 백작Earl of Carlisle에게 하사했다.[56] 원래의 발의자들은 그 섬을 담배 생산지로 개발하려고 했으나 담배 농사는 기대에 미치지 못했고, 고전하던 식민정주자들은 그 지역 토양이 사탕수수 경작에 이상적이라는 사실을 알게 됨으로써 살아남을 수 있었다. 1640년대와 1650년대에 사탕수수 생산 기술이 포르투갈령 브라질에서 수입되고 나서 바베이도스의 설탕 생산은 급증하게 되었으며, 그것은 이민증가율, 땅값과 식료품 가격에도 극적인 변화를 가져왔다.[57]

설탕 수출은 면화 수출과 함께 바베이도스를 17세기 후반 영국령 아메리카에서 가장 부유한 지역으로 만들어 놓았다(그림 12). 인구는 버지니아의 절반밖에 되지 않았지만 수출액은 50퍼센트나 더 많았다.[58] 멕시코와 페루의 은이 그랬던 것처럼 바베이도스의 설탕도 폭발적인 경제 붐을 만들어 냈으며, 유럽의 수요가 폭증하는 상황에서 설탕 생산과 수출로 돈을 번 사람들은 가진 재산을 최대로 활용하여 새로운 부에 어울리는 라이프 스타일을 추구했다. 그러나 17세기 후반과 18세기 초 체

---

56) Richard S. Dunn, *Sugar and Slave. The Rise of the Planter Class in the English West Indies, 1624~1713*(New York, 1972), p. 49; Andrews, *The Colonial Period*, vol. 2, ch. 7.

57) Watts, *The West Indies*, pp. 182~3; Dunn, *Sugar and Slave*, pp. 59~67.

58) Watts, *The West Indies*, p. 230; Blackburn, *Making of New World Slavery*, p. 267.

〈그림 12〉 새뮤얼 코펜(Samuel Copen)의 「바베이도스 브리지타운의 전경」(판화, 1695년) 영국의 식민지 정주지 가운데 하나에 대해 최초로 시도된 이 대규모의 파노라마적 전경도는 번영 일로의 브리지타운 항구를 그려 놓고 있다. 이 도시는 1675년 허리케인으로 큰 피해를 본 뒤 상당 부분 재건되었는데, 설탕을 저장하기 위해 지은 창고들이 부둣가에 한 줄로 도열해 있다.

서피크 담배 농장주들의 비교적 단순한 라이프 스타일이 분명히 보여주고 있듯이, 자연 자원의 잠재적 부에 대한 다른 형태의 반응도 가능했다.[59] 변동하는 시장에서 단일 수출 작물에 의존하게 되면 언제든지 파산할 수도 있다는 생각이 무절제한 지출과 과시적 소비로부터, 영구적이지 않은 세계의 불확실한 미래를 고려한 신중한 접근에 이르기까지 전혀 다른 반응을 만들어 냈다.

물려받은 문화적 전통, 자원의 성격, 자원의 생산 혹은 판매와 엘리트층의 관계 등 여러 가지 요인이 서로 다른 반응을 만들어 냈다. 그러나 어찌됐든 단일 자원에 전적으로 의존하는 현상은 불가피하게 장소에 상관없이 식민지 사회에서 이제 막 생겨나고 있던 엘리트들의 생각, 태도, 행동에 결정적인 영향을 미쳤다. 그들의 삶, 그들이 사는 사회 전체의 성격은 그 주요 작물의 생산과 소비의 변동을 중심으로 움직였으며, 그 변

59) Main, *Tobacco Colony*, pp. 239, 254.

동은 현지와 유럽의 상황, 그리고 합리적 가격으로 적절한 노동력을 계속 공급할 수 있는지 여부에 따라 결정되었다.

노동력 공급

주요 산물의 생산을 위해 에스파냐령 아메리카와 영국령 아메리카에서 생겨난 노동 시스템은 백인 식민정주자들이 생산에 투입할 수 있는 인디언들이 그곳에 얼마나 살고 있느냐에 따라 결정되었다. 에스파냐인들은 은 생산 지역 내에 혹은 비교적 가까운 곳에 원주민들이 밀집해 살고 있는 정주지가 있었다는 점에서 예외적으로 운이 좋은 경우였다. 그로 인해 모종의 제도를 통해 광산에서 일할 원주민 노동력을 징집하는 것이 가능했던 것이다. 영국인들이 처음에 정주한 지역들은 그런 이점을 갖고 있지 않았다. 밀집된 정주 원주민과 이용 가능한 지역 주민이 없었기 때문에 백인 정주자들과 그들의 후원자들은 주요 작물을 생산하고 처리하는 데 필요한 노동력의 지속적 공급이라는 문제를 해결해 줄 다른 방법을 모색해야만 했다.

에스파냐인 식민정주자들과 식민 당국이 극복해야 했던 도전은 잠재적으로 방대한 원주민 노동력을 어떻게 하면 법조문을 지나치게 노골적으로 위반하지 않고 동원할 수 있느냐였다. 페르난도와 이사벨은 새로운 해외 영토의 원주민도 국왕의 신민이며, 그런 만큼 노예로 만들 수 없다는 기본 원칙을 세워 놓고 있었다. 1498년 이사벨은 콜럼버스가 에스파뇰라에서 본국으로 귀국하는 모든 백인 정주자들에게 한 명의 노예를 데려가도록 허락했다는 이야기를 듣고, '내 신민을 다른 사람에게 하사할 수 있는 권한을 언제 내가 제독에게 허락했단 말이오'라고 물었다.

그 노예들은 여왕의 명령에 따라 즉각 해방되어야 했다.[60] 그러나 여기에도 예외 조항은 있었고, 정복자들과 초기 백인 정주자들은 그것을 교묘하게 이용했다. 1503년 이사벨은 식인 풍습을 갖고 있는 카리브인들에 대해서는 '그들이 내 신민들에 대해 저지르는 범죄 행위'를 고려하여 노예화하는 것을 허용했다.[61] 이 조항은 사실상 에스파뇰라의 백인 정주자들이 이웃 섬들에 가서 노예사냥을 할 수 있게 백지수표를 쥐어 주는 것이나 다름없었다. 그들은 또한 중세 기독교 세계에서 발전된 '정당한 전쟁'의 원칙을 이용할 수 있었는데, 이에 따라 기독교 군대에 저항하다 포로로 잡힌 이교도들을 합법적으로 노예로 만들 수 있었다. 에스파냐의 아메리카로의 팽창을 둘러싼 환경 속에서 이 규정은 분명 악용의 소지가 컸다. 어리둥절해 있는 인디언들에게 큰 소리로 레케리미엔토를 읽어 주어야한다는 원칙이 생겨난 것은 이런 악용을 억제하고, 에스파냐인들이 인디언들에게 공격을 개시하는 것이 정당화될 수 있는지를 판단할 수 있는 기본 원칙을 마련하려는 바람에서였다.[62]

라스 카사스를 비롯한 몇몇 사람들이 곧바로 지적했듯이, 정복자들과 초기 백인 정주자들은 이 레케리미엔토를 무시하기가 일쑤였으며,[63] 그것은 사실 합법을 가장하여 불법을 저지를 수 있게 하는 허가장이나 다름없었다. 카리브제도와, 멕시코와 파나마 사이 밀집된 인구를 갖고

---

60) Bartolomé de Las Casas의 글(Hugh Thomas, *Rivers of Gold*, pp. 157~8에서 재인용). 인디언들의 노예화에 대한 국왕 정책의 발전에 대해서는 Konetzke, *La época colonial*, pp. 153~9 참조. 에스파뇰라의 원주민 노예화에 대한 정책과 그 실행에 관한 자세한 연구로는 Carlos Esteban Deive, *La Española en la esclavitud del indio*(Santo Domingo, 1995)가 있다.

61) Konetke, *Colección de documentos*, 1, doc. 10.

62) 레케리미엔토에 대해서는 본서 p. 53을 참조.

63) Hanke, *The Spanish Struggle for Justice*, pp. 33~5.

있었던 중아메리카 본토 지역은 에스파냐인 침입자들이 '정당한 전쟁'이라는 그럴듯한 주장을 구실 삼아 인디언들 자신들에게도 노예제가 있었다는 점을 지적하는 것으로 양심의 가책을 달래면서, 노예로 써먹기 위해 인디언들을 포획하는 방대한 집수구역이 되었다. 이 새로운 노예들은 누에바에스파냐, 과테말라, 파나마와 페루 등 노동력을 필요로 하는 곳으로 팔려나갔다.[64]

카를 5세 하에서 에스파냐 왕실은 법령을 더 제정하는 것으로 이 악습을 저지하려고 했다. 이 노력은 1542년의 법령에서 정점을 이루었는데 그것은 그해 말 '신법'New Laws에 편입되었으며, 그 신법은 차후 누구도 '설사 정당한 전쟁에서 포로로 잡았다 하더라도' 인디언들을 노예로 만들어서는 안 된다고 규정했다. '인디언들은 구매되어서도, 어떤 식으로든 소유되어서도 안 되며, 신법의 규정대로 카스티야 국왕의 신민들과 똑같은 대접을 받아야 한다. 그들도 똑같은 에스파냐 국왕의 신민들이다'라고 규정했다.[65] 1543년 새로운 법정, 즉 로스콘피네스의 아우디엔시아Audiencia de los Confines(후에 과테말라 아우디엔시아가 된다)의 설치는 이 점에서 얼마간의 개선을 가져다 주었다. 그러나 세기 중엽 이후 중아메리카에서 인디언 노예제가 쇠퇴한 것은 무엇보다도 잠재적 노예 인구 중 다수의 소멸에 따른 불가피한 현상이었다. 국왕의 권위가 약하거나, 관리들이 고의적으로 감시를 소홀히 하는 지역에서는 노예제가 계속 유지되었다. 이런 현상은 특히 칠레나 누에보멕시코 같은 제국 변경

64) O. Nigel Bolland, 'Colonization and Slavery in Central America', in Paul E. Lovejoy and Nicholas Rogers(eds), *Unfree Lobour in the Development of the Atlantic World*(Illford, 1994), pp. 11~25.

65) Konetzke, *Colección de documentos*, 1, docs 143, 144.

무법적 경계 지역에서 심하게 나타났다. 누에보멕시코의 정복자이자 초대 총독이었던 후안 데 오냐테Juan de Oñate는 1599년 아코마Acoma 마을을 초토화하고 원주민 성인成人 포로들에게 20년의 인신봉사를 선고했다. 17세기 누에보멕시코의 유지들은 모두가 인디언 하인들을 거느리고 있었으며, 그 하인들 가운데 다수는 노예나 다름없었다.[66)]

그러나 에스파냐령 아메리카 제국의 가장 중요한 지역들에서는 인디언 노예제가 금지되자 원주민 노동력을 이용할 수 있는 다른 방법들이 강구되었다. 먼저 나타난 것이 엔코미엔다 제도였는데, 이 제도는 후에 노동력 공급원으로서 레파르티미엔토(즉 국왕 관리들이 서로 다른 형태의 강제 노역을 위해 비엔코멘데로들에게 일단의 인디언들을 단기간 할당하는 제도)로 보완되거나, 일부 지역의 경우 그것으로 점차 대체되었다.[67)] 16세기 중엽, 새로 발견된 은광 채굴을 위해 대규모의 새 노동력이 필요하게 되었을 때쯤이면 이미 인디언 인구의 급속한 감소가 시작되어 엔코미엔다 제도의 토대가 크게 흔들리고 있었다. 식민 당국의 입장에서는 은의 생산이 (엔코멘데로들의 요구사항을 포함하여) 다른 어떤 것보다도 우선적인 고려사항이었다. 초창기 페루의 한 부왕이 말했듯이 '은광이 없다면 페루도 없었다.'[68)] 국왕은 여전히 자신의 정책을 뒤집어 인디언의 강제노동 제도를 허가하는 것에 대해 주저했지만 지방 관리들은 그것이 필요했기 때문에 자신들의 전술을 고안해 내야만 했다. 그리고

---

66) Gutiérrez, *When Jesus Came, the Corn Mothers Went Away*, pp. 150~1; and see below, p. 275.

67) Juan A. and Judith E. Villamarín, *Indian Labor in Mainland Colonial Spanish America* (Newark, DE, 1975), pp. 16~18.

68) The Conde de Nieva(1563)의 언급. Bakewell, *Miners of the Red Mountain*, p. 56, n. 51에서 재인용.

그들은 그 전술을 지역 상황에 맞게 재단했다.

1569년 부왕으로 페루에 부임한 돈 프란시스코 데 톨레도Don Francisco de Toledo는 잉카의 전례와 최근에 발전된 에스파냐인들의 관행을 결합시켜 하나의 강제노동 제도를 만드는 데 주도적인 역할을 했다. 에스파냐인들은 과거 잉카인들이 공공사업 수행을 위해 이용했던 미타mita제도를 모델로 하여, 순번제로 포토시 광산 채굴에 필요한 노동력을 지속적으로 공급하게 하는 규정을 만들었다. 이 규정에 따르면, 안데스 산지의 넓은 집수구역의 성인 남성 인디언들 중 7분의 1이 매년 포토시에 징집되어 노동을 제공해야 했다. 이들 미타요들mitayos(미타에 동원된 인디언 노동자들)은 쥐꼬리만 한 액수이기는 했지만 임금을 받았다. 16세기 말이면 이들의 노동력을 점차 밍가mingas라고 불리는 자발적 노동자들, 즉 돈벌이를 위해 포토시에 찾아온 사람들이 보완했다.[69] 이들의 존재는 이 제도를 누에바에스파냐에서 이용된 제도와 비슷하게 만들었는데, 누에바에스파냐에서도 광산들이 멕시코 중부 지역의 대규모 인구 정주지로부터 멀리 떨어져 있어서 강제 노동 체계가 가동될 수 없었기 때문에 사카테카스를 비롯한 그 지역 광산들은 일거리를 찾아 북쪽으로 온 이주노동자들을 고용했다. 누에바에스파냐와 페루 모두에서 에스파냐인들—그들 자신들은 일반적으로 뭔가 권위 있는 사람들로 간주되었다—은 그들이 천성적으로 게으른 인종으로 간주한 원주민들을 서서히, 그러나 지속적으로 유럽적 방식의 임금 경제로 끌어들였다.

그러므로 에스파냐령 아메리카에서 노동 문제의 일차적인 해결책은 강제적인 원주민 노동력과 '자발적인' 원주민 노동력의 결합에서 발

---

69) 밍가(mingas)에 대해서는 Bakewell, *Miners of the Red Mountain*, 특히 ch. 4를 참조.

견되었다. 그러나 원주민 인구가 급속히 감소하면서 점차 거대한 노동 수요를 감당할 수 없게 되었다. 백인 정주자들과 그들의 후손들이 육체 노동에 종사하는 것은 생각할 수 없었기 때문에 — 만약 에스파냐 왕실이 아메리카 영토를 다른 유럽 국가 출신의 이민자들에게 개방할 생각을 갖고 있지 않다면(물론 그들은 그럴 생각이 없었다) — 남아 있는 유일한 해결책은 해외로부터 강제적 노동력을 수입해 들여오는 것이었다. 그 점에서 가장 풍요롭고 접근 가능한 노동력 공급원은 검은 아프리카 black Africa였다.[70)]

선례는 이미 잘 확립되어 있었다. 16세기 초 이베리아반도 — 특히 안달루시아와 포르투갈 — 에는 밭이나 가정에서 주인을 위해 일하는 상당수의 무어인 노예와 아프리카인 노예가 존재했다. 그러므로 1510

---

70) 아메리카에서의 흑인 노예제에 관한 연구는 방대한 규모를 자랑한다. 그중에서도 Frank Tannenbaum의 *Slave and Citizens*(1946)는 영국령 아메리카의 노예제와 에스파냐령 아메리카의 노예제에 대한 비교 연구의 선구적인 예로서의 중요성을 유지하고 있다. Herbert S. Klein, *Slavery in the Americas. A Comparative Study of Virginia and Cuba*(Chicago, 1967)도 비교사적 연구 방법을 취하고 있다. Hugh Thomas, *The Slave Trade. The History of the Atlantic Slave Trade 1440~1870*(New York and London, 1997)은 포괄적인 종합으로서 이베리아 국가들의 역할에 관심을 집중하고 있다. Enriqueta Vila Vilar, *Hispano-America y el comercio de esclavos*(Seville, 1977)도 이베리아 국가들에 관심을 집중하고 있다. 멕시코에 관한 연구로는 Colin A. Palmer, *Slaves of the White God, Blacks in Mexico, 1570~1650*(Cambridge, MA and London, 1976)와 Herman L. Bennett, *Africans in Colonial Mexico. Absolutism, Christianity, and Afro-Creole Consciousness, 1570~1640*(Bloomington, IN and Indianapolis, 2003)이 있다. 페루에 대해서는 Lockhart, *Spanish Peru*, ch. 10; Federick P. Bowser, *The African Slave in Colonial Peru, 1524~1650*(Stanford, CA, 1974)을 참조. 영국령 아메리카에 대해서는 최근에 출간된 Ira Berlin, *Many Thousands Gone. The First Two Centuries of Slavery in North America*(Cambridge, MA, 1998)를 참조. 대서양 세계 전체를 커버하는 개설적인 연구의 모범으로는 Robin Blackburn, *The Making of New World Slavery*(앞에서 언급됨) 외에도, Barbara L. Solow (ed.), *Slavery and the Rise of Atlantic System*(Cambridge, 1991); David Eltis, *The Rise of African Slavery in the Americas*(Cambridge, 2000) 등이 있다.

년 페르난도가 50명의 노예를 에스파뇰라 금광에 보내도록 허가한 것은 당시 이베리아반도에서 행해지던 관행의 연장선상에 있었다. 1518년에는 그의 후계자 카를로스(1세)가 아직 황제로 선출되지 않은 상태에서 플랑드르인 측근 중 한 명인 로랑 드 고르보Laurent de Gorrevod에게 인디아스에 흑인 노예 수입을 허락하는 8년짜리 허가서를 내주었다(그는 이 권리를 2만 5,000두카도를 받고 제노바 은행가들에게 팔았다).[71] 이때까지만 해도 신세계로 송출된 노예들 중 대부분이 이베리아반도에서 건너간 사람들이었으므로 그들은 에스파냐 말을 할 줄 알았다. 정복자들을 따라 대서양을 건너간 흑인 하인들과 노예들은 발견과 정복 원정에서 중요한 역할을 맡아 보기도 했다.[72] 그리고 그들은 국왕이 자신의 해외 영토가 이슬람교에 오염되는 것을 원치 않았기 때문에 대부분 기독교로 개종한 사람들이기도 했다.[73] 무슬림의 아메리카 입국을 금하는 조치는 적어도 명목상으로는 계속 유효했다. 그러나 대서양 노예무역의 규제에 대한 독점 시스템하에서 발행되는 아시엔토asientos, 즉 (노예 공급) 계약서가 발급되면서부터는 노예들이 이베리아반도에서의 적응기를 거치지 않고 곧바로 아프리카에서 인디아스로 이송될 수 있게 되었다.

1550년까지 공식적으로 약 1만 5,000명의 아프리카 흑인 노예가 에스파냐령 인디아스로 운송되었고, 1550년과 1595년 사이에 3만 6,000명이 더 이송된 것으로 기록되어 있다.[74] 그러나 증가 추세에 있던 밀무

---

71) Hayward Keniston, *Francisco de los Cobos. Secretary of the Emperor Charles V* (Pittsburgh, PA, 1960), p. 64; Thomas, *Rivers of Gold*, pp. 361~3.
72) Lockhart, *Spanish Peru*, p. 171.
73) Bowser, *The African Slave*, p. 28.
74) Blackburn, *The Making of New World Slavery*, pp. 135, 140.

역을 고려할 때 실제 숫자는 그보다 훨씬 더 많았을 것이다. 1595년 에스파냐 왕실과, 앙골라 노예무역을 주도한 포르투갈인 상인 페드루 고메스 레이넬Pedro Gomes Reinel 간에 독점계약이 새로 체결된 이후 6년 동안 에스파냐령 아메리카에 송출된 아프리카인 수는 급증했다. 이 기간 동안 건너간 8만 500명은 브라질로 간 5만 명을 계산에 넣지 않고도 16세기 동안 아메리카로 건너간 노예 숫자를 15만 명으로 늘려 놓았다.[75)]

16세기 마지막 4반세기에 포르투갈 상인들은 라이벌인 제노바 상인들을 제치고 대서양 노예무역을 지배하게 되었다. 그것은 15세기와 16세기 초 서아프리카 해안을 따라 포르투갈의 무역거점들이 설치되고, 리스본이 서유럽 세계 노예무역의 중심으로 등장함으로써 생겨난 결과였다.[76)] 포르투갈인들은 1580년 카스티야 왕실과 포르투갈 왕실의 합병으로 더 유리한 고지를 점하게 되었다. 그들은 펠리페 2세 치하 마드리드에서 좀더 유리한 조건으로 협상하고 거래할 수 있게 되었으며, 그 기회를 잘 활용했다. 포르투갈인들은 1595년부터 1640년까지 노예무역을 독점했고, 이 기간 동안 포르투갈 상인들은 25만 명에서 30만 명의 아프리카인을 에스파냐령 아메리카로 실어 보냈는데, 그 중 다수는 1580년 에스파냐인들이 재건한 부에노스아이레스를 통해 비밀리에 수

---

75) 이 수치에 대해서는 David Eltis, 'The Volume and Structure of the Transatlantic Slave Trade: a Reassessment', *WMQ*, 3rd ser., 58(2001), pp. 17~46을 참조. 그가 제시한 수치는 표준적인 연구로 인정되는 Philip D. Curtin의 연구서 *The Atlantic Slave. A Census* (Madison, WI, 1969)가 제시하는 수치를 수정하고 있다. 고메스 레이넬의 계약에 관해서는 Vila Vilar, *Hispano-América y el comercio de esclavos*, pp. 23~8; Thomas, *The Slave Trade*, pp. 141~3을 참조.

76) Luiz Felipe de Alencastro, *O trato dos viventes. Formação de Brasil no Atlântico Sul. Séculos XVI e XVII*(São Paulo, 2000), ch. 3.

입되었다.[77] 이 항구 도시에서 노예들은 페루로 보내져 광산이나 농장에서 인디언 노동력을 보완하였다. 다른 노예 수입항으로는 산토도밍고, 아바나, 베라크루스, 그리고 무엇보다도 카르타헤나가 있었다. 카르타헤나를 통해 들여온 노예는 1549년부터 1640년까지 에스파냐령 아메리카로 합법적으로 수송된 전체 노예의 반 이상을 차지했다.[78]

그러므로 17세기 초경이면 국제적인 대서양 노예무역 메커니즘은 이미 확실하게 자리 잡고 있었다. 윌리엄 알렉산더 경은 1624년 출간한 『식민지들에게 보내는 격려』*An Encouragement to Colonies*라는 책에서 앙골라를 비롯한 아프리카 지역에서 에스파냐령 인디아스로 팔려나가는 노예들을 '자연의 질서에 반하는 상품'이라며 비난했다.[79] 그러나 원칙적으로 북아메리카의 영국인들이 에스파냐인들과 같은 길을 걸을 수도 있는 길은 열려 있었다. 그들이 실제로 그 길로 갈 것인가 말 것인가는 그들이 노동력을 필요로 하는가 그렇지 않은가, 그리고 노예 가격이 어느 정도인가에 달려 있었다.

에스파냐의 인디아스 제국은 아프리카 노예들을 여러 가지 방법으로 이용했다. 일단 노예들이 본토에 도착하면, 먼저 그 가운데 상당수가 두 부왕령의 수도, 즉 멕시코시티와 리마로 이송되었다. 노예제가 얼마 안 가 농촌으로 확산되어 갔지만 상당 기간 동안 그것은 도시적 현상이었다. 리마, 멕시코시티, 키토, 카르타헤나, 산타페데보고타 등 주요 도시의 전체 인구 가운데 노예가 차지하는 비율은 10~25퍼센트에 이르렀

---

77) Vila Vilar, *El comercio de esclavos*, p. 209.

78) Carmen Bernand, *Negros esclavos y libres en las ciudades hispanoamericanas*(2nd edn, Madrid, 2001), p. 60.

79) William Alexander, *An Encouragement to Colonies*(London, 1624), p. 7.

다.[80] 아프리카인 대다수는 노예 신분이든 자유인이든 하인으로 고용되었다. 그러나 그 가운데 일부, 특히 에스파냐 출신 기술자의 공급이 수요를 따라가지 못할 때는 수공업 기술자가 되기도 했다.[81] 아프리카인 노예들 가운데 다수는 관리나 그 외 에스파냐인 고관의 하인 신분으로 에스파냐에서 온 사람들이었다.[82] 아메리카에 도착하게 되면 그런 하인은 그들의 주인(에스파냐인이든 크리오요든 간에)이 마차를 타고 거리를 지날 때나 저녁에 산책할 때 옆에서 수행하면서 주인의 권위를 높여 주었다. 영국인으로서 이슬람교로 개종한 토머스 게이지Thomas Gage라는 인물은 1625년 멕시코시티를 설명하면서 '신사들은 다수의 무슬림 흑인들을 데리고 다녔는데, 어느 때는 10여 명, 어느 때는 5, 6명의 하인이 금이나 은으로 장식한 화려한 하인용 제복을 입고, 검은 다리에는 실크 스타킹을 신고, 신발에는 장미꽃을 달고, 허리에 칼을 찬 채 주인들을 기다리는 모습을 자주 볼 수 있었다'고 기술했다.[83]

카리브제도와, 그리고 후에 누에바에스파냐에서는 노예들이 사탕수수 농장에 고용되었다. 1542년 코르테스의 멕시코 사탕수수 농장에서 일하기로 계약을 체결한 500명의 노예는[84] 후에 카리브제도와 아메

---

80) 오랫동안 간과되어 온 주제인 에스파냐령 아메리카에서 아프리카 인들이 갖는 중요성에 대해서는 Bernand, *Negros esclavos y libres*를, 그리고 누에바에스파냐의 경우에 대해서는 Bernett, *Africans in Colonial Mexico*를 참조. 도시 인구 가운데 노예들이 차지하는 비율에 대해서는 Bernand, p. 11을 참조.

81) Bowser, *The African Slave*, ch. 6; Lockhart, *Spanish Peru*, pp. 182~4.

82) Bowser, *The African Slave*, pp. 272~3.

83) *Thomas Gage's Travels in the New World*, ed. J. Eric S. Thompson(Norman, O, 1958), p. 73. 이 책은 Thomas Gage, *The English-American his Travail by Sea and Land*(London, 1648)의 현대판 판본이다.

84) Palmer, *Slaves of the White God*, p. 67.

리카 본토의 플랜테이션 경제에서 허리가 휘도록 고된 일을 해야만 했던 무수한 노예들의 선구자들이었다. 대개는 노예들이 엔코멘데로들의 농장(아시엔다)에서 일을 했지만 그 중에는 누에바에스파냐나 페루에 있는 직물업 직업장에 고용되어 원주민 노동력을 보충하기도 했다. 누에바그라나다 저지대에서는 강이나 개울에서 사금을 채취하는 노동자가 되어 감소 일로의 원주민 노동력을 대체하기도 했다.[85]

북부 멕시코 은광에서는 인디언 노동자들이 유럽의 역병에 쓰러지면서 노예 신분 혹은 자유인 신분의 흑인 노동력에 대한 수요가 급증했다. 16세기 말경이면 흑인과 물라토(에스파냐인 남성과 아프리카인 여성 사이에서 태어난 아이)가 누에바에스파냐의 광산 경제에서 필수적인 존재가 되고 있었다. 사카테카스에서는 '그들을 데리고 있는 것이 좋은 것은 아니다. 그러나 그들을 데리고 있지 않는 것보다는 훨씬 낫다'라는 말이 돌았다.[86] 그런데 문제는 역시 비용이었다. 광산노동자로서 원주민 인디언 노동력보다 수입한 아프리카인 노동력을 이용하는 것이 훨씬 비싸게 먹혔던 것이다. 해발이 높은 고지에서 일하는 데 익숙한 원주민 노동력을 주변 지역에서 동원할 수 있었던 포토시 은광에서의 노동 비용은 상대적으로 저렴했고, 그 점은 미타 제도를 폐지하여 인디언들을 착취로부터 해방시키기를 원한 국왕 관리들의 노력을 방해하는 강력한 장애물이었다.[87] 그러나 포토시를 제외한 페루의 다른 경제활동 지역에서는 흑인 노예와 그 후손들이 매우 중요한 역할을 담당하게 되었는데, 그

---

85) Blackburn, *Making of New World Slavery*, p. 147; Lockhart and Schwartz, *Early Latin America*, p. 179.

86) Bakewell, *Silver Mining and Society*, p. 122.

87) Bowser, *The African Slave*, p. 13.

런 현상은 인디언 인구가 고지대보다 빠른 속도로 감소한 리마와 해안 지역에서 특히 두드러졌다. 그들(흑인 노예와 후손들)은 도시 수공업 노동력 가운데 상당 부분을 차지했을 뿐만 아니라, 도시 주변에 생겨난 소규모 관개 농경지에서 일하기도 했다. 그들은 대농장에서 가축을 돌보기도 하고, 에스파냐인들이 아메리카에 도입한 운송 체계의 근간을 이루고 있던 황소와 노새 몰이에 투입되기도 했다.[88]

그러므로 아프리카인 노동력은 노예 신분이든 자유인 신분이든 지역에 따라 규모와 성격이 다르기는 했지만 에스파냐령 아메리카의 경제 활동에 결정적으로 기여했다고 할 수 있다. 아프리카인의 수가 가장 많았던 지역은 열대와 아열대 지역, 즉 앤틸리스제도, 두 부왕령의 해안 지역, 그리고 누에바그라나다와 베네수엘라였다.[89] 두 부왕령 전체에 거주하는 아프리카인 후손의 수 — 1640년 누에바에스파냐에 15만 명, 페루에 3만 명(그 중 리마에만 2만 명이 있었다)[90] — 는 그들이 식민지 경제에서 필수적인 요소였음을 말해 준다. 물론 에스파냐의 인디아스 제국의 운명을 궁극적으로 결정짓게 되는 은 생산은 누에바에스파냐와 페루의 광산에서 고된 노동에 종사해야 했던 인디언들의 피와 땀이 없었다면 불가능했을 것이다.

영국령 아메리카에서는 인디언 노동력의 절대적인 부족, 유럽인들이 기대한 체계적인 노동에 부적합한 인디언들의 성향, 그리고 인디언들에 대한 영국인들의 깊은 불신 — 1622년의 가공할 사건이 있고 나서

---

88) *Ibid*., chs. 3, 6.

89) Vila Vilar, *El comercio de esclavos*, p. 228.

90) Bennett, *Africans in Colonial Mexico*, p. 19; Bowser, *The African Slave*, p. 75.

버지니아에서는 인디언들을 집안 하인으로 두려고 하지 않았다—, 이 모든 것은 초기 영국인 정주자들이 에스파냐인들이 만들어 낸 모델에 따라 원주민 노동력을 체계적으로 발전시킬 수 없게 만들었다. 메릴랜드의 정주자들은 매일같이 밭에서 일하는 것을 싫어하는 인디언 남성들이 여름이 되면 말도 없이 내륙 지역으로 사라져 버린다는 것을 알게 되었다.[91] 만약 그만한 가치가 있었다면 영국인 정주지에서도 에스파냐인 정주지에서와 마찬가지로 인디언들을 강제노동에 종사하게 하는 제도가 분명히 발전했을 것이다. 다만 그것이 (에스파냐인들의 경우처럼) 노골적인 노예제의 양상을 띠었을지 그렇지 않았을지는 알 수 없지만 말이다.

제임스타운 정주자들이 신앙의 품으로 끌어들여야 할 원주민들을 노예로 만듦으로써 버지니아회사의 정책에 도전하기는 곤란했을 것이다.[92] 비록 강력한 종교적 압력단체나 혹은 이 문제에 지대한 관심을 가진 국왕이 부재한 가운데 오로지 양심의 가책 때문에 이익 추구의 욕망을 오랫동안 억누르지는 않았을 것 같지만 말이다. 17세기 동안 에스파냐령 아메리카에서 발전한 것과 같은 노예제에 대한 제국적 정책이 존재하지 않은 상황에서, 영국령 아메리카의 개별 식민지들은 간헐적으로 인디언의 노예화를 추진하곤 했다. 그들은 또한 필립 왕의 전쟁 이후 뉴잉글랜드가 그랬던 것처럼 '정당한 전쟁'을 구실 삼아 인디언들을 노예로 만들고, 라이벌 부족에 의해 포로가 되어 팔리는 신세가 된 인디언들을 구입하는 것에 대해 양심의 가책을 별로 느끼지 않았다. 실제로 사

91) Main, *Tobacco Colony*, p. 100.
92) Craven, *White, Red and Black*, p. 73.

우스캐롤라이나에서는 1670년 도시가 건설되고 나서 1713년 야마시Yamasee 전쟁이 종결될 때까지 지역 지배자들의 반대에도 불구하고 인디언 노예무역이 주요 사업으로 자리 잡았다. 이 지역의 백인 거주자들은 에스파냐 접경 지역 주민들과 마찬가지로 순전히 인디언들을 노예로 만들기 위한 침입을 하기도 했고, 대규모로 동료 인디언들에 의해 포로가 된 인디언들을 유럽산 상품과 교환하기도 했다. 이렇게 해서 노예가 된 인디언들 가운데 일부는 캐롤라이나에 머물렀지만—1708년에 이곳에 1,400명의 인디언 노예가 있었다—그보다 더 많은 수는 외부로 팔려나갔다. 주요 수요처는 서인도제도의 플랜테이션 농장들이었지만 북쪽 식민지에 가내 하인으로 팔려 나가기도 했다. 식민이 시작되고 나서 첫 50년 동안 대략 3만에서 5만 명의 인디언이 노예가 된 것으로 추정된다(그후로 노예 공급은 감소했다).[93)]

그러나 영국령 아메리카에는 노동력 부족의 장기적 해결책으로 인디언의 노예화가 채택되는 것을 가로막는 현실적, 법적 장애물이 있었다. 서인도제도 밖에서는 인디언들의 영토Indian country가 너무 가까이에 있어서 인디언 노예들의 도망이 매우 쉬웠다. 그들은 또한 위험한 존재가 될 수 있었다. 18세기 초 북부 지역 식민지들은 사우스캐롤라이나에서 수입해 온 노예들이 자기네 인디언들에게 미칠 영향을 염려하여 수입 금지 조치를 취했다. 그러나 같은 시기 뉴잉글랜드인들은 점점 더 많은 수의 지역 원주민들을 비자발적인 노예 신분으로 몰아가고 있었다.

93) 사우스캐롤라이나와 노예무역에 대하여는 Alan Gallay, *The Indian Slave Trade. The Rise of the English Empire in the American South, 1670~1717*(New Haven and London, 2002)을 참조. 통계수치에 대해서는 pp. 298~9와 346을 참조.

법이 바뀌어 범죄행위나 부채 때문에 인디언들이 노동력 봉사의 벌을 선고받는 경향이 크게 늘어났던 것이다. 그 인디언들은 일단 고용 계약을 체결하면 매매 대상이 되는 경향이 있었고, 그들의 아이들은 백인 도제들이 누리는 것보다 훨씬 불리한 조건으로 도제가 되지 않으면 안 되었다. 18세기 중엽이면 인종적 열등성이라는 강요된 낙인을 뒤집어써야 했던 예속적 인디언 노동자들이 그 지역에서 상당히 많이 나타났다.[94)]

그러나 노예제 문제는 전체적으로 법적 모호함으로 가득 차 있었고, 적어도 몇몇 인디언들은 법정에서 시정조치를 이끌어내기도 했다. '노예'slave라는 말은 비록 (결국 그 결실을 보지는 못한) 호국경 서머셋[95)] 때 제정된 부랑자법Vagrancy Act에 잠깐 나타나기는 하지만 정주자들이 처음으로 대서양을 건너갈 때만 해도 영국법에서 아무 의미도 갖고 있지 않았다.[96)] 노예제 자체가 영국법에 적시되어 있지는 않았지만 영국 사회는 농노로부터 계약제 예속 노동에 이르기까지 다양한 부자유 노동에 대해 잘 알고 있었다. 식민지들이 처음에 부가적 노동력을 구하기 위해 눈길을 돌렸던 것은 영국제도 출신의 백인 계약노동자들이었으며,

---

94) *Ibid*., pp. 302~3; Margaret Ellen Newell, 'The Changing Nature of Indian Slavery in New England, 1670~1720', in Colin G. Calloway and Neal Salisbury(eds), *Reinterpreting New England Indians and the Colonial Experience*(Boston, 2003), pp. 106~36; 그리고 좋은 개설서로는 Joyce E. Chaplin, 'Enslavement of Indians in Early America. Captivity Without the Narrative', in Mancke and Shammas(eds), *Creation of the British Atlantic World*, pp. 45~70이 있다.

95) Protector Somerset: 초대 서머셋 공[1500~1552]: 에드워드 4세[1547~1553 재위]의 어린 시절 호국경을 역임했다—옮긴이.

96) Oscar and Mary Handlin, 'Origins of the Southern Labor System', *WMQ*, 3rd ser., 7 (1950), pp. 199~222, at p. 103. 부랑자법에 대해서는 C. S. L. Davies, 'Slavery and Protector Somerset: the Vagrancy Act of 1547', *Economic History Review*, 2nd ser., 19 (1966), pp. 533~49 참조.

17세기에 대서양을 건너 간 백인 이주자 가운데 다수는 바로 이 계약노동자들이었다.[97] 그런데 이들 가운데 다수는 도착하자마자 4, 5년이라는 정해진 기간 동안 감수해야만 하는 조건이 노예제나 다를 바 없다는 것을 알게 되었다. 그런 상황을 말해 주는 한 사건이 있는데, 1629년 한 에스파냐 원정대가 네비스Nevis의 영국인 정주자들을 공격해 왔을 때, 수비대원으로 복무 중이던 계약노동자들이 폭압적인 영국인 주인에게 예속되어 있기보다는 차라리 에스파냐인들 편에 서려고 했으며, 그래서 그들은 갖고 있던 무기를 버리고 '우리는 자유를 원한다'라고 외쳤다.[98]

백인 계약노동자의 부족, 그리고 속히 계약 기간을 마치고 하루 빨리 자기 땅에서 자기 농사를 지을 수 있게 되기를 학수고대하는 사람들을 다루는 데 많은 어려움이 따랐다. 그 때문에 카리브해 혹은 북아메리카 본토 남부 지역 영국인 정주자들은 아직 남아 있던 선택지 가운데 가장 분명한 노동력원이었던 아프리카인들을 수입하는 쪽으로 눈길을 돌렸다. 1612년 버지니아회사에 할양되었으나 1615년부터 버뮤다회사에 의해 경영되고 있었던 버뮤다제도가 1616년 처음으로 흑인들을 수입해 들여왔다. 하지만 그후 반세기 동안 버뮤다 경제는 흑인 노예 노동력에 크게 의존하지는 않았다.[99] 그러나 단명으로 끝난 프로비던스섬Providence Island 식민지의 경우는 이야기가 달랐다. 청교도 투자자들은 그 섬을 노예로 가득 차게 함으로써 신의 공동체 설립이라는 과업을 위태롭게 할까봐 주저하기는 했지만 흑인 노예를 수입해 들여오는 것이 노

97) 앞의 책, p. 55 참조.

98) Dunn, *Sugar and Slaves*, p. 120.

99) Philip D. Morgan, 'British Encounters with Africans and African-Americans circa 1600~1780', in Bailyn and Morgan(eds.), *Strangers within the Realm*, pp. 169~70.

동력 공급의 측면에서 백인 계약노동자를 들여오는 것보다 훨씬 쉽고 저렴하다는 점을 고려하지 않을 수 없었다. 말하자면 신성神性에 대한 고려가 가혹한 경제적 현실에 의해 밀려나고 말았던 것이다. 프로비던스섬 식민지는 그것이 11년간 존재하다가 갑자기 종말을 맞게 되는 1641년경이면 완전한 노예제 사회가 되어 있었고, 그것은 영국령 아메리카에서는 최초의 것이었다.[100)]

다른 곳에서는 노예제로의 전환이 더디게 나타났다. 종교적인 주장이 프로비던스섬보다 뉴잉글랜드에서 강하게 나타났다면, 그것은 프로비던스섬보다 사정이 나았던 (백인) 이민자의 공급, 주요 단일 재배 작물의 부재, 그리고 광범한 가족노동의 이용 등으로 인해 노예 수입의 필요성이 그만큼 적었기 때문이었다. 그리하여 뉴잉글랜드 전체 인구 가운데 아프리카인의 비율은 3퍼센트를 넘지 않았다.[101)] 버뮤다가 흑인 노예를 수입하고 난 뒤 얼마 가지 않아 버지니아가 그 뒤를 따랐다. 1619년 존 롤프는 한 네덜란드인 군인에게서 '20명 남짓의 흑인들'을 구매한 사실을 기록으로 남겼는데, 이는 네덜란드 수송선과 상선들이 17세기 대서양 경제에서 중요한 역할을 수행하게 될 것임을 시사하는 징후였다.[102)] 그러나 체서피크 식민지들이 늘어나는 노동 수요를 충족시키기 위해 아프리카인들에게 눈을 돌리고, 그 아프리카인의 공급원으로 서인도제도보다는 아프리카 현지로 눈을 돌리기 시작한 것은 17세기 말에 가서였다. 그 전까지만 해도 백인 계약노동자에 의존하는 비중이 매우

---

100) Kupperman, *Providence Island*, pp. 165~75.
101) *Ibid*., p. 177.
102) Alden T. Vaughan, 'Blacks in Virginia: a Note on the First Decade', *WMQ*, 3rd set., 29 (1972), pp. 469~78.

컸고, 계약노동자들이 담배 밭에서 노예 혹은 자유인 신분의 흑인들과 함께 일하는 경우가 많았다. 그러나 영국제도에서 온 계약노동자의 공급이 줄고 수입 노예 가격이 떨어지기 시작하는 1680년대 들어 상황은 변하기 시작했다. 1710년경이면 버지니아 인구 가운데 노예가 차지하는 비율이 약 20퍼센트에 이르렀다.[103)]

흑인 노예제의 모델을 제공하고 전체적인 추세를 만들어 준 것은 1640년대와 50년대 바베이도스섬이었다. 사탕수수가 주요 단일 작물이 되면서 점차 백인 계약노동에 의존하는 것이 갖는 결점이 분명하게 나타났다. 백인 계약노동자들은 사탕수수 농장에서 사실상의 노예 신세로 전락하자, 자주 통제하기 어려울 정도로 불손한 태도를 보였을 뿐만 아니라 계약 기간이 만료되면 당연히 더 이상 임금노동자로 살려고 하지 않았다. 바베이도스 식민정주자들 가운데 일부는 브라질에서 아프리카인 노예들이 일하는 것을 본 적이 있었으며, 아프리카 흑인들이 처음에는 더 비싸게 먹힐지 모르지만 그들은 죽을 때까지 부려먹을 수 있고, 먹이고 입히는 것이 더 저렴했기 때문에 장기적으로는 흑인들을 들여오는 것이 더 유리하다는 생각을 하게 되었다. 식민정주자들에게 무엇보다도 매력적이었던 것은 그들이 노예이기 때문에 절대적이고 완전한 형태의 하인으로 써먹을 수 있다는 점이었다(그에 반해 백인 계약노동자들에 대해서는 물론 그렇게 할 수 없었다).[104)] 설탕 수요가 급증하고, 그에 따라

---

103) Philip D. Morgan, *Slave Counterpoint. Black Culture in the Eighteenth-Century Chesapeake and Low Country* (Chapel Hill, NC and London, 1998), p. 58; Morgan, 'British Encounters with Africans', p. 171; Kupperman, *Providence Island*, p. 176; Galenson, *White Servitude*, p. 153.

104) Dunn, *Sugar and Slaves*, pp. 71~3.

생산에 대한 압박이 급증하면서 흑인 노예 수입도 크게 늘어나게 되었다. 1660년경이면 바베이도스 섬에 백인과 비슷한 수의 흑인이 있게 되었고(아마도 각각 20만 명씩), 세기말 바베이도스에는 자메이카와 리워드제도의 노예들과 합쳐 25만 명가량의 아프리카인 노예가 있었다.[105]

'함Ham의 저주'로 운명 지어지고, 처음부터 남다른 피부색으로 다른 사람들과 구분되었던 흑인들은 아직 노예제에 관한 발전된 법전도 없었고, 가용한 인디언 노동력도 거의 없었으며, 그래서 압도적으로 백인들만으로 이루어진 사회에서 어떤 종류의 (신분 상승의) 기회도 가질 수가 없었다. 버지니아 의회가 1676년 베이컨의 반란 이후 분명히 알게 되는 것처럼, 주인들의 입장에서는 천대받고 있던 백인 계약노동자와 노예라는 두 집단을 법적으로 좀더 분명하게 구분함으로써 둘 사이에 동맹 관계가 생겨나는 것을 막는 것(이는 반란이 시작되기 전에 이미 진행되고 있던 과정이었다)이 자신들에게 이익이 되는 것이었다.[106] 서서히 아프리카인들에 대해 법적인 족쇄가 도입되었고, 영국령 아메리카는 돌이킬 수 없이 동산 노예제가 확립되는 쪽으로 발전해 갔다.

이 동산 노예제는 후에 영국령 아메리카 본토에서 플랜테이션 경제가 발전할 수 있게 하는 결정적인 요인이 된다. 라틴아메리카 쪽에서는 그것과 가장 근접한 형태가 에스파냐인들이 정주한 영토가 아니라 포르투갈인들이 정주한 브라질에서 나타났다.[107] 처음에는 에스파냐령 카리브제도—에스파뇰라, 쿠바, 푸에르토리코, 자메이카—가 16~17세기

---

105) *Ibid*., pp. 75~6 and 22.

106) Blackburn, *The Making of New World Slavery*, p. 258.

107) Richard R. Beeman, 'Labor Forces and Race Relations: a Comparative View of the Colonization of Brazil and Virginia', *Political Science Quarterly*, 86 (1971), pp. 609~36.

영국령 바베이도스섬에서 나타나게 될 노예제에 기반한 단일 경작 형태가 발전할 수 있는 잠재력을 제공하는 것처럼 보였다(실제로 18세기 말 에스파냐령 쿠바에서는 그런 경작 형태가 발전했다). 그러나 초창기 약탈과 착취의 시기가 지나고 나서 에스파냐령 카리브해 지역 경제는 침체에 빠졌다. 주민들 가운데 야심만만한 사람들은 보다 풍요로운 노획물을 찾아 본토로 떠났고, 그들이 떠나자 제도에 사는 백인의 수는 정체 혹은 감소했다. 에스파뇰라와 쿠바의 사탕수수 대농장은 처음에는 성공적으로 운영되었지만 시간이 흐를수록 누에바에스파냐와 브라질의 사탕수수 대농장과의 경쟁 때문에 고전을 면치 못했다. 에스파냐에서 꾸준히 들어오는 짐승가죽에 대한 수요에 부응하여 (농장 경영보다) 노동이 훨씬 덜 집약적인 가축 사육 혹은 목장 경영에 집중하는 것이 훨씬 비용도 저렴하고 용이했다. 더욱이 본토 부왕령들에서 은광을 중시하는 경향이 에스파냐령 아메리카의 경제생활에 미치는 영향은 카리브제도까지 확산되었다. 아바나가 매년 에스파냐로 떠나는 보물선 함대의 출발항이 되면서 이곳 제도 주민들이 수출용 산물 생산에 대해 지금까지 가졌던 열정을 상실하게 된 것은 충분히 이해할 수 있는 일이었다. 그러니까 아바나는 불법적이든 합법적이든 당시 에스파냐의 유럽 라이벌 국가들의 약탈에 대한 관심을 집중시키고 있었던 대서양 횡단무역의 중심지로 성장해 갔고, 그로부터 상당한 이익을 신속하게 끌어낼 수 있었다.[108)]

흑인 노예 노동에 의해 작동되는 대규모 플랜테이션에서 엄청난 부

108) Watts, *The West Indies*, pp. 123~6; Blackburn, *The Making of New World Slavery*, pp. 138~9; Kenneth R. Andrews, *The Spanish Caribbean. Trade and Plunder 1530~1630* (New Haven and London, 1978), pp. 76~9.

가 창출된 최초의 가장 놀라운 예는 에스파냐령 카리브해 지역이 아니라 브라질이었다. 브라질에 대한 본격적 식민화는 페드루 알바레스 카브랄Pedro Alvares Cabral이 1500년 인도로 가는 항해 중 우연히 발견한 이후, 명목상 포르투갈의 소유령이 된 이 광대한 지역에 대해 프랑스인들이 뭔가 수상한 음모를 꾸미고 있다는 소문이 돌자 깜짝 놀란 포르투갈인들이 1540년대에 서둘러 식민화를 추진하면서 시작되었다. 처음에는 브라질우드 나무(이 나무는 매우 귀하게 여겨지던 진홍색 염료의 원료였다) 때문에 소중하게 생각되던 브라질 북동부 해안지역(여기에는 포르투갈 식민정주자들이 드문드문 산재해 있었다)이 사탕수수 재배에도 적합하다는 것이 알려지게 되었다. 포르투갈이 1580년 에스파냐에 합병되기 전 수년 동안 포르투갈 왕이 이 전도유망한 새 영토를 확실히 장악하기 위해 움직이면서 설탕 산업의 창출에도 더 많은 관심을 갖기 시작했다. 그러나 투피남바족 인디언들[109]은 건강하게 살아남아 동산 노예로든 임금 노동자로든 새 플랜테이션을 위한 노동력이 되어 줄 것으로 기대했던 포르투갈 왕실의 기대를 충족시켜 주지 못했다. 그들은 유럽의 질병에 대부분 소멸되었다. 유럽인의 설탕 수요가 급증하면서 노동력 부족에 대한 그쪽(브라질)의 해결책은 에스파냐령 인디아스에서 나타났던 것과 다르지 않았다. 1560년대부터 점점 더 많은 아프리카인 노예들이 수입되어 만족스럽지도 못하고 무엇보다도 그 수가 급감하던 인디언 노동력을 보완하고 대체했다. 세기말이면 이제 아프리카인 노동력에 의존하는 브라질이 세계 최대의 설탕 공급자가 되어 있었다.[110]

---

109) Tupinamba Indians; 브라질의 주요 원주민 부족 가운데 하나—옮긴이.
110) Stuart V. Schwartz, *Sugar Plantations in the Formation of Brazilian Society, Bahía,*

사탕수수 재배와 설탕 수출에서 브라질에 놀라운 성공을 가져다 준 생산 기술의 비밀이 영원히 새어 나가지 않고 지켜질 수는 없었다. 네덜란드의 서인도회사가 1630년대에 페르남부쿠를 포르투갈로부터 탈취했을 때 그 기술이 프로테스탄트 라이벌들에게 흘러들어 갔다. 그리고 1640년 포르투갈이 에스파냐로부터 독립하고 나서 수십 년이 지나는 동안 브라질의 포르투갈인 정주자들이 네덜란드인들을 쫓아냈는데, 이때 포르투갈계 유대인들(세파르디 유대인)이 종교재판소의 박해를 피해 페르남부쿠로부터 앤틸리스제도로 옮겨 갔고, 거기서 그들은 제도 주민들에게 브라질의 포르투갈 정주자들이 가진 사탕수수 생산과 제당 기술을 전수했다.[111] 그곳에는 바베이도스 정주자들에게 아프리카인 노예를 공급하는 일에 관심이 많았던 네덜란드 상인들이 있었기 때문에 영국령 카리브제도에서 노예에 기반한 사탕수수 플랜테이션이 극적으로 팽창하는 데 필요한 요인들이 이미 갖추어져 있었다.

버지니아의 담배 경작자들도 바베이도스의 사탕수수 생산자들의 뒤를 따르게 되었으며, 그리하여 '플랜테이션'이라는 영어 단어는 보다 구체적이고 특정한 의미로 정의되게 되었다.[112] 목사 존 코튼은 1630년 윈스럽의 함대가 뉴잉글랜드로 떠나는 날 베푼 설교에서 사무엘서의 한 구절을 인용했다: '또 나는 내 백성 이스라엘이 머물 곳을 정해 주어 그곳에 뿌리를 박고 …… 살게 하리라.'[113] 16세기 아일랜드의 '플랜테이션'은 본질적으로 사람people의 플랜테이션이었고, 그것은 적절한 땅에

1550~1835 (Cambridge, 1985), chs. 2 and 3.

111) Watts, *The West Indies*, p. 183.

112) Blackburn, *The Making of New World Slavery*, p. 309; 그리고 앞의 책, p. 9.

113) Canup, *Out of the Wilderness*, p. 9.

서 번영하고, 무한한 가능성의 여지를 제공할 것으로 기대되었다. 아일랜드인 식민정주자 가운데 한 명이었던 필립 시드니 경Sir Philip Sidney은 자신이 '모종의 미덕 혹은 교역을 사랑하거나 고백한 모든 사람들이 한자리에 모여 살 수 있는 상업중심지'로서 '플랜테이션'을 만들기 위해 노력했다고 썼다.[114] 그러나 그 후 백 년 동안의 발전은 사람들이 플랜테이션이라는 것을 수출용 환금작물을 생산하는 해외정주지로, 그리고 모든 종류의 무역 가운데 가장 부도덕한 노예무역을 주장하는 사람들이 모여 있는 곳으로 여기게 만들었다.

포르투갈인들이 처음 시작하고, 후에 네덜란드인들과 영국인들이 이어받아 독점한 노예무역의 현실은 비록 라틴아메리카의 항구들에서 수도 교단 사제들이 병들어 죽어 가는 노예들의 영혼 구제와 고통 완화를 위해 노력하기는 했지만 하나같이 야만적이었다. 카르타헤나에 노예들이 도착하면 그들을 끌어안고, 심지어는 악취가 진동하는 노예선 선실로 뛰어 들어가 안아 주기도 했던 예수회 사제 페드로 클라베르Pedro Claver 같은 사람이 17세기 앵글로-아메리카 세계에도 없지는 않았지만[115] 그들의 그런 행동은 별로 호응을 얻지 못했다. 대서양 횡단 무역의 참혹한 환경에서, 그리고 신세계의 낯선 질병의 혹독한 시련에서 살아남은 노예들의 전망도 절망적이기는 마찬가지였다. 클라베르의 동료이며 같은 예수회 수사였던 알론소 데 산도발Alonso de Sandoval은 1627년 세비야에서 출간한 책에서 그들의 상황을 생생히, 그리고 감동적으로 묘사했다. 그는 새로 아메리카에 도착한 사람들이 직면해야 했던 잔인한

114) Blair Worden, *The Sound of Virtue* (New Haven and London, 1996), p. 55.
115) Thomas, *The Slave Trade*, pp. 433~4.

대우를 고발하면서 그들이 '해가 뜰 때부터 해가 질 때까지, 그리고 긴긴 밤 동안 내내' 광산에서 얼마나 중노동에 시달리는지, 만약 가내 노예로 팔리면 얼마나 비인간적인 대우를 받는지에 대해서 썼고, 그리고 '그들은 정말이지 짐승만도 못한 삶을 살고 있다'라고 썼다.[116)]

그러나 에스파냐령 아메리카의 아프리카인 노예들은 비록 처한 상황이 참혹하기는 했지만 그래도 영국령 아메리카의 노예들보다는 운신의 폭이 컸고, 신분 상승의 기회도 더 많았던 것으로 보인다. 그들은 뿌리가 뽑히고 고향에서 멀리 떨어진 곳으로 끌려온 사람들이었기 때문에 백인들의 입장에서는 인디언 원주민들보다 덜 위협적이라고 생각되었다. 이는 에스파냐인 정주자들이 인디언 노동자들을 부려 먹는 과정에서 그 아프리카인 노예들을 감시자나 도우미로 활용하는 경향이 있었고, 그리하여 점점 복잡해져 간 사회적·인종적 계서에서 그들(아프리카인)을 한 계단 올려 주는 경향이 있었음을 의미했다.[117)] 그러나 그들에 대한 정주자들의 신뢰는 깨지는 경우가 많았으며, 시마론[118)]이라는 비적 떼 혹은 지역 인디언들과 협력하여 활동하는 도망 노예들은 에스파냐인 정주지, 그 중에서도 카리브 지역과 파나마 정주지들에서 특히 위협적이었다.[119)] 그러나 그 자체가 모종의 예속에 구속되고 있었던 사람들 속에 위치해 있던 노예들의 애매모호한 지위는 그 중 영리하고 운이 좋은 노예들이 유리하게 이용할 수 있는 기회를 제공해 주었다.

---

116) Alonso de Sandoval, *Un tratado sobre la esclavitud*, ed. Enriqueta Vila Vilar(Madrid, 1987), pp. 236~7.

117) Lockhart and Schwartz, *Early Latin America*, p. 91.

118) cimarrones; 에스파냐인 주인에게서 도망쳐 탈법자가 되어 함께 모여 사는 아프리카인 노예들—옮긴이.

119) Blackburn, *The Making of New World Slavery*, p. 139; Bowser, *The African Slave*, ch. 8.

에스파냐령 아메리카 노예들은 역설적으로 에스파냐가 잉글랜드와 달리 오랫동안 노예제의 경험을 갖고 있었다는 점 때문에 이득을 보기도 했으니, 그것은 바로 그 경험이 적어도 사법적으로 노예의 운명을 순화시켜 주는 경향을 가진 법이나 관행을 발전시켜 놓았기 때문이다. 13세기에 제정된 『7부법전』은 '세상의 모든 법은 언제나 자유를 지향한다'는 원칙에 따라 노예들을 어떻게 대할 것인지에 관한 몇 가지 조건을 규정해 놓고 있었다.[120] 여기에는 노예소유주가 반대해도 결혼할 수 있는 권리, 제약이 따르기는 했지만 약간의 재산을 소유할 수 있는 권리가 포함되어 있었다. 이 법은 또한 노예주인 혹은 국가가 노예를 해방시킬 수 있는 길을 열어 놓기도 했다.

노예제의 에스파냐령 인디아스로의 이전은 불가피하게 이베리아 반도의 관행으로부터의 이탈을 가져왔다.[121] 에스파냐 지배하의 방대한 아메리카 영토에서, 약간은 관대한 내용을 가진 『7부법전』의 규정을 강요하는 것은 설사 지배자들이 그런 의지를 갖고 있었다고 해도 결코 쉽지 않았으며, 노예들의 처지는 불가피하게 각 지역 혹은 각 노예 소유주의 성향에 따라 크게 달라질 수밖에 없었다. 그러나 혼인, 노예 해방, 재산 소유에 관한 법규는 노예들에게 얼마간의 운신의 여지를 제공해 주었고, 특히 도시 노예들은 재빨리 법이 제공하는 기회와 더불어 서로 다른 통제기구들 간의 라이벌 관계를 이용할 수 있게 되었다. 원칙적으로

---

120) *Las Siete Partidas del Sabio Rey Don Alonso el nono*(Salamanca, 1555), partida 3, tit. 5, ley iv. 또한 Palmer, *Slaves of the White God*, p. 86을 참조.

121) 에스파냐령 아메리카의 노예제에 관한 법과 관행에 대하여는 Manuel Lucena Salmoral, *La esclavitud en la América española* (Centro de Estudios Latinoamericanos, University of Warsaw, Estudios y materiales, 22, Warsaw, 2002)를 참조.

그들은 기독교도로서 교회와 교회법의 보호를 받을 수 있었으며, 왕의 신민으로서 국왕 법정에서 부당한 결정에 대해 시정을 요구할 수도 있었다. 그들 가운데 많은 수가 그런 기회를 이용할 만한 처지에 있지 않았다는 점에는 의심의 여지가 없다. 하지만 누에바에스파냐 법정에 제기된 수많은 재판 건수는 원주민(인디언)들도 그랬지만 흑인 노예들도 에스파냐인들의 법규를 이용해 자신들의 처지를 개선할 줄 알았음을 말해 준다.[122] 혼인할 수 있는 권리나 보다 많은 자유를 위해 싸우는 과정에서 그들은 교회와 국왕의 도움을 받아 자신들(노예들)을 단지 동산으로만 생각하고, 자의적으로 자신들(노예들)의 신체를 다루려고 하는 노예 소유주들의 주장에 대항할 수 있었다.

어린아이들은 아버지가 아니라 어머니의 신분을 취하게 되므로 삼보들zambos—아프리카인 노예 아버지와 인디언 어머니 사이에서 태어난 아이들—은 원칙적으로 태어날 때 자유로운 신분이었다. 그러나 실제로는 이제 그들이 인디언들에게 부과되는 공납과 노동에 구속되어야 했기 때문에 비참한 삶의 형태만 바뀌는 것이었다. 그러나 그들의 법적 지위는 분명 노예의 그것보다는 우월한 것이었고, 비록 식민 당국이 아프리카인-인디언 간 결합의 증가 추세를 못마땅하게 생각하기는 했지만 왕실은 이런 자유화 추세에 유리한 관행을 저지하려고 하지 않았다.[123] 어쨌거나 노예제는 자연법과 상충하는 것이었으며, 자연법은 히스파니아인들의 사고에서 강력한 영향력을 갖고 있었다.

그러므로 노예 해방은 영국령 아메리카에서보다는 에스파냐령 아

122) Bennett, *Africans in Colonial Mexico*가 제공하는 다수의 사례를 참조하기 바람.
123) Palmer, *Slaves of the White God*, pp. 62~3.

메리카에서 더 쉽게 획득될 수 있었다. 반면에 영국령 아메리카에서는 해방으로 갈 수 있는 길들이 이런저런 이유로 봉쇄되어 있었다. 영국령 아메리카 식민지들은 점차 노예 주인이 데리고 있는 노예를 해방시킬 수 있는 권한을 제한한 반면, 에스파냐 왕의 영토에서는 그런 제한이 없었다.[124] 에스파냐령 아메리카에서는 노예소유주들이—특히 그들의 유언에서—자신이 데리고 있던 노예를 해방시켜 주는 것이 드물지 않았는데, 특히 여성 노예들과 늙고 병든 노예들의 경우가 그랬다. 물론 그렇게 함으로써 병약한 노예들의 부양 부담을 덜려는 사람들도 있었을 것이다.[125] 적절한 기준을 충족시킨 노예들이 법정에서 자신들의 자유를 얻어 내는 경우도 없지 않았는데, 북아메리카의 경우에는 그것이 뉴잉글랜드 지역 말고는 극히 어려웠다. 물론 여기서도 식민지들 간에 혹은 법령과 관행에서 차이는 항상 있었을 것이다.[126] 하지만 에스파냐령의 해방 노예들 대부분은 틈틈이 모은 돈으로 자신의 자유를 사들인 것으로 보인다.[127]

더디기는 하지만 노예 해방은 꾸준히 이루어졌고, 그들이 이미 인디아스에 정주 중인 자유 신분의 아프리카인들과 뒤섞이면서 자유 신분의 흑인 인구는 급속도로 증가했으며, 특히 그런 현상은 도시들에서 두드러졌다. 그리하여 17세기 초 누에바에스파냐에서는 자유 신분의 아프리카인 도시노동자 수가 노예 신분의 아프리카인 노동자 수를 능가하기

124) David Brion Davis, *The Problem of Slavery in Western Culture* (London, 1970), pp. 290~1.

125) Magnus Mörner, *Race Mixture in the History of Latin America* (Boston, 1967), p. 117.

126) Davis, The Problem of Slavery, p. 297; Morgan, 'British Encounters with Africans', pp. 167~8.

127) Mörner, *Race Mixture*, pp. 116~17; Palmer, *Slaves of the White God*, pp. 172~8.

시작했다.[128] 자유 신분의 아프리카인과 물라토들은 장인 밑에서 일하는 수공업자 노예들과 함께 자신들의 이익 단체를 만들었고—그 수가 17세기 초 리마에만 19개나 되었다—,[129] 그들은 계서적 사회 구조에서 자신들의 존재를 한사코 인정하지 않으려는 히스패닉 아메리카 사회에서 어렵게나마 스스로를 위한 발판을 마련하게 되었다. 영국령 아메리카도 자유 신분의 흑인들이 있기는 했지만 그들의 거주 환경은 본토 남부 식민지들에서 노예제가 점점 지배적으로 되어 감에 따라 악화 일로를 걸었다. 플랜테이션의 출현으로 (자유 신분 흑인의) 사회적, 인종적 지위는 점점 더 하락했고, 이는 모든 사람들에게 영향을 미쳤다.[130]

대서양 횡단 경제

유럽인 정주자들이 자신들의 노동이나 원주민들의 노동, 아니면 수입한 흑인 노예의 노동에 의존하여(그것은 그때그때 상황에 따라 달랐다) 신세계의 자원을 개발한 것은 상호적 필요에 기반을 두고 있었다. 유럽은 아메리카의 산물(그 가운데 가장 중요한 것은 금과 은이었다)이 필요했거나 혹은 필요하다고 생각했다. 식민정주자들은 이런저런 이유로 자급할 수 없는 유럽의 생산물들을 필요로 했다. 그들은 또한 안정적인 (인구) 증가율이 확보될 때까지 유럽으로부터 인력을 꾸준히 보충 받아야 했다. 이런 상호적 필요의 상호작용은 대서양 횡단 무역망의 급속한 발전을

---

128) Bennett, *Africans in Colonial Mexico*, p. 19.

129) Bernand, *Negros esclavos y libres*, p. 46.

130) Berlin, *Many Thousands Gone*, p. 96; Blackburn, *The Making of New World Slavery*, p. 258.

가져왔는데 이 무역망은 처음에는 대서양의 바람과 해류가, 후에는 모국의 관행과 필요, 그리고 아메리카 지역의 조건에 맞추어야 하는 상황이 요구하는 패턴과 조화를 이루는 방식으로 발전했다.

콜럼버스는 직관과 항해기술의 접목을 통해 유럽과 아메리카 간의 최초이자 가장 정교한 교역망의 표준이 될 대서양 횡단 항로를 발견했으니, 안달루시아와 아메리카 열대 카리브해를 잇는 항로가 그것이다. 이 항로는 항해에 영향을 주는 주요 바닷바람의 이점을 최대로 이용해야 해서 타원형으로 되어 있었는데, 안달루시아에서 배가 출발한 뒤 남하하여 카나리아제도를 거쳐 카리브해로 갔다가, 돌아올 때는 반대로 북쪽으로 올라가 플로리다해협과 아조레스제도를 거쳐 귀국하는 것이었다. 모든 것이 순탄하게 돌아가면 세비야의 산루카르데바라메다San Lúcar de Barrameda 항을 출발하여 파나마지협 포르토벨로에 도달하는 데 대략 91일이 걸렸으며, 반면에 항상 출국길보다 훨씬 많은 기간이 걸렸던 귀국길은 128일 정도가 소요되었다.[131] 런던에서 제임스타운까지 가는 항로는 그보다 훨씬 덜 걸렸다. 비록 채프먼이 쓴 코메디 『이스트워드 호』에서 술친구 가운데 하나가 '거기까지 가려면 얼마나 걸리냐'라는 질문에 시걸 선장이 '좋은 바람만 만나면 몇 주면 돼'라고 한 대답은 지나치게 낙관적인 것이기는 했지만 말이다. 실제로 제임스타운까지 가는 데는 평균 55일 정도였고, 귀국길은 40일 정도 걸렸다(〈지도 2〉 참조).[132]

범선 시대의 항해를 지배한 자연법은 몇 가지 불가피한 결과를 동

---

131) Pierre Chaunu, *Conquête et exploitation des nouveaux mondes* (Paris, 1969), p. 286.

132) Eastward Ho (1605), Act III, Scene, in *The Plays and Poems of George Chapman. The Comedies*, ed. Thomas Marc Parrott (London, 1914), p. 499; Chaunu, *L'Améque et les Amériques*, p. 88, and map 6.

반했는데, 항해를 위한 이상적인 시점, 항로, 계절 등이 미리 정해지고, 특정 출발 지점이 우선시된 것이 바로 그것이었다. 안달루시아 — 그 중에서도 세비야와 그 항구단지에 포함되는 산루카르와 카디스 등 — 가 에스파냐의 대외 팽창 초창기에 대서양 횡단 항해의 독점권을 획득했는데, 그렇게 된 것이 관료제적 음모나 인간들의 변덕스런 의지 때문만은 아니었다. 만약 대서양 횡단 항해를 세비야가 아니라 에스파냐의 북부 해안 지역에서 출발했다면 항해 기간은 20퍼센트, 항해 비용은 25퍼센트 정도 더 늘어났을 것이다.[133] 나중에 안달루시아의 항해 독점은 신랄한 비판의 대상이 된다. 그러나 1529년 인디아스로 가는 항해가 에스파냐 북쪽 빌바오로부터 동쪽 카르타헤나에 이르기까지 모든 항구들로 확대되었을 때, 그 허가서가 얼마 못 가 무용지물이 되고, 1573년 정식으로 철회되기 오래 전에 이미 사문화되고 만 것은 이런 인정하기 싫은 물류비용상의 현실을 말해 주는 것이었다.[134]

그러므로 1503년 세비야에 인디아스로 가는 항해를 감독하는 기구로 상무청이 설치되어 일찌감치 이곳이 에스파냐 대서양 무역의 총 본부로 낙점된 데는 지리적인 논리가 작동하고 있었다. 세비야는 내륙 항구여서 심각한 결점을 갖고 있었는데, 그 점은 과달키비르강에 토사가 쌓이고 시간이 지날수록 항해가 위험해지면서 점차 분명해졌다. 세비야는 그 후배지에 영주들의 넓은 고립영토들을 갖고 있었던 안달루시아에 소재한 왕령지 내 도시였으며, 풍요로운 농업 기반을 갖고 있어 인디아

---

133) Antonio García~Baquero González, *Andalucía y la carrera de Indias, 1492~1824* (Seville, 1986), p. 28.

134) José María Oliva Melgar, 'Puerto y puerta de las Indias', in Carlos Martínez Shaw (ed.), *Sevilla siglo XVI. El Corazón de las riquezas del mundo* (Madrid, 1993), p. 99.

스 함대를 위한 보급품 공급에 유리한 수도首都였다. 그러므로 세비야가 독점항으로 선택된 것은 정치적으로 보나 경제적으로 보나 너무나 당연했다.

상무청을 창설할 때 페르난도와 이사벨은 포르투갈 왕실이 수지맞는 아시아 무역을 장악하고 통제할 목적으로 리스본에 설치한 인디아청 Casa de India을 염두에 두고 있었다. 16세기 초의 상황에서 그 같은 통제적 방식은 국가 안전의 측면으로 보나 좀더 협소한 국익의 관점에서 보나 지극히 당연한 것이었다. 카스티야의 새로운 해외 영토가 라이벌 국가들의 수중에 떨어지지 않게 하고, 사업의 열매를 다른 국가들에게 빼앗기지 않으려면 대서양 횡단 항해의 비밀은 지켜져야 했으며, 인디아스와의 무역과 인디아스로 가는 이주민 대열에서 외국인들은 배제되어야 했다. 또한 국내에서 집권을 위해 오랫동안 투쟁을 벌이고 난 상황에서 국왕이 자신의 권위가, 그리고 잠재적이기는 하지만 엄청난 경제적 이익의 가능성이 신민들을 대서양 저편 영토에 무분별하게 접근하게 함으로써 불필요하게 위험에 빠지게 해서는 안 된다고 생각하는 것은 당연했다. 이 경제적 이익은 곧 분명해지게 되었다. 점점 더 많은 귀금속이 국내로 들어오기 시작하면서, 유입되는 귀금속 양을 정확히 기록하고 그중 국왕의 몫을 정확하게 챙길 수 있는 단일한 출입항을 통해 인디아스의 산물이 에스파냐로 들어오게 유도해야 한다는 주장은 더 이상 논박의 여지가 없는 것이 되었다.

그러므로 세비야의 대서양 무역 독점은 논리와 편의의 산물이었고, 16세기 초 정치적, 국제적 필요에 대한 적절한 반응이었으며, 그것은 또한 대서양 횡단 무역(거기에서 은은 인디아스에서 에스파냐로 유입되는 것 가운데 압도적으로 중요한 상품이었다)의 안전상의 필요에 의해 더욱 강화되었다. 바로 이 필요가 16세기 동안 서서히 발전되어 간 인디아스 상선대Carrera de Indias라는, 인디아스 무역의 독특한 구조물을 만들어 내게 되었다. 늘어나는 해적들의 공격에 대응하기 위해 오가는 선박들이 무장 호송선과 동행하게 했다. 개별적이고 고립적인 항해는 보호하기에 너무나 비용이 많이 들고, 적의 공격에 너무나 취약했다. 초창기의 호송 체계는 1564년, 따로 출발하는 두 개의 함대가 구성되면서 최종적 형태를 갖추게 되었는데, 4월이나 5월에 누에바에스파냐로 가는 플로타 선단flota과 8월에 파나마곶으로 떠나는 갈레온 선단galeones이 그것이었으며, 이 두 선단은 그해 가을 아바나에서 합류한 다음 에스파냐로 귀국하게 된다. 이것이 에스파냐의 대서양 횡단 무역의 연례행사가 되었다.

그러나 독점은 가끔씩 가지를 쳐 주지 않으면 점점 더 커지는 경향이 있다. 1543년 세비야 상인들은 하나의 콘술라도Consulado(상인 길드) 속에 통합되었는데, 이 기구는 시간이 지나면서 인디아스 무역에 점점 더 큰 영향력을 행사하게 되었다. 세기말경이면 무역은 콘술라도에 속한 지배적인 상인 집단과 왕실 은행가들, 상무청 관리들, 그리고 인디아스평의회 관리들을 잇는 상업적·재정적 이해관계의 그물망 속에 들어가게 되었다. 세비야 시 당국의 지지를 받고 있었던 이 여러 이익 집단들은 자신들의 독점권을 지키기 위해, 그리고 그것을 뒤엎을 수도 있는 시도에 맞서서 완강하게 싸우곤 했다.[135)]

---

135) 콘술라도에 대하여는 R. S. Smith, *The Spanish Guild Merchant* (Durham, NC, 1940), ch. 6; Guillermo Céspedes del Castillo, *La avería en el comercio de Indias* (Seville, 1945); Antonio-Miguel Bernal, *La financiación de la Carrera de Indias, 1492~1824* (Seville and Madrid, 1992), 특히 209~22; Enriqueta Vila Vilar, 'El poder del Consulado y los hombres del comercio en el siglo XVII', in Enriqueta Vila Vilar and Allan J. Kuethe (eds), *Relaciones del poder y comercio colonial. Nuevas perspectivas* (Seville, 1999), pp. 3~34

독점의 항구화는 에스파냐의 대서양 횡단 체계에 엄격한 원칙을 도입하게 하여, 그 체계가 변화하는 식민지 사회의 요구에 맞추어 그때그때 적절히 대응하는 것을 어렵게 만들기도 했다. 하지만 다른 한편으로는 세비야의 상업~재정 복합체가 식민지 무역에 대한 지배권을 완전히 장악하지 못하고 있었던 측면도 있었다. 제노바인들을 시작으로 외국 상인들은 그 시스템에 뚫고 들어갈 수 있는 수많은 편법을 만들어 냈다. 밀무역은 고질적인 것이 되었으며, 노예무역은 비록 세비야를 통해서이기는 했지만 포르투갈 상인들의 수중에 들어갔다. 그들은 자신들만의 별도 조직망을 갖고 있었으며, 그 시스템을 자신들의 목적을 위해 이용했다.[136] 알몬테Almonte 가문 같은 세비야 상인 가문 사람들은[137] 에스파냐와 아메리카를 오가며 누에바에스파냐, 파나마, 페루 등의 지역 상인들과 사업을 같이 하기도 했다. 16세기 말, 17세기 초가 되면 이 새로운 부류의 아메리카 상인들은 에스파냐의 대서양 무역 체계에서 독립적인 참여자로 활동하고, 역으로 세비야에 영향력을 행사할 정도로 부유하고 유력해져 있었다.[138]

참조.

136) 포르투갈인들에 대하여는 앞의 책 p. 100 참조. 제노바인들에 대하여는 Ruth Pike, *Enterprise and Adventure. The Genoese in Seville and the Opening of the New World* (Ithaca, NY, 1996); 코르시카인들에 대하여는 Enriqueta Vila Vilar, *Los Corzo y los Mañara. Tipos y arquetipos del mercader con América* (Seville, 1991); 세비야 내 외국인 상인공동체에 대하여는 Michèle Moret, *Aspectos de la Société marchande de Séville au début du XVIIe siècle* (Paris, 1967), pp. 34~58 참조. 그리고 에스파냐 무역 일반에 대한 외국인의 참여에 대하여는 Antonio Domínguez Ortiz, *Los extranjeros en la vida española durante el siglo XVII y otros artículos* (Seville, 1996) 참조.

137) Enriqueta Vila Vilar and Guillermo Lohmann Villena, *Familia, linajes y negocis entre Sevilla y las Indias. Los Almonte* (Madrid, 2003).

138) Studnicki-Gizbert, 'From Agents to Consulado'; Margarita Suárez, *Comercio y fraude*

그러나 세비야의 사업가 가문들이 영향력을 미칠 수 있는 범위에는 한계가 있었으며, 신세계 상업 활동의 광범한 영역에는 그들의 손길이 닿지 못했다. 유럽에서 아메리카로 가는 수출은 세비야의 독점물이었고, 그렇게 수출된 상품은 지정된 곳에서 소비되어야 했지만 식민지에서 생산된 물건은 (아메리카 내) 지역들 간에 아무 제한 없이 교역되었다. 예를 들어 베네수엘라는 이웃 지역들과 활발한 교역을 했으며, 1620년대부터는 다량의 카카오를 멕시코에 수출했다.[139] 또 16세기 내내 누에바에스파냐와 태평양 해안에 위치한 페루의 항구들 간의 교역도 거의 아무런 제약 없이 이루어지고 있었다. 이런 상황은 1631년 국왕에 의해 제동이 걸리게 되는데, 이 해 국왕은 1570년대 멕시코의 아카풀코 항과 필리핀 마닐라 간에 활발하게 전개되고 있었던, 그리고 세비야로 보내져야 할 다량의 아메리카 은을 중국으로 유출시키고 있었던 태평양 횡단 무역의 부정적 영향을 저지하기 위해 몇 가지 조치를 취했다.[140]

국익의 이름으로, 특권과 독점권이라는 메커니즘을 통해 무역을 규제하는 것은 근대 초 유럽 국가들이 즐겨 사용한 일반적인 방식이었으며, 그것은 귀금속, 국가의 번영, 국력 간의 상호관계를 자명한 것으로 간주했던 환경 속에서 작동되었다. 경제적 이익과 국력에 대한 고려는

---

en el Perú colonial. Las estrategias mercantiles de un banquero (Lima, 1995), and *Desafíos transatlánticos. Mercaderes, banqueros y el estado en el Perú virreinal, 1600~1700* (Lima, 2001).

139) Eduardo Arcila Farías, *Comercio entre Venezuela y México en los siglos XVII y XVIII* (Mexico City, 1950), pp. 52~3.

140) Woodrow Borah, *Early Colonial Trade and Navigation between Mexico and Peru* (Berkeley and Los Angeles, 1954). 에스파냐령 아메리카 내 식민지들 간의 교역에 대해서는 더 많은 연구가 필요하다. Fisher, *Economic Aspects of Spanish Imperialism*, ch. 5를 참조.

합스부르크 왕조 시대 에스파냐에서만큼이나 튜더 혹은 스튜어트 왕조 시대 영국에서도 경제 정책 수립에서 지배적인 요소였다. 상인들은 국왕에게서 무역의 보호와 증진을 위한 전략 수립을 기대한 반면에 왕은 반대로 상인 공동체들의 해외 활동을 통해 수익이 지속적으로 국내로 유입되기를 기대했다. 세비야가 무역 독점권을 획득하고 그것을 지키려고 한 것, 그리고 왕실이 세금을 징수한 것은 그 같은 상호 이익의 기반 위에서였다.

그러나 그런 (에스파냐식의) 엄격한 통제 시스템을 영국령 대서양 세계의 무역 활동에 도입하는 것은, 특히 대서양 횡단 식민화 초창기에는 불가능까지는 아니더라도 대단히 어려웠다. 북대서양 항로는 에스파냐인들이 주로 이용하는 (중)대서양 항로와는 다른 리듬에 따라 작동되었고, 본국으로 수송되는 다른 생산물은 다른 규범을 필요로 했다. 최초의 북대서양 항로는 뉴펀들랜드 해안 근처 국제 어장에서 조업하기 위해 영국인, 프랑스인, 바스크인 어부들이 찾아간 북쪽 길이었다. 영국인들이 이용한 (북)대서양에서 최단거리 항로는 영국제도와 뉴펀들랜드를 잇는 것이었다. 그러나 국가의 비우호적인 정책은 대규모 정주를 어렵게 했고, 한편 그 무역의 성격—주로 잉글랜드의 소항小港들(런던 이외의 항구들)에서 부패하기 쉬운 상품들이 오갔다—은 엄격한 규제를 요하지 않았다.[141] 그보다 더 북쪽, 즉 더 멀고 추운 허드슨만 지역은 정주에 더 불리했지만 생선과 달리 모피가 회사들의 관심을 끌었으며, 그것은 17세기 말 무역이 증가하면서 찰스 2세가 허드슨만 회사에 내준 수지맞는 독점권의 기반을 제공하게 된다.

---

141) Ian K. Steele, *The English Atlantic, 1675~1740* (Oxford, 1986), pp. 78~9.

영국제도와, 뉴잉글랜드로부터 카리브 지역에 이르는 영국령 정주지의 주요 식민지를 오가는 무역과 교통에는 두 개의 항로가 주로 이용되었다. 그중에 좀더 북쪽에 위치하고 춥고 안개가 많은 항로는 서쪽(아메리카)으로 갈 때는 5주, 뉴펀들랜드 어장을 거쳐 영국으로 귀국할 때는 3주가 걸렸다. 후덥지근하고 마데이라제도, 아조레스제도, 바베이도스를 경유하는 남쪽 항로는 잉글랜드에서 가고 오는 데 8주 가량이 소요되었다. 그런데 체서피크와의 담배 무역이 시작되면서 서인도제도를 거치지 않고 직접 그곳으로 가는 직항로를 찾기 위한 노력이 나타났으며, 결국 그것이 발견되었다.[142] 이처럼 북대서양에 생겨난 다양한 항로들은 다양한 산물을 생산하는 다양한 정주로 이어졌으며, 때문에 1년 중 정해진 시기에 호송선의 호위 하에 출항하는 에스파냐식 선단 체제를 도입하기가 어려웠다. 그러나 주요 품목staple을 중심으로 하는 무역이 발전하면서 해적이나 적선에 의한 심각한 손실의 위험을 줄여야 할 필요성이 커졌다. 17세기 말 프랑스와 벌인 전쟁은 영국인들로 하여금 부분적이나마 에스파냐의 예를 따르지 않을 수 없게 만들었다. 전쟁 기간 동안 설탕이나 담배를 실은 함대가 국가가 제공하는 무장 호송선의 보호하에 출항하기 위해 정기적으로 항해 날짜를 조정해야 했다. 이 조정 과정에서 런던 상인들의 이해관계는 다른 소항들의 그것보다 우선적으로 고려되었다.[143]

그러나 그런 에스파냐식 조직화와 방어체계를 만들어 내기 위해서는 유리한 상황, 능력, 책임감이 필요했는데, 17세기 후반 영국령 해외

---

142) Cressy, *Coming Over*, p. 156; Steele, *English Atlantic*, pp. 90~1 and 45.

143) Steele, *English Atlantic*, pp. 42~3.

정주지에는 그런 것들이 아예 존재하지 않았다. 찰스 1세가 고도의 조화를 이루고, 모든 요소를 고루 갖춘 질서 정연한 제국을 만들려고 노력했지만[144] 그의 치세 동안 진행된 해외 식민화 과정은 대단히 무계획적이었다. 버지니아는 1625년 국왕이 직접 관리하는 식민지가 되었지만 다른 지역들은 새 정주지 건립을 위한 특허장이 집단 혹은 개인들에게 개별적으로 하사되었기 때문에 국왕의 일사불란한 통제가 애초부터 불가능했다. 또 찰스 1세가 담배무역을 자신이 직접 관리하겠다고 선언할 수는 있었으나[145] 그것을 강제할 수단을 갖고 있지는 않았다. 국가는 런던과 소항들의 라이벌 이익단체들 간의 치열한 경쟁, 그리고 장기적 계획 대신 단기적 이익에의 집착이 중요한 특징이 되고 있었던 해외무역과 식민화 모험사업에 대해 확고한 중앙집권적 통제를 강요할 수단과 도구를 갖고 있지 않았다. 그러나 국가의 이런 실패가 오히려 영국의 해외사업이 궁극적으로 성공할 수 있었던 필수 전제조건이었다고 생각되는데, 왜냐하면 영국의 해외사업은 성격상 최대한 광범위한 재정적·인적 자원의 동원을 필요로 했고, 국왕의 명령을 통해 그것이 획득되기는 매우 어려웠기 때문이다. 찰스 1세 정부가 그런 명령을 강요할 수 없었던 점이 자유로운 사업 활동을 위한 여지를 남겨 놓았다는 얘기다. 그리고 그것은 다시 해결 과정에서 식민지에서 서로 다른 형태의 '개선책들'을 실험해 보게 만들었는데, 그 개선책들은 단지 세 가지 요소, 즉 귀금속, 지역적 노동력의 적절한 공급, 국가 경제에 명백하게 중요하고 즉각적으

---

144) Below, pp. 117~18.

145) Robert M. Bliss, *Revolution and Empire. English Politics and the American Colonies in the Seventeenth Century* (Manchester and New York, 1990), p. 20.

로 접근할 수 있는 주요 단일상품(중상주의 사상가들은 식민지의 장기적 생존을 위해서는 적어도 이 중 한 가지는 꼭 갖고 있어야 한다고 생각했다)의 부재에서만 서로 닮아 있었다.

평론가들은 영국의 해외 식민화를 잉여 인구 방출 혹은 국내 제조업 상품 판매를 위한 새로운 시장 확보의 관점에서 설명하는 경향이 있다. 그러나 식민지 정주지들은 본국 경제의 약점을 보완할 수 있는 상품을 제공할 능력을 갖고 있지 않았기 때문에 건전한 중상주의 노선에 따라 일관된 경제정책을 만드는 것이 쉽지 않았다. 매우 제한된 수준의 이익만을 제공할 수 있었던 열대 지역 몇몇 섬과 해안 지역에 산재한 정주지들이 그 가치 면에서 에스파냐령 제국에 버금가는 영국령 제국의 토대가 될 수 있을 것 같아 보이지는 않았다. 그런데 17세기 중엽이면 바베이도스섬의 설탕과 버지니아의 담배가 멀리 떨어진 이 아메리카 전진기지들에서도 드디어 상당한 이익이 산출될 수 있게 되리라는 점을 시사하기 시작했다. 그러나 1655년 크롬웰의 서부계획Western Design(거기에는 에스파뇰라를 차지하기 위한 원정대 파견이 포함되어 있었다)은 그때까지도 영국인의 관심이 에스파냐의 은銀 제국에 쏠려 있었음을 말해 준다.

서부계획은 자메이카의 획득이 기대했던 것만큼의 보상을 가져다주지 못했으므로 실망스러운 것이기는 했지만, 다른 한편으로는 그것이 근래에 거둔 성공의 증거이자 불길한 미래의 전조였다. 그것은 영국이 제국적 이익을 기대하며 대서양 횡단 군사작전을 조직한 최초의 사례였다.[146] 그런 만큼 그것은 크롬웰의 치세에 국가 권력이 다시 강화되었다는 증거이자 동시에 국가가 그 힘을 전략적 목적과 더불어 경제적 목

146) OHBE, 1. pp. 20~1.

적을 위해 사용할 결의를 다지게 되었음을 말해 주는 것이었다. 크롬웰의 서부계획은 영국이 자신의 라이벌들, 즉 에스파냐, 프랑스, 네덜란드를 상대로 하는 거대한 국제 분쟁에서 자신의 세력을 최대로 끌어올리기 위해 자국과 해외식민지의 잠재력을 현실화하려고 하는, 보다 큰 국가 계획의 일부였다고 할 수 있다.

1649년 이후 강력한 해군의 구축은 이 원대한 계획을 성공으로 이끌기 위한 핵심 요소였다. 1651년의 항해조례Navigation Act 역시 그 같은 의미를 갖고 있었으니, 그것은 바다에서의 국력 강화를 위해 도입한 것이었다.[147] 1652~4년 첫번째 영국-네덜란드 전쟁에서 영국 함대가 거둔 놀라운 승리는 이제 영국이 해군력 증강과 식민지 팽창을 위한 능력을 갖게 되었음을 분명히 보여 주는 것이었다.[148] 찰스 2세의 복고왕정은 1660년 이후 수년에 걸쳐, 즉 1660년과 1663년 자신의 항해조례 도입과 1660년 교역과 플랜테이션 위원회Council for Trade and Plantations 설치를 통해 공화국이 닦아 놓은 토대 위에서 건설되었다.

영국 정부는 아메리카 자원 이용을 위한 일관된 방식의 개발에서, 그리고 대서양 횡단 무역에 대한 통제 정책의 실시에서 에스파냐인들에 비해 상대적으로 더뎠다. 에스파냐의 경우 콜럼버스의 첫번째 항해가 있고 나서 10여 년 만에 상무청이 설치된 데 비해, 영국 왕실은 제임스타운이 건설되고 나서 거의 반세기가 지나고 나서야 해외무역을 국가가 직접 챙기겠다는 점을 분명히 하는 첫번째 가시적 조치를 취했다. 이런

147) R. W. Hinton, *The Eastland Trade and the Common Weal in the Seventeenth Century* (Cambridge, 1959), p. 95.
148) OHBE, 1. p. 423.

차이가 발생하게 된 부분적인 이유는 두 제국이 가진 자원 자체의 성격이 달랐기 때문이다. 에스파냐령 카리브제도에서는 일찌감치 금이 발견되었고, 그것이 국가 통제의 도입을 시급하게 만든 반면 생선, 모피, 목재, 그리고 얼마간의 담배 외에는 제공할 것이 없어 보였던 영국령 대서양 세계에서는 그런 기구 설치가 그다지 필요해 보이지 않았다. 또 부분적으로 그것은 튜더 왕조와 초기 스튜어트 왕조 하의 영국 왕실에서 중요한 관료기구의 발전이 나타나지 않았다는 사실을 반영하는 것이기도 했다(만약 영국 왕실에도 귀금속이 신세계로부터 정기적으로 유입되었다면 영국도 그런 관료기구를 일찌감치 만들어 냈을 것이다). 그러므로 영국의 경우 해외 영토 개발은 민간 주도 방식이 지배적이었고, 그런 경향은 특허장과 독점권 부여로 더욱 강화되었다. 17세기 중엽, 국가가 좀더 강해지면서 국가는 이런 (개별 회사의) 독점에 도전할 수 있게 되었다. 반면에 상호보완적 성격을 가진 국가 이익과 상인 이익의 복잡한 결합을 기반으로 하였던 세비야의 독점은 개혁의 영향을 별로 받지 않았다.

그러나 두 제국은 모두 16세기와 17세기 내내 해외정주지와 모국의 관계에 있어서 몇 가지 동일한 가정 안에서 작동되고 있었다. 그것은 식민지 정주지들의 이익이 본국, 즉 해외 영토에서 자신이 필요로 하는 것을 가장 적절하게 보완해 줄 경제적 자산의 발굴과 개발에 열중하고 있었던 제국 본국의 이익에 확실하게 종속되어야 한다는 것이었다. 이어 그 경제적 자산의 공급은 국가 간 라이벌 의식이 점차 첨예해지고 있는 상황에서(이 라이벌 의식은 이미 16세기 때부터 대서양이 유럽의 호수로 바뀌어 감에 따라 아메리카로까지 확대되고 있었다) 국가에 경제적 이익을 가져다 주고 국력을 극대화할 수 있는 방식으로 통제되고 규제되어야 한다는 것이었다.

물론 어떤 자산에 가장 높은 가치를 부여할 것인가에 관하여 의견이 다 같았던 것은 아니다. 17세기 중엽이면 은은 이미 많은 사람들에 의해 상당히 부정적으로 평가되고 있었다. 많은 평론가들이 아메리카 은은 에스파냐에 결코 번영을 가져다 주지 않았다는 주장을 내놓고 있었다. 물론 여전히 중금주의를 주장하는 사람들이 없지는 않았는데, 그 가운데 한 사람이 조지 가디너였다. 그는 금은을 국내에는 되도록 많이 들여오고, 국외로는 적게 내보내는 것이 영국 무역의 목표가 되어야 한다고 주장했다. 그는 '(국가에 이익이 되지 않는) 아메리카 무역은 우리나라(영국)에 해로운 것이고, 부정직한 것이며, 대단히 불명예스러운 것'이라고 말했다.[149] 그러나 1651년경이면 그런 견해는 약간은 괴이한 것으로 간주되기 시작했으며, 해외 제국은 설사 금이나 은을 가져다 주지 않아도 강국이라면 반드시 갖고 있어야 할 어떤 것으로 간주되었다. 제국 중심에서 볼 때 문제는 어떻게 하면 해외 영토를 최대한 모국에 이로운 방식으로 잘 이용하느냐였다. 에스파냐인들은 효과적인 제국적 틀을 구축하는 어려운 사업을 오랫동안 모색해 오고 있었다. 그것은 크롬웰의 시기와 복고한 스튜어트 왕조 시대에 강력한 영국 국가라는 비전을 소중히 생각하는 사람들의 마음에서도 강구되기 시작했다.

149) George Gardyner, *A Description of the New World* (London, 1651), pp. 7~8.

제2부

공고화

5장 _ 국왕과 식민정주자들

제국의 틀

1625년 5월 13일, 찰스 1세는 그 전해 버지니아회사를 해체하고, 어려운 처지에 처해 있던 식민지에 왕의 직접적 지배를 강요한 데 이어, 버지니아·소머스제도·뉴잉글랜드가 '짐이 상속받고, 분명히 짐에게 속한, 짐의 제국'의 일부임을 천명하는 선언문을 발표했다. 이 선언문은 계속해서 '짐은 왕정 전체에 하나의 단일한 통치 과정을 부여하려는 결심을 확고히 하고 있다……'라고 덧붙였다.[1)]

'짐의 제국'이라는 말의 의미가 분명치는 않았지만 그것이 불길한 전례를 가지고 있고 울림이 강한 용어였다는 점은 분명했다. 1533년 헨리 8세는 잉글랜드 왕국을 '제국'이라고 선언한 적이 있는데, 그 말은 국가의 주권national sovereignty을 주장한 것이었을 뿐만 아니라 잉글랜드의

---

1) Bliss, *Revolution and Empire*, pp. 19~20, from Clarence S. Brigham (ed.), *British Royal Proclamations Relating to America, 1603~1763* (American Antiquarian Society, Transactions and Collections, XII, Worcester, MA, 1911), pp. 52~5에서 재인용. 국왕의 직접적 통치로의 변화에 대해서는 Craven, *Dissolution of the Virginia Company*, p. 330을 참조.

이웃 지역들(직접적으로는 아일랜드와 스코틀랜드)에 대한 영토적 지배를 선언하려는 의도가 포함되어 있었던 것으로 보인다.[2] '브리티시 제국'이란 말이 처음으로 사용된 것은 1572년으로 거슬러 올라가는데, 그것은 고대의 안개 속에 사라진 역사적인 브리티시 제국을 상기시켰다. 그런데 그 개념은 별 어려움 없이 아메리카 해외 정주지들을 포함하는 것으로 확장될 수 있었다.[3] 찰스 1세가 '짐의 제국'이라고 말했을 때, 처음에는 그가 잉글랜드, 스코틀랜드, 아일랜드, 웨일즈 공국을 포함하는 영국(브리티시) 내 공동체들로 이루어진 제국에 대한 통치권을 염두에 두고 있었던 것으로 보인다. 그러나 이제는 대서양을 건너 새 아메리카 영토까지 포함하는 것으로 확대된 것으로 보인다. 당대인들에게는 이 여러 영토들이 '짐의 전체 왕정'을 이루고 있었고, 찰스 1세는 이 영토들이 '하나의 단일한 통치 과정'에 의해 지배되어야 한다고 생각했다.

이것은 사실fact이라기보다는 희망사항이었다. 제임스 6세 겸 1세 치하에서 하나로 합쳐진 그레이트브리튼Great Britain은 합스부르크 왕조 하 에스파냐와 마찬가지로 여러 이질적인 정치체들로 구성된 연합왕정이었다. 합스부르크 왕조의 에스파냐 왕정과 마찬가지로 초기 스튜어트 왕조 하 브리티시 연합왕정 ─ '짐의 전체 왕정'our whole Monarchie ─ 도 군주 한 명의 지배를 받기는 했지만, 고유한 전통과 정부를 가진 여러 왕국과 영토로 이루어져 있었다.[4] 하지만 여기에서 국왕이 직접 통치하는

---

2) John Robertson, 'Empire and Union', in David Armitage (ed.), *Theories of Empire, 1450~1800* (Aldershot, 1998), pp. 18~20.

3) David Armitage, 'Literature and Empire', OHBE, 1, pp. 114~5.

4) John Elliott, 'A Europe of Composite Monarchies', *Past and Present*, 137 (1992), pp. 48~71.

것이 아니라 특허장을 가진 한 회사에 의해 운영되었던(비록 그 특허장을 국왕이 하사한다고 해도) 해외 정주지는 그런 영토들 가운데 예외적인 것이었다. '통일된 통치 과정'의 개념을 중시하고, 느슨한 부분의 통합에 큰 열정을 갖고 있던 국왕에게 왕으로 즉위하기 전 버지니아를 국왕의 직접적 지배하에 복속시키는 것은 분명 상당히 만족스런 일이었다. 찰스 1세가 해외 정주지에 대해 직접적인 관심을 표명한 것으로 보아 그가 그 정주지들을 단순한 상업적 모험사업 이상의 어떤 것으로 간주한 것은 분명하다. 그러나 그의 치세 동안 실제로 아메리카 영토를 '통일된 통치 과정' 속에 끌어들이는 일에 중요한 진전이 있었던 것은 아니다. 하지만 국왕은 투자자들과 잠재적 식민지 정주자들이 자신들의 프로젝트를 실행에 옮기려면 반드시 왕의 허가를 얻어야 한다고 주장했으며, 그들의 행동에 대해 왕이 계속 감독권을 행사하겠다는 점을 분명히 했다. 그리고 그들에 대한 규제가 적절하게 유지된다면 국력을 증대시키고 경제를 번영케 하는 데 상당한 도움이 될 것으로 생각했다.

1629년 매사추세츠베이 컴퍼니Massachusetts Bay Company가 설립된 것으로 보아 버지니아 회사의 실패에도 불구하고 특허장을 받은 회사가 아메리카에 계속 등장했음을 짐작할 수 있다. 그러나 대세는 식민지에 국왕 통치가 아닌 영주식민정주자 통치proprietary government를 확립하는 것, 즉 왕과 가까우면서 자본과 정주자들을 어렵지 않게 동원할 수 있는 유력자를 배경으로 가진 거물 식민정주자patron proprietors에게 땅이나 사법권을 하사하는 것이었다. 바베이도스는 1629년 칼라일 경의 특허에 포함된 다수의 서인도제도 섬 중 하나로 영주식민지가 되었으며,[5] 볼티

5) Andrews, *The Colonial Period*, 2, p. 250.

모어 경 조지 캘버트는 1632년 아들 세실리우스 캘버트 명의로 발행된 국왕 특허장(여기에서 그는 더럼의 주교들prince bishops of Durham ―뉴욕주 더럼 교구를 책임지는 영국 국교회 주교―이 전통적으로 행사하고 있던 것과 비슷한 수준의 통치권을 부여받았다)을 통해 새 메릴랜드 정주지에 영주식민지를 세울 수 있는 권한을 하사받았다. 영주식민정주자들이 왕에 버금가는 권력을 부여받았다는 점에서, 처음에는 스코틀랜드, 웨일즈와 인접한 변경지역에서 생겨났던 팔라틴 백작령이라는 중세적 모델이 영국령 아메리카에서 생겨나는 프런티어 사회들이 취해야 할 모델이 될 것으로 생각되었다.[6] 그러나 그후의 경험은 곧 그렇게 되지는 않았음을 말해 주었다.

영국의 식민화 사업이 아직 실험 단계에 있었고, 투자로부터 신속한 이익을 기대할 수 없는 상황에서 초기 스튜어트 왕조 시대의 식민 모험사업이 다양한 형태를 띠고, 서로 다른 유형의 통치와 사법권이 뒤섞인 모습을 갖게 된 것은 그리 놀라운 일이 아니다. 1634년 로드 대주교를 의장으로 하는 플랜테이션규제위원회Commission for Regulating Plantations가 만들어지기도 했지만[7] 왕의 힘이 의미 있는 수준의 통일성을 강요할 수 있을 만큼, 아니 중앙집권적 지휘부라도 설치할 수 있을 만큼 강하지는 않았으며, 식민지 경제 자체가 충분히 발전하지도 않았다. 우선은 살아남는 것이 관건이었으며, 해외 제국 통치를 위해 진정한 의미의 제국 정책이나 체계적인 틀의 수립을 구체적으로 생각하게 되는 것은 17세기 중반, 즉 식민지들이 어느 정도 확실하게 자리 잡고, 공화국 시대와 왕정

6) *Ibid.*, 2, pp. 197 and 282.
7) Kupperman, *Providence Island*, p. 327.

복고 시대에 영국이 유럽 국가들 가운데 가장 중요한 해상 세력 가운데 하나로 혹은 무역 강국으로 등장하고 나서부터였다. 그리고 의미심장하게도 '아메리카 내[in], 혹은 아메리카의[of] 브리티시 제국(혹은 잉글랜드 제국)'이라는 용어를 사용하게 된 것도 이때부터였다. 잉글랜드, 아일랜드, 스코틀랜드, 그리고 (아메리카) 식민지들을 포함하는 단일한 정치체를 지칭하는 좀더 일반적인 용어인 '브리티시 제국'이라는 말은 1707년 잉글랜드-스코틀랜드 연합이 있고 나서도 한참 후인 18세기 2/4분기가 되어서야 사용되기 시작했다. 그리고 그 용어가 문서에 등장하는 것은 그보다도 한참 나중의 일이었는데, 1763년 이전에는 16권의 책에서만 그 용어가 나타났고, 1763년부터 1800년 사이에 108권이 더 늘어났을 뿐이다. 그보다는 '식민지'[colonies]와 '플랜테이션'라는 말이 압도적으로 많이 사용되었다.[8)]

제국의 모습을 부여하려고 하는 영국인들의 움직임이 상대적으로 더디고 무계획적이었던 것은 에스파냐령 아메리카 영토가 신속하고도 효과적으로 제국의 틀 속에 공식 편입되었던 것과 좋은 대조를 이룬다. 그러나 에스파냐령 아메리카에서 사용된 용어도 의미가 항상 분명하지는 않았다. 카스티야인들은 자신들이 모시는 군주가 1519년 카를 5세라

8) OHBE, 1, pp. 22~3, 25~6, 그리고 113. 너새니얼 크라우치(Nathaniel Crouch)는 1685년 'R. B'라는 필명으로 '아메리카 내 잉글랜드 제국(*The English Empire in America*)'이라는 제목의 논문을 발표했다. '브리티시 제국(British Empire)'이라는 용어를 사용한 출간물의 수치를 제공해준 것은 John E. Crowley였다(그의 논문 'A Visual Empire. Seeing the Atlantic World from a Global British Perspective', in Mancke and Shammas (eds), Creation of the Atlantic World, pp. 283~303). 그는 1800년 이전에 출간된 책들에서 '브리티시 제국'이란 말이 124번 언급된 데 반해, '식민지' 혹은 '플랜테이션' 혹은 그것들과 같은 의미의 용어는 4,000건이 넘게 사용되었다고 말하고 있다.

는 칭호를 가진 신성로마 제국 황제로 선출되었을 때도 그들에게는 그 왕이 무엇보다도 여전히 카스티야의 왕 카를로스 1세이고, 앞으로도 그럴 것이라는 점을 분명히 했다.[9] 카스티야인들은 전통적으로 그들이 싫어하는 개념인 '하나의 보편 제국'에 종속될 생각이 전혀 없었다. 그러나 카스티야의 왕은 이제 황제일 뿐만 아니라 (여러 이질적 요소들이 하나로 결합한) 방대한 연합왕정의 지배자이기도 했다. 이 연합왕정에서 카스티야는 아라곤 연합왕국, 네덜란드, 이탈리아 내 에스파냐 소유령 등을 포함하는 여러 왕국들과 영토들의 연합체에서 점차 '동등자들 가운데 일인자'로 되어가기는 했지만, 원칙적으로 여러 구성원들 가운데 하나였을 뿐이다. 1556년 카를로스 1세(황제로는 카를 5세)가 왕위에서 물러나면서 그의 아들인 에스파냐의 펠리페 2세가 이 연합왕정 가운데 가장 큰 몫을 물려받았다. 그러나 (신성로마) 제국과 황제 타이틀은 카를로스의 동생 페르난도에게 돌아갔다.

얼마간의 시간이 지나고 나서 펠리페 2세와 그 후계자들에게 충성을 바치는 영토들의 집합체를 지칭하는 이름이 출현하게 되었는데 '에스파냐 왕정'monarquía española이 그것이었다. 그러나 그 과정에서 펠리페 2세에게 유럽 내 그의 가장 근접한 경쟁자였던 프랑스 왕보다 더 우월한 지위의 소유자임을 말해 줄 칭호를 부여하려는 제안들이 있었다. 예를 들어 1564년에 그를 '인디아스의 황제' 혹은 '신세계의 황제'로 불러야 한다는 제안이 있었다.[10] 이 제안은 원래 카를로스(카를 5세)가 누

---

9) John M. Headley, 'The Habsburg World Empire and the Revival of Ghibellinism', in Armitage (ed.), *Theories of Empire*, p. 51.

10) María José Rodríguez Salgado, 'Patriotismo y política exterior en la España de Carlos V y Felipe II', in Felipe Ruiz Martín (ed.), *La proyección europea de la monarquía*

에바에스파냐의 '황제'를 자처할 자격이 있다고 말한 에르난 코르테스의 주장과 맥락을 같이하고 있었다(이 주장을 카를로스는 귀담아 듣지 않았는데, 아마도 그것은 기독교 세계의 전통상 오직 한 사람의 황제, 즉 신성로마 제국의 공식 수장만 존재할 수 있다고 생각했기 때문인 것으로 보인다).[11] 그 제안(황제 칭호)을 거부한 것에 대해 펠리페는 아마도 부친과 같은 생각을 가졌던 것으로 보이며, 또 무엇보다도 같은 합스부르크 가문의 오스트리아쪽 지가支家를 쓸데없이 자극할 필요는 없다고 생각한 것으로도 보인다. 그러나 1527년에 이미 곤살로 페르난데스 데 오비에도는 '서쪽 인디아스 제국'이라는 말을 사용했고,[12] 17세기에 펠리페 2세에 이어 에스파냐 왕으로 즉위한 계승자들은 여러 문건들에서 '인디아스의 황제' 혹은 '아메리카의 황제'로 불렸다. 그러나 (이런저런) 황제라는 칭호도, '인디아스 제국'이라는 명칭도 합스부르크 가문이 지배한 2세기 동안 에스파냐에서 공식적인 것으로 인정받지는 못했다.[13]

대서양 건너편 에스파냐 정주지들이 정식으로 제국을 이루지는 못했지만 에스파냐 연합왕정 내에서 그것들은 일찌감치 분명한 사법적 지위를 부여받았다. 명목상 이 에스파냐 왕정은 두 가지 유형의 왕국과 영토로 구성되어 있었다. 상속과 왕조 간 결합으로 획득된 영토와, 정복을 통해 획득된 영토가 그것이었다. 첫번째 유형, 즉 동등한 지위를 가진 영토들 간의 파트너 관계를 약속받고 합병된 영토(사법적 용어로는 aeque

española (Madrid, 1996), p. 88.

11) Above, p. 23.

12) Gonzalo Fernández de Oviedo, *Sumario de la natural historia de las Indias*, ed. José Miranda (Mexico City and Buenos Aires, 1950), p. 272; Góngora, *Studies*, pp. 45~6.

13) 예를 들어 Pagden, *Lords of All the World*, p. 32, and n. 12 참조. 그리고 여기에 다른 쪽들이 부가될 수 있다.

principaliter라고 한다)는 합병 후로도 합병 당시 갖고 있던 자신의 법과 관습에 의해 통치되었다. 두번째 유형은 정복에 의해 합병된 영토로서 정복자들의 법에 종속되었다. 비록 실제로는 '정복된' 땅으로 분류될 수 있었던 나폴리와 나바라 같은 왕국들도 대개 자신들의 관습적인 정부 형태를 유지하는 경향이 있었지만 적어도 원칙적으로는 정복된 영토가 정복자들의 법에 종속되는 것으로 되어 있었다.[14)]

인디아스는 틀림없이 정복된 영토이고, 알렉산더 6세는 1493년의 교황령에서 그 영토가 향후 카스티야 이 레온Castilla y León 왕국에 병합될 것임을 분명히 했다.[15)] 새로 획득된 대서양 건너편의 영토(아직까지는 몇몇 섬들에 불과했다)를 별도의 정치체로 유지할 것인가 아니면 통합된 지 얼마 안 된 카스티야와 아라곤 연합 왕국 가운데 하나에 병합할 것인가 택일하지 않으면 안 되게 되었을 때 페르난도와 이사벨은 후자를 택했다. 두 군주가 그 땅을 이제 하나로 통합된 에스파냐(두 사람은 함께 그 에스파냐를 다스리는 공동의 군주였다)에 합병시킬 것인가 말 것인가를 고민했다는 징후는 없다. 이어서 그들이 인디아스를 아라곤 연합왕국이 아니라 카스티야 왕국에 병합하기로 한 결정은 논리상 아무런 문제가 없었다. 콜럼버스 원정대가 출발한 안달루시아는 카스티야 이 레온 왕국에 속했으며, 재정복된 지 얼마 안 되는 그라나다 왕국도 카스티야 왕국에 병합된 상태였다. 그에 앞서 정복된 카나리아제도도 마찬가지였

---

14) Elliott, 'A Europe of Composite Monarchies', pp. 52~3, 솔로르사노 페레이라(Solórzano Pereira)의 언급을 인용하고 있다.

15) Juan de Solórzano Pereira, *Obras varias posthumas* (Madrid, 1776), pp. 186~7. 솔로르사노에 대해, 그리고 알렉산더 6세와 그의 교령에 대한 그의 견해에 대해서는 Muldoon, *The Americas in the Spanish World Order*, ch. 7을 참조.

다. 그러므로 대서양 상의 제도 가운데 정복되는 땅이 또 나타나면 그 역시 당연히 카스티야와 안달루시아 영토의 연장으로 생각될 것이었다.

1493년 교황이 발표한 교령敎令은 공동 군주로서의 페르난도와 이사벨, 두 사람 모두를 대상으로 한 것이었다. 이사벨 여왕은 1504년 서거하면서 남긴 유언에서 인디아스에서 들어오는 국왕 수입 가운데 절반과 몇몇 다른 세금에 대한 사용권을 자신의 부군夫君 페르난도가 죽을 때까지 갖되, 페르난도가 죽으면 그것이 모두 카스티야 이 레온 왕위에 오르게 될 공동왕(이사벨과 페르난도)의 상속자 겸 계승자들에게 돌아가게 하라고 명령했다. 페르난도는 1516년 눈을 감으면서 작성한 유언에서 이 내용을 충실히 이행했다. 인디아스에 대한 권리는 먼저 두 사람의 딸이며 카스티야의 여왕이 된 후아나Juana에게 넘어갔고, 이어 후아나가 정신적으로 온전치 못하다고 판명된 후에는 그녀(후아나)의 아들, 즉 미래의 황제(카를 5세)에게 넘어갔다.[16] 대서양 건너편 새 영토의 법적 지위는 1519년 9월 14일 바르셀로나에서 카를 5세가 발표한 칙령에 분명히 명시되었는데, 그것은 다음과 같은 말로 시작된다: '성스러운 교황의 양여와 그 외 다른 정당하고 합법적인 자격에 의해(이는 분명 정복 혹은 최초의 발견에 근거한 소유권을 환기시킴으로써 국왕 소유권의 합법성이 전적으로 교황의 양여에 기인하지만은 않는다는 점을 분명히 한 것으로 보인다), 짐은 서인도제도와 지금까지 발견되고 앞으로 발견될 대서양의 섬들과 본토(대륙)의 지배자이다. 그 영토들은 짐의 카스티야 왕국에 병합되었다.' 계속해서 그 문건은 (아메리카가) 카스티야 왕국에 병합된 것

---

16) José Manuel Pérez Prendes, *La monarquía indiana y el estado de derecho* (Valencia, 1980), pp. 85~6

은 앞으로도 영원할 것이며, 다른 정치체에 그 영토를 할양하거나 분할하는 것은 있을 수 없다는 점을 분명히 했다.[17]

인디아스가 카스티야 왕국에 병합된 것은 향후 에스파냐령 아메리카의 장기적인 발전에 중대한 결과를 가져다 주었다. 이론적으로 인디아스는 영국제도 주민들에 의해 정주가 이루어진 북아메리카 영토가 브리티시 아메리카가 아닌 잉글랜드령 아메리카에 속했던 것과 마찬가지로, 에스파냐령 아메리카가 아니라 카스티야령 아메리카에 속했다. 카스티야 왕들이 곧 아라곤 연합왕국의 왕들이었고, 에스파냐의 신세계로의 팽창 초창기에 다수의 아라곤 왕국 주민들이 이 사업에 참여하기는 했지만[18] 아라곤 연합왕국의 주민들이 아메리카로 가서 정주할 권리를 갖는가 그렇지 않는가는 오랫동안 분명치 않았다. 인디아스 사업에서 외국인을 배제하는 것과 관련된 내용을 갖고 있는 16세기 법령들은 아라곤, 카탈루냐, 발렌시아에서 온 이주자들의 정확한 지위에 관하여 애매모호하고 모순된 내용을 갖고 있는 경우가 많다. 그들이 어렵지 않게 인디아스로 이주할 수 있는 허가서를 얻어 낼 수 있었던 것은 사실이다. 그러나 지리적인 혹은 그 외 다른 이유 때문에, 기회가 있어도 그것을 이용하는 사람은 그리 많지 않았다.[19]

---

17) *Recopilación de leyes de los reynos de las Indias* (facsimile of 1791 edición, 3 vols, Madrid, 1998), lib. III, tit. 1, ley 1.

18) Manuel Serrano y Sanz, *Orígenes de la dominación española en América* (Madrid, 1918).

19) 많은 논란의 대상이 되었던 이 문제에 대하여는 R. Konetzke, 'La legislación sobre immigración de extranjeros en América durante el reinado de Carlos V', in *Charles-Quint et son temps*, pp. 93~111을 참조. 그리고 좀더 최근에 이루어진 관련 법령에 관한 자세한 연구로는 Romà Pinya is Homs, *La dabatuda exclusió catalano-aragonesa de la conquesta d'Amèrica* (Barcelona, 1992)가 있다.

그보다 훨씬 더 직접적으로 중요했던 것은 아라곤의 것이 아닌 카스티야의 것을 모델로 한 법과 제도가 새 아메리카 영토에 이식되었다는 점이다. 아라곤 연합왕국과 마찬가지로 중세 시대 카스티야에도 국왕과 신민 간의 관계에서 계약적 전통이 강하게 남아 있었으며, 그런 전통이 카스티야 정치 문화에 깊숙이 침투해 있기는 했다.[20] 그러나 카스티야는 이론적으로나 제도적으로 아라곤 왕국들보다는 권위주의적 왕권 행사에 대한 제동 장치를 훨씬 덜 가진 상태로 중세 시대에서 빠져나왔다. 국왕에게 봉사하고 있던 15세기 카스티야의 법률가들은 '국왕의 절대적 권력'을 주장했고, 그것은 국왕이 대권을 행사하고자 할 때 폭넓은 운신의 여지를 제공해 주었다. 16세기 카스티야 지배자들은 이 유용한 원칙을 상속받고 있었으며, 그것은 실제든 가상이든 비상사태가 발생했을 시 국왕이 계약 의무를 무시하고자 할 때 분명히 유용하게 활용될 수 있었다.[21] 카스티야 국왕에 대한 도덕적 제약이 아직 강하게 남아 있기는 했지만 권위주의적인 권력 행사를 위한 토대는 어느 정도 확립되어 있었다. 그리고 1521년 카를 5세가 코무네로스Comuneros 봉기를 진압한 것은 카스티야의 의회인 코르테스Cortes가 치명적으로 약화되지는 않았더라도 여러 가지 심각한 약점을 갖고 있던 카스티야 왕국에서, 코르테스가 왕에게 제도적으로 효과적인 제약을 강요할 수 있는 능력을 크게 약화시켜 놓았다.

법적으로 인디아스가 정복된 영토의 지위를 갖고 카스티야 왕국에

---

20) Alfonso García-Gallo, *Los orígenes españoles de las instituciones americanas* (Madrid, 1987), pp. 715~41 ('El pactismo en el reino de Castilla y su proyección en América').

21) Luis Sánchez-Agesta, 'El "poder real absoluto" en el testamento de 1554', in *Carlos V: Homenaje de la Universidad de Granada* (Granada, 1958), pp. 439~60.

병합되었기 때문에 카스티야 왕들은 원칙적으로 이곳을 원하는 대로 자유롭게 통치할 수 있었다. 그들이 아메리카 땅에 이식하고 싶지 않았던 기구 가운데 하나가 의회, 즉 코르테스였는데, (계약적 성격이 강한) 아라곤 연합왕국의 의회는 물론이고 그런 성격이 훨씬 덜한 카스티야 의회도 마찬가지였다. 정주자들 자신들은 코르테스 도입을 요청했던 것 같고, 부왕들과 국왕 자신조차도 가끔은 아메리카에 그것을 도입하려고 했던 것 같기는 하다. 그러나 그때마다 그들은 그렇게 하는 것이 장점보다는 단점이 많다고 생각했으며, 결국 아메리카에서는 끝까지 코르테스가 생겨나지 않았다.[22]

그러나 비록 인디아스가 카스티야인들에 의해 정복된 땅으로 간주되었고, 그래서 평등한 관계가 아니라 '종속적' 병합으로 카스티야 왕국에 통합되기는 했지만, 정복자들 자신이 왕 자신의 카스티야인 신민들이었으며, ('정복자'라는 칭호를 고수하려고 했지만) 식민지 주민pobladores으로 되어갔다는 사실에는 변함이 없었다. 그들은 정복자로서 자신들이 바친 봉사를 국왕이 기억하고 그에 합당한 보상을 해 주기를 바랐으며, 그들의 그런 요구는 충분히 설득력이 있었다. 국왕도 그들과 그 후손들이 그와 비슷한 류의 사람들이 카스티야에서 누리기를 기대하는 권리를 갖고 있음을 부인하지 않았다. 그 같은 권리의 인정이 공식적인 코르테스 설치로까지 이어지지는 않았지만 시민들의 집단적 불만 표출을 위한 기구로서 시참사회cabildo 등의 제도적 장치 혹은 토론장이 출현하는 데

---

22) Guillermo Lohmann Villena, 'Las Cortes en Indias', *Anuario de Historia del Derecho Español*, 17 (1947), pp. 655~62; Woodrow Borah, 'Representitive Institution in the Spanish Empire in the Sixteenth Century', *The America*, 12 (1956), pp. 246~57.

에는 문제가 없었다. 더욱이 그들의 용기 덕분에 카스티야의 지배하에 들어오게 된 영토의 지위가 적절하게 인정받아야 된다는 점은 분명해졌다. 정복자들은 아스테카 제국과 잉카 제국을 정복했고, 위대한 원주민 지배자들을 쫓아냈다. 그런 상황에서 정복자들이 국왕의 수중에 안겨준 광대한 아메리카 영토가 카스티야 왕국의 여러 영역들—레온, 톨레도, 코르도바, 무르시아, 하엔, 세비야, 그리고 가장 최근에 들어온 그라나다—과 비슷한 지위를 갖는 것은 당연하다고 생각되었다.[23] 그러므로 누에바에스파냐, 누에바그라나다, 키토, 페루 등은 모두 '왕국'으로 불리게 될 것이었고, 정복자들과 그 후손들은 그 왕국들의 지위에 어울리는 방식으로 지배되기를 원하였다.

국왕은 불필요하게 정복자들의 예민해진 감정을 상하게 하면 매우 위험한 상황을 만들어 낼 수 있다는 것, 특히 정치적·군사적 상황이 매우 유동적인 정주 초창기에는 더욱 그렇다는 것을 잘 알고 있었지만 그럼에도 처음부터 자신의 권위를 확실히 하지 않으면 안 된다고 확신했다. 아메리카가 가져다 줄 잠재적 수입으로 보나, 인디언들의 영혼을 구원하겠다고 교황에게 한 약속으로 보나 새 플랜테이션들에 대해 초기 스튜어트 왕들이 시행한 정책들의 특징이 되고 있었던 자유방임적 접근 방법을 허용하기에는 에스파냐령 아메리카에는 너무 많은 이해관계가 걸려 있었다. 페르난도와 이사벨은 자신들의 권위에 대해 깊이 고무된 상태에서(그들은 이베리아반도에서 오랫동안 그 권위를 분명히 하기 위해 싸웠다) 인디아스의 '천부적 주군'인 자신들에게 주어진 의무를 다하고, 동시에 새 영토 획득이 국왕에게 가져다 줄 잠재적 이익을 극대화하기

23) Góngora, *Studies*, p. 79.

위해 적극적으로 움직였다.

이를 위해서는 인디아스에 행정적·사법적·종교적 구조를 신속히 발전시키고 그것들을 강요하지 않으면 안 되었다(이는 카를 5세와 펠리페 2세에 의해 추진될 과정이었다). 처음부터 공동왕은 정복 원정에 국왕 관리들을 동행시켜 국왕의 이익을 감시하고, 특히 전리품 분배에서 국왕의 이익을 확실히 챙기게 했다. 인디아스는 카스티야에 합병된 영토로서 카스티야의 최고 통치기구인 카스티야평의회의 관할 하에 들어갔고, 초기에 공동왕과 카를 5세는 인디아스 문제에 대해 이 평의회 위원들로부터 조언을 구했다. 특히 그 중에서도 세비야 부주교를 역임하고, 후에 부르고스 주교가 된 후안 로드리게스 데 폰세카Juan Rodríguez de Fonseca에게 많이 의지했다. 폰세카는 1493년부터 1524년 죽을 때까지 거의 전 시기 동안 인디아스 무역과 행정에서 사실상 최고 책임자였다.[24] 1517년경까지 이 위원들의 소집단은 '인디아스평의회'라 불렸고,[25] 1523년 이 기구는 에스파냐 왕정의 평의회 체제에 속한 공식적이고 독립적인 평의회가 되었다.[26]

신설된 인디아스평의회(초대 의장이 폰세카였다)는 거의 2세기에 걸친 합스부르크 왕조 시대 내내 에스파냐령 아메리카의 통치, 무역, 방

---

24) 폰세카와 그의 행동에 대한 적대적인 설명으로는 Manuel Giménez Fernández, *Bartolomé de Las Casas* (2 vols, Seville, 1953~60)가 있다. 그에 대한 좀더 긍정적인 설명은 Thomas, *Rivers of Gold*에서 찾아볼 수 있다.

25) Giménez Fernández, *Las Casas*, 2, p. 369.

26) Demetrio Ramos, 'El problema de la fundación del Real Consejo de las Indias y la fecha de su creación', in *El Consejo de las Indias en el siglo XVI* (Valladolid, 1970), p. 37. 이 평의회에 대한 표준적 설명으로는 Ernesto Schäfer, *El Consejo real y supremo de las Indias* (2 vols, Seville, 1935~47), 1, p. 44가 있다. 저자는 이 기구의 창설 연대를 1524년으로 보고 있다.

어, 사법 행정에 관한 최고 책임기구로서의 임무를 수행했다. 그렇게 해서 에스파냐는 제국 사업 초창기에 아메리카 소유령의 모든 측면에 관한 정책 수립과 실행을 총괄하는 중심 기구를 갖게 되었다. 영국의 찰스 1세의 체제가 존속했더라면 아마도 로드 대주교Archbishop Laud의 플랜테이션규제위원회가 그와 비슷한 기구로 발전했을 수도 있었을 것이다. 에스파냐의 인디아스위원회와는 많이 다르지만 잉글랜드에서 그와 비슷한 기구—1696년에 설치된 무역부Board of Trade—가 창설되기까지는 많은 시간과 다양한 실험이 필요했으며, 그것이 창설되고 나서도 이 기구는 그 이름이 시사하듯이 모국과 아메리카 식민지 간의 관계 가운데 상업적 측면에만 관심을 집중하였다.

1519~1521년 코르테스의 멕시코 정복 이후 인디아스평의회 위원들이 시급하고 급박하게 착수한 과업은 하루 빨리 제2의 정복 사업, 즉 정복자들을 정복하는 일을 시작하는 것이었다. 16세기 초 국왕은 콜럼버스와 그의 후손들로부터 가톨릭 공동왕과 콜럼버스가 맺은 '정복협정'에 따라 콜럼버스에게 주어진 지나친 권력과 특권을(위원들은 그렇게 생각했다) 회수하기 위해 완강한 태도를 고수했다. 정복된 몬테수마의 제국에서 엄청난 부를 탈취해 가지고 있다고 여겨졌던(위원들은 그렇게 생각했다) 에르난 코르테스에 대해서도(1522년 국왕은 그의 공적을 인정하고, 정복 직후 멕시코의 혼란한 상황을 고려하여 그를 누에바에스파냐의 총독, 총사령관, 대법관Justicia Mayor으로 임명했다) 앞서 콜럼버스처럼 그의 날개를 꺾어놓을 필요가 있었다. 국왕 관리들이 누에바에스파냐에 임명되어 내려오면서 코르테스의 통치권은 점차 축소되어 갔으며, 결국 그는 레시덴시아residencia(관리들에 대하여 제삼자의 불평이 접수되었을 때 국왕이 관리를 파견하여 그간의 행적에 대해 벌이는 감사)를 받아야 하

는 처지가 되었다. 공격을 당하기도 하고 높임을 받기도 했던 그는(그는 봉사의 대가로 후작 작위를 받았고, 2만 3,000명의 인디언 신민을 가진 방대한 토지를 왕으로부터 하사받았다) 결국 국왕 관리들과의 싸움을 포기하고 1539년 에스파냐로 돌아왔으며, 다시는 아메리카로 돌아가지 못했다. 프란시스코 피사로 역시 후작 작위를 받기도 하고 동시에 재정관들로부터 괴롭힘을 당하기도 했으며, 1541년 페루 총독직을 상실하기 직전에 정치적 라이벌들에 의해 살해되었다.[27)]

왕의 입장에서 볼 때 정복자들과 엔코멘데로들이 갖고 있는 사실상의 통치권을 하루빨리 박탈해야 하기도 했지만, 다른 한편으로는 그 공백을 메울 행정기구를 서둘러 만들어 내지 않으면 안 되었다. 이를 위해 국왕은 모국에서 시행해 본 적이 있고, 당시 아메리카의 상황에 대처하기 위해 실용적으로 변용되어 적용되고 있던 여러 제도들을 이용했다. 신세계에서는 처음으로 1511년 산토도밍고에 아우디엔시아(고등법원)가 설치되었다. 점점 더 많은 아메리카 본토 영토가 에스파냐의 지배하에 들어오면서 더 많은 아우디엔시아들이 생겨났다. 1530년 누에바에스파냐에(그보다 3년 전에 설치하려고 했으나 성공하지 못했었다), 1538년 파나마에, 1543년 페루와 과테말라에, 1547년 과달라하라(누에바갈리시아)와 산타페데보고타에 아우디엔시아가 설치되었다. 세기 말이면 아메리카에 총 10개의 아우디엔시아가 들어서 있었다.[28)] 사법 재판기구

---

27) Martínez, *Hernán Cortés*, chs. 18~20; Rafael Varón Gabai, *Francisco Pizarro and his Brothers* (Norman, OK and London, 1997), pp. 47~51.

28) Bakewell, *History of Latin America*, pp. 113~16; Pérez Prendes, *La monarquía indiana*, pp. 206~19; J. M. Ots Capdequi, *El estado español en las Indias* (3rd edn, Mexico City, 1957), pp. 64~5.

로서의 아우디엔시아는 (에스파냐의) 바야돌리드와 그라나다에 설치된 찬시예리아chancillerías 혹은 아우디엔시아를 모델로 하고 있었다. 그러나 카스티야 왕국의 그것들과 달리 아메리카의 아우디엔시아들은 국왕으로부터 멀리 떨어진 영토에서 벌어지는 모든 행정 행위에 대한 사법적 감독 기능이라는 본래 의무의 연장으로서 갖는 사법적 기능뿐만 아니라 행정 기능까지도 담당해야 했다.

초창기에 이 통치 행위를 수행한 사람을 고베르나도르gobernadores ['총독'으로 번역하였다—옮긴이]라 불렀는데, 처음에는 이 직책이 주로 정복자들에게 돌아갔다. 총독직은 특히 외딴 지역의 통치와 방어에 유용했으며, 16세기와 17세기가 지나는 동안 35개의 총독직이 생겨났다.[29] 그러나 후에 에스파냐의 인디아스 제국 대부분에 대한 최고 지배기구로 부왕副王이라는 직책이 출현하게 된다. 부왕직은 원래 중세 카탈루냐-아라곤의 지중해 제국의 통치를 위해 생겨났던 것으로서, 1492년 콜럼버스를 그가 발견할지 모를 땅의 부왕 겸 총독으로 임명한 것은 사르디니아의 사례를 모델로 한 것으로 보인다.[30] 콜럼버스는 에스파뇰라 통치에 실패했기 때문에 1499년 부왕직을 박탈당했고, 부왕직은 국왕이 부왕직 대신 총독, 사령관captain-generals, 아델란타도adelantado 등을 임명하면서 잠정적으로 활용이 중지되었다.

그러나 멕시코를 정복하면서 인디아스에서 지금까지와는 비교할 수 없을 정도로 규모가 큰 땅을 과연 어떻게 통치할 것인가의 문제가 제

29) *CHLA*, 1. p. 293.

30) José Ignacio Rubio Mañé, *Introducción al estudio de los virreyes de la Nueva España, 1535~1746* (3 vols, Mexico City, 1955), 1, p. 13.

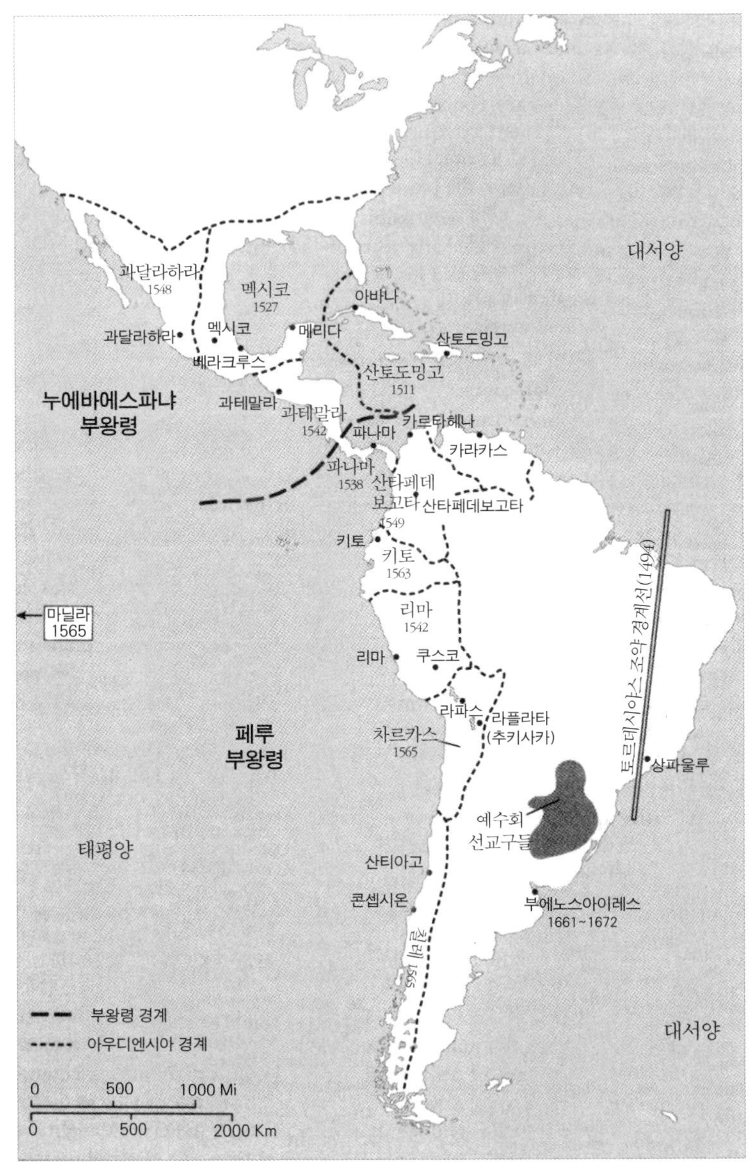

〈지도 3〉 에스파냐령 아메리카의 부왕령과 아우디엔시아(16~17세기). Francisco Morales Padrón, *Historia general de América* (1975), vol. VI, p. 391에서 인용.

기되었다. 1528년부터 1530년까지 첫번째 아우디엔시아에 의한 누에바에스파냐 통치는 (아우디엔시아의) 판사들과 정복자들 간의 심각한 갈등 때문에 실패로 끝났다. 1530년 신설된 새 아우디엔시아는 통치의 질적인 면에서 괄목할 만한 개선을 이루어 냈지만 새롭고 더 나은 해결책이 강구되어야만 했다. 1535년 카스티야의 명문가 출신이었던 돈 안토니오 데 멘도사가 누에바에스파냐의 초대 부왕으로 임명되었으며, 그는 이 직책을 16년 동안이나 훌륭하게 수행했다(이 임기는 유례없는 것이 되었는데, 왜냐하면 부왕 제도가 자리를 잡게 되면서 6~8년의 임기가 표준으로 되었기 때문이다).

멘도사의 시도가 성공적이었기 때문에 인디아스평의회는 그 실험을 페루에도 적용하려고 했고, 그리하여 페루도 1542년에 부왕령으로 바뀌었다. 누에바에스파냐와 페루는 18세기에 산타페데보고타에 수도를 둔 누에바그라나다, 부에노스아이레스에 수도를 둔 리오데라플라타Río de la Plata지역이 부왕령으로 격상될 때까지 아메리카에서 유이唯二한 부왕령이었다. 1542년의 법령에 의하면 '누에바에스파냐와 페루의 부왕령은 부왕에 의해 통치될 것이고, 그 부왕은 국왕 폐하를 대신해 최고 통치권을 행사할 것이며, 부왕은 모든 신민과 백성들에게 공평하게 정의를 베풀고, 그 지역의 안정, 평화, 품위, 강화講和의 증진에 최선을 다해야 한다……'라고 되어 있다…….'[31]

그러므로 부왕은 사실상 (아메리카에서) 부재 지배자가 될 수밖에 없는 에스파냐 국왕의 분신이었고, 멀리 떨어져 있는 국왕의 '살아 있는 거울'이었다. 부왕은 보통 에스파냐의 명문가 대귀족 출신 중에서 임명

---

31) *Recopilación*, lib. III, tit. 3, ley 1.

되었고, 자신의 직분에 어울리게 대서양을 건널 때 주로 가문의 친인척들과 하인들로 이루어진 대규모 수행원을 대동했으며, 그 측근들은 그가 부왕으로 재직하는 동안 한몫 단단히 잡으려는 생각을 가진 사람들이었다. 그가 아메리카 땅에 도착해서, 자신의 지배 영토를 관통하여 수도首都로 들어가는 과정은 마치 왕이 자신의 왕국을 지배하러 가는 것처럼 꼼꼼하게 연출된 의식적 사건들의 연속이었다. 누에바에스파냐에 부임하는 새 부왕은 항상 에르난 코르테스가 정복을 위해 이용했었던 수도를 향해 접근해 간 행로를 따라갔다. 즉 베라크루스 항에 도착하면 먼저 민군民軍 고관들로부터 떠들썩한 영접을 받게 되며, 거기서 성채 순시 같은 형식적 임무를 수행하면서 며칠을 보낸 다음, 멕시코시티로 가는 승리의 행군을 시작한다. 천천히 내륙으로 들어가는 과정에서 행로를 따라 자리 잡은 도시와 마을들에 도착할 때마다 매번 기념 아치, 아름답게 장식된 거리, 가무로 반기는 인디언들, 에스파냐인과 인디언 관리들의 감동적인 연설 등의 환영을 받는다. 인디언들의 도시 틀락스칼라에 도착하면(이 도시는 멕시코 정복 기간 내내 시종일관 코르테스에게 충성을 바치고 지원했다) 인디언 귀족들이 앞서고, 수많은 인디언 군중들이 북소리와 음악에 맞추어 뒤따르는 가운데 부왕이 말을 타고 입성하는 의식을 거행한다. 정복에 대한 원주민들의 기여를 그런 식으로 상징적으로 인정하고, 사흘 동안 축제를 즐긴 다음(혹은 견딘 다음) 그는 크리오요들의 도시 푸에블라로 가서 에스파냐 정복자들에게 비슷한 찬사를 바친다. 여기서 그는 8일 동안 머문 다음 코르테스가 테노치티틀란에서 쫓겨난 후 첫번째 승리를 거둔 장소인 오툼바로 향한다. 오툼바에서 그는 임기를 마친 전임 부왕을 만나는데, 그 전임 부왕은 권력을 넘겨 주는 상징의 의미로 새 부왕에게 지휘봉을 건넨다. 부분적으로는 로마인들의 개선의 의미, 부분적으로는 르네상스 시대 국왕 입성의 의미를 담고 있었던 이 승리의 행군은 멕시코시티에서 정점에 이르는데, 이곳의 예식용 아치는 다른 도시들 것보다도 훨씬 더 웅장하고, 축제는 훨씬 더 성대하며, 환호는 훨씬 더 떠들썩했다.[32)]

일단 직책에 취임하는 선서를 하고, 부왕궁에 자리 잡으면 새 부왕은 에티켓과 의식이 마드리드에 있는 왕궁의 그것과 똑같은 궁전의 한 중심에 자리 잡게 된다. 마드리드 왕궁과 마찬가지로 여기에도 부왕의 신변을 지키는 부왕궁 경비대가 있었다.[33)] 왕이 실제로는 멀리 떨어져 있지만 그는 이곳에 있는 것이나 마찬가지였다. 부왕은 왕의 살아 있는 표상으로서 국왕에게 돌아가야 할 존중을 똑같이 향유할 수 있었다. 여기서는 국왕이 존재하지 않지만 존재하는 것이나 마찬가지였다. 새 군주가 즉위하면 아메리카에서도 새 군주의 초상을 모시고 즉위식이 거행되었다. 왕족이 태어나고 죽으면 대성당과 교회에서 거창한 기념식(추도식)이 열렸다. 국왕 장례식에 사용되는 영구차에는 고인의 영정이 실리고, 고인의 덕목과 업적이 상징적으로 묘사되었다. 이 모든 예식의 중심은 부왕이었고, 그는 자신의 왕궁에서 축하사절 혹은 조문사절을 맞

---

32) Octavio Paz, *Sor Juana Inés de la Cruz* (3rd edn, Mexico City, 1985), pp. 195~201, pp. 195~201. 1640년에 있었던 누에바에스파냐를 관통하는 부왕 일행의 행진에 관하여 당대인이 쓴 생생한 설명을 Cristóbal Gutiérrez de Medina, *Viaje del Virrey Marqués de Villena*, ed. Manuel Romero de Terreros (Mexico City, 1947)에서 볼 수 있다. 그보다는 규모가 작지만 비교할 수 있는 사례로서, 새 총독으로 칠레에 부임한 한 관리의 도착 의식에 대하여는 Jaime Valenzuela Márquez, 'La recepción pública de una autoridad colonial: modelo peninsular, referente virreinal y reproducción periférica hispánico (Santiago de Chile, siglo XVII), in Oscar Mazín Gómez (ed.), *México en el mundo hispánico* (2 vols, Zamora, Michoacán, 2000), pp. 495~516. 참조.

33) Konetzke, *La época colonial*, p. 121.

았으며, 왕의 분신으로서 주군인 왕의 위엄과 존엄을 유지했다.[34)]

부왕은 왕을 대신하는 최고통치자였을 뿐만 아니라 자신의 사법 영역 안에 설치된 아우디엔시아의 수장이기도 했다. 그는 재정 체계의 최고책임자였으며, 비록 그의 부왕령 가운데 총사령관직이 설치된 지역들에서는 감독권만 행사할 수 있었지만 전체 영토의 총사령관이기도 했다. 또 대부분의 부왕들이 그와 관련된 권한이 충분치 않다고 불평을 토로하기는 했지만 관직 임명에서도 상당한 권한을 행사했다.

부왕 밑에는 부왕령 내 각 지방 통치를 맡아 보는 총독들과, 알칼데 마요르(누에바에스파냐에서 가장 광범하게 이용된 행정관직)나 코레히도르corregidores(카스티야 각 지역에서 왕의 이름으로 권력을 행사하던 동명의 관리들과 같은 기능을 가진 관직) 같은 지방 정부의 관리들이 있었다.[35)] 시참사회는 인디아스의 행정구조에서 필수 요소였다. 인디아스에서는 국왕이 역사적인 도시 특권municipal privileges과 법인권corporate rights을 이용해 군주의 통제에 직접적으로 의존하는 통치 시스템을 만들 수 있었기 때문에 이베리아반도에서보다는 상황이 훨씬 좋았다.[36)] 만약 근대국가의 '근대성'이 중앙 정부의 명령을 먼 지방까지 전달할 수 있는 제도적 구조를 얼마나 갖고 있느냐에 의해 결정된다면 에스파냐령 식민지

---

34) 국왕의 상징물과 부왕과 관련된 의식(儀式)에 대해서는 Víctor Mínguez Cornelles, *Los reyes distantes. Imágenes del poder en el México virreinal* (Castelló de la Plana, 1995); Inmaculada Rodríguez Moya, *La mirada del virrey. Iconografía del poder en la Nueva España* (Castelló de la Plana, 2003); Alejandro Cañeque, *The King's Living Image. The Culture and Politics of Viceregal Power in Colonial Mexico* (New York and London, 2004) 참조.

35) Pérez Prendes, *La monarquía indiana*, pp. 232~7.

36) Peter Marzahl, *Town in the Empire. Government, Politics and Society in Seventeenth Century Popayán* (Austin, TX, 1978), pp. 123 and 165.

아메리카는 에스파냐 정부보다, 아니 거의 모든 근대 초 유럽 국가들보다 더 '근대적'이었다고 할 수 있다.

이처럼 에스파냐의 인디아스 제국에는 16세기 중반부터 상당히 정교한 행정 체계가 자리 잡아 가고 있었다. 에스파냐 본토의 인디아스평의회를 시작으로 멕시코시티와 리마의 부왕, 그 밑에 재무 담당 관리, 지역 통치 관리, 그리고 시 정부가 있었다. 그와 궤를 같이 하는 사법 체계 역시 맨 위 인디아스평의회로부터 부왕과 아우디엔시아, 그리고 그 아래 사법 관리들로 이어졌다. 이런 행정과 사법 관료제는 역시 카스티야에서 발전하고 후에 인디아스의 특수한 사정에 따라 수정된 일련의 법, 결정, 관행에 의해 작동되었다.

인디아스가 카스티야 왕국에 편입된 이후 그 땅은 당연히 카스티야 법체계의 지배를 받게 되었다. 카스티야의 법체계는 로마법을 기반으로 하되, 전통적인 카스티야 왕국의 법을 포함하고 있었으며, 로마법과 교회법에 정통한 법학자들에 의해 13세기의 위대한 법전인 알폰소 10세의 『7부법전』으로 집성되었다.[37] 군주는 권위의 최고 원천으로서 이 법전을 바탕으로 신법과 자연법에 따라 정의를 구현할 책임을 지고 있었다. 이 법전은 시간의 경과와 함께 왕 자신의 주도로 혹은 카스티야 코르테스 대표들의 견해를 반영하여 내려진 왕의 칙령에 의해 보완·수정되었다. 그러나 머지않아 카스티야를 위해 만든 법이 아메리카인들의 삶의 모든 측면을 다 포괄할 수 없다는 사실이 분명해졌다. 그러므로 인디아스평의회는 점차 아메리카 부왕직을 만들 때 그랬던 것처럼, 신세계 지역 사정에 맞는 규정들을 만들어 낼 필요가 있다는 것을 알게 되었다.

---

37) Góngora, *Studies*, pp. 68~9.

인디아스가 정복된 영토이기는 했지만 인디아스평의회가 완전히 공백 상태에서 입법을 하지는 않았는데, 그것은 정복된 인디언 주민들도 자신들의 법과 관습을 갖고 있었기 때문이다. 그 중에는 중부 멕시코의 틀락스칼라인들처럼 에스파냐에 충성을 다한 동맹세력이어서 특별 대우를 받을 자격을 갖춘 원주민들도 있었다. 16세기 에스파냐인들의 즉각적인 경향은 기존의 관습을 존중하여 카스티야의 법 혹은 필요와 정면으로 충돌하지 않는 한 인디언들의 법과 관행을 인정하는 것이었다. 그러나 정복에서 살아남은 원주민들의 법은 그후 기독교화나 식민 지배의 압박으로 인디언 사회의 성격이 변했기 때문에 그 또한 변화가 불가피했다. 정복되기 이전의 법들이 영토 분쟁 해결이나 인디언들 간의 소송에서 계속 이용될 수는 있었다. 그러나 1585년경 누에바에스파냐에 인디언일반법정Juzgado General de Indios이 개설되었을 때 그 법정이 이용한 법은 인디언들의 법이 아니라 에스파냐인들의 법인 경우가 더 많았다.[38)]

그러나 인디아스평의회가 아메리카 영토에 대해 좀더 특별한 조처를 취하기 시작하고, 부왕들도 자신들이 지배하는 영토에 대해 특별한 법규를 제정하게 되면서, 이 에스파냐의 법은 더 이상 정확하게 카스티야의 법이 아니게 되었다. 히스패닉 세계는 앵글로-아메리카 세계와는 달리 판례법case law과 사법적 판례가 아니라 구체적인 법령과 성문화된 규정에 의해 지배되는 세계였다. 그로 인해 법들이 혼란스럽게 뒤엉키는 현상이 나타났으며, 그것은 인디아스평의회 위원들이 무엇이 법이고 무엇이 법이 아닌지 점점 확신할 수 없게 만들었다. 일사불란한 규제와

---

38) Borah, *Justice by Insurance*, pp. 253~5.

통일된 질서 부여에 남다른 관심을 갖고 있었던 펠리페 2세는 1560년대에 카스티야평의회 개혁에 관심을 기울였다. 후안 데 오반도라는 국왕 관리가 임명되어 평의회에 대한 조사를 했는데, 거기서 그는 1571년부터 1575년 죽을 때까지 개혁적 성향의 평의회 위원장으로 활약했다. 오반도는 평의회의 가장 큰 문제 가운데 하나가 평의회 안에도, 인디아스 안에도 이들 나라들을 지배하고 통치하는 법과 명령에 관한 정보가 없는 것이라고 생각했다.[39] 그는 그것들에 모종의 질서를 부여하기 위해 이른바 『오반도법』*Código ovandino* 제정에 착수했지만 그것은 그가 죽을 때까지도 완결되지 않았다.

이 작업은 그 다음 세기에, 즉 안토니오 데 레온 피넬로Antonio de León Pinelo와 후안 데 솔로르사노 이 페레이라Juan de Solórzano y Pereira라는 두 명의 인디아스평의회 위원에 의해 재개되었다. 그러나 이 두 사람이 노력했음에도 죽을 때까지 그것은 완결되지 못한 채 남아 있었다.[40] 이 노력은 결국 1680년 카를로스 2세 치하에서 『인디아스법령집』*Recopilación de las leyes de Indias*으로 결실을 보게 되었으며, 그것은 1567년 펠리페 2세의 명으로 오래 전에 출간된 카스티야 법의 『법령집』*Recopilación*의 때늦은 짝이라 할 수 있었다. 국왕은 이 두 법령집을 통합 상태로 유지하려고 했지만 카스티야의 법과 아메리카의 법은 불가피하게 제 갈 길을 갔다. 그리고 그후에도 (법령의) 파편화 과정은 계속되었다. 1680년경이면 인

39) Juan Manzano, 'La visita de Ovando al Real Consejo de las Indias y el código ovandino', in *El Consejo de las Indias*, p. 116에서 재인용. 오반도의 이력에 대해서는 Poole, *Juan de Ovando*를 참조.

40) Javier Malagón and José M. Ots Capdequi, *Solórzano y la política indiana* (2nd edn, Mexico City, 1983), ch. 1; Antonio de León Pinelo, *El Gran Canciller de Indias*, ed. Guillermo Lohmann Villena (Seville, 1953), introduction.

디아스 전체에 적용되는 보편적 법령이 모종의 유령적 성격을 띠어 가고 있었다. 그 법령집이 출간되고 나서 5년 후 페루는 그 자신의 『지방법령집』*Recopilación provincial*을 출간하는 것으로 대응했는데, 그것은 그동안 페루 부왕들이 공포한 법령과 규정들을 집성한 것이었다.[41] 에스파냐령 아메리카 내 각 영토들은 점차 자신들의 특별한 필요에 부응하여 독립적인 법령집들을 만들어 가고 있었다.

카스티야에 의해 정복된 인디언 영토들에 생겨난 행정기구, 사법기구들과 함께 교회 기구들도 점점 정교해져 갔는데, 이 교회기구들은 교황이 카스티야 국왕에게 하사한 인디아스 영토에 대한 파트로나토(성직자 임명권)에 의거하여 생겨난 것이었다.[42] 파트로나토는 인디아스에서 에스파냐 국왕에게 엄청난 권력을 가져다 주었고, 국왕은 그것을 최대로 활용했다. 에스파냐령 아메리카의 식민화는 교회와 국가가 공동으로 추진하는 사업이기는 했지만 처음부터 주도자는 국왕이었다. 종교 교단들이 여전히 강력한 존재로 남아 있었고, 계속해서 왕으로부터 강력한 지원을 받기는 했지만 얼마 안 가 일반적인 공식적 교회 통치 기구들이, 처음에는 탁발 교단들과 더불어 국왕의 지시 하에 서서히 확립되어 갔다. 모든 고위 성직자는 왕이 인디아스평의회의 추천을 받아 임명했고, 인디아스평의회는 아메리카 영토를 여러 개의 교구로 나누었다. 16세기 말이면 멕시코시티, 리마, 산토도밍고, 산타페데보고타에 설치된 4개의 대주교구를 포함하여 31개의 주교구가 존재했다.[43] 인디아스에서 교회

---

41) Ruggiero Romano, *Conjonctures opposées. La 'Crise' du XVIIe siècle en Europe et en Améque ibérique* (Geneva, 1992), p. 187.

42) Above, p. 68.

43) *CHLA*, 1, p. 518; Konetzke, *La época colonial*, p. 207.

에 대해 주교가 갖는 권한의 추인은 트리엔트 공의회의 결정에 따른 것이었다. 그러나 그것은 또한 왕에게 16세기 중반 유력한 권력 집단이 되어 가고 있던 탁발교단들을 제어할 수 있는 수단을 제공해 주었다. 펠리페 2세는 엔코멘데로들 뿐만이 아니라 탁발수사들에 의해서도 자신의 권위가 약화되는 것을(엔코멘데로들과 탁발수사들은 서로 공모하곤 했다) 두고 볼 생각이 없었다.

펠리페 2세는 1574년에 공포한 파트로나스고 법령Ordenanza del Patronazgo을 통해 수도 사제들을 주교들의 지배하에 두고, 탁발수사 대신 재속 사제를 교구 사제로 임명함으로써 자신의 권위를 강화했다.[44] 그러나 이것은 시간도 오래 걸리고 쉽지도 않은 일이었는데, 그것은 무엇보다도 탁발수사들이 인디언 양떼를 포기하려고 하지 않았기 때문이다. 재속사제들과 수도사제들 간의 갈등은 식민시기 내내 계속되었다. 그러나 인디아스에서의 교회 생활이 국왕의 치밀한 통제를 받으며 기능하도록 하는 데 필요한 제도적·법적 구조물은 이미 잘 확립되어 있었고, 그 통제는 매우 확고해서 국왕이 허락하지 않으면 교황의 사절이라고 해도 아메리카에 발을 들여놓을 수가 없었으며, 마드리드 주재 교황 사절도 아메리카 문제에 개입할 수 없었다.[45] 국왕은 또 아메리카 교회의 재정 문제에 대해서도 지배권을 가지고 있었는데, 아메리카 교회는 재정을 국왕 관리들이 징수하고 분배하는 십일조에 의존하고 있었다. 1539년과 1541년의 국왕 칙령에 의해 당시 현물로 징수되고 경매에 붙여지고

44) Bakewell, *History of Latin America*, p. 138; Konetzke, *La época colonial*, p. 217; 그리고 below, pp. 198~9를 참조.
45) Sánchez Bella, *Iglesia y estado*, pp. 71~4.

있었던 십일조 수입 가운데 반은 주교와 지구 수석사제deans, 대성당 참사회 등에 고르게 분배되었다. 그리고 나머지 반은 9등분하여 그 중 네 부분은 교구 사제들과 그 조력자들에게 지불하는 급료로, 세 부분은 교회 건축과 장식에 들어가는 비용으로 사용하고, 나머지 둘은 국왕의 금고에 들어갔다.[46]

교회와 국왕 간의 강화되어 간 상호보완적 관계가 아메리카 내 에스파냐 왕정의 구조를 매우 단단하게 만들어 놓아서 1570년대에 후안 데 오반도는 그것을 주저하지 않고 인디아스 국가estado de las Indias로 부를 정도였다.[47] 해외팽창 사업이 시작되고 나서 한 세기가 채 지나지 않아 에스파냐 국왕은 자신의 권위에 완강하게 저항하는 귀족, 특권적 자치체, 반항적인 신분의회 등을 제어하기 위해 분투 중이었던 유럽의 다른 군주들이 부러워할 정도로 탄탄한 통치 체제와 통제 체계를 만들어 놓고 있었다.

이 시스템이 물론 결점과 단점을 갖고는 있었지만──경쟁 관계에 있는 권위체들 간의 만성적 갈등, 지체, 장애물, 수많은 부패의 기회 등이 그것이었다──이 '인디아스 국가'의 수립은 어떤 점에서 보아도 대단한 업적이 아닐 수 없다. 그 이유 가운데 하나는 그것이 일반적인 시간과 공간의 법칙을 극복하는 데 성공한 것으로 보인다는 점이다. 인디아스의 부왕령들은 대양을 사이에 두고 수천 마일이나 떨어져 있었고, 1561년부터 세계적인 에스파냐 왕정(제국)의 수도가 된 마드리드 정부가 리마에 메시지를 보내고 그에 대한 답장을 받아 보는 데 대략 2년이

46) Konetzke, *La época colonial*, p. 223.
47) Góngora, *Studies*, p. 71. 오반도의 *Gobernación espiritual*에서 재인용.

걸렸다. 그러나 프랜시스 베이컨Francis Bacon이 말하고 있듯이, 페루의 부왕이었던 멘도사는 다음과 같이 말했다고 한다: "페루 정부는 그것이 마드리드로부터 너무 가까이에 위치해 있다는 점만 제외하면 에스파냐 왕이 줄 수 있는 최고의 자리이다."[48)]

그에 비해 런던과 버지니아 간 메시지의 교환은 넉 달 정도밖에 걸리지 않았다. 그러나 수천 명 남짓의 완고한 정주자들을 '왕의 제국' 안으로 끌어들이기 위해 고군분투하고 있었던 스튜어트 잉글랜드의 군주들에게 그런 (에스파냐의) 인디아스 통치의 모습은 에스파냐 국왕이 자신의 신민에게 정당한 지배권을 주장하고 있고, 인디아스 주민들은 당연하게 거기에 복종하고 있는 것으로 여겨질 뿐이었다.

권위와 저항

그러나 에스파냐 왕이 파란만장한 여정을 거치지 않고 자신의 권위를 강요할 수 있었던 것은 아니며, 여러 번 여러 곳에서 그 권위는 현실이 아닌 이론에 불과했다. 카스티야와 잉글랜드는 자신의 신민들을 아메리카에 내보내면서 통치기구뿐만 아니라 자신들의 정치 문화도 함께 내보내고 있었다. 서로 다른 그들의 정치 문화는 서로 다른 정치적 특징을 가진 두 식민 세계를 만들어 냈으며, 그 식민 세계는 (자신들이 그로부터 유래한) 본국 사회의 특징들을 반영하고 있었다. 그런데 그 둘은 대조적인

---

48) *The Works of Francis Bacon*, ed. J. Spedding (14 vols, London 1857~74), 7, pp. 130~1. 안토니오 데 멘도사는 1551년 누에바에스파냐 부왕령에서 페루 부왕령으로 옮겨갔고, 거기서 이듬해 죽었다. 베이컨의 이야기에 대한 출처를 찾지는 못했다.

점도 많았지만 유사한 점도 함께 갖고 있었다.

에스파냐 국왕은 귀금속에 대한 갈증과 새 인디언 신민에 대해 자신이 마땅히 해야 할 의무라는, 결코 소홀히 할 수 없는 두 가지 사명 때문에 인디아스 통치에 처음부터 적극적으로 개입하겠다는 생각을 갖고 있었다. 에스파냐 국왕은 자신의 열망과 신이 부여한 왕권의 전지전능한 성격에 대한 확고한 신념(그 신념은 국왕의 관리로 봉사하고 있던 법학을 공부한 법률가들에 의해 더 강화되었다)에 따라 식민지 사회를 만들어 가려고 했다. 그러나 그는 불가피하게 신학적 바람을 제도화하는 일에 착수해야 했기 때문에 자신들만의 독립적인 바람을 갖고 있었던 사람들의 저항에 직면해야 했다. 탁발수사들은 신세계에 부패한 세속적 영향력으로부터 자유로운 새 예루살렘New Jerusalem을 건설하려는 바람을 갖고 있었다. 그런가 하면 정복자들은 그들대로 무수한 원주민 신민들에 대해 영주권을 행사하고, 카스티야의 귀족들 못지않은 부를 쌓고 사회를 지배하는 세습적 토지귀족이 되고 싶어 했다.

이런 서로 다른 바람들의 충돌은 곧 그 가운데 어느 것도 완전히 실현될 수 없음을 의미했고, 국왕은 자신의 지배권을 실현하기 위한 노력에서 공개적으로 혹은 은밀하게 타협하지 않으면 안 되었다. 국왕은 이 일을 상당히 유리한 고지에서 시작할 수 있었는데, 가톨릭 공동왕(페르난도와 이사벨)이 에스파냐 본국에서 왕권 회복에 이미 성공하고 있었던 점, 무어인으로부터 그라나다를 되찾은 일과 인디아스를 발견하고 획득한 일을 비롯한 일련의 기적과도 같은 승리가 왕들에게 가져다 준 카리스마를 동반한 권위가 바로 그것이었다. 1519년 국왕 카를로스 1세가 신성로마 황제(카를 5세)로 선출된 것도 비록 그 결과가 카스티야에 꼭 이롭지만은 않을 것이라는 우려가 있기도 했지만, 다른 한편으로는 신께서 계속해서 합스부르크 왕조에 호의를 베풀고 계신다는 징후로 여겨지기도 했다. 에르난 코르테스도 후자의 견해를 갖고 있었던 사람 가운데 하나였다. 그는 카를 5세의 충성스런 신하로서 그 자신이 '신께서 (황제에게) 내리신 가호와 폐하께 내려지고 있는 행운'의 덕을 누릴 수 있을 것으로 생각했다.[49]

그러므로 국왕이라는 직책이 갖는 신비로운 후광은 페르난도와 이사벨에 의해 창출된 에스파냐 세계의 정치 현실과 합쳐져 아메리카를 정복한 세대가 본능적으로 국왕을 존숭하는 마음을 갖게 만들었다. 에르난 코르테스는 자신의 직속상관인 쿠바 총독의 권위는 노골적으로 무시하면서도, 자신의 행위가 오로지 왕의 더 큰 이익을 증진하기 위한 것이었다고 왕을 설득하기 위해 무진장 애를 썼다(그는 왕께서 사태를 정확하게 아시기만 하면 무엇이 옳고 무엇이 그른지 어렵지 않게 판단하실 것이라고 주장했다). 이렇게 자신을 왕의 권위와 일치시키려고 하는 것은 정복자들에게서 나타나는 일반적인 현상이었고, 그것은 자연스럽게 국왕에 대한 그들의 충성심을 강화했으며, 그것은 본국에서 3,000마일이나 떨어진 곳에서 국왕의 권위를 현실화하기 위해 고심하는 왕의 대신들과 관리들의 손에 훌륭한 무기를 쥐어 주었다.

그러나 그렇다고 국왕의 권위가 도전을 받지 않은 것은 아닌데, 그것은 카스티야 왕국 자체에서도 마찬가지였다. 코르테스의 멕시코 정복은 거의 정확하게 카스티야 역사에서 최대의 정치적 격변 중 하나인 코무네로스 봉기와 시기적으로 일치했다. 이 반란에서 새 국왕(카를로스 1세)과 그를 따라온 플랑드르 출신 측근들의 정책과 태도는 카스티야 중

---

49) Cortés, *Letters from Mexico*, p. 146 (second letter, 30 October 1520).

심부 지역 도시들로 하여금 국가 공동체comunidad의 이름으로 국왕에 대해 공공연히 도전하게 만들었다.[50)] 코무네로들은 1521년 전투에서 결국 국왕군에게 패하고 말지만 그 반란을 고무한 신념과 명분은 국왕에 대한 충성심과 더불어 아메리카로 수출되었고, 그 또한 이제 막 형성되어 가고 있던 식민지 세계의 정치 문화에 깊이 각인되었다.

이 신념과 명분의 중심에는 공동체의 복지well-being란 지배자와 피지배자 간의 계약적 관계가 얼마나 잘 작동되느냐에 달려 있다는 신념이 자리 잡고 있었다. 군주와 신민은 그 구성원들이 신법과 자연법에 의거하여 양심에 따라 통치하는 자애로운 군주가 지배하는 가운데, 각자의 사회적 지위에 따라 양질의 사회적 삶을 살게 하는 것을 목표로 하는 코르푸스 미스티쿰corpus mysticum, 즉 유기적 공동체를 이루어야 한다는 것이 그것이었다. 훌륭한 군주는 전제정으로 일탈하지 않으며, 신민들은 그들대로 군주에게 전심을 다해 봉사하고 복종하고 조언을 아끼지 말아야 한다는 것이었다. 이 명제는 『7부법전』에서 그 실천적 표현을 발견하고 있었는데, 에르난 코르테스와 그의 동료 정복자들도 그것을 잘 알고 있었다.[51)] 아리스토텔레스로부터 유래하고 아퀴나스를 통해 전달된 이 명제는 살라망카대학의 신-토머스파 스콜라 철학자들neo-Thomist scholastics에 의해 이론적으로 재정립되어 16세기 에스파냐인들에 의해 인용되고 있었다.[52)] 이것은 국가가 공동선을 거스르는 쪽으로 행동할

---

50) 그 시기적 일치에 대해서는 Manuel Giménez Fernández, *Hernán Cortés y la revolución comunera en la Nueva España* (Seville, 1948) 참조.

51) Víctor Frankl, 'Hernán Cortés y la tradición de las Siete Partidas', *Revista de Historia de América*, 53~4 (1962), pp. 9~74 (reprinted in Armitage (ed.), Theories of Empire, ch. 5).

52) Luciano Pereña Vicente, *La Universidad de Salamanca, forja del pensamiento político español en el siglo XVI* (Salamanca, 1954). 이 시기 에스파냐 정치사상에 대한 개괄을 위해

때 그에 대해 저항하는 것을 정당화해 주는 기본 명제가 되었던 것처럼, 인디아스 내 에스파냐 국가가 구축되는 전제가 되었다.[53)]

에스파냐의 국가 이론들에 담겨 있었던 계약이론은 다양한 차원의 저항을 가능하게 했다. 그 가운데 첫번째이자 가장 기본적인 것(이것은 인디아스에서 오랫동안 중요한 의미를 갖게 된다)은 바스크 국가에서 기원하였고, 후에 중세 카스티야 법에도 포함된 '순종하되, 따르지는 않는다'는 원칙으로 표출되었다. 왕의 명령이 부적절하거나 부당하다고 여겨질 때 명령을 받은 관리 혹은 개인은 그 명령이 담긴 문건을 상징적으로 머리 위로 올리고 자신은 그 명령에 순종하되, 따르지는 않겠다"se acata [혹은 se obedece] pero no se cumple"라는 관행적인 선언을 했다. 이것은 국왕의 권위는 존중하지만 경우에 따라서는 국왕의 명령이라고 해도 따를 수 없다고 주장하는 것이었다. 1528년 인디아스 법에 포함된 이 공식은 반대 의견을 인정하고, 상반된 견해 간의 논쟁이 노골적인 분쟁으로 비화하는 것은 막아 주는 이상적인 메커니즘을 제공해 주었다.[54)] 에르

서는 J. A. Fernández-Santamaría, *The State, War and Peace. Spanish Political Thought in the Renaissance, 1516~1559* (Cambridge, 1977)를 참조. 그리고 에스파냐령 아메리카에서의 이념과 실천의 표출에 대하여는 Colin M. MacLachlan, *Spain's Empire in the New World. The Role of Ideas in Institutional and Social Change* (Berkeley, Los Angeles, London, 1988)를 참조.

53) Góngora, *Studies*, pp. 68~79 참조. 또한 Richard M. Morse, 'Towards a Theory of Spanish American Government', *Journal of the History of Ideas, 15* (1954), pp. 71~93; 'The Heritage of Latin America', in Hartz, *The Founding of New Societies*, pp. 123~77을 참조. 그리고 서구 문명의 발전의 맥락에서 살펴본 그의 이념에 대해서는 Richard M. Morse, *El espejo de Próspero. Un estudio de la dialéctica del Nuevo Mundo* (Mexico City, 1982), pp. 66ff를 보라.

54) 바스크 법의 일부로서의 그 공식에 대하여는 Bartolomé Clavero, *Derecho de los reinos* (Seville, 1977), pp. 125~30을 참조. 또한 Pérez Prendes, *La monarquía indiana*, pp. 167~8, 그리고 *Recopilación de Indias*, lib. II, tit. 1, ley 22를 참조.

난 코르테스가 멕시코 해안에 도착하여 정복이 아니라 정찰 원정을 수행하라고 한 쿠바 총독의 명령을 무시한 채 정복 사업에 나섰을 때, 그는 이 '순종하되, 따르지는 않는다'는 원칙을 적용하고 있었다. 그는 총독이 '전제적인 지배자'라고 비난하면서 왕에게 직접 호소한 것이다.[55] 이 사회에서 호소의 권리는 국왕에게 호소할 수 있는 신민의 권리와 마찬가지로 기본적인 것이었고, 그것은 그들 간의 분쟁 해결을 위한 필수적인 도구가 되어 주었다.

'전제적인' 통치나 부당한 법이라고 생각되는 것에 대해 최종적으로 의지할 수 있는 곳은 무력에 호소하는 것이었다. 18세기 말 이전까지 아메리카 내에서 에스파냐 국왕이 직면한 가장 위협적인 상황은 1542년 공표된 신법New Laws, 그 중에서도 엔코미엔다의 신설을 금하고 기존 엔코미엔다도 그 보유자가 사망하면 그것을 국왕에게 귀속시킨다고 규정한 제35조 때문에 나타난 것이었다. 이 조치에 대해 엔코멘데로들은 반란으로 대응하려고 했고, 이 상황에 직면하여 누에바에스파냐의 부왕 안토니오 데 멘도사는 법의 강행을 위해 파견된 국왕 관리들에게 이 문제와 관련하여 인디아스평의회가 항소를 검토하여 결정을 내릴 때까지 엔코미엔다 관련법의 시행을 연기하자고 설득함으로써 사실상 '순종하되, 따르지는 않는다'는 원칙을 관철시켰다.[56]

정세가 심히 불안했던 1540년대 초 페루에서는 상황이 누에바에스파냐와 많이 달랐고, 사태가 좀더 비극적인 쪽으로 흘러갔다. 여기서는 정복자들이 정복의 전리품을 두고 참혹한 내전을 벌였고, 그 과정에서

---

55) Above, p. 4.
56) Simpson, *The Encomienda in New Spain*, pp. 132~3.

총독인 프란시스코 피사로가 살해되었으며, 국왕의 권위는 확고하게 자리 잡지 못하고 있었다. 신설된 리마 부왕령의 초대 부왕으로 임명된 블라스코 누녜스 벨라Blasco Núñez Vela는 신법을 실행하라는 명령을 받은 채로 임지로 갔다. 그런데 그보다 먼저 국왕이 의도하는 것이 무엇인지에 대한 소식이 리마 거주 정복자들에게 전해졌고, 그에 대해 그 지역 시 참사회들은 쿠스코 시 참사회를 중심으로 일사불란하게 대응했다. 동시에 곤살로 피사로Gonzalo Pizarro는 죽은 형의 뒤를 이어 자신이 페루 총독이 되어야 한다고 주장하면서, 자신들의 (국왕에 대한) 봉사가 충분히 인정받고 보답 받지 못했다고 주장하는 엔코멘데로들을 이끌고 정치 무대에 뛰어들었다. 피사로는 '국왕폐하 만세, 사악한 각료 축출'이라는 구호(이는 에스파냐 왕정에서 권력에 저항할 때 나타나는 일반적인 구호였다)와 함께 병력 소집에 나섰다.

새 부왕이 임지에 부임했을 때 그를 위협한 반란세력의 명분은 공익 수호였다. 여기에서 피사로 편에 선 법률가들은 '이 왕국들에 영향을 미치는 국왕의 법들이 이곳 신민들을 대표하는 사람들의 동의 없이 만들어지고 선포되었다'고 주장했는데, 이는 분명히 '모두에게 영향을 미치는 사항은 모두의 동의를 거쳐야 한다'는 전통적 원칙을 상기시키는 것이었다. 부왕이 타협을 거부하자 봉기가 일어났으며, 부왕은 전투에서 패했고 전장에서 처형되었다. 자신의 인기와 명분의 정당성에 대해 절대적인 확신을 갖고 있었던 곤살로 피사로는 그후 자신의 군대 깃발에 국왕의 문장 대신 자기 가문의 문장을 집어넣음으로써, 이미 의심을 사고 있었던 합법성의 경계를 훌쩍 뛰어넘게 되었다. 그가 독립국가 페루의 왕이 되려고 한다는 것을 알게 된 지지자들은 그로부터 떨어져 나갔다. 피사로의 그런 주장은 누녜스 벨라의 대체자로 페드로 데 라 가스카Pedro de La Gasca가 적절한 시점에 도착하고, 그가 노련하게 처신함으로써 좌절되었는데, 라 가스카는 페루에 도착하기에 앞서 반도叛徒들에 대해 보편적 사면을 선언했으며, 피사로는 이 제안을 거절했다. 라 가스카는 이 선언으로 적진을 분열시킨 다음 전투에서 피사로를 패퇴시키고, 결국 1548년 그를 반역죄로 처형했다. 이미 엔코미엔다 제도를 폐지하는 법을 철회하고 있었던 카를 5세가 반도들이 선처를 호소했을 때 그들이 자신의 권위를 인정했다고 생각하고 이를 수용했기 때문에 정의justicia는 회복되었으며, 모두의 체면이 손상되지 않은 채로 상황이 마무리될 수 있었다. 그러므로 비난의 대부분은 엔코멘데로들의 탄원을 거부한 누녜스 벨라에게 돌아가게 되었다. 이런 식으로 페루에서는 국왕 통치권의 공고화를 위한 기반이 망각의 기반 위에서, 그리고 합법적 군주에 대한 엔코멘데로들과 정주자들의 근본적 충성의 수용에 토대를 둔 암묵적 타협 위에서 마련될 수 있었다.[57]

합스부르크 왕조의 카스티야 역사에서 코무네로스 봉기가 거의 유일한 대규모 무장봉기였던 것처럼, 피사로의 반란 역시 에스파냐령 아메리카 식민지에서 왕권에 정면으로 도전한 매우 드문 사건이었다. 카스티야와 인디아스 모두에서 그 사건이 있고 난 뒤 왕권의 이름으로 엄중한 국가기구가 설치되었다. 그렇지만 이 국가기구의 무게는 비록 (국왕의) 자의적인 권한 행사를 견제할 수 있는 분명한 제도적 장치가 존재하지는 않았지만 국왕과 신민 간의 지속적인 협상 과정을 요구 혹은 기

57) 반란과, 그 반란의 정당화에 대하여는 Guillermo Lohmann Villena, *Las ideas jurídicas-políticas en la rebelión de Gonzalo Pizarro* (Valladolid, 1977); Góngora, Studies, pp. 27~30, 75를 참조. 라 가스카에 대하여는 Teodoro Hampe Martínez, *Don Pedro de la Gasca. Su obra política en España y América* (Lima, 1989)를 참조.

대하는 상호 관계에서 작동되는 정치 문화의 존재 때문에 약간은 완화되었다. 에스파냐의 인디아스 제국에서는 로비와 청원(그림 13), 타협과 역타협이 정치 생활의 일상이었다. 세 세기(1500~1800년)의 대부분 기간 동안 군주와 신민 간의 이 암묵적 계약은 국왕의 명령에 대해 높은 수준의 외형적 순종을 보장하는 데 크게 기여했다. 정주자들은 먼 곳에 있는 군주에게 계속해서 충성을 바치고, 그 군주는 정주자들이 제기한 불만에 답하고, 사건의 진상을 파악하는 대로 그 불만을 시정해 주려고 했다(정주자들은 그렇게 믿었다). 그것은 합스부르크 지배기 동안 모든 당사자가 함께 참여한 편리한 허구였으며, 18세기 새로운 부르봉 왕조하에서 그것이 효력을 잃기 시작하자 에스파냐와 그 해외 영토를 하나로 묶어 주고 있던 충성심은 극도의 긴장 관계에 빠지게 된다.

관료제적인 국가기구와 모종의 합의된 한계치 내에서의 저항을 허용하는 정치 문화의 결합은 에스파냐령 식민지 아메리카를 외견상 정치적으로 안정된 사회로 만들어 놓았다. 물론 겉보기와 실제가 항상 일치하지는 않았다. 그러나 대개 갈등은 해소되었고, 위기는 저지되었다. 정치적 안정은 공적 생활의 많은 것들을 중요치 않은 것으로 만들어 버리는 효과를 가져왔다. 국왕 관리들이 통치의 매우 많은 영역을 지배하고 있는 상황에서 합스부르크 시기 식민지 엘리트들은 시간과 에너지의 매우 많은 부분을 권력과 지위의 외형적이고 상징적인 표식을 유지하는 데에 바쳤다. 항상 지역 자치에 대한 반갑지 않은 잠식이 있었고, 그것을 저지해야 하기도 했지만 정치적 에너지 가운데 많은 부분은 도시 생활의 협소한 영역 내에서 서열과 의식儀式을 둘러싼 끝없는 논란에 소모되었다.

영국령 아메리카의 식민지 엘리트들 역시 이 문제로 골치를 썩였

〈그림 13〉 호세 데 알시바르(José de Alcíbar)의 「성 요셉과 성모 마리아」(1792). 작동 중인 천국의 관료제. 성모 마리아와 성 요셉이 중재자로 활동하고 있으며, 둘은 그리스도의 재가를 위해 신자들의 청원을 올리고 있다. 지상의 왕국은 천상의 왕국을 모델로 하고 있을 것이라고 생각했던 당시, 이 그림은 천상왕국에 대해 히스패닉 세계가 갖고 있던 이미지가 사실은 관료제화한 에스파냐 왕정의 계서적 구조의 이미지를 바탕으로 만들어진 것임을 말해 주는데, 그 에스파냐 왕정의 계서적 구조는 봉사하면 적절한 과정을 거쳐 고마워하는 왕에 의해 적절하게 보답받을 것이라는 가정에서 영감을 받은 로비와 청원이라는 정교한 과정을 가진 것으로 되어 있다.

다. 그러나 이곳에서는 식민지 정부의 성격상 효과적인 정치적 힘이 독립적으로 행사될 수 있는 여지가 컸다. 이곳은 정치적·행정적 기구들이 하향식으로보다는 상향식으로 발전해 가는 사회였다. 또 이곳은 카스티야에서 아메리카로 이전된 정치문화보다는 대의제의 개념에 더 효과적으로 토대를 둔 정치 문화가 작동되는 사회이기도 했다.

식민화 초창기 영국 국왕의 통제가 철저하지 못한 상황에서 해외 사업과 정주에 적극적으로 참여한 사람들(식민 사업의 재정적 후원자들과 식민정주자 자신들)이 가장 적합하다고 생각하는 통치 형태들이 발전할 여지가 컸다. 1606년 버지니아회사의 특허장 작성에 참여한 사람들은 식민지 정주자들과 그 후손들에게 잉글랜드 법하에서 향유되는 모든 '특권, 선거권, 면책권'을 보장하기 위해 여러모로 주의를 기울였다.[58] 그러나 초창기 혼란이 있고 나서 발동된 1611년 계엄령martial law은 영국인으로서의 '자유와 선거권 그리고 각종의 특권'을 누리고 싶어 하는 식민지 정주자들 혹은 잠재적 식민지 정주자들의 바람을 만족시키지 못했다. 1618년의 '대 특허장'Great Charter은 행정을 개선하고, 토지 보유 문제를 해결하고, 계엄령을 영국 보통법으로 대체함으로써 그들의 불만을 시정하기 위한 것이었다. 이 개혁은 버지니아 의회 설립을 위한 규정을 포함하고 있었는데, 그 의회는 1619년에 첫 회합을 가졌다.[59] 너새니얼 버틀러Nathaniel Butler가 버뮤다 회사로부터 '모든 사람들이 그가 승낙한 법에 기꺼이 복종할 것이므로', 가능한 한 빨리 의회를 소집하라는 지시

---

58) Andrews, *Colonial Period*, 1, p. 86.

59) Craven, *Dissolution of the Virginia Company*, ch. 3; 버지니아 통치의 시작에 대하여는 Warren M. Billings, *The Old Dominion in the Seventeenth Century. A Documentary History of Virginia, 1606~1689* (Chapel Hill, NC, 1975)를 참조.

를 받고 내분에 시달리던 버뮤다 섬에 도착한 해도 1619년이었다.[60] 그러므로 에스파냐령 아메리카와 달리 영국령 아메리카에는 정주가 있고 나서 몇 년 지나지 않아 대의제 정부가 도입되었던 것이다.

1619년 버지니아 의회와 1620년 버뮤다 의회는 통치 과정에서 '정치적 국가'political nation를 포함하고, 그를 통해 더 넓은 공동체를 포함시키는, 이미 성공적으로 시험 과정을 거친 영국적 방식을 통해 공적 질서, 지역 행정, 공적 목적을 위한 세금 징수에 관한 문제를 해결하려는 시도였다. 식민지의 맥락에서 '정치적 국가'란 본국과 마찬가지로 재산 소유자를 의미했다. 그러나 그 맥락의 성격은 잉글랜드에서보다 더 광범한 참정권을 지지하는 것이었으며, 정주 초창기에는 더욱 그러했다. 이미 1623년에 플리머스 식민지의 '민주주의'에 대한 보고가 영국에서 관심을 불러일으켰고, 윌리엄 브래드퍼드는 여성과 아이들에게는 투표권이 없다는 점을 식민지의 지지자들에게 분명히 해야만 했다.[61] 관행은 식민지마다 많이 달랐다. 그러나 멀리 떨어진 대서양 해안 지역farther shores of the Atlantic에서는 '자유인'의 정의가 계속 불확실했으며, 이 불확실성은 참정권과 관직 보유, 둘 모두와 관련하여 많은 이주민들에게 본국에서 기대할 수 있는 것보다 훨씬 폭넓은 기회를 제공해 주었다.

그러나 참정권의 성격에서의 차이보다 더 중요한 것은 대의제 의회라는 제도화된 토론의 장을 통해 대표를 보낸다는 사실이었다. 그것은 멕시코나 페루의 부왕령에서는 찾아볼 수 없는 것이었다. 버지니아와

---

60) Michael Kammen, *Deputyes and Libertyes. The Origins of Representative Government in Colonial America* (New York, 1969), p. 17.

61) Langdon, 'The Franchise and Political Democracy', p. 515.

버뮤다에서 일단 하나의 패턴이 생겨나자 새 식민지들이 건설되어 가면서 다른 곳에서도 그 선례를 따를 가능성은 얼마든지 있었는데, 왜냐면 부분적으로는 투표가 이미 합자회사들에서 자리 잡고 있던 관행이었고, 그래서 그것이 회사 특허장을 통해 작동되는 식민지 정주지에 어렵지 않게 이식될 수 있었기 때문이었다. 매사추세츠만 회사의 경우는 가장 놀라운 예라 할 수 있었는데, 그것은 특허장과 정부charter and government가 첫번째 정주자들과 함께 대서양을 건너갔다는 점에서 그러했다. 이 회사에서 자유 신분의 성인 남성은 회사 주주 자격으로 1년에 한 번씩 모여 다음 해에 일할 총독과 부총독을 선출했다.[62] 그러나 회사 조직의 관행과 상관없이 동의에 의한 통치를 확립하는 쪽으로 새 식민지들을 몰고 간 요인은 그것 말고도 또 있었다. 찰스 1세의 반대자 가운데 가장 영향력 있는 지도자들 중 몇몇이 식민지 사업에 참여하고 있는 상황에서, 그리고 의회 자체의 존재가 국왕으로부터 내려오는 위협에 직면해 있는 상황에서, 영국의 전통적인 자유 수호의 화신으로 여겨져 오고 있던 기구(의회)를 모델로 한 대의제 기구를 식민지에서 재현하고자 하는 강력하고도 자연스런 경향성이 있었던 것이다.

1640년경이면 그런 의회가 식민지에 여덟 개나 출현해 있었는데, 그 중 6개(매사추세츠만, 메릴랜드, 코네티컷, 플리머스, 뉴헤이븐, 바베이도스)는 찰스 1세가 본국에서 의회를 소집하지 않고 통치하려고 했을 때 생겨난 것이었다.[63] 그리고 이 의회 설립을 부추긴 압력은 식민지 정

---

62) *Ibid*., p. 514.

63) Kammen, *Deputyes and Libertyes*, p. 54; 그리고 그 의회들의 첫번째 모임 날짜가 수록되어 있는 식민지들에 관한 도표(pp. 11~2)를 참조.

주자들 자신들에게서 유래하는 경향이 있었다. 다만 메릴랜드 영주 식민지 설립을 위해 볼티모어 경이 받은 특허장은 이미 의회에 모인 자유민들의 조언을 받아 입법을 하도록 권한을 그에게 부여하고 있었다.[64] 그런데 일단 식민지가 건설되면 요크 공 제임스James, Duke of York가 자신의 영주 식민지인 뉴욕에서 깨닫게 되었던 것처럼,[65] 다른 식민지들도 의회를 갖고 있고 정주자들을 유치하기 위해 경쟁하는 상황에서 의회 소집 허가를 내주지 않기는 어려웠다. 어사이즈 특별법정Special Court of Assize은 1681년 자의적이라고 생각되는 과세 부담에 대해 요크공에게 시정을 요청하면서 '뉴욕 주민들은 지금 신민으로서 누려야 할 법, 권리, 특권을 누리지 못하고 있으며, 통치에서 자신들의 고유한 역할, 투표권, 이익을 완전히 박탈당하고 있습니다. 그래서 우리는 마땅히 존중받아야 함에도 불구하고 그러지 못하고 있으며, 폐하의 다른 식민지들에 사는 이웃들의 비웃음을 사고 있습니다. 그 이웃들은 번영하고, 비할 바 없는 형태와 방법으로 영국 정부의 보호를 받고 있으며, 그 정부가 만들어 내는 열매를 향유하고 있습니다. 그것은 그들만이 아니라 모든 신민들이 누려야 할 천부의 권리입니다'라며 불평을 토로했다. 제임스는 자신의 식민지가 혼란에 빠져 있고 자신의 영국 내 지위가 취약해져 있으며, 영국의 법적 의견이 지역 의회의 독립성을 지지하고 있는 상황에서 뉴욕 시민들이 요구하는 의회를 허용하지 않을 수 없었다.[66]

그리하여 새로운, 혹은 잠재적인 식민지 정주자들은 의회의 보유

---

64) *Ibid.*, p. 514.

65) Michael Kammen, *Colonial New York. A History* (New York, 1975), p. 102.

66) Robert C. Ritchie, *The Duke's Province. A Study of New York Politics and Society, 1664~1691* (Chapel Hill, NC, 1977), pp. 159 and 166.

여부를 그들이 영국에서 누리던 자유를 식민지에서도 그대로 누릴 수 있는지 아닌지를 말해 주는 가시적 장치로 여기는 경향이 있었다. 영주 식민정주자들proprietors에게도 그런 의회는 모종의 이점을 제공해 주었다. 그것은 의회가 통제하기 어려운 것이 될 수도 있지만 다른 한편으로는 그것이 식민지의 통치 자금 마련이나 방어에 필요한 최선의 수단을 제공해 주기도 했고, 분쟁 해결을 위한 편리한 토론의 장이 되어 주기도 했기 때문이다.

그러나 국왕 식민지royal colony나 영주 식민지proprietary colony에 의회를 설치하는 것은 조만간 그 의회가 갖게 될 권력의 정도와 성격을 둘러싸고 논란을 불러일으킬 수밖에 없었다. 에스파냐 국왕이 자신의 아메리카 영토를 '정복된' 영토로 간주할 수 있었던 것처럼, 영국 왕도 정복된 아일랜드 왕국을 전례로 들면서 카리브해와 북아메리카 정주지들을 정복된 영토로 간주할 수 있었다. 당연히 영국인 식민지 정주자들은 에스파냐인 식민지 정주자들이 그랬던 것처럼 정복당한 영토라는 개념 속에 함축된 열등한 지위를 결코 인정하지 않으려 했고, 본국에서 누렸던 권리와 특권을 새 정주지에서도 누릴 자격이 있다고 강력히 주장했다. 에스파냐인 식민지 정주자들이 정복자의 후손 자격으로 자신들의 특권을 주장하고, 멕시코와 페루가 정복 이전에 왕국의 지위를 갖고 있었으므로 그 영토들을 단순한 '식민지'로 규정할 수 없다고 주장한 데 반해, 영국인 식민지 정주자들은 자신들이 '텅 빈' 땅에 정주했기 때문에 '정복된' 영토의 범주에 포함되지 않는다고 주장했다. 그러나 이 주장은 잉글랜드 내에서 결코 완전히 받아들여지지 않았으며, 1760년대까지도 윌리엄 블랙스톤 경Sir William Blackstone은 아일랜드와 마찬가지로 아메리카의 플랜테이션들도 정복된 땅이라고 주장했다.[67]

런던 정부가 식민지 정주자들의 주장을 흔쾌히 받아들이지 않는 가운데서도 식민지 의회는 정주자들에게 자신들의 권리를 짓밟으려는 총독들에 맞서 영국인으로서의 권리를 확보하기 위해 압력을 가할 수 있는 무대를 제공해 주었다. 영국인 정주자들은 에스파냐인들이 갖고 있었던 '순종하되 따르지는 않는다'는 상징적 절차를 이용할 수는 없었지만, 그들도 국왕이 사태의 본질을 잘못 파악하고 있다는 점을 내세우면서 국왕 혹은 총독의 지시를 거절할 수 있었다.[68] 더욱이 식민지 정부 수장으로서의 총독은 이론적으로는 상당한 권력을 소유한 것처럼 보였지만 에스파냐령의 부왕이나 총독에 비해 상당히 취약한 위치에 있었다.

이론적으로 영국의 국왕 식민지에서 총독은 토지를 하사할 수 있는 권한을 포함하여, 폭넓은 관직 임명과 하사의 권한을 갖고 있었다.[69] 그러나 실제로는 에스파냐령 총독과 마찬가지로 이 권한을 무효화하려고 혈안이 되어 있는 본국 관리들과, 그들(본국 관리들)의 훈령에 담긴 꼼꼼한 조항 때문에 그 권리가 여러모로 제한되는 경우가 많았다.[70] 이미 세밀하게 규정되어 있었던 국왕의 훈령들은 1752년에 수정 시도가 있은 이후 총독들의 독립적 행동을 더욱 제한하게 된 것처럼 보인다. 뉴욕 총독으로 새로 부임한 댄버스 오즈번 경Sir Danvers Osborn에게 내려진 훈령에 대해 1753년 호러스 월폴Horace Walpole은 그것이 '자유롭고 풍요로운

67) Jack P. Greene, *Peripheries and Center. Constitutional Development in the Extended Polities of the British Empire and the United States, 1607~1788* (Athens, GA, London, 1986), pp. 23~4; John Phillip Reid, *In a Defiant Stance* (University Park, PA, London, 1977), p. 12.

68) Leonard Woods Labaree, *Royal Government in America* (New Haven, 1930), pp. 32~3.

69) 총독의 권한에 대해서는 *ibid.*, 특히 ch. 3을 참조.

70) *Ibid.*, p. 102.

영국령 정주지보다는 멕시코 지역과 에스파냐 재판소에게나 어울리는 것처럼 보인다'며 불평을 토로한 바 있다.[71)]

영국령 아메리카의 국왕 식민지 총독은 보통 에스파냐령 아메리카의 부왕들처럼 겉치레와 형식을 중시하지 않았다. 물론 그 중에는 거창한 의식儀式의 부재를 보상하려고 에스파냐의 부왕들처럼 대규모 가신을 대동하고 오는 사람도 있었다. 제임스 2세 때 자메이카 총독에 임명된 제2대 알버말 공Duke of Albermarle은 취임할 때 150명의 하인을 대동했다. 그러나 1702년 매사추세츠의 총독으로 부임한 조지프 더들리Joseph Dudley는 5명의 하인만 동행시켰을 뿐이다.[72)] 새 총독이 부임해 도착하면 입항 항구에서 17발의 예포가 발사되고, 부두에서 환영식이 베풀어졌다. 지역 수비대가 도열한 가운데 주 의회까지 가는 행렬 예식이 거행되고, 이어서 총독이 수행하게 될 임무가 낭독되었으며, 총독이 취임선서를 했다. 저녁에는 화려한 불꽃놀이가 벌어지기도 했다. 그러나 그것은 누에바에스파냐와 페루의 환영식에 비하면 비공식적인 성격이 두드러졌으며, 취임 당일은 지역 커피하우스나 선술집에서 벌어지는 정찬과

---

71) Bernard Bailyn, *The Origins of American Politics* (New York, 1970), p. 113 참조. 라이버리(Labaree)가 오즈번의 훈령을 1741년 총독 클린턴의 훈령과 비교한 것을 보면 원래의 97개 조항 가운데 67개가 축어적으로 반복되었고, 4개가 표현에서 바뀌었으며, 16개는 내용이 변경되었고, 10개는 생략되었으며, 12개는 새로운 구절이 첨가되었음을 알 수 있다(*Royal Government*, p. 64). 영국 국왕의 훈령에 대하여는 Leonard Woods Labaree (ed.), *Royal Instructions to British Colonial Governors, 1670~1776* (New York, 1935) 참조. 합스부르크 왕조 에스파냐 왕이 아메리카 부왕령들에게 보낸 공개적 혹은 은밀한 훈령에 대하여는 Lewis Hanke (ed.), *Los virreyes españoles en América durante el gobierno de la Casa de Austria* (BAE, vols 233~7, Madrid, 멕시코 부분은 vol. 1967~8, 페루 부분은 vol. 280~5, Madrid, 1978~80) 참조.

72) Labaree, *Royal Government*, p. 83.

여흥으로 마무리되는 경우가 많았다.[73]

영국인 총독들도 에스파냐인 부왕들과 마찬가지로 자신들이 아메리카 땅에서 국왕을 물리적으로 대변하는 사람이라는 사실을 잘 알고 있었다. 그 중에서도 왕과의 동일시라는 측면에서 1702~1708년 동안 뉴욕과 뉴저지 지역 총독을 역임한 콘베리 경Lord Cornbury은 극단적으로 나아간 사람이었다. 그는 자신의 주군인 앤 여왕이 입는 것과 비슷한 옷, 그러니까 여자 옷을 입는다는 이유로 당대인들의 비난을 사기도 했다. 그러나 18세기 초 뉴욕 정치계의 환경은 매우 야비했고, 그가 여자 옷을 입는다는 비난은 단지 적들이 그를 깎아내리기 위해 지어낸 말이었던 것으로 보인다.[74]

남자가 여자 옷을 입는 것은 지나친 것이었지만 국왕령 총독들은 자신들 속에서 군주 자신을 체현하고, 그것을 계속 적절한 수준에서 드러내기 위해 최선을 다했다. 콘베리 경은 격식을 갖추어서, 대개 다수의 지역 유지들을 대동하고 자신이 다스리는 식민지 곳곳을 돌아다녔다. 그는 가는 곳마다 대규모 연회를 베풀고, 인디언 추장들로부터 융숭한 대접을 받으면 자신도 넉넉한 씀씀이로 보답하는 것을 잊지 않았다.[75] 식민 지배기 동안 왕에 의해 임명된 300명가량의 총독 혹은 총독대리 가운데 4분의 1가량이 귀족이나 귀족의 자제, 혹은 작위 보유자였으며,[76] 그들의 그런 너그러움은 그 정도 신분을 가진 사람이라면 마땅

---

73) *Ibid.*, pp. 85~9.

74) Patricia U. Bonomi, *The Lord Cornbury Scandal. The Politics of Reputation in British America* (Chapel Hill, NC and London, 1988).

75) *Ibid.*, pp. 92~7.

76) Labaree, Royal Government, p. 43.

히 보여 주어야 하는 것이었다.

17세기 말부터 영국 식민지들은 범대서양적인 것으로 발전해 가고 있던 후원 관계망 속에 흡수되어 가고 있었다.[77] 에스파냐에서와 마찬가지로 영국에서도 고위 관직은 여러 모로 어려움이 많았던 귀족들에게 일종의 야외 바람쐬기의 성격을 갖고 있었다. 1729년 루이스 모리스 주니어[Lewis Morris Jr.]가 상무성[78]에 보낸 편지에서 '총독들은 산책하기 위해서 여기에 오는 것이 아니라 궁지에 빠진 신세를 회복하기 위해, 혹은 영지를 획득하기 위해서 온다'라고 썼다.[79] 그들은 자신들이 직면하게 된 문제를 성공적으로 해결하기 위해 대개 5년간의 직책 보유를 기대할 수 있었다. 이 5년의 임기는 에스파냐 부왕들의 그것과 거의 같았는데, 그들도 보통 3년의 임기를 마치고 다시 3년 임기를 한 번 더 하는 것이 보통이었다.[80] 육군과 해군 복무도 영국령 아메리카에서 식민지 총독이 될 수 있는 주요 통로 가운데 하나였다. 그에 비해 에스파냐령 아메리카에서 부르봉 왕조는 합스부르크 왕조 후반의 왕들과 달리 부왕 자리를 하급 귀족이나 행정적·군사적 봉사에서 두드러진 성과를 낸 전문직업인 가운데서 선택하는 경향이 있었다.[81] 그러나 에스파냐 국왕들은 크리오요들의 야심에 대해 깊은 의심을 갖고 있었기 때문에 18세기 뉴

---

77) Richard E. Johnson, *Adjustment to Empire. The New England Colonies 1675~1715* (Leicester, 1981), p. 332.

78) Lords of Trade; 원래 17세기에 영국 추밀원의 한 위원회로서 17세기에 임시적 성격의 조사위원회로 설치되었다가 후에 점차 다양한 기능을 가진 정부 부서로 발전하였다—옮긴이.

79) Alan Tully, *Forming American Politics. Ideals, Interests and Institutions in Colonial New York and Pennsylvania* (Baltimore and London, 1994), p. 95

80) Labaree, *Royal Government*, p. 126; Konetzke, *La época colonial*, pp. 120~1. 3년 임기제가 도입된 것은 1629년이었다.

81) Konetke, *La época colonial*, pp. 121.

욕의 총독 헨리 무어 경Sir Henry Moore의 예에서 볼 수 있듯이, 식민지인을 식민지 정부 수장으로 임명하는 것에 개의치 않았던 영국 국왕의 예를 따르지 않았다.[82)]

사실 아메리카 영토 통치의 모든 측면에 대한 마드리드 제국 정부의 태도는 의심으로 가득 차 있었다. 마드리드 정부가 볼 때 아메리카는 모험을 감수하기에는 너무나 많은 이해관계가 걸린 곳이었다. 국왕 관리들이 부를 쌓을 수 있는 기회, 그들이 크리오요 엘리트들과 한통속이 되어 사리사욕을 채울 수 있는 기회는 널려 있었다. 1575년 펠리페 2세가 부왕과 아우디엔시아의 판사들은 해당 지역의 여성과 결혼할 수 없다고 선언한 것도 그렇고, 또 (결국 실패로 돌아갈 것이었지만) 마드리드 정부가 수년 동안 그 혼인 금지 조항이 효력을 지니도록, 그리고 국왕 관리들과 주변 주민들을 사회적으로 분리시키기 위해 갖은 방법을 다 동원했던 것은 바로 그 때문이었다.[83)]

아메리카 내 에스파냐인 관리들도 수많은 견제와 통제를 받아야 했다. 부왕은 아우디엔시아에, 아우디엔시아는 부왕에게 상황을 보고해야 했다. 둘의 관계는 늘 긴장감이 감돌았으며 그것은 1621~24년, 소란스럽기 그지없었던 부왕 헬베스 후작Marquis of Gelves의 임기 때 누에바에스파냐에서 그랬던 것처럼 완전한 소통의 붕괴로 치달을 수도 있었다.[84)] 불만을 가진 사람은 누구나 지역 당국을 거치지 않고 마드리드에 직접

---

82) Labaree, *Royal Government*, p. 38. 자메이카에서 태어난 무어는 1765~9년 뉴욕 총독을 역임했다.

83) Konetzke, *Colección de documentos*, 1, doc. 350; John Leddy Phelan, *The Kingdom of Quito in the Seventeenth Century* (Madison, WI, Milwaukee, WI, London, 1967), pp. 151~3.

84) Jonathan Israel, *Race, Class and Politics in Colonial Mexico, 1610~1670* (Oxford, 1975), ch. 5.

시정을 요청할 수 있었으며, 고발과 비난에 의한 이런 통제 방법은 제도적 견제장치에 의해 더욱 강화되었다. 비시타스visitas('방문조사')는 이 제도적 장치 가운데 하나였는데 이는 부당한 행위를 한 것으로 의심되거나 고발을 당한 관리 혹은 관리 집단이 나타날 경우, 해당 지역에 조사관을 파견하여 그(혹은 그들)의 행위를 조사하는 것이었다. 또 모든 관리는 임기를 마치면 레시덴시아를 받아야 했는데, 이것은 관리들이 임기 중에 수행한 활동에 대해 벌이는 사법적 감사 제도였다.[85]

그러나 영국령 아메리카 식민지 총독들은 그런 엄중한 절차를 두려워할 필요가 없었다. 중상모략과 그에 대한 해명이 대서양 양편을 넘나들 수는 있었지만 식민지 생활의 수많은 측면에 대한 영국 정부들의 일반적인 태도는 마드리드의 인디아스평의회(그 구성원 가운데 대다수는 로마법을 공부한 훈련받은 법률가들이었다)가 취한 엄격한 법률 적용과는 거리가 멀었다. 영국인 총독은 에스파냐의 부왕이나 고관들처럼 본국의 끊임없는 감시와 감독의 대상이 되지 않았다. 그러나 그만큼 그들이 자신의 지배 영역에서 누릴 수 있는 권력도 에스파냐인 부왕이나 고관들의 그것에 비해 훨씬 미미했다.

영국인 총독은 통치 과정에서 대개 식민지 정주자 가운데서 선출되는 12명으로 구성되고, 식민지 의회 내 상원 역할도 겸하는 한 평의회의 조언을 받아야 했다. 총독과 평의회가 서로 협력하는 관계일 때도 있었지만, 둘의 관계가 좋을 때라도 총독은 단지 평의회 위원들이 자신들 혹

---

85) C. H. Haring, *The Spanish Empire in America* (New York, 1947), pp. 148~57. 헤링의 연구는 그후로 많은 시간이 지났지만 지금까지도 식민지 아메리카의 통치 조직과 관행에 대한 유용한 가이드로 남아 있다.

은 식민지 엘리트들의 이익에 불리한 조치는 승인하지 않으려 한다는 이유만으로도 그들에 대해 조심스럽게 접근해야 했다.[86] 에스파냐 국왕이 아우디엔시아의 판사들—영국령의 총독과 가장 근접한 존재였다—에 대해 그들(판사들) 자신들의 관할 지역 내에서의 토지 획득이나 혼인을 금하는 등 활동을 제한한 것도 바로 이런 종류의 압력에 대비한 것이었다.

영국의 국왕식민지 혹은 영주식민지 총독은 재정 문제에 있어서도 매우 불리한 처지에 놓여 있었다. 에스파냐령 아메리카에서는 국왕이 통치하기 위해 필요한 비용이 주로 귀금속 생산분 가운데 왕의 몫으로 되어 있는 20퍼센트(2할세)와 교회 십일조에서 왕이 차지하는 몫에서 충당되었다. 그리고 인디언들이 내는 인두세와 대서양 무역에 부과하는 여러 가지 세금도 이용할 수 있었다.[87] 정주자들과 그 후손들은 정복하고 정주하는 과정에서 바친 봉사를 보상받는 의미로 직접세에서 면제되고 있었지만, 통치 비용이 증가하면서 국왕은 여러 형태의 간접세를 도입했다. 그 과정은 1575년 카스티야의 가장 중요한 세금 가운데 하나인 알카발라alcabala(판매세, 처음에는 판매 금액의 2%를 내는 것으로 되어 있었다)를 누에바에스파냐에서도 부과하는 것으로 시작되었다. 이 세금이 1591년 페루에도 적용되었는데, 이곳에서는 그에 대해 강력한 저항이 나타났다.[88]

---

86) Labaree, *Royal Government*, ch. 5; Jack P. Greene, *Negotiated Authorities. Essays in Colonial Political and Constitutional History* (Charlottesville, VA and London, 1994), p. 173.

87) Ismael Sánchez-Bella, *La organización financiera de las Indias. Siglo XVI* (Seville, 1986), pp. 21~3.

88) *Ibid*., pp. 52~3; Robert Sidney Smith, 'Sales Taxes in New Spain, 1575~1770', *HAHR*, 28

에스파냐 본토에서와 마찬가지로 에스파냐령 아메리카에서도 왕은 나중에 갖게 될 수입을 담보로 잡고 상인자본가들에게서 돈을 빌리지 않으면 안 되었다. 그러나 왕은 많은 점에서 효과적인 제국 재정 시스템을 발전시키고 있었는데, 특히 변화하는 상황에 대한 대응 능력에서 두드러졌다. 각 지방의 재무국들cajas reales로 이루어진 네트워크가 형성되었고, 부왕령의 수도나 주요 도시에 세워진 재무부의 감시 하에 수입의 징수와 등록을 담당하는 관리들이 생겨났다. 지방의 재무국들은 쓰고 남은 돈을 재무부에 넘겨야 했다. 1600년경이면 14개의 지방 재무국이 있었고, 17세기가 지나는 동안 17개가 더 생겨났다. 각 재무국은 자신의 관할 영역을 갖고 있었는데, 상황에 따라 새로 생겨나기도 하고 없어지기도 했다. 제국 변경 지역에 새로 은광이 발견되거나 어떤 사업이 번영하면 곧바로 재무국이 설치되었다. 이 시스템은 또한 지역적 필요를 감안하여 융통성 있게 돈을 한 지역에서 다른 지역으로 보낼 수 있게 해 주었다. 예를 들어, 멕시코 재무부는 매년 '남은' 돈을 에스파냐에 송금하는 것 말고도 시투아도스situados('고정 수입')라는 이름의 기금 전송 제도를 통해 카리브제도, 플로리다, 필리핀제도 같이 더 가난한 제국 전초기지들을 도와주었다. 이 시스템은 그들 지역에 송금되는 돈을 처분할 수 있는 좋은 자리에 앉아 있던 상인이나 지역 관리들의 부패와 횡령에 일조하기도 했지만, 원칙적으로 세수입을 재분배하는 이 메커니즘은 재원, 특히 방어를 위한 재원을 제국의 우선적 고려나 필요에 따라 할당할 수 있게 해 주었다.[89]

(1948), pp. 2~37.

89) Ibid., pp. 195~7.

그에 비해 영국령 아메리카 식민지 정부는 강력하고 독립적인 재정 기반을 갖고 있지 않았으며, 제국적 차원에서 재원 배분을 가능케 하는 기구도 없었다.[90] 은광도 없고 밀집해 살면서 세금을 내 줄 인디언 인구도 없는 상황에서 정부는 별 수 없이 식민지 정주자들에게서 거둔 돈으로 통치 비용을 마련해야 했다. 왕이 그 지역에 대해 직접적 지배권을 주장할 수 있었던 국왕 식민지에서는 왕이 면역지대quit-rents[중세 시대 부역 대신 내는 지대—옮긴이]를 징수할 수 있었지만 그것만으로는 해당 지역에 대한 통치 비용을 감당할 수가 없었다.[91] 그 때문에 총독들은 경우에 따라서는 자신의 급료를 포함한 필요비용을 마련하기 위해 식민지 의회에 손을 내밀지 않으면 안 되었다. 페르난도와 이사벨이 아메리카에 대의제 기구를 창설하는 것에 반대한 것은 바로 이렇게 식민지 정주자들에게 재정적으로 의존하게 되는 상황이 발생할지 모른다는 생각에서였다.

뉴잉글랜드의 특허장 식민지들charter colonies 외의 지역에서는 17세기가 지나는 동안 대의제 의회가 서서히 자리 잡아 갔고, 그 의회들이 총독과 그들의 평의회들에 의해 지배되어 가는 경향이 있었다.[92] 그러나 총독들은 증가 일로의 통치 비용 혹은 방어 비용을 조달할 방법을 열심히 찾은 반면에, 의회들은 지갑 끈에 대한 통제권이 가져다 주는 정치적 영향력을 인식하기 시작했기 때문에 둘 간의 갈등 가능성은 처음부

---

90) Anthony McFarlane, *The British in the Americas, 1480~1815* (London and New York, 1994), pp. 207~8.

91) Labaree, *Royal Government*, p. 271.

92) Jack P. Greene, *The Quest for Power. The Lower Houses of Assembly in the Southern Royal Colonies, 1689~1776* (Chapel Hill, NC, 1963), p. 3.

터 내재해 있었다. 이것은 영국 하원House of Commons의 그것과 같은 이야기였는데, (식민지의) 의회들 혹은 그 의회들의 하원들은 점차 영국 하원과 자신들을 동일시하는 경향이 있었다. 의회가 설치되고 나서 첫 60~70년 동안 총독의 평의회가 지배적 요소였던 버지니아에서 법률가인 윌리엄 피츠휴William Fitzhugh는 1687년, 당시 의회 한쪽에 따로 자리 잡고 있던 하원[93]을 '우리 의회'라고 자랑스럽게 언급했다.[94] 18세기경이면 하원들은 전통적인 영국 하원의 모델에 따라 수입의 징수와 지출에 대한 독점권을 추구하고 있었으며, 총독 평의회들의 입법권을 서서히 잠식해 가고 있었다.[95]

에스파냐령 부왕 혹은 총독들과 달리 영국령 식민지 총독들은 국왕 관료제를 갖고 있지 않았다는 약점을 갖고 있었다. 그 때문에 그들은 행정과 사법 관련 관리들을 충원함에 있어서 절대적으로 지역 인사들에 의존해야 했으며, 행정의 형태가 만들어져 간 정주 초기 수십 년 동안에 특히 그런 경향이 강했다. 식민지 내 행정에 대한 전체적인 책임이 총독과 그의 평의회에 있었고, 그들은 통치의 틀을 확립해 가는 과정에서 자연스럽게 잉글랜드의 예를 참조했다. 법관과 관리들이 정기적으로 영국에서 공급되는 시스템에 의존할 수 없었던 영국령 총독들은(에스파냐령 아메리카의 경우, 에스파냐인 판사들과 관리들이 꾸준히 대서양을 건너와 인디아스 내 직책을 차지했다) 지역 엘리트들과 협력하는 것 말고 다

93) House of Burgesses; 버지니아의 하원은 북아메리카에서 선거로 이루어진 최초의 입법부였다—옮긴이.

94) David Hackett Fischer, *Albion's Seed. Four British Folkways in America* (New York and Oxford, 1989), p. 407.

95) Labaree, *Royal Government*, pp. 170 and 274~5; Greene, *The Quest for Power*, part 2.

른 방도가 없었다. 그로 인해 '국왕 지배하의 지역 자치'라는 잉글랜드의 시스템이 식민지에도 이식되었다.

이 시스템의 한 가지 취약점은 17세기 대부분 기간 동안(식민지에 따라서는 그 이후까지도) 엘리트층이 제대로 형성되지 않았다는 사실이다. 이것은 영국의 농촌 젠트리들처럼 충원되어야 할 직책이 생길 때 그 자리를 메울 수 있는, 행정적 혹은 사법적 직무 수행의 전통을 가진 식민지 정주자들의 견실한 인재 풀이 생겨나지 않았음을 의미했다. 1630년대쯤이면 대개 영국의 사회적 계서의 상층 출신의 이민자들로 이루어져 있던 버지니아의 첫 세대 엘리트들은 점차 소멸되어 가고 있었다. 그리고 이 혹독하게 경쟁적이고, 토지에 집착하는 사회에서 성공적인 식민지 정주자들 가운데 헌신적이고 능력 있는, 그리고 직책에 따른 무거운 부담을 감당할 성향, 능력, 봉사정신을 지닌 새롭고 안정된 엘리트가 만들어지는 데는 오랜 시간이 걸렸다.[96)]

플랜테이션이 타이드워터Tidewater[버지니아 동부지방—옮긴이] 전체로 확산되어 가고, 장거리에 따른 교통 문제가 대두되면서 총독과 그의 평의회가 지역 통치 업무를 수행할 수 없게 되었으며, 법질서를 유지하고 분쟁을 해결하는 데 도움을 줄 새 제도가 시급히 요구되었다. 1643년 버지니아에 8개의 샤이어shires, 즉 군郡이 생겨났고, '그것은 잉글랜드의 샤이어들처럼 통치될 것이 기대되었다.' 잉글랜드에서와 마찬가지로, 그리고 좀더 특별하게는 인디언들과의 전쟁을 책임지고 수행하기

96) Bernal Bailyn, 'Politics and Social Structure in Virginia', in Stanley N. Katz and John M. Murrin (eds), *Colonial America. Essays in Politics and Social Development* (New York, 1983), pp. 207~30, at pp. 210~15.

위해서는 하급 장교들이 임명되어야 했다. 그리고 '잉글랜드에서처럼, 잉글랜드에서 그 직책의 소유자가 가진 것과 똑같은 권한을 가진 사람으로서 치안판사(셰리프)들이 임명되었으며, 필요에 따라 부사관sergeants과 대관bailiffs(셰리프의 부하)도 선출되었다.'[97] 1668년경, 버지니아 인구가 쏟아져 들어오는 이민자들 덕분에 5,000명에서 4만 명으로 급증했고, 그 때문에 버지니아 소재 군의 수가 20개로 늘었다. 그리고 각 군은 보안판사들justices of the peace, 치안과 세수稅收를 담당하는 한 명의 치안판사와 한 명의 서기, 여러 명의 하급 관리로 이루어진 독자적인 군 법정을 갖게 되었다.[98]

이 군郡 법정의 작동은 비록 잉글랜드의 '쿼터 앤드 프티 세션'[99]이 갖고 있던 명성은 갖고 있지 않았지만 그것을 모델로 한 것이었다.[100] 의식儀式의 측면에서 이 기구는 초기 식민지 사회의 소박한 필요에 맞추어 생겨난 축소된 형태의 쿼터 앤드 프티 세션이었다. 그러나 의회General Assembly가 이 법정들에 점점 더 많은 임무를 위임하면서 법정들의 힘은 커져갔고, 결국 그 힘이 잉글랜드의 그것에 상응하는 기구에서 나타나는 것 이상으로 강화되었다. 그것들은 사실상 지역 생활에서 폭넓은 책무를 가진 통치 단위가 되었다. 버지니아에서는 교회 법정이 없었기 때문에 군 법정이 유언장 검인권檢認權을 비롯하여 모국에서라면 교회 사

---

97) Billings, *The Old Dominion*, p. 68.

98) Warren M. Billings, 'The Growth of Political Institution in Virgnia, 1634~1676', *WMQ*, 3rd ser., 31 (1974), pp. 225~42; Billings, *The Old Dominion*, p. 70.

99) quarter and petty sessions; '쿼터 세션'은 민사와 형사 재판권을 갖고 있었고, 대개 1년에 네 차례 개정했으며[거기에서 그 이름이 유래했다], 프티 세션은 두세 명의 행정관으로 구성되었고 몇 가지 경범죄에 대한 즉결재판을 수행하는 법정이다—옮긴이.

100) Horn, *Adapting to a New World*, p. 190.

법권에 속했을 여러 기능도 겸하게 되었다. 공적 혹은 사적 도덕률 같은 문제를 포함하여 많은 관심 분야에서 그것들은 교구들(군은 여러 개의 교구로 분할되어 있었다)의 지배기구인 교구위원회와 긴밀한 협력 하에 일을 처리했다.[101] 에스파냐령 아메리카에서는 교회-국가의 제휴 관계가 통치의 모든 단계에 영향을 미쳤고, 제도권 교회가 국왕 권위에 심히 종속된 형태로 정책이 시행되었다. 영국국교도들의 버지니아 식민지에서는 그것이 우선적으로 지역 차원에서 작동했으며, 교회 관련 업무는 군에서의 삶을 전체적으로 지배하게 된 지역 식민정주자 과두층에 종속되었다.

군 법정의 권한이 의회에 의해 계속 강화되어 감에 따라 버지니아에서는 본질적으로 분권화한 통치와 사법체계가 자리 잡아 갔으며, 그것은 이웃한 메릴랜드 식민지에서도 마찬가지였다. 총독과 그의 평의회가 점점 지역 통치에서 물러나게 되었으며, 1645년 이후 치안판사가 형법criminal law과 형평equity에 관한 모든 소송 사건을 다루게 됨으로써 법정으로서의 평의회의 활동은 사실상 항소 법정이 되었다고 말할 수 있을 정도로 축소되었다. 이론적으로는 치안판사를 임명하는 권한이 총독에게 있었으나 1660년대 이후 지역에서 이미 선택된 사람을 형식적으로 인준하는 차원에 머물렀으며, 식민정주자들끼리 군 법정의 직책을 차지하기 위해 서로 경쟁하고, 자기들끼리 그것을 나누어 가졌다.[102]

비록 많은 정주자들이 인생의 어느 단계에서 배심원으로든 증인으로든, 원고로든 피고로든 잉글랜드의 법정과 접촉한 경험을 가진 사람

---

101) *Ibid*., pp. 195~7.

102) Billings, 'The Growth of Political Institutions', p. 232.

들이었지만 그 중에는 사회적 신분 상승을 위해 대서양을 건너간 '새로운 사람들'로서, 본국에서 법 운영 경험이 거의 혹은 전혀 없는 사람들도 많았다. 대학들과 법학원에서 법을 공부한 사람들도 꽤 있었지만 이들도 아메리카에 도착했을 당시 본국에서 알았던 것과는 사뭇 다른 상황에 부딪혀야 했으며, 이제 막 형성되어가고 있던 사회의 필요에 부응하기 위해 필요한 법을 고안하고 실행해야 하는 어려운 도전에 직면하게 되었다.

그들은 자신들이 갖고 있는 법적 전통 같은 것을 창조적으로 이용하고, 또 그것들을 신법의 금지명령, 강한 실용주의 등과 적절하게 결합할 수 있어야만 이 도전을 이겨낼 수 있었다. 르네상스 시대 잉글랜드에는 동시대 에스파냐와 마찬가지로 하나의 법체계가 아니라 여러 법체계가 작동하고 있었다. 기독교, 유대교, 무슬림의 법체계가 중세 시대에 공존했던 에스파냐에서는 기독교 법과 국왕의 법이 우위를 점해 가고는 있었지만 아직도 그 법들은 지역적 혹은 지방적인 법적 특권, 즉 자치법fueros의 형태로 남아 있는 관습법에 의해 둘러싸여 있었다. 그것은 또한 특정 집단의 특권, 즉 군인들에게 여러 가지 면제권을 부여하는 군대 자치법fuero militar, 광범한 종류의 범죄를 교회 법정에 위임하고 성직자들을 세속 사법권으로부터 보호해 주는 교회 자치법fuero eclesiástico 등에 의해 제한되기도 했다. 튜더 왕조와 초기 스튜어트 왕조하 잉글랜드에서도 법적 다원주의는 당대의 질서였다. 민간인 법률가들은 보통법이 우월하다는 주장을 계속해서 비판했을 뿐 아니라, 보통법을 기반으로 하는 보통법 법정들common law courts은 일반 법정들 외에도 여러 법원들(즉 교회 법원, 해사海事 법원, 상인 법원, 지역과 장원 법원, 그리고 성실청Star Chambers 같은 국왕대권 법원 등, 각각 자신의 고유한 법을 갖고 있었던 법원들)로 가

득 찬 무대에서 경쟁을 하지 않으면 안 되었다.[103)]

이 혼란스러운 법체계 속에서 새 식민지 최초의 정주자들은 낯선 환경에서 시민 사회 건설을 가능케 하고 원주민의 땅에서 원주민들의 관계를 규제해 줄 법과 사법 제도를 만들어 가야 했다. 에스파냐령 아메리카에서는 국왕 관리들이 재빨리 무대에 등장하여 국왕 사법체계와 카스티야 법을 도입했다. 그에 반해 영국령 정주지에서는 정주자들 자신들이 방법을 강구하고 창조적인 대답을 고안해 내야 했는데, 그러기 위해 그들은 최선을 다해 법적인 기억에 의존하기도 하고, 윌리엄 램바드William Lambarde의 『에이레나차』*Eirenarcha*, 1581, 마이클 돌턴Michael Dalton의 『국가의 정의』*The Countrey Justice*, 1619, 그리고 그 외 영국 치안판사들을 위해 제작된 중요한 편람들을 참조하기도 했다.

문화의 이식은 (여러 개 가운데 하나의) 선택으로 이어질 수밖에 없었는데, 그것은 상황이 이민자들(특히 그들이 서로 다른 지역 출신일 때 더 그러하다)을 하나의 공통분모나 몇몇 필수적인 것들로, 그리고 낯선 세계에서 그들의 삶에 질서와 안정을 제공해 줄 모국의 형식과 제도로 수렴시켜 주었기 때문이다. 그러므로 잉글랜드에서 발견할 수 있었던

---

103) 식민지 사회의 법적 다원주의에 대하여는 Lauren Benton, *Law and Colonial Cultures. Legal Regimes in World History, 1400~1900* (Cambridge, 2002)와, 그중에서도 특히 대서양 세계의 법체계에 대해 논하고 있는 제2장 참조. 르네상스기 에스파냐에서 나타난 다양한 사법권에 대하여는 Richard L. Kagan, *Lawsuits and Litigants in Castile, 1500~1700* (Chapel Hill, NC, 1981), pp. 22~32 참조. 영국령 대서양 세계에 대하여는 특히 William M. Offutt, 'The Atlantic Rules: the Legalistic Turn in Colonial British America', in Mancke and Shammas (eds), *The Creation of the Atlantic World*, pp. 160~81; Tomlins and Mann (eds), *The Many Legalities of Early America*, 그리고 이 중요한 에세이 모음의 리뷰인 Jack P. Greene, '"By Their Laws Shall Ye Know Them": Law and Identity in Colonial British America', *Journal of Interdisciplinary History*, 33 (2002), pp. 247~60 참조.

다양한 종류의 법정들이 식민지에서는 하나의 통일된 법정 체계로 바뀌어 가게 되는 것이 그리 놀라운 일은 아니었다.[104] 그렇지만 본국으로부터 내려오는 중앙집권적 지도부의 부재, 동쪽 해안 지방을 따라 들어선 서로 다른 성격의 여러 정주지들의 존재는 새 법전을 만들고자 할 때 부정적인 효과를 만들어 냈다. 각 식민지들은 자체적으로 자신의 필요에 적합한 법체계를 만드는 일에 착수했고, 비록 식민지들이 아이디어를 서로 주고받기는 했지만 그들의 법전은 불가피하게 정주지가 건설된 원래의 시점, 최초에 들어온 정주자 집단의 성격과 기대, 그들이 아메리카에 도착하여 직면하게 된 상황 등의 영향을 받을 수밖에 없었다.

예를 들어, 초창기 버지니아에서 소란스러운 식민지를 통제해야 하는 필요성은 영국 군사재판의 특권적 개념prerogative notions과 잉글랜드 국경지역의 사법적 관행에 호소하는 것으로 나타났다. 식민지가 안정을 찾아감에 따라 식민지 정주자들은 점차 보통법의 적절한 측면을 끌어들였고 한편, 같은 시기 버지니아 의회는 새로운 상황에 대처하기 위해 법령을 입안하게 될 때 점점 더 확신을 갖는 모습을 보여 주었다.[105] 한편 매사추세츠의 입법자들은 입법 과정에서 보통법 외에도 성서, 유럽 국가들의 민법과 자연법에 대한 개념, 영국과 그 외 다른 나라들의 관습, 식민 시대 초기 본국에서 지지받고 있었던 개혁적 법안들을 비롯한 다양한 법원法源들을 활용했다. 그 결과 1648년 정교한 매사추세츠 법전이 만들어질 수 있었으며, 그것은 많은 사람들에 의해 우수성을 인정받

---

104) Offutt, 'The Atlantic Rules', p. 161.

105) Warren M. Billings, 'The Transfer of English Law to Virginia, 1606~1650', in Andrews *et al.* (eds), *The Westward Enterprise*, ch. 11 참조.

았다. 판결에 불만을 가진 사람은 언제든지 법에 호소할 수 있었으며, 그로 인해 매사추세츠 법정은 자연스럽게 다툼이 많은 당시 사회에서 갈등 해결의 귀중한 무대가 되어 주었다.[106)]

그러나 17세기 영국령 아메리카에서 자리 잡은 다원적 법체계는 17세기 후반기 본국에서 나타난 발전과 후기 스튜어트 왕조 하에서 식민지를 장악하려는 제국 정부의 결심이라는 두 가지 요인에 따른 점증해 간 압박에 직면하게 되었으며, 그에 따른 결과는 분명했다. 보통법은 자신의 라이벌들에 대해 결정적 승리를 거두기 일보 직전까지 갔고, 이로 인한 효과는 머지않아 식민지들에서도 느껴질 것이었다. 명예혁명 직전과 직후, 제국 관리들은 식민지 법체계를 영국 보통법의 관행과 일치시키기 위해 적극적으로 노력했다. 동시에 아메리카에 도착한 정주자들 가운데 보통법을 공부한 사람의 수가 점점 더 많아지고, 정주자들이 자식들을 잉글랜드 법학원에 유학 보내는 경향이 증가하면서 불가피하게 식민지의 법과 법적 관행이 점차 영국화되어 가는 현상이 나타났다.

식민지의 다양한 법 문화가 1680년대부터 1770년대까지 대략 한 세기 동안 통일적인 영국 보통법에 점차 종속되어 간 것은 어쩔 수 없이 정주 초기 정주자 사회에서 원고原告들에게 개방되어 있던 불만 시정을 위한 경로들이 폐쇄되는 결과를 가져왔다. 동시에 보통법의 세계에서 나타난 점증하는 전문화專門化는 소송비용의 증가를 가져왔으며, 그것은 다시 가난한 사람들의 소송 의욕을 꺾어놓았다.[107)] 그렇지만 에스파냐령 아메리카에서와 마찬가지로 영국령 아메리카에서도 그 통일성이 절

106) Offutt, 'The Atlantic Rules', p. 166.
107) *Ibid*., p. 178.

대적이지는 않았다. 두 식민지 세계 모두에서 특수한 지역적 상황은 계속해서 지역적 입법을 요하였고, 인디언들이 존재하고 있다는 혹은 그들이 옆에 있다는 사실은 정주자 사회가 원주민의 관습 혹은 전통과의 조화를 추구하지 않으면 안 되게 했다. 그런 현상은 특히 (인디언 공동체와의) 경계지역에서 두드러졌다.

게다가 영국령 아메리카에는 보통법에서는 언급되지 않은 대단히 중요한 문제들이 있었다. 노예제, 토지 소유와 분배의 문제, 경계 분쟁의 문제 등이 그것들이었는데, 이런 문제에 대해 각 식민지들은 나름의 원칙과 관행을 발전시키거나 다른 지역의 것을 차용하는 경향이 있었다. 그러므로 점점 더 엄격해져 가는 영국령 대서양 문명의 법적인 틀 안에서도 얼마간의 법적 다원성은 여전히 존속하게 되었다. 그러나 점차 모든 사람이 공유하는 대서양적인 법과 관행의 틀은 아메리카 식민지들에서 영국인들의 기본적 자유를 보장하는 것으로서 높게 평가받았다. 그 가운데 가장 중요한 것 중 하나는 자신의 동료들에 의해 재판을 받을 권리였다.

영국인의 기본적인 권리로서의 배심원에 의한 재판은 1606년 특허장에 의해 버지니아로 확산되었다. 그러나 튜더 왕조와 초기 스튜어트 왕조의 잉글랜드에서는 약식재판을 좀더 선호하여 배심원단의 이용이 제한되는 경향이 있었다. 그로 인해 모국에서 배심원단의 이용에 대하여 모종의 불확실성이 나타났고, 그 불확실성도 이주자들과 함께 아메리카로 건너왔다. 체서피크 식민지에서는 인구도 얼마 되지 않고, 그마저도 분산되어 있었기 때문에 배심원단 소집이 쉽지도 않고 비용도 많이 들어서 17세기 대부분 기간 동안 배심원 없이 재판이 진행되었으며, 심지어 민사 소송에서도 그랬다. 퓨리턴들이 지배적인 뉴잉글랜드에서도 지사들magistrates(이들은 잉글랜드 보통법보다 성서법biblical law을 더 존중했다)은 약식재판을 매우 선호했다. 그러나 로드아일랜드는 약식재판을 선호하지 않았는데, 이곳 정주자들은 베이식민지Bay colony 법관들의 엄격한 재판을 피해 이곳으로 온 사람들이었으므로 자연히 배심원제에 매우 호의적이었다. 그런데 17세기 후반 자유민들이 점점 지사들의 지배에 반감을 갖게 되고, 후기 스튜어트 왕조 하에서 자유가 위협받는 것에 대해 두려움을 갖게 되면서 배심원제는 뉴잉글랜드 식민지 전체에서 공공생활의 특징이 되었으며, 결국 시민배심원제는 잉글랜드 본국에서보다 훨씬 더 광범하게 활용되기에 이르렀다.[108)]

배심원 제도, 지역 관직의 보유, 의회 구성을 위한 투표권, 그리고 의회 의원으로서의 활동 …… 이 모든 것은 영국령 아메리카 정주자들이 어떤 문제를 다룸에 있어서 에스파냐령 아메리카의 크리오요들이 누린 것보다 훨씬 더 큰 폭의 기회를 갖게 해 주었다. 1639년 버뮤다에서 좌초한 배에 타고 있던 에스파냐인 가운데 한 사람이 표출한 반응으로 판단컨대, 에스파냐인들은 영국령 아메리카 보통사람들이 행정과 사법의 문제에 그처럼 적극적으로 참여하는 것을 매우 기이하게 생각했던 것 같다. 그는 '잉글랜드에서와 마찬가지로 이곳에서도 권력이 해당 직책이 필요로 하는 기술과 능력을 가진 교육 받은 사람들에게 있지 않고 가장 비천하고 낮은 사람들의 수중에 있다 …… 판사들과 총독은 "공화국의 열두 사람"을 임명하여, 그 열두 사람이 직접 참석해서 경청한 소

---

108) David D. Hall, John M. Murrin and Thad W. Tate (eds), *Saints and Revolutionaries. Essays in Early American History* (New York and London, 1984)에 실린 John M. Murrin과 G. B. Warden의 글을 보라. 또한 Peter Charles Hoffer, *Law and People in Colonial America* (Baltimore and London, 1992), pp. 87~9 참조.

송 사건들에서, 자료와 서류를 모두 검토하고 판결을 내리도록 한다. 이어 이 열두 사람은 법정을 떠나 교회로 가며, 거기서 그들은 그 소송 건에 대해 판결을 결정할 때까지 밖으로 못 나가고 갇혀 있게 된다'라고 쓰고 있다.[109)]

에스파냐령 아메리카 영토에서는 분명히 권력이 '공화국에서 가장 비천하고 낮은 사람들의 수중에' 있지 않았다. 에스파냐에서 파견된 국왕 관리들과 소수 선택된 크리오요 집단이 권력을 장악하고 있었다. 17세기에 관직 매매를 통해 점점 더 많은 수의 크리오요 엘리트들이 행정에 침투해 들어갈 때까지[110)] 통치에 대한 크리오요의 적극적 참여는 도시 정부 운영에 국한되는 경향이 있었고, 그것도 과두적 지배 쪽으로 심하게 치우쳐 있었다.

누에바그라나다 왕국 포파얀 주Popayán province의 수도였던 포파얀 시는 도시 정부의 제한적 성격과 지역 엘리트층과 국왕 정부 간의 불확실한 관계를 보여 주는 좋은 예다.[111)] 17세기 이 도시에는 약 150채의 에스파냐인 상주 가구가 있었으며, 에스파냐인, 메스티소, 인디언, 흑인으로 이루어진 약 2,000여 명의 주민이 살고 있었다. 국왕 대리인 자격을 가진 지역 총독 혹은 그의 대리인이 카빌도(시 참사회) 회의를 주재했는데, 카빌도는 1612년 8명으로 이루어져 있었으며, 그 수는 그 이후 수십 년 동안 왕이 그 직책을 증설하여 매각하고자 하는 의욕이 얼마나 컸

---

109) 'Shipwrecked Spaniards 1639. Grievances against Bermudans', trans. from the Spanish by L. D. Gurrin, *The Bermuda Historical Quarterly*, 18 (1961), pp. 13~28, at pp. 27~8.

110) Below, pp. 228~9.

111) Peter Marzahl, *Town in the Empire. Government, Politics and Society in Seventeenth-Century Popayán* (Austin, TX, 1978) 참조.

는가, 시민들이 그것을 얼마나 구매하려고 했는가에 따라 달라졌다. 카빌도는 그 직책을 왕에게서 구입한 정규 멤버들과 매년 그 정규 멤버들이 선출한 세 명의 멤버로 구성되었다. 선출제가 존재했다는 점은 적어도 새로 들어온 신참자들 가운데 두드러진 사람들이 시 정부에 포함될 수 있는 기회를 제공해 주었다. 그러나 행정적인 것이든 사법적인 것이든 광범위의 도시 업무에 대한 지배권은 17세기 동안 더 큰 내부 결속력을 갖게 된 소수 에스파냐인 가문들에 의해 독점되었다. 원칙적으로는 공개적 카빌도[112]가 소집될 수 있기는 했다. 그러나 실제로 그것이 소집된 것은 17세기 전 기간 동안 여섯 차례에 불과했다. 그러나 주 전체 차원에서든 도시만의 차원에서든 포파얀의 과두 엘리트들의 영향력이 크기는 했지만 카빌도 자체의 권한은 총독에 의해 제한되었는데, 총독은 소액의 부과금 징수를 제외한 모든 것을 허가하는 권한을 갖고 있었다. 그러므로 과두 엘리트들이 얼마나 큰 영향력을 가졌는가는 어떤 시점에 그들이 총독 혹은 그 대리인과 효과적인 협력 관계를 만드는 데 얼마나 성공했느냐에 달려 있었다. 도시 행정과 제국 행정 간 관계의 불확실성은 중요한 사업이 공적 거래를 통해 실행되기도 했지만 그에 못지않게 사적 협상을 통해서도 실행되는 경향이 있었음을 의미한다. 카빌도가 도시 사업의 규제를 위한 일련의 법령을 만드는 데까지 손이 미치지 못한 것은 포파얀 시 정부의 폐쇄적이고 비공식적인, 그리고 사적인 성격을 보여 주는 것이라 할 수 있다.

사업을 실행하는 방식에서 포파얀과 정반대의 방식을 뉴잉글랜드

---

112) cabildos abiertos; 에스파냐 식민 시대에 한 도시에 특별한 일이 발생했을 때 시민 전체가 참여할 수 있는 임시회의—옮긴이.

에서 찾아볼 수 있다. 이곳에서는 군 법정이 있기는 했지만 지역 통치의 핵심기관은 시town였다. 중요한 결정은 시에 거주하는 가장들의 모임에서 이루어졌고, 모임과 모임 사이의 기간 동안에는 일단의 행정위원들을 선출하여 업무를 담당하게 했다. 예를 들어 17세기 이스트햄튼은 비록 자신의 바람과는 상관없이 코네티컷에서 뉴욕 지역으로 이전했지만, 전형적으로 뉴잉글랜드적 통치 방식을 가진 롱아일랜드에 있는 작은 도시였다.[113] 가장들의 모임에서 선출된 세 명의 행정위원이 1년 동안 시의 제반 업무를 맡아보았고, 경우에 따라서는 네 명의 또 다른 행정위원의 도움을 받기도 했다. 한편 기록관recorder, 경관constables에서 감독관overseers, 울타리 감시원 등 여러 관리들이 도시 생활의 여러 측면을 맡아보았다. 이 모든 점에서 이스트햄튼은 뉴잉글랜드 도시들의 한 전형이었으며, 특별한 문제가 발생하면 특별위원회를 구성하여 그 업무를 담당하게 하는 것 역시 마찬가지였다.[114] 반면에, 에스파냐령 아메리카에서는 위원회에 의한 지역 통치가 하나의 삶의 방식이 되었음을 말해 주는 증거를 그 어디에서도 찾아볼 수가 없다.

그러나 뉴잉글랜드가 영국령 아메리카 전체의 전형적인 예는 아니었다. 일반 시민이 지역 통치에 참여하는 정도는 식민지마다 많이 달랐다. 특히 남부식민지[115]에서의 지역 통치는 농장주 엘리트들 중에서 선

---

113) John Putnam Demos, *Entertaining Satan. Witchcraft and the Culture of Early New England* (New York and Oxford, 1982), pp. 220~33에 수록된 이스트햄튼에 대한 기술을 참조. 이스트햄튼의 역사에 대하여는 T. H. Breen, *Imagining the Past. East Hampton Histories* (Reading, MA, 1989)을 참조.

114) Demos, *A Little Commonwealth*, pp. 7~8; Lockridge, *A New England Town*, ch. 3을 보라.

115) Southern Colonies; 사우스캐롤라이나, 노스캐롤라이나, 메릴랜드, 버지니아, 조지아가 여

출된 사람들의 수중에 있었다. 뉴욕 시는 1686년 시의회 의원과 보좌관 assistants 선출을 위한 첫번째 선거를 실시했으나 시의 다른 직책에 대해서는 총독과 시참사회가 임명권을 행사했다. 1681년에 건설된 필라델피아는 광범한 참정권을 갖고 있었다. 그러나 1691년에 발부된 시 특허장은 폐쇄적인 잉글랜드 자치도시들의 특허장을 모델로 하고 있었으며, 매년 선거를 통해 치안관sheriff, 커미셔너, 세금사정관 등을 선출했지만 지방 자치단체municipal corporation의 재직 연한에는 제한이 없었다.[116)]

17세기 뉴잉글랜드에서도 시 정부 시스템이 처음 보기보다는 진정한 의미에서 그다지 대중적이지 않았다. 이스트햄튼과 마찬가지로 여기서도 시 관직을 임명할 때 사회적 지위가 중요했다. 위원회 위원을 비롯한 주요 직책은 소수 시민 집단의 수중에 있었으며, 전체 가구주들 가운데 반 정도는 모든 직책에서 배제되었다.[117)] 또 뉴잉글랜드인들 가운데 다수는 교회 신자로서의 요건을 갖추지 못했다거나, 17세기가 경과하는 동안 재산 관련 자격 조건을 충족시키지 못했다는 이유로 도시 생활에 적극적으로 참여할 수 없었다.[118)]

그러나 뉴잉글랜드 지역 시 통치 시스템의 성격은 서로 긴밀하게 연계된 공동체로서 각 도시들의 집단적 정체성, 그리고 도시가 벌이는 사업 운용에 대한 시민들의 집단적 책임감 증대에 큰 역할을 수행했다. 그 효과는 안정과 질서, 그리고 과거로부터 물려받은 종교적·도덕적 가

기에 포함된다—옮긴이.

116) Gary B. Nash, *The Urban Crucible. Social Change, Political Consciousness and the Origins of the American Revolution* (Cambridge, MA, and London, 1979), pp. 31~2.

117) Demos, *Entertaining Satan*, p. 228.

118) Lanodon, 'The Franchise and Political Democracy', pp. 522~5.

치의 수호를 강조하는 것이었으며, 더불어 외부의 간섭을 거부하고 독립을 유지하려는 강한 의지를 발전시키는 것이었다. 집단적인 독립성과 이상적인 공동체 유지에 대한 개인적 의무감의 결합은 국왕 정부가 식민지 생활에 개입하려고 했을 때 골치 아픈 문제를 만들어 낼 수밖에 없었다. 완고한 고집은 식민지 뉴잉글랜드의 제2의 천성이 될 것이었다.

갈등의 가능성은 1634년 매사추세츠만 회사의 정주지 세일럼의 총독이었던 존 엔디컷John Endecott이 국왕의 깃발에서 빨간색 십자가를 (그것이 폴란드의 상징이라는 이유로) 빼 버렸을 때 이미 상징적으로 입증되었다. 매사추세츠는 그렇게 하는 것이 '잉글랜드 국가가 우리에 대해서 좋지 않게 생각할 구실'을 제공할 것이라는 우려가 상당히 있었음에도 불구하고,[119] 세기말까지 그 불쾌한 빨간 십자가를 뺀 자신들만의 고유한 깃발을 고수했다.[120] 에스파냐령 아메리카에서는 곤살로 피사로의 추종자들이 그들의 깃발에서 왕의 문장 대신 피사로 가문의 문장을 집어넣고 나서 패배한 후로는 그 같은 도전을 감히 시도하려고 하지 않았다. 그러나 멕시코시티에서는 이 문제로 국왕 정부와의 충돌이 나타났는데, 이 도시는 카를 5세가 사용하라고 한 전통적인 문장을 사용하지 않았던 것이다. 테노치티틀란 시 당국은 정복된 테노치티틀란의 자랑스러운 상속자로서, 입에 뱀을 문 채 선인장 위에 앉아 있는 독수리 문양이 들어간 아스테카 제국의 상징을 자신의 것으로 만들었다. 그들은 재치 있게 그 상징물을 새 도시 문장 위에 올려놓았다. 1642년 독수리

---

119) Winthrop, *Journal*, p. 145.

120) Dunn, *Puritans and Yankees*, p. 29; Howard Millar Chapin, *Roger Williams and the King's Colors* (Providence, RI, 1928).

와 뱀의 형상이 도시 건물들에 많이 나타나기 시작하자 부왕 팔라폭스 주교는 이런 우상적 상징물에 깜짝 놀라 그것을 문장에서 삭제할 것을 요구했다. 그러나 뱀을 물고 있는 독수리는 멕시코의 독자적인 정체성의 강력한 상징이 되었으며, 그 독수리는—결코 완전히 억압되지 않았다—독립운동 기간 중에 다시 선인장 위에 깃들게 된다.[121)]

자신들의 깃발을 완강하게 고수하려고 하면서 무례하고 완고한 태도를 보이는 매사추세츠 주는 스튜어트 왕조 쪽에서 보면 손톱 밑의 가시 같은 존재였다. 이미 1630년대 말에 로드 대주교의 플랜테이션위원회가 식민지의 특허장에 의문을 제기했을 때 매사추세츠 의회는 그에게 '여기 보통 사람들은 국왕 폐하께서 자신들을 버렸다고 생각할 것이고, 그러므로 충성과 복종의 의무로부터도 자유로워졌다고 생각할 것입니다……'라며 강한 경고를 보낸 적이 있었다.[122)] 결국 수년 후 잉글랜드인들과 스코틀랜드인들은 찰스 1세에 대한 '그들의 충성과 복종 의무'에서 자유로워지게 될 것이었다.

영국 내전과 1649년 왕의 처형은 매사추세츠뿐만 아니라 모든 식민지들에게 모국과 자신들의 관계의 정확한 성격에 관해 심각한 질문을 던지게 만들었다. 내전은 식민지에 유입되는 자본과 이주민을 대폭 감소시켰을 뿐만 아니라[123)] 근본적인 충성의 문제를 제기하기도 했으며, '제국의 권위'가 정확히 어디에 있는가의 문제를 제기했으며, 그것은 식민지들이 독립하게 될 때까지 영국—아메리카 간 문제를 지배하게 될

---

121) Enrique Florescano, *La bandera mexicana. Breve historia de su formación y simbolismo* (Mexico City, 1998)

122) Bliss, *Revolution and Empire*, p. 42에서 재인용.

123) Dunn, *Puritans and Yankees*, p. 37.

것이었다. 에스파냐령 아메리카 제국에서도 그와 유사한 도전이 1808년 나폴레옹의 침입으로 에스파냐에서 국왕의 권위가 붕괴된 후에 나타나게 된다. 이베리아반도에서 심각한 분란을 가져왔던 1700년 합스부르크 왕조로부터 부르봉 왕조로의 전환은 아메리카 부왕령들에서 그냥 작은 소동만 촉발하고 지나갔을 뿐이다.[124)]

영국 내전의 발발은 영국 제도諸島는 물론이고 식민지에도 충성심의 분열을 가져왔다.[125)] 버지니아는 왕과 영국국교회에 대한 충성을 유지했다. 메릴랜드는 일시적으로 의회파 편에 서서 자신의 (식민지) 정부를 부정하기도 했으나, 1645년부터 1647년 사이 이른바 '약탈의 시기'라고 알려진 혼란에 빠져들었다.[126)] 뉴잉글랜드 정주자들 가운데 다수는 모국으로 귀국하여 1640년대에 모국에서 새 예루살렘이 건설되는 것을[127)] 돕기 위해 의회파에 합류했다. 그러나 1640년대에 영국인들이 자신들의 문제에 몰두하지 않을 수 없게 되면서 식민지들은 좀더 운신의 폭을 크게 가진 채 자신들의 길을 가려는 노력을 할 수 있게 되었다. 매사추세츠의 총독 윈스럽은 이 기회를 최대한 이용하여 한 걸음 더 나아가 새로운 정주지들을 만들고, 뉴잉글랜드통합식민지연맹Confederation of the United Colonies of New England이라는 상호방위 기구를 창설했다.[128)] 그러나

---

124) Below, p. 229.

125) Craven, *The Southern Colonies*, ch. 7; Bliss, *Revolution and Empire*, pp. 51~2 and ch. 4; 그리고 내전 시기에 대한 개괄에 대해서는 Carla Gardina Pestana, *The English Atlantic in an Age of Revolution, 1640~1661* (Cambridge, MA, 2004)을 참조.

126) Mary Beth Norton, *Founding Mothers and Fathers. Gendered Power and the Forming of American Society* (New York, 1997), p. 282.

127) Dunn, *Puritans and Yankees*, p. 37.

128) *Ibid.*, p. 42; Bremer, *John Winthrop*, pp. 325~7.

식민지들이 언제까지나 자신의 문제를 스스로 결정할 수는 없었다. 장기의회는 이미 1643년에 워윅 백작Earl of Warwick을 수장으로 하는 위원회를 구성하여 식민지 문제를 감독하려고 했다.

이 위원회는 왕당파의 행동에 대한 대응의 차원에서 서인도제도 문제에 개입하려 했으며, 로드아일랜드를 위해 독립헌장을 얻어 내려는 로저 윌리엄스의 시도를 지지하기도 했지만 대체로 식민지에서의 합법적 권위를 존중했다. 그러나 이 위원회의 활동은 '식민지 문제에 대한 궁극적 권력이 왕에게 있는가, 의회에게 있는가'라는 골치 아픈 문제를 제기했다. 이미 1621년 조지 캘버트 경은 아메리카 영토는 당연히 왕의 영토이며, 의회의 법에 구속되지 않는다고 주장한 바 있었다.[129] 권위의 궁극적 소재 문제는 여러 식민지들 ― 버지니아, 메릴랜드, 안티구아, 바베이도스, 버뮤다 ― 이 찰스 1세 사후 그의 아들 찰스 2세를 새 왕으로 선언한 바 있기 때문에 왕의 처형 이후 중요한 문제가 되었다. 스튜어트 왕조에 대한 식민지들의 이런 반갑지 않은 충성 주장에 대해 영국 의회는 1650년 '이 나라의 권위에 의해, 이 나라의 비용으로, 이 나라 신민들에 의해 식민이 이루어졌기 때문에 식민지들은 의회에서 제정된 국법에 구속된다'라고 선언하는 법령을 통과시키는 것으로 대응했다.[130]

이 법령에 이어 이듬해 항해조례까지 발표되자 식민지들은 크롬웰의 공화국이 왕정 못지않게 자신들의 소중한 권리를 위협한다고 생각했다. 그러나 결국 의회는 짖어댈 뿐 이빨을 드러내 물지는 않았으며, 크롬웰은 식민지 문제에 섣불리 개입하려고 하지 않았다. 그러므로 식민

---

129) Bliss, *Revolution and Empire*, p. 46.

130) *Ibid*., pp. 60~1.

지들은 비교적 큰 상처를 입지 않은 채 1660년 왕정복고에 이르게 되었다. 식민지들은 공위기[131]의 불확실성과, 그 불확실성이 국왕 식민지뿐만 아니라 영주 식민지 총독들에까지 가져다 준 영향 때문에 그들은 자신들의 문제를 좀더 확신을 갖고 다룰 수 있게 되었다. 그러나 식민지들이 영국 상품을 구입하는 시장으로서, 그리고 원료 공급원으로서 모국에 대해 경제적으로 더 중요해진 점은 조만간 힘을 회복한 국왕 정부가 해외 제국령에 대한 지배력을 더 강화하기 위해 노력하게 될 것임을 의미했다. 클라랜든 백작Earl of Clarendon이 찰스 2세에게 '플랜테이션을 중히 여기고 그 플랜테이션들을 합리적으로 소유할 수 있는 모든 방법을 동원해서 개선할 것'을 촉구한 것은[132] 식민지가 잉글랜드에 대해 갖고 있는 가치를 제대로 인식한 데 따른 것이었다.

식민지의 발전에 대한 클라랜든의 관심은 1660년 무역평의회Council for Trade와 해외플랜테이션평의회Council for Foreign Plantations라는 두 조언 기구의 창설로 나타났고,[133] 그것은 예상할 수 있듯이 찰스 1세와 로드 대주교 시절의 기억으로 돌아가는 것이었다. 그러나 그것은 또한 공위기의 새로운 해군과 무역의 현실을, 그리고 크롬웰의 시기에 나타난 국력의 성장(크롬웰의 자메이카 정복은 카리브해에서 영국의 존재가 상당히

131) Interregnum; 1649년부터 1660년까지 잉글랜드와 아일랜드와 스코틀랜드 등이 공화정부 의회에 의해 지배된 시기—옮긴이.

132) Andrews, *The Colonial Period*, vol. 4, pp. 54~5.

133) J. M. Sosin, *English America and the Restoration Monarchy of Charles II* (Lincoln, NE, and London, 1980), pp. 39~41. 이 다루기 힘든 기구는 1667년 클라렌든이 실각하고 난 뒤 무역과플랜테이션을위한추밀원평의회(Privy Council Committee for Trade and Plantations)로 대체되었다. 1672년에 다시 조직 개편이 있었는데, 이때 무역과해외플랜테이션평의회(Council of Trade and Foreign Plantations)가 설치되었다.

강화됨을 의미했다)을 고려한 것이기도 했다. 항구적인 기금의 필요에 의해 자극과 방해를 함께 받았던 찰스 2세 정부는 비록 재정상의 이익에 대한 단기적 고려 때문에 자주 중단되기는 했지만 보다 일관된 제국 정책 수립에로 서서히 나아가게 되었다. 예를 들어 좀더 통일된 식민지 통치 형태를 만들어 내려는 야심을 갖고 있었던 정부는 동시에 지지자들을 만족시키고, 정부 자신의 수입을 증대시키기 위해서 영주 식민지 형태로 새 식민지들을 만들어 냈으며 그로 인해 상황은 더욱 복잡해졌다. 1663년 미래의 섀프츠베리 백작Earl of Shaftsbury을 포함하여 8명의 영주 식민정주자들에게 하사된 캐롤라이나, 1664년 네덜란드인들에게서 탈취해 요크 공 제임스에게 하사한 뉴욕, 같은 해 요크 공이 조지 카터릿 경Sir George Carteret과 버클리 경Lord Berkeley에게 양도한 저지Jerseys, 1681년 윌리엄 펜의 펜실베이니아 정주 등은 모두 특허장 식민지의 형태로 이루어진 것이었다. 1655년 에스파냐로부터 점령된 후 그 장기적 지위가 불확실했던 자메이카만이 국왕 식민지로 영국령 아메리카 제국에 포함되었다.

그러나 후기 스튜어트 왕조 국왕들은 자신들의 최상의 이익 추구와는 모순되어 보이는 임의적인 영토 관리에도 불구하고, 비록 일관되지는 않았지만 아메리카 문제에 대해 부분적으로는 이익과 권력에 대한 고려 때문에, 부분적으로는 식민지들이 가하는 압박 때문에 점점 더 깊이 개입하는 쪽으로 나아갔다. 지적으로 보나 정치적으로 보나 시스템 구축의 시대에 합리적이고 질서 정연한 제국 시스템을 구축하는 것이 점점 번영해 가는 식민지로부터 최대의 이익을 확보할 수 있는 최상의 희망을 제공해 줄 것으로 생각되었다. 영국이 아메리카에서 자신의 존재를 강화하고 확대시킬 생각을 하고 있을 때 루이 14세 시대의 프랑스는 분명한 모델이 되어 주었다. 그러나 만약 찰스 2세의 각료들과 관리들이(적어도 그 중 일부라도) 새로운 시스템을 구축하고자 했을 때, 아메리카 식민지들을 단단한 틀 속에 통합시키고, 식민지 무역을 본국의 이익에 맞게 규제하려고 한 에스파냐적 모델의 영향을 받지 않았다면 그것은 이상한 일이었을 것이다. 1660년의 무역과플랜테이션평의회에서, 그리고 그 이후 생겨난 여러 기구들(1696년 무역부에서 정점에 이른)에서 (에스파냐) 인디아스평의회의 초기 모습을 발견할 수 있다. 항해조례와 그것을 강요하려는 시도에서는 대서양 무역에 대한 에스파냐식의 독점을, 제임스 2세 때 모양을 갖추게 되는 뉴잉글랜드 도미니언Dominion of New England을 위한 제안서에서는 에스파냐 본토의 모델에 따라 아메리카 식민지들을 서너 개의 부왕령으로 나누어 공고화하려고 한 야심적인 계획의 초창기 모습을 발견할 수 있다.[134)]

런던에서 서서히 만들어져 가고 있던 새 프로그램하에서 오랫동안 자체적으로 모든 문제를 결정해 왔던 신세계 정주자들은 이제 집단적 경험에서 처음으로 간섭하려고 하는 국가와 대면하게 되었다. 그러나 몇몇 사례에서는 그 집단적 경험의 시작이 이미 세 세대나 거슬러 올라가고 있었는데, 이것은 후기 스튜어트 왕조가 제시한 아메리카에서의 국왕 대권의 주장을 멕시코와 페루의 정복자들과 초기 정주자들에 대한 에스파냐 국왕의 대권 주장과는 매우 다른 성격을 갖게 만들었다. 에스파냐 주재 대사로 복무하다 귀국한 샌드위치 백작Earl of Sandwich은 1671년 자신의 『뉴잉글랜드에 관한 논평』*Comments upon New England*에서 그 점을 인정했다: '현재 그들은 수도 많고 경제적으로도 번영한 사람들이다.

---

134) *OHBE*, 1.452.

만약 내전이나 그 밖의 사건으로 방해받지 않는다면, 향후 20년 안에 그들은 대단히 부유하고 유력한 집단이 될 것이고, 구 잉글랜드old England에의 종속에 대해 전혀 개의치 않을 것이다.' 이 때문에 그는 '그들을 강압적으로 대하고 단호한 명령으로 다루려고 하는 것은 전혀 바람직하지 않다. 무력으로 어떻게 하기에 그들은 이미 너무 강해져 버렸다. …… 그리고 나는 그들이 아직 자발적으로, 자신들의 선택으로 우리와의 관계를 단절할 시점에 이르렀다고 생각하지는 않지만, 만약 우리가 세속적 혹은 종교적 통치의 측면에서 강압적으로 그들을 대한다면 그들은 분노할 것이고, 그들 자신들의 판단에 따라 정주할 것이며, 결국 우리와의 관계를 단절하려고 할 것이다'라고 말했다.[135]

'무력으로 어떻게 하기에 그들은 이미 너무 강해져 버렸다'는 말은 아마도 지나치게 비관적인 견해였던 것 같다. 1670년대와 1680년대의 변화해 간 뉴잉글랜드의 상황—필립 왕의 전쟁, 캐나다에서 프랑스인의 위협, 점점 복잡해져 간 매사추세츠 상인과 영국 상업 시스템 간의 유대 관계—은 뉴잉글랜드 식민지 정주자들을 세기말에 샌드위치 백작이 '논평'을 발표할 때보다 제국의 권위에 좀더 순종적이게 만들었다.[136] 그러나 식민지 정주자들의 저항 본능은 강했고, 그것은 영국 국왕하에서 군사정부로 그 역사를 시작하고, 아일랜드의 모델에 따라 정복된 섬이어서 국왕이 대권을 주장하는 데 어려움이 없었던 새 식민지 자메이카에서조차도 마찬가지였다. 이미 1660년 자메이카 섬에 거주하는 영

135) F. R. Harris, *The Life of Edward Mountague, K.G., First Earl of Sandwich, 1625~1672*, 2 vols (London, 1912), Appendix K.

136) Johnson, *Adjustment to Empire*; Bernard Bailyn, *The New England Merchants in the Seventeenth Century* (1955; edn New York, 1964).

국인 가운데 반 이상이 더 오래된 식민지들에서 온 정주자들로 이루어져 있는 상황에서 총독 도일리 대령Colonel D'Oyley은 섬에 거주하는 영국인들에게 세금은 오직 그들의 대표들에 의해 결정되고 부과될 것이라고 약속하지 않으면 안 되었다.[137] 자메이카 의회는 곧 행동에 나섰는데, 1670년대 말 의회는 원래 아일랜드에 적용하기 위해 제정된 것으로서, 지역에서 입법을 위해서는 추밀원의 사전 동의가 필요하다고 규정한 '포닝의 법'Ponying's Law을 도입하려고 하는 추밀원의 시도를 성공적으로 저지했다. 의회의 대변인 새뮤얼 롱 대위Captain Samuel Long는 '자메이카를 그렇게 오랫동안 지배해 온 법을 바꾸는 것은 법과 정의 모두에 위배된다'라고 주장했다.[138] '그렇게 오랫동안'은 대략 16년 동안의 영국의 지배를 말하는 것이었으며(그 중 초창기는 군사 정부 하에 있었다), '영국의 자유'는 신속하게 카리브의 비옥한 땅에 뿌리내린 것처럼 보였다.

장교들에 의한 이른바 '수비대 정부'garrison government가 하나의 정책 목표로서 체계적으로 추구되었다면 영국령 아메리카에 보다 독재적인 제국적 지배체제의 토대가 구축될 수도 있었을 것이다.[139] 만약 그렇게 되었더라면 영국령 아메리카가 18세기 이전까지는 (칠레와 프런티어 지역을 제외하고는) 군대라 할 만한 것이 주둔하지 않았던 에스파냐령 아메리카보다는 프랑스령 캐나다와 비슷한 모습이 되었을 것이다. 그러나

---

137) Stephen Saunders Webb, *The Governors-General. The English Army and the Definition of the Empire, 1569~1681* (Chapel Hill, NC, 1979), p. 194.

138) Greene, *Peripheries and Center*, pp. 39~40에서 재인용.

139) 스티븐 손더스 웹(Stephen Saunders Webb)이 말한 '수비대 정부'의 개념에 대하여는 그의 책 *Governors-General*과 *1676. The End of American Independence* (New York, 1984)를 참조. 그에 대한 비판에 대하여는 Richard R. Johnson, 'The Imperial Webb'과 그 비판에 대한 웹의 응답(in *WMQ*, 3rd ser. 43 [1986], pp. 408~59)을 보라.

식민지 총독직에 군 장교를 임명하는 것은 비록 식민지 정주자들이 국왕에게 반항적인 태도를 보일 때 그 직업 군인들을 유용하게 써먹을 수는 있었지만 사실 그것은 식민지에 왕권을 강요하기 위해 신중하게 생각해서 취한 것이었다기보다는 은퇴하거나 실직한 군인들을 위한 일종의 구제책outdoor relief의 성격이 더 강했다. 예를 들어 1676년 베이컨의 반란을 진압하기 위해 영국에서 1,000명가량의 원정군을 식민지에 파견한 것은 버지니아 의회의 힘을 제어하고, 식민지의 통치체계를 재편하고, 지속적이고 상당한 수입을 가져다 줄 담배 수출에 대한 항구적인 세금 배당 확보의 기회를 국왕에게 제공했다.[140] 설사 국왕이 수비대 정부를 염두에 두고 있었다고 해도 그 목적을 이룰 수 없었을 것이다. 왜냐하면 1682년 임금 지불이 지체되면서 그는 군대를 해산하지 않으면 안 되었기 때문이다.[141]

그러나 찰스 2세의 런던 정부에서 정부 각료들과 관리들은 아메리카에서 창출되는 수익 가운데 좀더 큰 몫을 차지하려고 했고, 반항적인 국왕 영토에 대해 보다 강력한 지배권을 확보하기 위해 모종의 계획을 진행시켰다. 1676년 추밀원위원회(상무성으로 알려져 있었다)에 의해 진상 조사의 명을 받고 식민지에 파견되기도 했고, 후에 아메리카에서 국왕 관리로 중요한 경력을 쌓게 되는 에드워드 랜돌프Edward Randolph는 매사추세츠 인들이 국왕에 대해 존중심을 갖고 있지 않은 사실에 놀라움을 금치 못하면서 '폐하께서 이 식민지를 당신께 복종하게 만드실 중대

---

140) Labaree, *Royal Government*, p. 275.

141) W. A. Speck, 'The International and Imperial Context', in Greene and Pole, *Colonial British America*, p. 390.

결정을 취하실 날'을 간절히 고대하였다.[142] 그 순간이 정확히 10년 후, 군인 출신이면서 한때 뉴욕 총독을 역임하기도 했던 에드먼드 앤드로스 경Sir Edmund Andros이 새로 생겨난 뉴잉글랜드 도미니언[143]의 초대 총독으로 보스턴에 부임해 오면서 드디어 도래하는 것처럼 보였다.[144]

뉴잉글랜드의 식민지들을 총독의 지배하에 단일한 자치령으로 통합하기로 한 결정은 런던 당국자들이 식민지 생활에 적극적으로 개입하여 왕정복고 이후 그들을 괴롭혀 온 여러 가지 문제들을 일거에 해결하려는 시도였다.[145] 매사추세츠에서는 국왕에 대한 존중심이 전통적으로 별로 크지 않았다는 점, 국왕 수입이 고질적으로 부족했다는 점, 점점 더 돈벌이가 되어가고 있던 대서양 횡단무역을 보다 확실히 통제해야겠다고 생각하게 된 점, 프랑스와 전쟁을 하는 상황에서 식민지 방어 비용이 점차 증가해 갔다는 점……, 이 모든 것이 전에는 두서없이 진행되어 온 식민지 통치에 모종의 통일성을 부여해야겠다는 결심을 하게 했고, 뉴잉글랜드의 식민지들을 한 명의 총독이 지배하는 단일한 조직체로 결집시키는 것을 바람직하게 여기게 만들었다. 1680년대 초 랜돌프가 식민지에서 보여 준 활동은 식민지 사회에서도 온건파 청교도들과 영국국교도 상인들처럼, 개혁을 환영하고 그 개혁을 성공시키기 위해 국왕 관리

---

142) Michael Garibaldi Hall, *Edward Randolph and the American Colonies, 1676~1703* (1960; New York, 1969), p. 22. 랜돌프에 대하여는 Dunn, *Puritans and Yankees*, pp. 212~28도 함께 참조.

143) Dominion of New England: 1686–1689; 뉴잉글랜드 지역 내 영국 식민지들의 행정적 연합체—옮긴이.

144) 앤드로스의 이력에 대하여는 Mary Lou Lustig, *The Imperial Executive in America. Sir Edmund Andros, 1637~1714* (Madison, NJ, 2002)를 참조.

145) Viola Florence Barnes, *The Dominion of New England* (New Haven, 1923).

들과 기꺼이 협력할 준비가 되어 있는 중요한 집단들이 있었음을 말해 준다.[146] 만일 앤드로스가 수중에 갖고 있던 카드를 잘 활용했더라면 그는 이 분열을 이용하여 중앙집권적인 통치 형태를 통해 왕의 영향력을 강화할 수도 있었을 것이다. 그리고 그와 비슷한 정책이 시간이 지나면서 중부식민지들과 남부 식민지들로 확산될 수도 있었을 것이다.

그러나 그에 따른 위험은 분명했고, 그것은 영주 식민지인 뉴욕에서 이미 예시된 바 있었다. 이곳에서 요크 공작은 앤드로스를 총독직에서 쫓아내고 대신 가톨릭교도이며, 한때 탕헤르 부총독을 역임한 바 있는 아일랜드인 토머스 던건 대령Colonel Thomas Dongan을 그 자리에 임명했다. 요크 공작은 뉴욕인들에게 의회를 허용하는 대신, 공채를 상환하고 정부와 수비대를 항구적으로 지원하기에 충분한 수입을 제공하라고 요구했다. 1683년 9월 의회 소집을 알리는 문서가 발송되자 여러 도시들이 자기네 대표들에게 '우리의 특권과 영국인의 자유'를 유지하는 데 전력을 다하라는 훈령을 내렸으며, 이스트햄튼도 그중 하나였다. 의회는 한 걸음 더 나아가 계약적 기반 위에서 식민지 통치를 확립할 요량으로 마그나 카르타와 1628년 권리청원에서 영감을 가져와 '자유와 특권의 헌장'Charter of Libertyes and Privileges을 제정했다. 요크 공은 이 헌장을 거부했다. 그리고 1684년 10월 잉글랜드 내 특허장을 가진 지자체들에 대한 공격의 연장선상에서 식민지 특허장에 대한 국왕의 체계적인 공격의 시작으로 보이는 조치에 의해 매사추세츠의 특허장이 무효화되었다.[147]

---

146) Alison Gilbert Olson, *Anglo-American Politics, 1660~1775* (New York and Oxford, 1973), p. 66.

147) Ritchie, *The Duke's Province*, pp. 168~73; Michael Kammen, *Colonial New York. A History* (New York, 1975), p. 102.

1685년 요크 공작이 영국 왕으로 즉위했고, 그것은 불가피하게 식민지들이 갖고 있던 걱정, 즉 아메리카에 자의적인 지배를 강요하려는 가톨릭 세력의 음모가 진행 중이라는 두려움을 증폭시켰다. 1686년 제임스 2세가 총독 앤드로스에게 뉴잉글랜드 도미니언을 설치하라고 한 지시 속에는 토지보유 체계에서 중요한 변화를 도입하고, 종교의 자유를 확립하는 등의 내용이 포함되어 있었는데, 식민지인들 중에는 그것을 가톨릭 신앙을 장려하고 의회를 폐지하려는 사악한 의도로 생각하는 사람도 있었다. 그러나 그것은 이미 너무 때늦은 조치였다. 수입 증대를 위한 새로운 시도는 곧바로 저항에 부딪혔는데, 예를 들어 에식스 군의 입스위치 시 정부는 '그것이 영국인으로서 그들(입스위치 시민들)이 가진 자유를 박탈하는 것'이라고 생각했다.[148)]

판사 조지프 더들리가 에식스 군의 피고들 가운데 한 사람에게 다음과 같이 말한 대답에서 뉴잉글랜드인들이 위로를 받았을 것 같지는 않다: '영국인으로서 갖는 특권이 세상 끝날 때까지 따라다닐 것이라고 생각하면 그것은 착각이다.'[149)]

그러나 식민지 정주자들은 모국에서 제임스 2세 정부에 대한 저항이 갈수록 커지고 있다는 것을 알고 있었다. 그들은 판사 더들리에게 노골적으로 반항하고, 영국 동포들과의 신분상의 평등을 주장하면서, 종교와 자유를 수호하려는 영국인들의 투쟁을 대서양 세계 전체의 공통된 대의명분으로 바꾸어 놓았다. 1688년 명예혁명의 소식이 아메리카에 전해졌을 때 그들(식민지인들)도 나설 준비가 되어 있었다. 영국에서

---

148) Barnes, *Dominion of New England*, p. 87.

149) Lustig, *The Imperial Executive*, p. 151.

의 혁명의 뒤를 이어 식민지에서도 대격변이 나타났으며(특히 매사추세츠, 뉴욕, 메릴랜드에서 그랬다), 증오의 대상이 되고 있었던 앤드로스는 물러나야만 했다. 앤드로스의 거만하고 자의적이며 음흉한 성격은 원래 그를 지지했던 사람들조차도 멀어지게 만들었다. 이렇게 뉴잉글랜드 도미니언에서 중앙집권적 정부를 세워 보려는 실험은 굴욕적인 실패로 끝나고 말았다.[150)]

식민지 자유에 대한 스튜어트 왕조의 침해는 한편으로는 국왕의 제국 정책이 일관성이 없었기 때문에, 다른 한편으로는 17세기 영국 정치문화 내부에서 나타나고 있던 뿌리 깊은 분열 때문에 실패로 끝나고 말았다. 영국 내전은 영국 정치와 사회의 균열을 드러냈고, 이 균열은 표면적으로는 봉합된 것처럼 보였지만 왕정복고 이후로도 계속되었다. 예를 들어 상무성은 국왕 대권의 강요를 선호하고 영국국교회 설립을 지지하는 사람들과, 신념과 전통에 따라 강한 의회를 지지하고 비국교도들 편에 서려는 사람들로 나뉘어 있었다.[151)] 그런 정치적·종교적 분열은 식민지에 대한 국왕의 지배를 강화하기 위해 필요한 일관된 정책을 수립하고 추구하는 데 부정적인 영향을 미쳤다. 그리고 이미 아메리카에 확실히 자리 잡고 있던 대의제 기구들이 왕권에 의해 위협 받고 있다고 생각되었을 때 그 기구들에 운신의 폭을 제공해 주었다.

마드리드의 인디아스평의회가 파당적인 분열에도 불구하고 왕권

---

150) 1688년에 대하여는 David S. Lovejoy, *The Glorious Revolution in America* (New York, 1972); J. M. Sosin, *English America and the Revolution of 1688* (Lincoln, NE, and London, 1982); Richard Dunn, 'The Glorius Revolution and America', *OHBE*, 1, ch. 20 참조.

151) Hall, *Edward Randolph*, p. 32.

을 수호하려는 결의로 하나가 되어 있었다면, 런던의 각료들과 관료들은 왕의 대권을 지지하는 쪽과 자유와 합의를 지지하는 쪽으로 분열되어 있었다. 이 분열은 결국 후기 스튜어트 왕들이 찰스 1세가 (영국 정부가 제안한 도미니언 정부를 통해) 아메리카 플랜테이션에 '단일한 통치과정'을 도입하려 한 야심찬 계획을 실현할 수 없게 만들었다. 1688년의 혁명은 영국의 대서양 세계 양편에서 대의제 원칙의 우위를 결정적으로 재확인해 주었다. 그것은 또한 비록 마지못해서이기는 했지만 영국령 대서양 공동체의 정치적·사회적 위계화의 한 필수 요소로서 종교적 다원주의가 결정적으로 수용될 수 있게 했다. 1688년 이후로 그 공동체가 다시 옛날로 돌아가는 것은 불가능했다.

6장 _ 사회의 서열

계서와 통제

가족과 계서는 근대 초 유럽의 사회 구조를 지탱해 주는 양대 기둥이었다. 국가가 왕의 통치 하에서 창조주이신 신에게 봉사하는 기구이자 신에 의해 위계가 잡힌 우주의 축소판인 것처럼, 위계 잡힌 가족은 가장의 통제하에 운영되는 국가의 축소판이었다. 이 우주에서 누군가는 지배하고 누군가는 지배받는 존재로 태어났다. 혹은 존 윈스럽이 '기독교적 자비의 모델'A Modell of Christian Charity이라는 유명한 설교(이 설교를 베푼 장소가 아벨라Arbella 호 선상이었다는 말도 있지만, 그보다는 출항하기 전 사우스햄튼 시였던 것으로 보인다)에서 말했듯이, '어느 시대나 부자도 있고 가난뱅이도 있게 마련이며, 권력과 권위를 가진 사람이 있는가 하면 비천하고 다른 사람의 지배를 받는 사람도' 있었다.[1] 과거에 에스파냐령

1) Perry Miller, 'Errand into the Wilderness', in *In Search of Early America. The William and Mary Quarterly 1943~1993* (Richmond, VA, 1993), p. 3. 설교를 베푼 일시와 장소에 대해서는 Bremer, *John Winthrop*, pp. 431~2를 참조.

아메리카에 이식된 바 있고, 후에 영국령 버지니아 정주지에도 이식되는 신분과 서열의 원칙이 이번에는 아벨라 호를 타고 북대서양을 건너 퓨리턴들이 정주하게 될 뉴잉글랜드로 옮겨 갔다.

그러나 뉴잉글랜드인들은 에스파냐령 아메리카인들과 버지니아인들이 앞서 경험했던 것처럼, 과거 유럽의 확실성certainties과 현재 아메리카의 현실realities이 반드시 일치하지는 않는다는 것을 발견하게 되었다. 페루 내전 기간 동안 에르난도 피사로Hernando Pizarro는 라이벌 디에고 데 알마그로Diego de Almagro와 벌인 전투에 앞서 병사들에게 한 연설에서, '땅을 분배할 때 말馬을 갖지 못한 병사들은 그것을 가진 병사들보다 불리한 대우를 받을 것이라는 얘기가 있으나 나는 결코 그런 생각을 해본 적이 없다. 훌륭한 병사는 전투에서 보여준 용기로 평가받는 것이지, 갖고 있는 말로 평가받는 것이 아니다. 그러므로 전투에서 용감하게 싸운 사람은 누구든 전공에 상응한 보상을 받게 될 것이다. 말의 소유 여부는 운수의 문제일 뿐이지 명예로운 사람인지 아닌지를 말해 주는 징표가 아니다'라고 말했다고 한다.[2)]

그런 생각이 얼마나 사회 질서에 대한 전통적 개념의 위험천만한 전복을 의미했는지는 1676년 뉴잉글랜드에서 목사로 활동한 윌리엄 허버드William Hubbard의 설교에서도 알 수 있다: '어떤 사람은 말을 타고 가고, 어떤 사람은 걸어서 가야 하는 것이 단지 시간 혹은 우연의 산물만은 아니다. 어떤 사람은 켄투리온, 즉 지휘할 권한을 갖고 어떤 사람은 타인의 명령에 복종해야 하는 것 또한 마찬가지이다.'[3)] 신의 계획은 분명했

---

2) Salas, *Las armas de la conquista*, pp. 140~1, *Relación del sitio de Cuzco*에서 재인용.

3) Perry Miller, *The New England Mind in the Seventeenth Century* (Cambridge, MA, and

고, 그것은 초창기 페루 부왕으로 재직한 사람의 글에서 분명히 나타나고 있다: '다른 나라들과 마찬가지로 우리나라에도 사람이 건강하기 위해서 인체의 각 부분이 다 똑같아서는 안 되는 것처럼, 서로 다른 자질과 조건, 그리고 신분을 가진 사람들이 공존해야 하며, 모두가 똑같아지는 것은 옳지 않다.'[4] 그러나 이 야심찬 구상이 구세계에서처럼 신세계에서도 성공적으로 유지될 수 있을까? 앞에서 인용한 에르난도의 언급은 식민화 초창기에 그것이 결코 쉽지만은 않았으리라는 것을 말해 준다.

식민시기 내내 위계적 사회에 대한 전통적 이미지와, 정복과 정주에 수반된 조건에서 유래하는 사회적 현실과 조정 간에는 계속 긴장이 나타나게 된다. 유럽에서도 이론과 실제 간에 괴리가 컸으며, 경제적 변화로 사회적 이동성이 가속화되었던 16세기에는 더 그랬다. 그러나 대체로 유럽에서의 사회적 변화는 계급사회에 의해 통제 또는 흡수되었으며, 그 계급적 사회구조에 손상이 나타나는 것은 18세기 말 프랑스혁명과 산업혁명이라는 이중의 충격이 있고 나서였다.[5] 아메리카에서 계급사회가 대서양을 건넌 후에도 살아남을 수 있을지, 살아남는다면 유럽에서 건너온 사람들에게 친숙한 방식으로 재구성될 수 있을지가 공개적인 논란의 대상이 되었다.

그러나 모든 사람이 반드시 그런 결과를 원한 것은 아니었다. 16세기 유럽의 엄청난 사회적·종교적 격변 과정에서 대단히 급진적이고 만민평등주의적인 이론들이 수면 위로 떠올라 충격을 안겨 주었다. 티롤

London, 1939), p. 428.

4) Guillaume Boccara and Sylvia Galindo (eds), *Lógica mestiza en América* (Temuco, Chile, 1999), p. 61에서 재인용.

5) Dietrich Gerhard, *Old Europe. A Study of Continuity, 1000~1800* (New York, 1981)을 참조.

에서 미카엘 가이스마이어Michael Gaismayr는 복음주의적 공산주의 노선에 따라 사회를 근본적으로 개혁할 것을 주장했고,[6] 재세례파는 뮌스터에 공동체적 조직을 도입했다가 1535년 법과 질서를 내세우는 세력에 의해 잔인하게 진압되었다. 뮌스터의 비극에도 불구하고 재세례파, 후터주의자[7], 그리고 그 외 다른 분파적 종교운동들은 만민평등주의 교리를 결코 포기하지 않았으며,[8] 토머스 모어Thomas More의 『유토피아』*Utopia*가 누린 폭넓은 인기는 계서가 아닌 공동체에 기반을 둔 사회조직에 대한 비전이 쉽게 사라지지 않을 것임을 말해 주었다. 유럽에서 탄압이 강화되는 상황에서 보다 공정하고 평등한 사회를 건설하는 데 아메리카 신세계보다 더 좋은 곳이 어디 있단 말인가?

주교 바스코 데 키로가Vasco de Quiroga가 『유토피아』에서 영감을 얻어 16세기 중엽에 실제로 파츠쿠아로Pátzcuaro 호숫가에 공동체적 사회를 건설하려고 한 적이 있기는 했지만[9] 그것은 인디언들을 위한 것이었지, 유럽인 식민정주자들을 위한 것은 아니었다. 에스파냐인 정주자들이 만민평등주의적 혹은 공산주의적인 이상에 영향을 받았다는 증거는 아직 나타나지 않고 있다. 그들은 자신들의 처지를 개선하기 위해(즉 당시 그들의 말로 자신들의 '가치를 높이기 위해') 아메리카에 온 사람들이었으며, 가치를 높인다는 것이 재산을 늘리는 것 외에도 (언젠가는 돌아가리라고 생각한) 고국 사회가 인정하는 사회적 지위와 명예의 획득까지 포

6) Aldo Stella, *La rivoluzione contadina del 1525 e l'Utopia di Michael Gaismayr* (Padua, 1975) 참조.

7) 재세례파의 한 분파이며 야콥 후터가 창시했기 때문에 후터주의자라고 부른다—옮긴이.

8) 이 종교운동들에 대한 포괄적인 연구로는 G. H. Williams, *The Radical Reformation* (London, 1962)이 있다.

9) Below, p. 185.

함하고 있었다.[10] 프란시스코 피사로를 따라 카하마르카로 간 168명의 에스파냐인 가운데 4분의 1 정도가 스스로 천한 신분이 아니라고 주장할 만한 모종의 근거를 갖고 있었다. 그러나 그 가운데 카스티야에서 작위 귀족 가문과 비교적 가까운 관계에 있는 사람들에게만 허용되고 있었던 '돈'don이라는 칭호를 자신 있게 사용할 수 있는 사람은 아무도 없었다.[11] 그렇지만 인디아스에서는 주요 정복자들이 왕에게서 작위나 관직을 제수받기도 전에 '돈'이라는 호칭을 사용하는 관행이 나타났다. 그리고 한 세대가 채 지나지 않아 그 호칭이 너무나 흔해져서, 멕시코의 연대기작가 발타사르 도란테스 데 카란사Baltasar Dorantes de Carranza는 물론 과장이 섞인 것이지만, 평범한 시골 촌부나 비천한 선원들까지도 아메리카 땅에 발을 딛자마자 스스로 '돈 아무개'를 자처한다며 투덜거렸을 정도였다.[12] 지위의 폐지가 아닌 지위의 획득이 인디아스에 정주한 에스파냐인들의 바람이었다.

만약 만민평등주의 개념이 아메리카 땅에서 자리 잡는다면 그것은 에스파냐령보다는 영국령에서 나타날 가능성이 더 컸는데, 그것은 그 개념이 본질상 가톨릭 교리보다는 프로테스탄트 교리와 더 가까웠기 때문이다. 뉴잉글랜드로 간 퓨리턴 이주자들의 지도자들도 이 점을 잘 알고 있었다. 그들은 뮌스터의 기억을 잊을 수 없었고 평등주의를 두려워했다.[13] 존 윈스럽과 그의 동료들은 이제 막 자리를 잡으려고 하는 베이

---

10) Durand, *La transformación social del conquistador*, vol. 1, ch. 3 ('El valer más').

11) James Lockhart, *The Men of Cajamarca. A Social and Economic History of the First Conquerors of Peru* (Austin, TX and London, 1972), p. 32.

12) Baltasar Dorantes de Carranza, *Sumaria relación de las cosas de la Nueva España* (1604; ed. Ernesto de la Torre Villar, Mexico City, 1987), p. 201.

13) Thomas N. Ingersoll, 'The Fear of Levelling in New England', in Carla Gardina Pestana

컴퍼니Bay Company에서 평등주의 운동이나 공동체적 실험이 나타나 그 소문이 본국 지지자들의 귀에까지 들어 갈까봐, 그래서 그들이 이 회사를 마뜩치 않게 생각할까봐 걱정했다. 그리하여 그들은 사회적으로나 종교적으로 불온한 기미가 조금이라도 보이면 재빨리 근절하려고 했다. 신은 선택된 자들에게 직접 현신하신다는 불온한 메시지를 주장하는 앤 허친슨Anne Hutchinson의 이단적 견해는 특히 그가 여성이었고, 게다가 지체 있는 집안 출신이었기 때문에 더 위험하게 여겨졌다. 그녀는 링컨셔에서 상당히 큰 사업체를 가진 상인의 아내로서, 1634년 11명의 자녀와 함께 보스턴에 도착했다. 종교적인 목적을 위해 그녀의 집에 모인 보스턴 여성들 사이에서 그녀에 대한 평판이 높았기 때문에 퓨리턴 교회는 그녀가 제시한 도덕률 폐지론적antinomian 가르침을 매우 심각한 도전으로 받아들였다. 그녀는 결국 먼저 매사추세츠만 의회와 보스턴 교회에서 재판을 받고 1638년 식민지에서 추방되었다.[14)]

양심의 자유라는 원칙 위에 자리 잡은 정주지(로저 윌리엄스가 건설한 새 식민지 로드아일랜드를 의미하며, 이곳에 앤 허친슨이 피신해 있었다)가 바로 지근거리에 있었던 점은 불가피하게 매사추세츠의 목사들의 두려움을 키워 놓았다. 그 목사들은 로드아일랜드를 영적 평등에 대한 주장, 그리고 목사에 의한 통제를 없애야 한다는 주장에서 유래한 모든 사회적 결속의 붕괴를 입증하는 것으로 생각했고, 그래서 이 식민지를 1643년 지역 방어를 위해 설립된 뉴잉글랜드연합Confederation of New

---

and Sharon V. Salinger (eds), *Inequality in Early America* (Hanover, NH, and London, 1999), pp. 46~66.

14) Norton, *Founding Mothers and Fathers*, ch. 8.

England에서 의도적으로 배제했다.[15] 설상가상으로 영국혁명은 종교적인 의미의 판도라 상자를 열어 놓아, 혁명 과정에서 위험하고 급진적인 여러 가지 종교적 개념들을 출현하게 했다. 윈스럽은 1645년 자신의 일지에 '재세례파가 북아메리카 전역에 급속하게 확산되기 시작했다. 그리고 영국에서는 신세계보다 더 빨리 확산되어 여러 개의 교회를 장악하고, 그들의 교리를 공개적으로 전파하고 있다……'고 기록했다.[16] 수평파가 크롬웰에 의해 무력화되기는 했지만 그로 인해 충격이 있었음은 분명하다.

매사추세츠에서 나타난 엄격한 종교적 통제는 정주자들과 새 이주자들로 하여금 다른 종교적 견해를 가진 사람들에게 좀더 관용적인 다른 식민지로 가서 정주하게 만드는 결과를 가져왔을 뿐이다. 로드아일랜드뿐만 아니라 공개적으로 관용정책을 취하고 있던 메릴랜드, 여전히 영국국교회 세력이 취약한 버지니아 등이 그런 지역들이었다. 퀘이커교도들이 1650년대부터 아메리카에 들어오고 있었는데, 그들은 가족규율, 명예율, 서열에 토대를 둔 사회라고 하는 기존 사회의 토대를 직접 공격하는 것으로 여겨지는 개념과 관행을 갖고 있었다. 예의를 지키지 않고서 어떻게 사회가 유지될 수 있단 말인가? 그러나 퀘이커교도들은 비록 관행적으로 받아들여지고 있던 것보다 더 많은 권위를 가정 내 여성들에게 부여하기는 했지만 그들 자신들만의 가족 규율을 발전시키고 있었다. 윌리엄 펜이 1681년 펜실베이니아 식민지를 건설했을 때 어찌됐든 영적인 만민평등주의와 사회적 계서제의 양립이 불가능하지만은

---

15) *OHBE*, 1. p 203.
16) Winthrop, *Journal*, p. 612 (알파벳은 오늘날의 알파벳으로 바꿈).

않다는 것이 분명해졌다.[17]

식민화 초기에 계서와 순종에 토대를 둔 가족 기반의 사회를 위협하는 가장 중요한 요소는 유럽에서 수입된 만민평등주의 원리도, 영국령 식민지의 프로테스탄트 세계에 침투하고 있던 다른 종교적 개념들도 아니었다. 그것은 새로운 사회에서 전개되고 있던 삶과 죽음, 그리고 이민의 여러 가지 양상이라는 날 것 그대로의 현실이었다. 영국령과 에스파냐령을 막론하고 아메리카 신세계에 자리 잡은 모든 사회들 가운데서 정주 초창기에 식민지 정주자 자신들을 배출한 본국 사회의 가족 형태와 비슷한 구조를 복제하는 데 성공한 곳은 뉴잉글랜드가 유일했다. 이곳은 이주민 중 절반가량이 여성이었고, 이주민 중 다수가 가족 단위로 건너왔기 때문에[18] 처음부터 기존의 가족생활이 뉴잉글랜드라는 비교적 온화한 환경 속에서 비교적 충실하게 재현될 수 있었다. 그러나 초기 정주자들은 사태를 낙관적으로 보지 않았다. 부모들은 만약 자녀들에게 기독교적 가치 혹은 문명의 가치를 엄격한 훈육을 통해 초기에 주입하지 않으면 주변의 광활한 숲이 가진 야만성에 압도되고 말 것이라며 두려워했다.[19]

이주민 가운데 남성이 압도적으로 많았고, 도착 후 2년 내 사망률이 40퍼센트에 이르렀던 체서피크에서는[20] 구세계의 가족생활 패턴을 신세계에 정착시키는 것이 뉴잉글랜드보다 훨씬 더뎠으며, 그 과정에서

17) Barry Levy, *Quakers and the American Family* (New York and Oxford, 1988), pp. 76~9; Gary Nash, *Quakers and Politics in Pennsylvania, 1681~1726* (Princeton, 1968), p. 43.
18) Above, pp. 44, 45.
19) Bernard Bailyn, *Education in the Forming of American Society* (New York and London, 1960), p. 28.
20) Above, p. 55.

말할 수 없을 정도로 많은 어려움을 겪었다. 에스파냐령 아메리카도 마찬가지로 16세기 말까지 백인 정주자들의 심각한 성적 불균형 때문에 어려움이 많았다. 정주지 사회의 안정성을 증대시키고 에스파냐 사회의 궁핍을 개선하는 데 관심이 많았던 에스파냐 국왕은 칙령을 내려 남편과 떨어져 에스파냐에 남아 있는 아내들은 인디아스로 가 남편과 합류하고, 인디아스에 거주하는 미혼 남성들은 서둘러 장가를 가라고 했다.[21] 그러나 인디아스의 정주자들은 중혼重婚에 대한 많은 고발과 함께 수많은 파혼에 관한 기록을 남기게 된다.[22]

그러므로 영국령 아메리카와 에스파냐령 아메리카의 정주 초기 단계에서는 문화적 차이보다는 인구와 환경의 차이에 따른 가족구조의 발전이 두드러졌다. 영국령 아메리카의 북동부 식민지들은 핵가족이 대부분에다, 유아생존율이 높고(그림 14), 성인의 평균 기대수명이 70세에 달할 정도로 높은 하나의 독립된 세계를 이루었다. 비교적 땅이 풍부하고, 집과 농장이 한 명의 아들에게 상속되는 관행 때문에 나머지 형제들은 결혼과 함께 가족을 떠나 독립된 가정을 꾸려야 했다. 그로 인해 확대된 가족 관계망으로 결합된 개별 가정들의 공동체가 만들어졌다.[23] 가

---

21) Konetzke, *Colección de documentos*, 1, doc. 112 (royal cédula to Viceroy Mendoza, 23, August 1538).

22) 로시오 산체스 루비오(Rocío Sánchez Rubio)와 이사벨 테스톤 누녜스(Isabel Testón Núñez)가 집성한 두툼한 서한집 *El hilo que une: Las relaciones epistolares en el viejo y el nuevo mundo, siglos XVI~XVIII* (Mérida, 1999)는 그 자료를 중혼(重婚)으로 인한 고발 사건들에서 끌어내고 있다. 16세기 페루에서 있었던 개별 사건에 대해서는 Alexandra Parma Cook and Noble David Cook, *Good Faith and Truthful Ignorance. A Case of Transatlantic Bigamy* (Durham, NC, and London, 1991)를 참조.

23) 특히 Demos, *A Little Commonwealth*, part 2, and Philip J. Greven, *Four Generations. Population, Land and Family in Colonial Andover, Massachusets* (Ithaca, NY, and London, 1970), part 1을 참조.

〈그림 14〉 작자 미상의 「엘리자베스 프리크 부인과 그녀의 아이 메리」(c. 1671~74). 엘리자베스 클라크(E. Clarke)는 1642년 보스턴 남쪽 도어체스터(Dorchester) 출신의 부유한 상인의 딸로 태어났다. 1661년 그녀는 존 프리크(John Freake)와 결혼했는데, 그는 아메리카에 온 지 얼마 되지 않은 사람으로 보스턴에서 유력한 상인으로 성장했고, 같은 화가가 그린 그의 초상화는 이 그림(모녀가 나오는 초상화)과 한 짝을 이루고 있다. 이 부부는 여덟 명의 자식을 두었으며, 그 가운데 1674년에 태어난 막내가 이 그림에 등장하는 딸아이이다. 이듬해 남편이 사고로 죽자 엘리자베스 프리크는 재혼했으며, 1713년까지 살다 죽었다. 엄마와 아이가 등장하는 이 2인 초상화는 퓨리턴 가정에서 흔히 나타났던 다산(多産)의 증거로 생각할 수 있고, 한편 엘리자베스가 입고 있는 레이스 달린 칼라와 실크 드레스, 보석 장식 등은 17세기 후반 뉴잉글랜드 상인들의 넉넉한 생활을 말해 준다.

계family households에는 하인들도 포함되어 있었고, 확고하게 가부장적인 방식으로 유지되었다. 거기서 아내의 지위는 비록 현실에서 식민지의 특별한 상황 때문에 적어도 법적 권한이나 재산권과 관계된 부분에서는 약간의 융통성이 나타나기도 했지만 영국에서와 마찬가지로 남편에 대해 매우 종속적이었다.[24)]

체서피크와 앤틸리스제도 그리고 에스파냐령 아메리카 전역은 초창기의 사회 혹은 가정의 재편에서 뉴잉글랜드보다 유동성이 훨씬 컸다. 이 지역들은 여성이 부족했고, 체서피크의 경우 인구의 상당 부분이 가정을 꾸리기 위해 오랫동안 돈을 모아야 했던 젊은 남성들로 이루어진 계약노동자들이었기 때문에 결혼을 하지 못하는 남성도 많았으며, 결혼을 해도 만혼晩婚인 경우가 많았다. 메릴랜드 남부의 경우 17세기 후반까지도 유언을 남기고 죽은 남성 가운데 4분의 1 이상이 사망 당시 미혼이었다.[25)] 따라서 체서피크에서는 사생아의 비율이 높았으며, 특히 하녀에게서 태어난 아이가 많았다. 결혼을 한 경우에는 그 결혼 생활이 부부 중 한쪽이 도중에 사망함으로써 중단된 경우가 많았다. 재혼도 빈번했으며, 과부들의 운신이 비교적 자유로운 편이었다. 편부나 편모 밑에서 자란 아이들은 대개 먹고 살기 위해서나 교육을 위해서 친척, 친구, 이웃으로 이루어진 광범한 네트워크에 의존해야만 하는 하나의 세계로 편입되었다.[26)] 그러므로 부모의 통제가 심하고 세대 간 갈등이 잦았던

24) Norton, *Founding Mothers and Fathers*, pp. 83~9; Demos, *A Little Commonwealth*, pp. 84~7.

25) Tate and Ammerman (eds), *The Chesapeake in the Seventeenth Century*, p. 127; Horn, *Adapting to a New World*, p. 206.

26) Horn, *Adapting to a New World*, p. 216.

뉴잉글랜드와 성적인 관계나 가족 관계가 매우 유동적이고 변화무쌍했던 남쪽 식민지들은 매우 대조적인 양상을 보여 주었다.[27)]

그와 비슷한 느슨한 재편이 에스파냐령 식민지 세계에서도 자주 나타났고, 정주 초기에 특히 그러했다. 여기도 사생아의 비율이 매우 높았으며, 그 아이들은 대개 에스파냐인 남성과 인디언 여성 간의 사적 결합의 산물이었다. 그 결과 '메스티소'mestizo라는 말은 사실상 '서출'이라는 말과 동의어가 되었다.[28)] 많은 메스티소 아이들, 특히 사내아이들이 초기에 에스파냐인 아버지의 가정에 흡수되었는데,[29)] 그것은 '메스티소 아이들을 에스파냐령 아메리카 식민지 사회에 어떻게 끌어들일 것인가'라는 점점 중요해져 간 문제를 해결하기 위한 고육지책에 다름 아니었다. 그와 유사한 문제가 후에 영국령 카리브해 섬들과 북아메리카 본토 남쪽 식민지에서도 나타나게 되는데, 이 지역들에서는 사생아가 대개 백인 식민정주자와 급증하고 있던 아프리카인 흑인 여성 노동자 간의 사적 결합에서 태어난 물라토 아이들이었다. 여기에서는 이 문제가 대개 태어나자마자 아이들을 노예로 간주해 버리는 야만적인 방식으로 처리되었다. 플랜테이션 농장은 많은 죄악을 숨길 수 있었다. 다만 하나의 집단으로서는 카리브 식민정주자들이 본토 식민정주자들보다 아버지로서 좀더 높은 수준의 책임감을 보여 주는데, 그것은 아마도 다수 집단을 이루고 있던 흑인에 비해 소수 집단을 이루고 있던 백인의 수가 본토에 비해서 훨씬 적었기 때문인 것으로 보인다.[30)]

---

27) Tate and Ammerman (eds), *The Chesapeake in the Seventeenth Century*, p. 173.
28) Mörner, *Race Mixture*, p. 55.
29) Above, p. 82.
30) Dunn, *Sugar and Slaves*, pp. 252~5. 필자는 이 문제에 대해 조언해 주신 필립 모건(Philip

에스파냐령 아메리카 부왕령들에서 발전한 아시엔다가 영국령 아메리카의 플랜테이션 못지않게 성적인 분탕질과 악용의 기회를 많이 만들어 냈다는 데에는 의심의 여지가 없다. 또 에스파냐에서 점점 더 많은 여성 이주민이 도착하여 히스패닉 사회에 성적 불균형이 줄어들었음에도 불구하고 에스파냐령 아메리카 식민지에서 불평등이 증대되고, 에스파냐인과 인디언 간의 성관계에 대한 효과적인 종교적·사회적 통제 장치의 부재로 메스티소 아이들은 계속 늘어났다. 그러나 에스파냐령 아메리카 사회는 사회적 결속의 유지를 위해 중요한 도구 하나를 발전시켰는데, 콤파드라스고compadrazgo, 즉 대부代父제가 그것이었다. 종교적 친척제도라 할 수 있는 이 제도는 에스파냐 안달루시아에서도 사회적 결속의 방식으로 중요했지만 초기 식민지 아메리카의 원자화된 세계에서는 새롭고 더 중요한 의미를 갖게 되었다. 이 제도는 대부와 대자 사이뿐만 아니라 대부와 친부 사이에도 상호 신뢰와 상조 관계를 만들어 냄으로써 사회적·인종적 구분을 줄이고, 계층 간 구분선을 흐리게 하고, 지나친 파편화 경향을 띤 아메리카 사회에 통합과 결속의 요소를 더해 주었다.[31]

대부제는 분명 영국령 아메리카보다는 에스파냐령 아메리카에서 사회적 결속을 위한 좀더 중요한 요소로 작동했다. 그러나 가계를 사회

Morgan) 교수에게 감사의 말씀을 드리고 싶다.

31) Foster, *Culture and Conquest*, pp. 122~3; CHLA, vol. 2, p. 290. 그러나 이 제도가 항상 그런 효과를 만들어 낸 것 같지는 않다. 예를 들어 산티아고데칠레에서는 대부들이 보통 친부모들과 같은 사회적·인종적 환경에서 선택되었던 것으로 보인다. Jean-Paul Zúñiga, *Espagnols d'outre-mer. Émigration, métissage et reproduction sociale à Santiago du Chili, au 17e siécle* (Paris, 2002), pp. 287~301. 에스파냐령 아메리카 사회에서 콤파드라스고 제도의 작동 방식과 의미에 대해서는 좀더 체계적인 연구가 요구된다.

의 기본 단위로 유지하고, 사회 해체 요인을 억제하기 위해 가부장적인 권위, 즉 아내에 대한 남편의 권위, 아이에 대한 어른의 권위, 하인에 대한 주인의 권위 등에 내재하는 권력 관계에 크게 의존하는 것은 두 세계 모두 마찬가지였다. 버지니아 의회 의원들은 뉴잉글랜드의 각료들 못지않게 가장의 권위를 주장하고 강화하는 데, 아랫사람들의 행동과 품행을 규제하고 가르치고 감독하는 데 맡은 바 소임을 다하려고 노력했다.[32] 영국 식민지 사회가 채용하고 변용해야 했던 영국 보통법은 특히 많은 경제적 권한을 남편과 아버지의 수중에 쥐어 줌으로써 그 관행을 유지할 수 있는 도구를 제공해 주었다. 아내는 경제적으로 남편에게 의존했다. 미망인은 죽은 남편의 부동산 혹은 개인 재산의 3분의 1을 차지할 수 있는 법적 권한을 가졌지만 적어도 뉴잉글랜드의 경우 이 권리가 절대적이지 않았다. 자식들 간의 재산 분배는 아버지가 유언을 남기고 죽었다면 그 아버지의 결정에 따라야 했다.[33]

『7부법전』을 기본으로 하는 카스티야의 법 역시 (특히 제4부에서) 부모, 그중에서도 '파트리아 포테스타스'patria potestas로 알려진 가장家長의 권위를 분명히 천명하는 조항을 갖고 있었다. 그것은 성년에 이르렀지만 미혼인 자녀들에 대해 부모에게 법적인 권위를 부여하고 있다는 점에서 앵글로아메리카의 법보다 한발 더 나아가고 있었다.[34] 그러나

---

32) Horn, *Adapting to a New World*, p. 218.

33) Norton, *Founding Mothers and Fathers*, pp. 111~12, and 145; 그리고 Carole Shammas, 'Anglo-American Household Government in Comparative Perspective', *WMQ*, 3rd ser., 52 (1995), pp. 104~44, 그리고 그에 이은 논쟁을 참조. 또한 Carole Shmmas의 다음 책 *A History of Household Government in America* (Charlottesville, VA and London, 2002)를 참조.

34) *Siete Partidas*, partida 4, títulos 17 and 18; Shammas, 'Anglo-American Household

카스티야의 법과 관습은 영국 보통법에는 없는 방식으로 여성들에게 호의적이기도 했는데, 그것은 딸도 아들과 똑같이 재산을 상속받을 수 있었고(이것을 '레히티마'legítima라고 했다), 남편을 여읜 미망인은 시집올 때 가져 온 지참금과 '아라스'arras라고 알려진 재산, 즉 결혼할 때 남편이 주겠다고 약속한 재산 외에도 부부가 함께 모은 재산의 반을 가진다고 규정하고 있었다.[35] 그러므로 재산의 통제와 분배에서 이베리아 사회는 비록 16세기로 접어들면서 부유한 집안들이 가족 재산의 세분화의 원인이 되고 있던 분할상속을 저지하기 위해 장자상속제primogeniture와 한사상속제를 채택하면서 그것이 점차 약화되기는 했지만 분명 남녀평등의 전통을 갖고 있었다.

한사상속제는 애덤 스미스Adam Smith가 못마땅한 어투로 언급한 바 있듯이, 대서양을 건너 에스파냐령 아메리카로 전해졌다. 애덤 스미스는 '에스파냐와 포르투갈령 식민지에서는 명예로운 직책에 딸린 모든 대재산의 상속에서 이른바 마요라조Majorazzo의 권리가 발생한다'고 말했다. 또 그는 펜실베이니아와 뉴잉글랜드 이외의 지역에서는 '영국법에서처럼 장자상속의 권리가 발생한다'는 점을 인정했다. 그러나 그는 '영국령 아메리카의 모든 식민지들에서는 모든 땅이 자유 보유지free socage의 형태로 획득되는 토지 보유가 그 토지의 (타인에게로의) 이전을 용이하게 한다. 그리고 넓은 토지를 수여받은 사람은 대개 그 중 작은 면역지대만 남겨두고 나머지는 가능한 한 빨리 다른 사람에게 양도하는

Government', p. 137; Patricia Seed, *To Love, Honor, and Obey in Colonial Mexico* (Stanford, CA, 1988), p. 235.

35) James Casey, *Early Modern Spain. A Social History* (London and New York, 1999), pp. 28~9.

것이 유리하다는 것을 알게 된다'라고 했다. 애덤 스미스가 볼 때 결론은 명백했다. 활발한 토지 시장은 토지 가격을 떨어뜨리고 경작을 촉진한다는 것이다. '그러므로 토지의 개선과 경작에 더 많이 고용되고 있었던 영국 식민지의 노동력은, 소수의 수중에 토지가 집중됨으로써 얼마간 다른 곳에 투입될 수밖에 없었던 에스파냐령 혹은 프랑스령 아메리카의 노동력에 비해 더 크고 가치 있는 생산에 투입될 수 있었다'는 것이다.[36)]

그러나 스미스의 주장이 완전히 정확한 것은 아니었고, 그의 (에스파냐령 아메리카와 영국령 아메리카 간의) 대조는 지나치게 엄격하게 구분된 것이었다. 에스파냐령 아메리카에서 교회와 종교 교단들이 영구소유^mortmain^ 방식으로 넓은 땅을 보유했고, 그로 인해 토지 재산의 자유로운 순환이 방해 받은 것은 사실이지만 이곳에서도 한사상속제는 비교적 더디게 발전했다. 1620년대까지 누에바에스파냐 부왕령에서 생겨난 한사상속 토지는 50개 정도에 불과했다.[37)] 시간이 흐르면서 부유한 가문들을 중심으로 장자상속제가 늘어나기는 했지만 이베리아 반도 중상류층 사이에서 그 제도가 누렸던 지배적인 지위에는 크게 못 미쳤다. 식민 시기가 끝날 무렵 누에바에스파냐에는 1,000개가량의 한사상속 토지가 있었으나 대개 그것들은 규모가 작았다. 에스파냐령 아메리카의 다른 지역보다는 이곳 누에바에스파냐에서 한사상속 혹은 장자상속 토지가 더 지배적이었던 것으로 보인다. 그러나 예를 들어 중요한 농업지역 가운데 하나였던 멕시코 북부 레온 지역의 경우 한사상속 토지가 거의 없

---

36) Adam Smith, *The Wealth of Nations*, ed. Edwin Cannan (2 vols, 6th edn, London, 1950), vol. 2, pp. 84~5 (Book 4, ch. 7, part 2).

37) José F. de la Peña, *Oligarquía y propiedad en Nueva España 1550~1624* (Mexico City, 1983), p. 220.

었으며, 이곳에서는 분할상속제의 영향으로 상속 토지가 거의 매세대마다 매각을 통해 주인이 바뀌었다.[38)]

에스파냐 왕실은 아메리카에서 귀족 계층이 성장하는 것을 원치 않았기 때문에 장자상속 설정에 필요한 허가장을 되도록 내주지 않으려고 했던 것으로 보인다. 그러나 상속법은 애를 먹이지도 않고 따로 비용을 지불하지 않고도 한사상속의 권리 가운데 일부를 부여하는 대안적인 방법을 제공해 주었으니, 메호라mejora 제도가 그것이었다. 이 제도는 부모가 여러 자식들 가운데 특별히 한 명에게 재산을 몰아주는 것이었다. 17세기 멕시코 상인 엘리트들은 이 메호라 제도를 빈번히 이용했으며, 이들은 가족 재산의 대부분이 한 세대에서 다음 세대로 넘어갈 때 분할되지 않고 고스란히 이전될 수 있도록 사전에 조정함으로써 가문lineage의 항구화를 보장받을 수 있었다.[39)]

메호라와 한사상속은 히스패닉 세계에서 적어도 이론적으로는 남녀를 구분하지 않았다. 모친의 성이 부친의 성과 함께 자식들에게 전해지고, 모친의 성이 부친의 성보다 앞에 놓이는 경우도 드물지 않았던 에스파냐령 아메리카 사회에서 재산이 딸에게 상속되는 것이 특별한 일은 아니었다. 영국령 아메리카에서도 부모가 딸들이 잘살 수 있도록 최선을 다한 것은 사실이다.[40)] 그러나 가족의 성이 아들 쪽으로만 이어지

---

38) Magnus Mörner, 'Economic Factors and Stratification in Colonial Spanish America with Special Regard to Elites', *HAHR*, 63 (1983), pp. 335~69. 레온에 대해서는 D. A. Brading, *Haciendas and Ranchos in the Mexican Bajío, León 1700~1860* (Cambridge, 1978), pp. 118~19 참조.

39) Louisa Schell Hobermann, *Mexico's Merchant Elite, 1590~1660. Silver, State and Society* (Durham, NC, and London, 1991), pp. 231~2.

40) Horn, *Adapting to a New World*, pp. 231~2.

고 딸 쪽으로 이어지지 않았던 영국령 아메리카 사회에서 가족 재산이 아들에게 상속되었다는 사실은 당연히 아들들에게 유리하게 작용했다. 영국령 아메리카에서 엄격한 장자상속제가 특별히 지배적이었던 것 같지는 않지만 장자상속제와 한사상속제는 체서피크 식민지에서 시간이 지나면서 점점 더 유력해져 간 것으로 보이며, 부친이 유언을 남기지 않고 죽은 경우 그것은 하나의 법칙이 되었다. 특히 버지니아에서는 18세기 대토지 소유 가문들이 영국 귀족들을 모델 삼아 자신들의 재산을 분명히 영국적인 수준으로 한사상속과 연계시켰고, 그로 인해 미국혁명이 발발할 무렵 타이드워터 지역 군郡들의 토지 가운데 4분의 3이 한사상속 토지였다.[41] 적어도 이곳에서는 에스파냐령 식민지 세계와의 대조가 결코 애덤 스미스가 언급했던 것만큼 그렇게 분명하지 않았다.

영국령 아메리카 본토 땅이 비교적 풍부했다는 점은 아버지가 다른 자식들에게도 생계유지에 충분할 정도의 땅을 상속하고도 한 아들에게 소유 재산 가운데 대부분을 넘겨줄 수 있었음을 의미했다.[42] 그러나 아메리카의 넓은 공간과 아메리카의 자원이 유럽에서라면 상속법에 의해 속박 받을 수밖에 없었을 사람들에게 폭넓은 기회를 제공하기는 했지만 가문의 이름과 재산이 한 세대에서 다른 세대로 그대로 전해지는 직계가족제lineal family는 히스패닉 아메리카와 마찬가지로 영국령 아메리카

---

41) Bertram Wyatt-Brown, *Southern Honor. Ethics and Behavior in the Old South* (New York, 1982), pp. 5~6; Fischer, *Albion's Seed*, pp. 380~1; 버지니아에서 한사상속제가 상당히 강했다는 새롭고 중요한 사실에 대해서는 Holly Brewer, 'Entailing Aristocracy in Colonial Virginia: "Ancient Feudal Restraints" and Revolutionary Reform', *WMQ*, 3rd ser., 54 (1997), pp. 307~46를 참조.

42) Louis B. Wright, *The First Gentlemen of Virginia. Intellectual Qualities of the Early Colonial Ruling Class* (San Marino, CA, 1940), p. 57.

에서도 사회생활과 경제생활의 중심이었다.

실제로 과부들이 가장인 가정이 많았고, 그 과부들이 남편이 죽고 난 후 가산의 통제와 유증을 책임지는 경우도 많았지만 가족 내에서 가장의 권위는 이론상 절대적이었다. 남편을 잃고 나서 비교적 이르게 이루어지는 재혼(상당히 큰 재산이 걸려 있고, 여성의 수가 부족했던 사회에서 이른 재혼은 충분히 예상되는 현상이었다)은 여성이 가족 재산을 수중에 쥐고 있는 기간을 제한할 여지가 있었다. 그리고 여성이 재산을 확실하게 통제할 수 있느냐 없느냐에 중요한 영향을 미칠 수 있었던 식민지 사회들 간의 법과 관행에서의 차이도 있었다. 일반적으로 말해, 17세기의 경우 뉴잉글랜드보다는 체서피크 여성들의 재산 통제권이 더 컸던 것으로 보인다.[43] 에스파냐령 아메리카에서는 여성들의 재산 통제권이 더 컸는데, 그것은 여성의 법적 지위가 영국령 아메리카와는 달랐고, 에스파냐의 상속법이 여성들의 재산 관련 권리를 더 많이 보장해 주었기 때문이다. 에스파냐 식민지의 미망인들은 영국 식민지와 달리 당국의 허가 없이도 죽은 남편의 재산을 관리할 수 있었다. 또 자식들에게 가족 재산을 분배하는 과정을 관장할 수도 있었다. 에스파냐의 법에 의하면, 미망인들은 25세까지 미성년으로 간주되었던 자식들에 대해 법적 후견인 자격으로 '파트리아 포테스타스', 즉 가장의 권한을 행사할 수 있었다.[44] 그러므로 에스파냐령 식민지 세계에서 부유한 미망인은 상당

---

43) Norton, *Founding Mothers and Fathers*, pp. 144~7; Horn, *Adapting to a New World*, pp. 230~1.

44) Patricia Seed, 'American Law, Hispanic Traces: Some Contemporary Entanglements of Community Property', *WMQ*, 3rd ser., 52 (1995), pp, 157~62. 성인의 연령에 대하여는 Lockhart, *Spanish Peru*, pp. 164~5 참조.

히 유력한 존재였다. 페루에서 정복 시기 직후 가장 부유한 여성이었던 도냐 마리아 에스코바르Doña María Escobar가 소유했던 세 개의 엔코미엔다를 포함하여 1583년까지 총 60개의 엔코미엔다를 여성들이 소유하고 있었다.[45)]

정주자들이 주변의 몇몇 인디언 사회에서 발견되는 모계적 구조를 이상하게 생각하기는 했지만, 식민지의 (유럽인) 가족도 여성들이 일시적이나마 가끔은 권력을 행사할 수 있었다는 점에서 유럽의 가족들과 마찬가지로 완전히 가부장적이었다고는 말할 수 없다.[46)] 가장의 권위는 이런저런 형태로 거의 절대적이라고 할 수 있었지만 그 권위가 자식들의 혼사에서는 그다지 절대적이지 않았다. 프로테스탄트 교회는 배우자 선택에서 부모의 권위를 강화하는 경향이 있었으나, 로마 가톨릭교회는 트리엔트 공의회에서 여러 번의 논의 끝에 부모의 동의가 반드시 필요하지는 않다고 결론을 내렸고, 그럼으로써 결혼 상대의 최종 선택권은 결혼 당사자들이 갖게 되었다. 많은 가톨릭 사회들이 트리엔트 공의회의 이 결정에 항의하거나 무시하는 경향을 보였지만 에스파냐에서는 이것이 신학자와 도덕론자들 대다수의 지지를 받았다. 그리고 에스파냐에서는 그것이 사회의 지배적인 관행, 그리고 전통적으로 개인의 동의를 우선시해 온 문화적 가치와도 부합했다.[47)]

영국국교회는 (유럽) 대륙의 프로테스탄트 교회가 취한 접근 방법 대신 에스파냐 가톨릭교회가 취한 방식, 즉 부모의 바람보다는 자식들

---

45) Luis Martín, *Daughters of the Conquistadores. Women of the Viceroyalties of Peru* (Dallas, TX, 1983), pp. 46 and 50; Lockhart, *Spanish Peru*, ch. 9.

46) Shammas, 'Anglo-American Household Government', p. 111.

47) Seed, *To love, Honor, and Obey*, pp. 34~40; Casey, *Early Modern Spain*, pp. 208~9.

의 주장에 힘을 실어 주었다.[48] 그러나 영국국교회는 비록 그 성공이 제한적이기는 했지만, 부부가 되려는 남녀가 교회 예식을 통해 그 결합을 신성하게 만들어야 한다고 설득하려고 노력했다. 당시 수많은 남녀 간의 결합에서 나타나고 있던 현상, 즉 비공식적인 약속을 구속력 있는 것으로 받아들이려는 경향은 부모들이 권위를 주장하기 어렵게 만들었다. 사회적 결속을 유지하기 위해 고심했던 영국령 아메리카 식민지 정주자들은 모국에서 팽배해 있던 그 같은 관행을 엄격히 통제하기 위해 노력하기는 했지만 그것을 본국과는 다른 방식으로, 즉 정주지의 사회 구조를 반영하는 방식으로 했다. 뉴잉글랜드의 법은 무엇보다도 자식들의 혼사에서 부모의 사전 동의가 반드시 필요하다는 것을 주장하는 데 관심을 가진 반면, 체서피크 식민지의 입법자들은 계약 노동자들의 혼사에 대해 그들을 고용한 고용주들이 승인 혹은 거부권을 갖게 하는 데 더 많은 관심을 기울였다. 고용주들은 입법을 통해 혹은 교회 내 혼인을 주장함으로써 계약노동자들의 '비밀 혼인'을 통제할 수 있을 것으로 생각했다.[49]

이런 통제 노력이 그다지 성공적이지 못했음은 체서피크의 높은 사생아 출생률에서도 알 수 있는데, 이곳의 사생아 출생률은 영국 본토보다 2~3배 더 높았던 것으로 보인다.[50] 반면에 퓨리턴들이 이주해 간 뉴잉글랜드는 그 지역의 지배적인 종교적·도덕적 가치관과 공동체의 엄격한 통제 때문에 사생아 출생률과 혼전임신률이 다른 식민지들이나 영

---

48) Martin Ingram, *Church Courts, Sex and Marriage in England, 1570~1640* (Cambridge, 1987), p. 132.
49) Norton, *Founding Mothers and Fathers*, p. 64; Horn, *Adapting to a New World*, p. 211.
50) Horn, *Adapting to a New World*, p. 210.

국 본토보다 훨씬 낮았다.[51)] 히스패닉 세계는 유럽 본토와 아메리카 식민지 또한 사생아 출생률이 유럽 평균보다 월등히 높았다. 예를 들어 1640년에서 1700년 사이 멕시코시티 한 교구의 경우 에스파냐인 여성이 낳은 아이들 가운데 사생아의 비율이 약 3분의 1에 이르렀다.[52)]

여성의 성적 미덕을 매우 높게 평가했던 히스패닉 세계에서 사생아 출생률이 그렇게 높았던 이유가 무엇인지 아직 분명히 설명되지 않고 있다. 다만 그 이유 가운데 하나는 자녀들이 자신들의 짝을 선택할 자유를 갖고 있었고, 또 그 사회가 결혼하겠다는 구두약속(에스파냐 사회에서는 이를 '동의의 언급'palabras de consentimiento이라고 했다)에 높은 가치를 부여하고 있었다는 사실에서 구해야 할 것이다. 처녀가 애인에게 결혼하겠다는 구두 약속을 받은 후에 출산을 하면 불명예의 일부를 감면받을 수 있었다. 그리고 에스파냐 법에서는 처녀가 결혼하지 않고 아이를 낳아도 그 커플이 미혼이고, 결국 그 둘이 결혼을 하면 그 아이는 곧바로 적자嫡子로 인정되었다.[53)] 히스패닉 사회에서 지배적이었던 명예율은 성적인 미덕 자체가 상실된 후에도 그 미덕의 외형을 보전하는 쪽으로 만들어져 있었기 때문에 처녀성을 잃은 처녀도 친구나 친척들이 서로 짜고 침묵을 지켜 줌으로써 사회적 비난을 면할 수 있었다. 교회는 교회대로 당사자가 둘 다 자유인이면 비록 두 남녀의 사회적 신분이 다르고, 심

---

51) Fischer, *Albion's Seed*, pp. 88~91.

52) Seed, *To love, Honor, and Obey*, pp. 63, 266~7; Zúñiga, *Espagnols d'outre-mer*, pp. 177~86. 18세기에 대해서는 Ann Twinam, *Public Lives, Private Secrets, Gender, Honor, Sexuality, and Illegitimacy in Colonial Spanish America* (Stanford, CA, 1999).

53) Ann Twinam, 'Honor, Sexuality and Illegigimacy in Colonial Spanish America', in Asunción Lavrín (ed.), *Sexuality and Marriage in Colonial Latin America* (Lincoln, NE, and London, 1989), pp. 136 and 125.

지어 인종이 다르더라도 그 결합을 정당화하는 쪽에 서 있었다.[54] 그런 어울리지 않는 결혼에 대해 부모들도 구두약속 역시 구속력을 갖고, 무엇보다도 딸의 명예를 지키는 것이 사회적으로 중요하다는 것을 알고 있었기 때문에 물론 마지못해서이기는 했지만 두 사람의 결합을 인정하는 것이 대부분이었다. 만약 부모의 거부 의사가 너무 완강하고 커플 자신들은 결혼을 꼭 해야겠다고 우기는 경우라면 최종 결정은 교회 법정의 몫이 되는데, 교회 법정은 대개 커플의 손을 들어주었다.[55]

이런 사회적 관습이 서출庶出로 인한 불명예를 줄이는 데 얼마간 기여했다고 해도(그랬을 가능성이 많다) 성·속의 당국은 식민지사회에서 생겨난 수많은 서출들에 대해 점차 걱정하게 되었으며, 특히 그들 가운데 다수가 혼혈아였기 때문에 걱정은 더 컸다. 1625년 누에바에스파냐의 부왕은 미혼 커플에게서 태어난 아이들의 합법화를 금하는 조치를 취하기도 했으나[56] 이 조치가 서자들이 이미 당하고 있던 문제를 더 악화시킨 것 말고 어떤 긍정적인 효과를 만들어 낸 것 같지는 않다. 에스파냐령 아메리카 교회도 마찬가지로 점차 부모의 동의가 필요하다는 쪽에 무게를 실어 주는 방향으로 나아가기 시작했다. 그러나 이와 관련된 중요한 법적 변화가 나타난 것은 식민시기 막판에 가서였다. 부르봉 왕조 하 에스파냐에서 교회에 대한 국가의 권력이 점점 더 강해진 것이 에스파냐뿐만 아니라 인디아스에서도 혼인 관련 입법에 중요한 영향을 미쳤다. 1776년 카를로스 3세는 25세 이하의 자녀들이 배우자를 고를 때 반

---

54) Seed, *To Love, Honor, and Obey*, pp. 69~74.

55) *Ibid.*, p. 80.

56) Thomas Calvo, 'The Warmth of the Hearth: Seventeenth-Century Guadalajara Families', in Lavrín, *Sexuality and Marriage*, p. 299.

드시 부모의 동의가 있어야 한다는 법령을 발표했고, 동시에 혼인 관련 분쟁에 대한 재판을 교회 법정이 아니라 세속 법정이 맡아보도록 바꾸었다. 2년 후 이 새 법은 인디아스로까지 확대되었다. 그러나 부모의 동의를 요하는 조항은 '에스파냐인들'의 혼인에만 적용되었지 흑인이나 메스티소, 물라토 등 혼혈인들에게는 적용되지 않았다.[57]

적어도 16~17세기에 법, 사회적 전통, 교회의 태도가 한데 결합하여 에스파냐령 아메리카의 몇몇 중요 지역에서 부모의 지배권을 약화시키는 경향이 나타나기도 했지만, 다른 한편으로 배우자 선택의 문제에서 자녀들의 권리를 제한하는 여러 가지 비공식적인 방법들이 있었는데, 이런 방법들은 역사적 기록에는 반영되지 않은 경우가 많았다. 『7부 법전』에서도 인정되었던 '상속권 박탈'도 자주 이용되었다는 증거는 없지만 그 중 한 방법이었다.[58] 신부의 혼인지참금을 갖고 협박하는 것도 자식들의 (부모 동의 없는) 배우자 선택을 제한할 수 있는 유용한 수단이었다.[59] 17세기 누에바에스파냐에서 결혼지참금은 경우에 따라서는 2만 5,000페소나 될 정도로 많았다. 그런데 히스패닉 사회의 부모들은 영국령 아메리카의 부모들에게는 허용되지 않은 한 가지 선택권을 더 갖고 있었는데, 3,000페소 정도의 돈을 지불하고 딸을 수녀원에 보내는 것이었다. 에스파냐령 아메리카 도시들에 수녀원이 그렇게 많았던 것은 그만한 이유가 있었던 것이다.[60] 이제 막 형성되어 가고 있는 사회에서

---

57) Susan M. Socolow, 'Acceptable Partners: Marriage Choice in Colonial Argentina, 1778~1810', in Lavrín, *Sexuality and Marriage*, pp. 210~13; Seed, *To Love, Honor, and Obey*, pp. 200~4.

58) Lavrín, *Sexuality and Marriage*, p. 6.

59) Seed, 'American Law, Hispanic Traces', p. 159.

60) De la Peña, *Oligarquía y propiedad*, pp. 191~3.

만 가능한 적지 않은 융통성에도 불구하고 가부장적인 가정들은 외적으로는 상당히 개방적인 것으로 보이는 아메리카의 환경에서도 자신들의 지배권을 관철시키는 나름의 노하우를 갖고 있었던 것이다.

비록 가족이 성적 불균형, 높은 사망률, 놀라울 정도로 풍부한 토지 등의 장애를 극복하고 점차 새로운 아메리카 사회의 중심 단위로 재구성되어 가기는 했지만 이 사회들이 (그로부터 자신들이 유래한) 유럽 사회의 계서적 위계를 완전히 재현해 내지는 못했다. 물론 그렇게 하려는 시도가 없었던 것은 아니다. 위아래가 구분되지 않는 사회는 무질서와 혼란을 초래할 뿐이라고 여겼던 세계로부터 건너온 이들 에스파냐령과 영국령 아메리카의 초기 정주자들은 이제 막 형성되어 가고 있던 그들의 사회를 가능한 한 자신들이 모국에서 알고 있었던 질서 정연한 계서적 사회로 만들기 위해 최선을 다했다.[61]

그러나 에르난도 피사로의 언급처럼, 아메리카의 새로운 환경에서 말을 소유하는 것이 출생과 서열의 자연적 결과가 아닌 순전히 우연의 산물이었다면 '이 새로운 사회의 질서 유지를 위해 채택되어야 하는 기준은 무엇이어야 하는가'라는 골치 아픈 문제가 제기될 수밖에 없었다. 코르테스를 따라간 530명 가운데 이달고 신분을 갖고 있었음이 분명한 16명과, 버지니아로 간 최초의 정주자 105명 가운데 젠트리 신분을 갖고 있었음이 분명한 36명은 분명히 다른 사람의 존경을 받을 만한 사람이라고 할 수 있었다.[62] 그러나 얼마 가지 않아 유럽에서 통용되던 일반

61) Jack P. Greene, *Imperatives, Behaviors and Identities. Essays in Early American Cultural History* (Charlottesville, VA and London, 1992), pp. 191~3.

62) Above, p. 8.

적인 신분 기준은 대규모의 비유럽인 예속민이 존재하는 아메리카라는 환경에서 그것이 갖는 타당성의 상당 부분을 상실하게 되었고, 사회적으로 존경받아 마땅한 사람과 그렇지 못한 사람 간의 구분이 모호하게 되었다. 1594년 멕시코시티에 거주하고 있던 후안 카베사 데 바카Juan Cabeza de Vaca는 에스파냐에 사는 누이에게 보낸 편지에서 친척들의 멕시코 이주를 권고하면서 다음과 같이 썼다: '여기서는 아무도 굶주리지 않는다. …… 그러므로 가난한 사람도 여기서 지내는 것이 에스파냐에서 지내는 것보다 훨씬 낫다. 여기서는 가난한 사람도 항상 누군가에게 명령을 하지 직접 일을 하지 않으며, 항상 말을 타고 다닌다.'[63] 그의 이 묘사가 지나치게 장밋빛으로 되어 있다는 데에는 의심의 여지가 없다. 그러나 17세기 리마의 일상생활에 대한 한 설명은 그의 그림이 터무니없이 과장된 것은 아니었음을 말해 준다: '여기서는 모든 사람들이 자신을 대귀족 출신이라고 자랑하고 다닌다. 여기서는 누구나 자신이 카바예로caballero[에스파냐의 하급 귀족—옮긴이]라고 주장한다. 진짜 심하게 가난한 사람 몇 명을 제외하고는 모두가 말을 타고 다닌다.'[64]

이러한 상황이 갖는 사회적 의미는 너무나 분명했다. 모든 사람이 명령할 수 있다면 지배자는 누구란 말인가? 계서적으로 질서가 잡힌 사회의 정점에는 작위귀족이 있었다. 그러나 작위귀족은 에스파냐령 아메리카의 정복에 거의 참여하지 않았다. 국왕은 신세계에서 귀족층이 형성되어서는 안 된다는 생각을 강하게 갖고 있었기 때문에 오랫동안 아메리카 거주민에게 작위를 수여하는 것에 대해 매우 인색했다. 공로에

63) Otte, *Cartas privadas*, no. 127.

64) *Descripción del virreinato del Perú*, ed. Boleslao Lewin (Rosario, 1958), p. 39.

대한 보답으로 정복자들을 이달고로 신분 상승시켜 주는 것도 마지못해서였고, 1543년 카를 5세가 멕시코 정복에 실제로 참여한 사람들을 '최초의 중요한 정복자'로 분류하고, 그에 따라 특별 대우를 하는 데 동의한 것도 관직 수여에서 자신들이 배제되고, 주요 직책이 매번 에스파냐에서 새로 이주해 온 사람들에게 돌아가는 것을 지켜본 정복자들과 그 후손들이 여러 차례에 걸쳐 항의 소동을 일으키고 난 이후의 일이었다.[65)]

최초의 정복자들(그들 가운데 다수가 엔코멘데로가 되었다)이 에스파냐령 아메리카에서 초보적 형태의 '천부적 귀족'natural aristocracy으로 되어 갔다고 하더라도 그들이 그 경주를 완주하여 명실상부한 귀족으로 발전하는 것은 결코 쉽지 않았다. 우선 죽은 사람도 많았고, 고국으로 돌아간 사람도 많았기 때문에 소실률이 높았다. 누에바에스파냐에서 하사된 엔코미엔다 중 처음 그것을 수여받은 가족의 수중에 2대 이상 남아 있는 비율은 45퍼센트 정도밖에 되지 않은 것으로 알려져 있으며,[66)] 최초의 '천부적 귀족'은 땅과 엔코미엔다를 획득하기 위해 혹은 엔코멘데로(엔코미엔다 소유자)나 '최초의 정복자'의 미망인이나 딸과 결혼하는 데 필요한 돈이나 커넥션을 가진 '나중에 도착한 사람들'에 의해 계속 보충되어야 했다. 이는 버지니아에서도 마찬가지였는데, 여기서는 최초의 정주 젠트리들의 사망률이 매우 높았다.

체서피크나 앤틸리스제도에 비해 가계家系가 항구화될 가능성이 훨씬 높았던 뉴잉글랜드에서도 사회질서는 불완전해 보였고, 영국적 수준에서 보면 실제로 매우 불완전했다. 영국인 정주자 가운데 작위귀족

65) Konetzke, *Colocción de documentos*, 1, doc. 145.

66) Himmerich y Valencia, *Encomenderos of New Spain*, p. 57.

은 거의 없었다. 그러나 그런 작위를 보유하고 있는 경우 그것을 계속 보유하려는 노력은 있었다. (지위가 높은 사람에 대한) 존경심은 뉴잉글랜드 사회의 특징이었고, 그것은 그후로도 마찬가지였다. 그러나 시간이 지날수록 영국적 관행의 정확성은 사라지기 시작했고, 처음에는 사회적 서열을 가리키는 용어로 비교적 드물게 사용되었던 '젠트'Gent라는 칭호가 17세기 후반에는 서열보다는 개인적 미덕을 가리키는 용어로 널리 사용되었다.[67] 종교적 소명을 강조한 뉴잉글랜드는 특히 명예라는 것이 가문에 의해 결정된다는 개념에 맞서 성공적인 싸움(이는 근대 초 유럽에서도 보편적으로 진행되고 있던 싸움이었다)을 감행하기에 적당한 무대였다. 1701년 코튼 매더는 다음과 같이 썼다. '죄송한 얘기지만 저는 정직한 기계공이 나태하고 아무짝에도 쓸모없는 귀족보다 더 훌륭한 사람이라고 생각합니다. 모든 사람은 "나는 다른 사람들의 이익을 위해 모종의 일에 종사하고 있습니다"라고 말할 수 있어야 합니다.'[68]

만약 신세계에서도 계서제가 나타난다면 그것은 모국의 그것과는 다른 모습으로 발전할 가능성이 높았다. 모국의 계서제가 신세계에서도 똑같은 모습으로 나타나기에는 신세계에 거주하는 카스티야 혹은 영국 상류층 사람의 수가 너무 적었다. 신세계가 가진 조건 자체도 모국에서라면 거의 기회를 갖지 못했을 사람들도 어느 날 갑자기 부와 신분 상승의 기회를 발견하게 됨으로써 엄격한 유럽식 계서제에 익숙해 있던 사람들이 보면 깜짝 놀랄 정도로 큰 사회적 이동을 할 가능성을 제공했다.

---

67) Norman H. Dawes, 'Titles as Symbols of Prestige in Seventeenth Century New England', *WMQ*, 3rd ser., 6 (1949), pp. 69~83.

68) Cotton Mather, *A Christian at his Calling* (Boston, 1958), p. 42.

한편으로 이런 유동성도 있었지만, 다른 한편으로는 구분선이 쉽게 모호해질 수 있는 사회에서 서열상의 구분을 유지하는 데 도움을 줄 수 있는 신분적 상징물을 매우 중시하는 경향도 생겨났다. 공직 보유는 분명 명예로운 신분의 표징이 되어 주었으며, 군 지휘관직도 마찬가지였다. 항상 인디언들의 공격을 경계하지 않으면 안 되었던 17세기 영국령 아메리카에서 군 지휘관직의 수임은 경의를 담은 호칭을 향유할 수 있는 좋은 방법이었다. 18세기 에스파냐령 아메리카에서 군대가 보다 정규적인 입지를 확보하게 되었을 때 군 지휘관직이 갖는 매력에 끌린 많은 크리오요 젊은이들이 이 집단에 합류한 것도 그와 비슷한 현상이었다.[69] 적어도 계서제의 장신구는 비록 그 개념이 내부로부터 공허한 것이 되어 가고는 있었지만 영국령 식민지에서는 영국혁명이 발발할 때까지 광범하게 존속하였다. 18세기 중엽 버지니아에서 한 젊은 목사는 자신의 뒤를 보아 주는 후원자가 그곳에 도착했을 때 느낀 경탄의 감정을 다음과 같이 기록했다: '그가 말을 타고 있는 것을 보고 나는 지금까지 어느 누구에게서도 그처럼 자부심에 찬 모습을 본 적이 없다고 생각했다. 그 자부심은 그의 태도, 기품, 몸짓에서 뿜어져 나왔다… 그는 당당하면서도 우아한 자태를 자랑하는 멋진 말을 타고 있었다.'[70] 영국령 아메리카 남부 지역 플랜테이션 사회에서는 에스파냐령 아메리카 농촌 사회와 마찬가지로 여전히 말을 탄 사람이 존경을 받았다.

---

69) Dawes, 'Titles as Symbols', p. 78; Michael Craton, 'Reluctant Creoles. The Planters' World in the British West Indies', in Bailyn and Morgan (eds), *Strangers Within the Realm*, pp. 314~62, p. 326. Christon I. Archer, *The Army in Bourbon Mexico, 1760~1810* (Albuquerque, NM, 1977), p. 175, 훔볼트의 언급.

70) Isaac, *The Transformation of Virginia*, p. 161에서 재인용.

말을 탄 사람들이 자신의 권력을 믿고 오만한 태도를 보여 주기도 했지만 아메리카에서의 유동적인 삶은 그들이 얼마 동안이나 말안장 위에서 그처럼 당당할 수 있을 것인지 계속 의문을 불러일으켰다. 식민지 아메리카 사회에는 불평등이 충만해 있었고, 그런 사회에는 분노 또한 충만해 있기 마련이었다. 자신의 운명을 바꾸어 보기 위해 신세계로 건너온 정주자들은 광활한 영토와 새로운 기회가 손짓하며 부르고 있는 상황에서 누군가에게 종속된 삶에 고분고분 순종하려고 하지 않았다. 새로 아메리카에 도착한 계약 노동자들은 당연히 기를 쓰고 속박의 굴레를 벗어던지려고 했다. 특히 영국령 아메리카에는 구세계의 종교적·이데올로기적 유산이기도 하고, 신세계에서 나타난 상황의 산물이기도 한 신분 질서에 저항하는 기류가 흐르고 있었으며, 그것은 엘리트층이 생겨나고 굳어져 가는 추세와 공존했다. 에스파냐령 아메리카에서도 과두세력이 지배권을 강화해 가자, 가진 것 없고 소외된 사람들은 자신의 목소리를 낼 수 있는 방법들을 발견하려고 했다.

알공퀸어를 사용하는 인디언들과 뉴잉글랜드 식민정주자들 간에 '필립 왕의 전쟁'이 시작된 1675년, 버지니아-메릴랜드 경계 지역에서는 서스쿼해나족 인디언Susquehanna Indians과 공격적이고 불안정한 변경 지역 백인 주민들 간에 다툼이 벌어졌다. 찰스 2세가 망명지에서 돌아오고 나서 총독직에 복귀해 있던 버지니아의 전임 총독 윌리엄 버클리 경(그림 15)은 변경지역 백인 주민들에게 호의적이지 않았으며, 식민지가 인디언들과의 대규모 전쟁에 휩쓸리는 것을 원치 않았다. 그러나 변경 지역 정주자들의 생각은 달랐다. 그들은 대개 가난했고 땅을 원했으며

〈그림 15〉 피터 렐리 경(Sir Peter Lely)의 '윌리엄 버클리 경의 초상화'. 1641년부터 1652년까지, 그리고 다시 1660년부터 1677년까지 버지니아 총독으로 재직한 윌리엄 버클리 경(1605~77)은 거칠고 파벌로 가득 찬 식민지 사회에 자신의 개성을 뚜렷이 각인시켜 놓았다. 그는 식민지 사회에 대해 큰 야심을 품고 있었다. 돈 루이스 데 벨라스코와 마찬가지로 그도 자신이 지배한 땅과 사회에 강한 개인적 이해관계를 갖고 있었다. 역시 돈 루이스와 마찬가지로 일군의 친구들과 크리오요 엘리트들 가운데서 선별한 부하들을 통해 통치했다. 그러나 그의 이력은 돈 루이스의 그것과는 달리 실패와 불명예로 끝났다. 그의 통치 스타일에 대한 반감은 '베이컨의 반란'을 촉발시켰고, 1677년 영국으로 소환되어 그곳에서 명예를 회복하지 못한 채 좌절감에 빠져 살다가 죽었다.

인디언들의 공격으로부터 보호받고 싶어 했다. 그런데 버클리가 식민지의 재원을 동원하여 자신들을 적극적으로 지원해 주지 않자 그들은 스스로의 힘에 의존하지 않으면 안 되었다. 하지만 그러기 위해서는 지도자가 필요했고, 그들은 스물여덟 살 먹은 너새니얼 베이컨을 그 지도자로 발견하게 되었다.

케임브리지에서 수학하고, 재치 있는 화술에 말주변도 좋았던 베이컨(그는 이스트앵글리아 지역 유력 가문 가운데 하나인 베이컨가 출신이었다)은 그 전해 한 사기 사건에 연루된 것이 발각되어 버지니아로 도망쳐 온 처지였다. 그가 이곳에 도착한 지 몇 달 지나지 않아 버클리는 명문가 출신이라는 이유로 그를 버지니아 의회 의원으로 발탁했으나 인디언들이 그(베이컨)의 제임스강 사유지 감시인을 살해한 사건 이후 사이가 멀어져 있었다. 인디언들에게 복수하기로 결심한 일단의 자원 무장대가 '베이컨! 베이컨!'이라는 구호를 연호하면서 베이컨에게 찾아가 복수를 위한 원정대를 이끌어 달라고 청했다. 베이컨은 이에 긍정적으로 응하여 총독의 명령을 거부하고 원정대를 이끌고 전투에 나섰으며, 여기에서 상당수의 인디언이 살해되는 사태가 발생했다. 이에 대해 버클리는 그를 반란자로 선언했다.[71)]

비록 두 사람은 후에 견해 차이를 임시로 봉합하기는 했지만 그후로도 둘의 관계가 완전히 회복되지는 않았다. 1676년 6월 제임스타운에서 소집된 버지니아 의회는 둘 간의 한판 대결을 위한 무대를 마련해

---

71) Wilcomb E. Washburn, *The Governor and the Rebel. A History of Bacon's Rebellion in Virginia* (Chapel Hill, NC, 1957), p. 35. 버클리에 대해서는 Warren M. Billings, *Sir William Berkeley and the Forging of Colonial Virginia* (Baton Rouge, LA, 2004) 참조.

주었다. 당시 버지니아에서 버클리의 인기는 바닥을 기고 있었다. 그의 '친-인디언' 정책과 그가 총독을 맡고 있던 오랜 기간 동안 부과한 과중한 세금 때문에 주민들 사이에서 불만이 팽배해 있었으며, 그와 그의 친구들이 식민지를 지배해 온 방식에 대해 못마땅하게 생각하는 사람도 많았다. 인디언들과의 싸움에서 자신들을 지원해 주지 않는 지역 정부에 분노를 금치 못하고 있던 경계 지역 이주민들은 베이컨에게서 자신들의 지도자의 모습을 발견하였고, 베이컨은 7월 23일, 400명의 무장 병력을 이끌고 제임스타운으로 쳐들어갔다.

버클리는 도망쳤고, 베이컨은 광범한 지지자들을 끌어모을 수 있었다. 일반인뿐만 아니라 젠트리와 시민들 가운데서도 상당수가 경계 지역을 분명히 하려고 하는 인디언들에 반대하는 정책 추진을 포함하여 정부 정책의 변화를 요구했다. 영리하고 리더로서의 카리스마도 갖고 있었던 베이컨이지만 지지자들 가운데 성급한 사람들을 통제한다는 것이 점점 어렵게 되어가고 있음을 알게 되었다. 무법 상태가 확산되었고, 반란자들이 제임스타운에 불을 지르기도 했으며, 버클리의 개인 플랜테이션(그린스프링)이 약탈당하기도 했다. 급기야 베이컨이 10월 말 이질에 걸려 갑자기 사망하는 사태가 발생했다. 지도자의 갑작스런 죽음에 반란세력은 크게 흔들렸으며, 결국 얼마 안 가 와해되기에 이르렀다. 1677년 2월 국왕이 파견한 세 명의 행정관이 영국군 1개 연대를 이끌고 버지니아에 도착했을 때 그들은 복수심에 눈이 먼 버클리가 이미 자의적으로 여러 명의 반란 주도자들을 처형한 사실을 알고 경악을 금치 못했다. 그해 4월, 영국군 연대를 지휘하고 있던 행정관 허버트 제프리스 Herbert Jeffreys 대령은 버클리가 가진 모든 권한을 몰수했다. 얼마 후 굴욕을 당한 전임 총독(버클리)은 영국으로 압송되었으며, 국왕의 판결을 받기 전에 죽었다.

베이컨의 진의가 무엇이었는지는 아직도 논란거리로 남아 있다. 그러나 그의 일차적 관심사는 적들이 주장하는 것처럼 버지니아의 독립을 추진하는 것이었다기보다는 국왕을 설득하여 식민지 정부에 대한 근본적 개혁을 이끌어 내는 것이었던 것으로 보인다.[72] 그러나 베이컨의 다음과 같은 '성명서'의 내용이 분명히 하고 있듯이, 그의 정치적 불만의 바탕에는 깊은 사회적 반감이 자리하고 있었던 것으로 보인다: '국가의 부를 책임지고 있는 권력자들과 특권층을 추적해 보아야 합니다. 그들이 처음 이 나라에 들어왔을 때 갖고 있던 자질과 여기에서 그들이 현명하고 뛰어난 사람들 사이에서 가졌던 평판과 비교하여 그들의 재산이 급속하게 늘어난 사실을 주목해 봐야 합니다. 그들의 혈통과 교육이 형편없었던 것은 아닌지, 어떤 지식과 덕망을 가졌기에 그렇게 빨리 출세하고 재산을 모을 수 있었는지 조사해 보아야 합니다…….'[73] 이렇게 베

---

72) 베이컨의 반란은 웨르텐베이커(Thomas J. Wertenbaker)의 책 *Torchbearer of the Revolution. The Story of Bacon's Rebellion and its Leader* (Princeton, 1940)의 출간 이후 첨예한 논쟁의 대상이 되었다. 베이컨의 민주주의적 성격을 강조하면서 그를 긍정적으로 평가한 웨르텐베이커의 주장에 대해 워시번(Wilcomb Washburn)은 자신의 책 *The Governor and the Rebel*에서 총독 버클리를 옹호하는 것으로 반론을 펼쳤다. 좀더 최근에는 스티븐 손더스 웹이 웨르텐베이커의 입장을 지지하는 주장을 펼치기도 했다. 또한 베이컨과 그의 지지자들의 배경과 동기에 대하여는 Wesley Frank Craven, *The Southern Colonies in the Seventeenth Century*(Baton Rouge, LA, 1949), ch. 10, Bernard Baily, 'Politics and social structure in Virginia', in James Morton Smith, *Seventeenth-Century America. Essays in Colonial History* (Chapel Hill, NC, 1959), ch. 5; Morgan, *American Slavery, American Freedom*, ch. 13; Kathleen M. Brown, *Good Wives, Nasty Wenches, and Anxious Patriarchs* (Chapel Hill, NC and London, 1996), ch. 5; Horn, *Adapting to an New World*, pp. 372~9 참조.

73) 베이컨의 성명서는 Billings, *The Old Dominion*, p. 278에서 재인용. 여기에서 필자의 명백한 오류는 임의로 시정하였다.

이컨은 그 자신이 버지니아에 새로 들어온 사람이었고, 들어오자마자 총독직을 수여받았음에도 불구하고 버지니아의 새 엘리트층에 대해 맹렬한 반감을 갖고 있었던 것이다.

17세기 중엽에 실제로 새로운 지배계층이 생겨나 제1세대 식민지 지배층, 즉 자신의 지배적 신분을 제2세대에 넘겨주는 데 실패하고 쫓겨난 젠틀맨들을 대체해 갔다. 1640년대 초부터 새 이민자들이 대규모로 들어오고 있었고, 그 와중에 영국 내전에서 패한 쪽 지주들의 아들들과 상속에서 제외된 기사들이 수천 명의 계약 노동자들과 함께 체서피크에 입국했는데, 그 중 다수는 윌리엄 버클리 경의 적극적인 격려에 고무되어 온 사람들이었다(버클리 자신도 1642년 국왕 찰스에 의해 버지니아 총독으로 선택되어 아메리카에 온 높은 신분의 소유자였다). 새 이주자 중에는 윌리엄 버드William Byrd처럼 상인이나 사업가들도 포함되어 있었고, 그 중 다수는 혼인관계를 통해 잉글랜드 남부 혹은 동부의 젠트리들과 연계되고 있었다. 또 그 중에는 이미 체서피크에 경제적 이해관계를 갖고 있는 경우도 적지 않았다. 이들은 확대 일로에 있던 대서양 양쪽을 오가는 사업가 집단의 일부를 이루고 있었으며, 식민지 생활에 안정적으로 정착하려는 노력의 과정에서 상당한 자금을 동원할 수 있었다. 이들에다가 왕정복고 초기에 젠트리 가문 차남 이하의 아들들이 유입되어 더 강화되었고, 또 이들이 정주 첫 세대 가운데 살아남은 식민정주자 가족들과 혼인관계로 결합하면서 새로운 엘리트층이 생겨났다.[74]

이 엘리트들은 담배 플랜테이션을 획득, 확대해 나가고, 지역 정부에 대한 지배권을 인수해 가는 과정에서 상업적 부와 여러 형태로 연계

74) Fischer, *Albion's Seed*, pp. 207~32; Bailyn, 'Politics and Social Structure'.

되면서 '고귀한' 그들의 피가 오염되었을 가능성도 없지 않다. 그러나 이들이 베이컨이 그렇게도 화를 내며 비난했던 '천박한' 신분에다 배우지 못한 사람들이었던 것 같지는 않다. 이들 가운데 과거에 계약 노동자 신분이었던 사람은 극소수에 불과했다. 계약 노동자들이 자유를 얻고, 나중에 땅까지 획득했을 가능성은 분명 있었고, 그 가능성은 상대적으로 버지니아보다는 메릴랜드에서 더 높았다. 그렇지만 설사 그런 사람이 있었다고 해도 기껏해야 작은 땅뙈기를 가진 독립적인 식민지 정주자가 되었을 뿐이며, 그 중 다수는 1660년대에 담배 가격 급락으로 다시 가난뱅이로 전락했다.[75] 경제 침체의 영향으로 사회적 차이는 더 심해졌으며, 베이컨이 반란에 나서면서 선동에 이용했던 분노는 활활 타올랐다. 그를 따르는 병사들 가운데 다수는 '계약 노동자 신분에서 빠져나온 지 얼마 안 된'[76] 불만에 찬 자유인들이었다.

베이컨이 지역 관직을 독점하고 있던 새 엘리트층에 공격을 퍼붓기도 했지만, 특히 그의 공격 목표가 된 사람들은 그 관직 보유자들이 미워했던 사람들, 즉 총독과 의회 의원들로 이루어진 지배집단이었다. 총독 버클리의 친구들과 친인척들(그 중 다수는 새 엘리트층 출신이었고, 총독의 관직임명권 덕을 톡톡히 본 사람들이었다)은 부정부패로, 그리고 인디언과의 전쟁과 광범한 경제 침체로 상황이 어려울 때 과중한 세금을 요구함으로써 증오의 대상이 되었다. 본질적으로 이 반란은 사회 질서를 전복하려는 것이라기보다는 선정善政과 영국인들의 기본권 회복을 위한

---

75) Horn, *Adapting to a New World*, pp. 151~6.

76) T. H. Breen, *Puritans and Adventurers. Change and Persistence in Early America* (New York and Oxford, 180), p. 132에서 재인용.

것이었다. 비록 반란이 진행되는 동안 자기 부대에서 복무하고 있던 계약 노동자와 흑인 노예의 해방을 포함하여 베이컨이 취한 과격한 조치들이 결국에는 식민지 정주자 동맹 세력 대부분의 지지를 상실하게 되는 결과를 가져오기는 했지만 말이다.[77)]

식민지 행정관들이 찰스 2세에게 제출한 보고서는 반란의 책임이 버클리와 그의 무리들이 저지른 실정에 있다는 점을 분명히 했다. 그들의 그런 판단은 왕과 추밀원이 오랫동안 기다려 왔던 기회, 즉 버지니아의 통치 구조를 개혁하여 국왕 지배권을 더 강화할 수 있는 기회를 제공해 주었다. 특히 버지니아 의회는 왕의 통치 비용을 분담하기 위해 담배에 대한 세금을 왕에게 항구적으로 제공해야만 했다.[78)] 차후 버지니아 엘리트들은 한편으로 화이트홀(영국 정부)로부터 내려오는 압력에 더 민감해져야 했고, 다른 한편으로 점점 목소리를 높여 가고 있었던, 그리고 자유로운 영국인의 권리를 지키기 위해 억압적이고 탐욕스러운 과두 지배자들을 상대로 싸울 준비가 되어 있었던 일반 민중들의 요구를 무시할 수 없게 되었다. 의회가 부유한 식민정주자들의 무세 노동tax-free labour 특권을 제한하는 법령을 통과시킨 것은 엘리트들이 교훈을 얻었음을 말해 주었다.[79)]

그러나 베이컨의 반란이 버지니아 사회의 토대를 크게 흔들어 놓기는 했지만 17세기 중반에 형성 중에 있던 새로운 사회는 대체로 그 대격변으로부터 큰 손실 없이 빠져나올 수 있었다. 유권자 재산 자격 제한 조

77) Horn, *Adapting to a New World*, p. 378.
78) Morgan, *American Slavery, American Freedom*, p. 283.
79) Brown, *Good Wives, Nasty Wenches*, p. 178.

치는 베이컨의 집권 때 폐지되었다가 1677년 의회에서 다시 부활했다. 그러나 가난한 백인들이 투표권을 상실하기는 했지만 여전히 그들은 수중에 무기guns를 갖고 있었고, 엘리트들은 이 사실을 결코 간과할 수가 없었다.[80] 한편 반란이 있고 나서 20여 년 동안 변한 경제적·사회적 조건은 전에는 소동이 만성적인 것으로 보였던 사회의 역동성dynamics을 바꾸어 놓았으며, 비록 처음에는 그것이 매우 허약했지만 버지니아 백인 사회에 부자와 빈자 간의 암묵적 조정accommodation을 위한 길을 열어 놓기도 했다.

1684년 이후 담배 가격 인상으로 새로운 번영이 나타났으며, 그것은 점차 베이컨의 무장 요구에 적극적으로 반응한 무토지 자유민의 처지를 개선시켜 주었다.[81] 수입해 들여온 아프리카인들에게 절대적 예속을 강요하는 내용의 입법 과정이 1660년 버지니아 의회에 의해 시작되었고, 식민정주자들이 점점 비싸져 간 백인 계약 노동자 대신 흑인 노예 수입에 의존해 감에 따라[82] 식민지 인구의 균형과 구성 비율도 변하기 시작했다. 1690년대에 영국에서 수입해 온 계약 노동자 수가 감소하면서 버지니아에서는 사상 처음으로 백인 가운데 버지니아에서 태어난 사람이 다수를 점하게 되었다.[83] 체서피크 지역에서는 아메리카 원주민 인구가 급감했으며, 이 과정은 분명 베이컨과 그 일당이 벌인 대규모의 인디언 포획과 노예화, 그리고 '인디언과 흑인들은 기독교로의 개종 여부에 상관없이 평생 동안 노예로 한다'는 1682년의 의회 결정으로 더욱

---

80) *Ibid*., p. 179.
81) Breen, *Puritans and Adventurers*, p. 141.
82) Above, p. 105.
83) Hatfield, *Atlantic Virginia*, p. 228.

악화되었다.[84]

버지니아는 이제 노예를 그들의 전통적인 노예 공급원이었던 바베이도스만 뿐만 아니라 아프리카에서도 들여오게 되었다. 1680년대에 약 2,000명의 아프리카인이 식민지에 도착했다.[85] 이전에는 자유 신분의 흑인들이 백인 노동자들과 나란히 거주하고 노동했으나, 이제 흑인의 수가 약 1만 명에 이를 정도로 증가했다(이는 버지니아 전체 인구의 15%에 해당했다).[86] 그렇게 되자 버지니아 의회는 자유 신분의 흑인 수를 줄이려고 했으며, 그 방법 중 하나는 백인 주인들이 자기가 데리고 있는 흑인 노예를 해방시키지 못하게 하고, 해방시킬 때는 반드시 식민지 밖으로 추방시키게 하는 조치였다.[87] 의회는 또한 흑백 간 결혼과 그 결과에 대해 악선전을 함으로써 백인과 흑인 사이를 이간질하려고도 했다. 버지니아인들은 이제 피부색으로 분류되는 길로 나아가고 있었다.

그러므로 1700년경 체서피크 사회에서는 하나의 구분선이 나타나고 있었으니, 과거 백인과 백인을 나누는 사회적 적대감이 비록 완전히 없어지지는 않았지만 그것은 점차 약화되어 가고, 대신 백인과 흑인 간의 구분선이 점차 뚜렷해져 가고 있었던 것이다. 그후 수년 동안 버지니아 백인 사회에서는 그토록 오랫동안 나타나지 않던 모종의 유대감이 서서히 생겨나기 시작했다. 도박, 말 사육, 투계, 선술집 등 여러 가지 관심사의 공유를 기반으로 하는 백인 남성들의 문화도 출현했다. 이 사회는 가부장적인 사회가 될 것이었는데, 그것은 엘리트, 즉 관대의 의무

---

84) E. Morgan, *American Slavery, American Freedom*, p. 329.
85) P, Morgan, *Slave Counterpoint*, p. 58.
86) *Ibid.*, pp. 422~3.
87) *Ibid.*, pp. 15~6.

duties of hospitality를 진지하게 받아들이고, 사회적 약자들을 가부장적 자비심을 갖고 대하며, 적어도 선거철만이라도 사회적 약자들의 자유인으로서의 권리 주장을 용인하는, 엘리트들에 의해 지배되는 사회였다.[88)]

18세기 초 버지니아는 명문 가문 간 혼인으로 버드가Byrds, 카터가Carters, 베벌리가Beverleys 등 지배 가문들 간의 유대가 강화되어 가는 것과 함께 장기적 안정기로 접어들었고, 그것은 인간의 자유를 논하는 것과 수많은 노예의 소유를 자연스럽게 생각하는, 그리고 상호 긴밀한 연계를 가진 일군의 유력한 식민지 정주자들이 주도하는 사회였다. 국왕이 파견한 총독들의 간섭에 맞서 공동전선을 펴야 할 필요성이 주요 가문들로 하여금 상호 결속의 끈을 늦추지 않게 만들었다.[89)] 그러나 이 새로운 안정기와, 그 안정기를 지배한 부유한 엘리트들의 지배를 가능케 해준 것이 급속히 확산되어 간 노예제였다. 백인은 특권층 혹은 비특권층을 불문하고 흑인에 대한 경멸, 언제든 대규모 노예 반란이 일어날 수 있다는 두려움, 그리고 그럴 경우 서로 긴밀하게 협력하지 않으면 안 된다는 인식으로 하나가 되었다.[90)]

체서피크 사회는 영국령 카리브제도의 노예제 사회의 모습을 그대로 따라가고 있었다. 비록 카리브제도의 과두 지배층이 체서피크의 그것에 비해 훨씬 견고하기는 했지만 말이다. 바베이도스, 리워드제도, 자메이카의 대규모 설탕 생산지 정주자들은 체서피크의 그것과 비교될 만한 혼란의 시기를 겪고 나서 런던 정부와의 화해에, 그리고 그들이 사는

88) Brown, *Good Wives, Nasty Wenches*, 특히 184~5를 참조.
89) Breen, *Puritans and Adventurers*, p. 162.
90) E. Morgan, *American Slavery, American Freedom*, p. 344.

제도諸島의 사회적·정치적 삶에 대한 지배력을 강화하는 데에 성공할 수 있었다.[91] 카리브제도와 북아메리카 본토 남부 지역 식민지, 둘 모두에서 노예에 대한 대규모 투자는 존중과 예속의 유대로 연결된, 계서제 사회의 정점에 위치하고 있는 식민지 정주자 최상 계층의 부와 권력을 강화해 주었다.[92] 이 엘리트층이 부와 권력을 이용, 혹은 악용한 방식은 장소와 시간에 따라 다르게 나타난다. 문화적 역류들Cultural cross-currents은 18세기 버지니아에서 그랬던 것처럼, 과시적 소비에 빠지려는 타고난 성향을 억제하곤 했다. 그러나 이 모든 엘리트들은 명예와 평판에 대해 지대한 관심을 갖고 있었다.[93] 18세기 초 무렵이 되면 버지니아에서 나름의 사회적 신분을 주장하는 대부분의 가문들은 독자적인 문장을 갖고 있었다.[94]

체서피크와 영국령 카리브제도의 플랜테이션 사회들에서도 계서제적 질서가 나타나기는 했지만 누에바에스파냐와 페루 부왕령에서 나타난 것에 비하면 소박하고 미미한 수준이었다. 백인 농장주와 노예로 이루어진 농업 세계의 흑과 백의 이분화는 비록 그것이 가난한 백인의 존재와, 자유 신분의 흑인과 물라토라는 상당수 중간층이 카리브해에 출현함으로써 약간 복잡해지기는 했지만 비교적 단순했다. 체서피크 지역에도 예속적인 인디언 집단들이 있었다. 그러나 에스파냐령 아메리카 대부분 지역에서는 영국령 플랜테이션 사회의 그것에 비해 훨씬 도시화

---

91) Dunn, *Sugar and Slaves*, pp. 98, 131, 162~5; 식민정주자 사회에 대한 유용한 개관으로는 Craton, 'Reluctant Creoles'가 있다.

92) Fischer, *Albion's Seed*, p. 385.

93) Wyatt-Brown, *Southern Honor*를 참조.

94) Wright, *The First Gentlemen of Virginia*, p. 60.

된 환경에서 서로 다른 인종 집단들의 공존과 이인종간 통혼으로 영국령 아메리카 사회보다 훨씬 더 복잡한 사회 질서가 형성되었다.

에스파냐 국왕은 비록 신세계에서 귀족 계층이 출현하는 것에 대해 반대 입장을 분명히 했지만, 그 외의 분야에서는 이베리아 반도 사회의 토대를 이루던 계서제적이고 법인적인corporate 사회 조직 체계를 신세계에 이식하려고 했다. 그는 국왕이 이끌고 통제하는(그리고 거기서 사회 각 요소들은 각자의 위치를 인정받고 그 자리를 지키는) 유기체적인 사회만이 신의 질서를 닮은 지속적이고 안정된 정치적·사회적 질서를 제공할 것이라고 믿었다. 그러나 인디아스에서 이 목표를 달성하는 것은 에스파냐 본토에서 달성하는 것보다 훨씬 더 어려웠는데, 그 이유는 한편으로 국왕 자신이 정복자들의 사회적 요구를 용인하지 않으려 했기 때문이고, 다른 한편으로 정복자들과 엔코멘데로들이 자기 가문을 영속화하고, 타고난 엘리트로서의 지위를 공고히 하는 데 많은 어려움이 있었기 때문이다.[95)]

명백한 계서제적 질서를 수립하는 일은 정주 초기부터 '인디오들의 공화국'으로 별도의 집단적 정체성을 부여받은 대규모 인디언 인구의 존재 때문에 더욱 복잡해졌다. 그러므로 이곳에서는 명목상 두 개의 사회 질서, 즉 에스파냐인들의 질서와 인디언들의 질서가 각각 별개의 세습적 귀족층을 가진 채 공존하게 되었다. 에스파냐인들이 볼 때 인디언 귀족들은 법적으로 에스파냐인 귀족들이 받는 특별 대우와 특권을 향유

---

95) 인디아스의 사회구조에 대하여는 특히 Lyle C. McAlister, 'Social Structure and Social Change in New Spain', *HAHR*, 43 (1963), pp. 349~70; Magnus Mörner, 'Economic Factors and Stratification in Colonial Spanish America with Special Regard to Elites', *HAHR*, 63 (1983), pp. 335~69를 참조.

할 자격이 있었다. 인디언 귀족과 그들의 권리가 16세기 동안 비록 많이 위축되기는 했지만(특히 누에바에스파냐에서 그랬다) 계서제 사회는 '에스파냐인들의 공화국'에서와 마찬가지로 '인디언들의 공화국'에서도 절대 필요한 것으로 간주되었다.

그러나 다른 점에서는 두 공화국 간의 장벽이 붕괴되기 시작하고, 점점 더 많은 인디언들이 도시로 들어와 살게 되면서 얼마 가지 않아 이론과 현실 간의 괴리가 나타났다. 도시에 들어온 인디언들은 그 도시의 1세대 정주자와 새 이민자, 그리고 그들의 후손들로 이루어진 점점 다수가 되어 간 에스파냐인들과 함께 살게 되었다. 이 에스파냐인들은 비록 자신들이 직접 정복 사업에 참가한 것은 아니지만 자연스럽게 스스로를 정복 민족conquering race의 일원으로 간주했다. 이들 에스파냐인들의 피를 물려받은 후손들은 1560년대부터 크리오요criollos라고 불리기 시작했으며,[96] 이들의 우월한 지위는 에스파냐에서 귀족과 이달고만이 누릴 수 있는 면세 특권에 의해 인정되었다. 이 면세 특권은 크리오요 가운데 다수가 인디언 이웃들과 별로 다르지 않은 삶을 살았을지라도 세금 납부 의무를 가지고 있었던 인디언들과 그들을 분명히 구분해 주었다.

크리오요들이 '돈'don이라는 칭호를 포함하여 높은 신분을 말해 주는 외적 표징에 심하게 집착한 것은 그들 자신들이 정복자들의 사회에 속해 있다는 것을 내보일 필요성을, 그리고 자신들이 식민지의 사회적 계서에서 상층에 속해 있음을 보여 주어야 함을 그만큼 절실히 느끼고 있었음을 말해 준다. 알렉산더 폰 훔볼트Alexander von Humboldt는 식민시기 말기에 '백인이라면 누구나, 심지어 그가 맨발로 말을 타고 있을 때조

96) Below, p. 234.

차도 자신을 귀족이라고 여긴다'라고 썼다.[97] 그러나 피부색이 흰색이라는 사실은 귀족 신분과 마찬가지로 외적으로 드러나는 것과 실제 내용 간에 같은 것이 아무 것도 없는 사회에서 그 자체의 모호성을 획득하게 된다.

17세기 말이면 크리오요들이 비록 면세 특권을 유지하고, 명목상으로는 계속 정복 사회의 일원으로 남아 있었지만 정복자와 피정복자라는 지금까지의 구분선은 인종 간의 뒤섞임으로 점차 흐려지고 있었으며, 인종적 다양성의 사회의 혼란한 현실이 만들어 낸 새로운 구분선에 의해 중첩되고 있었다. 바야흐로 '카스타들'castas의 사회가 형성되어 가고 있었는데, '카스타'라는 말은 원래 에스파냐에서 남과 구분되는 혈통의 인간 집단 혹은 동물 집단을 지칭하기 위해 쓰였던 용어이다.[98] 에스파냐 남성과 인디언 여성 사이에서 태어난 메스티소들이 첫번째 카스타였으며, 여기에 곧 크리오요와 흑인 사이에 태어난 물라토, 인디언과 흑인 사이에 태어난 삼보zambos 등등 여러 카스타들이 속속 등장했다. 1640년대 경이면 멕시코시티 내 몇몇 교구사제들은 서로 다른 인종 집단들을 기록한 별개의 혼인 명부를 갖고 있었다.[99]

인종 간 결합과 순열의 정도가 더해감에 따라 관계의 정도, 흰색과 검은색 사이의 모든 스펙트럼을 망라하는 피부색의 농담 정도에 따라 사람을 분류하고, 그렇게 분류한 집단들을 지칭하는 용어를 만들어 내

---

97) Humboldt, *Ensayo político*, II, p. 141 (lib. 2, cap. 7)

98) *Diccionario de autoridades* (Madrid, 1726; facsimile edn, 3 vols, Real Academia Española, Madrid, 1969)에서 '*casta*' 항목을 참고. 또한 Mörner, *Race Mixture*, p. 53 참조.

99) R. Douglas Cope, *The Limits of Racial Domination. Plebeian Society in Colonial Mexico City, 1660~1720* (Madison, WI, 1994), p. 24.

〈그림 16〉 안드레스 데 이슬라스(Andrés de Islas)의 '네 가지 인종 집단'. 한 멕시코 화가가 그린 16점으로 된 일련의 카스타(casta) 그림 중에서 선택된 이 4점은 18세기에 크게 유행한 미술 장르의 한 전형이다. 이 그림들은 누에바에스파냐 부왕령에서 나타난 인종 간 융합의 정도에 대한 분류법을 만들어 내려는 노력을 잘 보여준다. 윗열; 1. 에스파냐인 남성과 인디언 여성 사이에서 태어난 사람을 메스티소(mestizo)라 했다. 2. 에스파냐인 남성과 메스티사(메스티소 여성) 사이에서 태어난 사람을 카스티소(castizo)라 했다. 아랫열; 3. 인디언 남성과 메스티사 사이에서 태어난 아이는 코요테(coyote)라 불렀다. 4. 로보(lobo) 즉 '늑대'(인디언 남성과 아프리카인 여성 사이에서 태어난 사람)에게서 태어난 아이를 치노(chino)라 불렀다.

는 노력도 더 복잡해져 갔다. 18세기 미술가들은 유명한 일련의 '카스타 그림'(지금까지 100가지 이상의 세심한 인종적 차이를 구분하는 그림이 그려졌다)에서 비천한 피에 오염되지 않을까 혹은 에스파냐에서 온 관리들이 자신들을 비천한 인종으로 분류하지 않을까 걱정이 많았던 크리오요 엘리트층이 자신들의 사회적 우위를 강조하고 그것을 계속 보전하기 위해 고안한 분류 체계에 시각적 표현을 제공하려고 노력했다. 일련의 이색적인 그림을 통해 자신들이 생각해 낼 수 있는 모든 종류의 인종 혼합과 피부 색깔의 조합을 보여 주는 가족 집단들을 시각적으로 묘사하려고 한 이 미술가들의 노력은 혼란스런 상황에 모종의 질서를 부여하려는 노력이었지만 그것은 실패로 끝날 수밖에 없었다(그림 16).[100)]에스파냐령 아메리카에서 나타난 '피부색주의'pigmentocracy에서 흰 피부색은 적어도 이론적으로는 한 인간이 어떤 사회적 서열에 속하는가를 말해 주는 지표가 되었다.[101)] 그러나 실제로는 세월이 지나면서 적어도 단 몇 방울이라도 인디언의 피가 섞이지 않은 크리오요는 없게 되었고, 새로 아메리카에 도착한 에스파냐인들(크리오요들은 이들을 '가추핀'gachupines이라 불렀다)은 그 사실을 자주 상기시키곤 했다.

식민지 사회는 에스파냐 본토와 마찬가지로 족보에 집착하는 사회

---

100) Ilona Katzew (ed.), *New World Order. Casta Painting and Colonial Latin America* (Americas Society Art Gallery, New York, 1996), 그리고 그녀의 종합적인 연구 *Casta Painting. Images of Race in Eighteenth-Century Mexico* (New Haven and London, 2004)를 참조. 지금까지 구분된 세트 수에 대해서는 Katzew, *Casta Painting*, p. 63을 참조. 지금까지 알려진 최초의 세트는 1711년으로 거슬러 올라간다(p. 10).

101) Magnus Mörner, 'Labour System and Patterns of Social Stratification', in Wolfgang Reinhard and Peter Waldmann (eds), *Nord und Süd in Amerika: Gegensätze-Gemeinsamkeiten-Europäischer Hintergrund* (Freiburg, 1992), I, pp. 347~63.

였다.[102] 족보와 명예는 상호적 관계에 있었고, 그 둘 모두를 고스란히 지키려고 하는 열망은 '순혈'limpieza de sangre에의 집착으로 나타났다. 이베리아 반도에서 순혈령純血令은 유대인과 무어인을 조상으로 둔 사람들을 관직이나 특정 단체에서 배제하기 위해서 만들어진 것이었다. 에스파냐에서는 유대인 혹은 무어인 피에 '오염된' 사람들에게 적용되었던 낙인이 인디아스에서는 인디언 혹은 아프리카인의 피에 오염된 사람들로 바뀌었다. 에스파냐령 아메리카에서는 순혈주의가 지배 엘리트들의 지배권 유지를 위한 도구가 되었다. 서출의 낙인을 갖고 있었던 혼혈인에 대한 경멸은 아프리카인의 피를 가진 노예의 낙인과 결합되어 카스타들을 공직, 도시의 특정 단체나 종교 교단, 대학 입학, 수많은 결사체나 길드의 입회 등에서 배제시키는 배타적 정책을 정당화하는 수단으로 이용되었다.[103]

그러나 이 차단 장벽이 결코 극복 불가능한 것은 아니었으며, 식민지 사회 내에서도 이 문제에 대해 치열한 논란이 벌어졌다.[104] 적어도 누에바에스파냐에서는 아프리카인의 피는 그러지 못했지만 인디언의 피로 인해 갖게 된 불명예는 피부색주의의 질서에서 한 단계 상위에 속한 카스트 집안과 세 세대 이상 연속해서 결혼하면 제거될 수 있었다: '에스파냐인과 인디언 사이에서 태어난 혼혈인 경우 그 불명예는 증손자대에 가면 없어진다. 즉 에스파냐인과 인디언 여성이 낳은 아이는 메스

102) Twinam, 'Honor, Sexuality', in Lavrín, *Sexuality and Marriage*, pp. 123~4.

103) Carmen Castañeda, *Círculos de poder en la Nueva España* (Mexico City, 1998), pp. 112~14; Bernand, *Negros esclavos y libres*, pp. 130~1; María Elena Martínez, 'The Black Blood of New Spain: *Limpieza de Sangre*, Racial Violence, and Gendered Power in Early Colonial Mexico', *WMQ*, 3rd ser., 61 (2004), pp. 479~520.

104) Castañeda, *Círculos de poder*, p. 113.

티소mestizo이고, 메스티소와 에스파냐인 사이에서 태어난 아이는 카스티소castizo이며, 카스티소와 에스파냐인 사이에서 태어난 아이는 에스파냐인'이었다.[105] 한 가족의 역사에서 불행한 과거를 은폐하기 위해 족보를 변조하는 일은 드물지 않았으며, 돈을 들여 이미 고인이 된 사람의 신분을 소급하여 고치는 일도 빈번했다.[106]

피부색에 기반을 둔 엄격한 사회적 계서화를 교묘하게 피해가는 방법은 그 밖에도 여러 가지가 있었다. 1662년 파라과이에서 국왕이 혼혈사회와 관련하여 내린 칙령에서 '에스파냐인의 자식은 비록 그 아이가 인디언 여성에게서 태어났다고 하더라도 에스파냐인으로 간주되어야 한다'고 말한 것은 기존 현실의 인정에 다름 아니었다.[107] 메스티소가 적자이고 피부색이 희거나 흰색에 가까우면 크리오요로 간주되고, 크리오요의 사회적 이점을 갖게 될 확률은 그만큼 높았다. 이미 16세기 말부터 정실부인에게서 태어난 메스티소는 국왕으로부터 '에스파냐인'임을 인정받는 증명서를 구입할 수 있었는데, 이는 그 후손들이 많은 배움을 요하는 직책, 많은 돈을 벌 수 있는 직책에 들어갈 수 있게 됨을 의미했다.[108] 17세기에는 소위 '그라시아스 알 사카르' 제도[109]가 물라토들도 흑인이 아닌 백인으로 인정받을 수 있게 만들었다.[110] 이 같은 인종적 융

105) Katzew, *New World Orders*, p. 11, from a 1774 treatise by Pedro Alonso O'Crouley에서 재인용.

106) Twinam, 'Honor, Sexuality and Illegitimacy', p. 125.

107) Bernard Lavallé, *Las promesas ambiguas. Ensayos sobre el criollismo colonial en los Andes* (Lima, 1993), p. 47에서 인용.

108) Cope, *Limits of Racial Domination*, p. 121.

109) gracias al sacar: 어떤 사람을 카스타 제도로부터 해방시켜 주는 왕의 칙령 — 옮긴이.

110) Lavallé, *Las promesas ambiguas*, p. 47; Katzew, *New World Orders*, p. 12.

통성의 확대는 국왕의 만성적 재정 부족 때문에 더욱 용이해졌는데, 영국령 아메리카 사회에서는 이런 현상을 거의 찾아볼 수 없다. 다만 자메이카에서는 물라토의 신분 상승을 위한 공적 규정이 있었던 것으로 보이는데, 1733년의 규정에 의하면 '물라토가 세 세대를 지나면 물라토로 간주되지 않으며, 그들이 만약 기독교 가정에서 성장했다면 이 섬에 사는 국왕 폐하의 다른 백인 신민들과 동일한 특권과 면세권을 향유할 수 있다'라고 되어 있다.[111)]

그러나 이런 편법과 불확실성에도 불구하고 에스파냐령 아메리카 식민지는 비록 피부색과 사회적 신분(사회적 신분과 법적 신분은 다르다) 간의 등식이 절대적이지는 않았지만 대체로 피부색에 의해 결정되는 사회로 발전해 갔다. 흑인 하인들(그 중 다수는 노예 신분이었다)은 법적으로는 자신들만의 공동체에 거주하는 순수 인디언들보다 신분이 낮았다. 그러나 사회적·문화적으로는 크리오요 가정이나 아시엔다의 마름 일을 맡아보는 경우가 많았기 때문에 히스패닉 세계Hispanic world의 일원이 될 수 있었고, 그 때문에 인디언들보다 더 높은 서열에 위치하는 경우가 적지 않았다.[112)] 만약 에스파냐령 아메리카 식민지 사회가 기본적으로 에스파냐인, 카스타, 인디언이라고 하는 세 위계로 이루어진 사회라고 한다면, 흑인들은 바베이도스나 체서피크의 흑인들과 달리 비록 피의 오염이라는 면에서는 흑인 피가 인디언 피보다 더 열등했지만 카스타로 분류되는 경향이 있었기 때문에 중간 계층에 속하였다고 할 수 있다.

---

111) Winthrop D. Jordan, *White Over Black. American Attitudes toward the Negro 1550~1812* (1968; Baltimore 1969), p. 176에서 인용.

112) Lockhart and Schwartz, *Early Latin America*, pp. 129~30; Mörner, *Race Mixture*, pp. 60~1.

전통적인 신분사회에 불완전한 모습으로 얽혀 있는 이런 복잡 미묘한 인종적 차이는 불가피하게 사회 불안을 증대시키는 원인이 되었으며, 특히 도시에서 그랬다. 에스파냐계 크리오요들 가운데 가난한 사람들(그들은 대신 '순수한' 피를 갖고 있어서 카스타들보다 높은 법적 지위를 갖고 있었다)은 자신들보다 더 잘사는 혼혈인과 자신들을 신분적으로 구분해 주는 상징에 강하게 집착했다. 동시에 그들은 크리오요 엘리트들의 거만한 태도와 많은 재산에도 심한 반감을 갖고 있었다. 메스티소는 면세권을 박탈하려는 당국의 시도에도 불구하고 크리오요와 마찬가지로 직접세를 내지 않는 특권을 갖고 있었으며, 이는 납세 의무를 지고 있었던 인디언들과 자신들을 구분하려는 온갖 유인을 그들에게 제공해 주었다. 메스티소로 인정받은 인디언은 세금을 내지 않아도 되기 때문에 경제적으로 상당한 이득을 얻을 수 있었다. 그러나 신앙의 문제에서는 인디언이 크리오요나 메스티소와 달리 종교재판소의 사법권에 포함되지 않았기 때문에 인디언으로 분류되어 남아 있는 것이 유리했다.[113]

법적 혹은 사회적 관행에서 나타난 이렇게 어지럽고 복잡한 경향은 계속해서 혼란과 모호함을 초래했고, 어떤 사람은 희생자로 만들고 어떤 사람에게는 기회를 제공했다. 또한 서열과 피부색 간의 완벽하지 않은 일치imperfect fit는 불가피하게 사회적 전복social subversion이 나타날 소지를 제공했다. 훔볼트에 따르면, '어떤 평민이 어떤 직책을 가진 사람과 언쟁을 할 때면 "당신이 나보다 더 하얗다고 생각해?"라고 묻는 경우가 빈번했고, 이는 오늘날의 귀족들의 지위와 기원을 완벽하게 말해 주는

113) Solange Alberto, *Del gachupín al criollo. O de cómo los españoles de México dejaron de serlo* (El Colegio de México, Jornadas, 122, 1992), p. 170, n. 13.

언급이 아닐 수 없다.'[114]

그러므로 에스파냐인들이나 크리오요들 가운데 상층에 있는 사람들이 누에바에스파냐나 페루의 도시 거리를 꽉 메우고 있는 혼혈인들의 소요를 염려한 것은 놀라운 일이 아니었다. 1624년 멕시코시티에서 일어난 대중 봉기는 개혁적 부왕이었던 헬베스 후작을 거꾸러뜨리는 데 일조했다. 봉기자들 가운데 다수는 인디언들이었지만 그 중에는 메스티소, 흑인, 물라토, 그리고 상당수 백인도 포함되어 있었다.[115] 서로 다른 인종 집단들이 무차별적으로 뒤섞이면서 도시 하층계급이 형성되어 갔다. 사회적 구분의 고착화를 반영하듯이 버지니아에서 엘리트들이 고귀한 태생과 사회적 명망의 개념에 기반을 둔 사회적 코드를 통해 자신들과 백인 하층민을 구분하려고 했던 것처럼, 엘리트들은 자기네 같은 사람들(점잖은 사람들)과 하층 백인들을 포함한 일반 서민을 구분하기 시작했다.[116]

버지니아 농촌 사회에서 쌓여 간 사회적·경제적 불만은 1676년 베이컨의 반란으로 폭발했다. 멕시코 농촌 사회에서는 그 적대감이 1692년 단기간의 민중 봉기로 정점에 이르렀다. 폭우와 홍수로 그해 옥수수 가격이 17세기 사상 최고 수준에 이르렀다.[117] 그해 6월 8일 분노한 민중은 부왕의 궁전, 시청, 감옥을 약탈·방화하는 등 권위의 상징물들에 분노를 쏟아냈고 상점을 약탈했다. 인디언, 메스티소, 에스파냐인 수공업

---

114) Humboldt, *Ensayo político*, II, p. 141 (lib. 2, ch. 7).

115) Israel, *Race, Class and Politics*, ch. 5.

116) Cope, *Limits of Racial Domination*, pp. 22~3; Wyatt-Brown, *Southern Honor*, ch. 4.

117) Enrique Florescano, *Etnia, estado y nación. Ensayo sobre las identidades colectivas en México* (Mexico City, 1997), p. 259에 들어 있는 17세기 멕시코시티 옥수수 가격에 관한 도표 참조.

자들은 잠시 인종적 차이를 잊고 하나가 되어 '우리의 곡식을 먹어치우는 에스파냐인과 가추핀들'을 공격했다. 파괴의 난장판이 벌어지고 난 뒤 탄압이 그 뒤를 따랐으며, 6월 8일에 이루어졌던 (인디언, 메스티소, 에스파냐인 간의) 일시적 연합은 급속히 와해되었다. 아마도 경제적 어려움이 가난한 사람들과 여러 가지 불이익을 당한 사람들의 동맹을 가능케 했을 것이다. 그러나 카스트와 피부색에 대한 의식consciousness은 그 동맹이 취약하고 일시적인 것이었음을 분명히 해 주었다.[118]

1692년에 일어난 멕시코시티의 봉기는 베이컨의 반란과 마찬가지로 일시적인 현상으로 끝났고, 버지니아 엘리트들보다 더 오래되고 확고하게 뿌리내린 그곳 엘리트들에게 심각하고 지속적인 위협이 되지는 못했다. 에스파냐령 아메리카의 도시 과두 엘리트들은 정복기가 끝나고 난 뒤 두어 세대 동안 도시에 대한 지배력을 공고하게 만들어 놓고 있었다. 시정부를 장악한 데다 광범한 지방에까지 영향력을 확대하고 있었던 이들 과두 엘리트들의 중심에는 자기 가문을 항구화하는 데 혹은 정복의 전리품을 보전하는 데 성공한 정복자 가문들이 있었다. 예컨대 식민시기 대부분 기간 동안 산타페데보고타 시 엘리트들의 핵심을 이루고 있던 것이 바로 이런 가문들이었다.[119] 그러나 이들은—누에바그라나

---

118) Cope, *Limits of Racial Domination*, ch. 7; Natalia Silva Prada, 'Estrategias culturales en el tumulto de 1692 en la ciudad de México: aportes para la reconstrucción de la historia de la cultura política antigua', *Historia Mexicana*, 209 (2003), pp. 5~63. 이 문제에 대한 최근의 설명으로는 Carlos de Sigüenza y Góngora, 'Alboroto y Motín de México del 8 de Junio de 1692, in a selection of his *Relations históricas* (4th edn. Mexico City, 1987), pp. 97~174.

119) Juan A. and Judith E. Villamarín, 'The Concept of Nobility in Colonial Santa Fe de Bogota', in Karen Spalding (ed.), *Essays in the Political, Economic and Social History of Colonial Latin America* (Newark, DE, 1982), pp. 125~53.

〈그림 17〉 작자 미상의 '살리나스 후작 돈 루이스 데 벨라스코(아들)'(1607). 1550년부터 1564년까지 제2대 부왕으로 누에바에스파냐를 통치한 돈 루이스 데 벨라스코의 차남. 살라망카 대학에서 수학한 그는 1554년 미래의 펠리페 2세가 메리 튜더와 결혼하기 위해 잉글랜드를 방문했을 때 그를 수행한 측근 가운데 한 명이었다. 1560년 누에바에스파냐로 건너와 부친과 합류했으며, 거기서 멕시코 정복에 참여한 정복자 가운데 한 사람이자 부유한 엔코멘데로였던 돈 마르틴 데 이르시오(Don Martín de Ircio)의 딸과 혼인하였다. 1590년 펠리페 2세는 그를 그의 부친에 이어 누에바에스파냐의 부왕에 임명했다. 그는 1611년 다시 마드리드로 돌아와 인디아스평의회 의장이 되었고, 1617년에 그 자리에서 물러난 뒤 그해 눈을 감았다. 제국 관료제의 최고위직까지 평탄하게 상승을 거듭했던 그는 자신의 부친이 그랬던 것처럼 아메리카 부왕들이 광범한 후원 관계망을 갖고 있어서 친척이나 지지자들을 챙기고, 크리오요 엘리트들과의 긴밀한 연계를 통해 이익을 챙기고 있었음을 입증하고 있다.

다의 또 다른 도시 포파얀의 엘리트들이 그랬듯이 — 에스파냐 혹은 인디아스 다른 지역에서 이주해 와 이곳 주민들과 혼인하고, 새로운 부의 유입을 통해 주기적으로 가산을 늘려 준 새 이주자들에 의해 보충되고 갱신되었다.[120)]

새로운 부는 교역, 광산 채굴, 관직 보유 등에서 얻어지는 이익에서 유래했다. 첫 세대가 누린 부귀를 계속 이어가지 못한 옛 정복자 집안들에게는 몹시 불쾌하게도 반도에서 새로 도착한 이주자들은 너무나 쉽게 중앙이나 지방의 행정직에 진출하고, 땅이나 노동력 분배에서 특혜를 누리곤 했다. 부왕들은 친구, 친척, 가신으로 이루어진 대규모 측근 집단을 대동하고 왔으며, 그 측근 집단들은 하나같이 자신들의 보호자(즉 부왕)가 재임하는 동안 한몫 단단히 챙기겠다는 생각을 갖고 있었다. 영향력과 가문 커넥션의 연결선이 이베리아반도에서 리마나 멕시코시티로 퍼져 있었고, 리마나 멕시코시티 부왕들은 자기가 뒤를 봐주는 사람이나 자신에게 돈을 갖다 바치는 사람에게 관직을 수여했다. 카스티야의 유력한 대원수[Constable] 집안의 지가[支家] 출신이었던 돈 루이스 데 벨라스코는 1550년 제2대 부왕으로 누에바에스파냐에 도착하여 14년 동안 재직했다. 같은 이름의 그의 아들도 1590년에서 1595년까지 부왕직을 수행하다가 잠깐 페루 부왕으로 재직한 다음 다시 1607년부터 1611년까지 이곳의 부왕으로 재임하다 인디아스평의회 의장이 되어 에스파냐로 귀국했다(그림 17). 벨라스코 가문이 누에바에스파냐를 지배한 20년 동안 강력한 '부왕령의 엘리트' 집단이 나타났는데, 그 중에는 멕시코의 엔코멘데로 혹은 광산업자 가문과 혼인한 벨라스코 가문의 사람들이 여

120) Marzahl, *Town in the Empire*, p. 40.

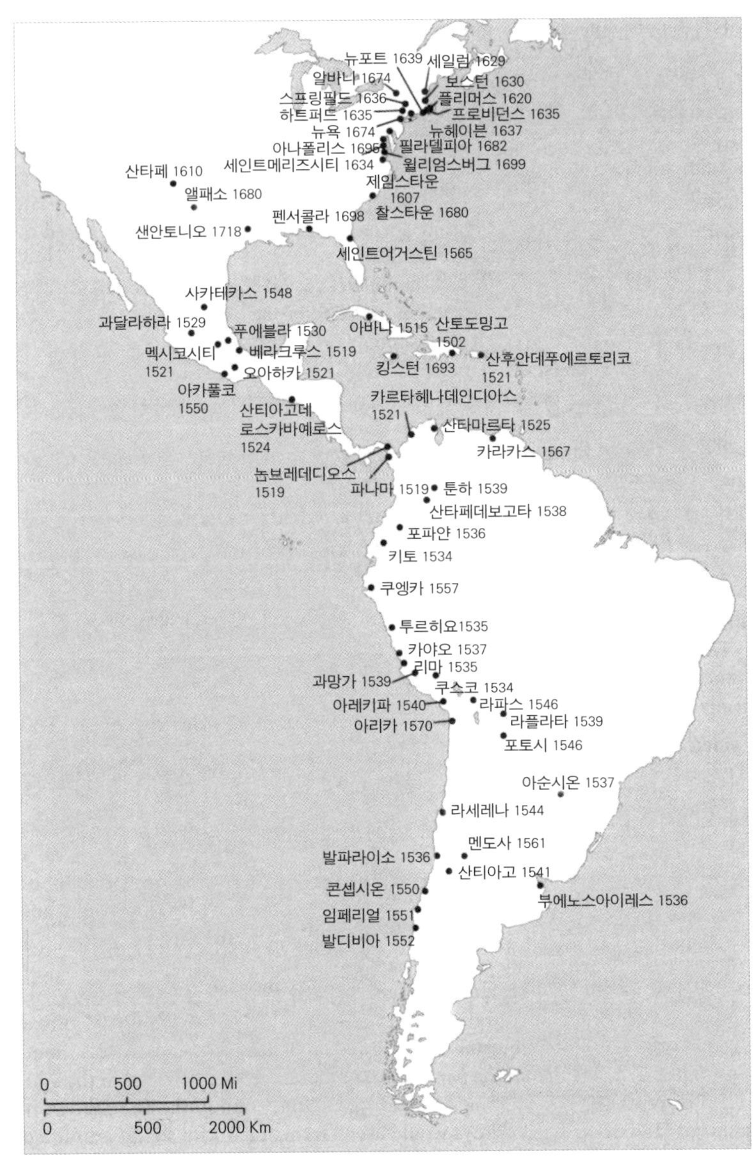

〈지도 4〉 1700년경 영국령과 에스파냐령 아메리카의 주요 도시들. R. L. Kagan, *Urban Images of the Hispanic World*, 1493~1793 (2000), fig. 2.5를 바탕으로 작성.

럿 포함되어 있었다.[121)]

제국 관료제의 상층부—17세기 말에 11개 아우디엔시아의 의장, 판사, 재무관을 비롯하여 국왕의 재가를 받아 임명되는 관리만 76명에 이르렀다[122)]—는 이론상 외부 세계와 차단된 카스트를 이루고 있었는데, 그것은 공정한 통치와 공평한 재판을 위해 일반인들과 격리되어야 한다고 생각되었기 때문이다. 그러나 이들은 얼마 가지 않아 지역 가문들과의 혼인 금지, 관할 구역 내 부동산 취득 금지 등의 조치를 무력화시킬 수 있는 방법들을 발견해 냈고, 17세기경이면 국왕은 점차 관리들 자신들이나 그 자식들이 지역 엘리트 집안과 혼인관계를 맺고자 할 때 기꺼이 특별 결혼허가서를 내주게 되었다. 이런 엘리트 집안끼리의 연계는 당연히 두 집안 모두에게 이익이 되었다. 판사들과 관리들은 부자들과 혼인함으로써 부를 쌓았고, 판사나 관리들과 사돈관계를 맺은 집안들은 소송 사건에서나 관직 획득에서 덕을 볼 수 있었다.[123)]

도시 지배 가문들은 국왕 행정부와의 특별한 연계를 이용하여 재산을 늘려 갔고, 적합하다고 생각되는 곳에 한사부동산권entails을 설정했으며, 도시와 그 인근지역에 대한 지배를 강화해 갔다. 그들은 악화 일로에 있던 국왕 재정을 이용해 공직을 매입하기도 했다. 시 참사회위원직은 보편적 거래 대상이 된 지 이미 오래였으며, 1591년부터는 공매 대상이 되었다. 1559년부터는 시 공증인직도 매각 대상에 올랐으며, 1606년

---

121) De la Peña, *Oligarquía y propiedad*, pp. 200~6; Ma. Justina Sarabia Viejo, *Don Luis de Velasco, virrey de Nueva España, 1550~1564* (Seville, 1978), pp. 474~5.

122) Mark A. Burkholder and D. S. Chandler, *From Impotence to Authority. The Spanish Crown and the American Audiencias, 1687~1808* (Columbia, MO, 1977), p. 2.

123) Konetzke, *La época colonial*, p. 138; De la Peña, *Oligarquía y propiedad*, p. 195.

부터는 거의 모든 지역 관직이 공매 대상이 되었다. 펠리페 2세와 펠리페 3세는 재정 관련 직책만은 매각에 포함시키지 않는 노선을 견지했으나 펠리페 4세는 1633년 이마저도 매각 대상에 포함시켰다. 결국 17세기 후반에는 심지어 최고위 직책마저 매각되었으며, 1687년부터는 아우디엔시아의 직책도 체계적으로 매각되었다. 크리오요 가문들이 관직 매입을 통해 지방과 중앙 행정에 진출하고, 그 과정에서 사회적·경제적 지배를 더욱 강화하는 등 재빨리 움직여 이런 기회 확대를 자기들에게 유리하게 이용했다.[124]

이런 식으로 도시 주요 가문들이 국왕 행정, 교회, 광산업, 무역 등과 연결되면서 이해관계망이 구축되어 갔다. 광산업과 대서양 횡단 무역 모두에서 대규모 수익이 만들어졌는데, 이 분야에서 17세기 초 멕시코와 페루의 상인들은 30퍼센트 이상의 수익률을 기대할 수 있었다.[125] 이 수익 가운데 일부는 대규모 자본을 요하는 광산업에 투자되었으며, 나머지는 대상인이 지주 혹은 관리 집안과 결혼하는 데 필요한 지참금 마련 등에 사용되었다. 1664년부터 1673년까지 누에바에스파냐의 부왕으로 재직한 만세라 후작Marquis of Mancera은 다음과 같이 말하고 있다: '인디아스에서 에스파냐 국민 가운데 많은 부분을 차지하는 상인과 무역업자들은 귀족들과 가까이 지내며 서로의 스타일과 태도에 영향을 미친다. 그래서 이 두 집단을 구분하는 것이 쉽지 않다.' 오래된 가문들의

124) J. H. Parry, *The Sale of Public Office in the Spanish Indies under the Hapsburgs* (Berkeley and Los Angeles, 1953); Mark A. Burkholder, 'Bureaucrats', in Louisa Schell Hoberman and Susan Migden Socolow (eds), *Cities and Society in Colonial Latin America* (Albuquerque, NM, 1986), ch. 4.

125) Hoberman, *Mexico's Merchant Elite*, p. 55와 표 8; Suárez, *Comercio y fraude*, p. 124.

궁핍과 새로운 상인 가문들의 야심은 둘 간의 혼인으로 이어져 '이 지역에서는 카바예로가 상인으로 간주되고, 상인이 카바예로로 간주되는' 상황이 나타났다. 만세라 후작은 베네치아의 경우를 염두에 두면서 이런 결과가 공적으로 이익을 가져다 줄 것으로 생각했다.[126)]

실제로 누에바에스파냐와 페루 모두에서 대상인들이 엘리트층의 일부가 되어가기는 했지만 만세라의 언급에는 얼마간의 과장이 포함되어 있었다. 가장 부유한 상인들도 여전히 별개의 사회 집단으로 남아 있었고, 아들들 가운데 적어도 한 명은 교역에 종사하게 함으로써 자신들의 상업적 이해관계를 계속 유지하려는 경우가 많았다. 그들이 식민지 사회 최상층에 침투하지는 못하고 있었다.[127)] 최상층 사람들은 이제 다른 계층과 자신들을 구분해 주는 새로운 표징들을 획득하고 있었다. 17세기 동안 422명의 크리오요가 권위 있는 기구로 인정되고 있던 에스파냐 종교기사단들(산티아고 기사단, 칼라트라바 기사단, 알칸타라 기사단)에 들어갔는데, 이는 16세기에 이 종교기사단에 들어간 사람이 16명에 불과했음을 생각해 볼 때 놀라울 정도로 급증한 것이었다.[128)] 크리오요들은 또 왕으로부터 귀족 작위를 하사받기 시작하기도 했는데, 국왕은 16세기에는 신세계에서 귀족층의 출현을 막기 위해 귀족 작위를 완강하게 불허하는 정책을 견지했으나 이제는 재정 상황이 너무나 악화되어 그 노선을 계속 유지할 수가 없었다. 페루의 경우 16세기까지 프란시스코 피사로의 후작 작위 수여가 유일했으나 카를로스 2세 치세 동안에만

---

126) Hanke, *Los virreyes españoles. México*, 5, p. 12.

127) Hoberman, *Mexico's Merchant Elite*, pp. 223~4.

128) Guillermo Lohmann Villena, *Los americanos en las ordenes nobiliares, 2 vols* (Madrid, 1947); Romano, *Conjoncture opposée*, p. 188.

13개의 후작 작위와 14개의 백작 작위가 이곳에서 새로 생겨났다. 그리고 18세기 동안 78명의 작위 귀족이 더 생겨났다.[129)]

비록 에스파냐령 아메리카 식민지 사회의 정점에서는 점차 배타적인 집단이 형성되어 갔지만 지배적인 가문들은 관직보유자, 상인, 광산업자 집안들과의 결혼 동맹을 통해 기꺼이(혹은 어떻게든) 새로운 부원富源에 접근하려고 했고, 그런 경향은 엘리트층으로 하여금 상대적으로 새로운 피와 새로운 돈에 개방적인 마음을 갖게 만들었다. 그들은 또한 잠재적으로 넓은 지역적 범위를 가진 엘리트층이었다. 이 엘리트층은 에스파냐령 아메리카 사회가 지역주의적 성격을 갖고 있음에도 불구하고 더 넓은 영역을 가진 국왕 사법권 단위들에 의해 규정되고, 에스파냐에까지 확대되는 더 넓은 구조의 일부라는 것을 알고 있었다. 두 부왕령과 아우디엔시아들의 사법 영역들에서 여러 크고 작은 도시들의 엘리트들은 끊임없이 서로 접촉했고, 결혼 전술을 추구하면서 자주 지역적 차원이 아닌 부왕령 차원에서 행동하곤 했다. 그리하여 산티아고데칠레의 지배 가문은 혼인을 통해 쿠스코, 리마, 라파스, 투쿠만의 가문들과 연계되었다.[130)] 에스파냐의 아메리카 제국은 대륙 전체를 포괄하는 상호 연계된 가문들 간의 관계망을 만들어 내기도 하고, 또 그를 통해 결속을 유지하기도 했다.

다른 곳에서와 마찬가지로 여기서도 국왕 정부의 포괄적 구조는 에

---

129) Stuart B. Schwartz, 'New World Nobility: Social Aspirations and Mobility in the Conquest and Colonization of Spanish America', in Miriam Usher Chrisman (ed.), *Social Groups and Religious Ideas in the Sixteenth Century* (Studies in Medieval Culture, XIII, The Medieval Institute, Western Michigan University, Kalamazoo, MI, 1978), pp. 23~37.

130) Zúñiga, *Espagnols d'outre-mer*, pp. 305~11.

스파냐령 식민지 사회에 북쪽 영국령 식민지 사회에서 볼 수 있는 것보다 더 큰 통일성과 동질성을 가져다 주었다. 영국령 아메리카의 형성에는 분명 각 식민지들 간의 이동성이라는 중요한 요소가 존재했다. 뉴잉글랜드에 살던 퓨리턴들이 1640년대부터 메릴랜드와 버지니아 동부 해안으로 가 정주했고, 17세기 후반에는 수천 명의 바베이도스 주민들이 인구 과잉 상태가 된 그곳을 떠나 체서피크에 새 둥지를 마련했다. 버지니아 상인들도 자녀들을 사업상 거래 관계가 있는 다른 식민지 상인들의 자녀들과 결혼시킴으로써 연계를 강화하는 경우가 적지 않았다.[131]

그러나 18세기 중부식민지들의 예외가 있기는 하지만—중부 식민지들, 즉 영국령 아메리카 제국의 13개 주 가운데 중간쯤에 위치한 주들. 뉴욕, 뉴저지, 펜실베이니아, 그리고 세 로어 카운티three Lower Counties가 여기에 해당했으며 이 지역은 시장의 유대와 공동의 사업적 이해관계 때문에 사회적·정치적 상호 교환이 비교적 활발했다[132]—영국령 아메리카 본토 식민지들은 끈질기게 자족적自足的 공동체로 남아 있었으며, 정주 시기와 장소, 초기 정주민의 영국 특정 지역 기원 등에서 유래한 분명한 특징을 잃지 않고 유지 혹은 강화해 갔다.

그런데 에스파냐령 아메리카에서는 대조적으로 처음부터 식민정주자들을 다원성보다는 통일성 쪽으로 몰고 가는 과정이 나타났다. 정복 초기에는 정복자들의 서로 다른 지역적 기원 때문에 다원성이 나타나기도 했지만 그것은 얼마 가지 않아 정복과 식민화라는 공동 과업을 수행하는 과정에서 수면 아래로 가라앉았다. 정복과 정주가 갖는 절박

131) Hatfield, *Atlantic Virginia*, pp. 86~9.
132) Tully, *Forming American Politics*, p. 4.

함이 쟁기 같은 물질적 대상이든, 문화적·언어적 특징이든 선택과 단순화 과정을 강요했기 때문에 지역적 차이는 '정복의 문화' 속에서 점차 사라져 갔다.[133] 이 같은 첫번째 동질화 과정에 이어 국왕 관리들이 대륙 전체에 공동의 행정기구를 강요하면서 두번째 동질화 과정이 나타났다.

새로운 식민지 사회가 자리를 잡아 가고, 그것들이 각각 지역적 상황에 적응해야 하는 필요성이 생겨나면서 지역들 간에 차이가 나타나기는 했지만 저변을 이루는 사회적·문화적 통일성은 그대로 남았으며, 그것은 새로 부상한 엘리트들의 성격에도 그대로 반영되었다. 멕시코시티의 엘리트들은 리마 엘리트들의 삶에도 큰 문제없이 적응할 수 있었을 것이다. 그것은 도시 제도가 동일하고 신앙도 같았기 때문이다. 그러나 영국령 아메리카의 경우는 달랐다. 이곳에서는 서로 다른 지역적 배경, 서로 다른 이주 동기, 서로 다른 종교와 관행이 다양한 시기에 다양한 방식으로 정주한 여러 공동체들의 모자이크를 만들어 냈다. 정복이라는 과정이 거의 혹은 전혀 없었고, 다양성 위에 통일성을 강요하고 개입하려고 한 국왕 정부도 없었기 때문에 이곳 식민지들은 자유롭게 자신들만의 고유한 방식으로 발전해 나갔다. 그 결과, 각 식민지들 간에 성격과 삶의 방식에 큰 차이가 나타났으며, 특히 뉴잉글랜드의 식민지들과 카리브해나 체서피크 식민지들 간에는 큰 차이가 존재했다. 뉴잉글랜드의 퓨리턴들과 도박과 경마를 즐기는 버지니아의 젠트리 엘리트들 간에는 아무런 유사성도 호감도 존재하지 않았다.[134]

그런데 건국 시조들의 신앙과 관행에 강하게 집착했던 뉴잉글랜드

---

133) '정복 문화'에 대하여는 Foster, *Culture and Conquest*를 참조.

134) Breen, *Puritans and Adventurers*, pp. 68~9 and ch. 8.

같은 사회도 변화에 직면하지 않으면 안 되었다. 매사추세츠 주 스프링필드의 존 핀천 같은 성공한 사업가들은 자신이 거주하기 위해 멋진 대저택을 지었고, 그 때문에 그는 즉각 동료 시민들 사이에서 두드러진 존재가 되었다. 동료 시민들 중 다수는 그전에 이미 그에게 고용되어 있었거나, 그를 후원자로서 존경하는 마음을 갖고 있었다.[135] 뉴잉글랜드의 제2세대 성직자들은 주변에서 일어나는 변화를 놀라운 마음으로 바라보았고, 부富나 시민적 미덕의 상실이 가져온 부정적 효과를 비탄에 찬 마음으로 바라보면서, 큰 목소리로 울분을 토해내곤 했으니, 그것은 자신들의 정주의 역사를 퇴보의 서사로 인식한 정치적 설교라 할 수 있었다. 한편으로는 그것이 절망의 설교였지만, 다른 한편으로는 두번째 혹은 세번째 세대에게 조상들의 생각과 행동을 고무했던, 그리고 뉴잉글랜드를 신의 섭리를 구현하는 사회로 비치게 만들었던 종교적 사명을 상기시키는 구호이기도 했다.[136]

뉴잉글랜드 사회가 점점 더 복잡해짐에 따라 과거 황무지에 사명감을 불어넣었었던 바로 그 정신이 지금 와서 성공적으로 다음 세대로 계승될 수 있을지 의문을 갖는 것은 당연했다. 서로 긴밀하게 연계된 독실한 신자들의 공동체를 만들어 내는 것은 과거와 마찬가지로 강력한 이상으로 남아 있었다. 그러나 매사추세츠만 정주 초기 때부터 퓨리턴이 주도하는 공동체의 지도층과, 스스로를 경건한 신자라고 생각하기는 했지만 목사들의 억압적 권위주의를 못마땅하게 여겼던 상인들 간에는 긴

---

135) Innes, *Labor in a New Land*, pp. 17~18; 핀천에 대해서는 위의 책, p. 92 참조.

136) Sacvan Berchvitch, *The American Jeremiad* (Madison, WI, 1978). 뉴잉글랜드의 제2세대에 대하여는 Robert Middlekauff, *The Mathers, Three Generations of Puritan Intellectuals, 1596~1728* (London, Oxford, New York, 1971), pp. 97~9 참조.

장감이 상존했었다. 17세기 후반 보스턴이 번창한 도시로 발전하고, 뉴잉글랜드가 확대 일로의 대서양 상업 경제 속에 통합되면서 그 긴장감은 더욱 증폭되었다. 사제들은 뉴잉글랜드의 고립을 자신들이 추구하는 전교사업의 순수성을 계속 보장해 줄 것이라고 생각해 대단히 긍정적으로 여겼지만 상인들은 뉴잉글랜드의 미래가 모국과의 긴밀한 유대관계에 달려 있다고 생각했으며, 실제로 그들의 투자와 교역은 모국과의 유대관계에 크게 의존하고 있었다.[137]

이 상인들은 반세기 전 혹은 그보다 더 이전에 대서양 무역에 종사했던 멕시코와 페루 상인들이 누에바에스파냐와 페루 식민지 사회에서 다른 집단들과 뚜렷이 구분되는 영향력 있는 집단으로 발전해 갔던 것처럼, 자기들끼리의 혼인을 통해 뉴잉글랜드 사회에서 다른 사람들과 구분되는 유력 집단이 되어가고 있었다.[138] 에스파냐의 두 부왕령에서 이 상인 엘리트들은 사회 상층부에 완전히 편입되지는 않았지만 광산, 무역, 부동산 투자를 통한 부의 축적을 통해 상층부 사람들에게 영향을 미쳤다. 그러나 동시에 그들은 자신들을 둘러싼 법인적이고 계서적인 사회의 제약적 특징 가운데 많은 것을 너무 빨리 받아들였다. 이 대상인들이 속한 멕시코시티와 리마의 콘술라도는 배타적·자기영속적 성격을 갖고 있었으며 관직 추천, 보호와 피보호 관계, 교회와 국가의 지배기구에 대한 관심에 의해 긴밀하게 연계된 상조相助적 가문들로 이루어진 과두제적 사회에서 자신들만의 고유 영역을 갖고 있었다.

---

137) Bailyn, *New England Merchants*, ch. 5, 6.

138) 두 부왕령의 상인 엘리트들에 대하여는 Hoberman, *Mexico's Merchant Elite*와, Suárez, *Desafíos transatlánticos*를 참조.

뉴잉글랜드 상인들은 퓨리턴 지배층과 힘겨루기를 해야 했지만 히스패닉 세계의 상인들처럼 토지와 관직에서 부를 끌어내는 강력한 기존 가문들에 의해 포위되어 있지는 않았다. 이 점은 그들에게 다른 사람들과 구분되는 새로운 리더십을 제공함으로써, 사회에 대해 뭔가 자신들만의 가치를 전수할 뿐만 아니라 그 사회의 성격과 정치적 지배에 영향을 미칠 수 있는 운신의 폭을 제공해 주었다. 퓨리턴 지배층의 관점에서 보면 이 상인들이 '타락'의 촉진제가 될 수도 있었지만, 17세기 말이면 그들은 타락의 서사가 아닌 진보와 발전의 서사의 주역으로 부상하고 있었다.

존경받는 전문직업인들(법률가, 의사, 공무원, 목사 등)로 이루어진 전통적인 뉴잉글랜드 엘리트들과 어깨를 나란히 하며 발전해 간 이 새로운 상인 엘리트들은 단일한 집단이 아니었다. 그 중 일부는 왕정복고시대 영국국교회주의에 매력을 느꼈고, 퓨리턴 체제 하에서 강요당한 참정권 박탈에 불편한 심기를 갖고 있었다. 또 다른 일부는 회중교회주의자들[139]로 남아 있으면서 개방적이고 관용적인 사회를 추구하는 영국국교회 동료들의 바람에 공감하였다. 그들은 무역 증진을 위해 개방적이고 관용적인 사회가 필요하다고 생각했다.[140] 그러므로 17세기 말 느슨하게 결합된 이 상인 집단은 성직자들이 정치적으로 중요한 위치를 차지하고 있는 현상에 도전하고, 런던에 있는 당국과의 긴밀하고 지속적인 관계 유지를 최우선적으로 생각하는 등 뉴잉글랜드 사회에서 변화

---

139) Congregationalists; 각 회중이 독립적으로 자신들의 교회 업무를 운영하는 프로테스탄트 교회 지지자들 — 옮긴이.

140) Sosin, *English America*, p. 64.

의 촉매제 역할을 담당했다.

그러나 보스턴과 그 외 지역 상인들은 뉴잉글랜드 사회에 자신들의 가치관을 주입하고, 공적인 정책을 자신들의 사업 활동에 유리한 쪽으로 유도하기 위해 노력하지 않으면 안 되었다. 한편으로 그들은 영향력 있는 목사들의 훈계, 경고, 비난에 부딪혔다. 목사들 가운데서도 코튼 매더 같은 사람이 대표적이었는데, 그는 새로운 사회적 이동성과 그것이 수반하는 탐욕스런 부의 추구를 강하게 질타했다.[141] 다른 한편으로 그들은 또한 빈부격차의 심화로 나타난 대중의 반감이라는 저류와도 충돌하게 되었다.

보스턴의 정치는 대체로 17세기 말에도 여전히 부와 사회적 지위를 가진 사람들이 독점하고 있었던 최고위 관직에 대해 공손한 태도를 갖고 있었다.[142] 그러나 이 도시 엘리트들이 그것을 당연하게 생각할 만한 처지에 있지는 않았다. 시의 주요 사안은 대부분 정기적으로 소집되는 시민회의에서 다수결로 결정되었고, 그 시민회의는 사회적·경제적 신분이나 성별에 관계없이 모든 시민에게 개방되었다. 그러므로 개인들 혹은 엘리트들이 선호하는 정책에 대한 일반 시민들의 도전은 언제든 표출될 수 있었다. 보스턴 시민들은 여전히 신분질서에 대한 존중에는 동의했지만, 권력을 제멋대로 휘두르거나 독점하려 한다고 생각되는 사람들에 대해서는 경계의 시선을 거두지 않았다.

1689년 4월 18일, 오라녀 공 빌럼이 잉글랜드에 성공적으로 상륙했

---

141) Middlekauff, *The Mathers*, pp. 263~8.

142) Gary B. Nash, *The Urban Crucible. Social Change, Political Consciousness and the Origins of the American Revolution* (Cambridge, MA and London, 1979), p. 31.

다는 소식을 들은 보스턴 시는 반란의 물결에 휩싸였다. 법관, 상인, 설교사들이 주도하고 이웃 도시 수비대들의 도움을 받은 무장투쟁 운동에서 주민들은 들고 일어나 원성이 자자했던 에드먼드 앤드로스 경의 정부를 무혈혁명으로 무너뜨렸다.[143] 가톨릭과 전제정치에 대한 증오심이 보스턴 사회 모든 계층을 일시적으로 하나로 결집시켰지만 그것이 오래 가지는 않았다. 앤드로스 정부가 붕괴되고 나서 정책 결정 과정에 적극적으로 참여하기를 주장하는 일반 시민들의 요구가 나타났으며, 식민지가 런던 정부 당국이 내려 보낼 자신의 운명을 결정할 소식을 초조하게 기다리고 있던 불안한 시기에 임시정부가 지배권을 안정적으로 유지하기란 결코 쉽지 않았다.

엘리트 자신들은 불행을 당한 뉴잉글랜드 도미니언을 대신할 정부 형태를 두고 의견이 엇갈렸다. 다수파는 옛 베이 헌장Bay charter으로 돌아갈 것을 주장한 데 비해, 윌리엄 3세가 이끌고 있던 새 정부의 생각은 달랐다. 1692년 매사추세츠에 하달된 새 국왕 헌장은 런던에 온 식민지 대표단의 완강한 반대에도 불구하고 식민지가 지금까지 누려 온 자치권을 제한하고, 퓨리턴 지배기구들이 향유하던 권력을 크게 약화시키는 내용으로 되어 있었다. 그러나 보스턴의 부유한 상인들로 이루어진 새 계층에게는 이 새 헌장이 몇 가지 매력적인 조항들을 담고 있었다. 예를 들어 로마가톨릭을 제외한 어떤 신앙이라도 가질 수 있다고 한 점, 식민지 총독직을 국왕임명제로 바꾼 점은 자애로운 국왕의 지배하에서 안정·관용·번영을 약속하는 것으로 생각되었다.

---

143) Dunn, *Puritans and Yankees*, pp. 251~57; Sosin, *English America and the Revolution of 1688*, ch. 6; Nash, *Urban Crucible*, pp. 38~44; and see above, pp. 151~2.

1689~90년 보스턴에서 일어난 사건들은 사회적 반감과 적대감을 수면 위로 떠오르게 만들었다. 이 사건들은 비록 진압은 되었지만 도시 엘리트들이 주민 다수의 수동적 동의에 무조건적으로 의존할 수만은 없게 되었음을 분명히 해 주었다. 재산가들은 평등 지향적 경향이 너무나도 쉽게 도시를 무정부 상태에 빠뜨릴 수 있다면서 경고하고 나섰다.[144) 대중 지배의 위험성에 대해 보스턴의 권력기구가 갖고 있던 염려는 대서양 무역을 통해 부를 쌓은 활기찬 상인계층을 갖고 있었던 또 하나의 항구 도시 뉴욕에서 일어난 폭력적인 폭동 소식을 접하고 나서는 더욱 커졌다. 뉴욕에서는 사회적·종교적 갈등이 영국인과 네덜란드인 간의 적대감 때문에 더욱 악화되었다.[145) 서로 다른 신앙과 국적을 가진 사람들로 이루어져 있던 뉴욕 주민들은 가톨릭에 대한 증오심 말고는 공통점을 갖고 있지 않았다. 뉴욕 시는 참여 정치의 전통을 갖고 있지 않았다는 점에서도 보스턴과 달랐다. 그러므로 제임스 2세의 부총독 프랜시스 니콜슨Francis Nicholson 대령이 지역 수비대의 도전을 받고 그의 정부가 붕괴되었을 때, 그 다음에 어떻게 할 것인가를 두고 주민들이 합의를 도출해 내지 못한 것은 그리 놀라운 일이 아니었다.

그 공백을 메운 사람이 수비대 대장 제이컵 레이슬러Jacob Leisler였

144) T. H. Breen, *The Character of the Good Ruler, Puritan Political Ideas in New England, 1630~1730* (New Haven, 1970), p. 177.

145) 17세기 말 뉴욕 시의 정치에 대해서는 Ritchie, *The Duke's Province* 외에 Kammen, *Colonial New York*; *Nash*, *The Urban Crucible*; Tully, *Forming American Politics*를 참조. 레이슬러의 반란에서 종교와 인종이 수행한 역할에 대해서는 David William Vorhees, 'The "Fervent Zeale" of Jacob Leisler', *WMQ*, 3rd ser., 51 (1994), pp. 447~72; John M. Murrin, 'English Rights as Ethnic Aggression: the English Conquest, the Charter of Liberties of 1683, and Lesiler's Rebellionn', in William Pencak and Conrad Edick Wright (eds), *Authority and Resistance in Early New York* (New York, 1988), pp. 56~94.

다. 그는 과거 네덜란드 서인도회사에서 병사로 근무한 적이 있었고, 반란 당시에는 소규모 상업에 종사하는 상인이었다. 그와 동료 수비대 대장들은 공안위원회를 설치했으며, 이 위원회는 윌리엄과 메리를 왕과 여왕으로 선언했다. 이 기구는 1689년 12월 레이슬러에게 시 정부를 이끌 권한을 부여한다는 내용의 편지를 윌리엄 3세로부터 받기는 했지만 합법성을 결하고 있었다. 이 새 위원회 구성원들 가운데 네덜란드인이 상당수를 차지하고 있었던 점은 그렇지 않아도 날카로워져 있었던 영국인과 네덜란드인 간의 갈등을 더 악화시켰다. 동시에 뉴욕의 대표적인 가문들은 네덜란드인이나 영국인에 관계없이 벼락출세한 이 상인의 지배를 못마땅하게 생각했으며, 레이슬러 자신은 수공업자와 노동자들이 가하는 아래로부터의 압력에 직면해 있었다. 이들 수공업자와 노동자들은 그에 앞서 부유한 도시 상인들이 도시에 갖고 있던 집을 공격하는 것으로 분노를 표출한 바 있었으며, 그들은 이 새 체제를 통해 과두주의자들의 통치를 종식시킬 생각을 갖고 있었다.

뉴욕 시가 심각한 분열을 드러내고, 시의 정치가 상당히 급진화한 상태에서 1691년 봄 윌리엄 3세가 파견한 새 총독이 도착했을 무렵 레이슬러의 입지는 매우 불안한 상태에 있었다. 그의 적들은 도시가 폭도들의 수중에 들어갔다고 주장했다. 레이슬러와 그의 사위는 반역죄라는 조작된 죄를 뒤집어쓰고 처형되었으며, 옛 엘리트들이 다시 집권했다. 그러나 레이슬러가 남긴 유산은 사라지지 않았다. 그의 친구들과 지지자들은 억울한 죽음을 당한 그들의 지도자를 추모하며 결집했고, 레이슬러는 살아 있을 때 그랬듯이 사후에도 논란의 대상이 되었다. 그후 20여 년 동안 레이슬러의 지지자들과 반대자들은 시의 통치권을 두고 치열한 싸움을 벌였다. 뉴욕 대중 정치의 파당적 전통은 이미 이때부터 시작되고 있었다.

1689~90년에 보스턴과 뉴욕에서 나타난 사건의 발전 경로가 서로 달랐지만 두 도시에서 일어난 폭동은 여러 가지 공통점을 갖고 있었다. 그 가운데 하나는 두 지역 모두에서 제임스 2세의 정책과 오라녀 공 빌럼 휘하 해방군의 영국 침입으로 영국의 대서양 공동체가 위기에 처하게 되었고, 그것이 행동을 촉발하는 결정적 계기를 제공했다는 점이다. 전제정과 가톨릭에 맞선 보편적 투쟁으로 여겨진 이 거대한 제국적 위기는 대서양 저편의 식민지들에서도 축소된 모습으로 나타났으며, 여기에서 그것은 자연스럽게 지방적·지역적 차원의 정치적·종교적 갈등에 휩쓸려 들어갔다. 이 위기는 첨예한 사회적 갈등의 시기에, 즉 엘리트들이 지역 혹은 도시 생활에 대한 지배권을 강화하려고 했으나 한편으로는 상업으로 부를 쌓은 새로운 계층으로부터, 다른 한편으로는 소수 특권층의 지배에 불만을 가진 점증하는 하급 계층으로부터 제기되는 도전을 받고 있던 시기에 찾아왔다. 수년 전 버지니아에서 버클리와 베이컨의 반란으로 폭발한 적이 있었던 이 반감은 특히 대서양 항구 도시들의 도시적 환경에서 첨예하게 나타났는데, 이곳에서는 무역에서 창출되는 점증하는 이익과 사회적 변화의 가속적인 페이스가 결합하여 상대적 박탈감을 키워 놓고 있었다.

에스파냐령 아메리카에 비해 북아메리카 도시들은 아직 매우 작았다. 1692년 반란 당시 멕시코시티는 적어도 10만 명의 인구를 갖고 있었던 것에 비해[146] 보스턴은 6,000명, 뉴욕은 4,500명, 그리고 1681년에 건

146) Hoberman and Socolow, *Cities and Society*, p. 5.

〈그림 18〉 작자 미상의 「리마 대광장」(1680). 이 그림은 리마의 화려함과 중요성 그리고 도시 주민들의 다양성을 보여 준다. 대광장 가운데에 위치한 분수 뒤로 바로크 양식의 파사드를 가진 대성당이 우뚝 솟아 있다. 그 뒤에는 대주교의 대저택이, 그림 왼쪽과 광장 북쪽에는 부왕의 대저택이 있다. 두 대저택이 이렇게 근접해 있다는 사실은 교회와 국가가 매우 긴밀한 관계를 갖고 있었음을 말해 준다. 광장을 오가는 많은 사람들은 마차나 말을 타고 있는 에스파냐인 혹은 크리오요 엘리트층으로부터 시장에서 먹을 것과 과일을 파는 인디언 아낙네, 주전자에 물을 채우고 있는 아프리카인 물장수에 이르기까지 페루 식민지 사회의 모든 구성원들을 망라하고 있다.

설된 필라델피아는 겨우 2,200명의 인구를 갖고 있었을 뿐이다.[147] 자유 신분 혹은 노예 신분의 흑인들이 있기는 했지만 그들이 시내 거리나 시장에서 각양각색의 피부색과 각종 카스타들을 쉽게 발견할 수 있었던 멕시코시티나 리마처럼 복잡한 인종 형태를 띠고 있지는 않았다(그림 18). 북아메리카 도시들에도 나름의 빈곤층이 있었지만 그들의 빈곤은

147) Nash, *The Urban Crucible*, p. 4.

당시 영국 수준에서 볼 때 상대적으로 그렇다는 것이었으며,[148] 실제로 양식이 없어 굶주리는 사람은 없었다. 이곳에는 곡가 급등으로 굶어 죽은 사람이 생겨나기도 했던 멕시코시티와 같은 혹독한 빈곤이 없었음이 분명하다.

그러나 보스턴과 뉴욕의 폭동이 보여 주듯이, 소도시들도 불안과 소요의 온상이 될 수 있었다. 선원이나 이주자 등 유동인구가 많은 항구 도시들이 특히 그러했다. 보다 나은 삶을 영위하게 될 것이라는 기대를 품고 신세계로 온 이주자들이었기에 실망감은 더 컸고, 만약 그들이 17세기 중엽 혁명기 동안 영국에서 출현한 급진적 이념에 물들어 있었다면 더더욱 그러했다. 그들은 이곳에서 얼마 가지 않아 특권과 계서제 역시 대서양을 건너와 이미 자리 잡고 있었음을 알게 되었다.

그러나 실망과 환멸에도 불구하고 영국령 아메리카 사회의 정치 문화와 그 사회들의 도시적 방식은 불만을 품은 자들에게 에스파냐령 아메리카 사회에서보다는 더 큰 운신의 여지를 제공해 주었다. 에스파냐령 아메리카에서는 불만을 품은 자들이 '국왕 폐하 만세, 폭정 타도!'라는 구호를 외치고 돌아다니는 것 외에는 별로 할 일이 없었다. 그에 비해 '영국의 자유'라는 개념은 상당히 강력한 힘을 갖고 있었고, 사법적·정치적 행동을 위한 실질적 공간을 제공해 줄 수 있을 만큼 충분한 융통성을 갖고 있었다. 17세기 영국의 혁명적 격변은 중요한 이슈들에 대한 폭넓은 공적 논쟁을 부추겼으며, 그 과정에서 영국의 대서양 공동체에서 인권에 대한 신념을 공고히 하는 데 기여했다.

북아메리카에서 인민의 정치 참여가 어느 정도였는가와 관련하여

---

148) *Ibid*., p. 21.

각 주province에서는 그 실천적 표현을 시의회 선거에서 발견할 수 있다. 여기에는 투표권을 갖기 위해서 40파운드 이상의 부동산을 소유해야 한다는 조항이 있었는데 그 자격 기준은 상당히 낮은 편이어서 매사추세츠, 뉴욕, 펜실베이니아의 자유 신분의 성인 남자 대부분이 별 어려움 없이 투표권을 행사할 수 있었다.[149] 시의회 선거 참여에 익숙해 있던 도시 유권자들은 뉴욕이나 필라델피아 같은, 처음에는 시 정부의 폐쇄적인 시스템에 부딪혀야 했던 곳에서도 자신들의 요구 조건을 정책에 반영할 수 있는 여러 가지 방법을 찾아낸 것으로 보인다. 만약 자신들의 요구가 거부되면 투표권을 갖지 못한 사람들과 함께 거리로 뛰쳐나가 자유인으로서의 그들의 정당한 권리를 요구할 수도 있었다.

1689년 보스턴과 뉴욕에서 인기 없는 총독을 쫓아낸 사례는 인민들에게 자신들도 상당한 힘을 갖고 있다는 것을 자각하게 만들었으며, 그 결과 자신들의 삶에 영향을 미치는 문제가 논의되고 결정될 때 좀더 적극적인 역할 수행을 강력히 요구할 수 있게 되었다. 1693년 코네티컷의 새뮤얼 윌리스Samuel Wyllys라는 법관은 '왕에게 봉사하는 데 필요한 자격을 갖고 있지도 않고 능력도 없는데, 쥐꼬리만 한 재주가 있다는 이유로 하찮은 신분의 사람들을 민군의 주요 직책에 임명하지는 않겠다'고 선언해 주시라고 왕에게 요청하는 것과 같은, 강도 높은 청원에 대해 듣고 크게 놀라기도 했다. '명문 가문의 사람들'이 식민지의 지배자가 되어야 한다는 것이 그의 생각이었다.[150] 그러나 18세기 첫 20년 동안 보스턴 정계에서 나타난 혼란은 뉴욕에서와 마찬가지로 '명문가 사람

---

149) *Ibid*., pp. 29~30.

150) Breen, *The Character of the Good Ruler*, p. 178에서 재인용.

들'이 더 이상 모든 것을 자기네 방식대로 할 수는 없다는 것을 분명히 했다.[151] 이제 '명문가에 속하지 않는' 사람들도 권력의 일부를 차지해야 한다고 주장하게 된 것이다.

그러므로 18세기 초 무렵이면 영국령 북아메리카에서 이념과 실천이 힘을 합쳐 하나의 역동성을 만들어 내고 있었으니, 그것은 일단 속박에서 풀려나기만 하면 소수가 권력과 특권을 독점하는 관행에 강력하게 도전할 수 있는 그런 것이었다. 에스파냐령 아메리카의 계서제적 사회에서는 과두 엘리트들의 권력에 대해 그 같이 도전할 수 있는 세력의 출현이 여의치 않았다. 1685년 6월 라이하우스 음모[152]를 주도한 리처드 럼볼드Richard Rumbold는 런던에서 교수형을 당하면서 영국령 대서양 공동체의 급진적인 사람들 사이에서 상당한 호응을 얻은 감동적인 연설을 했다. 그는 사회에 여러 서로 다른 신분을 만들어 준 신의 지혜에 경의를 표하면서도 다음과 같은 결코 잊지 못할 이야기를 했다: '말의 등에 안장을 달고 태어나는 사람은 없으며, 또 그 말을 타는 데 필요한 박차가 달린 장화를 신은 채 태어나는 사람도 없다.' 거의 150년 후 토머스 제퍼슨Thomas Jefferson은 생의 마지막 편지에서 다음과 같은 글을 쓰게 된다: '과학이 내뿜는 빛의 보편적 확산은 이미 대부분의 인간이 말 등에 안장을 달고 태어나지 않았고, 선택 받은 소수도 신의 은총에 의해 합법적으로 박차 달린 장화를 신고 태어나지 않는다는 진실을 분명히 했다.'[153]

---

151) 이 시기 보스턴의 정치적 논쟁과 사회적 혼란에 대해서는 Nash, *The Urban Crucible*, pp. 76~88 참조.

152) The Rye House Plot; 영국 왕 찰스 2세와 그의 동생 뉴욕 공 제임스를 암살하려고 한 계획—옮긴이

153) Douglas Adair, 'Rumbold's Dying Speech, 1685, and Jefferson's Last Words on Democracy, 1826', *WMQ*, 3rd ser., 9 (1952), pp. 521~31.

영국령 아메리카인들은 자신들도 모르게 박차 달린 장화를 신은 사람들이 더 이상 신으로부터 받은 명령과 지배의 권리를 당연한 것으로 간주할 수 없는 사회를 만들어 내는 데 성공하고 있었던 것이다.

7장 _ 신성한 땅 아메리카

신성한 신의 계획

프로테스탄트들에게나 가톨릭교도들에게나 아메리카는 신성한 신의 계획에서 특별한 의미를 가진 공간이었다. 퓨리턴 신학자 코튼 매더는 1702년, '아메리카를 그렇게도 오랫동안 발견되지 않게 감춰 두신 것이나, 그것이 마침내 때가 되자 발견되게 하신 것이나 거기에는 위대한 신의 섭리가 작동하고 있었음을 인정하지 않을 수 없다'라고 썼다. 매더에게는 아메리카 발견이 유럽의 종교개혁과 같은 시기에 이루어진 것도 신의 섭리였다. 아메리카가 모습을 드러낸 이상 이제 '신의 교회는 더 이상 스트라보[고대 그리스의 지리학자—옮긴이]의 외투 속에 감춰져 있어서는 안 되었다. 『지오그래피』*Geography*[스트라보의 저서—옮긴이]는 이제 그 안에서 신의 교회Church of God가 그 이전 시대 전 기간 동안 가두어져 있었던 울타리를 넘어 멀리 떨어진 곳에서 크리스티아노그라피Christiano-graphy를 위한 과업을 발견하지 않으면 안 되었다……'[1]

---

1) Cotton Mather, *Magnalia Christi Americana* (1702), 2 vols (repr. Edinburgh, 1979), vol. 1,

인류 구원에 대한 프로테스탄트적 스토리의 핵심이었던 바로 그 '종교개혁'은 가톨릭교도들이 신의 섭리 발현에 대해 그들 나름대로 갖고 있던 스토리 속에 아메리카 정복과 식민화 사업을 자리매김하는 데 도움을 주기도 했다. 조반니 보테로Giovanni Botero는 1595년 큰 영향력을 가진 『보편적 관계』*Relazioni universali*라는 책에서 '그것(종교개혁)은 신의 섭리였다. 그것은 프랑스와 잉글랜드 왕들이 콜럼버스의 제안을 거절하게 만들었으며, 그래서 그들은 그후 칼뱅주의라는 가장 악질적인 이단의 제물이 되었다. 대신 신께서는 아메리카를 카스티야인과 포르투갈인, 그리고 그들의 경건한 군주들의 안전한 수중에 맡겼다'라고 선언했다.[2] 인디아스의 복음화 사업에 참여한 프란체스코회 수도사들은 신세계의 복음화와 구세계의 종교적 격변 간의 보다 긴밀한 상호관계를 만들어 냈다. 수사 헤로니모 데 멘디에타Gerónimo de Mendieta는 루터와 코르테스가 같은 해에 태어났다고 주장했다. 그가 제시한 날짜가 사실과 다르다는 것은 그리 중요하지 않았다. 그(멘디에타)가 볼 때 에르난 코르테스는 약속의 땅으로 가는 길을 열어젖힌 새 시대의 모세였다. 그리고 교회가 유럽에서 이단 세력에게 입은 손실은 코르테스가 기독교 신앙을 위해 정복한 새로운 땅에서 얻게 될 수많은 영혼들로 벌충될 것이었다.[3]

시기적으로나 정신적으로나 코튼 매더가 뉴잉글랜드의 첫 정주자들과 가졌던 것과 거의 같은 관계가 멘디에타와 누에바에스파냐 최초

---

pp. 41~2.

2) Giovanni Botero, *Relationi universali* (Brescia, 1599), part IV, lib. 2, p. 45 (facsimile reprint of selected passages on the New World in Aldo Albònico, *Il mondo americano di Giovanni Botero* (Rome, 1990), p. 216)

3) John Leddy Phelan, *The Millennial Kingdom of the Franciscans in the New World* (2nd edn, Berkeley and Los Angeles, 1970), p. 32.

의 복음전도자들 간에 형성되었다.[4] 퓨리턴들이 아메리카를 자리매김하려고 했던 것처럼, 멘디에타는 아메리카를 시공간 속에 자리매김하려고 한 프란체스코회의 영적 전통의 때늦은 개화를 대표했다. 에르난 코르테스의 요청으로 아메리카에 건너와 멕시코 대중을 위한 복음화 사업에 착수하게 된 12명의 프란체스코회 '사도들'은 12세기 시토 수도원 원장 요아킴 다 피오레[5]의 종말론적 이념의 영향을 받은 묵시록적 전통을 계승하고 있었다. 요아킴은 처음 두 시대, 즉 성부의 시대와 성자의 시대에 이어 세번째 시대인 성령의 시대가 도래할 것이라고 예언한 바 있었는데, 프란체스코회 수사들은 바야흐로 이 세번째 시대가 열리고 있다고 생각했다. 이 세번째 시대에 새 예루살렘이 지상에 건설될 것이고, 그것은 세계의 개종이 종점에 이르게 되는 전조가 될 것이라고 생각했다.[6]

프란체스코회 전도사 토리비오 데 베나벤테 수사Fray Toribio de Benavente—나와족 신자들에게는 모톨리니아Motolinia('가난한 자')로 알려져 있었다—의 해석에 의하면, 이 계획에서 아메리카는 위대한 구원의 드라마가 펼쳐질 성스러운 무대가 될 것이었다. 모톨리니아에 따르면 열두 명의 사도는 '진정한 이스라엘인, 성 프란체스코'의 아들들로서

---

4) Sacvan Bercovitch, *The Puritan Origins of American Self* (New Haven and London, 1975), pp. 140~1 참조.

5) Joachim of Fiore; 산 조반니 수도교단의 창시자이자 신비주의 신학자—옮긴이.

6) 천년왕국적 혹은 묵시록적 전통에 대하여는 Majorie Reeves, *The Influence of Prophecy in the Later Middle Ages, A Study in Joachimism* (Oxford, 1969)을 참조; 그리고 그 이념이 에스파냐령 아메리카로 이전한 측면에 대하여는 Phelan, *The Millennial Kingdom of the Franciscans*; José Antonio Maravall, *Utopía y reformismo en la España de los Austrias* (Madrid, 1982), ch. 2; D. A. Brading, *The First America. The Spanish Monarchy and the Liberal State, 1492~1867* (Cambridge, 1991), ch. 8; Baudot, *Utopía e historia en México*, pp. 85~98을 참조.

빵에 굶주린 것이 아니라 영혼에 굶주려 '제2의 애굽'인 멕시코로 건너온 사람들이었고, 그들이 찾는 영혼은 멕시코에 부지기수로 널려 있었다. '사도들'로부터 그리스도의 복음을 전해 받은 인디언들은 과거에 지은 죄 때문에 이집트를 괴롭혔던 역병보다 더 잔인한 역병(즉 정복자들이 갖고 온 역병)에 의해, 그리고 정복자들이 강요한 중노동과 공납에 의해 초주검이 된 상태였다. 그러나 복음전도자들은 인디언들의 영혼이 악마에 의해 파라오의 포로가 되어 있던 땅에서 탈출해야만 하는 상황에서 그들을 인도하기 위해 이곳에 온 것이었다.[7] 이 구원을 얻게 된 민족은 단순하고 소박한 열정으로 참된 신앙을 끌어안았으며, 그로 인해 순수하고 원시적인 모습으로 사도들의 교회를 회복하는 것이 가능하게 되었다. 아니 이미 가능해지고 있었다. 코튼 매더의 말을 빌면, 이 프란체스코회 수사들의 크리스티아노-그라피에서 아메리카는 지극히 성스러운 공간이 되었으며, 인디언들의 개종은 머지않아 도래할 성령의 시대를 알리는 전조였다.

초창기 프란체스코회 수사들이 갖고 있던 천년왕국적 비전을 모두가 공유한 것은 아니었으며, 그것은 프란체스코회 수사들 사이에서도 마찬가지였다. 인디언들의 대규모 개종의 진실성과 관련하여 회의적인 시각이 있었을 뿐 아니라, 도미니코회의 라스 카사스처럼 구원이란 다수 대중을 위한 것이 아니라 소수 선택된 자들을 위한 것이라는 아우구스티누스의 교리를 고수하는 사람들도 있었다.[8] 그렇지만 에스파냐령 아메리카는 충분히 광대해서 여러 가지 종교적 실천을 경험할 수 있

7) Benavente (Motolinía), *Memoriales*, pp. 20~1.
8) Brading, *First America*, p. 126.

는 무대를 제공해 주었다. 1530년대에 나중에 베라크루스로 개명될 과테말라의 한 호전적인 지역에서 라스 카사스는 결국 실패로 끝나게 될 실험을 시작했는데, 그것은 평화적인 방법으로 인디언들을 개종시키고, 그들을 엔코멘데로들로부터 분리시켜 국왕의 직접적인 지배하에 두는 것이었다.[9] 미초아칸의 주교 바스코 데 키로가가 파츠쿠아로 호숫가에 자신의 유명한 '산타페 병원 마을들'을 건설한 것도 바로 이 무렵이었다. 종교적 교화와 공동선을 위한 하루 여섯 시간 노동을 하나로 결합하고 있었던 이 인디언 공동체에 중요한 영감을 제공한 것은 토머스 모어의 『유토피아』였는데, 키로가는 이 책을 열심히 탐독한 것으로 알려져 있다. 그러나 키로가는 이 휴머니스트적인 비전과 더불어 신세계에 원시적인 기독교 교회를 부활시키겠다는 프란체스코회의 이상을 한데 결합하고 있었다.[10]

16세기 말에 들어서면서 탁발수사들의 천년왕국적 기대는 점차 약해져 갔고, 뉴잉글랜드가 개척 세대의 높은 이상으로부터 후에 일탈한 것에 대해 코튼 매더가 탄식해마지 않았던 것처럼, 멘디에타 역시 멕시코의 새 예루살렘이 정복자들의 악덕으로 타락해 간 것에 대해 회한에 찬 마음으로 회고한 바 있다.[11] 그러나 에스파냐령 아메리카의 모든 종

9) Benno M. Biermann, 'Bartolomé de las Casas and Veracruz', in Juan Friede and Benjamin Keen (ed.), *Bartolomé de Las Casas in History* (DeKalb, IL, 1971), pp. 443~84; Marcel Bataillon, *Études sur Bartolomé de Las Casas* (Paris, 1965), pp. 137~202.

10) Fintan B. Warren, *Vasco de Quiroga and his Pueblo-Hospitals of Santa Fe* (Washington, 1963); Silvio Zavala, *Sir Thomas More in New Spain. A Utopian Adventure of the Renaissance* (Diamante III, The Hispanic and Luso-Brazilian Councils, London, 1955); Phelan, *Millennial Kingdom*, p. 47, and p. 150, n. 10.

11) Brading, *First America*, p. 110.

교적 실험 가운데 가장 야심적인 실험이 아직 남아 있었으니, 멀리 브라질과 파라과이 간 정글 경계 지역에서 아직 정복당하지 않은 과라니족을 상대로 예수회가 펼친 실험이 바로 그것이었다. 여기에서 예수회 수사들은 라스 카사스가 자신의 베라파스Verapaz 실험을 위해 했던 것처럼 에스파냐 식민정주자들을 그 안에 들어오지 못하게 하는 내용의 증명서를 국왕 정부로부터 획득한 다음, 1609년부터 유명한 선교 마을들mission settlements을 건설하기 시작했다.[12)]

이 예수회 선교 마을들은 그곳에 거주하는 인디언들의 정신적·세속적 활동 모두를 통제하려고 했다는 점에서 레둑시온—16세기 말 부왕 톨레도가 페루 인디언들을 강제 이주시켜 만든 마을 공동체—과 비슷했다. 그러나 예수회가 주도해 만든 이 공동체는 레둑시온과 달리 엔코미엔다와 연계되지 않았으며, 원주민이 바치는 공납이 예수회를 통해 직접 왕에게 바쳐졌다. 공동체에서 엔코멘데로들과 다른 유럽인들을 이 사업에서 배제한 것(그것은 국왕의 금지 조치도 있었지만 그에 못지않게 그 공동체들이 중심에서 멀리 떨어진 지역에 세워졌기 때문에 가능했다)은 예수회가 이 종교적 실험을 자신들의 계획에 따라 진행할 수 있게 해 주었다. 18세기 최전성기에 예수회는 10만 평방킬로미터 면적에 약 30개의 공동체를 만들어 15만 명가량의 과라니족 주민들을 수용했으며, 그 인디언들은 이전의 반유목적 생활방식을 버리고 전례력에 의

12) 파라과이의 예수회 공동체에 대하여는 특히 Alberto Armani, *Ciudad de Dios y Ciudad del Sol. El 'Estado' jesuita de los guaraníes, 1609~1768* (Mexico City, 1982; repr. 1987); Girolamo Imbruglia, *L'invenzione del Paraguay* (Naples, 1983); Magnus Mörner, *The Political and Economic Activities of the Jesuits in the La Plata Region. The Hapsurg Era* (Stockholm, 1953)를 참조.

해 규제되고 예수회 수사들의 엄격한 감독을 받는 매우 통제된 삶을 살도록 인도되었다.[13] 경제적으로 자급자족적이고, 이웃 브라질에서 넘어오는 반데이란치들[14]의 침입에 맞서 스스로를 지키기 위해 조직화되어 있기도 한 이들은 한 세기 반 이상 동안 생존 가능한 공동체임을 입증해 보였고, 예수회 수사들에게 적지 않은 수입과 풍요로운 영혼 구원의 결실을 가져다 주었다. 그러나 예수회 수사들의 출간물에서 자양분을 취한 유럽인들의 상상력에 의해 변형된 이 원주민 공동체들은 후에 실제 모습을 훨씬 뛰어넘는 어떤 것으로 생각되기도 했는데, 즉 그것이 예수회 수사들이 아메리카의 밀림에 유토피아를 창조한 것으로 여겨졌던 것이다.

계몽사상이 지배하는 유럽에 의해 해석된 예수회의 파라과이 '국가'state는 영적 이상의 세속화를 의미했다. 그러나 아메리카 땅에서 시도된 다른 종교적 실험들과 마찬가지로 그것은 종교적 측면과 세속적 측면이 밀접하게 얽혀 있었다. 세상에서 멀리 떨어진 종교적 공동체들은 본질적으로 방법을 바꾸기만 하면 세상이 어떻게 될 수 있는가를 보여주는 하나의 모범 사례였다. 하느님께서 이 이교도 땅의 정복과 정주를 위해 에스파냐를 택하신 섭리 속에 내재한 영적인 의무로 여겨진 것을 이행하는 가운데, 그들 모두가 인디언 개종사업을 중심으로 움직인 것은 누에바에스파냐에서 프란체스코 수사들이 건설하려고 한 천년왕국에서 시작되고, 예수회 수사들이 파라과이에서 건설한 '국가'에서 정점

13) Armani, *Ciudad de Dios*, p. 96.

14) bandeirantes; 남아메리카 대륙의 내륙으로 들어가 인디언 원주민들을 잡아다 농장 등에 팔아넘기는 노예사냥꾼들 — 옮긴이.

을 이루게 되는 에스파냐령 아메리카에 건설된 여러 공동체들의 특징이었다. 반대로 영국령 아메리카에서 나타난 최대 규모의 신성한 실험인 '언덕 위의 도시'로서의 퓨리턴의 뉴잉글랜드 건설에서는 인디언들이 그다지 중요한 요소가 되지 못했다.

물론 정주가 시작되고 나서 영국인들의 의제에도 인디언들의 개종 사업이 등장했다. 그것이 비록 1609년 로버트 존슨Robert Johnson이 『노바 브리타니아』*Nova Britannia*에서 주장한 것처럼 '칼과 총을 휴대한 채 이루어진 에스파냐 식이 아니라 영국인의 심성에 맞게 공정하고 친절한 수단을 통해서……'이기는 했지만 말이다.'[15] 이것은 엘리엇의 '기도 마을들'praying villages을 고무한 정신이고, 예수회 선교 마을에 대한 프로테스탄트들의 대응이었으며, 비록 잘못 추구된 것이기는 했지만 아메리카 땅에서의 지속적인 복음 전파 노력을 가장 가시적으로 떠올리게 하는 것이었다.[16] 코튼 매더가 마서스비니어드[17]에서 기독교로 개종한 한 인디언을 치료한(기도를 하자 부상을 입은 팔이 회복되었다) 내용의 보고서에 대한 언급에서 지적했듯이, 인디언들의 영적·도덕적 행복이 영국인의 아메리카 정주를 위한 신의 계획의 일부를 이루고 있었음은 분명하다. 그는 동료 목사의 말을 인용하여 '이들 아메리카 원주민들에게 진리를 알게 하는 것이 하느님으로부터 기적의 선물을 기대할 수 있는 절호의 기회일지도 모른다는 것을 누가 부정할 수 있단 말인가'라고 말했다. 또 그는 '보시오 독자들이여, 그 기대는 너무나도 훌륭하게 실현되었습

15) Force, *Tracts*, 1, no. p. 14.
16) Above, p. 74.
17) Martha's Vineyard; 매사추세츠 코드곶 남쪽에 위치한 섬 —옮긴이.

니다'라고 당당하게 결론을 덧붙이기도 했다.[18)]

매더의 언급에 들어 있는 아이러니 중 하나는 에스파냐령 아메리카에서는 탁발수사들이 자신들의 노력을 뒷받침하고 정당화할 기적의 부재에 대해 괴로워했다는 점이다. 멘디에타는 '성 바오로에 따르면 기적은 이교도와 불신자를 위한 것이다. 이 땅의 인디언들은 너무나 쉽게 자발적으로 신앙을 받아들였기 때문에 그들을 개종시키기 위해서는 기적이 필요하지 않았다'라고 말했다는데, 이 주장이 모든 사람을 설득시키지는 못했다.[19)] 매더와 그의 동료들은 그런 의심 때문에 고민하지 않았다. 그들의 세계는 기적의 세계가 아니라 '하느님의 특별한 섭리'의 세계였으며, 거기에서 부상당한 인디언의 팔을 치료해 준 것과 같은 사건은 신이 지배하는 우주의 섭리적 질서의 작은 파편에 지나지 않았다.[20)]

튜더와 초기 스튜어트 잉글랜드에서 발전한 프로테스탄트들의 묵시록적 전승에 따르면, 영국인이 이미 정주했고 또 앞으로 정주할 아메리카 내 모든 영토는 신의 위대한 계획에서 이미 예정된 자리를 갖고 있었는데, 그것은 잉글랜드인들이 신의 선민[選民]이었기 때문이다. 버지니아 정주를 주도한 다른 사람들과 마찬가지로 존 롤프에게도 잉글랜드인들의 아메리카 정주는 '신께서 그 땅의 소유자로 택하신 특별한 민족의 전진이었는데, 그것은 분명 그분께서 우리와 함께 계셨기 때문'이었다.[21)] 제임스타운을 건설할 때 버지니아회사에서 그가 행한 여러 번의

---

18) Mather, *Magnalia*, 2, p. 442.

19) Phelan, *Millennial Kingdom*, p. 50에서 인용. 또한 Brading, *First America*, p. 348 참조.

20) David D. Hall, *Worlds of Wonder, Days of Judgment. Popular Religious Beliefs in Early New England* (New York, 1989), pp. 91~3 참조.

21) Perry Miller, *Errand into the Wilderness* (Cambridge, MA, 1956), p. 119에서 재인용.

설교에서 선언했듯이, 잉글랜드는 '다른 세계에 가서 새로운 영국을 건설'하라고 명하신 신께서 내리신 위임장을 갖고 있었다.[22] 그러므로 아메리카는 프로테스탄트 종교개혁이 대표하는 빛의 세력과 로마에 본부를 두고 있는 사탄이 지배하는 어둠의 세력 간의 무자비한 싸움이 벌어지는 새로운 전쟁터의 의미를 갖게 되었다.

그러나 이 우주관에 따라 모든 영국령 아메리카가 신성한 공간의 성격을 획득한다 해도 적어도 그렇게 믿는 사람들이 보기에 그 중에서도 한 부분이 다른 지역들보다도 더 신성했는데, 그곳은 '코튼 매더가 지적했듯이 여러 가지 이유로 다른 지역들보다 더 진실로 잉글랜드적임을 주장할 수 있었고, 그래서 오로지 그곳만이 뉴-잉글랜드라고 불렸던 바로 그 정주지'였다. 매더는 17세기 전 과정을 돌아보면서 '불가피한 인간사의 덧없음과 그 인간사에 미치는 사탄의 영향력이 허락하는 한에 있어서 (……), 새로운 예루살렘 국가를 미리 보여 주기 위해 아메리카에서 이루어진 모종의 연약한 시도'를 자랑스럽게 기록할 수 있었다.[23]

모든 사람이 이러한 코튼 매더 식의 해석을 받아들였던 것은 아니며, 뉴잉글랜드에서도 그것은 마찬가지였다. 어떤 정파에도 속하지 않았던 로저 윌리엄스는 뉴잉글랜드가 (그 점에 있어서는 올드잉글랜드old England도, 그리고 그 어떤 다른 나라도 마찬가지였다) 신과의 맹약 때문에 선택된 나라라는 생각을 인정하지 않았다.[24] 좀더 세속적인 생각을 가지고 있는 사람들은 자신들이 뉴예루살렘과 비슷한 국가를 건설하기 위

22) Richard Crakanthorpe (1608), Avihu Zakai, *Exile and Kingdom, History and Apocalypse in the Puritan Migration to America* (Cambridge, 1992), p. 62에서 재인용.

23) Mather, *Magnalia*, 1, pp. 44, 46.

24) Morgan, *Roger Williams*, pp. 99~103.

해 아메리카에 왔다고 생각하지 않았다. 어떤 목사가 뉴잉글랜드 북부 지역에서 일군의 청중에게 삶의 방식을 고치라고 말하면서 '그렇게 하지 않으면 여러분이 이 황무지에 정착한 가장 중요한 목적을 그르치게 될 것이라고 말했더니, 그 가운데 한 명이 "목사님께서는 지금 베이Bay에 사는 사람들에게 설교하시는 것으로 착각하고 계시는 모양인데요, 우리가 이곳에 온 목적은 다름이 아니라 물고기를 잡기 위해서입니다"라고 말했다.'[25] 단지 물고기를 잡으러 갔을 뿐인 사람들에게는 제2의 가나안으로서의 뉴잉글랜드의 이미지가 호소력을 갖지 못했지만, 다른 많은 사람들은 그곳의 정주 스토리에서 신의 섭리가 표출되는 것을 인정하곤 했다.

매더가 말했듯이 그 스토리는 1620년 '필그림 파더즈'[26]가 신의 섭리로 코드곶에 상륙한 것과 함께 시작되었다. 코드곶은 '원래 그들이 가려고 했던 항구도, 그들이 대비했던 땅'도 아니었다. 그런데 이 실망스런 사건에 경건하고 늘 기도하는 민족을 생각하시는 신의 놀라운 섭리가 함께하고 있었다. 지금까지 존재했던 것 가운데 가장 구불구불한 길, 심지어 광야를 횡단해 간 이스라엘인들의 편력길마저도 탄탄대로로 보일 수 있는, 바로 그런 길이 지금 황무지 안으로 뻗어 있는 이 작은 이스라엘little Israel의 길이었다…….'[27] 이스라엘의 아들들은 결국 자신들을 약속의 땅으로 데려다 줄 험난한 여정에 들어서게 되었던 것이다.

1630년 존 윈스럽이 아벨라 호를 타고 대서양을 건넌 것은 그렇지

25) Mather, *Magnalia*, 1, p. 66.

26) Pilgrim Fathers; 1620년 메이플라워 호로 미국에 건너가 플리머스에 거처를 정한 102명의 영국 청교도들—옮긴이.

27) *Ibid*., p. 50.

않아도 강력한 '황야로의 엑소더스(대이동)'라는 이미지[28]에 또 하나의 더 강력한 이미지, 즉 '언덕 위의 도시'의 이미지를 더해 놓았다.[29] 그는 동료들에게 한 선상 연설에서 '세상 사람들이 우리를 주시하고 있습니다'라고 말했다. '올드' 잉글랜드가 아닌 '뉴' 잉글랜드에 '언덕 위의 도시'를 건설하기 위해 대이주에 동참한 사람들이 맺은 맹약은 퓨리턴들이 영국국교회를 자신들의 바람에 따르게 하는 데 실패했음을, 그리고 자신들의 조국에 오랫동안 열망해 온 하느님의 나라를 만들어 내는 데 실패했음을 분명히 인정하는 것이었다. 신의 분노가 조만간 잉글랜드에 불어닥칠 것이었다. 존 윈스럽은 '나는 하느님께서 조만간 이 땅에 뭔가 무거운 고통을 내리실 것임을 믿어 의심치 않는다'라고 썼다. 그리하여 아메리카는 하느님이 '이 거대한 재난에서 구해 주시려고 작정하신'[30] 사람들을 위해 마련하신 피난처가 되었다.

그러므로 신의 섭리라고 하는 비전은 프로테스탄트와 가톨릭의 구분을 뛰어넘어 프란체스코회 수사들과 퓨리턴들 모두의 관점에서, 아메리카에 심판과 구원의 위대한 드라마를 위한 자리를 마련해 주었다. 그런데 프란체스코회 수사들은 이 위대한 드라마에서 인디언의 개종을 핵심적 요소로 본 반면에, 퓨리턴들의 관점은 포괄적이지 않고 배타적이었으며 '선택된 사람들의 구원'이라는 용어로 틀이 짜여져 있었다. 매사추세츠만에 들어설 교회는 '눈에 보이는 성인들'visible saints, 즉 다가오는 하느님의 은총의 손길을 경험한 사람들의 교회가 될 것이었다. 인디언

---

28) Above, p. 48.

29) Sacvan Bercovitch, 'The Winthrop Variation: a Model of American Identity', *Proceedings of the British Academy*, 97 (1997), pp. 75~94.

30) Bercovitch, *Puritan Origins of the American Self*, p. 102에서 재인용.

들이 거기에 포함되는지 아닌지는 인간의 계획이 아닌 신의 계획 속에 들어있었다. 때문에 인디언에 대한 선교는 선택된 사람들에 대한 사목에 종속된 부차적인 것일 뿐이었다.

그러나 인디언들이 뉴잉글랜드 목사들의 특별한 관심의 대상이 되는 것이 역사적 이유로든 섭리적 이유로든 불가능하지는 않았으며, '사도' 존 엘리엇도 그렇게 믿게 되었다. 멕시코 정복 이후 그곳(아메리카)의 주민들이 과거에 사라진 이스라엘 민족의 후손일지 모른다는 생각이 줄곧 있어 왔다. 만약 그렇지 않다면 도미니코회 탁발수사 디에고 두란을 비롯하여 다수의 탁발수사들이 생각했던 것처럼 성경에 언급된 이스라엘인들의 의식 혹은 경험과, 역시 약속의 땅으로 간 엑소더스의 역사를 갖고 있는 아스테카인들의 그것이 그처럼 놀라울 정도로 비슷한 사실을 어떻게 설명할 수 있단 말인가?[31] 17세기 중엽에는 유대인과 아메리카 원주민 간의 '유사성'의 문제가 다시 열띤 논쟁거리가 되었는데, 이번에는 그 주역이 메나세 벤 이스라엘Manasseh ben Israel의 『이스라엘의 희망』*Spes Isralis*이라는 책에서 인디언들을 사라진 10부족과 동일시함으로써 생겨난 천년왕국에 대한 기대[32]라는 지배적인 분위기에 깊은 감명

---

31) Fray Diego Durán, *Book of the Gods and Rites, and the Ancient Calendar*, trans. and ed. by Fernando Horcasitas and Doris Heyden (Norman, OK, 1971), pp. 23~5의 서문, 그리고 Lee Eldridge Huddleston, *Origins of the American Indians. European Concepts, 1492~1729* (Austin, TX, and London, 1967), ch. 1 참조.

32) Huddleston, *Origins*, pp. 131~2. 또한 Paolo Bernardini and Norman Fiering (eds), *The Jews and Expansion of Europe to the West, 1450 to 1800* (New York and Oxford, 2001)의 제1부(part 1)의 기고문들과 Richard H. Popkin, 'The Rise and Fall of the Jewish Indian Theory', in Y. Kaplan, H. Méchoulan and R. H. Popkin (eds), *Menasseh ben Israel and his World* (Leiden, 1989), pp. 63~82를 참조. 그리고 이 문제에 관심을 갖게 해 주신 데이빗 카츠(David Katz) 교수에게 감사의 마음을 표하고 싶다.

을 받은 프로테스탄트들이었다.

유대인과 아메리카 원주민의 동일시가 16세기 인디언도 개종될 수 있다는 개념에 믿음을 주고, 그럼으로써 탁발수사들의 행동에 섭리적 맥락을 제공해 주었던 것처럼, 그보다 한 세기 후에 그와 비슷한 교리가 엘리엇의 선교 노력에 새 추동력을 제공해 주었다. 예언에 관한 두 차례의 공개 강론에서 보스턴의 전도사 존 코튼은 누에바에스파냐의 프란체스코회 수도사들의 그것과 마찬가지로 1640년대에 요아킴 다 피오레의 가르침에까지 거슬러 올라가는 천년왕국적 교리를 자세히 설명했다. 그는 뉴잉글랜드의 성인들saints이 로마 교회의 파괴, 유대인의 개종, 천년왕국의 도래, 이방인의 구속救贖(그는 그 이방인 가운데 아메리카 인디언들도 포함시켰다)의 순으로 전개될 대격변의 시기를 준비해야 한다고 말했다. 엘리엇은 코튼의 천년왕국적 믿음에 깊은 영향을 받은 사람들 가운데 하나였다. 비록 그 믿음이 유대인의 첫번째 대규모 개종이 있기 전까지는 뉴잉글랜드 인디언들 가운데 몇몇 산발적인 개종 말고는 별다른 희망을 제공해 주지는 못했지만 말이다. 그러나 엘리엇이 1640년대 말에 믿기 시작했던 것처럼 만약 아메리카 원주민들이 이방인이 아니라 유대적 기원을 가진 사람들이라면, 그래서 천년왕국이 실제로 임박해 있다면, 인디언의 대규모 개종은 생각보다 훨씬 가까운 시일 안에 이루어져야 했다. 찰스 1세의 처형이 잉글랜드가 '서쪽'에서 새 천년왕국적 질서의 시작을 위한 무대를 제공하는 것임을 의미한다면, 엘리엇이 볼 때 뉴잉글랜드는 이제 '동쪽'에서 천년왕국적 질서의 시작을 위한 무대가 되어야 했다.[33]

---

33) Cogly, *John Eliot's Mission*, ch. 1과 4 참조.

1651년 엘리엇은 찰스 강Charles River 강변에 위치한 내틱Natick에 자신의 첫번째 인디언 마을을 건설했다. 바스코 데 키로가가 파츠쿠아로 호숫가에 세운 '병원 마을들'과 마찬가지로 이 마을들도 세속적이면서 동시에 종교적인 공동체였다. 엘리엇은 천년왕국적 질서에 대한 자신의 이해를 토대로 100명의 지도자를 통해 이 공동체들을 통치하게 하려고 했다.[34] 그후 수년 동안 선교 사업에 큰 진전이 있었고, 결국 13개의 '기도하는 마을'이 더 생겨나기는 했지만 창설자 자신은 급진적인 입장에서 점차 후퇴하는 모습을 보였다. 잉글랜드에서의 왕정복고는 그가 예상한 천년왕국의 도래에 대한 시간 계산에 회의懷疑를 가져다 주었고, 그 후 진행된 많은 연구를 통해 1650년대 초 천년왕국에 대한 그의 열정이 정점에 이르렀을 때보다 인디언들의 히브리적 기원에 대한 믿음이 크게 약화되었던 것이다. 다른 사람들은 엘리엇의 천년왕국적 믿음을 공유하지 않았으며, 그들은 항상 인디언들이 과연 영적으로 적합한 사람들인지에 대해 의심을 풀지 않았다. 특히 1675~6년 필립왕의 전쟁이라는 트라우마가 있고 나서부터는 뉴잉글랜드의 목사들이 윌리엄 허버드가 『뉴잉글랜드 통사』*General History of New England*, 1680에서 내린 다음과 같은 결론에 동의하는 경향이 있었다: '영국인들이 찾아오기 전 이곳에 악마의 흔적 말고는 그 어떤 종교의 흔적도 찾아볼 수 없다.'[35] 에스파냐령 아메리카에서는 그와 똑같은 결론을 오래 전에 탁발수사들을 비롯한 많은 성직자들이 내린 바 있었다. 그들은 인디언들의 '우상숭배'를 적극적 악마숭배라며 비난했으며, 원주민의 의식과 유대교도의 의식 간의 유사

34) *Ibid*., p. 92; 그리고 위의 책, p. 74.
35) Canup, *Out of the Wilderness*, p. 74에서 재인용.

성은 그것이 오래 전 히브리인 조상들에 대한 희미한 기억에서 유래한 것이 아니라 악마의 속임수일 뿐이라고 생각했다.

악마는 에스파냐령 아메리카와 영국령 아메리카 모두에서 호시탐탐 기회를 노리고 있었다. 코튼 매더는 그 악마를 '옛 아메리카의 전제적 지배자, 우리 주 예수 그리스도의 복음이 자신의 "절대제국"을 파괴하고 혼란에 빠뜨리기 위해 오시는 것을 기를 쓰고 막으려고 한 어둠의 제왕'이라고 불렀다.[36] '적대opposition와 전도inversion로 이루어진' 유럽인의 정신세계에서[37] 악마가 교활하게 초자연적 질서를 모방하여 세상을 혼란에 빠뜨리려고 하는 것은 당연하게 생각되었다. 그러므로 탁발수사들은 원주민 사회의 의식과 예식이 가끔은 놀라울 정도로 기독교 교회의 그것과 비슷한 점에 대해서 그리 놀라지 않았다.[38] 그들은 보이지 않는 힘의 세계, 마법과 마술의 세계에 직면하여 개종한 자들과 그들의 고해 신부들이 사탄의 책략에 빠지지 않도록 안내서를 썼으며, 에스파냐령 아메리카 교회의 역사는 17세기 페루 대주교 비야고메스Villagómez의 그것처럼 "우상숭배의 절멸"을 위한 일련의 캠페인을 그 특징으로 갖게 되었다.[39]

그런 캠페인은 사실 아메리카라는 공간의 성화聖化를 위한 경쟁이

---

36) Mather, *Magnalia*, 1, p. 556.

37) Stuart Clark, *Thinking with Demons. The Idea of Witchcraft in Early Modern Europe* (Oxford, 1997), p. 80.

38) Fernando Cervantes, *The Devil in the New World. The Impact of Diabolism in New Spain* (New Haven and London, 1994), pp. 14~16에서 재인용.

39) Kenneth Mills, *Idolatry and its Enemies. Colonial Andean Religion and Extirpation, 1640~1750* (Princeton, 1997); Nicholas Griffiths, *The Cross and the Serpent. Religious Repression and Resurgence in Colonial Peru* (Norman, OK, and London, 1995)를 참조.

었으니, 그것이 가장 분명하게 나타난 곳이 안데스였다. 안데스에서 에스파냐인들은 우아카huacas —인디언들의 성소 —를 파괴하고 대신 거기에 십자가나 사당 혹은 교회를 세우려고 했다. 그와 비슷한 경쟁이 뉴잉글랜드에서도 벌어졌다:

> 잉글랜드인들이 이곳에 도착하자마자 인디언들은 발람Balaam 같은 자기네 주술사들(인디언들은 이들을 포와우powaws라고 불렀다)을 고용하여 잉글랜드인들에게 저주를 퍼붓고, 자기네 마귀들을 잉글랜드인들이 사는 곳에 풀어놓아 그들의 마음을 혼란에 빠뜨리고, 그들을 독살하려고 하는 등 온갖 방법을 다 동원하여 파멸시키려고 했다. 그러나 악마들은 결국 잉글랜드인들이 자기들의 주인이며 그들이 지배자가 되는 것을 막을 수 없다는 것을 인정하게 되었고, 잉글랜드인들과 잘 지내지 않으면 안 되겠다는 생각을 갖게 되었다. 하느님께서는 그들에게 잉글랜드인 같은 사람들에게는 마법이나 주술 같은 것이 통하지 않는다는 것을 확실히 일깨워 주셨다.[40]

점진적인 정주의 확산, 새로운 성인saints 단체의 설립은 인디언들과 더불어 악마들을 뉴잉글랜드의 숲속으로 추방시켰다.[41] 그러나 악마들은 흉칙한 모습을 한 채 주변에 계속 머물러 있었으며 사악한 계획을 실현할 기회를 노리며 이리저리 돌아다녔다. 악마들은 인디언들을 자신들의 노예로 만들었을 뿐만 아니라 독실한 신자들을 유혹하려고 사방으로

---

40) Mather, *Magnalia*, 1. p. 55.
41) Hall, *Worlds of Wonder*, p. 167.

돌아다니기도 했으므로 독실한 신자들은 악마의 간계를 이겨내고 스스로를 지키기 위해 늘 조심하지 않으면 안 되었다. '황야'는 독실한 신자들의 마음에서 유혹과 밀접한 연계를 갖고 있었다. 그리스도께서도 광야에서 사탄과 싸우지 않으셨던가?[42] 초자연적인 힘이 지배하는 것으로 생각되는 세계 ―그곳에서는 신의 섭리가 신의 호의好意의 특별한 표명을 통해서뿐만 아니라 폭풍이나 흉년 같은 갑작스런 재난이나 자연의 불가사의 등으로도 표현되었다―에서는 천사적인 것과 악마적인 것을 나누는 구분선이 희미했다. 그 때문에 '선택된 자들'조차도 속아 넘어가기 일쑤였다.

마법에 의지하는 것은 우주에서 작동중인 보이지 않는 신비로운 힘에 다가가기 위한 방법이기도 했고, 한편으로는 그 힘을 제어하는 방법이기도 했다. 목사들은 이런 마법에 호소하는 것에 반대한다는 입장을 분명히 했지만 이런 관행이 다른 영국령 정주지들에서와 마찬가지로 퓨리턴의 뉴잉글랜드에서도 널리 퍼져 있었다.[43] 상황이 가장 좋을 때조차도 질병 치유를 위해 사용하는 정통적인 방식과 마법적인 방식이 쉽게 구분되지 않았다. 신세계에서는 잠재적으로 지금까지 (유럽인들에게) 그 치료 효과가 알려져 있지 않았던 식물이 많았고, 자신들만의 전통적인 치료법을 가진 원주민들이 가까이에 살고 있었다는 점(유럽인들이 보기에는 이 모든 것이 쉽게 미신이나 마법의 기미로 비쳐졌다) 때문에 그 어려움은 배가되었다.

---

42) *Ibid*., p. 118.

43) Richard Godber, *The Devils Dominion. Magic and Religion in Early New England* (Cambridge, 1992), pp. 5~6; Hall, *Worlds of Wonder*, p. 100. 영국령 아메리카 식민지 전체의 마법에 대하여는 Butler, *Awash in a Sea of Faith*, ch. 3을 참조.

도전은 대체로 영국령 아메리카보다는 에스파냐령 아메리카에서 더 컸던 것으로 보이는데, 왜냐면 후자에는 유럽인·인디언·아프리카인의 동거와 인종적 뒤섞임이 훨씬 심했고, 게다가 그 인종들이 모두 자신들만의 민간신앙과 관행을 많이 갖고 있었기 때문이다. 백인 정주자들은 유모나 하인들을 통해 인디언 쿠란데로(질병치유사)에게서 새로운 질병치료술을 배웠다. 사람들이 이렇게 '미신'이나 환각성 풀에 의지하는 경향에 대해 16세기 말 누에바에스파냐의 후안 데 카르데나스처럼 유럽식 의술을 익힌 의사들은 분통을 터뜨렸다.[44] 크리오요, 메스티소, 물라토들 사이에서 마법과 마술이 확산되어 간 현상은 1570년과 1571년 리마와 멕시코시티에 들어선 종교재판소의 사법적 관심 대상이 되었다. 그러나 기소 건수로 판단컨대, 멕시코의 종교재판소는 이 문제에 대해 그리 큰 관심을 갖지 않았던 것으로 보인다.[45] 그에 비해 리마의 종교재판소는 적어도 1620년대부터 멕시코의 종교재판소보다 훨씬 더 많은 관심을 보인 것으로 보이는데, 그것은 아마도 안데스 사회에서는 미신 혹은 우상숭배 근절을 통한 기독교화가 명백히 실패로 끝났기 때문이기도 하고, 잉카 시대가 과거의 안개 속으로 멀어져 가고 있던 시기에 인디언 혹은 비인디언들 사이에서 잉카 부흥운동이 나타나 많은 관심의 대상이 되고 있던 당시 상황에 대한 당국의 우려가 컸기 때문으로도 보인다.[46] 코카가 치료용으로 뿐만 아니라 점을 칠 때도 널리 사용되었던

---

44) Bernan and Gruzinski, *Les Métissages*, p. 301.

45) Alberro, *Inquisition et société au Mexique*, pp. 93~4.

46) Irene Silberblatt, 'The Inca's Witches', in Robert Blair St. Geroge (ed.), *Possible Pasts. Becoming Colonial in Early America* (Ithaca, NY and London, 2000), pp. 109~30; Sabine MacCormack, *Religion in the Andes. Vision and Imagination in Early Colonial Peru* (Princeton, 1991), p. 415.

것도 당국의 심기를 불편하게 만들었던 것 같다. 그렇지만 '우상숭배 근절' 캠페인 기간 동안 리마 지역과 안데스 고원 지역의 예외를 제외하면 인종적으로 뒤섞인 에스파냐령 아메리카 사회에서 이 문제에 대한 일반적인 분위기는 광범한 관용이었는데, 그것은 그런 행위가 실제로 질병 치료에 도움이 되었고, 그로 인해 그것을 우호적으로 보는 시선이 있었기 때문으로 생각된다.

뉴잉글랜드에서도 목사들이 마법을 악마의 소행으로 간주하고 단죄하기는 했지만 주민 가운데 다수는 그것을 의도적인 죄악이라기보다는 무지와 '순진함'의 소산으로 간주하는 경향이 있었다.[47] 그러나 1680년대 들어 뉴잉글랜드 목사들은 흑마술의 유행을 점점 우려하게 되었으며, 급기야 그것은 1640년대 말, 1650년대 초 첫번째 마녀사냥이 발생한 이후 처음으로 간헐적인 기소 대상이 되었다. 당시 북부 지역 식민지들은 어려운 시절을 보내고 있었다. '필립 왕의 전쟁'은 1675~6년 대규모의 파괴를 초래했으며, 국왕이 1684년 매사추세츠 헌장을 철회하고 뉴잉글랜드 도미니언을 설립하는 것으로 지배를 강화하려고 하자 전보다 더 큰 긴장과 불확실성이 나타났다. 이런 시련과 재난의 와중에서 목사들은 한 세대 선배들이 도입해 놓은 높은 수준의 영적 기준으로부터 '이탈'하는 것에 대해 심히 우려하게 되었다. 목사들 자신들의 권위는 회중 내부로부터 제기되는 도전과 영국국교도·퀘이커교도·침례교도들로부터 제기되는 압력이라는 내외의 도전에 직면해 있었다. 점차 포위당한 상태가 된 그들은 마법의 유행을 악마가 계략을 꾸미고 있는 또 다른 증거라고 생각했고, 그 악마가 '언덕 위의 도시'를 무너뜨리려는 책동에서

---

47) Godber, *The Devil's Dominion*, p. 69.

분명 지지 세력을 얻고 있는 것이라고 생각했다.[48] 목사 데오다트 로슨Deodat Lawson은 1692년 매사추세츠 세일럼 마을에서 베푼 설교에서 '사탄은 인류의 불구대천의 원수이다. 그는 기발하고, 악의 원천이며, 모든 불화·앙심·적개심의 선동자다……'라고 선언했다.[49] 사탄의 간계를 효과적으로 저지하는 유일한 대응은 악마가 선동한 마법이 아니라 기도와 참회라고 말했다.

로슨의 살벌한 경고는 1692년 2월 유명한 마녀사냥이 개시된 이래 세일럼과 그 인근 지역을 옥죄고 있던 걱정과 단죄 분위기의 명백한 징후였다. 위기는 세일럼 마을의 목사 새뮤얼 패리스Samuel Parris의 질녀와 딸이 그해 1월 경련성 발작을 일으키면서부터 시작되었다.[50] 심문을 통해 한 이웃 여성이 그 소녀들을 치료하기 위해 대응마술을 사용했다는 것, 그 여성이 가내 노예 티투바Tituba를 시켜 소녀들을 위해 '마녀케이크'witchcake를 준비하게 했다는 사실이 드러났다. 티투바가 아프리카인 노예가 아니라 인디언이었음을 말해 주는 강력한 시사가 있는데, 후에 개진된 진술은 그녀가 '누에바에스파냐에서 이곳(뉴잉글랜드)으로 들어왔다'고 기술하고 있으며, 그것은 그녀가 에스파냐령 플로리다 출신이었음을 말해 주는 것으로 보인다.[51] 발작을 일으킨 소녀들은 치유되지

48) *Ibid*., pp. 73~7.

49) Demos, *Entertaining Satan*, p. 173에서 재인용. 그리고 Godber, *The Devil's Dominion*, p. 63 참조.

50) 뉴잉글랜드의 마녀사냥과 세일럼 마을의 재판에 관하여서는 특히 Godber, *The Devil's Dominion*; Demos, *Entertaining Satan*; 그리고 Marry Beth Norton, *In the Devil's Snare. The Salem Witchcraft Crisis of 1692* (New York, 2002)를 참조.

51) 티투바가 인디언 출신이라는 주장은 Norton, *In the Devil's Snare*, pp. 20~1에 언급되어 있다. 또 다른 주장은 그녀가 오리노코 지역 아라와크족 출신이며, 어렸을 때 노예상인에 의해 바베이도스로 실려 왔다는 것이다. Elaine Breslaw, *Reluctant Witch of Salem* (New York

않았고 그 지역의 점점 더 많은 소녀들과 젊은 여성들이 비슷한 발작을 일으켰으며, 그녀들은 자신들을 괴롭히는 사람들의 이름을 이웃들 가운데서 지명함으로써 악마 행위의 보고 건수는 점점 더 늘어났다. 심리가 시작되자 그것은 이제 걷잡을 수 없게 되었다. 점점 더 많은 불운한 사람들이 악마의 졸개라는 혐의로 고발당하고 기소되었다(거기에는 여자뿐만 아니라 남자도 포함되어 있었다). 이 병적 흥분 상태는 세일럼뿐만 아니라 이웃 도시 안도버(둘 다 에식스 군에 있었다)까지 거세게 휘몰아쳤다. 이 소동이 소멸 단계로 접어든 그해 11월까지 총 54건의 '고백'이 이루어졌고, 적어도 144명이 기소되었으며(그 중에 38명이 남자였다), 14명의 여성과 5명의 남성이 교수형을 당했다.[52] 그후 세일럼 법정에서 이 사건의 진실성에 대해 의심이 확산되고 발작을 일으킨 소녀들이 진술한 증언의 신뢰성에 관해서 회의적인 견해가 증가했으며, 결국 재판은 시작될 때만큼이나 신속히 그리고 극적으로 소멸되었다. 마녀와 마술의 존재에 대한 믿음은 여전히 강하게 남아 있었지만 세기가 바뀌고 난 뒤 뉴잉글랜드에서는 더 이상 마녀재판이 나타나지 않았다.

아직도 명백히 밝혀지지 않고 있는 것은 왜 악마의 책동에 대한 보편적 불안감이 이 특정 시기에 매사추세츠 주 에식스 군이라는 특정 지역에서 나타났는가 하는 점이다. 1690~2년은 이전 시기와 비교할 때 스트레스와 긴장이 더 컸던 것으로 보인다. 1690년 발병한 천연두는 사람들의 신경을 곤두서게 했다.[53] 1691년 새 국왕칙령이 발표되어 다른 종

and London, 1996), pp. 12~13을 참조.
52) Norton, *In the Devil's Snare*, pp. 3~4.
53) Demos, *Entertaining Satan*, p. 373.

교를 가진 사람들에게도 신앙의 자유가 허용되고, 그리하여 회중교회 목사들이 오랫동안 저지하려고 싸워 온 종교적 경쟁이 정식으로 인정되자 목사들의 두려움은 절정에 이르게 되었다. 좀더 지역적 차원에서 보면 당시 세일럼 마을village과 그 이웃인 세일럼 읍town 간에는 긴장이 존재했다. 그들 사이에 위치한 강력한 퀘이커교도 공동체는 오랜 기성 관습에 대한 가시적인 위협이었다.

그러나 무엇보다도 강력한 원인은 필립 왕의 전쟁이 끝난 지 겨우 10년 정도가 지난 1688년 발발한 제2차 인디언전쟁이 가져다 준 위기감이었던 것으로 보인다. 정주자 사회는 '붉은 피부를 가진 사람들', 즉 반은 존재하고 반은 존재하지 않은 인디언들에 대해 깊고도 지속적인 두려움에 시달리고 있었는데, 그 인디언들은 실제로 북쪽 변경지역의 어두컴컴한 숲과 삼림보다는 그 지역 백인들의 상상력을 지배하고 있었다. 와바나키족Wabanakis은 프랑스계 캐나다인들과 결탁하여 다시 한 번 공세를 취했으며, 캐나다인들의 가톨릭 신앙도 인디언들 못지않게 위협적으로 여겨졌다. 이 연합군이 1689년 안도버 시에 침입했을 때, 식민지 수비대가 이를 저지함과 동시에 몬트리올에 대해 반격을 시도했으나 치욕적인 패배로 끝났다. 특히 메인Maine 지역의 피해가 컸고, 국경 지역에서 밀려드는 피난민은 비록 에식스 군이 매사추세츠 다른 지역들보다 더 많은 피난민을 받아들였는지는 분명치 않지만 에식스 군 주민들에게 끊임없는 공격 위협을 강하게 환기시켜 주었다. 그런데 유령의 모습을 한 악마를 목격했다는 몇몇 고백들에서 그 악마의 피부색이 인디언의 피부색과 비슷한 '황갈색'이었다고 묘사한 점은 의미심장하다. 티투바와 그녀의 마녀케이크는 악마를 숲에서 끌어내 가정으로 데리고 왔다.

사적인 앙심, 조작, 집단 히스테리, 이 모두가 이 가공할 집단 드라마에서 나름의 역할을 수행했고, 이 드라마가 공포로 떨고 있던 공동체들에서 전개되면서 목사들조차도 예외가 되지 않는 징후를 점점 더 많이 보여 주었다. 심지어 과거 마녀 관련 소송이 제기되었을 때는 회의적인 태도를 보였던 세일럼 법정 재판관들조차도 병적 흥분 상태에 휘둘리는 모습을 보였는데, 그것은 아마도 자신의 친구들과 친척들이 인디언과 프랑스인을 상대로 벌인 전투에서 패한 것이 악마의 간계로밖에는 설명될 수 없다고 생각했기 때문으로 보인다.[54)]

그러나 집단적 히스테리 현상이 아메리카 대륙의 이 작은 구석에서만 나타난 것은 아니었다. 그보다는 덜 비극적이었지만 크게 다르지 않은 드라마가 기이하게도 거의 같은 시기에 수천 마일 떨어진 멕시코의 케레타로Querétaro 시에서도 전개되고 있었다.[55)] 1681년 뉴잉글랜드의 목사들이 자신의 양들이 과거의 악습으로 돌아간 것 때문에 고민하고 있을 때 '프로파간다 피데'Propaganda Fide('신앙의 전파')라는 이름을 가진 프란체스코회의 새 지부가 케레타로 시에 학교를 세웠다. 이 금욕적인 프란체스코회 수사들(그 가운데 다수는 에스파냐에서 도착한 지 얼마 되지 않은 사람들이었다)의 목적은 아직 복음화되지 않은 농촌 지역에는 복음을 전하고, 도시에서는 '관습의 보편적 개혁'을 가져다 줄 영적 사목 활동을 펼치겠다는 것이었다.[56)] 뉴잉글랜드 목사들과 마찬가지로 프란체스코회 수도사들도 점증하는 경쟁에 직면해 있었다. 그들의

---

54) Norton, *In the Devil's Snare*, p. 299.

55) Fernando Cervantes, 'The Devils of Querétaro: Scepticism and Credulity in Late Seventeenth-Century Mexico', *Past and Present*, 130 (1991), pp. 51~69. 그리고 이 사건에 대한 자세한 논쟁과 분석으로는 같은 필자의 *The Devil in the New World*를 참조.

56) Cervantes, *The Devil in the New World*, p. 114.

경쟁자는 도미니코회, 아우구스티누스회, 예수회 등 라이벌 교단들이었으며, 이들의 활동은 누에바에스파냐의 복음화 사업에서 전통적으로 프란체스코회가 갖고 있던 주도권을 위협하고 있었다.[57] 뉴잉글랜드 목사들과 마찬가지로 그들 역시 강력한 메시지를 통해 주도권을 회복할 필요가 있었으며, 그것을 그들은 금욕적 개혁이라는 명분에서 발견했다. 그들은 설교와 종교 행렬을 통해 대중의 종교적 열정을 자극했으며, 공적인 오락·춤·과도한 축하 행사를 금함으로써 청교도적 체제를 강요했다. 남녀 모두 그들의 설교에 영향을 받았으나 특히 여자들이 민감한 반응을 보였다. 1691년 말경 프란체스코회 수도복을 착용하고 케레타로 선교 마을missions을 방문하곤 했던 여자들이 악마에게 홀린 것 같은 징후를 보인다는 보고가 멕시코시티 종교재판소에 접수되었다. 그녀들이 소리를 지르고, 성모마리아를 향해 욕을 퍼붓고, 십자가와 성유물에 침을 뱉고, 경련과 발작을 일으킨다는 것이었다. 보고를 접한 종교재판소는 신속히 행동에 들어가, 그 여자들이 신성을 모독하고 이단을 퍼뜨리기 위해 일부러 귀신 들린 척 한다며 정식으로 기소했다. 이 문제와 가장 밀접하게 연관된 프란체스코회 수도사들 가운데 일부가 견책을 당했고, 이 에피소드는 거의 시작되자마자 끝이 났다.

케레타로와 세일럼은 매우 다른 세계였으나 두 도시를 휘몰아친 드라마에는 분명 비슷한 점이 있었다. 경고와 구원의 메시지에 여성들이 민감하게 반응한 점이라든지, 어린아이들(이 아이들은 세일럼 재판에서 매우 중요한 역할을 수행했다)이 악마에게 홀렸다는 주장이 있었던 점 등이 그것이다. 프란체스코회 수도사들이 제기한 사건 가운데 하나는 열

57) Alberro, *Inquisition et société*, pp. 253~4.

살 먹은 소녀가 멀리 떨어진 언덕까지 바람처럼 휙 날아갔으며, 여기서 마녀는 그 소녀를 꾀어 사탄과 계약을 맺게 하고, 사탄은 그 소녀에게 에스파냐든 로마든 마음먹은 대로 찾아갈 수 있게 해 주었다는 것이다. 결국 이것은 프로테스탄트가 아니라 가톨릭의 맥락에서 활동하는 악마였던 것이다. 좀더 중요한 의미를 갖는 것은 뉴잉글랜드와 케레타로 모두에서 누군가 악마에게 홀렸다고 하는 주장이 종교와 도덕 수준을 높이려는 캠페인이 벌어진 시기에 나타났다는 점이다. 두 경우 모두 이 캠페인은 회중들에게 심한 영적 결핍감을 갖게 하는 효과를 낸 것으로 보인다. 한 카르멜회 수사는 프란체스코회 수도사들이 케레타로에서 벌인 선교사업에 대해 언급하는 가운데 다음과 같이 말했다: "남자들은 우울해 있고, 여자들은 괴로워하며, 사람들은 하나같이 의심으로 가득 차 있다." 지나치게 영적으로 고무된 프란체스코회 수사들은 자신들의 양떼를 단시일 내에 성인聖人으로 바꾸어 놓으려고 함으로써 엄청난 긴장 상태를 만들어 냈으며, 그것이 결국 그들로 하여금 기이한 행동을 하게 하고 '이상한 질병'이 퍼지게 만들었던 것으로 보인다.[58] 퓨리턴의 매사추세츠에서도 그렇고 가톨릭의 누에바에스파냐에서도 그렇고, 직업적 종교인들이 불안감 확산의 주범이었던 것이다.

프로테스탄티즘과 트리엔트 가톨릭 신앙 간에 차이가 있기는 하지만 그럼에도 그것들이 서로 공유한 신학적 유산은 불가피하게 여러 수렴점points of convergence을 만들어 냈으며, 마법 혹은 마술 관련 문제에서도 그것은 마찬가지였다. 그 문제에 있어서 양편 모두 성 아우구스티누스의 가르침에 크게 의존했었다는 점에서 특히 그러했는데, 아우구스티

58) Cervantes, *The Devil in the New World*, pp. 119~20.

누스의 가르침은 자연적 세계와 초자연적 세계를 분명히 구분함으로써 가톨릭과 프로테스탄티즘 모두 어렵지 않게 신에 대한 특정한 인식에 이르게 만들었으며, 그것은 신이 너무나 전지전능해서 당신의 목적을 위해서 악마까지도 이용하는 변덕스런 전제 군주가 되기도 한다는 생각이었다. 종교재판관들은 케레타로 사건을 그렇게 심각하게 생각하지 않았는데, 그것은 후에 뉴잉글랜드 목사들이 그랬던 것처럼 그들도 마녀 소동의 주요 원인이 개인적 원한이나 속임수라는 것을 알고 있었기 때문이기도 했고, 다른 한편으로는 정의로운 신에 대한 믿음만큼이나 사악한 악마에 대한 믿음을 지키려고 했기 때문으로도 보인다.[59] 뉴잉글랜드에서는 목사들과 법관들의 걱정거리가 악마 자신이라기보다는 유령의 존재에 대한 믿음이었다.[60] 새로운 회의주의 철학의 바람이 17세기 말에 유럽뿐만 아니라 아메리카에서도 불었을지 모르지만—멕시코의 학자 카를로스 데 시구엔사 이 공고라Carlos de Sigüenza y Góngora도, 그리고 그보다 상당히 더 조심스럽기는 했지만 코튼 매더도 1680년에 혜성이 하늘을 가르며 지나가는 것을 초자연적인 현상으로보다는 자연적인 현상으로 설명하려고 했다—,[61] 현실에서는 유령에 관한 모든 소문이 다 그런 것은 아니지만 악마의 존재는 신빙성이 있다고 여겨졌고, 그 때문에 사람들은 불안해 했다.

누에바에스파냐와 뉴잉글랜드 모두에서 한편으로 각자 책임과 각자 불행의 관계를 강조하면서도 다른 한편으로는 사탄을 통한 시험과

59) Clark, *Thinking with Demons*, pp. 452~4; Cervantes, *The Devil in the New World*, pp. 133~6.

60) Godber, *The Devil's Dominion*, pp. 216~22.

61) Mayer, *Dos Americanos*, pp. 195~212.

유혹을 통해 신자들의 덕성을 시험하시고, 그 덕성을 성장하게 하시려는 신의 의도를 강조하는 종교적 가르침은 너무 많은 것이 개인의 제어 범위를 벗어난 것처럼 보이는 세계에서 무력감을 키워 놓았다. 그런데 대응종교개혁Counter-Reformation이 지배하는 가톨릭교도들의 사회에서는 신자들의 무력감이 의식儀式이라는 그것을 상쇄할 수 있는 힘에 대한 믿음으로 감소될 수 있었던 데 반해, 전지전능한 신과의 직접적 관계를 강조하는 프로테스탄트들에게는 이 방법이 전혀 효과가 없었다고 말할 수는 없지만 훨씬 덜 확실했음이 분명하다.[62] 뉴잉글랜드 신자들의 삶에서는 금식, 공개 고백, 참회 의식이 주된 역할을 했고, 그것은 악마의 유혹에 대항하는 집단적 지원군을 제공해 주었다. 그러나 회중교회들에서는 공적인 고백 행위 자체가 신자들로 하여금 악마에게 홀렸다고 고백하도록 만들었고, 그것은 분명 마녀재판을 분출시킨 원인이 되었다.[63]

정신 상태와 상황이 결합하여 17세기 말 누에바에스파냐의 주민들보다는 뉴잉글랜드의 정주민들이 흑마술을 더 중요하게 여기도록 만들었을지 모르지만 에스파냐령 아메리카의 성직자들 또한 '세계가 오래되면 될수록 더 오래 유지되며, 종말이 가까워질수록 사탄은 더 사납게 날뛴다'라고 한 존 폭스John Foxe의 말에[64] (만약 그들이 그 말을 알고 있었다고 한다면) 토를 달지 않았을 것이다. 그러나 에스파냐령 아메리카의 성직자들은 사탄의 군대로부터 아메리카 땅을 수호하려는 싸움에서 강력한 동맹군의 도움을 받을 수 있었는데, 왜냐하면 우선 거기에는 인디아

62) Godber, *The Devil's Dominion*, pp. 27~8.
63) 뉴잉글랜드에서의 고백에 대해서는 Hall, *Worlds of Wonder*, pp. 172~86, 189~90을 참조.
64) "the elder the world waxeth, the longer it continueth, the nearer it hasteneth to its more, the more Satan rageth". Clark, *Thinking with Demons*, p. 346에서 재인용.

스라는 새 가톨릭 제국을 지키는 병사 혹은 수호자들로 여겨지고 있었던 천사와 대천사들이 있었기 때문이다. 영적인 프란체스코회 수사들을 통해 예수회 수사들에게 전해진 오래되었지만 교리적으로는 수상한 점이 많은 한 전승에 의하면 대천사 미카엘과 가브리엘 외에도 5명의 대천사가 더 있었는데, 이 대천사들은 각기 고유한 이름과 천국에서 맡아 보는 고유한 소임을 갖고 있었다. 이 일곱 명의 대천사는 각각 하나씩, 합하여 일곱 개의 미덕을 갖고 일곱 개의 악덕을 가진 일곱 명의 악마(이들도 자신의 이름을 갖고 있었다)를 상대로 싸운다고 했다. 이 선과 악의 싸움이 가장 치열하게 전개된 곳이 바로 페루였는데, 여기에서 예술가들은 17세기 후반부터 멋진 레이스가 달린 군복을 입고 손에는 총을 든 천국의 발레단원 같은 모습을 한 일곱 명의 대천사를 그림으로 표현해 놓고 있다(그림 19).[65]

대천사들이 자기들 편에서 함께 싸워 주고 있는 한편으로, 성직자들과 신자들은 성모 마리아와 여러 성인들의 중재라는 도움을 받을 수도 있었다. 16세기에 에스파냐식 '지역 종교'(그것은 지역 공동체 구성원들이 특별한 애정을 갖고 찾아가는 많은 소성당, 사당, 성상을 갖고 있었다)가 인디아스에 전해졌고,[66] 인디아스가 기독교화되면서 이곳의 도시와 마을들은 자체의 수호성인을 갖게 되었다.[67] 성상들 가운데는 정복자들의 안장주머니에 실려 에스파냐에서 바다를 건너온 것도 있었는데,

---

65) 이 전승의 발전과 그것이 페루에 전해진 정황에 대한 탁월한 설명으로는 Ramón Mujica Pinilla, *Ángeles apócrifos en la América virreinal* (2nd edn, Lima, 1996)이 있다.

66) William A. Christian, Jr., *Local Religion in Sixteenth-Century Spain* (Princeton, 1981)을 참조.

67) Luis Millones, *Dioses familiares* (Lima, 1999), pp. 23~6.

〈그림 19〉 작자 미상의 「화승총을 들고 있는 천사」. 페루 쿠스코 학교(18세기). 안데스 지역 미술가들은 17세기 말 우아하게 성장(盛裝)한, 그리고 그 중 다수는 손에 화승총을 들고 있는 천사들과 대천사들로 이루어진 천국의 군대를 그린 독특한 초상화 장르를 발전시켰다. 이 초상화들은 미카엘과 가브리엘 같은 성경에 나오는 대천사 외에도 자주 외전(外傳)에 나오는 대천사들도 포함시켰는데, 외전의 천사들을 그리는 것이 유럽에서는 이단으로 간주되었으나 아메리카에서는 별 문제가 되지 않았다. 이 초상화 장르의 기원은 분명치 않은데 안데스 지역에서 활동한 기독교 선교사들의 가르침을 반영하는 것일 수도 있고, 이런 천상군대의 묘사가 정복 이전 아메리카 사회의 신앙을 반영하는 것일 수도 있다. 그리고 그 점은 이런 종류의 미술이 안데스 지역 주민들 사이에서 인기를 끈 이유를 설명해 줄 수도 있다. 천사가 화승총을 다루고 있는 모습은 1607년 네덜란드에서 처음 출간된 야콥 드 게인(Jacob de Gheyn)의 『제식훈련』에서 취한 군사훈련을 다루고 있는 판화에서 빌려온 것이다.

예를 들어 1574년에 멕시코시티의 수호성인이 된 로스 레메디오스Los Remedios의 성모상도 그 중 하나였다.[68] 또 지역 인디언들에 의해 조잡하게 조각되었다가 후에 더할 나위 없이 아름다운 상으로 된 것도 있었는데, 티티카카 호수 인근에 있는 것으로서 원래는 인디언의 성소였다가 후에 기독교 성소로 바뀐 코파카바나Copacabana에 모셔진 성모 마리아상이 그런 경우였다. 이 성모상은 처음에는 지역 신앙의 경배 대상이었다가 나중에 부왕령 전체에서 존숭받는 특별한 경배 대상이 되었다.[69] 그런가 하면 어떤 것은 동굴에 숨겨져 있다가 발견되기도 하고, 환상을 통해 신비로운 방식으로 알려지기도 했다.

여러 번에 걸친 성모 마리아의 발현 가운데 가장 유명한 것이 1531년 후안 디에고Juan Diego라는 멕시코의 한 가난한 인디언에게 나타난 발현이었다. 그 이야기는 다음과 같다. 후안 디에고가 꽃을 따 모으라는 성모 마리아의 말씀에 따라 꽃을 따 모아 자신의 망토에 담아 주교에게 갖다 주었는데, 주교는 그 망토에 그려져 있는 성모 마리아의 형상을 보고 깜짝 놀랐다. 이 성모상에 대한 숭배가 처음에는 그 성모상을 모시는 사당이 과달루페(멕시코시티 인근에 소재)에 세워진 후로 지역적 숭배 대상으로 정착했다가, 이 사건이 기적적인 일로 인구에 회자되면서 널리 퍼져나가기 시작했다. 그러나 처음에는 그 숭배가 대체로 인디언들에게 국한되었다. 누에바에스파냐의 크리오요 주민들이 세상에서 자신들의 위상을 확립하기 위해 분투하고 있던 17세기에 이르러서야 크리오요들

---

68) D. A. Brading, *Mexican Phoenix. Our Lady of Guadalupe. Image and Tradition Across Five Centuries* (Cambridge, 2001), p. 4.

69) Bernand and Gruzinski, *Les Métissages*, pp. 319~20; Brading, *First America*, pp. 332~3.

도 그 숭배에 동참하게 되었으며, 그것을 계기로 과달루페의 성모 마리아는 눈부신 성공가도를 달려 결국 '멕시코인의' 열망과 '멕시코인의' 정체성의 상징이 되기에 이르렀다.[70)]

코파카바나의 성모 마리아는 페루 부왕령에서 과달루페 성모 마리아가 멕시코에서 누린 만큼의 명성은 누리지 못했다. 그렇지만 그 대신 페루 부왕령은 아메리카 최초의 성인을 배출했는데, 그 주인공은 이사벨 플로레스 데 올리바Isabel Flores de Oliva; 1584~1617라는 크리오요 출신의 한 여성 환상가였다. 그녀는 악마와 투쟁하는 동안 특별한 고행을 경험했으며, 1671년 리마의 성녀 로사Santa Rosa de Lima로 시성되었다.[71)] 성녀 로사 숭배는 에스파냐령 아메리카 전역으로 퍼져나갔으며, 시성과 함께 에스파냐령 아메리카 전체의 수호성녀가 되었다. 멕시코시티 대성당에 그려진 강렬한 인상을 주는 그림 한 점에서 성녀는 악마의 굵은 팔뚝 안에 갇혀 있는 것으로 표현되어 있다(그림 20).[72)] 영적으로 평온한 모습의 성녀가 악의로 가득 찬 악마에 맞서 싸우고 있는 모습의 이 충격적인 형

---

70) 과달루페의 성모 마리아와 그녀에 대한 숭배에 대하여는 Brading, *Mexican Phoenix*; *Francisco de la Maza*, *El guadalupanismo* (Mexico City, 1953); Jaques Lafaye, *Quetzalcoatl and Guadalupe. The Formation of Mexican National Consciousness, 1531~1813* (Chicago, 1976); Enrique Florescano, *Memoria mexicana* (2nd edn, Mexico City, 1995), pp. 392~411을 참조.

71) Brading, *First America*, pp. 337~40; Luis Millones, *Una partecita del cielo* (Lima, 1993). 로사 성녀는 어쩌면 크리오요가 아니라 혼혈인일 가능성이 높으며, 그녀의 인종적 기원은 아직 분명하게 밝혀져 있지 않다. 이에 대하여는 *Perú indígena y virreinal* (Sociedad Estatal para la Acción Cultural Exterior, Madrid, 2004)이라는 전람회 카탈로그에 포함된 Ramón Mujica Pinilla의 기고문 'Santa Rosa de Lima y la política de la santidad americana'를 참조할 것.

72) Clara Bargellini, 'El barroco en Latinoamérica', in John H. Elliott (ed.), *Europa/América* (El País, Madrid, 1992), pp. 101~3을 참조.

〈그림 20〉 작자 미상의 「리마의 성녀 로사와 악마」. 1671년에 성녀로 시성된 리마의 성녀 로사는 아메리카에서 처음으로 성인품에 오른 인물이다. 페루 출신이지만 그녀에 대한 숭배는 누에바에스파냐 부왕령을 포함하여 에스파냐령 아메리카 전역으로 확산되었으며, 멕시코시티 대성당에 있는 제단화의 일부인 이 17세기 말의 그림은 그 사실을 입증한다.

상은 지역적 경계, 나아가 페루 부왕령의 경계를 넘어 인디아스 내 에스파냐 지배령 전체에서 빛의 세력과 어둠의 세력이 벌이는 우주적 투쟁을 요약하고 있다.

에스파냐령 인디아스 전역에서 여러 지역의 성인과 성상의 전유專有(기독교적으로 용도 변경하는 것)로 나타난 공간의 성화聖化는 시간의 성화를 수반하였는데, 그들의 축제가 민중 신앙의 대대적 표명의 형태로 거행되는 것이 바로 그것이었다. 주일까지 포함하면 17세기 페루에서 교회와 에스파냐 왕의 삶과 관련된 주요 이벤트들을 기념하는 축제일은 1년에 150일이 넘었다.[73] 이는 퓨리턴들의 뉴잉글랜드 지역 달력과 좋은 대조를 이루었는데, 뉴잉글랜드에서는 오로지 주일만 지켜질 뿐 크리스마스나 부활절 같은 전통적인 기독교 축일조차도 엄격하게 금지되었다. 그러나 매사추세츠에서는 목사가 영적으로 감동을 받고 설교나 강연이라도 하게 되면 판에 박힌 듯한 일과는 언제든 혼란에 빠질 수 있었다. 1639년 매사추세츠 의회는 목사들의 설교 시간 단축을 공개적으로 요구하기도 했다. 뉴잉글랜드와 그 외 다른 지역에서도 특별기도일, 금식일, 감사일이 늘어났다. 뉴잉글랜드에서는 17세기 동안 664회의 금식일과 '성스러운 사건'에 대해 감사를 표하는 감사일이 준수되었다고 하는데, 이는 주일을 포함하여 종교적 목적에 이용된 날짜가 1년에 60일 정도에 이르렀음을 의미한다(그에 비해 페루는 약 150일이었다). 영국 국교회의 관점에서 보면 이것은 매우 부족한 것이었다. 1681년 국왕은 매사추세츠만 의회에 압력을 가하여 크리스마스 축하식을 금하는 법을 폐지하게 했으며, 총독 앤드로스는 주요 기독교 축일뿐만 아니라 1년에

73) Luis Millones, *Perú colonial. De Pizarro a Tupac Amaru II* (Lima, 1995), p. 172.

20여 일에 이르는 성인의 날도 준수하라고 요구했다.[74)]

뉴잉글랜드의 퓨리턴들은 시간에서 의식ritual을 제거하면서 공간에서도 그것을 제거했다. 코튼 매더는 '그들(뉴잉글랜드의 퓨리턴들)은 "모든 장소가 다 신성하다. 모든 장소에서 우리는 신에 대한 지식을 얻는다"라고 한 『클레멘스 알렉산드리누스의 날들』*Days of Clemens Alexandrinus*에 나오는 대사보다도 더 처소의 신성함을 믿지 않는다'라고 썼다.[75)] 퓨리턴의 '크리스티아노-그라피'에서 특별히 신성불가침의 장소를 갖고 있지 않았던 목사들은 에스파냐령 아메리카의 탁발수사들과 달리 인디언들이 성스럽게 여기고 숭배한 장소들을 기독교적인 용도로 바꾸려고 하지 않았다. 목사들의 종교적 건물들——교회가 아니라 소박하고 장식물도 거의 없는 회합소였다——이 주거지 중심부에 위치한 것은 사실이지만, 그 위치는 종교적 고려 못지않게 세속적 고려에 의해 결정되었으며 회합소와 공동묘지는 그것들이 자리 잡은 땅에 특별한 신성을 부여하지 않았다.[76)] 뉴잉글랜드의 회중들이 그들 나름대로 공적·사적 기도, 금식과 고해의 방식으로 자신들의 의식을 발전시키고, 은제 용기에 담긴 성체를 영하기는 했지만[77)] 그들은 여전히 그 내용이 확고하게 반의식anti-ritualistic적인 의식주의ritualism에 참여하고 있었다.

황야에서의 사명errand into the wilderness에 대한 생각을 인정하지 않은 사람들, 자신들의 정주지가 '언덕 위의 도시'로 변하는 것을 보고 싶

---

74) James P. Walsh, 'Holy Time and Sacred Space in Puritan New England', *American Quarterly*, 32 (1980), pp. 79~95.

75) Cotton Mather, *Ratio Disciplinae Fratrum* (Boston, 1726), p. 5.

76) Walsh, 'Holy Time', pp. 85~8; Hall, *Worlds of Wonder*, pp. 166~7.

77) Mark A. Peterson, 'Puritanism and Refinement in Early New England: Reflections on Communion Silver', *WMQ*, 3rd ser., 58 (2001), pp. 307~46.

어 하지 않는 사람들에게 뉴잉글랜드의 퓨리턴들은 성스러운 것을 불경하게 하고, 불경한 것을 성스럽게 하려고 한다는 인상을 주었던 것 같다. 그러나 17세기 말부터 영국국교도들의 버지니아의 시골 지역을 아름답게 수놓기 시작한 빛나는 교회들조차도 종교적인 모임 장소임과 동시에 세속적인 모임 장소였다.[78] 특별한 신전, 지역 성인, 성상의 부재—그것은 메릴랜드에 산재한 몇몇 로마 가톨릭 성당을 제외한 영국령 아메리카의 정신적 풍경이었다—는 프로테스탄트 종교개혁의 특징이 되었다. 마치 가톨릭 종교개혁과 대응종교개혁이 에스파냐령 아메리카의 특징이 되었던 것처럼 말이다(에스파냐령 아메리카는 한술 더 떠 에스파냐의 지역 종교와 잡다한 형태의 인디언들의 종교 요소들도 갖고 있었다).

교회와 사회

인디언들의 기반 위에 건설된 원시적인 기독교 교회인가, 아니면 성인聖人들의 공화국인가? 아메리카를 영적으로 전유하고자 했던 두 가지의 가장 급진적인 꿈—하나는 누에바에스파냐의 제1세대 탁발수사들이 품었던 것이고, 다른 하나는 뉴잉글랜드의 퓨리턴 공동체들이 가졌던 것이다—은 둘 다 실현 불가능한 것으로 판명되었다. 인디언들은 완고하고 표리부동했으며, '성인들'은 놀랍게도 뒤에서 험담을 하고 배교하기까지 했다. 두 경우 모두 해답은 더 많은 규제와 통제에 있다고 여겨졌다. 탁발수사들은 다시 과거의 이교로 돌아가려고 하는 인디언 양떼들에 대해 배타적 지배권을 확립하려고 했으며, 퓨리턴 목사들은 고집 센

78) Isaac, *Transformation of Virginia*, pp. 58~65.

회중들에게 자신들의 권위를 강요하고 또 그것을 수호하려고 했다. 그러나 규율은 제도화를 가져왔고, 제도화는 영적 열정을 억제시키는 경향을 가져왔다.

원래의 비전을 순수한 모습 그대로 간직하려고 분투노력한 탁발수사들과 목사들은 곧 자신들이 영적 독점권을 유지할 수 없다는 것이 분명해진 환경 속에서 그 노력을 경주해야 했다. 탁발수사들의 권위는 권력 기반을 신속하게 제도적으로 구축해 간 국가 교회의 도전에 직면해야 했으며, 뉴잉글랜드의 목사들은 점점 공격적으로 되어 간 영국국교회 기구들뿐만 아니라 스스로 독자적으로 계시를 받았다고 주장하는 다른 종교 집단들과도 경쟁하지 않으면 안 되었다. 성스러운 아메리카 영토는 너무나 쉽게 영역 확보 전쟁터로 바뀌었다.

에스파냐령 아메리카에서 왕권과 교권의 동맹관계는 그 영향력이 식민 사회 전체로 침투해 간 교회를 만들어 냈다. 펠리페 2세는 '그리스도의 대리자'라는 자신의 권한과 파트로나토 제도를 통해 갖게 된 막강한 힘을 이용하여, 교회를 왕의 엄격한 통제하에 두었으며, 동시에 트리엔트 공의회가 요구하는 바에 따를 목적으로 자신이 추구한 제도적 교회를 만들어 냈다.[79] 모든 권력은 왕이 임명한 주교들에 의해 확고하게 장악되었다. 그러나 국왕의 파트로나토와 트리엔트 공의회 교리라는 기반 위에 구축된 식민지 교회는 펠리페 2세의 바람처럼 하나로 통일되지도, 왕의 통제에 완전히 예속되지도 않았다.

에스파냐령 아메리카에서 국왕 정부가 여러 서로 다른 권력 중심들—부왕령들, 아우디엔시아들, 감찰권을 가진 국왕 관리들(이들은 모

79) Above, pp. 128~9.

두 경쟁적이고 중첩적인 사법권을 갖고 있었다)—로 이루어져 있었던 것처럼, 교회 지도부 역시 자신들의 우선적 관심사, 이해관계, 고유한 자치 공간을 가진 서로 경쟁하는 집단들로 분열되어 있었다. 재속 성직자들과 수도 교단들 사이의 분열선이 식민지 교회 한가운데를 갈라놓고 있었으며, 그것은 다시 제휴 관계와 전통적 라이벌 의식에 의해 분열되어 있었다. 16세기 동안 국왕은 주로 수도 교단 출신들을 주교 자리에 임명했으며, 인디아스 복음화에서도 수도 성직자들의 우위를 반영하는 정책을 취했다. 1504년부터 1620년 사이에 에스파냐령 아메리카에 임명된 주교가 159명이었는데, 그 중에 105명이 수도 교단 출신이고(그 중 52명이 도미니코 교단 출신이었다), 54명만이 재속 성직자였다.[80] 17세기 나머지 기간 동안 양쪽의 수가 좀더 균형을 이루어 가다가 18세기로 접어들면서부터는 재속 성직자가 더 많아졌다.[81]

국왕이 탁발교단들의 완강한 반대에도 불구하고 탁발수사들이 이끌던 교구들 가운데 여러 곳을 '속화'俗化하여 재속 성직자로 대체하는 등 트리엔트 공의회의 규정을 따르려고 하면서, 인디아스 전역에서 주교 임명을 둘러싸고 수도 성직자들과 재속 성직자들 간의 치열한 경쟁관계가 하급 성직자들 사이에서까지 재현되었다. 그러나 16세기 말이면 국왕의 그런 노력은 중단되었고, 대규모이고 인상적인 탁발수사 계서제가 18세기 중엽까지 유지되었다(17세기 중엽 누에바에스파냐에만 약 3,000명의 탁발수사가 있었고, 그에 비해 재속 성직자는 2,000명에 불과했

---

80) Enrique Dussel, *Les Évêques hispano-américains. Défenseurs et évangélisateurs de l'Indien, 1504~1620* (Wiesbaden, 1970), p. 29 (table IV).
81) Konetzke, *La época colonial*, pp. 216~17.

다).[82] 그러나 18세기 들어 (재속 성직자를 임명하려는) 국왕의 캠페인이 다시 재개되었고, 이번에는 그것이 부르봉 왕조의 후원하에 좀더 성공적으로 진행되었다.[83]

수도 교단들은 완강한 버티기 작전을 구사했고, 그 과정에서 인디언 양떼들과의 관계에서 이루었던 성공의 경험, 로마와 마드리드 유력 인사들의 지지, 크리오요 중 일부 열성분자들의 지원, 선물과 기부를 통해 급속하게 늘어난 재산 등을 이용했다. 그러나 그들도 교회 지도부의 다른 집단들과 마찬가지로 국왕 정부의 조직 핵심부의 내분을 이용하여 지위를 고수하고 명분을 강화했다. 그로 인해 종교적 이슈가 정치적 제휴를 형성 혹은 왜곡하면서 식민시기 내내 에스파냐의 아메리카 영토 내에서 종교적 논쟁과 세속적 논쟁은 끊임없이 상호작용하였다.

누에바에스파냐에서 헬베스 후작이 부왕으로 재임하던 소란스러운 시기에 발생한 일련의 일은 이런 과정의 고전적인 예라 할 수 있다. 1621년에 멕시코에 도착한 헬베스는 철저한 개혁 프로그램을 추진했고, 그것은 식민지 사회를 둘로 나누어 놓았다. 교회와 국가가 둘로 분열하면서 갑작스럽고 예기치 않은 동맹관계가 형성되었다. 교구의 세속화 문제에 관하여 탁발수사들을 지지하기로 한 헬베스의 결정은 그가 과거에 국왕 관리들의 부패 척결 운동을 벌일 때 그를 지지해 준 적이 있는 멕시코의 대주교 후안 페레스 데 라 세르나Juan Pérez de la Serna를 적으로 만들어 놓았다. 후안 페레스는 이제 아우디엔시아 판사들 가운데 자

82) Israel, *Race, Class and Politics*, p. 48.

83) Taylor, *Magistrates of the Sacred*, pp. 83~8; Oscar Mazín, *Entre dos majestades* (Zamora, Michoacán, 1987), pp. 37~45.

신의 오랜 적이었던 사람들과 제휴했다. 부왕의 부패 척결 운동으로 이익을 위협받게 된 판사들은 지금까지의 입장을 버리고 재속 성직자들의 교구 장악을 지지하고 나섰다. 예상할 수 있는 것처럼 수도 교단들은 전통적으로 탁발수사들과 사이가 좋지 않았던 예수회와 갈멜 수도회 Carmelites(이들은 자신들의 인디언 교구를 갖고 있지 않았다)를 제외하고는 헬베스의 입장을 지지했다. 종교재판소는 비록 이단심문관들이 폭력적으로 되어 가는 군중을 달래기 위해 십자가를 들고 행렬을 이루어 중앙광장으로 행진해 가는 행사를 주도하기는 했지만 그들 나름대로 부왕과 불편한 관계에 있었기 때문에 뒤에서는 그에 반대하는 공모를 꾸민 것으로 보인다. 그러나 군중들의 감정은 악화되어 가기만 했고 1624년 1월 15일, 유명한 멕시코시티의 '소요'에서 군중들은 부왕의 궁전을 공격하고 약탈했으며, 헬베스는 가까스로 도망쳐 살아남을 수 있었다.[84)]

헬베스의 실각(그는 군중들에 의해 공개적인 굴욕을 당했기 때문에 불가피하게 에스파냐로 소환되었다)은 국가 자체의 주도로 계획된 교회와 국가 간 제휴라 하더라도 국왕의 최고 대표권이 교회의 공격을 받지 않는다는 것을 보장할 수 없었다는 것을 생생히 보여 준다. 영국인이었지만 배교하여 도미니코회 수사가 된 토머스 게이지는 헬베스 사건에서 페레스 데 라 세르나 대주교가 한 역할에 대해 이렇게 말했다: '이 자부심 강한 사제는 자신의 주군 겸 지배자의 권위에 대항하여 거만하게 자신을 높이려고 했다. 자신이 가진 열쇠와 교회의 힘을 과신하고, 속된 무리의 반란을 이용하여 법관들의 힘과 권위에 맞서기로 결심했다.'[85)] 종

---

84) 이 복잡하게 뒤엉킨 사건의 전모에 대하여는 Israel, *Race, Class and Politics*, ch. 5를 참조.
85) Gage, *Travels*, pp. 80~1.

속적인 교회dependent church는 여전히 조합적 단체와 기구들이 반半자치적 지위와 자신들의 활동 영역을 갖고 있는 조합적 사회corporate society에서 상당한 운신의 여지를 갖고 있었다. 그렇지만 교회 자신은 구성원들의 서로 다른 성격과 이해관계 때문에 한 목소리를 내는 경우가 거의 없었다. 이 교회 기구들의 여러 분파들은 최고의 이상理想에 이르기 위해서 행동하거나 혹은 그렇게 하겠다고 말하면서도, 동시에 자신들이 속한 사회와 자신들 간의 관계의 성격에 의해 만들어진 보다 세속적인 압박에 영향을 받고 있었다.

16세기 말과 17세기 초 누에바에스파냐와 페루 부왕령에서 나타난 크리오요 사회의 공고화는 불가피하게 교회 기구와 국가 기구 모두의 '크리오요화'를 가져왔다. 식민화 초기에는 어쩔 수 없이 수도 성직자와 재속 성직자 지망자 가운데 다수가 이베리아 반도 출신이었다. 그러나 트리엔트 공의회의 규정에 따라 인디아스에 신학교가 설립되면서 자격을 갖춘 후보자 가운데 식민정주자들의 아들이나 손자들이 점점 더 많아졌다. 동시에 펠리페 2세의 교구 속화俗化 정책은 특히 인디언들(대부분 메스티소들)의 사제 서품이 인정되지 않았기 때문에 수도 교단에 들어가는 크리오요들에게 성직에 접근할 수 있는 기회를 확대시켜 놓았다.[86) 일반 교구 사제의 경우는 에스파냐 출신 재속 성직자들이 인디아스까지 와서 경력을 쌓는 것에 대해 별로 관심을 보이지 않았기 때문에 인디아스 내 교회 기구 가운데 중·하급직은 대부분 크리오요들의 차지가 되었다. 주교직은 대부분 계속해서 에스파냐인들에게 돌아갔다. 그러나 펠리페 3세(1598~1621) 때부터는 아메리카에서 태어난 주교의 수

86) *CHLA*, 1, p. 523.

가 증가하기 시작했는데, 1504년부터 1620년까지 아메리카 주교직에 서임된 38명의 크리오요 가운데 31명이 펠리페 3세에 의해 임명된 사람들이었다.[87)]

그러므로 재속 교회는 크리오요 젊은이들에게 취업 기회를 확대시켰으며, 엘리트 집안 차남 이하의 아들들은 좀더 부유한 교구와 대성당 내 직책에 좀더 쉽게 들어갈 수 있게 되었다. 대륙 전역에서 수도원 수의 급증은 아들들뿐만 아니라 딸들에게도 새로운 기회를 열어주었다. 수녀원들—쿠스코의 산타클라라 수녀원을 비롯한 상당수 수녀원들은 원래 주로 엔코멘데로들의 메스티소 서출 여식들을 위해 지어졌다—은 어렵지 않게 부유한 크리오요에 의해 점령되어 그들의 여성 친인척들(그녀들은 자신들이 가입한 수도원 공동체에 지참금을 갖고 왔다)을 수용하기 위한 시설이 되었다.[88)] 그러나 에스파냐령 아메리카의 여러 도시에 세워진 수녀원이 크리오요들(그리고 정도는 덜하지만 메스티소들)의 필요에 부응하기 위해 지역적 차원에서 설립된 것이었다면, 크리오요 사회와 남성 수도 교단들과의 관계는 그보다 훨씬 더 복잡했다.

탁발수사들은 카스티야와 안달루시아 출신이 다수를 이루고 있었으며, 탁발교단들은 소속 수사들을 선교 현장에 파견하기 위한 조직적 시스템을 보유하고 있었다.[89)] 인디아스의 복음화에 앞장선 여러 탁발교단들—프란체스코회, 도미니코회, 아우구스티누스회, 복되신자비의 성모마리아회Mercedarians—은 종교적 소명을 아메리카 출신 동료 수사

---

87) Dussel, *Les Évêques hispano-américains*, p. 40.

88) Above, p. 162; 그리고 Kathryn Burns, *Colonial Habits. Convents and the Spiritual Economy of Cuzco, Peru* (Durham, NC, and London, 1999) 참조.

89) *CHLA*, 1, p. 521; Jacobs, *Los movimientos migratorios*, pp. 92~5.

들에게 넘겨줄 마음이 없었다. 그들이 볼 때 아메리카에서 태어난 동료들은 선교 사업에 필요한 훈련이나 종교적 절제의 측면에서 부족한 점이 많았다.[90] 그 결과 수도원은 얼마 가지 않아 크리오요와 페닌술라르들(혹은 '가추핀들')이 다투는 싸움터가 되었으며, 그 갈등은 에스파냐령 아메리카 식민지 생활의 항구적 특징이 된다. 토머스 게이지는 1627년부터 1637년까지 10년 동안 멕시코와 과테말라에서 여러 수도원을 옮겨 다니는 동안 수도원들을 싸우는 공동체로 바꾸어 놓는 나쁜 피bad blood를 자주 목격했다: "그들(아메리카에서 태어난 수도사들)은 우리에게 자신들과 에스파냐 출신의 진짜 에스파냐인은 결코 뜻을 같이 할 수 없다고 솔직하게 말했다."[91]

이 같은 적대감은 수도원장, 관구장provincials, 그리고 임원 선출을 위해 정기적으로 열리는 선거 기간 중에 폭발하곤 하였다. 17세기에 이 선거들은 자주 크리오요와 페닌술라르 간 싸움을 촉발시켰고, 수도원뿐만 아니라 수도사가 된 친척을 한두 명 갖고 있지 않은 사람이 없었던 사회 전체에 강렬한 격정을 분출시키곤 했다. 토머스 게이지는 복되신자비의 성모마리아회 관구장 선거에 대해 기술하면서 '그들 간의 당파적 차이가 너무나 커서 갑자기 수녀원 전체가 소동에 휩싸이게 되었다. 결국 선거는 패싸움으로 변했고 서로 무기를 휘둘러 다수의 부상자가 생겨났다. 스캔들과 살인의 위험이 너무 컸기 때문에 어쩔 수 없이 부왕은 이 문제에 개입하지 않을 수 없었으며, 군사를 보내 관구장이 선출될 때까

90) Armas Medina, *Cristianización del Perú*, pp. 362~3.

91) Gage, *Travels*, p. 105.

지 수녀원을 호위하게 했다'라고 기술했다.[92]

로마에서뿐만 아니라 (아메리카) 지역에서도 에스파냐 출신 탁발수사들은 인디아스 내의 자기네 교단이 크리오요들에게 넘어가는 것을 막기 위해서 치열하게 싸웠으며, 그 과정에서 '교대제'를 주장했다. 이 제도는 관구장 선출에서 크리오요와 페닌술라르를 교대로 임명하는 방식이었다. 교대제(프란체스코 수사들이 택한 것은 '3교대제'였는데, 그것은 에스파냐에서 서품을 받은 페닌술라르, 인디아스에서 서품을 받은 페닌술라르, 그리고 크리오요, 이 세 집단이 교대로 직책을 맡아보게 하는 것이었다)는 크리오요가 교단 내 다수파가 되어 가고 있던 상황에서 크리오요들에게는 점점 더 불만거리가 되어 가게 된다. 그것은 또 부왕들이 평화를 유지하기 위해 필사적으로 노력하는 과정에서 다른 종교 공동체들에게도 교대제를 강요하려고 했기 때문에 중요한 정치적 이슈가 되기도 했다.[93]

수도 성직자와 재속 성직자 간의 갈등, 교단과 교단 간의 갈등, 크리오요와 페닌술라르 간의 갈등, 그리고 국가의 지배하에 있지만 너무나 자주 국가의 통제에 구속되지 않았던 교회……, 이 여러 가지 갈등원이 서로 충돌하고 결합하면서 일련의 전기 방전처럼 에스파냐령 아메리카 식민지 사회 전체를 휩쓸었다. 헬베스가 몰락하고 20년이 지난 뒤, 누에바에스파냐 푸에블라의 주교 후안 데 팔라폭스Juan de Palafox가 자신의 교구에서 본당구parishes의 속화(재속 사제 임명)를 위한 캠페인을 재

92) *Ibid*., pp. 71~2.

93) Antonine Tibesar, 'The Alternativa: A Study in Spanish-Creole Relations in Seventeenth-Century Peru', *The Americas*, 11 (1955), pp. 229~83; Lavallé, *Las promesas ambiguas*, pp. 157~22; Céspedes del Castillo, *América hispánica*, pp. 299~300.

개하고, 타이유(십일조) 납부를 거부하는 예수회를 상대로 이 문제를 두고 격렬한 논쟁에 휘말리게 되었을 때처럼, 언제든 폭풍이 휘몰아칠 수 있었다. 이때 팔라폭스는 무엇보다도 그가 크리오요들에게 닫혀 있던 수도 교단들이 지배하는 본당구들을 그들에게도 개방하려고 노력하는 것으로 비쳐졌기 때문에 크리오요들로부터 열렬한 환영을 받았고, 그로 인해 부왕령은 다시 한번 심각한 정치적 위기에 빠지게 되었다.[94] 그러나 악의와 질책이 난무했어도 교회는 종교재판소(이곳의 종교재판소는 이베리아 반도의 종교재판소에 비해 활동이 그리 활발하지 않았다[95])가 지리적으로 멀리 떨어져 있어서 혹은 세비야에서 이루어지는 이민자에 대한 엄격한 검열에 의해 경쟁 관계의 종교들로부터 오는 위험으로부터 잘 격리되고 있었던 식민정주자들을 감시하고 있던 사회에서 주민들의 폭넓은 충성심을 향유할 수 있었다.

이 충성심은 초창기부터 교리와 의식儀式이 일상 조직 속에 깊이 침투해 들어가 있던 교회를 통해 주입되었다. 두 부왕령의 광산 경제에 의해 창출된 부가 교회 건축과 쇄신을 계속할 수 있게 해 주었다. 팔라폭스는 1640년에 푸에블라의 주교로 임명되고 나서 9년에 걸쳐 1,500명의 인력과 35만 페소의 비용을 들여 웅장한 푸에블라 대성당을 완공할 수 있었다. 금욕적이기로 유명한 그였지만 신의 영광과 교회의 힘을 드러

---

94) Cayetana Álvarez de Toledo, *Politics and Reform in Spain and Viceregal Mexico. The Life and Thought of Juan de Palafox, 1600~1659* (Oxford, 2004), and Israel, *Race, Class and Politics*, pp. 199~247 참조.

95) Bartolomé Escandell Bonet, 'La inquisición española en Indias y las condiciones americanas de su funcionamiento', in *La Inquisición* (Ministerio de Cultura, Madrid, 1982), pp. 81~92.

내게 될 사업에는 그처럼 엄청난 재원을 주저하지 않고 사용했다.[96] 정교한 제단 장식과 다수의 성상 건립이 도처에서 유행했다. 1620년대 멕시코시티의 교회에 대해 토머스 게이지는 다음과 같이 썼다:

> 이 도시는 교회와 소성당, 수도원과 수녀원, 교구 교회를 다 합쳐 보아도 50개가 채 되지 않는다. 그러나 지금 있는 것들은 내가 여태껏 본 것들 가운데 가장 아름답다. 그 가운데 다수는 지붕과 기둥이 금으로 도금이 되어 있다. 제단들은 갖가지 대리석 기둥들을 갖고 있으며, 그 외 다른 제단들도 금색으로 화려하게 장식된 여러 성인들을 위한 소성당들을 가진 브라질우드 기둥들로 장식되어 있다. 2만 두카도가 넘게 든 교회도 많았다. 이런 교회는 대중들의 감탄을 불러일으키고, 그 감탄은 사람들로 하여금 날마다 찾아와 이런 고귀한 볼거리와 성인상 앞에서 머리 숙여 기도하게 만든다.[97]

이런 멋진 모습은 교회력을 가득 채우고 있는 수많은 종교행렬들을 통해 교회 문밖으로 나와 도시 거리에서도 재현되었다. 17세기 초에 활약한 우주형상지학자 안토니오 바스케스 데 에스피노사Antonio Vázquez de Espinosa는『서인도제도에 관한 요약과 기술』*Compendium and Description of the West Indies*이라는 책에서 리마에서 벌어지는 교회의식에 대해 서술하면서 '성체가 사제들과 군중들 모두를 대동하고 밤낮 없이 거리로 나와 보

---

96) Álvarez de Toledo, *Politics and Reform*, pp. 257~8; Montserrat Galí Boadella (ed.), *La catedral de Puebla en el arte y en la historia* (Mexico City, 1999).

97) Gage, *Travels*, p. 71.

〈그림 21〉 작자 미상의 「쿠스코 대성당으로 돌아오고 있는 그리스도 성체 축일 종교행렬」(c. 1680). 에스파냐령 아메리카에서는 도시의 거리가 실외 종교행사의 무대이기도 했다. 이 그림은 종교행렬의 여러 단계를 보여 주기 위해 쿠스코의 주교가 의뢰한 일련의 그림 가운데 하나인데, 이 종교행렬은 1650년 파괴적인 지진에서 도시가 회복된 뒤 시민들이 신뢰와 자신감을 회복해 가고 있던 시기에 거행된 것이다.

편적 존숭을 받으며 돌아다니는 광경은 이곳이 아니면 세계 어디에서도 찾아볼 수 없을 것이다'라고 썼다(그림 21).[98] 이런 대규모 종교행렬에는 성속의 당국자들뿐만 아니라 길드와 신도회들이 참석했고(이 단체들은 관대한 기부나, 종교행렬 때 사용하는 가마를 누가 더 화려하게 꾸밀 것인가를 두고 경쟁을 벌였다), 그것은 대중 가운데 다수를 교회 의식을 위해 만들어진 기구 속에, 그리고 그와 함께 교회 국가 속의 국가 교회라는

---

98) Antonio Vázquez de Espinosa, *Compendio y descripción de las Indias Occidentales*, transcribed by Charles Upson Clark (Washington, DC, 1948), p. 403.

이데올로기 속에 좀더 확실히 붙들어 두는 데 크게 기여했다.[99)]

교회 건축과 장식, 종교 예식과 거대하고 웅장한 교회 계서의 유지는 불가피하게 식민지 사회의 에너지와 부를 지속적으로 그쪽으로 유출시켰으며, 그것은 영국령 북아메리카에 비해 비교할 수 없을 정도로 큰 비중과 무게를 가졌다. 교회 재정의 기반은 인디아스 내 교회 유지를 위해 1501년 교황이 교황령을 통해 항구적으로 하사한 타이유였다.[100)] 인디언들이 보유한 땅에 대한 타이유 부담에 대해서는 계속해서 불확실성과 혼란이 없지 않았지만[101)] 농업 경제의 성장은 대규모 기금이 지속적으로 교회로 유입되게 만들었다. 이 기금 외에도 세례, 혼인, 장례, 그리고 그 외 여러 가지 교회가 베푸는 미사에 대한 대가로 지불되는 사례금이 있었다. 종교 교단들은 기부와 자선에 의존했고, 그들의 활동을 위한 재원은 크리오요, 메스티소, 인디오 등등이 내놓는 막대한 기부금과 경건한 유증을 통해서도 마련되었다.[102)]

이 사람들이 기꺼이 성직과 수도원 건립을 위해 돈을 내놓고, 항구적인 미사를 위해 재산을 기부하고, 종교 활동과 자선 사업을 위해 재산을 유증하는 태도는 특정 교단 혹은 종파에 대한 헌신의 표현이기도 했지만, 그것은 또한 비록 직접적 확실성은 덜하지만 세속적 사업을 위해 부를 투자하기보다는 더 장기적인 이익을 보장받는 일종의 영적 투자이기도 했다. 예를 들어 수도원의 설립자와 후원자들은 자신과 가족의 영혼 구제를 위해 수도승들이 봉헌해 주는 끊임없는 기도를 기대할 수 있

99) Millones, *Perú colonial*, ch. 16 ('La ciudad ceremonial) 참조.
100) Above, p. 129.
101) Konetzke, *La época colonial*, p. 224.
102) Burns, *Colonial Habits*, p. 62.

었다. 또한 관대한 씀씀이로 그 사람의 신분이 확인되고 지위가 평가되는 사회에서 관대한 자선행위는 필수적인 사회적 기능을 수행하기도 했다. 에스파냐령 아메리카 식민지 사회에서 종교, 지위, 평판은 서로 긴밀하게 연계되었고, 서로가 서로를 보강해 주었으며, 한 가족과 특정 종교단체 간의 긴밀한 연계를 만들어 냈던 경건한 자비행은 영적 이익뿐만 아니라 사회적 권위도 함께 가져다 주었다.[103)]

그러나 신앙에 투자함으로써 얻을 수 있는 또 하나의 좀더 직접적인 이익이 있었다. 기부와 유증 재산의 끊임없는 유입으로 교회는 여러 지부에서 대규모의 재산 소유자가 되었다. 식민 시대가 끝날 무렵 멕시코시티의 도시 재산 가운데 47퍼센트가 교회의 수중에 있었으며,[104)] 프란체스코 교단을 제외한 여러 종교 교단들은 기증, 매입, 양도 등을 통해 넓은 땅을 소유했고, 그 땅은 막대한 수익을 냈다.[105)] 그 중에서도 예수회는 가장 성공적인 토지 소유자였다. 예수회는 18세기에 추방될 무렵 아메리카에 400개가 넘는 아시엔다를 갖고 있었으며, 오늘날의 에콰도르에 해당하는 지역의 농경지 중 적어도 10퍼센트를 지배하고 있었다.[106)] 그러므로 종교기구들은 직·간접적으로 영지 경영에 참여하게 되었으며, 경우에 따라서는 자신들의 긴급한 필요를 초과하는 기금을 갖게 되는 경우도 빈번했다. 종교기구들은 또 자체적으로 자금을 조달하라는 트리엔트 공의회의 규정을 지키고 나서 여윳돈이 생기면 자연스럽

---

103) 이 점은 Arnold J. Bauer, 'Iglesia, economía y estado en la historia de América Latina', in Ma. del Pilar Martínez López-Cano (ed.), *Iglesia, estado y economía. Siglos XVI y XVII* (Mexico City, 1995), pp. 30~1에 그 내용이 잘 정리되어 있다.

104) *Ibid.*, p. 21.

105) Chevalier, *La Formation des grands domaines*, pp. 301~44.

106) Bauer, 'Iglesia, economía', in *Iglesia, estado*, ed. Martínez López-Cano, p. 18.

게 잉여자본의 투자처를 찾았다. 그 결과, 에스파냐령 아메리카에서는 독특하게도 유동 자산이 부족한 사회에서 교회가 중요한(가끔은 가장 중요한) 대부 제공자가 되기도 했으며, 그것은 1608~1642년 사이에 7개의 공립 은행이 설립된 17세기 페루에서도 마찬가지였다.[107] 지주, 상인, 광산업자 등은 교회로부터 돈을 빌려 새 사업에 투자하거나 파산을 막을 수 있었으며, 후원이나 기부를 통해 혹은 탁발교단이나 수녀원에 있는 친지를 통해[108] 그전에 종교재단과 긴밀한 연계를 갖고 있었던 사람들은 분명히 그 재단들이 제공하는 대부를 더 쉽게 이용할 수 있었다.

교회의 가르침이 수도원이나 그 외 종교 단체들의 이자놀이를 금하고 있었기 때문에 그것을 대신할 수 있는 방식 ―센소 알 키타르censo al quitar ―이 에스파냐에서 도입되었다. 이는 돈을 빌리는 측이 종교 단체에 센소censo, 즉 '모종의 재산에 대한 고정 지대'를 제공함으로써 빌린 돈에 대해 연금 지불로 위장된 이자 지불 방식으로 계약을 체결하는 것이었다. 16세기 말에 왕실이 확정한 이자율은 7.14퍼센트였는데, 1621년 왕의 칙령으로 5퍼센트로 인하되었다.[109] 담보로 제공된 것은 대개 부동산이었는데, 이 점은 식민지 경제에 매우 중요한 의미를 가졌다. 아시엔다와 농촌 부동산의 소유자는 자기 재산의 총 가치 가운데 60~70

---

107) Suárez, *Desafíos transatlánticos*, pp. 389~40. 누에바에스파냐에 대하여는 John F. Schwaller, 'La iglesia y el crédito comercial en la Nueva España en el siglo XVI', in *Iglesia, estado*, ed Martínez López-Cano, pp. 81~93 참조.

108) 에스파냐령 아메리카에는 선교 교단들(missionary orders)을 선호하고 명상수도 교단들(contemplative orders)을 배제하는 국왕의 정책 때문에 수도승이 없었다. Konetzke, *La época colonial*, p. 239 참조.

109) 쿠스코 소재 수도원들이 활용한 시스템에 대한 명쾌한 설명으로는 Burns, *Colonial Habits*, pp. 63~7이 있다.

퍼센트를 교회에 지불하는 이자로 지출해야 하는 상황에 처하기도 했다.[110] 이 부담 전체가 돈을 빌린 데 따른 결과만은 아니었다. 그 중 상당 부분은 소성당 전속 사제의 유지비 혹은 설립자나 다른 가족들의 영혼을 위해 매년 여러 번의 미사를 드려달라고 하고 사제에게 약속한 기금 마련을 위해 설정된 센소를 가진 재산의 지불 부담에 따른 것이었다.[111] 그러나 두 경우 모두 도시 성직자들의 유지를 위해 농촌재산이 도시로 흘러들어 가는 결과를 낳았다. 대부금에 대한 (원금과 이자) 지불을 제대로 하지 못해 담보로 잡힌 재산이 교회로 들어가기도 했음은 물론이다.

16세기 말에 이미 교회가 축적한 대규모 부동산에 대해 많은 우려가 표명되었다.[112] 그러나 교회의 권력과 재산에 모종의 제한이 가해지는 것은 18세기 부르봉 왕조의 개혁이 도입되고 나서였다. 그러나 교회에 재산을 영구 양도한 것이 18세기 개혁가들이 자주 주장한 것처럼 항상 부정적인 결과만을 가져오지는 않았다. 여러 교회 단체들이 식민지 재원 가운데 상당 부분을 흡수하기는 했지만 적어도 이 재원은 인디아스 밖으로 유출되지 않았다. 반면에 국왕이 아메리카에서 얻은 수입은 대부분 에스파냐로 유출되었다.[113] 인디아스 내에서 교회 재산은 다양한 방식으로 지역 경제에 도움을 주었다. 교회는 그 자체로서 대성당, 교구 교회, 수도원 건축을 위한 대규모 노동력을 고용했으며, 교회가 제공하는 대부금은 경제적으로나 사회적으로 생산적인 사업에 투자되기도 했다. 또한 종교 재단들이 매우 효율적인 지주들인 경우도 많았다. 그들

---

110) Bauer, 'Iglesia, economía', in *Iglesia, estado*, ed., Martínez López-Cano, p. 18.
111) Paul Ganster, 'Churchmen', in Hoberman and Socolow, *Cities and Society*, p. 146.
112) Chevalier, *La Formation des grands domaines*, pp. 307~8.
113) Bauer, 'Iglesia, economía', in *Iglesia, estado*, ed., Martínez López-Cano, p. 22.

은 대개 자신의 농촌 부동산을 전문 경영자들에게 맡겼다. 그러나 예수회 수사들은 자신들이 소유하게 된 농경지와 목초지의 개발과 이용에 직접 참여하는 경우가 많았으며, 제당소나 직물 생산 작업장 같이 발전일로에 있던 중요한 사업에 참여하게 되었을 때는 빈틈없는 사업 경영 능력을 보여 주었다.[114]

이런 여러 가지 활동으로 얻은 수입은 종교 시설물들의 유지뿐만 아니라 병원, 자선사업, 선교단, 학교 등의 유지에도 사용되었다. 에스파냐령 아메리카의 교육기관은 대부분 교회에 의해 운영되었다. 아메리카 최초의 대학인 산토도밍고대학은 1538년 도미니코 수도회가 세운 것이다. 리마의 산마르코스대학(1551)과 멕시코시티대학(1553)은 국왕에 의해 설립되었지만 수도 교단들에 의해 운영되었으며, 원래 설립 목적은 정통 교리를 가르치고 성직자들을 교육시키기 위한 것이었으나 에스파냐의 살라망카대학을 모델로 하여 신학부 외에도 법학부, 의학부, 문학부도 두었다.[115] 초등 교육에서는 수도 교단들이 원주민, 그중에서도 인디언 귀족 자제들을 교육시키기 위해 많은 노력을 기울였으며,[116] 더불어 수도 교단들이 세운 학교나 콜레히오들colegios(초중등학교)은 크리오요의 아들들(경우에 따라서는 딸들도 포함되었다)의 교육에 중요한 역할을 담당했다. 성직록을 받지 못한 성직자나 에스파냐에서 도착한 지

114) Chevalier, *La Formation des grands domaines*, pp. 323~7; Mörner, *Political and Economic Activities of the Jesuits*.

115) 아메리카에 설립된 대학에 대하여는 Águeda Ma. Rodríquez Cruz, *La universidad en la America hispánica* (Madrid, 1992) 참조.

116) Pilar Gonzalbo Aizpuru, *Historia de la educación en la época colonial. El mundo indígena* (Mexico City, 1990); José María Kobayashi, *La educación como conquista (empresa franciscana en Mexico)* (Mexico City, 1974).

얼마 되지 않은 대학 졸업자들이 세운 사립학교들이 종교 교단 학교들이 다 메우지 못한 공백을 보완했다.[117)]

이들이 제공한 교육은 대체로 교리문답 외에 기본적인 읽고 쓰기 수준을 벗어나지 못한 것으로 보인다. 그러나 에스파냐령 아메리카의 교육 풍경은 16세기 말 예수회 수사들이 아메리카에 도착하면서 바뀌었다. 원주민 교육은 이미 탁발교단들의 수중에 들어가 있었기 때문에 예수회는 주로 도시로, 그리고 자녀들의 교육에 만족하지 못하고 있던 크리오요들에게로 관심을 돌렸다. 예수회 수사들은 대개 그때까지 도미니코회 수도사들이 장악하고 있던 영역으로 옮겨가면서 에스파냐령 아메리카의 도시와 소읍들을 두루 포함하는 콜레히오망을 만들어 냈다. 이 콜레히오들의 설립 목적은 크리오요 자제들, 그 중에서도 엘리트층 자제들에게 수준 높은 중등교육을 제공하는 것이었지만 기존의 교육제도가 제구실을 하지 못하는 곳에서는 초등교육도 같이 제공했다. 많은 경우 초등학교부터 대학에 이르기까지 크리오요에 대한 교육을 예수회가 지배하게 되었다는 것은 에스파냐령 부왕령들의 엘리트층 가운데 상당수가 라티오 스투디오룸[118)]이라는 특정 교육 체계에 의해 규정된 지식과 사고에 견고하게 토대를 둔 학창 시절을 보내게 됨을 의미했다. 방법의 통일성은 내용의 통일성을 수반했고, 그것은 인문주의적 전통의 고전 연구를 공식 승인된 신학적 틀 안에서 융합시키고 있었다. 그와 같은 시스템의 장점이 무엇이든 간에, 이것은 종교적 이견이나 혹은 불온한

---

117) Pilar Gonzalbo Aizpuru, *Historia de la educación en la época colonial. El mundo indígena* (Mexico City, 1990). 여성 교육에 대해서는 그녀의 책 p. 12를 참조.

118) ratio studiorum: 대개 1599년에 만들어진 세계적으로 영향력 있는 예수회 교육 시스템의 틀을 제공한 문서를 말한다—옮긴이.

새 이상에의 노출이 가져올 도전에 대해 사람들이 보이게 될 반응이 자유롭게 논의될 수 있는 공간을 제공하는 그런 시스템은 아니었다.[119)]

교육과 신자들의 고백은 재속 성직자들과 수도 성직자들이 종교재판소의 도움을 받아 사상의 동태를 주의 깊게 관찰할 수 있게 해 주었다. 대응종교개혁 시대에 사상의 일치를 중시하는 에스파냐의 경향은 프로테스탄티즘, 유대교, 이슬람의 공격에 맞서 신앙을 수호하는 것을 소명으로 여기고 있던 한 세계 제국의 일부인 대서양 건너편 영토에까지 자연스럽게 확산되었다. 그러므로 아메리카 부왕령들의 종교 문화는 가끔 마치 모범적인 정통성을 과시함으로써 자신들의 고유한 정체성을 주장하기 위해 경쟁이라도 하듯이 자신들과 지적·감정적·정신적으로 긴밀한 유대를 가진 모국의 종교 문화를 되풀이하려는 경향이 있었다. 비교적 이른 시점에 에스파냐령 아메리카에 인쇄기가 도입되었다. 세비야의 크롬베르거 가문은 멕시코의 주교였던 후안 데 수마라가Fray Juan de Zumárraga의 요청으로 정복이 완료된 지 18년 되던 해인 1539년 멕시코시티에 인쇄기를 들여왔다.[120)] 리마에는 1583년, 라파스에는 1610년, 푸에블라에는 1640년에 각각 첫번째 인쇄소가 생겨났다.[121)] 그에 비해 영국령 북아메리카에는 1642년 매사추세츠 주 케임브리지에 인쇄기가 처음 도입되었다.[122)] 이 인쇄기들은 주로 종교 관련 소책자, 교리문답서,

---

119) Euan Cameron in Burke (ed.), *Civil Histories*, pp. 57~8. 예수회의 칼리지에 대해서는 Gonzalbo Aizpuru, *La educación de los criollos*, chs. 6~9를 참조.

120) Clive Griffin, *The Crombergers of Seville. The History of a Printing and Merchant Dynasty* (Oxford, 1988), pp. 82~97.

121) Francisco Morales Padrón, *Historia general de América* (Manual de historia universal, vol. VI, Madrid, 1975), p. 664.

122) Bridenbaugh, *Cities in the Wilderness*, p. 130.

문법서, 사전, 그리고 그 외 인디오 복음화 사업에 필요한 책 제작에 사용되었으며, 독서 대중은 종교 서적이나 세속적 문헌 모두 압도적으로 에스파냐에서 수입된 책에 의존했다.

대서양을 횡단하는 책의 이동 역시 사람들의 이동과 마찬가지로 세비야에서 규제되었는데, 상당히 복잡한 관료제적 절차를 거쳐야 했고, 그 과정에서 적지 않은 비효율성이 동반되었다. 대중적인 소설류는 세속 당국의 관할 하에 있었는데, 당국은 인디언들의 사상을 오염시킬 염려가 있다는 이유로 1531년 기사소설의 인디아스 수출 금지령을 내리는 등 악명을 떨쳤다.[123] 한편, 종교재판소는 신학적인 이유로 금서로 지정된 서적들의 유통을 금하는 데만 관심을 가졌다. 불가피하게 종교재판소 관리들과 세비야의 상무청 관리들 간에 관할권을 둘러싼 갈등이 나타났다. 책의 선적船積을 규제하고 제한하는 명령이 자주 되풀이되었다는 사실은 그 명령이 대체로 제대로 지켜지지 않았음을 말해 준다. 그리고 그것은 오늘날 전해져 내려오고 있는 부왕령들 내 사유 도서관들의 소장 도서 목록들에서도 확인할 수 있다. 심지어 향후 상무청 관리들이 책들을 간단하게 뭉뚱그려서 등록할 것이 아니라 한 권씩 따로따로 구분해 등록할 것을 요구하고 있는 1550년의 칙령으로도 책의 밀수를 막을 수는 없었으며, 그 업무는 계속해서 인디아스에 내보낼 책의 검사와 등록 업무를 맡아보는 관리들의 부주의와 속임수 때문에 효과적으로 이루어지지 못했다.[124]

---

123) Irving A. Leonard, *Books of the Brave* (1949; repr. Berkeley, Los Angeles, Oxford, 1992), pp. 79~85; Antonio Castillo Gómez (ed.), *Libro y lectura en la península ibérica y América* (Junta de Castilla y León, Salamanca, 2003), pp. 85~6.

124) Carlos Alberto González Sánchez, *Los mundos del libro. Medios de difusión de la*

그러므로 이베리아 반도의 서적상들은 합법적 수단으로든 비합법적 수단으로든, 허가된 것이든 아니든 대부분의 책을 인디아스 시장에 공급할 수 있었는데, 사실 그 책들은 에스파냐 본국에서도 은밀히 혹은 공공연히 유통되고 있었다. 그렇지만 에스파냐에서와 마찬가지로 제한과 금지는 신학적으로 용인되지 않은 서적들을 읽는 것이 갖는 위험성과 어려움과 어우러져 독서 대중들을 광범한 종교 사상으로부터 차단하는 효과를 가져왔다. 프로테스탄트 서적들은 원칙적으로 프로테스탄트 교리를 논박할 목적으로 선별된 개인들을 위한 것이 아니면 수입이 금지되었다. 속어로 된 성경도 마찬가지였다. 그러나 성직자들과 허가 받은 속인들은 불가타 성경, 즉 라틴어로 쓰인 성경을 구입하는 것이 가능했다.[125] 그러나 이 성경도 비교적 소량만이 인디아스에 반입된 것으로 보인다. 1584년 리카르도 보예르Ricardo Boyer라는 한 에스파냐인 서적상은 그해 살라망카에서 출간된 프랑수아 바타블François Vatable의 주석이 붙은 성경 200권(그것은 그가 갖고 있는 총 1,000권 가운데 일부였다)을 인디아스에 판매하기 위해 멕시코시티의 한 대리인과 협상했다. 그런데 이 대리인은 가격(14두카도)이 너무 비싸다고 생각했고, 바타블의 주석이 종교재판소와 심각한 문제를 야기하기도 해서 협상은 무위로 돌아가고 말았다.[126] 아무튼 인디아스에 수출된 엄청난 양의 종교서적 가운데

---

cultura occidental en las Indias de los siglos XVI y XVII (Seville, 1999), pp. 52~6; Leonard, *Books of the Brave*, ch. 10; Teodoro Hampe Martínez, *Bibliotecas privadas en el mundo colonial* (Madrid, 1996).

125) González Sánchez, *Los mundos del libro*, p. 89.

126) Sánchez Rubio and Testón Núñez, *El hilo que une*에 들어 있는 편지 74~76을 참조. 바타블 성경에 대한 정보와 설명을 제공해주신 페드로 루에다 라미레스 박사(Dr. Pedro Rueda Ramírez)에게 감사를 드린다.

성경은 극소수에 불과했으며 ─1583년부터 1584년 사이에 등록된 책 가운데 성경은 단지 세 권에 불과했다[127] ─ 세속의 대중은 성경에 관한 지식을 간접적으로, 즉 설교를 통해서나 선별된 텍스트 혹은 주석서를 통해서 획득해야 했던 것으로 보인다.

에스파냐 왕실과 교회는 이단적 교리가 아메리카에 유입되지 않도록 최선을 다함으로써, 아메리카가 신법과 자연법이라는 불변의 원칙에 기반을 둔 도덕적 공동체의 일부라는 생각을 아메리카에 효과적으로 주입하였다. 이 공동체의 성격과 범위는 대응종교개혁 시대 에스파냐의 지배적인 사상의 틀이었던 아리스토텔레스 철학과 신 토머스 아퀴나스 철학에 의해 결정되었다. 그것은 혁신에 매우 회의적이고, 권위 있는 텍스트에의 의존성이 매우 높은 철학이었다. 그것은 통일성과 일치 ─개인적 양심보다는 자연법 개념에 기반을 둔─를 중시했으며, 공동선의 증진을 최우선 목표로 갖고 있었다. 그것은 자유보다는 질서를, 권리보다는 의무를 더 중시했으며, 계서적 구조를 가진 사회 안에서 신민들은 군주에게 정의와 선정의 책임을 위임하고, 그 군주에게 주권을 양도하며, 군주는 양심에 따라 신법과 인간의 법에 따라야 한다고 했다.[128]

---

127) González Sánchez, *Los mundos del libro*, p. 89.

128) 16세기에 부활한 토머스 아퀴나스주의에 대한 간단한 설명으로는 Quentin Skinner, *The Foundations of Modern Political Thought* (2vols, Cambridge, 1978), 2, ch. 5가 있다. 히스패닉 세계에서 나타난 신-토머스 아퀴나스주의에 대하여는 Anthony Pagden, *The Uncertainties of Empire* (Aldershot, 1994), ch. 3 ('The Search for Order: the "School of Salamanca"')과 Morse, 'Toward a Theory of Spanish American Government'를 참조. S. N. Eisenstadt, Adam B. Seligman and Batia Siebzhener의 논문 'The Classic Tradition in the Americas. The Reception of Natural Law Theory and the Establishment of New Societies in New World'(여기에는 자연법 전통에 대한 영국령 아메리카와 에스파냐령 아메리카의 접근 방법에 대한 비교 고찰이 포함되어 있다)의 원고를 이용하게 해 주신 슈무엘 아이젠슈타트(Shmuel Eisenstadt) 교수께 감사드린다.

이런 믿음과, 그로부터 파생된 태도와 가설은 3세기에 걸친 식민시기 동안 에스파냐령 아메리카 사회의 정신세계를 형성했다. 그것은 예를 들어, 인디언들의 지위 문제 같은 논란거리가 될 수 있는 문제에 대해서도 다양한 의견이 표출될 수 있고, 그리고 실제로 표출된 세계였다. 그러나 그것은 오랫동안 신학자들과 도덕론자들이 인내심을 갖고 구축해왔고, 트리엔트 공의회에서 최종적 형태를 부여받은 준거틀에서 생겨나고, 그 틀에서 벗어나지 않는 견해였다. 교리는 일단 천명되면 바꿀 수 없었으며, 그것은 에스파냐와 그 아메리카 영토에서 성속의 모든 권위를 갖고 유지될 것이었다.

다양한 신조

북쪽 영국령 아메리카에서는 에스파냐령 아메리카에서 강력한 힘을 발휘한 (종교적) 권위를 찾아볼 수 없다. 영국인들에게 독특한 종교적 색깔을 부여한 프로테스탄트 종교개혁은 '신의 말씀'의 권위라는 더 높은 권위의 이름으로 로마 교황청이라는 지상의 권위에 대항하는 저항운동으로 시작되었다. 그 결과 다양한 신조와 종파가 출현하게 되었고, 그것은 한편으로 새 성직 엘리트 집단의 창출과 강제적 국가 권력에의 의존을 통해 자신들의 권위를 강요하려고도 했지만, 다른 한편으로 그들 역시 항상 중재자를 거치지 않는 성경 해석에서 반대의 정당성을 발견하는 사람들의 도전에 직면해야 했다. 동시에 루터파, 칼뱅파, 영국국교회 등 새로 출현한 교리 전통들은 성경 속의 핵심 구절들을 근거로 하는 다양한 해석들을 고려해야 했으며, 그것들을 끌어들이려 노력하는 과정에서 은총이나 구원 같은 근본적 문제들에 대해 폭넓은 해석의 가능성을 허용할 만큼 풍요로운 정통신앙들을 구축하게 되었다. 이것은 목사들과 신자들 간에 끊임없는 토론과 의견 충돌, 그리고 창조적 건설을 위한 무한한 여지를 제공해 주었으며, 그리하여 연구와 신념의 엄격한 통제를 더욱 어렵게 만들어 놓았다.[129)]

프로테스탄티즘의 분열생식적 성격은 영국령 아메리카에서 정주와 식민화 과정의 분열생식적 성격에 의해 더욱 복잡해졌다. 영국 종교의 상이한 두 가지 형태가 정주 초기 단계에 각각의 영토에서 공식 종교의 지위를 주장하였는데, 버지니아의 영국국교회주의와 뉴잉글랜드의 회중교회제Congregationalism가 바로 그것이었다. 로마 가톨릭은 메릴랜드에서 그 식민지가 가진 특허장의 내용 때문에 그런 공식 종교의 지위를 주장할 수가 없었다. 설사 특허장 내용이 그렇지 않았다 해도 가톨릭교도들이 자신들의 신앙을 강력히 주장하기에는 그 수가 너무 적었다. 이는 식민지에서 여러 다른 종교가 공존할 수 있는 길을 열어 놓았다.

영국국교회가 버지니아에서 결국 공식 종교가 되기는 하지만 식민지 형성기 동안에는 그 조직이 너무나 취약했기 때문에[130)] 강력한 성직자들의 지도로 종교를 제도화하는 것이 불가능했다. 17세기 말이면 버지니아와 그 외 다른 식민지들에서 영국국교회의 '르네상스'가 시작되지만[131)] 그때쯤이면 이미 버지니아의 종교 생활을 지배하는 교회-국가 간 통합의 성격이 결정되고 난 뒤였다. 그것은 주도권이 교구 교회 목사

---

129) 식민지 아메리카의 종교사 연구 경향에 대하여는 Greene and Pole, *Colonial British America*, ch. 11의 David Hall의 연구 참조. 보다 최근의 것으로는 Charles L. Cohen, 'The Post-Puritan Paradigm of Early American Religious History', *WMQ*, 3rd ser., 54 (1997), pp. 695~722이 있다.

130) Above, pp. 72~3.

131) Butler, *Awash in a Sea of Faith*, pp. 98~116.

들이 아니라 교구위원의 직함을 가진 평신도들에게 넘어간 통합이었는데, 교구 교회 목사들은—메릴랜드를 제외하고 본토 식민지들 가운데 유일하게—식민지 전체에서 수취하는 교회세church tax에 봉급을 의존하고 있었다.[132] 소수 잉글랜드에서 온 목사들은 지역에 대한 지식과 인맥이 제공해 줄 수 있는 지지를 누리지 못했고, 식민지 발전 초기에 버지니아를 억누르고 있던 영적 무기력 상태로부터 사회를 뒤흔들어 놓을 만한 처지에 있지도 않았다.[133]

영국국교회가 아메리카에 있는 자신의 기구를 다시 활성화하기 위해 런던 주교의 대리인으로 임명한 스코틀랜드인 제임스 블레어James Blair는 1697년의 글에서 버지니아의 상황에 대해 대단히 부정적인 보고문을 올렸다: "뼈대 있는 집안의 아이들에게도 그렇고, 부지런하고 잘사는 사람들에게도 그렇고, 혹은 교회와 국가 모두의 행복한 통치에도 그렇고……, 요컨대 인간적 개선의 모든 다른 장점all other advantages of human improvements에서 버지니아는 …… 기독교도들이 거주하는 아메리카 모든 지역들 가운데 가장 빈곤하고, 참담하고, 바람직하지 못한 지역 가운데 하나이다."[134] 사실 그가 이 글을 쓰고 있었을 때는 그래도 그 자신의 노력과 런던 주교로부터 받은 지원에 힘입어 그가 갈망했던 '개선'이 얼마간 이루어지고 난 뒤였다. 그리고 그 개선은 자신들의 불안한 사회를 좀더 확실한 토대 위에 세우려고 마음먹은 식민정주자 엘리트들의 열망이 반영된 것이기도 했다. 1693년 국왕의 특허장을 받아 윌리엄앤드메

132) Bonomi, *Under the Cope of Heaven*, p. 48.
133) Isaac, *Transformation of Virginia*, pp. 144~5.
134) Wright, *First Gentlemen of Virginia*, p. 96에서 재인용.

리 칼리지College of William and Mary가 문을 열었는데, 이 칼리지의 초대 학장이 블레어였다. 로버트 베벌리는 몇 년 후 자신의 책 『버지니아의 역사와 현재』*History and Present State of Virginia*에 '신세계에 그 같은 신학교가 세워진 것은 대주교들과 주교들에게 큰 기쁨이었다. 특히 그것이 주교의 주도로 시작되고, 헌신적인 영국국교회 신자들에 의해 추진된 것이어서 더욱 뜻깊었다'라고 썼다.[135]

영국국교회는 이제 '주교의 주도 하에' 아메리카에 사제 배출을 위한 자체 내 신학교를 갖게 되었고, 그것은 잠재적으로 1636년 이후 청교도 목사들을 배출해 오고 있던 뉴잉글랜드의 하버드 칼리지와 짝을 이루는, 말하자면 라이벌 기관을 세우는 것이라 할 수 있었다. 누에바에스파냐와 페루에 세워진 최초의 대학들과 마찬가지로 두 칼리지의 설립 원인이 된 종교적 추동력이 속인들을 위한 교육을 배제하지는 않았다. 도시들이 많지 않고 정주지들이 분산되어 있었던 버지니아의 상황은 적절한 교육을 제공하는 데 어려움을 가져다 주었다. 일부 부모들은 계속해서 자식들을 잉글랜드로 보내 교육시키기도 했다. 하지만 윌리엄앤드메리 칼리지는 버지니아의 수도가 1699년 건강에 불리한 환경을 가진 제임스타운에서 좋은 조건을 갖춘 윌리엄스버그Williamsburg로 이전한 것에 힘입어, 식민지 엘리트들의 교육적 요구에 사회적으로 수용할 만하고 비용도 덜 드는 해답을 제공하게 되었다. 새 식민지 정주자 계층의 자제들은 이 학교 교육을 통해 선량한 영국국교도 신사로 성장할 수 있었고, 일요일 아침 미사에 참석한 그들의 모습은 식민지 버지니아의 주인masters이었던 사제들과 회중들 모두에게 그 점을 분명히 해 주었다. 그러

135) Beverly, *History and Present State of Virginia*, pp. 99~100.

나 체서피크 지역의 영적 필요에 기여할 영국국교회 사제 교육을 위한 신학교로서의 윌리엄앤드메리 칼리지는 창설자들의 바람을 충족시켜 주지 못했다. 반 교회적 성격을 띤 '방문자위원회'Board of Visitors, 즉 감독위원회는 버지니아의 유일한 칼리지(윌리엄앤드메리 칼리지)에 대해 보다 세속적 야심을 갖고 있었다.[136]

만약 영국령 아메리카에 '신의 국가'가 세워진다면 그것은 체서피크가 아니라 그보다 북쪽에 세워지게 될 것이었다. 퓨리턴들은 자신들이 설립하려고 하는 공동체의 성격에 관해 분명한 비전을 갖고 잉글랜드에서 건너온 사람들이었다. 그러나 그것의 성공 여부가 달려 있는 목사와 일반 신자 간 관계의 성격에 관해서는 분명한 생각을 갖고 있지 않았다. 그들은 칼뱅의 가르침에 입각하여, 신의 국가는 그 안에서 교회와 국가가 신의 목적에 대한 봉사라는 공동의 사업에서는 조화로운 협력을 추구하지만, 그 둘이 동등하되 서로 독립적인 관계를 갖는 체제를 염두에 두고 있었다. 이주자들은 자신들이 떠나온 국가에서 영적 측면과 세속적 측면의 결합이 불행한 결과를 초래한 사실을 잘 알고 있었는데, 그 기억은 고국에서 자신들에게 크나큰 고통을 안겨 주었던 그런 류의 교회-국가 연합 안에서 종교적 권력을 가진 기구가 아메리카에서는 생겨나지 못하게 해야 한다는 결의를 굳게 만들었다. 그러므로 그들은 목사들이 적어도 원칙적으로라도 세속적 힘을 갖지 말아야 하고, 교회는 혼인의 규제, 유언장 검인 등의 기능을 국가에 넘겨 주어야 한다고 생각했

136) Wright, *First Gentlemen of Virginia*, pp. 95~6 and 111~13; Isaac, *Transformation of Virginia*, p. 130; Richard L. Morton, *Colonial Virginia* (2 vols, Chapel Hill, NC, 1960), 2, pp. 767 and 782.

다(잉글랜드에서는 이런 기능이 교회의 관할하에 있었다). 한편, 매사추세츠 민간 정부는 종교와 도덕에 관련된 위법사항에 대해서는 광범한 사법권을 갖되, 교회 구성원들의 규율 문제에는 개입하지 않을 것이 기대되었다(이 문제는 교회 자신들이 맡아보아야 한다고 생각했다).[137)]

소명errand이 황야에서 흩어져 사라져 버리는 것을 막기 위해서는 규율이 무엇보다도 중요하다고 생각되었다. 그러나 규율을 어떻게 유지할 것인가에 대해서는 분명한 생각을 갖고 있지 않았다. 구성원이 되기 위해서는 구원의 은총의 증거가 필수적인 조건이 되고 있었던 교회에서 질책과 교정이 강력한 도덕적 구속력을 가졌던 것은 분명하다. 그러나 파문은 세속적 징벌을 포함하지 않았다. 그것은 다만 그들을 이런저런 이유로 성인들의 무리에 속할 자격이 없다고 여겨진 수많은 국외자 집단에 보내는 것일 뿐이었다.

그렇게 본질적으로 자기강제적이고 집단적으로 강화된 규율에 의존하는 체제에서 목사직이 갖는 영적 지도력과 도덕적 권위는 매우 중요했다. 초기 뉴잉글랜드에서 목사들과 함께 대서양을 건너온 회중들은 자연스럽게 목사들에게 모범적인 처신을 기대하는 경향이 있었다. 그로 인해 목사들은 자주 사목하는 교회를 지배하게 되었으며, 그 과정에서 그들이 권력에 따른 거만함을 갖게 되는 경우도 생겨났다.[138)] 그렇다

---

137) Morgan, *Roger Williams*, pp. 65~79. 북아메리카의 칼뱅주의에 관한 간략한 설명으로는 Menna Prestwich (ed.), *International Calvinism*, 1541~1715 (Oxford, 1985), ch. 9를 참조할 수 있으며, 목사들과 속인 신자들 간의 상호작용의 변화에 관한 정교한 설명으로는 Stephen Foster, *The Long Argument. English Puritanism and the Shaping of New England Culture, 1570~1700* (Chapel Hill, NC, and London, 1991)을 참조 바람.

138) Paul Lucas, *Valley of Discord. Church and Society along the Connecticut River, 1636~1725* (Hannover, NH, 1976), pp. 19~20.

면 목사의 정확한 지위는 무엇이고 그들이 가진 권위는 어느 정도였는가? 그들은 모두 회중들에 의해 선출되었다. 그러나 프로테스탄트 전통의 핵심에는 그들의 권위의 원천에 관한 풀리지 않는 딜레마가 있었는데, 목사가 자신의 권위를 회중으로부터 이끌어 내는가, 아니면 신성한 교단 구성원이라는 그들의 신분으로부터 끌어내는가, 그리고 얼마나 그러한가가 그것이었다.[139]

이 문제는 뉴잉글랜드 교회들이 교회 구성원의 기준에 관해, 즉 목사가 종교적으로 이교도들의 개종 사업에 전력을 기울여야 하는지, 아니면 기존 구성원들의 영적 성장의 강화에 더 힘을 써야 하는지를 두고 치열한 내부 논쟁에 휩싸이게 되면서 중요한 논란거리가 되었다.[140] 교회 운영에서 권위를 행사하는 데 익숙해져 있던 회중들과, 자신들이 사목적 소명의 덕목이 수반하는 독특한 지위에 합당한 권위를 인정받으려 하는 목사들 간의 갈등은 매사추세츠와 코네티컷의 교회들을 분열에 빠뜨려 놓았다. 목사들이 간헐적으로 열리는 목사들의 모임이나 종교회의에서 논란이 되는 문제를 결정하려고 하면 그들은 회중의 독립성이라는 중요한 이상을 파괴하려 한다는 비난에 부딪히곤 했다. 또 뉴잉글랜드에는 떠들썩한 장로교 소수파가 있었고, 그들의 존재는 회중교회적 방식이 장로교적 방식으로, 즉 종교회의와 총회[assembly]를 회중보다 상위에 두는 시스템으로 바뀔지 모른다는 우려를 더욱 구체화시켜 주었다.[141]

---

139) David D. Hall, *The Faithful Shepherd, A History of the New England Ministry in the Seventeenth Century* (Chapel Hill, NC, 1972), p. 4.

140) Lucas, *Valley of Discord*, p. 31.

141) 장로파와 시노드에 대하여는 Hall, *The Faithful Shepherd* 외에 Prestwich, *International Calvinism*, pp. 264~5 and 280~1을 참조.

교리상의 불화, 반목, 다툼은 신자 수 감소라는 배경하에서 나타난 현상이었다. 신자 수 감소는 부분적으로는 뉴잉글랜드의 인구 증가 때문이기도 하고, 부분적으로는 교회들이 신자가 되는 것을 어렵게 할 정도로 까다로운 자격 조건을 주장했기 때문이기도 했다. 1650년경이면 보스턴에서 성인 남성 인구의 반 정도가 교회에 나가지 않고 있었다.[142] 1662년 '절반 서약 제도'[143]는 교회 구성원이 될 수 있는 자격을 낮춤으로써 이런 우려스런 상황을 시정해 보려는 노력의 산물이었다. 그러나 그것은 스스로는 충족시키고 있다고 생각한 높은 수준의 기준을 저하시킬 뿐이라고 염려한 회중들에 의해 받아들여지지 않았다. 신자 수는 점점 감소하고 교회는 교파적 순수성의 유지에 대한 집착 때문에 점차 내향적으로 되어가자, 하버드대학에서 훈련 받은 신세대 목사들은 자신들의 영적인 능력과 이제 사라져 가고 있던 영웅시대 목사들의 그것 간의 괴리를 불편한 마음으로 의식하는 가운데 어려워진 상황에 대한 책임을 회중들의 실패에서 찾고 그들을 비난했다.[144]

다수의 목사들이 여전히 회중들에 대해 지배권을 유지하기는 했지만 한때 사회 전체에 대해 그들이 누렸던 영적 지도력은 점차 상실해 가고 있는 중이었다. 그들 가운데 너무 많은 수가 자기들끼리도 그렇고 회중들과도 그렇고 의견을 같이하지 못했으며, 주변 환경은 눈에 띄게 변하고 있었다. 한편으로 그들은 새 이민자들 가운데 너무 많은 사람들에

---

142) Darret B. Rutman, *Winthrop's Boston. Portrait of a Puritan Town, 1630~1649* (Chapel Hill, NC, 1965), pp. 146~7.

143) Half-Way Covenant; 완전한 교회 구성원이 되는 것이 아니라 부분적 구성원 자격을 주는 제도—옮긴이.

144) Morgan, *Visible Saints*, ch. 4; Hall, *The Faithful Shepherd*, ch. 8; Foster, *The Long Argument*, ch. 5.

게서 나타나는 종교적 무관심과도 싸워야 했고, 주변 사회의 점증하는 종교적 다원주의의 도전을 받기도 했다. 1660년의 왕정복고가 영국 교회Church of England에 새로운 공격성을 제공했을 뿐 아니라 내전기(영국혁명기) 동안 잉글랜드에서 활기를 띠고 번성했던 분파들—특히 퀘이커교도들과 침례교도들—이 대서양을 건너와 영국국교회와 회중교회 모두가 점점 치열하게 경쟁하게 만들었다.

영국령 북아메리카에서 진행된 정주가 가진 성격 자체가 장기적으로 보아 영국국교회든 회중교회든 정통교리가 새로운 분파들과 새로운 신조들의 공격에 맞서 전선을 수호하는 것을 어렵게 만들었다. 1630년대에 이미 로저 윌리엄스는 동료들과 심각한 불화를 겪은 뒤 매사추세츠에서 물러나 로드아일랜드에 완전한 종교의 자유를 약속하는 정주지를 세웠다. 그는 이 방법만이 자신이 베이식민지에서 개탄해 마지않았던 교회와 국가의 모호한 분리가 아닌 진정한 분리를 보장할 수 있다고 믿었다. 북아메리카에는 이런 종류의 종교적 시도를 해 볼 수 있는 충분한 공간이 있었으며, 새 식민지들은 자신들만의 종교적 분위기를 가지고 있었고, 그것은 이런저런 이유로 자기네 정주지의 분위기에 불만을 품은 사람들에게 매력적으로 여겨질 수 있었다. 예를 들어 매사추세츠에 거주하던 정주자 가운데 일부가 1635~6년 토머스 후커Thomas Hooker의 인도 하에 코네티컷강 계곡 안으로 이동을 시작했는데, 이 후커라는 인물은 교인 자격에 대해 보스턴의 존 코튼과 그의 동료 목사들이 주장한 매우 제한적인 방식에 강하게 반대했다.[145] 한 세대 후에 매사추세츠에서 타지로 옮기는 이주가 한 번 더 나타났는데, 이번에는 근처에 장로

---

145) Lucas, *Valley of Discord*, pp. 25~6.

교도들이 살고 있던 뉴네덜란드/뉴욕으로 가는 것이었다. 당시 뉴네덜란드/뉴욕에서 네덜란드 개혁교회Dutch Reformed Church는 장로교들의 구미에 더 맞는 교회 행정 체계를 구비하고 있었다.[146)]

내전 이전에 메릴랜드의 가톨릭 영주식민정주자들이 입증한 바 있듯이, 국왕이 내주는 특허장을 통한 식민지 설립 방식은 소수파 종파들에게는 분명 기회를 제공해 주었다. 1670년대에 퀘이커교도들은 이스트저지와 웨스트저지 지역에서 영주식민지 체제를 이용하려고 했다. 그들은 윌리엄 펜이 1681년 새 식민지 펜실베이니아를 건설하기 위해 찰스 2세로부터 특허장을 획득했을 때도 그런 시도를 했다(그리고 이번에는 더 큰 효과를 낼 수 있었다). 누에바에스파냐에서 프란체스코회 수사들이 시도한 천년왕국의 건설과 예수회가 파라과이에서 설립한 선교 마을들로부터 뉴잉글랜드의 '언덕 위의 도시'와 17세기 말 프로테스탄트 복음주의파와 경건파—메노파, 암만파, 모라비아파 등등—의 아메리카 도착과 함께 번성하기 시작한 이상적인 공동체들에 이르기까지, 아메리카 땅에서는 많은 '성스러운 실험들'이 시도되었다. 그러나 독창적인 개념의 폭과 실용성, 주변 사회에 제공한 창조적 변화 등의 면에서 펜실베이니아는 그 중에서도 가장 중요한 사례였다. '성스러운 실험들'은 그것들이 일편단심으로 추구한 지고한 이상 때문에 폐쇄적인 시스템을 만들어 내는 경향이 있었다. 그런데 펜의 신성한 실험은 반대로 개방적이고 관용적인 사회 발전을 자극하는 효과를 냈으며, 그것은 결국 서유럽 전체에 강한 충격을 주게 된다.[147)]

---

146) Prestwich, *International Calvinism*, pp. 280~1.

147) 펜(Penn)과 초기 펜실베이니아에 대하여는 특히 Mary Maples Dunn, *William Penn*,

윌리엄 펜과 그의 동료 퀘이커교도들이 지표로 삼은 '내적인 빛'[148] 은 소수 선택된 자만을 위한 것이 아니라 누구나 가질 수 있는 것이었다. 이는 새 식민지(펜실베이니아)가 매사추세츠와는 달리 처음부터 단일한 종교집단의 박해받는 구성원을 위한 피난처가 아니라 조화와 우애 속에 함께 살기를 원하는 모든 기독교도들을 위한 것이 될 것임을 의미했다. 양심의 자유는 그들의 등불이 될 것이었다. 그러나 이상idealism은 매우 실용적 접근을 수반했다. 펜은 자신의 식민지를 만들면서 왕실과 비즈니스계에 갖고 있던 긴밀한 연계망과 뉴저지 퀘이커교도 정주지에서 갖고 있던 식민지 지배자로서의 이해관계를 통해 얻은 이전 식민지에서의 경험을 이용할 수 있었다. 그는 비록 자유를 강력하게 옹호하는 사람이기는 했지만 자유, 질서, 그리고 그 자신의 식민지 지배자로서의 이해관계라는 서로 모순된 요구의 균형을 잡아 줄 새 식민지에 적용할 통치 원칙을 만들어 내지 않으면 안 되었다. 이것은 1669년 섀프츠베리 경과 존 로크John Locke가 캐롤라이나를 위해 마련한 기본법Fundamental Constitution이 시도했다가 실패한 것과 유사했으며, 펜 또한 결국에는 실패하게 될 것이었다.

초창기 식민화 시도는 정주 초기 단계에서 모국으로부터 상당한 규모의 투자가 지속적으로 이루어져야 함을 분명히 해 주었고, 수완 좋은

Politics and Conscience (Princeton, 1967); Richard S. and Mary Maples Dunn (eds), *The World of William Penn* (Philadelphia, 1986); Nash, *Quakers and Politics*; Lemon, *The Best Poor Man's Country*; Tully, *Forming American Politics*를 참조. 다른 '성스러운 실험들'에 대한 개괄적인 설명으로는 Bailyn, *Peopling of North America*, pp. 123~7와, 그의 Atlantic History, pp. 76~81이 있다.

148) Inner Light; 마음속에서 느끼는 그리스도의 빛 — 옮긴이.

펜이 벌인 활동 덕분에 600명의 투자자가 나타났다.[149] 그 투자자들과 잠재적 이민자들은 자신들이 건설할 식민지의 경제적 전망이 매우 긍정적일 것임을 확신해야 했는데, 찰스 2세가 펜에게 통 크게 하사한 4만 5,000평방마일의 땅(그리고 왕은 이 땅에 펜실베이니아라는, 펜에게 호의를 보이는 이름까지 붙여 주었다)은 근면하고 독립적이며 경건한 정주자들을 끌어들이는 데 이상적이었다. 펜은 그들을 자신이 세울 식민지의 주춧돌로 생각했다. 델라웨어와 피드몬트의 비옥한 땅은 농민들에게 완벽한 기회를 제공했으며, 그들은 소지주들과 더불어 그가 구상하는 농촌 유토피아의 주축이 될 것이었다. 그들은 생산물을 수출하고, 영국에서 물품을 공급받기에 편리한 대서양 쪽에 면한 항구를 필요로 했다. 델라웨어 강변에 자리 잡은 필라델피아의 탁월한 지정학적 위치는 서인도제도나 더 넓은 대서양 세계와의 무역상의 연계를 약속해 주었다.[150]

펜은 대규모 퀘이커 상인 공동체와의 긴밀한 관계에 힘입어 자신의 식민지 사업을 멋지게 시작할 수 있었는데, 1682~3년에 그는 4,000여 명의 정주자와 상당량의 물품을 적재한 50여 척의 선박을 아메리카에 보낼 수 있었다. 그는 정주에 앞서 넓은 지역에 산재한 델라웨어 인디언들과 협상하여 토지 거래를 성사시킴으로써 처음부터 아메리카 원주민들과 우호적 관계를 만들어 내기 위해 많은 노력을 기울였다. 그는 원주민들에 대해 '태평스럽고 쾌활하지만 재산 문제에 있어서는 엄격한 태도를 갖고 있는 종족'이라고 기술했다.[151] 만약 계획만으로 아메리카에

149) Dunn and Dunn, *The World of William Penn*, p. 37.

150) Nash, *Quakers and Politics*, pp. 13~14.

151) Richard S. and Mary Maples Dunn (eds), *The Papers of William Penn* (5 vols, Philadelphia, 1981~6), 2, pp. 414~15 (1683년 7월 24일 노스 경Lord North에게 보낸 편지);

새 시온New Zion을 건설할 수 있다면 당시 델라웨어 강변에 건설하려고 한 이 식민지가 그 이전의 것들보다 훨씬 더 전망이 밝았다.

그러나 결국 펜 자신의 기대를 포함하여 높아진 기대들 가운데 대부분은 실현되지 못했다. 1682년 그가 생각해 낸 복잡한 '통치 프레임'은 그가 꿈꾸었던 질서 정연하고 자유로운 사회를 만들어 내지 못했다. 퀘이커교도들은 거의 무한대로 펼쳐진 비옥하고 풍요로운 땅에 도착하자 북아메리카 다른 지역의 그다지 성스럽지 못한 정주자들 못지않게 토지를 탐하고 땅 투기에 빠져들었다. 상인 엘리트들과 대지주들이 나서서 새 식민지의 발전 형태를 규정하고 통제하려고 하는 펜의 노력에 제동을 걸었다. '우정회'[152]의 종교 문화가 갖고 있던 반反권위주의적 태도는 위로부터 내려오는 명령을 못마땅하게 생각했다. 펜은 '내적인 빛'에 접근하는 것이 보편적 생득권으로 간주되던 식민지에서 영주식민지 지배자가 된다는 것이 결코 쉽지 않다는 것을 비싼 비용을 치르고서야 알게 되었다. 장기간의 꼼꼼한 고려를 통한 합의를 추구하는 '우정회'의 관행으로부터 정치적·사회적 조화가 자동으로 따라오지는 않았다. 퀘이커교도와 영국국교도들 간에 다툼이 있었으며, 엘리트들과 영적 평등에 기반을 둔 사회에서도 사회적으로 차별이 있음을 알게 된 사람들 사이에 날카로운 불화가 나타났다.[153] 종교적으로도 불화가 나타났는데,

---

Lemon, *The Best Poor Man's Country*, p.60

152) Society of Friends; 영국 프로테스탄티즘의 한 분파로, 17세기 중반 노팅엄의 제화공 조지 폭스(George Fox)와 마거릿 펠(Margaret Fell)의 주도로 시작되었다. "신의 이름에 부들부들 떨라"는 폭스의 가르침에서 추종자들은 퀘이커 교도[Quakers: "떠는 사람들"]로 알려지게 되었다—옮긴이.

153) 초창기 펜실베이니아가 불안정했던 원인에 대하여는 Nash, *Quakers and Politics*, pp. 161~80을 참조.

그렇지 않아도 분열되어 있었던 공동체가 1689년 저지에서 스코틀랜드 퀘이커교도 조지 키스George Keith가 도착하여 필라델피아의 라틴어학교 교장이 되고 난 후에 그것이 더 심해졌다. 그는 보다 엄격한 규율을 부과하려고 하고, 구원 사업에서 성경의 역할이 중요하다는 것을 강조하면서 '공적인 친구들'Public Friends이라는 이름의 순회 퀘이커교 목사들의 권위에 정면으로 도전함으로써 우정회를 분열에 빠뜨렸다.[154)]

그러나 1680년대와 1690년대 펜실베이니아에서 나타난 정치와 종교의 혼란에도 불구하고 식민지는 비록 '새 시온'은 아닐지라도 적어도 특별하고 전망이 있는 실험의 외형은 갖추고 있었다. 펜은 1677년에 전도사 자격으로 라인란트 일대를 여행했고, 1680년대에는 영국제도諸島가 아니라 홀란드와 독일로 가서 이주민 모집 운동을 벌였다. 유럽 대륙 전체를 포함하는 넓은 퀘이커교도 조직망은 식민지(펜실베이니아)의 미래를 결정하는 데 매우 중요한 요소가 되었다. 독일어 사용 지역의 일단의 퀘이커교도들과 그 외 종교적으로 다른 입장을 가진 사람들이 1683년 로테르담 항에서 유럽 대륙을 출발하여 저먼타운Germantown에 정주지를 건설했다. 이로써 문이 활짝 열리게 되었다. 펜실베이니아는 이제 신앙과 국적을 불문하고 구세계의 질곡에서 벗어나 신세계에서 보다 나은 삶을 찾으려는 모든 사람들을 환영할 준비가 되어 있었다.

저먼타운이라는 지명이 장차 다가올 미래를 상징하는 것이기는 했지만 사실 독일인들이 대규모로 이민을 오기 시작한 것은 1720년대 후반에 가서였으며, 그들 가운데 다수는 종교적 기회 못지않게 경제적 기

---

154) Jon Butler, '"Gospel Order Improved": the Keithian Schism and the Exercise of Quaker Ministerial Authority in Pennsylvania', *WMQ*, 3rd ser., 31 (1974), pp. 431~52.

회를 기대하고 대서양을 건넌 사람들이었다.[155] 그러나 처음부터 펜실베이니아는 경제적 가능성을 보고 온 사람들과 종교적 탄압을 받는 사람들, 둘 모두의 피난처를 자처했다. 그 소식이 유럽에서 퍼지자 점점 더 많은 이민자들이 새롭고 더 나은 삶을 자신의 힘으로 개척하기 위해 필라델피아에 상륙했다(그들 가운데 다수는 가족을 대동하였다). 영국과 네덜란드에서 온 퀘이커교도들, 루이 14세의 프랑스에서 추방된 위그노들, 홀란드와 라인란트 출신의 메노파 신자들, 남서부 독일의 루터주의자들과 칼뱅주의자들이 그들이었다. 그들은 전도유망한 정주자로서 자신의 독립적인 가족 농장을 건설하려고 했으며, 고된 노동과 상호부조를 통해 그 희망을 현실화하곤 했다. 그들은 신을 두려워하는 프로테스탄트로서 (그들 가운데 다수는 생애 처음으로) 박해의 두려움 없이 원하는 신을 숭배할 권리를 누리게 되었다.

펜은 서로 국적이 다른 사람들과 신앙이 다른 사람들의 조화로운 공존이라는 '성스러운 실험'을 실행에 옮김으로써 장차 영국령 북아메리카가 종교적 혹은 인종적으로 다원적인 사회로 나아가게 될 것임을 예고하고 있었다. 펜실베이니아가 건설될 당시만 해도 많은 식민지들에서 관용은 기껏해야 마지못한 것이었다. 그러나 정통교리를 강제할 수 있는 효과적인 메커니즘이 존재하지 않았기 때문에 그 식민지들은 비록 마지못해서이긴 하지만 펜실베이니아에서와 마찬가지로 종교의 자유로운 선택으로 가게 될 길을 택할 수밖에 없었다.

명예혁명과 1689년의 관용법Toleration Act은 이미 들어선 경로를 다

---

155) Marianne S. Wokeck, 'Promoters and Passengers: the German Immigrant Trade, 1683~1775', in Dunn and Dunn, *The World of William Penn*, pp. 259~78.

시 한 번 확인하는 것이었다. 관용법이 매우 제한적인 조치였음은 틀림 없다. 명예혁명의 결과로 메릴랜드에서는 로마 가톨릭교도들이 점진적으로 공직에서 배제되었으며, 결국 1718년에는 투표권마저 상실하게 되었다. 펜실베이니아 의회 역시 1705년 국왕의 압력을 받아 로마 가톨릭교도, 유대인, 무신론자들의 정치적 권리를 박탈했다.[156] 그러나 관용법은 종교와 예배의 통일이 더 이상 영국 정치의 생존에 필수적인 것으로 간주될 수 없음을 인정하는 것이었다. 그것은 대서양 양쪽에서 오랫동안 현실이 되어오고 있던 사실을 반영하는 것이었다. 영국 국교에 반대하는 프로테스탄트들은 떠나지 않고 원래 있던 곳에 머물고 있었다. 유대인들도 그랬던 것 같은데, 찰스 2세는 그들이 영국에 들어오는 것을 암묵적으로 허용한 조치를 결코 되돌리지 않았다.

17세기 중엽 이후 소규모 세파르디 유대인[이베리아 반도 출신의 유대인—옮긴이] 공동체들이 북아메리카 본토에(처음에 뉴네덜란드에, 1658년에는 뉴포트에) 자리를 잡고 있었다.[157] 그들 가운데 다수는 1654년 포르투갈이 네덜란드로부터 브라질을 회복하게 되자 그곳에서 빠져나와 먼저 영국령 카리브 지역과 네덜란드령 카리브 지역에 자리를 잡았다가, 다시 북아메리카 본토로 흘러들어 간 사람들이었다. 영국령 식

156) Ronald Hoffman, *Princes of Ireland, Planters of Maryland. A Carroll Saga, 1500~1782* (Chapel Hill, NC and London, 2000), pp. 81 and 94; Bonomi, *Under the Cope of Heaven*, p. 36.

157) Jon Butler, *Becoming America. The Revolution before 1776* (Cambridge, MA and London, 2000), pp. 26~7. 신세계에서의 유대인 디아스포라에 대해서는 Bernardini and Fiering (eds), *The Jews and the Expansion of Europe*과 Jonathan Israel, *Diaspora within a Diaspora. Jews, Crypto-Jews and the World Maritime Empires, 1540~1740* (Leiden, Boston, Cologne, 2002)에 들어 있는 해당 논문들을 참조.

민지들이 그들을 받아들인 것은 에스파냐와 포르투갈령 아메리카에서 세파르디 유대인들이 처했던 운명과 좋은 대조를 이룬다. 에스파냐 왕실은 식민화 초기부터 유대인과 콘베르소Conversos[기독교로 개종한 유대인—옮긴이]들의 아메리카 유입을 금했다.[158] 그렇지만 콘베르소들이 조금씩이지만 지속적으로 유입되는 현상—그 중에는 아빌라의 성녀 데레사의 일곱 형제들도 포함되어 있었다[159]—은 계속되었다. 1580년 에스파냐 왕실과 포르투갈 왕실의 합병 이후로는 이들을 배제하는 정책이 사실상 작동되지 않았다. 콘베르소들(그들 중에는 남몰래 유대교를 신봉하는 사람도 많았다)은 브라질에 정착했을 뿐만 아니라 대서양 횡단 노예무역을 장악한 포르투갈 상인들 가운데서도 지배적이었다. 또 그들은 왕실 합병으로 생겨난 기회를 이용하여 베라크루스, 카르타헤나, 부에노스아이레스 등 에스파냐령 아메리카의 항구들에 정착하기도 했다.[160] 그들은 이 도시들을 발판삼아 누에바에스파냐 부왕령과 페루 부왕령으로 침투해 들어갔고, 거기에서 비중 있는 존재가 되었으며, 특히 리마에서 그들의 존재는 두드러졌다.

콘베르소들이 종교재판소의 끊임없는 의심의 눈초리를 받기는 했지만(종교재판소는 항상 이들이 남몰래 유대교를 신봉하지 않는지 예의 주시했다) 그들은 (에스파냐령 아메리카에서의 생활이) 그런 위험을 감수할 만한 가치가 있다고 생각했다. 풍부한 은을 가진 부왕령들에서 수지

158) Seymour B. Liebman, *The Jews in New Spain* (Coral Gables, FL, 1970), p. 46.

159) Efrén de la Madre de Dios and O. Steggink, *Tiempo y vida de Santa Teresa* (Madrid, 1968), pp. 36~40; Valentín de Pedro, *América en las letras españoles del siglo de oro* (Buenos Aires, 1954), ch. 10.

160) Vila Vilar, *Hispano-américa y el comercio de esclavos*, pp. 94 and 99~103; and above, p. 100을 참조.

맞는 교역 활동을 할 수 있었고, 적어도 1580년 이후 60년 동안 그들은 대개 소상인, 상점주, 수공업자로, 그러나 그 중 일부는 부유한 대상인으로 에스파냐령 아메리카의 경제생활에서 중요한 역할을 맡아보았다. 그러나 에스파냐령 영토에서 포르투갈인이기도 하고 종교적으로 의심받는 유대인이기도 했던 그들은 의심과 경계의 대상이 되었으며, 1620년대와 1630년대까지도 그들에 대한 여론은 악화 일로를 걸었다. 1639년 리마에서는 대규모의 이단판결식이 거행되었으며, 1640년 포르투갈인들의 혁명(반란)으로 두 왕실(에스파냐와 포르투갈)의 합병이 깨지고, 포르투갈 출신은 누구든 반역자로 간주되는 것으로 상황이 바뀌자 그들의 입지는 극적으로 악화되었다. 1640년대 초 멕시코에서만 종교재판소에 의해 약 150명의 '유대인 출신 사이비 기독교도'가 체포되었다. 1649년 4월 11일, 멕시코시티에서 거행된 대규모의 '대이단판결식'은 반反콘베르소 운동의 절정이었으며, 이때 콘베르소들 가운데 13명이 화형을 당하고 29명이 유대교 포기를 서약하지 않으면 안 되었다.[161]

18세기에 들어서도 의심의 대상이 된 유대인 출신 기독교도들에 대한 재판이 간헐적으로 계속되었지만 에스파냐령 아메리카에서 은밀하게 유대교를 신봉하는 사이비 기독교도들의 전성기는 이미 끝난 지 오래였다. 그러나 적어도 부분적으로 그 때문에 유대인들은 자신들을 괴롭힐 종교재판소도 없고 자신의 신앙을 감출 필요도 없었던 영국령 아메리카에서 사업 재능을 발휘하고 기술을 펼칠 새 무대를 발견하게 되

161) James C. Boyajian, *Portuguese Bankers at the Court of Spain, 1626~1650* (New Brunswick, NJ, 1983), pp. 121~8; Israel, *Race, Class and Politics*, pp. 124~30; Liebman, *The Jews in New Spain*, pp. 259~60.

었다. 그들의 (북아메리카) 유입은 퀘이커교도들의 그것과 마찬가지로, 북부 대서양 해안 지역을 채워 가고 있던 각종 신앙과 종파들의 집합체에 특징 있는 또 하나의 조각을 더하는 것이었다.

17세기 말 영국령 아메리카의 종교는 점증하는 신앙의 다양성으로 인해 사회, 국가와의 관계가 에스파냐령 아메리카에서 지배적이었던 것과는 매우 다른 양상을 띠게 되었다. 영국령 아메리카에서는 영국국교회든 회중교회든 정통교리Orthodoxy가 독점권을 주장할 수 없었다. 이곳에는 교회 계서, 교회 법정, 그리고 목사에 대한 급료 지불과 선교를 위한 정규적 과세의 형태로 존재하는 교회 지도부가 없었으며, 그 점이 이곳의 특징이었다. 다소간 관용적인 종교적 다원주의가 대세로 되고 있었다. 그 결과 사제들은 점점 더 북적여 가는 종교 시장에서 서로 경쟁해야 하는 처지가 되었다. 다양하고 가끔은 소란스럽기도 했던 평신도들을 상대로 사제들이 권위를 주장하는 것도 쉽지 않았다. 그 평신도 사회의 구성원 가운데 일부는 사제들을 은총이 전달되는 특별한 도관導管으로 인정하기를 완강하게 거부하고, 성서로부터 얻은 영감에서 혹은 '내적인 빛'에서 구원에 필요한 충분한 안내자를 발견하곤 했다.

식민지 사회의 발전에서 이 모든 것이 갖는 의미는 매우 컸다. 종교적 다양성은 이미 영국령 아메리카 식민지 생활의 놀라운 특징이 되고 있던 정치적 다양성을 더욱 강화해 주었다. 1641년 매사추세츠 의회가 채택한 자유헌장[162]에서 구현된 질서 있는 자유라고 하는 집단적인 청교도적 이상collective Puritan ideal은 영국국교회가 지배하는 버지니아(여기

162) Body of Liberties; 뉴잉글랜드에서 유럽인 식민정주자들에 의해 제정된 최초의 법전—옮긴이.

에서는 '자유'가 적어도 지배 계층에게는 최소한의 구속을 의미했다)의 그것과는 매우 다른 형태의 정치생활을 고무했다.[163] 중부 식민지에서는 스코틀랜드인, 스코틀랜드-아일랜드인, 프랑스인, 독일인 이민자들이 점점 더 많이 도착하여 사회적·인종적 다양성이 정점에 이르게 되면서 종교적 다양성이 그 지역 전체의 정치적 불안정에 한몫을 담당했다.[164]

종교적 다양성과 정치적 다양성의 불안정한 결합은 영국령 아메리카가 끊임없는 혼란에 빠진 원자화된 사회라는 인상을 준다. 언뜻 보아 이 인상은 집단적 가치와 맹약을 맺은 사람들의 이상이 깊이 뿌리내리고 있었고, 행정관들이 교회를 지지하고, 그들이 맹약의 규정을 충실히 수행하는지 확인해야 한다는 자신들의 의무를 진지하게 받아들이고 있었던 뉴잉글랜드에서보다는 중부 식민지들이나 체서피크의 경우에 더 해당하는 것으로 보인다. 그러나 뉴잉글랜드 역시 그 주州 역사가들이 자주 묘사한 것처럼 그다지 평온한 사회가 아니었으며, '신의 국가'의 집단적 규율은 항시 불안하고 위태로웠다.[165]

그러나 혼란과 혼동은 또한 여러 해소되지 않은 긴장들, 그러니까 제도화된 권위와 자유로운 정신운동 간의 긴장, 개인의 열망과 집단의 열망 간의 긴장 등으로 이루어진 신세계 프로테스탄티즘의 활기와 역동성을 반영하는 것이기도 하다. 이 긴장들은 종교적 삶의 시계추가 규율

163) Fisher, *Albion's Seed*, pp. 199~205 and 410~18.
164) 중부 식민지들의 불안 상태에 대하여는 특히 Nash, *Quakers and Politics*와 Tully, *Forming American Politics*를 참조. 중부 식민지들에 대한 연구사는 1979년 Greenberg, 'The Middle Colonies in Recent American Historiography', 그리고 좀더 최근에는 Wayne Bodle, 'Themes and Directions in Middle Colonies Historiography, 1980~1994', *WMQ*, 3rd ser., 51 (1994), pp. 355~88에서 고찰된 바 있다.
165) Lucas, *Valley of Discord* 참조.

을 강제하려는 제도적인 시도와 천년왕국적 희망으로 가득 찬 종교적 열정의 자발적 분출 사이를 오갔기 때문에, 지속적인 정신적 혼란과 그에 못지않게 지속적인 영적 쇄신의 가능성, 둘 모두를 제공해 주었다.

만약 그 긴장들이 해소될 수 있다면 그것은 아마도 영국령 북아메리카 종교 생활의 토대가 되고 있었던 서로 공유하는 성서 문화에서 발견될 가능성이 많았다. 성서는 도처에 있었다. 버지니아 젠트리들의 도서관에도 있었고, 뉴잉글랜드 가정집에도 있었다. 대성서Great Bible(커버데일Coverdale이 감수·번역한 대형판 영역 성서(1539))와 소성서, 둘 다 소장한 곳도 많았다.[166] 매사추세츠 주 케임브리지에 새로 생겨난 출판사가 1640년 법의 틈새를 이용하여 '베이 기도서'Bay Psalm Book로 알려지게 될 책의 첫번째 인쇄본(후에 폭발적인 인기를 끌게 된다)을 출간하기는 했지만 원칙적으로 옥스퍼드와 케임브리지대학 출판사가 독점권을 갖고 있었기 때문에 식민지 출판사들은 그 책을 출간할 수 없었다.[167] 버지니아에는 1730년에 가서야 상설 인쇄소가 생겼으며, 뉴잉글랜드와 마찬가지로 성서는 다른 신앙 서적들과 함께 잉글랜드에서 수입해 들여왔다.[168] 수입 서적의 값이 비싸서 판매가 활발하지는 않았지만 그래도 성서는 압도적으로 가장 활발한 거래 품목이었다. 식민지들의 언어와 문화는 성서의 인용과 성서로 이야기를 시작하는 것으로 가득 채워져 있었으며, 18세기 버지니아의 백인 아이들은 성서를 그들의 독본 입문서로 사용하기도 했다.[169]

---

166) Fischer, *Albion's Seed*, p. 334; Isaac, *Transformation of Virginia*, p. 65. Hall, *Worlds of Wonder*, p. 51.

167) Hall, *Worlds of Wonder*, pp. 23~4.

168) Wright, *First Gentlemen of Virginia*, p. 117.

성서 읽기를 강조하는 문화는 사람들의 문자 해독 능력을 향상시켰고, 사적 영역과 공적 영역 모두에서 교육을 자극했다. 1640년대 버지니아와 뉴잉글랜드에서 교육을 장려하기 위해 통과된 법의 이면에는 외지고 야만적인 환경에서 일정 수준의 문명을 유지하지 않으면 안 된다는 걱정이 분명히 자리 잡고 있었다.[170] 하지만 종교는 문명화의 필수요소였나. 하버드대학 설립을 위한 논의가 진행될 때 존 엘리엇은 '우리가 만약 교육에 관심을 두지 않는다면 교회와 공화국은 붕괴되고 말 것이다'라고 썼다.[171] 1642년 매사추세츠 법령이 부모와 교사들에게 '종교 교리와 이 나라의 주요 법조문을 읽고 이해할 수 있도록' 젊은이들을 교육시킬 책무가 있다는 점을 상기시키면서 분명히 밝혔듯이, 어린아이들에 대한 훈육의 가장 큰 책임은 가족에게 있었다. 역시 1640년대에 제정된 또 다른 법률은 각 가족이 적어도 일주일에 한 번씩은 교리 공부를 해야 한다고 규정했고, 뿐만 아니라 50가구 이상이 사는 모든 소읍에는 정식 교육기관을 설립해야 한다는 규정을 두기도 했다.[172]

뉴잉글랜드와 버지니아에서 교육에 대한 때 이른 깊은 관심은 그들의 법률을 통해서도 알 수 있듯이 지속적인 유산을 남겼다.[173] 그러나 그 효과를 정확하게 측정하기란 쉽지 않다. 교육을 조직화하기가 매우 어

169) Isaac, *Transformation of Virginia*, pp. 124~5.
170) Bailyn, *Education in the Forming of American Society*, pp. 27~8; 그리고 뉴잉글랜드에서의 성경 읽는 문화, 교육, 그리고 책의 구입 가능성에 대하여는 Hugh Amory and David D. Hall (eds), *The Colonial Book in the Atlantic World* (Cambridge, 2000), ch. 4를 참조.
171) John Eliot to Sir Simonds D'Ewes, 18 September 1633, in Emerson, *Letters from New England*, p. 107.
172) Hall, *Worlds of Wonder*, pp. 34~5.
173) Bailyn, *Education in the Forming of American Society*, pp. 27~9.

려웠던 버지니아의 경우 단순한 표식이 아닌 서명을 할 수 있는 능력을 기준으로 평가할 때 백인 남성의 문자 해독률은 1640년대 46퍼센트에서 1710년대 62퍼센트로 증가했다.[174] 동일한 기준을 적용할 때 뉴잉글랜드에서는 1660년 성인 남성의 60퍼센트, 성인 여성의 30퍼센트가 문자 해독 능력을 갖고 있었다. 다만 뉴잉글랜드의 경우 띄엄띄엄 읽을 수는 있어도 자기 이름을 쓸 줄은 모르는 많은 사람들은 글을 모르는 것으로 분류한 수치이다.[175] 1750년경이면 뉴잉글랜드의 문자 해독률은 남자 70퍼센트, 여자 45퍼센트에 이르렀는데, 이는 당대 유럽과 비교할 때 상당히 높은 수치이다.[176] 불행히도 에스파냐령 아메리카 부왕령들에서 크리오요들의 문자 해독률을 말해 주는 수치는 아직 찾아볼 수 없다. 16세기에 아메리카에 정주한 사람들이 고향 친구나 친척들에게 보낸 편지들은 읽고 쓸 줄 아는 이주자들이 상대적으로 더 많은 기회를 갖게 된다는 점을 강조하고 있다.[177] 그러나 예수회 수사들의 노력에도 불구하고 교육이 상대적으로 활성화되고, 문자 해독이 사회적 신분 상승의 수단으로 간주되고 있었던 도시에서조차도 크리오요들의 문자 해독률이 17세기 말 영국령 식민지들의 수준에 가까이 접근한 것 같아 보이지는 않는다.

성서를 읽는 문화는 분명 많은 대중들을 책의 세계로 끌어들이는 강력한 자극이 되어 주었다. 1639년 버뮤다 해안에 난파되어 상륙한 에

---

174) Isaac, *Transformation of Virginia*, p. 122.

175) Kenneth A. Lockridge, *Literacy in Colonial New England* (New York, 1974), pp. 13~14.

176) Butler, *Becoming America*, p. 111.

177) González-Sánchez, *Los mundos del libro*, p. 155. 이 책에는 16세기에 남자 정주자들 가운데 20%가 능숙하게 읽고 쓸 줄 알았다고 되어 있다.

스파냐인 가운데 한 사람은 이곳에서는 일요일 아침과 저녁 예배에 '남녀노소 할 것 없이, 심지어는 어린 아이들까지도 모두가 옆구리에 책을 끼고 교회에 간다'며 놀랍다는 투로 기술했다. 이 회중들 가운데 얼마나 많은 사람이 실제로 목사가 큰 소리로 낭독하는 성경 구절을 눈으로 따라갈 수 있었는지 알 수는 없지만 회중의 '평온함, 침묵, 고도의 경건함'에 깊은 인상을 받은 그 에스파냐인에게 그 광경은 신기한 것이었다.[178]

만약 난파를 당해 버뮤다에 상륙한 그 에스파냐인이 표출한 놀라움이 영국령 북아메리카에서 출현하고 있던 프로테스탄트 사회에 대해 에스파냐인들이 잘 모르고 있었음을 말해 주는 증거라고 한다면 영국령 북아메리카인들 역시 남쪽 히스패닉 사회에 대해 아는 것이 별로 없었다. 이 두 세계 간의 접촉은 점점 빈번해지고 있었으며, 특히 에스파냐령 카리브해 제도들과의 밀무역이 증대되면서 접촉 기회 또한 더욱 증대했다. 그리고 사우스캐롤라이나의 건설로 한 무리의 영국인 정주자들은 이제 자기네 동포들이 거주하는 체서피크 정주지보다 에스파냐령인 산아구스틴San Agustín과 더 가깝게 살게 되었다. 캐롤라이나 식민지 가운데 하나에 정주한 애쉴리 경(후에 섀프츠베리 백작이 된다)은 '우리는 에스파냐인들과 바로 인접해 살게 되었다'라고 썼다.[179] 그러나 더 가까이 있다고 해서 반드시 더 잘 이해하는 것은 아니었다.

1세기에 걸친 영국-에스파냐 간 갈등 과정에서 생겨난 정형화된 이미지에 의해 이미 서로에 대한 인식이 형성되어 있었고, 그것이 새로

---

178) Gurrin, 'Shipwrecked Spaniards', pp. 26~7. See above, p. 144.

179) Verner W. Crane, *The Southern Frontier 1670~1732* (Durham, NC, 1928; repr. New York, 1978), p. 3.

발생한 사건이나 인쇄물에 의해 더욱 강화되는 경향이 있었다.[180] 올리버 크롬웰(그의 반-에스파냐적 태도는 엘리자베스 시대 영국 젠트리들의 일반적인 태도였다)은 토머스 게이지에 의해 자극을 받아 야심만만한 '서부 계획'[181]을 펼쳐나갔는데, 토머스 게이지의 책 『영국계 아메리카인』*The English-American*은 1648년 처음 출간된 뒤 17세기가 말까지 세 차례 더 간행되었다.[182] 게이지는 부분적으로는 가톨릭에서 영국국교회로 개종한 사람으로서 자신의 종교적 신념을 좀더 확실히 보여 주기 위해서 에스파냐령 아메리카를 '수확하기에 적합하게 잘 익은 과일'로 소개하는 우를 범했다. 그러나 그는 누에바에스파냐에서의 삶의 모습에 대해 직접 체험한 당사자로서 생생한 설명을 제공하기도 했는데, 그것은 비非에스파냐권 지역에서 나타난 그런 류의 설명으로는 처음으로 유의미한 것이었다. 수도원 생활에 대한 그의 기술은 매우 끔찍했으며, 그것은 가톨릭교회의 추태와 부패상에 대해 프로테스탄트들이 이미 갖고 있었던 인식을 더욱 강화해 주었다.

뉴잉글랜드 사람인 코튼 매더도 게이지의 책을 한 권 갖고 있었다.[183] 그 책을 읽으면서 매더는 여러 가지 결점에도 불구하고(그는 그것을 개탄해 마지않았다) 그나마 절제를 잃지 않고 있던 자신의 사회와 게

180) 에스파냐에 대한 영국인들의 이미지의 형성 과정에 대해서는 J. N. Hillgarth, *The Mirror of Spain, 1500~1799. The Formation of a Myth* (Ann Arbor, MI, 2003), ch. 10~12를 참조.

181) Western Design; 1654~1660년 유럽과 서인도제도에서 영국과 에스파냐 간에 벌어진 갈등 — 옮긴이.

182) Colin Steele, *English Interpreters of the Iberian New World from Purchas to Stevens 1603~1726* (Oxford, 1975), p. 59; 그리고 게이지의 *Travels in the New World*에 대한 그(Colin Steele)의 편집본에 수록된 J. Eric S. Thompson의 서문 참조.

183) Mayer, *Dos americanos*, p. 298, n. 116.

이지가 여행하면서 기록한 중아메리카의 사악하고 방탕한 사회 간의 분명한 대조에 큰 충격을 받았다. 중아메리카에서는 세상을 포기하고 즐거움과 스포츠와 취미를 포기한 사람들(사제들)이 '세속적인 것'에 너무 집착하고 있다고 생각되었다.[184] 매더 같은 생각을 가진 사람들에게는 이런 대조가 새로운 기회의 전망을 열어 줄 뿐이었다. 1696년에 그는 '나는 에스파냐어를 간절히 배우고 싶다. 프로테스탄트 교리와 신앙 고백문 그리고 그 외 다른 기도문들을 에스파냐령 인디아스에 에스파냐어로 전하고 싶다. 우리 주님께서 이 나라들을 점령하실 날이, 아니 그것을 위해 예정된 바로 그 날이 아직 도래하지 않았다고 누가 감히 말할 수 있단 말인가?'라고 썼다.[185]

시간이 흘러 주님께서는 놀랍게도 그(매더)가 하는 일을 성공으로 이끄셨고, 그후 매더는 「순수한 신앙」La religión pura이라는 에스파냐어로 된 글을 출간했는데, 그것은 무지몽매한 에스파냐 세계 주민들을 복음의 세계로 인도하기 위한 것이었다.[186] 1702년 그는 주님께 당신의 영광스러운 복음을 방대한 에스파냐령 아메리카 지역에 전할 길을 열어 달라는 공적·사적인 청원에 여러 차례 참여했고, 얼마 가지 않아 그는 놀랍게도 부르봉 왕조의 두 나라, 즉 프랑스와 에스파냐에 맞서 영국인과 네덜란드인을 중심으로 대연합Grand Alliance이 구성되었다는, 그리고 만약 일이 잘 풀리면 영국인과 네덜란드인이 '인디아스에서 에스파냐가 지배하고 있는 나라들과 도시들의' 주인이 되겠다고 약속했다는 반가운

184) Gage, *Travels*, p. 51.
185) Cotton Mather, *The Diary of Cotton Mather*, 2 vols (Boston, 1911~12), p. 206.
186) Mather, *Diary*, 1, pp. 284~5.

소식을 접하게 되었다.[187] 구속救贖의 날이 곧 도래할 것처럼 보였다.

그러나 결국 매더의 바람은 실현되지 않을 것이었다. 에스파냐령 아메리카 영토는 매더나 프로테스탄트 세계 일반이 생각했던 것보다 훨씬 더 큰 활력과 역동성을 갖고 있었다. 그가 인식한 모든 대조적 성격들이 반드시 영국령 식민지에 유리한 것만도 아니었다. 에스파냐령 아메리카가 가진 신앙의 통일성은 그 세계가 가진 사회적·인종적 다양성에도 불구하고 영국령 식민지들이 갖고 있지 못한 내적 결속력을 제공해 주었다. 그러나 종교의 통일성에 기반을 둔 사회가 새로운 이념에 효과적으로 적응할 수 있을까? 다른 한편으로, 다양한 신앙을 가진 사회가 안정을 유지할 수 있을까? 18세기가 시작되면서 그 시험은 시작될 것이었다.

187) *Ibid*., 1, p. 420; 그리고 또한 보스턴 목사들의 복음화 희망과 초기 에스파냐령 아메리카 세계와의 만남에 대하여는 Harry Bernstein, *Origins of Inter-American Interest, 1700~1812* (Philadelphia, 1945), pp. 66~71을 참조.

8장 _ 제국과 정체성

대서양 공동체들

1697년 10월 20일, 에스파냐령 아메리카를 신속하게 (개신교로) 개종시켜야 한다는 바람을 친구이자 같은 보스턴 출신인 코튼 매더와 공유하고 있었던 새뮤얼 수얼은 부총독의 시중을 들기 위해 도어체스터에 갔다: '사슴고기와 초콜릿을 곁들인 조찬이었다. 나는 "매사추세츠와 멕시코가 각하의 식탁에서 만난 것"이라고 말했다.'[1] 매사추세츠의 한 조찬 식탁에서 영국령 아메리카와 에스파냐령 아메리카가 만난 이 식사 자리는 당시 한창 진행 중이던 하나로 통합된 대서양 세계의 건설이라는 보다 큰 변화 과정의 작지만 상징적인 한 징후였다. 그것은 유럽 국가들 간의 라이벌 의식이 아메리카 식민지 사회들에 점점 더 큰 영향을 미쳐가고 있던 세계, 그리고 교역과 전쟁이라는 상호적이면서 상충적이기도 한 요구에 대한 반응 속에서 범대서양적이면서 범반구적인 새로운 관계

---

1) Samuel Sewall, *The Diary of Samuel Sewall, 1674~1729*. ed. Halsey (2 vols, New York, 1973), p. 380.

가 형성되어 간 세계였다.

발전해 가는 대서양 공동체의 틀 안에서 점차 가속화되어 간 접촉과 갈등의 과정은 대서양 양편 모두에서 나타난 발전들로부터 생겨났다. 유럽에서 17세기 중반과 후반은 국제 사회의 세력 균형에서 큰 변화가 나타난 시기였다. 유럽에서 나타난 이 같은 변화의 영향을 받지 않을 수 없었던 아메리카에서 아메리카인들은 식민지 사회가 자신만의 고유한 특징을 지닌, 다른 것들과는 구분되는 정치체들로 자리 잡아 가는 것을 볼 수 있었다. 그런데 그 특징들은 중요한 점들에서 자신들을 낳아 준 본국 사회들과는 다른 것이었고, 그리고 그것은 18세기 초반 동안 점점 눈에 띄는 것이 되어 간 정체성이라는 근본적인 문제를 야기하게 된다.

영국의 정치평론가이자 정치이론가였던 슬링스비 베델Slingsby Bethel은 자신의 책 『군주와 국가의 이해관계』*The Interest of Princes and States*, 1680에서 17세기 중엽 유럽 열강의 관계에서 나타난 중요한 변화를 다음과 같이 간명하게 정리했다:

> 전에는 기독교 세계의 일들이 주로 오스트리아[2]와 프랑스라는 두 강대국에 의해 좌우된다고 생각했다. 다른 군주들과 국가들은 이 두 나라로부터 자신들의 이해관계에 따라 평화조약 혹은 전쟁을 이끌어 냈다. 그러나 둘 가운데 전자, 즉 오스트리아(즉 에스파냐)의 권력이 이제 너무나 약해져서 이웃 국가들보다 특별히 나을 것이 없게 되었고, 두 나라 가운데 프랑스만이 유일하게 초강대국으로 남게 된 지금, 모든 군주들과 국

2) 이때 오스트리아는 에스파냐를 의미한다. 당시 오스트리아의 합스부르크 가문이 에스파냐를 지배하였기 때문에 그런 표현을 썼다—옮긴이.

가들은 과거에 오스트리아에 대해서 그렇게 했던 것처럼 프랑스의 위대함에 부러움을 표하고 있다.[3)]

1640년대 카탈루냐, 포르투갈, 시칠리아, 나폴리에서 일어난 반란은 에스파냐 제국을 송두리째 흔들어 놓았다. 에스파냐 제국은 포르투갈과 그 해외제국의 항구적인 상실이라는 대가를 치르고 나서 그 폭풍우를 결국 이겨내기는 했지만, 베델의 말처럼 세력이 '크게 약화되고 말았다.' 25년 동안 끌어온 프랑스와 에스파냐 사이의 갈등에 종지부를 찍은 1659년 피레네 조약은 루이 14세의 프랑스가 유럽을 지배하는 군사강국으로 대두하게 되었음을 의미했다. '이제 에스파냐를 능가하게 된 프랑스는 과거 에스파냐가 그랬던 것처럼 프랑스를 세계적인 제국으로 만들려고 했다.' 당연히 영국과 네덜란드는 이런 상황을 불안한 눈길로 바라보았다. 이 두 나라는 유럽의 지배자로 군림해 온 한 전제적인 로마가톨릭 강국(에스파냐)을 또 다른 로마가톨릭 강국(프랑스)으로 대체하기 위해 에스파냐의 세계 지배에 맞서 그렇게 오랫동안 싸워 온 것이 아니었던 것이다.

에스파냐가 세계적 주도권을 상실했음을 확인시켜 준 또 하나의 징후를 1670년 영국-에스파냐 간에 체결된 마드리드 조약에서 발견할 수 있는데, 여기에서 에스파냐는 처음으로 '당시 영국과 그 신민들이 서인도제도 혹은 아메리카 전 지역에서 장악하고 있는 모든 땅, 지역, 섬, 식민지, 지배 영토의 주권과 소유권, 그리고 점유권이 영국에 있음'을 정식으로 인정했다. 여기에는 15년 전 크롬웰이 점령한 자메이카도 포함되

3) Slingsby Bethel, *The Interest of Princes and States* (London, 1680), 서문.

어 있었다.[4] 그로 인해 1493년 교황 알렉산더 6세가 이베리아 왕정에 부여한 신세계에 대한 독점적 지배권은 국제적 합법성의 마지막 파편마저 사라지고 말았다. 에스파냐 왕정이 그후로도 아메리카 본토의 소유령 가운데 대부분을 보유했고, 보물선들이 매년 상당량의 은을 싣고 이베리아 반도로 돌아오고는 있었지만 에스파냐가 내일을 기약할 수 없을 만큼 중병에 걸려 있다는 인식은 이미 널리 퍼져 있었다.

외국인들은 에스파냐의 정책 제안자들arbitristas과 마찬가지로 에스파냐가 가진 문제점에 대해 나름의 진단을 내렸다. 슬링스비 베델은 '에스파냐의 경우는 실정失政으로 온갖 사기 행위가 난무하고 국가 이익이 간과됨으로써 최강의 왕국이라 하더라도 순식간에 몰락할 수 있고, 그 영광이 먼지 속에 처박힐 수도 있다는 것을 입증하는 명백한 사례'라고 썼다.[5] 베델을 비롯한 당대 영국의 관찰자들이 볼 때 실정失政은 인구, 번영, 자유 간 관계의 성격에 대한 몰이해를 의미했다. 베델이 네덜란드인과 영국인의 성공과 관련하여 지적했듯이, '산업과 독창성은 한 나라의 불모성, 인민에 대한 억압, 토지의 결핍의 산물이 아니라 …… 정의, 좋은 법, 자유의 산물이다.'[6] 에스파냐인들은 이 기본적인 진실을 간과함으로써 선정善政의 필수적인 원칙을 등한시했고, 그래서 지금 그 대가를 치르고 있다는 것이었다.

16세기 에스파냐가 (모두가) 따라야 할 모델이었다면 17세기 후반의 에스파냐는 모두가 따르지 말아야 할 반면교사였다. 에스파냐인들

---

4) A. P. Newton, *The European Nations in the West Indies, 1493~1688* (London, 1933, repr., 1966), pp. 269~71.
5) Bethel, *The Interest of Princes*, p. 75.
6) *Ibid*., pp. 76~7.

이 그처럼 등한시했던 교역의 장려가 영국에서는 진정한 이익에 기여하는 핵심사항으로 간주되어 가고 있었다. 상업의 장려와 함께 대서양 저편 식민지들이 모국에 대해 갖는 잠재적 가치를 점차 중시하는 경향이 나타났다. 1670년 로저 코크가 출간한 「무역 이야기」라는 제목의 한 팸플릿은 영국이 에스파냐가 갔던 똑같은 길을 가려 한다며 우려를 표명했다. 그는 '아일랜드와 (해외) 플랜테이션은 국가 성장에 필요한 젊음과 근면성을 모두 앗아가고 있다. 그로 인해 영국은 허약해지고 나약해지고 있으며, 무역과 국력은 쇠락하고 몰락해 가고 있다……'라고 썼다.[7] 조사이어 차일드 경은 코크 같은 '상당한 능력을 가진 신사들'에 맞서 역공을 펼치지 않으면 안 된다고 생각했는데, 코크 등은 '폐하의 해외 플랜테이션이 우리 인민들을 앗아감으로써 이 왕국에 큰 피해를 주었다'고 주장하면서, 자기들의 주장을 입증하기 위해 에스파냐의 예를 보라고 주장했다. 그들에 따르면 에스파냐는 서인도제도로의 인구 유출에 따른 인구 감소 때문에 파탄 지경에 이르렀다는 것이다.[8] 이에 대해 차일드경은 비록 중상주의자들의 시각에서 식민지(의 존재 이유)를 정당화하는 원료와 상품을 모국에 제공하지 못한 것으로 유명한 뉴잉글랜드

---

7) Roger Coke, *A Discourse of Trade* (London, 1670), Part 1, p. 46. 코크를 비롯한 17세기 후반 팸플릿 작가들과 경제이론가들에 대하여는 Joyce Oldham Appleby, *Economic Thought and Ideology in Seventeenth-Century England* (Princeton, 1978)를 참조. 후자에서는 17세기 영국의 경제 사상에 대한 다른 설명들과 마찬가지로, 에스파냐라는 부정적인 사례보다는 네덜란드라는 긍정적 사례에 더 많은 관심이 기울여지고 있다.

8) Sir Josiah Child, *A New Discourse of Trade* (London, 1693), pp. 164~5; 그리고 Armitage, *Ideological Origins of Empire*, pp. 166~7을 참조. 1660년대에 처음으로 형성된 차일드의 생각은 1693년에 출간된 자신의 책 『새로운 담론(New Discourse)』에서 그 최종적인 형태를 갖게 되었다. Joseph A. Schumpeter, *History of Economic Analysis* (1954; 6th printing, London, 1967), p. 195, n. 3 참조.

의 문제에 대해서 명쾌하게 설명하지는 못했지만 해외 플랜테이션이 국가를 약화시키기는커녕 오히려 국력을 증대시켰다고 주장했다.

그러나 사실 17세기 후반 식민지 시장의 급성장과 활발해진 대서양 무역으로 나타난 경제적 자극이 본국에 가져다 준 새로운 부는 수많은 경제 논문들보다 더 큰 목소리로 진실을 웅변하고 있었다.[9] 식민지 무역을 규제하고 식민지 행정을 재편하려고 한 후기 스튜어트 정부의 진지한 관심은[10] 그것이 아메리카 정주지들이 잉글랜드의 힘과 번영에 필수적인 제국의 전초기지라는 사실이 국민의 의식 속에 자리 잡기 시작했음을 말해 주는 분명한 징표였다.

그러므로 영국 제국Britain's empire은 '해상 제국', '상업 제국'이 될 것이었다. 그런 만큼 영국은 스스로를 에스파냐라는 육지에 기반을 둔 '정복 제국'(즉 에스파냐의 몰락 원인으로 간주된)의 안티테제로 생각되었다. 1688년의 명예혁명은 잉글랜드에서 프로테스탄트의 왕위 계승을 보장하고, 의회제 왕정이라는 영국의 성격을 확인해 줌으로써 이제 막 떠오르고 있던 이 제국의 비전에 종교적·정치적 이데올로기의 새로운 요소를 더해 주었다. 상업적 기업, 프로테스탄티즘, 자유는 이제 영국의 국가적 기풍을 상호적으로 강화하는 구성 요소로서 소중하게 인식되었으며, 그것은 루이 14세가 이끄는 가톨릭 전제정과의 장기적이고 소모적인 전쟁에서 결국 군사적 승리를 가져다 줄 것이었다. 이렇게 18세기

9) 식민지 무역의 성장과 그것이 가져다 준 영향에 대해 최근의 간략한 설명으로는 Nuala Zahedieh, 'Overseas Expansion and Trade in the Seventeenth Century', *OHBE*, 1. ch. 18이 있다.

10) Above, p. 113.

제국 이데올로기의 다양한 요소들이 점차 자리를 잡아 가고 있었다.[11]

명예혁명과 그 여파——윌리엄 3세가 주도한 대大반-프랑스 동맹의 결성, 1713년 위트레흐트 조약에서 정점에 이르게 될 프랑스와의 세계적인 갈등(위트레흐트 조약은 공해에서의 우위를 주장하는 영국의 입장을 확실히 해 주었다)——는 대서양 저편 식민지들에게도 분명치는 않지만 큰 영향을 주었음이 분명하다.[12] 해외에 정주한 국왕의 신민들이 '자유의 제국'이 가져다 주는 혜택을 향유하는 것은 당연했다. 그러므로 비록 총독들과 의회의 상대적 힘에 대한 지속적 불확실성 때문에 향후에도 갈등의 소지가 많이 남아 있게 되겠지만 식민지 의회를 통해 작동하는 대의제 정부 시스템에 참견하는 스튜어트 정부식의 시도는 없을 것이었다.[13]

윌리엄 3세 정부는 대체로 아메리카 본토 정주지보다는 카리브해 식민지에 더 우호적이었는데, 그것은 설탕을 둘러싼 이해관계의 중요성이 점점 커졌고, 프랑스의 공격에 맞서 자신들을 지키려고 하는 플랜테이션들을 지원하는 일이 그만큼 중요해졌기 때문이었다.[14] 그러나 영주 식민지의 존속이라는 문제를 효과적으로 다루는 데는 성공하지 못했다. 심지어 매사추세츠에서 1691년의 새 특허장하에서 국왕 총독을 임명할

---

11) 이 18세기 이데올로기에 대하여는 특히 Armitage, *Ideological Origins of Empire*; Linda Colley, *Britons. Forging the Nation 1707~1837* (New Haven and London, 1992); Peter N. Miller, *Defining the Common Good. Empire, Religion and Philosophy in Eighteenth-Century Britain* (Cambridge, 1994)을 참조.

12) 특히 Richard S. Dunn, 'The Glorious Revolution and America', *OHBE*, 1. ch. 20, 그리고 J. M. Sosin, *English America and the Revolution of 1688* (Lincoln, NE, and London, 1982)을 참조.

13) Greene, *The Quest for Power* 참조.

14) Dunn, 'The Glorious Revolution', p. 463.

때도 정부는 총독과의 상대적 지위에서 다른 국왕 식민지 의회들이 향유한 것보다 더 강한 지위를 제공하는 타협안을 그곳 입법부에 제시하지 않으면 안 되었다.[15]

그렇지만 혁명적 타결[16]의 원칙에 입각하여 식민지들이 기구institutions와 특권의 소유를 인정받게 되었을 때도 런던 정부는 식민지가 제국 본국에 경제적으로 높은 가치를 갖고 있다는 인식에 따라 본국과 식민지 간의 무역에 개입할 수밖에 없었는데, 그것은 후에 상업 제국의 요구requirements와 자유 제국의 요구 간에 갈등을 불러일으킬 소지를 안고 있었다. 명예혁명이 있고 난 직후 국왕은 국내와 국제 문제에 몰두해 있어서 아메리카 식민지에 대해 일관된 정책을 펼치지 못했다. 그러나 1696년 상무성에 이어 무역과플랜테이션부Board of Trade and Plantations가 창설된 것은 런던 정부가 대서양 무역에 대해 지배권을 강화하겠다는 결심을 굳혔음을 보여 주는 것이었다. 이것은 프랑스와의 전쟁에 따른 주의 분산 효과로 스코틀랜드와 아일랜드인 선주들이 영국의 (항해조례를 통한) 무역 독점을 깨뜨리고, 보다 쉽게 체서피크와 델라웨어로 직접 항해하고 있었기 때문에 더욱 더 필요했던 것처럼 보인다.[17]

무역과플렌테이션부 설치와 함께 식민지에 항해조례 위반 행위를 재판하기 위한 '부제독 법정'vice-admiralty courts도 설치되었다. 1688~9년의 식민지 대격변을 비롯하여 정부의 통제를 억제하는 장애물이 있었음

---

15) Johnson, *Adjustment to Empire*, pp. 229~30.

16) Revolutionary Settlement; 1689년의 권리장전Bill of Rights, 1689년의 반란법Mutiny Bill, 1694년의 3년회기법Triennial Bill, 1696년의 반역법Treason Act, 1701년의 왕위계승법Act of Settlement을 한데 뭉뚱그려 부르는 명칭 — 옮긴이.

17) Sosin, *English America and the Revolution of 1688*, p. 231.

에도 불구하고 관료제의 손길이 아메리카로 뻗치고 있었다. 1710년이면 항해조례의 준수를 감시하기 위해 영국령 식민지들에 42개의 상설 세관이 설치되어 있었다.[18] 그 수가 많다고 할 수는 없었지만 이런 관청과 관리들의 출현은 중요한 의미를 갖고 있었다. 에스파냐의 아메리카 소유령들은 오랫동안 국왕감독관과 세관 관리들의 감독 활동에 익숙해져 있었다. 제국이 들어선 곳에서는 항상 곧 규제가 따르기 마련이었다.

그러므로 17세기에서 18세기로 넘어가는 시기에 비록 제국 정책이 윌리엄 블레스웨이트William Blathwayt 같은 런던 고위 관리들이 바라는 것만큼 일관적이거나 효율적이지는 못했지만 제국의 존재는 잉글랜드령 아메리카에서 점차 중요한 것으로 인식되어 갔다. 식민지 문제가 유럽에서 벌어지는 전쟁보다 중요하게 여겨지지 않는 것은 어쩔 수 없는 일이었다. 정부의 대對 식민지 정책은 윌리엄 3세와 앤Anne이 다스리는 영국 정치에서 나타나고 있던 내분으로 방해받기도 했다. 토리당과 휘그당 간의 첨예한 정치적 갈등은 식민지 사회와 그들의 런던 주재 대리인들이 자신들의 목적을 위해 잉글랜드 내 정당 간 정치 분열을 이용할 수 있는 빌미를 제공했다. 개별 식민지들은 매사추세츠의 예를 따라 궁정과 의회에서 자신들의 이익을 지키기 위해 상주 대리인을 임명하기 시작하고 있었다. 이 대리인들, 그리고 이런저런 식민지의 이익을 지키기 위해 생겨난 압력단체들의 활동은 원대한 전략을 수립하고 그것을 이행

---

18) Thomas C. Barrow, *Trade and Empire. The British Customs Service in Colonial America, 1660~1775* (Cambridge, MA, 1967), p. 74와 부록(Appendix) A; Alison Gilbert Olson, *Making the Empire Work. London and American Interest Groups, 1690~1790* (Cambridge, Mass., 1992), p. 58(여기에는 앤 여왕 치세 말에 아메리카 식민지에 파견된 영국인 관리의 수가 대략 240명으로 되어 있다)을 참조.

하려는 무역부 관리들의 시도를 어렵게 만들었다. 런던에서 벌이는 식민지인들의 로비가 제국 정책 수립에 영향력을 미치기 시작하고 있었던 것이다.[19)]

이 같은 일련의 상황 때문에 잉글랜드와 그 식민지들은 가차 없이 긴밀한 관계 속으로 끌려들어 가고 있었다. 대서양 횡단 무역의 확대는 제국의 통합을 강하게 촉진했다. 1700년경이면 적어도 1,000명 이상의 런던 상인이 아메리카와 교역을 하고 있었으며, 영국으로부터의 설탕과 담배 수요 증가로 대서양 횡단 수송 규모는 급속히 커지고 있었다. 1680년대에는 잉글랜드에서 아메리카로 건너가는 선박이 1년에 500척이 채 되지 않았으나 1730년대가 되면 두 배 이상으로 증가했다.[20)] 대서양 횡단의 빈도와 규칙성 모두가 증가했을 뿐 아니라 아메리카 본토 정주지와 서인도제도 간, 혹은 여러 본토 정주지들 간의 식민지 자체 내 무역의 발전도 1730년대쯤이면 영국과 유럽의 뉴스가 50년 전보다 훨씬 신속하게 아메리카에 도착하고, 훨씬 더 광범하게 확산되게 만들었다. 1702년에는 전시 상황을 이용하여 매달 서인도제도로 가는 대서양 횡단 우편 업무를 개선함으로써 그곳을 왕복하는 데 100일이 채 되지 않게 하려는 대담한 시도가 나타났다. 이 새 사업은 전쟁의 종결로 도중에 중단되었지만 18세기 대서양 양편의 특파원들은 우편물이 합리적 수준의 예측 가능성을 갖고 목적지에 도달할 것이라는 확신을 전보다 훨씬 강하게 갖고 기사를 쓸 수 있었다.[21)]

---

19) Olson, *Making the Empire Work*, p. 61.

20) *Ibid*., p. 52; Steele, *The English Atlantic*, p. 92; 그리고 또한 18세기에 영국의 대서양 경제가 급속히 통합되어 간 측면에 대하여는 Hancock, *Citizens of the World*를 참조.

21) 대서양 횡단 우편 업무의 개선과 그 영향에 대하여는 Steele, *The English Atlantic*, chs. 7~9

교통의 개선이 영국-아메리카 대서양 정치의 통합을 크게 증진시켰다면 전쟁도 비슷한 효과를 만들어 냈다. 잉글랜드와 대륙 내 동맹국들은 프랑스와 전면전에 돌입했고, 유럽의 전쟁은 대서양 건너편으로 확산되었으며, 식민지들은 급속하게 범凡세계적 분쟁으로 확대된 이 전쟁에 휘말리게 되었다. 1675~6년 '필립 왕의 전쟁'은 외부 세력 개입 없이 치러진 마지막 전쟁이었다. 영국인 정주지들과 프랑스령 캐나다 정부가 독립적인 인디언 부족들로부터 지지를 끌어들이기 위해 싸우면서 인디언들과 정주자들 간의 싸움은 두 식민지 강국의 더 광범한 싸움의 일부가 되었다. 뉴잉글랜드와 뉴욕의 경계선을 따라 들어선 소도시들은 프랑스인과 그들의 인디언 동맹세력에게 약탈당하고 파괴되었다.[22]

그러나 런던 정부가 식민지들의 자위自衛를 위해 식민지들을 통합하려고 하고, 식민지 총독들은 전쟁 수행에 필요한 자금과 인원을 표결 처리해 달라고 의회를 설득하려고 하면서 정도 차이는 있었지만 모든 식민지들이 영향을 받았다. 무기와 탄약은 잉글랜드로부터 들여와야 했고, 북대서양 무역을 보호하기 위해서는 영국 해군의 도움이 필요했다. 1689~1713년의 전쟁 경험은 식민정주자들 자신들이 모국에 의존하고 있음을 더 확실히 인식하게 만들었으며, 또한 자신들의 노력에 대한, 그리고 영국인 친척들과의 파트너십이 보다 긴밀해진 것에 대해 더 큰 자부심을 갖게 만들었다. 코튼 매더는 1700년 '우리가 영국English Nation의 일부라는 사실은 분명 하느님의 크나큰 축복이다'라고 썼다.[23]

를 참조.

22) Above, p. 193.

23) Johnson, *Adjustment to Empire*, p. 364에서 재인용.

영국령 대서양 정치체에서는 제국적 결속이 더욱 강화되어 간 데 반해 에스파냐와 에스파냐의 인디아스 제국 간의 관계는 반대 방향으로 그에 못지않게 세차게 달려가고 있는 것처럼 보였다. 이 두 제국 간의 차이는 17세기 후반 영국의 국력과 에스파냐의 국력이 변화해 간 서로 다른 궤적을 반영하는 것이었다. 영국은 상업과 해군력에서 최고 지위로 올라선 반면, 펠리페 4세와 병약하고 심약한 그의 아들 카를로스 2세(1665~1700)의 오랜 치세 동안 허약해져 간 에스파냐 본국의 군사적·경제적 위상은 아메리카 영토에 대한 마드리드의 통제를 느슨하게 만들고, 아메리카 크리오요 집단의 운신의 폭을 확대시켜 놓았던 것이다.

1679년 로저 코크는 '에스파냐의 취약성이 에스파냐 자체에서도 분명히 드러나고 있지만, 에스파냐의 부의 원천이 되고 있는 인디아스에서는 더욱 그렇다'라고 썼다.[24] 에스파냐 본국의 취약성은 여러 가지 점에서 느껴졌는데, 그 중에서도 그것을 가장 분명히 드러내 준 것은 카리브해 섬들과 아메리카 본토의 몇몇 거점이 영국인, 네덜란드인, 프랑스인들에 의해 점령당한 사실이었다(영국인들은 벨리즈·니카라과의 모스키토 해안을, 영국·프랑스·네덜란드 세 나라는 기아나 지역을 점령했다). 유럽인들이 구축한 이 전초기지들은 해적질과 무역의 근거지가 되어 주었다. 1650년대와 1680년대 사이 카리브해 전역에 해적이 들끓었고, 이 해적들은 에스파냐령 아메리카 본토를 공격하고 에스파냐 선박들을 약탈했다. 특히 자메이카는 해적들의 소굴이었다. 헨리 모건^Henry Morgan^은 1671년 자메이카의 총독이었던 토머스 모디포드^Thomas Modyford^와 공모하고, 그 전해 체결된 영국-에스파냐 간 평화조약을 대놓고 무시하면

---

24) Coke, *A Discourse of Trade*, part 1, p. 10.

서 파나마에 대해 파괴적 침략을 감행했다.[25)]

17세기 말과 18세기 초, 불법이 판치는 이 카리브해 세계에서 무역과 해적질은 동의어처럼 생각되었으며, 해적·상인·식민정주자들은 에스파냐 제국의 재물을 탈취하는 사업에서 변덕스런 공모자가 되었다. 뉴잉글랜드 상인들은 캄페체만을 기반으로 중앙아메리카 로그우드(염료 제조용 나무) 수출 무역을 장악했으며, 무역과 더불어 에스파냐 선박에 대한 공격을 노골적으로 겸했던 뉴포트 상인들은 로드아일랜드에서 큰돈을 벌었다.[26)] 에스파냐의 앤틸리스(안티야스)제도 섬들은 가난하고 취약한 제국의 전초기지였으며, 그곳을 요새화하고 방어하기 위해서는 멕시코(누에바에스파냐)로부터 거액의 보조금을 지속적으로 지원받아야 했다. 누에바에스파냐에서 앤틸리스제도로 송금되어야 하는 지원금이 커지면 커질수록 세비야로 유입되는 은의 양은 줄어들 수밖에 없었다. 반대로 영국에게는 영국령 카리브해 섬들이 번영하는 플랜테이션 경제 때문에 아메리카 제국이라는 왕관에 박힌 보석 같은 존재가 될 것이었다.

자메이카는 에스파냐령 카리브해의 중심에 위치해 있었고, 포트로열Port Royal에 더할 나위 없이 우수한 항구를 가진 축복받은 나라였으며, 에스파냐의 해외 자산을 약탈하려고 할 때 네덜란드령 퀴라소Curaçao 섬보다 훨씬 유리한 지점에 위치해 있었다. 영국이 이 섬을 소유함으로써 영국 상인들과 뉴욕이나 보스턴에 있는 그들의 무역 파트너들은 에스파냐령 인디아스와의 밀무역에서 네덜란드인 경쟁자들보다 유리한 고지

---

25) Newton, *European Nations in the West Indies*, pp. 271~6.

26) Bernstein, *Origins of Inter-American Interest*, pp. 15~19.

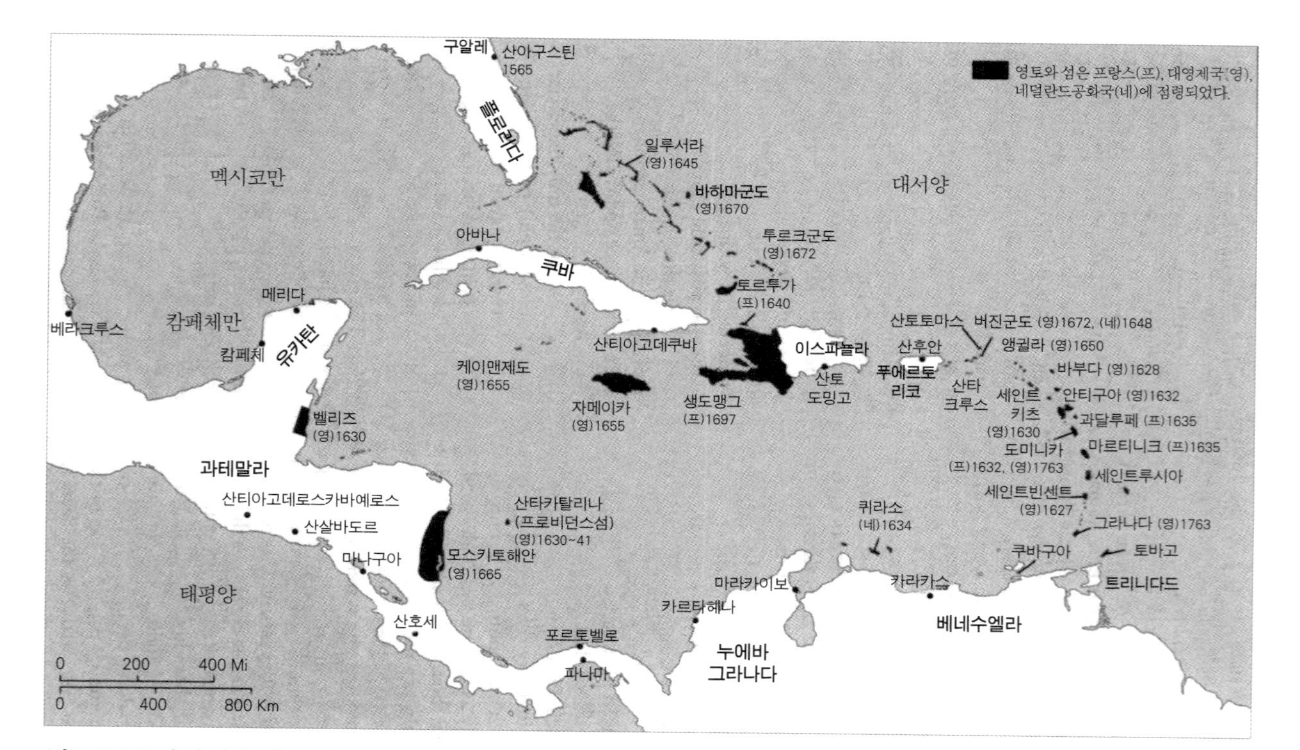

〈지도 5〉 1700년 경 카리브해. Guillermo Cépedes del Castillo, *América hispánica*, 1492~1898 (1983), map. xiv; *The New Cambridge Modern History*, Vol. XIV, Atlas (1970), pp. 229, 230을 토대로 작성.

를 점할 수 있었다. 영국-아메리카 상인들은 자메이카라는 유리한 거점을 기반으로 에스파냐 무역 시스템에 침투해 혼란에 빠뜨렸으며, 에스파냐령 섬들과 본토에 밀수품을 공급했다. 그 물품들은 만약 그들이 아니었다면 에스파냐 호송 함대가 에스파냐로부터 갖고 들어왔을 때 비싼 가격으로 구입해야 하거나, 아예 구입할 수 없었을 것들이었다. 에스파냐 관리들은 뇌물을 받고 이 밀무역을 눈감아 주곤 했다. 그러나 때로는 그것이 꼭 필요했기 때문에 공식 수입허가장을 내주어야만 하는 경우도 있었다. 아프리카 노예는 특히 공급이 부족했다. 그 때문에 1680년대 자메이카는 아바나, 포르토벨로, 카르타헤나를 경유하여 에스파냐령 아메리카로 유입되는 노예의 주요 공급처가 되었다.

자메이카의 노예를 비롯한 여러 상품 무역들은 적지 않은 수익을 가져다 주었다. 상인들이 벌어들이고 해적들이 약탈한 은은 영국—아메리카 대서양 경제 속으로 스며들어 갔으며, 그것은 영국이 대 극동 무역에서 감수해야 했던 무역 적자를 줄이는 데 기여했다. 자메이카는 북아메리카 식민지들에게 귀금속의 주요 공급처가 되었으며, 식민지들의 만성적인 재정난을 완화해 주고, 영국이 필요로 하는 필수 상품뿐만 아니라, 새뮤얼 수얼이 1697년 10월 20일 매사추세츠 도체스터에서 조찬 때 홀짝홀짝 마셨던 멕시코 산 초콜릿 같은 에스파냐령 아메리카산 사치품을 구입할 수 있게 해 주었다.[27]

---

27) Nuala Zahadieh, 'The Merchants of Port Royal, Jamaica, and the Spanish Contraband Trade, 1655~1692', *WMQ*, 3rd ser., 43 (1986), pp. 570~93; Curtis Putnam Nettels, *The Money Supply of the American Colonies before 1720* (University of Wisconsin Studies in the Social Sciences and History, no. 20, Madison, WI, 1934), pp. 15~21; Fisher, *Economic Aspects of Spanish Imperialism*, pp. 81~2.

다른 유럽인들의 카리브해 침투가 에스파냐의 아메리카 무역을 그 도착 지점에서부터 잠식하기도 했지만, 심각한 균열은 에스파냐 본토 출발점에서도 나타나고 있었다. 한 세기 반 동안 대對 아메리카 무역의 출발점은 세비야였다. 그러나 과달키비르 강에 토사가 쌓여 항해가 어려워짐에 따라 1670년대부터 세비야가 점점 카디스로 대체되기 시작했다. 1717년 에스파냐 왕실은 이런 현실을 받아들이고 이전移轉을 공식화하여 상무청과 콘술라도를 카디스로 옮겼다.[28] 두 항구 도시에서 활동하던 외국인 상인들은 허약해진 에스파냐 왕실과의 협상으로 수중에 넣게 된 특권을 이용해 카디스에서 아메리카로 출발하는 함대에 에스파냐 제조업이 공급하지 못하는 다량의 외국 상품을 선적할 수 있었다. 아메리카 시장에서 고가에 팔린 이 상품들은 아메리카 은과 교환되었으며, 이 은 덕분에 영국, 프랑스, 네덜란드의 경제는 계속 순조롭게 가동될 수 있었다.[29]

아메리카 무역에 대한 세비야 콘술라도의 독점권 상실(이 독점권은 매 작동 단계에서 발생하는 대규모 부정행위에 의해 훼손되고 있었다)로부터 이득을 본 사람들이 프랑스인, 플랑드르인, 네덜란드인, 영국인 상인만은 아니었다. 이미 16세기 말부터 아메리카의 크리오요 상인들, 그 중에서도 특히 멕시코시티와 페루의 상인들은 인디아스 무역의 구조와 작동에서 이익을 볼 수 있는 기회를 엿보고 있었다. 그들이 정확하게 파악

---

28) Lutgardo García Fuentes, *El comercio español con América, 1650~1700* (Seville, 1980), pp. 55~66; Antonio García-Baquero, *Cádiz y el Atlántico, 1717~1778* (2 vols, Seville, 1976), 1, p. 104.

29) 이 과정에 대한 최근의 설명으로는 Stanley J. Stein and Barbara H. Stein, *Silver, Trade and War. Spain and America in the Making of Early Modern Europe* (Baltimore and London, 2000), ch. 3이 있다.

하고 있었듯이, 세비야가 만들어 낸 메커니즘이 정교하기는 하지만 그것이 대서양 전역에 걸친 무역 시스템의 모든 세부 사항을 강제할 수는 없었다. 아메리카에서 생산되는 점점 더 많은 양의 은이 이 크리오요들에게 강력한 힘을 안겨 주고 있었으며, 그 힘은 16세기 말 아카풀코와 마닐라를 오가는 태평양 횡단 루트의 개설로 더욱 강해졌다. 이 대(對) 아시아 무역은 크리오요 엘리트들에게 비단, 도자기, 칠기 같은 아시아산 사치품들을 제공함으로써(이런 사치품에 대해 그들은 만족할 줄 모르는 소유욕을 갖고 있었다) 큰 이익을 남길 수 있는 새로운 기회를 제공했다. 이런 사치품 구입은 그렇지 않았다면 세비야로 운송되었을 은이 아시아의 상품 공급자들에게 돌아가게 만들었다.[30]

누에바에스파냐와 페루의 상인들은 계약에 따른 유대감, 세비야 상인 가문들과의 인척 관계를 이용하거나 혹은 베라크루스와 포르토벨로, 그리고 세비야에서 온 함대가 화물을 하역하는 곳이 아닌 다른 곳에서 열리는 정기시에 참여함으로써 에스파냐령 대서양에서 이루어지는 공식, 비공식 경제의 주역이 되었다. 그들은 17세기 초·중반 자신들에게 유리하게 가격을 조작하고 밀무역에 참여할 기회를 적극적으로 이용하는 등, 식민지 시장에 대한 세비야의 지배에 도전하기에 충분할 정도로 강해져 있었다.[31]

아메리카 부왕령들의 상인공동체들이 갖게 된 새로운 힘과 자신감

---

30) William Lytle Schurz, *The Manila Galleon* (1939; repr. New York, 1959); *El galeón de Acapulco* (Exhibition catalogue, Museo Nacional de Historia, Mexico City, 1988); *Los galeones de la plata* (Exhibition catalogue, Consejo Nacional para la Cultura y las Artes, Mexico City, 1998).

31) 아메리카 상인들의 대서양 무역 참여에 관해서는 Studnicki-Gizbert, 'From Agents to Consulado', 그리고 Suárez, *Comercio y fraude*와 *Desafíos transatlánticos*를 참조.

은 유럽 본국과 아메리카 소유령 간의 경제적 관계에서 나타나던 광범한 변화의 한 단면이었다. 아메리카 대륙이 가진 광산자원의 개발, 증가일로의 크리오요와 메스티소 인구의 수요에 부응하기 위한 농업과 제조업 ── 특히 직물업 ── 의 발전, 아메리카 내 조선업의 성장……, 이 모두가 제국 본국에 대한 아메리카 부왕령들의 경제적 의존을 약화시켰다.

또 아메리카 자체 내에서 이루어지는 교역도 꾸준히 증가해 갔으니, 이는 부분적으로나마 자치적인 히스패닉 아메리카 경제의 출현을 시사했다. 멕시코시티는 비공식적이기는 하지만 이미 광범한 무역 시스템의 중심이 되어 있었다. 이 시스템은 수평적으로는 필리핀 마닐라와 카리브해 아바나를 오가는 축을 중심으로 형성되어 있었다. 남북으로 이어지는 축도 있었는데, 그것은 멕시코와 페루 간 교역을 금지한 1631년의 명령에도 불구하고[32] 태평양 쪽에 위치한 아카풀코 항구에서 먼저 페루 북부 항구들에 이르고, 리마까지 이어졌으며 포토시에까지 그 영향을 미쳤다. 페루 상인들은 북쪽의 파나마, 남쪽의 칠레와 교역했는데, 칠레에서는 페루의 수요에 부응하여 밀 생산이 크게 증가하였다. 17세기 초 에스파냐 왕실이 마지못해 허가한 또 하나의 루트가 있었는데, 그것은 육로로 페루 광산들에서 출발하여 투쿠만과 코르도바를 거쳐 성장일로에 있던 항구도시 부에노스아이레스로 이어지는 것이었다(포토시에서 부에노스아이레스까지 말을 타고 가면 63일 정도가 걸렸다)(〈지도 7〉 참조).[33] 이 점에서 아메리카 내부 무역 체계는 점점 국제화되고 있던 대서양 경제에 근접해 가고 있었으며, 외국 상인들은 노예와 유럽산 제조

32) Above, p. 111.
33) Moutoukias, *Contraband y control colonial*, p. 31.

업 제품들을 갖고 라플라타 지역으로 내려와 불법으로 유출되는 페루산 은과 교환했다.[34)]

그러므로 누에바에스파냐와 페루의 경제는 비록 아프리카 노예의 꾸준한 공급을 포르투갈인과 다른 외국 상인들에게 의존하고, 사치품 생산과 종이 혹은 철물류 같은 생필품은 여전히 유럽에 의존하기는 했지만 점점 더 자족적自足的으로 되어 갔으며, 그로 인해 에스파냐와 유럽의 변덕스런 경제 동향으로부터 받는 영향은 감소해 갔다.[35)] 그러나 그렇다고 이것이 누에바에스파냐와 페루의 경제가 경기 침체의 영향을 받지 않게 되었다는 말은 아니다. 1629년에는 파괴적인 홍수가 멕시코시티를 덮쳤고, 그로 인해 누에바에스파냐는 그후 30년 동안 심각한 경제적 어려움에 직면해야 했다. 1635년부터 1665년까지 멕시코 은광들의 은 생산에도 상당한 침체기가 있었으나, 원주민 인구가 정복기의 대 인구 재난으로부터 회복되기 시작하는 1670년대 들어 다시 생산이 크게 증가했다.[36)]

페루 경제는 17세기 중엽이면 장기적 침체에서 벗어난 것으로 보인

---

34) 17세기 아메리카 내 지역 간 무역에 대하여는 라플라타 지역에 대한 중요한 연구서인 Moutoukias, *Contraband y control colonial* 외에 Fisher, *Economic Aspects of Spanish Imperialism*, pp. 65~71을 참조.

35) Woodrow Borah, *New Spain's Century of Depression* (Berkeley and Los Angeles, 1951)은 17세기 누에바에스파냐의 경제 침체에 대한 고전적 설명이다. '경제 침체' 테제에 대한 유익한 논의로는 John J. TePaske and Herbert S. Klein, 'The Seventeenth-Century Crisis in New Spain: Myth or Reality?', *Past and Present*, 90 (1981), pp. 116~35를 보라. John Lynch는 *The Hispanic World in Crisis and Change, 1598~1700* (Oxford, 1992), ch. 8에서 에스파냐령 아메리카 경제가 17세기에 침체기라기보다는 이행기였음을 효과적으로 주장하였다.

36) 이 추세에 대해서, 그리고 그에 대한 제안적인 설명을 위해서는 Bakewell, Silver Mining and Society (특히 ch. 9)를 참조 바람.

다. 그러나 1687년 페루 중심부를 덮친 파괴적인 지진의 영향으로 다시 심각한 어려움에 처하게 되었다. 1610년경 정점에 이른 포토시의 은 생산은 17세기 후반부터 장기적 침체기로 접어들었고, 그 침체는 간헐적인 회복이 있기는 했지만 적어도 1730년까지 계속되었다.[37] 그러나 페루에서의 침체는 누에바에스파냐에서의 회복으로 상쇄되었는데, 이곳의 은 생산은 17세기 말 페루를 능가하기 시작했다.[38] 비록 세비야에 들어오는 등록된 아메리카 은의 양이 17세기 후반에 극적으로 감소했지만 그 감소는 전체적인 생산의 감소 때문이 아니라 불법 행위와 밀수의 급증 때문이라는 강력한 증거가 있다. 아메리카 은(그 은은 16세기 절정기 때보다 더 큰 규모로 에스파냐에 도착하곤 했다)의 상당량이 아메리카 자체의 방어나 그 외 목적을 위해 아메리카 현지에 억류되었으며, 아카풀코 갤리언선과 마닐라 항로를 통해 극동으로 끊임없이 유출되었음에도 불구하고 여전히 엄청난 양이 계속 유럽으로 유입되고 있었다.[39]

여러 증거들을 통해 볼 때 17세기 동안 에스파냐 경제와 에스파냐

---

37) Garner, 'Long-Term Silver Mining Trends'; Kenneth J. Andrien, *Crisis and Decline. The Viceroyalty of Peru in the Seventeenth Century* (Albuquerque, NM, 1985), p. 200; Fisher, *Economic Aspects of Spanish Imperialism*, pp. 100~1.

38) TePaske and Klein, 'The Seventeenth-Century Crisis', pp. 120~1.

39) 모리노(Morineau)는 자신의 저서 *Incroyables gazettes*에서 유럽에서 제작된 광고지들(flysheets)과 네덜란드 신문들이 제공한 정보를 바탕으로 해밀턴(Earl J. Hamilton)의 저서 *American Treasure and the Price Revolution in Spain, 1501~1650* (Cambridge, MA, 1934), *War and Price in Spain, 1651~1800* (Cambridge, MA, 1947)에 제시된 에스파냐에 유입된 귀금속 양에 관한 수치를 크게 수정하는 수치를 내놓았다. 그후 모리노의 수치는 안토니오 가르시아-바케로 곤살레스(Antonio García-Baquero González, 'Las remesas de metales preciosos americanos en el siglo XVIII: una aritmética controvertida', *Hispania*, 192 [1996], pp. 203~66)에 의해 수정되었다. 장부에 등록된 공식적인 귀금속 유입량과 비공식적 유입량 간의 불일치에 대해서는 Stein and Stein, *Silver, Trade and War*, p. 24의 표 1을 참조할 수도 있다.

령 아메리카 경제는 서로 역방향으로 움직였으며, 에스파냐령 아메리카 경제는 이제 30년 전쟁 기간 동안 중부와 남부 유럽 대부분에 어려움을 가져다 준 최악의 경체 침체의 영향을 크게 받지 않을 정도로 상당히 독립적인 상태가 되었음을 알 수 있다.[40] 부분적으로는 대서양 횡단 무역의 많은 부분이 외국 상인들에 의해 장악되어 있었기 때문에, 그리고 부분적으로는 부왕령들 자체 내에서 일어난 전환과 팽창 과정 때문에 에스파냐와 에스파냐령 아메리카 간의 경제적 유대는 영국령 대서양 양안에서의 경제적 성장이 영국과 영국령 카리브와 아메리카 본토의 식민지들 간의 관계를 돈독히 하고 있던 바로 그때, 반대로 느슨해지고 있었다.

그런데 아메리카는 전에 비해 에스파냐를 덜 필요하게 되었지만 에스파냐는 그 어느 때보다도 더 아메리카를 필요로 하고 있었다. 17세기 중엽이면 오래 전부터 에스파냐 왕실을 괴롭혀 온 재정상의 어려움이 심각한 지경에 이르게 되었다. 오래 전부터 진행되어 온 네덜란드·프랑스와의 전쟁, 1640년대에 발생한 반란들, 독립해 떨어져 나간 포르투갈 왕국에 대한 지배권을 되찾으려는 펠리페 4세의 필사적인 노력 등은 에스파냐 재정에 엄청난 부담을 안겨 주었다. 그로 인한 재정 위기는 왕실로 하여금 에스파냐 본국과 해외 영토 모두에서 갖가지 편법에 의존하게 만들었다. 에스파냐의 재정 위기는 멕시코시티와 리마의 국왕 재정에까지 확산되었는데 이 지역들에서 부왕들은 마드리드 정부가 요구하는 추가 수입을 마련하는 데 큰 어려움에 직면해야 했다.

두 부왕령의 경제가 다양화되어 감에 따라 새로운 재정 정책의 시

---

40) 이 주장을 루지에로 로마노(Ruggiero Romano)가 자신의 저서 *Conjonctures opposées*에서 개진하였다.

행도 전보다 더 많은 문제를 만들어 내게 되었다. 백인과 메스티소 인구가 직접세에서 면제되고 있던 사회에서 더 많은 수입의 창출에 따르는 어려움은 재정 관리들의 부정행위로 더욱 악화되었다. 전통적으로 국왕에게 페루는 누에바에스파냐보다 더 중요한 수입원이 되고 있었는데, 이곳에서는 재정 관련 고위직이 1633년부터 체계적으로 매각되었다. 국왕의 재정적 어려움이 점점 더 커지면서 다수의 관직이 신설되어 매각되었다. 관직 매각이 상당히 많은 돈을 가져다 주기는 했지만 그것을 위해 치러야 했던 정치적 대가는 적지 않았다. 시장에 나온 관직을 사들인 사람은 크리오요들 혹은 강한 지역적 커넥션을 가진 리마의 상인들이었다. 부패한 관리들에 의해 엄청난 액수의 돈이 개인들의 호주머니로 들어갔으며, 관직 판매는 행정의 효율성을 감소시켰고, 부왕들의 관직임명권은 극적으로 감소하게 되었다(부왕들은 이 관직 임명권을 자신들의 권력 행사에 꼭 필요한 것으로 간주했다).[41]

크리오요 엘리트들은 이 과정의 자연스런 수혜자였는데, 그들에게는 국왕의 재정적 어려움이 하늘에서 떨어진 만나와도 같은 것이었다. 관직 매입과 토지소유권, 국왕 수입이 지출을 감당하지 못하면서 생겨난 새로운 대부 기회, 그리고 국가 재원의 은밀한 배분을 위해 부패한 국왕 관리들과 맺은 비공식 동맹 …… 등은 에스파냐령 아메리카 전체에서 과두 엘리트들이 지위를 더욱 강화할 기회를 제공했다. 17세기 중엽이면 왕실은 지방 총독직까지 매각 대상에 포함시켰으며, 카를로스 2세

41) Andrien, *Crisis and Decline*, ch. 5; Peter T. Bradley, *Society, Economy and Defense in Seventeenth Century Peru. The Administration of the Count Alba de Liste, 1655~61* (Liverpool, 1992), pp. 111~14.

치하에서는 최후의 보루마저 무너져 인디아스 내 11개 아우디엔시아 판사직까지 체계적으로 매각되기 시작했다. 1687년부터 1695년 사이에 24개의 아우디엔시아 판사직이 매각되었으며, 그 가운데 18개가 페루 지배 지역의 것이었다. 행정뿐 아니라 사법에 대한 지배권까지 마드리드 정부의 수중에서 빠져나가고 있었던 것이다.[42]

그 결과, 1700년 카를로스 2세가 서거할 무렵 해체되고 있었던 것은 에스파냐 본국과 해외영토 간의 경제적 유대만이 아니었다. 크리오요 엘리트들은 외형적으로는 국왕 권위에 대해 변함없는 존중을 천명했지만 실제로는 국왕의 만성적 재정난을 이용해 마드리드와의 정치적 관계에서 점차 독립적으로 되어 가고 있었다. 이론적으로는 규제가 극심한 대서양 무역 체계와 뒤늦게 『인디아스 법 법령집』*Recopilación de las leyes de Indias* 속에 성문화된 방대한 법규에 의해 에스파냐령 아메리카가 모국의 수중에 확실하게 들어가 있었다. 그러나 현실은 전혀 달랐다. 실제로는 조직적 부패가 극성을 부렸으며, 그것은 제국 구조에 엄격한 틀이 헛되어 보일 정도로 크나큰 융통성을 제공했다. 부패는 계서적으로 조직화된 사회에서 사회적 이동성을 용이하게 했고, 그 안에서 크리오요 엘리트들이 책략을 쓸 수 있는 여지도 크게 확대되었다.[43]

그러므로 루이 14세의 손자인 부르봉가의 펠리페 5세가 카를로스 2세의 계승자로 결정된 일이 아메리카에서는 별다른 문제를 일으키지 않

---

42) Buckholder and Chandler, *From Impotence to Authority*, p. 23. 에스파냐령 아메리카의 관직 매매에 대한 일반적인 문제에 대하여는 Parry, *The Sale of Public Office*를 참조.

43) 부패와 그것이 에스파냐령 아메리카에 가한 충격에 대해서는 Horst Pietschmann, *El estado y su evolución al principio de la colonización española de América* (Mexico City, 1989), pp. 163~82를 참조.

고 지나간 것은 그리 놀라운 일이 아니었는데, 이는 1688년의 명예혁명을 둘러싼 사건들이 영국령 식민지들에 큰 혼란을 불러일으켰던 것과는 매우 대조적인 현상이었다(영국령 식민지에서는 후기 스튜어트 왕조의 점증하는 간섭이 전제정에 대한 공포를 불러일으켰다). 오직 카라카스에서만 한 합스부르크가 지지자에 의해 선동된 소수의 친-합스부르크가 지지자들이 오스트리아의 카를 대공(에스파냐 왕위를 주장한 또 한 명의 후보자로서 펠리페 5세의 라이벌이었다)이 '카를로스 3세'로 에스파냐의 왕이 되어야 한다고 주장했을 뿐이다.[44] 에스파냐 본토는 얼마 가지 않아 펠리페 5세에 대한 충성 여부를 둘러싸고 내전에 빠지게 되었지만 아메리카 부왕령들에서는 카를로스 2세의 마지막 뜻과 유언 내용(펠리페 5세를 자신의 후계자로 한다는)에 이의를 달 이유가 없었다. 크리오요 엘리트들은 겉으로 보기에는 그렇지 않았지만 이미 실질적인 권력의 상당 부분을 수중에 갖고 있었던 것이다.

그러나 새 왕조에 대해서는 불가피하게 의문 부호가 붙어 있었다. 크리오요들은 비록 에스파냐 본국 출신 에스파냐인들이 자신들을 대하는 방식에 끊임없이 불평을 표하기는 했지만 일반적으로는 합스부르크가의 지배(혹은 실정)하에서 그럭저럭 잘 지내고 있었다. 그런데 프랑스에서 들어온 왕조에게서도 그런 관대한 대우를 기대할 수 있을까? 루이 14세의 프랑스는 이미 에스파냐의 대서양 무역에서 지배적인 위치를 차지하기 위해 책략을 꾸민 적이 있지 않던가? 거기다가 프랑스인 대신들과 조언자들이 마드리드로 와서 자기네 방식의 급진적인 변화를 위한

---

44) Carlos Martínez Shaw and Marina Alfonso Mola, *Felipe V* (Madrid, 2001), p. 206; John Lynch, *Bourbon Spain, 1700~1808* (Oxford, 1989), pp. 52~4.

모종의 계획을 도모하고 있는 상황에서 이제 에스파냐는 자신의 전통적인 라이벌(프랑스)의 꼭두각시로 전락하고 말지 않을까? 설사 그렇게 되지 않는다고 해도 에스파냐가 프랑스식 통치 개념을 따르게 될 가능성은 얼마든지 있었다. 1713년 펠리페 5세가 장기적이고 파괴적인 에스파냐 왕위계승 전쟁에서 오스트리아 라이벌에 대해 승리를 거두게 되었을 때 (크리오요들의 입장에서 볼 때) 전망은 그리 밝아 보이지 않았다.

합스부르크 왕조는 거의 200년의 통치기 동안 제국을 구성하고 있던 여러 왕국들의 고유한 다양성을 대체로 존중해 주는 편이었다. 그런데 펠리페 5세는 반대로 왕위계승 전쟁에서 승리하자마자 자신을 반대하여 반란을 일으킨 아라곤 연합왕국 내 영토들에 대해 지금까지 그들이 고유한 정체성을 유지할 수 있게 해 주었던 기본법들, 특권, 제도 등을 모두 일소해 버렸다. 이제 이베리아 반도 동쪽 지역들[카탈루냐, 발렌시아, 아라곤 등—옮긴이]은 마드리드의 지배를 받는, 적어도 명목적으로는 하나로 통일되고 중앙집권화된 국가, 즉 합스부르크가의 '수평적' 에스파냐 대신 부르봉가의 '수직적' 에스파냐 속에 통합되는 것을 감수하지 않으면 안 되었다.[45]

1709년부터 1716년 사이에 아라곤 연합왕국이 (카스티야에) 강제 병합된 것은 당대에 이루어진 또 하나의 병합, 즉 1707년 스코틀랜드가 잉글랜드에 병합된 것과 날카로운 대조를 이루었다. 스코틀랜드인들은 비록 불리한 입장에서 협상하기는 했지만 그레이트 브리튼United Kingdom

---

45) '수평적인' 합스부르크 에스파냐에서 '수직적인' 부르봉 에스파냐로의 이행, 그리고 펠리페 5세에 의해 도입된 변화의 성격과 정도에 대하여는 Ricardo García Cárcel, *Felipe V y los españoles. Una visión periférica del problema de España* (Barcelona, 2002), pp. 114~24 참조.

of Great Britain이라는 의회제 왕정에 병합되는 과정에서 몇 가지 중요한 양보를 얻어 냈다. 스코틀랜드는 1698년 다리엔 원정에서의 참패를 통해 유럽 강국들이 이미 지배하고 있던 아메리카 땅에 독립적인 해외정주지를 만들려고 할 경우 비싼 대가를 치러야 한다는 사실을 분명히 알게 되었다. 그후로 스코틀랜드인들은 그 대신 한 제국(잉글랜드 제국이 아니라 그레이트 브리튼이 될 제국)이 제공해 주는, 상업적 측면을 포함한 여러 기회들에 아무 제약 없이 접근할 수 있는 권리를 획득하게 되었다. 이 그레이트 브리튼에서 스코틀랜드인들은 아일랜드인들이 갖고 있었던 이점, 그리고 북아메리카 식민지 자신들이 갖고 있었던 이점을 누릴 수 있게 되었으니, 이제 그들은 항해조례나 영국 의회가 강요하는 다른 중상주의적인 법령에 구속되지 않아도 되었던 것이다.[46]

영국령 식민지들은 런던에서 내려오는 무역에 관한 처리 방식 때문에 어려움에 처하기는 했지만 에스파냐령 아메리카 영토들과는 달리 적어도 자신들의 대의제 기구들을 통해 제국 국가(영국 본국)의 간섭에 저항할 수 있는 수단을 갖고 있었다. 그에 비해 에스파냐의 해외 영토들은 그런 기구를 갖지 못했기 때문에 원래 제국이 갖고 있던 다양성을 계속 인정하겠다는 국왕의 자의적 의지에, 그리고 합스부르크 왕조의 평의회 정부 체제 하에서 권력 다툼을 벌이는 조직체들 간의 만성적인 라이벌 관계가 제공하는 틈새에 의존해 오고 있었다. 그런데 이제 구체제 사회의 구조와 통치 방식을 근대화하려는 결심을 확실히 갖고 있던 부르봉

46) Armitage, *Ideological Origins*, p. 149; 합병의 국제적 맥락과 그것이 취하게 된 형식에 관한 논란에 대하여는 John Robertson, 'Union, State and Empire: the Union of 1707 in its European Setting', in Lawrence Stone (ed.), *An Imperial State at War. Britain from 1689 to 1815* (London, 1994), p. 279를 참조.

왕조 하에서 이런 틈새를 얼마나 계속해서 더 누릴 수 있을 것인가? 인디아스평의회는 이제 그 기능이 점차 순수하게 재판기구적인 것으로 축소되기는 했지만 살아남았다. 그러나 옛 평의회들 가운데 여러 개가 소멸되었으며, 권력은 1714년 창설된 '해군과 인디아스부'의 장관을 포함하여 새로운 부류의 장관들의 수중에 집중되어 갔다.[47] 또한 그리고 무엇보다도 이 새 체제는 프랑스의 사례에서 영감을 얻은 개혁 방식을 취하고 있었으며, 이는 매우 중요한 의미를 갖는 것이었다. 루이 14세의 권위주의적인 방식과 콜베르의 중앙집권적인 중상주의적 방식이 합스부르크가로부터 상속받은 연합 왕정composite monarchy의 전통적이고 계약주의적인 방식을 대체하고 있었던 것이다.

그러나 인디아스는 대략 반세기 동안의 유예기간을 갖게 될 것이었다. 새 왕조는 국내 개혁과 1713년 위트레히트 조약으로 상실한 유럽 내 영토 회복 문제에 몰두해야 했기 때문에 아메리카에서 어떤 체계적인 개혁 프로그램을 가동시킬 여유가 없었다. 세번째 부왕령(누에바그라나다 부왕령) 창설 같은(이 부왕령 창설은 1717년에 임시적인 성격의 것으로 되었다가 1739년 항구적인 것으로 되었다), 실제 일어난 변화는 보다 광범한 개혁 프로그램의 일환이라기보다는 시급한 방어상 혹은 행정상의 필요에 대한 응답이라 할 수 있었다.[48] 국왕이 유럽 내 군사적 문제에 몰두해 있었다는 것은 국왕이 이전과 마찬가지로 재정적으로 궁핍한 처지에 놓이게 됨을, 그리고 이전 시기의 관행으로 돌아가려는 노력에도 불구하고 아우디엔시아 판사직을 포함하여 인디아스 내 관직들이 마치 아

47) Lynch, *Bourbon Spain*, pp. 99~100; Stein and Stein, *Silver, Trade and War*, p. 160.
48) Céspedes del Castillo, *América hispánica*, p. 279.

직도 카를로스 2세가 에스파냐 왕으로 재위하고 있기라도 한 것처럼 계속해서 매각 대상이 될 것임을 의미했다.[49)]

그러나 마드리드에서는 에스파냐의 회복의 열쇠는 인디아스에 있다는 인식이 점차 증대해 가고 있었다. 에스파냐의 위상 회복의 열쇠는 은과 무역, 이 두 가지를 지배하는 데 있었는데 이 두 가지는 당시 대체로 이미 국왕의 수중에서 빠져나가고 있었다. 에스파냐 왕위계승 전쟁이 에스파냐가 아메리카 제국을 영토적으로는 손실 없이 그대로 유지하는 것으로 종결되기는 했지만, 이 전쟁은 프랑스인들을 대서양 무역의 실질적인 지배자로 만들어 놓았다.

위트레흐트 조약 직후 이 프랑스인들의 지배에 대해 영국인들은 점차 도전 강도를 높여 갔는데, 영국인들에게 위트레흐트 조약은 '흑인 아시엔토'asiento de negros('흑인 공급계약')라고 하는, 더할 나위 없이 중요한 노예무역 독점권(전에는 이것을 포르투갈인과 프랑스인들이 갖고 있었다)을 안겨 주었다. 이 특권에는 또한 연례적으로 운용되는 유명한 '허용 선박', 즉 세비야/카디스 선단이 아메리카에 도착할 때 베라크루스나 포르토벨로 항에 짐을 부릴 수 있는, 그를 통해 그곳의 무역 정기시에 참여할 권한을 허용받은 남해회사에 속한 배 한 척이 포함되어 있었다. 이는 국왕 자신의 공식 허가를 통해 에스파냐의 대서양 무역 독점이 처음으로 금이 간 사례라는 점에서 중요한 의미를 갖는다.[50)]

이 국왕의 허가는 새로워진 경제 현실을 상징적으로, 그러나 생생

---

49) Burkholder and Chandler, *From Impotence to Authority*, p. 17.

50) Geoffrey J. Walker, *Spanish Politics and Imperial Trade, 1700~1789* (London, 1979), ch. 4, and pp. 111~13을 보라.

하게 보여 주었다. 에스파냐령 대서양이 국제화되어 감에 따라 폐쇄적이었던 에스파냐령 인디아스 세계는 급속히 금이 가고 있었다. 아직은 유럽산 상품이 아메리카에 접근하는 것이 무제한적으로 허용되지는 않았지만 새로 등장한 왕조가 추세를 되돌릴 수 있는 방법을 찾지 못한다면 그렇게 될 수밖에 없을 것처럼 보였다. 이베리아 반도와 에스파냐령 아메리카의 유대가 느슨해지고 있었을 뿐만 아니라, 영국령 대륙 본토 정주지들의 남쪽으로의 진출은 두 제국(영국과 에스파냐)의 식민지 영토들 간의 불법적인 서반구 내 무역의 발전에 새로운 기회를 만들어 내고 있었다. 1717년 에스파냐령 플로리다에서 수확한 오렌지가 찰스타운으로 수출되고 있었고, 1730년대에는 필라델피아와 뉴욕의 주민들도 그 오렌지를 사먹을 수 있게 되었다.[51]

에스파냐 본국에서는 인디아스 무역에 외국인들이 침투해 들어오는 것에 대한 반감이 점점 커져갔다. 프랑스인들이 이베리아 반도에 도입하려고 했던 콜베르식 중상주의는 에스파냐 매뉴팩처의 장려와 같은 정책이 결여되어 있었다(왜냐하면 그것이 프랑스의 국가 이익에 해로울 것으로 보였기 때문이다).[52] 1724년 '무역의 이론과 실제'에 관하여 매우 영향력 있는 논문을 발표한 헤로니모 데 우스타리스Gerónimo de Uztáriz 같은 개혁적 성향의 에스파냐인들은 영국인이나 프랑스인의 이익을 고려한 선택적 누락이 포함되지 않은 포괄적 중상주의 정책을 주장했는데, 이는 충분히 이해할 수 있는 일이었다.[53]

---

51) Patricia R. Wickman, 'The Spanish Colonial Floridas', in Robert H. Jackson (ed.), *New Views of Borderland History* (Albuquerque, NM, 1998), ch. 7, p. 211.

52) Stein and Stein, *Silver, Trade and War*, p. 148.

53) Gerónimo de Uztáriz, *Teorica y práctica de comercio y de marina* (Madrid, 1724). 이 책

18세기 전반기 동안 영국식 상업 제국의 두드러진 호황은 우스타리스 같은 개혁적 각료들과 의식 있는 국왕 관리들에게 영감을 제공했고, 에스파냐령 아메리카가 제국 본국에 좀더 많은 이익을 가져다 줄 수 있게 만드는 방법에 관하여 활발한 논의를 불러일으켰다. 이 논의의 결과물 가운데 하나가 아메리카 밀무역 상품이 외국 상인들에게 흘러들어가는 것을 막는 한 방법으로 프랑스, 잉글랜드, 네덜란드 공화국의 그것들을 모델 삼아 다수의 무역 독점회사들에게 특허장을 내주기로 한 결정이었다. 이 회사들(그 중에 첫번째는 카라카스와의 무역에 종사하는 왕립기푸스코아회사Royal Guipúzcoa Company였으며, 이 회사는 1728년 빌바오에서 창설되었다)은 또한 대서양 횡단 무역을 세비야와 카디스에 국한시킴으로써 피해를 입었다고 여겨지고 있던 반도 주변부의 경제에도 도움을 주겠다는 의도를 담고 있었다. 그러나 이 새 회사들은 베네수엘라 같이 대서양 횡단 선단을 통해 직접 물건을 공급받지 못하는 아메리카의 주변부 지역들과의 교역만 허락되었기 때문에 안달루시아가 갖고 있던 무역 독점(이것은 국내로 송금되는 은에 대한 지배권 유지에 필수적이라고 생각되었다)은 크게 훼손되지 않고 유지되었다.[54)]

실제 변화는 대서양 횡단 체제의 변두리에만 도입되었을지 모르지만 논의는 에스파냐령 아메리카 제국 전반의 성격, 그리고 그 제국과 에스파냐 본국 간의 관계에 관련된 것이었다. 우스타리스 자신은 비록 그

은 1751년 *The Theory and Practice of Maritime Affairs*라는 제목으로 영역(英譯)되어 출간되었다. 우스타리스와 그의 사상에 대하여는 Stein and Stein, *Silver, Trade and War*, pp. 164~79, 그리고 Fernández Durán, *Gerónimo de Uztáriz* (1670~1732). *Una política económica para Felipe V* (Madrid, 1999)를 참조.

54) Stein and Stein, *Silver, Trade and War*, p. 202.; Céspedes del Castillo, *América hispánica*, p. 162.

의 논문 속에 이 문제가 암시되어 있기는 했지만 이 문제에 직접적으로 관심을 표명하지는 않았다. 그에 비해 1736년 '해군과 인디아스부 장관'에 임명된 적이 있어서 아메리카 통치에 대해 직접적 경험을 갖고 있었던 호세 델 캄피요José del Campillo는 1743년 에스파냐의 아메리카 통치 시스템에 대한 전면적 재평가를 시도하는 논문을 발표했는데,[55] 여기서 그는 '에스파냐 왕정의 대부분은 그처럼 부유한 영토(아메리카)가 우리에게 이익을 가져다 줄 수 있게 하는 새로운 통치 방법을 필요로 한다'라고 주장했다. '현재 마르티니크섬과 바베이도스섬은 그 섬들의 제국적 주인들, 즉 프랑스인과 영국인들에게 방대하기 그지없는 아메리카 영토가 에스파냐에 가져다 주는 것보다 더 많은 이익을 가져다 주고 있다. 그 이유가 무엇인가?' '우리의 통치 체계가 완전히 엉터리이기 때문이다. (에스파냐령 아메리카에서는) 지금까지 경제적 통치가 정치적 통치와 달리 간과되었고, 정복의 정신이 과도하게 강조되어 왔으며, 지배에 대한 관심이 무역이 가져다 주는 이익과 유용성보다 늘 우선적으로 고려되어 왔다'라고 그는 썼다. 잉글랜드 제국과 프랑스 제국은 에스파냐 제국과 달리 그들의 식민지들에게 '자유와 공간을 제공하고, 식민지의 산업을 옥죄는 족쇄와 구속을 제거했으며, 식민지들이 본국을 부유하게 하기 전에 그들 자신들을 부유하게 만들 수단을 먼저 그들에게 제공했다'고 썼다.[56]

---

55) 보통 『아메리카의 경제적 통치의 새로운 시스템』*Nuevo sistema de gobierno económico de América*의 저자가 1743년에 죽은 호세 델 캄피요 이 코시오로 알려져 있기는 하지만 아직도 이 문제가 명확하게 해명되지는 않고 있다. 이 책이 출간된 것은 1789년이지만 그전에 이미 필사본이 정가에서 널리 읽히고 있었다. 여기에서 언급된 인용문은 1971년 베네수엘라의 메리다(Merida)에서 출간된 판본을 참고로 하였다.

56) Campillo, *Nuevo sistema*, pp. 67 and 76~7.

프랑스와 영국의 식민지 정책에 대한 캄피요의 해석은 분명 지나치게 낙관적이었다. 그러나 그의 논문은 거기 담긴 권고사항이 모호하고 매우 신중하게 표현되었음에도 불구하고 영국식 상업 제국으로서의 에스파냐가 가진 잠재력에 대하여, 마드리드의 각료들 사이에 형성되고 있던 방식을 보여 주는 것이었다. 조만간 새로 조정된 우선순위는 인디아스에서 체계적인 개혁 시도로 이어지게 될 것이었고, 유럽 대륙과 해외에서 벌어지는 전쟁으로 군사비용이 계속 증대된다면 더욱 더 그렇게 될 것이었다.

1739년 서인도제도에서 벌어지는 밀무역을 저지하려는 에스파냐의 노력에서 촉발된 '젠킨스의 귀의 전쟁'은 원래 카리브해에서 벌어진 영국과 에스파냐 간 해상 분쟁으로 시작되었으나 나중에는 유럽 전역에서 전개된 오스트리아 왕위계승 전쟁으로 확대되었다. 에스파냐와 영국 양측 모두에서 늘어난 전쟁 비용은 제국의 결속을 강화하고, 제국적 관계를 재고하려는 기존의 시도에 박차를 가했다. 영국에서는 이 전쟁이 애국적 흥분 상태를 분출시켰고, 고조된 감정은 1740년 3월 버논 제독Admiral Vernon이 포르토벨로를 점령했다는 소식이 전해지자 우월감[57]으로 바뀌었다. 영국의 해상 제국은 더욱 확고하게 되었으며, 그것은 토머스 아른Thomas Arne이 연주한 '브리타니아여 지배하라!'Rule Britannia!의 초연을 통해 적절하게 기념되었다.[58] 그러나 젠킨스의 귀의 전쟁은 지역주의적 애국심을 촉발시키는 데 그치지 않았다. 그것은 식민지들에게

57) triumphalism; 특정 종교가 다른 어떤 종교보다도 우월하다는 생각—옮긴이.
58) Kathleen Wilson, *The Sense of the People, Politics, Culture and Imperialism in England, 1715~1785* (Cambridge, 1995), pp. 140~65.

프로테스탄트적이고 자유롭기도 한 공동의 과업에 참여하고 있다는 확신을 제공함으로써 영국 범대서양 공동체 의식을 강화하였다. 그렇게 함으로써 그것은 심리적·감정적 결속을 강하게 만들었고, 그 감정은 그들을 모국과 연계시킴에 있어서 어느 이익집단들의 영향이나 후견과 교역의 유대보다도 강하게 작용했다.[59] 그러나 동시에 그것은 '기존의 제국 구조가 제국 본국 혹은 식민지의 기대를 충족시키는 데, 그리고 그들의 바람을 만족시키는 데 적절한가 그렇지 않은가'라는 결코 쉽지 않은 문제를 제기했다.

에스파냐령 대서양 공동체에서는 1748년 매우 혼란스런 결과를 내며 종결된 전쟁이 그 같은 긍정적 반응을 불러일으킬 것 같지 않았다. 그렇지만 전쟁은 전시 수송의 위험성을 고려하여 전통적인 선단식 항해 대신 개별 선박들의 대서양 항해를 허용하는 등 중요한 변화를 가져다주었다. 여전히 독점적 마인드를 가진 세비야와 카디스의 상인들이 1757년 누에바에스파냐로 가는 선단을 부활시키는 데 성공하기도 했지만 대규모 호송선단이 대서양을 횡단하는 시대는 이미 과거의 일이 되고 있었다. 또한 전통적으로 선단이 아메리카에 도착하고 나서 열리던 아메리카 무역정기시의 시대도 마찬가지로 옛날 일이 되고 있었다.[60] 이처럼 정책과 상황 변화가 함께 작용하여 에스파냐의 대서양 제국의 교역에 아직도 제한적이기는 했지만 새로운 융통성이 도입되고 있었다.

그러나 영국 정부나 에스파냐 정부나 교역과 전쟁의 문제가 포함된 지역을 제외하고는 18세기 초반 40여 년 동안 제국 중심부와 아메리카

---

59) Armitage, *Ideological Origins of Empire*, pp. 182~8.

60) Fisher, *Economic Aspects of Spanish Imperialism*, pp. 128~30.

영토들 간에 존재하는 지배적인 정치적·행정적 관계를 바꾸려고 하지 않았다. 방기放棄에 가까운 타성이 당대의 질서처럼 보였는데, 그것은 관점에 따라서는 유익하기도 하고 해롭기도 했다.[61] 그렇지만 영국과 에스파냐 모두에서 나타난 대서양 제국의 상업적 이익에 대한 인식의 증대는 지상과 해상 모두에서 대규모 권력 다툼이 벌어지고 있던 당대에 점증해 간 제국 방어 비용과 결부되어 그 타성이 한없이 계속될 수는 없게 만들었다.

그러나 제국 본국들이 강요한 변화는 두 경우 모두 식민화 시작 이후 식민지 사회와 모국 간에 존재해 온 잠재적 긴장을 더욱 악화시킬 것처럼 보였다. 식민지 사회들은 스스로를 대서양 양쪽에 걸쳐 있는 정치체polities, 즉 어떤 지역은 다른 지역보다 더 긴밀하게 통합되어 있지만 둘 다 어느 정도는 공동의 유산과 충성과 이해관계의 연합체에 의해 통합되어 있는 정치체의 일부로 보았고, 또 그것은 그 식민지 사회들을 배출한 본국 사회들도 마찬가지였다. 그러나 그들의 상호관계 너머에는 난제가 하나 자리 잡고 있었는데, 이 해외공동체들은 각각 영국적인 공동체와 에스파냐적인 공동체인가, 아니면 진정 그것들과는 다른 것들인가가 그것이었다.

크리오요 사회

1567년 페루의 임시 총독 로페 가르시아 데 카스트로Lope García de Castro

61) James Henretta, *'Salutary Neglect'. Colonial Administration Under the Duke of Newcastle* (Princeton, 1972)을 참조.

는 인디아스평의회 의장에게 다음과 같이 보고했다: "각하, 이 지역에 거주하는 사람들은 이제 과거의 주민들이 아닙니다. 과거에 이곳에서 살던 에스파냐인들은 이제 대부분 죽거나 노쇠했고, 그들의 레파르티미엔토는 이미 아들들에게 승계가 끝난 상태입니다. 그리고 그들은 자식들을 많이 남겼습니다. 그래서 이곳은 여기서 태어난 크리오요들로 넘쳐납니다……"[62] 정복자들을 계승한 새로운 세대들에게 그들의 유일한 조국은 에스파냐가 아니라 인디아스였다. 그들은 크리오요[criollos] ―'현지에서 태어난 자'―라 불렸는데, 이 말은 원래 16세기 중반 아프리카가 아니라 인디아스에서 태어난 흑인 노예를 가리키는 용도로 사용된 말이었다.[63] 16세기 마지막 20~30년 동안 이 크리오요라는 용어가 에스파냐에서는 아메리카에서 태어난 에스파냐인을 지칭하는 용어로 널리 사용되기 시작했는데, 이 말이 얼마간은 인디아스에서 돈을 번 뒤 귀국한 사람들을 지칭하는 용어인 인디아노[indiano]를 대체하기도 했다. 이 크리오요라는 말이 널리 쓰이게 된 것은 에스파냐에서 태어난 사람들과는 다른 새로운 부류의 에스파냐인들이 아메리카에 존재하게 되었음을 말해 주는 것이었다.

17세기 초가 되면 이런 저런 형태의 크리오요란 말이 영어에도 들어와 있기는 했지만 아직 그리 친숙한 용어는 아니었다. 윌리엄 스트래치는 자신의 책 『버지니아 브리타니아로의 여행기』[*The Historie of Travell into Virginia Britania*, 1612]에서 이 단어의 의미를 따로 설명해야 했는데, 이때 그는 '인디언-크리오요'라는 단어를 사용하면서, 괄호를 사용하여 '아메

62) Lavallé, *Promesas ambiguas*, p. 17에서 재인용.
63) *Ibid*., p. 19.

리카에서 태어난 에스파냐인'이라고 설명을 덧붙였다.[64] 17세기 중엽 토머스 게이지가 출간한 멕시코 여행에 대한 재치 있는 설명은 의심의 여지없이 영국인 독자들에게 이 용어를 널리 알리는 데 크게 기여했다. 그의 책은 영국인 독자들에게 (에스파냐에서 태어난) 크리오요들과 에스파냐에서 새로 (아메리카에) 도착한 사람들(이들을 '가추핀' 혹은 '페닌술라르'라고 불렀다) 간에 존재하는 적대감에 대해서도 소개했다.[65] 그러나 영국인 관리들 혹은 새로 도착한 이민자들이 크리올creole[크리오요의 영어식 표현—옮긴이]이라는 용어를 카리브해 혹은 본토 식민지에서 태어나거나 그곳에서 오래 거주한 자신의 동포들을 지칭하는 용어로 사용한 것은 1680년대에야 시작된 것으로 보인다. 이때도 이 용어 사용에 모종의 불확실성이 존재하고 있었는데, 이 크리올이라는 용어가 아메리카에서 태어난 흑인들을 지칭하는 것으로도 사용되었던 것이다.[66]

크리오요와 크리올이라는 용어는 아메리카에서 태어난 백인들이 스스로를 지칭하기 위해 사용되기보다는 다른 사람들이 유럽에서 온 아메리카 정주자들과 그 후손들을 부르는 용어로 사용되는 경향이 있었다. 보스톤의 법률가 제임스 오티스James Otis는 1764년 한 유명한 팸플릿에서 다음과 같은 부기附記를 덧붙였다: "에스파냐인들의 정부 개념뿐만이 아니라 그들의 용어도 차용한 잉글랜드 주민들은 이 용어를 유럽에 뿌리를 둔 모든 아메리카인을 지칭하는 용도로 사용한다. 그러나 북부 식민지 주민들은 이 용어를 제도(즉, 서인도 제도) 주민들과 건조 지대에

64) Strachey, *Historie of Travell into Virginia Britania*, p. 12.

65) Above, p. 201.

66) Carole Shammas, 'English-Born and Creole Elites in Turn-of-the-Century Virginia', in Tate and Ammerman (eds), *The Chesapeake in the Seventeenth Century*, pp. 284~5.

사는 유럽인과 그 후손들을 지칭하는 용어로만 사용한다."[67] 아메리카의 영국인 정주자들의 후손들은 자신들을 본질적으로 영국인으로 생각했다. 그리고 인디아스에 거주하는 에스파냐인 혈통의 정주자들에 대해서도 인디오, 메스티소, 흑인과는 다른 에스파냐인으로 보았다. 더욱이 크리오요라는 용어는 급속도로 경멸적인 의미를 띠어갔다. 이베리아 반도에서 온 에스파냐인들은 아메리카 정주민에 대해 인디언의 피가 전혀 섞이지 않은 순수한 에스파냐인 후손임을 주장할 수 있는 사람들도 (아메리카라는 환경에서) 퇴화된 사람으로 여기는 경향이 있었다. 17세기의 법학자 솔로르사노 이 페레이라는 크리오요들을 옹호하려는 마음에서 그런 주장을 하는 사람들을 비난했다. 크리오요들이 아메리카 지역의 불길한 별자리와 좋지 않은 성질 때문에 너무나 퇴보해 버려 에스파냐의 혈통에서 유래하는 모든 긍정적 요소를 상실하게 되었고, 그로 인해 이제 '이성적인 존재로 기술될 수 없게 되었다…'라고 주장하는 사람들은 무지하거나 크리오요들을 공직과 명예에서 배제하려는 불순한 의도를 가지고 있다는 것이 그의 주장이었다.[68]

인디아스에 정주한 사람들은 퇴화의 위험을 감수해야 한다는 인식이 에스파냐 세계에만 있었던 것은 아니다. 코튼 매더는 1689년 매사추세츠 의회의 개회 때 행한 설교에서 '성장하는 세대에 대한 교육이 보편적으로 결여되고 있는 상황'을 불길한 어조로 언급한 다음, 그런 경향이 저지되지 않으면 '아메리카로 이주해 온 고귀하고 가치 있는 유럽인들

67) James Otis, 'The Rights of the British Colonies Asserted and Proved', in Bernard Bailyn (ed.), *Pamphlets of the American Revolution, 1750~1776*, vol. 1, *1750~1765* (Cambridge, Mass, 1965), pamphlet 7, p. 440.

68) Solórzano y Pereyra, *Política indiana*, 1, p. 442 (lib. II, cap. 30).

의 자식들을 퇴화시킨, 이미 관찰된 바 있는 "크리오요의 퇴화"에 우리도 빠지게 되고 말 것이다'라고 말했다.[69] 그런 두려움이 아주 초기부터 잉글랜드인 정주자들을 힘들게 만들어서, 존 윈스럽을 비롯한 여러 사람들은 그곳(신세계)의 환경이 잉글랜드와 정반대의 기후를 갖고 있음에도 불구하고 본질적으로 영국적 성격을 갖고 있다고 우기기도 했다.[70] 윈스럽은 자기 아들에게 '나는 이곳과 모국 땅 간에 차이를 발견할 수 없다…….'라고 썼다.[71] 그러나 새 에스파냐New Spain(누에바에스파냐)가 옛 에스파냐Old Spain가 아닌 것처럼 새 잉글랜드New England가 옛 잉글랜드old England가 아니라는 인식이 점차 증가해 갔고, 그것은 매더가 말한 '크리오요의 퇴화'라는 불편한 관점을 만들어 냈다.[72]

만약 정주자들이 대서양 건너편의 새로운 환경에서 실제로 퇴화했다면 그에 대한 그럴듯한 설명은 그들이 인디언들과 가까이 있게 되었기 때문이랄 것이다. (부정적 영향의) 삼투로 인한 문화적 퇴화의 두려움은 잉글랜드인들이 아일랜드인들을 상대할 때 그들을 걱정하게 만든 감정이기도 한데, 그들은 대서양을 건너가면서 문화적 보따리에 그 인식도 함께 가지고 갔다.[73] 인디언들과 혼인하고, 그들의 방식에 점차 익숙해져 간 에스파냐인 정주자들은 영국인 정주자들보다는 이 두려움에

---

69) A. W. Plumstead (ed.), *The Wall and the Garden. Selected Massachusetts Election Sermons, 1670~1775* (Minneapolis, 1968), p. 137.

70) Kupperman, 'The Puzzle of the American Climate'를 참조.

71) Letter of 23 July 1630 in Emerson (ed.), *Letters from New England*, p. 51.

72) 이 문제를 둘러싼 논의를 위해서는 특히 John Canup, 'Cotton Mather and "Criolian Degeneracy", *Early American Literature*, 24 (1989), pp. 20~34; Cañizares-Esquerra, 'New World, New Stars'; 그리고 John H. Elliott, 'Mundos paracidos, mundos distintos', *Mélanges de la Casa de Velázquez*, 34 (2004), pp. 293~311을 참조.

73) Above, p. 80.

덜 휘둘린 것으로 보인다. 그러나 이처럼 사람을 타락시키는 인디언의 영향으로부터 스스로를 보호하려는 의지가 상대적으로 약했던 점은 그들을 에스파냐에서 온 지 얼마 안 되는, 그리고 아메리카에서 목격한 것을 좋아하지 않는 관리나 성직자들이 내뱉는 비난에 취약하게 만들었다. 특히 크리오요 가정에 인디언 간호사나 인디언 유모를 고용하는 것에 대한 비난이 심했는데, 그것은 이 여자들이 친밀한 관계 속에서 크리오요 아이들에게 인디언의 나쁜 관습을 주입시킬 것 같았기 때문이기도 했지만, 또 ── 그 아이가 '모유와 함께 거기 들어 있는 경향성까지 흡수할 것'이라는 가정 하에 ── 만약 그 모유가 인디언의 것이라면 그 '경향성'은 당연히 부정적인 것일 것으로 생각되었기 때문이기도 했다.[74] 크리오요 엘리트들이 이미 나태와 사치의 삶을 살고 있는 상황에서 그들의 자식들이, 그리고 시간이 지나 손자들이 그런 부정적인 경향성의 부정적인 결과를 어떻게 피하기를 바랄 수 있단 말인가?

기후와 별자리는 이른바 '크리오요의 퇴화'를 유발시키는 주요 원인으로 간주되었다. 인디언들에 대해 동정심을 갖고 있었던 수사 베르나르디노 데 사아군은 누에바에스파냐의 인디언들의 성격에서 나타나는 고약한 점들에 대해 자신은 그리 놀라지 않았다고 말하면서 그 이유로 '이 땅에 사는 에스파냐인, 그리고 이곳에서 태어난 더 많은 에스파냐인들도 그런 성향을 갖게 되었기 때문'이라고 했다. '인디언들과 마찬가지로 여기에서 태어난 에스파냐인들이 외모는 에스파냐인과 비슷하지만 성격이나 자질에서는 전혀 그렇지 않다. 반도에서 태어난 에스파냐인도 조심하지 않으면 이 지역에 도착하고 몇 년 지나지 않아 전혀 다른

74) Reginaldo de Lizárraga, Lavallé, *Promesas ambiguas*, p. 48에서 재인용.

사람이 되고 만다. 나는 그렇게 되는 이유가 이곳의 기후와 별자리 때문이라고 생각한다.'[75]

히포크라테스와 갈레누스의 고전 세계의 유산이면서, 보댕의 저서를 통해 16세기 유럽에 새로운 자극을 제공하기도 했던 이 기후결정론은 아메리카에 정주한 유럽인과 그 후손들에게 길고도 어두운 그림자를 던졌다.[76] 그것은 그들이 매더의 '크리오요의 퇴화'로 귀결될 수밖에 없게 됨을, 즉 매너나 도덕에서 인디언의 수준으로 떨어지게 될 수 있음을 의미했다. 그들이 상상한 이런 점진적 인디언화 과정은 정주자들 사이에서 깊은 근심을 불러일으켰을 뿐만 아니라 유럽인 방문자들과 관찰자들의 마음속에 노골적인 고정관념을 만들어 냈다. 키토에서 태어나 마드리드에서 약 10년간 거주한 적이 있는 가스파르 데 비야로엘Gaspar de Villarroel이라는 주교는 1661년 한 에스파냐인이 자기에게 '아메리카노'americano(아메리카인)가 에스파냐인처럼 피부색이 하얗고, 멀쩡하게 생기고, 카스티야 말을 잘 하는 것을 보고 놀랐다고 말하는 것을 듣고 분노를 느꼈다고 기술했다.[77]

그 같은 모든 고정관념은 '다르다'difference는 사실fact 혹은 가정을 그

75) Fray Bernardino de Sahagún, *Historia general de las cosas de Nueva España*, ed. Angel María Garibay K. (2nd edn, 4vols, Mexico City, 1969), 3, p. 160.

76) Marian J. Tooley, 'Bodin and the Medieval Theory of Climate', *Speculum*, 28 (1983), pp. 64~83.

77) Pilar Ponce Leiva, *Certezas ante la incertidumbre. Élite y cabildo de Quito en el siglo XVII* (Quito, 1998), p. 201에서 재인용. 비야로엘의 생애에 대한 간단한 설명, 그리고 출간된 그의 글 가운데 몇몇 발췌문은 Gonzalo Zaldumbide, *Fray Gaspar de Villarroel. Siglo XVII* (Puebla, 1960)에서 찾아볼 수 있다. 키토에서 1592년에 과테말라 출신의 학사 부친과 베네수엘라 출신 모친 사이에서 태어나고, 어렸을 때 부모와 함께 리마로 옮겨 와서 산 것으로 보이는 가스파르의 가족사는 에스파냐령 아메리카의 방대한 거리를 이리저리 옮겨 다니며 살았던 개인 혹은 가족들의 큰 이동성의 생생한 예를 보여 준다.

출발점으로 가지고 있었는데, 그 다름이란 비록 시간이 지나면서 아메리카의 환경이 신체적인 '다름'을 만들어 낼 수도 있다는 의심이 생겨나기도 했지만, 처음에는 인종적이라기보다는 문화적인 것이었다. 예를 들어, 시간이 흐르면 인디아스에 정주한 에스파냐인 후손들의 몸이 인디언처럼 털이 없는 몸이 될 것인가를 두고 열띤 논쟁이 벌어지기도 했다.[78] 17세기 에스파냐령 아메리카의 크리오요 문필가들이 정복자들과 정주자들의 후손들을 (그들과 환경을 공유한) 인디언들과 차별화하기 위해 인디언들에 대해 인종이론을 발전시키기 시작한 것은 환경이 사람의 기질뿐만 아니라 체형에도 영향을 미칠지 모른다는 생각의 산물이었다. 인디언들을 지금의 인디언으로 만든 것은 환경이 아니라 '천성'nature이며, 그 천성이 아메리카에서 태어난 에스파냐인이 환경 때문에 인디언으로 타락하는 것을 막아 준다는 것이 그들의 주장이었다.[79]

반면에 영국인 정주자들은 아메리카의 기후가 그들의 체격에 부정적인 영향을 준다는 주장을 신랄하게 비판했고, 영국인의 신체는 질병으로 급속하게 감소해 가는 인디언들의 그것과 달리 신세계의 환경에서도 긍정적인 쪽으로 발전했다고 주장했다. 그러나 '크리오요의 퇴화'에 대한 코튼 매더의 언급이 말해 주듯이, 아메리카에서 사는 것이 가져다 주는 문화적 결과에 대하여 그다지 확신을 갖고 있지는 못했다.[80] 문

78) Gregoria García, *Orígen de los indios del nuevo mundo, e Yndias Occidentales* (Valencia, 1607), lib. II, cap. V, pp. 149~54.

79) Cañizares-Esquerra, 'New World, New Stars'를 참조.

80) Chaplin, *Subject Matter*, pp. 174~7. 영국령 아메리카에서의 정체성의 문제에 대하여는 특히 Jack P. Greene, 'Search for Identity: an Interpretation of Selected Patterns of Social Response in Eighteenth-Century America', in his *Imperatives, Behavior and Identities*, ch. 6 참조.

화적 퇴화라는 불명예에 의해 수치스럽게 되는 것에 대한 두려움 때문에 그들 자신들과 원주민 사이에 분명한 선을 긋는 것을 중요하게 여기게 되었다. 영국인 식민정주자들은 오랫동안 '아메리카인'American이라는 용어를 자신들에게 적용하지 않으려고 했는데, 그것은 아마도 적어도 뉴잉글랜드의 건국 시조들에게는 '아메리카인'이 인디언을 의미했기 때문으로 보인다. 그 같은 사례가 에스파냐령 아메리카에도 유효했는지는 분명치 않다. 주교 비야로엘은 1661년 '아메리카인'이라는 말을 사용하면서 비록 그가 분명하게 크리오요를 지칭하고 있었음에도 불구하고 즉각 '즉, 인디언을 말한다'라는 설명을 덧붙이고 있다. '아메리카노'라는 말이 1726년에 간행된 에스파냐어 사전에는 나오지 않는데, 그것은 당시까지도 이 용어가 널리 사용되지 않았음을 의미한다. 영국령 아메리카에서와 마찬가지로 '아메리카노'와 '인디언'의 긴밀한 관계가 그 말을 문제 있는 용어로 만든 것으로 보인다. 이 용어가 17세기 후반부터 간헐적으로 사용되기는 했지만 영국령 아메리카와 에스파냐령 아메리카 모두에서 크리오요 주민들이 아메리카인이라는 용어를 자랑스럽게 사용하게 되는 것은 18세기 후반에 가서였다.[81]

크리오요들이 구세계 친척들의 마음속에서 그들 자신들과 아메리

---

81) 영국인과 에스파냐인 모두에서 '아메리카인'이라는 용어 사용의 역사는 체계적인 고찰을 요한다. 뉴잉글랜드의 경우에는 Canup, 'Cotton Mather and "Criolian Degeneracy"', pp. 25~6을 참조. 1699년 버지니아인에 의해 작성된 논문에서 저자는 자기 자신을 '아메리카인'으로 규정했다(Shammas, 'English-Born and Creole Elites', p. 290). 1725년 멕시코에서 태어난 변호사 후안 안토니오 데 아우마다(Juan Antonio de Ahumada)는 '인디아스는 아메리카인 선조들의 땀과 노력으로 정복되고, 정주되고, 주(州)들로 확립되었다'라고 썼다(Brading, *The First America*, p. 380). 그러나 '아메리카인'에 대한 비야로엘의 언급은 에스파냐령 아메리카에서 이 용어가 1661년 이전에도 사용되었고, 비야로엘의 시기와 아우마다의 시기 사이에도 사용되었음을 말해 준다.

카의 비유럽인 주민들을 분리시키려고 한 시도는 소기의 성과를 만들어 내지 못했다. 그들은 (유럽에서 태어난 백인과 아메리카에서 태어난 백인은) 다르다는 인식 ──그 인식은 사실 실제와 부합하는 측면이 없지 않았다──을 불식시킬 수가 없었다. 그 다름을 만들어 내는 요인으로는 원주민이나 아프리카인의 존재도 물론 중요했지만 그것이 전부는 아니었다. 식민지 사회들이 안정적으로 되어 가면서 그 사회들은 그들 자신들만의 특수한 성격을 발전시켰고, 그것은 그들의 사회와 부모들의 사회를 갈라놓기 시작했다. 18세기 초 체서피크 지역의 경우처럼 모국에서 온 이민자들이 점점 적어지고 아메리카에서 태어난 사람들의 수가 백인 인구 가운데 다수를 차지하게 되면서 모국에서의 생활 방식에 대한 기억은 점차 희미해져 갔으며, 새로운 세대들은 자연히 부모나 조부모들이 신세계에서 살면서 새로운 조건에 적응해 가는 가운데 획득하게 된 방식에 의해 지배받게 되었다.[82]

그러나 개인적 이해관계 때문에 정주자 사회에 부정적인 방식으로 다름을 과장하는 경우도 있었다. 17세기 에스파냐령 아메리카 사회에는 아메리카에서 태어난 사람들과 에스파냐에서 새로 도착한 사람들 사이에 관직과 성직을 두고 치열한 경쟁이 벌어졌으며, 에스파냐에서 온 사람들이 경쟁관계인 크리오요들의 부적합성을 계속 강조한 것은 분명 자신들의 이익을 도모하기 위해서였다. 에스파냐인과 크리오요 간의 빈번한 혼인이 페닌술라르들과 정주한 지 오래된 정주자 가문을 하나의 이해관계 안에 결합시킴으로써 날을 무디게 하기도 했지만[83] 그들 사

82) Horn, *Adapting to a New World*, pp. 436~7.

83) Ponce Leiva, *Certezas*, p. 207.

이에는 분명 날카로운 적대감이 존재했다. 1697년 멕시코시티를 방문한 나폴리 출신의 한 여행가는 크리오요 여성이 혼인 상대로 부유한 크리오요보다는 가난한 에스파냐인을 더 선호하는 경향에 대해 언급하면서—의심의 여지없이 지중해인 특유의 과장된 표현을 사용하여—둘 간의 반감이 어찌나 강하던지 크리오요는 '자신들의 부모에 대해서도 그들이 유럽인이라는 이유로 증오할 정도였다'고 주장했다.[84)]

에스파냐 국왕에 비해 영국 국왕이 하사할 수 있는 관직의 수가 적었기 때문에 영국령 대서양 세계에는 정주자와 새로 도착한 사람들 간의 관계에서 갈등 요인이 전혀 없지는 않았지만 그만큼 덜했다. 그러나 카리브제도와 아메리카(북미) 본토의 영국인 정주자들도 에스파냐인들이 크리오요 친척들에게 퍼부은 것과 비슷한 류의 '너희는 우리와 다르다'라는 비난에 맞서 싸우지 않으면 안 되었다. 크레올(크리오요)에 대한 경멸은 출신에 대한 비방으로 시작되었다. 조사이어 차일드 경은 '버지니아와 바베이도스에 정주한 백인 정주자들은 성정이 사악하고 고국에서는 도저히 살아갈 방도를 갖지 못한 부랑아들이었다……. 만약 영국의 해외 플랜테이션이 없었다면 이들은 아마도 고국에서 교수형을 당하거나 굶어죽거나 아니면 예기치 못한 시기에 결핍과 악덕으로 비참한 병에 걸려 죽었을 것이 분명한 사람들이다……'라고 말했다.[85)]

초창기의 부정적인 이미지는 정주자들의 라이프 스타일에 대한 중상모략적인 보고로 더욱 증폭되었다. 18세기 초 카리브제도의 식민정주

---

84) Giovanni Francesco Gemelli Careri, *Viaje a la Nueva España*, ed. Francisca Perujo (Mexico City, 1976), p. 22.
85) Child, *A New Discourse*, pp. 170~1.

자들은 무절제하고 방탕하다며 조롱거리가 되었다:

> 바베이도스섬에 정주한 사람들은 원래 노예 출신이었다.
> 정직한 사람이 한 명이라면 악당은 만 명쯤 되었다……[86)]

보다 진지하고 근엄한 뉴잉글랜드인들도 (유럽인들의) 경멸을 피해 가지는 못했다. 1699년 네드 워드[Ned Ward]는 '그들은 시간의 5분의 4를 먹고 마시고 자면서 보낸다. 그리고 나머지 5분의 1은 종교 활동, 일상의 노동, 배설에 보낸다. 하루에 네 번 식사하며, 정찬 후에는 낮잠을 자는 것이 그들의 관습이다. …… 잉글랜드인 농부가 하루에 하는 일의 양이 뉴잉글랜드인 정주자가 일주일 동안 하는 것보다 더 많다. 그들은 밭에서 한 시간 일하고 술집에서 두 시간을 보낸다'라고 썼다.[87)]

그런 비방은 민감한 정주자들에게 매우 상반된 감정을 불러일으켰다. 그들은 한편으로 그런 비난이 악의적이며 잘 알지도 못하는 사람들이 씨불이는 말이라며 애써 부인하면서도 다른 한편으로는 혹시 진짜 그런 것은 아닌가 하는 마음에 걱정을 하기도 했다. 이런 상반된 감정 때문에 그들은 지나치게 귀에 거슬리는 반론을 제기하거나 아니면 버지니아 출신 역사가 로버트 베벌리가 자신의 글 서문에서 다음과 같은 말로 자신의 무미건조한 글쓰기 스타일에 대해 독자들에게 먼저 설

---

86) Dunn, *Sugar and Slaves*, p. 340에서 재인용.

87) Ned Ward, *A Trip to New England* (1699), in Jehlen and Warner (eds), *The English Literatures of America*, p. 401. 부정적인 정형화의 또 다른 예를 위해서는 Michael Zuckerman, 'Identity in British America: Unease in Eden', in Canny and Pagden (eds), *Colonial Identity in the Atlantic World*, pp. 120~1을 참조.

명함으로써 비난을 사전에 차단하려고 했을 때 보여 준 바 있는 방어적인 태도를 취했다: '나는 인디언이다. 그래서 나는 내 언어 사용에서 굳이 정확성을 기하려고 하지 않는다…….'[88] 이것은 '인디언화'에 대한 비난—이것은 아메리카 본토 영국인 정주자들이 가장 무서워했던 비난이었다—이 자조적인 방어무기로 바뀐 사례 가운데 하나였다.

영국인이나 에스파냐인 모두 최전방 방어선은 자신들이 가진 본질적인 영국성Englishness 혹은 에스파냐성Spanishness을 강조하는 것이었다. 그들은 본국에서 멀리 떨어져 있다는 사실, 기후가 다르다는 사실, 열등한 민족과 가까이 지낸다는 사실……, 이 모든 것도 그 본성을 근절할 수는 없다고 주장했다. 누에바에스파냐 혹은 페루 왕국의 크리오요 주민들은 인디아스가 카스티야 왕국에 의해 정복되었다는 법률상의 불편한 진실을 간과하고, 카스티야 왕국이나 아라곤 왕국에서 왕의 신민들이 누리는 것과 똑같은 권리를 자신들도 누려야 한다고 주장했다. 새로운 세금과 부과금을 부과받자 그들은 주저 없이 바베이도스 정주민들의 처지와 자신들을 동일시했는데, 1689년 바베이도스인들은 섬 주민들이 '왕의 신민들로서 의무를 다하라는 요구를 받으면서도 외국인처럼 억압받고 있다'고[89] 불평한 바 있었다. 스스로를 본국에서 태어난 왕의 신민들이 누리는 지위와 권리를 똑같이 누릴 자격이 있다고 생각하는 사람들에게 그들을 어떤 의미에서든 외국인이라고 말하는 비방은 심히 모욕적이라는 것이었다.

---

88) Beverley, *History of Virginia*, p. 9.

89) Jack P. Greene, 'Changing Identity in the British Caribbean: Barbados as a Case Study', in Canny and Pagden (eds), *Colonial Identity in the Atlantic World*, pp. 120~1에서 재인용.

열등하다는 이유로 무시당하는 것은 특히 에스파냐령 아메리카를 정복한 정복자들의 합법적 후손임을 주장하는 크리오요들에게는 견딜 수 없는 모욕이었다. 정복 자체가 이제 먼 미래로 되어 가고, 정복자의 후손이 관직 임명 등에서 새로 (반도에서) 도착한 사람들에게 밀려나게 된 현실에 직면하자 그들은 점차 몹시 불쾌한 상태가 되었다. 17세기 초 발타사르 도란테스 데 카란사는 정복자들과 그 후손들의 이름을 자랑스럽게 기록하면서, '우리는 에스파냐인이다'라고 말하고, 그 자신과 그리고 비슷한 처지에 있는 사람들이 '에스파냐 정부'에 속하기 때문에 에스파냐의 법과 관습에 따라 통치되어야 한다고 주장했다.[90] 그런 사람들은 아버지들과 할아버지들의 영웅적인 업적 때문에라도 배척이나 배제 대상이 되어서는 안 되며, 오히려 보상과 존경의 대상이 되어야 한다고 주장했다. 그러나 그들의 이런 청원과 항의는 받아들여지지 않았다.

크롬웰의 원정군 가운데 농장주로 자메이카 섬에 남은 사람들은 스스로 '자메이카의 정복자'로 불리는 것을 좋아했지만 에스파냐령 아메리카와 달리 영국령 아메리카에서는 '정복자 엘리트'로 자처할 만한 사람들이 없었다.[91] 그렇다고 에스파냐 정복자의 후손들이 카스티야 귀족들의 라이프 스타일(그들이 상상한 것이든 실제적인 것이든 간에)을 모방하려고 한 것처럼, 이제 막 형성 중에 있던 버지니아 농장주 계급이 잉글랜드의 젠트리들을 모방하여 자신들의 고귀한 신분을 자랑하는 것을 막을 수는 없었다. 버지니아 농장주들은 런던 여행을 하게 되었을 때 군

---

90) Dorantes de Carranza, *Sumaria relación*, p. 203.

91) Craton, 'The Planters' World', in Bailyn and Morgan (eds), *Strangers Within the Realm*, p. 325.

복을 구입하고, 초상화를 주문했으며, 버지니아로 돌아와서는 멋진 벽돌 저택을 짓고, 잉글랜드인 농장주들처럼 말馬에 대한 열정적인 관심을 과시하려고 했다.[92] 그들 가운데 일부는(윌리엄 버드 1세William Byrd I, 1674~1744도 그 중 한 명이었다) 인디아스의 에스파냐인 정주자들과 달리, 서인도제도 농장주들만큼은 아니지만, 자식들을 모국으로 보내 교육을 받게 했다(서인도제도의 농장주들은 상당수가 자기 자식들을 잉글랜드에 보내 교육을 받게 했다).[93] 적어도 윌리엄 버드 2세의 경우에는 잉글랜드에서 받은 교육의 경험이 심한 양면성을 가져다 준 것으로 보인다. 그는 잉글랜드 펠스테드Felsted 학교 친구들로부터 따돌림을 당하자 완벽한 잉글랜드인 신사가 되기 위해 최선을 다했다. 그러나 그가 식민지 출신이라는 사실 때문에 그의 노력은 모두 좌절되었다. 잉글랜드에서 완전한 잉글랜드인처럼 살기에는 그가 너무나 식민지적이었으며, 고향 버지니아에서 완전한 버지니아인처럼 살기에는 너무나 영국적이었기 때문에 그는 진정으로 어느 한쪽에 속하지 못하고 두 세계 사이에서 붙잡혀 있게 되었다.[94]

모국을 방문하거나 혹은 불친절한 국왕 관리들을 만나게 되었을 때 버드 1세와 그의 동료 식민지인들은 정도 차이는 있지만 모두가 소외감을 느껴야 했고, 그것은 그 안에서 스스로 완전한 정회원正會員이라고 생각하고 있던 그 대서양 정치체에서 2류 신분임을 의미했기 때문에 더욱

92) Wright, The First Gentlemen of Virginia, ch. 3.

93) 교육을 적어도 일부라도 영국에서 받은 서인도 인과 북아메리카 인의 수치 비교에 대하여는 Andrew J. O'Shaughnessy, *An Empire Divided. The American Revolution and the British Caribbean* (Philadelphia, 2000), pp. 19~27를 참조.

94) Kenneth A. Lockridge, *The Diary and Life of William Byrd II of Virginia, 1674~1744* (Chapel Hill, NC and London, 1987), pp. 12~31.

더 고통스러웠다. 1604년 정복자들의 후손이 반도 출신 카스티야인과 동등한 대접을 받고 있지 못하고 있다고 도란테스 데 카란사가 불평했던 것처럼, 정확하게 100년 후 로버트 베벌리도 버지니아 의회를 대변하여 '우리가 영국인으로서의 자유를 누릴 권리가 있다고 생각하면 그들은 우리가 마치 죄라도 짓고 있는 것처럼 여긴다'면서 불만을 토로했다.[95] 식민지 정주자들은 카스티야인의 권리와 잉글랜드인의 특권을 자기네 친지들로부터 부인당하고 있었던 것이다.

그러나 그들이 그런 권리의 완전한 인정을 바라고, 특히 모국의 사촌들과 정체성을 공유하고 있다는 증거로서 강하게 원하기는 했지만, 그들 역시 정체성의 공유가 그들이 원하는 것만큼 완전치는 않은 것 같다는 불안감을 떨쳐버릴 수가 없었다. 16세기에 인디아스로 이주한 에스파냐인의 의미심장한 언급은 적어도 그들 가운데 일부는 자신들이 본국에 사는 사람들과 다르다는 것을 의식하고 있었음을 보여 준다. 그는 에스파냐로 귀국할 준비를 하면서 에스파냐에 있는 사촌에게 쓴 편지에서 자신이 예전의 자신이 아닐 것이라고 말하면서 다음과 같이 언급했다: '내가 예전의 나와 너무나 달라졌기 때문에 전에 나를 알고 있던 사람들은 아마도 나를 알아보지 못할 것이다…….'[96] 그의 이 언급은 좋은 쪽으로든 나쁜 쪽으로든 아메리카의 환경이 사람들을 바꿀 수 있는 힘을 갖고 있다는 것을 말해 주는 자연스럽게 표출된 증언이었다.

본국 관찰자들은 의심의 여지없이 그 변화가 부정적인 것이라고 생각했기 때문에 크리오요들은 한편으로 자신들이 구세계 친척들과 다

95) Wright, *The First Gentlemen of Virginia*, ch. 3에서 재인용.

96) Otte, *Cartas*, letter 571 (Juan de Esquivel to Cristóbal Aldana, 20 January 1584).

르지 않다는 점을 주장하면서도 다른 한편으로는 신세계의 환경을 소리 높여 찬미함으로써 (모국인들이 주장하는) '불가피한 퇴화' 이론에 대응하려고 했다. 아메리카 부왕령들에서는 여러 문필가들이 아메리카라는 자신들의 조국이 지상의 산물을 풍부하게 생산하고, 온화하기 이를 데 없는 기후를 가진 지상낙원으로 묘사하려고 했다. 수사 부에나벤투라 데 살리나스Fray Buenaventura de Salinas는 누에바에스파냐와 페루 왕국이 '세계에서 가장 온화한 기후를 갖고 있으며, 온화한 기후는 고귀한 정신을 갖게 하고 마음을 고양시킨다'라고 했다. 그래서 리마의 주민들이 '리마를 기꺼이 자신들의 조국으로 생각하게 된 것'은 그리 놀라운 일이 아니었다.[97] 자기 지역 ─ 유일하게 신의 축복을 받은 지역 ─ 에 대한 자부심은 점차 정교해져 간 크리오요 애국심이라는 건물의 토대가 될 것이었다.[98]

17세기 동안 누에바에스파냐의 크리오요들은 우주의 지리적 계서와 종교적 계서 모두에서 자신들의 고유 공간에 대한 강한 소속감을 발전시키기 시작했다. 그들은 동쪽에는 유럽과 아프리카라는 구세계가 있었고, 서쪽에는 누에바에스파냐 부왕령의 일부이기도 하고, 히스패닉 문명과 기독교 문명의 멀리 떨어진 전초기지이기도 하며, 아시아라는 신비의 땅으로 가는 관문이기도 한 필리핀제도가 있기 때문에 그들의 모국(누에바에스파냐)이 세계 한가운데에 위치해 있다고 주장했다.[99] 지

---

97) Fray Buenaventura de Salinas y Córdova, *Memoria de las historias del nuevo mundo Piru* (1630; ed. Luis E. Valcárcel, Lima, 1957), pp. 99 and 246.

98) '크리오요의 애국심'의 발전에 대하여는 특히 Brading, *The First America*, ch. 14를 참조.

99) Serge Gruzinski, *Les Quatre Parties du monde. Histoire d'une mondialisation* (Paris, 2004), ch. 5.

리적으로만이 아니라 역사적으로도 자신들은 서로 다른 세계를 이어 주는 교량이라고 말했다. 예루살렘에서 온 사도 토머스가 인디아뿐만 아니라 인디아스에서도 복음을 전파하지 않았던가? 그리고 위대한 멕시코 학자 카를로스 데 시구엔사 이 공고라는 사도 토머스가 중부 멕시코의 옛 주민들의 턱수염을 기른, 신이면서 영웅인 케찰코아틀이라고 말하지 않았던가?[100] 설령 그 주장이 논란의 소지가 있다고 하더라도 크리오요들은 자신들의 조국이 신이 선택한 특별한 땅이라는 사실을 결코 의심하지 않았다. 과달루페 성모의 기적과도 같은 기원에 관해 상술한 미겔 산체스Miguel Sánchez의 논문이 1648년에 출간되고 난 후, 누에바에스파냐의 크리오요 주민들 사이에서 이 성모에 대한 공경이 많은 지지자들을 갖게 되었다. 그들은 이 성모가 마치 자신들의 사랑하는 조국을 인자하게 보호해 주는 신비로운 망토를 씌워 주고 있다고 생각했다(그림 22).[101]

점차 지역화되어 간 크리오요들의 아메리카 조국은 공간적으로뿐만 아니라 시간적으로도 자리를 잡아갔다. 인디아스의 정복과 개종은 영원히 기억해야만 하는 결정적이고 영웅적인 업적이었다. 그러나 그것이 결정적으로 새로운 시작이기는 했지만 결코 백지상태에서 시작한 것은 아니었다. 수많은 인디오들의 존재, 멕시코와 안데스에 남아 있는 인디오의 과거를 말해 주는 수많은 유물들은 비록 그것이 대개는 '야만적'이기는 했지만 먼 과거에 대해 관심을 갖게 만들었다. 자기들이 쫓아낸 사람들의 영웅적인 자질을 강조하는 것은 전사계급으로서의 정복자들

100) 성 토머스 전설에 대하여는 Lafaye, *Quetzalcóatl and Guadalupe*, ch. 10 참조.

101) 앞의 책, p. 196; Brading, *The First America*, pp. 34~8 참조.

〈그림 22〉 1533년 과달루페의 성모 마리아 상을 멕시코시티 외곽에 소재한 테페약(Tepeyac)의 소성당으로 옮기고 있는 모습을 그린 그림(1653). 이 그림에서 에스파냐인들의 공화국과 인디언들의 공화국은 확연히 구분되고 있다. 성모 마리아의 첫번째 기적에서 치치메카족을 상대로 아스테카인들이 벌인 모의 전투에서 사고로 활에 맞아 부상당한 한 인디언이 치료되었다. 성모 마리아의 상이 뒷 배경에 나타나고 있는데, 상을 둑길을 건너 테페약으로 모셔오고 있다.

의 자아상과 분명 잘 어울렸다.[102] 인디오들이 패배하여 이제 위험하지 않게 된 상황에서 적어도 누에바에스파냐에서는 코르테스가 멸망시킨 콜럼버스 이전 문명 가운데 몇몇 측면을 이상화할 수 있는 길이 열려 있었다.

1604년 베르나르도 데 발부에나Bernardo de Balbuena가 「멕시코의 위대함」Grandeza mexicana이라는 제목의 시에서 썼던 것처럼, 문필가들이 에스파냐인들이 건설한 멕시코시티의 아름다움을 찬미하기도 했지만 그들은 또한 아스테카 선배들, 그리고 에르난 코르테스가 감격에 찬 어조

102) Anthony Pagden, 'Identity Formation in Spanish in Spanish America', in Canny and Pagden (eds), *Colonial Identity in the Atlantic World*, p. 66.

로 기술한 바 있었던 위대한 테노치티틀란 시의 웅장한 과거를 분명히 의식하고 있었다. 도시 깃발, 주요 건물들에 그려진 독수리 그림(부리에 뱀을 문 채 선인장 위에 앉아 있는 독수리 그림)에서 볼 수 있듯이, 점차 정복 이전 세계와 이후 세계의 연속성을 강조하는 경향이 생겨났다.[103] 아스테카 역사(과거)의 특징들 가운데 일부를 선택적으로 전유專有하고, 그것을 크리오요들의 조국의 역사 속에 포함시키는 이 과정은 1680년 시구엔사 이 공고라가 새 부왕 라 라구나 후작Marquis of La Laguna의 멕시코시티 입성을 기념하기 위해 세운 유명한 개선문에서 절정에 이르렀다. 이 개선문에는 1327년 테노치티틀란이 건설된 이후 즉위한 12명의 멕시코 제국 황제의 상이 세워졌는데, 이 황제들은 마치 고전 고대 시대 영웅들처럼 각각 서로 다른 영웅적 미덕을 대변하는 것으로 묘사되었다. 전쟁에서 패한 몬테수마와 테노치티틀란을 수호하려고 했으나 끝내 실패하고 만 콰우테목도 이 판테온에 함께 모셔졌다.[104]

페루에서는 콜럼버스 이전의 과거를 멕시코적 방식으로 수용하여 크리오요들의 조국에 신비스런 고대의 옷을 입히는 것이 여의치가 않았는데, 왜냐하면 이곳에서는 원주민의 저항이 누에바에스파냐에서보다 훨씬 더 지속적이고 더 위협적이었기 때문이다. 메스티소 출신의 잉카 가르실라소 데 라 베가는 멀리 떨어진 안달루시아에서 자신의 책 『잉카 왕실사』*Royal Commentaries of the Incas*에서 자기 조국의 역사를 회고적으로 기술하는 가운데 조국의 단계적 발전의 서사를 만들어냈다. 이에 따르

103) Above, pp. 146~7.

104) Carlos de Sigüenza y Góngora, *Theatro de virtudes políticas* (1680; repr. in his *Obras históricas*, ed. José Rojas Garcidueñas, Mexico City, 1983).

면 여러 신을 섬기고 있던 원시적인 페루가 태양을 숭배하는 조상들의 잉카 페루로 넘어가고, 또 그것이 자기 시대 페루에 이르게 되었으며, 그 페루에 에스파냐인들이 한 분이시고 참되신 신에 대한 측량할 수 없는 소중한 깨달음을 가져다 주었다는 것이다.[105)] 가르실라소는 에스파냐의 지배 하에서 멕시코의 귀족들보다 더 잘 살아남은 안데스 지역 원주민 귀족들에게 매우 매력적인 것이 될 과거에 대한 (그리고 그와 함께 유토피아적 미래에 대한) 비전을 제시해 주었다. 그러나 이 비전 또한 안데스 지역의 침울해 있는 원주민들에게 쿠라카들curacas(지역 인디언 지도자들)이 영향력을 행사하는 것을 못마땅하게 바라보고 있었고, 언젠가는 잉카족이 자신들의 제국을 되찾기 위해 반란을 일으킬지 모른다며 염려하고 있었던 크리오요 사회에서는 달갑지 않게 여겨졌다. 그러나 서서히 태도가 변하기 시작했다. 17세기 말 페루의 크리오요들 사이에서는 잉카 황제들의 초상화를 수집하는 풍조가 유행했다. 하지만 잉카 지배 시기를 포함하는 애국적 이데올로기가 여러 부류의 크리오요 인구를 끌어들이기 시작한 것은 18세기에 이르러서였다.[106)]

불온한 혹은 호전적인 인디언들은 시간적으로나 공간적으로 멀어진 다음에, 위험성이 제거되고 나서야 크리오요의 애국적 신화 속으로

---

105) Garcilaso de la Vega, *Comentarios reales de los Incas*, ed. Angel Rosenblat (2vols, Buenos Aires, 1943; English trans. by H. V. Livermore, 2vols, Austin, TX, 1966); Carlos Daniel Valcárcel, 'Concepto de la historia en los "Comentarios reales" y en la "Historia general del Perú"', *in Nuevos estudios sobre el Inca Garcilaso de la Vega* (Lima, 1955), pp. 123~36; Brading, *The First America*, ch. 12.

106) Karine Perissat, 'Los incas representados (Lima-siglo XVIII): ?supervivencia o renacimiento?, *Revista de Incas*, 60 (2000), pp. 623~49; Peter T. Bradley and David Cahill, *Habsburg Peru. Images, Imagination and Memory* (Liverpool, 2000), Part II.

들어올 필요가 있었다. 영국령 아메리카 대부분에서는 시간적으로도 공간적으로도 그렇게 되지 않았다. 18세기 초 베벌리가 '거의 무용한' 존재라고 간주한 버지니아의 인디언들은[107] 멕시카 문명이 갖고 있던 '위대한 고대'를 갖고 있지 않았고, 반면에 뉴잉글랜드의 인디언들은 (시간적으로나 공간적으로) 너무나 가까이에 있었다. 뉴잉글랜드의 퓨리턴들은 17세기 말 인디언 전쟁에 관한 이야기를 기술할 때 자신들과 적대적 관계였던 인디언 이교도들, 프랑스인 가톨릭교도들과의 관계를 기준으로 자신들을 정의했다.[108] 이런 자기 이미지 구축은 자신들의 영국성에 대한 인식을, 그리고 황야에서 자신들 스스로 창출한 세계의 영국성에 대한 인식을 강화해 주었다. 메리 롤런드슨Mary Rowlandson은 인디언들의 포로가 되어 있을 당시에 관한 감동적인 이야기에서 '우리가 길을 따라가고 있을 때 나는 영국의 소들이 뛰노는 곳을 보았다. 그것이 나에게는 큰 위안이 되었다. 그 직후 우리는 영국인들이 다니는 길에 이르렀고, 나는 너무나 기뻐서 그 자리에서 죽어도 좋다고 생각했다'라고 썼다.[109]

인디언들의 공격에 대비하기 위해 도시를 요새화할 필요가 없었던 에스파냐령 아메리카 중심부 도시들의 크리오요 주민들은 얼마간 모국과의 거리를 유지한 채로 모국의 그것과는 다른, 그리고 필요하다고 생각되면 뉴잉글랜드 정주자들에게는 불가능했을 방식으로 인디언적인 요소를 포함한, 부분적으로는 분명 아메리카적인 정체성을 만들어 나가

107) Beverley, *History of Virginia*, p. 232.

108) Richard Slotkin, *Regeneration Through Violence. The Mythology of the American Frontier, 1600~1800* (Middletown, CT, 1973), pp. 56 and 116.

109) Mary Rowlandson, *The Sovereignty and Goodness of God* (1682), in Jehlen and Warner (eds), *The English Literatures of America*, p. 359.

기 시작했다. 뉴잉글랜드 식민정주자들에게 안전한 인디언들은 죽은 인디언들뿐이었다. 인디언의 위협이 소멸되기 시작하는 18세기에 가서야 일부 인디언들이 로마적 상무정신의 예로, 혹은 오염되지 않은 자연인의 모범으로 정주자들의 상상 속의 아메리카 풍광의 지평선 위로 모습을 드러내기 시작했다.[110)]

영국인 정주자들은 먼 옛날로 거슬러 올라가는 인디언들의 과거가 가진 권위를 자기네 공동체에 부여할 수 없었기 때문에 본국인들의 무시와 경멸에 직면하게 되었을 때 다른 주장거리를 찾아내 자신들의 대의명분을 유지해야만 했다. 뉴잉글랜드는 자신의 기원에 충실한 상태로 남아 있는 '언덕 위의 도시'라는 스스로 자임한 사명으로 스스로를 정당화할 수 있었다. 그것은 그 점에서 에스파냐령 인디아스의 크리오요 공동체들의 지역적 애국심과 유사한, 이제 막 생겨나고 있던 지역적 애국심에 강력한 신앙적·종교적 색깔을 더해 주었다. 그러나 다른 식민지들에게는 정체성을 구축하는 것이 좀더 어려웠고, 과거를 강조하기보다는 미래를 강조하는 것이 더 용이해 보였다. 로버트 베벌리는 자신의 책 『버지니아의 역사와 현재』에서 다음과 같이 적절하게 말했다: "오늘날 사람들이 살고 있는 이 버지니아 지역은 만약 영국인들의 손에 의해 이루어진 개선을 고려하면 칭찬거리가 될 수 없다. 그러나 개선되는 데 필요한 적합성을 고려하면 이 지역은 세계에서 가장 뛰어난 나라들 가운데 하나로 간주되어야 마땅하다."[111)] 영국인 식민정주자들에게는 자신들이 부여받은 땅을 개선하고 변화시킬 의무가 있었다.

---

110) Slotkin, *Regeneration Through Violence*, ch. 7.
111) Beverley, *History of Virginia*, pp. 118~9.

그 같은 바람의 표현은 18세기 잉글랜드의 상업적 사회의 발달 이데올로기developmental ideology와 잘 어울렸는데, 잉글랜드에서는 그런 바람이 모국의 해외 식민화 사업를 강화하고, 식민정주자들의 활동의 정당화에 도움을 제공할 수 있었다. 이것은 너무나 많은 식민정주자들, 특히 카리브해 거주 식민정주자들 대부분은 부랑자라는 모국에 퍼져 있는 소문 때문에 더욱 더 필요했다. 그러므로 농장주들과 정주자들은 그들 자신들의 라이프 스타일에 대한 모국인들의 중상모략적 주장을 논박하기 위해 '개선의 용어'language of improvement를 이용하여 자신들의 이력을 정당화했다. 리처드 리건Richard Ligon은 『바베이도스 섬사람들의 진실하고 정확한 역사』*True and Exact History of the Barbados*라는 책에서 깔끔하게 전세를 역전시켰다: "바베이도스의 즐거움에 대해 전해 들은 사람들이 있다. 그러나 그들이 잉글랜드의 즐거움을 뒤로 하고 떠나는 것은 쉽지 않다. 그들은 나태한 기질을 가진 사람들이어서 그런 고매한 사업[112]에 착수하기에 적합하지 않다… 그런 게으름뱅이들은 부지런해야 하고 활동적이어야만 하는 나라에서는 미움의 대상이 될 뿐이다.'[113] 17세기 말, 18세기 초 영국령 아메리카 세계에서는 근면, 활동, 개선이라는 용어를 도처에서 들을 수 있었다. 여기에서 개선은 더 이상 땅으로부터 이익을 끌어내는 데 그치지 않고 이제 수지맞는 투자를 실현하는 것에서부터 좋은 성격을 계발하는 것에 이르기까지 폭넓은 의미를 갖게 되었다. 그것은 또한 세련됨과 문명을 획득하는 과정, 즉 정주자 공동체의 구성

---

112) 잉글랜드의 즐거움을 뒤로 하고 바베이도스로 떠나는 것—옮긴이.

113) Richard Ligon, *A True and Exact History of the Isalnd of Barbadoes* (2nd edn, London, 1673), p. 108.

원들에게는 자신들의 사회를, 가능하다면 모국의 그것과 비슷한 모델에 따라 건설하는 과정을 포함하였다.[114)]

17세기에서 18세기로의 전환기에 모국의 관습과 규범을 모방하려는 시도는 특히 카리브 지역 식민지에서 강하게 나타났다. 이곳에서는 급증하는 흑인 인구에 대해 지배권을 주장하는 소수 백인을 가진 섬 공동체의 사회 구조가 그들이 모방하려고 한 잉글랜드 사회 구조와 아무 관련이 없었다. 그 때문에 식민정주자들은 자신들이 열대기후 속에서 퇴보하지도 않았고, 영국성을 상실하지도 않았다는 것을 입증할 필요가 그만큼 더 크다는 것을 알게 되었다. 1690년 돌비 토머스 경[Sir Dalby Thomas]은 '그들은 잉글랜드인이며, 모든 교역 활동을 잉글랜드인들과 한다. 그래서 항상 옷이나 가구, 먹고 마시는 것 등에서 잉글랜드의 관습과 유행을 모방하려고 한다. 그들이 자신들의 출신을 망각하기란 불가능하며, (풍족한 영지에 도착하고 나서도) 자기 가족을 잉글랜드에 데려가기 전까지는 편안한 마음을 갖지 못할 것이다……'라고 썼다.[115)]

많은 카리브해 식민정주자들은 자신들이 그곳에 일시적으로 거주하고 있을 뿐이며, 재산이 모이는 대로 모국으로 돌아가 시골 젠틀맨으로 살겠다고 생각하는 경향이 있었다. 이 점이 카리브해 식민정주자들과 아메리카 땅에 모든 것을 다 쏟아붓는 경향을 가진 본토 식민정주자

---

114) Jack P. Greene in Canny and Pagden (eds), *Colonial Identity*, pp. 228~9, and *Imperatives, Behavior*, pp. 190~3; Hancock, *Citizens of the World*, ch. 9, 특히 282~3 참조. 앵글로 아메리카 세계의 농업 개선에 대한 이데올로기에 대해서는 Richard Drayton, *Nature's Government. Science, Imperial Britain, and the 'Improvement' of the World* (New Haven and London, 2000), ch. 3 참조.

115) Sir Dalby Thomas, *An Historical Account of the Rise and Growth of the West-India Collonies* (London, 1690), p. 53.

들 다수의 다른 점이었다. 그러나 본토 식민지 정주자들도 자신들과 선조들이 '개선시킨' 땅과 자신들을 일치시키는 경향이 있기는 했지만 그들 역시 자신들의 잉글랜드적 특성을 드러내려고 했고, 18세기 잉글랜드의 점잖고 상업적인 사회의 세련된 매너를 공유하려고 했다. 남부 식민지들에서 다수를 차지하고 있던 흑인 인구, 북쪽 숲 속에 살고 있는 위협적인 인디언들의 존재는 영국에서 건너온 영국인이 점점 감소하는 상황에서 항상 잉글랜드 모국과의 유대 관계를 유지하고 강화하게 만드는 자극제가 되어 주었다.

돌비 토머스 경이 지적했듯이, 영국성을 주장하는 한 가지 방법은 모국에서 인기를 끌고 있는 최신 유행을 따르는 것이었다. 식민화가 시작된 이래 식민지 정주자들은 자신들의 삶을 구축하는 과정에서 항상 모국에서 영감을 찾았고, 스스로 생산하지 못하는 물건은 모국에서 가져왔다. 상업적 유대관계가 강화되면서 식민지들이 영국의 '문화적 지방들'cultural provinces로서 점점 더 많은 수의 영국인들이 갖게 된 품격 있는 삶과 점증해 간 여러 가지 편리함을 추구하려고 한 것은 자연스런 현상이었다.[116] 이 과정은 사회 최상층에서부터 시작되었는데 17세기 말

116) 18세기 영국에서 나타난 소비자 운동(consumer movement)과 세련된 삶에 대한 열망에 대하여는 Neil McKendrick, John Brewer and J. H. Plumb, *The Birth of a Consumer Society; the Commercialization of Eighteenth-Century England* (Bloomington, IN, 1982); John Brewer and Roy Porter (eds), *Consumption and the World of Goods* (London, 1993); and Paul Langford, *A Polite and Commercial People. England, 1727~1783* (Oxford, 1989)을 참조. 영국령 아메리카에 대해서는 Richard L. Bushman, *The Refinement of America. Persons, Houses, Cities* (New York, 1992); T. H. Breen, '"Boubles of Britain": The American and Consumer Revolutions of the Eighteenth Century', *Past and Present*, 119 (1988), pp. 73~104, 그리고 *The Marketplace of Revolution. How Consumer Politics Shaped American Independence* (Oxford and New York, 2004); Cary Carson, Ronald Hoffman and Peter J. Albert (eds), *Of Consuming*

~18세기 초 부유한 상인들과 식민정주자들은 영국에서 유행하는 새로운 벽돌 저택들을 지었으며, 이 저택들의 가장 두드러진 특징은 전에 홀이 있던 곳에 응접실을 마련하고 2층으로 올라가는 계단을 설치하는 것이었다.[117] 가끔은, 특히 카리브 지역에서는 실용적 고려보다 그때그때의 유행이 더 우선시되는 경향이 있어서 식민정주자들이 영국의 기후와 아메리카의 열대성 기후 간의 차이를 고려하지 않고, 영국에서 유행하는 최신 양식으로 건물을 짓는 경우도 있었다. 한스 슬론 경Sir Hans Sloane은 자메이카에서 나타나고 있던 차이에 대해, 즉 경사진 마루와 셔터가 있는 창문과 거대한 이중문을 가진 에스파냐인들의 가옥과 '시원하지도 않고 지진의 충격에도 취약한' 영국인들의 가옥 간의 차이에 대해 언급한 적이 있다.[118]

실제로 대부분의 식민지 가옥들은 메릴랜드에서처럼[119] 단순한 프레임 혹은 통나무 건축물의 모습에서 크게 벗어나지 못했다. 그러나 신축 혹은 개축하는 저택들은 그 안의 거주자들이 점점 많아져 간 의자와 테이블, 접시와 유리 잔, 나이프와 포크에 둘러싸인 우아한 삶이라는 새 기준을 제시하는 데 기여했다.[120] 사치스럽고 세련된 새로운 삶보다는 단순한 삶을 선호한 본토 식민지 문화에서는 그렇지 않은 경향도 있었지만 한때 사치품으로 여겨졌던 것이 이제는 필수품으로 여겨졌다. 1715년 로버트 베벌리의 집사는 '이 집 주인은 남부럽지 않게 살고 있

Interests. The Style of Life in the Eighteenth Century (Charlottesville, VA, 1994); Maxine Berg, *Luxury and Pleasure in Eighteenth-Century Britain* (Oxford, 2005), ch. 8을 참조.

117) Bushman, *Refinement*, ch. 4.

118) Dunn, *Sugar and Slaves*, p. 291에서 재인용.

119) Main, *Tobacco Colony*, ch. 4.

120) Bushman, *Refinement*, pp. 74~8.

다. 그러나 그가 부자이기는 하지만 그 집에 혹은 집과 관련하여 꼭 필요한 것 말고는 아무 것도 없다……'라고 쓰고 있다.[121] 베벌리가 영위하고 있던 검소한 삶은 에스파냐 부왕령에서처럼 두드러진 소비로 표현되는 가치에 익숙해 있었던 사회보다는, 세련된 삶의 즐거움에 익숙해져 가면서도 근면함과 개선improvement을 말하는 (영국령 아메리카) 사회에서 더 큰 반향을 불러일으켰던 것으로 보인다.

에스파냐령 아메리카에서는 교회와 국가가 의상과 관련된 규제를 통해 질서가 잡히고, 계서가 분명하고, 점잖은 사회를 유지하기 위해 오랫동안 싸웠으나 성공하지 못했다. 다른 한편으로 이인종 간 혼인이나 동거에 의해 사회적·인종적 구분선이 흐려지자 사치스런 복장과 장식의 착용을 조장하는 경향이 나타났다. 그 점을 못마땅하게 여긴 토머스 게이지는 '여자들이나 남자들이나 일반적인 옷감보다는 비단을 이용하는 등 지나치게 치장하는 경향이 있다. …… 보통 신사들은 다이아몬드가 들어간 리본과 장미로 장식한 모자를 쓰고, 상인들은 진주 리본이 달린 모자를 쓰고 다닌다. 심지어 아프리카 흑인이나 황갈색 피부를 가진 하녀와 노예들도 어려운 생활을 하는 중에도 진주목걸이와 팔찌를 차고, 비싼 보석이 들어간 귀걸이로 멋을 내곤 한다'고 썼다.[122] 크리오요, 메스티소, 물라토, 흑인들이 당국자들을 놀라게 할 정도로 사치스럽게 멋을 내면서 많은 사람들이 피부색보다는 얼마나 멋지게 꾸미고 다니느

121) Main, *Tobacco Colony*, p. 239에서 재인용. 그리고 사치에 대한 양면적 태도에 대하여는 Bushman, *Refinement*, ch. 6, 그리고 Greene, *Imperatives, Behaviors*, pp. 150~9를 참조.
122) Gage, *Travels*, p. 68. 에스파냐령 아메리카에서 나타난 두드러진 소비 경향에 대하여는 Bauer, *Goods, Power, History*, pp. 110~14; 그리고 Bauer, 'Iglesia, economia', in *Iglesia, estado*, ed. Martínez López-Cano, pp. 30~1을 함께 참조.

냐를 사회적 지위를 판단하는 척도로 여기게 되었다.

반면에 흑인은 흑인이고 백인은 백인이었지 중간지대가 거의 없었던 북아메리카 식민지들에서는 종교적 혹은 도덕적 이유로 엄격한 금욕을 장려하기로 한 사람들이 검소한 삶을 산다고 해서 사회적 가치가 낮아질 것이라는 걱정에 조바심을 내지 않아도 되었다. 사실 배벌리의 태도에서 알 수 있듯이, 눈에 띄는 소비만큼이나 검소함으로도 강력한 사회적 메시지를 내보일 수 있었다. 그러나 영국령 아메리카에서도 식민지 사회가 팽창하는 상업 제국, 즉 '상품의 제국'에 휩쓸려 들어가면서 소비를 조장하는 경향이 커지고 있었다. 1740년대부터 영국의 제조업자들은 이문이 남는 시장을 찾는 과정에서 급증해 간 아메리카 인구가 갖는 가능성에 주목하게 되었고, 점점 더 많은 수와 종류의 상품이 감당할 만한 가격에 공급되자 본토 식민지에서도 역시 현기증이 날 정도로 소비 열풍이 나타났다. 소비가 급증하자 공급 또한 급증했으며, 가끔은 공급이 수요를 따라잡지 못할 때도 있었다.[123)]

북아메리카 식민지인들의 이런 반응은 소비를 많이 하라는 충동질에 반응을 한 것이 에스파냐령 아메리카 사회처럼 계서화된 사회만은 아니라는 것을 말해 준다. 어설픈 신분 평등은 그 자체로 자신을 이웃들보다 더 두드러진 존재로 내보여야 한다는 압박을 만들어 냈다. 그러나 본국의 최신 유행을 따라가려는 열망은 집단심리적 필요에서 나온 것이기도 했다. 식민지 정주자들은 자기 부모들의 사회에 대해서만이 아니라 스스로에게도 자신들이 신세계의 환경에 내재한 야만성을 극복했다

---

123) 1740년대에 시작된 상품의 공급과 수요에 대하여는 Breen, *Marketplace of Revolution*을 참조.

는 것을 입증할 필요가 있었다. 그러나 그들의 노력이 아메리카를 문명의 전초기지로 바꾸었다는 점에 대해 의심의 눈초리로 쳐다보고 있는 유럽인들로 하여금 믿게 만드는 것이 그리 쉽지만은 않았다.

문화적 공동체

대서양 양안을 연결한 영국인 공동체와 에스파냐인 공동체들은 정치적·상업적 공동체이기도 했지만, 그에 못지않게 문화적 공동체이기도 했다. 그런데 에스파냐의 식민화는 영국에 비해 아메리카 원주민들을 유럽인 자신들의 문명 수준으로 끌어올리려는 생각에 의해 추동되는 경향이 훨씬 강했다. 그 사실은 처음부터 에스파냐 식민 사업에 강한 종교적·문화적 성격을 제공했으며, 그것은 에스파냐령 아메리카의 발전 양상에 큰 영향을 주었다. 교회와 국왕이 폴리시아, 즉 문명화civility에 우선순위를 부여함으로써 크리오요들은 처음부터 자연스럽게 자신들의 문화적 성취에 자부심을 갖게 되었다. 정복이 있고 나서 불과 한 세대 후인 1554년, 새로 설립된 멕시코대학의 초대 교수 가운데 한 명이었던 프란시스코 세르반테스 데 살라사르Francisco Cervantes de Salazar는 몇 권의 라틴어 문답집을 출간했는데, 여기에는 두 명의 시민이 새로 도착한 신참자들에게 멕시코시티의 멋진 모습—넓고 쭉 뻗은 거리와 멋진 건물들, 비트루비우스적 비율Vitruvian proportions[이상적으로 균형 잡힌 비율—옮긴이]을 가진 기둥들이 세워진 부왕 궁전이 있는 도시 모습—에 대해 언급하는 내용이 포함되어 있다. 대학에 대해 대단한 자부심을 가지고 자세하게 설명하고 있는 이 문답집은 자화자찬할 수 있는 기회를 저자에게 제공해 주었다. 그의 문답집에 등장하는 한 참석자가 설명하고 있듯이, 프란시스코 세르반테스 데 살라사르는 젊은 멕시코인들이 대학을 졸업할 무렵이면 '박학다식하고 논리적인 언사를 구사하는 사람이 되어야 하고, 그래서 우리의 빛나는 땅이 문필가의 부족 때문에(그때까지 문필가들이 많이 부족했다) 무지몽매의 땅으로 남지 않게' 하기 위해 최선을 다했다.[124)]

1700년경이면 에스파냐령 아메리카에 19개의 대학교가 있었다. 그에 비해 영국령 아메리카에는 하버드와 '윌리엄 앤드 메리'라는 두 개의 칼리지가 있었을 뿐이며, 1701년 미래의 예일대학이 세번째 대학으로 설립될 예정이었다.[125)] 에스파냐령 아메리카의 대학들은 비록 그중에 많은 것들이 그다지 높은 수준에 도달하지는 못했지만 그럼에도 지역민들의 자랑거리였으며, 17세기 크리오요 문필가들은 그 대학들이 배출한 유명 인사들의 이름을 자랑스럽게 열거하곤 했다.[126)] 그러나 1651년 주교 비야로엘이 토로한 불만에서 볼 수 있듯이, 에스파냐 정부 당국은 이 대학들을 졸업한 사람들의 능력을 별로 인정하지 않았다. 마드리드 정부는 오직 살라망카대학만이 교회와 국가에 봉사하는 데 필요한 학문과 지식을 갖춘 인재를 배출할 수 있다고 생각한 것으로 보인다.[127)]

그런 불만은 중심인 본국과 '문화적 지방들' 간에 흔히 발견되는 불편한 관계를 반영한다. 지방들은 본국의 최신 유행을 받아들이고 모방

---

124) Francisco Cervantes de Salazar, *México en 1554 y el túmulo imperial*, ed. Edmundo O'Gorman (Mexico City, 1963), Diálogo 2, p. 63.

125) 에스파냐령 아메리카에 세워진 대학들의 명단과 그 대학들의 설립연대에 대하여는 Rodríguez Cruz, *La universidad*, appendix I 참조.

126) 예를 들어 산마르코스의 리마대학의 졸업생 명단에 대해서는 Salinas y Córdoba, *Memorial*, Discurso II cap. 4 참조.

127) Villaroel, Ponce Leiva, *Certezas ante la incertidumbre*, p. 237에서 재인용.

하려고 했다. 그러나 그들의 그런 노력은 '촌스럽다' 혹은 '조잡하다'는 이유로 무시되었다. 그러나 모방은 자주 너무나 복잡해서 간단히 따라하기와 영향의 문제로 치부해 버릴 수 없는 관계relationship의 일부였을 뿐이었고, 반드시 가장 중요한 일부도 아니었다. 에스파냐령 아메리카 식민지의 예술적 성취가 충분히 보여 주듯이, 원천sources으로부터 멀리 떨어져 있는 것이 오히려 창조적 변용을 고무할 수도 있었다.[128)]

세비야를 통해 인디아스 사회로 건너간 '에스파냐' 문화는 그 자체가 혼혈의 문화였다. 에스파냐는 종교, 문학, 조형 예술 분야에서 오랫동안 다양한 영향을 외부에서 받아들이고 있었으며, 가장 직접적으로는 자신의 지배 영토이기도 한 네덜란드와 이탈리아로부터 받은 영향이 컸다. 세계적 규모의 제국의 중심—고도로 정형화된 궁정, 강력한 교회, 부유하고 교양 있는 엘리트들이 지배하는—으로서 에스파냐는 그 문화적 영향들을 자신의 취향과 요구에 맞게 적응시키려 했고, 유행과 스타일을 본국의 승인이라는 필터를 거친 다음 제국 외곽 지역으로 내보냈다.

이베리아 반도의 스타일과 테크닉을 에스파냐령 아메리카에 가장

---

128) 에스파냐령 아메리카의 문화적 생산에 관한 이 주장에 대하여는 예를 들어 Donna Pierce의 전시회 카탈로그 *Painting a New World. Mexican Art and Life, 1521~1821* (Denver Art Museum, 2004)을(특히 Jonathan Brown이 쓴 서문) 참조. 이 분야에 관해 조언해 주신 조나단 브라운 선생께 감사의 말씀을 드린다. 영국령 아메리카의 경우에 대해서는 Richard L. Bushman, 'American High Style and Vernacular Cultures', in Greene and Pole (eds), *Colonial British America*, ch. 12, 그리고 Bernard Bailyn, *To Begin the World Anew. The Genius and Ambiguities of the American Founders* (New York, 2003), ch. 1을 참조. 베일린의 책은 '지방주의(Provincialism)'에 관한 Kenneth Clark의 에세이(그의 책 *Moments of Vision* [London, 1981]에 수록되어 있다)를 그 출발점으로 삼고 있다. 라틴아메리카 식민지 미술과 건축에 관한 개요를 알기 위해서는 Gauvin Alexander Bailey, *Art of Colonial Latin America* (London, 2005)를 참조.

직접적으로 전달한 사람들은 새롭고 큰 보상이 기대되는 환경에서 자신의 기술을 써먹기 위해 대서양을 건너 간 화가, 건축가, 장인들이었다. 16세기 플랑드르의 화가 시몬 페레인스Simón Pereyns, 주교 팔라폭스 등과 함께 1640년 누에바에스파냐로 건너가 주교의 가장 중요한 기념물인 푸에블라 대성당을 완공하는 데 결정적인 역할을 한 아라곤 태생의 미술가이자 건축가인 페드로 가르시아 페레르Pedro García Ferrer 등이 그런 사람들이었다.[129] 그러나 스타일과 이미지는 주로 책자, 조각 작품, 수입된 미술 작품을 통해 아메리카 전역으로 확산되었다. 그 중에 상당수는 특별히 아메리카 시장을 겨냥한 것들이었는데, 세비야에 있는 수르바란의 작업장에서 그려진 그림들, 그리고 처음에는 매너리즘 양식이었으나 후에는 루벤스의 영향을 받아 바로크 양식을 차용해 플랑드르에서 제작된 조각 작품과 회화 등이 그것들이었다.[130]

불가피하게 거기에는 시차가 있었다. 특히 그 시차는 건축의 경우에 두드러졌는데, 왜냐하면 멕시코시티, 푸에블라, 리마, 쿠스코의 대성당 같은 대규모 교회 건축물 가운데 많은 것이 펠리페 2세의 건축가들이 그린 설계도에 따라 공사가 시작되었으나 17세기가 한참 지나고 나서야 완공되었기 때문이다.[131] 그러나 17세기 마지막 1/3분기경이면 에

129) 누에바에스파냐에서 활동한 플랑드르와 카스티야 예술가들에 대해서는 Gruzinski, *Les Quatre Parties du monde*, ch. 13을 참조. 페레르에 대해서는 Montserrat Galí Boadella, *Pedro García Ferrer, un artista aragonés del siglo XVII en la Nueva España* (Teruel, 1996); 그리고 앞의 책 p. 202를 참조.

130) 에스파냐령 아메리카에서 유럽의 영향이 전해지고 확산되어 간 현상에 대한 최근의 연구로는 Pierce (ed.), *Painting a New World* 외에 1999~2000년 마드리드의 아메리카 박물관(Museo de America)에서 열린 중요한 전시회의 카탈로그 *Los siglos de oro en los virreinatos de América, 1550~1700* (Sociedad Estatal, Madrid, 1999)이 있다.

131) Ramón María Serrera, 'Las Indias Españolas entre 1550 y 1700', in *Los siglos de oro en*

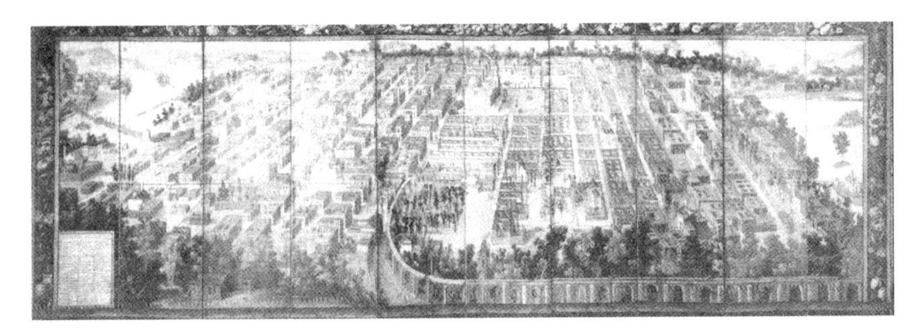

〈그림 23〉 멕시코시티의 풍경(c. 1690). 일본에서 만들어진 병풍 그림. 마닐라로부터 귀국한 아카풀코 갤리언 선에 의해 수입되었다. 이런 병풍 그림은 17세기 누에바에스파냐 크리오요 엘리트들 사이에서 큰 인기를 얻었는데, 이 병풍화는 후원자들에게는 이 장르의 지역적 버전을 의뢰하게 하고 기술자들에게는 그것을 생산하도록 영감을 제공했다. 이 병풍화는 크리오요 가정의 필수적인 가구 혹은 장식품이 되었다. 이 병풍화 가운데 많은 것은 멕시코시티의 도시 경관 혹은 삶의 모습들을 묘사하였으며, 크리오요들의 조국에 대한 자부심을 분명히 보여 준다. 이 그림에 묘사된 파노라마는 방대하고, 대단히 질서 정연한 메트로폴리스의 모습을 보여 주고 있으며, 누에바에스파냐의 크리오요들은 이 도시를 세상의 중심으로 생각했다. 오른쪽 아래에는 차풀테펙의 수도교가 그려져 있는데, 아스테카인들이 만든 것임에도 불구하고 세고비아에 있는 로마 수도교를 연상케 한다.

스파냐령 아메리카는 점점 확신을 갖고 에스파냐 바로크 양식(그것 자체가 이탈리아와 플랑드르의 특징을 강하게 갖고 있는 혼혈적 양식이었다)의 조형적 혹은 건축적 용어를 사용하고 있었다. 여기에 지역적 취향과 필요를 반영하여 특별히 아메리카적, 심지어 동양적 요소까지 더해졌다. 예를 들어 멕시코의 상류층 가정에서 볼 수 있는 비옴보스Biombos, 즉 일본 문화의 영향을 받은 병풍들은 마닐라와 아카풀코를 잇는 갤리언 무역을 통해 누에바에스파냐로 유입된 아시아 문화의 영향을 보여 준다(그림 23). 깃털 등 자신들의 문화에 전통적인 재료들을 갖고 작업을 했던 16세기 원주민 장인들은 재빨리 유럽적 모델을 수용하여 그것을 나

---

los virreinatos, p. 55.

름의 방식으로 재해석하고, 정복자들의 시각적 언어를 변형시켜 자신들의 표현 방식으로 바꾸었다(그림 24).[132] 한 세기가 지난 후에(17세기) 도시 생활에 좀더 완전히 통합되고 나서도 그들은 여전히 점점 더 다양해지고 복잡해져 가는 사회의 모든 인종적·사회적 집단들을 넓은 품으로 포용하려고 노력하는 바로크 문화에 자신들만의 전통적 스타일을 도입하고 있었다.

이 바로크 문화의 아메리카식 표현은 그것이 예술적인 것이든 문학적인 것이든 세비야나 마드리드에서 이미 취향이 형성된 사람들을 납득시키기에는 너무 나이브하고 지나치게 장식적인 경우가 많았다. 반도에서 건너온 에스파냐인들에게 크리오요들이 사용하는 표현방식은 크리오요들이 아메리카에 세운 교회 제단을 장식하는 요란하게 금칠을 한 목제 제단화처럼 유치하게 생각되었다.[133] 그러나 1670년과 1760년대 사이에 누에바에스파냐와 페루 부왕령은 모사품을 능가하는, 그리고 에스파냐에서 차용한 형상과 이미지의 진정한 변형을 보여주는, 히스파노-아메리카적 특징을 분명히 가진 문화의 창출에 성공하고 있었다(그림 25).

고유한 특징을 가진 이 문화는 멕시코 바로크 화가 가운데 가장 뛰어난 화가로 간주되는 크리스토발 데 비얄판도의 거대하고 극적인 효과를 보여주는 그림들에서, 그리고 쿠스코 화파에 속한 익명의 화가들이 남긴 총을 들고 서 있는 우아한 자태의 천사들과 대천사들의 모습에서

---

132) 16세기 누에바에스파냐에서 나타난 혼혈적 문화의 발전에 대해서는 Serge Gruzinski, *La Pensé métisse* (Paris, 1999)를 참조.

133) Alberro, *Les espagnols dans le Mexique colonial*, p. 119.

〈그림 24〉 성 그레고리우스의 미사(1539). 목판 위에 깃털을 붙이는 방식으로 제작. 몬테수마의 조카이자 사위였던 사람(그는 에스파냐인들에 의해 테노치티틀란 산후안 구역의 지배자로 임명되었다)이 교황 바오로 3세에게 바치기 위해 의뢰한 이 멕시코산 깃털 공예품은 정복 이전의 수공예 기술이 정복 후에도 살아남았음을, 그리고 그것이 정복 이후 세계의 요구에 재빠르게 적응되었음을 말해 준다. 라스 카사스는 “그들은 날마다 우리들을 위해 깃털로 성상과 제단화, 그리고 다른 많은 것들을 제작해 준다… 제의(祭衣)와 망토 가장자리에 두르는 단(緞)도 만든다….” 전설에 의하면, 의심이 많았던 성 그레고리우스는 성체의 성변화(聖變化) 때 제단에서 그리스도의 현신을 목격했고, 이 작품은 그 장면에 관한 것이다. 원주민들의 깃털 공예품들은 대개 유럽에서 수입된 그림을 바탕으로 제작된 것으로 보인다.

〈그림 25〉 과시의 문화. 멕시코 틀락스칼라에 소재한 누에스트라 세뇨라 데 오코틀란 (Nuestra Señora de Ocotlán) 성당의 외관.

찾아볼 수 있다(그림 26과 19).[134] 그것은 또 페루 은세공사들의 고도로 장식적인 작품들과(그림 27)[135] 인디오 혹은 메스티소 장인들이 만든 화려하고 풍부한 금의 사용으로 눈부시게 화려한 내부 장식과 정교한 바로크적 파사드를 가진 누에바에스파냐와 안데스(페루)의 웅장한 교회들에서도 찾아볼 수 있다. 그것은 또한 소르 후아나 이네스 데 라 크루스(후아나는 시집의 두번째 판본[1690]에서 '아메리카의 유일한 여성시인',

134) 비얄판도에 대해서는 특히 Pierce, *Painting a New World*를 참조. 소총을 든 천사들에 대해서는 앞의 책 p. 195를 참조.

135) Cristina Esteras Martín, 'Acculturation and Innovation in Peruvian Viceregal Silverwork', in Elena Phipps, Johanna Hecht and Cristina Esteras Martín (eds), *The Colonial Andes. Tapestries and Silverwork, 1530~1830* (Metropolitan Museum of Art, New York, 2004), pp. 59~71.

〈그림 26〉 크리스토발 데 비얄판도, 「요셉, 벤자민을 자신의 노예라고 주장하다」(*José reclama a Benjamín como esclavo*, 1700~14). 성서에 나오는 요셉의 생애에 관한 이야기 장면을 묘사한 여섯 점의 연작 가운데 하나. 크리오요 화가 크리스토발 데 비얄판도 (Cristóbal de Villalpando, c. 1649~1714)의 작품이며, 그의 그림은 베네치아 화파 거장들과 루벤스의 영향을 보여 주는데, 그들의 역동적인 구도가 주로 판화들을 통해서 그에게 알려졌을 것으로 보인다.

'열번째 뮤즈'로 묘사되었다)(그림 28)[136]가 멕시코시티에 있는 수녀원에서 쓴 생기발랄한 시에서, 그리고 소르 후아나의 친구이자 숭배자이며 수학자이자 자연과학자이며 역사가이면서 철학자인 카를로스 데 시구엔사 이 공고라의 천재적 박식함에서도 발견된다.[137]

---

136) Paz, *Sor Juana Inés de la Cruz*, p. 364. 파스는 앤 브래드스트리트(Anne Bradstreet)의 시(詩)도 마찬가지로 '최근에 아메리카에서 갑자기 나타난 열 번째 뮤즈'에 의해 출간되었다고 말하고 있다.

137) Irving Leonard, *Don Carlos de Sigüenza y Góngora. A Mexican Savant of the Seventeenth Century* (Berkeley, 1929).

〈그림 27〉 장식 목적으로 사용된 포토시의 은. 알토페루에서 제작된 것으로 보이는 은도금 쟁반이며, 안데스 지역 장인들 특유의 화려하고 복잡한 제작기법을 보여 준다.

에스파냐령 아메리카의 '문화적 지방들'에서 나타난 문학적 혹은 예술적 취향은 크리오요들이 자신들의 분명한 개성을 표현해 줄 표현방식의 모색에서 모국 작품들을 능가하게 되었음을 시사한다. 그리고 동시에 그들이 만들어 가고 있던 문화는 당시 인디아스에서 발전해 가고 있던 인종적으로 뒤섞인 사회의 특징과 잘 조화된 것이었음을 보여 주는 내적 일관성을 갖고 있었다. 그것은 무엇보다도 보여주기 문화culture of show였으며, 거기서는 점점 복잡해져 간 이 공동체들의 사회적·정치적 열망을 증진시키는 데 이미지가 이용되었다. 연극적인 분위기가 도처에 깔려 있었다. 본질적으로 도회적이고 압도적으로 종교적이었던 이 문화는 크리오요들이 지배하는 문화였으며, 그것은 도시 생활의 지속

〈그림 28〉 미겔 카브레라, 소르 후아나 이네스 데 라 크루스의 초상화(1750). '열번째 뮤즈라 불렸던 아메리카 출신 천재 여류시인'의 여러 사후 초상화 가운데 가장 우수한 작품이다. 크리오요 모친에게서 태어난 수녀 후아나 이네스 데 라 크루스(Sor Juana Inés de la Cruz; 1648~95)는 예외적으로 조숙한 아이로 성장했으며, 수학을 포함한 모든 학문 분야에 관심을 보였다. 그녀는 열여섯의 나이에 멕시코시티 부왕 궁정에 취직하여 5년 동안 부왕 만세라 후작(marquis of Mancera) 부인의 시녀로 일했다. 1669년 거기에서 나와 산 헤로니모 수녀원에서 수녀로 서원(誓願)하였고, 그 수녀원에서 카를로스 데 시구엔사 이 공고라를 비롯한 멕시코의 많은 문필가와 학자들과 교류하였다. 그녀는 시와 극작품을 다수 발표하여 당대 히스패닉 세계에서 가장 유명한 문인이 되었다. 그러나 후에 그녀는 교회로부터 침묵을 강요당했고, 이 초상화 뒤에 그려진 책들은 다 팔아 자선기금으로 사용했다. 또한 회개와 고행 행위를 강요당했으며, 그것은 그녀의 죽음을 재촉했던 것으로 보인다. 1695년 멕시코시티에서 눈을 감았다.

적 동반자가 되고 있던 축제와 종교행렬에서 가장 잘 표현되었다. 교회와 왕정의 생활에서 중요한 행사가 되고 있었던 이 대규모 종교 이벤트들은 대단히 잘 조직되어 있어서, 각각의 부분들이 모두 심사숙고 끝에 정해진 고유한 공간에 배치될 자격을 가진 하나로 통합된 사회라는 환상을 만들어 냈다. 인종적·사회적 긴장과 갈등은 모든 사회 계층이 하나가 되어 그들의 삶을 지배하는 보다 높은 권력, 즉 신과 왕에게 충성하고 헌신하면서 잠깐 동안이지만 기적적인 해결책을 발견하였다. 당국은 이런 행사들을 통해 민중들에게 늘 그들이 보편적 질서에 참여하고 있다는 점을 상기시킬 수 있었다. 그러나 보편은 개별에서 그 균형추를 발견하게 되었는데, 그것은 크리오요 엘리트들이 이 행사를 이용하여 그들의 다양한 파트리아patrias['모국' 혹은 '고향'—옮긴이]의 고유한 영광을 선언했기 때문이다.[138)]

영국 본국은 국제적인 바로크 문화에 참여하고 있었고, 북아메리카에서도 그 영향이 느껴지기는 했지만 당대 영국령 식민지의 문화생활에는 (에스파냐령 식민지의) 그것과 비교할 만한 것이 없었다. 신학적 확실성에 깊이 뿌리내린 철학적 사색을 가진 코튼 매더의 자의식적인 박학self-conscious erudition은 동시대 누에바에스파냐의 시구엔사 이 공고라의 그것과 얼마간의 공통점이 있었다(그림 29와 30).[139)] 병적인 것과 기적적인 것이 히스패닉 혹은 라틴 문명에서만 나타나는 현상은 아니었

138) Luis Eduardo Wuffarden, 'La ciudad y sus emblemas: imagenes del criollismo en el virreinato del Perú', in *Los siglos de oro*, pp. 59~75; Bernand, *Negros esclavos y libres*, p. 13.

139) 코튼 매더와 시구엔사 이 공고라, 그리고 그들 각각의 세계 간의 비교에 대해서는 Mayer, *Dos americanos*를 참조.

〈그림 29〉(왼쪽) 피터 펠럼, 코튼 매더의 초상화(c. 1715). 코튼 매더(1663~1728)는 보스턴의 지사(minister)를 지낸 인크리스 매더(Increase Mather)의 아들로서, 코튼 매더 역시 지사를 역임하였다. 당시 뉴잉글랜드 지식인 사회에서 가장 유명한 인물이자 다작의 문필가이기도 했던 그는 구래(舊來)의 신학에 새로운 과학의 접목을 시도했고, 그 때문에 그는 목숨을 잃어야 했다.
〈그림 30〉(오른쪽) 돈 카를로스 데 시구엔사 이 공고라의 초상화(그의 책 *Mercurio volante*, 1693에서). 시인이자, 수학자, 역사가, 지리학자이기도 했던 시구엔사 이 공고라(1645~1700)는 1672년 멕시코대학 수학과 점성학 교수로 부임하였으며, 탁월한 과학자이자 천문학자였다. 동시대를 살았던 뉴잉글랜드의 코튼 매더와 마찬가지로 백과사전적 지식의 소유자였던 그는 새로운 경험주의 철학과 교회의 가르침 간의 접목을 시도했다.

으며, 매사추세츠의 퓨리턴 문화도 '바로크적' 과도함을 지향하는 경향이 없지 않았다. 1683년 보스턴과 멕시코시티의 서적상들의 도서목록을 비교한 연구에서 드러나듯이, 두 식민지 세계의 독서 취향도 크게 다르지 않았다. 두 도시의 독자들은 한편으로 고전과 역사서적을 즐겨 찾으면서도 종교서적·기도집·도덕적 내용의 책을 선호하는 경향을 보였다. 다만 극 문학에서는 큰 차이가 있었다. 에스파냐령 아메리카에서는 극단들이 대도시에서 에스파냐 혹은 지역 극작가들이 쓴 희곡을 공적으로 상연했으며, 모국의 극장 문화에 적극적으로 참여했다. 그러나 뉴잉글랜드에서는 그런 현상이 나타나지 않았고, 퀘이커교도의 펜실베이니아도 극장 문화에 적대적이었다. 펜실베이니아 의회는 1682년 무대 공연과 가면의 사용을 금하기도 했다. 18세기 초 잉글랜드에서 건너온 소규모 공연단들이 남부 지역 식민지들을 순회 공연하면서 약간의 성공을 거두기는 했지만, 북아메리카에서는 연극이 1750년대에 가서야 지속적으로 상연되기 시작했으며, 그후로도 필라델피아와 뉴잉글랜드에서는 연극에 대한 거부감이 강하게 남아 있었다.[140)]

17세기 말, 18세기 초에 문화생활의 일관성과 세련됨에 있어서 에스파냐령 아메리카가 영국령 아메리카를 압도했다면 거기에는 그만한 이유가 있었다. 영국령 아메리카와 달리 에스파냐령 아메리카는 도시적인 문명을 만들어 냈고, 그 도시에서 대개 예수회가 제공하는 교육을 받고,[141)] 오랫동안 그들의 영향을 받은 민간인 엘리트들이 대륙 전체를 관통하는 공통의 종교적·문화적 용어를 사용했다. 멕시코시티와 리마의 부왕 궁정은 구세계 궁정 문화의 최신 유행을 신세계에 전해 주었고, 바로크 문화의 중심에 있던 활동들——극적인 스펙터클, 가면무도회, 문학 경연, 그리고 기발한 생각이나 교묘한 말장난에서 서로 상대방을 능가하려는 태도——을 후원하고 무대를 제공해 주었다. 무엇보다도 부유하

140) 뉴잉글랜드의 도서목록과 멕시코의 도서목록의 비교는 어빙 레오나르드(Irving Leonard)가 자신의 책 *Baroque Times in Old Mexico* (Ann Arbot, 1959), ch. 11에서 한 것을 참고했다. 레오나르드의 책은 지금까지도 식민 시대 누에바에스파냐의 도서 문화에 대한 소중하고도 유용한 개설서로 남아 있다. 에스파냐령 아메리카와 영국령 아메리카의 연극에 대한 간략한 설명으로는 Oscar Mazín, *L'Amérique espagnole, XVIe siècles* (Paris, 2005), pp. 162~3 and 215~16, 그리고 Kenneth Silverman, *A Cultural History of the American Revolution* (New York, 1976), pp. 59~69를 각각 참조.

141) Above, p. 205.

고 강력한 교회가 자신의 권위를 사회에 분명히 각인시켰을 뿐만 아니라 그 메시지를 막대한 재원을 동원하여, 그리고 구경거리나 형상을 통해 대중에게 전달하려고 했다.

그에 비해 영국령 아메리카는 인구가 널리 분산되어 있었기 때문에 에스파냐령 아메리카의 예를 따를 수 있는 재원도, 정치적·종교적 결속도 갖고 있지 않았다. 영국령 식민지들 대부분은 아직 서로 싸우느라 정신이 없었고, 에스파냐령 인디아스 사회들보다 역사가 훨씬 짧았다. 벤저민 프랭클린Benjamin Franklin은 1743년에 가서야 '사람들의 관심을 불가피한 일로 한정시키던 새 식민지 건설이라는 힘든 국면이 이제 어느 정도 마무리되었다. 이제 각 지방에는 여유를 갖고 예술적 소양을 개발하고 지식을 쌓으려는 사람들이 생겨났다'라고 기술할 수 있었다.[142)]

그 이전 30여 년 동안에도 식민지 사회의 몇몇 부문에서는 사실 이미 '새 식민지 건설이라는 힘든 단계'를 넘어서고 있었으며, 영국에서 수입한 옷이나 가구 구입에 소요되는 비용이 증가한 데서 분명히 볼 수 있듯이 세련된 생활에 대한 관심이 급증하고 있었다. 비록 에스파냐령 아메리카와는 달리 의식儀式적 고려가 상업적 고려에 미치지는 못했지만, 도시 프로젝트들은 보다 대규모적인 것이 되어가고 있었다. 1667년 크리스토퍼 렌의 런던 리빌딩 계획(이 계획은 프랑스의 도시 계획에서 영감을 얻고 있었다)이 아나폴리스의 설계에 영감을 제공한 것으로 보인다. 1694년 메릴랜드의 총독 프랜시스 니콜슨에 의해 계획된 이 사업은

142) 'A Proposal for Promoting Useful Knowledge among the British Plantations in America'. 프랭클린의 제안(Proposal)은 그 이듬해 아메리카철학협회 창설로 이어졌고, 그 제안문은 이 협회가 출간한 연감에 팩시밀리의 형태로 수록되었다(2002~3년의 연감, pp. 321~2 참조).

〈그림 31〉 버지니아, 찰스 카운티에 소재한 웨스트오버 하우스(Westover House, 1732). 웨스트오버, 버지니아에 자리 잡은 버드 가문의 이 저택은 윌리엄 버드 2세가 부친의 집을 허물고 새로 지은 것으로서 제임스강을 내려다보고 있다. 버드가 잉글랜드에서 목격한(그의 부친은 그를 잉글랜드로 유학 보냈다) 집들의 고전적 양식으로 지어진 이 붉은색 벽돌 저택은 18세기 버지니아 젠트리들에 의해 지어진 새 농장 주택들, 그 중에서도 처음 지어진 것들 가운데 하나인데 이 저택들은 비록 멋지게 지어지기는 했지만 그 규모나 웅장함에서 버지니아 엘리트들이 모방하려고 했던 잉글랜드 귀족들의 그것들과는 비교되지 않는다.

전형적으로 바로크적인 도시를 지향하여, 도시 대로들은 두 개의 권역(거기에는 각각 식민지 정부 청사와 영국국교회 교회가 자리 잡았다)으로부터 외곽으로 쭉쭉 뻗어나가는 것으로 되어 있었다. 니콜슨은 또 버지니아의 총독으로 그 식민지의 새 수도 윌리엄버그 건설을 계획했는데, 거기에서 1706년 렌이 사용한 방식으로 시작된 총독의 '저택'은 '버지니아 바로크' 양식을 유행시키는 데 기여했고, 그 이후 수십 년 동안 정주

자들과 젠트리들의 저택의 모델이 되어 주었다.[143)]

그렇지만 이 저택들 가운데 규모가 가장 큰 것도 영국 귀족들의 웅장한 시골 저택과 비교하면 보잘 것이 없었다(그림 31).[144)] 이것은 서로 비교할 수 없는 부의 차이를 말해 주는 것이기도 했다. 그렇지만 아메리카 해안가, 즉 남부 지역 정주자들이나 필라델피아 같은 항구 도시들에는 상당한 부가 존재했으며, 이런 곳들에서는 도시의 전문직업인들이 고국에서 렌이 유행시킨 바로 그 양식으로 자신들의 도시 저택을 지었다. 그러나 식민지들은 아직도 자기 자신의 미적 기준을 확립해 가고 있었던 영국의 (멀리 떨어져 있는) 문화적 변방에 불과했다. 식민지의 유력자 층patrons은 자신들이 따라야 할 유행에 대해 아직 확신을 갖고 있지 못했으며, 최신의 스타일과 기술에 능한 장인의 수는 얼마 되지 않았다.

그러므로 17세기 말, 18세기 초 영국령 아메리카 식민지의 문화적 성취는 에스파냐령 아메리카 식민지들의 그것에 비해 훨씬 더 재원sources의 구속에서 벗어나지 못하고 있었으며, 그것은 놀라운 일이 아니다. 대체로 영국령 식민지들은 아직 모방 단계에 있었고, 아직은 모국에서 유입되는 영향을 자신들의 고유하고 독창적인 스타일로 바꿔 가야만 하는 단계에 있었다. 에스파냐령 부왕령들에서 발견할 수 있었던 원주민 노동력이 이곳에는 없었다는 점이 독창성과 혁신의 기회를 감소시켰다. 그러나 네덜란드인과 독일인 식민정주자들이 있었기 때문에 그 지역에서 지배적이었던 영국적 취향과 유행을 넘어서는 창조적 대안이 어

---

143) 니콜슨과 '버지니아 바로크'에 대해서는 Kornwolf, *Architecture and Town Planning*, 2, pp. 567~8, 586, 632, 725~7, 그리고 Bushman, *Refinement of America*, pp. 151~4를 참조. 부시먼은 의식(儀式)적 고려와 상업적 고려 간의 균형에 대해서도 언급하고 있다.

144) 그림이 포함된 비교를 위해서는 Bailyn, *To Begin the World Anew*, pp. 9~17을 참조.

〈그림 32〉 절제의 문화. 필라델피아 소재, 크라이스트 교회(Christ Church)의 내부 모습.

느 정도는 등장할 수 있었다.

그렇지만 18세기가 경과하면서 뚜렷하게 영국령 아메리카 고유의 문화가 나타나기 시작했다. 그것은 에스파냐령 아메리카의 '보여주기 문화'와는 대조적인 절제의 문화였다고 말할 수 있다(그림 32). 비록 부유한 식민지 정주자들이 추구하는 영국적 스타일의 세련됨이 즐거운 마음으로 자신들의 집을 점점 영국의 사치품으로 채우고, 영국에서 수입해 온 면직물, 리넨, 리본, 레이스로 자신들을 치장하는 경향을 만들어 내기는 했지만, 집을 지을 때나 지역에서 생산된 가구를 구입할 때 화려함이 강조되는 바로크적 취향보다는 고전적 취향을 갖고 있었던 그들은 단순하고 편리하고 실용적인 쪽으로 기울었다. 이런 취향은 본토 식민지들 전체에서 일정한 양식상의 통일성을 낳았다. 이는 분명 뉴잉글랜드의 전통적인 절제의 문화에서, 그리고 아마도 문명의 기술arts of civilization에서 식민지의 후진성을 조롱하는 영국인들에 대한 모종의 자기 보호의 형태로서 오랫동안 단순성의 미덕을 강조해 온 체서피크 문화에서 그 영감을 끌어온 것으로 보인다.[145]

그와 비슷한 절제가 북아메리카 식민지 엘리트들이 예술 작품을 주문하고 구입하는 방식에서도 분명히 나타났다. 영국에서 수입되는 출판물의 경우 활발하게 거래되는 시장이 있었지만 그들의 집 벽에 걸린 그림은 대개 자기와 자기 가족의 초상화가 유일했다. 대개는 일거리를 찾아 식민지들을 이리저리 떠돌아다니는 미술가들이 대단히 형식주의적

145) Carson, Hoffman and Albert (eds), *Of Consuming Interests*의 논문들을 참조, 특히 Kevin M. Sweeney, 'High Style Vernacular: Lifestyles of the Colonial Elite', pp. 1~58을 보라.

〈그림 33〉 윌리엄 윌리엄스, 「풍경 속의 남편과 아내」(*Husband and Wife in a Landscape*, 1775). 윌리엄 윌리엄스(William Williams; 1727~92)는 아메리카에서 화가로 생계를 유지하려고 했던 잉글랜드 출신 화가였다. 그는 이곳에서 당시 잉글랜드에서 귀족들과 젠트리들 사이에서 유행하고 있던 것을 모방하여 식민지 가족들을 위한 약간은 나이브한 단란화(團欒畵)를 그렸다. 필라델피아에서 그는 젊은 벤저민 웨스트(Benjamin West)를 사귀게 되었는데, 그는 반대로 잉글랜드로 건너가 영국령 북아메리카 출신으로는 처음으로 유명한 미술가가 되었다.

으로 그린 이 가족초상화들은 사회적 신분의 표상이었고, 후손들에게는 개인 및 가족이 이룬 성취의 기록물이었다(그림 33). 좀더 재능 있는 미술가들에게는 대단히 실망스럽게도 정물화나 풍경화 혹은 풍속화를 주문하는 고객은 거의 없었다. 북아메리카 프로테스탄트 사회에서는 히스패닉 세계에서 수많은 미술가들을 먹여 살린 종교화를 주문하는 사람도 거의 없었다. 비록 성경에 나오는 장면이 식민지 정주자들이 집안을 장식하는 그림의 인기 있는 주제이기는 했지만 말이다. 에스파냐령 아메

〈그림 34〉 호세 마리아나 라라, 「돈 마테오 비센테 데 무시투 이 사빌데와 그의 아내 도냐 마리아 헤르트루디스 데 살라사르 이 두란」(*Don Mateo Vicente de Musitu y Zavilde y sus esposa doña María Gertrudis de Sálszar y Durán*, 18세기 말). 후기 식민 시대 누에바에스파냐 크리오요 엘리트들의 평온한 농촌 생활을 묘사하고 있다. 돈 비센테와 그의 아내는 콰우틀라 인근의 한 제당소 주인이었다.

리카에서처럼 교회와 부왕 궁정의 후원을 받지도 못하고, 그 활동이 가족 초상화 생산에 제한되어 있던 북아메리카에서 18세기 좀더 야심만만한 이 지역 미술가들—벤저민 웨스트Benjamin West, 찰스 윌슨 필Charles Wilson Peale, 존 싱글턴 코플리John Singleton Copley, 길버트 스튜어트Gilbert Stuart 등—이 런던으로 눈길을 돌리게 된 것은 자연스런 현상이었다. 그들은 명성과 수입을 위해서만이 아니라 유럽의 위대한 미술가들의 작품을 찾아 배우고, 북아메리카에서는 불가능한 보다 폭넓은 창조의 기회를 찾아 유럽으로 떠났다.[146] 반면에 에스파냐령 아메리카에는 연구하고 모사할 수 있는 에스파냐와 플랑드르 화가들의 그림이 원화의 형태로 많이 들어와 있었기 때문에[147] 멕시코와 페루의 미술가들이 공부를 위해 마드리드로 여행해야 할 필요가 훨씬 덜했다.

그러나 에스파냐령 아메리카나 영국령 아메리카나 상관없이 예술가들과 장인들은 모두가 구세계의 관례를 따를 것인가 말 것인가를 두고 고심했다. 예술가, 작가, 장인이 유럽에서 도입된 양식을 기반으로 자신들만의 혁신적인 작품을 만들었을 때도 여전히 원래 양식에 얼마나 충실했는가가 유럽인들이 자신들의 문화적 성취를 판단하는 척도가 되고 있었다. 한편, 크리오요들은 모국의 문명 수준에 더 가까이 접근하면 할수록 존경받는 협력 관계 안에 포함될 수 있다고 믿었다. 그러나 그런 주장에 부합하기 위해 노력하는 와중에도 그들은 자신들만의 정체성을

---

146) Margaretta M. Lovell, 'Painters and Their Customers: Aspects of Art and Money in Eighteenth-Century America', in Carson, Hoffman and Albert (eds), *Of Consuming Interests*, pp. 284~306; Silverman, *Cultural History of the American Revolution*, pp. 11~30.

147) Bailey, *Art of Colonial Latin America*, pp. 173~4.

발견하고 표현하기 위해 노력하기도 했다.

이 상충하는 바람을 조화시키려는 노력이 긴장과 불안을 불러일으켰음은 물론이다. 모국과의 유사성을 입증하려는 크리오요 공동체들의 결의가 강하면 강할수록 유럽인들에게 뿐만 아니라 그들 자신들에게도 비슷한 점이 별로 없다는 것이 더 분명하게 느껴졌다. 이 역설은 그들 자신들의 미래에도, 그리고 선조들의 사회(영국, 에스파냐)의 미래에도 매우 중요한 의미를 가졌다. 집단적 거부 행위에서 자신들의 정체성을 얼마나 비슷한가가 아니라 얼마나 다른가에 토대를 두어야 하는 시점에 이르면 그들은 대서양 건너편의 친척들에 의해 완전한 파트너로 받아들여지기를 열렬히 꿈꾸었던 바로 그 광범한 공동체에 등을 돌리게 될 것이었다.

제3부

해방

9장 _ 변화하는 사회

증가하는 인구

1735년 호르헤 후안과 안토니오 데 우요아라는 두 명의 에스파냐인 해군 장교는 마드리드 정부로부터 키토 왕국으로 떠나는 프랑스인 과학 원정대와 동행하여 에스파냐령 태평양 쪽 해안 지역의 특징과 상황에 관한 정보를 수집하라는 지시를 받았다. 이 두 사람이 10년에 걸친 여행을 하고 돌아와 1747년에 제출한 보고서는 관리들의 부패와 인디언들에 대한 백인들의 만행에 대해 신랄한 비판을 담고 있었다. 그러나 두 사람은 광물자원과 농업 생산에서 페루 부왕령이 엄청난 부를 갖고 있다고 언급하기도 했으며, 서문에서는 인디아스의 국가들이 '대단히 풍요롭고 부유하고 번영하다'는 기술을 하기도 했다.[1] 18세기 중엽에 누에바에스파냐와 페루 부왕령을 방문한 사람이라면 누구든지 멕시코시티와 리마의 화려한 모습과 풍족한 삶에, 그리고 여러 지역에서 나타나고

---

1) Jorge Juan and Antonio de Ulloa, *Las 'Noticias secretas de América' de Jorge Juan y Antonio de Ulloa*, 1735~1745, ed. Luis J. Ramos Gómez (2 vols, Madrid, 1985), 2, p. 29.

있던 기업 활동, 상업적 활기, 사회적 이동성에 적지 않게 놀랐을 것이 분명하다.

18세기에 두 부왕령을 찾은 사람들이 언급한 번영의 이면에는 어려웠던 17세기가 지난 뒤 새로 발견된 광산 경제의 호황이 자리 잡고 있었다.[2] 페루에서의 생산 회복(페루에서는 포토시 은광이 초기 식민 시대 페루 부왕령에서 생산되는 은의 총량 가운데 80% 이상을 차지했던 것으로 보인다[3])은 누에바에스파냐의 그것보다 더디고 불규칙적이었다. 누에바에스파냐의 광산은 수도 더 많고, 광석의 순도도 더 높았으며, 거기다가 더 낮은 세금, 더 저렴한 노동 비용의 이점도 갖고 있었다 더 큰 기회가 주어지자 누에바에스파냐 광산 기업가들과 그들을 후원하는 상인들은 페루의 동료들보다 기꺼이 위험을 감수할 더 큰 동기를 갖게 되었다. 그로 인해 누에바에스파냐는 에스파냐령 아메리카 귀금속 생산 총량이 네 배 증가한 한 세기 동안 페루에 대하여 압도적 우위를 점하게 되는데, 이 기간 동안 페루에서는 250퍼센트 증가한 데 비해, 누에바에스파냐의 증가율은 600퍼센트에 이르렀다.[4]

이 급속한 생산 증가는 지하 갱도 발파 기술을 제외하면 획기적인 기술상의 개선보다는 노동 방법과 노동 고용의 변화에 그 원인이 있었던 것으로 보인다. 생산 증가의 원인은 은 정제 과정을 위해 에스파냐에서 수입되는 수은의 보다 원활한 공급, 새 갱도의 개발, 위험하기는 하지만 잠재적으로 매우 수지맞는 사업에 투자하려는 마음, 그리고 아메

2) Above, pp. 227~8.

3) Fisher, *Economic Aspects of Spanish Imperialism*, p. 95.

4) *Ibid*., pp. 187~9; Bakewell, *History of Latin America*, pp. 257~8.

리카 은에 대한 유럽으로부터의 엄청난 수요였던 것으로 보인다. 사업가들은 인구 증가의 덕을 보기도 했는데, 그것은 특히 임금을 낮추는 데 —이것은 페루 광산보다는 강제 노동에 의존하는 정도가 낮았던 누에바에스파냐 광산에서 특히 중요한 요인이었다—도움이 되었다.[5)]

18세기 추출 경제—특히 금보다는 은[6)]—의 발전으로 생겨난 부와 활기는 에스파냐령 아메리카 전체에 영향을 미쳤다. 사실 채광 관련 활동에 직접 종사하는 인구의 비율은 그리 높지 않았는데, 누에바에스파냐의 전체 노동 인구 가운데 0.5퍼센트 정도를 차지하였던 것으로 보인다.[7)] 그러나 광산 지역으로 몰려드는 수많은 사람들에게 입힐 옷과 먹일 식량이 마련되어야 했고, 연장과 소모품이 광산 지역으로 지속적으로 유입되어야 했으며, 그것들 가운데 많은 것은 멀리 떨어진 곳으로부터 황량하고 험준한 지형을 통과하여 들여와야 했다.

이런 모든 활동은 지역 경제에 중요한 영향을 미쳤다. 광산 도시들에 비교적 쉽게 접근할 수 있었던 지주들은 늘어나는 수요에 부응하여 옥수수, 밀, 가축의 생산을 늘릴 강력한 유인을 갖게 되었다. 그로 인한 결과가 가장 심하게 나타난 곳이 누에바에스파냐의 북부 바히오Bajío 지

---

5) 생산 증대에 대한 설명으로는 D. H. Brading, *Miners and Merchants in Bourbon Mexico, 1763~1810* (Cambridge, 1971), ch. 2; Bakewell, 'Mining in Colonial Spahish America', *CHLA*, 2, ch. 4를 참조.

6) Anthony McFarlane, *Colombia Before Independence. Economy, Society and Politics under Bourbon Rule* (Cambridge, 1993), p. 73. 여기에는 누에바그라나다의 금광산에 대한 언급도 포함되어 있다.

7) Guillermo Céspedes del Castillo, *Ensayos sobre los reinos castellanos de Indias* (Madrid, 1999), p. 210. 피셔(Fisher)는 자신의 책 *Economic Aspects of Spanish Imperialism*, p. 64에서 18세기 말 누에바에스파냐 전체 인구 1,700만 명 가운데 은광 사업에 직접 참여하는 사람의 수가 7만 5,000명이 채 안되는 것으로 추산했다.

역이었는데, 그 이전에는 인구도 적고 멀리 떨어진 변경지역이었다.[8] 과나후아토 광산지역—이곳은 18세기 에스파냐령 아메리카의 모든 광산 지역들 중에서 가장 생산성이 높은 지역이었다—의 번영은 중부 멕시코 지역의 수많은 사람을 이곳으로 끌어들였다. 18세기 말 과나후아토 시는 주변 마을들을 포함하면 인구가 5만 5,000명이 넘었다. 이 인구 증가의 가장 중요한 수혜자는 인근 레온León 시 주변 농촌지역이었는데, 이곳은 전통적으로 많은 소규모 자영농들이 살고 있었다. 그 중 일부는 지가地價가 상승한 상황에서 자신의 땅을 대농장 주인들에게 팔아 이익을 보았고, 또 어떤 사람들은 보유지를 많이 끌어모아 스스로 아시엔다의 주인이 되기도 했다. 바히오 지역의 또 하나의 급성장 도시였던 케레타로의 직물업 작업장들의 발전에서도 그랬지만 토지 소유와 이용에서도 광산업의 활성화로 생겨난 도시 시장의 확대는 사회경제적 변화의 강력한 촉진제였다.

그러나 은 생산의 중요성, 그리고 은이 수출 무역에서 차지하는 압도적인 비중 때문에 두 부왕령에서 은광업은 다른 경제활동에 비해 지나치게 큰 영향력을 갖게 되었다. 그것은 또한 부를 극소수 사람들의 수중에 집중시켰으며, 놀랄 만한 부가 생겨나기도 하고 상실되게 하기도 했다. 은의 채굴과 수출의 여러 단계에 접근할 수 있었던 엘리트들은 유럽으로부터 혹은 대 필리핀 무역을 통해 아시아로부터 유입되는 사치품의 주요 고객이기도 했다. 그 점에서 누에바에스파냐와 페루의 추출 경제가 어떤 점에서는 영국령 카리브 지역과 (북아메리카) 본토 남부 식민

8) Brading, *Hacienda and Ranchos*, p. 18. 이 책은 18세기 이 지역의 발전에 관한 고전적인 연구이다.

지 플랜테이션 경제와 비슷하다고 할 수 있었다. 왜냐면 후자에서도 소규모 농장주 계층에 부가 집중된 것이 외부에서 수입되는 사치품의 소비를 촉진하고, 다수 대중은 가난하게 살아야 했기 때문에 국내 시장의 확대를 방해하는 쪽으로 영향을 미쳤기 때문이다.[9]

그러나 두 지역이 완전히 비슷하지는 않았는데, 왜냐하면 은은—그 은이 전량 직접 수출되지 않는 한—설탕이나 담배와 달리 식민지 경제를 화폐 경제화하는 수단이 되고, 또 그것의 주인이 바뀌는 과정에서 새로운 활동들을 만들어 냈기 때문이다.[10] 외부로 유출되지 않고 에스파냐령 아메리카에 잔류한 은의 양이 얼마나 되었는지 확실히 알 수는 없지만 아마도 전체 생산량 가운데 반 정도는 되었던 것으로 보인다.[11] 아메리카 교역의 필요를 만족시키기 위해 주화로 만들어진 뒤에 잔류한 분량 말고도 주화로 주조되든 그렇지 않든 상당량의 은이 당국의 허가 없이 지역 경제 안에 끊임없이 스며들었으며, 그렇게 스며든 은은 에스파냐령 아메리카 제국 내부 교역에 활기를 불어넣었다. 비록 그 중 일부는 공과금과 세금 지불을 위해 에스파냐 왕실로 들어가고, 상품 구입을 위해 유럽이나 아시아로 유출되었지만 그럼에도 상당량이 잔류하여 18세기 교회 건축과 도시 개선사업(그것은 방문자들에게 풍요와 번영의 느낌을 가져다 주었다)에 쓰여졌다.[12]

---

9) Anthony McFarlane, 'Hispanoamérica bajo el gobierno de los Borbones: desarrollo económico y crísis política', in José Manuel de Bernardo Ares (ed.), *El hispanismo anglonorteamericano* (Actas de la I Conferencia Internacional, *Hacía un nuevo humanismo*, 2 vols, Córdoba, 2001), 1, pp. 531~63, 562~3.

10) Studnicki-Gizbert, 'From Agents to Consulado', p. 52~3.

11) Garner, 'Long-Term Silver Mining Trends', p. 902.

12) Bakewell, *History of Latin America*, p. 198; *CHLA*, 2, p. 100.

성장과 발전은 누에바에스파냐와 페루의 추출 경제로부터 멀리 떨어져 있기는 했지만 점차 대서양 경제 안에 포함되어 가고 있던 에스파냐령 아메리카 동부 지역에서도 가시화되었다. 베네수엘라의 카카오, 라플라타 지역의 짐승가죽은 점점 더 많은 양이 유럽으로 수출되고 있었다. 이것은 카라카스와 부에노스아이레스에 새로운 번영과 인구 증가를 가져다 주었는데, 부에노스아이레스는 이미 그전부터 페루 광산에서 생산되는 은의 유출 경로에 위치해 있다는 지정학적인 이점 때문에 상당한 이익을 얻고 있었다.[13] 그러나 18세기 전반기에 에스파냐령 아메리카에서 나타난 경제 발전과 사회 변화의 모든 징후에도 불구하고 오랫동안 다른 곳을 여행하고 나서 두 아메리카로 돌아온 여행객이라면 아마도 그보다는 같은 시기 동안 영국령 아메리카에서 나타난 변화에 훨씬 더 놀라게 되었을 것이다.

이는 결코 이상한 일이 아니었는데, 그것은 영국령 식민지들이 에스파냐령 식민지들에 비해 훨씬 나중에 정주가 진행되었고, 그 공동체들 가운데 여럿은 18세기가 시작될 무렵에도 아직 생존을 위해 분투하고 있었기 때문이다. 캐롤라이나의 식민화는 1670년 바베이도스에서 온 농장주들이, 그리고 에스파냐령 플로리다에서는 프란체스코회 선교마을들과 지나치다 싶을 정도로 가까운 곳에 찰스타운을 건설한 것과 함께 시작되었다.[14] 버지니아에서 온 사람들에 의해 정주가 이루어진 캐롤라이나 북쪽의 앨버말 군Albermarle County은 1691년 노스캐롤라이나라는 이름의 독립적 정치체로 등장했다. 델라웨어 군들은 1680년대에

13) Bakewell, *History of Latin America*, pp. 262~3; and above, p. 227.

14) Above, p. 217.

건설된 영주 식민지 펜실베이니아에서 떨어져 나와 1701년 독립적 식민지가 되었다. 혁명 이전에 건설된 13개 본토 식민지 가운데 마지막으로 생겨난 조지아는 1730년대에 가서야 정주가 시작되었다.

전통적으로 영국령 아메리카의 새 식민지 건설은 모국에서 나타난 정치적·종교적·경제적 압박에 대한 반응의 형태로 이루어졌다. 그러나 노스캐롤라이나의 건설에서 볼 수 있는 것처럼, 이제까지는 본국의 관심사에 의해 지배되어 온 과정이었다면 이제는 아메리카의 지역적 상황이 중요한 역할을 하는 쪽으로 바뀌기 시작했다. 그 중에서도 가장 중요한 요인은 토지에 대한 갈증이었다. 17세기 말부터 영국령 아메리카 인구는 극적으로 증가했으며, 인구 증가는 18세기 식민지 생활의 모든 측면에 중요한 영향을 미치는 강력하고도 새로운 요인이 되었다. 인구 증가는 부분적으로는 당시 유럽의 수준에서 보면 놀라운 규모로 이루어진 자연 증가 때문이기도 하고, 백인 이민자와 아프리카 노예 노동력의 유입에 따른 결과이기도 했다.[15)]

1660년부터 1780년 사이에 본토 식민지의 전체 인구는 연간 3퍼센트의 비율로 증가했다.[16)] 1660년 14만 5,000명, 1710년 50만 명 정도이던 아메리카 식민지의 전체 인구(백인과 흑인 합쳐서)가 1760년에 대략 200만 명으로 증가했고, 그 중 64만 6,000명이 흑인이었으며, 그 가운데

---

15) 18세기 인구 증가와 그것이 갖는 의미에 대하여는 McCusker and Menard, *Economy of British America*, ch. 10; Richard B. Johnson, 'Growth and Mastery: British North America, 1690~1748', in *OHBE*, 2, ch. 13; Jack P. Greene, *Pursuits of Happiness* (Chapel Hill, NC and London, 1988), pp. 17~84, and *Negotiated Authorities*, pp. 100~9 참조. Herbert S. Klein, *A Population History of the United States* (Cambridge, 2004), ch. 2는 식민시기 전반의 인구 추세에 대한 간략한 개요를 제공하고 있다.

16) McCusker and Menard, *Economy of British America*, p. 217.

반 정도가 카리브해 플랜테이션에서 일하는 사람들이었다.[17)]

이 괄목할 만한 인구 증가 가운데 3분의 2에서 4분의 3 정도가 자연 증가의 산물이었다. 18세기 북아메리카 본토는 유럽에서 자주 기근의 원인이 되었던 주기적인 흉작으로부터 비교적 자유로웠다. 출산율은 높았고, 유아사망률은 유럽에 비해 매우 낮았다. 대부분의 사람들이 대부분의 기간 동안 적절한 평화와 안전을 향유했다.[18)] 그러나 인구 증가의 비율이나 정도는 지역적 편차가 컸다. 아메리카 본토의 연평균 증가율은 도서 지역의 그것보다 약 두 배 정도 높았다. 본토 식민지들 가운데 체서피크 정주지는 2.4퍼센트의 증가율을 보인 뉴잉글랜드보다 증가 속도가 더 빨랐으며, 로어사우스의 증가율은 4.3퍼센트를 기록했다.[19)]

인구 증가율 상승세를 떠받치는 또 하나의 요소는 자발적 혹은 강제적 이민이었다. 1690년부터 1750년 사이에 외부로부터 영국령 본토 식민지로 들어온 이민자의 수는 25만 명 정도로 추정된다. 이 가운데 약 14만 명이 아프리카 혹은 카리브 지역 플랜테이션으로부터 이송되어 온 흑인 노예였다. 본토에 정착한 노예 인구의 재생산율은 카리브제도보다 훨씬 높았다. 아직 완전히 설명되지 않고 있는 이유 때문에 카리브제도에서는 사망률은 훨씬 더 높고, 출산율은 훨씬 더 낮았다.[20)]

이 강제적 이민자 중 대부분은 아프리카 노예수송선보다 별로 나을 것 없는 배로 쇠사슬에 묶인 채 세 식민지(펜실베이니아, 메릴랜드, 버

---

17) Greene, *Pursuits of Happiness*, pp. 178~9의 도표 8.1을 참조.

18) Johnson, in *OHBE*, 2, p. 279.

19) McCusker and Menard, *Economy of British America*, p. 217.

20) Johnson in *OHBE*, 2, p. 280; McCusker and Menard, *Economy of British America*, pp. 231~4.

지니아)로 끌려온 사람들이었다.[21] 잉글랜드에서 온 자발적인 이민자의 경우, 17세기에 비해 18세기에 수가 크게 감소했다. 본국에서 팽창 일로의 경제가 본국 인구 중 잉여 인구의 상당 부분을 흡수하고 있었기 때문에 이제 아메리카로 떠나려는 사람들은 대개 절망에 빠져 있는 사람들이 아니라 기술을 가진 사람들이었다. 그들은 식민지에서 급속히 확대되고 있던 숙련 노동 시장이 제공하는 높은 임금과 넓은 기회를 찾아 아메리카로 이주하려는 사람들이었다. 그러나 직업 간에도 차이가 커 어떤 기술은 다른 기술보다 더 수요가 많았다. 고향에서 사고를 치고 1729년 계약노동자 신분으로 식민지행 배에 오른 뉴캐슬 출신의 난봉꾼 윌리엄 모렐리는 시계수리공이라는 자신의 직업이 '아메리카인들에게 아무 쓸모도 없으며', 식민지에서 '유용하게 써먹을 수 있는 직업은 벽돌공, 제화공, 이발사, 목수, 가구공, 직조공, 제빵공, 무두질공 등이며, 무엇보다도 유용한 직업은 농부'라는 핀잔을 들어야만 했다.[22]

잉글랜드인과 웨일즈인의 이민은 전 세기에 비해 크게 감소했지만—17세기에는 35만 명이었으나 18세기에는 10만 명이 채 되지 않았다[23]—이 감소는 스코틀랜드인과 스코틀랜드-아일랜드인Scots-Irish 이민자의 증가로 얼마간 상쇄되었다. 1760년 이전에 10만에서 15만 명 사이의 스코틀랜드-아일랜드인이 도착했으며, 그 이후 수십 년 동안 모국 내의 인구 압박과 고용 기회 부족으로 그보다 훨씬 더 많은 사람들이

---

21) A. Roger Ekirch, *Bound for America. The Transportation of British Convicts to the Colonies, 1718~1775* (Oxford, 1987)를 참조.

22) William Moraley, *The Infortunate* (1743), ed. Susan E. Klepp and Billy G. Smith (University Park, PA, 1992), p. 52.

23) James Horn, 'British Diaspora: Emigration from Britain, 1680~1815', in *OHBE*, 2, ch. 2, p. 31.

아메리카로 건너왔다.[24] 이들 켈트계 이민자들에다 점점 더 불어나는 대륙 유럽 이민자들이 더해졌으며, 그들의 존재는 영국령 아메리카라는 여러 민족들의 모자이크(당시 식민지 사회는 그렇게 되어 가는 과정에 있었다)에 새롭고 다채로운 조각들을 더해 주었다. 루이 14세 치세에 프랑스에서 도망쳐 나온 위그노 피난민 외에도 독일어를 사용하는 이민자들이 ―1783년까지 10만 명이 넘었다―경제적 어려움이나 정치적 불안 때문에, 혹은 종교적 소수파가 자신들에게 필요한 공간을 만들려고 노력하는 와중에 펜실베이니아 퀘이커교도들이 거둔 성공담에 자극을 받아 북아메리카로 옮겨 왔다.[25]

독일 이주자들 대부분은 필라델피아에 상륙했다. 그 중 일부는 다시 다른 곳으로 옮겨 갔지만 대부분은 펜실베이니아에 머물렀으며, 그곳에서 그들은 앞서 언급한 윌리엄 모렐리가 '가난한 사람들에게 최고의 나라'라고 기술한 바 있는 나라를 발견했다. 이것은 당시 이미 널리 사용되고 있었던 어구였던 것으로 보인다.[26] 특히 중부와 남부 식민지들이 18세기에 극적인 팽창 국면에 들어서고 있었지만 영국 대서양 경제의 호황으로 아메리카 본토 대부분 지역에서 보다 나은 삶의 기회가 새로 생겨나고 있었다.

히스패닉 세계에서는 비록 17세기에 다수의 아일랜드인을 비롯해 외국인 가톨릭교도들의 인디아스 정주를 허용하고, 18세기에 관리들이

---

24) Bernard Bailyn, *Voygers to the West* (New York, 1986), p. 25.

25) 독일어 사용 이주민에 대하여는 Altman and Horn, *'To Make America'*, ch. 7에 있는 Marianne Wokech의 글을 참조.

26) Moraley, *The Infortunate*, p. 89. 같은 표현이 1724년 크리스토퍼 사우어(Christopher Sauer)가 펜실베이니아 초기 모습을 기술하면서 썼던 한 편지에서도 나타난다. Lemon, *The Best Poor Man's Country*, p. xiii 참조.

(외국인 이주 금지) 정책을 점점 완화하는 경향을 보여 주기는 했지만, 18세기 전반기 동안 영국령 북아메리카에 백인 이주자들이 대거 이동한 것과 비교될 만한 큰 인구 이동은 없었다. 그것은 무엇보다도 비에스파냐인들의 이주를 금하는 국왕의 공식 정책 때문이었다. 그렇지만 에스파냐인들의 아메리카로의 이주도 전보다는 덜했지만 꾸준하게 진행되었다.[27] 18세기 영국인의 이주가 그랬던 것처럼 이곳에서도 새로운 지류들이 이 큰 흐름에 속속 합류하고 있었다. 18세기에 영국 변경 지역 출신 사람들이 전체 백인 이주민 가운데 점점 더 많은 부분을 차지해 갔던 것처럼, 에스파냐 변두리 지역 출신 사람들도 전보다 더 큰 부분을 차지해 가고 있었다. 식민화 첫 세기(16세기)에 지배적이었던 카스티야인, 안달루시아인, 엑스트레마두라인에다 17세기 동안 특히 점점 더 많은 바스크인이 합류했다. 18세기에는 에스파냐 동쪽 해안지역(즉 카탈루냐인과 발렌시아인) 외에도 북부 지역 출신 이민자들—바스크인 외에도 갈리시아인, 아스투리아스인, 칸타브리아 산악 지역에서 온 카스티야인까지—이 점점 더 많아졌다.[28]

이들 변두리 지역에서 출발한 새 이민 행렬 가운데 일부는 에스파냐 국왕의 장려와 지원 하에 이루어진 것이었다. 18세기에 에스파냐인들의 땅을 조금씩 잠식해 오는 영국인과 프랑스인들에 맞서기 위해서는 사람이 살지 않는 곳으로 에스파냐령 아메리카 제국의 경계선을 더 확

27) 그러나 18세기 전 기간 동안 대략 5만 명밖에 이주하지 않았다는 주장은 지나치게 적게 잡은 추정치인 것으로 보인다. Magnus Mörner, 'Spanish Migration to the New World, Prior to 1800', in Chiappelli (ed.), *First Images of America*, 2, p. 742 참조.

28) Chiappelli (ed.), *First Images of America*, 2, pp. 745~6; *CHLA*, 2, pp. 31~2; Rosario Márquez Macías, 'La emigración española en el siglo XVIII a América', *Rábida*, 10 (1991), pp. 68~79.

대시키고, 텅 빈 넓은 땅을 어떻게든 주민들로 채워야만 했다. 멀리 떨어진 이 제국 전초기지들에 가서 살고 싶어 하는 에스파냐인이 거의 없는 상황에서 거주자도 방어시설도 거의 없었던 플로리다의 총독들은 정주자들을 보내달라고 마드리드에 요청했다. 이에 국왕은 갈리시아와 카나리아제도의 농민들에게 여비 보조를 비롯한 몇 가지 편의 제공을 약속하면서 이주를 장려했다. 이에 대해 고향 땅에 있는 얼마 되지 않은 자신들의 땅뙈기를 끝까지 고수하려고 한 갈리시아인들 중에서는 지원자가 별로 나타나지 않았지만, 카나리아제도에서는 상당수의 지원자가 나타나 국왕 정책이 큰 성공을 거두었다. 이 카나리아제도인들의 아메리카로의 이주는 그 기원이 식민화 초기까지로 거슬러 올라가는데, 1670년대 카나리아 인구가 포화 상태에 이르자 지역 주민 가운데 상당수가 주로 베네수엘라로 이주한 적이 있었다. 카나리아제도인들은 이 베네수엘라와 16세기에 쿠마나가 정복되었을 때부터 모종의 커넥션을 유지해 오고 있었다.[29)]

카나리아제도인들은 가족 단위로 이주하는 경향이 있었으며, 상당히 많은 가족이 1750년대에 플로리다의 수도 산아구스틴에 정주했다. 카나리아제도인 가운데 일부는 그전에 멀리 떨어진 전진 기지 텍사스의 산안토니오로 파송되었다. 그러나 정부 지원을 받은 이들 이주민의 수가 애초의 기대에는 크게 미치지 못했다. 전에도 자주 그랬듯이, 에스파냐의 관료제는 이번에도 좋은 의도의 무덤이 되고 말았다.[30)]

---

29) Manuel Hernández González, *Los canarios en la Venezuela colonial, 1670~1810* (Tenerife, 1999) 참조.

30) Canny (ed.), *Europeans on the Move*, p. 34; Weber, *Spanish Frontier*, pp. 182 and 192~3.

다른 유럽 국가들의 국민을 배제하려는 에스파냐 국왕의 이민 정책과는 별개로, 18세기 에스파냐령 아메리카 영토가 영국 국왕 영토에 비해 잠재적 이주자의 마음을 끌지 못한 이유는 또 있었다. 에스파냐 인구가 다시 증가하고는 있었지만—1717년 750만 명에서 1768년 900만 명 이상으로 증가했다[31]—17세기에 발생한 인구 손실, 특히 카스티야 왕국에서 나타났던 손실을 만회하기 위해서는 시간이 좀더 필요했다. 인구 증가는 에스파냐 중심부보다는 주변부에서 더 강하게 나타났으며, 이민이 국내의 인구 압박에 대한 반응이었다고 한다면 압박이 더 강하게 느껴졌어야 했던 곳은 중심부보다는 주변부 지역이었다.

에스파냐령 아메리카의 여러 지역에서 경제적 활기가 새로 나타나기는 했지만 그것이 이 무렵 이민자들에게 제공한 기회는 영국령 식민지로 간 이민자들이 기대할 수 있었던 것보다 좋을 것 같지 않아보였다. 영국령 아메리카에서와 마찬가지로 에스파냐령 아메리카에서도 아프리카 노예를 수입하여—노예 수입의 대부분은 1713년 위트레흐트 조약 이후, 영국 상인들의 수중에 들어가 있었다—아시엔다와 플랜테이션 운영에 필요한 노동력을 지속적으로 공급했다. 1651년부터 1760년까지 에스파냐령 아메리카로 수입된 아프리카인의 수는 적어도 34만 4,000명에 이르렀다.[32] 누에바그라나다(금광업과 농업이 결합된 이 지역

---

31) Jordi Nadal, *La población española* (*Siglos XV a XX*) (2nd edn, Barcelona, 1984), table 12, p. 90.

32) *CHLA*, 2, pp. 32~3. Eltis, 'Volume and Structure of the Transatlantic Slave Trade'의 도표 3에서 제시된 1651~1750년 간 수입된 노예 수치는 그보다 훨씬 적다(53,400명). 그런데 이 수치는 빠져 있는 부분이 많으며, 아프리카로부터 직접 들여온 노예들만 포함되어 있다. 카리브해 중간기지들을 통해서 에스파냐령 아메리카로 수입된 다수의 아프리카인들은 그 수치에서 배제되어 있는 것이다.

경제에서 아프리카인들은 급속히 감소해 간 인디언 인구의 자리를 채워 가고 있었다) 같은 제국 변경에 있는 영토의 경영에 필요한 노동력을 제공하기 위해 점점 더 많은 노예가 필요했다.[33] 베네수엘라의 카카오 생산지인 카라카스에서는 흑인노예가 1670년대~1740년대 경제 호황기의 지배적인 노동 형태였다.[34] 제국의 또 다른 전초기지였던 쿠바는 18세기 중엽 3만에서 4만 명가량의 노예 인구를 갖고 있었다. 이 섬으로 노예가 대규모로 수입되기 시작한 것은 1762년 영국이 아바나를 잠시 점령하고 난 이후였는데, 이는 주요 수출품이 짐승가죽과 담배에서 설탕으로 바뀌면서 나타난 사탕수수 플랜테이션의 극적인 확대에 그 원인이 있었다.[35]

흑인 노예 수입은 원주민 노동력을 갖고 있지 않거나 그것이 부족한 지역에서 비숙련 노동력에 대한 지역적 수요를 충족시키는 데 도움을 주었다. 그러나 아메리카 본토의 좀더 오래된 에스파냐인 정주지역은 영국령 본토 식민지들에 비해 외부에서 유입되는 숙련 노동에의 의존도가 덜 했다. 영국령 아메리카에서와 마찬가지로 이곳에서도 18세기는 인구 증가의 시기였고, 인디언·메스티소·자유 흑인 인구의 증가가 수공업 계층의 증대에 기여했다. 그것은 비록 소수 엘리트를 제외한 모든 사람들이 빈곤했기 때문에 아직 제한적이기는 했지만 도시에서 증가 일로에 있던 수요를 충족시켜 주었다.[36]

---

33) McFarlane, *Colombia Before Independence*, pp. 66~7.

34) Ferry, *Colonial Elite of Early Caracas*, p. 72.

35) Thomas, *Slave Trade*, pp. 272~3; Klein, *Slavery in the Americas*, p. 150.

36) Hoberman and Socolow (eds), *Cities and Society* 제8장에 실린 Lyman Johnson의 글 ('Artisans'), 특히 pp. 244~5를 참조.

특히 누에바에스파냐 부왕령의 인구가 급증했는데, 1650년 150만 명 정도이던 것이 100년 후에는 250만~300만 명으로 늘어났다. 이는 영국령 아메리카의 모든 식민지들의 인구를 합친 것보다 더 많은 것이었다.[37] 그러나 에스파냐령 아메리카 전체를 놓고 보면 인구 증가율과 그 내용에서 지역적 편차가 컸는데, 크리오요, 메스티소의 증가율과 인디언의 증가율 간에는 큰 차이가 있었다. 페루의 인디언 인구와, 특히 누에바에스파냐의 인디언 인구는 17세기 중엽부터 정복과 식민화 직후 그들에게 덮친 대재앙에서 점차 회복되어 가고 있었다. 그 회복이 무시할 수는 없었지만 아직은 미약했다. 유럽의 질병에 대한 인디언들의 저항력이 나아지기는 했지만 1719~20년 중앙안데스 지역에 큰 피해를 가져다 준 역병과 1737년 중앙 멕시코 지역을 휘몰아친 장티푸스의 예로 볼 수 있듯이, 인디언들은 아직도 역병에 취약했다. 인디언의 사망률—특히 아동 사망률—은 여전히 백인이나 메스티소의 그것보다 훨씬 더 높았다.[38] 18세기 말 식량 공급이 인구 증가를 따라잡지 못한 지역에서는 인구 회복도 그만큼 지지부진했다.[39]

크리오요 인구도 증가하고 있었다. 18세기 말 인디언 인구의 비율이 10퍼센트 이하로 떨어질 때까지 계속 감소해 간 칠레에서는 크리오요 공동체가 18세기 전반기 동안 연 1퍼센트의 비율로 증가하고 있었으며, 18세기 후반기에는 증가 추세가 더 가속화되었다.[40] 크리오요 인구

37) Bakewell, *Latin America*, p. 256.

38) 유아사망률에 대해서는 비록 그것이 1755년 이후의 것이기는 하지만 Brading, *Haciendas and Ranchos*, p. 57에 있는 도표를 참조.

39) *Ibid*., p. 177; *CHLA*, 2, pp. 23~5.

40) Marcello Carmagnani, 'Colonial Latin American Demography: Growth of Chilean Population, 1700~1830', *Journal of Social History*, 1 (1967~8), pp. 179~91.

의 증가율은 비록 순수 에스파냐인 혈통은 아니지만 스스로 백인이라고 생각하는 사람들을 그 범주에 포함시킴으로써 더 두드러지게 되었다. 그러나 18세기 에스파냐령 아메리카의 삶에서 가장 두드러진 특징은 카스타들, 즉 혼혈인의 급증이었다.[41] 지역적 편차는 있지만 그것이 가져온 결과는 분명했다. 칠레보다는 누에바그라나다에서 그 결과가 더 확실히 나타났다. 1780년경 누에바그라나다의 인구는 메스티소 46퍼센트, 인디언 20퍼센트, 흑인 8퍼센트, 백인(크리오요와 이베리아 반도에서 온 에스파냐인) 26퍼센트로 되어 있었다. 한편 누에바에스파냐에서는 크리오요 인구가 1800년 무렵 (의심의 여지없이 다수의 메스티소를 포함해서) 18~20퍼센트까지 올라가기는 하지만 1740년대까지만 해도 전체 인구의 9퍼센트에 불과했다. 1790년대 페루에서는 크리오요가 전체 인구 가운데 13퍼센트에 불과했지만 칠레에서는 76퍼센트나 되었다.[42] 그 후 누에바그라나다 사회는 안데스 페루, 혹은 인구가 더 밀집한 누에바에스파냐 사회에 비해 더 유동적이었다. 누에바에스파냐에서는 인디언이 전체 인구의 60퍼센트 이상을 차지했고, 에스파냐인들과 인디언들의 두 '공화국'은 도시가 아닌 지역들에서는 계속해서 순전히 명목적인 존재 이상의 지위를 가지고 있었다.[43] 그러나 누에바에스파냐와 페루에서도 누에바그라나다만큼은 아니지만 혼혈 인구의 증가가 사회의 성격에 변화를 가져다 주고 있었으며, 조만간 전통적 구분을 훼손하고 그동안 상당한 통합성과 자치를 고수해 온 인디언 공동체들을 약화시키게 될

41) Above, p. 170.

42) McFarlane, *Colombia Before Independence*, p. 34; Carmagnani, 'Colonial Latin American Demography', p. 187; Bakewell, *Latin America*, pp. 277~8.

43) McFarlane, *Colombia Before Independence*, p. 34~8.

새로운 요인들을 만들어 내고 있었다.

18세기 아메리카 전체에 나타난 인구 증가의 중요한 결과 중 하나는 영국령 식민지와 에스파냐령 식민지 모두 도시 인구가 크게 늘어났다는 것이다. 북아메리카 본토 5대 도시의 인구는 1720년에서 1740년 사이에 보스턴에서 29퍼센트, 뉴욕 57퍼센트, 찰스타운 94퍼센트까지 각각 증가했다. 이 증가가 상당한 것이기는 하지만 에스파냐령 아메리카 세계의 주요 도시와 비교하면 그다지 많은 증가라고 할 수 없었다.[44]

도시의 성장 자체가 사회의 도시화를 의미하지는 않았다. 인구가 증가하고 새로운 땅을 경작하기 위해 사람들이 도시 밖으로 빠져나가면서 영국령 아메리카의 도시 거주 인구 비율은 오히려 감소했다. 독립 직전까지 본토 인구 가운데 2,500명 이상의 인구를 가진 도시에서 거주하는 인구는 7~8퍼센트에 불과했다.[45] 에스파냐령 아메리카에서도 인구 증가가 도시 거주 인구의 비율을 낮추는 경향이 있었다. 그러나 남아메리카에서 1750년 2만 명 이상의 인구를 가진 도시에 거주하는 인구의 비율은 13퍼센트 정도였는데, 이 수치는 북아메리카보다는 훨씬 높은 것이었다. 에스파냐령 아메리카의 도시들이 유럽 도시들에 비하면 훨씬 광범한 지역에 분산되어 있기는 했지만, 유럽의 도시 거주 인구 비율과

---

44) 북아메리카의 인구 수치는 Bridenbaugh, *Cities in the Wilderness*, p. 303에서 인용했으며, 에스파냐령 아메리카의 인구 수치는 Hoberman and Socolow (eds.), *Cities and Society*, p. 5의 도표를 참고했다. 이 도표에 나오지 않는 키토의 인구 수치는 Martin Minchom, *The People of Quito, 1690~1810* (Boulder, CO, 1994), p. 135에서 인용했으며, 인용을 허락해 주신 앤서니 맥팔레인(Anthony McFarlane) 교수에게 감사드린다. 18세기 북아메리카 주요 도시들의 인구 증가율의 차이에 대한 분석과, 특히 1740년 이후 보스턴의 인구 정체에 대해서는 Jacob M. Price, 'Economic Function and the Growth of American Port Towns in the Eighteenth Century', *Perspectives in American History*, 8 (1974), pp. 123~86을 보라.

45) McCusker and Menard, *Economy of British America*, p. 250.

1742년		1740년대에서 1760년대까지	
보스턴	16,000	멕시코시티	112,000
필라델피아	13,000	리마	52,000
뉴욕	11,000	아바나	36,000
찰스타운	7,000	키토	30,000
뉴포트	6,000	쿠스코	26,000
		산티아고데칠레	25,000
		산타페데보고타	19,000
		카라카스	19,000
		부에노스아이레스	12,000

비슷했다.[46)]

상대적으로 규모가 작았던 영국령 아메리카 도시들에서도 도시 성장은 하층 계급의 증가를 가져왔으며, 시 정부는 점차 이들에게 관심을 두게 되었다.[47)] 1690~1713년의 전쟁 중에 처음으로 빈곤이 문제가 되었던 ―이 전쟁은 수많은 전쟁미망인과 고아를 만들어 냈으며, 종전과 함께 선원과 목수들 가운데 다수가 일자리를 잃었다― 보스턴에서는 1740년 전체 인구 가운데 4분의 1이 빈곤선 이하의 삶을 살았다.[48)] 에스파냐령 아메리카 도시들에서는 이것이 해묵은 문제였다. 1692년 멕시코시티에서 일어난 폭동은 밀집한 빈민가의 불결한 환경에서 빈곤선 이하로 살아가는, 다양한 인종의 대규모 인구가 갑자기 곡가 인상에 직면하게 되었을 때 어떤 일이 일어날 수 있는지를 상기시켜 주는 뼈아픈 기

46) Romano, *Conjonctures opposées*, pp. 39~40과 도표 3; *CHLA*, 2, p. 99, 도표 2.
47) Bridenbaugh, *Cities in the Wilderness*, p. 23.
48) Nash, *Urban Crucible*, pp. 63~5; Richard Middleton, *Colonial America. A History, 1585~1776* (2nd edn, Oxford, 1996), p. 245.

억이었다.[49]

히스패닉 세계는 오래된 자선 활동의 전통을 갖고 있었으며, 정주 초기부터 설립된 수도원과 병원은 빈민과 부랑자들 가운데 적어도 일부에게는 구제의 손길을 제공해 주었다. 17세기 말에도 대륙 전역에 도시 곡물창고 네트워크가 가동되고 있어서 곡가를 적정 수준으로 유지하고 갑작스런 곡물 부족 사태에 대비할 수 있었다. 그러나 1692년의 멕시코시티의 폭동은 빈곤, 부랑자, 도시 무법 상태의 문제(에스파냐령 아메리카에서 도시들이 성장하고, 오두막집과 판자촌이 늘어나면서 이런 문제들이 증가했다)에 대처하기 위해서는 좀더 근본적인 조치가 필요하다는 것을 분명히 일깨워 주었다. 18세기 동안 제국 정부와 도시 정부 모두는 무차별적 자선에 의존하는 것에서 벗어나 좀더 선택적인 정책으로 전환하여 자선 혜택을 그것을 '받을 자격이 있는 빈민'으로 제한하고, 부랑자 수용 시설을 만들었다.[50]

한편, 북아메리카 식민지의 프로테스탄트 세계는 에스파냐령 아메리카에서처럼 궁핍하고 버림받은 사람들에게 얼마간의 구제를 제공해 줄 종교재단이나 자선단체와 같은 제도적 안전망을 갖고 있지 않았다. 엘리자베스 시대 잉글랜드의 기풍을 계승하고 있었던 식민지 정주자들은 빈곤의 가장 중요한 원인은 게으름이라고 생각했고, 엘리자베스 시대 빈민법의 특징인 가혹한 방식의 교정 전통을 아메리카로 갖고 왔다. 실제로 매사추세츠의 빈민법은 잉글랜드의 그것보다 더 가혹했다. 가

---

49) Above, p. 173.

50) Hoberman and Socolow (eds), *Cities and Society* 가운데 Babriel Haslip-Vieira의 제10장('The Underclass'), 그중에서도 pp. 302~4를 참조.

난한 사람들을 강제노동에 종사하게 하고, 달갑지 않은 빈민들을 내쫓고, 바람직하지 않은 이민자들을 배제하기 위한 조치들이 취해졌다(특히 1720년대와 30년대에 스코틀랜드—아일랜드인들이 보스턴에 도착하기 시작했을 때 그들을 배제하기 위해 그 같은 조치들이 도입되었다).[51] 그러나 식민지 정주자들은 '일할 능력이 없는 가난한 자'를 보살피는 것은 공동의 책임이라는 개념도 함께 갖고 왔다. 그들은 점점 더 많은 돈을 빈민구제금으로 지출했다. 특히 영국국교도의 버지니아에서는 18세기 초에 복지비용이 극적으로 증가했으며, 자선기금과 그 외 여러 가지 구제사업은 교구민들에게 점점 더 큰 부담이 되고 있었다.[52]

교구 위원들과 그 보좌관들은 특히 항구도시들에서 증가 일로의 빈민들에 대해 더 많은 관심을 기울이려고 했으며, 더 많은 자선단체들이 나타나 부가적인 구제 재원을 제공했다.[53] 그러므로 빈곤 문제에 대한 에스파냐령 식민지 세계와 영국령 식민지 세계의 반응이 두 세계의 서로 다른 종교적 전통이 예상케 하는 것만큼 그렇게 다르지는 않았다. 18세기가 지나는 동안 종교단체 혹은 자선단체를 더 잘 갖추고 있던 에스파냐령 아메리카는 좀더 개입주의적이고 권위주의적인 조치 쪽으로 나아갔고, 반면에 처음에는 빈곤을 개인적인 결함 때문이라고 생각했던 영국령 아메리카는 점점 더 규제적인 입법을 공동 혹은 개인 차원의 자선행위로 보완할 필요를 인식하게 되면서 빈곤이라는 공통의 문제에 대

---

51) Bridenbaugh, *Cities in the Wilderness*, p. 233; Fischer, *Albion's Seed*, p. 178; Richard Hofstadter, *America at 1750. A Social Portrait* (1971; repr., New York, 1973), pp. 26~7.

52) Rutman and Rutman, *A Place in Time*, pp. 195~203.

53) Bridenbaugh, *Cities in the Wilderness*, p. 238, 북아메리카의 빈곤과 빈민구제에 대하여는 Billy G. Smith (ed.), *Down and Out in Early America* (University Park, PA, 2004)에 수록된 글들을 참조.

한 양측의 태도가 점점 하나로 수렴되어 간 것으로 보인다.

그러나 빈곤은 영국령 본토 식민지들에 있는 규모가 훨씬 작은 해안 도시들보다는 에스파냐령 아메리카의 인구가 많은 대도시들에서 더 광범하고 심했던 것으로 보인다. 영국령 식민지들은 자신의 운수를 시험해 볼 각오가 되어 있는 가난한 이민자들에게 공간과 기회를 제공할 수 있는, 외곽으로 확대되어 가는 농촌 변경 지역이라는 안전장치를 갖고 있었다. 그러나 인구가 밀집한 에스파냐령 식민지에서는 너무나 많은 땅이 성·속의 소수 대지주들에게 집중되어 있거나 인디언 공동체들을 위해 묶여 있어서 도시 빈민들이 빈곤에서 탈출하고 자신의 힘으로 새 삶을 살 기회를 발견하기가 그만큼 더 어려웠다.

에스파냐령 인디아스에서 고용의 기회는 상대적으로 소수 도시 엘리트들의 소비 능력과 과시적 소비 성향에 의해 결정되는 상품과 서비스에 대한 수요에 의존하였다. 숙련된 솜씨와 숙련 노동을 필요로 하는 제품에 대한 수요가 부왕령의 수도들과 대규모 광산 도시들에서 늘 존재하기는 했지만 그 수요는 광산 경제의 부침에 따라 변화가 컸고, 그로 인해 놀라울 정도로 다양한 인종으로 구성된 장인 계급의 삶은 늘 불안정했다. 길드가 뿌리를 내리지 못하거나 소수에 불과하거나 혹은 대개 시장을 장악하는 데 효과적이지 못했던 영국령 아메리카와는 달리,[54)]에스파냐령 아메리카에서는 수공업 조합과 상인 조합이 일찍부터 발달했고, 그것들은 임금과 노동, 그리고 완제품 품질 규제에서 상당한 지배력을 행사했다. 이들 길드들(그 중 일부는 크리오요들뿐만 아니라 인디언들도 회원으로 받아들였다)은 회원들에게 도시 사회에서 모종의 지위를

---

54) *Cambridge Economic History of the United States*, 1, p. 152.

제공했고, 그것들은 또 그 길드에서 배제된 숙련 기술자들의 기회를 제한하는 효과를 갖기도 했다. 길드가 메스티소나 흑인들을 위한 기구는 아니었다.[55)]

그러나 이 복잡한 히스패닉 아메리카 사회에서 겉으로 드러난 것과 실제 현실은 늘 달랐고, 도시 노동 시장은 언뜻 보기와는 달리 제약이 그리 크지 않았다. 길드가 가진 힘은 도시마다 달랐으며, 16세기에 상업과 수공업 직종의 길드들이 많이 생겨난 오래된 도시들에서 야심만만한 장인 수공업자들은 어렵지 않게 길드의 제약을 피할 수 있는 방법을 발견할 수 있었다. 길드는 크리오요든 인디언이든 혹은 자유인 흑인이든 상관없이 흑인 노예를 구입할 수 있는 사람들에게 개방되어 있었다. 노예 노동력은 작업 방식에서 좀더 큰 융통성을 허용하고, 작업 시간이나 고용 조건에서 일반적인 길드적 제약에 구속되지 않는다는 이점이 있었다. 그 결과, 집짓기 등을 비롯한 여러 직종은 노예 노동력에 크게 의존하게 되었다.[56)]

그러므로 영국령 아메리카는 윌리엄 모렐리가 '유용한 직업'이라고 기술한 분야에서 기술을 가진 이민자들에게 많은 기회를 제공한 데 비해, 이베리아 반도에서 에스파냐령 아메리카 부왕령으로 온 이민자들이 대서양 건너편에서 보다 나은 삶을 발견하려는 꿈은 좌절될 가능성이 더 컸다. 이곳의 도시들에는 자유노동이든 예속노동이든 노동력이

---

55) Manuel Carrera Stampa, *Los gremios mexicanos* (Mexico City, 1954); *CHLA*, 2, pp. 233~4; Hoberman and Socolow (eds), *Cities and Society*, pp. 236~9.

56) Emilio Harth-Terré and Alberto Márquez Abanto, 'Perspectiva social y económica del artesano virreinal en Lima', *Revista del Archivo Nacional del Perú*, 26 (1962), pp. 3~96, at p. 36; Hoberman and Socolow (eds), *Cities and Society*, pp. 240~1.

이미 충분히 공급되고 있었으며, 이민자들은 크리오요, 아프리카인, 인디언 기술자들과 일자리를 놓고 경쟁하지 않으면 안 되었다. 농촌 지역에서는 인구가 자연적으로 증가하면서 구직이나 토지 획득의 기회가 점차 줄어들고 있었다. 점점 더 많은 외부인들이 불법적으로 인디언 공동체의 토지를 잠식해 들어오면서 인디언들은 인구 증가의 영향을 피부로 느끼게 되었다.

인디언들은 이 토지 잠식에 결사적으로 저항했고, 이를 위해 자신들이 가진 모든 법적 무기를 다 동원했다.[57] 그들이 이용할 수 있었던 법적 권리들은 비록 점점 침식되어 가기는 했지만 18세기 내내 에스파냐령 아메리카에 존재하고 있던 내부적 프론티어를 계속 유지하게 해 주었다. 영국령 아메리카 역시 자신의 프론티어를 갖고 있었으나 그것은 주로 외부적인 것이었고, 급속히 증가해 가는 정주자들이 압박해 오는 상황 속에서 그것들은 가차 없이 잠식되어 갔다.

움직이는 프런티어

새 세대 정주자들이 매번 전 세대 정주자들보다 수가 더 많았고, 이민자들이 영국령 북아메리카 본토 식민지들로 대거 모여들면서 정주지 프런티어들은 끊임없이 새로운 토지를 찾아 황야 쪽으로 확대되어 갔다. 그렇다면 어떤 표식으로 프런티어를 알 수 있었는가?[58] 17세기 말에는 유

57) 누에바에스파냐의 인디언 공동체들이 인디언 법정(General Indian Court)에 제기한 토지 분쟁의 예에 대하여는 Borah, *Justice by Insurance*, pp. 128~42, 멕시코 지역에 대한 사례 연구에 대하여는 William B. Tylor, *Landlord and Peasant in Colonial Oaxaca* (Stanford, CA, 1972), ch. 3을 참조.

럽에서도 아직 명확한 선으로 된 경계를 통해 영토를 구분한다는 개념이 확립되지 않고 있었다.[59] 하물며 아메리카에서는 그것이 더욱 더 불확실했다. 프런티어는 그것이 유럽인과 인디언 간의 것이든 아니면 라이벌 유럽 국가들의 식민지 정주지들 간의 것이든, 상호간에 영향을 미치고 자주 갈등이 벌어지는 경계가 분명치 않은 지역에 다름 아니었다.[60] 유럽인 관리들의 명령을 받아 상상 속의 식민화 작업에 몰두하고 있던 지도제작자들이 종이 위에 펼쳐 놓은 주장은 아메리카 현실의 경계선과는 무관했다.[61] 아메리카에서의 경계선은 식민정주자 자신들에 의해 결정되었다. 그들은 어떤 지리적 장애물에 의해, 혹은 완강하게 저항하는 인디언들이나 적대적인 유럽인들의 존재에 의해 저지당하게 될 때까지 기존의 정주지로부터 바깥쪽으로 몰려 나갔다.

영국령 식민지들의 서부로의 팽창을 막는 가장 큰 물리적 장애물은 앨러게니 산맥이었다. 이 산맥을 넘어 방대하게 펼쳐져 있는 미지의 지역에 정주하기 위한 프로젝트에 착수하려는 진지한 시도가 시작된 것은

---

58) 허버트 유진 볼튼(Herbert Eugene Bolton)과 프레더릭 잭슨 터너(Frederick Jackson Turner) 이래로 아메리카 사회 내 프런티어에 관한 연구가 급증했다. 이에 대하여는 David J. Weber, 'Turner, the Boltonians and the Borderlands', *AHR*, 91 (1986), pp. 66~81을 참조. 영국령 아메리카와 에스파냐령 아메리카 모두에 관계되는 것으로서, 논란이 되고 있는 주요 이슈들에 관한 최근의 개관에 대하여는 최근 제레미 아델만(Jeremy Adelman)과 스티븐 아론(Stephen Aron)의 글 'From Borderlands to Borders: Empires, Nation States, and Peoples in Between in North American History', *AHR*, 104 (1999), pp. 814~41을 보라.

59) Peter Sahlins, *Boundaries. The Making of France and Spain in the Pyrenees* (Berleley, Los Angeles, Oxford, 189), pp. 2~7.

60) Donna J. Guy and Thomas E. Sheridan (eds), *Contested Ground. Comparative Frontiers on the Northern and Southern Edges of the Spanish Empire* (Tucson, AZ, 1998), ch. 1 참조.

61) Gregory Nobles, *American Frontiers. Cultural Encounters and Continental Conquest* (New York, 1997), pp. 60~2.

1747년 버지니아 오하이오 회사가 창설되고 나서였다.[62] 그때까지 그 지역은 '인디언들의 땅'이었고, 북아메리카 대륙의 어떤 유럽인 식민지 사회도 인디언 부족들 가운데서 강력한 집단의 지원이나 협력 없이 그곳의 내륙 지역에 대한 지배권 행사를 기대할 수 없었다.[63]

새로운 팽창이 가져다 준 대가는 오랫동안 5대호 지역에서 이루어지게 될 모피무역이었다. 이 모피무역을 장악하기 위한 다툼은 이로쿼이족과 알공퀸어 사용 부족들 간에, 그리고 프랑스인과 영국인 간에 갈등을 불러일으켰으며, 그에 따라 자연스럽게 이해관계가 맞는 집단들 간의 협력과 정치적 동맹이 나타났다. 18세기 전반기 동안 프랑스인들은 캐나다와 미시시피 강 입구에 새로 들어선 루이지애나 식민지를 연결해 줄 무역정주지들을 만들어 내면서 대서양 해안에 나란히 들어선 영국령 식민지들을 포위하려고 했다. 18세기 중엽 영국인 식민정주자들 간에 경작지에 대한 수요가 모피나 짐승가죽에 대한 수요보다 더 커지면서[64] 변경지 영국인들은 앨러게니 산맥의 물리적 장애물과 싸워야 했을 뿐만 아니라 프랑스인들이 구축해 놓은 동맹체제와도 싸워야 했다. 중부식민지(지금의 뉴저지, 펜실베이니아, 뉴욕, 메릴랜드, 델라웨어)로부터 서쪽으로의 팽창은 프랑스와 그 인디언 동맹세력에 대한 군사적 승리를 통해서만 확보될 수 있었다.

좀더 북쪽에서는 뉴잉글랜드인들이 1675~6년 '필립 왕의 전쟁'에서 알공퀸어를 사용하는 인디언들을 제압함으로써 자력으로 더 많은 정

---

62) 오하이오 계곡으로의 팽창에 대해서는 Eric Hinderaker, *Elusive Empires. Constructing Colonialism in the Ohio Valley, 1673~1800* (Cambridge, 1997)를 참조.
63) Francis Jennings, *The Ambiguous Iroquois Empire* (New York and London, 1984), p. 367.
64) *OHBE*, 2, p. 362.

주 공간을 획득했다. 그러나 전쟁의 종결로 영국인의 땅과 인디언의 땅 사이에 좀더 분명한 경계선이 그어지게 되었다.[65] 프런티어 지역에서의 분쟁이 끝나게 되는 것은 1713년, 그러니까 영국령 아메리카와 중립 상태가 가져다 주는 이점을 경험으로 알게 된 이로쿼이족 연합의 다섯 국가들 간에 일시적인 균형 상태가 확립되는 위트레흐트 조약이 체결되고 나서였다.[66] 이 조약이 있고 나서 약 30년 동안 평온했고, 이때 뉴잉글랜드 정주자들은 점점 더 많은 수가 서쪽 프런티어 쪽으로 흘러들어 갔다. 이 과정에서 그들은 뉴욕의 동료 정주자들에 비해 더 큰 운신의 여지를 가질 수 있었다. 5대호 지역으로 팽창하려는 뉴욕 정주자들의 바람은 이로쿼이족의 완충지대에 의해서만이 아니라[67] 자신들의 땅을 매각보다는 임대하려고 한 뉴욕의 대 영주 식민정주자들의 경향 때문에도 여의치가 않았다. 이런 부정적인 요인들 때문에 잠재적인 요먼 농민들은 식민지 경계 내 토지에 정주하고 경작하려는 것을 주저하게 되었다.[68]

그리하여 새 이민자들 — 독일인과 스코틀랜드-아일랜드인 — 가운데 다수가 중부와 남부 식민지에 집중되는 경향이 나타났다. 그들은 펜실베이니아의 남쪽에 위치한 랭카스터 군과 서스쿼해나리버밸리Susquehanna River Valley까지 압박해 들어갔고(이곳에서 그들은 펜실베이니아와 버지니아, 그리고 모두가 소유권을 주장하고 있었던 오하이오의 광활한 지역을 욕심냈다),[69] 계속해서 셰넌도어Shenandoah로부터 남동쪽 노스

65) Lepore, *The Name of War*, p. xiii.

66) Fred Anderson, *Crucible of War. The Seven Years' War and the Fate of Empire in British North America, 1754~1766* (London, 2000), pp. 11~12.

67) Jennings, *Ambiguous Iroquois Empire*, pp. 210~12.

68) Kammen, *Colonial New York*, p. 179.

69) Anderson, *Crucible of War*, pp. 17~18.

캐롤라이나 미개척지 쪽으로 이동해 갔다. 그들이 이곳으로 이동해 왔다는 것은 원주민 부족 집단들이 다른 곳으로 더 이동해야 함을 의미했는데, 원주민들의 삶은 1670년대와 1680년대 캐롤라이나에서 영국인 정주자들의 확산으로 이미 심한 혼란에 빠져 있었다. 식민지 정주자들이 인디언들 간에 싸움을 붙이고, 넓은 땅을 새로 정복하면서 긴장이 증폭되었던 것이다. 1711년 투스카로라 인디언들Tuscarora Indians은 노스캐롤라이나 식민정주자들에 반격을 가했고, 1715년에는 사우스캐롤라이나의 야마시족the Yamasees이 그 뒤를 이었다. 이 야마시족은 한때는 영국인들의 군사 동맹이자 교역 파트너였는데, 이들은 당시 잉글랜드에 매년 5만여 장씩 수출되고 있던 사슴 가죽의 공급에 도움을 준 바 있었다.[70] 이 부족들이 불만을 분출하게 된 것은 영국인들이 그들의 토지를 점령했기 때문이 아니라 그들(야마시족)이 다른 인디언 부족들의 가축을 약탈하고, 인디언 짐꾼들을 착취하고, 인디언 노예를 불법적으로 거래하기 위해 내륙지역으로 약탈 원정을 떠날 때 캐롤라이나 상인들이 보인 태도 때문이었다. 상인들의 태도에 화가 난 야마시족은 한때 자신들의 동맹이었던 백인들을 공격하기 시작했고, 그에 이은 전쟁에서 영국인 식민지들이 머지않아 소멸될 것 같아 보일 때도 있었다. 그렇지만 야마시족은 결국 전쟁에서 패해 쫓겨났으며, 백인 정주자들은 점령할 수 있는 더 많은 땅을 가질 수 있게 되었다.

인디언 부족 집단들의 이동과 파괴는 대륙 내륙 지역에 큰 혼란을 가져다 주었다. 인디언 부족들이 점증하는 유럽인들의 침입에 맞서 자신들의 땅과 사냥터를 지키기 위해 싸우게 되면서 우호세력뿐만 아니

70) Crane, *Southern Frontier*, p. 111. 야마시 전쟁에 대하여는 Crane, ch. 7을 참조.

〈그림 35〉 얀 베렐스트, 「티 이 닌 호 가 로우(Tee Yee Neen Ho Ga Row)의 초상화」. '다섯 인디언 국가(The Five Nations)'는 영국과 프랑스 간 문제에 개입함으로써 국제 외교계에 발을 들여놓게 되었다. 영국 식민자들은 캐나다 프랑스 식민지를 정복하려고 모국의 지원을 얻고자 했고, 그를 위해 1710년 모호크족 추장과 세 명의 동료 모호크족 인디언을 설득하여 런던으로 보내 자신들의 명분을 개진하게 했다. 이 네 명의 '인디언 왕들'은 영국인들에게 깊은 인상을 주었고, 영국 왕실의 열렬한 환영을 받았다. 영국 식민자들은 이 인디언 사절들이 잉글랜드에서 목격한 것에 감명을 받아 그들이 이로쿼이 연맹의 다른 부족들을 설득하여 프랑스 식민지 공격에 동참할 것을 기대하기도 했는데, 그 의도대로 다수의 이로쿼이 자원병들이 1711년 뉴 프랑스에 대한 공격에 참여했다. 그러나 이 공격은 공격을 채 시작해 보지도 못하고 세인트로렌스 강 입구에서 재난으로 끝나고 말았다.

라 적들의 합병과 동맹도 촉발되었다. 침입해 온 백인 정주자 사회들과 마찬가지로 아메리카 원주민 사회들도 계속 이동하는 사회였다. 그들은 자신들에게 닥쳐오는 위험에 여러 방식으로 대응했다. 이로쿼이족은 외교에 의존했다. 그들은 1677년 영국인 정주자들과의 협상을 통해 '커버넌트체인동맹'confederation of the Covenant Chain을 체결했다. 또 그들은 영국과 프랑스 간 라이벌 관계를 이용해서 자신들의 영토를 지켰으며, 서쪽과 남쪽의 다른 인디언 부족들에 대한 영향력과 주도권을 확대하기도 했다(그림 35).[71] 다른 원주민 집단들은 침입자들을 피해 멀리 떨어진 곳에 자리를 잡거나, 사우스캐롤라이나의 쫓겨난 야마시족 생존자들처럼 편을 바꾸기도 했다. 야마시족은 한 세대 전에 영국인들과 동맹을 맺고 조지아 해안지역에 위치한 구알레Guale(영국인들은 월리Wallie라고 불렀다)라는 에스파냐인 선교구역을 파괴한 적이 있었는데,[72] 이제는 남쪽 플로리다로 이동하여 과거의 적이었던 에스파냐인들에게 보호를 요청했다.[73]

유럽 국가들의 제국주의적 라이벌 관계와 식민지 내부의 압박으로 생겨난 격변은 북아메리카에 국한되지 않았다. 인디언들과의 프런티어는 남아메리카에서도 강화講和나 군사 정복이 실패한 곳이면 어디서나 생겨났다. 이런 프런티어들 가운데 첫번째이자 가장 분명한 예가 비오

71) 이로쿼이족의 외교에 대해서는 Jennings, *Ambiguous Iroquois Empire*를, 그리고 그 외교 정책을 통해 성취한 것에 대한 보다 긍정적 평가에 대해서는 Richard Aquila, *The Iroquois Restoration, Eroquois Diplomacy on the Colonial Frontier, 1701~1754* (Lincoln, NE, London, 1983, repr. 1997) 참조.

72) Crane, *Southern Frontier*, p. 8.

73) J. Leitch, Wright Jr., *Anglo-Spanish Rivalry in North America* (Athens, GA, 1971), pp. 69~70.

비오 강을 따라 생겨난 북부 칠레의 군사적 프런티어였는데, 이 경계선은 아라우코족을 계속 궁지에 몰아넣기 위해 만들어진 것이었다. 17세기 말, 18세기 초에 또 하나의 프런티어가 생겨났는데, 이번에는 리오데라플라타 지역에서였다. 이 경계선이 만들어진 것은 17세기 말, 말馬의 서식이 안데스 산맥 너머로 확산되면서 가축에 이끌려 찾아온 팜파 지역 기마 인디언들이 점증해 가고 있던 가축 사육 정주자들에게 위협이 되었고, 이에 에스파냐인들이 서둘러 방어 조치를 취하지 않으면 안 되었기 때문이다.[74]

그러나 이 지역과 아메리카 대륙 동쪽 지역 대부분에서 에스파냐인들은 경계하지 않으면 안 될 유럽인 라이벌을 갖고 있었다. 1494년 토르데시야스 조약은 에스파냐 왕실에 속한 영역과 포르투갈 왕실에 속한 영역의 경계를 정하기 위해 카보베르데제도에서 서쪽으로 370레구아 지점에 남북으로 가상의 직선을 긋고, 그 서쪽에 있는 대서양 내 모든 땅과 섬들은 에스파냐의 지배권에, 동쪽의 땅과 섬들은 포르투갈에 속한다는 결정을 내린 바 있었다. 그로 인해 1500년 페드루 알바레스 카브랄이 발견한 '브라질' 땅은 자동적으로 포르투갈의 영토에 속하게 되었다. 법적으로 말한다면 지도 위에 그어진 이 직선으로 브라질의 프런티어는 아메리카의 모든 땅에서 가장 분명한 프런티어가 되었다. 그러나 17세기와 18세기 초까지 실제로 어디에서 포르투갈의 영토가 끝나고, 어디서부터 에스파냐령의 페루 부왕령이 시작되는지 명확하게 알고 있는 사람은 아무도 없었다.

---

74) Guy and Sheridan (eds), *Contested Ground*, p. 3. 유목에 종사하는 인디언 부족들에게 일어난 '말 혁명(horse revolution)'에 대해서는 Hennessy, *The Frontier*, p. 63 참조.

1580년 포르투갈 왕가와 카스티야 왕가 간 합병이 있고 나서 60년 동안 포르투갈의 해외영토가 법적으로 독자적인 정체성을 유지하기는 했지만 (에스파냐인) 정주자들이 페루에서 동쪽으로 팽창해 간 것과, 포르투갈인·혼혈인 정주자들이 해안 지역으로부터 서쪽 브라질 내륙 쪽으로 팽창해 간 것은 여러 가지 갈등과 수렴을 동시에 가져다 주었다. 17세기 중엽이면 상파울루 주민 가운데 카스티야식 이름을 가진 사람들이 많이 나타났다.[75] 그러나 프런티어는 폭력적 갈등의 무대이기도 했다. 에스파냐의 예수회 수사들이 선교구 정주지를 아순시온에서 동쪽으로 넓혀가자 상파울루에서 온 반데이란치 깡패들이 선교 지역 깊은 오지까지 들어와 상파울루 지역의 영지와 페르남부쿠와 바이아의 사탕수수 플랜테이션에서 부려 먹을 원주민들을 포박하려고 했다. 1640년 포르투갈이 (에스파냐로부터) 독립할 무렵이면 에스파냐 국왕은 전통적인 자신의 인디언 정책을 포기하고 예수회 선교지역에 사는 과라니 인디언들이 스스로를 방어할 수 있도록 무기 휴대를 허락하지 않으면 안 되었다. 그러나 그 무렵이면 이미 1만 명 정도밖에 남지 않은 과이라[Guairá] 선교구 주민들이 우루과이 강 동쪽의 좀더 안전한 지역으로 옮겨가고 난 뒤였다.[76]

상파울루의 반데이란치들이 자행하는 잔인한 납치 행위는 에스파냐인들이 아순시온으로부터 팽창하는 것을 저지하고, 결국 브라질에서 온 정주자들이 분쟁 지역을 점령하게 되는 길을 터놓았다. 이에 에스파

---

75) Solano and Bernabeu (eds), *Estudios sobre la frontera*, pp. 210~11.

76) John Hemming, 'Indians and the Frontier in Colonial Brazil', *CHLA*, 2, ch. 13, at pp. 505~12. 인디언들의 무장에 대해서는 Solano and Bernabeu (eds), *Estudios sobre la frontera*, pp. 213~14를, 그리고 예수회 선교구역에 대해서는 같은 책 p. 186 참조.

냐인들은 1714년 배후 지역에 대한 지배권을 확대하고 포르투갈인들의 남쪽으로의 팽창을 저지하기 위한 기지로 리오데라플라타 입구에 몬테비데오를 건설했다.[77] 그후 수십 년 동안 에스파냐-포르투갈 간 프런티어는 중간에 머물게 된 인디언 인구가 감소하는 상황에서 계속 확정되지 않고, 갈등과 교역이 반복되는 모습을 보여 주었다.

리오데라플라타 지역 팜파(대초원) 인디언들을 비롯한 몇몇 인디언 부족들은 다른 인디언 부족들보다 좀더 효과적으로 유럽인들을 궁지로 몰아넣었다. 예수회 수사들이 알토오리노코Alto Orinoco 지역에 선교구들을 세워 포르투갈 영토를 에워싸는 모습으로 선교구 망網을 완성하려고 하자, 1684년 구아야나 카리브족Guayana Caribs 인디언들이 이 선교구들을 공격했고, 예수회는 그곳에서 철수해야만 했다. 예수회 수사들은 다른 교단들과 함께 1730년대에 다시 오리노코 지역으로 돌아왔는데, 이번에는 선교구들의 전진이 에스파냐 민간인 정주지들과 요새들의 도움을 받았다. 그럼에도 불구하고 구아야나 카리브족과 17세기 말 구아야나에 정주를 시작하고 있던 네덜란드 간 동맹은 선교구들의 상황을 계속 불안하게 만들었다. 이로쿼이족과 마찬가지로 카리브족도 유럽인들의 게임 법칙을 습득해 가고 있었던 것이다.[78]

1750년 마드리드 조약에서 에스파냐와 포르투갈의 관리들과 지도 제작자들은 브라질의 국경을 북쪽 오리노코 강 유역부터 남동쪽 끝 리오데라플라타 어귀의 동쪽 가장자리 반다 오리엔탈Banda Oriental 목축 지

77) Solano, *Ciudades hispanoamericanos*, p. 30.

78) Manuel Lucena Giraldo, *Laboratorio tropical. La expedición de límites al Orinoco, 1750~1767* (Caracas, 1993), pp. 48~58.

역에 이르는 선으로 확정하려고 했다. 서로 간에 합의가 가능한 곳을 제외하고 양국은 이미 점령하고 있는 영토의 소유권을 그대로 유지하는 것으로 경계선을 정하게 되었는데, 이 결정은 토르데시야스 조약으로 그어진 선을 사실상 무효화하는 것이었다. 이 과정에서 기하학적인 관념geometrical abstraction 대신 자연 지형에 따른 경계선이 적용되었다. 이 자연적 경계는 브라질의 강들의 윤곽을 따라 그려졌고, 그 과정에서 정치가들은 천문학보다는 지리학에 의존하였다.

그러나 양국 간에 상당한 규모의 영토 교환을 포함하였던 이 조약은 효력이 오래 가지 못했다. 포르투갈도 그렇고, 예수회 수사들과 그들의 보호 하에 있었던 과라니족도 이 조약을 환영하지 않았다. 과라니족은 자신들의 땅을 포르투갈에 양도한 것에 불만을 품고 폭동을 일으키기도 했다. 이 조약은 새로 결정된 경계선이 중부와 북부의 거대한 영토(여기에는 아마존 부족들이 살고 있었다)에 대해서는 별다른 언급이 없었다는 점에서 성급한 것이기도 했다. 포르투갈인의 정주지와 에스파냐인의 정주지로부터 멀리 떨어져 있었던 이 지역을 브라질이 식민화하고 자신의 땅으로 합병하기 위한 노력을 경주하기 시작한 것은 19세기에 가서였다.[79] 에스파냐인의 정주지와 포르투갈인의 정주지가 마주보고 있는 새 프런티어 주변 지역에서는 경계선 자체가 별 의미가 없었으며, 경계 지역은 계속 항상 그래왔던 그 상태로 남아 있었다. 즉 다른 곳의 법의 효력이 미치지 않는 지역으로, 그리고 만약 그들이 어떤 것에 의

---

79) Jean Clude Roux, 'De los límites a la frontera: o los malentendidos de la geopolítica amazónica', *Revista de Indias*, 61 (2001), pp. 513~39; 브라질의 이동하는 프런티어의 지도에 대하여는 Chaunu, *L'Améque et les Amériques*, map 6, p. 135 참조.

해 규제된다면 그것은 오로지 상업적 이익에 대한 전망, 상호 이해관계, 그리고 무력에 의해서만 규제되는 곳으로 계속 남아 있을 것이었다.

이 거대한 브라질 경계선을 따라 프런티어 지역이 자리 잡은 곳의 경우, 그렇게 된 것은 대개 아직 유럽인이 정주하지 않은 지역으로 들어가 그곳에 자신들이 주장하는 '그리스도의 평화'를 강요하면서 사실상 새로운 프런티어를 만들어 낸 종교 교단들의 활동 때문이었다. 프랑스인들도 식민화 과정에서 이 방법을 자주 이용했다. 그러나 종교 교단도 갖고 있지 않았고, 인디언들의 개종을 위해 목숨을 바칠 각오가 되어 있는 목사들도 거의 없었던 영국령 식민지 세계에서는 이 방식이 매우 생소했다. 에스파냐인들은 브라질 국경 지역뿐만 아니라 멕시코 북쪽과 플로리다 쪽으로 히스패닉 문화의 경계선을 확장시키려고 했을 때도 이 방법을 즐겨 사용했고, 그것은 에스파냐령 아메리카 제국의 국경 지역이 영국령 아메리카 국경 지역과는 다른 역동성을 갖게 만들었다.

에스파냐인들에 의해 개발된 선교구mission 프런티어 시스템——이 시스템은 프란체스코회 수사들이 처음으로 만들었고, 17세기에 그들의 발길이 미치지 못한 지역, 즉 애리조나와 북아메리카의 서부 해안지역으로 이동하기 시작한 예수회 수사들이 널리 이용했다——은 에스파냐 제국의 변경에 거주하는 원주민들을 변모시키고, 그들을 에스파냐 문명의 범주 속으로 끌어들이기 위해서 택한 일종의 문화적 행동주의였다. 인디언들에게 에스파냐어를 가르치는 것이 과연 바람직하고 필요한가의 문제는 종교 교단들 간에, 혹은 각 종교 교단 내부에서도 논란거리가 되었지만[80] 그들의 목표는 인디언들을 에스파냐식 기독교와 에스파냐

80) Spicer, *Cycles of Conquest*, p. 282; Suárez Roca, *Lingüística misionera*, pp. 254~76.

식 문명 규범을 수용하도록 바꾸어 놓는 것이었다. 그들이 사용한 첫번째 접근 방법은 약간은 미묘한 설득subtle persuasion이었다.[81] 그러나 기독교로 개종한 인디언들을 새로운 정주지, 즉 레둑시온 안에 끌어오는 것을 포함하고 있었던 그 방식은 결과적으로 인디언들의 세계를 뒤죽박죽으로 만들어 놓는 것으로 끝이 났다. 인디언 세계에 급격한 변화를 초래하는 현상은 원주민 영토로 들어온 유럽인 침입자들과의 직·간접적 접촉으로 이미 그전부터 나타나고 있었다. 그러나 선교구의 설치는 사실상 그들을 낯선 에스파냐 세계의 경계선 안으로 끌어들이려는 일종의 강제적 문화 변용이었다.

탁발수사들과 예수회 수사들은 북쪽 영국령 식민지들 사이에서는 기본 원칙이 되고 있었던 배제exclusion를 기본으로 하는 프런티어 정책과는 대조적으로 원주민들을 끌어들이고 흡수하고 동화시키려고 한 에스파냐식 프런티어 정책의 선봉대였다.[82] 그러나 이 포용정책은 그 자체의 한계와 결함을 갖고 있었는데 그 가운데 비오비오강을 따라 그려진 칠레와 아라우코족 인디언들 간의 프런티어는 오랫동안 그 한계를 보여 주는 가장 명백한 사례였다.[83] 에스파냐인들은 16세기와 17세기 초의 전쟁에서 유감스럽게도 아라우코족을 복속시키는 데 실패하고 난 뒤 17세기 중엽에 프런티어 수비대의 방어선을 강화해야만 했다. 약

---

81) Above, pp. 86~7.

82) '포함의 프런티어'(frontier of inclusion)이라는 용어는 1960년 지리학자 마빈 마이크셀(Marvin Mikesell)에 의해 만들어진 것으로 보인다. Weber, 'Turner, the Boltonians and the Borderlands', n. 30 참조.

83) 이어지는 내용에 대해서는 Solano and Bernabey (eds), *Estudios sobre la frontera*, pp. 289~359에 수록된 세르히오 비야로보스(Sergio Villalobos)가 칠레 프런티어에 대해 쓴 논문, 그리고 above, p. 62를 참조.

1,500명의 상비군을 유지하는 데는 매우 많은 비용이 소요되었으며, 병사들의 급료는 에스파냐령 프레시디오들이 대개 그렇듯 형편이 없었다. 그러므로 병사들은 부족한 수입을 인디언들을 잡아다 노예로 팔아넘기는 것으로 보충했다. 그들은 아라우코 전쟁이 '정당한' 전쟁의 기준을 충족시키는 것으로 보았기 때문에 이 포로들을 정당하게 노예로 만들 수 있었으며, 수지맞는 이 거래는 분쟁을 항구화하는 충분한 요인이 되었다. 1683년에 와서야 국왕은 아라우코족의 노예화를 금하였으며, 마드리드 정부는 그러고도 10년이 더 지나고 나서야 칙령을 통해 에스파냐 세계 제국의 가장 멀리 떨어져 있는 전초기지 중 하나에서 잘 자리잡고 있던 그 관행을 종결시킬 수 있었다.

그러나 아라우코족과의 전쟁은 프런티어를 넘나드는 무역과 개인적 접촉이 증가하면서 '유령 전쟁'phantom war이 되었다. 동시에 분쟁은 강화講和라는 대안적 방식으로 바뀌어 갔다. 기독교화 과정이 절망스러울 정도로 더디게 진행되기는 했지만(그것은 무엇보다도 사제들이 자신들의 행동과 군대의 행동을 분리시키지 못했기 때문에 더 어려워졌다) 선교구들은 묵묵히 제 역할을 수행했다. 긴장을 완화시키는 좀더 효과적인 방법은 17세기 중엽부터 에스파냐 당국과 아라우코족이 정규적인 '회합'을 갖는 것이었는데, 그것은 윌리엄 펜이 계몽적인 대 인디언 정책을 실행하기 위해 펜실베이니아 인디언과 회합을 가졌던 것과 비슷했다. 이 회합이 두 당사자 간 공식 조약의 체결로 이어질 수도 있었으나,[84] 칠레 국경 지역에 점진적인 평화를 가져다 준 것은 선교구 혹은 에

84) Jennings, *Ambiguous Iroquois Empire*, pp. 242~8. 에스파냐인과 인디언 간의 조약의 존재를 많은 사람들은 부정한다. 그러나 David J. Weber, 'Bourbons and Bárbaros',

스파냐인 관리들과 인디언 추장들 간의 정규적 회합이 아니라 상호 필요에 토대를 둔 다양한 방식의 공존의 발전이었다. 결국 인디언들을 복속시키게 되는 것은 전쟁이 아니라 교역과 메스티사헤[85]였다. 인디언들이 자신들의 땅을 지키기 위해 벌인 영웅적인 투쟁은 알론소 데 에르시야Alonso de Ercilla가 16세기에 쓴 서사시 「라 아라우카나」La Araucana를 읽은 유럽인 독자들에게 큰 감동을 안겨 주었다.

네덜란드 등 외국 선박들이 남아메리카의 태평양 해안을 주기적으로 습격하기도 했지만, 아라우코족을 제국 경계 안으로 끌어들이려는 에스파냐의 시도가 유럽의 라이벌 국가들에게 심각하게 방해받지는 않은 것 같다. 이 점에서 칠레의 프런티어는 비록 멀리 떨어진 태평양 해안 지역에서도 적들이 인디언들을 지원하지 않을까 하는 두려움이 항상 잠재해 있었고, 17세기 중엽 리마의 재정 수입 가운데 20퍼센트가량이 해안 경비를 위해 지출되어야 하기도 했지만, 브라질의 에스파냐-포르투갈 프런티어나 북부 누에바에스파냐의 국경지역과는 상황이 달랐다.[86]

17세기 말이면 누에바에스파냐 북부의 방어가 멕시코 부왕들과 마드리드 각료들에게 점점 걱정거리가 되어가고 있었다. 누에바에스파냐 북부 지역 진출은 1563년 누에바비스카야Nueva Vizcaya라는 넓은 새 주province가 생겨나고 나서 불규칙하게 진행되었다.[87] 1598년 후안 데

in Christine Daniels and Michael N. Kennedy (eds), *Negotiated Empires. Centers and Peripheries in the Americas, 1500~1820* (London, 2002), pp. 79~103은 그런 조약들이 자주 체결되었음을 말해준다. 또한 Abelardo Levaggi, *Diplomacia hispano-indígena en las fronteras de América* (Madrid, 2002)도 같이 참조 바람.

85) mestizaje; 서로 다른 인종들 간의 생물학적 혹은 문화적 만남—옮긴이.

86) Peter T. Bradley, 'El Perú y el mundo exterior. Extranjeros, enemigos y herejes (siglos XVI-XVII)', *Revista de Indias*, 61 (2001), pp. 651~71, at p. 654.

오냐테는 새 주에서 출발한 원정대를 이끌고 에스파냐 왕의 이름으로 누에보멕시코의 푸에블로 인디언 영토를 점령했으며, 계속해서 캘리포니아만 위쪽에 있는 콜로라도 강 입구 쪽으로 전진했다. 누에보멕시코에서 생겨난 정주지들은 누에바비스카야 정주지에서 수백 마일 떨어져 있었고, 은광이 발견된 누에바비스카야와 달리 북쪽 국경지역은 정주를 희망하는 에스파냐인들의 입장에서 볼 때 별로 기대할 것이 없어 보였다. 산재한 촌락들에 살고 있던 푸에블로 인디언들의 통제는 쉽지 않았으며, 아메리칸사우스웨스트[오늘날의 미국 남서부를 가리키는 말—옮긴이]의 험준하고 메마른 풍광은 썩 마음에 들지 않았고, 누에바비스카야에서나 누에보멕시코에서 찾아가기도 어려웠다. 그러므로 17세기 대부분 기간 동안 누에바에스파냐의 북쪽 경계선은 정주자가 별로 없는, 선교구들과 군사적 전초기지들만 드문드문 산재한 프런티어 영토로 남아 있었다. 그러나 산타페에 수도를 둔 누에보멕시코의 히스패닉 인구는 늘어나기 시작했고, 농업과 목축 정주지들이 확산되기 시작했다.[88)]

비록 지지부진하기는 했어도 매번 새로운 전진은 에스파냐인들을 아파치족 같은 적대적인 인디언 부족들에 가까이 다가가게 했는데, 이 아파치족은 말[馬]을 능숙하게 이용할 수 있게 되면서 다른 사람들에게 두려운 존재가 되고 있었다.[89)] 프런티어 지역이 확장되면서 미시시피 강 입구의 프랑스인 정주지, 캐롤라이나의 영국인 정주지 같은 유럽 라이

---

87) David J. Weber, *The Spanish Frontier in North America* (New Haven and London, 1992)는 식민시기 전체 동안 에스파냐령 아메리카의 북부 변경 지역의 역사에 대한 포괄적인 설명을 제공하고 있다.

88) Gutiérrez, *When Jesus Came*, p. 107.

89) *Ibid*., p. 147.

벌 국가들의 정주지들과 충돌할 가능성도 높아졌다.

플로리다는 누에보멕시코와 마찬가지로 또 하나의 고립된 제국의 전초기지였으며, 요새 도시인 산아구스틴과 구알레[90] 선교구들로만 이루어져 있었다. 이 두 변경 지역은 17세기 말 소멸 직전에 이르기도 했다. 캐롤라이나 정주자들은 노동에 대한 요구 때문에 에스파냐인들과 사이가 틀어진 비 선교구 인디언들non-mission Indians의 도움을 받아 1680년 이후 플로리다에서 선교구들에 대해 공격을 퍼부었고, 프란체스코회 수사들은 구알레 선교구들을 포기해야만 했다. 그러나 정주자들이 산아구스틴을 점령하지는 못했다. 산아구스틴은 충분한 방어력을 갖추고 있었기 때문에 1702년 캐롤라이나의 총독 제임스 무어James Moore에 의해 시작된 수륙 양동 공격을 격퇴시킬 수 있었다.[91] 누에보멕시코에서는 매사추세츠에서 필립 왕의 전쟁이 끝난 지 4년 후인 1680년 누에보멕시코의 푸에블로 인디언들이 에스파냐인들에게 협공을 퍼부었다. 이미 가뭄 피해에다 나바호족과 아파치족의 침입으로 인한 가축과 농작물 수확의 손실로 어려운 상황에 처해 있었던 그들은 그동안 강제 노동을 요구하며 자신들을 압박해 오던 3,000명 정도의 정주민들을 공격했다. 그들의 봉기는 새로운 문화적 관행과 종교를 강요하려는 에스파냐인들 때문에 어려운 처지에 내몰리고 있던 원주민들의 저항의 몸짓이기도 했다.[92] 여기서도 선교구는 에스파냐 아메리카 제국의 다른 변경 지역들과 마찬

---

90) Guale; 오늘날의 조지아 해안과 시아일랜드 지역에 해당한다—옮긴이.

91) Weber, *Spanish Frontier*, pp. 141~5; Paul E. Hoffman, *Florida's Frontiers* (Bloomington, IN, and Indianapolis, 2002), ch. 7.

92) 프란체스코 수도회의 누에보멕시코에서의 활동에 대해서는 Gutiérrez, *When Jesus Came*, pp. 46~94를, 그리고 푸에블로의 봉기에 대해서는 pp. 130~40을 참조.

가지로 문제를 해결하는 방법이기도 했지만 문제를 만들어 내는 원인이 기도 했다.

푸에블로의 봉기는 에스파냐인들을 깜짝 놀라게 만들었다. 산타페가 포위당하고 파괴되었으며, 이 파괴에서 살아남은 누에보멕시코의 에스파냐인들은 엘파소El Paso로 피신해야만 했다. 소요가 푸에블로 농촌 지역을 넘어 에스파냐 지배하의 다른 인디언 부족들에게로 확산됨에 따라 북부 프런티어 전체가 혼란에 휩싸이게 되었다. 에스파냐와 누에바에스파냐 모두 제국 경계 지역에 효과적인 방어 시설을 갖춘 프런티어를 만들어 낼만한 충분한 인력과 재원을 갖고 있지 않았다.

그러나 전술적인 면에서 볼 때 북쪽 프런티어는 오래 방치해 두기에는 너무나 중요한 지역이었다. 부왕령 깊숙이까지 쳐들어오는 인디언들은 누에바비스카야 광산지역에 큰 위협이었고, 그 지역에 영국인과 프랑스인이 자리 잡고 있는 것도 점차 위협으로 다가왔다. 카리브제도에서 바하마해협을 거쳐 고국으로 돌아오는 은銀 함대는 캐롤라이나에 있는 영국인 정주지들과 근접한 항로를 조심스럽게 통과해야만 했다.[93] 멕시코만의 프랑스인들은 부르봉 왕가의 인물이 에스파냐의 왕으로 즉위한 후로 전보다는 위험이 덜해졌지만 언젠가는 누에바에스파냐 북부의 은광들을 장악할 수 있을 정도로 강력한 세력으로 성장할 가능성을 갖고 있었다. 프랑스인들과 영국인들은 에스파냐인들보다도 더 다양한 품목의 유럽 상품들을 구입하여 인디언들과 교역할 수 있었으며, 그 과정에서 필요하다고 판단되면 인디언 동맹세력을 이용할 수도 있었다.

그러므로 적어도 농업이나 목축업을 위해 더 많은 땅을 획득해야

93) Crane, *Southern Frontier*, p. 10.

한다는, 혹은 더 많은 개종자를 확보해야 한다는 책임감 못지않게, 영토 방어의 필요성이 17세기 말, 18세기 초 에스파냐로 하여금 북아메리카 국경을 강화하고 확대하도록 자극했다. 1690년대에 누에보멕시코를 재점령하기 위한 싸움이 시작되었다. 감소 일로를 걷던 푸에블로 인구는 점점 사기가 약화되어 결국 협상에 응하게 되었으며, 마침내 푸에블로-에스파냐 경계 지역에는 비교적 평온한 시절이 도래하게 되었다.[94)]

1690년대에 에스파냐는 멕시코만에서 프랑스인들과의 경쟁에서 승리하기 위해 산발적인 노력을 기울였다. 1691년 누에바에스파냐의 부왕은 텍사스 주 초대 총독을 임명했는데, 이곳은 얼마 전에 프란체스코회 수사들이 인디언 복음화를 위해 선교구를 세운 적이 있는 지역이었다.[95)] 7년 후 에스파냐인들은 웨스트플로리다에 있는 펜서콜라 Pansacola라는 곳에 작은 요새를 건설했다. 그러나 펜서콜라만은 미시시피 강 입구를 대신해서, 그로부터 내륙으로 이어지는 강 유역을 장악할 기지로 사용될 수 없는 것으로 드러났다. 당시 형성 중에 있었던 프랑스 식민지 루이지애나가 누에바에스파냐와 플로리다 사이를 갈라놓고 있기도 했고, 또 그곳에서 점점 커지고 있었던 프랑스의 존재감은 허약한 에스파냐인들의 선교구가 건설되어 있던 텍사스를 위협했다. 1716년 부왕은 프랑스의 위협에 놀라 이스트텍사스를 재점령하기 위해 소규모 군대를 파견했으며, 이 원정으로 텍사스에 대한 에스파냐의 항구적 점령이 시작되었다. 그리하여 에스파냐의 확장된 인디아스 제국에 새로운 변방 지역 하나가 더해졌으며, 그 지역은 아파치족의 공격에 취약한 수

94) Weber, *Spanish Frontier*, pp. 137~41.
95) Donald E. Chipman, *Spanish Texas, 1591~1821* (Austin, TX, 1992), p. 94.

비대, 선교구, 그리고 분투하는 정주지들로 이루어진 소수의 인구를 갖고 있었다. 그러나 적어도 산안토니오 주변에서 시작된 소 사육은 장차 다가올 조금은 더 나은 시기를 암시해 주었다.[96)]

누에바에스파냐 부왕령의 북쪽 경계선을 따라 산재했던 플로리다와 텍사스, 그리고 그 외 전초기지들은 말하자면 에스파냐 아메리카 제국의 고아 같은 존재들이었다. 마드리드는 이 기지들을 마지못해 받아들였고, 할 수만 있다면 그것들을 방치하고 싶어 했다. 북아메리카 대륙의 남쪽과 남동쪽의 방대한 땅을 차지하기 위해 잉글랜드, 프랑스, 에스파냐가 벌인 삼국 간 갈등은 이 기지들의 획득과 방어를 달갑지 않은 의무로 만들어 놓았다. 이 전초기지들은 끝없이 재원을 고갈시키는 골칫덩어리였으며, 정주자들도 이곳에 매력을 느끼지 못했다. 그들은 좀더 많은 사람이 정주하고 있는 누에바에스파냐나 페루로 가고 싶어 했다.

카나리아제도 주민들이 간혹 프런티어 지역으로 유입되기는 했지만 스코틀랜드-아일랜드인들이 영국령 아메리카로 유입된 것과 비교하면 그 영향이 미미했다. 식민지 당국은 스코틀랜드-아일랜드인들이 얼스터에서 얻은 경험이 있기 때문에 야만적인 변경 지역 부족들을 잘 다룰 수 있을 것이라고 생각하고 프런티어 지역에 정주하도록 권유했다. 펜실베이니아의 주 서기는 1720년 체스터 군에서 스코틀랜드-아일랜드인 정주자들에게 2년 전 땅을 하사한 것에 관하여 쓴 글에서 인디언들에 대한 우려를 고려하여 '과거에 많은 소요에 대해 변경 지역인 런던베리와 에니스킬렌을 용감하게 수호한 적이 있는 그들이 그곳에 들어가 정주지를 건설하는 것이 현명한 방책이 될 것으로 생각했다'라고 설명

96) *Ibid*., chs. 6과 7.

했다.[97] 그가 '프런티어'라는 용어를 사용한 것 자체가 많은 것을 시사해 준다. 전통적인 반대 가정에도 불구하고 인디언들은 아일랜드인들이 아니었으며,[98] '방어'는 너무나 자주 노골적인 폭력으로 변질되곤 하였다.

영국령 아메리카의 경계 지역은 에스파냐령 경계 지역과 달리 끊임없이 새 이민자들로 보충되었다. 그들 가운데 다수는 인디언들과 그들(인디언들)의 권리에 대해서는 철저히 무시했지만, 대개는 자신들이 가진 모든 정력과 기술을 활용하여 그 지역을 개척하고 개선할 각오가 되어 있는 사람들이었다. 에스파냐령 아메리카 제국의 북부 변경 지역에는 그런 사람들이 많지 않았기 때문에 에스파냐의 프런티어 영토는 선교 지역에서든 광산 지역에서든 유순한 인디언 노동력을 확보하지 못하면 자립적인 부를 창출할 수 있는 경제활동을 만들어 내기가 어려웠다.

그러므로 그런 전초기지의 총독들의 팔자가 그렇게 좋은 것은 아니었다. 누에바에스파냐로부터 가끔 도착하고, 어쨌거나 충분치도 않은 지원금에 의존해야 했던 18세기 플로리다의 총독들—그들은 모두 군인이었고, 통치 경험도 없었으며, 누에바에스파냐와 페루 부왕들이 누릴 수 있었던 행정적 지원 체계도 제공받지 못했다—은 영국인과 프랑스인들의 공격을 격퇴하고, 방어를 강화하고, 선교구와 성직자들을 보호하고, 이 제국의 전진기지를 항구적인 것으로 만들어야만 했다. 그리하여 식민지는 쇠약해지고, 연이은 위기로 비틀거렸으며, 소규모의 상설 수비대와 간헐적인 방어 비용 지원, 그리고 밀무역의 도움으로 가

97) James Logan, cited by Maldwyn A. Jones, 'The Scotch-Irish in British America', in Bailyn and Morgan (eds), *Strangers Within the Realm*, p. 285.

98) Above, p. 80.

까스로 존속할 수 있었다.[99]

그러므로 주로 유럽 내 라이벌 국가들 혹은 적대적인 인디언들에 맞서기 위한 완충지대로 여겨졌던 이들 에스파냐령 북쪽 경계지역과, 토지에 굶주린 식민지 정주자들의 압박 혹은 아메리카 내륙 인디언들과의 교역을 확대하려는 바람에 대한 반응으로 팽창해 가던 영국령 본토 식민지의 경계 지역 간에는 분명히 대조되는 점이 있었다. 그렇지만 아메리카 내 프랑스 제국이 가하는 점증하는 위협에 어떻게 반응해야 할지 그 방법을 모색하게 되면서 영국인들에게도 전술적인 필요가 프런티어의 확장에서 점점 중요한 고려사항이 되어가고 있었다. 1730년대 사우스캐롤라이나 남쪽에 조지아라는 새로운 식민지를 건설한 것은 제임스 오글소프James Oglethorpe와 그 친구들의 박애주의적 이상에 고무된 것이라고 할 수도 있지만, 다른 한편으로는 프랑스인들과 에스파냐인들의 정주지가 팽창해 가는 경향을 저지하기 위한 완충지대를 만들어 냄으로써 시급해진 전술적 필요를 충족시키려는 의도의 표현이기도 했다.[100]

그러나 런던 정부도 마드리드 정부와 마찬가지로 멀리 떨어진 외곽 프런티어 지역에 군대를 장기적으로 주둔시키는 것이 달갑지 않았다.[101] 그러므로 제국 정부는 될 수 있으면 제국 경계 지역의 정주 사업을 개별 식민지들에게 맡기려고 했다. 뉴욕이나 펜실베이니아 같은 몇몇 식민지들은 외교적 수단을 이용해 인디언들과의 우호관계를 유지하려고 했다.

---

99) John Jay Tepaske, *The Governorship of Spanish Florida, 1700~1763* (Durham, NC, 1964); Wickman, 'The Spanish Colonial Floridas', in Jackson (ed.), *New Views of Borderland History*, ch. 7 참조.

100) Wright, *Anglo-Spanish Rivalry*, pp. 78~80.

101) Anderson, *Crucible of War*, p. 17.

또 어떤 식민지들은 자신의 군사적 능력을 개선하려고 노력했다. 점점 더 많은 병사들이 더 먼 거리를 여행해야 됨에 따라 식민지 수비대들은 식민지 의회로부터 급료와 식량을 제공받는 자원병으로 보충되기 시작했다. 프런티어가 확장되면서 보호에 대한 요구도 커지게 되었다.[102)]

프런티어를 확장하게 만든 동기가 군사적인 것이든 경제적인 것이든 인구적인 것이든 종교적인 것이든 간에 ― 그 동기는 제국들 간에도 달랐지만 각 식민 제국 내에서도 서로 달랐다 ― 영국령 아메리카와 에스파냐령 아메리카의 식민지들은 몇 가지 특징을 공유하고 있었다. 캘리포니아만 위쪽으로부터 남부 애리조나를 거쳐 엘파소와 산안토니오에 이르는 활 모양의 에스파냐령 요새들처럼 여러 요새와 수비대들의 보호를 받고 있던 곳에서도 프런티어는[103)] (촘촘히 들어선) 경계선이 아니라 구멍이 군데군데 뚫린 경계 지역들이라 할 수 있었다. 그것들은 유럽 식민지 사회에 의해 완전히 정주되지도 통합되지도 않았고, 지역 원주민들이 완전히 포기하지도 않은 지역들이었다. 그러므로 프런티어들은 제국 변경에 위치한 접촉과 갈등, 상호작용이 이루어지는 곳이었으며, 이곳에서는 양측의 생존의 필요성이 폭력과 야만성뿐만 아니라 협력과 상호 적응으로도 표출되었다.

인디언들에게는 이 프런티어가 무엇보다도 역병의 프런티어였다. 유럽인들 ― 경우에 따라서는 외롭게 돌아다니는 한 명의 상인이기도 했다 ― 이 지금까지 일정 수준의 고립에 의해 보호받고 있었던 인디언들과 접촉하게 된 곳이면 어디서나 역병의 참사가 발생했다. 에스파냐

---

102) Shy, *A People Numerous*, ch. 2.
103) Gutiérrez, *When Jesus Came*, p. 148.

인들이 1598년 리오그란데 유역에 도착했을 때 누에보멕시코 푸에블로 인디언의 수는 대략 8만 명이었던 것으로 보인다. 그러나 1679년이면 이 숫자가 1만 7,000명으로, 그리고 그보다 14년 후 봉기가 있고 난 뒤에는 1만 4,000명으로 줄어들었다.[104] 북아메리카에 영국인들이 정주하기 직전 미시시피 강 동쪽에는 100만 명가량의 인디언이 살고 있었던 것으로 보인다. 그러던 것이 식민시기 말경이면 겨우 15만 명이 남아 있었다. 치명적인 천연두 혹은 인플루엔자가 갑자기 발병하여 원주민 전체를 쓸어버리는 경우도 있었으며, 어떤 역병은 슬로우 모션으로 보여 주는 영상처럼 두세 세대에 걸쳐 여러 번 발병하여 비슷한 결과를 만들어 내기도 했다.[105] 좀더 밀집된 개종자들의 집단 거주지를 갖고 있던 에스파냐인 선교구들은 질병의 온상이었으며,[106] 역병이 다 하지 못한 파괴는 전쟁이 완결지었다. 1755년 한 영국인 관리가 언급하였듯이, '인디언들은 백인들이 접근하면 대개는 도망치려고 하는 경향이 있었다.'[107]

그러므로 프런티어는 철수와 후퇴의 지역인 경우가 많았는데, 그것은 유럽인이 갖고 오는 질병의 재앙을 어떻게든 피하려고 했던 인디언들에게만 해당되는 것은 아니었다. 백인 정주자들 역시 필립 왕의 전쟁 중에 뉴잉글랜드에서 혹은 구알레와 이스트텍사스의 에스파냐인 선교 지역들에서 그랬던 것처럼, 인디언들의 맹렬한 공격 앞에서 후퇴하지 않으면 안 되었다. 유럽인들의 프런티어가 시 외곽 지역으로 확대되

104) *Ibid.*, p. 92, 도표 2.1, 그리고 p. 172.

105) Bailyn and Morgan (eds), *Strangers Within the Realm*, pp. 122~4.

106) Weber, *Spanish Frontier*, p. 263.

107) Bailyn and Morgan (eds), *Strangers Within the Realm*, p. 124에서 제임스 메렐(James Merrell)에 의해 인용됨.

어 가는 것이 엄연한 사실이었을지는 모르나 그렇다고 그것이 불가피한 것은 아니었다. 그럼에도 불구하고, 영국인의 것이 되었든 에스파냐인의 것이 되었든 프런티어가 앞으로 혹은 뒤로 이동할 때마다 모든 과정에서 강제, 상호간 필요, 혹은 그 둘의 결합을 통해 새로운 인간관계가 형성되었다.

강제는 누에보멕시코처럼 군대가 주둔하는 지역에서 가장 두드러지게 나타났다. 주로 선교사들, 서너 개의 소도시와 여러 개의 농촌 마을에 거주하는 희박한 정주자들, 그리고 다수의 복속된 푸에블로 인디언들로 이루어진 고도로 계서화되어 있었던 이곳 사회에서는 병사들(그들은 사실 병사 겸 정주자들이었다)이 지배적인 존재였다. '누에보멕시코 왕국'(공식적으로는 그렇게 불렸다)에는 15~20개 가문의 토지 귀족들이 있었으며, 그들 가운데 몇몇은 16세기 말에 활동한 정복자나 정주자의 후손이었다. 그들은 에스파냐인을 조상으로 둔 것에 자부심을 갖고 있었으며(그러나 그들이 자랑하는 것만큼 순수한 혈통은 아니었다), 메스티소 자영농과 이른바 헤니사로들genízaros을 지배했다. 이 헤니사로들은 '정당한 전쟁'에서 붙잡혀 오는 바람에 원래 부족과 절연된 인디언들로서, 귀족의 가정이나 군대에서 봉사해야 했던 사람들이거나 아니면 다른 부족들에게 포로로 잡혀 귀족들에게 팔려 온 인디언들이었다. 누에보멕시코는 정복한 자들과 정복당한 자들의 거칠고 냉담하고 고도로 계서화된 사회였으며, 인디언들의 강제노동에 의존하고, 주변 인디언들과 교역과 전쟁을 끊임없이 번갈아 하는 사회였다.[108]

---

108) Gutiérrez, *When Jesus Came*, pp. 148~56, pp. 148~56, 그리고 예니체리(janissaries)들에 대해서는 James F. Brooks, *Captives and Cousins. Slavery, Kinship and Community in*

그러나 그것은 또한 (명목상으로는 사회적으로 소외된 사람들에 국한된 현상이기는 했지만) 백인과 인디언들이 날마다 접촉하고, 그로 인해 혼인과 축첩을 통해 에스파냐인의 피의 농도가 시간이 갈수록 묽어져가는 사회, 그래서 17세기 말이 되면 거의 모든 사람이 인종적으로 뒤섞였다고 여겨지는 사회이기도 했다.[109] 에스파냐령 아메리카와 영국령 아메리카 제국의 모든 국경 지역들에서 그랬던 것처럼, 누에보멕시코에서도 착취와 상호 의존은 배경과 전통이 매우 다른 여러 부족들을 한데 집결시켜, 피를 공유한 것은 아니지만 적어도 경험은 공유하는 세계를 만들어 냈다. 에스파냐인 혹은 영국인의 프런티어를 보호해 주는 요새는 어떤 이들에게는 억압의 상징이었지만 어떤 이들에게는 보호의 상징이기도 했다. 그러나 동시에 그것은 물자와 서비스가 교환되는, 혹은 인간들이 만나 교제하는 장소이기도 했다. 이런 식으로 해서 한쪽은 다른 쪽의 관습과 성격을 알게 되었고 새로운 접촉과 상황에, 그리고 새로운 환경(그 환경 자체가 '프런티어' 영토의 애매모호한 영역 안으로 들어오면서 변하고 있었다)에 적응해 갔다.

근접해 있다는 사실과 서로가 서로를 필요로 했다는 점은 양측이

---

the Southwest Borderlands (Chapel Hill, NC and London), pp. 123~38 참조. 예니체리들은 오토만 제국의 군대에서 복무한 비(非)터키인 출신의 엘리트 군인들이었다. 그러나 코바루비아(Covarrubia)의 *Tesoro de la lengua castellana* (1611)에 따르면 17세기 초 헤니사로(genízaro)라는 말은 에스파냐에서 양친의 국적이 다른 사람을 지칭하는 용어로 사용되었으며, 그렇게 사용된 것은 아마도 예니체리가 투르크인과 기독교도의 피가 섞인 혼혈이었기 때문인 것으로 보인다. 18세기에는 이 용어가 적어도 안달루시아에서는 단순히 에스파냐인들과 함께 살고 있는 외국인들을 지칭하는 것으로 사용되고 있었다. 헤니사로라는 말이 언제, 어떻게 누에보멕시코 끝 떨어진 인디언들을 지칭하는 용어로 사용되었는지는 아직도 분명치 않다(이 말이 에스파냐령 아메리카 제국의 다른 국경 지역에서는 사용되지 않았음이 분명하다). 이 정보를 제공해 주신 데이비드 웨버 씨에게 감사드린다.

109) Brooks, *Captives and Cousins*, pp. 103~4.

'중간지대'로 이동하도록 자극했으며, 이 중간지대에서 양측의 행동과 행위는 서로 이해할 수 있는 것이 되어갔다.[110] 이 중간지대를 다른 사람들보다 더 쉽게 밟을 수 있는 사람들이 있었는데, 예를 들어 인디언 '아내'를 두는 경향이 있었던 상인, 유럽인이든 인디언이든 상대방의 언어를 습득한 통역관, 언젠가 포로로 잡혀 있게 되는 바람에 낯선 사회의 여러 방식에 대해 좀더 많이 알 수 있었던 사람…… 등이 그들이었다.[111] 교역은 중간지대를 발견하는 데 활용된 가장 강력한 유인 가운데 하나였다. 그리고 북아메리카 인디언들이 유럽인과 접촉하면서 인디언들의 삶에서도 핵심적인 중요성을 갖게 된 교역은 유럽인들이 자기들끼리 주도권 쟁탈전을 할 때 필수 불가결한 요소였던 인디언 동맹세력을 구하는 가장 중요한 수단이 되었다. 그러므로 그런 동맹세력을 구하고자 하는 식민지 관리들은 중간지대의 주민이 되어야 했다. 상인이자 군대 청부업자였던 윌리엄 존슨William Johnson, 1715~74이라는 사람이 그런 인물 가운데 하나였는데, 그는 뉴욕을 대표해서 '여섯 국가'와 협상했고, 모호크족 출신 아내를 두었으며, 1715년에는 북부 인디언 문제를 관장하는 감독관으로 임명되었다.[112]

---

110) 오늘날 널리 사용되는 '중간지대'라는 말은 리처드 화이트(Richard White)의 책 *The Middle Ground. Indians, Empires, and Republic in the Great Lakes Region, 1650~1815* (Cambridge, 1991)에서 처음 사용되었다. 이 책 p. x에서 그는 이 말을 '중간 지역: 문화와 문화 사이, 민족과 민족 사이의 지역, 제국들과 그리고 마을들로 이루어진 비국가(non state) 세계로 정의하였다. 만약 이 말이 상호 적응과 상호 이해를 위한 바람을 의미한다면 그 정의는 일부 접촉 지역(유럽인과 비유럽인 간의)에서 다른 지역들보다 더 잘 적용되었을 것이며, 그것은 어렵지 않게 그 같은 많은 경우에 발생했을 강제의 정도를 무시하거나 저평가했을 것이다.

111) Axtell, *Invasion Within*, ch. 13 ('The White Indians') 참조.

112) 존슨의 배경과 출세에 대해서는 Francis Jenning, *Empire of Fortune. Crown, Colonies and Tribes in the Seven Years War in America* (New York and London, 1988), pp. 75~9

그러나 중간지대는 위험한 곳이었으며, 거기서는 한 걸음만 잘못 내디디면 치명적인 상황에 직면할 수도 있었다. 무엇보다도 폭력은 광대한 제국의 경계 지역에서 항구적인 삶의 현실이었다. 그러므로 프런티어에 대한 프레더릭 잭슨 터너의 비전에서 매우 두드러진 특징으로 기술되었던 개인주의와 그것이 미국의 발전에 미친 강력한 영향은, 낯설고 대개는 위협적이고 고립적인 환경 속에서 자신들의 힘으로 새 삶을 개척하려고 하는 유럽인 정주자들 간의 서로 돕고 협력하려는 강한 충동에 의해 상당히 순화되었다.[113] 1690년 윌리엄 버드의 말에 따르면, 많은 정주자들이 '세상 끝'에서 살고 있었음이 분명하다. 비록 그 중에는 버지니아 플랜테이션의 비교적 안락한 삶을 사는 사람도 있기는 했지만 말이다.[114] 펜실베이니아와 애팔래치아 산맥 국경 지역에서는 정주자들의 집이 거칠게 절단한 통나무로 만든 오두막인 경우가 많았다. 이런 집은 이 지역에 살게 된 스칸디나비아인과 독일인이 선호하는 것이었고, 후에 스코틀랜드-아일랜드인 이주자들에 의해서도 선호되었다.[115] 이 정주자들이 서로 도우며 살아가기 위해 한곳에 집결한 것은 전혀 이상한 일이 아니었다. 그들의 정주지 혹은 개간지에서 소리치면 들리는 범위 안에 '인디언 부락'이 있었고, 그들은 그 인디언 주민들에 대해 불안, 경멸, 두려움이 뒤섞인 감정을 갖고 있었다. 매사추세츠의 목사 스티븐 윌리엄스가 그랬던 것처럼, 그들 가운데 얼마나 많은 사람이 어렸을 때 인디언의 포로가 되었던 경험 때문에 오랫동안 '악몽에 시달리

를 참조. White, *The Middle Ground*는 그의 행적을 추적하고 있다.

113) Bailyn and Morgan (ed.), *Strangers Within the Realm*, p. 299.

114) Merrell, *ibid*., p. 118에서 재인용.

115) *Ibid*., pp. 306~7.

면서' 불안한 밤들을 보내야 했던가![116]

아메리카의 모든 프런티어들이 모종의 특징을 공유하기도 했지만 서로 많이 다르기도 했다. 윌리엄 버드의 버지니아의 프런티어는 매사추세츠의 스티븐 윌리엄스의 프런티어가 아니었고, 또 그 두 프런티어는 누에보멕시코나 브라질의 프런티어와 달랐다. 대도시에서 멀리 떨어져 있었다는 사실이 그 프런티어들을 외부 법의 효력이 미치지 못하는 지역으로 만들어 놓기는 했지만 그렇다고 그것이 그 프런티어들로 하여금 무법성을 공유하게 하지는 않았다. 수비대와 선교구들은 자신들만의 규율을 갖고 있었다. 또 거기에는 모든 사람이 살아남기 위해 필요로 하는 공통의 규율이, 그리고 종교에 의해 도입된 혹은 '야만적인' 세계와 접하고 있는 지역에서 얼마간의 품위를 유지하려는 열망에서 유래한 자제自制가 있었다. 동시에 좀더 많은 사람이 정주한 식민지에는 당대의 한 인물이 캐롤라이나 오지에 사는 정주자들에 대해서 그렇게 썼던 것처럼, 프런티어 지역으로 들어간 사람들을 인간쓰레기, '지구의 찌꺼기'라고 보는 인식이 퍼져 있었다.[117] 스코틀랜드-아일랜드인 이주민들은 펜실베이니아에서 법적인 권리도 없으면서 땅을 무단으로 점령하려는 거칠고 무질서한 인종, 혹은 인디언들의 깡패 같은 이웃으로 여겨졌다.[118] 이 프런티어 주민들 가운데 다수는 지독하게 가난하게 살았다. 에스파냐령 누에보멕시코 혹은 땅투기꾼들이 맨 처음 도착한 북아메리카 지역에서 그랬던 것처럼, 프런티어 지역은 후에 프런티어적 삶의 특징으로

---

116) John Demos, *The Unredeemed Captive* (1994, New York, 1995), p. 230에서 재인용.
117) Journal of the Rev. Charles Woodmason by Nobles, *American Frontiers*, p. 104에서 재인용.
118) James Logan. Bailyn and Morgan (ed.), *Strangers Within the Realm*, p. 297에서 재인용.

간주되어 찬탄의 대상이 된 평등의 무대이기도 했지만, 그에 못지않게 쉽게 가장 첨예한 불평등의 공간이 되기도 했다.[119)]

시간이 지나면서 아메리카 식민지 세계 내 정주 지역의 기풍ethos은 프런티어 지역의 기풍이 식민지 사회 중심에 영향을 주는 것보다 더 강하게 프런티어 지역에 영향을 주는 경향이 있었다. 이런 현상은 식민지들이 확실히 자리를 잡고 엘리트들이 출현하고 18세기에 유럽식 교양 개념이 아메리카에 확산되면서 더 강해졌다. 18세기 중엽이 되면 시골 가게들, 심지어 북아메리카 벽지 프런티어 지역에서조차 유럽산 상품이 판매되었다.[120)] 프런티어들이 전에는 이교도들과 '야만인들'에 의해 점령되어 있던 지역으로 침입해 들어갔다는 사실 자체가 유럽적 문명 개념의 승리를 의미했다.

점령되거나 개간이 완료된 이런 지역들과 그것을 넘어 끝없이 펼쳐져 있는 광활한 '인디언 지역' 간의 대조는 백인 정주자들에게 명백하기도 하고 고통스럽기도 한 것이었다. 그리고 그것은 영국령 북아메리카에서 큰 인기를 끌게 될 새로운 문학 장르를 만들어 냈는데, 인디언들에 의해 포로가 된 백인들의 이야기가 그것이다. 인크리스 매더의 『뉴잉글랜드 인디언들과 싸운 전쟁 이야기』*A Brief History of the War with the Indians in New England*, 1676 같은 인디언 전쟁 이야기도 많은 독자를 끌어모았지만[121)] 인디언들에게 포로로 잡힌 적이 있는 사람들의 경험을 자세히 서술한 개인적 경험담들이 누린 인기에는 미치지 못했다. 그런 식으로 포로

119) Nobles, *American Frontiers*, pp. 107~8.

120) Breen, *Marketplace of Revolution*, p. 118; 그리고 위의 책 pp. 243~4를 보라.

121) Lepore, *The Name of War*, pp. 50~1에 그런 이야기들의 목록이 있다.

가 된 사람은 수천 명에 이르렀다. 1677년부터 1750년 사이에 프랑스령 캐나다에서만 750명이 인디언들의 포로가 된 것으로 보고되어 있다.[122] 포로들 가운데 다수는 적절한 절차를 거쳐 유럽인들의 세계로 되돌아왔다. 그러나 돌아오지 않은 사람도 꽤 되었는데, 그것은 포로로 잡혀 있는 동안 죽었기 때문이기도 하고, 아니면 놀랍게도 포로들 자신들이 인디언의 생활 방식을 받아들여 이런저런 이유로 돌아오기를 거부했기 때문이기도 했다. 사람들은 이런 사람들을 '흰 피부의 인디언'이라 불렀는데, 이 가운데 다수는 어렸을 때 포로가 되었기 때문에 어렵지 않게 인디언들의 사회에 동화되었으며, 유럽인들의 생활방식을 잊어버리거나, 심지어 어릴 적에 썼던 말까지 망각해 버리곤 했다.[123]

인디언들과의 접촉으로 문화적으로 퇴화되지 않을까 하는 두려움에 사로잡혀 있던 백인 정주자들에게[124] 자기 친지들이 문명보다 야만을 택했다는 것은 당황스럽기 그지없는 사실이었다. 그러나 그런 현상은 17세기 말, 18세기 초 프랑스인들과 인디언들의 전쟁 기간 동안 백인 포로가 많이 생겨나면서 상당히 자주 일어났던 것으로 보인다. 특히 퓨리턴들의 뉴잉글랜드에서는 자발적으로 '변절하여' 인디언 사회에 들어간다는 것은 선조들과 자기 자신들의 광야에서의 사명errand into the wilderness이 갖는 성격과 효과에 대해 근본적인 문제를 제기했다.[125] 그들은 포로들의 이야기에서 어느 정도는 해답을 찾았는데, 그것은 '교훈을

---

122) Slotkin, *Regeneration through Violence*, p. 97.

123) Axtell, *Invasion Within*, ch. 13; 북아메리카의 백인 포로에 대해서는 Linda Colley, *Captives, Britain, Empire and the World, 1600~1850* (London, 2002), part 2 참조.

124) Above, p. 235.

125) Slotkin, *Regeneration through Violence*, p. 121.

제공하는 이야기'로서 프런티어의 위험성과 불확실성을 생생하게 상기시켜주고, 엄중한 경고를 제공하고, 위험이 극복되는 것을 보는 것에서 오는 정신적 위로를 제공해 주는 것이었다.

포로들은 고문을 당하기도 하고 죽임을 당하기도 했다. 그러나 그들은 기독교적 생활 방식을 버리고 싶은 유혹과 같은 좀더 미묘한 위험에 직면하기도 했다. 모든 포로 이야기들 가운데 가장 인기 있고 가장 유명한 것은 메리 롤런드슨의 『신의 주인되심과 선하심』*The Sovereignty and Goodness of God*이었는데, 이것은 그녀 자신이 인디언들과 같이 지낸 경험을 생생하게 진술한 것이었다.[126] 매사추세츠에서 3쇄를 찍고, 초판본이 출간된 1682년에 런던에서도 인쇄된 이 책은 일군의 '이교적이고 거만하고 거칠고 잔인하고 야만적인 (한마디로 악마적인) 피조물들과 함께 살면서 외롭지만 경건했던 한 여성이 신의 은총에 힘입어 수많은 역경과 위험을 극복해 가는 과정에 관한 감동적인 메시지를 담고 있었다. 그 뒤를 이어 그와 비슷한 많은 이야기들이 더 나타났는데, 자유를 되찾은 포로들의 고무적인 이야기가 있는가 하면, 반대로 유니스 윌리엄스Eunice Williams(그녀를 포로로 잡고 있었던 모호크 족은 그녀에게 옹코테A'ongote라는 이름을 붙여 주었다) 같은, 백인 사회로 돌아오기를 완강하게 거부한 사람들에 관한 달갑지 않은 이야기도 있었다.[127]

『신의 주인되심과 선하심』이 출간되기 9년 전인 1673년, 프란시스코 누녜스 데 피네다 이 바스쿠냔Francisco Núñez de Pineda y Bascuñán이라는

126) Jehlen and Warner (eds), *The English Literature of America*, pp. 349~82; 그리고 메리 롤런드슨에 대하여는 Lepore, *The Name of War*, 특히 pp. 126~31을 참조.

127) Demos, *The Unredeemed Captive*.

이름의 한 칠레인 병사가 40년 전 6개월 동안 아라우코족 인디언들의 포로가 되었던 자신의 경험을 담은 필사본의 최종 교정을 마무리했다. 그러나 『행복했던 포로생활』*Cautiverio feliz*이라는 제목의 이 책은 200년 동안이나 출간되지 못했다. 이 책이 메리 롤런드슨의 책과 달랐던 점은 책 출간의 역사만이 아니었다. 두 작가는 자신들이 경험한 파란만장했던 포로 생활에 매우 다른 방식으로 반응을 보였다.[128)]

이 차이를 단순히 니프무크족 인디언Nipmuck Indians과 아라우코족 인디언 간의 차이에 기인한 것으로만 볼 수는 없다. 실제로 두 작가는 모두 인디언들이 잔인하다고 기술했으며, 누녜스 데 피네다는 인디언들이 자신의 동료 가운데 한 명을 '희생제물로 바치고', 그의 심장을 씹어 먹는 것을 목격하기도 했다. 그러나 메리 롤런드슨이 인디언들의 생활방식에 대해 혐오감을 드러낸 데 비해, 누녜스 데 피네다는 자신을 포로로 잡은 인디언 부족과의 강한 친밀감을 드러냈다. 그는 그들과 더불어 '매우 즐겁게' 음료를 마셨으며, 마치 추장의 양자라도 되는 듯한 대접을 받았다. 그가 원했다면 실제로 양자가 될 수도 있었을 것이다. 그는 인디언들과 함께 살고 싶은 유혹을 강하게 느꼈다. 그러나 결국 그들과 헤어져 '기독교 국가'로, 늙은 부친의 곁으로 돌아올 수밖에 없었고, 그것을 그는 대단히 유감스럽게 생각했다.[129)] 그가 볼 때 인디언들은 잔인한 행동을 하기도 했지만 에스파냐인과 달리 자기 말에 책임질 줄 아는 사람들

---

128) Francisco Núñez de Pineda y Bascuñán, *Cautiverio feliz* (Santiago de Chile, 1863); Alejandro Lipschutz and Alvaro Jara의 요약본 (Santiago de Chile, 1973)도 있다. 영역된 요약본으로 William C. Atkinson, *The Happy Captive* (Chatham, 1979)가 있다. 두 포로 이야기의 흥미로운 비교를 Ralph Bauer, *The Cultural Geography of Colonial American Literature* (Cambridge, 2003) 제4장에서 볼 수 있다.

129) Ed. Jara, pp. 102, 183~4, 187.

이었으며, 한 세기 전 알론소 데 에르시야의 서사시 「라 아라우카나」에서 묘사된 바 있는, 진정으로 고귀하고 영웅적인 민족의 후손들이었다. 그는 그런 부족의 포로가 된 것을 행복하게 생각했다.

메리 롤런드슨 역시 자신을 포로로 만든 사람들에게서 융숭한 대접을 받았다. 인디언들 가운데 누구도 '말로나 행동으로나 나에게 모욕이나 무례를 범하지 않았다'고 그녀는 쓰고 있다.[130] 아라우코족과 마찬가지로 알공킨족도 부족 수를 늘리기 위해 포로들을 받아들이는 것에 대해 큰 관심을 갖고 있었으며, 롤런드슨도 누녜스 데 피네다와 마찬가지로 비슷한 상황에서 어렵지 않게 동료들 가운데 다른 많은 이가 택했던 것처럼 그곳에 머물 수도 있었다. 그렇지만 그녀는 그렇게 하고 싶다는 생각이 들 때마다 그 생각을 떨쳐 내기 위해 각고의 노력을 해야 했고, '악마와 같은' 인디언들의 생활 방식에 대해 혐오감을, 잃어버린 영국적 세계에 대한 향수를 더욱 더 열정적으로 표출했다. 그녀는 행복하지 않은 포로였다. 비록 고통이 그녀로 하여금 신의 전지전능한 권능을 인식하게 만드는 진정 놀라운 경험을 하기도 했지만 말이다.

인디언들과의 생활에 대해 전혀 다른 반응을 보였던 칼뱅주의자인 롤런드슨과 가톨릭교도인 누녜스가 적어도 독자들에게 자신들에 대해서 말할 때 가장 가까이 접근하여 한목소리를 냈던 것은 종교적 측면에 대해서였다. 이교도들과 함께 있을 때 자신의 영적 견고함을 강조하기 위해 누녜스는 인디언 추장들이 제공한 여인들과 잠자리를 같이하고 싶은 유혹을 어떻게 이겨냈는지, 기회가 있을 때마다 얼마나 열심히 인디언들에게 기독교 기도문을 가르쳤는지에 대해 강조했다. 결국 다시 기

---

130) Lepore, *The Name of War*, p. 130에서 재인용.

독교 세계로 돌아온 두 포로는 모두 안전한 귀환에 대해 신에게 감사를 드리는 일에서도 하나가 되었다. 그러나 그 중 한쪽은 돌아오자마자 프런티어의 문을 열어 놓은 데 비해, 다른 한쪽은 그것이 굳게 닫혀 있게 하기 위해 최선을 다했다.

오랫동안 출간되지 못했던 『행복했던 포로 생활』은 16세기 누녜스 카베사 데 바카가 쓴 『난파선』*Los naufragios*이라는 유명한 소설[131]을 제외하고는 에스파냐령 아메리카에서 거의 찾아볼 수 없는 희귀한 포로 문학 작품 가운데 하나였다. 에스파냐령 아메리카에서 포로 문학이 드물었던 이유 중 하나는 18세기까지 에스파냐의 인디아스 제국의 변경 지역에는 칠레를 제외하고는 군사적 경계 지역이라 할 만한 곳이 없었고, 지속적으로 이어지는 '전쟁' 상태도 없었다는 점이다. 18세기가 경과하는 동안 상황이 바뀌었는데, 제국의 프런티어가 적대적인 지역 쪽으로 점점 확대되면서 인디언들의 포로가 된 사람도 늘어났다. 그러나 그 포로들이 경험한 고난의 이야기는 영국령 아메리카에서처럼 책으로 출간된 이야기 속이 아니라 왕에게 제출한 청원문 속에서 발견되는 경향이 있다.[132]

---

131) 1542년 사라고사에서 처음으로 출간되었으며, Ramusio의 *Delle navigationi et viaggi* (vol. 3, Venice, 1565)에 들어 있다. Enrique Pupo-Walker의 판본 Alvar Núñez Cabeza de Vaca, Los naufragios (Madrid, 1992), 그리고 Alvar Núñez Cabeza de Vaca, *The Narrative of Cabeza de Vaca*, ed. and trans. by Rolena Adorno and Patrick Charles Pautz (Loncoln, NE, 2003)를 참조.

132) S. M. Socolow, 'Spanish Captives in Indian Societies: Cultural Contacts Along the Argentine Frontier', *HAHR*, 72 (1992), pp. 73~99; 그리고 Peter Stern, 'Marginals and Acculturation in Frontier Society', in Jackson (ed.), *New Views of Borderland History*, ch. 6을 참조. 에스파냐령 아메리카에서 포로 이야기가 상대적으로 드문 사실에 대해서는 Fernando Operé, *Historias de la frontera. El cautiverio en la América hispánica* (Buenos Aires, 2001)에서 언급되고 있다.

포로로 잡힌 적이 있는 에스파냐인들이 자신들의 경험담을 공개하려고 하지 않았던 것은 '야만적인' 인디언들의 포로가 되었다는 사실 자체가 수치스러웠기 때문일 수도 있다. 비록 누녜스 데 피네다가 자신을 포로로 잡았던 인디언들을 긍정적으로 묘사함으로써(특히 그는 인디언들의 행동을 마드리드에서 파견된 부패하고 이기적인 국왕 관리들의 그것과 대조시켰다) 그것을 어느 정도 불식시키기는 했지만, 그 오명(그들이 야만인이라는)은 여전히 그들에게서 떨어지지 않았다. 그런 상황에서 피네다의 필사본이 출간되기까지 200년을 기다려야 했다는 것은 그리 놀라운 일이 아니었다. 당국은 이교도들에게 기독교를 전하고 문명화된 히스파니아 정치 속으로 그들을 끌어들이는 것을 존재 이유로 삼았던 위대한 제국 사업에서 발생한 실패와 결함을 상기시켜 줄 책의 간행을 허가하지 않으려는 경향이 있었다. 에스파냐와 인디아스의 독자들도 그와 비슷한 생각을 한 것으로 보인다. 아직도 문 앞에서 서성거리고 있는 야만인들을 기억하는 것은 즐거운 일이 아니었다. 그에 비해 영국과 그 식민지 아메리카의 독자들은 메리 롤런드슨이 집필한 책과 같은 포로 이야기가 역경에 부닥쳤을 때 불굴의 의지가 필요하다는 것, 그리고 신의 놀라운 능력을 상기시킴으로써 교훈적 목적에 유용하게 기여한다고 생각했다.

그러나 인디언들에게 포로가 됨으로써 경험하게 된 시련에 대해 내보인 서로 다른 반응은 두 식민지 사회가 '프런티어'에 대해 갖고 있던 서로 다른 태도를 반영하는 것일 수도 있다. 누에바에스파냐의 북쪽 국경지역은 많은 인구가 정주한 멕시코 중심지로부터 멀리 떨어져 있고 인구도 희박한 지역이었으며, 독립 전이나 후나 그 지역은 영국인 정주자들(이들에게는 프런티어가 적대적인 인디언 영토에서 고된 노동과 영웅적 사업의 비전을 생각나게 했다)의 마음속에서 '프런티어'와 연관되어 있던 그런 류의 감정적 부담을 갖고 있지 않았다. 에스파냐령 아메리카에서는 식민지 사회를 '인디언 마을'과 구분해 주는 심리적 프런티어가 영국령 아메리카에서보다는 덜 분명하게 그어져 있었으며, 에스파냐인 정주자들은 영국인 정주자들을 그렇게도 괴롭혔던 '인디언화'의 유혹에 대한 깊은 우려를 갖고 있지도 않았다. 에스파냐인 정주자들 중 상당수는 이미 핏줄 속에 인디언의 피를 갖고 있기도 했다. 누에보멕시코의 엘리트들은 이미 의심스러워진 그들의 혈통의 순수성을 지키는 데, 그리고 에스파냐인들의 옷을 과시적으로 입음으로써 자신들의 지위를 지키는 데 관심이 많았다.[133] 그렇지만 메스티사헤는 중단 없이 계속 진행되었다. 자신들의 가치 체계와 신앙에 대해 확신을 갖고 있던 국경 지역 정주자들은 자신들의 에스파냐적 혈통에 자부심을 갖고 있으면서도 나날의 삶을 사는 방식에서 얼마간의 자유를 누릴 수 있었다.

영국령 북아메리카의 식민정주자들, 특히 인디언들과의 전쟁을 가장 치열하고 오래 끌었던 퓨리턴들이 사는 뉴잉글랜드의 식민정주자들은 '인디언 마을'Indian country과의 경계 지역에서의 삶이 가져다 주는 심리적 영향을 해결할 준비가 덜 되어 있었던 것으로 보인다. 인디언들은 너무나 오랫동안 악마화되어 있었고, 정신적 양극화가 대세가 되고 있던 당시 세계에서 애매모호함은 받아들이기가 어려웠다. 적들의 삶의 방식을 채택한 것, 말하자면 변절이 만들어 낸 불안에 직면하여, 다시 귀환한 포로들의 이야기는 종교와 문명이 궁극적으로 승리할 것이라는 점에 대해 얼마간의 확신을 가져다 주었다.

---

133) Gutiérrez, *When Jesus Came*, pp. 203~4, 211~12.

그러나 중부와 서부 식민지에 새로운 프런티어가 만들어지고 그것이 확대된 것, 그리고 점점 더 많은 정주자들이 국경 지역에서의 삶에 익숙해져 간 것은 점진적인 태도 변화를 가져다 주었다.[134] 아메리카의 풍광에 점점 더 친밀감이 생겨나 더 이상 옛날처럼 광야가 그렇게 황량하게 느껴지지 않았다. 더불어 아메리카의 자연과 잘 조화되어 있었음이 분명한 인디언들의 삶의 방식을 더 잘 이해하고 알게 되면서 그들을 재평가하기 시작했다. 18세기에 아메리카 숲 속에서 '자연인', 즉 악덕에 오염되지 않은 사람들의 원시적인 미덕을 소유한 인디언들이 재발견되고 있었다. 캐드월러더 콜든Cadwallader Colden의 『다섯 인디언 국가의 역사』*History of the Five Indian Nations*, 1727에서 기술되고 있는 이로쿼이족은 공화국적인 자유의 이상에 헌신한다는 점에서 초창기 로마인과 비슷했다. 그는 '사실 나는 인디언들이 로마인들보다 낫다고 생각한다'라고 썼다. 인디언들이 낫다는 내용을 담은 둘 간의 비교는 이미 16세기에 에르시야의 「라 아라우카나」에서도 시도된 적이 있었다.[135]

이 18세기 중엽, (인디언들에 대한) 감정이 바뀌어 가는 세계에서 프런티어는 두 가지 이상형을 수용하기에 충분할 정도로 넓어져 가고 있었는데, 그 두 이상형 가운데 하나는 문명에 동반되는 악덕에 오염되지 않은 인디언들이고, 다른 하나는 숲에서 땅을 개간하고 야생의 도전에 맞서면서 신과 자연 곁에서 살아가는 ('지구의 쓰레기'가 아닌) 정직하고 근면한 농부들이었다. 이 두 인종은 거친 아름다움을 가진 풍요로운 땅

---

134) Slotkin, *Regeneration through Violence*, ch. 7.

135) Slotkin, *Regeneration through Violence*, pp. 199~200; David A. Lupher, *Romans in a New World, Classical Models in Sixteenth-Century Spanish America* (Ann Arbor, MI, 2003), pp. 302~3.

에서 같이 살게 되었고, 그 땅은 시간이 지나면서 더 이상 유럽인이 아닌 '아메리카인'들(이제 그들은 자신들의 것으로 만든 환경과 조화를 이루면서 살아갔다)의 정직한 노동에 의해 순화될 것이었다. 바야흐로 프런티어의 신화가 만들어져 가고 있었다.

에스파냐령 식민지 아메리카는 이 특별한 신화를 만들어 내지 않고도 잘 지낼 수 있었던 것으로 보인다. 제국 경계지역의 메마른 땅을 경작지로 바꿔야만 하는 필요성이 영국령 아메리카보다는 훨씬 덜했고, 그만큼 영웅적인 개척자의 필요성도 덜했다. 정복의 기억에서 유래하는 신화가 이미 존재하기도 했는데, 거기서 그들은 무어인과 기독교도 간의 전투, 혹은 기독교화한 인디언과 누에바에스파냐 북쪽 변경의 '야만적인' 치치메카족 간의 전투를 축제날에 재연하면서 정복한 사람들뿐만 아니라 정복당한 사람들도 함께하는 신화를 만들어 냈다.[136] 그에 반해 영국인 정주자들은 기념할 수 있는 정복의 경험을 갖고 있지 않았고, 수많은 인디언 영혼들을 구원으로 인도했다는 점을 설득력 있게 주장하는 것도 여의치가 않았다(에스파냐령 아메리카의 크리오요들은 자기네 조상들이 인디언들을 정복하고 수많은 영혼들을 구원했다는 사실을 통해 신께서 자신들의 조국에 당신의 섭리 안에서 특별한 위치를 부여했다고 확신하게 되었다).[137]

뉴잉글랜드의 퓨리턴들도 자신들이 신의 성스러운 계획에서 특별한 지위를 갖고 있다고 주장할 수 있었지만 그런 주장은 18세기경이면 설득력을 많이 잃고 있었다. 그리고 어쨌거나 뉴잉글랜드와는 다른 시

---

136) Arturo Warman, *La danza de moros y cristianos* (Mexico City, 1972), pp. 80, 118~20.
137) Above, p. 240.

기에 다른 형태의 후원을 받아 건설된 식민지들에는 그것을 직접적으로 혹은 분명하게 적용할 수 없었다. 포로 이야기가 그 생각을 다시 활성화시키는 데 기여할 수도 있었다. 그러나 강력하고 새로운 세속화적 영향에 구속되고, 여러 다른 지역들로부터 이민자들이 유입되고 있던 사회에서 프런티어 신화는 끊임없이 변화하는 개척자 사회라는 집단적 이미지를 만들어 냄으로써 상상의 가능성의 폭을 확대시키는 데 기여했다.

그러나 만약 시골 벽지back country(사람들은 북아메리카 경계 지역을 그렇게 불렀다)가 수많은 식민지 정주자들에게 미래를 상징하는 것이었다고 해도 그 시골 벽지의 존재는 더 많은 사람들이 정주하고 있던 대서양 해안가 영토에 많은 문제를 제기하기도 했다. 거기에는 정주자들과 인디언들 간의 경계 관계border relations가 한 대륙의 지배를 두고 벌이는 유럽 라이벌 국가들 간에 벌어지고 있던 더 큰 싸움 속에 휩쓸려 들어가고 있던 당시에 어떻게 하면 이 외곽지역들을 잘 수호할 것인가는 갈수록 시급한 문제가 되고 있었다. 또한 점점 세련되어 간 매너와 문명화를 자랑스럽게 여기고 있던 해안 지역 사람들과 동부 해안 주민들이 울타리 너머 사람들로 간주하고 있었던 시골 벽지 농민들 혹은 무단 입주자들 간의 관계를 어떻게 설정할 것인가라는 근본적인 문제가 있었다. 통제를 싫어하고 독립적인 성향을 가진 이들 시골 벽지 거주자들은 어떤 형태의 규제나 통제에도 구속되지 않으려고 했다.[138] 이것은 모든 본토 식민지들이 어떤 식으로든 직면하게 될 문제였으며, 이 문제는 이민과

---

138) Richard R. Beeman, *The Varieties of Political Experience in Eighteenth-Century America* (Philadelphia, 2004), pp. 157~9 참조. 그리고 시골 벽지 역사에 대한 간략한 검토를 위해서는 Eric Hinderaker and Peter C. Mancall, *At the Edge of Empire. The Backcountry in British North America* (Baltimore and London, 2003)를 참조.

인구 증가의 압박하에서 그 중 많은 사람들이 정착하지 않고 떠돌아다니고 있었다는 사실 때문에 해결이 더 어려웠다.

노예와 자유인

인구 증가가 영국령 아메리카 본토 전역에 영향을 주기는 했지만 그 영향이 가장 강하게 느껴진 곳은 자발적이든 강제적이든 이민이 가장 활발했던 중부와 남부식민지에서였다. 그것은 단순히 이민자 수의 문제가 아니라 증가해 간 인종적·종교적·민족적 다양성의 문제이기도 했다. 점점 더 많은 이민자들이 유입되고 있었으며, 그들이 나타난 곳이면 어디서나 사회의 면모가 바뀌었다. 18세기 중엽이면 이질적인 영국령 아메리카가 형성되어 가고 있었다. 그러나 그 이질성이 상당수 인디언 인구의 생존과 점진적인 회복으로 백인, 황색인, 흑인, 그리고 그 사이의 수많은 혼혈인으로 이루어진 놀라울 정도의 인종적 모자이크가 만들어지고 있었던 에스파냐령 아메리카의 그것과는 달랐다.

영국인들이 장악한 북아메리카 지역에서는 원주민의 극적인 감소로 많은 지역에서 인디언들이 쉽게 찾아볼 수 없을 정도로 줄어들었다. 그에 반해 흑인들은 날이 갈수록 증가했다. 백인 중에서는 영국에서 온 정주자들이 스코틀랜드-아일랜드인과 대륙 출신 유럽인에 밀려 소수집단이 되어가는 경향이 있었다. 1760년경이면 뉴욕 거주자 가운데 영국 출신 정주자의 비율이 45퍼센트, 펜실베이니아에서는 30퍼센트밖에 되지 않았다.[139] 1753년 펜실베이니아로 몰려드는 독일인 이주자들

139) Butler, *Becoming America*, p. 10.

에 놀란 벤저민 프랭클린은 '이민자들을 다른 식민지로 돌리지 않으면 …… 얼마 가지 않아 그 사람들이 우리보다 더 많아질 것이고, 우리의 모든 수단을 다 동원해도 우리의 언어를 지키지 못할 것이다. 결국 우리의 통치권마저 위태롭게 될 것이다'라고 썼다.[140)]

수많은 비영국 출신 백인(그 가운데 다수는 영어를 할 줄 몰랐다)이 도착하게 되면서 그들을 어떻게 기존 사회에 동화시킬 것인가의 문제가 불거지기는 했지만, 중요성의 면에서 흑인 인구 증가(그들 가운데 대부분은 노예였다)로 생겨난, 사회를 항구적으로 분열시킬 수 있는 문제들에 비할 바는 아니었다. 1740년경 아프리카인과 아프리카-아메리카인은 어퍼사우스Upper South[미국 남부 지역의 북쪽을 이르는 말—옮긴이] 인구의 28.3퍼센트, 로어사우스Lower South[미국 남부 지역의 남쪽을 이르는 말—옮긴이] 인구의 46.5퍼센트를 차지했다. 중부식민지들과 뉴잉글랜드에서는 그 비율이 각각 7.5퍼센트와 2.9퍼센트에 머물렀다.[141)] 이미 1720년대부터 버지니아의 노예 인구는 자연 증가로 늘어나고 있었으며(신세계 노예 인구 가운데 처음으로 나타난 현상이었다), 1740년대 체서피크에서는 아메리카에서 태어난 흑인이 아프리카에서 수입된 흑인보다 더 많게 되었고, 그로 인해 노예소유주들은 데리고 있던 노예들로부터 노동력을 보충할 수 있게 되었다.[142)] 아프리카에 대한 기억을 갖고 있지 않은 아프리카인이 증가함으로써 흑인 사회는 백인 사회와 마찬가지로 결정적인 변화를 경험하게 되었다.

---

140) Richard Hofstadter, *America at 1750. A Portrait* (1971; edn, New York, 1973), p. 23에서 재인용.

141) McCusker and Menard, *Economy of British America*, p. 222에 제시된 수치들이다.

142) Morgan, *Slave Counterpoint*, p. 81; Berlin, *Many Thousands Gone*, p. 126.

체서피크 지역과 노스캐롤라이나와 사우스캐롤라이나 모두에서 동산 노예에 기반을 둔 사회가 형성되고 있었다. 로어사우스에서 유일한 예외가 새로 생겨난 식민지 조지아였는데, 여기서는 기존 정주자들이 1751년까지 노예제 도입을 거부했다(이 1751년에 그들은 식민지를 국왕에게 양도했다).[143] 이 노예제 사회(1751년 이후에는 조지아도 여기에 합류한다)에 모델을 제공한 것은 플랜테이션 강제노동을 갖고 있었던 영국령 서인도제도였으며, 이 영국령 서인도제도의 모델이 되었던 것은 포르투갈령 브라질의 사탕수수 생산 노예 플랜테이션이었다.[144] 그러나 플랜테이션 사회들은 착취에 시달리고, 주인들의 변덕에 내맡겨진 동산에 불과한 노동자들이 제공하는 강제노동에 의존했다는 점에서 서로 비슷하기는 했지만 서로 다른 생태, 인구 패턴, 사회적·문화적 태도로 인해 그들 간에도 상당한 차이가 나타났다. 1740년대 전체 인구 가운데 88퍼센트가 흑인이었던 서인도제도에서는[145] 백인 사회와 흑인 사회 간에도 그렇고, 그 사회들 내부에서도 그렇고, 전체 인구 중 70퍼센트 정도가 아직도 유럽인 후손들이었던 본토 지역의 그것과는 다른 역동성이 나타날 수밖에 없었다.[146]

북아메리카 본토에서는 체서피크 지역과 남부 로우컨트리Lowcountry

143) Alan Taylor, *American Colonies. The Settlement of North America to 1800* (London, 2001), pp. 241~3.

144) Above, pp. 105~6 참조. 대서양 쪽 플랜테이션에 관한 개관은 Philip D. Curtin, *The Rise and Fall of the Plantation Complex, Essays in Atlantic History* (Cambridge, 1990)를 참조.

145) McCusker and Menard, *Economy of British America*, p. 222.

146) 영국령 아메리카에서 나타난 다양한 노동 시스템들을 분류하기 위한 가치 있는 시도를 Richard S. Dunn, 'Servants and Slaves: the Recruitment and Employment of Labor', in Greene and Pole (eds), *Colonial British America*, ch. 6에서 볼 수 있다.

〈그림 36〉 비숍 로버츠, 「찰스타운 항」(*Charles Town Harbour*) 수채화(c. 1740). 이 그림이 현지 화가에 의해 수채화로 그려질 무렵 찰스타운(후에 찰스톤Charleston으로 바뀜) 항은 대서양의 번영한 항구가 되어 있었다. 사우스캐롤라이나 플랜테이션에서 생산된 쌀이 이 항구를 통해 유럽과 서인도제도로 실려 나갔으며, 이 쌀 수출로 벌어들인 돈은 플랜테이션 엘리트들이 저택을 장식하고 자신들을 치장하기 위해 수입한 사치품 대금으로 지출되었다.

[오늘날의 사우스캐롤라이나 해안 지역—옮긴이] 지역 간의 달라져 간 특징이 그들의 노예제 사회와 전체 사회의 발전에서 두드러진 차이를 만들어 냈다.[147] 버지니아와 메릴랜드의 담배 경작은[148] 사우스캐롤라이나의 그것과는 다른 노동 리듬과 노동 조직 패턴을 만들어 냈다. 사우스캐롤라이나에서는 17세기 말 습지가 발견되어 쌀을 생산할 수 있게 됨으로써 경제 혁명이 나타났다. 쌀이 이 식민지의 대표 작물로 자리 잡게 되면서 쌀의 생산과 찰스타운을 통한 수출은 이제 막 형성되어 가고 있던 농장주 계층의 최대 관심사가 되었다(그림 36). 체서피크의 담배는 자기 농장에서 일하는 농장주 한 사람의 힘으로, 혹은 한두 명의 노예의

147) Morgan, *Slave Counterpoint*는 이 차이를 솜씨 있게 정리하고 있다. 계속 이어지는 노예제 사회에 대한 요약은 앞의 책과 함께 Allan Kulikoff, *Tobacco and Slaves. The Development of Southern Cultures in the Chesapeake, 1680~1800* (Chapel Hill, NC and London, 1986), 그리고 Berlin, *Many Thousands Gone*을 참조하였다.

148) 1720년경까지의 메릴랜드에 대하여는 Main, *Tobacco Colony*를 참조. 담배 경작의 일반적인 특징에 대하여는 T. H. Breen, Tobacco Culture. *The Mentality of the Great Tidewater Planters on the Eve of Revolution* (Princeton, 1985)을 보라.

도움을 받아 경작될 수 있었던 반면에 쌀 생산이 수지타산이 맞는 형태로 운영되기 위해서는 적어도 30명 이상의 노동력을 가진 대규모 플랜테이션이 필요했다. 그러므로 버지니아보다는 캐롤라이나의 대규모 플랜테이션에 더 많은 노예가 살게 되었다. 그로 인해 노예 주인과 노예의 관계가 버지니아의 경우보다 캐롤라이나에서 더 잔인한 형태로 나타나는 경향이 있었다. 버지니아에서는 대농장 주인이 그 농장에서 태어나 성장한 노예에 대해 가부장적 태도를 갖는 경향이 있었다. 그에 비해 캐롤라이나의 경우는 버지니아 노예보다 건강하지도 않고 출산율도 떨어지는 흑인 인구를 보충하기 위해 아프리카에서 새로 노예를 지속적으로 수입해야 했던 상황 때문에 체서피크 노예들이 서서히 만들어 나가고 있었던 친족 관계나 공동체를 이곳에서는 만들어 내기가 어려웠다.

캐롤라이나의 노예들이 버지니아의 노예들보다 더 잔인한 대우를 받았다고는 하나(실제로 그런 것처럼 보인다) 에스파냐 영토와 상대적으로 더 인접해 있었기 때문에 캐롤라이나의 노예 소유주들은 자신들의 노예들을 절망적인 상태로 몰고 가지 않도록 주의를 기울이지 않으면 안 되었다. 1693년 캐롤라이나에서 도망쳐 나와 세인트어거스틴(산아구스틴)에 도착한 흑인 도망 노예들에게 에스파냐 국왕은 그들이 가톨릭으로 개종한다는 조건 하에 자유를 허락했고, 그 이후 캐롤라이나의 흑인 노예들은 기회가 생기면 남쪽으로 도망치려는 생각을 품게 되었다.[149] 두 차례의 봉기가 무위로 끝나고 난 뒤 캐롤라이나의 많은 노예

149) 이것과 계속 이어지는 내용에 대해서는 Jane Landers, *Black Society in Spanish Florida* (Urbana, IL and Chicago, 1999), ch. 1을 참조. 또한 Berlin, *Many Thousands Gone*, pp. 72~4를 참조.

들은 1715년 유럽인 정주자들을 상대로 전쟁을 하고 있던 야마시 인디언들에게 가서 합류했고, 1720년대와 1730년대에는 점점 더 많은 도망 노예들이 플로리다로 넘어갔다. 이 중에는 중앙아프리카의 기독교 왕국 콩고 출신으로 포르투갈어를 사용하는 노예들도 있었다. 1738년 플로리다 총독은 그들이 산아구스틴에서 북쪽으로 2마일 떨어진 곳에 위치한 그라시아레알데산타테레사데모세Gracia Real de Santa Teresa de Mose라는 자치적 흑인 가톨릭 정주지에 거주하도록 허락했다. 이 정주지가 건설되었다는 소식이 사우스캐롤라이나 플랜테이션 지역에 퍼지자 노예 집단들은 플로리다로 탈출하려고 했고, 그 중에는 1739년 스토노Stono 인근에서 봉기를 일으킨 일단의 앙골라인도 포함되어 있었다. 그들 대부분은 20명이 넘는 백인을 살해한 후 그라시아레알데산타테레사데모세를 향해 남쪽으로 이동하는 과정에서 살해되었다.

캐롤라이나 플랜테이션에서의 삶이 참담하고 공포스럽기는 했지만 플랜테이션의 규모가 컸다는 사실은 노예들이 흑인이 압도적으로 많은 세계에서 살게 됨을, 그리고 그들이 거기서 아프리카에서 갖고 온 관습과 전통을 보존할 수 있게 됨을 의미했다(그림 37). 대개는 자기 농장에 머무르지 않았던 서인도제도의 부재 농장주들과 달리 이곳 농장주들은 플랜테이션 경영에 직접적인 관심을 갖고 있었으며, 버지니아 농장주들에 비해 잉여 노예를 매각하거나, 남에게 양도함으로써 노예 가족을 파괴하는 경향이 덜했다. 노예들이 농촌의 예속에서 도망칠 기회도 있었다. 1년 중에 상당 기간을 플랜테이션에서의 말라리아 시즌을 피해 찰스타운에 지은 근사한 대저택에서 보내고 싶어 했던 농장주들의 바람 때문에 집안일에 종사하는 도시 노예 계층이 생겨났다. 멕시코시티와 리마의 흑인 노예들이 그랬던 것처럼 그 가운데 상당수는 숙련된 목수,

〈그림 37〉 익명의 화가가 그린 「옛날 플랜테이션」(*The Old Plantation*) 수채화(c. 1800). 신세계에서 살아남은 아프리카 문화. 사우스캐롤라이나 플랜테이션 노예들이 음악과 춤으로 결혼식을 축하하고 있는 것으로 보인다.

금고기술자, 은 세공사 등이 되었으며, 그들은 에스파냐령 아메리카 노예들과 마찬가지로 돈을 모아 상당한 번영을 누리고, 백인 엘리트들의 라이프 스타일과 의상을 따라 하기도 했다.[150)]

그러나 인종 간 구분선은 이 남쪽 식민지들에서 여전히 분명한 상태로 남아 있었으며, 신분이 자유로운 흑인의 수는 누에바에스파냐나 페루 부왕령에 비해 훨씬 적었다. 18세기 누에바에스파냐에는 두 아메리카에서 가장 많은 자유인 신분의 아프리카인 후손들이 있었다. 그리고 그들은 비록 특정 제약과 의무에 구속되기는 했지만 카스타 시스템 안에서 나름의 지위를 인정받기도 했다. 그 결과 가운데 하나는 17세기

150) Berlin, *Many Thousands Gone*, p. 160. 에스파냐령 아메리카 도시들의 아프리카인들에 대하여는 above, pp. 100~1을 보라.

초부터 멕시코에서 자유인 흑인들만으로 이루어진 부대가 만들어졌다는 것이다. 이 부대는 18세기 말까지 존속하면서 그들에게 소중한 집단적 특권을 가져다 주었을 뿐만 아니라 인종적 정체감을 강화해 주기도 했다.[151] 반대로 버지니아에서는 1723년에 가서야 식민지 법으로 자유흑인의 입대가 금지되었지만 화기 소지는 베이컨의 봉기 이후부터 금지되고 있었다.[152] 전체 인구의 10퍼센트가 채 안 되는 흑인들을 무장시키는 것과, 전체 인구의 4분의 1에서 반에 이르는 사람들을 무장시키는 것 간에는 엄청난 차이가 있었다.

1739년 사우스캐롤라이나 의회의 한 상임위원회는 대지주들이 보유한 땅의 크기에 비례하게 백인 병사를 수입하고 유지하자는 법령을 제안하면서, '우리 주에 백인들을 충분히 들여오는 것이 절대적으로 필요하다'라고 주장했다.[153] 흑인이 전체 인구 가운데 매우 큰 부분을 차지하는 사회에서는 백인들이 노예 반란이라는 악몽에 시달려야 했다. 그러나 그것이 백인들 간에 모종의 유대감을 만들어 내기도 했는데, 체서피크에서는 그것이 대농장주들과 중소 지주·소작농을 나누고 있던 사회적 구분을 희미하게 하는 데 일조했다.

그러나 백인과 흑인이 서로 날카롭게 맞서 있기는 했지만, 그들 역시 유무형의 복잡한 유대망으로 연결되어 있었다. 노예 주인과 노예를 구분하는 골이 깊고도 넓었지만 그들은 양측 모두 벗어날 수 없는 관계

---

151) Ben Vinson III, *Bearing Arms for His Majesty. The Free Colored Militia in Colonial Mexico* (Stanford, CA, 2001).

152) Brown, *Good Wives, Nasty Wenches*, p. 182.

153) John Shy, *Toward Lexington. The Role of the British Army in the Coming of the American Revolution* (Princeton, 1965), p. 12.

에 구속되고 있기도 했다. 노예제와 자유는 긴밀한 공생관계 속에서 공존했으며, 자유는 예속에 토대를 둔 사회에서 가장 소중한 상품이 되고 있었다.[154]

이것은 버지니아의 농장주 엘리트들이 자유를 중심으로 하는 정치문화를 발전시킬 수 있게 하기도 했지만, 다른 한편으로 노예들이 자신들을 가두고 있는 속박이라는 껍질에 난 작은 균열들을 최대한 이용하도록 자극하기도 했다. 그들은 백인들이 비집고 들어올 수 없는 자신들만의 세계와, 자신들을 서로 연결해 주는 조상 대대로부터 내려오는 의식과 관행을 어떻게든 고수하려고 했다. 그들은 삶이 허용하는 한 최선을 다해 친족과 공동체의 새로운 결속을 발전시켰다. 그들은 주변 백인 사회의 필요와 약점을 이용해 그 사회가 제공할 수밖에 없는 얼마간의 기회에 접근할 수 있었다. 그렇게 함으로써 그들은 자신들의 봉사에 의존하는 세계(백인 세계)에 다가가고, 심지어 그 세계가 자신들(노예들)을 주조하는 동안 그들 역시 백인들의 세계를 주조하기도 했다.

18세기가 경과하는 동안 흑인과 백인의 이 상호작용(그것은 특히 체서피크 일부 지역과 로어사우스에서 강하게 나타났다)은 경험과 행동양식을 공유하는 새로운 세계를 만들어 냈다.[155] 정복 후 멕시코의 정복자 가정에서 일하는 원주민 하인들이 그 이후 세대의 라이프 스타일에 큰 영향을 미쳤던 것처럼,[156] 흑인 하녀와 하인의 존재는 버지니아 농장주

---

154) 둘 간의 관계는 모건(Morgan)에 의해 매우 자세히 탐구되었다. 그의 책 *American Slavery, American Freedom*을 참조.

155) 버지니아에서 이 세계가 구축되는 과정에 대해서는 Mechal Sobel, *The World They Made Together. Black and White Values in Eighteenth-Century Virginia* (Princeton, 1987); Morgan, *Slave Counterpoint*, part 2를 참조.

156) Bernand and Gruzinski, *Les Métissages*, pp. 253~5.

가정에서도 그와 비슷한 문화변용을 만들어 냈다. 버지니아의 농장주 랜든 카터가 1757년에 쓴 일기에는 '흑인들밖에는 내 아이를 돌볼 사람이 없다. 백인 유모는 어디서도 찾아볼 수 없다. 흑인 유모들은 자신들의 아이들에게 엄청나게 많은 양의 기름진 음식을 먹이는 데 너무나 익숙해 있어서 시간의 변화에 익숙하지 않은 아이들에게 언제 먹을 것을 주어야 하는지 구분할 능력도 없고, 운동도 싫어한다. 그녀들은 자기 아이들에게 하는 것처럼 내 아이들에게도 먹고 싶은 만큼 실컷 먹게 해서 아이들이 병을 달고 살게 만든다'라고 쓰여 있다.[157)]

그러나 노예 주인과 노예 간의 때로는 긴밀한 개인적인 관계도 주인과 노예를 갈라놓고 있던 엄청난 간극을 메우지는 못했으며, 플랜테이션 노예들의 일상을 특징짓고 있던 야만성과 잔인성을 크게 완화하지도 못했다.[158)] 랜든 카터는 자신의 세이빈홀Sabine Hall 플랜테이션에서 일하는 노예들에 대해 나름 가부장적인 관심을 갖고 있다고 자부하면서도 귀리 탈곡 작업을 담당한 노예들을 못마땅하게 여겨 '날마다 그들을 심하게 매로 때렸다'라고, 마치 그것이 일상적인 일이라는 투로 썼다.[159)]

---

157) Rhys Isaac, *Landon Carter's Uneasy Kingdom. Revolution and Rebellion on a Virginia Plantation* (Oxford, 2004), p. 117에서 재인용. 이 책은 자신의 일상생활에 대해 다량의 기록을 남긴 버지니아의 한 농장주의 물리적 환경과 정신세계를 훌륭하게 재구성하고 있다.

158) 1750년 자메이카에 도착한 지 얼마 되지 않아 한 사탕수수 플랜테이션의 감독에 임명된 토머스 시슬우드(Thomas Thistlewood)의 일기를 토대로 자메이카의 한 플랜테이션에서의 생활에 대한 소름끼치는 설명에 대하여는 Trevor Burnard, *Mastery, Tyranny, and Desire. Thomas Thistlewood and his Slaves in the Anglo-Jamaican World* (Chapel Hill, NC, 2004)를 참조. 그러나 그들의 아프리카인들과 그들의 플랜테이션들의 성격 간에 많은 차이가 있었던 것처럼, 자메이카의 환경과 버지니아의 환경 간에는 큰 차이가 있었으며, 한 플랜테이션의 경우를 카리브해 전체 혹은 아메리카 남부 지역의 모든 플랜테이션으로 확대하여 해석해서는 곤란할 것이다.

159) Isaac, *Landon Carter's Uneasy Kingdom*, p. 75 (1757).

여성 노예들에 대한 성적 착취도 비록 카터 자신은 그것에 탐닉했다는 증거가 없지만 플랜테이션에서는 일상적인 일이었다. 농장주와 여성 노예 간의 충동적인 성관계 혹은 장기적인 성관계는 저택 안 혹은 플랜테이션에서 당연한 것으로 여겨졌다. 로우컨트리의 농장주들은 체서피크 농장주들에 비해 흑인 하녀들에게서 태어난 물라토 자식들에게 자유를 허락하는 것에는 주저했지만 그 아이들을 자식으로 인정하고 부양하려는 경향은 가지고 있었던 것으로 보인다.[160)] 여기(로우컨트리)에서는 에스파냐령 아메리카의 조합적 사회corporate society나 그보다는 덜하지만 영국령 카리브 지역에서도 나타났던 물라토 계층의 발전이 나타나지 않았다. 여기서는 물라토들이 대개 그냥 노예 인구로 흡수되었다.

18세기 플랜테이션 단지가 전체 지역에 항구적인 흔적을 남기는 방식으로 체서피크와 로어사우스의 노예와 백인들의 사회를 주조해 가는 동안, 북쪽에서도 급속하게 발전하는 대서양 경제에 포박된 동부 해안 지역의 변동하는 노동력에 대한 요구에 부응하여 노예제가 일반화되어 갔다.[161)] 토지가 생산적인 고용을 제공할 수 있는 것보다 더 빠르게 인구가 증가해 간 뉴잉글랜드에서조차도 노동력 부족을 보충하기 위해 흑인 노예나 계약노동자 같은 부자유 노동자들에 대한 관심이 늘어났다. 보스턴의 노예 인구는 1710년 300~400명에서 1742년 1,300명으로 늘었고, 1750년경 로드아일랜드(이곳에서 뉴포트가 조선업의 중심으로 부상하고 있었다)에서는 전체 인구 중 10분의 1이 흑인이었다.[162)]

---

160) Sobel, *The World They Made Together*, pp. 147~52; Berlin, *Many Thousands Gone*, p. 161.

161) Berlin, *Many Thousands Gone*, pp. 178~9.

162) Nash, *Urban Crucible*, p. 107; Berlin, *Many Thousands Gone*, p. 107.

중부식민지 항구 도시들은 뉴잉글랜드 항구 도시들보다 부자유 노동에 의존하는 정도가 더 심했다. 1746년경 뉴포트 시 전체 인구 가운데 21퍼센트가 흑인 노예였으며, 곳곳에서 매주 한 차례씩 노예 시장이 섰다.[163] 필라델피아에도 상당수의 흑인이 있었다. 다른 항구 도시들과 마찬가지로 여기서도 사회 지배층은 노예를 구입하여 가내 하인으로 이용했다. 같은 시기에 노예제는 농촌 지역으로도 확산되어 가고 있었다.

그러나 이 중부 지역central region에는 노예제 확대를 저지하고 억제하는 자발적인 혹은 자연적인 요소도 있었다. 방화放火를 동반한 노예 폭동이 동부 해안지역을 혼란에 빠뜨리고, 1741년에는 뉴욕을 강타했으며 보편적 불안감을 조성했다. 이는 자유 신분 혹은 계약노동자 신분의 백인 노동력에 대한 선호를 부추길 수도 있었다. 하지만 그렇게 될 것인지를 결정하는 핵심 요인은 그것을 쉽게 구할 수 있는가, 그리고 상대적 비용이 어떠한가였다. 또한 아직은 미약했지만 백인 사회 몇몇 지역에서는 노예제 반대운동이 확산되어 가고 있었다. 1750년대 필라델피아의 퀘이커교도들은 적극적으로 노예제 반대운동을 펼치기 시작했다. 현실적인 고려가 작용하기도 했는데, 중부식민지에서는 농촌 노예가 증가했음에도 불구하고 집약적 노동이 필요한 주요 작물—사탕수수, 담배, 쌀—이 부재했기 때문에 서인도제도와 남부식민지에서 흑인 노예제의 제도화를 가져온 그런 종류의 플랜테이션 경제가 발전하는 것이 여의치 않았다. 그러나 무엇보다도 중요한 요인은 백인 이민자의 대규모 유입이 상당한 규모의 자연적 인구 증가와 함께 인구의 급속한 증가를 가져와 일반적인 노동력 수요를 충분히 충족시켰을 뿐만 아니라, 경우

163) Nash, *Urban Crucible*, p. 107.

에 따라서는 잉여 노동을 만들어 내기도 했다는 사실일 것이다.[164)]

그와 비슷한 현상이 18세기 중엽 에스파냐령 본토에서도 나타났는데, 이곳에서는 인디언 인구의 불균등한 회복과 혼혈 인구의 급증이 내부에서 증가한 '자유' 노동력에 유리한 쪽으로 쏠리게 했다. 예를 들어 오브라헤들obrajes(에스파냐령 아메리카 식민지가 갖게 된 것으로서 공장제와 가장 가까운 형태의 직물업 작업장들)에서 이 현상이 나타나고 있었다. 이 작업장들은 한 작업장 당 20명에서 200명의 노동자를 고용하고 있었으며, 도시 안이나 변두리 지역에서 생겨나고 있었는데, 그것들은 유럽에서 수입되는 비싼 옷감을 구입할 수 없는 사람들의 수요에 부응해 나타난 것이었다. 16세기에 처음 세워질 때 인디언 노동력에 의존했던 누에바에스파냐의 오브라헤들은 그후 감소한 인디언 노동력을 보완하기 위해 아프리카로부터 노예 노동력을 수입해 와야 했다. 그러나 18세기로 접어들어서는 점점 인디언 혹은 혼혈 노동자들에게 눈을 돌렸고, 그들은 노예나 다를 바 없는 조건하에서 일을 했다.[165)]

사실 아메리카의 모든 사회들은 아프리카 노예와 다른 가용 노동력의 비용을 비교해 보아야 했다. 그 계산은 경매소에서 노예 상인이나 상인이 요구하는 가격과 자유 노동력 혹은 구입할 수 있는 다른 부자유 노동력의 가격과의 비교뿐만이 아니라, 생존 기간 동안 노예들에게서 기대되는 수익성, 신뢰성, 생산성을 다른 노동력들의 그것들과 비교하는 것까지 포함되어야 했다. 또 그들을 어떤 직종에 투입할 것인지가 고려

---

164) Richard S. Dunn, 'The Recruitment and Employment of Labour', in Greene and Pole (eds), *Colonial British America*, pp. 182~3.

165) Salvucci, *Textiles and Capitalism*, pp. 101~3 (고용된 노동자 수에 대해서), 그리고 110~111 참조.

되어야 했는데, 아프리카 노예들은 인디언들에 비해 멕시코 아시엔다 노동자들을 감시하는 감독으로는 더 나았지만 광산 노동에는 적합하지 않았다.

이런 여러 가지 점들을 고려할 때, 18세기 동안 에스파냐령 아메리카 본토의 여러 지역에서는 흑인 노예 구입이 별로 수지타산이 맞지 않는다는 쪽으로 기운 것으로 보인다. 누에바에스파냐도 분명 그런 지역 가운데 하나였는데, 이곳에서는 17세기 중엽 3만 5,000명 정도였던 노예 인구가[166] 18세기 말경이면 거의 600만에 이른 전체 인구 가운데 1만 명이 채 되지 않았다. 종교적인 고려 못지않게 수익성에 대한 고려에 의해 영향을 받은 것으로 보이는 높은 수준의 노예 해방은 그렇지 않아도 많았던 자유 흑인 인구의 규모를 더 키워 놓았으며, 그와 함께 자유 노동의 국내(그리고 다인종의) 풀도 늘어났다. 반면에 페루 해안 지역과, 정도는 덜했지만 베네수엘라의 카카오 플랜테이션에서는 아프리카인 노동에 대한 수요가 여전히 컸다. 이 두 지역에는 18세기 말에 각각 약 9만 명의 아프리카인이 있었는데, 페루에서는 그 중 4만 명이, 베네수엘라에서는 6만 4,000명이 노예였다.[167]

그러므로 노예 소유 방식에는 큰 차이가 있었으며, 그 차이는 동산 노예의 제도화에 모종의 제약이 있었음을 말해 준다. 그러나 세기 중엽까지는 영국령 아메리카에서나 이베리아령 아메리카에서나 노예 사회와 자유로운 사회 간의 경계선이 얼마나 강한지, 그리고 그 경계선을 어

---

166) Bennett, *Africans in Colonial Mexico*, p. 27.

167) John Lynch, *The Spanish American Revolutions, 1808~1825* (2nd edn, New York and London, 1973), pp. 191 and 380~1; *CHLA*, 2, pp. 375~7.

디에 그어야 할지가 아직 분명치 않았다. 노예제는 너무 쉽게 플랜테이션 경제와 동일시되어 왔다. 도시 노예제는 간과되어 왔으며, 그에 대한 연구도 별로 없다.[168] 때가 되자 영국령 대서양 해안지역 도시들에서 노예들이 광범하게 사용되고, 뉴욕과 펜실베이니아 농촌 지역으로 노예제가 확산되기는 했지만 북아메리카 중부와 남부 식민지들이 카리브제도, 남부 식민지, 브라질이 간 길을 그대로 따르지는 않았다. 중부 대서양 식민지들mid-Atlantic colonies은 이도저도 아닌 시기를 거친 후에 백인 인구의 급증과 다양한 고용의 필요성 때문에 예속 노동보다 더 값이 싼 임금 노동을 택했다. 한편, 농촌적인 뉴잉글랜드는 가족노동 체계를 확고하게 고수하는 가운데 부족한 부분을 고용 노동으로 보완했다.[169]

북아메리카 해안 지역을 따라 들어선 모든 식민지들이 인구 증가와 영국령 대서양 경제의 급성장으로부터 유래한 기회에 대해 총생산 증가로 응답한 데 반해,[170] 경제 발전과 인구 변화로 생겨난 사회적·정치적 혼란의 정도는 장소와 지역에 따라 달랐다. 일반적으로 말하면, 북부와 남부 식민지들은 대서양 중부 지역 식민지들에 비해 더 안정된 모습을 보여주었다. 후자(대서양 중부 식민지들)는 세기 중엽에 안정을 되찾기 위해 투쟁했다.[171]

1720년과 1750년 사이 뉴잉글랜드 인구는 백인과 흑인을 합쳐 약 17만 명에서 36만 명으로 증가했으며, 그 주요 원인은 이민자의 유입이

---

168) Bennett, *Africans in Colonial Mexico* 참조.

169) Dunn, 'The Recruitment and Employment of Labour', p. 182.

170) 인구 증가, 이민, 생산성 증가 간의 관계에 대한 논쟁에 대해서는 Marc Egnal, 'The Economic Development of the Thirteen Colonies, 1720 to 1775', *WMQ*, 3rd ser. (1975), pp. 191~222를 참조.

171) Greenberg, 'The Middle Colonies in Recent American Historiography'.

아니라 자연적 증가였다. 그러나 경제적인 변화는 본토 다른 지역들에 비해 훨씬 적었다.[172] 뉴잉글랜드는 이미 농업과 어업, 그리고 가축과 목재 교역에 바탕을 둔, 긴밀하게 하나로 통합된 상업 경제를 갖고 있었다. 비록 대서양 경제의 호황이 뉴잉글랜드의 조선업과 연안 무역, 수송 무역 등에 도움을 주기는 했지만 척박한 뉴잉글랜드 땅이 인구 증가를 따라갈 정도로 농업 생산을 충분히 증가시키지는 못했기 때문에 그 지역의 경제 발전은 여전히 정체 상태를 벗어나지 못했다.

뉴잉글랜드의 통화通貨 문제는 그 지역이 직면하고 있던 경제 문제를 더욱 부각시켰다. 대對 영국 무역의 만성적인 적자는 정화를 지속적으로 유출시켰고, 식민지 입법부는 그것을 과도한 지폐 발행으로 메우려고 했다. 위기는 매사추세츠에서 1740년, 그러니까 화폐 공급의 심각한 부족 때문에 사적으로 기금이 마련되는 토지은행을 통해 지폐 발행을 뒷받침하려는 계획을 재추진하면서 나타났다. 사전에 법적 승인을 구하지도 않고 지폐를 발행하는 새 토지 은행의 설립으로 이어진 이 계획은 공동의 복지common weal라는 전통적 가치가 점점 상업화되어 가는 사회의 이기적이고 탐욕스러운 본능과의 싸움에 오랫동안 갇혀 있던 그 사회에서 치열한 논란을 불러일으켰다.[173]

지역 경제의 어려움 때문에 발생한 긴장은 분주한 항구 도시 보스턴에서 가장 심각하게 감지되었다. 이 도시는 1739~1748년 전쟁기 동안의 경제 발전과 그에 이은 전후 경제 침체로 인한 경기 부침에 특히

---

172) McCusker and Menard, *Economy of British America*, pp. 101~11.

173) Nash, *Urban Crucible*, pp. 136~8, and 212~14; Th. H. Breen and Timothy Hall, 'Structuring Provincial Imagination: the Rhetoric and Experience of Social Change in Eighteenth-Century New England', *AHR*, 103 (1988), pp. 1411~39.

취약한 모습을 보였다. 정치적·사회적 소요는 후에 대각성 운동이라 알려진 대규모 종교부흥 운동에 의해 더욱 악화되었다. 이 운동은 1730년대 중반부터 1740년대 초반까지 북부 식민지Nothern Colonies 전체를 휩쓸고 전통적 권위에 도전하였으며, 조지 화이트필드George Whitefield와 그의 동료 부흥설교사들은 대규모 청중들에게 개인적 선택이 그 무엇보다도 중요하다는 내용의 자극적인 메시지를 전했다.[174] 그러나 보스턴 거리에서 간헐적인 소요가 발생하고 격렬한 내용의 팸플릿이 나돌기는 했지만 18세기 중엽 매사추세츠는 상당히 안정적인 사회였다. 뉴잉글랜드의 공동체적 전통은 확고하게 유지되었고, 시민들의 모임과 정기적인 선거는 불만이 조직적으로 표출될 수 있는 기회를 제공해 주었다. 이 지역 지배 엘리트들에 대한 '신성한 지배자'라는 잘 구축된 이미지는 그들이 얼마간의 존경심을 확보하는 데 도움이 되었다.[175]

남부 식민지도 새 이민자들 가운데 다수가 배후지에 들어가 살기 위해 내륙으로 옮겨가면서 얼마간의 혼란이 초래되었고, 특히 사우스캐롤라이나에서 그런 경향이 두드러졌지만 상당히 높은 수준의 안정을 유지했다. 남부식민지들의 안정은 농장주 엘리트들이 노예제를 기반으로 계서적 사회를 성공적으로 지배한 데 그 원인이 있었다. 신분이 자유로운 성인 남성 가운데 70퍼센트가량이 선거권을 갖고 있었던 버지니아에서 지배 엘리트들은 자신들의 책무를 진지하게 생각했고, 선거철이 되

---

174) 대각성 운동에 대해서는 Bonomi, *Under the Cope of Heaven*, ch. 5; Butler, Awash in a Sea of Faith, ch. 6, 그리고 Robert A. Ferguson, *American Enlightenment*, 1750~1820 (Cambridge, Mass., and London, 1997), ch. 3을 참조. 이 운동이 뉴잉글랜드에 미친 영향에 대하여는 Nash, *Urban Crucible*, pp. 204~19, 그리고 Breen and Hall, 'Structuring Provincial Imagination'을 참조.

175) Beeman, *Varieties of Political Experience*, ch. 3; Breen, The Good Ruler.

면 유권자들의 환심을 사기 위해 노력했다. 이 가부장적인 세계에도 분명 갈등이 있기는 했으나 그 갈등은 대체로 성공적으로 통제되었다.[176) 1720년에 국왕 식민지가 된 사우스캐롤라이나에서 농장주들과 상인들로 이루어진 비교적 새로운 엘리트들은 자신들이 휘그 잉글랜드의 모델에 따른 덕스러운 지배계급으로 받아들여질 만한 존재라는 것을 스스로에게라도 입증하고 싶어 했다. 엘리트들은 찰스타운에 집중된 사회적·정치적 권력을 갖고 권위를 유지했으며, 그 권위는 정주지의 프런티어가 해안 지역에서 멀어지면 멀어질수록 약해졌다.[177)]

정치적 질서와 사회적 안정의 성취가 가장 어려웠던 곳은 중부 식민지 ── 뉴욕, 뉴저지, 펜실베이니아 ── 였다. 이곳은 북아메리카 본토 가운데 인종적·종교적 다양성이 가장 큰 지역이었는데, 독일인, 스코틀랜드인, 스코틀랜드-아일랜드인으로 이루어진 새 이민자들은 허드슨밸리에서는 잉글랜드인, 네덜란드인들로 이루어진 기존 정착민들과, 델라웨어 근처에서는 스칸디나비아인으로 이루어진 정착민들과 충돌했다. 새 이민자 공동체들 가운데 일부는, 특히 프랑스인 위그노들은 주변 민족과 어렵지 않게 뒤섞였지만 다른 사람들은 그렇지 못했다.

인종적·민족적 적대감은 종교적 적대감으로 더 악화되었다. 퀘이커교도, 장로교도, 영국국교도와 보다 새로운 복음주의적 종파들 간의 갈등은 뉴욕과 펜실베이니아에서 권력과 영향력을 둘러싼 갈등에 지대한 영향을 미쳤다.[178)] 네덜란드 개혁 교회와 잉글랜드 교회 간에도 날카

176) Beeman, *Varieties of Political Experience*, ch. 2.
177) *Ibid.*, ch. 5.
178) Tully, *Forming American Politics*, p. 126.

로운 충돌이 있었다. 잉글랜드인들과 네덜란드인들 간 갈등은 1664년 잉글랜드인의 뉴네덜란드 정복 혹은 그 이전까지 거슬러 올라갈 정도로 오래된 것이었다. 뉴욕이 네덜란드인들에게 영국 문화를 수용하라며 가한 지속적 압박은 1701년 복음선전협회Society for the Propagation of the Gospel의 창설과 보다 공격적인 영국국교회주의의 발전으로 더욱 강화되었다. 네덜란드 어린이들은 협회의 학교에서 영국국교회 교리를 배웠고, 영국국교회 선교사들은 네덜란드 개혁 교회로부터 개종자를 만들어내기 위해 열을 올렸다. 뉴욕의 총독이었던 콘베리 경이 보낸 편지는 영국국교화 추진 과정에서 나타난 교회와 국가 간 충돌을 말해 주는데, 그는 알바니 군에 파견할 목사를 보내 줄 것을 요청하면서 '이것은 자라나는 세대를 영국인으로 만들게 될 도구가 될 것이다'라고 썼다.[179)]

레이슬러의 반란이 진압되고 나서[180)] 많은 네덜란드 하층민들이 뉴욕 시와 롱아일랜드를 떠나 허드슨밸리와 북부 뉴저지로 갔고, 그곳에서 그들은 결국 모라비아 이민자들의 경건주의와 (신앙) 부흥운동파revivalist sects의 열정에 흡수되게 되는 종교적·문화적 전통을 고수했다. 그러나 불만을 품은 네덜란드인들은 뉴욕을 떠났지만 네덜란드인과 잉글랜드인 간의 전통적 적대감은 여전히 뉴욕 시의 정치에 영향을 미쳤다. 하지만 세기 중반이면 영국국교회를 지지하는 복음화 캠페인은 대체로 성공을 거두고 있었고, 특히 엘리트층에서는 네덜란드 문화의 패

---

179) Randall H. Balmer, *A Perfect Babel of Confusion. Dutch Religion and English Culture in the Middle Colonies* (Oxford and New York, 1989), p. 87에서 재인용. 이 책은 뉴욕의 네덜란드인들을 영국화, 영국국교화하려는 시도에 대해 설득력 있는 설명을 제공해 준다.

180) Above, pp. 180~1.

배가 기정사실로 되고 있었다.[181]

다원주의는 그것이 갖는 분열 효과와, 그로 인한 파벌주의 정치에도 불구하고 새로운 이념과 새로운 정치 조직의 발생에 유리한 환경을 만들어 주었다.[182] 잠재적 무정부 상태에 질서를 부여하려는 순수한 시도는 정치적으로나 문화적으로 경쟁이 치열한 무대에서 엘리트 구성원들이 대중의 지지를 얻기 위해 분투노력하게 만들었다. 18세기 전반기 동안 뉴욕의 국왕 총독들의 권위가 의회에 의해 지속적으로 잠식되어 간 것은[183] 지방과 도시 정치가 점차 자치적 틀 안에서 수행되게 됨을 의미했다. 권력을 장악하기 위해 혹은 가진 지위를 지키기 위해서는 표가 필요했다. 그래서 모리스 가문이나 필립스 가문 같은 뉴욕의 라이벌 가문들은 선거 때 표를 얻기 위해 수공업자, 상점주, 노동자들에게 눈길을 돌렸다. 그 가문들은 당시 영국의 정치 관행에 따라 팸플릿과 인쇄물을 이용해 치열한 정치적 경쟁을 벌였고, 1730년대에는 변덕스런 도시 유권자들의 지지를 얻기 위해 당의 정강과 기본적인 당 조직을 발전시켰다.[184] 필라델피아의 퀘이커교도들도 계속 집권하기 위해 비슷한 조치를 취하지 않으면 안 되었는데, 다른 종교를 가진 사람들의 수가 자신들보다 더 많아지자 또 다른 지지 세력을 확보하기 위해 특히 독일에서 온 새 이민자들에게 눈길을 돌렸다.[185]

---

181) Balmer의 책 외에 Beeman, *Varieties of Political Experience*, p. 104; Patricia U. Bonomi, *A Factious People. Politics and Society in Colonial New York* (New York and London, 1971), and Kammen, *Colonial New York*을 참조.

182) Nash, *Urban Crucible*; Tully, *Forming American Politics*를 참조.

183) Kammen, *Colonial New York*, ch. 8.

184) Nash, *Urban Crucible*, pp. 140~8.

185) Tully, *Forming American Politics*, pp. 140~9.

그런 전략에 호소하는 것은 파편화된 도시 사회의 상호 이질적인 단위들을 하나의 명분하에 결집시킴으로써 그것 자체가 사회를 안정시키는 효과를 만들어 냈다. '퀘이커 당'은 1730년대 말부터 1750년대 중반까지 펜실베이니아의 정계를 지배하는 데 성공했다. 같은 시기 뉴욕 정치는 영국국교회에 기반을 둔 델란시 동맹DeLancey coalition에 의해 지배되었는데, 이 동맹은 네덜란드 개혁교회 지도자들에게까지 손을 내밀었다. 그렇다고 안정이 침체는 아니었다. 엘리트들은 인권이라는 용어로 유권자들에게 호소하는 과정에서 언젠가는 자신들이 통제할 수 없게 될지도 모를 어떤 힘을 풀어 놓고 있었다.

정치적 자유의 메시지는 복음주의적인 대각성 운동에 의해 중부 식민지 전체에 확산된 종교적 자유라는 메시지에 의해 더욱 강화되었다. 이 중 어떤 식민지는 독일의 경건주의에 의해, 어떤 식민지는 침례교도들의 활동에 의해, 또 어떤 식민지는 칼뱅주의 자체 내의 쇄신 운동에 의해 고무되었다(당시 스코틀랜드, 아일랜드, 대륙 유럽에서 온 칼뱅주의 이민자들이 펜실베이니아로 몰려들고 있었다). 그렇지 않아도 경쟁이 치열한 종교적 환경 속에서 개종 경험과 개인적 구원의 성취를 강조하는 복음주의적 신앙 부흥 운동은 교회 간 경쟁을 더 치열하게 만들었고, 같은 신앙을 가진 교회들 간에도 분열이 나타났다. 종교적 열정은 격렬한 경험이었으며, 1739~40년 조지 화이트필드의 선동적인 설교를 듣기 위해 뉴저지와 펜실베이니아에 몰려든 수많은 사람들은 바다 물결처럼 위로 치솟기도 하고 가라앉기도 하는 운동에 사로잡히기도 했다. 그것은 많은 사람들의 삶을 바꿔 놓았으며, 오랫동안 식민지 사회 전체에 영향을 미쳤다.

영국령 식민지 아메리카의 종교, 정치, 사회의 다양성을 고려할 때

이 복음주의 운동의 효과는 원래 버전에 못지않게 다양하고 대조적이었으며, 교회의 권위를 약화시키기도 했지만 강화시키기도 했다.[186)] 그러나 본질적으로 복음주의 운동은 만민평등주의 혹은 민주주의적 경향을 띤, 프로테스탄트 종교개혁 내 급진적 전통으로 돌아감을 의미했다.[187)] 이것은 아메리카에서 자신의 힘으로 새로운 삶을 개척해 보려고 했던, 그러나 허드슨 강을 따라 영지를 갖고 있던 대귀족들과 유력한 시골 지주들, 부유한 도시 엘리트들의 지배에 반감을 갖고 있던 소농, 상점주, 수공업자, 노동자들에게 다가가려는 목적을 가진 전통이었다. 2세기 전 독일에서 일어난 프로테스탄트 종교개혁 운동에서 이미 입증되었듯이,[188)] 정치적 자유와 사회적 평등의 요구는 급진적인 종교적 환경에서 번성하는 경향이 있었다.

잉글랜드에서 아메리카로 온 초기 정주자들은 모국으로부터 '영국인의 특권'에 대한 그들의 '권리'에 대해 강한 확신을 갖고 왔다. 판사 조지프 더들리가 1687년 위험한 해에 '"영국인의 특권"이 세상 끝까지 자신들을 따라다닐 것이라고 생각해서는 안 된다'는 말로 그 확신을 꺾어 보려고 했지만 실패로 돌아갔다.[189)] 새 이민자들(그들은 영국 왕에 대한 충성심을 거의 혹은 전혀 갖고 있지 않았다)이 도착하면서 영국인들의 천부인권 개념이 확산되어 갔고, 궁극적으로는 그것이 권리란 신께서 모든 인간에게 주시는 선물(종교적 선택권, 개인적 자유, 사회적 정의, 지상

---

186) Butler, *Becoming America*, p. 200.

187) Ruth H. Bloch, *Visionary Republic. Millennial Themes in American Thought, 1756~1800* (Cambridge, 1985).

188) Above, p. 154.

189) Above, p. 151.

에서의 행복)이라는 신념으로 대체되었다. 이민자들과 그들의 공동체들은 자신들의 삶을 자신의 능력대로 만들어 갈 권리를 갖고 있다는, 그리고 그 권리는 권위에 구속되지 않는다는 확신을 갖고 있었다. 이 확신이 필라델피아에서 벤저민 프랭클린을 자기 개선, 근면과 개인적 책임이라는 메시지와 연결시켜 주었고, 또 그를 도시 수공업자, 펜실베이니아의 농부들, 배후지 정주자들과 하나가 되게 해 주었다. 개인적 자유의 추구와 독립에의 열망은 이미 여러 인종과 신앙으로 분열되어 있던 사회에서 분열을 더욱 부추기는 요인이 될 수도 있었지만 동시에 상황에 따라서는 공동의 명분을 지지하는 쪽으로 상호 결속과 유대를 만들어 내기도 했다.

18세기 중엽 본토 식민지에서 확산되어 간 자유에 대한 생득적 인식inherent sense이 북아메리카에서 급증해 가고 있던 흑인들에게까지 미치지는 못했다. 자유와 예속은 같이 나란히 걸어간 것으로 보인다. 그러나 여러 가지 결함—첨예한 인종적 분열, 사회적 불평등의 증대, 사람들의 탐욕—에도 불구하고 18세기 중엽 영국령 아메리카 사회는 남쪽 에스파냐령 아메리카 사회는 갖고 있지 않은 정치적·종교적 활기를 갖고 있었다. 에스파냐령 아메리카 사회는 인종적으로는 점점 더 뒤섞여 갔을지 모르지만 종교적·정치적으로는 하나로 통합되는 쪽으로 나아갔다. 18세기 전반기 동안 서반구 전체에서 인구적·사회적·경제적 측면에서 가속화 움직임이 나타났지만 영국령 아메리카 본토 사회를 다른 사회와 구분해 주었던 다양한 민족, 신조, 전통은 다른 어떤 곳보다도 이곳에서 변화의 바람이 강하게 불고 있었음을 말해 준다.

10장 _ 전쟁과 개혁

7년전쟁(1756~63)과 제국의 방어

식민지인들에게는 '프랑스-인디언 전쟁'으로, 유럽인들에게는 '7년전쟁'으로 알려진 대규모 국제 분쟁은 영국과 프랑스가 세계 최강 자리를 놓고 벌인 싸움이었다. 부르봉 왕조의 에스파냐도 막판에 여기에 끼어들었는데, 이 전쟁에서 북아메리카의 운명이 결정되었다. 수백 만 명의 북아메리카인들——이로쿼이족과 다른 인디언들, 프랑스-캐나다인, 식민지 영국인, 서인도제도 농장주들과 그들의 노예들——의 삶과 미래가 이 분쟁과 그 여파로 항구적으로 바뀌었을 뿐만 아니라, 그 영향이 칠레, 페루처럼 멀리 떨어진 곳을 포함하여 서반구 전체에 미쳤다. 전쟁은 영국령 아메리카와 에스파냐령 아메리카를 막론하고 산간벽지에서도 변화의 촉매제가 되었다.

북아메리카에서의 분쟁은 사실 유럽에서 전쟁이 공식적으로 발발하기 2년 전인 1754년에 이미 시작되고 있었다. 이해에 버지니아의 총독 로버트 딘위디Robert Dinwiddie는 당시 스물한 살 약관의 조지 워싱턴George washington 중령이 지휘하는 원정대를 앨러게니 산맥 너머로 파견하여 오하이오 계곡의 소유권을 주장하는 프랑스인들에 대해 무력시위를 벌이게 했다.[1] 예상할 수 있는 바지만, 생긴 지 얼마 안 된 오하이오 버지니아회사[2]의 팽창주의적 계획은 프랑스인들의 계획과 충돌하게 되었는데, 프랑스인들은 캐나다에 있는 자기네 정주지와 미시시피 계곡에 있는 정주지 사이의 방대한 영토에 자신들과 인디언 동맹세력의 항구적 정착지를 건설함으로써 영국인들의 내륙 팽창을 저지하려고 했다. 워싱턴의 원정대가 포트너세서티Fort Necessity에서 참패하자, 1755년 뉴캐슬 공이 이끄는 내각은 다시 프랑스 요새들을 파괴하기 위해 에드워드 브래덕Edward Braddock 소장이 지휘하는 아일랜드인 보병 연대(윌리엄 피트는 이 부대를 하원 연설에서 '한심한 아일랜드인들의 2개 대대'라고 불렀다)[3]를 파견했다. 그의 원정도 워싱턴의 그것과 마찬가지로 인디언-프랑스인 동맹군에게 참패를 당하는 것으로 끝났다.

뉴캐슬 공작은 이 분쟁을 북아메리카에 국한시키고 싶어 했다. 그러나 유럽 내 열강들 간의 동맹관계의 극적인 역전으로 이 분쟁이 세계적 규모로 확대될 조건과 기회가 만들어졌다. 잉글랜드는 1756년 5월, 프랑스 함선들이 캐나다 방어를 위해 몽칼므Moncalm가 지휘하는 군대를 태우고 세인트로렌스 쪽으로 올라오자 선전포고를 했다.[4] 몽칼므의 정력적인 군사작전으로 영국인들과 그 식민지 군대가 수세에 몰리게 되었으나, 1757년 조지 2세가 마지못해 윌리엄 피트William Pitt에게 전쟁 지휘권을 위임한 후로 영국의 전쟁 노력이 활기와 일관성을 갖게 되었고, 계

1) Anderson, *Crucible of War*, ch. 5.
2) Above, p. 265.
3) Isaac, *Landon Carter's Uneasy Kingdom*, p. 157.
4) Anderson, *Crucible of War*, p. 135.

〈지도 6〉 1763년의 영국령 아메리카. *The New Cambridge Modern History*, Vol. XIV, *Atlas* (1970), pp. 197~198; Daniel K. Richter, *Facing East form Indian Country. A Native History of Early America* (2001), p. 212를 토대로 작성.

속되던 패배는 극적으로 연이은 승리로 바뀌었다.

윌리엄 피트는 대서양에서 영국 해군의 우위를 확보하고, 북아메리카를 영국의 군사적 노력의 핵심 지역으로 만듦으로써 전세를 역전시킬 수 있었다. 1758년 암허스트Amherst 장군은 케이프브레튼Cape Breton섬에 있는 루이스버그Louisbourg(여기서 세인트로렌스강 입구를 통제할 수 있었다)를 점령했고,[5] 영국-아메리카 군대는 오하이오 분지에서 전략적 요충인 포트 듀케인Fort Duquesne을 점령하고 파괴했다. 1759년은 영국군에게 '중요한 사건이 많았던 해'였다. 사탕수수로 엄청난 수익을 내는 과들루프 섬을 서인도제도 해군이 점령했고, 이로쿼이족의 도움을 받은 전투(이로쿼이족은 영국을 지지하는 쪽으로 편을 바꿀 때가 되었다는 것을 알게 되었다)에서 레이크온타리오Lake Ontario 지역의 프랑스 요새를 점령했다. 퀘벡은 울프 장군General Wolfe의 부대에 항복했다. 그로부터 두 달 후 키브롱만Quiberon Bay에서 프랑스의 마지막 대서양 함대가 패함으로써 프랑스가 북아메리카에서 세력을 회복할 수 있는 기회는 사라지게 되었다. 1760년 여름 몬트리올의 항복으로 영국의 캐나다 정복이 완결되었다. 그해 10월 영국 왕으로 즉위한 젊은 조지 2세는 풍요롭고 광대한 제국을 물려받을 수 있었다. 대서양 양편의 그의 신민들은 사기충천하여 세계 도처에서 영국이 거둔 유례없는 승리에 환호했다. 승리는 인디아와 아메리카 양쪽에서 계속되었는데, 아메리카의 경우, 마르티니크 등 아직 남아 있던 프랑스령 서인도제도의 섬들이 1761~2년 영국의 공격에 함락되었다.[6]

1759년 에스파냐에서 카를로스 3세가 이복 형 페르난도 6세에 이어 왕으로 즉위할 무렵이면(조지 3세가 영국 왕으로 즉위하기 바로 전해) 세계 패권의 균형추는 결정적으로 영국 쪽으로 기울어져 있었다. 영

---

5) 프랑스 제국주의 체제에서 루이스버그가 수행한 역할에 대해서는 John Robert McNeill, *Atlantic Empires of France and Spain. Louisbourg and Havana, 1700~1763* (Chapel Hill, NC and London, 1985)를 참조.

6) 이 분쟁의 경과와 결과에 대한 구체적인 설명에 대하여는 Anderson, *Crucible of War*, parts IV부터 VI까지 참조.

국-프랑스 분쟁 초기에 에스파냐는 영·불 양쪽으로부터 지원 요청을 받았지만 중립을 유지했다. 그러나 영국이 계속 승리를 거두자 마드리드 정부의 우려는 점점 커졌고, 결국 프랑스와 에스파냐의 부르봉 왕가는 1761년 다시 왕가협약Family Compact을 체결했다. 이 동맹은 이론상 방어를 위한 것이었지만 에스파냐의 보물함대가 안전하게 도착하는 것을 보고 영국 정부는 에스파냐가 프랑스와 비밀 협약을 체결하고 영·불 간 분쟁에 개입하기로 한 것을 눈치 채게 되었으며, 이에 영국은 1762년 1월 에스파냐에 선제적으로 선전포고를 했다.[7)]

판단 착오로 판명된 에스파냐의 분쟁 개입은 대실패로 나타났다. 영국군은 18세기 전쟁이 새로 갖게 된 범세계적 성격을 입증해 주는 두 번에 걸친 과감한 육·해군 합동작전을 펼쳤는데, 그 중 하나는 포츠머스에서 항해해 간, 그리고 북아메리카에서 온 정규군·지방군과 서인도제도에서 합류한 영국 원정군이 앤틸리스제도의 진주 아바나를 공성하여 점령한 것이었고, 다른 하나는 마드라스에서 필리핀제도로 파견한 원정군이 아시아와 누에바에스파냐 부왕령을 잇는 중계 무역항인 마닐라를 점령한 것이었다.[8)]

이 두 항구 도시 ── 하나는 멕시코만에서 핵심이었고, 다른 하나는 태평양 횡단 무역의 중심이었다 ── 가 거의 동시에 함락된 것은 에스파냐의 위신과 사기에 치명상을 입히는 것이었다. 아바나를 에스파냐에 돌려주지 않고는 어떤 평화적 해결도 불가능할 것처럼 생각되었으나,

---

7) *Ibid*., pp. 484~5 and 489~90.

8) 아바나 공성에 대해서는 Hugh Thomas, *Cuba, or the Pursuit of Freedom* (London, 1971), *ch. 1, and McNeil, Atlantic Empires*, pp. 103~4를 참조.

플로리다와 중아메리카의 안전도 이제 위태롭게 된 상태였고, 프랑스의 장관 슈아죌Choiseul은 어떻게든 협상을 시작하고 싶어 했다. 영국이 해군력에서 압도적인 우위를 확보하고는 있었지만 재정이 고갈되어 가고 있었고, 슈아죌은 영국 정부도 전쟁에 지쳐 있기 때문에 협상에 응할 것이라고 생각했다. 1763년 발효된 파리조약은 일련의 복잡한 영토 교환과, 영국의 승리를 일정 부분 인정하면서도 전쟁에 참여한 세 열강 모두가 받아들일 만한 내용을 담고 있었다. 영국은 캐나다를 그대로 보유하되 과들루프와 마르티니크를 프랑스에게 돌려주었다. 에스파냐는 쿠바를 돌려받는 대신 플로리다(미시시피 강 동쪽 전 지역)를 영국에 넘겨주고, 뉴펀들랜드 어장에 대한 소유권을 포기했으며, 중아메리카 해안지역의 로그우드 벌목권을 내주었다. 프랑스는 동맹국인 에스파냐가 감수해야 했던 영토 상실을 보상하는 차원에서 루이지애나를 에스파냐에 넘겨주었다(넘겨주지 않아도 그들은 이 지역을 더는 지킬 수가 없었다). 이렇게 해서 프랑스가 북아메리카에서 사실상 추방된 상태에서, 이제 영국과 에스파냐가 인구가 희박한 경계 지역과 광대한 인디언들의 내륙 영토를 사이에 두고 대치하게 되었다.[9)]

이 두 제국에게 전쟁은 심각한 구조적 약점을 노출시켰으며, 평화조약의 조건 하에서 새 영토의 획득은 그 약점을 더 악화시킬 뿐이었다. 런던과 마드리드 모두 개혁은 대세가 되고 있었다. 영국은 승리에 도취해 따뜻한 햇볕을 쬘 수도 있었지만, 런던의 각료들이 아픈 마음으로 인정하고 있었듯이, 영국의 힘이 너무 커졌기 때문에 프랑스와 에스파냐

---

9) 파리 조약의 내용에 대하여는 Wright, *Anglo-Spanish Rivalry*, pp. 107~8, and Anderson, *Crucible of War*, pp. 504~6을 참조.

가 협력하여 다시 영국에 도전하리라는 것은 너무나 분명해 보였다. 그 때가 언제일지는 카를로스 3세의 장관들이 끊임없이 논의하고 있었던, 그리고 페르난도 6세 정부가 1750년대에 첫발을 내딛고 있던 재정적 혹은 상업적 개혁이 얼마나 신속하게 수행되느냐에 달려 있었다. 아바나와 마닐라에서의 패배는 그 일에 절실함을 더해 주었다. '장관들은 개처럼 일하고 있다. 과거에 6개월 동안 했던 것보다 지금 일주일 동안 하는 일이 훨씬 더 많다'고 한 보고문은 말하고 있다.[10] 오랜 시에스타(낮잠)가 끝나가고 있었던 것이다.

영국 정부와 에스파냐 정부 모두에게 가장 시급한 문제는 '제국 방어를 위한 방책을 어떻게 개선할 것인가'였다. 승자에게나 패자에게나 전쟁의 긴장과 압박은 기존 시스템의 결함을 두드러져 보이게 했다. 런던과 마드리드 모두에게 핵심사항은 모국과 해외 영토 간에 방어 비용과 의무의 공정한 배분을 어떻게 하면 가장 효과적인 결과를 끌어낼 수 있는 방식으로 이루어 낼 것인가였다. 두 제국은 전통적으로 식민지 수비대에 크게 의존하여 인디언이나 유럽인의 공격으로부터 아메리카 영토를 지켜왔다. 그러나 18세기 전반기 동안 프런티어가 확대되고, 아메리카 대륙에서 유럽인들 간의 라이벌 의식이 심화되면서 수비대 체제가 가진 결점이 분명히 드러났다.[11]

에스파냐 당국은 이미 점점 확대되어 가는 프레시디오, 즉 프런티어 수비대 조직망을 채울 병력으로 정규군 혹은 퇴역 군인으로 이루어진 부대를 이용하고 있었다. 누에바에스파냐 부왕령의 방대한 북부 프

10) Céspedes de Castillo, *América hispánica*, p. 324.
11) Above, p. 274.

런티어에 총 22개의 프레시디오가 있었다. 에스파냐인들은 멕시코 해안의 대표적인 항구 베라크루스를 지키기 위해 정규군에 의존하기도 했는데, 1740년 이 항구의 방어를 강화하기 위해 보병 1개 대대를 징집했다. 그러므로 18세기 중엽 누에바에스파냐 부왕령에서 대략 2,600명이라는 소수의 정규군(얼마 되지도 않았거니와 거기다가 여러 수비대에 널리 분산되어 있었다)이 전통적으로 부왕령 방어의 주축이 되어오고 있었던 도시와 지방 수비대militias를 보완하고 있었다. 이 수비대는 인디언을 제외한 모든 사람들에게 개방되어 있었고, 그 중에는 파르도pardos(피부 전체 혹은 일부가 검은색인 사람)까지 포함되어 있었다.[12] 그러나 이 수비대는 1730년대의 개혁의 시도에도 불구하고 조직화되어 있지도 않았고, 기강도 형편없었기 때문에 적의 공격에 효과적으로 대응할 수가 없었다.[13] 에스파냐령 아메리카의 다른 지역도 사정은 비슷했다. 대륙 내륙의 방대한 지역은 적대적인 인디언 혹은 유럽 라이벌들의 위협으로부터 멀리 떨어져 있었기 때문에 걱정이 덜했던 것이 사실이다. 그러나 1762년의 재난은 심각한 프런티어 전쟁이나 혹은 수륙양동 공격에 효과적으로 대처하지 못하는 방어 체계의 부실함을 여실히 보여 주었다.

잠재적으로 적대적인 프랑스, 에스파냐, 인디언들의 영토와 경계를 공유하는 긴 프런티어를 갖고 있었고, 팽창적인 경향 속에서 인구가 점점 늘어나고 있었던 영국령 식민지에서는 수비대가 에스파냐령 아메리

---

12) Above, p. 284.

13) 누에바에스파냐의 수비대 제도의 결함과 군사적 재조직화에 대해서는 Lyle N. McAlister, 'The Reorganization of the Army of New Spain, 1763~1766', *HAHR*, 33 (1953), pp. 1~32, 그리고 그의 *The 'Fuero Militar' in New Spain, 1764~1800* (Gainesville, FL, 1957), p. 2를 참조.

카의 수비대에 비해 시험대에 오를 가능성이 더 많았다. 그러나 18세기 경이면 수비대들의 군사적 효율성은 사회적 지위에 앞자리를 양보하게 되었다. 누에바에스파냐에서처럼 인디언뿐만 아니라 흑인과 물라토들도 본토 수비대에서 배제되었고, 그 수비대를 구성하고 있던 시민들이 1740년대 규모가 극적으로 커진 프런티어 전쟁에서 요구되는 장기 복무를 싫어한 것은 당연했다. 그 때문에 수비대는 점차 대개 가난한 백인 중에서 충원되는 자원병들에 의해 보충되어야 했으며, 그들의 급료는 선천적으로 세금 승인을 싫어하는 식민지 의회에 의해 마지못해 지불되었다.[14)]

식민지들은 1740년대에 그들의 수비대와 자원병 부대를 전투에 참전시키기 위해 많은 노력을 기울였지만 그들의 군사적 성과는 신통치 않았으며, 영국의 직업 군인과 정부 관리들의 냉정한 눈으로 볼 때 대단히 불만족스러웠다. 누에바에스파냐와 페루의 부왕들은 제한된 재정자원으로도 총사령관으로서 그들이 가진 권한으로 필요한 방어조치를 미리 강구할 수 있었던 데 반해, 영국령 북아메리카 본토 식민지의 총독 13명은 지나치게 공격적인 성향을 가진 의회를 상대로 먼저 협상해야 하는 어려운 난관을 통과해야 했다. 무역부는 영국령 아메리카 제국이 누벨프랑스New France의 지속적인 공격을 격퇴시킬 수 없게 된 상황에 대해 점점 더 큰 우려를 표하고 있었다. 지역에서 벌어지고 있는 무익한 정치 논쟁과 군사적 아마추어들의 무능함이 영국의 귀중한 아메리카 제국을 위험에 빠뜨리고 있었던 것이다. 그러므로 1750년대에 영국 정부는 아메리카 영토 방어에 정규군을 파견하기로 했고, 그를 통해 대 아메리카

---

14) Shy, *A People Numerous*, pp. 37~9.

정책에서 중요한 변화를 시도하게 되었다. 1750년대 말이면 본국에서 파견된 20개 연대 병력이 아메리카에 주둔하게 되었다.[15)]

영국이 북아메리카 방어에 점점 더 깊숙이 개입하게 되었음에도 불구하고, 영국인들 사이에서는 아메리카 주민들이 자신들의 영토를 방어하기 위해 지금보다 더 많은 책임을 떠맡아야 한다는, 어쩌면 당연하다고 할 수 있는 기대가 있었다. 이것은 그들이 보통 이룩할 수 있었던 것보다 훨씬 더 높은 수준의 상호 협력을 필요로 하는 것이었다. 북쪽의 식민지들에서는 프랑스인과 인디언들이 가하는 위협이 비상시에 서로 돕는 전통을 만들어 놓기는 했지만 식민지 자체들 간의 강한 라이벌 의식 때문에 13개 식민지가 하나로 뭉쳐 행동하는 것이 불가능까지는 아니라도 대단히 어려웠다. 그러나 1756년 영국과 프랑스 간 전쟁이 공식적으로 발발하기 전에도 이미 상호 방어 조치의 필요성이 시급하다는 것을 대서양 양편 사람들은 분명히 깨닫고 있었다. 1754년 6월 무역부는 왕이 '식민지들의 상호 공동 방어를 위해 보편적으로 협력할 수 있는 방안'이 필요하다고 생각하고 있었고, 그래서 무역부에 그러한 계획을 마련하라고 명령했다는 것을 알게 되었다.[16)] 아메리카 내에서는, 아메리카 내 그레이트 브리튼의 열렬한 지지자가 되어 있었던 벤저민 프랭클린이 서로 다른 식민지들의 대 인디언 정책을 조정할 수 있는 방안을 마련하라는 무역위원회의 지시를 받아 '연합 계획'Plan of Union을 마련해

---

15) John Shy, 'Armed Force in Colonial North America: New Spain, New France, and Anglo-America', in Kenneth J. Hagan and William R. Roberts (eds), *Against All Enemies. Interpretations of American Military History from Colonial Times to the Present* (Greenwood Press, *Contributions in Military Studies*, no. 51, New York, Westport, Conn., London, 1986), at p. 9.

16) Andrews, *Colonial Period*, vol. 4, p. 417에서 재인용.

1754년 소집된 올버니Albany 의회에 제출했다. 프랭클린의 계획안은 매우 야심찬 것이었는데, 그것은 역사적으로 그들 자신의 권리와 전통을 어떻게든 고수하려 했고, 그런 권리에서 가장 소중하게 여기는 것 중 일부를 식민지들의 '대위원회'Grand Council(이 대위원회는 매년 소집되고, 식민지들을 대표하여 인디언들과 타협할 뿐만 아니라 식민지 방어를 위해 세금을 거두고 군대를 징발할 권한을 갖는 것으로 되어 있었다)에 넘겨주는 것을 포함하고 있어서 모든 계획을 심히 의심하는 경향이 있었던 식민지들로서는 받아들일 수 없을 정도로 야심찬 것이었다. 그 계획안이 식민지 입법부에 상정되었을 때 식민지들 대부분은 즉각적으로 그것을 거부했고, 몇몇 식민지는 그것을 거들떠보지도 않았다.[17] 다양성 속에서 태어나고 성장한 사회들에게 통합의 개념은 본능적으로 생겨나는 것이 아니었다.

이 거부에 대해 런던 정부는 분노했고, 그 분노는 다른 한편으로 점점 번영해 가고 독립적으로 되어 가고 있던 식민지들이 언젠가 모국에 대해 하나로 뭉쳐 대항하지는 못할 것이라는 판단에서 오는 안도감과 궤를 같이 하기도 했다. 현재로서는 프랑스인들과 인디언들이 제기하는 위험이 식민지들로 하여금 서로 협력하게 하는 하나의 동인이었다. 그러나 동시에 식민정주자들이 이 위험 앞에서 그들의 서로 다른 점을 무시할 수 없었다는 점은 뉴캐슬 공으로 하여금 런던으로부터의 좀더 직접적이고 지속적인 개입의 필요성을 확신하게 만들었다. 그는 이미 북

---

17) Anderson, *Crucible of War*, ch. 7. 식민지 통합에 대한 런던 정부의 애매모호한 태도에 대하여는 Alison Olson, 'The British Government and Colonial Union, 1754', *WMQ*, 3d ser., 17 (1960), pp. 22~34 참조.

아메리카에 한 명의 사령관을 임명해야겠다고 결심하고 있었으며, 그에 이어 인디언 문제를 담당할 두 명의 감독관(즉 북부 식민지와 남부 식민지에 각각 한 명씩)을 임명하여 무정부 상태의 아메리카에 얼마간의 질서와 통일성을 부여할 생각을 갖게 되었다.[18] 알바니 의회의 실패는 식민지 방어가 식민지들에게만 맡겨 두기에는 너무나 중요한 문제임을 새삼 확인시켜 주었다.

전쟁 기간 중에 체험한 직접적 경험은 이들 지역 아메리카인들의 태도와 행동에 대해 영국 관리들과 지휘관들이 갖고 있던 평가를 개선시켜 주지 못했다. 1756년 8월 사령관 러든 백작Earl of Loudon은 '이 나라의 모든 곳에서, 작전 수행과정 중에 부딪혀야 하는 지체는 이루 말할 수가 없을 정도이다. 그들은 본국에서는 전혀 알려져 있지도 않은 것을 자신들의 권리 혹은 특권이라고 말하면서 그것을 당연한 것으로 생각한다. 그들은 그 이른바 권리와 특권을 오로지 우리들이 어떤 의무를 수행하려고 할 때 어떠한 도움도 제공하지 않기 위한, 혹은 우리에게 숙영지를 제공하지 않기 위한 명분으로 사용한다'라고 썼다.[19]

피트가 전쟁 지휘권을 인수하고, 식민지에서 소요되는 군사비용에 대한 변제 제도를 도입하면서 (모국과 식민지 간) 협력 관계가 개선되기는 했지만 식민지 의회들에서의 갈등과 지체, 유럽의 군사적 전문성과 엄격한 계급제도를 존중하지 않는 지역 군대의 형편없는 기강은 끊임없는 갈등을 만들었다. 식민지 상인들이 네덜란드산, 프랑스산, 프랑스-

18) Anderson, *Crucible of War*, p. 85. 북부 지역 인디언 문제 감독관으로 임명된 윌리엄 존슨에 대해서는 같은 책, pp. 275~6을 참조.

19) Anderson, *Crucible of War*, p. 148에서 재인용.

카리브산 물품의 거래를 금하는 법령을 노골적으로 무시하자 영국 정부 당국은 더욱 분노하게 되었다.[20] 1752년 뉴욕 총독 조지 클린턴George Clinton은 '북아메리카에서 무역법 위반이 얼마나 심각한지 상상할 수 없을 정도이다'라고 썼다.[21] 영국령 식민지 주민들은 '적의 상품'enemy goods의 밀무역에 대해 에스파냐령 식민지 주민들 못지않은 열광적인 태도를 보여 주었다.

캐나다의 정복은 영국령 아메리카 제국의 방어에 대한 병참상의, 혹은 현실적인 문제를 더욱 복잡하게 만들어 놓았다. 방대한 새 영토가 왕의 지배 영역에 더해졌으며, 1763년의 조약 체결로 에스파냐령이었던 플로리다가 영국령으로 편입됨에 따라 영국 왕의 지배 영토는 더욱 커지게 되었다. 당분간은 프랑스로부터의 위협이 사라졌다고 할 수 있었지만 프랑스가 복수의 기회를 엿보고 있다는 것은 분명했다. 카를로스 3세의 에스파냐 또한 결코 영국에 우호적이지 않았으며, 국경 지역의 인디언 영토들은 언제나 골칫거리였다. 전쟁 막바지 단계에는 32개 연대, 3만 명 이상의 영국 정규군이 아메리카에서 주둔하고 있었다. 그것은 영국 납세자들에게 엄청난 부담을 안겨 주었는데, 그들은 제국 방어를 위해 연간 1인당 26실링을 지불하고 있었다. 그에 비해 식민정주자들이 지불하는 비용은 1인당 1실링에 불과했다.[22] 만약 평화가 도래한

---

20) Jack P. Greene, 'The Seven Years' War and the American Revolution: the Causal Relationship Reconsidered', in Peter Marshall and Glyn Williams (eds), *The British Atlantic Empire Before the American Revolution* (London, 1980), pp. 85~105, at p. 88. 이 시기의 불법 거래 문제와 그 정도에 대하여는 Barrow, *Trade and Empire*, ch. 7 참조.

21) Barrow, *Trade and Empire*, p. 152에서 인용.

22) 병력의 규모에 대해서는 Shy, *Toward Lexington*, p. 35 참조. 상대적인 세 부담에 대해서는 Taylor, *American Colonies*, p. 438 참조.

후에 이 연대들 가운데 일부라도 아메리카 땅에서 주둔해야 한다면 어떻게든 그 비용을 조달하기 위한 방법이 강구되어야만 했다.

조지 3세는 뷰트 백작Earl of Bute의 조언을 받기도 하고, 신임 왕 특유의 열정에 고무되기도 해서 이 문제에 직접적이고 개인적인 관심을 갖게 되었다. 1762년 말 그는 식민지에 대규모의 영국군이 주둔해야 한다는 결론에 이르게 되었다. 그의 휘하 장관들은 스스로 '폐하의 계획'이라고 부른 이 생각에 동의했고, 그것을 하원에 제안하기 위해 준비했다. 1763년 3월 하원에서 발표된 계획안에 따르면, '민간 정부에 복속되지 않은' 캐나다 인디언들, 그리고 9만 명의 캐나다인들에 대한 지배권을 확실히 하기 위해 21개 대대, 총 1만 명의 병력을 북아메리카에 주둔시킨다는 것이 주요 내용이었다. 아메리카의 식민정주자들 역시 그 방법과 규모는 정해지지 않았지만 주둔 병력 유지에 기여하기로 되어 있었다.[23] 1763년 봄 오타와 전쟁Ottawa war의 지도자 폰티악이 이끄는 대규모 인디언 반란이 일어났을 때, 그리고 5대호 주변과 오하이오 계곡의 영국 요새들이 인디언들의 공격으로 차례차례 함락되었을 때, '폐하의 계획'이 적절한 결정이었다는 것은 더 이상 의심의 여지가 없게 되었다.

조지 3세와 그의 각료들이 승리의 의미에 대해 숙고하고 있었다면 에스파냐의 카를로스 3세와 그의 각료들은 패배의 의미를 곱씹고 있었다. 전임 왕이 시작한 해군력 증강 계획으로 카를로스 3세는 비교적 강한 함대를 보유하게 되었으며, 치세 초기에 에스킬라체 후작[24]과 그리

23) John L. Bullion, '"The Ten Thousand in America": More Light on the Decision of the American Army, 1762~1763', *WMQ*, 3rd ser., 43 (1986), pp. 646~57.

24) Marques de Esquilache, 1708~1785; 이탈리아 출신으로 에스파냐에서 활동한 외교가 겸 정치가. 에스파냐의 대표적인 계몽주의적 정치가—옮긴이.

말디Grimaldi 후작이라는 두 명의 이탈리아인에 의해 지배되었던 그의 정부는 대서양 양쪽 모두에서 선박 건조 계획을 서둘렀고, 프랑스에 기술 자문을 구하였다.[25] 그러나 행정부가 수행해야 했던 가장 시급한 과제는 에스파냐령 인디아스의 전체 방어 체계에 대한 전면적인 재검토였다. 1763년 말, 방어 문제뿐만이 아니라 아메리카 부왕령의 통치와 수입 문제, 인디아스와의 교역 문제를 다루기 위해 그리말디와 에스킬라체, 그리고 인디아스와 해군 담당 장관 훌리안 데 아리아가Julián de Arriaga로 이루어진 비밀위원회(훈타)가 구성되었다. 1764년 초, 이 비밀위원회는 아메리카 방어 체계 개선을 위한 계획안을 준비해 둔 상태였고, 또 하나의 비밀위원회에는 무역과 수입 증대를 위한 방안 마련의 임무가 주어졌다.[26]

아메리카의 대서양 항구들—베라크루스, 아바나, 캄페체, 카르타헤나 등—의 방어도 대폭 강화되어야 했는데, 그러기 위해서는 많은 비용이 필요했다. 그러나 조지 3세의 계획안과 마찬가지로 우선적 고려 사항은 본국의 군대를 파견하여 아메리카 영토의 안전을 강화하는 것이었다. 기존의 상설 수비대와 도시와 지방의 시민군은 대체로 오합지졸에 지나지 않았다. 해결책은 항구적인 토대 위에 만들어진, 잘 훈련되고 좋은 장비를 갖춘 연대의 구성과 아메리카 내 군대의 전문화에 있는 것처럼 보였다. 비용 문제 때문에 새 야전군은 영국령 아메리카의 경우보

25) Lynch, *Bourbon Spain*, pp. 312~7.

26) A. S. Aiton, 'Spanish Colonial Reorganization Under the Family Compact', *HAHR*, 12 (1932), pp. 269~80; Stanley J. Stein and Barbara H. Stein, *Apogee of Empire. Spain and New Spain in the Age of Charles III, 1759~1789* (Baltimore and London, 2003), pp. 58~68.

다 훨씬 더 식민지인들의 참여에 의존해야 할 것으로 보였다. 그것은 대체로 인디아스에서 징집된 자원병 부대로 구성하되, 지휘는 에스파냐인 장교가 하고, 훈련도 그 장교가 시켜야 할 것으로 생각되었다. 이 '상설부대'(그렇게 불렸다)는 최대 4년의 복무기간으로 인디아스에 파견될 이베리아 반도의 병력에 의해 보강될 것이었고, 이들의 존재는 평화시에는 근대적 군대 모델을 제공하고, 전시에는 직업군의 중추가 되어줄 것이었다(혹은 그럴 것이 기대되었다). 동시에 옛 식민지 수비대는 비상시에 보조군으로 사용할 수 있게 에스파냐인 장교들에 의해 증강되고 재편되고 전문적으로 훈련되어야 할 것으로 생각되었다.[27]

안달루시아의 총사령관 후안 데 비얄바Juan de Villalba 중장이 1764년 11월 2개 연대를 이끌고 누에바에스파냐에 도착했는데, 그는 마드리드 정부에게 군사 개혁 프로그램을 실행하라는 지시를 받고 있었다. 도착하자마자 그는 예상대로 누에바에스파냐 총사령관으로서의 권한을 침해받을 것을 우려한 부왕과 충돌했다. 게다가 영국령 식민지에서와 마찬가지로 태도와 접근 방법에서의 차이는 본국에서 파견된 직업 군인들과 식민지 주민들 간에 끝없는 오해와 갈등을 불러일으켰다. 에스파냐인 장교들은 영국 장교들과 마찬가지로 크리오요들을 우습게 여겼고, 형편없는 아메리카 수비대의 상황에 좌절을 금치 못했다. 그러므로 그들의 존재는 크리오요들과 페닌술라르들 간의 갈등 관계를 더욱 악화시켰다. 에스파냐 정부 당국은 7년전쟁 중에 영국 정부 당국이 '독립에의

---

27) 군사 개혁에 대해서는 McAlister, 'The Reorganization of the Army of New Spain'; Céspedes del Castillo, *Ensayos*, pp. 261~9; Archer, *The Army in Bourbon Mexico*, pp. 9~16 참조.

보편적 경향성의 표명'[28] 때문에 심란해 했던 것처럼 크리오요들이 수비대원들의 지지를 받아 반란을 일으키지 않을까 두려워했지만 크리오요들은 군사적 행동에 별 관심이 없었으며, 징병 요청에 대하여도 저항적이었다. 비얄바의 고압적인 태도도 문제를 불러일으켰다. 그는 백인과 혼혈인을 뒤섞는 방식으로 보병부대를 구성함으로써 크리오요들의 분노를 샀으며, 크리오요 엘리트들이 군 복무를 달가워하지 않는다는 것을 알게 되었다.

그러므로 누에바에스파냐에서의 군대 개혁은 처음부터 가시밭길이었다. 비얄바의 계산에 의하면 1766년 여름, 부왕령은 2,341명의 정규군regulars과 9,244명의 지방군provincials을 보유하고 있었다. 그러나 6개 지방 연대 가운데 하나를 제외하고는 적절한 무장도 갖추지 못하고 군복도 착용하지 않았으며, 병사들의 자질은 형편이 없었다. 그렇더라도 이제 누에바에스파냐의 군대 체계가 적어도 자리를 잡게는 되었으며, 이 부왕령에서 생겨난 패턴은 대륙 전체로 확산될 것이었다. 1760년대 말이면 에스파냐령 아메리카에 약 4만 명 정도의 각종 병력이 주둔하고 있었던 것으로 추정된다.[29]

에스파냐 장교들은 인디아스에 새로운 직업군인제를 도입하였고, 그것은 고무적인 결과를 가져다 주었다. 예를 들어 1770년 부에노스아이레스의 총독은 말비나스(포클랜드제도)에서 영국인들(그들은 여기에 어업과 해군을 위한 전진기지를 세워 두고 있었다)을 내쫓을 수 있었다. 그러나 이 성공은 외교적인 이유 때문에 단명으로 끝나고 말았는데, 이

---

28) Archer, *The Army*, p. 12; Greene, 'Seven Yeras' War', p. 89.
29) *CHLA*, 1, p. 400.

듬해(1771년) 영국은 카를로스 3세에게 최후의 통첩을 보냈고, 그 상황에서 카를로스 3세는 프랑스인들의 지지를 얻는 데 실패하자(에스파냐인들이 영국과 대적하기 위해서는 이 프랑스인들의 지지가 필수적이었다) 이 제도를 포기할 수밖에 없었다.[30)]

그 이후 20~30년 동안 에스파냐령 아메리카가 상설 군사기구를 갖게 되면서 군 복무에 대한 크리오요들의 태도도 바뀌었다. 마드리드는 항상 군대 직책과 군복이 직위와 명예를 갈망하는 크리오요 엘리트들의 선망의 대상이 되기를 기대했었다. 그러나 그 기대는 식민지 명문가의 젊은이들이 에스파냐인 장교 밑에서 복무하는 것에 대해 거부감을 갖게 되면서 매번 좌절되었다. 그러나 1766년 누에바에스파냐에서처럼 군대 자치법하에서 지방 부대 장교들에게까지 완전한 특권이 확산되고, 일반 병사들에게도 부분적인 특권이 주어지자 크리오요 젊은이들은 점차 수비대 복무에 전보다 매력을 느끼기 시작했다.[31)] 전통적으로 에스파냐 본국과 같은 조합적[corporate] 사회에서는 군대가 성직과 마찬가지로 자체 내 구성원들에 대한 사법권, 즉 자체의 자치법을 가진 독립적 집단이었다. 군대 자치법은 지방 수비대에서 복무하는 장교들에게 민사뿐만 아니라 형사 소송까지 면책권을 확대함으로써 그들과 일반 대중을 효과적으로 분리시켰다. 멕시코시티로부터 산티아고데칠레에 이르기까지 대륙 전체에서 18세기 말경이면 군복을 멋지게 차려입은 크리오요 엘리트의 아들들이 아메리카 군대의 베테랑 장교단에서 반 이상을 차지하게 되었다.[32)] 이렇게 해서 18세기 말 부르봉 왕조의 군대 개혁에 의해

---

30) Céspedes del Castillo, *América hispánica*, p. 325.
31) McAlister, *The 'Fuero Militar'*, pp. 10~11.

19~20세기 라틴아메리카 국가들의 군사화軍事化의 첫번째 씨앗이 뿌려지게 되었다.

같은 시기에 진행된 영국제국 방어 체계 개혁을 위한 시도는 정반대의 결과를 만들어냈다. 모국에서 파견된 연대들로 구성된 군대를 아메리카에 파견키로 한 영국 정부의 결정은 식민지인들의 감정을 제대로 헤아리지 못하고 취한 것이었다. 방어해야 할 영토는 광대했고, 7년전쟁을 통해 지방 부대들에 대해 갖게 된 경험으로 영국의 군 지휘자들은 아메리카인들의 전투 능력에 대해 부정적 인식을 갖고 있었다. 그래서 런던 정부 당국은 수비대, 특히 캐나다 전투에 깊숙이 개입한 바 있었던 뉴잉글랜드의 수비대가 쓸모없는 존재라고 간주하는 경향이 있었는데, 그것은 후에 현명치 못한 판단으로 판명되었다.[33] 에스파냐 정부 당국은 ―크리오요들의 전투 능력에 대한 높은 평가보다는 재정적인 압박 때문에 ―재편되고 재훈련된 지역 수비대를 새 제국 방어 체계에 편입시키기로 한 데 비해, 평화 조약 체결 후 다수의 실직 병사들을 보유하고 있었던 영국 정부 당국은 영국에서 데리고 들어온 상비군으로 국내 문제 혹은 아메리카 문제를 해결하려고 했다.[34]

그러나 상비군이라는 개념 자체가 영국적 자유에 대한 자신들의 권리를 당연하게 여기고 있던 식민지인들에게 대륙적 전제정의 지배를 받

---

32) Juan Marchena Fernández, *Ejército y milicias en el mundo colonial americano* (Madrid, 1992), table, p. 62, 그리고 그의 'The Social World of the Military in Peru and New Granada: the Colonial Oligarchies in Conflict', in John R. Fisher, Allan J. Kuethe and Antohny McFarlane (eds), *Reform and Insurrection in Bourbon New Granada and Peru* (Baton Rouge, LA and London, 1990), ch. 3 참조.

33) Shy, *A People Numerous*, p. 40.

34) Anderson, *Crucible of War*, pp. 560~2.

고 있다는 느낌을 가져다 주었다. 그들은 전쟁 기간 동안 군사적 필요성에 대한 주장이 자신들의 권리를 얼마나 짓밟게 되는지 직접 확인할 기회를 가질 수 있었다.[35] 폰티악의 폭동은 한동안 식민지 주민들로 하여금 영국군이 제공하는 지속적인 보호를 고맙게 여기게 만들기도 했다. 그렇지만 불안하게 생각할 만한 이유는 이미 존재하고 있었고, 그 이후 런던 각료들의 행동은 그 불안을 더욱 증폭시켜 놓았다.

개혁의 추진

안전의 문제는 영국령 제국에서나 에스파냐령 제국에서나 변화의 촉진제가 되었다. 안전의 증대는 비용의 증대를 의미했고, 마드리드와 런던의 각료들은 그 사실을 절실하게 인식하게 되었다. 영국은 엄청난 부채를 떠안은 채 전쟁에서 빠져 나왔고, 아메리카에 군대를 주둔시키기 위해서는 1년에 약 22만 5,000파운드가 필요했다.[36] 영국의 각료들은 식민정주자들이 그들 자신들의 보호를 위해 주둔 중인 군대 유지를 위해 정당한 몫을 지불하는 것은 당연하다고 생각했다(당시 식민지 제국에 소요되는 비용에 대한 식민정주자들의 기여는 관세로부터 나왔는데, 그 관세의 징수는 비효율적이었다). 마드리드의 각료들도 비슷한 생각을 갖고 있었다. 카리브제도나 중아메리카 해안처럼 멀리 떨어져 있고 적의 공격에 노출되어 있는 지역을 방어하는 것은 안 그래도 곤궁한 재원을 더

35) Greene, 'Seven Years' War', p. 95.

36) P. D. Thomas, *British Politics and the Stamp Act Crisis. The First Phase of the American Revolution, 1763~1767* (Oxford, 1975), p. 38.

욱 고갈시켰고, 만약 인디아스가 보다 효율적으로 통치되기 위해서는 분명 식민지인들이 자신들의 보호를 위해 소요되는 비용의 조달에서 더 많은 역할을 떠맡아야 한다고 생각되었다.

이와 관련된 또 다른 고려 또한 영국과 에스파냐 각료들이 식민지 정책에 대해 전반적으로 재고하게 만들었다. 무엇보다도 영토 경계선의 문제가 있었다. 영국이 누벨프랑스와 플로리다를 획득함으로써 기존의 아메리카 제국에 또 하나의 넓은 영토가 추가되었다(그 영토들은 각각 고유한 법적·행정적 제도와 로마가톨릭계 주민을 갖고 있었다). 영국의 가톨릭교도들이 정치 생활에서 배제되고 있었던 그 당시에 그들을 어떻게 만족스럽게 합병할 것이며, 그곳 주민들에게 어떤 권리를 허용하고, 더불어 어떻게 안전을 확보할 것인가? 프랑스의 패배는 또한 긴 대서양 해안 지역에 거주하고 있던 토지에 굶주린 사람들이 애팔래치아 산맥 너머로 팽창하는 것을 저지하는 가장 효과적인 장애물을 제거하는 것이기도 했다. 식민정주자들이 인디언들이 사는 내륙으로 몰려가도록 내버려두는 것은 또 다시 인디언들과의 전쟁을 촉발시킬 것이고, 재정적·군사적 재원에 또 다른 부담을 안겨 줄 것이 명약관화한데, 그것을 그대로 두고 볼 것인가? 에스파냐인들도 어려운 경계선 문제에 직면해 있기는 마찬가지였다. 누에바에스파냐의 북쪽 긴 프런티어에는 거주 인구가 많지 않았다. 그 프런티어를 더 북쪽으로 확대하여 영국인들의 침입을 막는 방벽을 구축함으로써 인디언들과의 더 많은 갈등을 촉발시키고, 방어 비용을 더 증가하게 할 것인가? 영국과 에스파냐 모두에게 닥친 딜레마는 제국이 너무 커짐에 따라 생겨난 것이었다.

그들의 문제는 이미 소유하고 있는 제국 영토가 자신들의 수중에서 빠져나갈 위험에 처해 있는 것처럼 보였기 때문에 더 심각한 것이 되었다. 크리오요 과두 계층의 공고화와, 그 구성원들이 사법·행정·종교 관련 고위 직책에 점점 더 많이 유입되고 있었던 점은[37] 에스파냐의 장관들과 부왕들로 하여금 크리오요 반대자들 앞에서 점점 더 무력감을 느끼게 만들었다. 개혁에 대한 논의와 1713년부터 1729년까지 전통적 임명 기준으로 복귀하기 위한 진지한 노력이 있었음에도 불구하고, 부르봉 왕조 첫 두 왕의 치세 동안 108명의 크리오요가 아우디엔시아의 직책을 차지했다. 1750년에 가서야 국왕은 이 직책을 매매 대상에서 제외할 수 있다고 생각하게 되었으나 그때쯤이면 크리오요들은 이미 멕시코시티, 리마, 산티아고 아우디엔시아의 판사직의 다수를 차지하고 있었으며, 그런 상황은 그후로 20년 동안이나 더 계속되었다.[38] 모든 크리오요 판사들이 그 지역 출신은 아니었지만 만약 그 지역 출신인 경우 그들이 가진 지역적 연계망의 힘은 국왕 사법권의 공정한 시행과 국왕령의 효과적 이행을 어렵게 만들었다.

영국령 식민지에서 국왕 총독들royal governors은 재정적으로 독립하지 못하고, 식민지 의회들이 급료 책정의 지배를 통해 관직 임명권을 장악하고 있는 상황 앞에서 무력감을 느낄 수밖에 없었다. 1746년 뉴욕 총독 클린턴은 '(식민지) 지배 계층이 사실상 모든 관직을 독점하고 있다'면서 불만을 토로했다.[39] 7년전쟁은 의회의 정치적 지배를 강화하는 데 기여했을 뿐이다. 전쟁이 끝날 무렵이면 영국령 식민지들에서 모든 의

37) Above, pp. 228~9.

38) Buckholder and Chandler, *From Impotence to Authority*, part 1; Mark A. Burkholder, 'From Creole to *Peninsular*; the Transformation of the Audiencia of Lima', HAHR, 52 (1972), pp. 395~415; Jaime E. Rodríquez O., *The Independence of Spanish America* (Cambridge, 1998), pp. 21~2.

39) Labaree, *Royal Government in America*, p. 308에서 재인용.

회들lower houses은 사실상 재정 법안money bills의 틀을 만드는 데 독점적 권한을 확보하고 있었으며, 스스로를 본국 의회(하원)의 지점 정도로 여기고 있었다.[40] 그전에는 프랑스인들의 존재가 식민지인들이 품고 있던 독립에의 지향(영국 장관들은 식민지인들이 그런 지향을 갖고 있다고 의심했다)을 억제하는 데 기여했었다. 이제 그 프랑스인들이 사라진 상황에서 어떻게 하면 그들의 (영국에 대한) 충성심을 계속 붙잡아 둘 수 있을 것인가?

이 문제는 1748년부터 1761년까지 무역부 수장을 역임한 핼리팩스 백작 조지 몬터규 덩크George Montagu Dunk를 오랫동안 고민하게 만들었다. 그는 연이은 행정부들로 하여금 아메리카 문제에 더 많은 관심을 기울이게 만들었고, 그 행정부들에 야심찬 행정 개혁을 제시했다.[41] 그 질문은 또한 카를로스 3세가 마드리드에서 끌어모은 개혁 성향의 각료들에게도 큰 관심사가 되고 있었다. 당시 대륙 유럽의 분위기는 계몽사상의 과학적 원칙에 입각하여 국가를 강하게 만들고 행정을 합리화하는 쪽으로 나아가고 있었다. 각료들과 관리들은 가능한 한 최신 정보를 바탕으로 정책을 수립하려고 했다. 이것은 과학의 방법론이 통치에 적용됨을, 그리고 믿을 만한 통계수치를 수집하기 위해 노력해야 함을 의미했다. 그러므로 각료들은 조사와 측량에 착수하고, 정책 수립에 유용한 자료가 되어 줄 사실facts과 수치figures를 제공해 줄 과학 목적의 원정을 지원했다. 영국의 각료들도 대륙에서 불어오는 이 새로운 바람에 영향을 받지 않을 수 없었다. 핼리팩스 백작은 스스로 런던 정부가 비용 효율

40) Greene, *Quest for Power*, pp. 70 and 360~1.
41) Olson, *Anglo-American Politics*, pp. 147~8; Barrow, *Trade and Empires*, pp. 157~8.

이 높은 제국을 만들 수 있는 식민지 개혁 프로그램 마련을 위해 노력함으로써 이 새로운 합리성을 몸소 실천해 보였다.[42)]

1760년대의 아이러니 가운데 하나는 영국인들은 에스파냐인들의 모델에 입각하여 보다 중앙집권적인 제국의 개념에 매력을 느껴 가고 있던 바로 그때, 에스파냐의 각료들은 아메리카 내 영국의 상업 제국을 자신들의 모델로 여기고 있었다는 사실이다. 마드리드 정부는 에스파냐령 아메리카 영토가 영국적 스타일의 '식민지들'로, 그러니까 주요 산물의 풍요로운 원산지이자 자신들(에스파냐)의 상품을 유리한 조건으로 내다팔 수 있는 시장으로 바꾸고 싶어 했지만, 그렇게 하는 데 필요한 개혁의 규모에 대해서는 환상을 갖고 있지 않았다. 하지만 쿠바를 상실하고, 그리고 다시 파리 조약을 통해 그 섬을 회복한 것은 각료들에게 기회를 제공해 주었고, 그들은 그 기회를 놓치지 않았다. 쿠바 방어 체제에 대해 철저한 조사가 시급했던 점은 쿠바를 포괄적 개혁 프로그램을 시험해 볼 이상적인 실험장으로 만들어 주었으며, 후에 그것은 본토로까지 확대되었다.[43)]

쿠바가 에스파냐에 반환되고 난 뒤 에스파냐 정부는 그 섬을 재점령하고 그곳의 방어 체계를 강화하기 위해 리클라 백작Count of Ricla을 총독 겸 사령관으로 파견했다. 1763년 6월, 그가 아바나에 도착했고 이때

---

42) 카를로스 3세 시대 에스파냐에서 나타난 '합리적'이고 과학적인 것에 대한 관심, 그리고 그것이 제국 통치에 미친 영향에 대해서는 특히 전시회용 카탈로그인 *Carlos III y la Ilustración*, 2 vols(Madrid and Barcelona, 1989)를 참조. 영국의 경우는 Drayton, *Nature's Government*, pp. 67~9, 그리고 Shy, *A People Numerous*, pp. 77~9를 참조.

43) Allan J. Kuethe and G. Douglas Inglis, 'Absolutism and Enlightened Reform: Charles III, the Establishment of the *Alcabala*, and Commercial Reorganization in Cuba', *Past and Present*, 109 (1985), pp. 118~43을 참조.

그와 동행한 사람이 알레한드로 오레일리Alejandro O'Reilly 장군이었는데, 그는 아바나 항 방어시설을 개선하고 수비대를 증강하고 수비대를 기율 잡힌 군대로 재편하라는 임무를 떠맡고 있었다. 이 계획을 실행에 옮기는 데는 많은 비용이 필요했으나 쿠바 섬에서 정부가 끌어낼 수 있는 수입은 미미했다. 다른 아메리카 영토에서는 판매액의 4~6퍼센트에 달하여 상당한 수입원이 되고 있었던 알카발라가 이곳에서는 내국인 간 상거래에 부과된 지 얼마 되지 않았고, 거기다 세율도 다른 지역보다 훨씬 낮은 2퍼센트로 책정되어 있었다. 멕시코 재무부가 새 요새 건설비용 가운데 많은 부분을 감당했지만 그것으로는 턱없이 부족했기 때문에 리클라 백작은 어떻게든 쿠바 섬 안에서 보다 많은 수입을 만들어 내야 했다.

리클라 백작은 쿠바 섬의 엘리트층을 이루고 있었던 담배·사탕수수 플랜테이션 농장주, 목장주, 상인들을 상대로 치밀한 협상을 벌였다. 영국이 점령한 몇 달 동안 영국 시장에 접근했던 경험은 에스파냐의 식민지 무역에서 아직도 지배적이었던 고도로 통제된 시스템(최근에 좀 느슨해지는 경향이 있기는 했다)보다는 보다 자유로운 분위기에서 얻어지는 이익이 훨씬 크다는 것을 확신하게 만들었다. 그러므로 리클라 백작이 기대할 수 있었던 최고의 바람은 쿠바 주민들에게 상업 시스템에서의 변화 가능성을 넌지시 내비치면서 대신 세금 인상을 받아들이게 하는 것이었다. 그러나 그런 변화는 식민지 정부가 막강한 힘을 가진 카디스 상인들의 콘술라도에 도전하는 것이었고, 카디스 상인들은 아메리카 무역에 대한 자신들의 전통적인 독점권을 포기할 맘이 전혀 없었다.

1764년 4월, 국왕은 에스킬라체의 개혁위원회reforming junta의 권고에 따라 쿠바의 알카발라를 2퍼센트에서 4퍼센트로 인상하고, 브랜디와 럼주에도 세금을 부과했다. 무역법의 자유화를 바라는 쿠바의 청원을 두고 에스파냐 국왕이 숙고를 거듭하면서 쿠바에서는 애가 타는 기다림이 이어졌다. 이 기간 동안 에스킬라체는 보수적인 각료들 혹은 관리들과 맞서고, 카디스 콘술라도를 상대로 로비에 몰두했다. 1765년 10월이면 그는 행동에 나설 준비가 되어 있었다. 그는 대부분의 인디아스 무역을 카디스를 통해서 해 온 기존의 관행을 깨뜨리고 에스파냐의 9개 항구에 쿠바와 다른 에스파냐령 카리브 섬들과의 직접적 교역을 허락했다. 아울러 섬(쿠바) 내부 교역도 허용했다. 두번째 국왕 칙령으로는 알카발라 세율을 6퍼센트로 인상하는 등 쿠바의 세제를 개혁하고 공고화했다.

에스킬라체 자신은 5개월 후, 카를로스 3세의 이탈리아 출신 개혁 각료들에 반대하는, 그리고 고위 정부 관리들의 은밀한 추동을 받아 마드리드에서 일어난 민중 봉기에 의해 권좌에서 물러났다.[44] 그러나 에스킬라체가 리클라 백작과 협력하여 입안한 쿠바의 재정과 무역의 개혁은 그후로도 살아남았을 뿐만 아니라 쿠바가 장차 설탕 생산 식민지로 번영하는 데 필요한 토대 구축에 기여했다. 동시에 1764년 쿠바 섬의 재정적·군사적 문제를 다루기 위해 지사intendant를 임명한 것—이는 부르봉 왕조가 에스파냐에 도입한 새로운 유형의 관리들 가운데 하나가 이베리아 반도 밖에서 임명된 첫 사례였다—은 인디아스에 근대적이고 직업적인 관료제 도입을 위한 최초의 실험이었다.[45] 이런 다양한 조치의 실행은 비록 그것이 하나의 섬이라고 하는 작은 무대이기는 했지만 개혁적인 각료들이 타협과 양보라는 전통적인 에스파냐의 정치 문화

---

44) 에스킬라체의 실각과 그 결과에 대해서는 Stein and Stein, *Apogee of Empire*, ch. 4, 그리고 José Andrés-Gallego, *El Motín de Esquilache, América y Europa* (Madrid, 2003)를 참조.
45) Céspedes del Castillo, *Ensayos*, p. 308; MacLachlan, *Spain's Empire*, pp. 93~4.

안에서, 자기들이 가진 카드를 솜씨 있게 이용하여 반대를 극복하고, 여러 가지 불만을 시정하면서 자신들과 식민지 엘리트들 모두가 받아들일 수 있는 타협안을 발견할 수도 있었음을 보여 주는 것이었다. 이에 반해 조지 3세의 각료들은 이런 일을 실천할 능력을 갖고 있지 않았다.

카를로스 3세의 각료들은 쿠바 개혁의 성과를 미처 확인하기도 전에 자신들의 개혁 정책을 더 넓은 무대로 확대하기로 결정했다. 1765년 에스킬라체 팀의 일원이었고 무미건조한 인성에다 개혁에 대한 광신적 열정의 소유자였던 법률가 호세 데 갈베스José de Gálvez가 누에바에스파냐 부왕령을 감찰하기 위해 파견되었다. 6년에 걸친 그의 감찰 활동은 국왕 관리로서의 그의 경력에도 그렇고, 에스파냐령 아메리카 전체의 개혁 프로그램의 미래에도 그렇고 매우 중요한 의미를 가졌다. 그가 이 소임을 성공적으로 수행함으로써 페루 부왕령(1777), 누에바그라나다 부왕령(1778)에서도 비슷한 감찰이 실시되었다. 왕으로부터 라소노라 후작Marquis of La Sonora이라는 작위를 하사받은 갈베스는 1775년 인디아스부 장관에 임명되었으며, 1787년 죽을 때까지 아메리카 문제에 대해 지배권을 행사했다.[46]

유례없는 규모의 재정적·행정적·상업적 혁신을 포함하는, 갈베스라는 이름과 연계된 개혁안은 18세기 중엽 마드리드에서 힘을 얻고 있

46) 갈베스의 행정 경력은 포괄적인 연구가 필요한 주제이다. 지금은 시대에 뒤떨어진 연구라 할 수 있는 Herbert Ingram Priestley, *José de Gálvez, Visitor-General of New Spain, 1765~1771* (Berkeley, 1916)은 그 연구 범위가 누에바에스파냐 감찰에 국한되고 있다. 좀 더 최근의 간략한 연구로는 Ismael Sánchez-Bella, 'Las reformas en Indias del Secretario de Estado José de Gálvez (1776~1787)', in Feliciano Barrios Pintado (ed.), *Derecho y administración pública en las Indias hispánicas* (2 vols, Cuenca, 2002), 2, pp. 1517~54가 있다.

었던 인디아스 제국에 관한 에스파냐인들의 태도와 생각의 변화가 어느 정도였는지를 말해 준다. 개혁은 대담했다. 그러나 카를로스 3세와 그의 최측근들은 개혁을 요구하는 주장이 논란의 여지가 전혀 없다는 결론에 도달하고 있었다. 그들은 18세기 약육강식의 국제사회에서 에스파냐령 아메리카 제국의 생존이 더 이상 당연한 것으로 간주될 수 없다는데 의견을 같이 했다. 아메리카를 상실하는 것, 더불어 엄청난 양의 은과 거대한 인구(당시 아메리카 인구는 900만 명가량의 인구를 갖고 있었던 에스파냐의 인구에 근접하거나 곧 능가할 것으로 생각되었다[47])를 잃게 되는 것은 유럽 열강 가운데 하나로 인정받고자 하는 에스파냐의 바람을 완전히 수포로 돌아가게 할 것으로 생각되었다.

영국이 비록 전쟁에서 승리하기는 했지만 런던의 각료들 또한 마드리드 각료들 못지않게 자기네 해외 제국의 미래에 걱정이 많았다. 영국령 아메리카의 인구는 아직 영국 인구에 비할 바가 못 되었다. 1750년대에 본토 식민지들에 약 120만, 서인도제도에 33만 명의 주민이 살고 있었던 데 비해, 영국제도의 인구는 대략 1,000만에 이르렀다.[48] 그러나 식민지들이 생산하여 영국에 보내는 상품의 가치, 영국 상품을 소비하는 시장으로서 그것들이 갖는 중요성이 급증하고 있었기 때문에 식민지를 안정적으로 유지하는 것은 영국 정책의 핵심 사항이 되고 있었다. 그러나 그 식민지들은 영국의 납세자들에게 지나치게 부담이 되지 않는 방식으로 유지되어야 했으며, 그렇게 되기 위해서는 식민지 경영에서의

---

47) Above, p. 260. 1800년경이 되면 에스파냐령 아메리카는 1,350만 명, 그리고 에스파냐는 1,050만 명가량의 인구를 갖게 된다 (*CHLA*, 2, p. 34).

48) *OHBE*, 2, p. 100의 도표 4.1을 참조.

중차대한 개혁이 필수적이었다. 1763년 봄, 뷰트는 다음과 같이 말했다: '새 식민지에 사람을 보내 정주시키기 전에, 기존의 식민지를 개혁하는 일에 착수해야 한다.'[49]

뷰트가 실각하고 대신 1763년 4월 조지 그랜빌George Grenville이 재무부장관first Lord of the Treasury(보통 수상이 겸함)에 임명됨으로써 정부는 이제 균형 잡힌 예산 확보에 대해 확고한 의지를 가진 인물의 수중에 들어가게 되었다. 재정에 대한 그의 전문지식은 석 달 후 남부 장관secretary of state for the South에 취임한 핼리팩스Halifax의 아메리카에 대한 지식과 함께 이제 식민지 문제에 확실한 질서를 부여하려는 강력한 시도가 시작됨을 의미했다.[50] 이 시도에는 대규모의 영토상의 재편이 포함되어 있었으며, 그 일은 1763년 가을에 시작되었다. 새로 영국령으로 편입된 옛 에스파냐령 플로리다는 이스트플로리다와 웨스트플로리다라는 두 개의 식민지colony로 나뉘었다.[51] 이 식민지들은 국왕 총독과 선출제 의회를 갖고, 영국법 체계에 구속되는 것으로 되었다. 프랑스령이었던 퀘벡도 역시 영국령 식민지가 되었으며, 세인트로렌스 강어귀 남쪽 영토는 1713년 이후 영국령 식민지로 되어 있던 노바스코샤Nova Scotia에 합병되었다.[52] 영국 왕의 프랑스인 신민들, 그리고 펜서콜라와 플로리다

---

49) Thomas, *British Politics*, p. 34에서 재인용.

50) Anderson, *Crucible of War*, ch. 59.

51) Robert L. Gold, *Borderland Empires in Transition. The Triple Nation Transfer of Florida* (Carbondale, IL and Edwardsville, IL, 1969); Cecil Johnson, *British West Florida, 1763~1783* (New Haven, 1943), ch. 1; C. L. Mowat, *East Florida as a British Province, 1763~1784* (Berkeley and Los Angeles, 1943), ch. 1.

52) 17세기 프랑스령 아카디아(Acadia)와, 1713년 그것이 영국령 식민지 노바스코샤로 대체된 것에 대해서는 John G. Reid, *Acadia, Maine and New England. Marginal Colonies in the Seventeenth Century* (Toronto, Buffalo, NY, London, 1981)를 참조.

가 영국령으로 편입되고 나서도 그곳을 떠나지 않고 남아 있던 소수의 에스파냐인들과 마찬가지로, 새로 왕의 신민이 된 인디언들에게도 왕의 보호가 제공되어야 했다. 핼리팩스는 경계선을 획정하여 정주자들이 아메리카 내륙 지방으로 들어가지 못하게 함으로써 경계 문제를 해결하고, 인디언 주민들을 안정시키려고 했다. 1763년 10월, 국왕은 선언을 발표하여 애팔래치아 산맥의 선을 따라 경계를 그은 유명한 포고선 Proclamation Line을 설정했는데, 식민지 군대는 이 경계 지역에 대해 치안 유지 업무를 수행할 것으로 기대되었다. 그러나 정주자들과 땅 투기꾼들은 얼마 가지 않아 이 경계선을 무시했다.[53]

영국 정부 내 각료와 관리들이 아메리카 지도를 수정한 것과 함께 1763년부터 1765년 사이에 여러 조치가 발표되었으며, 그것들은 그랜빌이라는 이름을 앵글로-아메리카 역사에서 대단히 유명하게(혹은 악명 높게) 만들어 놓았다. 그 조치들이란 1697년에 설치된 식민지 해사海事법원제도를 강화함으로써 관세 징수를 강요하려고 한 시도,[54] 식민지들이 독립적으로 통화를 발행하지 못하게 만든 1764년의 화폐법,[55] 아메리카 설탕법,[56] 그리고 1765년 3월에 발표된 것으로서, 법률 문건·책·신문·그 외 종이로 된 물품에 부과하는 악명 높은 인지세법 —1630년대 이후 에스파냐령 인디아스에서는 인지papel sellado라는 이름으로 부과되고 있었던 일종의 세금[57] —등을 말한다. 그랜빌은 1764년 하원에서

---

53) 1763년 선언이 포고된 배경에 대하여는 Jack M. Sosin, *Whitehall and the Wilderness. The Middle West in British Colonial Policy, 1760~1775* (Lincoln, NE, 1961), ch. 3을 참조.

54) Barrow, *Trade and Empire*, pp. 187~8.

55) Anderson, *Crucible of War*, pp. 583~5.

56) Barrow, *Trade and Empire*, pp. 187~8.

57) Andrien, *Crisis and Decline*, pp. 154~5.

행한 연설에서 '무역 규제와 수입 증대 간에 조화를 이루는 것이 중요한 목표다'라고 말했다.[58)]

이것은 에스파냐 국왕의 목표이기도 했는데, 같은 시기에 에스파냐 국왕은 아메리카 영토로부터 더 많은 수입을 끌어내기 위한 운동을 벌이고 있었다. 이 운동의 중심에는 과거에 최고 입찰자에게 위임했던 소비세를 비롯한 여러 가지 세금을 직접 징수하려는 국왕 관리들의 노력과, 주요 소비재(그중에서도 특히 브랜디와 담배가 중요했다)에 대한 국가의 독점 혹은 재편이 있었다.[59)] 이런 재정 조치들은 대서양 횡단 무역에 대한 좀더 합리적이고 잘 통제된 시스템이 동반되어야 했는데, 그것은 기존의 법들을 얼마간 자유화함으로써 발전을 자극하고 런던과 마드리드 정부 둘 모두에게 큰 근심거리가 되고 있던 밀수를 줄이기 위해서도 필요했다.

마드리드 정부의 조치들과 비교할 때 그랜빌과 후임 각료들의 조치들은 완고한 식민지들에 대해 본국의 확고한 지배를 이루어 내려는 결의가 반영되기는 했지만 일관된 개혁 프로그램들이라기보다는 7년전쟁으로 발생한 군사적·재정적·행정적 문제들에 대한 실용적 대응으로 여겨졌다.[60)] 북아메리카 내 영국의 군사 조직이 수행해야 했던 요구가 엄청나고 매우 복잡했으며, 그것이 영국 정부에 여러 가지 커다란 어려움을 가져다 준 것은 사실이다. 영국군 사령관 토머스 게이지 장군이 절박

---

58) Thomas, *British Politics*, p. 53에서 재인용.

59) Lynch, *Bourbon Spain*, pp. 344~5; Guillermo Céspedes del Castillo, *El tabaco en Nueva España* (Madrid, 1992), ch. 3; José Jesús Hernández Palomo, *El aguardiente de caña en México* (Seville, 1974).

60) Thomas, *British Politics*, p. 112.

한 심정으로 밝혔듯이 그의 군대는 인디언들의 공격에 대비해 대륙 내부 경계지역에 수비대를 주둔시켜야 했고, 식민정주자들이 포고선으로 몰려가 내륙의 인디언 국가들Indian nations과 충돌하는 것도 막아야 했으며, 최근의 전쟁 동안 모국이 그들을 방어하기 위해 여러 가지 조치를 취했음에도 불구하고 감사할 줄 모르는 해안지역 식민지들에 대한 감시의 눈길도 늦추지 말아야 했다. 이 프로그램을 실행에 옮기는 데는 엄청난 비용이 필요했다. 영국 군부는 여기에 필요한 돈이 1년에 40만 파운드는 될 것으로 추산했다. 그에 비해 식민지들이 지불하는 돈은 1년에 8만 파운드가 채 되지 않았다.[61]

그러나 파리조약 이후 영국 정부의 정책 방향은 일관성이 없었다. 군대에 제공될 서비스를 구체적으로 명시한 1765년의 숙영법Quartering Act은 전형적인 엉터리 법으로서 식민지 의회들과의 갈등, 뉴욕에서의 소요와 폭력 사태를 불러일으켰다.[62] 모종의 조치를 시급히 취하지 않으면 안 되겠다고 생각한 영국 각료들은 자신들의 정책을 심사숙고하지도 않고, 뿌리 깊은 관행이나 관념과 충돌할 수밖에 없는 조처들이 식민지인들의 감정에 미칠 충격을 고려하지도 않은 채 행동한다는 인상을 주었다. 그에 비해 마드리드의 카를로스 3세의 각료들은 아메리카에 변화를 가져다 줄 조치들을 취하면서 처음에는 좀더 지혜로운 태도를 보여주었다. 쿠바에서 리클라 백작이 성공적으로 수행한 시험적인 프로젝트는 인디아스에서의 개혁이 좀더 체계적이었고, 동시에 그 실행이 좀

61) Sosin, *Whitehall and the Wilderness*, p. 130. 이 추정치는 특별비용의 추가됨으로써 그 액수를 훨씬 초과하게 된다.

62) Shy, *Toward Lexington*, pp. 188~9; Anderson, *Crucible of War*, pp. 720~2.

더 일관성 있게 이루어졌음을 보여 준다.

아메리카에서 에스파냐의 개혁 정책이 영국의 그것에 비해 좀더 큰 일관성이 있었던 이유 가운데 하나는 오랜 기간에 걸쳐 인디아스 문제에서 지배적인 영향력을 가진 한 인물이 있었기 때문이다. 1760년대 영국의 변덕스런 국내 정책, 그리고 무역부 의장과 남부 장관 간의 끊임없는 갈등은 대 아메리카 정책에 큰 혼선을 초래했다. 1766년 체스터필드 경은 '만약 아메리카에 대해 완전하고 확실한 권한을 가진 장관이 나오지 않는다면 우리는 몇 년 안에 아메리카를 잃고 말 것이다'라고 말했다.[63] 플랜테이션부 장관이라는 직책이 새로 만들어지게 된 것은 1768년에 가서였으며, 그 직책의 첫 번째 보유자는 식민지 문제에서 강경파로 인정받고 있었던 힐즈버러 백작Earl of Hillsborough이었다. 핼리팩스 백작이 아메리카에 대해 전문적인 지식을 갖고는 있었지만 에스파냐의 호세 데 갈베스 같은 인물이 될 기회는 주어지지 않았다. 호세 데 갈베스는 처음에는 아메리카 자체 내에서 1765년부터 1771년까지 누에바에스파냐에 대한 감찰 활동을 통해, 그리고 후에는 마드리드에서 인디아스부 장관으로, 개혁의 명분과 스스로를 일치시킴으로써 경력을 쌓았다.

갈베스는 자신을 지지하는 비슷한 생각을 가진 관리들로 이루어진 팀과 함께 20년 이상, 시대에 뒤떨어지고 부패하고 비효율적인 정부 시스템을 개혁하는 일을 수행했다.[64] 그는 구식의 지역 관리들, 즉 코레히도르들과 알칼데 마요르들의 수중에 들어가 있던 아메리카를 신식의 관료들, 즉 지사들의 수중에 쥐어 주었다. 그는 또한 합스부르크 규제

---

63) Barrow, *Trade and Empire*, p. 225에서 재인용.

64) Céspedes del Castillo, *Ensayos*, pp. 234~6.

Habsburg regulation라는 구식 기구 하에서 왜곡되고 있던 대서양 무역체계를 무효화하고, 그것을 1778년의 유명한 '자유무역법' 하에서 운용될 새롭고 근대적인 시스템으로 바꾸었다.

그러나 에스파냐의 개혁에는 단호한 군주의 지지를 받는 한 강력한 장관의 의욕과 결의 말고도, 개혁 프로그램을 앞에서 끌어줄 저류를 관통하는 강력한 정치적·이데올로기적 힘이 있었다. 영국이 새로 나타난 경제력과 해군력에서 강한 나라였다면 에스파냐는 오랜 쇠약기를 거치고 난 뒤 서서히 건강을 회복해 가고 있던 나라였다. 하지만 서서히 회복되고는 있었지만 아직 갈 길은 먼 나라였다. 호세 델 캄피요 같은, 정치경제에 대해 새로운 마인드를 가진 국왕 관리들이나[65] 페드로 로드리게스 데 캄포마네스Pedro Rodríguez de Campomanes 같은 국왕 행정의 떠오르는 별들은[66] 왕과 각료들에게 인디아스와 아메리카 무역이 절대적으로 중요하다는 점을 확신하게 만들었다. 인디아스의 정치적·행정적 회복은 에스파냐의 국내적 혹은 국제적 회복의 필수 조건이었다. 이 같은 생각이 그후 수십 년 동안 마드리드의 대 아메리카 정책에 제공한 지속성은 유력한 직책이나 지위에 있었던 각료들의 지속성으로 더 강화되었는데, 그들은 이념이나 접근 방법에서는 차이가 있었지만 모두가 인디아스와 에스파냐, 양쪽 모두의 개혁이라는 목표에 헌신적이었다. 그것은 갈베스 뿐만 아니라 에스킬라체의 실각 이후 카를로스 3세 치세 동안 활약한 세 명의 거물급 각료, 즉 아란다Aranda 백작, 캄포마네스 백작, 그리고 플

---

65) Above, p. 232.

66) Vicent Llombart, *Campomanes, economista y político de Carlos III* (Madrid, 1992). 캄포마네스는 1762년부터 1791년까지 30년 동안 카스티야평의회(Council of Castile)에서 복무했다.

로리다블랑카Floridablanca 백작도 모두 마찬가지였다.

이베리아 반도에서의 개혁의 초점은 반세기 이상 동안 경쟁이 치열한 국제 체제 속에서 부를 창출하고 자신의 지위를 유지하게 해 줄 재원을 동원할 수 있는 강력한 국가를 창출하는 데 방해되는 장애물을 제거하는 데에 있었다. 국왕과 그의 조언자들의 입장에서 이것은 합스부르크 왕조로부터 물려받은 구질서 가운데 상당 부분의 철폐를 요하는 것이었다. 그리고 그것은 구래의 지역적 법과 제도의 폐지를, 그리고 특권—마드리드 정부의 입장에서 볼 때 그 특권은 왕권의 효과적 행사를 방해하고, 국가의 힘과 번영의 전제조건인 농업·교역·산업의 발전을 저해하고 있었다—을 가진 합스부르크 왕조의 조합적 사회의 해체를 요하였다. 그 과정에서 모든 사적 이익은 공적 이익에 종속되어야 하고,[67] 모든 사회 집단은 국왕의 의지에 구속되지 않으면 안 되었다. 1765년 캄포마네스는 '나는 관리로서 공익을 포기할 수 없으며, 그 공익을 가로 막는 폐단을 숨길 수도 없고, 그 폐단을 저지할 법 제정을 요청하지 않을 수도 없다. 그리고 이 법들 가운데 어떤 것이 불용되거나 망각된다면 그것들을 쇄신하고 개선해야 한다고 주장하지 않을 수도 없다'라고 말했다.[68]

그러므로 충성의 유일한 목적은 국왕 자신으로 대표되는 하나로 통일된 국가를 만들어 내는 것이었다.[69] 합스부르크 연합 왕정의 여러 개

---

67) N. M. Farriss, *Crown and Clergy in Colonial Mexico, 1759~1821* (London, 1968), p. 92.

68) Laura Rodríguez, *Reformas e Ilustración en la España del siglo XVIII: Pedro R. Campomanes* (Madrid, 1975), p. 59에서 재인용.

69) Horst Pietschmann, *Las reformas borbónicas y el sistema de intendencias en Nueva España* (Mexico City, 1996), p. 302.

로 분산된 여러 지역적 애국심들이 아니라 새롭고 진정으로 에스파냐적인 하나의 애국심이 필요했다. 아라곤의 유명한 계몽사상의 주창자인 베니토 헤로니모 페이호Benito Jerónimo Feijóo; 1676~1764의 말에 따르면, '조국이란 …… 우리의 사적인 이해관계보다 더 소중하게 생각해야 하는 어떤 것이며, 우리 모두가 하나의 정부 하에서, 단일한 법의 굴레 안에서 하나로 통합되는 정치체이다. 그러므로 에스파냐는 모든 에스파냐인들이 사랑해야 할 대상'이었다.[70]

공적 생활의 모든 측면에 대해 국가의 지배를 확대시켜 나가려는 캠페인에서 막대한 재산과 조합적 권리와 특권을 가진 교회는 어쩔 수 없이 개혁가들의 관심의 초점이 될 수밖에 없었다. 사실 제왕교권적regalist[왕의 교회 지배권을 인정하는—옮긴이] 정책은 새로운 것이 아니라 합스부르크 왕조가 오랫동안 추구해 온 것이었다. 그런데 이 정책이 이제 카를로스 3세의 각료들에 의해 다시 활발하게 추진되었으며 그 각료들은 1753년의 정교협약으로 시작된 과업을 완수하려는, 그리고 교회가 국왕에게 종속되어 있다는 사실을 확실히 하려는 노력의 일환으로 교회의 특권을 맹렬히 공격했다.

아메리카 교회와 국왕 간 관계는 에스파냐의 교회와 국왕 간 관계와는 약간 달랐다. 파트로나토 제도 하에서 성직자에 대한 임명권을 국왕이 가지게 되면서 항상 그런 것은 아니지만, 인디아스의 통치에서 교회를 (국왕의) 종속적인 하위 파트너로 만들어 놓고 있었다. 그러나 교회의 면세 특권, 주교와 대성당 참사회가 가진 과도한 부의 문제는 히스

70) L. Kagan and Geoffrey Parker (eds), *Spain, Europe and the Atlantic World. Essays in Honour of John H. Elliott* (Cambridge, 1995), p. 158에서 I. A. A. Thompson의 재인용.

패닉 세계에서 보편적인 것이었다. 에스파냐에서와 마찬가지로 인디아스에서도 교회와 종교 교단들은 '공적 이익'의 이름으로 작동되는 국왕권의 효과적 행사를 방해하는 장애물로 여겨졌다. 그리하여 1760년대부터 세기 말까지 식민지 관리들은 아메리카 내 성직자들의 특권을 축소 또는 폐지하기 위해 다양한 노력을 기울였고, 이 노력에서 다양한 정도의 성공을 거두었다. 다른 한편으로 (국왕에게) 순종적인 교회 지도부는 지역 공의회를 개혁의 도구로 이용하여 성직자들의 규율과 자질을 향상시키려고 노력했다.[71]

종교 교단들(수도 교단들)은 그들대로 복음화 사업에서 지금까지 두드러진 지위를 향유해 왔기 때문에 특별한 문젯거리가 되었다. 제왕교권적 개념을 갖고 있었던 부르봉의 개혁가들은 반(半)자치적인 지위를 향유해 온 수도 교단들과 수도승들의 독립적 성향을 못마땅하게 생각했으며, 주교와 재속 성직자들이 그들의 영향력을 제한하려는 노력을 적극 지지하는 경향이 있었다. 16세기 말부터 진행되어 온 교구의 세속화[교구 관리를 수도승들에서 재속 성직자들로 대체하려는 경향—옮긴이]를 위한 캠페인에 새로운 추동력이 나타났으며, 이에 대해 수도 교단들은 법정을 통해 조직적 반대 운동을 펼쳤다.[72] 1760년대 무렵이면 이 싸움에서 수도 교단들은 수세에 몰렸고, 1766년에는 모든 수도 교단들 중에서 가장 강력하고 완강했던 예수회가 드디어 오랜 법적 투쟁에서 패하여 그들의 재산에서 생산되는 산물에 대해 십일조(10%의 세금)를 지불하게 되었다(속인들과 다른 교단들은 이미 대성당 참사회에 십일조를

71) Farriss, *Crown and Clergy*를 참조. 지역의 공의회에 대해서는 pp. 33~8을 보라.

72) Taylor, *Magistrates of the Sacred*, pp. 83~6.

납부하고 있었다).[73)]

멕시코에서 예수회가 경험한 좌절은 이듬해 예수회 전체를 강타한 대참사에 비하면 아무 것도 아니었는데, 이해에 카를로스 3세가 포르투갈과 프랑스 왕의 예를 좇아 자신의 모든 지배 영토로부터 예수회를 추방한다고 선언한 것이다. 카를로스 3세가 예수회를 싫어한 데는 사적인 동기도 작용했다고 할 수 있다. 그는 예수회를 왕의 통제에 순종하지 않는 위험하면서도 강력한 국제 조직으로 간주했고, 거기다가 예수회가 얼마 전 자신(왕)의 개혁 성향의 각료 에스킬라체의 실각에 연루된 이익집단들과 밀접한 연계를 갖고 있다고 의심하고 있었다(그 의심에는 얼마간 합당한 근거가 있었다).[74)] 계몽사상의 지지자들의 환영을 받았던 이 법령(예수회 추방)은 에스파냐 교회 내 '얀센주의자들'의 지지를 받기도 했는데, 그들은 수도 교단들의 가치에 대해 회의적이었으며 재속 사제들을 중시하고 내면화된 종교를 통한 영적 개혁을 추구하는 사람들이었다. 교회는 국왕이 그것을 요구하지 않는 한(혹은 요구할 때까지) 영적인 측면에만 관심을 국한해야 한다고 생각하는 (카를로스 3세) 체제의 기질에는 보다 금욕적인 성향의 가톨릭 신앙이 더 잘 어울렸다(그리고 그것은 지나치게 장식적인 바로크 양식의 교회를 단순한 내부장식의 신고전주의 양식으로 대체하는 것에서 건축적·시각적 파트너를 발견했다).[75)]

---

73) Mazín, *Entre dos majestades*, pp. 138~40.

74) 예수회가 에스킬라체의 실각과 관련이 있다는 추정에 대해서는 Stein and Stein, *Apogee of Empire*, pp. 98~107을 참조. Andrés-Gallego, *El motín de Esquilache*, pp. 655~63은 이 문제에 대해 뭐라고 확답을 말하고 있지는 않으나 그가 추방될 때까지 예수회와 그들이 보인 행동(인디아스에서의 행동을 포함하여)에 대한 사람들의 태도에 대해 유용한 요약을 제공하고 있다(pp. 501~28).

75) D. A. Brading, *Church and State in Bourbon Mexico. The Diocess of Michoacán*,

1767년의 예수회 추방령은 에스파냐 본국에서도 매우 극적인 상황을 만들어 냈지만 에스파냐령 아메리카인들의 삶에 더 큰 영향을 미쳤다. 약 2,200명에 이르는 예수회 수사들의 강제 출국 — 그 가운데 상당수는 크리오요들이었다[76] — 은 유명한 파라과이 인디언 공동체들을 포함해 그들이 지금까지 꾸려오던 경계 지역에 대한 사목 활동의 포기를 의미했다. 예수회는 누에바에스파냐, 페루, 칠레, 누에바그라나다 등에 약 400개의 대규모 아시엔다를 갖고 있었다. 잘 운영되던 이 막대한 규모의 부동산이 왕의 수중에 들어가고, 종국에는 다시 국왕에게 그것들을 매입한 개인들의 수중에 들어갔다.[77] 또 예수회 추방은 에스파냐령 아메리카의 교육제도에도 대변동을 초래했는데, 이곳에서 예수회가 운영하는 학교들은 수세대에 걸쳐 크리오요 엘리트들을 배출해 오고 있었다. 추방은 인디아스에게서 헌신적인 사제와 교사들을 내쫓는 것이기도 했는데, 예수회 수사들 가운데 다수는 아메리카를 떠나면서 자신들이 살았던 세계에 대한 깊은 향수를 함께 갖고 갔다. 그들의 갑작스런 추방은 즉각 격렬한 저항을 불러일으켰고, 누에바에스파냐에 대한 감찰로 분주했던 호세 데 갈베스는 새로 도착한 군대를 동원하여 소요를 진압하고 주모자 가운데 85명을 처형했으며, 수백 명을 투옥시켰다.[78] 그렇

1749~1810 (Cambridge, 1994), ch. 1; Antonio Mestre, 'La actitud religiosa de los católicos ilustrados', in Austín Guimerá (ed.), *El reformismo borbónico. Una visión interdisciplinar* (Madrid, 1996), pp. 147~63; Teófanes Egido (ed.), *Los jesuitas en España y en el mundo hispánico* (Madrid, 2004), pp. 256~73.

76) Andrés-Gallego, *El motín de Esquilache*, p. 596; 그들의 추방이 에스파냐령 대서양 양쪽에 미친 영향에 대하여는 pp. 595~645를 보라.

77) Martínez López-Cano (ed.), *Iglesia, estado y economía*, p. 18; *CHLA*, 2, p. 194.

78) Brading, *Church and State*, pp. 4~7.

게 일단 저항은 진압되었다. 그러나 추방의 장기적 영향은 예수회 추방령 못지않게 혁명적이었다.

과거의 관행과 완전히 단절하려는 카를로스 3세의 개혁가들의 단호한 결의를 보여 주는 상징으로 예수회 추방보다 더 좋은 것은 없었다. 이 추방 사건은 점차 속도를 더해가고 있던 행정적·재정적 개혁을 불안한 눈으로 바라보고 있던 크리오요 엘리트들에게는 주변 세상이 급속히 변하고 있다는 것을 말해 주는 것이었다. 지금까지 그 세상의 중심에는 국왕과 아메리카 신민이라는 두 당사자가 모두 모종의 원칙을 준수할 것이라는 믿음에서 비롯된 예측성에 의해 지배되는 안정된 관계가 자리 잡고 있었는데, 이제 그 관계의 토대가 갑자기 무너지고 있다고 생각되었다. 그리고 멀리 북쪽에서 남쪽의 크리오요 신민들 못지않게 불안한 마음으로 상황을 지켜보고 있던 영국 국왕의 신민들도 어쩔 수 없이 그와 비슷한 결론에 도달하고 있었다.

제국 관계의 재규정

지극히 정당하다고 생각하면서 추진하는 재정적·행정적 개혁 조치에 대해 식민지인들이 강력하게 반발하자 마드리드와 런던의 각료들은 당혹감을 감출 수 없었다. 1766년 키토 아우디엔시아의 한 재정관의 다음과 같은 발언은 에스파냐의 카를로스 3세의 신민들과 영국의 조지 3세의 아메리카 신민들 모두에게 적용될 수 있는 것이었다: "그것이 갖는 내용을 떠나서 세금 문제에서 새로운 관행의 도입을 거부하지 않는 아메리카인은 아무도 없다."[79] 이 글이 키토에서 쓰여진 것이 우연은 아니었는데, 왜냐하면 1765년 키토가 에스파냐령 아메리카에서는 처음으로 카를로스 3세의 개혁 프로그램에 반대하는 대규모의 폭력적 저항이 나타난 곳이었기 때문이다. 그 저항은 그 기간과 강도에서 1692년에 일어난 멕시코시티의 식량 폭동을 훨씬 능가했다.[80]

누에바그라나다의 부왕 페드로 메시아 데 라 세르다Pedro Messía de la Cerda는 마드리드로부터 직접 지시받지는 않았지만 아메리카로부터의 수입을 증대시키기 위해 알카발라와 브랜디의 독점권을 민간인 징세청부업자들로부터 되찾으라는 지시를 내렸다. 그리고 그는 그에 대한 독점권이 국가에 대한 충성심과 헌신으로 국고 수입을 크게 증대시켜 줄 (그는 그럴 수 있기를 바랬다) 국왕 관리들에게 돌아가야 한다고 생각했다. 도시 내 여러 사회 집단들이 집결하여 이 개혁안에 반대했다. 크리오요 엘리트들은 이 개혁이 자신들의 경제적 이익을 침해할 것으로 생각했다. 특히 브랜디용 사탕수수를 경작하는 지주들의 걱정이 컸다. 가구주, 소상인, 수공업자들은 그들대로 지역 직물업 경제가 심각한 침체에 빠져 있던 시기에 판매세를 더 엄격히 징수하려는 조치에 큰 불안감을 나타냈다. 당시 직물업은 오랫동안 외국 제품과의 경쟁으로 어려운 상태에 있었으며, 7년전쟁 말기에 값싼 유럽산 제품이 유입되는 바람에 또 한 차례 타격을 입은 상태였다. 시 참사회는 성직자와 수도 교단 구성원들—그 중에서도 예수회는 사탕수수 농장을 가지고 있었다—의 격려 하에, 그리고 아우디엔시아의 승인을 거쳐 어려운 시기가 닥치면 더

---

79) McFarlane, 'The Rebellion of the Barrios: Urban Insurrection in Bourbon Quito', in Fisher, Kuethe and McFarlane (eds), *Reform and Insurrection*, p. 202에서 재인용.

80) 이어지는 설명은 McFarlane, 'The Rebellion of the Barrios', and Kenneth J. Andrien, 'Economic Crisis, Taxes and the Quito Insurrection of 1765', *Past and Present*, 129 (1990), pp. 104~31을 참고로 하였다.

많은 시민들을 소집하는 에스파냐 세계의 오랜 전통('공개적 카빌도'를 의미)에 따라, 시민들의 모임에서 도시 공동체의 여러 집단들을 대표하는 사람들이 한자리에 모여 의논하기로 결정했다.

이 시민 모임은 또 다시 전통에 따라 국왕 관리들이 제시한 것과는 좀 다른 의미의 '공적 이익'의 이름으로 개혁에 반대하고, 그 같은 취지를 부왕에게 청원하기로 결정했다. 그러나 데 라 세르다는 계획을 바꿀 생각이 없었다. 그의 관리들은 브랜디 독점에 대한 개혁안을 성공적으로 도입하고 나서, 곧장 알카발라를 행정부 안으로 끌어들이는 계획안을 밀어붙였다. 1765년 5월 22일, 메스티소들이 대부분을 차지하는 대규모 군중이 성직자들과 크리오요 엘리트들의 사주를 받아 시내 여러 '구역들'에서 거리로 뛰쳐나왔다. 도시 안에는 군대가 없었고 수비대도 이날따라 눈에 띄지 않았다. 인디언들의 합류로 규모가 더 커진 군중들은 알카발라를 관할하는 사무소를 파괴하고 약탈했다.

이런 폭력에 당국이 제대로 대처하지 못하자 항의자들의 자신감과 과격성은 더 커져갔다. 부왕은 키토 개혁안을 도입하기 위해 반도 출신 에스파냐인을 선택했고, 그 때문에 강한 반反에스파냐 감정이 수면 위로 떠오르기 시작했으며, 도시에 거주하는 모든 페닌술라르들의 추방을 요구하는 플래카드가 곳곳에 나붙었다. 6월 24일 성 요한의 밤, 코레히도르가 앞장서고 반도 출신 에스파냐인들도 포함된 일단의 무장시민들이 군중들에게 발포함으로써 지배권을 회복하려고 했고, 그 과정에서 두 명의 젊은이가 총에 맞아 숨졌다. 이 소식이 퍼지자 대규모 군중이 거리로 몰려들어 중앙광장에 운집했으며, 그들은 왕권의 보루인 아우디엔시아 건물을 공격했다. 도시는 항의자들에 의해 장악되었고, 아우디엔시아는 어쩔 수 없이 크리오요와 결혼한 에스파냐인을 제외한 반도 출신 에스파냐인들 모두를 추방하는 명령을 내리지 않으면 안 되었다. 추방령은 중앙 광장에서 공적인 의식을 통해 큰 소리로 낭독되었으며, 군중들은 '국왕 폐하 만세!'를 외치면서 승리를 축하했다.

키토의 국왕 정부는 사실상 붕괴되었고, 이웃 인디언 공동체들은 조용한 상태로 남아 있었지만 봉기는 남쪽 쿠엥카 시와 북쪽 포파얀과 칼리 등지로 확산되었다. 키토 시에서는 과격한 폭력에 놀란 평민 지도자들과 크리오요 유지들 간의 불안한 제휴로 질서가 유지되었다. 서서히 저항세력은 와해되었으며, 도시 귀족 계급과 아우디엔시아는 통제권을 회복했다. 1766년 9월 산타페데보고타의 부왕이 파견한 국왕군이 키토 시에 입성했을 때 이에 저항하는 사람은 아무도 없었다. 왕권 붕괴의 상징처럼 생각되었던 아우디엔시아는 숙청되었고, 1767년 초 브랜디 독점권은 회복되었다. 국왕은 소중한 수입원을 포기할 생각도, 그리고 그것의 개혁을 포기할 생각도 없었다.

키토 반란은 세금 반대 봉기였으며, 그것은 일시적으로 도시 사회의 서로 다른 신분의 사람들을 공동의 명분하에 협력하게 만들었다. 그것은 18세기 에스파냐령 아메리카 식민지 사회의 대부분을 관통하고 있던 강력한 반-에스파냐 감정에 분출구를 제공해 주었다. 그러나 봉기자 중 일부가 키토 왕국의 완전한 자치를 주장하기는 했지만 국왕 정부를 타도하려는 의지가 보편적으로 나타난 것은 아니었다. 또한 이 봉기는 에스파냐 왕정의 전통적인 입헌적 방식 속에서 나타난 입헌정 저항의 한 형태이기도 했다. 아메리카 부왕령들이 대의제 기구를 갖고 있지는 않았지만 시들은 자신들의 의회, 즉 카빌도를 갖고 있었고, 크리오요 귀족들은 당국이 새로운 결정을 내리기 전에 반드시 자신들의 의사를 물어야 한다는 생각을 갖고 있었다. 그런 조치를 거치지 않으면 저항의 다음 단계로 공개적 카빌도(도시 주민 전체를 한자리에 모이게 하여 문제를 논의하는 회의)를 소집하는 것이 일반적이었으며, 그것은 이를테면 조직적인 저항의 예비 단계라 할 수 있었다.

이러한 경우, 그것은 마드리드 정부가 개혁 프로그램을 아메리카 영토 전체로 확대시키려고 한 조치에 반대하는 것이었기 때문에 그 저항은 대륙 전체의 보편적 저항의 조짐으로 간주될 수 있다. 그러나 키토는 안데스 고원지대에 위치한 멀리 떨어진 변방 도시였으며, 자신들만의 세계를 갖고 있었다. 1739년 누에바그라나다 부왕령이 다시 설치되었을 때 키토 왕국이 그 부왕령에 편입되기는 했지만 이 도시는 상당한 자치권을 누리고 있었으며, 누에바그라나다의 수도 산타페데보고타에서 거기까지 가는 데는 8일에서 2주나 걸렸다. 만약 다른 곳과 연계를 갖고 있었다면 한때 그 도시가 속해 있었던 리마(페루) 부왕령과 더 가까웠다.[81)]

키토 시가 중심에서 멀리 떨어져 있는 도시였음을 고려하면 이곳에서 벌어진 사건은 하나의 지역적 현상으로 생각될 수 있고, 그 영향 또한 제한적이었을 것으로 생각할 수 있다. 그러나 이곳의 소식은 히스패닉 세계 전체로 퍼졌고, 얼마간 시간이 지난 뒤에는 누에바에스파냐에도 알려졌으며, 누에바에스파냐에서는 1765년 가을, 세금이 인상될 것이라는 소문이 돌자 민중들이 푸에블라 시 수비대 병사들을 공격하는 사태가 발생했다.[82)] 그보다 더 중요한 의미를 갖는 것으로서, 에스파냐

81) McFarlane, *Colombia Before Independence*, pp. 232~3; Fisher, Kuethe and McFarlane (eds), *Reform and Insurrection*, pp. 3~4.

82) Andrés-Gallego, *El motín de Esquilache*, p. 194.

자체 내에서는 이 반란이 에스킬라체의 적들이 사용할 수 있는 또 하나의 무기를 제공해 주었다. 권력과 직책의 독점, 급진적 개혁 정책, 그리고 독재적 행동 방식 때문에 인기를 완전히 상실하고 있었던 에스킬라체는 이제 아메리카 제국을 상실하게 할지도 모를 무모한 계획을 추진하려 한다는 비난까지 받게 되었다.[83] 이 비난이 1766년 3월 23일 그의 실각으로 이어지게 되는 일련의 움직임에 적지 않은 영향을 주었다고 한다면, 키토에서 일어난 봉기는 아메리카에서 일어난 사건이 처음으로 에스파냐 국내 정치에 영향을 미친 경우라고 할 수 있다. 에스파냐의 각료들은 이제 영국 각료들이 인식하게 되었던 것과 마찬가지로, 대서양이 생각보다 넓지 않다는 것을 알아가고 있었다.

그러나 에스파냐령 아메리카에서는 지역마다 개혁의 시점이 달라 사법적·행정적 경계를 초월하여 식민지 사람들 전체가 하나로 협력하여 저항할 가능성은 그리 크지 않았다. 예를 들어 1760년대 갈베스의 누에바에스파냐 감찰에 이어, 자연스럽게 그 다음 순서로 이루어진 호세 안토니오 데 아레체José Antonio de Areche의 페루 감찰은 1777년에야 시작되었다. 이렇게 차이를 두고 이루어진 개혁(그것은 커버해야 할 땅이 너무나 방대했기 때문에 어쩔 수 없었다)은 에스파냐 제국 당국이 반대 세력에 직면하게 되었을 때, 영국령에 비해 상당한 이점으로 작용했다. 영국령 대서양 공동체에서 1765년 인지세법 위기는 다른 방식으로 전개되었다.

그랜빌의 조치들에 대한 영국령 식민지들의 초기 반응이 잠잠해지기는 했지만 얼마 안 가 그것은 큰 불안의 파장을 불러일으켰다. 1764년

---

83) *Ibid*., p. 197.

설탕법 하에서 관세를 엄격하게 강요하려는 계획은 대서양 연안 상인들에게 큰 혼란을 가져다 주었다. 매사추세츠 총독 프랜시스 버나드Francis Bernard는 '당밀법을 엄격하게 시행하겠다는 법령의 발표는 이 나라에서 1757년 윌리엄헨리 요새Fort William Henry의 탈취보다 더 사람들을 놀라게 했다 …… 상인들은 이제 이 지역에서 교역은 끝났다고 말한다'라고 했다.[84] 그러나 그 같은 걱정은 전후 경기침체로 직격탄을 맞은 상인공동체들에 국한되지 않고 훨씬 더 멀리까지 확산되었다.[85] 식민지인들은 영국 제국(그것은 그들의 제국이었다)의 영광이 비교할 수 없을 정도로 높게 올라가게 만든 바로 그 승리에 자신들이 기여했다는 사실에 큰 자부심을 가진 채로 전쟁에서 빠져나왔었다. 전쟁이 끝나고 50년도 더 지난 후에 전쟁 초기, 암허스트 장군과 그의 병사들이 윌리엄헨리 요새로 가는 길에 매사추세츠 우스터Worcester에 도착한 일을 회상하면서 존 애덤스는 다음과 같이 썼다: "그때 나는 내가 영국인이라는 것이 기뻤다. 그리고 영국인으로서 그것을 자랑스러워했다."[86] 그런데 1년에 약 2만 명을 징집해 제공하고 비용의 절반을 지불함으로서 자신들의 역할을 수행하고 나서 승리를 거둔 순간[87] 식민지인들은 자신들과 협의도 거치지 않은 채, 혹은 식민지 의회의 승인도 없이 승리를 위해 바친 자신들의 기

---

84) Edmund S. and Helen M. Morgan, *The Stamp Act Crisis. Prologue to Revolution* (1953; repr. New York, 1962), p. 43에서 재인용.

85) Thomas M. Doerflinger, *A Vigorous Spirit of Enterprise. Merchants and Economic Development in Revolutionary Philadelphia* (Chapel Hill, NC and London, 1986), pp. 175~6. 인지세법 위기가 전후 항구도시들의 경기 침체에 미친 영향에 대해서는 특히 Nash, *Urban Crucible*, ch. 11을 참조.

86) David McCullough, *John Adams* (New York and London, 2001), p. 43에서 재인용.

87) Greene, 'Seven Years' War', p. 97.

여가 무시당하고, 자신들의 땅에 (영국) 상비군이 주둔하고, (영국의) 수입 증대를 위한 새로운 조치가 도입되는 것을 지켜보아야만 했다.

인지세법에 대한 소식이 1765년 4월과 5월 (영국령 아메리카) 식민지 전체로 퍼져나갔는데, 바로 그 무렵 키토의 주민들은 에스파냐 당국의 강압적 재정 조치를 무시하고 봉기를 일으키기로 결심하고 있었다. (영국령) 식민지인들의 첫 반응은 다시 한 번 미미했다. 그러나 5월 29일 버지니아 하원에서 패트릭 헨리Patric Henry는 감동적인 연설로 인지세법에 대한 하원의 반대를 요약한 5개 조항을 통과시켜야 한다고 주장했다.[88] 에스파냐령 아메리카의 크리오요들이 자신들의 권리를 정당화하기 위해 자신들이 정복자들과 초창기 정주자들의 후손이라는 역사적 주장을 내세웠던 것처럼, 버지니아의 결의 또한 역사적 근거를 언급하며 식민지인들의 권리를 주장했다:

> 폐하의 이 식민지와 버지니아 영토에 들어온 최초의 모험가들과 정주자들은 영국인들이 고래로부터 향유해 온 모든 자유, 특권, 선거권과 면제권을 이곳 아메리카로 갖고 와서, 폐하의 이곳 식민지에 거주하는 그들의 후손들과 그 외 폐하의 다른 모든 신민들에게 전해 주었음을 천명하는 바이다.[89]

이 결의는 '폐하의 다른 모든 신민들'이라는 말을 포함시킴으로써 명목상 에스파냐령의 크리오요들이 주장한 역사적 정당성보다 더 포괄

---

88) Morgan and Morgan, *Stamp Act Crisis*, pp. 121~32.
89) *Ibid*., pp. 123~4.

적인 내용을 담게 되었다. 그렇지만 이 결의가 버지니아 인구의 5분의 2를 차지하고 있던 20만 명의 흑인 노예들을 포함하지 않고 있었음은 말할 필요도 없다.

그것은 순서상 다섯번째 권리 천명이었고, 후에 버지니아 의회에 의해 취소되었다. 그러나 이 결의는 원래의 다섯 개 결의에 두 개의 가짜 결의까지 덧붙여져 신문과 잡지들을 통해 식민지 전역에 확산되었으며, 버지니아 의회에서 한바탕 소동을 일으켰고, 나아가 그곳을 넘어 먼 곳에서도 큰 파장을 불러일으켰다:

> 그러므로 이 식민지 의회는 식민지 주민들에게 세금과 부과금Impositions을 부과할 수 있는 유일하고 배타적인 권리와 권한을 가지며, 그 권한을 앞서 말한 의회가 아닌 다른 사람(혹은 사람들)에게 넘기려는 모든 시도는 아메리카의 자유뿐만이 아니라 영국의 자유까지도 파괴하려는 명백한 의도의 소산임을 천명하는 바이다.

이 결의에는 식민지에 대한 과세권이 영국 의회에 있다는 생각에 대한 직접적 도전이 포함되어 있었으며, 거기다가 그 도전이 아메리카인들의 자유뿐만 아니라 영국인들의 자유라는 명분으로 표명되었다. 그런 만큼 그것은 저항의 구심점이 되었으며, 저항은 1765년 8월 14일 보스턴에서 구두 항의에 이어 처음으로 행동으로 표출되었다.

당시 보스턴 인구는 1만 6,000명 정도였고, 이는 키토 인구(약 3만 명으로 추정되었다)의 절반 수준이었다.[90] 보스턴 역시 경제 침체로 매

90) Above, p. 262.

우 어려운 상황에 처해 있었으며, 그것은 존 행콕John Hancock이 '서반구에서 일어난 가장 충격적인 사건'이라고 말한 사건, 즉 1765년 초 상인 겸 은행가인 너새니얼 휠라이트Nathaniel Wheelwright가 파산하고 도주한 사건으로 더욱 악화되어 있었다(소상인, 가게주인, 수공업자들이 그에게 많은 돈을 맡기고 있었다).[91] 보스턴 폭동 역시 그해 여름 키토 폭동과 마찬가지로 단합이 잘 된 군중들의 행동이었으며, 폭동의 지도자들, 즉 '충성파 9인'Loyal Nine—얼마 안 가 그들은 '자유의 아들들'을 자처했다—은 도시 엘리트들의 묵인 혹은 은밀한 협력을 등에 업고 있었다.[92] '충성파 9인'은 대개 수공업자나 상점주들이었으며, 경기침체와 은행 파산으로 큰 타격을 입은 사람들이었다. 키토에서와 마찬가지로 봉기자들의 첫번째 공격 목표는 증오의 대상, 즉 신설된 세금 운영을 담당하는 부서로 생각되던 사무소였고, 이어서 인지 배포자로 임명을 받기는 했지만 아직 정식 부임은 하지 않고 있던 앤드루 올리버Andrew Oliver의 집이 습격 대상이 되었다. 앤드루 올리버는 즉각 아직 공식 임명장을 받지도 않은 그 직책을 포기하겠다고 선언했다. 그 일이 있은 지 12일 후, 군중들은 세관 감사관, 부왕 법정 기록관, 부유한 매사추세츠 부총독 토머스 허친슨Thomas Huchinson의 집으로 달려갔다. 키토에서와 마찬가지로 이런 약탈과 폭력 행위를 관통하고 있던 생각은 부자 시민들(그 중에는 전쟁 기간 중에 맺은 군사 계약을 비롯한 여러 가지 활동으로 상

---

91) Nash, *Urban Crucible*, p. 247; Morgan and Morgan, *Stamp Act Crisis*, pp. 48~9.

92) 충성파 9인과 그들이 식민지 내에서 '자유의 아들들'로 바뀐 정황에 대해서는 Morgan and Morgan, *Stamp Act Crisis* 외에, Pauline Maier, *From Resistance to Revolution. Colonial Radicals and the Development of American Opposition to Britain, 1765~1776* (1971; repr. New York and London, 1992), ch. 4를 참조.

당히 큰 부를 쌓은 사람들도 있었다)에 대한 가난한 사람들의 적대감이었다. 총독 프랜시스 버나드에 따르면 '약탈 전쟁, 보편적 파괴, 부자와 빈자의 구분을 없애려는 전쟁'은 가까스로 피할 수 있었다.[93] 버나드 자신은 안전한 윌리엄 성Castle William으로 대피했다. 보스턴에는 정규군이 없었으므로 그가 할 수 있는 일이라고는 아무것도 없었다. 매사추세츠의 영국 제국 당국은 누에바그라나다의 에스파냐 제국 당국 못지않게 무기력했다. 그러나 전자(영국 제국 당국)는 자신이 하고자 한 것을 이루지 못한 데 반해 후자(에스파냐 제국 당국)는 그것을 이루었다는 데에 차이가 있었다.

이런 차이가 발생한 이유는 여러 가지였으며, 지역적 상황과 더 광범한 식민지 전체의 상황, 본국과 관련된 배경, 이 모두와 연관되어 있었다. 키토의 고지 경제highland economy는 비록 과야킬 항을 통해 멀리 떨어진 태평양과 통할 수는 있었지만 너무나 거리가 멀었기 때문에 키토 시는 외부 세계로부터 사실상 단절되어 있었다. 그에 반해 보스턴은 번성한 항구도시였고, 식민지 내부 혹은 대서양 횡단 무역의 요충이었다. 그리고 다른 본토 식민지들이나 서인도제도 식민지들과 밀접하게 연계되고 영향을 주고받는 도시였다. 윌리엄 버크가 그보다 8년 전 출간한 책 『아메리카 내 유럽인들의 정주에 관하여』에서 기술했듯이, 보스턴은 '매사추세츠만의 수도이기도 했으며, 뉴잉글랜드의 첫번째 도시이자 북아메리카 전체의 첫번째 도시'이기도 했다.[94] 매사추세츠의 내륙 지역

93) John L. Bullion, 'British Ministers and American Resistance to the Stamp Act, October–December 1765', *WMQ*, 3rd ser., 49 (1992), pp. 89~107, at p. 91에서 재인용.
94) Burke, *European Settlements*, 2, p. 172.

이 항상 분주한 그곳 수도首都와 행동을 같이하지는 않았다. 그러나 이 경우, 도시의 과격 집단은 '매우 자유롭고 대담하고 공화국적인 정신'을 가진 식민지 자유 보유농들을 상대로 자신들의 명분이 정의롭다는 것을 어렵지 않게 설득할 수 있었다. 윌리엄 버크는 '세상 어디서도 보통 사람들이 이곳만큼 독립적이지 않으며, 세상 어디서도 이곳만큼 편의시설conveniences of life을 많이 갖추고 있지 않다'라고 썼다.[95] 이들 과격파는 자신들의 독립성을 과시하고, 자유의 이름으로 자신들의 깃발을 흔들면서—그것은 모든 영국 왕의 신민들이 누릴 수 있는 천부적 권리였다—도시민들과 하나가 되어 분노를 표출했고, 그것은 식민지 아메리카 전체에 울려 퍼졌다. 봉기가 다른 도시들로 확산되고, 자유의 아들들 Sons of Liberty을 자처하는 집단들이 여러 식민지들에서 출현하면서 그것이 갖는 효과가 나타났다.

여러 식민지들이 인지세법 반대 운동에서 실제로 견해를 서로 조정하여 같이 행동할 수 있을지는 의문이었다. 그 이전 몇십 년 동안 대중지들의 출현으로 각 식민지들이 다른 식민지들에서 무슨 일이 일어나고 있는지 좀더 잘 알 수 있게 된 것은 사실이다. 그러나 식민지 내부의 협력에 관한 과거 기록은 비록 7년전쟁에서 함께 한 투쟁과 승리의 경험이 모든 식민지들이 포함된 더 넓은 아메리카 공동체에 대한 인식을 촉진한 것으로 보이기는 하지만 그다지 인상적이지 않았다. 결국 1765년 10월 뉴욕에서 특별히 소집된 의회에는 13개 식민지 가운데 아홉 개 식민지 대표들만 참석했다. 그러나 이 사실 자체는 상당한 정도의 통일성의 표출이었으며, 여기에 대표를 보내지 않은 세 식민지(버지니아, 노스캐

95) *Ibid*., p. 167.

롤라이나, 조지아)가 그곳 총독들이 대표 파견을 위한 의회 소집을 거절했기 때문에 참석하지 못한 것이라는 사실을 고려하면 더욱 그러했다.[96]

인지세법을 논의하기 위한 의회에 참석한 대표들은 식민지의 권리와 특권에 대한 초안 마련을 위한 논의에서 영국 왕에 대한 충성심을 분명히 하려고 애썼다. 그러나 다른 한편으로는 식민지에 매기는 과세의 권한은 오로지 자신들이 선출한 의회에만 있다는 점을 분명히 하는 데도 열심이었다. 그들은 무역 문제에 대한 입법의 권한이 런던 의회에 있다는 점은 인정했다. 그러나 그들은 그랜빌의 조치가 무역 규제가 어디서 끝나고, 새 세금 징수가 어디서 시작되었는지 결정해야 하는 문제를 제기했다는 불편한 사실에 직면해 있었다. 전술과 문구를 두고 의견이 갈렸기 때문에 최종적인 언급은 어쩔 수 없이 좀 애매모호한 것이 되었다. 그러나 전체적인 어조는 분명했으니, 아메리카인들은 영국인으로서 가진 권리에 의거하여 자신들의 대표가 참석하지 않은 가운데 영국 의회에서 결정된 세금에 구속되지 않으며 구속되어서도 안 된다는 것이 그것이었다.

인지세법 의회에서 배우게 된 하나의 교훈은 식민지들 간에는 분열보다는 통합 요인이 더 많다는 것이었다. 사우스캐롤라이나를 대표해서 참석한 크리스토퍼 개드슨Christopher Gadsen은 다음과 같이 말했다: "(아메리카) 대륙에는 뉴잉글랜드인도, 뉴욕인도 있어서는 안 된다. 우리 모두는 아메리카인이어야 한다……"[97] 서인도제도로까지 확산되어

96) Morgan and Morgan, *Stamp Act Crisis*, p. 139. 뉴햄프셔는 처음에는 회의 참석을 거부했으나 후에 회의가 끝나고 나서 회의의 결정을 승인했다.

97) Morgan and Morgan, *Stamp Act Crisis*, p. 146에서 재인용.

간 인지세법에 대한 반대는(물론 그 강도는 확산되어 갈수록 상당히 약해졌다)[98] 자신들이 철두철미하게 영국인이라고 소리 높여 외치는 사람들 사이에서 아메리카인으로서의 정체감을 증대시키고 유대감을 강화하는 데 기여했다. 이 감정과 행동의 공유는 식민지 내부의 지리적 분열뿐 아니라 사회적 분열까지도 메워 주었다. 여태껏 존중받지 못하거나 식민지 정치에서 아무 역할도 하지 못했던 사회 집단들도 이제 자유라는 대의명분 속에서 적극적인 참여자가 되었다. '그 같은 단결은 아메리카에서 과거에는 없었던 것'이었다고 존 애덤스는 자랑스럽게 말했다.[99]

해안가 도시들에서 일어난 봉기들에서 표출된 것과 같은 식민지인들의 자유에 대한 열정적 헌신과 식민지 내 의회의 성공적인 조직화에 이어, 식민지인들은 영국 각료들과 의회를 압박하기 위한 정치적 반대 운동을 위해 유례를 찾을 수 없을 정도로 효과적인 무기를 찾아냈는데 영국 상품 수입 거부 운동이 바로 그것이었다. 인지세법 하에서 상인들은 상품의 세관 통관을 위해 인지세를 지불해야 했다. 이에 대해 뉴욕 상인들은 인지세법이 폐지될 때까지 영국 제품의 주문을 전면 거부하자는 운동을 주도했다.[100] 그들의 행동은 식민지에서 발간되는 신문들을 통해 일반에 공개되었으며, 보스턴, 필라델피아 등지의 상인들도 이 운동에 동조해 제품 주문을 취소했다. 소비자들에게도 그들은 영국에서 들어온 사치품을 구입하지 말아달라고 간곡하게 권고했다.

---

98) 리워드제도에서 봉기가 일어난 서인도제도에서의 반응에 대해서는 O'Shaughnessy, *An Empire Divided*, pp. 86~104를 참조.

99) Anderson, *Crucible of War*, p. 684에서 재인용.

100) 수입 거부 운동의 초기 단계에 대해서는 Breen, *Marketplace of Revolution*, pp. 222~34를 참조.

뉴욕 상인들이 선도하고 다른 항구 도시 상인들이 뒤따른 이 불매 운동은 몇 가지 점에서 자기이익 도모의 측면을 갖고 있었다. 즉 당시는 불황기였고, 수입상들은 창고에 재고품을 엄청나게 쌓아 두고 있었으며, 영국산 상품 시장은 일시적으로 포화상태에 있었다. 후에 나타나게 되는 것처럼 이 거부 운동에 대한 동조는 지역에 따른 편차가 컸다. 그러나 식민정주자들은 모국(영국)에 대항하는 엄청난 잠재력을 가진 수단을 발견하게 되었다. 급속히 팽창해 간 식민지 아메리카의 소비자 사회가 영국에서 들어오는 수입품에 심히 의존하고 있기도 했지만, 반대로 아메리카 시장 또한 산업화되어 가던 영국 경제에 매우 중요한 요소가 되고 있었다. 영국에서 수출되는 새로운 산업 생산물—리넨, 면직물, 실크, 금속류—가운데 3분의 2가 아메리카로 수출되고 있었다.[101] 세기 초만 해도 북아메리카는 영국 전체 수출량의 5.7퍼센트를 차지하는데 그쳤으나, 1772~3년에는 그 수치가 25.3퍼센트로 증가했다.[102]

버지니아와 메릴랜드는 영국 상품 수입 대금을 주로 영국에 대한 담배 수출을 통해, 뉴잉글랜드와 중부식민지들은 서인도제도의 플랜테이션에 목재, 곡물, 밀가루, 육류를 공급하여 마련한 돈으로 지불하고 있었다. 런던 상인단체 회장이 로킹엄 후작에게 경고한 바 있듯이, 아슬아슬하게 균형을 유지하고 있던 이 영국 대서양 체계가 붕괴되면 영국 제

---

101) C. Knick Harley, 'Trade, Discovery, Mercantilism and Technology', in Roderick Floud and Paul Johnson (eds), *The Cambridge Economic History of Modern Britain* (Cambridge, 2004), 1, p. 184. 1663~1774년 영국의 공식 무역액에 대해서는 그가 제시하는 도표 7.1(p. 177)을 참조. Breen, *Marketplace of Revolution*의 Part 1은 영국 수입품의 다양성과 식민지에서의 마케팅과 소비 패턴에 대한 생생한 설명을 제공한다.

102) Jacob M. Price, 'Who Cared About the Colonies?', in Bailyn and Morgan (eds), *Strangers Within the Realm*, pp. 395~436, at p. 417.

국의 경제와 영국 국내 산업 생산에 심각한 타격을 주게 될 것이 분명했다. 그는 식민정주자들이 인지印紙를 필요로 하는 모든 교역에 참여하기를 거부하면(그는 11월 1일에 상인들이 그렇게 할 것으로 예상했다), '우리의 설탕 섬들sugar islands은 식량과 목재를 공급받지 못할 것이고, 그렇게 되면 서인도제도 농장주들은 '생산물을 모국에 보낼 수도, 노예를 먹여 살릴 수도 없게 될 것이다. 만약 그렇게 되면 모국 경제는 파탄 상태에 직면하게 될 것'이라고 경고했다. 그는 또한 아메리카 무역이 중단되면 상인들은 대금을 징수할 수 없게 될 것이고, 그렇게 되면 그들은 당연히 파산하게 될 것이며, 파산하지 않고 살아남은 사람들도 아메리카로 수출하기 위해 만든 상품의 구매를 중단할 것이고, '그렇게 되면 엄청나게 많은 제조업자들이 파산할 것이고, 굶주리게 될 것'이라며 경고했다.[103)]

이 같은 국가 경제에 대한 위협에 대해 (전통적으로) 영국의 모든 의회들은 극도로 민감해지는 경향이 있었다. 대 아메리카 수출 감소로 어려움을 겪고 있던 영국의 25개 무역 도시가 인지세법 폐지를 촉구하는 청원서를 제출하는 사태에 직면하게 되자 영국 하원도 당연히 이 문제에 큰 관심을 갖게 되었다.[104)] 상품 수입 거부가 그처럼 잠재적으로 효과적인 무기가 될 수 있었던 것은 18세기 영국 상업제국 —'상품의 제국' —이 갖게 된 새로운 성격 때문이었다. 에스파냐령 아메리카 식민정주자들은 그런 무기를 상상할 수도 없었다. 에스파냐는 상업 혹은 산업 관련 당사자들이 관심사항을 공개적으로 표출할 수 있는 의회제도

---

103) Barlow Trecothick to Rockingham, 7 November 1765. Bullion, 'British Ministers', p. 100에서 재인용.
104) Price, 'Who Cared About the Colonies?', p. 412.

를 갖고 있지 않았을 뿐만 아니라, 에스파냐의 산업 자체가 후진적이어서 에스파냐령 아메리카의 소비자들이 구매하고 싶은 사치품을 대개는 다른 나라 제조업자들에게 의존하고 있었다. 합법적으로 수입된 것이든 불법적으로 수입된 것이든 유럽산 제품에 대한 그들의 만족할 줄 모르는 욕구가 상품 수입[輸入] 거부보다 모국(에스파냐)에 훨씬 더 해로웠다. 에스파냐령 대서양 체계에서는 수입 거부보다는 밀무역이 마드리드로부터 내려오는 인기 없는 정책에 대해 가장 효과적으로 저항할 수 있는 무기였다. 그리고 밀무역은 에스파냐의 해외 신민들에게 매우 자연스러운 현상이 되고 있었다.

1765년 11월 1일에 공식 도입된 인지세법은 소비자들의 구매 거부와 거리 시위 때문에 사실 시작 단계부터 사문화되었다. 대중들의 대대적인 저항은 런던 각료들을 대경실색하게 만들었고, 그들에게 탈출구 없는 딜레마를 안겨 주었다. 그러나 그해 여름 그랜빌의 해임은 필요할 경우 적어도 일시적으로 후퇴할 수 있는 기회를 제공해 주었다. 새 로킹엄[Rockingham] 정부는 인지세법이 자체적으로 관철될 수 있을 것으로 생각했는데, 그 기대는 그해 12월 초 뉴욕에서 곧 봉기가 일어날 것 같다는 보고를 받고 나서 좌절되었다. 시간이 갈수록 격화되어 가는 폭력사태를 제압할 수 있을 정도의 대규모 병력을 잉글랜드에서 데려와 북아메리카 군대를 강화한다는 것이 병참적인 측면에서 대단히 어렵다는 것을 이미 잘 알고 있었던 영국 정부는 결국 인지세법의 시행이 불가능하다는 결론을 내리게 되었으며, 그것은 옳은 결정이라 할 수 있었다.[105] 그러나 그렇더라도 어떻게든 제국의 권위는 유지되어야 했다. 이에 대

105) Bullion, 'British Ministers'.

한 런던 정부의 해결책은 1766년 인지세법을 폐지하되, 대신 식민지들에 대한 영국 의회의 주권을 확인하는 내용을 담은 선언령Declaratory Act을 발표하는 것이었다. 찰스 톤젠드Charles Townshend는 바로 이 법에 입각하여 1767년 자신의 식민지 과세 프로젝트를 도입했고, 그럼으로써 그는 런던 정부와 식민지들 간의 점점 어려워져 간 관계 속에서 새롭고 더 심각한 위기를 불러일으키게 된다.

인지세법 사태는 받아들일 수 없다고 생각되는 본국의 조치에 대해 식민지 전체가 단합하여 거세게 저항할 경우, 북아메리카에 대한 영국 제국의 지배가 이 저항에 효과적 대응을 할 수 없을 정도로 매우 허약하다는 것을 여지없이 보여 주었다. 그러나 그것은 그런 차원을 뛰어넘어서 영국 제국 자체의 헌정상의 위계가 기본적으로 불확실하다는 점을 드러내는 것이기도 했으며, 그로 인해 영국 본국과 식민지들은 서로 매우 다른 관점에서 양자의 관계를 바라보게 되었다. 에스파냐와 에스파냐령 아메리카 제국도 사정은 비슷했다. 그러나 그 불확실성이 같지는 않았으며, 히스패닉 세계의 불확실성이 만들어 낸 문제도 심각하기는 했지만 영국의 경우만큼은 아니었다.

헌정적 관점에서 볼 때, 1760년대 앵글로-아메리카 공동체를 휩쓴 위기는 18세기 중엽의 영국 연합 왕정에 닥친 위기로 볼 수 있다.[106] 부르봉 에스파냐가 연합 왕정의 이념을 거부하고, 권력의 수직적 관계에 기반을 둔 권위주의적 왕정 쪽으로 나아가고 있었다면,[107] 하노버 왕조

106) H. G. Koeingsberger, 'Composite States, Representatives Institutions and the American Revolution', *Historical Research. The Bulletin of the Institute of Historical Research*, 62 (1989), pp. 135~53 참조. 또 Miller, *Defining the Common Good*, chs 3 and 4를 보라.

107) Above, p. 230.

의 영국은 부분적으로 연합적 의회국가composite parliamentary state로 나아가고 있었다. 1688년의 사건들은 의회 내에서의 국왕 주권을 확립하고 있었고, 1707년 스코틀랜드와 잉글랜드의 합병은 스코틀랜드인들에게 에딘버러 의회를 포기하는 대신 웨스트민스터 의회에 대표를 파견할 권리를 부여했다. 그러나 아일랜드와 북아메리카 식민지들은 이 통합적인 단일 의회에 들어가지 않고 자신들의 선출제 의회를 유지했다.

이런 상황은 적어도 1720년까지(이해에 웨스트민스터 의회는 아일랜드 의회에 대해 자신의 권위를 주장하는 선언령을 통과시켰다) 이들 (지역) 의회들과 웨스트민스터 의회 간의 관계를 불확실하게 만들어 놓았다. 그러나 웨스트민스터 의회는 아일랜드인들에게 과세권을 행사하지 않았고, 아일랜드 문제에 대해 입법하기 전에 항상 아일랜드 의회의 동의를 얻으려는 노력을 보여 주었다.[108] 아메리카 식민지 내부 문제에 대해서도 웨스트민스터 의회는 비록 무역 규제 문제에 대해서는 그렇지 않았지만 역시 신중한 태도로 임했다. 그러나 주권의 궁극적인 소재의 문제가 불거지면 웨스트민스터의 대응은 곧바로 단호해졌다. 즉 주권은 불가분의 것이며, 오로지 영국 의회만이 그것을 가질 수 있다는 것이었다. 윌리엄 피트는 1766년 1월 14일, 인지세법에 관련된 유명한 연설에서 아메리카인들의 항의에 대해 환영의 뜻을 표하면서도 헌정적 입장에 대해서는 매우 단호한 입장을 견지했다: '잉글랜드와 그 식민지들처럼 두 개의 나라가 하나로 통합되지 않은 채 연계되어 있을 때, 그 중 한 나라가 다른 한 나라를, 즉 더 큰 나라가 작은 나라를 다스리는 것은 당연

108) Greene, *Peripheries and Center*, pp. 61~2.

하다…….'[109]

연합 왕정을 구성하는 각 부분들(그것들은 모두 자신의 의회를 갖고 있었다)에 대해 국왕이 아니라 의회가 주권을 행사한다는 것은 연합 왕정의 역사에서 새로운 점이었다. 그러므로 피트와 그의 동료 하원 의원들은 미지의 바다를 헤쳐 나가고 있었다고 할 수 있다. 그러나 주권의 불가분성이라는 바로 그 개념은 그들에게 어떠한 운신의 여지도 남겨 놓지 않았다. 그들은 대개 '그리스인들과는 달리 로마인들은 식민지를 제국에 종속된 영토로 생각했다'고 생각했고(그들의 주장은 사실이 아니었다), 그 역사적 예를 바탕으로 그들은 식민지의 지위에 대한 자신들의 태도가 정당하다고 확신했다.[110] 그랜빌에게 보낸 응답에서 찰스 톤젠드가 지적한 것처럼 만약 영국 의회가 아메리카에 대한 과세권을 포기한다면, '그는 "식민지"colony라는 말을 쓰지 말아야 하는데, 그것은 그

---

109) Anderson, *Crucible of War*, p. 700에서 재인용.

110) Miller, *Defining the Common Good*, pp. 192~4. 실제로 그리스인들은 자신들의 식민지를 모시(母市)에 종속되는 것으로 생각했고, 반면에 콜로니아(colonia)에 대한 로마인들의 개념은 그런 종속의 의미를 갖고 있지 않았다. 그런데 영국 정치인들이 로마의 식민지가 모국에 종속되어 있었다고 생각한 것은 원래 퇴역한 로마 군인들의 정주지였던 '콜로니아(colonies)'를 '속주'(provinces; 이 속주들은 실제로 모국에 종속되어 있었다)'와 혼동한 결과로 보인다. 이 점에 대해 지적을 해 주신 글렌 보워삭 교수(Professor Glen Bowersock)에게 감사의 말씀을 드리고 싶다. 영국의 해외 식민화의 초창기에는 '식민지(Colony)'와 '플랜테이션'이 서로 교호(交互)될 수 있는 용어였다. 그러나 종속의 개념이 분명히 확립된 것은 1705년, 즉 콘베리 경이 자기 생각에는 큰 가지(잉글랜드)에 딸린 잔가지들이랄 수 있는 '이 모든 식민지들은 완전히 잉글랜드에 의존하고 종속되어야 한다'라고 썼을 때(E. B. O'Callaghan, *The Documentary History of the State of New York*, 4 vols [Albany, NY, 1850~1], 1, p. 485)였다. 18세기 영국의 주석자들이 그리스 식민지와 로마 식민지 간에 그은 구분의 한 예에 대해서는 James Charles F. Mullett, *De Jure et Gubernatione Coloniarum* (1774), reprinted in Jack P. Greene, Charles F. Mullett and Edward C. Papenfuse (eds.), *Magna Charta for America* (Philadelphia, 1986), p. 203을 참조.

말이 종속을 의미하기 때문'이었다.[111] '종속'은 자동적으로 영국 의회에 종속됨을 의미하는 것으로 간주되었다.

스코틀랜드의 모델에 따라 영국과 식민지들이 통합적으로 결합되었다면 아메리카에서 선출된 대표들을 영국 의회에 보낼 수 있었을 것이었다. 인지세법 위기가 고조되었을 당시 펜실베이니아 대표 자격으로 런던에 머물고 있던 벤저민 프랭클린이 고려한 것이 바로 그것이었다. 그러나 그는 아메리카에서 들려오는 새로운 소식을 듣고는 곧 이 생각을 포기했다. 그는 '식민지들이 영국 의회에 자신들의 대표를 파견할 권리를 갖게 되는 것을 큰 은혜나 명예로 생각하던, 그리고 그 권리를 획득할 가능성이 없음에도 그것을 간청하던 때도 있었다. 그러나 이제는 그 권리에 대해 아무도 관심을 갖지 않으며, 그것을 간청하지도 않는다….' 라고 썼다.[112] 그들은 또한 인지세법 위기 동안 토머스 와틀리Thomas Whately가 제기한 주장, 즉 식민정주자들이 법적 제약에도 불구하고 투표권을 갖지 못한 영국 주민들과 마찬가지로 의회에서 '사실상의 대표권'을 향유할 수 있다는 주장[113]도 고려 대상에서 제외했다(메릴랜드의 한 법률가는 그것을 '조심성 없는 사람들을 포획하고, 약한 자들을 함정에 빠뜨리기 위해 쳐 놓은 거미줄 같은 것'이라고 기술했다). 그들은 영국 하원

---

111) Anderson, *Crucible of War*, p. 642에서 재인용.

112) Edmund S. Morgan, *Benjamin Franklin* (New Haven and London, 2002), pp. 154~5에서 재인용.

113) Greene, *Peripheries and Center*, pp. 80~4. '거미줄'이라는 말은 대니얼 둘라니(Daniel Dulany)가 자신의 글 'Considerations on the Propriety of Imposing Taxes in the British Colonies', as cited in Samuel Eliot Morison (ed.), *Sources and Document Illustrating the American Revolution, 1764~1788* (2nd edn, London, Oxford, New York, 1965), p. 26에서 썼다.

을 모델로 하는 자신들의 의회를 이미 갖고 있었으며, 원본과 복사본은 작동 방식에서뿐만 아니라 권한에서도 똑같아야 한다고 생각했다.[114] 식민정주자들의 의회들은 자신들이 영국인의 후손이기 때문에 향유해야 한다고 생각한 권리, 즉 자기들이 사전에 동의하지 않은 모든 세금을 거부할 수 있는 권리를 보장받아야 하며, 식민지 의회들은 세금이 신설될 때 거기에 동의할 것인지를 결정하는 유일하면서도 적절한 무대가 되어야 한다고 생각했다.

영국 왕에 대한 식민정주자들의 충성은 확고했고, 그들은 여전히 영국 제국, 즉 자유민들의 제국에 몸담고 있다는 사실에 자부심이 있었다. 그러나 그들이 갖고 있는 영국인으로서의 권리에 대한 인식과 영국 의회가 효과적인 제국 운영을 위한 필수 조건으로서 자신의 주권에 대해 갖고 있는 확고부동한 인식 간의 충돌은 헌정상의 난국을 초래했다. 이 난국은 공유된 정체감과 공유된 이상을 갖고 협상하는 것을 극히 어렵게 만들었다. 잉글랜드인 중에는 아메리카인들을 외국인이라고 부르는 사람들도 있었다.[115] 그러나 많은 사람들은 런던의 인쇄업자 윌리엄 스트라한William Strahan의 다음과 같은 언급에 동의했을 것이다: "나는 아메리카에서 살고 있는 영국인 신민들이 다른 나라에 살고 있을 뿐, 우리와 똑같은 이해관계를 갖고 있고, 자유에 대한 동일한 권리를 갖고 있다

114) Robert W. Tucker and David C. Hendrickson, *The Fall of the First British Empire. Origins of the War of American Independence* (Baltimore and London, 1982), p. 157. 또한 Richard R. Johnson, '"Parliamentary Egotisms": the Clash of Legislatures in the Making of the American Revolution', *The Journal of American History*, 74 (1987), pp. 338~62를 참조.

115) P. J. Marshall, 'British and the World in the Eighteenth Century: II, Britons and Americans', *TRHS*, 9 (1999), pp. 1~16, at p. 11.

고 생각한다."[116] 1766년 펜실베이니아의 변호사 존 디킨슨John Dickinson도 마치 확인이라도 하듯이, '내 심장에서 고동치는 피의 마지막 한 방울까지도 다 영국인의 피다'라고 썼다.[117] 아메리카인들이 자신들의 권리를 지키려 한 것은 그들이 스스로를 영국인이라고 생각했기 때문이다. 바로 이 점이 대의제 기구에서 대서양 양쪽 모두에 기본적인 것으로 여겨진 권리를 지키기 위해 어떤 대가라도 기꺼이 치르려고 한 헌정적 틀constitutional framework의 문제에서 타협의 여지를 남기지 않고 있었다.

에스파냐 왕정과 제국에서는 그런 제도institutions가 사실상 없었기 때문에 불가피하게 영국령 대서양 공동체의 관계를 결정지은 것과는 다른 역동성이 나타났다. 그렇더라도 에스파냐의 대서양 공동체에서도 대서양 양안에 대한 통념과 인식의 차이는 커져 갔고, 그것은 마찬가지로 심각한 문제를 예감케 했다. 에스파냐령 아메리카 영토들도 영국령 식민지들과 마찬가지로 마드리드의 생각이 바뀌고 나서도 여전히 자신들을 연합 왕정의 일원이라고 생각했다. 그러나 영국령 식민지들이 이제 (비록 자신의 절대적 권위를 주장하고 있었을 때도) 연합 왕정의 언어, 혹은 자유와 권리의 언어를 같이 말하는 의회에 맞서고 있었다면, 에스파냐령 아메리카 영토는 같은 연합 왕정의 개념을 저주처럼 생각하는 왕과 각료들에 맞서고 있었다. 다시 말해 대서양 양쪽의 에스파냐 영토들이 서로 다른 언어를 말하고 있었다면, 영국과 영국령 아메리카는 혼동의 위험은 있었지만 같은 언어의 방언으로 이야기하고 있었던 것이다.

---

116) Stephen Conway, 'From Fellow-Nationals to Foreigners: British Perceptions of the Americans, circa 1739~1783', *WMQ*, 3rd ser., 59 (2002), pp. 65~100, at p. 84.

117) Eliga H. Gould, *The Persistence of Empire, British Political Culture in the Age of the American Revolution* (Chapel Hill, NC and London, 2000), p. 125.

에스파냐 관리들 사이에서 사용되는 언어는 이제 절대주의적 국왕—자신의 권력을 공동체의 중재 없이 신으로부터 직접 부여받은 국왕—을 정점으로 하는 통일된 국민 국가의 언어였다.[118] 누에바에스파냐의 부왕 크루아 후작Marquis of Croix이 1767년 예수회 추방을 밝히는 국왕의 칙령에 멕시코 사회의 모든 계층과 신분의 사람들이 절대 복종할 것을 명하는 부왕 선언을 할 때 사용한 언어가 바로 그 언어였다: "…… 에스파냐의 위대한 국왕의 신민들은 고상한 통치 업무에 대해 토론하거나 의견을 표명할 것이 아니라 침묵을 지키면서 복종할 의무가 있다는 것을 명심해야 한다."[119]

카를로스 3세의 각료들 혹은 부왕들의 권위주의적이고 중앙집권적인 왕정에는 전통적으로 연합 왕정의 구성원이었던 반半자치적인 왕국들과 지역들을 위한 공간은 어디에도 없었고, 그 왕국들 혹은 지역들이 향유해 온 고유한 정체성의 유지를 보장해 줄 어떤 계약을 위한 여지도 없었다. 그 왕국들과 지역들은 하나로 통일된 국가 속에 통합되어야만 했다. 그러나 페루와 누에바에스파냐, 그리고 키토와 누에바그라나다 왕국의 크리오요 엘리트들은 당연히 이제 자신들의 조국이 된 그 (아메리카) 땅들의 역사적 특권과 전통을 수호하려고 했다. 그들은 이 특권과 전통이 점점 간섭을 심하게 해대는 개혁가들의 참견이라는 위협에 직면해 있다고 생각했고, 항상 해 왔던 방식으로, 즉 수용할 만한 합의에 도달할 때까지 청원과 협상을 통해 자신들의 항의가 받아들여지고 불만이

---

118) Eyzaguirre, *Ideario y ruta*, p. 44.

119) Richard Morris, Josefina Zoraida Vázquez and Elias Trabulse, *Las revoluciones de independencia en México y los Estados Unidos. Un ensayo comparativo*, 3 vols (Mexico City, 1976), 1, p. 165.

시정되기를 기대했다.

그러나 개혁가들은 키토 반란에 대해 누에바그라나다 당국이 보여 준 단호한 반응에서 분명히 알 수 있듯이, 옛날처럼 그렇게 하지는 않으려는 태도를 분명히 보여 주었고, 그런 그들의 태도는 크리오요들을 적지 않게 놀라게 만들었다. 1765년부터 1771년 사이에 진행된 호세 데 갈베스의 감사監査, visita도 마찬가지로 정치적으로 좀더 세련된 누에바에스파냐의 크리오요 공동체를 놀라게 만들었다. 예수회 추방과 관련해서도 갈베스의 태도와 행동은 마드리드에서 지배적으로 된 새로운 정서를 분명히 보여 주었다. 그는 명백한 개혁의 임무를 띠고 이곳에 부임해 왔고 그 개혁에는 전면적인 행정상의 변화가 포함되어 있었으며, 그것은 크리오요들이 문제를 자체적으로 결정해 온 지금까지의 관행을 이제 끝내겠다는 것이었다. 그는 1768년 4년 전 쿠바에 도입된 바 있었던 실험에 입각하여 멕시코 부왕령에 새로운 통치제도를 도입할 것을 제시했는데, 그것은 멕시코 부왕령을 11개의 지사령으로 분할하고 부르봉 왕가가 에스파냐에서 확립한 행정제도와 통일성을 여기서도 재현하려는 내용으로 되어 있었다. 이 계획은 지역 행정의 상당 부분을 크리오요들이 지배할 수 있게 해 왔던 150개로 구성된 지역 행정구alcaldes mayores 제도의 폐지, 그리고 그 연장선상에서 크리오요들이 인디언 주민에 대해 착취할 수 있는 기회를 박탈하는 내용을 포함하고 있었다.[120)]

갈베스가 아메리카 관료제의 전문화를 통해 지역적 이해관계local interests를 약화시키려는 계획안을 입안하고 있던 바로 그때, 마드리드 각료들은 예수회 추방에 대한 인디아스인들의 반응을 고려하여 인디아스

---

120) Brading, *Miners and Merchants*, pp. 44~51.

를 어떻게 통치할 것인가에 대해 숙고하고 있었다. 1768년 3월 5일, 예수회 추방이 에스파냐와 아메리카 식민지를 심각한 긴장상태로 몰아넣고 있던 그때, 그 두 지역 간 유대 강화 방안을 모색하기 위해 카스티야평의회 의장 아란다 백작이 특별위원회를 소집했다. 이 모임의 보고서를 카스티야평의회의 두 대리인이었던 캄포마네스와 호세 모니노José Moñino(후에 플로리다블랑카 백작이 된다)가 작성했는데,[121] 그것의 논조는 전체적으로 1620년대 올리바레스Olivares 대공이 에스파냐 왕정의 긴밀한 통합을 위해 제시한 내용을 떠올리게 했다.[122] 그러나 올리바레스의 제안이 아직 연합 왕정 시대의 논조를 유지하고 있었다면, 이 두 사람의 보고서는 새로운 통일 국가 시대의 기조를 담고 있었다.

올리바레스가 왕정을 구성하고 있는 여러 왕국들 간의 '심정적 분열'을 끝내야겠다고 생각한 데 비해[123] 이 특별위원회는 인디아스가 본국으로부터 대단히 멀리 떨어져 있는 상황에서 어떻게 하면 인디아스의 주민들이 '그들의 모국인 에스파냐를' 사랑하게 할 것인가에 대해 고민하였다. 페닌술라르들이 인디아스 주민들로 하여금 '본국을 사랑하도록' 만들려는 아무런 노력도 하지 않고, 아메리카에 건너와 크리오요들을 짓밟고 착취하는 것을 보고 있는 한 그들(크리오요들)이 본국을 사랑하는 마음을 갖는다는 것은 불가능했다. 그리하여 보고서는 '그 나라들을 더 이상 완전한 식민지로 간주해서는 안 되며, 에스파냐 제국의 유력

121) Richard Konetzke, 'La condición legal de los críollos y las causas de la independencia', *Estudios americanos*, 2 (1950), pp. 31~54; Eyzaguirre, *Ideario y ruta*, p. 53; Brading, *First America*, p. 477.

122) John H. Elliott, *The Count-Duke of Olivares. The Statesman in an Age of Decline* (New Haven and London, 1986), pp. 191~202.

123) *Ibid.*, p. 244.

하고 소중한 지방들로 간주해야 한다'라고 말했다. 그 나라들을 그렇게 대하는 방법 가운데 하나는 크리오요 젊은이들을 에스파냐로 데리고 와 공부하게 하고, 크리오요들을 에스파냐 내 관직에 임명할 것, 이베리아 반도에 아메리카 원주민으로 구성된 군대를 설치할 것 등이라고 보았다. 동시에 다음과 같은 정책이 권고되었다:

> 인디아스의 주요 관직, 주교직, 그리고 그 외 고위 성직에 에스파냐인들을 임명하는 정책을 꾸준히 유지하되, 반대로 크리오요들을 그에 상당하는 에스파냐 내 직책에 임명해야 한다. 그렇게 하면 둘 간의 '우애와 통일성'(이 두 단어는 올리바레스 대공의 글에서 인용한 것으로 보인다)이 강화될 것이고, 단일하고 통일된 국가가 만들어질 것이다. 그리고 여기 본국에 머물게 될 크리오요들은 자신들의 나라를 국왕 폐하의 인자한 지배하에 머물게 하는 인질이 될 것이다.[124)]

이 제안을 비롯해서 보고서에서 제시된 여러 가지 제안이 위원회에 의해 승인되었는데, 위원회는 이 제안들을 '통합이 깨지지 않도록' 상호 이익이라는 끈으로 인디아스를 모국에 묶어 둘 방안으로 보았다. 실제로 인디아스는 '에스파냐의 지방들'이 되어 갔다. 통합을 위한 또 다른 조치로서 아메리카의 세 부왕령이 각각 (필리핀제도도 함께) 대표를 선출하고 파견하여 카스티야, 아라곤, 카탈루냐의 대표들과 함께 이미 폐지된 코르테스 대신 그 기능을 수행하고 있는 상임기구, 즉 디푸타시온 Diputación에 참여케 해야 한다는 의견도 제시되었다. 그리고 그 목적은

---

124) Richard Konetzke, 'La condición legal', pp 45~6.

'이 영토들의 적절한 이용에 대해 겸허하게 의견을 제시하는 것'이 되어야 한다고 했다. 이 정도가 런던의 정부가 아메리카의 대표들을 영국 하원에 포함시키기 위해 고려하고 있던 제안에 좀더 가까이 다가가기 위해 에스파냐라는 한 절대 왕정이 용인할 수 있는 최대치였다.

1768년의 보고서가 작성되도록 자극한 것은 런던과 마드리드 모두가 항상 갖고 있었던 두려움, 즉 아메리카의 영토들이 언젠가 떨어져 나가려고 할지 모른다는 두려움이었다. 그보다 몇 달 전에 인디아스평의회의 한 재정관은 '저들(인디아스 주민들)이 지금 '발견' 이래 우리가 지배하는 영토들 가운데 가장 평화로운 상태를 유지하고는 있지만 반란 위험이 완전히 사라졌다고 생각하는 것은 결코 현명치 못하다'라고 말한 바 있었다.[125] 하지만 당시 마드리드에서 논의되고 있던 보다 긴밀한 통합을 위한 계획이 그들(크리오요들)의 불만을 시정함으로써 크리오요들의 불안을 잠재울 수 있었을까? 그럴 수 없었다고 하는 것이 얼마 가지 않아 분명해지게 된다.

갈베스가 기회 있을 때마다 크리오요들에 대한 경멸감을 표출하고 있는 상황에서 누에바에스파냐에서는 마드리드 정부가 부왕령의 고위 관직(사법 혹은 행정직)을 반도 출신 에스파냐인들로 채우기 위한 체계적인 정책에 착수했다는 의심이 점점 커져 갔다. 당시 멕시코 아우디엔시아에서 활동 중이던 7명의 법관 가운데 6명이 크리오요 출신이었다.[126] 그런데 이제 누에바에스파냐에서 태어나고 성장한 사람들은 자기네 조국에서 책임 있는 자리에 오를 수 없다는 말인가? 1771년 멕시

125) Farriss, *Crown and Clergy*, p. 130에서 재인용.
126) Brading, *Miners and Merchants*, p. 40의 도표 2 참조.

코시티 참사회는 크리오요 법관들 가운데 한 명인 안토니오 호아킨 데 리바다네이라 이 바리엔토스Antonio Joaquín de Rivadaneira y Barrientos에게 국왕에게 보낼 공식 항의서를 작성하라고 명하였다.[127] 이에 리바다네이라는 관직 임명에서 크리오요들이 우선적인 대우를 받아야 한다는 내용을 담은 감동적인 청원문을 작성했으며, 이 글은 크리오요들이 누에바에스파냐의 정복자 혹은 초창기 식민정주자들의 후예로서 합당한 대우를 받을 자격이 충분하다는, 16세기 이래 계속 반복되어 온 일반적 명분을 뛰어넘는 감동적인 내용으로 되어 있었다.

리바다네이라는 '아메리카에서 태어난 에스파냐인들을 고위직에서 배제하는 것은 만민법을 위반하는 것이며, 결국 아메리카를 상실하게 할뿐만 아니라 국가의 파괴를 가져오게 될 것이다'라고 경고했다. 그는 '천부적인 이성과 모든 왕국들의 법은 원주민을 배제하고 외부인이 관직을 독점하게 해서는 안 된다고 명시하고 있다'라고 주장했다. 리바다네이라는 '유럽의 에스파냐인들은 비록 우리와 동일한 군주를 섬기고는 있지만 "법이 아니라 자연nature에 의해" 외부인으로 간주되어야 한다'라고 주장했는데, 이는 인디아스가 '정복의 권리'에 의해 헌정적으로 카스티야 왕국에 통합되어 있었다는 점을 고려할 때 심사숙고 끝에 선택한 주장이었다. '이 사람들[에스파냐인들—옮긴이]이 헌정적 관점에서는 인디아스에서 외부인으로 간주되지 않을 수도 있다. 그러나 실제

---

127) '1771년 멕시코시티가 국왕 돈 카를로스 3세에게 보내는 청원서...', in Juan E. Hernández y Dávalos (ed.), *Colección de documentos para la historia de la guerra de independencia de México de 1808 a 1821*, 6 vols (Mexico City, 1877~82), 1. pp. 427~55. John Lynch (ed.), *Latin American Revolutions, 1808~1826* (Norman, OK, 1944), pp. 58~70에도 요약된 영역본이 있으며, 본서에서는 그것을 이용했다. 또한 Brading, *First America*, pp. 479~83을 참조.

로 그들은 자신들의 정체성을 인디아스로부터 끌어내지 않는다. 그들의 가정, 부모, 형제자매, 그리고 그들의 모든 유대는 누에바에스파냐에 있지 않고 에스파냐에 있다. 때문에 그들은 스스로 자신들을 아메리카에 잠깐 머물다 가는 사람으로 간주하며, 그들의 가장 중요한 목적은 이곳에서 부자가 되어 자신들의 고향, 자신들의 조국으로 돌아가는 것이다'라고 주장했다.

리바다네이라는 자신의 주장에 대한 헌정상의 반대를 예상하고 있었기 때문에 '자연'에서 유래한 주장에 호소한 것인데, 그것은 원초적인 국민 정체성incipient national identity의 용어로 표현된 주장이었으며, 이 점에서 그때까지 북아메리카에서 개진된 다른 어떤 주장보다도 급진적이었다고 할 수 있다. 그는 크리오요에 대한 에스파냐인들의 비판을 에스파냐인들 자신들에게 불리한 쪽으로 되돌려 놓았다. 크리오요들이 아니라 에스파냐인들이야말로 '외부인'이며, 그들은 착취하기 위해 파견되어 머물고 있는 이 땅에 대해 잘 알지도 못하는 사람들이라는 것이다. 그러나 국가에 대한 충성심이 강하고 정치적으로도 신중한 성품의 소유자였던 리바다네이라는 에스파냐령 아메리카인들이 히스패닉 공동체를 두 개로 분열시킬 결심을 하고 있다고 공격할 수 있는 구실을 에스파냐인들에게 제공해서는 안 된다고 생각했기 때문에 '우리는 유럽인들과 완전히 갈라서서는 안 된다. 만약 그렇게 한다면 그것은 머리는 하나인데 몸은 두 개가 되는 것과 마찬가지이며, 그것은 정치적 괴물이 될 것이다'라고 말했다. 그러나 계속해서 그가 다음과 같은 뒤끝 있는 질문을 하고 있다: "그들이 꼭 모든 고위관직을 다 차지해야만 하는 것일까?"

리바다네이라는 아슬아슬한 줄타기를 하고 있었다. 한편으로는 크리오요들이 본질적으로 에스파냐적인 성격을 갖고 있다고 주장해야 했다. 다른 한편으로는 그와 더불어 자신들의 조국(아메리카)의 주민으로서, 땅의 진정한 주인으로서 갖는 권리를 천명해야 했다. 그러나 크리오요들은 헌정적 입장의 상대적 취약성을 극복하기 위해 파트리아(조국)를 많이 강조함으로써 북아메리카 식민정주자들(이들 역시 이중의 정체성의 의미와 씨름하고 있었다)은 일시적이기는 했지만 피해 갈 수 있었던 문제에 직면하게 되었다. 영국령 아메리카인들은 자신들이 영국인으로서 누릴 자격이 있다고 생각한 헌정상의 권리를 강조할 수 있었던 반면에 곁에 함께 살고 있던 인디언과 흑인 노예들의 존재에 대해서는 눈을 감았다. 그러나 모국의 공격으로부터 자신들의 조국(인디아스)을 수호하려고 애쓰고 있었던 크리오요들은 다른 인종, 그 중에서도 다수를 이루고 있었던 원주민 혹은 혼혈인의 존재를 영국령 아메리카인들처럼 쉽게 무시해 버릴 수가 없었다. 본국의 에스파냐인들은 크리오요들에 대해 크리오요들이 아메리카라는 환경에서 퇴보했을 뿐 아니라 끊임없는 혼교로 피가 오염되어 왔다고 악담을 퍼부어 오고 있었다. 그러므로 리바다네이라는 크리오요들과 '가난 속에서 태어나고, 궁핍 속에서 자라고, 징벌에 의해 통제되어 온' 인디언들을 분명하게 차별화함으로써 자신들의 약점을 커버해야 했다.

그의 언급은 크리오요의 조국이 본질적으로 아메리카를 정복하고 거기에 정주한 사람들, 즉 확실하게 에스파냐인의 혈통을 가진 사람들만의 영역으로 구축되어 왔음을 강조하고 있을 뿐이다. 그는 '아메리카는 (에스파냐에서 사는) 에스파냐인들과 똑같이 순수한 피를 가진 다수의 에스파냐인들로 이루어져 있음을 분명히 해야 한다'라고 썼다. 아메리카적인 것은 무엇이든 경멸하고 무시하는 에스파냐인들에 맞서 피의 순수성을 강조하는 크리오요들의 주장은 히스패닉 세계에서 그 말(피의 순수성—옮긴이)이 갖는 큰 반향에도 불구하고 무거운 심리적 부담을 포함하고 있었다. 그것은 본국인들과 식민지인들의 근본적인 통일성과 평등성에 관한 이면의 주장을 지지하는 쪽으로 이용될 수도 있었다. 그러나 그것은 '내 몸 안의 피는 마지막 한 방울까지도 영국인의 것이다'라고 말한 존 디킨슨의 자부심 넘치는 자랑이 갖는 순전히 상징적인 성격을 훌쩍 뛰어넘고 있었다.[128] 에스파냐령 아메리카의 크리오요들에게 피는 말 그대로 권리의 원천이었다.

파트리아(조국)의 개념은 1760년대 제국의 혁신이 나타나기 훨씬 전에 이미 에스파냐령 아메리카에서 자주—영국령 아메리카에서보다 훨씬 자주—나타나곤 했었다. 비록 영국령 아메리카에서는 파트리아라는 말을 고전적으로 유추하여 개별 식민지들을 지칭하는 용어로 '컨트리'라는 말이 함께 사용되었지만 말이다.[129] 멕시코시티 시참사회의 청원에서 흔히 나타나는 불확실성ambivalence은 히스패닉 공동체에 대한 충성과 파트리아에 대한 충성을 뒤섞어 사용함으로써 나타나는 불확실성을 반영한다. 전통적으로 그 공동체는 연합 왕정의 용어로 정의되어 왔고, 거기에서 파트리아는 국왕과 맺은 계약의 기반 위에서 자신의 권리를 갖고 있었다. 그 계약은 적어도 크리오요들의 눈에는 자신들의 영토를 에스파냐 왕정의 다른 왕국들이나 지역들과 동일한 기반 위에 올려놓고 있었다. 비록 그 주장이 아메리카 영토의 경우, 마드리드에 의해 완전히 받아들여진 적은 없지만 (이론과 다른) 현실은 한 세기 이상의 과정을 거치면서 그 주장에 얼마간의 타당성을 부여하고 있었다.

---

128) Above, p. 319.
129) Marshall, 'Britain and the World', pp. 9~10.

그런데 이제 국왕 각료들은 이론뿐 아니라 현실까지도 부정하고 있었다. 국왕은 1776년 2월에 발표된 칙령을 통해 1768년 특별위원회의 제안에 따라 '이쪽 왕국들과 그쪽 왕국들의 통일성을 보다 강화하기 위해' 크리오요들은 에스파냐 내 성직과 사법관직에 임명되어야 하며, 동시에 아메리카 내 아우디엔시아와 대성당 참사회직 가운데 3분의 1이 크리오요들에게 돌아가야 한다고 했다. 그것은 곧 에스파냐 출신이 나머지 3분의 2를 차지해야 한다는 것을 의미했다. 이에 대해 멕시코시티의 평의회는 즉각 항의했지만 이 항의는 다시 한 번 묵살되었다.[130)]

여전히 연합 왕정의 합의적 정치 문화의 관점에서 사태를 파악하고 있던 크리오요들은 이제 자신들이 절대 왕정의 권위주의적 대응에 직면해 있음을 알게 되었다. 1770년대와 1780년대에 마드리드 정부가 아메리카 영토에 대해 지배권을 좀더 강화하려고 하면서 갈등의 소지는 좀더 분명해졌다. 그러나 부르봉 왕정의 권위주의는 최후의 수단으로서 묘책의 강구와 타협의 가능성을 배제하지는 않았다. 신민들의 자애로운 보호자라는 역할 속에서 주조된 국왕의 권위를 약화시키지 않고도 신민들이 싫어하는 각료를 쫓아내고, 의욕이 지나친 관리를 해임하는 것은 언제든지 가능했다. 헌정상의 원칙도 크게 문제될 것이 없었다. 반면에 절대적인 의회를 가진 곳에서는 문제가 달랐다. 영국과 영국령 아메리카 식민지는 모든 형태의 갈등 가운데서도 가장 풀기 어려운 갈등, 즉 상충하는 헌정상의 권리를 둘러싼 갈등에 꼼짝없이 붙잡혀 있었다.

---

130) Konetzke, 'La condición legal', p. 48; Brading, *Miners and Merchants*, p. 37.

11장 _ 위기에 처한 제국들

1773년부터 1783년까지 10년 동안 일련의 격변이 아메리카의 정치적 풍경을 바꾸어 놓았다. 영국령 아메리카에서는 1773년 12월 '보스턴 차茶 사건'이 영국과 영국령 아메리카 식민지 간의 악화되는 관계에서 새롭고도 위험한 국면을 열어 놓았고, 그것은 그후 2년에 걸친 반란과 전쟁으로 치닫게 된다. 식민정주자들은 1774년 9월 제1차 대륙의회 Continental Congress를 소집했다. 1775년 4월 영국 군대와 식민지 군대가 렉싱턴과 콩코드에서 충돌했다. 첫번째 유혈사태에 이어 제2차 대륙의회 소집, 식민지가 반란 상태에 진입했음을 알리는 영국 왕실의 선언, 1776년 식민정주자들의 독립선언 등이 그 뒤를 이었다. 결국 13개 본토 식민지가 프랑스와 에스파냐의 지원을 등에 업고 전쟁을 일으켰고, 그 전쟁은 1783년 영국이 식민지들을 하나의 주권 공화국으로 독립을 인정함으로써 식민지인들의 승리로 끝났다. 이 3년 동안 영국령 아메리카 제국을 덮친 위기는 거의 치명적인terminal 것이었다.

그러나 정치적 격변이 북아메리카에만 국한되지는 않았다. 남아메리카에서도 1780년대 초 페루와 누에바그라나다에서 봉기가 발생했다. 그러나 영국 본토 식민지들의 봉기와 달리 1780~2년 안데스 지역의 투팍 아마루의 봉기, 1781년 3월 누에바그라나다 소코로Socorro 시에서 처음 폭발한 '코무네로스' 봉기는 제국으로부터의 독립을 만들어 내지 못했다. 두 봉기는 진압되었고, 중아메리카와 남아메리카 내 에스파냐 소유령들이 영국령 아메리카 식민지의 뒤를 따르게 되는 것은 그 사건들이 있고 나서도 한 세대가 더 지나고 나서였다. 영국령 아메리카와 달리 에스파냐령 아메리카에서는 위기가 진정되었다.

이 두 제국의 위기는 모두 변화하는 이념과 이데올로기를 배경으로 전개되었다. 두 식민지 세계에서는 비록 둘 간에 병참적·구조적·인적 측면에서 큰 차이가 있었고 그 차이가 서로 다른 행동과 반응을 만들어 내기도 했지만, 서로 유사한 요인이 변화를 추동하는 쪽으로 작동하고 있었다. 두 경우 중 어느 쪽도 식민지들과 본국 간에 단절이 기정사실은 아니었으며, 식민지인들도 처음에는 그런 결과를 원하지 않았다. 그러나 그 단절이 실제로 영국령 북아메리카에서 일어나게 되자 에스파냐령 아메리카에서도 예상치 못한 단절 가능성이 가시화되기 시작했다.

발효되어 간 이념

1776년, 북아메리카의 13개 본토 식민지들이 영국 왕실에 대한 충성의 유대를 단절하게 만든 혁명은 높아진 기대가 좌절된 데 따른 것이었다. 7년전쟁이 끝나고 나서 식민지들이 그 전쟁을 영국이 승리하도록 지원했음에도 불구하고 영국인들이 보인 처신은 식민지들의 기대와는 딴판이었다. 전쟁 동안 식민지인들이 치른 희생에 보답하는 의미에서라도 영국인들은 고마워하고 관대해져야 되는 것이 아닌가? 그랜빌이나 톤젠드 같은 인물이 진정 그들(식민지인들)이 자유의 요람으로 존경하라고 배운 나라(영국)의 대표가 될 수 있단 말인가? 과거 전제 군주들을 타도한 영광스런 전통을 가진 영국 의회가 이제 스스로 전제적인 존재로 바뀌어 버렸는데도 견제와 균형의 이상을, 그리고 완벽한 균형을 추구하는 영국 헌법은 도대체 뭘 하고 있다는 말인가? 신민들의 천부적 보호자를 자처하는 왕은 왜 이 같은 사태를 방관하고 있단 말인가?

이런 분통 터지는 문제들이 1765~75년, 10년 동안의 결정적인 시기에 수많은 영국령 아메리카인들의 마음속에 불을 질렀다. 이런 문제들은 식민지인들로 하여금 달갑지 않은 현실을 똑바로 직시하게 하고, 몇 년 전만 해도 그렇게 하게 되리라고는 꿈에도 생각하지 않았던 결심을 하지 않으면 안 되게 만들었다. 지적·문화적·사회적으로 광범한 변화의 시기에 살고 있었던 그들은 눈앞에서 펼쳐지는 정치적 사건들의 압력에 대해 그 중 일부는 과거의 확실성을 고수하는 것으로, 다른 일부는 기질이나 신념 혹은 분위기에 추동되어 새로운 확실성에서 나아갈 길을 찾는 것으로 반응했다.

에스파냐령 아메리카의 크리오요들 사이에서도 국왕 각료들의 정책은 깊은 분노와 좌절감을 불러일으켰다. 예수회 수사들의 추방은 엄청난 충격으로 다가왔고, 혐오스런 개혁을 몰아붙이는 각료들의 행동은 크리오요들의 세계를 엉망으로 만들고 말 것처럼 보였다. 카를로스 3세의 해외 신민들은 국왕에 대해 상당히 뿌리 깊은 충성심을 갖고 있었다. 그러나 1760년대와 1770년대 무렵이면 영국령 제국과 마찬가지로 에스파냐령 제국에서도 아메리카 식민지와 본국의 간격이 심정적으로 멀어지고 있다는 느낌이 뚜렷이 감지되고 있었다.

그러나 심정적으로 멀어지는 것과 제국과의 유대를 단절하겠다고 결심하게 되는 것은 다른 문제였다. 전통적으로 마드리드나 런던의 국왕 각료들은 (제국으로부터의) 분리에 대해 항상 해외 이주자들과 그 후손들이 실제로 그 문제에 대해 논의하거나 생각해 보는 것 이상으로 훨씬 두려워하는 경향이 있었다. 인디아스평의회 재정관이 1767년 에스파냐령 아메리카 영토에 대해, '반란의 위험으로부터 완전히 안전하다고 생각하는 것은 결코 현명한 태도가 아니다'라고 말한 것은[1] 페루에서 일어난 피사로의 반란 혹은 심지어는 코르테스의 멕시코 정복 이후 비슷한 걱정으로 노심초사해 왔던 수많은 각료와 관리들의 연장선상에 있었다.

그와 비슷한 걱정은 화이트홀에서도 나타나곤 했다. 1671년 샌드위치 백작이 20년 내에 뉴잉글랜드 주민들이 '부자가 되고 강력해져서 구舊잉글랜드인들에 의해 지배되고 있는 자신들의 처지를 개탄하게 될 것'이라고 예언했을 때[2], 그는 이미 찰스 1세 치세 때 퓨리턴들이 이주해 올 무렵부터 여러 사람들이 느끼고 있었던 두려움을 대변하고 있었다. 그와 같은 걱정과 우려는 17세기 정치가들과 관리들이 고전기의 역사 혹은 당대 정치 이론가들의 책을 읽고, 그에 비추어 그리스-로마 시대 식민화와 자기네 시대 식민화가 유사하다고 한 주장에 의해 더욱 심화되었다.

제임스 해링턴James Harrington은 『오세아나』*Oceana*, 1656라는 책에서 식민지들을 서로 다른 성장 단계에 있는 아이들에 비유했다. 그는 '인디아스의 식민지들은 아직 엄마 젖을 찾는 아이들과 같다. 그러나 만약 그들이 젖을 뗄 때가 되었는데도 떼려고 하지 않는다면 그것은 이상한 일

---

1) Above, p. 321.
2) Above, p. 149.

일 것이다'라고 썼다. '엄마-도시'를 언급한 것은 틀림없이 아테네와 로마로부터 영감을 받았을 것이다. 아메리카 식민지들은 분명 모국의 후예들이라 할 수 있었다. 모국이라는 표현은 식민지들이 말을 잘 듣든 그렇지 않든 아직 성인이 되지 않았기 때문에 부모의 보호를 받아야 하는 자식이라는 이미지를 확산시키는데 기여했다.[3] 그들이 성인이 되면 무슨 일이 일어날까? 존 트렌차드John Trenchard는 「카토의 서한」*Cato's Letters*이라는 제목이 붙고 1720~1723년에 쓰여졌으며 북아메리카 식민지에서 널리 읽힌 급진적 휘그파 계열의 논문들 가운데 하나에서, 식민지들이 적당한 과정을 거쳐 성장하게 될 것이고 그렇게 되면 그들은 '단지 그들의 할아버지들이 친했다는 이유만으로 다른 사람들에게 예속된 상태로 계속 머물러 있지 않으려고 할 것'이라고 주장했다. 또 그는 가족관계를 계속 유지하기 위해서는 가부장적 훈육이 아니라 파트너십이 필요하게 될 것이라고 말하기도 했다.[4]

1750년경이면 화이트홀에서는 만일 조만간 모종의 규제가 가해지지 않으면 이미 충분히 부유해지고 인구도 많아진 식민지들이 분리를 주장할 것이라는 믿음이 점점 커지고 있었다. 7년전쟁 과정에서 반항적이 된 식민지들의 태도를 보고 난 뒤 영국 각료들의 그런 생각은 더욱

---

3) *The Political Works of James Harrington*, ed. J. G. A. Pocock (Cambridge, 1979), pp. 168~9. 식민지의 종속에 관한 이러저러한 개념들에 대해서는 J. M. Bumsted, '"Things in the Womb of Time": Ideas of American Independence, 1633 to 1763', *WMQ*, 3rd ser., 31 (1974), pp. 533~64 참조.

4) Caroline Robbins, *The Eighteenth-Century Commonwealthman* (Cambridge, Mass., 1959), pp. 112~13. 트렌차드와 고든의 「카토의 서한」이 아메리카에서 가진 영향력에 대해서는 Bernard Bailyn, *The Ideological Origins of the American Revolution* (1967; enlarged edn, Cambridge MA, 1992), pp. 35~6 참조.

강해졌다. 또 그들은 캐나다 정복이 영국에 대한 식민지들의 종속적 유대를 약화시킬 것으로 보았는데, 즉 이제 식민지들이 프랑스인들의 공격에 대해 영국의 군사적 보호의 필요성을 더 이상 기대하지 않을 것이기 때문에 (영국-식민지 간) 유대가 치명적으로 약화될 것으로 생각하고 걱정하게 된 것이다. 1772년 무역부에 따르면 1763년의 포고선(1763년에 발표된 '국왕 포고'Royal Proclamation는 영국이 새로운 북아메리카 제국을 조직화하고, 무역 통제, 정주, 서부 지역의 토지 구매 등을 통해 북아메리카 원주민들과의 관계를 안정시키려는 목적을 갖고 있었다) 발표와 영국 수비대가 그 선을 지키려 한 목적 가운데 하나는 '식민지들을 모국에 종속적·의존적 상태로 계속 묶어 두려는 것'이었다.[5)]

제국적(제국 본국과 식민지의) 관계의 견고성과 항구성에 관하여 화이트홀에서 공개적인 논의가 나타나고, 이 문제가 영국의 팸플릿이나 신문에서도 자주 거론되고 있었기 때문에 식민지인들이 영국에서 자신들의 자유를 박탈하려는 모종의 음모가 진행되고 있다고 의심하게 된 것은 그리 놀라운 일이 아니다. 그렇지 않다면 새롭게 진행되는 강압 정책을 어떻게 설명할 수 있다는 말인가? 제국 정부가 자신의 아메리카 제국을 상실할지 모른다는 두려움에 의해 추동되고 있다고 식민지인들이 느끼기 시작하면서 7년전쟁이 시작될 때만 해도 전혀 고려 대상이 아니었던 독립에 대한 생각이 뭉게구름처럼 피어오르기 시작했다. 처음에는 매우 미약하게, 그러나 나중에는 매우 불길한 징후를 나타내며 수면 위로 떠오르기 시작했다. 이런 현상이 일어났을 때 화이트홀의 두려움은 자기실현적 예언이 되어가고 있었다.

---

5) Barrow, *Trade and Empire*, p. 176에서 인용.

마드리드에서는 국왕의 대 아메리카 정책에 대해 공개적인 논의가 없었고, 그 때문에 비록 그것이 각료들의 태도와 의도에 대해 공적 영역에서 정보가 많지 않았기 때문이기는 하지만 히스패닉 세계에서 영국의 경우와 비교할 만한 반응이 나타날 기회는 그리 많지 않았다. 그러나 크리오요들은 영국령 식민지인들이 느꼈던 거리감과 비슷한 감정에 의해 (그리고 대개는 같은 이유 때문에) 영향을 받았다. 마드리드의 정책은 그것이 그들(식민지인들)과 국왕과의 관계의 진정한 성격이라고 믿었던 것이 완전히 오해였음을 드러내는 것으로 여겨졌기 때문만이 아니라 그것이 아메리카의 모든 것에 대한 보편적 무시를 수반하고 있었기 때문에(그 무시가 새로운 것은 아니었지만) 더 놀라웠고,[6] 또 그것이 유럽의 계몽주의라는 당시 유행하고 있던 외피를 걸치고 있었기 때문에 더더욱 당황스러웠다.

1761년 출간된 『자연사』*Histoire naturelle*에서 프랑스의 유명한 박물학자 콩트Comte de Buffon는 아메리카의 동물과 인간들이 유럽의 그것들에 비해 작고 허약하다는 점을 거론하면서 아메리카를 퇴화되고 미숙한 세계라고 주장했다. 같은 해 스웨덴의 박물학자 피터 칼름Peter Kalm은 북아메리카 식민지들을 둘러보고 나서 『여행기』*Travels*를 썼고, 그 책의 불어판이 출간되었는데, 여기서 그는 전통적인 관례에 따라 아메리카 정주민들이 아메리카 기후에 살면서 퇴화되었다고 기술했다. 1768년에 출간된 『아메리카에 관한 철학적 연구』*Recherches philosophiques sur les Américans*에서 코르넬리유 드 포Cornelius de Pauw는 아메리카를 더욱 더 무시하는 주장을 개진했으며, 2년 후 아베 레날Abbé Raynal은 인디아스에서 유럽인

6) Above, p. 235.

들의 정주와 교역에 관하여 대단히 반反아메리카적인 '역사 철학'을 주장했다.[7)]

이 같은 파상적인 공세 앞에서 영국령 혹은 에스파냐령 아메리카인들이 스스로 계몽되었다고 주장하는 유럽으로부터 공격을 당하고 있다고 생각하게 된 것은 결코 놀라운 일이 아니다. 대부분 아메리카에 한 번도 가본 적이 없는 문필가들의 책에서 난무하는 몰이해와 중상모략에 벤저민 프랭클린은 분노했고, 에스파냐령 아메리카의 크리오요들 사이에서는 과장에서 박학에 이르는 다양한 반응이 나타났다. 논쟁은 거의 한 세대 동안 계속되었고, 그것이 가져온 반향은 대서양 전역에 미쳤으며, 그것은 당대의 정치적 갈등에 중요한 배경이 되었다.

유럽에 망명중인 아메리카 출신 예수회 수사들은 즉각 잃어버린 자신들의 아메리카 조국을 옹호하고 나섰다. 특히 프란시스코 하비에르 클라비헤로Francisco Javier Clavijero는 '포Pauw가 아메리카에 대해 그리고 있는 흉칙한 초상화'에 대해 맹공을 퍼부었으며, 자신의 책 『멕시코 고대사』*Historia antigua de México*, 1780~1에서 아메리카의 새, 동물, 주민들이 결코 유럽의 것들에 비해 열등하지 않다는 것을 입증하려고 애썼다.[8)] 북아메리카에서 토머스 제퍼슨은 클라비헤로가 멕시코 역사서를 출간한 것처

---

7) 이런 책들, 혹은 그 책들이 대서양 양쪽에서 불러일으킨 논란에 대해서는 Gerbi, *Dispute of the New World*, chs 3~6; Durand Echevarria, *Mirage in the West. A History of the French Image of American Society to 1815* (1957; 2nd edn, Princeton, 1968), ch. 1; Jorge Cañizares-Esquerra, *How to Write the History of the New World. Histories, Epistemologies, and Identities in the Eighteenth Atlantic World* (Stanford, CA, 2001) 참조.

8) Francisco Javier Clavijero, *Historia antigua de México*, ed. Mariano Cuevas, 4 vols (2nd edn, Mexico City, 1958~9). Pauw의 '괴기스런 아메리카의 초상'에 대하여는 vol. 4, pp. 7~10 참조. 그리고 클라비헤로와 '예수회 애국자들'에 대하여는 Brading, *The First America*, ch. 20을 참조.

럼 『버지니아 주에 관한 주석』*Notes on the State of Virginia*을 출간하여 뷔퐁이 아메리카의 동식물의 열등성을 입증하려고 제시한 사실들과 수치들의 오류를 반박했다. 또한 그는 레날이 '한 명의 훌륭한 시인, 한 명의 유능한 수학자, 예술이나 과학 분야에서 한 명의 천재적 인물도 배출하지 못했다'면서 무시한 '유럽에서 이주해 온 백인들'을 열정적으로 옹호했다. 제퍼슨은 이 대서양 건너편(아메리카)의 사회가 아직 생긴 지 얼마 되지 않았고, 인구가 많지 않음을 고려할 때 프랑스나 영국과 비교하는 것은 불공정하다고 주장했으며, 비슷한 연배의 유럽인 가운데 (아메리카의) 프랭클린보다 더 중요한 발견을 한 사람이 있느냐고 반문했다.[9]

그 같은 반응은 사실을 잘못 알고 있거나 편견을 가진 유럽인 논평자들이 내뱉은 모욕적인 발언에 대해 식민지인들이 느꼈을 만한 예민한 반응을 말해 준다. 그러나 다른 한편으로 그것은 신세계가 그런 모욕을 만들어 낸 유럽으로부터 점차 등을 돌리려 하고 있었음을 말해 주는 것이기도 하다. 결국 공격은 최선의 방어로 나타났다. 유럽인 비판자들이 아메리카의 취약성의 원천으로 제시하곤 했던 신세계의 젊음이 아메리카인들에 의해서는 신세계의 가장 큰 힘의 원천으로 묘사되었다. 그들에게 구세계가 과거를 상징한다면 신세계는 미래를 상징했다. 아메리카의 순결함을 유럽의 부패와, 아메리카의 미덕을 유럽의 악덕과 끊임없이 대조시켰으며 그런 대조적 이미지는 크리오요들의 집단적 심성에 깊이 각인되었다. 그런 이미지의 영향을 받아 처음에는 영국령 아메리카에서, 후에는 에스파냐령 아메리카에서 혁명 지도자들의 모국으로부터

9) Thomas Jefferson, *Notes on the State of Virginia*, ed. William Peden (Chapel Hill, NC and London, 1982), p. 64.

의 이탈이, 그리고 제국과의 감정적 혹은 정신적 단절이 더 용이해졌다.

18세기 말 영국령 아메리카와 에스파냐령 아메리카 식민지인들은 모국 혹은 구세계 자체에 대해 점점 더 실망하게 되었으며, 특히 영국인들은 이제 자신들이 직면하게 된 정치적 공격에 맞서는 데 필요한 보다 강력한 이념적 무기들이 보관된 병기고를 자신들이 수중에 갖고 있음을 알게 되었다. 영국 식민지인들은 오랫동안 책, 팸플릿, 그리고 그 외 다양한 출판물을 통해 광범한 스펙트럼의 정치적 견해와 친숙해져 있었다. 그것은 볼린브로크Bolinbroke, 1678~1751(영국의 정치가 겸 철학가. 수년 동안 토리당의 핵심 멤버였다) 같은 토리당 지도부의 반대 의견으로부터 명예혁명에 의해 확립된 입헌적 토대 위에 자리 잡은 휘그당 기구의 정통이론들, 17세기 영연방인들Commonwealthmen의 급진적·절대자유주의적 이론 혹은 존 트렌차드나 토머스 고든Thomas Gordon 같은 18세기 정치 평론가들에 의한 상기上記한 이론[10]의 재현에 이르기까지 두루 포함되어 있었다. 정치와 사회 질서에 대한 이런 여러 접근법은 영국혁명과 명예혁명의 격변이 만들어 낸 단층선들이 여전히 영국 대서양 공동체를 가로지르고 있었기 때문에 어렵지 않게 접할 수 있었다. 텍토닉 플레이트들tectonic plates[판상을 이루어 움직이고 있는 지각의 표층—옮긴이]이 움직일 때마다 새로운 정치적·종교적 토론의 열기가 분출했다.

좀더 통제된 환경 하에 놓여 있던 에스파냐령 아메리카 세계에서는 그 같은 공적 토론의 영역이 그렇게 넓지 않았다. 에스킬라체 후작 같은 인기 없는 국왕 각료가 마드리드 군중의 집단행동에 의해 쫓겨날 수는 있었다. 그러나 1760년대 에스파냐에서 존 윌크스John Wilkes 같은 인

10) 위의 각주 4를 참조.

물이 나타나 말이나 글을 통해 정부 당국에 지속적으로 도전할 가능성은 그리 많지 않았다. 때문에 국왕의 정책에 비판적인 견해를 가진 크리오요들은 본국 저술가들이 개진하는 반대 이론에서 제공받을 수 있는 공격 수단을 갖지 못했고, 그러므로 중세 카스티야의 법률이나 16세기 에스파냐 스콜라 철학자들의 계약사상 혹은 공동선 이론에 의존할 수밖에 없었다. 16세기 전반기 동안 예수회 수사들은 이 스콜라적 전통에 그로티우스Hugo Grotius, 1583~1645(네덜란드 공화국에서 법률가로 활동. 프란시스코 데 비토리아, 알베리코 젠틸리 등과 함께 국제법의 토대를 놓았다)와 푸펜도르프Baron Samuel von Pufendorf, 1632~1694(독일의 법률가 겸 정치철학자이자 역사가. 토머스 홉스, 그로티우스의 자연법 이론에 대한 주석과 수정으로 유명하다)의 자연법 이론을 접목함으로써 그 전통을 계승한 바 있었다.[11] 그러나 히스패닉 세계의 정치 문화가 영국처럼 의회와 당의 갈등이 제공하는 회춘 주사의 혜택을 누리지는 못했다.

아메리카 부왕령에서는 지역적 제약 때문에도 세련된 정치 토론의 기회가 제한되었다. 국왕은 1767년 예수회 추방에 이어 칙령을 내려 프란시스코 수아레스Francisco Suárez와 16세기 예수회 신학자들이 개진한 인민주권론을 학교에서 가르치지 못하게 했다.[12] 서적 검열은 또 다른 장애물이었다. 에스파냐령 인디아스에서는 관행적으로 부왕이나 아우디엔시아 의장의 허가 없이는 책을 인쇄할 수 없었으며, 그 허가서는 그

---

11) Federica Morelli, 'La revolución en Quito: el camino hacia el gobierno mixto', Revista de Indias, 62 (2002), pp. 335~56, 특히 p. 342; Antonio Annino, 'Some Reflections on Spanish American Constitutional and Political History', Itinerario, 19 (1995), pp. 26~47, 특히 p. 40.

12) Manuel Giménez Fernández, *Las doctrinas populistas en la independencia de Hispano-América* (Seville, 1947), p. 57.

지역 종교재판소가 책 내용을 먼저 검토하고 나서야 발행될 수가 있었다.[13] 종교재판소의 조사가 대개 형식적이었고 세속 당국에 의한 허가서 발행이 부패로 얼룩진 경우도 많았지만, 관료제적 통제는 그렇지 않아도 거리와 운송 때문에 지역 간 교통이 어렵고 더뎠던 아메리카 대륙에서 이념의 확산과 유통을 더욱 어렵게 만들었다.

영국령 식민지도 1695년 잉글랜드에서 허가법Licensing Act이 폐지됨으로서 그런 경향이 약화되기는 했지만 서적 출판에서 여러 제약이 있었다. 국왕 총독들에게 내려진 훈령은 그들에게 공적 출판물에 대한 감시 권한을 부여하고 있었고, 식민지 의회는 비록 총독들과 자주 부딪히기는 했지만 자신들의 권력과 특권을 침해할 수도 있는 간행물을 통제하는 일에 있어서는 그들(총독들)과 의견을 같이하는 경향이 있었다. 인쇄업자들 역시 자기네 식민지에서 수지맞는 정부 인쇄업자 자리를 두고 경쟁해야 하는 처지였으므로 조심스럽게 처신하는 경향이 있었다.

입법을 통한, 혹은 보다 비공식적인 방법에 의한 압박이 실패로 돌아가면 당국은 선동 혹은 불경한 명예훼손에 관한 법률을 적용하여 처벌할 수도 있었다. 그러나 법정에 호소하는 것이 성공을 보장해 주지는 못했다. 매사추세츠 배심원들은 선동죄의 경우 처벌을 꺼려하는 것으로 유명했으며, 뉴욕에서는 솜씨 좋은 변호인들과 인기 영합적인 배심원단이 1735년 『위클리 저널』*Weekly Journal*에 실린 기사 때문에 존 피터 젱거John Peter Zenger가 재판을 받게 되었을 때 그의 '무죄'를 이끌어 냈다. 젱거의 재판 이후로도 당국은 검열을 포기하려고 하지 않았지만 이 사

13) René Millar Corbacho, 'La inquisición de Lima y la circulación de libros prohibidos (1700~1800)', *Revistas de Indias*, 44 (1984), pp. 415~44.

건은 인쇄인, 출판업자, 저술가들의 자유를 보다 광범한 자유liberty라는 대의명분과 연계시키는 전략이 매우 효과적이라는 것을 입증해 주었다. 출판의 자유가 아직 자연권은 아니었지만 머지않아 그렇게 될 것으로 인식되었고, 그 점은 30년 후 매사추세츠 하원이 1768년 '출판의 자유는 국민의 자유를 지키는 중요한 보루다'라고 선언했을 때 명백하게 인정되었다. 1760년대와 1770년대의 사건들이 보여 주게 되듯이, 배심원 제도는 영국령 식민지인들에게 에스파냐령 아메리카 식민지인들이 갖지 못한 왕권에 저항할 수 있는 강력한 무기를 제공해 주고 있었다.[14)]

누군가로부터 정보를 받고 그것을 확산시키는 일에서 영국령 식민지들이 가진 유리한 조건이 그들에게 신문과 잡지 발행의 문제에서 에스파냐 식민지들에 비해 상당한 이점을 제공한 것은 놀라운 일이 아니다.[15)] 누에바에스파냐에서는 1722년 일시적으로 발행되었던 반半관영 월간지 『가세타 데 멕시코』*Gaceta de México*가 1728년 재간되어 1742년까지 존속했으며, 리마에서도 1746년부터 정기간행물이 나타났다. 그러나 에스파냐령 아메리카에서 정기간행물은 18세기 내내 부정기적이었으며 단명으로 끝나기 일쑤였다.[16)] 반면에 1704년 최초의 주간 신문 『보

---

14) Richard L. Bushman, *King and People in Provincial Massachusetts* (Chapel Hill, NC and London, 1992), p. 42; Amory and Hall (eds), *The Colonial Book in the Atlantic World*, pp. 367~73. 혁명 이전 북아메리카 정치에서 배심원들이 갖는 의미에 대해서는 John M. Murrin, 'Migristrates, Sinners and a Precarious Liberty: Tried by Jury in Seventeenth-Century New England', in Hall, Murrin and Tate (eds), *Saints and Revolutionaries*, pp. 152~206; Reid, *In a Defiant Stance*, 특히 8장; Hoffer, *Law and People*, pp. 87~9를 참조.

15) 남북 아메리카의 차이에 대해서는 특히 Benedict Anderson, *Imagined Communities* (London and New York, 1983, repr. 1989), pp. 61~5에 설명되고 있는 식민지 아메리카 신문에 관한 고찰을 참조.

16) François-Xavier Guerra, *Modernidad e independencias. Ensayos sobre las revoluciones hispánicas* (Madrid, 1992), p. 285; Haring, *Spanish Empire*, pp. 246~9.

스턴 뉴스레터』Boston News-letter가 발행된 영국령 식민지들은 비록 일간신문은 독립 전쟁 이후에야 나타나지만 1750년경이면 이미 열두 종의 신문을 보유하고 있었다.[17)]

이 신문들은 비록 런던에 관한 소식이 큰 비중을 차지했지만 식민지인들의 지역적 정체감을 강화하고, 동시에 다른 지역 신문에 실린 기사 가운데 일부를 다시 게재함으로써 식민지들이 서로에 대해 더 잘 이해하게 해 주었다.[18)] 우편 업무의 개선도 비슷한 효과를 가져다 주었다. 1737년부터 필라델피아 우체국장으로 근무하고, 1753년부터는 우정郵政공사 부총재를 역임한 벤저민 프랭클린은 우편 업무의 횟수를 늘리고, 필라델피아와 보스턴 간에 송신과 회신에 걸리는 시간을 3주에서 6일로 단축시켰다.[19)]

1750년대와 1760년대에 정치적 긴장이 점점 고조되면서 식민지들 간의 원활한 정보 교환은 '영국인들의 불의'에 대한 공동 대응을 보다 용이하게 만들었다. 인쇄업자, 출판업자, 우체국장들의 활동—프랭클린은 한때 이 세 가지 직업을 겸했다—은 자유에 대한 공통의 관심을 가진 단일한 정치체로서의 영국령 식민지 아메리카라는 개념을 만들어 내는 데에 크게 기여했다. 신문, 잡지, 팸플릿은 선술집과 커피하우스, 그리고 혁명 이전의 동부 지역 항구도시들에서 우후죽순처럼 생겨나고 있던 정찬 모임이나 사교 모임에서 활발한 논쟁거리를 제공했다. 새뮤얼 애덤스Samuel Adams가 혁명가로서의 첫 경험을 쌓은 것도 바로 보스턴

---

17) Amory and Hall (eds), *The Colonial Book*, 1, pp. 154 and 354.

18) *Ibid.*, p. 358.

19) Louis B. Wright, *The Cultural Life of the British Colonies, 1607~1763* (New York, 1957), pp. 241~2; Kammen, *Colonial New York*, pp. 338~41.

의 이 같은 선술집이나 커피하우스에서 끝없이 이어지는 정치 토론에서였다.[20)]

인지세법 위기가 발생했을 때 신문, 자발적 단체들, 영국 상품 불매운동 등은 모두 점점 더 광범한 식민지 인구 집단들을 정치적 논란 속으로 끌어들였다. 반면에 에스파냐령 아메리카 영토에서는 지역 간 거리와 대륙 자체의 광대함 때문에 영국령 식민지들에서 나타난 것과 같은 일치된 반응이 형성되거나 마음속에 자리 잡는 것이 훨씬 어려웠다. 인디아스 제국의 넓이는 500만 평방마일을 상회했다. 영국령 북아메리카 13개 본토 식민지가 대략 32만 2천 평방마일 정도였던 것에 비해 에스파냐령 아메리카는 남아메리카만 해도 350만 평방마일이 넘었다.[21)] 부에노스아이레스에서 칠레의 산티아고까지 육로로 가는 데 두 달이 걸렸고, 부에노스아이레스에서 누에바그라나다의 카르타헤나 항까지 가는 데 말, 노새, 강을 이용하면 9개월이 걸렸다.[22)] 인쇄기가 대서양을 처음으로 건너간 것은 식민화가 시작되고 나서 얼마 되지 않아서였지만 누에바그라나다의 수도 보고타 같은 중요한 도시에도 1770년대 말에 가서야 인쇄기가 도입되었다.[23)] 지역 신문이 없거나 대단히 초보적이고, 식민지 간 교환은 1774년 이후 '자유 교역'이 도입되고도 한참이 지나고

---

20) Butler, *Becoming America*, pp. 170~4; Maier, *From Resistance to Revolution*, pp. 83~91; Beeman, *Varieties of Political Experience*, p. 259.

21) Anderson, *Imagined Communities*, p. 64, no. 50에 있는 수치이다. 이 점에 대해 조언해 주신 피터 베이크웰 교수에게 감사의 말을 전하고 싶다.

22) John Lynch, *The Spanish American Revolutions* (2nd edn., New York and London, 1973), p. 26.

23) John Leddy Phelan, *The People and the King. The Comunero Revolution in Colombia, 1781* (Madison, WI, 1978), p. 85.

나서야 활성화되었기 때문에 여러 부왕령들의 수도들과 지방 중심 도시들 간에 빈번하고 신속한 교통망은 존재하지 않았다.

그러므로 중남미 대륙의 광대한 영토 전역에서 저항 운동을 일으키고, 그것을 조정해 내는 문제는 북아메리카 본토에서 그렇게 하는 것과 성격이 전혀 달랐다. 북아메리카에는 식민지들 간의 모든 차이, 그들 간의 갈등과 라이벌 의식에도 불구하고 공동의 명분을 수호하기 위해 식민지 전역의 백인들을 하나로 묶어 낼 수 있는 잠재력이 있었고, 어느 정도는 그것을 이루어 낼 수단도 갖고 있었다. 실제로 그렇게 될 수 있을지 없을지는 인지세법 폐지 이후 영국 정부가 어떤 태도를 취할 것인가에, 그리고 식민지인들이 서로간의 차이를 극복하고 힘을 합쳐 영국 정부에 저항할 의지가 있는가 그렇지 않은가에 달려 있었다.

만약에 그들이 그렇게 한다면—그것이 결코 쉽지는 않을 것이었다—그것은 일련의 공동의 통념과 신념의 공유를 통해서일 것이었다. 이 통념과 신념은 초기 식민지인들의 경험 속에 깊이 각인되었으되, 1770년대 위기 이전 수십 년 동안 형태를 갖추어 가고 설득력을 획득해 간 것이었다. 그러나 그 과정은 아메리카로의 이주가 에스파냐령 아메리카처럼 공식적으로 단일한 국적과 종교를 가진 사람들에로만 국한되지 않았던 (북아메리카) 사회에서 식민지인들의 서로 다른 배경과 종교 때문에 불가피하게 복잡해졌다. 에스파냐령 아메리카에 비해 영국령 아메리카 사회가 개방적이었던 것이 소식과 이념의 용이한 확산과 좀더 자유로운 토론을 가능하게 하는 장점이 있었다면, 다른 한편으로는 다양한 논쟁의 강도를 높이는 단점도 갖고 있었다.

다양성이 영국령 아메리카의 백인들을 논쟁적으로 만들기는 했지만 그 구성원들은 적어도 그들 자신들이나 선조들이 정착한 아메리카 땅이 그들에게 유럽에서 자신들이 구가했거나 혹은 구가할 수 있었던 삶에 비해 나은 전망을 제공했다는 근본적인 확신 속에서 하나가 될 수 있었다. 그들은 진정 새로운 세계—그 새로움이 그들에게 숙원이었던 종교의 자유 혹은 무종교의 자유, 한곳에 정착하여 작은 땅뙈기를 일구고 땀 흘려 가꾼 수확물을 자신이 향유할 수 있는 자유, 오직 출생에만 의존하여 높은 사회적 지위를 주장하는 사람들에게 순종할 필요 없이 살고 싶은 대로 살 수 있는 자유, 높은 자리에 앉게 될 사람들을 선택 혹은 거부하고 그들에게 책임을 물을 수 있는 자유를 보장하는 세계—의 주민이었다.

이 자유는 소중한 것이었으며, 18세기 영국령 아메리카 문화는 그 자유를 위축시키기보다는 강화시켜 주었다. 정치적으로 그것은 1688~9년의 혁명 협상Revolution Settlement의 원칙에 토대를 둔 문화였는데, 그 혁명 협상은 대의제, 자의적인 권력 행사로부터의 자유, (제한적인) 종교적 관용 등을 영국 헌법의 핵심 내용으로 만들어 놓고 있었다. 이념적으로 그것은 우주의 비밀을 밝히려면 이성과 과학적 관찰이 절대적으로 중요하다고 생각하는 선先계몽사상pre-Enlightenment 혹은 계몽사상과 점차 하나로 융합되어 가고 있던 문화였다.

이 스토리의 영웅은 뉴턴과 로크였다. 우주 법칙에 대한 뉴턴의 개념화와 로크의 정치·교육·철학 이론이 그들의 조국에서 확산되어 갔고, 그것은 아메리카 쪽에서는 약간 지체되어 수용되기는 했지만 자동적으로 영국 대서양 문화의 일부가 되었다. 1720년대까지만 해도 아메리카에서는 로크의 『정부론』*Two Treatises of Government*을 읽은 사람은 물론이고 구경한 사람도 없었음이 분명하다. 그후 20년 혹은 30년 동안 그가 대중의 상당한 관심의 대상이 되기는 했지만 그것은 주로 그의 철학자로서의 명성 때문이었다.[24] 그러나 1720년대, 30년대쯤이면 그의 도덕 철학과 새로운 과학은 북부와 중부 식민지의 전문직업인과 사업가 계층, 남부의 노예소유주들 사이에서 점점 더 많은 지지자를 얻어 갔다. 버지니아의 대농장주 랜든 카터는 부친으로부터 2절지 1,700쪽으로 된 로크의 저서 『인간오성론』*Essay Concerning Human Understanding*을 물려받았고, 그가 이 책에 단 주석은 그가 '이 위대한 인물'과 논쟁을 벌일 준비가 되어 있었음을 보여 준다.[25]

새로운 사상은 당연히 정통 종교의 보루라 할 만한 사람들의 반대를 불러일으켰다. 그로 인한 긴장은 이미 17세기 말 뉴잉글랜드에서 수면 위로 떠올랐는데, 그곳에서 1701년 설립된 예일대학은 '지나치게' 관용주의적인 하버드대학에 대한 맞대응적 성격을 갖고 있었다. 새로운 이념과 접근법이 더욱 확산되어 가자 종교적 반대 역시 점점 더 거세져 갔다. 한편으로는 보수적인 칼뱅교도들이, 다른 한편으로 복음주의적 신앙 부흥운동가들이 '종교의 진리를 전복시키는 이신론理神論자들과 회의주의자들'에게 비난과 독설을 퍼부었다. 장로교 교회 내의 분열로 인해 1746년 뉴라이트 스코틀랜드 장로교파New Light Scottish Presbyterians의 주도로 여러 종파를 망라하는 교육기관으로서 뉴저지대학교(후에 프린

---

24) John Dunn, 'The Politics of Locke in England and America in the Eighteenth Century', in John W. Youlton (ed.), *John Locke: Problems and Perspectives* (Cambridge, 1969), pp. 45~80. 그러나 Jerome Huyler, *Locke in America. The Moral Philosophy of the Founding Era* (Lawrence, KS, 1995), 특히 pp. 207~8을 함께 참조 바람. 혁명 이전 아메리카에서 로크가 가진 영향력을 평가 절하하는 최근의 경향에 대하여 휴일러(Huyler)는 아메리카 문화에 로크의 이상이 침투해 들어간 점을 강력히 주장한다.

25) Wright, *Cultural life*, pp. 119~20, 151~2; Isaac, *Landon Carter's Uneasy Kingdom*, pp. 88 and 359.

〈그림 38〉 헨리 도킨스, 「나소 홀의 북서쪽 모습과 프레지던트 하우스의 전경」(*A North-West Prospect of Nassau Hall with an Front View of the President's House*). 이 그림은 1746년 개교한 지 18년이 지난 뉴저지 칼리지(후의 프린스턴대학)의 모습을 보여 준다.

스턴대학교로 바뀐다)(그림 38)가 설립되기에 이른다. 이에 대해 영국국교도들은 1754년 킹스 칼리지(후에 컬럼비아대학이 된다)의 설립으로 맞불을 놓았다.[26]

혁신에 대한 저항이 없지는 않았지만 1750년경이면 실용적·탐구적 성격을 가진 온건한 계몽사상이 아메리카 내 대학들에서 프로테스탄트 스콜라주의와의 싸움에서 대체로 승리를 거두고 있었다. 1770년대 혁명의 지도자들은 그 같은 환경 속에서 형성되었다.[27] 그들의 정신세계

---

26) Wright, *Cultural Life*, p. 121; Henry F. May, *The Enlightenment in America* (Oxford, 1976), pp. 61~4; Bonomi, *Under the Cope of Heaven*, pp. 131~2; Ferguson, *American Enlightenment*, p. 57.

27) May, *Enlightenment*, pp. 33~4.

는 회의와 의심에 기반을 둔 새롭고 보다 세속적인 합리주의, 자애로운 창조주가 설계한 기계론적인 우주 법칙의 이해를 통해 진보를 획득할 수 있는 개인과 사회의 능력에 대한 확신, 인간의 근면함과 과학적 지식의 적용이 인간을 위한 자연의 제어를 가능케 한다는 확신, 그리고 그 결과로 피치자의 동의에서 정당성을 끌어내는 정부는 국민의 생명·자유·재산의 보호, 그리고 국민의 행복과 번영의 증진을 의무로 갖는다는 확신을 그 특징으로 갖고 있었다.

히스패닉 세계에서도 계몽사상은 좀더 더디고, 좀더 완강한 저항에 직면하기는 했지만 점차 지지자를 발견해 가고 있었다. 부르봉 왕조의 출현이 에스파냐의 지적 생활(그것은 카를로스 2세 치세 말에 이미 부활의 기미를 보여 주었다[28])의 쇄신에 추동력을 제공하기는 했지만 새 이념들, 특히 외국에서 들어온 이념들은 교회, 종교재판소, 대학 등과 자주 충돌하곤 했다. 그런 충돌은 이베리아 반도에서 전통주의자와 개혁주의자들 간에 장기적 갈등을 불러일으켰고, 여기에서 개혁주의자들은 18세기 중엽, 특히 1759년 카를로스 3세의 즉위 이후 우위를 점해 갔다.[29] 본국에서 벌어진 이런 싸움은 대서양 건너편에서도 재연되었다. 그러나 아메리카에서는 고래의 바로크 학풍의 전통이 아직 창조적 혁신 능력을 갖고 있었다.[30] 스콜라주의는 에스파냐령 아메리카의 20개 이상 되는 대학들에서 굳건히 뿌리내리고 있었다. 그러나 이미 1736년이면 키토

---

28) 17세기 후반 에스파냐에 나타난 새로운 과학과 의학의 유입에 대해서는 J. M. López Piñero, *La introducción de la ciencia moderna en España* (Barcelona, 1969) 참조.

29) Richard Herr, *The Eighteenth-Century Revolution in Spain* (Princeton, 1958) 참조.

30) 역사 서술의 혁신에 대해서는 Cañizares-Esguerra, *How to Write the History of the New World* 참조.

의 예수회 수사들은 데카르트, 라이프니츠, 스피노자를 가르치고 있었다.[31] 크리오요 엘리트 자제들에 대한 교육을 예수회가 지배하고 있었다는 사실은 18세기 중엽이면 비록 소수이지만 인디아스의 모든 주요 도시들에 계몽사상의 지지자들이 존재하고 있었음을 의미한다. 대체로 이곳의 대학들은 이베리아 반도의 대학들보다 혁신에 대해 보다 융통성 있는 태도를 갖고 있었다고 할 수 있다.

이런 진전에도 불구하고 에스파냐령 아메리카의 계몽사상은 영국령 아메리카의 그것에 비하면 미약했고, 18세기 마지막 20년 동안이 되어서야 부분적으로는 너무나 더딘 변화에 조바심이 난 국왕 관리들의 재촉을 통해 비로소 그 영향력이 널리 느껴지기 시작했다. 게다가 그것은 정치적 반대를 갖고 있지 않은 계몽사상이었다. 반면에 영국령 아메리카에서는 온건한 계몽사상과 자유와 권리의 이념의 영향을 받은 영국의 정치 문화에 고취된 원칙의 결합이 후에 자극적인 융합이었던 것으로 입증된다.

조지 3세 치세 초기 정치 문화는 변해 가고 있었다. 7년전쟁에서 영국이 거둔 승리, 상업 혹은 해상에서의 영국의 지배는 좀더 공격적인 민족주의, 즉 잉글랜드English적일뿐만 아니라 브리티시적British이기도 한 민족주의를 낳았고, 그것은 보다 권위주의적인 제국 운영을 지향했다.[32] 영국 민족주의의 수사는 자유의 수사라 할 수 있었다. 그러나 동시에 아

31) John Tate Lanning, *Academic Culture in the Spanish Colonies* (Oxford, 1940; repr., Port Washington and London, 1971), p. 65; Arthur P. Whitaker (ed.), *Latin America and the Enlightenment* (2nd edn, Ithaca, NY, 1961), p. 35.

32) Colley, *Britons*, p. 132; T. H. Breen, 'Ideology and Nationalism on the Eve of the American Revolution: Revisions *Once More* in Need of Revising', *Journal of American History*, 94 (1997), pp. 13~39.

메리카인들(영국인들은 식민지 거주자들을 점차 '아메리카인들'이라고 불렀다[33])에게는 그것이 자신들을 의도적으로 배제하는 수사로 생각되기도 했다. 또한 영국 본국에서 나타난 최근의 정치적 발전은 아메리카인뿐만 아니라 영국인들에게도 자유의 고향이라는 자아상 속에서 자부심을 느끼고 있었던 나라에 과연 그 자유가 얼마나 뿌리내리고 있는지에 대하여 회의를 불러일으키고 있었다.[34]

영국은 젊은 조지 3세에게서 그 이전 두 명의 하노버가 왕의 치세 동안 영국 정치를 어지럽혔던 전통적인 당파 간 분열을 극복하고 근절하려고 노력하는 '애국자 왕'을 발견하고 있었다. 영국 정치는—그리고 더불어 정치적 토론은—구 휘그파Old Whigs가 40년 동안 권세를 누리다 몰락하고 나서 새로운 활기와 융통성을 획득해 가고 있었다. 국왕이 명예혁명으로 상실한 권력을 다시 주장하고, 스튜어트 시대의 전제정을 회복하려고 한다는 소문이 돌았다. 그리고 그것은 권력 다툼에서 밀려난 휘그파 정치인들에게 재집결을 위한 슬로건을 제공하고 17세기에 피 흘려 쟁취한 영국의 자유가 다시 위태롭게 되었다고 주장할 수 있게 했다. 동시에 런던과 지방 모두에서 휘그당이 우위를 점하는 동안 심해져 간 귀족의 지배, 그리고 뒷배 봐주기와 영향력 행사 시스템에서 유래한 공적 생활의 부패에 대해 점차 분노의 목소리가 높아 가고 있었다. 이 분노는 의회와 정부의 개혁운동을 자극했으며, 이 개혁운동은 한편

---

33) Breen, 'Ideology and Nationalism', pp. 30~1.

34) 조지 3세의 즉위 이후 수년 동안 대서양 양쪽에서 나타난 이데올로기의 변화에 대해서는 많은 연구가 있다. 특히 Robbins, *Commonwealthman*, ch. 9; Bailyn, *Ideological Origins*; J. G. A. Pocock, *Virtue, Commerce and History* (Cambridge, 1985), 그리고 J. G. A. Pocock (ed.), *Three British Revolutions: 1641, 1688, 1776* (Princeton, 1980)에 포함된 논문 등을 참조. 필자가 뒤에서 제시할 간단한 설명은 대부분 이 논문들을 참고로 하였다.

으로 존 윌크스와 그의 지지자들의 대중정치popular politics와 다른 한편으로는 17세기 영연방인들, 특히 밀턴Milton, 해링턴Harrington, 앨저넌 시드니Algernon Sidney 등과 그들의 18세기 계승자들에게까지 거슬러 올라가는 휘그적 전통 내 급진주의 지지자들과 연계되고 있었다.

영국 본국에서 벌어지고 있던 논쟁을 유심히 지켜보고 있던 아메리카 식민지인들에게 본국의 상황은 자신들의 상황과 맞아떨어지는 것처럼 생각되었다. 그들 역시 스스로를 오만하고 대표성 없는 의회가 휘두르는 자의적 권력 행사의 희생자로 간주했고, 영국사 혹은 「카토의 서한」 같은 정치 논문을 읽으면서 그 자의적 권력의 원인을 당시 영국 정치체를 지배하고 있던 부패가 만들어낸 정체constitution의 기형화에서 찾았다. 그들은 옛 대의Old Cause를 옹호하는 급진적 휘그파의 글에서 자신들의 싸움을 위한 영감의 원천을 찾고 또 발견했다.

영연방인들의 원리는 지적·종교적 전통의 혼합물이었다. 즉 고대 그리스-로마의 고전적 공화주의, 플라톤·아리스토텔레스와 그 계승자들의 합리적 도덕철학, 영국의 보통법과 자연법 전통, 프로테스탄트 종교개혁이라는 종교적 전통과 기독교적 휴머니즘 등의 합성물이었다.[35] 이 전통들(여기에 18세기에 계몽사상의 합리주의가 더해졌다)을 가지고 영연방인들은 자신의 이익보다는 공공의 이익을 더 중시하는 시민적 미덕에 뿌리를 둔 공화국이라는 비전을 만들어 냈다. 영연방인들의 18세기 계승자들이 보기에는 자신의 이익만을 앞세우는 정치가 17세기 영웅적 투쟁을 통해 쟁취한 균형 잡힌 헌정 체제의 토대를 무너뜨리고 있

35) 위에서 언급한 문헌 외에 Jonathan Scott, 'What were Commonwealth Principles?', *Historical Journal*, 47 (2004), pp. 591~613 참조.

었으며, 부패와 타락을 만들어 내고 있었다. 그러므로 오로지 덕망 있는 시민만이 부패의 악을 저지하고, 자유 수호를 위한 항구적 투쟁을 수행할 수 있다고 생각하게 되었다.

그러므로 공공의 미덕의 실행만이 당대의 악에 대항하여 싸울 수 있는 유일하고 효과적인 무기로 생각되었다. 일각에서는 미덕을 회복하기에는 영국이 이미 너무 깊이 부패의 수렁에 빠진 것은 아닌가 하는 염려가 있기도 했다.[36] 그러나 대서양 건너편 아메리카 쪽에서는 아직 싸워 볼 만하고 어쩌면 그 싸움에서 승리할 수도 있을 것으로 생각했다. 국왕 총독들의 비호 체제patronage machines, 국왕 관리들의 사악한 행동과 그들의 측근들로 이루어진 기생적인 연계의 확산[37], 뉴욕과 펜실베이니아, 그 외 지역 선거에서 나타나는 당파적인 사익 추구 등은[38] 영국의 공적 생활을 지배하던 부패가 이미 식민지에도 영향을 주고 있었음을 말해 주는 것처럼 보였다. 자유에 대한 이 같은 위협에 직면하여 '공공의 이익'을 '이익의 정치'보다 더 중요한 것으로 만들기 위해 꼭 필요한 자제自制를 실행하는 것이 유산有產 엘리트층의 의무라고 생각되었다. 그러나 투쟁의 전개에서 모든 사람은 수행해야 할 나름의 역할이 있었다. 필라델피아의 법률가 존 디킨슨은 『펜실베이니아의 한 농부가 보낸 서한』*Letters from a Farmer in Pennsylvania*이라는 논문집에서 영국 정치에 대해 비판하면서 휘그 반대파의 언어뿐 아니라, 해링턴의 세계관에 따르면 애국적 미덕의 정수를 대변하는 캐릭터로 독립적 요먼 농민을 인용했다.

---

36) Bailyn, *Ideological Origins*, pp. 86~93.
37) Bushman, *King and People*, pp. 194~5.
38) Beeman, *Varieties of Political Experience*, pp. 111, 244.

애국적 미덕이 전 식민지 차원에서 표현될 수 있는 기회는 인지세법 폐지 이후 나타난 일련의 사건들에 의해 충분히 제공되었다. 1767년 5월 찰스 톤젠드는 재무장관 자격으로 여러 상품이 식민지 항구에 들어올 때 지불해야 하는 새로운 관세를 부과하는 법안을 하원에 제출했다. 그 목적은 식민지 통치 비용을 위한 수입을 확보하고, 총독과 판사들의 봉급을 인상하여 그들이 식민지 의회에의 의존도를 줄일 수 있게 비상 기금을 제공하는 것이었다. 그것은 찰스 톤젠드가 수년 전 무역부의 핼리팩스 밑에서 근무할 때부터 생각한 계획이었다. 그것은 제국의 힘을 보다 효과적으로 사용할 수 있게 하는 방안으로 충분히 이해할 수 있는 것이었으며, 그것은 대단히 부적합한 아메리카 관세 행정의 재편을 동반하고 있어서 더욱 그러했다.[39] 그러나 식민지인들은 내부 관세internal duties에만 반대하지 외부 관세external duties에는 반대하지 않을 것이라는, 톤젠드 법안이 담고 있는 가정은 대서양 양쪽의 관계가 매우 미묘한 상태에 있던 당시 식민지인들의 감정을 전혀 헤아리지 못한 것이었다.

톤젠드의 관세에 대해 어떻게 대응할 것인지를 두고 식민지에서는 처음에 약간 주저하는 분위기가 있었다. 그러나 1767~8년 겨울에 출간된 디킨슨의 책 『펜실베이니아의 한 농부가 보낸 서한』은 직접적인 무력 충돌보다는 합법적인 저항 쪽으로 의견이 수렴되게 하는 데 기여했다. 톤젠드 법안을 철회해 달라는 요청이 거부되자 식민지인들은 전에 인지세법 철회를 쟁취해 내는 과정에서 톡톡히 효과를 보았던 전술로

39) 톤젠드의 프로젝트에 대한 상세한 고찰은 Peter D. G. Thomas, *The Townshend Duties Crisis. The Second Phase of the American Revolution, 1767~1773* (Oxford, 1987)과 Barrow, *Trade and Empire*, pp. 216~24를 참조.

되돌아가 다시 영국 상품 수입 거부 운동을 들고 나왔다.[40] 1768년부터 1770년 사이에 수많은 단체들이 나타나 상인들의 행동을 감시했는데, 이때는 1765~6년(이때는 상품이 지나치게 많이 쌓여 있었다)에 비해 상당수 상인들의 태도가 미온적이었다. 정책 결정과 집단행동을 위한 이상적인 포럼을 제공한 바 있었던 뉴잉글랜드 시민모임을 모방하여 다른 식민지들에서도 그런 모임이 나타났는데, 뉴욕, 필라델피아, 찰스타운 등에서는 대규모 대중 회합이 열렸다.[41]

영국 상품 수입 거부 운동은 공개적인 강제와 은밀한 강제 두 가지 모두가 동원되었다. 이 운동은 인지세법 때와 마찬가지로 애국적 명분 하에 대중을 결집시키는 것을 통해 이득을 볼 수 있었던 사람들, 그러니까 자신보다 더 성공한 동료의 부와 권력에 심기가 몹시 불편해 있었던 소상인, 지금까지 수입에 의존하고 있던 상품 제조에 참여할 수 있다고 생각한 수공업자, 그리고 이 거부 운동에서 사람들의 박수를 받으면서 지나친 소비를 줄일 수 있는 편리한 방법을 발견할 수 있었던 빚에 쪼들린 남부 지역 젠트리 등으로부터 추동력의 일부를 확보할 수 있었다.

그러나 수입 거부 운동이 여러 이질적인 동기에 의해 고무되고, 일사불란하게 실행되지도 못하고, 일관된 형태로 강행되지도 않았지만, 이 운동은 그 규모나 수사에서 공화국적 전통의 핵심이랄 수 있는 시민적인 미덕이 대대적으로 표현되게 했다. 그것은 아메리카 여성들을 정치화하는 데,[42] 식민지 사회 내 하층 계급을 반영反英 저항운동에 참여케

---

40) Maier, From Resistance to Revolution, pp. 114~38; Breen, *Marketplace of Revolution*, ch. 7.

41) Maier, From *Resistance to Revolution*, p. 118.

42) Breen, *Marketplace of Revolution*, pp. 230~4.

하는 데 기여했다. 사치의 거부는 항상 도덕과 풍습의 개혁 프로그램에서 나름의 역할을 수행하곤 했었다. 그러나 고전적 공화주의의 이상은 그것이 절제를 주장하는 전통적 도덕률에의 호소에 더해졌을 때, 식민지인들이 소박하게 옷을 만들어 입으면서 그리스 로마 애국자들의 미덕의 옷도 함께 만들어 입는다는 것을 분명히 해 주었다. 1769년 한 정치평론가는 '이것은 그리스 로마를 훨씬 능가하는 애국심의 표출이다'라고 주장했다.[43]

이 운동은 대중의 상상을 사로잡고, 식민지인들 간의 협력을 고무함으로써 자유라는 명분하에서 하나가 되어 싸우고 있다는 느낌을 증강시켰다. 식민지인들의 예상치 못한 강력한 저항은 톤젠드 관세가 원래 예상한 수입을 만들어 내지 못한 것은 물론이고 새로 들어선 노스 경Lord North의 정부가 법안을 철회하는 쪽으로 돌아서게 만들었다. 1770년 3월 5일 그는 하원에 자신의 그 같은 생각을 알렸으며, 그해 4월, 차茶에 대한 관세를 제외한 모든 관세가 철회되었다. 차에 대한 관세는 의회가 갖는 권위의 상징으로 남겨두었다.

대서양 양쪽 지도자들은 모두 이제 상황이 진정되기를 기대했다. 적어도 당분간은 실제로 그렇게 되었다. 그러나 상호 불신의 골은 깊었고 그것은 쉽게 불식되지 않았다. 노스 경의 내각은 법안을 철회하기는 했지만 강경한 태도를 취해야 할 때라고 생각되면 그렇게 했다. 의회의 주권을 포기할 생각은 추호도 없었다. 다른 한편으로 1760년대의 갈등이 식민지인들에게는 공동의 압제자에 맞서 싸워야 한다는 공동의 목적의식을 부여해 주었다. 또 그에 못지않게 중요한 것으로서, 그 갈등은 식

43) 'Philo Americanus', *ibid.*, p. 265에서 재인용.

민지인들에게 소중한 권리를 수호하기 위해 장차 닥쳐올 마지막 한판 대결에서 긴요하게 써먹게 될 명분을 한데 모으고 언어를 갈고닦을 기회를 제공해 주었다.

분열된 공동체

노스 경이 의회에서 톤젠드 관세 철회를 선언한 1770년 3월 5일, 보스턴 세관을 수비하던 제29연대에 속한 8명의 병사가 군중의 조롱과 돌팔매질에 분노하여 발포함으로써 5명의 시민이 사망하거나 중상을 입는 사건이 발생했다. 이 사건에 대한 재판에서 피고, 즉 병사들은 새뮤얼의 육촌 동생 존 애덤스의 유능한 변호를 받아, 결국 보스턴의 배심원단은 피고인 8명 가운데 6명에게 무죄, 나머지 2명에게 과실치사죄만을 선고했다. 하지만 급진파는 이 사건을 영국인들이 식민지의 자유를 파괴하려는 행태가 결코 중단되지 않을 것임을 말해 주는 증거로 삼았다. 아메리카의 거리에서는 피비린내 나는 싸움이 전개되었고, '보스턴 학살 사건'은 (미국) 혁명사의 영광스런 한 페이지를 장식하게 되었다.(그림 39)[44]

이 학살 사건은 본디 평화적인 영국 상품 수입 거부 운동으로 계획되었던 것을 저지하려는 세관 관리들과 그 운동을 거부하는 상인들을 응징하려는 일련의 거리 폭동과 폭력 행위들 가운데서 최종적으로 일어

44) Theodore Draper, *A Struggle for Power. The American Revolution* (London, 1996), pp. 356~60; McCullough, *John Adams*, pp. 65~8. 보스턴 학살 이후의 혁명 이전 시기에 대한 간략한 설명으로는 Edmund S. Morgan, *The Birth of the Republic, 1763~1789* (Chicago, 1956), ch. 4, and Gordon S. Wood, *The American Revolution. A History* (London, 2003), pp. 33~44가 있다.

〈그림 39〉 폴 리비어, 보스턴 학살 장면. 이 판화는 1770년 3월 5일, 여덟 명의 영국인 병사로 이루어진 한 무리가 적대적인 군중에게 발포한 순간을 극적으로 포착하고 있다. 이 학살은 식민지인들의 분노를 유발하여 반란으로 이어졌다.

난 것이었을 뿐이다. 식민지 총독들과 영국 각료들은 급진파가 이 무질서를 사주하고 있다고 생각했다. 그들은 보스턴의 윌리엄 몰리뉴William Molineux[45] 같은 거리 폭동의 지도자들이 폭도들과 식민지 엘리트 구성원들을 잇는 중개자 역할을 하고 있다고 의심했다. 그러나 대중 선동가들과 군중의 폭력에 깊은 두려움을 갖고 있었던 엘리트들 간에는 긴장이 있을 수밖에 없었고,[46] 둘 간의 결탁이 어느 정도였으며 어떤 성격을 갖고 있었는지 추정하기란 쉽지 않다. 1768년, 즉 영국 군대가 보스턴에 도착했을 때 이미 독립 말고는 다른 대안이 없다는 쪽으로 확신하게 되었던 것으로 알려진 새뮤얼 애덤스는 1765년 이후 보스턴 거리에서 일어난 대부분의 주요 사건들에 연계되고 있었던 것으로 보인다. 그러나 그는 자신의 흔적을 잘 감추었고, 인민의 자유를 지지하는 이 열정적인 지지자가 스스로 선택한 정책을 실현하기 위해 앞에 나선 것인지, 아니면 그 자신도 통제할 수 없는 호랑이 등에 탄 것인지는 분명치 않다.[47]

보스턴에서와 마찬가지로 뉴욕에서도 영국 병사들의 주둔은 가두 투쟁과 소란을 불러일으켰다.[48] 그러나 그들의 존재는 영국 제국의 권위의 취약성을 일깨워 주기도 했다. 혁명 이전에는 아메리카 군중들의 희생이 전혀 혹은 거의 없었다고 할 수 있는데, 그것은 그들의 행동을 저지할 만한 세력과 맞부딪히지 않았기 때문이다.[49] 매사추세츠의 총독

45) Nash, *Urban Crucible*, pp. 355~60; Maier, *From Resistance to Revolution*, p. 129.

46) Nash, *Urban Crucible*, pp. 351~82를 참조.

47) Beeman, *Varieties of Political Experience*, pp. 258~62. 애덤스가 이미 1768년에 독립을 지지하기로 결심했다는 증거에 대해서는 John K. Alexander, *Samuel Adams. America's Revolutionary Politician* (Lanham, MD, 2002), p. 65를 참조.

48) Nash, *Urban Crucible*, p. 371.

49) Gordon S. Wood, 'A Note on Mobs in the American Revolution', *WMQ*, 3rd ser., 23 (1966),

프랜시스 버나드가 다른 식민지 총독들과 마찬가지로 공적 질서 유지를 위해 뭔가 조치를 취하고 싶었다고 해도 그는 그에 필요한 행정기구를 갖고 있지 않았다. 또한 제국의 권위를 대표하는 기구들도 아메리카 사회에서 당연한natural 지지 세력을 갖고 있지 않았다. 게이지 장군은 매사추세츠에서 무력으로 권위를 회복하려는 의지도, 그럴 수 있는 수단도 갖고 있지 않았다. 그 같은 상황이 새뮤얼 애덤스에게 영국 군대가 보스턴 항에서 섬으로 철수하는 문제를 협상할 수 있게 만들었다. 그러나 영국 상품 수입 거부 운동을 지속함으로써 런던에 압력을 가하려고 한 애덤스의 계획은 결국 실패로 돌아갔다. 영국인들이 확연히 타협적인 자세로 나오자 동부 해안 지역 상인들이 점차 이 운동에서 빠져나갔고, 1770년 가을이면 이미 이 운동의 열기는 도처에서 잦아들고 있었다.[50]

급진파의 시대는 이제 끝나가고 있는 것처럼 보였다. 그러나 그런 판단은 의회의 의도, 완강한 영국 내 여론, 노스 경과 그의 장관들의 판단 착오를 고려하지 않은 것이었다. 차 조례Tea Act는 여전히 유효한 상태였고, 식민지인들의 불만은 해소되지 않고 있었다. 인지세법 위기와 톤젠드 관세를 둘러싼 혼란의 시기 동안 정보를 공유하고 저항을 조정하기 위해 여러 식민지에 '통신위원회들'이 만들어져 있었다. 1773년 매사추세츠 하원은 '자매 식민지들'과의 원활한 소통을 위해 보다 쇄신되고 강화된 위원회를 설치했다. 새뮤얼 애덤스를 위원장으로 하는 보스턴의 위원회는 차 조례에 반대하는 투쟁의 지도부를 맡아보았다.[51]

---

pp. 635~42 참조.

50) Alexander, *Samuel Adams*, pp. 82, 91~2.

51) *Ibid.*, pp. 117, 122.

그해 12월 모호크족 인디언으로 위장한 한 무리의 식민정주자들이 동인도회사 소속의 배에 올라 배에 실려 있던 차 약 1만 달러어치를 보스턴 항구 앞바다에 던져버리는 사건이 일어났다. 이에 대해 노스 경 정부는 1774년 3월과 5월 사이에 몇 가지 징벌적 조치를 단행했다. 강제조례Coercive Acts(혹은 '참을 수 없는 조례'Intolerable Acts라고도 불렀다)는 상선들의 보스턴 항 출입을 금지하고, 총독에게 하급재판관·보안관·치안판사의 임면권을 부여했으며, 위원회 위원 임명권을 런던 정부에 위임함으로써 식민지가 갖고 있던 1691년 특허장의 효력 일부를 철회했다. 신임을 잃은 버나드의 후임 토머스 허친슨을 대신해 매사추세츠의 총독이 된 북아메리카 총사령관 게이지 장군에게는 필요하다면 무력을 동원해 식민지인들의 복종을 강요할 수 있게 4개 연대의 동원권이 주어졌다.[52]

그후 2년 동안의 사건들—제1차와 제2차 대륙의회 소집(1775년과 1775~6년), 독립 선언, 무장 투쟁 등—은 점차 보편적 저항을 혁명으로 바꾸어 놓았고, 그 혁명은 채 9년이 지나지 않아 봉기를 일으킨 본토 13개 식민지를 하나의 독립 공화국으로 바꾸어 놓게 된다. 하지만 제1차 대륙의회가 소집된 1774년 9월까지만 해도 그 사건들이 만들어 낼 결과를 아무도 예단할 수 없었다. 결론에 이르게 만든 여러 단계들 가운데 그 어떤 것도 미리 예정되어 있지 않았다. 매사추세츠가 다른 식민지들의 지지를 얻게 되는 것, 이 식민지들의 지도자들이 한자리에 모여 국왕에게 바치기로 한 충성을 부인한 것, 이 모두가 결코 불가피한 일이 아니었다. 또 그들이 전쟁을 위해 각 지역 주민들을 동원하는 데 성공한 것, 그 전쟁이 승리로 끝나게 되는 것은 더더욱 불가피한 것이 아니었다.

---

52) Draper, *Struggle for Power*, pp. 415~9.

한 세대 후에 그들이 간 길을 따르게 될 에스파냐령 아메리카인들도 그와 비슷한 결과를 만들어 내는 데 약 20년간의 야만적인 전쟁을 감수하지 않으면 안 되었다.

강제조례의 압박으로 어려움에 처한 매사추세츠가 다른 식민지들에 도움을 청했을 때, 그 호소가 식민지들의 지지를 끌어내는 데 성공할 것이라는 보장은 어디에도 없었다. 지난 20년 동안의 전쟁과 정치를 경험하면서 본토 식민지들 간의 관계가 더 가까워지고 우애가 돈독해지고 상호 이해가 심화되기는 했지만 매사추세츠는 식민지들 사이에서 자주 문제를 일으키고 성급한 행동을 잘 하기로 악명이 높았으며, 보스턴 앞바다에서 1만 달러어치의 사유재산을 파괴한 것만 해도 뉴잉글랜드인들이 볼 때 그런 행위는 단지 제국 정부의 분노를 사고 제국정부를 오히려 이롭게 할 수도 있는 무모한 행동의 또 하나의 예로 여겨질 뿐이었다.

그러나 강제조례는 식민지들의 정치적 분위기를 크게 바꾸어 놓았다. 비록 이 조례가 매사추세츠를 응징하기 위한 것이기는 했지만 한 식민지에 대한 억압은 곧 모든 식민지들에 대한 잠재적 위협으로 여겨졌다. 1774년 7월 4일 조지 워싱턴은 마운트버넌의 자택에서 작성한 글에서 아메리카의 자유를 파괴하기 위한 '정규적이고 체계적인 계획'이 가동되고 있음이 분명하다고 말했다.[53] 노스 경의 정부는 그해 6월 말 퀘벡 조례를 통과시켰는데, 그 시점이 대단히 좋지 않아 영국 정부에 대한 식민지들의 반감을 더욱 증폭시켜 놓았다. 이 조례는 기존에 캐나다를 지배하던 군사 정부를 민간 정부로 대체하는 것으로서, 이제 퀘벡은 프랑스 민법의 지배를 받게 되었고 당분간 의회를 갖지 못하게 되었다.

53) Maier, *From Renaissance to Revolution*, pp. 224~5에서 재인용.

이 조례는 또한 로마 가톨릭교회에 특권을 허용함으로써 프로테스탄트들이 민감하게 반응하는 종교적인 감정을 건드렸으며, 그런가 하면 퀘벡의 경계선을 미시시피강 계곡과 오하이오강까지 확대시킴으로써 뉴욕, 펜실베이니아, 버지니아 등이 갖고 있던 예민한 영토적 감정을 자극하기도 했다. 그리고 그것은 강제조례와 때를 같이 하여, 아메리카에 영국국교회 주교구를 설치하려 한다는 소문에 대한 새로운 우려와 함께[54] 불가피하게 과열된 상상을 하고 있던 식민지인들 사이에서 명예혁명으로 끝장났다고 생각하고 있었던 정치적·종교적 전제정이라는 이중적 망령의 공포를 불러일으켰다. 이 사회, 이 시기는 여러 사건의 동시 발생에 대해 음모 없이는 이해할 수 없다고 말하는 음모 이론이 가장 합리적으로 보이는 사회이자 시기였다.[55]

그러나 식민지 엘리트들은 조심스럽게 일을 추진하지 않으면 안 되었고, 거기에는 충분히 그럴 만한 이유가 있었다. 제국 정부와의 정면충돌은 무역에 손해를 가져올 뿐만 아니라 급속한 인구 증가, 새로운 이주민의 유입, 서부 팽창에 대해 내린 '포고선'에 따른 제약 등이 언제든 사회적·정치적 소요를 발생시킬 수 있었던 당시 사회에서 경우에 따라서는 큰 혼란을 불러일으킬 수 있었다는 점이 바로 그것이었다. 1764년 스코틀랜드-아일랜드인 이민자들, 즉 펜실베이니아의 '팩스턴의 아이들'Paxton Boys은 정주지에서 그리스도교도 인디언들을 공격하고, 인디언들

54) Bonomi, *Under the Cope of Heaven*, pp. 199~200; Isaac, *Transformation of Virginia*, pp. 187~9.

55) Morgan, *Birth of the Republic*, p. 61; Draper, *Struggle for Power*, pp. 434~5. 18세기 사상에서 음모이론이 담당한 역할에 대하여는 Gordon S. Wood, 'Conspiracy and the Paranoid Style: Casuality and Deceit in the Eighteenth Century', *WMQ*, 3rd ser., 39 (1982), pp. 401~41 참조.

이 자주 국경선을 침해하는 데도 불구하고 의회가 자신들을 보호해 주지 않는다면서 필라델피아로 항의 행진을 벌였다. 뉴욕 허드슨 군郡에서는 소작인들이 1766년 지주들의 횡포를 견디다 못해 들고일어났다. 1760년대와 1770년대 초에 두 캐롤라이나에서는 경계 지역에서 법과 질서를 챙겨 주지 못하는 식민지 입법부의 무능함에 화가 난 오지 정주자들(이들을 '레귤레이터들'Regulators이라고 불렀다)이 의원들과 지역 관리들에게 자의적으로 린치를 가하는 등 폭력을 행사했다. 북부 항구 도시들에서는 병력의 주둔과 전후 실업 증대로 새로운 불만 요소가 더해져 거리 소요가 쉽게 대중 폭동으로 비화했으며, 늘 불안했던 공공질서를 혼란에 빠뜨리곤 하였다.[56]

식민지 엘리트들은 18세기 영국 귀족들의 라이프 스타일을 열심히 받아들이고 모방하기는 했지만 하층민들로부터 영국식의 존경을 향유할 수 없다는 것을 오래 전부터 잘 알고 있었고, 그것은 보다 안정된 뉴잉글랜드나 남부 지역에서도 마찬가지였다. 1728년 윌리엄 버드 2세는 사우스캐롤라이나 순회를 마치고 돌아와서 그 지역 주민들(그들 가운데 다수는 소재산가들이었다)이 '총독들에게 잘 보이려 하거나 비위를 맞추는 데는 전혀 관심이 없고, 지나치다 싶을 정도로 자유롭고 스스럼없이 대하는 태도에 적지 않게 놀랐다'고 썼다.[57] 만약 식민지인들이 영국 제도 혹은 대륙으로부터 아직 변하지 않은 (사회적 상위자들을) 존경하는 본능을 갖고 아메리카에 도착했다고 하더라도 — 고향을 떠나 이주

56) Edward Countryman, *The American Revolution* (Harmondsworth, 1985), pp. 75~97; Beeman, *Varieties of Political Experience*, pp. 169~77 (레귤러 운동에 대해), pp. 228~42 ('팩스턴의 아이들'에 대해).

57) Wyatt-Brown, *Southern Honor*, p. 70에서 재인용.

를 결심한 사람들 가운데는 누구를 억지로 존중해야 하는 것에 대해 누구보다도 심하게 분노하는 사람들이 많았다—대서양을 건너오게 되었을 때 그들을 기다리는 삶의 기회와 조건은 그런 구세계적인 태도를 계속 유지하는 데 매우 불리하게 작용했다. 어렵지 않게 자유로운 토지를 획득할 수 있었던 아메리카의 조건은 대단히 중요한 사회적 평등 요인이었다. 백인 인구의 3분의 2가 토지를 소유하고 있는 사회에서 비록 서열 자체는 식민지 사회 상층에서 열렬하게 주장되고 있었지만 서열에 대한 존중의 개념이 무한정으로 유지되기는 어려웠다.[58)]

복음주의의 부활evangelical revival이 사람들에게 심어 준 가치 또한 (사회적 상위자를) 존중하는 사회 개념을 뒤엎는 데 기여했을 것으로 보인다.[59)] 서열, 사회적 우위, 사회적 존중 등이 아직도 식민지 사회에 영향력을 갖고 있기는 했지만,[60)] 그런 겉모습은 현실을 반영하지 못하는 경향이 있었다. 영국과의 갈등이라는 놀라운 사태를 지켜보면서 1774년의 혼돈을 응시하는 자신들을 발견하게 된 엘리트들은 불안한 마음으로 자신들에게 불어닥치고 있는 어떤 움직임이 하위자들이 (상위자에 대한) 마지막 남은 존중의 찌꺼기를 내던지고 사회를 무정부 상태로 몰고 가는 징후일지도 모른다고 생각하면서 몹시 불안해 하고 있었다.

---

58) Gordon S. Wood, *The Radicalism of the American Revolution* (New York, 1993), pp. 123~4; 그리고 식민지 사회 구조와 아메리카 혁명 간의 관계에 대한 역사가들의 논쟁에 대해서는 Pauline Maier, 'The Transforming Impact of Independence Reaffirmed', in James A. Henretta, Michael Kammen and Stanley N. Kats (eds), *The Transformation of Early American Society* (New York, 1991), pp. 194~217을 참조.

59) Wyatt-Brown, *Southern Honor*, pp. 67~8; Isaac, *Transformation of Virginia*, pp. 290~1.

60) Bushman, *Refinement of America*, pp. 38~41 참조.

이런 인식은 특히 중부와 남부 식민지 엘리트들 사이에서 두드러졌다. 그들 모두는 휘그적 입헌주의의 이념과 수사를 받아들였고, 뉴욕과 펜실베이니아는 지방 정치에 대한 영국 내 반대 집단들의 언어와 방법론을 전유하는 데 선구자들이었다.[61] 그렇게 함으로써 그들은 연립 구축coalition-building과 정당 정치 조직화에 기반을 둔 미래로 가는 길을 열었다. 그러나 이 무렵 두 식민지가 주저했다. 펜실베이니아의 퀘이커적 기풍과 뉴욕의 강한 친-영국적 전통은 이 두 지역 지배 집단이 영국과의 결정적 결별을 주저하게 만들었다. 그러나 무엇보다도 그들은 종교적 혹은 인종적으로 파편화된 사회들을 한데 결집해 놓을 수 있는 제휴를 어렵게 구축해 놓은 상황에서, 제국의 이슈imperial issues가 지역 정치에 침입하여 공공질서를 어지럽히고 그들 자신들의 힘이 거기에 의존하고 있는 제휴를 무너뜨리게 되지 않을까, 그리고 그런 상황이 만들어 낼 엄청난 혼란을 두려워했다.[62]

중부 식민지들보다는 자유의 개념에 덜 물들었던 남부 식민지들도 자신들의 미래를 걱정하지 않으면 안 되었다. 대규모 노예 인구의 존재가 백인 사회로 하여금 중부 식민지들에서보다 더 잘 결속하도록 기여한 것은 틀림없다. 그 사회가 계서제의 토대 위에 구축되고는 있었지만 그것은 만약 정치적 격변이 일어난다면 대규모 노예반란이 일어날지 모른다는 두려움을 불러일으키기도 했다. 특히 모든 식민지들 가운데 친영국적 성격이 가장 강한 사우스캐롤라이나는 (영국에 대한) 자신의 충성을 강조할 이유를 갖고 있었다. 세기 중반부터 농장주들과 상인 엘리

61) Above, p. 289.

62) Tully, *Forming American Politics*, 특히 423~5를 참조.

트들의 아들들 가운데 점점 더 많은 수가 잉글랜드로 유학을 떠나 교육 과정을 마치고 있었으며, 잉글랜드와의 밀접한 상업적 유대 때문에 찰스타운 엘리트들은 런던의 라이프 스타일을 모방하는 경향이 강했다.[63]

남부 지역 식민지들 가운데 불확실한 미래를 위해 현재의 위기를 기꺼이 감당할 각오가 가장 잘 되어 있는 식민지는 버지니아였다. 버지니아의 엘리트들은 휘그적 전통에 젖어 있었을 뿐 아니라 최근에 자리 잡은 다른 식민지들이 갖고 있지 않은 높은 수준의 사회적 안정성을 확보하고 있었다.[64] 결국 버지니아 농장주들의 역할은 1774년 여름 매사추세츠가 긴급 요청한 바 있는 지원을 받게 될지 아닐지 결정하는 데 결정적이게 된다. 버지니아 식민지 지도자 집단의 결정은 후에 식민정주자 대표 모임에서 추인을 받아, 매사추세츠와 함께 저항의 선봉에 서야 한다는 것이었다. 만약 왕이 '아메리카의 충성스런 신민들을 절망 상태로 내몰려고 한다면' 그들은 완강하게 저항할 준비가 되어 있었다.[65]

그들의 지지 표명(그것은 이미 해산된 상태에 있던 영국 상품 수입 금지를 위해 1769년에 결성한 제휴를 부활시킨다는 결정을 동반하고 있었다)이 어느 정도는 궁핍한 재정의 영향을 받고 있었다. 담배는 세기 중엽부터 판로상의 어려움 때문에 심각한 난관에 봉착해 있었고, 플랜테이션 소유주들은 영국 중간층 혹은 상인들에게 많은 부채를 지고 있었으며, 그것은 계속 증가하고 있었다. 비록 식민지 세계에서 부채는 일상적인 것이었지만, 한 예로 조지 워싱턴은 늘어나는 빚 때문에 심히 걱정이 되

---

63) Beeman, *Varieties of Political Experience*, pp. 131~4.

64) Above, pp. 168~9.

65) Draper, *Struggle for Power*, p. 420; Breen, *Tobacco Culture*, pp, 201~2.

어 담배 농사가 아닌 좀더 수익성이 나은 다른 방법을 찾아야 했고, 결국 담배 대신 밀로 품목을 바꾸어야 했다.[66] 그러나 개인적인 혹은 재정적인 좌절감이 그들로 하여금 반란에 동조적인 심정을 갖게 하는 데 기여한 것이 사실이지만, 제국 위기에 대해 버지니아 농장주들이 보여 준 결의는 그들이 성장해 온 농업 사회의 문화에 깊은 뿌리를 두고 있었다.

갑작스런 경기 부침에 민감한 수출 문화의 수혜자이기도 하고 어느 정도는 피해자이기도 했던 워싱턴과 그의 동료 농장주들은 당연히 감수해야 할 위험을 계산하는 데 매우 익숙했다. 그들은 파산을 막기 위해 늘 자신들의 플랜테이션 경영에 주의를 기울이지 않으면 안 되었으며, 사회적 하층민들과 공동체 전체에 대해 지고 있던 의무를 제대로 수행하는지 여부에 자신들의 평판이 달려 있다는 것을 잘 알고 있었다. 그들이 소유한 넓은 영지는 자신들이 영국 대지주들과 별반 다르지 않다고 생각하게 만들었다. 그러나 그 생각은 영국 지주들의 땅은 노예들에 의해 경작되지 않는다는 사실을 간과한 것이었다. 같은 맥락에서 그들은 자신들을 자애로운 천부적 귀족으로 간주했으며, 자신들의 지배권이 재산 소유로부터만이 아니라 지성과 교육으로부터도 유래한 것으로 생각했다.[67] 그들은 마굿간의 말에 대해 자부심을 가지기도 했지만 서가에 꽂힌 책들에 대해서도 그에 못지않은 자부심을 갖고 있었다. 그러나 역사서나 그리스 로마 시대 고전의 독서가 그들에게 로마 공화국인들의 엄격하고 덕스러운 틀 속에서 스스로를 인식하도록 자극하기도 했지만,

---

66) Breen, *Tobacco Culture*, pp. 80~2.

67) Wright, *The First Gentlemen of Virginia*, pp. 349~50; 그리고 담배 농사의 특별한 성격과 그것이 버지니아 농장주들의 사고방식에 미친 영향에 대해서는 Breen, *Tobacco Culture*를 참조.

그들이 세계를 바라보는 것은 무엇보다도 휘그파 귀족의 모델에 따른, 영국적 자유의 역사적 수호자로서였다. 그들의 관점에서 볼 때 1774년의 아메리카는 1688년의 직전 상황과 같았다.

버지니아의 엘리트들(1770년대 영국 국왕과의 싸움을 성공으로 이끄는 데 이들의 리더십은 결정적인 요소가 된다)은 지역 자치에 대한 풍부한 경험과 대영지를 직접 경영해 본 경험을, 아메리카 다른 지역에서는 유례를 찾을 수 없는 독특한 방식으로 공동체 전체의 생존에서 근본적이라고 본 가치의 수호라는 자신의 고유 의무에 대한 자의식적인 인식과 결합한 것으로 보인다. 국왕 총독 로버트 딘위디는 사람들의 마음속에 공화국이 그려지기 오래 전에 이미 버지니아 하원 의원들이 '매우 공화국적인 방식으로 사고한다'고 기술한 바 있다.[68] 그들의 공화주의는 시민 의식civic consciousness ―랜든 카터가 '사회적 미덕'이라고 말한 것[69] ―과 위대한 전통을 잇고 있다는 생각에 의해 고무된 미완의 공화주의republicanism avant la lettre였다.

그로부터 남쪽으로 멀리 떨어진 베네수엘라에서는 또 다른 노예 소유 플랜테이션 주인들이 20년 전 위기에 직면했을 때 매우 다른 방식으로 반응했다. 그들의 카카오 농장(아시엔다)은 담배 플랜테이션보다 경영하기가 쉬웠다. 대규모 플랜테이션의 주인들은 버지니아의 젠트리들처럼 자기 영지에서 살지 않았다. 그들은 농장은 감독들에게 맡기고 대규모의 가족, 수많은 노예들과 함께 카라카스 시에 있는 멋진 대저택에서 살았다. 도시에서 그들은 시의회의원 직을 맡았고 도시 정치에 참여

68) Morgan, *American Slavery, American Freedom*, p. 373에서 재인용.
69) Issac, *Landon Carter's Uneasy Kingdom*, p. 251.

했으며, 에스파냐령 아메리카 도시 생활의 일반적인 의식에 참여했다. 그들의 수입과 사회적 지위는 대개 카카오 판매로부터 나왔으며, 카카오는 대부분 멕시코, 앤틸리스제도, 에스파냐 본국 등에 수출되었다.[70)]

그러나 1730년대와 40년대 초 카카오 가격이 폭락했는데, 그 이유 중 하나는 1728년 에스파냐의 새 독점회사들 가운데 최초의 것인 왕립 기푸스코아 회사 설립 이후 나타난 새로운 통제와 규제였다. 이 회사는 바스크 상인들에 의해 운영되었는데, 그들은 독점권을 이용하여 카카오 가격은 내리고, 그들이 실어 오는 유럽산 수입품 가격은 올려 베네수엘라 경제를 완전히 장악하기에 이르렀다. 대농장주들 중에서도 빚더미에 나앉게 된 사람이 있었지만 가장 큰 피해자는 소농장주들이었으며, 그중 다수는 카나리아제도로부터 이주해 온 지 얼마 안 된 사람들이었다. 1749년 카카오 농사를 짓는 사람들과 농촌노동자들로 이루어진 사람들이 무리를 이루어 이 기푸스코아 회사의 경제적 지배에 항의하기 위해 카라카스로 행진해 갔다. 후안 프란시스코 데 레온Juan Francisco de León이라는 한 지역 관리가 이끈 이 행렬은 대농장주들 가운데 다수의 암묵적인 지지를 받았다. 카라카스 시의회가 개최한 한 시민 공개 모임은 정부가 지원하는 독점에 반대한다는 결정을 압도적 표차로 가결시켰다. 그러나 베네수엘라의 국왕 총독이 카라카스로 도망치고 저항이 반란으로 변할 기미가 보이자 카라카스의 주요 가문들은 대열에서 이탈했다.[71)]

대규모 플랜테이션 소유자들은 정부에 대한 저항에는 공감했지만

---

70) Eudardo Arcila Farias, *Comercio entre Venezuela y México en los siglos XVII-XVIII* (Mexico City, 1950), pp. 114~16.

71) Ferry, *Colonial Elite*, ch. 5, 그리고 1749년의 반란에 대해서는 Guillermo Morón, *A History of Venezuela* (London, 1964), pp. 77~9를 참조.

노예 반란에 대해 큰 두려움을 갖고 있었다. 또 그들은 시의회에서 국왕 관리들과 협상해 본 경험이 많았기 때문에 바스크 상인들과 자신들 간의 불화가 중재와 법적 조정이라는 전통적 방식으로 해결될 수 있으리라 생각했던 것 같다.[72] 한 국왕 판사가 이 문제를 조사하기 위해 산토도밍고로부터 군대와 함께 파견되었고, 이어 새 총독이 1,200명의 병력과 함께 카디스를 출발하여 이곳에 도착했다. 새 총독은 저항 세력이 만만치 않음을 알고 일반사면령을 발표했으며, 바스크 상인들의 독점도 잠정적으로 중단되어 평화가 회복되었다. 그러나 그의 후임이 1751년 회사의 독점권을 다시 회복시키고 카라카스의 항복을 분명히 받아내라는 지시를 받고 이곳에 도착했다. 레온을 비롯한 반란 지도부는 군대에 쫓기는 신세가 되었고, 그들 가운데 다수가 체포되어 처형되었으며, 레온 자신도 에스파냐로 압송되어 재판을 받았다. 당국은 그에 그치지 않고 카라카스에 있는 레온의 집을 완전히 파괴하고, 파괴된 집터에는 불명예의 표지로 소금을 뿌렸다. 탄압이 승리를 거두는 것처럼 보였다. 그러나 국왕 정부는 교묘한 조치들(정부는 이런 조치들에 매우 익숙해 있었다) 가운데 하나를 통해 회사의 독점권을 제한하려고 했으며, 1년 단위로 카카오 가격을 규제하기 위해 특별위원회를 설치했다. 기푸스코아 회사는 왕실이 1781년 새로운 자유무역 정책의 일환으로 계약을 철회할 때까지 좀더 수용할 만한 형태로 명목상의 독점권을 유지했다.

버지니아의 농장주들은 자유가 위협 받는 곳에서 자신들이 기본 원칙이라고 생각한 것에 대해 분명한 입장을 견지하였으며, 베네수엘라의 농장주들보다 훨씬 더 완고한 집단이었다. 타협이 아니라 자신들의 권

72) Ferry, *Colonial Elite*, p. 216.

리를 끝까지 옹호하는 것이 그들의 본능이었다. 1774년 여름에 보여 준 그들의 도전적인 태도는 식민지 전체가 (본국 정부에 대해) 반대를 강화하는 데 기여했다. 그 과정에서 매사추세츠와 버지니아는 강력한 동맹 관계를 맺게 되었다. 그러나 제1차 대륙의회가 1774년 9월 필라델피아에서 소집되었을 때만 해도 성공이 보장된 것은 결코 아니었다. 55명의 대표 가운데 펜실베이니아 정계에서 가장 두드러진 인물이었던 조지프 갤러웨이Joseph Galloway를 비롯하여 다수의 사람들은 도처에서 나타나고 있던 무질서에 깊은 우려를 표명했다. 법률가로서 영국 헌법을 매우 존중했던 갤러웨이는 지금 돌이켜보면 식민지들과 영국 간의 마지막 화해의 시도로 보이는 제안을 유기적 연합organic union에의 지지 형태로 의회에 제출했다. 거기서 그는 "식민지들이 …… 자신들끼리만이 아니라 모국과도 정치적 연합을 수립할 수 있기를 간절히 바랍니다"라고 말했다.[73] 그것은 에스파냐령 아메리카의 크리오요들이 제기하고 있었던 동등한 대우를 해달라는 청원과 같은 것이었으며, 거기에는 식민지 생활에 관계되는 모든 입법에 대해 영국 의회와 협력적 관계 속에서 활동하게 될 단일 식민지 의회 설립이 포함되어 있었다.

갤러웨이와 그의 펜실베이니아 대표들은 대륙의회에서 많은 사람들의 불신을 샀다. 그러나 그의 '연합안'Plan of Union이 표결에서 근소한 차로 부결되었다는 사실은 본국과의 전면적인 단절을 피하고자 하는 바람이 여전히 매우 강하게 남아 있었음을 말해 준다.[74] 그러나 대륙의회

---

73) Julian P. Boyd, *Anglo-American Union. Joseph Galloway's Plans to Preserve the British Empire, 1774~1788* (Philadelphia, 1941), p. 34.

74) Jerrilyn Greene Marston, *King and Congress. The Transfer of Political Legitimacy, 1774~1776* (Princeton, 1987), pp. 91~3.

는 (본국에) 불만의 시정을 청원하기 위해 필라델피아에 모였고, 대표들은 식민지인들의 권리를 천명하면서 자신들의 계획을 단호하게 밀고 나갔다.[75] 의회에 의해 임명된 대위원회Grand Committee가 권리장전과 불만 리스트List of Grievances를 마련하는 동안, 대표들은 1774년 10월 20일 치열한 논란 끝에 영국과의 교역에서 어느 때보다도 광범한 무역 금지를 천명하게 될 대륙협의회Continental Association 구성에 합의했다. 영국 상품 수입 금지는 1774년 12월 1일, 영국 상품 소비 금지는 1775년 3월 1일, 영국으로의 상품 수출 금지는 그해 9월 1일에 발효되는 것으로 결정되었다. 지역 협의회들associations이 모든 지역에 똑같이 적용되는 정책 실행의 임무를 맡아보기로 했다.

영국령 아메리카 도시들의 풍요로운 협력적 삶rich associational life—에스파냐령 아메리카에도 여러 종교 단체들이 있었지만 영국령 아메리카의 그것이 훨씬 더 풍요로웠던 것으로 보인다—은 이제 그 가치를 입증하기 시작했다. 식민지 전역에서 자발적인 단체들의 네트워크가 새로운 무역 봉쇄를 조직화하기 위한 활동에 착수했다.[76] 이런 지역 단체들은 이미 진행 중에 있던 그 보다 광범한 운동의 일부였고, 그로 인해 많은 식민지들의 권력의 소재와 균형이 극적으로 변하게 되었다. 국왕 총독들은 펜실베이니아와 메릴랜드의 영주 식민지 총독들과 함께 자신들의 권위가 눈앞에서 붕괴되는 것을 속절없이 바라볼 수밖에 없었

75) Garry Wills, *Inventing America. Jefferson's Declaration of Independence* (1978, London, 1980), pp. 57~61.

76) Marston, *King and Congress*, pp. 103~4, 112~3; Breen, *Marketplace of Revolution*, pp. 325~6; 영국의 협력적 삶(English associational life)이 식민지들에 확산되는 현상에 대해서는 Peter Clark, *British Clubs and Societies, 1580~1800. The Origins of an Associated World* (Oxford, 2000), ch. 11을 참조.

다. 식민지 전역에서 협의회위원회Association committees 설립을 위한 선거가 진행되면서 구舊엘리트들은 일반 대중들이 갑자기 정치판에 뛰어드는 것을 놀란 표정으로 바라보고 있어야 했다. 대륙의회의 이름으로 활동하는 새 위원회들은 수입 금지 결정에 동의하지 않는 사람들의 추적에 나섰고, 합의를 어기고 금지에 동참하지 않은 사람들은 분노한 대중이 주도하는 즉결재판에 출두해야 했다. 조지프 갤러웨이나 펜실베이니아 의회 내 신중한 그의 동료들을 포함한 과거의 지배 집단들은 거리 폭동으로 인한 압박에 시달려야 했다. 제국의 정치와 지역의 정치는 속절없이 서로 뒤엉킨 지 오래였고, 각 식민지들은 각자 자기 방식대로 혁명에 착수하고 있었다.[77]

화해의 가능성은 급속히 사라져 갔다. 프랭클린이 런던에서 글을 쓰면서 썼던 '그들이 그렇게도 좋아하는 의회의 위엄과 주권이라는 공허한 개념'idle Notion of the Dignity and Sovereignty of Parliament[78]은 노스 경이 이런 대중의 압박에 부담을 느끼고 식민지인들에게 양보하는 것을 거의 불가능하게 만들었다. 마찬가지로 매사추세츠의 존 애덤스나 버지니아의 패트릭 헨리 같은 의회 내 강경파도 이미 돌이킬 수 없을 정도로 부패해 버렸다고 간주한 영국 의회에 대해 아무 신뢰도 갖고 있지 않았다. 자유의 제국이라는 자신의 비전을 지키기 위해 오랫동안 투쟁해 온 프랭클린도 1775년 초봄 조국으로 돌아올 준비를 할 무렵이면 영국과 식민지들 간의 연합이나 화해 가능성에 대한 신뢰를 완전히 상실하고 있

77) Marston, *King and Congress*, pp. 122~30; Beeman, *Varieties of Political Experience*, pp. 270~1; Gordon S. Wood, *The American Revolution. A History* (London, 2003), pp. 45~50.

78) Morgan, *Benjamin Franklin*, p. 172에서 재인용.

었다: '이 오래되고 부패한 나라에서 모든 사람들 사이에서 횡행하는 극단적인 부패와 떠오르고 있는 우리 조국(아메리카)을 지배하고 있는 영광스런 공공의 미덕을 고려할 때 나는 영국과 식민지들 간의 연합이 득보다는 실이 더 많을 것이라고 확신한다. 그들과 우리를 묶어 놓으면 우리도 그들의 부패에 오염되고 말 것이다.'[79]

식민지들이 전쟁(처음에는 결코 원치 않았던)에 대비하여 병사들을 훈련시키고, 무기와 군수품을 비축하고 있을 때까지도 여전히 그들이 영국적 권리British rights를 위해 확고한 태도를 취함으로써, 자신들의 권리뿐만이 아니라 부패에 빠져 있고 전제적 권력 남용으로 자신들의 자유가 얼마나 많이 훼손되었는지 알지 못하고 있는 모국의 권리도 함께 수호할 수 있으리라는 바람이 여전히 남아 있었다. 그때까지도 영국인들이 지금이라도 깊은 잠에서 깨어나면 모든 문제는 다 해결될 수 있을 것이라고 생각했다. 그러나 웨스트민스터의 체제 반대 세력은 결국 제대로 대처하지 못했고, 영국에서는 어떤 혁명도 나타나지 않았다.[80] 렉싱턴과 콩코드 사건 이후 1775년 5월 제2차 대륙의회는 영국으로부터 아무런 도움도 없이 식민지들이 스스로 자신들을 지키지 않으면 안 된다는 두려운 진실과 맞대면하지 않으면 안 되었다. 한편 너무나 오랫동안 지나치게 낙관적이었던 식민지 관리들 때문에 식민지의 상황을 과소평가해 왔던 영국 정부는 뒤늦게야 상황의 심각성을 깨닫게 되었다. 6월 중순이면 영국 정부는 전쟁의 불가피성을 현실로 받아들이고 있었다.[81]

---

79) Franklin to Galloway, 25 February 1775, Morgan, *Benjamin Franklin*, p. 211에서 재인용.
80) Maier, *From Resistance to Revolution*, pp. 246~53.
81) Tucker and Hendrickson, *Fall of the First British Empire*, pp. 358 and 378.

같은 달, 대륙의회는 조지 워싱턴을 게이지 장군과 그의 병사들에 맞서 오랫동안 싸워 온 매사추세츠 시민군 사령관에 임명하고, 그 군대를 유럽적이고 직업적인 군대로 바꾸는 소임을 그에게 맡겼다.

버지니아인을 총사령관으로 임명한 것은 현실적인 조치였을 뿐 아니라 상징적인 의미를 띠고 있기도 했으니, 그것은 기질이나 생각이 다르고, 그 다름을 날카롭게 인식하고 있었던 여러 식민지 병사들을 단일한 군 지휘부 하에 통합시킨다는 의미를 갖고 있었다. 중부와 남부 식민지들은 천성적이라고 할 정도로 뉴잉글랜드인들을 불신했다. 한 상인은 '우리는 뉴잉글랜드인들의 꿍꿍이를 잘 알고 있다. 이 자들은 왕을 살해한 족속이 아닌가'라고 말했다.[82] 반면에 새 군대의 구조에 대해 언급하면서 존 애덤스는 뉴잉글랜드인의 관점에서 성격의 차이를 언급했다. 그는 뉴잉글랜드의 요먼들과는 달리 남부 지역 보통 사람들은 '대단히 무식하고 형편없이 가난하다'라고 말했고, 반면에 남부 지방 젠트리들에 대해서는 '우리보다 더 자존심이 강하고, 보통 사람들과 자신들을 구분하는 데 더 익숙해져 있다'고 말했다.[83] 끊임없는 도전은 이 이질적인 제휴를 하나로 묶게 될 것이었고, 제휴를 만들어 내는 모든 요인들 가운데 가장 효과적인 것은 전쟁 경험이었다.

노스 경의 정부가 아메리카인들을 상대로 마치 그들이 외국 군대라도 되는 것처럼 전쟁을 하기 위해 영국 해군과 육군을 총동원하기로 결정하자 대륙의회는 왕과의 관계를 전면적으로 냉철하게 재평가하게 되었다. 그들이 지금까지 벌인 싸움은 전통적으로 자신들의 문제에 개입

82) Marston, *King and Congress*, p. 185에서 재인용.
83) *Ibid.*, p. 150.

하겠다는 수용할 수 없는 주장을 해대는 영국의회와의 싸움이었다. 그들이 바치는 충성의 대상은 부패하고 과대망상증에 사로잡힌 의회가 아니라 국왕이었고, 그들은 국왕을 합법적 권위의 유일한 원천으로 간주했다. 알렉산더 해밀턴Alexander Hamilton은 '우리를 적으로부터 지켜 주는 것도 왕이고, 우리가 충성을 바치고 복종해야 하는 것도 오로지 왕이다'라고 말했다.[84] 그러나 이제 (왕에 대한) 실망감은 널리 퍼졌고, '자애로운 국왕'이라는 편리한 이미지가 1774~5년의 불편한 현실 앞에서 한없이 유지될 수는 없었다. 거기다 조지 3세는 전쟁에 대해 단호한 입장을 취하고 있었다. 그는 아메리카 신민들의 청원을 수용할 생각이 전혀 없었고, 벙커힐 전투 이후 유럽의 동료 군주들을 상대로 아메리카에서 싸울 용병 모집에 여념이 없다는 소문이 파다했다.[85] 1775년 8월 그는 아메리카인들이 반란을 일으켰다고 선언하고 그들에 대해 전쟁을 선포했다. 그로써 그들과 왕을 묶어 주고 있던 맹약은 사실상 파괴되고 말았다.

그러나 아직도 영국 왕에 대한 충성은 약 40년 후 에스파냐령 아메리카에서 크리오요들이 에스파냐 왕 페르난도 7세가 자신들의 탄압에 깊이 관여한 사실을 알고서도 충성을 쉽게 포기하지 못한 것처럼, 앙금처럼 끈질기게 남아 있었다.[86] 워싱턴은 1776년 4월까지도 이 충성심이 존속하고 있다는 점을 인정했다. '나는 내 동료들의 통치 방식이나 그들이 지금까지도 왕에 대해 갖고 있는 끈질긴 충성심을 고려해 볼 때, 그들이 독립이라는 생각을 마지못해 받아들이게 될 것임을 알고 있다.'[87] 그

84) *Ibid*., p. 38.
85) *Ibid*., p. 54.
86) Below, p. 388.
87) J. D. G. Clark, *The language of Liberty, 1660~1832* (Cambridge, 1994), p. 121에서 재인용.

에 비해 급진파는 일찌감치 곤경에서 벗어나는 유일한 방법은 독립이라고 생각했다. 그 중 어떤 사람은 1774년 이후로, 어떤 사람은 그전부터 그랬다.[88] 그런가 하면 1763년 이전을 황금시대라고 생각하고 그때로 돌아가기를 열망한 펜실베이니아의 존 디킨슨 같은 사람들도 적지 않았다. 제1차 대륙의회는 「영국 인민에게 고함」이라는 문건에서 '지난번 전쟁이 끝났을 때 우리가 처해 있었던 그런 상황으로 돌아가게 해 줄 것을, 그리고 과거의 조화로운 상태가 회복될 수 있기를' 바란다는 마음을 표명했다.[89] 그러나 1775년 봄 갈등 수위가 상승하자 점점 더 많은 사람들은 이제 독립과 항복 가운데 택일하는 것 외에 다른 방법은 없다고 생각하게 되었다. 존 애덤스는 '이제 중도는 어디에도 없다. 만약 우리가 끝내 이 위대하고 영광스런 싸움에서 패한다면 중도를 찾느라고 헤맨 데서 그 이유를 찾아야 할 것이다'라고 썼다.[90]

대륙의회는 사실상 이미 주권을 가진 정부로 활동하고 있었다. 그러나 1776년 5월 워싱턴이 썼듯이 '새로운 정부 구성은 거의 무한한 주의와 관심을 요하는 것이었으니, 그것은 만약 토대가 잘못 구축되면 그 위에 들어선 건물 역시 부실해질 수밖에 없기 때문'이었다.[91] 이 토대는 비록 그보다 먼저 그 이전의 토대가 붕괴되어야 하기는 했지만 그후 몇 주에 걸쳐 구축되게 된다. 1776년 1월 '어느 영국인'이라는 익명으로 출간된 토머스 페인의 『상식론』은 독립운동이 꼭 필요로 하던 폭발적인

---

88) Maier, *From Resistance to Revolution*, p. 266.

89) Tucker and Hendrickson, *Fall of the First British Empire*, pp. 66~7에서 재인용.

90) McCullough, *John Adams*, pp. 100~1에서 재인용.

91) The *Writings of George Washington*, ed. John C. Fitzpatrick, vol. 5 (Washington, 1932), p. 92 (31 May 1776).

반응을 불러일으켰다. 페인에 의하면 이 책은 출간된 지 3개월 만에 12만 부가 팔렸다.[92]

페인의 주장이 갖는 명료성과 그의 수사가 갖는 강한 힘은 그들 앞에 놓여 있던 모든 주장들을 쓸어 버렸다. 페인은 통치 목적에 관하여 존 로크의 최소주의 이념minimalist ideas에 의존하고 — 페인에 의하면 정부는 '재산의 안전뿐만 아니라 종교의 자유로운 실행을 포함하는 자유와 안전을 제공'하기 위해 존재했다[93] — 영연방인들의 급진적 전통에 의거하여 왕정 자체와 그것의 세습에 대해 신랄한 공격을 퍼부었으며, '허풍으로 가득 찬 영국 헌법'[94]을 단호히 거부했다. 존 애덤스의 견해에 따르면, 이 책의 저자는 '뭔가를 건설하기보다는 파괴하는 데 적합한 도구를 갖고 있었다.'[95] 그러나 페인은 맹렬한 열정으로 건물을 파괴하고 나서(그 열정에는 대중의 감정을 자극하여 폭력적인 행동에 나서게 하겠다는 계산이 담겨 있었다) 독립과 통합을 위한 강력한 주장을 만들어 나갔다(이 역시 독립운동 속으로 과감히 뛰어들지 못하고 주저하는 온건파 다수 대중을 움직여 들고 일어나도록 하려는 것이었다). 그의 주장은 세계사적인 맥락에 맞추어져 있었기 때문에 그만큼 더 효과적이었다:

---

92) Thomas Paine, *Common Sense*, ed. Isaac Kramnick (Harmondsworth, 1986), p. 8. 『상식론』과 그것의 영향에 대해서는 특히 Eric Foner, *Tom Paine and Revolutionary America* (1976; updated edn, New York and Oxford, 2005), ch. 3, 그리고 Robert A. Ferguson의 날카로운 분석 'The Commonalities of *Common Sense*', *WMQ*, 3rd ser., 57 (2000), pp. 465~504을 참조.

93) Paine, *Common Sense*, pp. 68, 97 and 108~9. 하지만 페인 자신은 로크의 글을 읽지 않았다고 주장한 사실을 잊지 말아야 한다.

94) *Ibid*., p. 68.

95) McCullough, *John Adams*, p. 97에서 재인용.

태양은 아직 더 큰 가치를 가진 대의a cause of greater worth에 햇살을 내리지 않았다. 그것은 한 도시, 한 나라, 한 지역 혹은 한 왕국의 문제가 아니다. 하나의 대륙, 즉 적어도 거주가 가능한 세계 면적의 8분의 1을 차지하고 있는 대륙의 문제이다. 그것은 하루, 1년, 혹은 한 시대의 문제가 아니다. 이 싸움은 우리의 후손들의 삶과 연관되어 있으며, 지금의 과정에 의해 세상 종말까지도 영향을 받을 것이다. 지금은 대륙의 통합, 신앙 그리고 명예의 씨앗을 심어야 할 때이다.[96)]

이 감동적인 주장의 논리는 분명 독립 공화국의 수립을 지향하고 있었다. '모든 주장 가운데 가장 강력한 것은 오로지 독립, 즉 대륙 전체를 포괄하는 정부 수립만이 이 대륙의 평화를 유지하게 만들고, 대륙을 내전의 비극으로부터 지킬 수 있을 것이라는 점이다.'[97)] 그러나 '대륙적' 차원의 공화국을 수립하는 것 ― 그리고 '법이 곧 왕'인 공화국[98)] ― 은 미지의 세계로의 거대한 도약을 의미했다.[99)] 왕정 시대에 존속하고 있는 유럽의 공화국들 ― 베네치아, 스위스 연방, 네덜란드 공화국, 그리고 일군의 도시 국가들 ― 은 비교적 작은 정치체들이었다. 그것들은 또한 정체상 금권주의적 과두정으로 전락해 가고, 군중의 힘에 굴복하는 경향을 갖고 있다고 생각되었다. 네덜란드 공화국의 성공 사례가 있기는 하지만 전례들은 그리 고무적이지 않아 보였다.[100)] 한때 영광으로 눈

---

96) Paine, *Common Sense*, pp. 82.

97) *Ibid*., p. 94.

98) *Ibid*., p. 98.

99) Pauline Maier, *American Scripture. Making the Declaration of Independence* (New York, 1997, pp. 34~6.

100) 18세기 공화국들의 퇴조에 대해서는 Franco Venturi, *Utopia and Reform in the*

이 부셨던 영국 헌법이 수많은 식민지인들 사이에서 후광을 잃어 가고 있던 이 시기에[101] 페인은 그것을 왕정과 세습적 지배라는 부패에 의해 치명적으로 손상된 것으로 보았다. 그의 눈은 과거가 아니라 미래에 맞추어져 있었다. '우리에게는 세상을 다시 시작할 수 있는 힘이 있다.'[102]

미래를 염두에 두고 주조된 이 비전은 식민지 사회에서 강력한 반향을 불러일으킬 가능성이 컸다. 지난 2세기 동안 목사들은 뉴잉글랜드인들에게 그들의 나라가 하느님의 섭리적 계획에서 특별한 자리를 차지하고 있다고 여기도록 고무했다.[103] 대각성 운동을 주도한 복음주의파 목사들은 이 메시지에 복음주의라는 색을 입혀 식민지 전역에 확산시켰다. (대각성 운동의 지도자) 조너선 에드워즈[Jonathan Edwards]는 아메리카에서 새로운 밀레니엄이 시작되고 있다고 주장했다.[104] 밀레니엄에 대한 예언은 다가올 축복의 나라에 대한 비전과 함께 다시 새로운 세계를 열기 위해 고안된 공화주의 이데올로기와 잘 어울렸다. 이 두 이미지의 이면에는 진정 새로운 세계로서의 '아메리카 신세계'라는 인식이 자리 잡고 있었다. 제대로 알지도 못하고 내뱉는 유럽 논평자들의 비판은 아메리카인들로 하여금 자신들이 살고 있는 땅이 가진 독특한 성격을 주의 깊게 바라보고 인식하도록 만들었다. 그 독특한 성격은 장차 새롭고

Enlightenment (Cambridge, 1971), ch. 3을 참조.

101) cf. Ezra Stiles to Catharine Macaulay, 6 December 1773, Maier, *From Resistance to Revolution*, p. 289에 있는 다음과 같은 언급을 참조했다: '영국 헌법에 대한 나의 신뢰는 땅에 떨어졌다.'

102) Paine, *Common Sense*, p. 120.

103) Above, pp. 187~8.

104) Bloch, *Visionary Republic*, p. 47, 그리고 천년왕국 사상과 혁명의 관계에 대해서는 part 2를 참조. 또한 Ferguson, *American Enlightenment*, pp. 52~3을 참조.

체질적으로 독특한 정치적 공동체 속에서 표현되게 될 것이었다.

1776년 봄부터 여름 사이에 나타난 위험하고 (잠재적으로는) 파괴적인 상황 전개는 (본국) 제국과 연결된 끈을 끊어 버리고 아메리카 자치 공화국을 건설하는 데 필요한 혁명적 에너지와 혁명적 이념을 수렴하게 했다. 1775년 캐나다를 '연합' 속에 끌어들이기 위한 대륙의회 주도의 군사작전은 실패로 끝났고, 그로 인해 뉴욕과 뉴잉글랜드의 북쪽 국경은 영국인과 인디언들의 공격에 노출되었다. 영국 육군과 해군이 뉴욕을 공격하기 위해 집결하고 있었다. 평화 협상보다는 왕권의 재천명을 주장하고 있었던 조지 3세는 아메리카 내 국왕군 병력을 증강하기 위해 독일 헤센 주 출신 용병들과 계약을 체결했다.[105)]

개별 식민지들은 민간 정부civil authority의 붕괴에 직면하여 뉴햄프셔와 노스캐롤라이나를 필두로 이미 자신들의 헌법을 만들기 시작하고 있었다. 1776년 5월 15일 대륙의회는 식민지 연합United Colonies의 각 의회들Assemblies과 대표자회의들Conventions에 '개별 주민들과 아메리카인 전체의 행복과 안전을 가장 잘 보장할 수 있는 정부를 채택하라'고 권고했다.[106)] 같은 날 버지니아 대표자회의는 필라델피아에 있는 자기 대표들에게 대륙 의회가 '자유롭고 독립적인 국가들의 식민지연합'을 선언하도록 제안하라고 지시했다.[107)] 식민지연합의 구성 국가들은 각기 가진 열정은 달랐지만 대중의 압력, 정치적 술수, 순수한 사건들의 추동력 등의 결합에 힘입어 속속 대열에 합류했다.

---

105) Maier, *American Scripture*, pp. 38~41.
106) Morison, *Sources and Documents*, p. 148.
107) *Ibid*., p. 63.

보수파에 의해 지배되고 있던 펜실베이니아 의회(독립 움직임에 대한 그들의 굼뜬 행보는 존 애덤스와 의회 내 급진파 동료들의 분노를 샀다)는 첫번째 희생자 중 하나였다. 활기찬 수공업자 문화를 갖고 있던 필라델피아는 1774년 가을 토머스 페인이 영국에서 도착했을 때 이미 매우 정치화되어 있었다(그림 40). 10년 전에 프랭클린은 이 도시의 기계공, 수공업자, 상점주들을 영주 정부를 국왕 정부로 바꾸기 위한 캠페인에 동원했고, 1770년대 초반의 수입 거부 운동은 상인 과두 지배층의 지배에 분노하고, 영국 제조업자들과의 경쟁으로부터 보호받기를 원했던 이곳 수공업자들의 새로운 소요를 자극한 바 있었다. 이들은 자기 개선과 자조自助의 중요성을 강하게 의식하고 있었고, 평범한 사람의 문장으로 표현된 평범한 사람의 독립 주장으로 되어 있는 페인의 『상식론』은 그들에게 엄청난 충격을 가져다 주었다. 그들은 이 책이 출간되자마자 구입하여 선술집이나 커피하우스에서 큰소리로 낭독했다. 수비대에서의 복무 경험과 1775~6년에 우후죽순처럼 생겨난 여러 시민위원회에 참여한 경험은 그들에게 자신들의 점증해 가는 힘을 자각하게 만들었다. 페인을 포함한 일군의 급진파가 주도권을 쥐고, 펜실베이니아 의회와 상인 엘리트들의 지배에 도전하기 시작했을 때 수공업자들과 하층민들의 힘은 이미 공적인 집회와 필라델피아 거리에서 강하게 느껴지고 있었다.[108]

필라델피아의 대중의 지지라는 고갈되지 않는 수원水源과 정치적 소외에 오랫동안 분개해 온 펜실베이니아 서부의 지지를 등에 업고 급진파는 5월 15일 가결된 대륙의회의 결의를 이용하여 대표자 회의

---

108) Foner, *Tom Paine*, 특히 pp. 56~66.

〈그림 40〉 윌리엄 러셀 버치, 「필라델피아 컨트리마켓 인근의 번화가」(*High Street from the Country Market Place*). 판화(1798). 1794년 아메리카에 도착한 한 영국 화가가 그린 혁명 후 필라델피아의 모습을 담은 29점의 판화 가운데 하나. 이 그림들은 '이 지역의 발전이 유럽에도 전해질 수 있다는 것을 알리겠다'는 목적으로 그려졌다. 제1차와 2차 대륙의회의 개최지였고, 독립선언이 서명되기도 했던 멋지고 번영한 도시(필라델피아)의 모습을 잘 보여 준다.

Convention 소집안을 밀어부쳤다. 이 회의가 6월 18일에 열렸다. 펜실베이니아 의회가 8월 중순 한 차례 연기된 뒤 다시 소집될 무렵이면 이미 새로운 헌법 초안이 대표자 회의에 의해 완성된 상태였고, 그것은 효과적으로 정부의 지배권을 장악하고 있었다. 아메리카에서 새로 만들어진 모든 헌법들 가운데 가장 급진적이고 가장 민주적인 내용을 담고 있었던 이 헌법은 페인의 논리에 입각하여 영국의 '균형 잡힌 통치 원칙'을 거부하고, 단원제 의회를 천명했으며, 세금을 납부하는 21세 이상의 모든 자유민에게 투표권을 부여하고 있었다.[109] 반면에 뉴욕에서는 대륙의회의 결의가 스테이턴섬Staten Island에 영국 군대가 상륙한 것과 결부되어 보수파에게 그들의 입장에서 볼 때 좌파 쪽으로는 과격파를, 우파 쪽으로는 토리(국왕) 충성파Tory loyalists를 제치고 자신들의 방식으로 독립으로 나아갈 수 있는 기회를 제공해 주었다.[110]

대륙의회의 허락을 통해 새로운 형태의 정부를 만들어 낸 네번째 식민지인 버지니아가 소집한 대표자회의는 6월 초 인권선언Declaration of Rights을 가결하고 나서 같은 달 29일 자신의 새 헌법을 채택했다. 이 인권선언은 1774년 제1차 대륙의회가 채택한 권리장전과 마찬가지로 1689년 제임스 2세의 치세를 공식적으로 종식시키고 윌리엄과 메리의 치세를 열었던 영국의 인권선언에서 그 영감을 얻고 있었다.[111] 식민지 엘리트들은 한 형태의 정부를 종식시키고 다른 형태의 정부를 출범시키기 위한 합법적인 방법을 모색하면서 본능적으로 자신들이 그로부터 성장해 나온 휘그적인 입헌적 전통에 관심을 집중했다.

1776년 봄과 여름 사이 식민지들이 차례로 독립을 선언하고, 새로운 형태의 정부 수립에 착수하면서 대륙의회가 정식으로 독립선언을 하는 데 필요한 불가역적 추동력이 축적되어 갔다. 각 식민지들은 법을 자신들의 수중에 넣게 되었다. 그러나 '식민지연합'은 국제적으로 인정받을 수 있는 법적 지위를 갖고 있지 않았고, 또 그들의 반란이 지속될 수

---

109) *Ibid*., pp. 127~34; Beeman, *Varieties of Political Experience*, pp. 270~5.

110) Marston, *King and Congress*, pp. 286~8 and 292~6; 그리고 또한 여러 식민지들에서 독립을 둘러싸고 벌어진 갈등에서 나타난 힘의 균형의 차이와 결과의 차이에 대하여는 Countryman, *The American Revolution*, ch. 4를 참조.

111) Maier, *American Scripture*, pp. 51~8.

있기 위해서는 무엇보다도 군사 원조가 필요했으며, 그것을 제공할 수 있는 나라는 프랑스 말고는 없었다. 6월 2일 버지니아의 리처드 헨리 리 Richard Henry Lee는 이 적나라한 진실을 다음과 같이 언급했다: '독립을 요구하는 것은 외국과의 동맹이 획득될 수 있는 유일한 수단이므로 선택이 아니라 필수다.'[112] 5일 후에 그는 의회에서 '이 식민지 연합은 자유롭고 독립된 국가들이며, 또 당연히 그렇게 되어야 한다'라는 결의를 발표했고, 그에 대해 존 애덤스는 동의를 표했다.

결의를 통과시키고 나서 의회는 독립선언문 초안 작성 위원회를 구성했는데, 새로 도착한 버지니아 대표로 참석한 토머스 제퍼슨은 이 위원회의 다섯 명의 위원 가운데 한 명이었다. 그는 얼마 전에 버지니아 헌법 초안을 작성한 적도 있었다. 제출된 선언문의 마지막 손질은 존 애덤스의 표현을 빌면 '독특하고 절묘한 표현 능력을 가진' 제퍼슨에게 맡겨졌다. 물론 이 작업에 남부 지역 출신 인물을 포함시킴으로써 그렇지 않았더라면 지나치게 뉴잉글랜드의 급진적인 색깔을 띠었을 내용을 얼마간 순화시키려는 정치적 고려도 제퍼슨의 문학적 자질 못지않게 중요하게 고려된 것으로 보인다.[113]

제퍼슨이 손을 본 선언문(그것은 과연 그의 독특하고 절묘한 표현 능력을 증명하였다)은 5인위원회에서 상당한 수정을 거친 다음 6월 28일 대륙의회에 넘겨졌다. 7월 2일 만장일치로 '이 식민지연합'은 자유롭고 독립적인 국가들이며, 또 마땅히 그래야 한다'라고 확인한 다음 대륙의

---

112) Wills, *Inventing America*, p. 325; 그리고 국제 관계와 동맹의 맥락에서 본 독립선언에 대하여는 David Armitage, 'The Declaration of Independence and International Law', *WMQ*, 3rd ser., 59 (2002), pp. 39~64를 참조.

113) McCullough, *John Adams*, p. 120; Maier, *American Scripture*, pp. 100~1.

회는 선언문을 계속해서 더 논의하고 수정하기 위해서 스스로 전체위원회Committee of the Whole로 모습을 바꾸었다. 그런데 수정 과정은 원문의 저자인 제퍼슨에게 많은 스트레스를 안겨 주었다. 수정 과정 중에 나타난 가장 중요한 변화는 사우스캐롤라이나와 조지아가 주장해서 혐오스런 노예무역에 관해 언급하고 있는 상당히 긴 문단 하나가 통째로 삭제된 것이었다.[114] 수정을 마친 독립선언문을 7월 4일 의회가 최종적으로 수용했다. 그래서 7월 2일이 아닌 7월 4일이 공식 독립기념일로 남게 되었다.[115] 4일 후 식민지연합은 필라델피아에서 전 세계를 상대로 이제 자신들을 자유로운 연합국가로 간주해 달라고 선언했다. 선언문 사본이 인쇄되어 전국으로 퍼졌으며, 왕권의 상징물들은 식민지 전역에서 파괴되고 제거되었다.

식민지들이 영국의 지배로부터 독립을 선언한 이 문건은 그 이전 20년 동안 제국 정책에 대한 식민지인들의 저항을 고무한 전통, 생각, 이념의 웅변적 융합을 대변하고 있었다.[116] 이 독립선언문은 영국 왕이 저질렀다고 생각한 권리 침해와 강탈 행위들을 길게 제시하는 과정에서 그전에 제퍼슨이 버지니아 대표자 회의를 위해 작성한 선언문과 마찬가지로 1689년의 영국 인권선언이 제공한 전례에 의존했다. 다만 이번에는 '절대주의적 전제정 수립'에 매달리고, 불만 시정을 위해 제출한 모든 청원을 무시한 사람이 제임스 2세가 아니라 조지 3세인 것이 달랐

---

114) 기독교도 왕으로서 노예무역을 금하지 않았다는 이유로 조지 3세를 고발하고 있는 이 문단의 텍스트는 Maier, *American Scripture*, p. 239, 부록 C에 수록되어 있다.

115) 독립선언문의 편집 과정과 승인에 대하여는 Maier, *American Scripture*, ch. 3을 참조.

116) 독립선언문의 분석에 대해서는 특히 Wills, *Inventing America*와 Maier, *American Scripture*를 참조.

을 뿐이다. 그러나 이번 경우의 결론은 1688~9년처럼 단순히 당시 군주에 대한 충성의 종식이 아니라 영국 왕정 자체에 대한 충성을 종식하겠다는 것이었다. 두 정치체 간의 관계를 말소한 점에서 이 독립선언문은 1689년의 권리장전보다는 1584년 네덜란드 의회가 에스파냐의 펠리페 2세에 대한 충성을 철회한 '고국 포기선언'Act of Abjuration과 비슷했다.[117)]

아메리카 식민지인들은 그전에 네덜란드인, 영국인들이 그랬던 것처럼 자신들의 독립선언문에서 서구 세계 반란자들에게는 표준적 준거라 할 수 있는 지배자와 신민들 간의 계약 이념에 호소하고 있었다. 히스패닉 아메리카인들 역시 인정하고 싶지 않은 조치에 반대할 때 전통적으로 이 방법에 호소했다. 계약 이념 자체는 두 식민지 사회 인민들에게 공통된 것이고, 그들이 공유하는 자연법 전통에 깊이 뿌리박고 있었지만, 서로 다른 역사와 종교적 전통은 불가피하게 두 사회에서 그것이 전개되는 맥락을 다르게 만들었다. 1781년 누에바그라나다의 코무네로들은 1521년 카스티야 코무네로들의 정신적 상속자였고, 그들은 중세 시대 『7부법전』 속에 구현되고 있던 카스티야의 입헌적 전통에 뿌리를 두고 있었다. 1776년 제퍼슨과 의회 대표들은 마그나카르타, 프로테스탄트 종교개혁, 네덜란드 반란(독립전쟁), 17세기 영국을 거쳐 마침내 자신들에게까지 이어진 것 속에 구현된, 전제 군주에 대한 저항이라는 빛나는 역사적 전통 속에 자신들을 자리매김하고 있었다. 저항의 원리는 영

117) 네덜란드의 고국 포기선언에 대해서는 H. G. Koenigsberber, *Monarchies, States Generals and Parliaments. The Netherlands in the Fifteenth and Sixteenth Centuries* (Cambridge, 2001), pp. 296~7을 참조. '식민지 연합'으로부터의 이행에 포함된 개념적 모호성에 대해서는 J. R. Pole, 'The Politics of the Word "State" and its Relation to American Sovereignty', *Parliaments, Estates and Representation*, 8 (1988), pp. 1~10을 보라.

국의 자유 수호라는 영웅적인 기록을 가진 영국의 법적 전통에 의지하여, 일련의 정치 철학자들의 글에서 수사적 지지를 끌어내고 있었으며, 그 가운데는 로크와 '오래된 명분'[118]에 대한 급진적 휘그파 지지자들도 포함되어 있었다.

독립선언문에는 페인의 『상식론』에서도 그랬듯이, 식민지들과 영국 국가 간 분리에 대한 역사적·법적 주장이 그보다 더 광범하고 보편적인 의미를 가진 도덕적 논리 속에 포함되어 있었으니, 정부가 전제적으로 행동하면 인민은 그 정부와의 관계를 단절할 의무가 있다는 것이 그것이었다.[119] 이 주장의 배경에는 영연방인을 통해 전해 내려오는 고전적 공화주의 전통이 내재해 있었으며, 그것은 자유의 상실을 막는 유일한 대책으로 시민적 미덕의 형성에서 도덕성에 강조점을 두는 것이었다. 그러나 가장 중요한 것은 독립의 대의명분을 계몽사상을 통해 드러난 '자명한 진리'와 연계시키려는 제퍼슨과 그의 동료들의 결심이었다.

제퍼슨은 이 진리의 자명함을 선언하면서 18세기 스코틀랜드 철학자들의 글에서 영감을 구한 것으로 보이는데,[120] 스코틀랜드 철학자들 역시 로크의 도덕률에 깊이 뿌리박고 있었다. 고전적 공화주의가 원천적으로 갖고 있던 사회에 대한 유기체적 관점과 로크의 정치 철학이 가진 개인주의 간에 긴장이 나타나기도 했지만 독립선언문이 만장일치로 용인되고 승인되었다는 사실은 이 무렵에 존재하고 있던 두 가지 담론

---

118) Old Cause; 신기군New Model Army 병사들이 영국의회를 위해 싸운 일련의 이유에 대해 나중에 붙인 이름—옮긴이.

119) Morton White, *Philosophy, the Federalist, and the Constitution* (New York and Oxford, 1987), pp. 208~11을 참조.

120) Wills, *Inventing America*, ch. 12.

이 상호 양립할 수 있는 것이었음을 말해 준다. 로크의 사고에 내재하는 급진적 개인주의의 요소는 로크 사상의 다른 요소들의 희생 위에서 주장되어야 했으며, 1776년 세대의 사람들은 로크의 원리에 빠져 있으면서도 고전적 공화주의를 위한 공간을 갖고 있었던 공통의 문화에서 영감을 구하고 있었다.[121)]

이 로크의 원리의 핵심에는 서로 협력하여 동의에 기반을 둔 시민 사회를 만들어 낼 능력을 가진 합리적 존재로서의 인간을 창조한 자애로운 신에 대한 믿음이 있었다. 18세기 식민정주자들은 그것을 거의 인식하지 못한 채 로크주의자가 되어 있었다. 그들은 인디언과 아프리카인에 대해서는 그렇지 않았지만 적어도 자기 자신들에 대해서는 원칙적으로 근본적 평등의 개념을 받아들이고 있었고, 다양한 견해의 관용이 상호 신뢰에 바탕을 둔 사회의 성공적 기능에 필수적이라고 생각했으며, 그들 자신들의 상황과 그들이 살고 있는 사회의 상황을 개선하겠다는 목적과 기대를 갖고 그것을 성취하기 위해 부단히 노력했다.

그렇게 함으로써 그들은 정부가 인권선언에 '양도 불가한 몇몇 권리'라고 명시된 사항을 보호해 주기를 기대했는데, 그 양도 불가한 권리 중에는 '생명, 자유, 행복 추구'가 포함되어 있었다. 보다 일반적인 공식이 '생명, 자유, 재산'인 데 비해, 로크는 『인간오성론』 제2권에서 행복이란 신께서 모든 피조물들이 누리기를 바라는 것이며, 당신의 선하심을 지상에서 미리 맛보는 것이라고 말한 바 있다. 스위스 출신의 법학자 겸 철학자인 뷔를라마키와 스코틀랜드 계몽사상가들(제퍼슨은 그들의 이론을 잘 알고 있었다) 또한 인간의 행복해질 권리에 대해 강조한 바 있

121) Huyler, *Locke in America*에서 개진된 주장을 따랐다.

다.[122] 이 행복이라는 개념은 당시 유행이 되다시피 해서 18세기 지배자들이 자신들의 목적 가운데 하나는 행복 추구라고 말하는 것이 관행이 되었다. 매사추세츠 총독 조너선 벨처Jonathan Belcher는 1731년 의회 연설에서 당시 유행하던 이 말을 이용해 '인민의 행복을 크게 증진시킬' 법적 토대를 놓아야 한다고 말했다.[123] 행복의 개념은 독립선언문에서 표명됨으로써 비로소 인간이 일상을 영위하거나 즐거움을 추구할 때 정부에 의해 괴롭힘을 당하지 않고 자신들의 자유와 노동의 과실을 최대로 향유하는, 양도할 수 없는 권리로서 완전한 공명을 얻게 되었다.

독립선언문은 특수한 것the particular을 보편적인 것the universal의 맥락 속에 위치시킴으로써, 그리고 영국인의 권리British rights를 천부적 권리natural rights로 치환함으로써 영어권 세계의 범위를 뛰어넘어 훨씬 광범한 지역에서도 공명을 울릴 수 있었다. 이 선언문은 발표된 지 한 달이 채 지나지 않아 한 네덜란드 잡지에 프랑스어로 번역되어 실렸으며, 이어 독일어 번역본도 나오고, 1783년까지는 프랑스어 번역본이 적어도 아홉 번 이상 출간되었다.[124] 그에 비해 에스파냐는 좀더 신중했다. 8월 27일 『가세타 데 마드리드』*Gaceta de Madrid* 지 독자들은 신문을 자세히 살펴보았더라면 다른 여러 기사들 속에 묻혀 잘 보이지 않는 모습으로 실린 다음과 같은 기사를 볼 수도 있었을 것이다: "대륙의회는 아메리카의

---

122) White, *Philosophy*, p. 181; Wills, *Inventing America*, ch. 18; 그리고 Darrin McMahon, 'From The Happiness of Virtue to the Virtue of Happiness; 400 B.C-A.D. 1780', *Daedalus* (Spring, 2004), pp. 5~17, and Jack P. Greene and J. R. Pole (eds), *The Blackwell Encyclopaedia of the American Revolution* (Oxford, 1991), pp. 641~7 (Jan Lewis, 'Happiness').

123) The Boston *News-Letter*, no. 1412, 18 February 1731.

124) Bailyn, *To Begin the World Anew*, p. 134.

열두 식민지가 영국으로부터 독립했음을 선언했다. 각 식민지들은 각각 자신의 정부를 구성할 것이며, 더불어 모든 식민지들을 대표하는 공동의 기구가 들어설 예정이다." 에스파냐 정부는 신민들에게는 이 일에 대해 최소한의 정보만을 알리려고 했으며, 아메리카 거주 신민들에게는 그마저도 알리려고 하지 않았다.[125]

그러나 필라델피아에 모인 사람들에게 중요한 것은 에스파냐의 반응이 아니라 프랑스의 반응이었다. 신생 공화국이 자유를 위한 투쟁을 승리로 이끌기 위해 반드시 필요한 즉각적이고 도덕적이며 실질적인 지지를 구하였던 것은 무엇보다도 프랑스인들로부터였다. 1776년 냉혹한 겨울의 시점에서 볼 때 독립을 위한 싸움은 독립파의 패배로 끝날 수밖에 없어 보였다. 그들은 아직까지 동맹 세력을 확보하지 못하고 있었고, 불과 10년 전에 프랑스와 에스파냐 연합군을 상대로 싸워 승리한 적이 있는 제국을 상대로 싸우고 있었다. 더구나 그들은 조지 3세에 대한 충성을 부인함으로써 영국 대서양 공동체British Atlantic community를 분열시켰고, 그 과정에서 자신들을 위험에 노출시키고 있었다. 남쪽에서는 동·서 플로리다가 확고하게 영국의 수중에 있었다. 반란을 일으킨 식민지들의 서쪽에서는 인디언 국가들Indian nations이 백인들 간의 전쟁이 끝났을 때 이긴 쪽에 설 수 있기를 바라면서, 불안한 중립을 유지하되 상실한 자신들의 땅을 되찾을 가능성이 좀더 많아 보이는 영국 쪽에 기우는 듯한 모습을 보이고 있었다.[126] 북쪽에서는 1775년에 침입했던 아메리카

125) Luis Ángel García Merero, *La independencia de los Estados Unidos de Norteamérica a través de la prensa española* (Madrid, 1977), pp. 297~8.

126) Richter, Facing *East in Indian Country*, pp. 219~21; Colin C. Calloway, *The American Revolution in Indian Country* (Cambridge, 1995), ch. 1.

군대American army의 패배 이후 캐나다와 노바스코샤가 영국 국왕에 충성을 바치고 있었으며, 반란 세력을 공격하기 위한 중요한 거점이 되고 있었다.

영국령 서인도제도 역시 남부 식민지들과 유사점이 많기는 했지만 반란에 합류할 기미를 보이지는 않고 있었다. 백인보다 흑인이 다수를 이루고 있는 사회에서 노예 반란에 대한 두려움은 반란에 대한 강한 제어장치가 되어 주었다. 그렇지만 인종 간 균형이 좀더 균등했던 북아메리카 남부American South에서는 그 같은 두려움에도 불구하고 대농장주들 가운데 다수가 반란에 합류했다. 그러나 버지니아의 대농장주들과는 달리 카리브해의 플랜테이션 소유주들 가운데 다수는 부재지주였으므로 자신들의 영지와의 심정적 연계가 상대적으로 약했다. 서인도제도는 프랑스 소유의 설탕 생산 섬들과 경쟁해야 했으므로 보호가 제공되는 영국 시장에 전적으로 의존해야 하는 형편이기도 했다. 이미 1760년대에 제국 입법을 둘러싸고 벌어진 논란에서 서인도제도의 로비스트들은 제도諸島의 우선적 지위를 확보하기 위해 국왕에 대한 충성이라는 카드를 유효적절하게 사용하는 것이 중요하다는 것을 알게 되었다. 국왕에 대한 충성 카드는 설탕을 계속 수출할 수 있기 위해, 그리고 노예 반란 시 영국의 군사 원조를 확보하기 위해 효과적으로 사용할 수 있는 충분한 가치가 있는 것이었다.[127)]

13개 식민지가 영국 대서양 제국의 상당 부분을 자기편으로 만드는 데도 실패했지만, 그들은 13개 식민지 주민 가운데 상당수를 자기편으

127) 아메리카 혁명에 대한 서인도제도의 반응에 대한 다양한 설명에 대해서는 O'Shaughnessy, *An Empire Divided*를 참조.

로 끌어들이지도 못하고 있었다. 독립선언문은 혁명의 대의를 위한 열정을 동원하는 데 큰 역할을 수행하기도 했지만 상당수 소수파에게는 지나치게 앞서가는 내용을 담고 있었다. 펜실베이니아의 존 디킨슨 같은, 아메리카의 자유라는 명분을 적극 지지하는 것으로 이름이 높았던 사람들 중에서도 혁명에서 발을 빼는 사람이 많았다.[128] 그런가 하면 눈앞에서 전개되고 있는 일련의 상황에 겁을 집어먹고 숨을 죽인 채 영국 군대가 도착하기를 기다리는 사람들도 있었다. 또 혁명에서 항상 그렇듯이, 한쪽으로 기울지 않고 중립을 지키면서 혼란한 상황이 지나가기만을 바라는 사람도 많았다. 약 220만 명의 백인 인구 가운데 50만 명 정도는 영국 국왕에 충성하는 사람들이었던 것으로 보인다. 이 충성파 가운데 1만 9,000명은 아메리카 내 영국 군대에 속한 '지역군'에 자원입대했고, 약 6만 명은 캐나다나 영국으로 빠져나갔다.[129]

이 싸움에서 국왕에 충성하는 '토리' 반대파가 주도권을 장악하거나 지속적인 리더십을 제공하는 데 실패했고, 바로 그 점이 독립파(애국파)의 대의가 궁극적으로 승리하는 데 매우 중요한 요소가 되었다. 그런 점에서 이 싸움은 혁명이기도 했지만 그에 못지않게 내전이기도 했다. 독립파의 대의는 한동안 승산이 없어 보였지만 영국군의 실수, 워싱턴과 그 부하들의 불굴의 의지로 전세가 조금씩 바뀌어 갔다. 의회는 의회대로 최악의 상황에 처해 있을 때도 워싱턴에 대한 신뢰와 지지를 철회하지 않았다. 워싱턴 자신은 항상 시민들을 존중하는 태도를 보임으로

---

128) William H. Nelson, The American Tory (Westport, Conn., 1961), p. 133.

129) Paul H. Smith, 'The American Loyalists: Notes on their Organization and Strength', *WMQ*, 3rd ser., 25 (1968), pp. 259~77; R. R. Palmer, *The Age of the Democratic Revolution*, vol. 1 (Princeton, 1959), p. 188.

써 진정한 국가적 지도자로 성장했고, 역경에 부딪혔을 때 그가 보여 준 지혜와 결의는 당대인 혹은 후대인들에게 아메리카 혁명의 강인함과 고매한 이상의 상징이 되었다.[130]

갓 태어난 아메리카합중국United States에 대한 전망을 바꿔 놓은 것은 1777년 새러토가에서 있었던 영국군의 항복이었다. 여기에서 아메리카가 거둔 승리는 1778년 프랑스를 이 전쟁에 참전하게 만들었다. 1779년에는 플로리다의 상실에 앙심을 품고 있었고, 오래전부터 지브롤터 회복을 열망하였던 에스파냐가 프랑스의 뒤를 이었다.[131] 불만을 품은 식민정주자들의 반란으로 시작된 것이 이제는 세계적인 분쟁으로 변했고, 반란 세력은 더 이상 혼자 외롭게 싸우지 않아도 되었다.

1781년 10월 콘월리스Cornwallis 장군이 요크타운에서 항복하면서 기진맥진해 있던 영국은 전쟁 의지를 거의 상실하게 되었다. 1783년 9월 베르사이유 조약에 의해 영국은 캐나다를 보유하게 되었지만 플로리다는 에스파냐에 돌려주었고, 반란을 일으킨 13개 식민지의 독립을 공식적으로 인정했다. 새뮤얼 애덤스가 런던 주재 매사추세츠 대표에게 자신은 모국과의 항구적인 결속을 원하지만 '자유와 진실의 원칙하에서만 그러하며, 모국과의 결속으로 얻게 될 이익이 아무리 크다 해도 그것이 자유의 상실을 보상해 주지는 못한다'[132]라고 말한 지 불과 9년밖에 지나지 않고 있었다. 결국 아메리카의 독립파는 처음에 그들이 보다 공평한 토대 위에서 재수립하기를 원했던 (본국과의) 결속 대신 '자유'를

---

130) Wood, *The American Revolution*, p. 82.

131) 에스파냐의 전쟁 개입에 대하여는 Thomas E. Chávez, *Spain and the Independence of the United States. An Intrinsic Gift* (Albuquerque, NM, 2003)를 참조.

132) To Arthur Lee, 4 April 1774, Draper, *Struggle for Power*, p. 469에서 재인용.

선택했다. 그들의 승리로 영국의 대서양 공동체는 둘로 나뉘었다. 비슷한 긴장 상태를 경험하고 있던 에스파냐의 대서양 공동체의 상황이 어떻게 될지는 두고 볼 일이었다.

억제된 위기

1770년대 영국이 아메리카 제국을 잃지 않기 위해 분투하고 있을 즈음 같은 시기 에스파냐의 제국 정책은 상당한 자신감을 보이고 있었는데, 그것은 상당 부분 호세 데 갈베스가 처음에는 누에바에스파냐의 감찰관으로, 1775년부터는 인디아스부 장관 자격으로 추진한 개혁 덕분이었다.[133] 누에바에스파냐의 북쪽 국경과 태평양 해안지역을 영국의 침입으로부터, 그리고 알래스카에서 해안을 따라 남하하는 러시아의 위협적 팽창으로부터 수호하겠다는 결의를 강하게 갖고 있었던 갈베스는 야심찬 팽창계획에 착수했다. 이것은 누에바비스카야, 소노라, 바하칼리포르니아 반도 지역에 대한 에스파냐의 지배를 강화하고, 그와 함께 캘리포니아 해안에 대한 지배를 분명히 하겠다는 것이었다. 1770년 에스파냐는 샌디에이고와 몬테레이에 수비대를 주둔시켰고, 1776년에는 캘리포니아의 세번째 프레시디오로 샌프란시스코를 건설했다. 영국인들이 북아메리카 식민지들을 상실하고 있을 때 에스파냐인들은 '뉴캘리포니아'에서 새로운 식민지를 획득하고 있었던 것이다.[134]

---

133) Above, p. 304.

134) 에스파냐의 캘리포니아로의 팽창에 대해서는 Weber, *Spanish Frontier*, ch. 9와 O. H. K. Spate, *Monopolists and Freebooters* (Minneapolis, 1983), ch. 13을 참조.

카를로스 3세 시대 에스파냐의 공격적 제국주의는 펠리페 2세 때와 비슷했지만 카를로스 3세의 제국주의는 계몽주의의 과학적 정신에 기반하고 있었으며, 에스파냐령 해외 영토의 물리적 특징과 자연 자원을 조사하고 기록하려는 노력이 동반되고 있었다. 18세기 마지막 30년 동안 국왕은 에스파냐의 아메리카 영토와 에스파냐령 태평양 여러 지역에 대한 일련의 탐험과 과학 원정을 지원했고, 그것은 1789~94년 알레한드로 말라스피나Alejandro Malaspina의 대규모 원정에서 정점을 이루었다. 이 원정은 혼곶으로부터 알래스카까지 아메리카 대륙의 태평양 쪽 해안 전체를 답사하고, 이어 필리핀, 중국, 오스트레일리아를 차례로 방문한 다음, 다시 혼곶을 거쳐 카디스로 돌아오는 것이었다.[135)]

이 같은 원정들은 에스파냐가 후진국이라는 이미지를 불식시키려는 국왕의 결심을 보여 주는 것이기도 하지만, 그것은 또한 아메리카 자원의 보다 효과적인 이용을 위해 부르봉 왕조가 시도한 탐사 사업의 핵심 사항이기도 했다. 아메리카 영토에서 더 많은 부를 이끌어 낼 수 있어야 제국 방어와 팽창에 필요한 비용을 감당할 수 있다는 것이 국왕의 생각이었다. 1770년경 인디아스로부터 들어오는 수입은 에스파냐의 총재정 수입의 약 23퍼센트를 차지했다.[136)] 누에바에스파냐와 페루의 은

---

135) 연대기적 목록을 포함하여 이 일련의 원정에 대한 간단한 개요에 대하여는 José de la Sota Ríus의 에세이 'Spanish Science and Enlightenment Expeditions', in Chiyo Ishikawa (ed.), *Spain in the Age of Exploration* (Seattle Art Museum Exhibition Catalogue, 2004), pp. 159~87을 참조. 말라스피나에 대하여는 Juan Pimentel, *La física de la Monarquía, Ciencia y política en el pensamiento colonial de Alejandro Malaspina, 1754~1810* (Aranjuez, 1998), and Manuel Lucena Giraldo and Juan Pimentel Igea, *Los 'Axiomas políticos sobre la América' de la Alejandro Malaspina* (Madrid, 1991)를 보라.

136) 이 수치는 Carlos Marichal, *La bancarrota del virreinato. Nueva España y las finanzas del imperio español, 1780~1810* (Mexico City, 1999), Appendix I, table 1을 참고했다.

생산은 국왕이 압박을 가하고 새로운 유인을 제공함으로써 1780년 이전 수년 동안 연평균 1.2퍼센트 정도 증가했으며,[137] 그것은 에스파냐의 재정에 상당한 도움이 되었을 뿐만 아니라 대서양 유역 전체의 무역을 자극했다. 1776년 11월 새로 독립한 미국 의회는 에스파냐의 페소를 '달러'dollar(독일어 탈러Thaler에서 온 말)라는 이름의 화폐 단위로 채택함으로써 에스파냐령 아메리카산 은의 지배를 사실상 인정했다.[138] 영국의 대서양 경제와 에스파냐의 대서양 경제는 정치적 변화가 어떤 식으로 진행되든 점차 상호 의존적으로 되어가고 있었다.

에스파냐가 불안하게나마 열강으로서의 지위를 유지할 수 있게 해 준 것이 해외로부터의 수입收入이었는데, 그것은 은 생산의 증가뿐만 아니라 아메리카의 재정체계를 합리화하고, 세금과 독점을 통해 수입을 증대시키기 위해 국왕 관리들이 기울인 노력의 결과물이기도 했다. 그러나 이 노력은 아메리카 주민들과 아메리카 사회 조직에 심각한 긴장을 불러일으켰다. 1780년대 초 갈베스와 그의 동료들은 개혁 프로그램으로 발생한 예상치 못한 비용 문제에 직면해야 했다. 북아메리카 본토의 13개 식민지가 영국의 지배로부터 빠져나가고 있을 때 에스파냐도 남부 안데스 지역, 넓이가 50만 평방킬로미터에 이르는 남아메리카의 방대한 지역을 상실할 위기에 처하게 되었다.[139]

이 (남·북아메리카 혁명의) 동시다발적인 현상을 알렉산더 폰 훔볼트는 날카롭게 인식하고 있었는데, 그는 독자들에게 '유럽에서는 전혀

137) Garner, 'Long-Term Silver Mining Trends', p. 903.

138) Weber, *Spanish Frontier*, p. 266; Chávez, *Spain and the Independence of the United States*, p. 216.

139) Alberto Flores Galindo, *Buscando un Inca* (Lima, 1988), p. 156.

알려지지 않고 있다'고 생각한 투팍 아마루의 봉기를 소개했다. '그레이트브리튼이 아메리카 대륙에서 거의 모든 식민지들을 상실하고 있던 바로 그 시기에 일어난 1781년의 대봉기(투팍 아마루의 봉기)로 에스파냐 국왕은 페루의 산지山地 전체를 상실하기 일보 직전에 있었다.'[140] 에스파냐가 아메리카를 지배한 200여 년 동안 발생한 것 가운데 가장 대규모이고 가장 심각한 것이었던 1780~1783년 안데스 지역의 봉기는 쿠스코 남쪽 빌카노타Vilcanota 계곡에 위치한 틴타Tinta에서 시작되었고, 한때 북으로는 페루와 오늘날의 볼리비아 대부분으로부터 누에바그라나다와 베네수엘라에 이르고, 남으로는 칠레와 오늘날의 아르헨티나 북서부 대부분에 이르는 지역까지 확산되었다.[141] 그와 비슷한 시기에 마드리드 정부는 그와는 별개이긴 했지만 완전히 무관치는 않은 누에바그라나다의 봉기(한때 2만 명의 봉기자들이 산타페데보고타 수도로 행진해 오기도 했다[142])에도 직면하게 됨으로써 런던 정부가 그랬던 것처럼 머지않아 아메리카 제국을 상실할 것처럼 여겨졌다. 아메리카 본토의 모든 주요 영역들 가운데 비교적 안정된 상태를 유지하고 있었던 것은 누에바에스파냐 부왕령 뿐이었다.

---

140) Humboldt, Ensayo político, 2, p. 105 (lib. II, cap. 6).

141) Charles F. Walker, *Smouldering Ashes. Cuzco and the Creation of Republican Peru, 1780~1840* (Durham, NC, and London, 1999), p. 12; Lillian Estelle Fisher, *The Last Inca Revolt, 1780~1783* (Norman, OK, 1966), p. ix. 투팍 아마루의 봉기에 대해서는 Scarlett O'Phelan Godoy, *Rebellion and Revolts in Eighteenth-Century Peru and Upper Peru* (Cologne, 1985); Flores Galindo, *Buscando un Inca*; and parts I and II of Steve J. Stern (ed.), *Resistance, Rebellion, and Consciousness in the Andean Peasant World. 18th to 20th Centuries* (Madison, WI, 1987)를 참조. 후에 부르봉 페루의 역사에 대한 개관으로는 John R. Fisher, *Bourbon Peru, 1750~1824* (Liverpool, 2003)가 있다.

142) McFarlane, *Colombia Before Independence*, p. 250.

이 두 지역의 봉기를 촉발시킨 직접적인 원인은 마드리드 정부의 행정과 재정 개혁 프로그램이었는데, 이것은 1779년 에스파냐가 영국과의 전쟁에 참여하면서 늘어나게 된 새로운 비용 때문에 더욱 시급한 문제가 되었다. 페루에서는 알카발라가 1772년 2퍼센트에서 4퍼센트로, 1776년에 다시 6퍼센트로 인상되었고, 3년 후에는 주로 인디언들이 다량으로 소비하는 코카에까지 범위가 확대되었다. 이 세금 인상은 1777년 개혁을 차질 없이 이행하라는 갈베스의 지시를 받고 부왕령에 도착한 권위주의적이고 융통성이라고는 눈곱만큼도 없었던 감찰관 안토니오 데 아레체에 의해 엄격하게 실행되었다. 영국령 식민지에 신설된 관세 징수관직과 마찬가지로 그가 남부 안데스 지역에 설치한 세관은 제국적 억압의 상징이 되었다.[143] 비슷한 개혁이 누에바그라나다 부왕령에서도 시행되었는데, 그곳에서는 또 다른 감찰관 프란시스코 구티에레스 데 피녜레스Francisco Gutiérrez de Piñerez가 1778년에 도착하여 즉각 재정망 확충을 위한 과세기구 재정비에 착수했다.[144]

에스파냐령 남아메리카 식민지 사회도 영국령 북아메리카 사회와 마찬가지로 새로운 형태의 유럽식 재정-군사적 국가의 범주에 포함될지 모른다는 불안한 전망에 직면하게 되었다. 이에 대해 정치 문화에서의 차이에도 불구하고 두 식민지 세계 가운데 광범한 영역은 저항, 폭동, 반란으로 반응했다. 그러나 두 세계의 반란은 영국령 아메리카 식민지 사회와 에스파냐령 아메리카 식민지 사회를 나누고, 영국 제국의 힘·관행과 에스파냐 제국의 그것들을 나누고 있던 큰 차이 때문에 서로 다른

143) O'Phelan Godoy, *Rebellion*, pp. 161~70.
144) Phelan, *The People and the King*, p. 29.

〈지도 7〉 18세기 말 에스파냐의 아메리카 제국. Guillermo Céspedes del Castillo, *América hispánica*, 1492~1898 (1983), vol. 6, map XV; *The Cambridge History of Latin America*, vol. 3 (1987), p. 6을 참조함.

형태를 띠게 되었고, 서로 다른 경로를 따랐다.

영국령 아메리카에서만큼이나 에스파냐령 아메리카에서도 하나의 단일한 식민지 사회는 존재하지 않았다. 각각의 식민지 세계는 각기 서로 다른 사회들을 갖고 있었으며, 그것은 다시 서로 다른 반응들을 불러일으켰다. 영국령 서인도제도와 본토 식민지들은 모국의 정책에 매우 다르게 반응했다. 마찬가지로 18세기 누에바에스파냐에서는 셀 수 없을 정도로 많은 지역 폭동이 있었지만, 이 부왕령은 아직까지 명백히 해명되지 않은 이유 때문에 누에바그라나다와 페루에서 에스파냐 당국을 혼란에 빠뜨렸던 그런 대격변을 경험하지 않았다.[145] 봉기가 일어난 지역에서도, 투팍 아마루 2세가 활약한 안데스 지역의 봉기와 누에바그라나다의 코무네로스 봉기 간에는 큰 차이가 있었다. 그러나 이 두 지역의 봉기 스토리는 에스파냐령 인디아스 제국의 여러 측면을 드러내 보여 주는데, 그것은 영국의 아메리카 제국과 13개 식민지에서 일어난 반란의 성격을 보다 선명하게 드러내 준다.

호세 가브리엘 콘도르칸키Jose Gabriel Condorcanqui(그는 잉카 투팍 아마루 2세를 자처했다)가 주도한 안데스 지역의 봉기는 무엇보다도 이상화된 과거에서 보다 나은 미래를 발견한, 착취에 시달리던 원주민들의 대규모 반란이었다. 1763년에 영국 군대와 식민정주자들이 폰티악의 '폭동'Pontiac's 'rebellion'으로 알려진 대규모 봉기에 직면하게 되었을 때, 이 봉기는 자신들의 토지가 영국인 정주자들에게 잠식당하고, 프랑스령 아메리카 제국의 소멸로 자신들의 정치적 협상력이 파괴된, 제국 변경에

145) Taylor, *Drinking, Homicide and Rebellion*, pp. 113~4; Stern (ed.), *Resistance, Rebellion*, pp. 75~6.

살고 있는 인디언 주민들의 운동이었다.[146] 반면에 투팍 아마루의 봉기는 200년 이상 동안 에스파냐의 억압적 지배에 시달려 온 예속민들의 봉기였다. 지난 몇십 년 동안 바뀐 상황으로 광산에서의 미타mita 부역 같은 부담 가운데 일부가 완화되기는 했지만,[147] 그 대신 다른 부담이 추가되거나 악화되어 있었다. 특히 레파르토reparto, 즉 지역 관리들(즉 코레히도르들)이 원주민들에게 높은 가격에 물건을 강매하는 제도에 대하여 원성이 자자했다. 게다가 이 코레히도르들은 장원 주인이나 대상인들과 결탁하는 경우가 많았고, 그로 인해 안데스 지역 농민들의 부채는 쌓여 갔으며, 부채를 갚기 위해서 할 수 있는 일이라고는 광산이나 직물류 작업장에서의 부역이나 아시엔다에서의 노동 밖에는 없었다.

1756년 레파르토의 합법화 조치 이후 코레히도르들과 에스파냐 국가의 편에서 일하는 원주민 추장, 즉 쿠라카들에 대항해 들고 일어난 지역 봉기가 거의 만성적인 것이 되었다. 그러나 그것들은 대개 시작할 때와 마찬가지로 소규모적이고 지역적인 차원의 저항에서 벗어나지 못하고 끝나기 일쑤였다.[148] 쿠스코 지역 원주민들은 동질적인 집단이 아니었다. 에스파냐의 지배는 안데스 지역 농촌사회를 자신들의 삶을 살고, 자신들의 공동체적 불만을 개선하려고 애쓰는 수많은 작은 농촌 사회들로 나누어 놓았다.[149] 그러나 레파르토 제도는 그들 모두에게 영향을 미쳤고, 아레체가 실시한 재정개혁도 마찬가지였다. 과세 부담은 안데스

146) Above, p. 298. 그리고 특히 White, *Middle Grounds*, ch. 7을 참조. Gregory Evans Dowd, *War under Heaven. Pontiac, the Indean Nations and the British Empire* (Baltimore and London, 2002)는 폰티악의 폭동에 대해 탁월한 설명을 제시하고 있다.

147) Mörner, *The Andean Past*, p. 91.

148) O'Phelan Godoy, *Rebellion*, p. 118.

149) Spanding, *Huarochirí*, p. 300.

지역의 꾸준한 인구 증가가 인디언 사회를 자원 부족 상태로 만들고, 오랜 인구 감소기를 이용하여 공동체의 토지를 사유화한 원주민 귀족들, 그리고 아시엔다 주인들과의 재산권을 둘러싼 날카로운 갈등을 만들어 놓고 있던 때에 찾아왔기 때문에 그만큼 감당하기가 더 힘들었다. 안데스 지역은 만성적으로 참혹한 세계였다. 1740년대부터 그곳에서는 끊임없는 농촌 소요가 발생했다.[150]

1776년 대규모의 행정개혁이 또 한 번 혼란을 불러일으켰다. 라플라타 부왕령이 신설됨으로써 알토페루Upper Peru(오늘날의 볼리비아)가 페루 부왕령에서 떨어져 나와 부에노스아이레스를 수도로 하는 새 부왕령에 편입되었다. 포토시 광산도 새 부왕령에 편입되었기 때문에 이 조치는 리마 부왕령의 수입을 극적으로 감소시켰다. 또한 이 조치는 이제 인위적으로 알토페루의 전통적 지역 시장(이제 이 지역은 부에노스아이레스의 상권에 포함되게 되었다)에서 분리된 쿠스코 지역의 경제를 크게 약화시키는 결과를 가져왔다. 국왕의 새 '자유 무역' 정책의 일환으로 1778년부터 라플라타 부왕령에 에스파냐와의 직접 무역이 허용되면서 카디스로 가는 포토시의 은은 이제 부에노스아이레스를 통하는 다른 길을 이용하게 되었다. 그리하여 쿠스코는 전통적인 은 공급원을 상실하게 되었으며, 쿠스코의 생산자들은 부에노스아이레스의 상인들이 들여오는 값싼 유럽산 상품과 경쟁하지 않으면 안 되었다.[151]

---

150) Sergio Serulnikov, *Subverting Colonial Authority. Challenges to Spanish Rule in the Eighteenth-Century Southern Andes* (Durham, NC, and London, 2003), pp. 12~14.

151) O'Phelan Godoy, *Rebellion*, p. 166; Walker, *Smouldering Ashes*, pp. 22~3; Alberto Flores Galindo, 'La revolución tupamarista y el imperio español', in Massimo Ganci and Ruggiero Romano (eds), *Governare il mondo. L'impero spagnolo dal XV al XIX secolo* (Palermo, 1991), pp. 387~9.

콘도르칸키가 기존 질서에 도전하고 나선 것은 이런 재정적 압박과 경제적 혼란이라는 배경을 뒤로 하고서였다. 잉카 왕족 출신 카시케의 아들로 태어나 예수회가 운영하는 학교에서 교육을 받고 자란 콘도르칸키는 1770년대 내내 리마 법정에서 1572년 에스파냐 군대가 잉카의 빌카밤바 요새를 탈취한 후 처형한 마지막 잉카 투팍 아마루의 합법적 후손임을 인정받기 위한 오랜 투쟁을 전개했으나 끝내 뜻을 이루지 못한 경험을 갖고 있었다. 에스파냐인들과 대등한 입장에서 교제할 수 있을 정도로 지체도 높고 재산도 많았던 인디언 엘리트층에 속했던 그는 리마에서 아레체와 에스파냐의 제국 정책에 비판적인 크리오요와 메스티소들과 긴밀한 연계망을 구축해 놓고 있었다. 그는『리마 가세테』*Lima Gazette* 지를 통해 영국령 북아메리카에서 일어난 사태에 대해 알고 있었으며, 프랑스, 에스파냐, 영국을 여행한 적이 있는 한 메스티소 친구를 리마에 두고 있기도 했다. 그러나 그의 가장 중요한 관심사는 안데스 지역이었으며, 잉카 가르실라소가 쓴『잉카왕실사』는 그에게 큰 영향을 미친 것으로 보인다. 1723년 간행된 이 책의 두번째 판본 서문에는 언젠가 영국인의 도움을 받아 잉카의 지배가 재현될 것이라는 월터 롤리 경의 예언이 들어 있었다.[152]

리마와 자신의 고향 틴타에서 에스파냐인들의 만행을 직접 경험하며 쓰라림을 맛보기도 했고, 잉카인들의 잃어버린 황금세계에 관한 내용을 담고 있는 가르실라소의 책을 읽고 자극을 받기도 했던 콘도르칸

152) Boleslao Lewin, *La rebelión de Túpac Amaru y los orígenes de la independencia de Hispanoamérica* (3rd edn., Buenos Aires, 1967), pp. 283~4; Walker, *Smouldering Ashes*, pp. 25~7.

키는 이제 모종의 사명감을 갖게 되었다. 1780년 11월, 그는 투팍 아마루 2세라는 이름으로 안데스 지역 농민들을 이끌고 봉기를 일으켰고, 억압적 지배를 일삼는 틴타의 코레히도르 안토니오 데 아리아가Antonio de Arriaga를 적당한 희생물로 삼아 그를 붙잡아 처형했다.

투팍 아마루는 봉기를 선언하면서 안데스 지역의 강한 문화적 자부심과 안데스인들의 공동체 의식에 호소했는데, 그것은 잉카가 지배하는 유토피아적 사회 질서 창조 혹은 재건을 지향하는 것이었다. 그 지역의 많은 예언들은 1777년이라는 신비로운 숫자를 강조했는데, 이 숫자는 잉카가 다시 돌아와 에스파냐인들을 내쫓고 질서와 조화가 회복된 세계를 만들어 낼 것이라는 기대를 불러일으켰다.[153] 북아메리카에서 일어난 폰티악의 폭동도 그와 비슷한 예언적 분위기하에서 발발한 것이었는데, 이때도 델라웨어의 예언자 네올린Neolin이 동료 인디언들에게 백인들의 세계로부터 등을 돌리라고 촉구한 것에서 폭동이 촉발되었다. 네올린의 반反유럽적 메시지도 안데스 지역에서 널리 퍼진 메시지와 마찬가지로 유럽적 종교의 흔적을 강하게 갖고 있었다. 즉 그것은 죄, 천국과 지옥이라는 기독교적 개념에 호소하고 있었으며, 그 점은 델라웨어 인디언들 사이에서 점증해 간 종교적 절충주의를 보여 주었다. 그러나 델라웨어 인디언들은 그들이 기독교에 노출된 기간이나 강도의 면에서 이곳 안데스 지역 원주민들에는 크게 못 미쳤다. 안데스 지역에서는 오래전부터 가톨릭 사제들이 마을에서 지배적인 위치를 차지하고 있었으며, 우상숭배 근절을 위한 대대적인 캠페인을 벌여 오고 있었다.[154]

153) Flores Galindo, *Buscando un Inca*, p. 148; Stern (ed.), *Resistance, Rebellion*, chs 4 and 6.
154) White, *Middle Ground*, pp. 279~80; Dowd, *War under Heaven*, pp. 94~105; 우상 추

안데스 지역의 교구 사제들은 자신들의 성직 임명권과 수입 그리고 권위를 크게 위축시킨 부르봉 왕조의 개혁에 깊은 불만을 갖고 있었기 때문에 지역 공동체 주민들의 분노에 충분히 공감할 수 있었다. 그들은 관할 교구 내 인디언 주민들과 함께 살았고, 대개 그들의 언어를 사용했으며, 그리스도교가 들어오고 나서 각 공동체들에서 발전한 새로운 의식과 예식 체계에서 필수적인 존재가 되고 있었다. 그러나 동시에 그들 가운데 다수는 교구민들에게 돈을 강요해 왔기 때문에 교구민들의 미움을 사고 있었다.[155] 그 때문에 그들은 매우 어중간한 존재가 되고 있었다. 그들에 대한 깊은 불신과 그들이 수행하는 필수적인 역할(즉 교구민이 볼 때 그들은 안데스 세계에 여전히 존속했던 고래의 초자연적 힘에 대한 믿음과 에스파냐 가톨릭의 의식과 신앙 체계를 결합해 놓은 우주 질서에 참여하고 있었다), 두 가지 모두는 반란 발발 직후 리비타카Livitaca 마을 광장에서 투팍 아마루와 마을 주민들이 나눈 대화에서 잘 드러난다. 그가 광장에 나타나자 마을 사람들은 그를 환영하면서 다음과 같이 말한다. '당신은 우리의 신이며 주인이십니다. 당신께서 우리를 괴롭히는 사제들을 제거해 주시기를 간청합니다.' 이에 대해 그는 만약 그렇게 하면 '마을 주민들이 죽었을 때 그들을 돌봐 줄 사람이 없게 되기 때문에' 곤란하다고 대답했다.[156]

방 캠페인에 대하여는 앞의 책 p. 190을 보라.

155) 부르봉 페루에서 가톨릭 사제들이 처해 있던 애매모호한 지위에 대해서는 Serulnikov, *Subverting Colonial Authority*, pp. 95~106와, Thomas A. Abercrombie, *Pathway of Memory and Power. Ethnography and History Among an Andean People* (Madison, Wisconsin, 1998), pp. 294 and 300을 참조. 안데스 세계에 대한 조언과 시사를 제공해 주신 애버크롬비 교수에게 감사의 말씀을 전한다.

156) Flores Galindo, *Buscando un Inca*, p. 150.

투팍 아마루는 폰티악과 마찬가지로 자신이 벌이는 운동의 설득력을 확대시키기 위해 애쓰는 과정에서 서로 조화되지 않는 여러 요소들을 상대하지 않으면 안 되었다. 그러나 폰티악과 달리 그는 서로 다른 인디언 집단들뿐만 아니라 크리오요나 메스티소 같은 비원주민 집단들에게까지 다가가지 않으면 안 되었다. 그로 인한 절충주의(그것은 의심의 여지없이 자신의 문화적 배경에서 유래한 여러 요소들을 결합하려고 한 노력의 결과이기도 했다)는 그의 궁극적 목표가 무엇인지 상당히 모호하게 만들었다. 그가 만약 잉카 국왕의 지위를 차지하려고 했다면 그는 아마도 이베리아 반도에서 건너온 에스파냐인들이 제거된, 그럼에도 에스파냐 왕에게 충성을 바치는 그런 페루를 생각했던 것으로 보인다. 그러나 이렇게 에스파냐 국왕에게 계속 충성을 바치는 것이 단순히 전략이었는지 아니면 그가 추구한 정책의 필수적인 일부였는지는 분명치 않은데, 그것은 그가 언급한 여러 선언들이 서로 다른 메시지들을 전하고 있기 때문이다.[157] 만약 그의 운동이 반反유럽적이고 반反에스파냐적인 것이었다고 해도 그는 메스티소뿐만 아니라 크리오요까지도 운동에 포함시키려고 했는데, 그것은 그들 역시 인디언들과 마찬가지로 자신이 말한 '유럽의 왕국(이는 정치적 지리에 대한 매우 분명한 개념을 거의 반영하지 않는 용어이다)이 가져다 준 사악한 강요와 위협'에 의해 고통당하고 있다고 생각했기 때문이다.[158] 그의 봉기가 안데스인들의 잉카 부흥운동의 개념으로 충만해 있기는 했지만 그것이 그리스도교적 색깔로 매우 강하게 덧칠되어 있어서 심지어 그는 쿠스코 주교의 도움을 받아 페루

157) Lewin, *La rebelión*, pp. 414ff.; Walker, *Smouldering Ashes*, p. 19.
158) Lewin, *La rebelión*, p. 414에서 재인용.

를 통치할 것을 제안하기도 했다.[159)]

투팍 아마루는 일단의 노새 대상隊商을 소유한 빌카노타 계곡의 카시케였기 때문에 그 지역의 많은 사람을 두루 알고 있었고, 쿠스코 전역에서 원주민들을 봉기에 끌어들이는 데 필요한 동료 카시케들의 지지를 동원하기에 유리한 위치에 있었다.[160)] 그의 봉기는 또 대개 조심스럽고 기회주의적이기는 했지만 자신들의 삶이 부르봉가의 개혁 프로그램으로 피해를 입었다고 생각하는 크리오요들과 메스티소들의 지지를 끌어들일 수도 있었다. 그러나 그것은 본질적으로 서로 다른 집단들 간의 동맹이었고, 결코 부왕 정부에 대한 진정한 의미의 다인종적인 저항운동이 아니었다. 특히 투팍 아마루는 쿠스코(봉기 세력은 1780년 12월 이곳을 포위 공격했다)의 옛 잉카 귀족들을 자기편으로 끌어들이지 못했다. 카를 5세는 1540년대에 잉카 귀족들에게 세습 귀족 신분을 허용하는 특허장을 내주었는데, 쿠스코의 인디언 귀족들과 그 측근들은 안데스 지역에서 간접적 지배 방식을 택한 에스파냐의 통치 체제를 교묘하게 이용하고, 계속해서 법정에 호소하는 방식으로 쿠스코의 사회적 계서에서 최상위를 차지하고 있었다. 이 귀족들은 크리오요 엘리트들과 빈번히 통혼하였으며(그림 41) '잉카족의 페루'the Peru of the Incas의 천부적 영주의 후손이라는 역사적 지위에 강한 자부심을 갖고 있었다. 그들은 투팍 아마루를 시골 쿠라카에 불과하다고 생각했으며, 그가 주장하는 잉카 왕위를 터무니없는 것으로 간주했다. 그들은 안데스 사회 전체에 대한 투팍 아마루의 보편적 열망에는 대체로 동의했지만 역사적 경험을 통해

---

159) Flores Galindo, *Buscando un Inca*, p. 150.
160) O'Phelan Godoy, *Rebellion*, pp. 213~19.

〈그림 41〉 작가 불명, 「잉카 황제와 로욜라와 보르하 가문 자손들 간의 혼인」(*Union of the Descendants of the Imperial Incas with the Houses of Loyola and Borja*, Cuzco, 1718). 이 그림은 잉카 가문과 스페인 엘리트들 간의 이중 혼인(double union)을 기념하고 있다. 그림 왼쪽 전면에는 성 이그나티우스 로욜라의 조카이며 칠레 총독이었던 돈 마르틴 가르시아 데 로욜라(Don Martín García de Loyola; 그는 1598년 아라우코족과의 전쟁에서 피살되었다)와 그의 아내 도냐 베아트리스(Doña Beatriz; 그녀는 잉카 황제의 권한을 승계받은 사이리 투팍Sairi Tupac의 딸이다)가 서 있고, 그 옆에는 성 이그나티우스 로욜라가 예수회 헌장(constituions)을 들고 서 있다. 그들 뒤에는 신부의 부모가 투팍 아마루 1세(가운데)와 함께 앉아 있는데, 이들은 1572년 반란 때 스페인인들에 의해 처형되었다. 그림 전면 오른쪽에는 이 혼인을 통해 태어난 딸 도냐 로렌사가 그녀의 남편 돈 후안 데 보르하(Don Juan de Borja)와 함께 그려져 있는데, 그는 프란시스 보르하(Francis Borja)의 아들로서, 이 아버지는 자신의 상징인 해골을 들고 아들 뒤에 서 있다. 한 세기 전에 벌어진 혼인식을 묘사하고 있는 이 그림은 조상들의 과거를 자랑스럽게 생각한 18세기 쿠스코 귀족들의 자부심을 말해 준다.

에스파냐 제국 체제에 내재한 법적 과정 혹은 협상 과정에, 그리고 결국 그들의 불만사항을 시정해 줄 정의로운 지배자로서의 에스파냐 왕에 대해 깊은 신뢰를 갖고 있었다.[161]

리마에서 적절한 시기에 온 증원군 덕에 쿠스코는 반란 세력의 공세를 저지할 수 있었다. 투팍 아마루는 갑자기 공성을 중단하고 쿠스코 북쪽과 동쪽을 공격하기 시작했다. 동맹 세력과의 균열이 생기기 시작했다. 쿠스코 공성의 실패로 수치심을 갖게 되고, 자신을 돕는 데 미온적인 크리오요와 메스티소들의 '배신'(그는 그렇게 생각했다)에 분노한 투팍 아마루는 비인디언 지지자 보호 정책을 포기하고, 반도 출신 에스파냐인·크리오요·메스티소, 부패한 원주민 지배자들을 즉결 처형하였다. 유일하게 사제들은 처형에서 제외되었는데, 그것은 폐허 위에서 소생하게 될 새롭게 정화된 사회에서 수행할 역할이 그들에게 있다고 생각했기 때문이다. 아직 남아 있던 크리오요 지지자들은 아시엔다와 직물 작업장을 약탈하고 파괴하는, 그리고 코레히도르나 쿠라카들에게 잔인하게 복수하고 돌아다니는 농민들의 야만적인 행위를 보고 반란에서 등을 돌렸다. 이제 이 운동은 급속하게 억압적인 제국 정부에 대항한 보편적인 봉기가 아니라 피비린내 나는 인종 갈등으로 변질되어 갔다.[162]

정규 군대, 수비대, 국왕을 지지하는 인디언들로 구성된 국왕 군대는 쿠스코 공성을 무산시키고 나서 투팍 아마루의 추적에 나섰고, 1781

161) 쿠스코의 잉카 귀족과 봉기에 대한 그들의 반응에 대한 뛰어난 분석으로는 David T. Garrett, '"His Majesty's Most Loyal Vassals": the Indian Nobility and Túpac Amaru', *HAHR*, 84 (2004), pp. 575~617이 있다.

162) David Cahill, *From Rebellion to Independence in the Andes. Soundings from Southern Peru, 1750~1830* (CEDLA Latin American Studies, 89, Amsterdam, 2002), ch. 7.

년 4월 초 드디어 그의 부인, 다수의 측근들과 함께 그를 체포하는 데 성공했다. 그러나 봉기는 계속 확산되었고, 그 와중에 그는 대역죄를 비롯한 여러 죄목으로 재판을 받았다. 투팍 아마루는 무자비한 아레체가 아내와 아들, 그리고 포로가 된 다른 동료들을 처형하는 것을 다 지켜본 다음 쿠스코 대광장에 끌려 나와 능지처참 형을 당했다. 이 소름끼치는 광경을 많은 사람들에게 보여 준 데는 잉카 국왕의 죽음을 상징적으로 보여 주려는 의도적인 계산이 담겨 있었다.

투팍 아마루의 참혹한 죽음은 살아남은 그의 부하 장수들의 복수심을 더욱 불태우고, 그후 2년여 동안 더 넓은 산악 지역에서 펼쳐진 야만적인 전쟁을 더욱 격화시키는 결과를 가져왔다. 반란의 무게 중심은 이제 티티카카 호수 지역과 알토페루로 옮겨갔다. 이곳에서는 최근 자신들의 메시아적 지도자 토마스 카타리Tomás Katari를 암살로 잃은 아이마라족이 1781년 여름 쿠스코 지역에서 넘어온 케추아어를 사용하는 봉기자들과 합세하여 라파스La Paz에 대한 공성에 나섰다. 그러나 케추아어족과 아이마라족 간의 전통적 적대감은 둘의 동맹에 균열을 가져왔고, 결국 국왕 군대는 몇 달 전 쿠스코 공성을 성공적으로 무산시켰던 것처럼 라파스 공성도 격퇴시켰다. 1783년 전쟁은 국왕군의 승리로 종결되었고, 희생자 수는 인디언 10만 명과 에스파냐인 1만 명으로 추정되었는데 당시 봉기에 휩쓸린 지역의 전체 인구는 120만 명이었다.[163]

과거의 질서를 회복하려는 시도는 결국 실패로 돌아가고, 기억·꿈·기대를 가슴에 묻어야 하고 트라우마를 갖게 된 민족을 뒤에 남기게 되

163) 1784년에 쓰여진 반란에 관한 한 설명에서 인용한 이 수치는 논란의 대상이 되어 왔다. Cahill, *From Rebellion to Independence*, pp. 120~1 참조.

었으며, 그 트라우마는 식민 시대뿐 아니라 그 이후 페루의 모든 역사 속에도 스며들게 된다. 봉기의 실패는 부왕 정부가 활용할 수 있었던 군사력에 기인하기도 했지만, 그에 못지않게 봉기 세력의 내분, 즉 인디언과 크리오요 간 혹은 인디언과 인디언 간의 내분에 기인한 것이기도 했다. 이 내분은 또한 회복되어야 할 질서의 성격을 두고 나타난 갈등을 반영하는 것이기도 했다. 이것은 다시 한 번 봉기자들 가운데 상당수가 요구한 것처럼 에스파냐인들이 일소된 세상이 되어야 하는가, 아니면 투팍 아마루가 처음에 생각한 것으로 보이는 것처럼 부활한 잉카가 지배하는 인디언, 메스티소, 크리오요의 연합국가, 그리고 거기에서 안데스인과 에스파냐인의 종교와 문화가 융합된 가운데 새로운 정의와 조화의 시대를 열어 나가는 그런 세상이 되어야 하는가를 둘러싼 갈등이었다. 이 중 후자는 가르실라소의 『잉카왕실사』라는 매혹적인 묘약이 쉽게 고무할 수 있었던, 막연하기는 하지만 널리 퍼져 있었던 비전이었다.

투팍 아마루의 재판과 처형 이후 아레체가 취한 첫번째 조치 가운데 하나가 『잉카왕실사』의 소지를 금하는 것이었다는 것은 시사하는 바가 크다. 그는 또한 잉카 국왕의 전통의상 착용을 금하였고, 카시케들이 누려온 세습적 지위를 폐지했으며, 케추아어 사용을 금하고, 그림으로든 연극으로든 잉카 지배자의 묘사를 금했다.[164] 이것은 안데스인들의 집단의식 속에 내재하는 잉카 부활 사상, 즉 부왕 체제의 불의에 항거하는 광범한 저항 운동에 적어도 잠정적인 결속을 제공해 온 부활 사상을 근절하려는 것이었다. 그러나 아레체가 인디언 봉기자들은 가혹하게 처벌하고, 크리오요 봉기 가담자들에게는 상대적으로 관용을 베푼 것은

---

164) *Ibid*., p. 118.

그가 크리오요들의 공범의 범위를 의도적으로 축소하고, 봉기의 책임을 온전히 원주민과 메스티소들에게 떠넘김으로써 봉기자들 간의 인종적 분열을 조장하고, 최근의 개혁 정책 때문에 국왕으로부터 멀어진 크리오요들의 충성심을 되돌리려는 것이었다.[165)]

영국령 식민지에서 일어난 백인들의 반란과 비교하여 투팍 아마루의 봉기가 갖는 다인종적 성격이 봉기 시작 단계에서 그것이 본질적으로 갖고 있는 인종 간 갈등 경향 때문에 실패의 결정적 요인이 되었을 것으로 생각할 수도 있다. 그러나 그것이 꼭 그렇지만은 않았다는 것은 거의 같은 시기에 이웃 누에바그라나다 부왕령에서 일어난 지역 봉기를 통해서도 알 수 있다.[166)] 이곳의 감찰관 구티에레스 데 피녜레스는 페루의 동료 안토니오 데 아레체가 그랬던 것처럼, 대단히 인기 없는 여러 가지 행정적 혹은 재정적 개혁을 밀어부쳤다. 이 개혁은 누에바그라나다 북쪽 해안 지역에서 횡행하던 대규모 밀무역을 통제하고, 그를 통해 부왕령의 수입을 증대시키려는 목적을 갖고 있었다. 이 개혁에는 또한 산타페데보고타 아우디엔시아로부터의 크리오요들의 배제, 브랜디와 담배에 대한 독점 재편, 보다 효과적인 판매세 징수를 위한 시스템 정비 등이 포함되어 있었다. 거기다 1780년에는 모든 성인 남성들에게 영국과의 전쟁을 위한 '자발적' 기부금을 요구하기도 했다.[167)]

이 개혁으로 인해 촉발된 최초의 대규모 봉기가 1781년 3월 산타페

165) O'Phelan Godoy, *Rebellion*, p. 272.

166) 코무네로스 봉기에 대하여는 Phelan, *The People and the King*, and McFarlane, *Colombia Before Independence*, pp. 251~71을 참조. 또한 Fisher, Kuethe and McFarlane (eds), *Reform and Insurrencion*을 함께 보라.

167) McFarlane, *Colombia Before Independence*, pp. 209~14.

에서 북쪽으로 200킬로미터 떨어진 소도시 소코로에서 발생했다. 이 도시는 자치도시 지위를 획득한 지 10년밖에 되지 않았고, 특히 새 재정 개혁으로 큰 피해를 입게 된 담배와 면화 재배 지역에 위치해 있었다. 일련의 폭동이 있은 후에 지역 유지라고 할 만한 시민들의 설득에 의해 그전부터 적극적으로 공감하고 있던 민중 저항 운동의 지휘부를 떠맡게 되었다. 그 중 한 사람으로 좋은 집안과 배경을 가진 중간 지주 계층 출신인 후안 프란시스코 베르베오Juan Francisco Berbeo라는 인물이 급속히 대규모 지역 봉기로 확산되고 있던 저항 운동의 지도자로 떠올랐다.

베르베오와 그의 동료들은 고향 도시에서 유지들과 일반인들 간의 제휴를 만들어 내고, 얼마 가지 않아 소코로와 그 인근 후배지를 넘어 소농들이 거주하는 주변 농촌지역까지 확산된 봉기를 장악하는 데 성공했다. 누에바그라나다는 지역적으로 서로 고립된 수많은 작은 공동체들로 이루어져 있었다. 그러나 봉기 세력이 뒤늦게 그들을 진압하러 나온 소규모의 정부군을 여지없이 패배시키고 나서는 다른 도시들도, 그리고 최근의 재식민 정책으로 피해를 입었다고 생각한 인디언 마을 사람들을 포함하여 많은 사람들이 봉기 대열에 속속 합류했다. 이 승리와 페루에서 일어난 대규모 봉기 소식[168]에 고무된 베르베오(그는 조지 워싱턴이 그랬던 것처럼 인디언 경계 지역에서 벌어지는 전투에서 어떻게 병력을 운용해야 하는지 잘 알고 있었다)가 이끄는 코무네로 군대는 이제 보고타로 진군할 준비가 되어 있었다. 이 군대가 외친 구호는 에스파냐인들의 전통적인 구호인 '국왕 만세, 폭정 타도'였다. 그리고 이제 크리오요, 메스티소, 인디언의 연합 봉기로 발전한 이 운동의 가장 중요한 요구 사항은

---

168) Phelan, *The People and the King*, p. 99.

'엘 코문'el común, 즉 공동선의 이름으로 옛 방식으로 돌아가야 한다는 것이었다.[169)]

페루에서는 처음에 약간의 지체가 있기는 했지만 당국이 곧 효과적인 군사적 대응에 나섰다. 그러나 보고타의 부왕 행정부는 봉기에 대해 신속하게 대응할 준비가 되어 있지 않았다. 봉기가 일어났을 때 수도에는 직업 군인이 75명밖에 남아 있지 않았고, 부왕 자신은 보고타에서 여행하는 데 6주 정도가 소요되는 카르타헤나에 체류하면서[170)] 영국의 공격으로부터 카르타헤나 항을 방어하기 위한 방도를 강구중이었다.[171)] 그에 비해 봉기자들은 시파키라Zipaquirá에 2만 명이 집결해 있었기 때문에 부왕 정부에게 협상 외에는 달리 대안이 없었다.

산타페데보고타의 대주교 안토니오 데 카바예로 이 공고라Antonio de Caballero y Góngora를 수장으로 하는 협상 사절단에게 봉기자들이 제시한 요구사항은 여러 가지 권력 남용의 시정을 요구하는 35개조 항목이었다.[172)] 여기에는 새로운 세금과 독점의 폐지, 감찰관 구티에레스 데 피녜레스의 추방도 포함되어 있었다. 또 여기에는 공납, 교회의 강제 징수금, 재식민 정책에 대한 인디언들의 불만도 언급되어 있었다. 그러나 봉기자들은 인종의 차이를 불문하고 당시 그들이 갖고 있던 재정적 불만의 시정에 머물지 않고, 그 이상의 어떤 것에도 관심을 갖고 있었다. 그들은 사실상 크리오요들의 관직 독점, 감찰관 직의 폐지, 부왕령으로부터 반

169) *Ibid.*, p. 87.

170) Fisher, Kuethe and McFarlane (eds.), *Reform and Insurrection*, p. 3.

171) Phelan, *The People and the King*, p. 30; McFarlane, *Colombia Before Independence*, p. 215.

172) Phelan, *The People and the King*, ch. 13을 참조.

도 에스파냐인의 거의 완전한 추방 등을 요구 사항에 포함시킴으로써 누에바그라나다를 멀리 떨어져 있는 왕의 지배를 인정은 하지만 사실상 자치국가로 만들게 될 완전한 정부 재편을 요구하고 있었다.

이런 요구들이 물론 부왕 정부에는 심히 비위에 거슬렸지만 당시 부왕은 그것을 거부할 처지에 있지 않았다. 1781년 6월 8일, 협상사절단은 시파키라 협정the Pact of Zipaquirá을 받아들였다. 그러나 보고타 당국은 비밀리에 불가피한 분위기 속에서 도달한 합의를 지킬 수 없다는 점을 이미 분명히 하고 있었다. 이 협정은 또한 아직 국왕 승인의 절차가 남아 있기도 했다. 그런데 대부분의 코무네로 반도들은 사절들이 협정을 받아들이겠다고 한 말만 믿고 그대로 해산해 버렸다. 그러나 간헐적인 저항은 계속해서 있었고, 무기를 내려 놓기를 거부한 베르베오의 장수 가운데 한 명은 후에 투팍 아마루가 그랬던 것처럼 능지처참형을 당했다. 그러나 부왕은 카바예로 이 공고라의 조언에 따라 봉기에 참가한 사람들에게 보편적 사면령을 내렸으며, 사절단이 수용했던 재정적 양보들 가운데 주요 사항들을 유효한 것으로 인정했다.

1782년 주교 자신이 부왕으로 취임했고, 그는 크리오요들과의 화해정책에 착수했다. 그는 크리오요들의 관심을 국왕의 호의적인 리더십 하에 경제 상황을 개선하는 데에 매진하는 방향으로 돌리기 위해 노력했다. 그러나 이 부왕은 전과 마찬가지로 충성스런 신민들이 자신의 권위를 무조건적으로 수용해야 한다고 고집하는 인물이었고, 카바예로와 그의 계승자들은 반란 이후 군사적 재편 과정에서 주요 지휘관직은 모두 반도 출신 에스파냐인들에게 돌아가야 한다는 것을 분명히 했다.[173)]

173) McFarlane, *Colombia Before Independence*, pp. 264와 278~9.

코무네로스 봉기는 투팍 아마루의 그것과 마찬가지로 사정을 제대로 알지도 못하고 추진된 주제넘는 부르봉 정부의 개혁 때문에 뒤집어진 정치 질서를 회복하기 위한 운동이었다. 이 점에서 봉기자들의 목표는 1763년의 세계로 돌아가고자 했던 영국령 식민지들의 그것과 비슷했다. 적어도 코무네로들은, 그리고 아마도 투팍 아마루의 지지자들도 마찬가지로 그들의 리더들이 갖고 있던 의도는 분명치 않지만 반란 초기 북아메리카의 독립파와 마찬가지로 국왕과의 관계가 단절되는 것을 원치는 않았다. 그들은 자신들을 지배하기 위해 본국에서 파견된 관리들의 강압적인 태도와 강요에 분노하여, 자신들과 관련된 문제에서 반도 출신 에스파냐인들과 동등한 지위를 실질적으로 보장받을 수 있는 정도의 지배권을 확보하려고 했다. 의회주의 전통이 뿌리 깊은 영국 식민지들에게 모국과의 평등한 지위를 확보하는 것는 모든 내정 문제에서 입법상의 자치 확보로 여겨졌다. 에스파냐령 아메리카의 관료화된 세계에 살고 있었던 크리오요들에게는 그것이 본질상 행정적인 것이었고, 평등한 지위는 행정 혹은 사법 관련 직책에 (이베리아) 반도 출신 에스파냐인이 아닌 지역민들이 임명되는 것으로 보장될 수 있는 것으로 생각되었다.[174)]

그러나 두 경우 모두 식민지 엘리트들에게는 그것이 정의와 공평의 이름으로, 뒤집힌 균형의 회복으로 비쳐진 반면, 본국 정부에게는 무력을 앞세워 수용이 불가능한 변화를 만들어 내고야 말겠다는 생떼로 여겨졌다. 본국 정부에게는 그런 요구에 굴복하는 것이 곧 제국의 권위를 포기하는 것이었고, (에스파냐의 국왕이 아니라) 식민지 신민들을 그 지

---

174) Phelan, *The People and the King*, pp. 34~5를 참조.

역의 지배자로 만드는 것이라고 생각되었다. 하지만 어떤 일이 있더라도 권위는 유지되어야 했고, 필요하다면 무력을 동원해서라도 그것은 수호되어야 했다. 그러나 영국 국왕은 한때 5만 명 규모의 병력을 파견했음에도 불구하고[175] 끝내 자신의 권위를 강요하는 데 실패한 반면, 에스파냐 국왕은 위기를 이겨내는 데 성공했으며, 그것은 봉기자들에 맞서 싸울 군대를 거의 갖고 있지 못했던 누에바그라나다에서도 마찬가지였다.

왜 이렇게 다른 결과가 나타나게 되었을까? 이에 대한 설명 가운데 일부는 당시 상황에서 찾을 수 있는데, 그 중 가장 중요한 것은 북아메리카 반도들이 영국인들과의 싸움에서 프랑스와 에스파냐의 육·해군의 도움을 받을 수 있었다는 점일 것이다. 안데스 지역에서도 영국인들의 도움을 받아 잉카의 지배를 복원할 수 있으리라는 예언이 나돌기는 했지만 당시 안데스 지역 봉기자들이 영국을 포함하여 어떤 다른 외부 세력으로부터도 도움을 받을 수 있는 가능성은 거의 전무했다. 설사 외부 세력이 도와줄 준비가 되어 있었다고 하더라도 병참상의 문제가 극복할 수 없는 장애물이 되었을 것이었다. 에스파냐령 아메리카의 봉기는 해안으로부터 멀리 떨어진 곳, 그리고 험준한 지형으로 고립된 곳에서 일어났다. 북아메리카는 남아메리카의 봉기 지역으로부터 너무나 멀리 떨어진 딴 세계였으며, 영국 식민지인들은 다른 사람들의 일에 신경 쓸 만한 여유가 없었다. 코무네로들이 투팍 아마루의 봉기로부터 영감을 끌어왔다고 해도 그 역시 코무네로들에게 실질적인 도움을 제공해 주지

175) Piers Mackesy, *The War for America, 1775~1783* (London, 1964), appendix, pp. 524~5.

못했다. 누에바그라나다 부왕령은 그 자체가 지리적으로 너무나 파편화되어 있었고, 그로 인한 지역 간 혹은 도시 간 적대감은 베르베오가 보고타로 진격할지 결정해야 했을 때 의견 분열로 동맹이 깨지는 것을 막기 위해 자신의 모든 정치적 기술을 동원해야 될 정도였다.[176)]

그러나 의견 분열은 영국령 아메리카에서도 반란 지도자들을 힘들게 했었다. 그들도 코무네로 지도부와 마찬가지로 지역 간 적대감과 싸워야 했고, 버지니아 지역 엘리트들이 매사추세츠 애국파와 운명을 같이 하기로 했을 때도 그 적대감이 일시적으로 은폐된 것이지 결코 없어진 것은 아니었다. 그들은 또한 영국의 요구에 대해 반란 초반에 나타난 대중의 격렬한 분노 때문에 잠시 은폐될 수 있었으나 다른 지역 간 분열과 마찬가지로 전쟁이 전개되면서 결국 다시 불거진 사회적 분열과도 맞서야 했다. 1777년 이후 대륙 군대의 병력으로 충원된 사람들은 가난한 사람들, 즉 무토지 노동자, 무산자, 흑인 등이었다. 그들은 어떤 대의명분에 대한 열정 때문이 아니라 돈을 벌기 위해 입대한 사람들이었다. 식민지들 간의 분열 혹은 각 식민지 내의 분열을 고려할 때, 그리고 국왕에 충성하는 상당수의 소수 집단을 고려할 때, 혁명의 성공이 결코 보장되어 있지는 않았다. 영국인들의 정치적 혹은 전략적 오판이 결국 최종적 결과에 결정적인 영향을 준 것이었을지 모른다.[177)]

인종 간 분열은 투팍 아마루의 봉기에 치명적인 결과를 가져다 주었다. 북아메리카의 반란 지도자들은 그런 어려움을 겪지 않아도 되었

---

176) McFarlane, *Colombia Before Independence*, pp. 259~60.

177) Robert A. Gross, *The Minutemen and their World* (New York, 1981), pp. 151~3; Shy, *A People Numerous*, pp. 127~32

는데, 그것은 요구사항이 서로 다른 백인, 메스티소, 인디언들을 한데 묶어놓으려고 애쓰지 않아도 되었기 때문이다. 안데스의 인디언들은 사태를 자기들이 주도함으로써, 그리고 백인과 그들의 재산을 무차별적으로 공격하여 얼마 안 가 봉기 초반 투팍 아마루의 명분에 동정적이었던 크리오요들을 봉기에서 떨어져 나가게 만들었다. 그러나 누에바그라나다에서는 인디언들의 요구가 덜 급진적이었기 때문에 페루 반란에서 나타났던 것과 같은 잔인한 행동은 나타나지 않았다.[178] 코무네로들이 자신들의 목표를 신속하게 달성한 것이 북아메리카나 안데스 지역에서 나타났던 것과 같은 증오심과 야만적 행위로 이끈 장기적 내전으로부터 누에바그라나다를 구해 냈다고 말할 수도 있겠지만, 어느 정도는 이곳에는 보다 유능한 지도부가 있었기 때문에 그렇게 될 수 있었다고 말할 수 있을 것이다.[179]

어떤 혁명에서든 그 지도부의 자질을 측정할 수 있는 기준은 궁극적 결과 말고는 달리 찾을 수 없다. 이 관점에서 볼 때 북아메리카 반란의 지도자들은 후대인들에게 영웅적인 모습으로 비쳐졌다. 그로 인해 북아메리카의 건국시조들의 위업의 이면에 나타났었음이 분명한 애매모호한 태도, 위선적 행동, 개인들 간의 갈등 등을 밝혀 내기란 결코 쉽지가 않다.[180] 그러나 그들은 지역 생활과 정치에서 많은 경험을 쌓은 사람들이었으며, 식민지인들이 자신들을 이끌 사람으로 이들과 같이 경험

178) Phelan, *The People and the King*, p. 98.

179) 독립전쟁에서의 악행의 징후에 대해서는 Shy, *A People Numerous*, ch. 8 ('Armed Loyalism') 참조.

180) Joseph Ellis, *Founding Brothers. The Revolutionary Generation* (London, 2002) 서문을 참조.

많은 사람에게 기꺼이 신뢰를 보냈던 것은 이 지도자들이 자신들의 재능을 발전시키고 그 신뢰를 정당화할 수 있는 공간을 제공했기 때문이다. 이 점에서 혁명 이전 북아메리카에서 발견되었던 높은 수준의 정치적 참여는 지도자 세대를 만들어 냄에 있어서나, 그 지도자들에게 그들이 끝까지 일을 추진해 나가는 데 필요한 대중적 지지를 제공함에 있어서 핵심적 요인이었다.

에스파냐령 아메리카 사회의 성격은 이런 대중의 정치 참여를 허용하지 않았으며, 관직 보유자들로 하여금 정치 기술을 연마하지 않으면 안 되게 만드는 책임감 있는 선거 구민들을 만들어 내지도 못했다. 투팍 아마루 같은 카시케는 자신의 관직을 상속과 임명의 결합으로 획득했고, 베르베오는 군사적 경험의 소유자이며 스스로 뛰어난 지도자임을 입증하기는 했지만 사실 크리오요 엘리트 구성원들을 위한 일반적이고 가장 분명한 훈련장이었던 도시 관직 보유자는 아니었다.[181]

만약 북아메리카 독립파 가운데 다수가 처음에는 독립을 위한 압력보다는 영국 제국의 틀 안에서 자신들의 자유를 수호하려고 했다면(분명 그랬을 것으로 여겨진다) 그들은 그 목적을 달성하는 데 실패했다고 할 수 있다. 이 관점에서 볼 때 코무네로스 봉기는 목표에 더 가까이 다가가 있었다. 봉기자들은 국왕 정부로부터 과세 문제에서 중요한 양보를 이끌어 냈다. 그리고 그것은 국왕 정부로 하여금 부르봉 이전 시대에 국왕과 아메리카 신민들 간의 관계를 규정하고 있었던 불문 헌법의 정신 안에서 처신하게 만들었다. 감찰관 구티에레스 데 피녜레스는 마드리드로 소환되었고, 누에바그라나다에까지 지역 지사제를 확대하려는

---

181) McFarlane, *Colombia Before Independence*, p. 256.

계획은 철회되었다.[182] 투팍 아마루의 봉기가 야만적으로 진압되고 나서 안데스 지역 전역에 공포의 그림자가 드리워져 있었고, 국왕이 어느 때보다도 왕정의 신성함을 강조하려고 노력하고 있던 페루[183]에서조차도 부분적으로는 더 이상 봉기가 일어나지 않도록 예방하기 위해, 또한 봉기자들의 불만을 시정해 주려는 진정한 호의의 발로로서, 국왕은 불만을 달랠 수 있는 방법을 좀더 고민하고 양보할 준비가 되어 있었다. 감찰관 아레체를 포함하여 인기 없는 관리들은 해임되었다. 인디언들에게 상품을 강제로 판매하는 제도는 폐지되었으며 부역은 완화되었고, 투팍 아마루가 요구한 대로 쿠스코에도 아우디엔시아가 설치되었다. 지위를 박탈당할 위기에 처한 인디언 카시케들 중 다수는 법정에 호소하는 방법으로 자리를 보전할 수 있었다.[184]

에스파냐 국왕이 위기를 저지할 수 있었다는 사실은 부르봉 개혁이 창출해 낸 모든 긴장에도 불구하고 제국적 구조가 여전히 힘과 복원력을 갖고 있었음을 말해 준다. 영국령 아메리카와는 달리 히스패닉 아메리카에서는 제국 정부의 통치기구들이 깊이 뿌리내리고 있었다. 비록 에스파냐령 인디아스에서 식민지 엘리트들이 가끔 국왕의 명령을 무시하고 적극적으로 도전하기도 했지만 그들 자신들은 왕으로부터 말단 관리에 이르는 제도적 구조와 후견 네트워크의 복잡한 시스템의 일부를 이루고 있었다.

전통적으로 이 시스템은 견제와 균형의 형태로 자기 시정 메커니즘

---

182) Phelan, *The People and the King*, pp. 239~40; McFarlane, *Colombia Before Independence*, p. 217.

183) Góngora, *Studies in Colonial History*, pp. 195~6.

184) Fisher, *The Last Inca Revolt*, pp. 386~9; Walker, *Smouldering Ashes*, p. 69.

을 갖고 있었다. 부당한 일을 당한 사람의 청원과 항의, 이어 허용된 법적·제도적 틀 안에서의 치열한 협상과 상호간 양보가 용인된 일처리 방식이었다. 이 과정이 실패로 돌아갔을 때 정당한 마지막 수단으로 무장봉기가 나타날 수 있었다. 그러나 무장봉기는 다시 새로운 협상으로 이어질 것이 기대되었다. 코무네로스 봉기와 이에 대한 당국의 반응은 모두 이 전통적 패턴에 완벽하게 부합하는 것이었다. 이것은 계약과 공동선이라는 전통적 개념에 고취된 봉기였고, 일단 봉기가 종결되자 당국이 공동선을 재확인하는 단계에 착수한 것은 전통적인 합스부르크적 방식으로 돌아가는 것이었다.

코무네로스 봉기가 계몽사상의 영향을 받지는 않았는데, 그것은 1781년 4월 보고타에 게시된 한 풍자문에서도 알 수 있다. '……오늘날 교회 특권의 정신을 파괴하는 책들이 허용되고 있다. …… 예전에는 인디아스에 오는 에스파냐인들이 선량한 시민적 관습을 가르쳤는데, 최근에는 에스파냐에서 온 사람들이 새로운 죄, 이단적 금언, 나쁜 습관을 가르친다…….' 이 풍자문은 계속해서 고등교육의 개혁을 위해 왕의 관리들이 제시하는 개혁안과 근대적 커리큘럼을 제공하는 대학 설립을 비난하고 있다.[185] 사회적 저항에도 불구하고 계몽사상의 명분을 증진하려고 한 것은 오히려 정부 당국이었다. 코무네로스 봉기가 끝나고 난 뒤 다시 교육개혁을 밀어붙인 것도 역시 대주교 카바예로 이 공고라라는 인물로 대표되는 당국이었다. 후에 외국의 혁명적 이념을 지나치게 기꺼

185) Joseph Pérez, *Los movimientos precursores de la emancipación en Hispanoamérica* (Madrid, 1977), p. 131; 그리고 교육 개혁을 위한 제안에 대해서는 McFarlane, *Colombia Before Independence*, pp 205~6을 보라.

이 수용하려고 하는 새로운 세대에 직면하게 되었을 때 정부는 이 교육적 노력의 결실을 거두게 될 것이었다.[186)]

이 선동적인 외래 교리는 아메리카 혁명과 프랑스 혁명에서 마침내 실현되는데, 이 혁명들은 오랫동안 유럽에서 열띤 토론의 대상이 되었던 정치적 이념을 실행에 옮기려는 시도였다. 이 교리들이 공적 논쟁의 대상이 된 것은 북아메리카 반란의 지도자들에게 1770년대 에스파냐령 아메리카인들이 향유한 것보다 더 광범한 일련의 정치적·문화적 전통에 접근할 수 있게 해 주었다. 이는 다시 자신들의 입장을 사태 전개에 비추어 조정하는 능력, 장애물을 만났을 때 새로운 해결책을 찾아내는 능력을 키워 놓은 것으로 보인다. 그리고 궁극적으로 그것은 진정 새로운 정치적 창조물, 즉 잠정적이기는 하지만 대륙적인 규모의 독립 연방공화국의 출현이라는 결과물을 만들어 냈다.

북아메리카 독립파가 보여 준 지적인 풍요는 일단 그들이 영국 국왕과의 관계를 단절하겠다고 결심했을 때 그들을 만만치 않은 적으로 만들어 놓았다. 전황이 최악에 이르렀을 때조차 그들은 인민들 앞에서 독립에 대한 비전을 잃지 않고, '새로운 시대 질서'로 그들을 인도할 수 있다는 희망을 고수함으로써 사기를 유지할 수 있었다. 이에 대한 대응으로 영국은 반란을 중단하고 다시 국왕에게 충성하는 쪽으로 돌아오면 그 충성에로의 복귀와 전쟁 종결로부터 생겨날 상업적 혹은 현실적 이익을 제공하겠다고 약속하는 것 말고는 다른 대안을 갖고 있지 않았다.

영국인들이 비록 제국의 권위를 잃지 않기 위해 작심하고 자신들의 친척들과 싸우는 대가를 감수해 가면서 전쟁을 시작하기는 했지만 프랑

186) Phelan, *The People and the King*, p. 244.

스가 1778년 이 전쟁에 뛰어들자 반란 진압은 우선순위에서 두번째로 밀려났다. 이제 최우선 순위는 프랑스의 공격으로부터 서인도제도를 수호하는 것이 되었다. 이렇게 바뀐 상황에서 조지 3세도 아메리카인들을 굴복시키겠다는 굳은 결심에서 한 걸음 물러나기 시작했다. 그는 '프랑스의 신의 없고 무례한 행동을 단호하게 깨부수기 위해서는 식민지와의 전쟁을 종결하는 것이 매우 바람직하다'고 생각했다.[187]

비록 이제는 아메리카인들에게 독립을 허용하는 것을 고려하는 것이 가능해지기는 했지만 노스 경이 이끄는 내각은 내부의 반대와 국내 불만 세력의 증가에도 불구하고 1782년 2월 자리에서 물러날 때까지 영국을 신생 공화국과의 전쟁 상태에 붙잡아 두었다.[188] 그러나 1781년 요크타운에서의 항복은 식민지 회복에 대한 모든 현실적 가능성을 파괴하였고, 새로 들어선 로킹엄 행정부는 아메리카 식민지와의 전쟁을 끝내겠다는 결심을 굳히고 있었다. 13개 식민지의 상실은 차마 삼키기 어려운 쓰디쓴 알약이었다. 그러나 그로 인한 좌절감은 캐나다와 서인도제도의 보유, 그리고 인도와 동양에서 새롭고 더 큰 제국을 건설할 수 있다는 새로운 전망에 의해 약간은 완화될 수 있었다.

반면, 에스파냐에게는 아메리카 소유령을 상실하게 되었을 때 대안이 될 제국이 없었다. 멕시코와 페루의 은 없이 어떤 미래를 기대할 수 있단 말인가? 그러므로 에스파냐 왕은 아메리카 제국을 유지하는 데, 그리고 모국에 이익이 되는 쪽으로 아메리카 자원을 계속 개발하는 쪽에 총력을 기울여야만 했다. 동시에 누에바그라나다와 페루의 봉기는 시스

---

187) Mackesy, *The War for America*, p. 187에서 재인용.

188) Gould, *Persistence of Empire*, ch. 5 참조.

템에 엄청난 충격을 가했다. 후에 에스파냐의 왕 카를로스 4세의 총신이 되는 마누엘 고도이Manuel Godoy는 후에 자신의 비망록에 다음과 같은 글을 남겼다: "1781~2년 콘도르칸키가 반란의 깃발을 들어 올렸을 때, 우리가 페루 부왕령 전체와 라플라타 부왕령 일부를 상실하기 일보직전까지 갔다는 것은 누구나 다 알고 있었다. 이 폭풍의 파고는 누에바그라나다에서도 느껴졌고, 심지어 누에바에스파냐에서도 감지되었다."[189)]

이 거센 폭풍으로 촉발된 쇼크는 에스파냐 제국에서 일어난 봉기가 영국령 아메리카 식민지들의 독립 획득과 시기적으로 일치했기 때문에 더욱 충격적이었다. 아메리카 혁명이 에스파냐 부왕령들에게 시사한 의미는 에스파냐 정부 각료들을 대경실색하게 만들었다. 놀라기는 아란다 백작도 마찬가지였는데, 그는 당시 장관직을 상실한 뒤 프랑스 대사가 되어 사건의 추이를 지켜보고 있던 중이었다. 베르사이유 조약이 체결되고 나서 1783년에 쓴 비밀 비망록에서 그는 카를로스 3세에게 '본국으로부터 그렇게 엄청나게 멀리 떨어진 곳에 그렇게도 넓은 땅을 그렇게 오랫동안 보유하고 있는 것은 유례없는 일이다'라고 경고했다. 이어서 그는 새로 건국된 미국이 비록 지금은 난쟁이에 불과하지만 언젠가 거인으로 성장하여 먼저 플로리다를 흡수하고 후에는 누에바에스파냐까지 잡아먹으려고 할 것이라는 통찰력 있는 주장을 펼쳤다. 또 그는 그러므로 에스파냐의 대서양 제국에서 보전될 수 있는 것을 보전하기 위해서는 아메리카 본토를 세 개의 독립 왕국(즉 멕시코, 페루, 그리고 나머지 본토 영토)으로 나누고, 에스파냐 왕가의 왕자들을 보내 각 왕국들을

---

189) Lewin, *La rebelión de Túpac Amaru*, p. 413 from Manuel Godoy, *Memorias* (Madrid, 1836), vol. 3, pp. 285~6.

다스려야 하며, 에스파냐 왕은 황제의 직함을 가져야 한다고 주장했다. 그리고 각 왕국은 귀금속 혹은 식민지 산물의 형태로 에스파냐 왕실에 조공을 바치게 하고, 에스파냐와 아메리카의 왕가들을 혼인을 통해 항구적인 동맹관계로 묶어 놓아야 한다고 주장했다.[190]

아란다의 제안으로부터 나온 결과물은 아무 것도 없었다. 그것은 그 전해 영국령 북아메리카 제국을 독립 국가들의 협력체로 재편하고, 각 국가들은 자신의 의회를 갖되, 국왕에게 충성을 바치는 형태로 재구성함으로써 영국령 북아메리카를 상실의 위기로부터 구하려고 한 셸번 경Lord Shelburne의 시도만큼이나 현실성이 없었다. 셸번 경의 제안에 대해 프랭클린은 '한 각료의 머리에서 나온 이 키메라보다 더 터무니없는 것은 없다'라고 신랄한 비난을 퍼부었다.[191] 마드리드는 제국을 포기할 생각이 없었다. 강한 군대와 지속적인 개혁, 그러나 현명하게 적용된 개혁 프로그램만이 영국령 아메리카에 몰아닥쳤던 운명을 에스파냐령 아메리카에서는 피할 수 있게 만들 최선의 방법으로 생각되었다. 이것이 카를로스 3세가 1788년 프랑스혁명 직전 죽을 때까지 고수한 정책이었다.

그러나 마드리드의 각료들이 혁명의 비바람이 휘몰아치는 세계에서 얼마 동안이나 원래의 입장을 고수할 수 있을지는 의문이었다. 이때쯤이면 마드리드가 두려워했던 것이 현실화되기 시작했으니, 즉 에스파냐령 아메리카의 일단의 크리오요들이 전에는 생각하지 못했던 것을 이

---

190) Joaquín Oltra and María Ángeles Pérez Samper, *El Conde de Aranda y los Estados Unidos* (Barcelona, 1987), pp. 234~8. 비망록 전문은 Manuel Lucena Giraldo (ed.), *Premoniciones de la independencia de Iberoamérica* (Aranjuez and Madrid, 2003), pp. 75~87에 수록되어 있다.

191) Gould, *Persistence of Empire*, p. 166에서 재인용.

제 생각하기 시작한 것이었다. 그 크리오요들 가운데 한 명이 베네수엘라인 프란시스코 데 미란다Francisco de Miranda였다. 그는 보병 대위로 에스파냐 군대에서 복무하면서 쿠바 주재 에스파냐 사령관의 부관으로 임명되어 펜서콜라에서 영국군과 싸우기도 했고, 프랑스 함대가 체서피크만에 도착하는 것을 돕기도 했으며, 워싱턴이 요크타운에서 콘월리스의 항복을 받아 내는 과정에서 도움을 제공하기도 했었다. 후에 미란다는 코무네로와 국왕 정부 간에 이루어진 협정에 대해 자신의 소회를 다음과 같이 기술했다: '아메리카인들이 시파키라 협정을 받아들이는 것을 보고 그들이 얼마나 단순하고 순진한지, 반면에 에스파냐인들이 얼마나 교활하고 사악한지 내가 알게 되었을 때 나는 영국령 아메리카 식민지들이 독립을 성취할 때까지 인내심을 갖고 당분간 고통을 감내하는 것이 최선이라고 생각했다. 나는 그들의 독립이 틀림없이 우리의 독립의 단초가 될 것으로 생각했다.'[192] 미란다의 목소리가 미래의 목소리였다면 이제 계속 반복되어 오고, 오랫동안 상연되어 온 드라마, 즉 에스파냐가 거의 300년 동안 제국을 유지할 수 있도록 해 준 갈등과 적응의 드라마가 마침내 막을 내리고 있었다.

192) Liss, *Atlantic Empires*, p. 142에서 재인용.

12장 _ 새로운 세계의 형성

합법성의 추구

반란에 가담한 북아메리카 식민지들을 하나의 불안한 연합으로 결속시킨 연방헌장articles of Confederation은 1777년 11월, 격렬한 논쟁 끝에 대륙의회의 동의를 얻어냈다. 연합Union이 쉽게 성사되지는 않았다. 완고한 지역적 충성심은 전통적으로 식민지들의 협력에 부정적인 영향을 미쳤고, 앨러게니 산맥 서쪽의 인디언 영토를 둘러싸고 버지니아와 이웃 지역들 간에 벌어진 분쟁을 비롯하여 수많은 영토 분쟁은 식민지들 간의 적대감을 증폭시켜 놓았다. 또 새로 연합한 각 주들 내부에서는 당시 형성되어 가고 있던 공화국의 성격을 둘러싸고 심각한 사회적·정치적·이데올로기적 분열이 나타났다.

저항과 혁명은 여러 식민지들에서 급진파의 사기를 고무하기도 하고, 그들을 중요한 자리에 앉혀 놓기도 했다. 그리고 그런 경향은 영국의 지배에 대한 반감뿐만이 아니라 전통적인 엘리트들의 지배에 대한 적대감에 의해서도 자극을 받았다. 각 주 헌법의 틀을 구축하는 일에 깊이 개입하기도 했던 이 급진파는 한 중앙집권적 권위(즉 영국왕의 권위)를 타도하고 그것을 다른 중앙집권적 권위(즉 미국 의회의 권위)로 대체할 생각이 추호도 없었다. 그들은 새로 구성되는 연방이 확고하게 개별 주들의 권리와 인민주권의 원칙에 기반을 두어야 한다고 생각했으며, 그 중 일부는 이 주권이라는 말이 그것이 가진 가장 민주주의적인 의미에서 '민중적'이어야 한다고 여겼다. 이들 민중주의적 급진파에 반대하는 좀 더 보수적인 사람들 가운데 상당수는 상인 혹은 농장주 엘리트들이었고, 그들은 혁명 중에 발발한 군중들의 폭력행위에 겁을 집어먹고 새 공화국의 '민주주의적' 지배 전망에 깊은 우려감을 갖고 있었다. 이들은 독립전쟁을 성공적으로 이끌고, 전쟁이 승리로 끝나면 정치적·사회적 안정을 유지할 수 있는 강력한 행정부가 필요하다는 생각을 분명히 갖고 있었다.[1)]

이런 심각한 분열을 고려할 때 연방헌장이 1781년 3월에 가서야 13개 주 모두로부터 승인받을 수 있었던 것은 결코 놀라운 일이 아니다. 특히 서부 영토 문제는 첨예한 논란거리가 되었는데, 이 영토를 주장할 수 없는 주들은 새로 정주될 영토가 진정한 의미의 국가 영토의 일부가 되어야 한다고 주장했다. 치열한 협상과 전쟁의 압박은 결국 완강한 태도를 고수하던 주들도 이 주장에 따르게 했고, 그 중에서도 메릴랜드는 맨 나중에야 합류했다. 연방헌장의 승인은 신생 공화국이 정식으로 전국적 정부national government를 갖게 됨을 의미했다. 그러나 혁명기의 정치세력 간 균형을 고려할 때, 헌장으로 태어난 연방에서 '전국적' 요소는

---

1) 보수파와 급진파 간의 분열에 대하여는 Merrill Jensen, *The Articles of Confederation. An Interpretation of the Social Constitutional History of the American Revolution, 1774~1781* (Madison, WI, 1940; repr. 1984)을 참조.

연방적 요소에 비해 상대적으로 취약했다. 새 공화국이 엄청난 전후 문제 —막대한 부채, 평가절하된 통화, 광범한 사회 불안, 미결 상태로 남아 있던 서부로의 영토 확장 문제 등—에 직면해 있었기 때문에 이 공화국이 과연 오래 지속될 것인가에 대해 회의적인 전망이 늘어났다. 주들은 다시 자신들의 내부 문제에 골몰했고, 평판이 떨어진 의회는 분쟁을 조정하고 보편적 표류를 저지할 동력을 잃고 있음이 분명해 보였다. 전쟁 직후 새로 나타난 이런 문제들은 공화국이라는 것은 소규모 국가들에서만 가능하다는 전통적인 주장에 힘을 실어 주는 것처럼 보였다.[2]

나라의 미래에 대해 전 국민이 국왕 없이 대륙적 규모로 함께 조화를 이루어 살아갈 수 있으리라고 생각한 아메리카인들은 현실적 논리에 의해 점차 자신들이 영국으로부터의 독립보다 더 큰 도전에 직면해 있음을 깨닫게 되었다. 주권에 대한 주들의 주장과 기본적 자유에 대한 개인들의 주장이 상호 관심사를 규제하고, 국제무대에서 아메리카의 이익을 수호하기에 충분할 정도로 강력한 중앙집권적 행정부의 창출로 균형을 이룰 수 있는 새로운 정치 질서를 수립하고 난 뒤에야 그들의 혁명은 완료될 것이었다. 독립을 이루고 나서 몇 년 동안 이 도전은 공화국에서 가장 창조적인 사람들의 사고를 지배했는데, 의회에서 자신의 고향인 버지니아를 대표하면서 연방헌장의 약점과 부적합성을 날카롭게 의식하게 된 제임스 매디슨James Madison도 그 중 한 사람이었다.

의회 내의 힘의 균형 상태는 혁명적인 아메리카 사회에서 중앙 정부에 최소한의 권한만을 허용함으로써, 주들의 권리를 항구적으로 확보하겠다는 생각을 갖고 있었던 사람들에게 유리했다. 반면에 1787년 5월

---

2) Above, p. 346.

필라델피아에 소집된 제헌의회Constitutional Convention에 참석한 55명의 대표들은 전국 정부의 강화를 지향하는 배경과 기질을 갖고 있었다. 파리에서 대표들의 명단을 꼼꼼히 검토한 토머스 제퍼슨(당시 그는 새 공화국의 대표 자격으로 그곳에 파견되어 있었다)에게 제헌의회는 '반신반인半神半人적인 의회'로 생각되었다.[3] 대표들 가운데 대부분이 출신 주들의 정치적 엘리트들이었고, 이런저런 방식으로 혁명과 연계를 갖고 있었으며, 지방 혹은 국가 차원에서 상당한 정치적 경험의 소유자들이었다. 55명의 대표 가운데 42명이 의회에서 일한 경험이 있었고,[4] 매디슨을 비롯하여 다수는 출신 주에 대해 강한 충성심을 갖고 있었음에도 불구하고 보다 효과적인 통치 시스템의 창출이 무엇보다도 중요하다는 데에 공감하고 있었다.

매디슨이 착수한 과업은 연방헌장 대신 강력한 국가 통치를 확립하되 진정한 인민주권에 확고하게 토대를 둔 헌법을 제정하는 것이었다. 그 일은 불가피하게 거의 해결이 불가능할 정도로 어려운 문제를 제기했다. 모순된 이해관계들 간에 타협을 이루어 내기 위해서는 지난하고 때로는 분노를 유발하는 협상을 하지 않으면 안 되었다. 이 협상들 가운

---

3) Clinton Rossiter, *1787. The Grand Convention* (1966; New York, 1987), p. 138. 1787년과 그 이후의 국민적 논쟁(national debate)에 대한 통찰력 있는 고찰로는 John M. Murrin, 'The Great Inversion, or Court versus Country: a Comparison of the Revolutionary Settlements in England (1688~1721) and America (1776~1816)', in Pocock (ed.), *Three British Revolutions*, pp. 368~453, 그리고 Isaac Kramnick, 'The "Great National Discussion": the Discourse of Politics in 1787', *WMQ*, 3rd ser., 45 (1988), pp. 3~32를 참조. 또한 좀더 일반적으로 공화국의 창출(creation)에 대해서는 Gordon S. Wood, *The Creation of the American republic, 1776~1787* (Chapel Hill, NC, 1969; repr, 1998), and Stanley Elkins and Eric McKitrick, *The Age of Federalism* (Oxford, 1993)을 보라.

4) Rossiter, *1787*, p. 145.

데 가장 성공적이었던 것은 하원 의원 수를 인구비례로 할당하기로 한 것과, 상원에서 각 주들에 동등한 투표권을 부여키로 한 것이었다. 반면에 가장 성공적이지 못한 것은 극단적으로 의견이 갈린 노예제와 노예무역에 관해서였다. 노예제를 폐지하려는 어떠한 시도도 이제 막 태동 단계에 있었던 통합을 파괴할 소지가 높았다. 이 시점에서 가장 중요한 관심사는 공화국을 살려 내는 것과, 공화국의 핵심기구들이 숨 쉬고 성장할 수 있게 체질을 강화하는 것이었다. 그리고 그것은 오직 새 헌법의 여러 조항의 단편들을 통해 노예제의 지속을 간접적으로라도 보장해 주는 모종의 거래를 통해서만 가능했다. 하원 의원 선출을 위한 인구 계산에서 노예는 1인당 5분의 3명으로 간주되었으며, 20년이라는 유예기간을 가진 다음에 의회에서 다시 노예무역 문제를 검토하기로 했다.[5] 이 시점에서는 문제를 회피하는 것이 생존을 위한 필수조건이었다. 강력한 전국 정부를 지지한 사람들은 자신들을 '연방주의자'라고 부르면서, 1787~8년 제안된 새 헌법 인준을 두고 벌어진 범국민토론에서 자신들의 입장을 국민들에게 제시했다. 연방주의자들과 반연방주의자들 간의 치열한 갈등에서 우세한 쪽은 연방주의자들이었다. 1788년 13개 주 가운데 아홉번째 주인 뉴햄프셔의 승인과 함께 새 헌법은 공식적으로 국가의 법이 되었다. 그러나 버지니아와 뉴욕을 비롯한 4개 주는 계속 반대 의견을 표명했다. 그러나 수 주 후에 이 두 주가 승인에 동의하자 비록 가까스로 과반을 넘기는 것이기는 했지만 싸움은 연방주의자들의 승리로 귀결되었다.

새 공화국의 초대 대통령을 선출하게 되었을 때, 선택은 이미 정해

5) *Ibid*., pp. 266~7.

진 것이나 다름없었다. 독립 전쟁의 영웅 가운데 한 사람이 다른 사람들에 비해 압도적으로 두드러졌다. 1789년 3월, 조지 워싱턴이 대통령으로 피선된 것은 대통령이라는 직책에 위엄을 더해 주었고, 대통령직의 권력 행사에 절제와 상식을 보장해 주었다. 무엇보다도 그것은 영국인들에 맞선 혁명적 투쟁을 저명하고 보편적으로 존경받는 인물 안에서, 새로 생겨난 미합중국의 성공적 출범의 토대를 제공한 위대한 헌법적 실험과 연계시키는 것이었다.

1787년 북아메리카에서 연방주의자들과 반연방주의자들이 새 공화국의 정신을 두고 다투고 있을 때 토머스 제퍼슨은 파리에서 런던 주재 미국 대표단 비서에게 다음과 같은 글을 써 보냈다: "당신은 나에게 여기에 남아메리카에 대해 뭔가 새로운 정보가 있냐고 물으셨지요? 아니오, 전혀 없습니다. 내가 알고 있는 것은 그곳 남아메리카에는 가연성 물질이 많이 쌓여 있다는 것, 그리고 그것들이 횃불이 올라오기만 기다리고 있다는 것뿐입니다."[6] 그러나 그의 판단은 성급했던 것으로 드러났다. 누에바그라나다와 페루에서는 사실 불이 꺼져 있었으며, 누에바에스파냐 중부 지역에서 흉작과 심각한 식량 부족으로 1785~6년 광범한 사회 불안이 나타났을 때도 봉기의 횃불을 들어 올릴 인물은 나타나지 않았다.[7] 비록 북아메리카의 사례가 프란시스코 데 미란다 같은 급진파로 하여금 꿈을 꾸고 모의를 하도록 자극하기는 했지만 에스파냐 국왕은 이 가연성 물질에 찬물을 끼얹는 데 성공한 것처럼 보였으며, 1780

---

6) Bernard Bailyn (ed.), *The Debate on the Constitution*, 2 vols (New York, 1993), 1, p. 310 (Jefferson to William Stephens Smith, 13 November 1787).

7) Alan Knight, *Mexico. The Colonial Era* (Cambridge, 2002), pp. 233~5 and 290.

년대 초의 대혼란으로부터 권위가 크게 손상되지 않은 채 빠져나오는 데 성공하고 있었다.

호세 데 갈베스와 마드리드의 동료들은 위기 극복이 가져다 준 자신감으로 무장한 채 옛 통치 시스템의 개편에 나서 지사제知事制를 1784년에는 페루로, 1786년에는 누에바에스파냐로 확대했다. 갈베스 자신은 1787년에 죽었지만 각료들은 개혁 프로그램을 계속 밀고 나갔으며, 그 중에서도 가장 두드러진 것은 1778년 '자유무역'의 선언과 함께 개시된 대서양 무역 체계의 개편이었다. 이 점에서 그들은 카디스 콘술라도가 오랫동안 지배해 온 무역 체계에서 자신들의 거점을 마련하려고 하는 이베리아 반도 주변부 지역들의 계속된 압박에 반응하고 있었다. 선언을 발표하고 나서 10년 동안 식민지 무역이 세 배나 증가했음을 보여주는 통계수치는 매우 고무적이어서 그들은 그 시스템을 1788년에 베네수엘라로, 그 이듬해에는 누에바에스파냐로 확대했다.

무역 체계는 비록 당시 유행하던 경제적 자유주의를 지향하는 몸짓을 보여 주기는 했지만 사실은 매우 보호주의적인 기조를 유지하고 있었다. 그렇지만 그것은 명백한 한계를 갖고 있었음에도 불구하고 과거의 독점적 구조의 외곽에서 사업을 수행해 온 이베리아령 혹은 에스파냐령 아메리카 상인들에게 전보다 훨씬 큰 운신의 폭을 제공했다. 그것은 또한 지금까지 소외되어 온 인디아스 내 여러 지역들의 경제활동을 자극했다. 하지만 동시에 여러 지역들이 확대 일로의 기회에서 더 많은 부분을 차지하기 위해 경쟁했기 때문에 식민지 내에서 새로운 라이벌 관계를 만들어 내기도 했다.[8]

---

8) 자유무역의 상반된 효과에 관한 논의에 대해서는 Jacques Barbier and Allan J. Kuethe (eds),

그러나 마드리드 정부가 개혁 프로그램의 최근 국면에서 얻어낼 수 있을 것으로 예상했던 재정적·경제적 이득은 전쟁 여파로 곧 상쇄되었다. 에스파냐는 미국 독립전쟁에 개입한 대가를 톡톡히 치러야 했다. 영국의 해상 봉쇄로 무역은 혼란에 빠졌으며 선박들은 상실되고 사업은 마비되었다. 1790년대에 일어난 또 한 번의 전쟁은 더 큰 혼란을 가져다주었다. 카를로스 3세는 1788년 말에 죽었고, 새로 즉위한 카를로스 4세의 치세는 시작부터 프랑스에서 일어난 혁명으로 대혼란에 휩싸였다. 1793년 봄 프랑스 혁명정부는 에스파냐에 선전포고를 했는데, 이 시기는 카를로스 4세가 선왕의 각료들 가운데 최후의 인물인 아란다 백작의 봉사 없이 지내게 되고 나서 얼마 되지 않은 시기였다. 아란다 백작에 이어 왕의 총신이었지만 아직 젊고 정치적 경험이 많지 않은 호위대 장교 출신 마누엘 고도이가 내각 수반이 되었다. 새로 발발한 전쟁은 에스파냐로 하여금 영국과 불편한 동맹관계를 맺게 했는데, 영국의 우월한 해군력은 마드리드 정부에게 두려움의 대상이었다. 전쟁은 또한 전통적으로 에스파냐 상인들에 의해 인디아스에 재수출되었던 프랑스 상품의 공급을 차단시켰으며, 큰 이문을 제공해 주는 에스파냐령 아메리카 시장을 영국 상인뿐만 아니라 미국 상인들에게까지 개방시켜 놓았다.

영국의 해군력과 상업력이 에스파냐령 아메리카 제국에 미칠 부정적인 영향에 위기감을 느낀 고도이는 정책의 변화가 필요하다고 생각하게 되었다. 1796년 10월, 에스파냐는 국왕을 시해한 프랑스 혁명정부

The North American Role in the Spanish Imperial Economy, 1760~1819 (Manchester, 1984), ch. 1; Josep Fontana and Antonio Miguel Barnal (eds), *El comercio libre entre España y América Latina, 1765~1824* (Madrid, 1987); Fisher, *Economic Aspects*, chs 9 and 10을 참조.

와 손을 잡고 공격적이면서 방어적이기도 한 반영反英 동맹을 체결했다. 그러나 프랑스의 지원이 거저 얻어진 것은 아니었다. 에스파냐는 1800년 나폴레옹의 압력 하에 산일데폰소San Ildefonso 조약을 맺고 루이지애나를 프랑스에 돌려주겠다고 약속해야만 했다. 다만 카를로스 4세는 점점 힘이 커지고 있던 미국과, 그것이 플로리다에 미칠 악영향을 우려하여 루이지애나를 다른 나라(즉 미국)에는 양도하지 않겠다는 약속을 받아 냈다. 그에 따라 에스파냐는 1802년 루이지애나를 프랑스에 넘겨주었다. 그런데 이듬해 나폴레옹은 약속을 어기고 그 땅을 미국에 팔아넘겼다. 그래서 새 공화국(미국)은 제퍼슨 대통령이 시기적절하게 루이지애나를 구입한 덕분에 단번에 영토가 두 배로 늘어나게 되었고, 그로 인해 그렇지 않아도 불안했던 에스파냐의 플로리다 지배는 더욱 취약해졌다. 루이지애나는 결국 1819년 미국에 양도되었으며, 그로 인해 미국은 아메리카 내륙에 대한 식민화를 시작할 수 있게 되었다.[9)]

카를로스 4세가 프랑스인들의 지지를 확보하기 위해 어쩔 수 없이 감수해야 했던 영토 양도는 기대했던 결과를 만들어 내지 못했다. 1802년까지 계속되었다가 1804년에 다시 재개된 영국과의 전쟁은 에스파냐에게는 대재난이었다. 1797년 2월, 에스파냐의 함대는 세인트빈센트곶에서 벌어진 전투에서 영국군에 패했고, 영국군은 베네수엘라 해안에 인접한 트리니다드섬을 점령했다. 영국 함대의 카디스항 봉쇄로 아메리카 시장에 대한 에스파냐의 상품 공급이 불가능하게 되었으며, 마드리드는 에스파냐령 아메리카 내 항구들을 중립국 선박들에게 개방하지 않

---

9) Wright, *Anglo-Spanish Rivalry*, pp. 163~4; Weber, *Spanish Frontier*, pp. 290~1; Hoffman, *Florida's Frontiers*, ch. 10.

으면 안 되었다. 이번에도 이 같은 상황 전개의 가장 큰 수혜자는 미국의 무역업자들이었다. 그들은 에스파냐령 앤틸리스제도, 베네수엘라, 누에바그라나다에 밀과 밀가루 등 여러 가지 상품을 공급하여 막대한 이익을 챙겼다. 기만적인 '자유무역'의 기치하에 마드리드 정부가 주도하고, 영국을 모델로 삼아 이베리아 반도를 상업 제국의 중심으로 만들려고 추진된 새로운 보호주의 체제는 이렇게 실패로 돌아가고 말았다.[10]

에스파냐가 인디아스에 대한 경제적 지배권을 대책 없이 상실해 가고 있는 동안 10년 이상 끌어온 전쟁은 에스파냐 왕실의 재정을 견딜 수 없을 정도로 궁핍하게 만들어 놓았다. 에스파냐와 인디아스 모두에서 교회와 종교단체 혹은 자선기구가 소유한 부富는 파산 지경의 국가에게 저항할 수 없는 유혹으로 다가왔다. 1767년 대서양 양안에서 예수회의 재산을 몰수했었던 고무적인 전례도 이미 갖고 있었다. 1798년 왕실은 이베리아 반도 내 교회 재산에 대한 한사상속제 폐지와 매각 추진을 선언했고, 거기서 얻어진 자금은 전쟁 비용 충당을 위한 부채 청산에 사용되었다. 영국과의 전쟁이 재개되고 난 1804년, 이 부채청산법 Law of Consolidation은 에스파냐령 아메리카의 자선기금에까지 적용 범위가 확대되었다. 이 조치는 격렬한 분노를 불러일으켰다. 아메리카의 많은 지역에서 교회 재산은 신용제도를 작동시키는 데 필수적인 요소였으며, 새 법은 사실상 수많은 사유재산과 사업체의 강제 매각을 의미했는데, 왜냐하면 그 재산의 소유자들이 신용 대부의 회수 조치 때문에 빌린 돈의 대부분을 변제하지 않으면 안 되었기 때문이다. 타격의 정도가 모

---

10) Lynch, *Bourbon Spain*, pp. 380~95; Fisher, *Economic Aspects*, pp. 201~6; Liss, *Atlantic Empires*, pp. 112~13.

든 지역들에서 다 똑같은 것은 아니었다. 광산업 등의 사업이 특히 부채에 크게 의존하고 있었으며, 부왕 호세 데 이투리가라이José de Iturrigaray가 특히 국왕의 질서를 강조한 바 있는 누에바에스파냐가 심한 타격을 받았다. 5년 후 선언이 취소되었지만 그때는 이미 엄청난 타격을 입고 난 뒤였다. 광산업, 농업, 무역 등 거의 모든 분야가 파괴적인 타격을 받았으며, 대부에서 얻어지는 이자에 의존해 살아가고 있던 교구 사제들과 성직자들은 생계를 심각하게 위협받을 정도로 어려운 상황에 처하게 되었다. 이미 카를로스 3세의 제왕교권적regalist 정책으로 많이 취약해져 있었던 교회-국가 간 동맹관계(그것은 에스파냐의 인디아스 제국이라는 거대한 건축물을 지탱하는 주춧돌이었다)는 크게 흔들리기 시작하고 있었다.[11]

인디아스로부터의 수입收入이 증가했음에도 불구하고(1784~1805년 간 인디아스로부터의 수입은 에스파냐 정부의 전체 수입 가운데 5분의 1을 차지했다)[12] 당시 에스파냐 국가는 침몰하지 않기 위해 발버둥 쳐야 하는 상황에 처해 있었다. 국가 재정 수입원의 상당 부분은 이미 저당이 잡혀 있었으며, 연이은 흉작과 전쟁으로 타격을 받은 경제로 인한 압박은 새로운 사회적 긴장을 만들어 내고 있었다. 고도이 정부는 혼란에 빠져 있었다. 1808년 3월, 그는 궁정 쿠데타로 쫓겨났으며, 카를로스 4세는 자신의 아들이자 후계자인 페르난도에게 양위하지 않으면 안 되었

---

11) Sánchez Bella, *Iglesias y estado*, pp. 302~15; Brading, *Church and State*, pp. 222~7; Marichal, *La bancarrota*, ch. 4.

12) Lynch, *Bourbon Spain*, p. 415. 1763~1811년간 에스파냐 왕실 재정에 아메리카가 수행한 기여의 연간 통계 수치와 퍼센티지에 대하여는 Appendix 1 of Marichal, *La bancarrota*의 도표 1 참조.

다. 그러나 나폴레옹은 동맹국 에스파냐에 대해 더 이상 신뢰를 갖고 있지 않았다. 프랑스 군이 마드리드로 진군하는 동안 새로 취임한 페르난도 7세는 꾐에 빠져 프랑스를 방문했으며, 거기에서 그는 바욘에서 망명생활을 하고 있던 자신의 부모(카를로스 4세 내외)와 고도이를 만났다. 5월 10일 페르난도도 왕위를 포기해야 했는데, 나폴레옹이 자신의 형 조제프 보나파르트Joseph Bonaparte에게 에스파냐 왕위를 넘겨 주었던 것이다. 이로써 이제 에스파냐와 에스파냐령 인디아스 제국에는 확실한 합법적 권위의 원천이 존재하지 않게 되었다.

(에스파냐) 부르봉 왕조의 붕괴와 프랑스의 (에스파냐 영토) 점령은 에스파냐 민중 봉기를 불러일으켰고, 그것은 이베리아 반도를 혼란과 전쟁으로 치닫게 했다. 그 같은 상황은 1814년 프랑스 군이 패배하고 부르봉 왕조가 다시 복귀하고 나서야 끝나게 된다. 그 기간 동안 에스파냐 본국뿐만 아니라 에스파냐령 해외 제국도 유례없는 위기에 직면하게 되었다. 마드리드 제국 정부 중심에 권력 공백이 초래된 상황에서 어디서 합법적 권위를 찾아야 한단 말인가? 에스파냐령 아메리카 제국은 1700년 카를로스 2세가 서거했을 때도 그와 비슷한 상황에 직면한 바 있었다. 그런데 그때는 카를로스 2세가 지명한 합법적인 후계자 펠리페 5세의 즉위로 문제가 신속히 해결될 수 있었다. 하지만 이번에는 상황이 많이 달랐다. 조제프 보나파르트는 분명 왕위 찬탈자였으며, 페르난도 7세는 망명 중에 있었다. 그리고 제퍼슨이 1787년에 썼듯이, '아메리카에는 가연성 물질이 쌓여 있었고, 그것들은 불을 당겨 줄 횃불만 기다리고 있었다.' 왕조 붕괴가 과연 그 횃불이 될 것인가?

히스패닉 세계에서 왕권의 붕괴는 1770년대 영국령 아메리카 식민지들이 직면했던 것과는 성격이 매우 다른 위기를 촉발했다. 1808년 에스파냐령 아메리카의 위기는 제국 권위의 행사 때문이 아니라 그것의 부재 때문에 나타난 것이었다. 그런 의미에서 그것은 영국령 대서양 세계에서 찰스 1세의 처형으로 나타났던 상황과 비슷했다. 그러나 1649년 국왕의 처형과 제국의 권위를 의원들에게 넘겨 준 것이 식민지들(이 식민지들은 자신의 존재를 국왕 특허장에 의존하고 있었다)에게 헌법적인 혹은 현실적인 면에서 심각한 문제를 제기하기는 했지만, 공화국Commonwealth과 호국경Protectorate 치하 제국정부가 추구한 정책은 폭력적 충돌을 막아야 했기에 기존 제도와 이해관계를 충분히 존중하는 것이었으며, 그것은 죽은 왕의 아들에게 충성을 선언한 식민지들에 대해서도 마찬가지였다.[13] 그 전환은 또한 새 체제가 식민지 사회 내부 문제에 대해 전체적으로 전임자가 추구해 온 불간섭 정책을 고수하겠다는 점을 분명히 함으로써 더욱 용이해졌다. 게다가 크롬웰 정부는 서로 이해할 수 있고 존중할 수 있는 국력national power이라는 용어를 갖고 말했다.

반면에 에스파냐령 아메리카 주민들은 실제로는 항상 그러지 않았지만 적어도 이론적으로는 수 세기 동안 전통적으로 개입주의적인 국왕 정부하에서 살아오고 있었다. 그들은 자주 실효적이지 못했음에도 항상 국왕의 권위를 염두에 둔 삶에 익숙해 있었다. 그런데 갑자기 그 권위가 사라져 버렸고, 이제 그들은 불확실성의 바다에서 나침반도 없이 표류하게 되었다. 그들은 에스파냐 본국이 자신들을 구하러 올 것이라는 기대를 할 수도 없었다. 에스파냐는 혼란에 빠져 있었으며 에스파냐의 항구들에서 부정기적으로 도착하는 선박들은 서로 모순된 메시지와 악화일로로 치닫는 철지난 전쟁 소식만 가져다 줄 뿐이었다.

---

13) Bliss, *Revolution and Empire*, pp. 60~6.

에스파냐 민중들이 무기를 들고 나서자 이베리아 반도에서는 다수의 지역 훈타juntas(특별위원회)가 생겨나 민중들의 반-프랑스 투쟁을 이끌었다. 1808년 9월, 다소간 어려움이 있기는 했지만 이 훈타들이 하나의 중앙 훈타Junta central로 통합되었고, 이 중앙 훈타는 프랑스군이 마드리드를 점령하고 있었기 때문에 세비야에 근거지를 두게 되었다. 1810년 1월 프랑스군이 남쪽 안달루시아까지 내려오자 중앙 훈타는 다시 카디스로 이전했으며, 여기에서는 영국 함대의 보호를 받았다. 얼마 후 중앙 훈타는 해산되어 망명 상태에 있던 페르난도 7세(그는 엘 데세아도El deseado, 즉 '신민들이 열망하는 군주'라 불렸다)를 대신해 활동할 섭정위원회Consejo de Regencia로 대체되었다.

섭정위원회는 보수적인 기구이기는 했지만 카디스 상인 엘리트들에 의존하고 있었으며, 그들은 아메리카 무역에서 자신들이 가진 특권적 지위의 수호에는 완강한 태도를 고수했지만 정치적으로는 자유주의적이었다. 섭정위원회는 카디스 엘리트들의 압력하에 중앙 훈타가 이미 추진해 오고 있었던 전국 의회, 즉 코르테스Cortes를 소집하려는 계획을 밀고 나갔다. 이 의회에 에스파냐령 아메리카 대표들도 초대되었다. 1810년 9월 24일 코르테스가 카디스에서 소집되었으며, 그것은 1814년 페르난도 7세가 복귀할 때까지 개회된 상태로 남아 있게 된다.[14)]

왕은 망명 중이고 에스파냐 본국은 프랑스의 침략의 물결에 잡아먹힐 것이 분명해 보이는 상황에서, 인디아스 제국을 구성하고 있던 네 개의 부왕령과 아홉 개의 아우디엔시아와 사령관령은 모든 수단을 다 동

---

14) 코르테스 소집의 배경에 대한 간략한 설명을 위해서는 Timothy E. Anna, *Spain and the Loss of America* (Lincoln, NE and London, 1983), ch. 2.

원하여 난국을 헤쳐 나가야 했다. 이 영토들은 영국령 아메리카 식민지들과 달리 국왕의 권위가 도전받거나 붕괴되었을 때 대안적인 리더십을 제공할 만한 식민지 의회를 갖고 있지 않았다. 멕시코시티, 리마, 보고타 같은 대도시들의 시참사회들은 전통적으로 좀더 큰 공동체를 대표하여 발언할 권리가 있다고 주장해 왔지만 그 주장은 라이벌 시참사회들의 도전을 받게 될 소지를 갖고 있었다. 영토 전체의 공통 관심사를 논의하거나 결정할 수 있는 보편적으로 인정되는 기구는 존재하지 않았으며, 그러므로 1808년에 여러 영토들이 합법성 문제에 대해 각기 다른 임시적 해결책을 취한 것은 전혀 놀라운 일이 아니었다. 이 해결책들은 이미 인종적 다양성, 크리오요와 페닌술라르들 간 적대감에 따른 긴장으로 힘들어 하고 있던 사회들에서 지역 세력들 간의 힘의 균형을 반영하였다.

그러나 처음에 사태 진전을 주도한 것은 독립에 대한 열망이 아니라 합법성의 추구였다. 에스파냐령 아메리카에서나 에스파냐 본국에서나 본능적인 반응은 합법적 군주가 부재하게 되었을 때 주권은 신민들에게 귀속된다는 원칙에 호소하는 것이었다. 이것은 왕정이 붕괴되었을 때 이베리아 반도에서 생겨난 훈타들이 스스로를 정당화한 이론이었다. 1808년 세비야의 최고 훈타supreme junta는 '왕국에 갑자기 왕 혹은 정부가 부재하게 되었을 때 신민들이 합법적으로 정부를 창출해 낼 권한을 되찾게 된다'라고 선언했다.[15] 에스파냐에서 발생한 사건들이 대서양을 건너 아메리카에 전해지면서 아메리카인들은 에스파냐의 예를 따랐다. 1808년 7월, 조제프 보나파르트에게 충성을 선언하라는 지시가 카라카

15) Giménez Fernández, *Las dorcrinas populistas*, p. 61에서 재인용.

스에 있는 식민지 정부에 도착하자 도시 참사회는 사령관에게 자신들이 어떤 태도를 취할지 결정하기 위한 훈타 소집을 요구했다.[16] 멕시코시티, 보고타, 키토, 부에노스아이레스 등의 시참사회들도 모두 페르난도 7세의 이름으로 활동하게 될 임시 훈타를 소집하여 민의의 주장을 통한 권위의 합법화를 확실히 하려고 했다.[17]

그러나 에스파냐와 마찬가지로 아메리카에서도 망명 중인 페르난도 7세에 의해 합법적으로 대표되는 부르봉 왕정의 절대주의적 전통과, 중세 시대 히스파니아의 입헌주의에 뿌리를 두고는 있지만 전과는 다른 시대의 색깔과 특징을 획득해 가고 있었던 인민주권의 원칙 간에 긴장이 존재했다. 카를로스 3세의 개혁적 각료들은 끈질기게 옛 합스부르크 왕정의 영토들과 그 영토들의 특권 집단들을 개조하여 자애롭기는 하되 절대적인 권력을 가진 군주에게 복종하게 함으로써 통합적 국민 국가로 만들려고 했다.[18] 이베리아반도에서는 에스파냐의 각료들이 국민들에게 주입시키려고 애썼던 국민의식이 프랑스군의 침입으로 인해 극적으로 대중 봉기라고 하는 열렬한 민족주의적 반응으로 나타났다. 그러나 동시에 1808년의 사건들로 발생한 합법성의 위기는 혁명기 프랑스 혹은 아메리카의 인민주권 개념을 흡수한 에스파냐 여론 형성층에게 구체제 에스파냐라는 다 허물어져 가는 건물을 자유주의라는 새로운 토대 위에서 재건할 수 있는 절호의 기회를 제공해 주었다. 재건을 위한 도구는 카디스 코르테스가 될 것이었는데, 이 코르테스는 에스파냐에 왕의

---

16) Rodríguez O., *Independence of Spanish America*, pp. 55~6.

17) Timothy E. Anna, *The Fall of the Royal Government in Peru* (Lincoln, NE and London, 1979), p. 40.

18) Above, p. 320.

권한을 제한하게 될 성문헌법을 제공하는 작업에 열성적으로 착수했다. 망명 중에 있던 페르난도 7세는 여전히 성향이 불분명한 인물이었다. 그러나 자유주의적인 코르테스와 절대주의적인 왕조가 서로 충돌할 수밖에 없는 길로 치닫고 있다는 것은 분명해 보였다.

아메리카에서는 이미 카를로스 3세 때 신세계 신민들을 통합된 국민 국가의 틀 속에 포함시키려고 한 각료들의 시도가 오히려 역효과를 낸 경험이 있었다. 인기 없는 경제 정책의 강요, 자기들의 차지라고 생각한 관직에서 자신들을 쫓아내고 페닌술라르들을 채워 넣은 조치 등은 크리오요들이 전통적으로 모국에 갖고 있던 반감을 더욱 고조시켜 놓았을 뿐이었다. 에스파냐 모국 주민들과 동등한 자격으로 부르봉 왕조 국민 국가에 참여하는 것을 거부당한 크리오요들은 항상 자기들이 거기에 속해 있다고 생각했던 그 공동체에 의해 거부당했다는 믿음을 더욱 굳게 갖게 되었다. 영국령 아메리카에서도 식민지 엘리트들이 영국이 프랑스에 승리를 거두어 한껏 들떠 있던 시기에 본국 중심부로부터 나온 공격적인 민족주의에 직면하여 그와 비슷한 소외감을 느낀 경험이 있었다. 그들은 자기들이 이해할 수 없는 이유로 전쟁 승리의 잔치 마당에서 쫓겨났다고 생각한 것이다.[19]

그러나 영국령 아메리카의 식민정주자들은 역사적 토대를 가진 크리오요 애국 신화(그 신화 안에서 불의에 대한 그들의 감정이 통합될 수 있었다)를 발전시킴에 있어서 에스파냐령 아메리카의 동료들만큼 멀리 나아가지는 않았었다. 영국인으로서 갖는 세습적 특권에 대한 권리를 통해 불만의 시정을 이끌어 낼 수 없다는 사실에 분노한 그들은 이제 역사

---

19) Breen, 'Ideology and Nationalism' 그리고 above, p. 334을 보라.

적 권리보다는 천부적 권리에 호소하는 쪽으로 선회했다. 결국 13개 식민지에서 출현한 뚜렷하게 아메리카적인 정체감은 혁명의 원인이라기보다는 결과였으며, 그것은 또한 그들이 그 자연권의 성화聖化와 확산에 기여할 공화국 수립을 위해 노력하는 과정에서 공유하게 된 전쟁과 국가 건설 경험의 산물이었다.

그와는 대조적으로 세기 중엽부터 에스파냐령 아메리카의 크리오요들에 대해 다시 가해진 본국의 압박은 이미 존재하고 있던, 그리고 시간적으로나 공간적으로 뿌리를 잘 내리고 있던 정체감을 더욱 강화해 주었다. 1808년경이면 새로운 세대의 에스파냐령 아메리카인들이 보편적 자연권이라는 국제 사회에서 통용되는 언어에 대해 알아 가고는 있었지만 그래도 여전히 지배적인 언어는 에스파냐의 제국적 왕정이라는 전통적 틀 안에서 작동하는 여러 가지 크리오요 애국심이라는 언어였다. 그러나 지역적 애국심은 사회적으로나 지리적으로나 너무 제한적이어서 1808년까지만 해도 에스파냐로부터의 독립을 추구하는 진정한 의미의 국가적인 운동을 만들어 내지 못했다.[20] 사회적으로 그것들은 그 범위가 크리오요 엘리트들을 벗어나지 못했고, 다른 인종 집단들에게는 대단히 추상적인 공간만을 남겨 놓았다. 지리적으로는 대도시와 그 인근 지역에 국한되었다. 에스파냐 제국주의에 의해 생겨난 대규모 행정 단위들 안에서도 지역적 애국주의는 매우 분열 유발적 효과를 가져다 주었다.

---

20) Anthony McFarlane, 'Identity, Enlightenment and Political Dissent in Late Colonial Spanish America', *TRHS*, 6th ser., 8 (1998), pp. 309~35에서 개진된 주장, 특히 pp. 323ff를 참조.

1808년의 파국이 제기한 문제는 합법적 권위가 붕괴되었을 때 크리오요의 애국심이 제국적 왕정의 틀 속에서 억제될 수 있느냐 그렇지 않느냐는 것이었다. 아메리카 전역의 크리오요들은 프랑스와 고도이에 대한 적대감 때문에(고도이는 아메리카의 관직에 다수의 페닌술라르 관리들을 임명했다[21]) 처음에는 에스파냐로부터 건너오는 소식에 대해 페르난도 7세를 옹호하는 것으로 반응했다. 그러나 동시에 그들은 그 위기 속에서 부채통합법 같은 근년에 국왕이 취한 혐오스런 정책들을 원상으로 돌리고, 자신들의 문제에 대해 얼마간의 지배권(그것은 장차 사실상의 자치로 이어질 것으로 기대되었다)을 확보할 수 있는 기회를 발견할 수 있으리라 생각했다. 그들이 왕이 부재하게 되면 주권이 신민들에게 돌아가야 한다는 이야기를 시작하자 자연히 국왕 관리들과 페닌술라르들은 강하게 반발했다. 그들은 에스파냐령 아메리카 제국이 얼마 안 가 영국령 아메리카 제국이 갔던 길을 가게 되지 않을까 두려워했고, 그래서 얼마 남지 않은 제국 본국으로서의 권위에 필사적으로 매달렸다.

페루에서는 정상 상태 혹은 적어도 그와 같은 모습이 가장 잘 유지되었는데, 이곳에서는 투팍 아마루의 봉기의 기억이 아직 생생하기도 했고, 부왕 호세 페르난도 데 아바스칼José Fernando de Abascal이 나름 요령 있게 일을 처리하고 있기도 했다.[22] 그에 비해 다른 지역에서는 1808~9년이 음모와 쿠데타로 점철된 해였다. 특히 누에바에스파냐의 상황이 심각했는데 이곳에서는 페닌술라르 관리들이 1808년 10월 에스파냐인 상인, 시주, 고위 성직자들의 암묵적 지지를 등에 업고 부왕 호세 데 이

---

21) Anna, *Loss of America*, p. 29.

22) Anna, *Fall of Royal Government*, ch. 2.

투리가라이를 크리오요들의 입장에 너무 동정적이라는 이유로 부왕직에서 쫓아냈다. '페르난도 7세의 자원병'이라고 알려진 사적으로 모집된 민병대의 지지를 받고 있었던 이들 음모자들은 부왕을 쫓아낸 뒤 억압적이고 반동적인 체제를 도입했는데, 그것은 그렇지 않아도 에스파냐의 지배에 반감을 품고 있던 사람들을 더욱 분노하게 만들었을 뿐이다.[23)]

1809년 한 영국인 관찰자(아마도 윌리엄 버크라는 가명으로 글을 쓰고 있었던 제임스 밀James Mill이었던 것으로 보인다)는 '에스파냐령 아메리카는 지금 사실상 독립된 지역이다'라고 썼다.[24)] 그러나 크리오요들의 자치에 대한 바람이 완전한 독립의 요구로 발전하게 될지 어떨지는 1809~10년까지도 분명치 않았다. 에스파냐와 아메리카 모두에서 상황은 급변하고 있었고, 내일 당장 무슨 일이 벌어질지 아무도 알 수 없었다. 한편으로 에스파냐 본국에서는 크리오요들의 바람을 수용하려는 분위기가 새로 나타났다. 그런데 아메리카 내에서는 반대로 크리오요들의 요구에 대한 에스파냐인 관리들과 에스파냐인 이익집단들의 반대에 대해 불만이 고조되어 가고 있었다. 동시에 제국적 지배의 이완은 급진파들, 특히 제국 변경 지역의 급진격파들이 혁명 이념(그 이념은 수 년 간 은밀하게 확산되고 나서 이제 공개적으로 논의되기 시작하고 있었다)을 확

---

23) Lynch, *Spanish American Revolutions*, pp. 304~6; Knight, *Colonial Era*, pp. 292~6.

24) Simon Collier, *Ideas and Politics of Chilean Independence, 1808~1833* (Cambridge, 1976), p. 52에서 인용. 『아메리카 내 유럽인들의 정주에 관하여』의 저자 윌리엄 버크는 1797년에 죽었기 때문에 이 관찰자가 윌리엄 버크일 수는 없다. 이 관찰자가 누구인가를 두고 그동안 많은 논란이 있었다. Mario Rodríguez, *'William Burke' and Francisco de Miranda. The Word and the Deed in Spanish America's Emancipation* (Lanham, MD, New York and London, 1994), 특히 ch. 4를 참조. 여기에서 저자는 '버크'가 제임스 밀이라고 주장하고 있다.

산시키고, 그에 따라 행동할 기회를 만들어 주었다.

1809년 1월, 에스파냐의 중앙 훈타는 법령 하나를 발표했는데, 그것은 에스파냐 본국이 이제 아메리카인들의 오랜 불만에 귀 기울일 준비가 되어 있음을 말해 주는 것이었다. 그것은 페르난도 7세의 이름으로 '에스파냐가 인디아스에 소유하고 있는 방대하고 소중한 영토는 다른 나라들에서 볼 수 있는 식민지나 재외상관factorias이 아니라, 에스파냐 제국의 필수적이고 본질적인 일부'라는 것을 분명히 했다. 또 거기에는 '여러 지배 영토들을 묶어 놓고 있는 성스러운 결속의 끈'을 강화하기 위해 해외 영토들은 이제 '의회에 대표를 파견할 권리'를 갖게 되리라는 점, 그리고 해외 영토들에 대표를 선출하여 중앙 훈타에 파견하라는 요청도 포함되어 있었다.[25] 대표 수에서는 분명 불평등이 있었으나(에스파냐 본국의 대표는 총 36명인데 비해 아메리카 대표는 9명에 불과했다), 그럼에도 그것은 사상 처음으로 아메리카인들이 에스파냐 정부의 중앙 기구에 참석하라고 요청받은 것이었다는 점에서 의미가 컸다. 더구나 이들은 각 왕국을 대표하는 사람으로 선출될 대표들이었고, 이 역시 새로운 현상이었다. 대표 선출권은 시 참사회들이 갖는 것으로 되어 있었으며, 선출 절차와 대표들에게 어떤 권한을 부여할 것인지를 두고 오랫동안 열띤 논쟁이 벌어졌다.[26]

전국 의회를 소집키로 한 중앙 훈타의 결정이 아메리카에서 열린 선거보다 더 먼저 있었으며, 아메리카 영토들에는 1810년 가을 카디스

---

25) 1809년 1월 22일의 법령. Manuel Chust, *La cuestión nacional americana en las Cortes de Cádiz* (Valencia, 1999), pp. 32~3, n. 5에서 인용.

26) Rodríguez, O., *Independence of Spanish America*, pp. 59~64.

에서 열릴 코르테스에 대표를 파견해 달라는 공식 초청장이 전달되었다. 에스파냐의 통치 구조 재편이라는 대업을 수행하게 될 이 코르테스는 해외 제국이 중요한 부분을 이루게 될 국민 국가 출범을 위한 헌법 초안 마련이라는 유례없는 과업에 착수하게 되었다.[27] 1767년에 프랭클린이 '이 제국을 구성하는 모든 부분들이 의회에서 공정하고 평등한 대표권을 갖는 것이 그 제국의 정치적 위엄과 안정이 확보될 수 있는 유일하고 확고한 기반이다'라고 주장했을 당시 영국 하원은 그에 대해 아무런 관심도 보이지 않았었다.[28] 대신 하원은 1767년 토머스 와틀리가 말했던 것처럼, 식민정주자들이 의회에 '사실상 그들의 대표를 갖고 있는 것이나 다름없으며' 그것으로 충분하다고 말했을 뿐이었다.[29] 이제 섭정위원회와 카디스 코르테스는 비록 그들이 에스파냐령 아메리카 영토의 실제 상황에 대해 별로 아는 것이 없이 그러는 것이기는 했지만 영국이 가지 않았던 길을 가려고 하고 있었다. 그들은 에스파냐와 에스파냐령 아메리카가 같은 병에 걸려 있고, 둘 모두에게 '똑같은 치료'가 필요하다는 맹목적인 신념을 갖고 있었다.[30]

에스파냐령 아메리카 영토들에 할당된 대표 수는 사실 프랭클린이 영국 제국 의회에서 아메리카 식민지들에 할당해 달라고 요구한 '공정하고 평등한 대표권'에 훨씬 못 미쳤다. 그래서 이 불평등한 대표권의 문제는 코르테스가 소집되기도 전에 아메리카인들이 제기한 주요 불만사

---

27) Chust, *La cuestión nacional*, p. 46.
28) Draper, *Struggle for Power*, p. 397에서 재인용.
29) Above, p. 318 참조.
30) 코르테스 개회 2주 전에 출간된 *El Observador*에 실린 데메트리오 라모스(Demetrio Ramos)의 글, 'Las Cortes de Cádiz y América', *Revista de Estudios Políticos*, 126 (1962), pp. 433~634, at p. 488에서 인용.

항 가운데 하나가 되었다. 1810년 5월, 카라카스 훈타는 '아메리카 전체 인구에 비해 대표 수가 터무니없이 적다'고 불만을 표했고, 후에 코르테스가 시작되었을 때 아메리카 대표들은 정식으로 이 문제를 제기했다(그러나 시정을 만들어 내지는 못했다). 이것은 에스파냐의 대표들이 아메리카의 대표들에게 주도권을 내줄까 봐 우려했기 때문에 나타난 현상이었다. 당시 추정치에 의하면, 에스파냐령 아메리카 인구는 1,500만~1,600만 명인데 비해, 에스파냐인구는 1,000만에 불과했다. 그런 상황에서 에스파냐 본국은 아메리카 제국 영토들에게 표결에서 패할 수도 있는 상황을 떠올리지 않을 수 없었고, 그것은 결코 용납할 수 없는 것이었다.[31)]

대표자 수의 문제 너머에는 '당시는 본국과 사법적으로 동등한 권한을 향유하게 될 예정이었지만 전에는 식민지였던 다수의 정치체들을 어떻게 인민주권의 원리에 기반한 국민 국가 안에 통합할 것인가'라는 더 어려운 문제가 자리 잡고 있었다. 영국령 식민지들도 독립하고 나서 비슷한 문제에 직면한 적이 있었는데, 그 식민지들은 자신들의 체제를 연방 공화국으로 바꾸고 그 안에서 중앙의 권위와 지방의 자치 간에 세심한 균형을 확보하는 것으로 이 문제를 해결했었다. 그러나 에스파냐의 자유주의자들은 공화국의 개념을 거부했는데, 왜냐하면 에스파냐에서는 그 개념이 문제 해결책으로 받아들여지기에는 혁명기의 프랑스 혹은 그 프랑스의 침입군과 너무 긴밀하게 연계되고 있었기 때문이다. 에스파냐의 자유주의자들은 에스파냐를 영국식 입헌왕정으로 만들고 싶

31) James F. King, 'The Colored Castes and the American Representation in the Cortes of Cadiz', *HAHR*, 33 (1953), pp. 33~64.

어 했다. 그러나 그들의 본능은 중앙집권화를 이루는 것이었으며, 중앙집권화의 경향이 지역 자치를 원하는 아메리카 영토들의 요구와 어떻게 조화를 이룰 것인가, 혹은 그로 인해 나타나게 될 체제가 대서양으로 연결된 입헌 왕정의 형태로 통일된 국민 국가 안에서 어떻게 자리 잡을 수 있는가를 예상하기란 결코 쉬운 일이 아니었다.[32)]

이런 종류의 새로운 헌법적 실험을 감행하기에는 시기적으로도 그리 적절치 못했다. 1810년 초 이베리아 반도 전체가 프랑스의 수중에 떨어질 것으로 여겨졌던 때부터 아메리카 영토들은 독립적으로 자신들의 생존을 확보하기 위해 비상조치를 취하기 시작했다. 카라카스 시참사회가 앞장섰다. 사령관 비센테 엠파란Vicente Emparán은 베네수엘라를 조제프 보나파르트에게 넘겨 버릴 수도 있는 친불파親佛派로 여겨지고 있었다. 에스파냐 내 새로운 섭정위원회는 카디스 상인들이 지배하는 콘술라도의 도구로 비쳐졌고, 그러므로 베네수엘라의 수출 경제에 필수적인 무역의 자유를 위협할 존재로 생각되었다. 1810년 4월, 카라카스 위원회는 스스로를 최고 훈타로 개명하고, 투표를 통해 엠파란을 쫓아냈으며 에스파냐 섭정위원회의 권위를 부정했다. 그러나 그들은 자신들의 행위가 모국으로부터 독립을 선언하는 것이 아니며, 자신들의 목적은 어디까지나 페르난도 7세의 권리를 수호하는 것이라고 주장했다.[33)]

한 달 후 부에노스아이레스의 상인과 지주 엘리트들은 이 도시의 시 위원회가 페닌술라르들에 의해 지배되고 있었고, 1810년 행동을 위

---

32) Chust, *La cuestión nacional*, pp. 39 and 55~62.

33) Miguel Izard, *El miedo a la revolución. La lucha por la libertad en Venezuela, 1777~1830* (Madrid, 1979), p. 30; Rodríquez O., *Independence of Spanish America*, pp. 109~11.

한 압력이 시 참사회가 아닌 다른 곳으로부터 왔음에도 불구하고, 에스파냐에서 들려오는 소식에 대해 카라카스의 엘리트들이 보인 것과 비슷한 방식으로(그리고 비슷한 이유로) 반응했다. 1776년 라플라타 부왕령이 신설되어 오랫동안 리마에 예속되어 있다가 그로부터 분리된 이후로 부에노스아이레스는 번영 일로를 걸어오고 있었다.[34] 비록 알토페루의 은이 여전히 부왕령의 가장 중요한 수출품으로 남아 있기는 했지만 무역의 자유화는 짐승가죽과 농업 생산물을 중심으로 하는 수출 무역의 성장을 가져다 주었다. 부에노스아이레스의 상인들은 이 은을 가지고 유럽에서 들어오는 제조업 제품을 구입하여 그것을 대륙 전역에 내다 팔았다.[35]

프랑스의 에스파냐 점령, 소수 카디스 상인들의 이익만 증진시키려 한다는 의심을 받는 섭정위원회의 설치는 카라카스 엘리트들뿐만 아니라 부에노스아이레스 엘리트들도 앞날을 걱정하게 만들었다. 그러나 1806년과 1807년, 두 차례에 걸친 영국 원정군의 침입을 지역 수비대가 성공적으로 격퇴한 사건은 지역민들로 하여금 자부심과 자신감을 갖게 하고, 부왕 정부의 무능을 고스란히 드러나게 했다. 그러므로 크리오요 엘리트들은 지역 수비대의 지지를 등에 업고, 이베리아 반도의 통제를 받는 시 참사회를 무시하고 훈타를 설치하고 부왕을 내쫓기에 충분할

---

34) Guillermo Céspedes del Castillo, *Lima y Buenos Aires . Represuciones económicas y políticas de la creación del virreinato del Plata* (Sevilla, 1947), pp. 122~9.

35) Tulio Halperín Donghi, *Politics and Society in Argentina in the Revolutionary Period* (Cambridge, 1975), pp. 29~40. 새 부왕령 설치가 가져 온 효과와 부르봉 개혁이 이 지역에 미친 경제적, 사회적 영향에 대해서는 Jeremy Adelman, *Republic of Capital. Buenos Sires and the Legal Transformation of the Atlantic World* (Stanford, CA, 1999), ch. 2를 참조.

정도로 자신감을 갖게 되었다.[36)]

1810년 여름과 가을, 지역 지배자들과 관리들을 내쫓고 훈타를 설치하려는 비슷한 움직임이 산티아고데칠레, 카르타헤나, 산타페데보고타에서도 나타났으며, 그것은 대륙 전역에서 생겨난 연쇄반응의 일부였다. 모든 훈타들은 카라카스 훈타가 그랬던 것처럼 자신들이 합법적 지배자인 페르난도 7세의 권리를 지키기 위해 국민people의 이름으로 행동하는 것이라고 주장했다. 좀더 과감한 행동을 위한 지지기반 확대를 위해 취할 다음 단계는 1810년 '5월 혁명' 때 부에노스아이레스에서, 1811년 3월과 7월에는 카라카스와 산티아고데칠레에서 그랬던 것처럼 전국의회를 소집하는 것이 될 것으로 여겨졌다.[37)] 카디스 코르테스는 프랑스와 아메리카의 의회 못지않게 이 의회 소집에 많은 영감을 제공했다.[38)] 유산자들로 이루어진 소수 유권자에 기반을 둔 의회 소집은 크리오요 엘리트들에게 그들이 인민주권의 용어를 언급하면서도 동시에 아직 불안정했던 자신들의 권력 장악을 공고히 해 줄 것으로 생각되었다.

에스파냐령 아메리카의 크리오요 엘리트들은 이런 식으로 합법성이라는 위장막의 이면에서 본국 정부의 약점을 이용하여 차례로 지역적 자치를 위해 달려들고 있었다. 이것은 아직 왕정과 제국의 틀 안에서 이루어지는 자치였지만 그 제국의 틀이 이제 너무 허약한 상태여서 자치 지역들이 사실상 원하는 모든 것을 뜻대로 할 수 있을 정도였다. 그런데 이 무렵 에스파냐 왕정으로부터의 분리와 완전한 독립이 아니면 만

36) Adelman, *Republic of Capital*, p. 77; Lynch, *Spanish American Revolution*, ch. 2.
37) Lynch, *Spanish American Revolutions*, pp. 52~8 and 135.
38) Collier, *Ideas and Politics*, p. 69.

족하지 않겠다는 일군의 급진파들이 나타났다. 특히 베네수엘라에서 그러했는데, 이곳에서는 카라카스의 부유층 젊은이들이 이미 프랑스 혁명과 미국 혁명에서 표출된 자유의 이념에 열렬히 반응한 적이 있었다. 베테랑 혁명가 프란시스코 데 미란다와 젊은 몽상가 시몬 볼리바르Simón Bolivar의 영향 하에 새로 창설된 애국협회Patriotic Society의 멤버들 가운데 일부는 당시 자유로운 독립 공화국 창설을 위해 적극적인 활동을 벌이고 있었다. 노장파 크리오요 엘리트들도 전국의회에서 볼리바르가 한 연설에 영감을 받아 젊은 애국파와 힘을 합쳐 1811년 7월 5일 베네수엘라의 독립을 선언했는데, 이것은 에스파냐령 아메리카 제국 영토들 가운데 처음으로 나타난 독립 선언이었다. 나아가 그들은 미국 연방헌법을 모델 삼아 명목상 민주주의적인 새 헌법의 초안을 마련하기도 했다. 그러나 이 독립 공화국이 오래 가지는 못했다. 전국의회의 결정은 국가 전체를 내전 상태로 몰고 갔고, 그로 인해 최초의 베네수엘라 공화국은 1년이 못되어 붕괴되고 말았다.[39]

베네수엘라 공화국의 실패는 진정한 독립으로 가는 길에 놓인 장애물이 어떤 것인가를 보여 주는 때 이른 조짐이었다. 처음부터 강력한 세력들이 자치 운동을 방해하기 위해 준비하고 있었다. 많은 사람들은 자치를 에스파냐로부터의 완전한 분리 독립으로 가는 예비 단계로 여기고 불안해 했다. 1808년 누에바에스파냐에서 반도 출신 에스파냐인들과, 에스파냐적 이해와 밀접하게 연계되고 있었던 크리오요들이 일으킨 쿠데타는 이 방해세력이 가진 힘을 여실히 보여 주었다. 이 쿠데타 세력의 강력한 힘은 1810년 9월 반발을 불러일으켰는데, 이해에 바히오 지역

39) Izard, *El miedo*, pp. 139~43; Lynch, *Spanish American Revolutions*, ch. 6.

돌로레스 시의 교구 사제였던 미겔 이달고Miguel Hidalgo가 교회 종을 울리는 것으로 전국적인 반란이 될(그는 그것을 기대했다) 사태를 촉발시켰다. 수많은 농민들의 무리—인디언들과 혼혈인들—가 모여 과달루페 성모상을 앞세우고 이달고를 따라 남쪽으로 진군했고, 그로 인해 한동안 부왕령 전체가 봉기에 휩싸였으며, 결국 가증스런 페닌술라르들의 지배를 끝장낼 것처럼 보였다. 그러나 추종자들의 무차별적인 폭력을 통제하지 못한 이달고의 무능과 인디언의 공납과 인종 차별 폐지 등이 포함된 사회 개혁 프로그램은 처음에는 봉기가 자신들의 자치 확보 노력에 유리하게 작용할 것으로 생각하고 지지를 보냈던 크리오요 엘리트들을 급속히 반란으로부터 멀어지게 만들었다. 투팍 아마루의 봉기가 있고 나서 페루에서 그랬던 것처럼 대규모 사회 혼란에 대한 크리오요 엘리트들의 두려움은 그들이 페닌술라르들에 대해 갖고 있던 증오심보다 더 강했고, 결국 그들은 폭력사태를 저지하기 위해 이제 거꾸로 페닌술라르들과 행동을 같이하게 되었다. 결국 정규군뿐 아니라 지역군 가운데 다수도 당국에 충성하는 쪽으로 돌아섰으며, 그로 인해 이달고의 봉기는 진압되고 말았다.[40]

인종적 혹은 계급적 성격의 전쟁으로 비화되지 않을까 하는 두려움이 본국(에스파냐)의 구속에서 벗어나려는 운동에 가장 열성적이었던 크리오요들조차도 뒷걸음치게 만들기도 했지만, 지역 간 적대감도

---

40) Kinght, *Colonial Era*, pp. 298~304; Lynch, *Spanish American Revolutions*, pp. 306~13; Eric Van Young, 'Islands in the Storm: Quiet Cities and Violent Countrysides in the Mexican Independence Era', *Past and Present*, 118 (1988), pp. 130~55 (에스파냐어 본은 Eric Van Young, *La crisis del orden colonial* (Madrid, 1992), ch. 9); Archer, *The Army in Bourbon Mexico*, p. 299.

자치권 쟁취 투쟁에 걸림돌이 되었다. 예를 들어 1810년 코로Coro와 마라카이보Maracaibo시 참사회는 카라카스와의 협력을 거부하고 에스파냐의 섭정위원회를 지지한다고 선언했다.[41] 마찬가지로 1810년 5월 부에노아이레스에서 일어난 반란에 대해 이른바 반다 오리엔탈(미래의 우루과이)의 라이벌 도시 몬테비데오와 라플라타 부왕령의 내륙 지역, 파라과이, 알토페루 등이 반대 의사를 분명히 했다.[42] 이 지역들은 그들 나름의 관심사와 경제적 이해관계를 갖고 있었으며, 부에노스아이레스의 노선보다는 에스파냐 당국의 노선을 따르려는 경향을 보였다(그 지역들은 부에노스아이레스의 지배적 지위에 분개하고 있었던 것이다).

에스파냐령 아메리카의 (국왕에 대한) 충성심은 한 세대 전에 반란을 일으켰던 영국령 식민지들과 마찬가지로 여러 가지 서로 다른 얼굴을 갖고 있었다.[43] 마라카이보나 몬테비데오가 보인 반응에서 알 수 있듯이 식민지들의 충성심은 영국령 아메리카에서와 마찬가지로 강력한 경제적·지리적 요인을 갖고 있었다. 베네수엘라에서는 카라카스의 상인과 지주 엘리트들이 한편이 되고, 가축들과 함께 평원을 자유롭게 돌아다니는, 그리고 카라카스 지주들의 점증하는 위협으로부터 국왕이 자신들을 보호해 줄 것으로 생각한 인디언 농민들과 파르도들(아프리카인을 조상으로 둔 사람들)이 다른 한편이 되는 구분선이 명확히 그어져 있었다.[44] 영국령 아메리카에서도 국왕에 대해 충성을 유지한 지역들은

---

41) Izard, *El miedo*, p. 30.
42) Lynch, *Spanish American Revolutions*, pp. 58~50, 89~93; Adelman, *Republic of Capital*, pp. 85~7.
43) Above, p. 352를 보라.
44) Izard, *El miedo*, pp. 133~4.

더 부유한 인접 지역들의 경제적 혹은 정치적 지배를 받게 될 가능성이 있거나, 혹은 그로 인해 이미 피해를 입고 있던 지역들인 경우가 많았다. 그런 지역 중에 애팔래치아 변경지역도 포함되어 있었는데, 이 지역에 드문드문 정착한 주민들은 국왕이 이미 가까이 다가와 있는 정착민들의 더 이상의 접근을 저지하여 짐승사냥꾼, 모피사냥꾼, 상인으로 살고 있는 자신들의 라이프 스타일을 지켜 줄 것으로 기대했었다.[45)]

충성심이 지리적 요인으로만 결정되는 것은 아니었다. 페루 부왕령과 누에바에스파냐 부왕령에서 일어난 사건들이 보여 주듯, 에스파냐령 아메리카 영토들 내에서 인종적 분열이 어느 정도냐에 따라 어쩌면 자치 획득 투쟁을 지지할 수도 있었을 크리오요들이 국왕에 충성하게 되는 경우도 있었다. 혼혈인이 인구의 50퍼센트 이상을 차지하고, 여러 번에 걸쳐 노예 반란이 일어났던 베네수엘라에서는 사회적 혹은 인종적 분쟁에 대한 두려움이 1812년과 1814년 카라카스 엘리트들로 하여금 그와 유사한 반란을 저지하는 쪽으로 영향을 미쳤다.[46)] 그러나 영국령 아메리카와 마찬가지로 에스파냐령 아메리카에서도 그들의 (에스파냐에 대한) 충성심이 단순히 어떤 이익을 위해서라기보다는 본능적이었던 사람들도 많았다. 크리오요들의 애국심은 늘 왕정에 대한 깊은 충성심과 공존하고 있었고, 영국령 북아메리카의 경험이 보여 주듯 왕에 대한 전통적인 충성 본능은 왕 자신이 신민들이 당하는 고통의 직접적 원천으로 여겨지고 난 후에도 쉽게 없어지지 않았다. 거기다가 에스파냐령 아메리카에서처럼 왕이 탄압을 하는 사람이 아니라 탄압을 받고 있는

---

45) Nelson, *The American Tory*, pp. 86~8.
46) Izard, *El miedo*, pp. 55 and 129.

경우에는 그 충성심에 동정심이라는 감정적 요소가 더해지기도 했다.

혁명 이전 영국령 식민지에는 영국 출신 관리가 비교적 적고 드물었던 반면에, 에스파냐령 아메리카 영토에는 에스파냐 출신으로 이루어진 충성파 관리 집단이 단단하게 존재했다. 또한 인디아스 내 군軍 조직에는 1800년경이면 유럽에서 일어난 전쟁과, 영국이 장악하고 있던 해역을 통해 증원군을 보내야 하는 어려운 문제로 그 수가 급속히 줄기는 했지만 상당수의 에스파냐인 사병과 장교들이 있었다. 그러나 새 세기(19세기) 초쯤이면 1770년까지만 해도 다수 집단을 이루고 있던 에스파냐인 장교들은 전체 장교 집단 가운데 36.4퍼센트로 줄어들고, 이제 크리오요 장교들이 다수가 되어 있었다. 아메리카 군대에 복무 중인 3만 5,000명의 장교 가운데 에스파냐 출신은 5,500명에 불과했다.[47] 교회 계서제 역시 지난 수십 년 동안 그와 비슷한 아메리카화 과정을 경험하기는 했지만 18세기 후반에도 아메리카 내 고위사제들 가운데 절반 이상은 에스파냐 출신이었고, 이들은 가장 부유하고 가장 영향력 있는 교구들을 차지하고 있었다.[48]

에스파냐인들이 인디아스 내 교회와 정부 조직에서 고위직을 독점하고 있었던 것과 더불어 에스파냐에서 건너온 지 얼마 안 되는 사람들이 특히 상인 공동체에 많았으며, 이들은 일차적으로 자신들이 태어난 국가에 애정과 충성심을 갖는 경향이 있었다. 1820년경 리마에는 전체 인구 5만 5,000여 명 가운데 1만 명가량의 에스파냐인이 거주하고 있었

---

47) Marchena Fernández, *Ejército y milicias*, pp. 162 and 182.

48) John Lynch, 'Spain's Imperial Memory', *Debate y Perspectivas*, 2 (2002), pp. 47~73, at p. 72.

다.[49] 이들 페닌술라르들 가운데 다수가 갖고 있던 사회적 우위와 부, 그리고 그들 중 일부가 국왕 행정에서 동료 에스파냐인들과 함께 갖고 있던 영향력은 그들을 (외부에) 노출되고 취약한 집단으로 만들었다. 그러나 카추핀들에 대한 반감이 널리 퍼져 있었다고 해도 그것이 어떤 어려운 시기가 닥쳤을 때 그들과 크리오요 엘리트 집단들 간의 일시적 동맹을 불가능하게 만들 정도로 악화되지는 않았다. 이달고의 반란이 불러일으킨 공포는 누에바에스파냐에서 그 같은 동맹을 부추기기도 했다. 1810년 9월 카디스 코르테스가 소집되었을 때만 해도 비록 영국령 아메리카 제국은 유지되지 못했지만 에스파냐의 인디아스 제국이라는 위태로운 건물은 충성심과 두려움이 뒤섞인 감정에 의해 유지될 가능성이 여전히 남아 있었다.

제국의 종말

제국의 가장 효과적인 파괴자는 제국주의자들 자신인 경우가 많다. 카디스 코르테스는 영국 하원과 마찬가지로 결국 아메리카인들의 관심사에 대해 적절한 해결책을 찾아내지 못했다. 하지만 그들은 영국 의회보다는 실패를 합리화할 수 있는 소지를 더 많이 갖고 있었다. 에스파냐가 국가의 존속을 위해 필사적인 싸움을 하고 있는 상황에서 코르테스 의원들은 전쟁 수행을 위해 꼭 필요했던 아메리카로부터의 수입收入을 상실할 수도 있는 모험을 감수할 수가 없었으며, 이 점은 불가피하게 아메리카인들의 요구와 마주치게 되었을 때 코르테스 의원들의 운신을 폭

---

49) Anna, *Fall of Royal Government*, p. 184.

을 좁혀 놓았다. 무엇보다도 그것은 자유 무역 확대를 요구하는 아메리카인들의 요청이 계속 거부되어야 함을 의미했다. 1812년 7월, 에스파냐 주재 영국 대사 헨리 웰즐리Henry Wellesley는 카디스에서 보낸 편지에서 "여기에는 아메리카를 안정시켜야 할 중요한 목표에도 불구하고 상업적인 면에서 양보하려는 기색이 전혀 없다"라고 썼다.[50] 만약 이 전선front을 양보했더라면 이미 아메리카의 여의치 않은 상황 때문에 감소 일로에 있던 수입은 더욱 더 줄어들었을 것이다. 그리고 카디스 콘술라도가 코르테스를 지배하고 있었기 때문에 상업적 양보 조치의 부재는 강력한 기득권에 의해 계속 유지 혹은 강화될 수밖에 없는 상황이었다.[51]

에스파냐의 자유주의적 성향의 대표들이 동정적 태도를 표명했음에도 불구하고 아메리카 문제는 코르테스에서 벌어진 논란에서 계속 갈등의 원천이 되었다(이 논란은 결국 1812년 새 에스파냐 헌법 승인에서 정점을 이루게 된다). 아메리카 대표들은 당연히 코르테스를 오랫동안 쌓여 온 폐단을 시정할 기회로 생각했다. 그들은 이 코르테스를 자신들의 경제활동에 대한 지배권을 장악할 기회로 생각했을 뿐만 아니라 식민화 초창기 때부터 거부당해 온(크리오요들은 그렇게 주장했다) 성·속의 관직 임명에서 자신들의 정당한 몫을 찾을 수 있는 기회로 생각하기도 했다.[52] 그들은 부르봉 왕조가 추진한 개혁의 충격을 잘 알고 있던 세대였고, 그 때문에 본능적으로 아메리카 내 에스파냐의 역사를 자신들의 경험이라는 일그러진 렌즈를 통해서 보는 경향이 있었다. 그들에게 그것

---

50) Raymond Carr, *Spain, 1808~1939* (Oxford, 1966), p. 104, n. 1에서 재인용.
51) 코르테스에서 논의된 자유무역 문제에 대하여는 Anna, *Loss of America*, pp. 80~3을 참조.
52) Chust, *La cuestión nacional*, p. 541 Rodríguez O., *Independence of Spanish America*, p. 84.

은 피땀 흘려 영토를 정복하고 정주한 에스파냐인들의 후손들에게서 정당한 권리와 보답을 박탈하려고 노력해 온 제국이 자행한 300년에 걸친 탄압의 역사였다. 그들의 이런 해석은 에스파냐인들의 오랜 지배기 동안 크리오요들 자신들이 사회에 대해 상당 정도의 지배권을 행사해 온 사실 ―그 지배는 18세기 마지막 몇 십 년 동안에 이르러서야 심각한 도전에 직면해 있었다―을 간과한 것이었다. 이제 그들은 카디스 코르테스에서 이른바 '3세기 동안의 폭정, 오해, 경멸'의 비정상 상태를 정상화할 기회를 발견하게 되었다.

한편 자유주의적 성향의 에스파냐 대표들은 크리오요들과는 다른 의제를 가지고 카디스에 모였는데, 거기에는 아메리카 문제를 다루기 위한 마음의 여유도 관심도 없었다. 그들은 코르테스를 아메리카 대표들이 기대했던 것처럼 불만과 폐해의 시정을 논의하는 전통적인 포럼이 아니라 인민주권이라는 확고한 헌법적 토대 위에서 에스파냐 국가의 재건이라는 대업을 시작할 혁명적 의회로 보았다.[53]

이 에스파냐 국가는 대서양 양안에 걸쳐 있었다. 그러나 카디스 코르테스에 아메리카 대표가 참석하고 있었다는 점은 당장 "정확하게 누가 '아메리카인'인가"라는 골치 아픈 문제를 제기했다. 아직 해외 영토들을 대상으로 실시한 인구조사는 없었다. 그래서 코르테스 대표들은 1806년부터 1811년 사이에 불어본과 에스파냐어본으로 일부가 출간된 알렉산더 폰 훔볼트의 조사에 포함된 추정치에 의존해야만 했다.[54] 아메리카 영토에 거주하는 1,500~1,600만 명의 인구 가운데 인디언이 약

53) Céspedes del Castillo, *Ensayos*, pp. 375~83.
54) Josep M. Fradera, *Gobernar colonias* (Barcelona, 1999), pp. 54~5.

600만, 혼혈인이 600만, 그리고 나머지가 크리오요 혹은 에스파냐인으로 추정되었다.[55] 이 인구 구성은 불가피하게 인종 문제를 논란의 중심에 올려놓았다. 아메리카 대표들은 코르테스에서 아메리카에 에스파냐와 동등한 대표권을 부여하기 위해 아메리카에서 완전한 정치적 권한을 향유할 수 있는 사람의 수를 부풀리려고 했다. 그러나 그들은 크리오요라는 인종 집단으로서 허울뿐인 평등 때문에 다른 유색 인종 집단들에 대한 자신들의 우월한 지위를 포기할 생각이 없었다. 또 자유주의적 성향의 에스파냐인 대표들은 그들대로 평등에 대해 열변을 토하기는 했지만 코르테스에서 아메리카 대표들에게 본국 에스파냐인들보다 더 많은 대표를 제공하게 될 의회 제도에 대해 고려해 볼 생각이 전혀 없었다. 각 진영은 강한 파당적 이해관계를 갖고 있었으며, 그것을 어떻게든 고수하려고 했던 것이다.

이 문제는 결국 타협과 부끄러운 기만으로 해결되었다. 1812년의 헌법 제1조는 '에스파냐 국가는 양 반구의 모든 에스파냐인들의 통합체다'라는 근본 원칙을 천명했다. 제5조에 나오는 '에스파냐인'에 대한 정의는 매우 광범해서 인디언, 메스티소, 카스타, 카스타스 파르다스castas pardas(아프리카인의 피가 섞인 사람들을 지칭), 자유 흑인들을 모두 포함하였다.[56] 다만 노예는 제외되었다. 그러나 모든 '에스파냐인들'이 똑같은 에스파냐인으로 간주된 것은 아니었다. 크리오요, 인디언, 메스티소는 적어도 이론적으로는 본국 에스파냐인들과 똑같은 대표권과 참정권

55) Chust, *La cuestión nacional*, p. 71.

56) '카스타스 파르다스(castas pardas)'의 지위에 대하여는 Fradera, *Gobernar colonias*, pp. 57~67 참조.

을 가진 것으로 간주되었다. 그러나 흑인 노예를 조상으로 두고 있었던 카스타스 파르다스의 권리는 헌법 논의가 진행되어 감에 따라 점차 축소되어져서 '에스파냐인'으로 간주되었을지언정 '시민'으로 간주되지는 않았다. 비록 개인적으로 그들이 좋은 처신이나 가치 있는 봉사 같은 모종의 기준을 충족하고 나면 코르테스에 시민권을 요청할 길이 열려 있기는 하지만 말이다.

사실 에스파냐령 아메리카 인구 가운데 몇 퍼센트 정도가 카스타스 파르다스에 속했는지는 아무도 알 수 없었다. 앤틸리스제도, 베네수엘라, 페루 해안 지역에서는 인구 가운데 상당 부분을 차지했고, 칠레, 라플라타 지역, 누에바에스파냐에서도 결코 적지 않았다. 누에바에스파냐의 경우, 새 헌법에 따라 실시된 인구조사에서 전체 인구 310만 명 가운데 아프리카인을 조상으로 둔 사람이 약 21만 4,000명으로 나타났다.[57] 다른 곳들과 마찬가지로 여기서도 그들 중 다수는 당시 점점 뒤섞여가고 있던 인디언 인구와 백인 인구 속으로 들어가 동화된 상태였다. 한 아메리카 대표는 에스파냐령 인디아스 제국의 전체 인구 1,600만 명 가운데 적어도 1,000만 명은 아프리카인 조상을 갖고 있다고 주장하기도 했다. 그러나 카르타스 파르다스의 (시민 집단으로부터의) 배제는 대서양 양안의 코르테스 참석자 수를 대략 비슷하게 만들어 놓았고, 그리하여 차후 소집될 코르테스에서 에스파냐 대표와 아메리카 대표의 수를 비슷하게 하는 관행이 받아들여질 소지를 만들어 놓았다.[58]

---

57) Nettie Lee Benson (ed.), *Mexico and the Spanish Cortes, 1810~1822* (Austin, TX and London, 1966), p.31.

58) King, 'The Colored Castes': Anna, *Loss of America*, pp.68~79; Rodríguez O., *Independence of Spanish America*, p.86.

아프리카인을 조상으로 둔 사람들에 대한 차별은 코르테스에서 노예제와 노예무역 폐지 시도가 실패함으로써 더욱 강화되었다. 미국 헌법은 제1조 제9항에서 20년이 지나고 난 1808년 노예무역이 폐지될 수 있는 길을 열어 놓기는 했지만 노예제 문제를 회피한 것으로 악명이 높았다.[59] 카디스 코르테스에서도 영국의 압력과 영향을 받아서 1811년 노예제 문제가 논의되었다. 그러나 여기에서 미국 제헌의회에서 남부 지역 대표들이 수행했던 역할을 쿠바 대표들이 했고, 그들의 반대로 이에 대한 논의는 도중에 중단되고 말았다.[60]

에스파냐의 새 헌법이 흑인 관련 사안에 대해서는 미국 헌법이 그랬던 것처럼 침묵하거나 어정쩡한 입장을 취했다면, 인디언들에 관해서는 적어도 원칙적으로는 훨씬 관대한 입장을 견지했다. 미국은 1924년에 가서야 시민권을 북아메리카 전체 인디언들에게로 확대시켰다.[61] 그러나 코르테스는 인디언 문제에 대한 접근 방법에서 다른 곳들과 마찬가지로 아메리카의 현실에 대해 잘 알지 못했다. 명목상 인디언들에게 완전한 시민권을 부여했지만 그것이 인디언들의 상황을 개선시키는 데 아무런 역할도 하지 못했으며, 수행한 역할이 있다면 그것은 오히려 그

---

59) Thomas, *Slave Trade*, pp. 498~502. 혁명기 노예제 문제에 대한 최근의 연구로는 Ellis, *Founding Brothers*, ch. 3이 있다.

60) Chust, *La cuestión nacional*, pp. 102~14; Thomas, *Slave Trade*, pp. 578~81; Rossiter, *1787*, pp. 215~18.

61) Wilcomb E. Washburn, *Red Man's Land White Man's Law. A Study of the Past and Present Status of the American Indian* (New York, 1971), p. 164. 19세기 초부터 미국은 일부 인디언들에게, 특히 부족 토지를 할당받은 인디언들에게 시민권을 주기 시작했으며, 1887년 도스 법(Dawes Act) 이후 그 과정은 가속화되었다. 1924년 시민법(Citizenship Act)으로 모든 인디언이 시민권을 갖게 되었을 당시 미국의 전체 인디언 인구 가운데 3분의 2 정도는 이미 완전한 시민권을 향유하고 있었다. 그러나 일부 주에서는 1924년 이후에도 인디언들이 시민권을 누리지 못하고 있었다.

들의 처지를 더 악화시킨 것이었다. (법적인) 평등은 인디언들이 향유할 수 있었던 법적 보호 시스템의 소멸을 의미했으며, 그로 인해 그들은 이제 크리오요들의 착취에 더 많이 노출되게 되었다.[62] 동시에 전통적인 인디언 공납 지불(누에바에스파냐와 페루 부왕령 정부는 연간 수입 가운데 상당 부분을 여기에 의존하고 있었다)의 폐지는 그 정부들의 작동을 거의 마비시켰고, 그러므로 그들은 다른 세금을 찾지 않으면 안 되었으며, 그것은 인디언 공동체들에게 예전의 공납보다 더 무거운 부담을 안겨 주기 일쑤였다.[63]

카디스 코르테스의 고상한 의도와 그 논의가 만들어 낸 실제 결과 간의 괴리는 아메리카인들의 실망감을 더욱 심화시켰을 뿐이며, 그리하여 아메리카인들은 1810년경이면 이미 모국에 대해 불만을 표출하기 시작하고 있었다. 코르테스는 에스파냐와 아메리카 주민들 모두가 공통의 헌법을 가진 단일한 국민이라고 선언함으로써, 적어도 원칙적으로는 논리상 연방제로 귀결될 수 있는 쪽으로의 행보를 취했다(이 점에서 영국 의회는 이 길로 갈 준비가 되어 있지 않았다). 그러나 구성원 가운데 3분의 2가 에스파냐인으로 되어 있었던 카디스 코르테스 의원들은 자신들의 행동이 갖는 의미를 인정할 생각이 없었다. 처음부터 그들은 아메리카에 대해 거만한 태도를 보였고, 그것은 자신들이 자기네 편으로 만들려고 했던 사람들을 더욱 멀어지게 할 뿐이었다. 칠레의 애국파(독립파) 지도자 가운데 한 명인 후안 마르티네스 데 로사스Juan Martínez de Rosas는 1811년 전국의회 개회식에서 아메리카인들이 모욕적인 방식으

62) Borah, *Justice by Insurance*, pp. 396~401, 412.
63) Anna, *Loss of America*, pp. 94~5.

로 코르테스에 초대되었기 때문에 거기에 참석하지 않을 것이라고 말했다.[64] 마찬가지로 무역이나 관직 임명 문제에서 결코 양보하지 않으려는 (에스파냐인들의) 태도는 새롭고 평등해진 히스패닉 세계에서 일부 구성원들이 스스로를 다른 사람들보다 우월하게 여긴다는 점을 분명히 했다.

코르테스에 의해 제도화된 개혁이 많은 아메리카인들에 의해 받아들여진 곳에서도 인디아스 내 국왕 정부가 그것을 이행하지 않으려고 할 가능성이 컸다. 페루의 부왕 호세 페르난도 데 아바스칼은 가진 수단을 총동원하여 자신이 반대하는 개혁을 방해하려고 했고, 그런 그의 태도는 카디스 의회에서 결정된 새로운 자유주의 정책을 반대하고 그 정책들이 불러일으킬지 모를 사회적·정치적 혼란을 두려워한 크리오요들과 페닌술라르들의 지지를 받았다. 그로 인해 자연히 부왕령의 여론은 양극화되었고 그것은 한쪽에서는 보수주의적 태도를, 다른 한쪽에서는 자유주의적 태도를 강화하였다.[65]

그러나 코르테스가 가진 결함과 개혁 수행을 방해 혹은 지연시키려는 지역 관리들의 행태에도 불구하고 1812년의 헌법—그것은 결국 아메리카 전역에서 선언되고 수용되었다—은 중요한 정치적, 헌법적 변화를 만들어 낼 길을 열어 놓았고, 평화로운 방식으로 성취되었다. 그것은 에스파냐와 에스파냐령 아메리카 영토를 사실상 단일 국가로 만들어 놓았으며, 그리고 그 헌법이 어떠한 교육 관련 혹은 재산 관련 자격 제한도 포함하지 않고 있었기 때문에 앵글로-아메리카 세계의 그것보다 훨

---

64) Collier, *Ideas and Politics*, p. 105.

65) Anna, *Fall of Royal Government*, pp. 54~5.

씬 더 광범한 투표권에 기반을 두고 있었다. 아프리카계 흑인, 수도승, 하인, 공적 채무자, 형이 확정된 범죄자를 제외한 모든 성인 남자들에게 투표권이 주어졌고,[66] 그로 인해 1813년의 선거 명부에서 멕시코시티의 전체 성인 남자 중 93퍼센트가 투표권을 갖게 되었다.[67]

이제 대대적인 탈脫중앙집권화 과정이 새로운 대의제 통치 체제하에서 시작되었고, 그것은 시간이 지나고 선의가 확보된다면 에스파냐 왕정과 제국의 구조를 파괴하지 않고도 크리오요들이 열망하는 자치를 수용할 수도 있을 것이었다. 주민 1,000명 이상인 모든 도시는 자신들만의 시정부를 갖게 되고, 아메리카는 20개의 지역대표부, 즉 지역 정부를 갖게 될 것이었으며(예를 들어 누에바에스파냐는 6개의 지역대표부를 갖는 것으로 되어 있었다), 그것은 사실상 전권을 가진 부왕 중심의 통치 체제의 종식을 의미했다. 시정부와 지역 정부의 구성원은 규모가 크게 확대된 유권자의 투표로 결정될 것이었다(그러나 실제로 누가 투표권을 갖는지에 대해서는 상당한 혼란이 있었다). 인디언들과 메스티소들도 '에스파냐의' 시민으로서 적어도 명목상으로는 투표권자에 포함되었다. 그러나 흑인들과 물라토들(이들은 수비대의 다수를 이루고 있었다)은 포함되지 않았으며, 그것은 여러 가지 꼴사나운 사건들을 촉발시켰다.[68] 전통

---

66) Jaime E. Rodríguez O., 'Las elecciones a las cortes constituyentes mexicanas', in Louis Cardaillac and Angélica Peregrina (eds), *Ensayos en homenaje a José María Muriá* (Zapopan, 2002), pp. 79~109. 1812년 헌법 전문을 유용한 소갯글과 함께 Antonio Fernández García (ed.), *La constitución de Cádiz (1812) y discurso preliminar a la constitución* (Madrid, 2002)에서 찾아볼 수 있다.

67) Jaime R. Rodríguez O., 'La naturaleza de la representación en Nueva España y México', *Secuencia*, 61 (2005), pp. 7~32, at p. 25에서 재인용한 수치.

68) King, 'Colored Castes', p. 64.

적으로 한 가정을 대표하는 경우 투표를 할 권리를 갖고 있었던 여성들도 남자들이 가구주로서가 아니라 개별 남성의 자격으로 투표권을 갖는 체제로 바뀌면서 투표권을 박탈당하게 되었다.[69)]

1813년과 1814년에 에스파냐령 아메리카의 넓은 지역들——대개는 아직 국왕의 지배권이 미치는 지역들——에서 선거운동이 대대적으로 시작되었고, 그 과정에서 상당한 혼란이 초래되었다. 선거가 공명하게 치러진 경우도 있었지만 그렇지 못한 경우도 많았다.[70)] 크리오요 엘리트들이 선거 과정을 지배하는 경향은 불가피했다. 하지만 이제 처음으로 에스파냐령 아메리카 신민들 가운데 다수가 갑작스럽게 어떤 형태로든 정치판 속으로 휩쓸려 들어가게 되었다. 인디언 공동체들은 식민시기 내내 자신들의 지역 관리들을 뽑기 위한 선거에 활발하게 참여해오고 있었던 데 비해,[71)] 크리오요 도시참사회들은 본질적으로 자기지속적 과두제를 취하고 있었으며 광범한 시민들이 거기에 포함될 여지는 거의 없었다. 이런 상황에 대한 약간의 변화가 부르봉 개혁의 과정에서 적어도 누에바에스파냐에서 나타났다. 이곳에서는 1770년대에 여러 도시에 과두정의 권력을 제한하고 부패를 추방하기 위한 노력의 차원에서 모종의 선거제가 도입되었던 것이다.[72)] 에스파냐령 아메리카인들이 신도회[cofradías]나 다른 법인단체들을 위해 선거를 해 왔던 것은 사실이다. 그렇지만 상당히 광범한 유권자들을 갖고 있었고, 오래 전부터 의회 구

---

69) Rodríguez O., *Independence of Spanish America*, p. 98.

70) Chust, *La cuestión nacional*, ch. 5; Rodríguez O., *Independence of Spanish America*, pp. 94~103.

71) Gibson, *Aztecs Under Spanish Rule*, pp. 175~9.

72) Rodríguez O., 'La naturaleza de la representación', pp. 16~17.

성을 위한 선거를 해 오고 있었던 북아메리카 식민지들과는 차이가 상당히 컸다. 신생 미국은 대중 정치면에서 카디스 코르테스에 의해 분할된 에스파냐령 아메리카 영토의 새 지역 단위들보다는 훨씬 더 준비가 잘 되어 있었다.

대중이 정치적 과정에 참여하는 전통이 별로 없기는 했지만 최근 20여 년 동안 일어난 극적인 사건들은 점점 더 많은 사람들, 특히 도시 주민들에게 정치에 관심을 갖게 만드는 효과를 가져다 주었다. 그런 현상이 특히 누에바에스파냐에서 강하게 나타났는데, 이곳에서는 18세기 후반 교회와 국왕이 추진한 교육개혁으로 글이나 책이 여론을 형성하고 좌우할 정도로 읽고 쓸 줄 아는 사람이 많이 생겨났으며, 그런 현상은 멀리 떨어진 변두리 지역에서도 마찬가지였다.[73] 카디스 코르테스가 선포한 출판의 자유 덕분에 코르테스 내에서 벌어지는 논쟁 소식이 이베리아 반도 내부와 외부 모두에서 광범하게 확산되었다. 그리고 아바나는 출판의 중심이자 에스파냐에서 일어난 정치 소식이 확산되는 거점이 되었다. 아메리카에서는 팸플릿과 지역 신문 출간이 급증했으며, 1811년 『디아리오 데 메히코』*Diario de México*라는 일간지는 발행 부수가 7,000부를 넘었다. 그러나 신세계에서는 카디스 헌법이 공포되고 나서도 출판의 자유가 상당히 불안했다. 에스파냐령 아메리카 주민들이 에스파냐, 영국, 미국에서 들어온 출판물들 덕분에 유럽과 아메리카 모두에서 일어나는 새로운 상황에 대해 비교적 잘 알고 있기는 했지만 누에바에스

---

73) 18세기 후반 학교 교육의 확대와 언어 통일을 위한 노력에 대하여는 Sege Gruzinski, 'La "segunda aculturación": el estado ilustrado y la religiosidad indígena en Nueva España', *Estudios de historia novohispana*, 8 (1985), pp. 175~201을 참조.

파냐에서 그랬던 것처럼, 당국이 법의 효력을 일시 정지시키는 것은 그리 어렵지 않았다.[74)]

그러나 에스파냐에서 일어난 사건들에 대해 많이 알면 알수록 아메리카인들의 불만사항에 대해 카디스 코르테스가 보인 반응에 대한 실망감은 더 커져갔다. 동시에 아메리카 자체 내의 상황은 1813년 10월에 개회될 예정이던 새로운 정규 코르테스에서 아메리카인들의 이익을 효과적으로 주장하기 어려운 쪽으로 전개되고 있었는데, 베네수엘라, 부에노스아이레스, 칠레, 누에바그라나다가 모두 대표 선출을 위한 선거를 거부한 것이 그것이었다.[75)] 대륙의 다른 지역들은 독립 선언의 문제에서 베네수엘라의 예를 따르는 것에 대해 주저하기는 했지만 불만과 소요는 확산되어 가고 있었다. 이달고의 반란이 1811년 1월에 진압된 누에바에스파냐에서는 또 한 명의 사제 호세 마리아 모렐로스José María Morelos가 반란세력의 새 지도자가 되어 ― 그는 이달고보다 더 확실하게 군대를 장악했다 ― 멕시코 중심부에서 매우 효과적인 게릴라 작전을 전개했다. 그런 상황에서 새 헌법하에서 코르테스에 보낼 대표를 선출하는 선거를 치르기는 어려웠고, 대표가 선출된 곳 가운데에서도 일부 지역에서는 당국이 개입하여 그들의 출국을 막았다. 그리하여 65명의 아메리카인 ― 그 가운데 새 헌법 하에서 선출된 사람은 23명에 불과했다 ― 만이 새 코르테스 회의에 참가했다. 그리고 그 코르테스는 1814년 5월, 즉 페르난도 7세가 프랑스 점령군으로부터 해방된 이베리

---

74) Guerra, *Modernidad e independencias*, pp. 278~81; Rodríguez O., *Independence of Spanish America*, pp. 93~4; Clarice Neal, 'Freedom of the Press in New Spain', in Benson (ed.), *Mexico and the Spanish Cortes*, ch. 4.

75) Chust, *La cuestión nacional*, p. 308.

아 반도에 돌아온 직후 갑자기 폐회되었다.[76]

페르난도 7세의 복위復位는 다른 어떤 사건들보다도 많은 사람들의 열렬한 기대를 불러일으키기도 했지만, 아메리카인들의 요구를 만족시켜주지 못한 코르테스에 대해 이미 실망을 감추지 못하고 있던 사람들에게는 다른 어떤 사건들보다도 깊은 좌절을 안겨 주기도 했다. 새 정부는 카디스 코르테스의 모든 법령을 무효화하였고, 1812년의 자유주의 헌법을 폐지했다. 그에 대한 반발이 얼마 가지 않아 에스파냐로부터 (대부분의 사람들이 처음에는 왕의 귀환을 기꺼이 환영했었던) 아메리카로 확산되었다. 비록 완고한 소수 집단은 에스파냐로부터의 완전한 독립이 아니면 만족하지 않으려고 했지만, 봉기자들이 대륙 전역에서 직면해야 했던 난관을 고려할 때 다수 대중은 제국이라는 구조 내에서 얼마간의 자치를 누리는 것으로 만족하려고 했음을 알 수 있다. 군주 개인에 대한 존경심은 매우 깊었고, 그 중에서도 특히 왕에 대한 누에바에스파냐 인디언들의 존경심은 유별났다. 이곳에서는 페르난도 7세가 프랑스에 포로로 잡혀 있는 동안 그가 누에바에스파냐에 나타나 검은 마차를 타고 농촌을 돌아다니면서 봉기를 일으킨 이달고를 따르라고 독려했다는 소문이 떠돌기도 했다. 그런 소문은 왕의 복위 소식에 인디언들이 봉기에 대한 지지를 철회할지 모른다고 염려한 봉기지도자들 가운데 일부가 갖고 있던, 메시아적 왕에 대한 신비주의적인 믿음의 소산이었다.[77]

왕은 복위하고 나서 코르테스가 거부한 바 있는 개혁에 대해 여전히 기대감을 갖고 있던 아메리카 신민들로부터 올라오는 엄청난 규모의

---

76) Rodríguez O., *Independence of Spanish America*, p. 103.
77) Van Young, *La crisis*, pp. 419~20.

청원 세례에 직면하게 되었다. 그러나 왕실 관리들은 과거에도 자주 그랬던 것처럼 그것들을 대충 훑어본 다음 선반에 올려놓고는 망각해 버렸다.[78] 에스파냐 국가 재정이 파탄 난 상황에서 국왕은 아메리카로부터의 수입이 절실했고, 1808년 이전의 상황으로 돌아가기 위해서는 아메리카인들의 타고난 충성심과 지역 대표들의 효율성에 의존하지 않으면 안 되었다. 마드리드 정부는 당시 모렐로스가 누에바에스파냐에서 수세에 몰려 있었고, 칠레, 키토, 알토페루에서 일어난 봉기를 부왕 아바스칼이 진압한 상태였기 때문에 신세계에서 옛 질서가 곧 회복될 수 있을 것으로 생각했다. 페르난도의 조언자들은 그동안 세상이 얼마나 많이 바뀌었는지 모르고 있었다. 에스파냐 자체에서 일어난 6년 동안의 혼란과 헌법을 둘러싼 격동, 아메리카의 많은 지역에서 나타난 권위의 붕괴, 자유에 대한 새로운 취향을 가진 보다 식견 넓은 여론의 출현, 수지맞는 아메리카 시장을 장악하려는 영국과 미국으로부터의 압박의 강화…, 이 모든 것이 과거로의 회귀를 불가능하게 만들어 놓고 있었다.

하루 빨리 정상 상태로 돌아가려는 마드리드의 기대는 후안 도밍고 몬테베르데Juan Domingo Monteverde 대위의 잔인한 진압에도 불구하고(혹은 그것 때문에) 부에노스아이레스와 누에바그라나다에서의 끊임없는 봉기, 베네수엘라에서 계속되는 피비린내 나는 내부 갈등 때문에 계속 좌절되었다. 1814년 가을, 새로 복원된 인디아스평의회는 에스파냐로부터 아메리카로 군대를 파견하여 질서를 회복하고 반란을 진압해야 한다고 주장했다. 그리하여 1815년 2월 반도전쟁Peninsular War에 참가한 바 있는 역전의 육군대장 파블로 모리요Pablo Morillo 장군의 지휘 하에 1만 500

---

78) Anna, *Loss of America*, pp. 135~8.

명으로 된 군대가 카디스 항을 출발했다. 그가 베네수엘라에 도착하여 반反혁명 작전을 수행함으로써(거기에는 볼리바르를 비롯하여 애국파에 가담한 크리오요들의 부동산을 몰수하는 조치도 포함되어 있었다) 협상으로 아메리카 문제를 해결할 기회는 완전히 사라져 버렸다.[79)]

그리하여 아메리카 영토와 마드리드 간 화해를 위한 길을 닦을 수도 있었던 에스파냐의 왕정 복구는 오히려 완전한 독립 획득을 목표로 하는 투쟁의 촉매제가 되고 말았다. 페르난도가 파견한 '아메리카군'American army은 조지 3세의 군대가 그랬던 것처럼 치유하라고 보낸 바로 그 문제를 오히려 악화시키고 말았다. 이제 문제는 '둘 중 어느 쪽이 자신이 택한 길에서 더 오랫동안 버티느냐'였다. '탄압을 택한 파산 상태의 에스파냐 왕정이 더 오래 버틸 것인가, 아니면 독립을 위해 끝까지 싸울 각오가 되어 있는 봉기자들이 더 오래 버틸 것인가'의 문제였다.

1816년경까지는 군사력의 뒷받침을 받고 있었던 국왕측이 더 우세한 것처럼 생각되었다. 칠레에서는 1814년 10월, 애국군Patriot army(독립세력)이 페루에서 넘어온 국왕군에 의해 결정적인 패배를 당했다. 그러고 나서 1년 뒤 누에바에스파냐에서는 모렐로스가 체포되어 성직을 박탈당한 뒤 처형되었다. 1816년 말경이면 모리요의 군대가 베네수엘라와 누에바그라나다 대부분에 대한 지배권을 회복하고 있었다. 외따로 떨어진 라플라타 지역은 처음 얼마 동안은 그 지역의 고립적 성격 때문에 그곳을 회복하려는 국왕군의 시도로부터 안전할 수 있었지만, 1816

79) *Ibid*., pp. 143~7; 그리고 페르난도의 대 아메리카 정책에 대하여는 Michael P. Costeloe, *Response to Revolution. Imperial Spain and the Spanish American Revolutions, 1810~1840* (Cambridge, 1986), 특히 pp. 59~100을 보라.

년이면 이곳의 독립 세력도 중대한 난관에 처하게 되었다. 부에노스아이레스에 새로 들어선 체제는 파라과이에 대해서도 그렇고(이 파라과이는 1811년 독립을 선언하고 있었다), 반다 오리엔탈에서도 그렇고(이곳은 후에 독립 국가 우루과이로 발전하게 된다), 자신의 권위를 주장할 만한 힘을 갖고 있지 않았다. 부에노스아이레스 정부가 알토페루에 파견한 몇 차례의 군사 원정은 격퇴되었다. 1816년 7월, 부에노스아이레스 의회가 '남아메리카제주연합'United Provinces of South America의 독립을 선언했지만 아르헨티나 내륙 지역들은 부에노스아이레스의 포르테뇨들porteños(부에노스아이레스 주민들)이 지배하는 그 체제를 결사반대했고, 그들은 그 연합에 합류할 마음이 전혀 없었다. 이 무렵 에스파냐는 리오데라플라타에 군대를 파견할 계획을 세워두고 있었으며, 독립운동은 전체적으로 와해될 위기에 처해 있었다.[80)]

그러나 그후 5년에 걸쳐 전세가 극적으로 역전되었으며, 그것은 대부분 끝까지 투쟁하여 독립을 쟁취하고 말겠다는 굳은 의지를 갖고 있었던 소수 혁명지도자들의 용기, 기술, 불굴의 의지 덕분이었다. 대륙의 남쪽 반半에서는 독립운동을 위한 돌파구가 호세 데 산 마르틴José de San Martín이 창설한 안데스군army of the Andes에 의해 마련되었다. 1817년 그의 군대는 멘도사에서 서쪽으로 진격하여 험준한 산들을 넘어 가 국왕군을 격파한 다음, 대담하게도 리마 점령 작전을 감행했다. 산 마르틴은 1818년 4월 5일, 산티아고 외곽 마이포에서의 전투를 승리로 이끎으로써 칠레를 사실상 해방시켰다. 그러나 그가 페루에 입성했을 때 그곳 크리오요 주민들이 에스파냐로부터의 독립에 대해 열렬한 반응을 보이지

80) Lynch, *Spanish American Revolutions*, chs 2 and 3.

는 않았다.[81]

북쪽에서는 1815년 봄, 다른 독립파 지도자들과 함께 누에바그라나다로부터 자메이카로 도망쳤던 시몬 볼리바르가 9월 6일 유명한 '자메이카 서신'을 발표하고 독립운동 지지자들을 규합하고 나섰다. 1816년 여름 그는 자신이 태어난 베네수엘라에서 봉기를 일으켰으나 다시 한번 국왕군에게 패했으며, 그러고 나서 그해 말 다시 대륙 해방을 위한 또 한 번의 모험에 나섰는데 이번에는 성공적이었다. 그는 크리오요와 물라토 그리고 노예들로 이루어진 군대를 구성하여(노예들에게는 징집에 대한 보상으로 노예 신분에서 해방시켜 주겠다고 약속했다) 수세에서 공세로 돌아설 수 있었다. 누에바그라나다의 해방을 위한 전투는 1819년 8월 보고타 북동쪽에 위치한 보야카[Boyacá]에서 벌어진 전투에서 국왕군에 대한 승리로 정점에 이르렀다. 이어서 볼리바르는 베네수엘라 서쪽에 주둔 중인 모리요의 군대를 공격하기 위해 기수를 그쪽으로 돌렸고, 1821년 6월 보무도 당당하게 카라카스에 입성했다.

조국의 독립이 일단 달성되자 그는 이제 관심을 키토와 페루 부왕령에로 돌렸다. 키토 독립을 위한 싸움에서는 1822년 5월, 그가 가장 신임하는 부하 장수 안토니오 호세 데 수크레[Antoion José de Sucre]가 결정적인 승리를 거두었다. 그러나 가장 중요한 지역이었던 페루는 아직 볼리바르의 손길이 미치지 못하고 있었다. 1824년 여름, 볼리바르는 산 마르틴을 효과적으로 따돌린 다음 후닌[Junín]에서 국왕군을 격파했다. 수크레가 10월 9일 아야쿠초[Ayacucho] 전투에서 당시 대륙에 주둔 중인 유일한 에스파냐 군대를 상대로 결정적인 승리를 거두자 마지막까지 주저하고

---

81) Anna, *Fall of Royal Government*, chs 6 and 7.

망설이던 페루의 크리오요들은 드디어 독립이라는 도전에 맞대면하게 되었다.[82]

산 마르틴, 볼리바르, 그리고 다른 여러 반군 지도자들의 솜씨와 담대함도 중요했지만 그들의 궁극적 승리는 에스파냐의 허약함과 미숙한 일 처리 덕분이기도 했다. 아메리카에 주둔 중인 국왕군은 넓은 지역에 널리 분산되어 있었으며, 에스파냐 국내의 재정 문제는 증원군의 파견이 필요할 때 그것을 불가능까지는 아니더라도 매우 어렵게 만들었다. 1820년, 드디어 부에노스아이레스를 회복하기 위해 1만 4,000명의 원정군이 카디스 항을 출발할 채비를 마쳤을 때 라파엘 리에고Rafael Riego 대위가 이끄는 일단의 병사들이 폭동을 일으켜 1812년 헌법으로 돌아갈 것을 요구했다. 이 폭동은 혁명으로 바뀌었고, 헌법은 회복되었으며, 프랑스 군이 쳐들어와 원래의 상태를 회복할 때까지 근 3년 동안 페르난도 7세는 입헌군주라는 익숙하지도 않고 기질에 맞지도 않은 역할을 수행하지 않으면 안 되었다.[83]

역설적이게도 에스파냐에서 나타난 자유주의 체제의 회복이 아직 에스파냐의 지배하에 놓여 있던 아메리카 본토 지역들에는 독립의 서막이 되었다. 초동 단계에서 마드리드의 새 정부는 국내 문제에 몰두해 있어서 아메리카 문제에 집중할 여유가 없었고, 간헐적으로 관심을 보일 때도 아메리카의 현실에 대한 새 정부의 이해는 1810년 전임자들의 그

82) Robert Harvey, *Liberators. Latin America's Struggle for Independence, 1810~1830* (London, 2000)은 에스파냐령 아메리카 제국에 독립을 가져다 준 여러 전투들에 대해 생생한 설명을 제공하고 있다.

83) 이 시기 에스파냐 왕정의 재정적, 정치적 곤경에 대해서는 Josep Fontana, *La quiebra de la monarquía absoluta, 1814~1820* (Barcelona, 1971)를 참조.

것보다 별로 나을 것이 없었다. 1820년 9월 코르테스는 식민지 수비대 장교들이 1786년부터 누리고 있던 특권, 즉 비非군사적인 범죄 행위를 군사법정에서 재판받을 수 있는 특권을 박탈하는 법을 통과시켰다. 또 그와 비슷한 시기에 코르테스가 교회의 특권과 재산권을 축소시킬 계획이라는 소식이 대서양을 건너갔다. 이 같은 집단적 권리가 위협받는 상황에 직면하자 누에바에스파냐의 크리오요들과 페닌술라르들은 서로 간의 적대감을 일단 제쳐 놓은 채 일시적 동맹을 체결하고 마드리드에 대항하여 공동전선을 구축했다. 일단의 장교들과 사제들은 에스파냐로부터의 독립을 위해 모종의 계획을 준비하기 시작했다.[84)]

멕시코 독립은 혁명이나 장기적인 해방전쟁을 통해서가 아니라 음모에 의해 획득되었다. 그 이전 10여 년 동안 진행되었던 이달고와 모렐로스의 실패로 끝난 폭동에 의해 분출된 사회적·인종적 폭력은 누에바에스파냐의 엘리트들에게 두려운 경고가 되었다. 사회적 갈등의 위험을 순화시키기 위해 카스트 장벽의 명목상의 철폐를 고려할 생각이 있기는 했지만 그것의 목적은 영국령 아메리카 혁명 지도자들의 그것과 마찬가지로 최소한의 사회적 혼란을 통해 자치를 획득하는 것이었다. 만약 그렇게 된다면 그것은 전통적인 보호자 역할을 해온 에스파냐 왕정에 의해 더 이상 보장받을 수 없게 된 교회와 국가에서의 기존 질서를 수호하려는 반혁명이 될 것이었다.

정치적, 사회적 보수 세력은 그들의 지도자 혹은 도구로 아구스틴 데 이투르비데Agustín de Iturbide를 낙점해 두고 있었는데, 그는 크리오요 출신 국왕군 장교로서 과거 폭동을 진압할 때 잔인한 태도를 보인 바 있

---

84) Benson (ed.), *Mexico and the Spanish Cortes*, ch. 6; Thomas, *Cuba*, chs 6 and 7.

는 인물이었다. 이투르비데와 그의 동료 음모자들은 터를 잘 닦았다. 1821년 2월의 이괄라 플랜Plan of Iguala—누에바에스파냐의 여러 사회 계층에 의해 받아들여질 수 있게 심혈을 기울여 만든 헌법안—을 통해 멕시코는 자치적 가톨릭 입헌 왕정으로 선언되었다. 국왕군이 반란 세력에 넘어간 경우도 있었고, 그렇지 않은 경우에도 그들은 대항할 기미를 보이지 않았다. 그러므로 멕시코 독립은 거의 유혈 사태 없이 반反혁명의 등에 업혀 승리를 향해 나아갔다. 이투르비데는 당대의 영웅으로 독립을 선언한 새 국가의 지도자가 될 만한 위엄과 군사적 권위를 갖고 있었다. 그는 독립 선언 직후에는 섭정단Regency 의장으로, 후에는 크리오요들이 자신들의 것으로 전유한 아스테카 왕국의 과거를 상기시키는 가운데 멕시코 제국(그러나 이제 '입헌' 제국으로 모습이 바뀐 제국) 초대 황제로 즉위했다. 그는 볼리바르도 아니었지만 워싱턴도 아니었다.

한편, 아메리카 내 에스파냐 제국의 일부로 남아 있던 곳들도 제국의 궤도에서 이탈하고 있었다. 심지어 에스파냐의 신세계 내 최초의 소유령이었던 산토도밍고도 1821년 12월 독립을 선언했다.[85] 멕시코에 이어 과테말라, 그리고 다른 중아메리카 영토들이 에스파냐로부터 떨어져 나갔다. 결국 1820년대 말이면 한때 에스파냐의 자랑스러운 범凡 대서양 제국의 영토 가운데 쿠바와 푸에르토리코만 남게 되었다. 쿠바의 엘리트들은 18세기 말 영국령 서인도제도의 농장주 엘리트들이 그랬던 것처럼, 독립을 하면 얻게 될 것보다 잃게 될 것이 더 많다고 생각했다. 그들은 1791년 생도맹그(아이티)에서 일어난 노예 반란의 폭력성과 그 반란의 성공에 크게 동요했을 뿐 아니라, 1790년 이후 이 섬이 국제 무

85) Anna, *Loss of America*, pp. 155~6.

역과 점증해 간 대 미국 설탕 수출로 호황을 누리고 있었기 때문에 독립을 원치 않았다.[86] 버지니아의 반대되는 경험, 즉 노예 노동에 기반을 둔 플랜테이션 경제가 엘리트 폭동의 자연적 온상은 아니었던 것이다.

아메리카의 해방: 대조적인 경험

에스파냐령 아메리카의 독립은 영국령 아메리카의 독립이 있고 나서 40~50년이 지나고 난 뒤, 매우 다른 상황하에서 찾아왔다. 만약 북쪽에서 아메리카 혁명이 일어나지 않았더라면 그것은 찾아오지 않거나, 찾아왔어도 그런 식으로는 아니었을 것이다. 1825년 조지 캐닝George Canning이 이전 40년 동안의 사건들을 회고하면서 언급했듯이, '그 사건은 조만간 일어날 수밖에 없었다.' 비록 본국의 정책적 실수가 사건 발생에 기여하기도 했지만 말이다. 캐닝은 계속해서 '에스파냐는 영국령 아메리카 전쟁에서 교훈을 얻지 못하고 식민지들의 (제국으로부터의) 이탈이 돌이킬 수 없게 될 때까지 식민지들과 화해하려는 모든 시도를 뒤로 미루기만 했다.'[87] 하지만 에스파냐는 독립 투쟁 발발 당시 영국보다 훨씬 불리한 상황에 처해 있었으며, 독립의 도래는 제국 변경에 대한 본국의 압박의 결과라기보다는 제국 중심에서의 붕괴가 주요 원인이었다. 에스파냐령 인디아스 제국의 독립에서 정점에 이르게 될 과정에 시동을 건 것은 독립 선언이 아니라 나폴레옹의 군대였다.

---

86) Bakewell, *History of Latin America*, p. 380; Thomas, *Cuba*, chs 5 and 6.

87) Goerge Canning to Viscount Granville, 19 August 1825, in C. K. Webster, *Britain and the Independence of Latin America, 1812~1830* (2 vols, London, New York, Toronto, 1938), 2 doc. 416, p. 193.

그것은 갈가리 찢긴 사회, 파괴된 수많은 목숨들을 고려할 때 엄청나게 비싼 대가를 치른 과정이었으며, 옛 에스파냐 제국의 잔해에서 출현한 새 이베리아(히스패닉) 아메리카는 향후 수 세기 동안 그로 인한 부정적인 결과를 떠안고 살아가게 될 것이었다. 북아메리카의 독립전쟁에서는 야만적인 폭력이 양편 모두에서 자행되었다. 영국군 병사들도 대규모의 강탈과 약탈을 저질렀으며, 그 중 어떤 것은 의도적인 정책의 산물이었다. 젊은 영국군 장교였던 로든 경Lord Rawdon은 1776년에 다음과 같이 기록했다: '나는 (내륙 지역으로 더 들어갈 때마다) 우리 병사들이 마음대로 약탈을 자행하여 이 얼빠진 놈들(독립운동을 벌이는 사람들)이 전쟁이 얼마나 비참한 재난인지를 뼈저리게 느끼게 해야 한다고 생각했다.'[88] 반란자들도 국왕파에 대해 잔인한 태도로 대하기는 마찬가지였다.[89] 그렇지만 영국령 아메리카에서 국왕군은 베네수엘라에서 국왕군 사령관 후안 도밍고 몬테베르데가 했던 것 같은 무지막지한 테러와 파괴를 저지르지는 않았다. 그리고 영국령 식민지들에서는 반란에 가담한 측과 국왕에 충성한 측 간의 적대감이 베네수엘라에서처럼 식민지인 자신들 간의 완전한 내전으로 비화하지도 않았다. 장군 헨리 클린턴 경General Sir Henry Clinton 같은 영국군 지휘관들은 반란자들(영국군 지휘관들은 어떻게든 그들의 마음을 돌리려고 했다)의 마음을 멀어지게 할 뿐인 잔인한 테러를 국왕군은 자제해야 한다고 생각했다.[90]

---

88) Shy, *A People Numerous*, p. 331, n. 21에서 재인용.

89) *Ibid*., p. 250.

90) Lynch, *Spanish American Revolutions*, pp. 199~204; Shy, *A People Numerous*, ch. 8 ('Armed Loyalism'); Shy, 'Armed Force', in Hagan and Roberts (eds), *Against All Enemies*, p. 13.

반면에 에스파냐령 아메리카, 특히 베네수엘라에서는 내전의 야만성이 광범한 인종적 분열에 의해 더욱 증폭되었는데, 인종적 분열은 애초에는 히스패닉 공동체 내의 내부적 분열로 시작되었던 사태를 너무나 쉽게 극도로 악화시켰다. 북아메리카에서도 인종 문제가 있기는 했지만 영국-아메리카 전쟁에서는 유색인 혹은 혼혈인이 인구의 다수를 차지하고 있었던 에스파냐령 식민지들보다는 심각성이 훨씬 덜했다. 예를 들어 페루에서는 1795년에 111만 5,000명이던 인구 가운데 14만 명만 백인이었다. 나머지는 67만 4,000명의 인디언, 24만 4,000명의 메스티소, 8만 1,000명의 흑인(그 가운데 반 정도가 노예였다)으로 이루어져 있었다.[91] 유색인 가운데 다수는 이 히스패닉 세계의 내분에 개입하지 않으려고 했지만, 양편 모두 필사적으로 그들을 자기편으로 끌어들이려고 했기 때문에 그들이 분쟁에 휩쓸려 들어가지 않기는 어려웠다. 많은 의용군militia regiments이 흑인과 물라토들로 구성되어 있는 상황에서 그들을 지휘하는 크리오요 지휘관들이 어느 편에 서느냐가 그들이 반란자들 편에서 싸울 것인지, 국왕군 편에서 싸울 것인지를 정하는 결정적인 요인이 되었다. 양편 모두 노예들을 무장시켰으며, 인디언들은 페루 내 국왕군 병사들 가운데 다수를 차지했다.[92]

영국 왕은 인디언들 혹은 흑인들을 동원하려는 노력을 별로 기울이지는 않았는데, 그 이유 가운데 하나는 만약 그렇게 하면 (왕이 그들의 충성심을 회복 혹은 고수하려고 했던) 백인들이 자신의 지지 대열에서 이

---

91) Anna, *Fall of Royal Government*, pp. 16~17.

92) Lester D. Langley, *The Americas in the Age of Revolution, 1750~1850* (New Haven and London, 1996), p. 185; Anna, *Fall of Royal Government*, p. 196.

탈할 것이라고 우려했기 때문이고, 그 우려는 합당한 것이었다. 헨리 클레이Henry Clay는 미국 의회에서 볼리바르의 '죽음을 각오한 전쟁'의 무자비함을 옹호하면서 다음과 같이 웅변적으로 질문한 적이 있다: '만약 베네수엘라에서 그랬던 것처럼 남부 지역에서 (영국 정부가) 노예들을 풀어 주어 그 노예들이 우리를 공격하고, 그들에 의해 병영이 거부되고 협정이 무시된다면, 워싱턴 장군이 미 연방 군대를 이끌고 나서 그들을 응징할 수밖에 없지 않을까요?'[93] 그러나 처음에는 주저하던 의회와 워싱턴 장군도 결국 인력 부족 때문에 노예들에게 자유를 제공하겠다는 조건을 내걸고 그들을 대륙군Continental Army에 받아들이지 않으면 안 되었다. 그러나 1779년 영국군이 전쟁을 남쪽으로 이동시키게 되었을 때, 남부 지역 식민지들은 데리고 있는 노예들을 무장시키는 것으로 영국군의 공격에 대해 대처하는 방안에 반대했으며, 그것은 충분히 이해할 수 있는 것이었다.[94]

노예들에게 무기를 손에 쥐어 주는 것이 갖는 위험은 차치하고라도, 그들을 군 병력으로 차출하는 것은 플랜테이션과 영지에서 일할 노동력의 감소를 의미했다. 페루의 많은 아시엔다들에서는 전쟁이 절정으로 치달으면서 노예의 징집 혹은 도망으로 생산이 거의 포기되다시피 했고, 그런 상황은 이미 해상 봉쇄와 은 정제용 수은 공급 부족으로 혼란에 빠져 있던 페루의 경제를 더욱 더 심각한 상황으로 치닫게 했다.[95] 7

93) 'Speech on the Independence of Latin America, 28 March 1818' in *The papers of Henry Clay*, ed. James F. Hopkins (11 vols, Lexington, KY, 1959~92), 2, p. 551.

94) 인디언들에 대하여는 Richter, *Facing East*, pp. 217~21; 노예들에 대해서는 Shy, *A People Numerous*, pp. 130~1 and 205 참조.

95) Anna, *Fall of Royal Government*, ch. 5.

년에 걸친 북아메리카 전쟁은 광범한 경제적 혼란과 사회적 고통을 가져다 주었고, 이곳에서 전쟁 발발 당시의 수입과 부의 수준으로 회복되기 위해서는 19세기 초까지 기다려야 했다.[96] 그렇지만 영국령 식민지들이 당한 파괴는 에스파냐령 아메리카가 직면한 파괴에 비하면 양호한 편이었다. 에스파냐령 아메리카에서는 분쟁이 더 파괴적인 양상으로 진행되었을 뿐 아니라 훨씬 더 오래 지속되었다. 중앙 멕시코 도시들 같은, 에스파냐령 아메리카 세계 가운데 일부는 '태풍 속의 잔잔한 섬'으로 남아있기도 했지만[97] 대부분의 지역들은 10년 혹은 그 이상 동안 끊임없는 파괴에 직면해야 했다.

(라틴아메리카의) 독립전쟁이 오랫동안 그리고 잔인하게 진행된 점을 설명해 주는 것 가운데 하나로 극심한 내분과 에스파냐 본국이 아메리카 제국에 대한 지배권을 완강하게 고수하려고 했다는 점을 들 수 있지만 그것이 전부는 아니었다. 영국령 식민지들이 반란을 일으켰을 때는 프랑스와 에스파냐 같은 유럽 열강이 영국에 맞서 적극적으로 개입한 것이 (그렇지 않았더라면 반도들이 직면했었을) 장기간의 투쟁을 크게 단축시켜 주었다. 그런데 한 세대 후의 국제적 상황은 에스파냐령 아메리카의 반도들이 독립을 달성하는 데 훨씬 불리했다. 프란시스코 데 미란다, 볼리바르, 그리고 다른 반란 지도자들이 런던을 방문했을 때 따뜻한 환영을 받기는 했지만, 영국과 에스파냐가 대對 나폴레옹 전쟁에서 동맹이 되고 나자 영국이 그들(반란 지도자들)의 독립운동에 군사적 도

---

96) 수입과 부의 수준에 대해서는 Shy, *A People Numerous*, ch. 11 ('The Legacy of the Revolutionary War'); McCusker and Menard, *Economy of British America*, p. 367을 참조.
97) 이 표현은 Van Young, 'Island in the Storm'에서 인용한 것이다.

움을 제공하는 문제에 대한 논의는 이루어지지 않았다. 지금껏 영국의 주요 관심사는 교역—즉, 영국인들이 오랫동안 눈독을 들여 온 수지맞는 에스파냐령 아메리카 시장들—이었으며, 그것은 그 당시도 마찬가지였다. 런던 정부가 교역에 꼭 필요한 평화와 안정을 회복하려는 마음에서 기꺼이 그리고 어떻게든 에스파냐와 반도들 간의 중재자가 되려고 한 것은 사실이지만 공식적으로는 그것이 전부였고, 그 이상의 어떤 행동을 취하지는 않았다.[98] 그러므로 베네수엘라와 누에바그라나다, 칠레와 페루의 독립에 영국인이 의미 있는 기여를 제공하는 일은 제독 코크런Admiral Cochrane과 그의 부하 장수들, 혹은 나폴레옹 전쟁이 끝나고 볼리바르 밑에서 복무한 (영국인) 장교들과 병사들 같은 일부 용병과 모험가들의 몫이 되었다.

한편 신생의 미국 공화국은 같은 서반구에 자신과 비슷한 공화국이 수립되게 하기 위한 운동에 지지와 격려를 보낼 것이라고 기대되었다. 정치권에서는 에스파냐령 아메리카의 독립이 미국에 가져다 줄 잠재적 이점에 관한 논의가 활발하게 진행되었지만, 영국에서와 마찬가지로 그것이 일반적인 동정심—그것은 에스파냐령 아메리카인들의 자치 능력에 대해 영국-아메리카인들이 갖고 있던 의심에 의해 완화되었다—을 넘어 극적인 지원 결정으로 발전하지는 않았다. 신생 미 공화국은 (중남미의) 반도叛徒들을 지지하는 쪽으로 참전할 만큼 군사력을

98) Webster, *Britain and the Independence of Latin America*, vol. 1의 서문(Introduction)을 참조. 이 시기 에스파냐령 아메리카에 대해 영국이 취한 정책의 이데올로기적 배경에 대하여는 Gabriel Paquette, 'The Intellectual Context of British Diplomatic Recognition of the South American Republics, c. 1800~1830', *Journal of Transatlantic Studies*, 2 (2004), pp. 75~95를 참조.

갖고 있지 않았을 뿐더러 나폴레옹 전쟁기의 최우선적 관심사는 (에스파냐와 동맹 관계에 있었던) 영국과의 군사적 충돌을 촉발할 수 있는 행동을 어떻게든 피해야 한다는 것이었다. 그러므로 미국은 1810년 이후 비록 점증해 가는 상업상의 이익을 보호하기 위해 남아메리카에 영사를 파견하고는 있었지만 (남아메리카의) 신생 공화국들에 대한 공식적인 인정은 피하고 있었다. 여기에서도 영국과 마찬가지로 국가의 자기이익은 당대의 질서가 되고 있었다.[99]

볼리바르, 산 마르틴, 그리고 그들의 동료 반란자들은 외부의 적극적인 도움을 받지 못했기 때문에 내부 자원과 지도자들의 능력에 크게 의존하는 군사작전을 펼쳐야 했다. 그들의 침입군(스페인군)은 강력한 저항에 부딪혔고, 의존할 수 있는 지지 세력이 제한되었기 때문에 인종적 혹은 사회적 적대감으로 심히 분열되어 있었던, 그리고 선불리 나서려고 하지 않는 사람들을 동원하기 위해 필사적인 노력을 기울이지 않으면 안 되었다. 그리하여 해방 과정은 끝없이 계속되는 투쟁이 되었고, 그것은 불가피하게 승리를 이끈 군사 지도자들에게 해방 이후 국가 건설 과업에서 지도적인 영향력을 행사할 수 있게 했다. 이 점에서 에스파냐령 남아메리카의 독립은 영국령 식민지들의 독립과 날카로운 대조를 보인다. 영국령 식민지들에서는 비록 그것이 비효율적이었다고 하더라도, 서로 다른 집단들의 이해관계를 합리적으로 대표하는 의회가 식민지 전쟁 기구에 대해 일반적인 지배권을 갖고 있었다. 동시에 그 의회는

---

99) Bernstein, *Origins of Inter-American Interest*, pp. 83~7을 참조; 그리고 반구 체제 창설에 관한 논의에 대해서는 Arthur P. Whitaker, *The Western Hemisphere Idea. Its Rise and Decline* (Ithaca, NY, 1954), ch. 2 참조.

조지 워싱턴이라고 하는, 그 자신이 교육받은 정치 문화──상비군을 전제정의 도구로 여기는 문화, 군대는 민간 정부에 구속되어야 한다고 생각하는 문화──의 원칙을 강철 같은 의지로 고수하려고 하는 최고사령관을 갖고 있었다.(그림 42)

비록 부르봉의 개혁이 군대 자치법을 식민지 수비대원들에게까지 확대함으로써 얼마간은 군대가 독립적인 기구로 남아 있기는 했지만 식민시기 동안 에스파냐령 아메리카 정부는 과거에도 그랬던 것처럼 대체로 민간인 정부였다. (군대의) 민간 사법권으로부터의 독립은 계급장, 군복과 함께 크리오요 엘리트들의 아들들로 하여금 식민지 수비대에의 입대를 대단히 매력적인 직업 가운데 하나로 생각하게 만들었다.[100] 수비대 자체는 대원들에게 기초적인 군사적 경험밖에는 제공하지 못했지만 그럼에도 그것은 미래의 독립운동 지도자들을 위한 온상이 되었는데, 그 이유 가운데 하나는 그 수비대가 젊은 크리오요들을 모종의 유럽 계몽사상의 정신과 태도를 섭취한 에스파냐인 장교들과 접촉하도록 했기 때문이다. 수비대들은 또한 모종의 집단정신을 고양시키기도 했는데, 그것은 1790년대에 에스파냐가 유럽에서 전쟁을 하는 바람에 아메리카에서 복무할 수 있는 에스파냐인 장교들의 수가 줄어들었음에도 불구하고 크리오요들이 정규군 지휘관직에서 배제된 것을 알고 나서 갖게 된 반감 때문에 배양된 것이었다. 독립 전쟁이 시작될 무렵 크리오요 장교들은 자신들이 가진 지역적 영향력과 식민지 수비대 지휘관으로서 갖게 된 영향력을 통해 사태 전개 과정에 상당한 영향력을 행사할 수 있었

---

100) Above, p. 300; John Lynch, *Caudillos in Spanish America, 1800~1850* (Oxford, 1992), pp. 30~4.

〈그림 42〉 애국자들과 해방자들 1. 1796년 길버트 스튜어트가 그린 조지 워싱턴(1732~99)의 초상.

다. 민간 정부의 붕괴와 법질서의 파괴는 야심만만한 장교들에게 반도들 혹은 국왕파를 대표하여 주도권을 장악할 수 있는 기회를 제공했고, 이투르비데가 무대에 등장할 수 있는 기회와 구실을 제공해 주었다.

그러나 에스파냐령 아메리카의 독립운동가들이 결코 편협한 군사문화의 산물만은 아니었으며, 그 중에는 폭넓은 교육을 받은 사람들도 많았다. 열네 살에 군에 들어간 시몬 볼리바르는 카라카스에서 가장 부유한 크리오요 가문들 가운데 하나에서 태어나 좋은 사교육을 받았고, 프랑스 계몽주의 철학자들, 그 중에서도 루소의 저서에 심취하게 된 사람이었다.(그림 43) 부에노스아이레스의 부상富商의 자제였던 마누엘 벨그라노Manuel Belgrano는 고향 도시에서 최상의 교육을 받은 후 에스파냐로 유학을 가 살라망카, 바야돌리드, 마드리드 등에서 법학을 공부했다.[101] 이투르비데는 워싱턴과 마찬가지로 유럽 유학을 하지 않았다. 그러나 벨그라노뿐만 아니라 미란다, 볼리바르, 산 마르틴, 베르나르도 오이긴스Bernardo O'Higgins 등은 모두 다 젊은 시절 한때를 에스파냐에서 보내면서 미래를 준비하는 교육을 받거나 혹은 사관학교에서 직업 군인으로서의 훈련을 받으며 보낸 경험을 갖고 있었다.

그들은 유럽 체류 중에 프랑스 혁명의 영향으로 초래된 새로운 이념들을 접한 경험을 갖고 있었다. 벨그라노는 자서전에서 '내가 에스파냐에 체류 중이던 1789년에, 그러니까 프랑스 혁명의 영향으로 사람들, 특히 내가 주로 교제하던 지식인들의 생각이 크게 바뀌고 있었을 때, 나 역시 자유, 평등, 안전 그리고 재산에 대한 새로운 인식이 내 가슴 속에

---

101) Gerhard Masur, *Simon Bolivar* (2nd edn, Albuquerque, NM, 1969), ch. 2를 참조; 벨그라노에 대하여는 Lynch (ed.), *Latin American Revolutions*, p. 258 참조.

〈그림 43〉 애국자들과 해방자들 2. 시몬 볼리바르(1783~1830)의 초상. 룰랭(Roulin)의 그림을 바탕으로 1828년 상아 위에 축소하여 다시 그린 그림.

분명히 각인되는 것을 느꼈으며, 그 사람이 누구든 어디에 있든 간에 신과 자연이 그에게 부여한 권리를 향유하지 못하게 하는 사람은 다름 아닌 전제군주라는 것을 깨닫게 되었다'라고 썼다.[102] 자유와 평등의 이상에 열광하고, 새로 각광받고 있던 정치 경제의 잠재력에 깊은 감명을 받은 그들은 세상을 뜯어고치려고 했다. 잉글랜드에서 북아메리카인들이 그랬던 것처럼 에스파냐에서 그들은 제국이 식민지와 식민지인들에 대해 거만하게 처신하는 것을 직접 경험했다. 또 그들은 미신과 후진성 때문에 계몽사상가들에 의해 신랄하게 비판받는 사회가 가진 결함을 직접 목격하기도 했다. 미란다, 볼리바르, 오이긴스 등 잉글랜드에 가 본 사람들은 자신들의 본국(에스파냐)의 나태·침체와 상공업이 발전하고 자유가 일상인 영국 사회의 역동적인 모습 간의 날카로운 대조에 충격을 받은 바 있었다.[103]

에스파냐령 아메리카의 독립운동가들이 유럽에서 학습한 폭넓은 경험은 영국령 아메리카의 혁명지도자들과 좋은 대조를 이룬다(여기에서 벤저민 프랭클린은 두드러진 예외에 속한다). 조지 워싱턴은 서인도제도 밖으로 나가본 적이 없었고, 후에 존 애덤스는 그에 대해 기술하면서 그 정도의 '지위'를 가진 사람이 그처럼 여행 경험이 적은 것은 의아한 일이라고 말했다.[104] 그러나 그런 말을 하고 있는 애덤스 자신 역시 1778년까지는 북아메리카를 벗어나 본 적이 없었다. 그는 42세 되던 이해에 의회가 프랑스의 지원을 구하라며 파견한 덕분에 유럽을 처음으로 방문

---

102) Manuel Belgrano, *Autobiografía y otras páginas* (Buenos Aires, 1966), p. 24. 번역문은 Lynch, *Latin American Revolutions*, p. 259에서 인용.

103) Masur, *Bolivar*, p. 329.

104) McCullough, John Adams, p. 593.

할 수 있었으며, 이 여행 경험은 후에 그가 혁명기를 되돌아보면서 자신이 조지 워싱턴보다는 넓은 세상을 본 사람이라는 우월감을 갖게 해 주었다. 독립선언문에 서명한 55명 가운데 6명은 영국제도에서 태어났고, 그 중 5명은 아주 어렸을 때 혼자서 혹은 가족과 함께 아메리카로 건너온 사람들이었다.[105] 다른 49명 가운데 12명은 영국제도에서 잠깐이라도 체류한 적이 있었는데, 이들 가운데 다수는 사우스캘리포니아 대표 4명 가운데 3명이 그렇듯이 영국에서 공부하거나 혹은 런던에 소재한 법정변호사 학교에서 수학한 경험이 있었다. 그 중에서 1752년 에스파냐 여행을 포함하여 유럽 여러 곳을 두루 여행한 경력을 가진 매사추세츠 상인 로버트 트리트 페인Robert Treat Paine을 제외하고, 가장 많은 여행을 한 사람이 가톨릭교도로서 유일하게 독립선언서에 서명한 메릴랜드 캐롤튼Carrollton의 찰스 캐롤Charles Carroll이었다. 그는 예수회에서 운영하는 세인트오머St. Omer대학에서 공부하고 나서 유럽으로 건너가 잉글랜드와 대륙 유럽에서 16년을 보낸 다음 고향에 돌아온 사람이었다.[106]

1787년 필라델피아 제헌의회Philadelphia Convention가 소집될 무렵이면 상황이 상당히 바뀌어 있었다. 제헌의회에 모인 55명 가운데 적어도 18명은 성인이 되고 나서 적어도 1년 이상의 해외체류 경험을 갖고 있었다.[107] 그렇지만 에스파냐령 아메리카의 지도자들이 북아메리카의 지도자들보다 혁명에 나서기 전에 해외 경험을 더 많이 한 것은 사실이지

---

105) 나머지 한 사람 존 위더스푼(John Witherspoon)은 1723년 스코틀랜드에서 태어나 성장했으며, 1768년 아메리카로 건너와 프린스턴의 뉴저지대학의 학장이 되었다.

106) 독립선언서에 서명한 사람들에 대한 정보는 *Dictionary of American Biography*를 참고했으며, 캐롤의 유럽 체류에 대해서는 Hoffman, *Princes of Ireland*, ch. 4를 참조.

107) Rossiter, *1787*, p. 140.

만 그 경험이 그들에게 미친 영향은 쉽게 평가할 수 없다. 그 경험이 그들이 충성을 바쳐야만 했던 (에스파냐) 제국의 시대착오적인 성격을 확인시켜 주었다고 가정한다면 그 경험은 물려받은 정치 문화를 거부하게 하는 쪽으로 영향을 미쳤을 가능성이 높다. 자신들의 영국식 입헌적 전통에 자부심을 갖고 있었던 영국령 아메리카인들이 상속받은 정치 문화로부터 권력과 특권에 의해 생겨난 부패 요인들을 청산하고, 보편적 권리라는 보다 넓은 맥락 안에서 그것을 새로운 목적에 적용시키려고 했다면, 볼리바르는 무엇보다도 먼저 무너져 가는 에스파냐 제국의 폐허 위에 새로운 사람들의 새로운 나라를 건설하기 위해 보편적인 원칙에 눈을 돌렸다.[108]

그러나 볼리바르와 그의 동료 독립운동가들이 머지않아 알게 되는 것처럼, 에스파냐령 아메리카라는 녹록치 않은 환경하에서 이 야심을 실현한다는 것은 결코 쉬운 일이 아니었다. 첫째, 그들은 영국령 아메리카에서처럼 대륙의 일부를 자유롭게 하는 것이 아니라 대륙 전체를 자유롭게 해야 했다. 맹렬한 저항과 거의 불가능하다시피 한 지리적인 장애물을 극복하고 이 과업을 완성시키고 나서는 허약한 기반 위에서 새로운 정치 질서를 구축해 나가야 했다. 에스파냐 제국이 비록 하나의 공통의 문화가 제공하는 피상적 통일성을 갖고는 있었지만 독립 이후에도 에스파냐령 아메리카의 영토적 통일성이 확보될 수 있는 방법은 존재하지 않았다. 그보다 훨씬 압축적이었던compact 영국령 아메리카 제국에서도 반도叛徒들은 서인도제도와 캐나다를 끌어들이는 데 실패했고, 오직

108) 볼리바르의 정치관에 대해서는 Anthony Pagden, *Spanish Imperialism and the Political Imagination* (New Haven and London, 1990), ch. 6 참조.

기발한 헌법과 노예제라는 근본적인 문제를 다루지 않고 덮어두기로 한 암묵적인 합의를 통해서만 더 이상의 파편화를 막을 수가 있었다.

독립 이후 에스파냐령 아메리카에서 모종의 통일성을 보전하는 데 따르는 어려움은 그 제국이 가진 방대한 규모와 엄청난 물리적·기후적 다양성 때문에만이 아니라, 3세기가 넘는 제국 통치기 동안 더 발전해 있었던 강력한 지역적 전통에 의해 더욱 복잡해졌다. 부왕령, 아우디엔시아, 그리고 그보다 더 하급의 영토 단위들을 구분하는 행정적·사법적 경계선은 반도들이 해방시키려고 했던 아메리카라는 보편적 조국generalized American patria보다 더 날카롭게 구분된 여러 개의 조국들patrias에 대한 충성의 초점이 될 수 있을 정도로 견고해져 있었다. 볼리바르는 신뢰를 잃은 구식의 에스파냐 왕정을 범凡아메리카적인 하나의 대륙 연합으로, 혹은 그것이 여의치 않으면 베네수엘라, 누에바그라나다, 키토, 페루를 포함하는 안데스 동맹으로 대체하려고 했다. 그러나 실망스럽게도 그는 그 어떤 정체政體상의 수정과 보완으로도 역사적으로나 지리적으로 그처럼 이질적인 영토들을 하나로 묶어 낼 수는 없다는 것을 깨닫게 되었다. 1824년 창설된 중아메리카제주연합Federation of United Provinces of Central America의 운명도 그와 다르지 않았다.

영국령 아메리카의 13개 식민지는 많은 성격상의 차이에도 불구하고 1776년 영국 왕정에 맞서 공동의 싸움을 하는 가운데 하나로 결집했다. 의회라는 서로 공유하는 헌정상의 기구의 보호를 등에 업고 수행된 그들의 독립투쟁은 그들을 협력에 익숙하게 해 주었으며, 주州 간 혹은 지역 간 경계를 초월하는 개인적인 친교망을 제공해 주었다. 싸움을 승리로 끝낼 즈음이면 좀더 지속적인 통합으로의 이행이 아직 확보된 상태는 아니었지만 적어도 그것이 실행 가능한 정치적 경계 안에 들어와 있게 되었다. 그에 비해 에스파냐령 아메리카 식민지들은 독립을 달성하게 되었을 무렵 그와 비슷한 종류의 공동의 명분 속에서 긴밀하고 지속적인 협력을 한다는 교훈적 경험을 갖고 있지 않았다. 그들에게 독립은 각각 다른 시기에 다른 방식으로 찾아왔을 뿐 아니라, 범대륙적으로 넓은 공간에서 일하고 있던 독립운동가들—볼리바르, 산 마르틴, 산탄데르, 오이긴스 등—은 상호 협력을 이루어 내는 것 혹은 상호간의 라이벌 관계를 극복한다는 것이 매우 어렵다는 것을 알게 되었다.

범대륙적인 에스파냐 제국 체제가 붕괴되고, 그것을 여러 연방 체제로 대체하려는 시도가 실패하자 과거 에스파냐의 식민지들이었던 지역들이 직면하게 된 도전은 이제 그 지역들 자신들을 생존 가능한 국민국가로 만드는 것이었다. 그러나 국가 의식이란 실체가 분명치 않은 개념이었고, 현실성 있는 약속을 고무하기보다는 수사修辭를 만들어 내는 경향이 강했다. 멕시코 독립선언서에 명시된 '300년 동안 자신만의 의지도 자유로운 표현도 없이 살아온 멕시코 국가Mexican nation가 바야흐로 지금껏 그들을 옥죄어 온 억압을 뚫고 모습을 드러내고 있다'라는 언급은 분명 시대를 초월해서 공명을 울리게 될 것이었다.[109] 그러나 목테수마의 제국과 이투르비데의 제국을 이어 주는 연속성은 무엇이며, 그리고 그 연속성은 이제 자신의 전통적인 피난처와 갑자기 단절된, 인종적으로 다원적인 사회에 모종의 결속력과 방향성을 제공하기에 충분할 정도로 강한 것인가?

크리오요들의 애국심은 종교와 역사—좀더 구체적으로 말하면

109) David A. Brading *et al.*, *Cinco miradas británicas a la historia de México* (Mexico City, 2000), p. 102에서 David Brading에 의해 인용됨.

과거에 대한 선택적 해석—라는 날실들로 짜여 있었고, 적어도 새로운 국가정체성을 만들어 내는 데 이용될 수 있는 몇 가지 요소를 제공해 주었다. 그 중에서도 강력한 역사 기술記述 전통과 다수 인구의 충성심을 한 몸에 받고 있었던 과달루페 성모라는 종교적 상징을 갖고 있었던 멕시코는 다른 신생 국가들보다 국가로 발전하기에 좋은 조건을 갖고 있었다. 그러나 거의 모든 지역들에는 중앙집권적인 열망과 지역적 애국심 간의 충돌이 존재했다. 특히 라플라타 부왕령 같은 곳이 가장 그러했는데, 이 지역은 부르봉 개혁가들이 라스차르카스Las Charcas 아우디엔시아 혹은 알토페루 아우디엔시아 같은 오래된 개별 영토들을 합병해서 국경선을 재설정한 곳이었다. 1825년 이 지역은 부에노스아이레스의 지배에서 벗어나 볼리비아 독립공화국을 선언했다. 그러나 새로운 정치적 지형이 설정되었다고 해서 과거의 충성심이 사라지지는 않았다. 그리고 도처에서 크리오요들의 애국심은 에스파냐와의 단절을 이용해 권력을 더 강화하려는 특권 엘리트층의 이해관계와 긴밀하게 연계되고 있었다. 이것은 새 국가들(그 국가들의 공화주의적 헌법은 보편적 권리라는 현대적 용어를 천명하고 있었으며, 전통적으로 열등한 존재로 간주되어 온 사회적 혹은 인종적 집단들에게도 명목상이나마 참정권을 부여하고 있었다)에서 진정한 의미의 국민 의식이 생겨날 가능성을 제한하였다.[110)]

국가 건설 자체가 어렵고 시간이 많이 걸리는 과업이었다. 독립전쟁은 300년이 넘는 제국 지배기 동안 구축된 정치적 기구들을 파괴해 버렸다. 에스파냐 제국Spanish imperial state은 여러 가지 결함에도 불구하고 식민지인들의 삶에 필수불가결한 틀을 만들어 놓고 있었다(그에 비

110) For the problems of nation-building in Hispanic America, see Lynch, *Caudillos*, ch. 4.

해 북아메리카의 영국 제국 국가는 그것을 만들어 놓지 못하고 있었다). 마드리드로부터 내려오는 국왕 칙령은 (에스파냐령 아메리카에서) 무시되기도 하고 거부되기도 했지만 제국의 행정기구는 압도적 존재감을 갖고 있었으며, 그것이 결코 한없이 무시될 수는 없었다. 그러므로 영국령 아메리카로부터 제국이 소멸된 것은 개별 식민지들에게 그 이전과 마찬가지로 자신들의 삶을 영위할 수 있게 해 준 데 비해, 에스파냐 제국 국가의 소멸은 그에 이어 등장한 국가들이 쉽게 메울 수 없는 권력의 공백을 남겨 놓았다.

에스파냐령 아메리카의 크리오요 사회들이 비록 상당 정도의 실질적인 자치를 누렸다고 해도 적어도 부르봉의 개혁 이전에는 이 자치가 소수의 자기영속적 과두주의자들에 의해 지배되는 시참사회에 의해 행사되었으며, 국왕 대리인 혹은 국왕 기구들과의 협상을 통해 끊임없이 조정되지 않으면 안 되었다. 에스파냐령 아메리카가 영국령 식민지들은 갖고 있던 의회 같은 대의제 기구들을 갖고 있지 않았다는 사실은 지방적 입법 전통이 이곳에는 없었고, 공통의 필요에 응하여 정책을 논의하고 그 틀을 만들어 내기 위해 모이는 지역 대표들의 실천적 경험이 이곳에는 없었음을 의미했다. 그러나 카디스 코르테스에 보낼 대표들을 선출하고, 1813년과 14년 넓은 영토에서 선거가 실시된 것은 에스파냐령 아메리카의 정치 문화에 중요한 변화가 시작되었음을 의미했다. 새 선거 방식은 새롭게 투표권을 갖게 된 사람들을 처음으로 정치에 참여할 수 있게 해 주었을 뿐 아니라, 아메리카 대표로 선출되어 에스파냐 코르테스에 참석하게 된 사람들로 하여금 의회 절차와 토론이라는 소중한 경험을 갖게 해 주었다. 이것은 후에 중요한 의미를 갖게 되었고, 멕시코의 사례는 그것을 잘 말해 주는데, 멕시코에서는 1810~14년과 1820~22

년의 코르테스에 참여한 대표들이 유럽에서 돌아와 새로운 멕시코 국가 건설에서 중요한 역할을 수행하였다.[111]

그러나 적극적인 정치적 대의제의 경험은 너무 늦게 찾아왔고, 경험 있는 입법자들(새 국가들은 그들에 의지할 수 있었다)의 풀pool이 미국 국가 건설 과정에서 작동한 것에 비해 매우 협소했다. 이 점은 미국에서 그랬던 것처럼 식민지 전통에 내재한 중앙집권적 경향과 분리주의적 경향 간의 긴장을 창조적 목적에 이용할 수 있는 건설적인 통치 시스템으로 만들어 낼 기회를 크게 감소시켰다. 대신 1820년대의 일련의 연방주의 운동(멕시코와 중아메리카, 그란콜롬비아와 페루)은 과거 제국 국가의 중앙집권적 전통을 주장하는 잠재적인 권위주의 체제에 대한 도전이라 할 수 있었다. 크리오요 명문 가문 집단들은 중앙집권주의 혹은 연방주의의 깃발하에서 더 많은 전리품을 차지하기 위해 서로 싸웠다. 그로 인해 새 국가들은 큰 혼란에 빠졌고, 대개 그 혼란으로부터 빠져나오는 유일한 길은 폭력적인 카우디요들에게 정당성을 제공해 주는 것이었다. 오로지 상호 긴밀하게 연계된 크리오요 엘리트층을 갖고 있었던 칠레만이 매우 중앙집권적인 성격을 가진 정부와 식민지 시기 계서적 사회 질서의 영구화의 기반 위에서 어느 정도 안정을 확보할 수 있었다.[112]

만약 에스파냐령 아메리카에 비해 영국령 아메리카에서 독립으로 가는 과정이 순탄했다면 거기에는 구조적 요인뿐만이 아니라 우연적 요인도 중요한 역할을 한 것으로 보인다. 새로 탄생할 미국 공화국의 중앙

---

111) Benson, *Mexico and the Spanish Cortes*, ch. 1 (Charles R. Berry, 'The Election of the Mexican Deputies to the Spanish Cortes, 1810~1820') 참조.

112) Collier, *Ideas and Politics of Chilean Independence*를 참조.

정부가 행사할 권력의 성격과 정도를 두고 연방주의자들과 반연방주의자들이 첨예한 논쟁을 벌이고 있을 때, 유럽인들의 에너지와 관심은 프랑스 혁명과 나폴레옹 전쟁으로 돌려져 있었다. 이것이 미국에게 예기치 않은 행운을 가져다 주었다.

공화국이 탄생할 당시 그 공화국의 안전과 번영은 런던, 파리, 마드리드에서 취해진 결정에 크게 의존하고 있었다. 영국은 평화조약의 조항을 어기고 노스웨스트의 호수들에 건설된 군사기지들을 철수하려고 하지 않았다. 영국이 그 기지들을 유지하고 있는 한 인디언들(이 인디언들은 아메리카가 애팔래치아 산맥 너머로 팽창하는 것을 가로막고 있었다)과 다시 동맹을 맺을 위험은 사라지지 않았다. 마찬가지로 에스파냐가 1784년에 미국 시민들에게 미시시피 강의 운항을 차단한 것은 미시시피와 오하이오 계곡 정주지들에게서 바다로 나가는 출구를 박탈함으로써 그들의 생존 능력을 감소시켰다.

그러나 유럽에서 발발한 전쟁은 아메리카의 외교에 호재로 작용했다. 1794년의 제이Jay 조약은 노스웨스트에 있는 영국 요새들의 철수를 확인했으며, 이듬해 에스파냐는 핀크니Pinckney 조약에서 위도 31도를 미국과 에스파냐령 플로리다를 구분하는 국경선으로 인정하고, 미시시피 강을 미국 선박들에게 개방한다는 데 동의했다.[113] 아메리카 정계의 거물들이 에스파냐 자체에 대해서는 아무 존경심도 갖고 있지 않았지만 에스파냐 뒤에는 혁명 이후 프랑스의 그림자가 어른거리고 있었다. 나폴레옹의 야심은 끝이 없어 보였고, 그가 에스파냐로부터 돌려받은 루

113) Robert W. Tucker and David C. Hendrickson, *Empire of Liberty. The Statecraft of Thomas Jefferson* (Oxford, 1992), pp. 26~7 and 64~5.

이지애나를 프랑스의 옛 아메리카 제국 재건을 위한 교두보로 이용할 것이라는 우려가 커지고 있었다. 하지만 그 우려는 프랑스의 대규모 원정군이 생도맹그 노예 반란을 진압하는 데 실패하고, 얼마 동안의 휴전 후에 (프랑스와) 잉글랜드와의 전쟁이 재개되면서 사라졌다. 프랑스령 아메리카 회복을 위한 계획은 이제 포기되어야 했으며, 1803년 제퍼슨이 프랑스로부터 루이지애나를 구매함으로써 대륙의 거의 절반이 미국의 수중에 들어오게 되었다. 내지 쪽 인디언들의 저항이 거세기는 했지만 이제 새 공화국 주민들이 착수하고 있던 국가사업, 즉 대륙 차원의 제국, '자유의 제국'의 건설을 방해할 사람은 아무 데도 없게 되었다.

나폴레옹 전쟁은 서부로의 팽창을 위한 새로운 전망뿐만 아니라 아메리카의 국제무역 확대를 위한 밝은 전망도 가져다 주었다. 공화주의자들이 제이 조약에 대해 그것이 미국을 또다시 영국의 상업적 지배 혹은 해상에서의 지배에 예속시키게 될 것이라며 격렬하게 반대했지만 유럽이 굶주린 자국 국민들을 먹이기 위해 아메리카 곡물을 필요로 했다는 점, 그리고 남부 지역 주들이 생산하는 면綿에 대한 영국의 수요가 컸다는 점은 아메리카의 상인, 농민, 농장주들에게 새로운 기회를 제공할 것이 분명해 보였다. 공화국이 식민시기로부터 물려받은 상업상의 하부구조는 상당히 탄탄해서 미국 상인들과 해운업자들은 아메리카의 중립을 이용하여 전쟁 중인 유럽 열강들의 상품운반자가 될 수 있었다. 수출과 재수출에서 극적으로 확대되어 간 대서양 무역은 아메리카 본토에 새로운 번영을 가져다 주었으며, 동부 해안지역에 다시 활기를 불어넣고, 보다 많은 사람들에게 일자리를 제공해 주었다.[114]

---

114) *Cambridge Economic History of the United States*, 1, ch. 9; Tucker and Hendrickson,

에스파냐령 아메리카 공화국들이 탄생할 무렵 국제적 상황은 그 국가들에게 상당히 불리했다. 나폴레옹은 패했고, 유럽에는 다시 평화가 찾아왔다. 그동안 에스파냐의 대서양 무역체계는 이미 붕괴되었고, 에스파냐 본토 경제는 반도전쟁[115]으로 황폐화된 상태였다. 독립 이후 에스파냐와 에스파냐령 아메리카 공화국들 간 무역은 거의 사라진 반면에, 영국은 식민지들이 독립한 이후 그들과의 무역 관계를 신속하게 재개했다.[116] 대신 아직도 정치적 안정을 모색하고 있었던 (라틴아메리카의) 새 국가들은 전쟁과 무질서로 경제가 파괴된 상태에서 국제무역 공동체(그 공동체는 새 국가들의 시장을 원하였지 그들의 생산물을 원치는 않았다)의 중심에서 배제되고 주변부에 머물러 있었다. 또 그 나라들은 점점 자신감이 넘치고 공격적으로 되어 간 미국에 압도되어 가고 있었다(멕시코는 1845~1854년 동안 영토의 반을 상실했다).[117]

새 공화국들은 또한 정치적으로나 심리적으로 새로운 상황에 적응하는 것을 방해하는 식민지적 유산을 떠안고 있었다. 3세기 동안이나 관료제적이고 개입주의적인 국가에 의해 지배당해 왔던 그들은 독립 후에도 본능적으로 자신들에게 익숙한 통치 체계를 재건하려고 했다. 어쨌거나 무정부 상태의 확산을 막기 위해서는 강력한 중앙집권적인 통치가 필요하다고 여겨지기도 했다. 새로운 사회의 자유주의적인 사람들은 과거의 족쇄를 벗어던져 버리고 싶어 했을지도 모른다. 그렇지만 그 꿈을

Empire of Liberty, p. 190.

115) 1807~1814년 나폴레옹 전쟁 중에 이베리아 반도를 두고 나폴레옹의 제국과 스페인, 영국, 포르투갈 연합군 간에 벌어진 전쟁 — 옮긴이.

116) Leandro Prados de la Escosura and Samuel Amaral (eds), *La independencia americana: consecuencias económicas* (Madrid, 1993), p. 264.

117) David J. Weber, *The Mexican Frontier, 1821~1846* (Albuquerque, NM, 1982)을 참조.

실현하기 위해서는 행정 기구를 필요로 했다.

그로 인해 옛 정치 질서로부터 상속받은 오랜 태도와 관행이 독립을 이루고 나서도 존속하게 되었으며, 그것은 새 공화국들이 새 시대의 경제적 도전에 대응하는 능력을 감소시키는 경향이 있었다. 그것은 자의적인 정부 개입(그것은 사회의 한 집단을 희생시키는 가운데 다른 집단의 파당적 이익을 지지하는 경향이 있었다), 과도한 법령과 지나친 규제, 말로만 만민평등을 외치면서 여전히 계속되는 카스타들에 대한 차별, 시대착오적인 뒤봐주기와 친족 네트워크에 의존하는 관행, 경제적 이익을 확보하고 국가의 결정에 영향을 미치기 위한 부패 관행 등이 그것이었다. 그런 태도와 관행은 쇄신과 기업가 정신에 의한 사업entrepreneurial enterprise을 방해했으며, 그로 인한 결과는 19세기가 지나는 동안 더욱 더 분명해져 갔으니, 1800년경 멕시코의 재화와 서비스 생산은 미국의 절반 수준이 넘었으나 1870년대가 되면 그것이 2퍼센트 수준으로 떨어진 것은 그 한 예라 할 수 있다.[118)]

과거 아메리카가 에스파냐에 의존하던 것과는 달리 미국은 이제 미지의 바다를 향해 출항하게 되었을 때 유리한 바람을 등 뒤에서 받고 있었다. 미국 인구는 급속히 증가하고 있었고(1790년 390만 명에서 1820년 960만 명으로 증가했다[119)]), 경제는 호황을 구가하고 있었으며 서부로의 팽창은 에너지, 자원, 그리고 국가 기업의 투자를 위해 거의 무한대의 가

118) John H. Coatsworth, 'Obstacles to Economic Growth in Nineteenth-Century Mexico', *AHR*, 83 (1978), pp. 80~100. 이 중요한 논문의 에스파냐어판은 John H. Coatsworth, *Los orígenes del atraso. Nueve ensayos de historia económica de México en los siglos XVIII y XIX* (Mexico City, 1990)에 있다. 여기에는 또한 엔리케 카르데나스의 비판에 대해 응답하는 내용의 간단한 부록도 포함되어 있다.

119) *Cambridge Economic History of the United States*, 1, p. 396.

능성을 제공하고 있었다. 새로운 연방 공화국의 범위, 성격, 그리고 방향을 둘러싼 분열이 1790년대에 내전의 망령을 불러들일 수도 있었지만, 1800년 제퍼슨이 대통령에 당선되고 권력이 그에게 정식으로 이양되면서(그것은 새 공화국이 '인민의 의지가 무엇보다도 중요하다'는 원칙에 얼마나 확고하게 기반을 두고 있었는지를 보여 주었다) 연방주의 시기는 평화적으로 막을 내렸다. 에스파냐령 아메리카의 신생 공화국들에서는 상당히 많은 시간이 지나고 나서야 사회적 엘리트라는 신분이 자동적으로 정치적 권력 행사 자격을 동반한다는 인식이 사라졌다.

제퍼슨 시대의 급속한 번영, 서부 팽창을 위한 기회, 그리고 아메리카의 민주화, 이 모든 것이 새로운 국가 건설이라는 거대한 집단적 사업에 참여하는 데 필요한 개인적 에너지들을 발산케 했다. 혁명 후 첫 세대는 자립적·혁신적·기업가적이고, 조국에 대한 낙관적 전망으로 충만해 있었다.[120] 연방주의자들은 미국 사회가 군중 지배의 충격하에서 혼란의 나락으로 떨어질 것이라고 염려했으나 그런 일은 일어나지 않았다. 그러나 그렇다고 제퍼슨과 그의 공화주의자 동료들이 기대했던 것처럼 그것이 그들이 꿈꾸었던 고결한 농업적 공화국으로 저절로 바뀌지도 않았다.

연합Union의 공고화, 그리고 새 사회의 건설과 더불어 국민적 정체감이 형성되어 갔다. 이 정체감은 1812~4년 중립성과 무역을 둘러싸고 영국과 벌인 전쟁으로 더욱 강화되었다. 이 전쟁은 신의 공화국God's Republic으로서의 미국의 개념을 정당화했으며, 미국에 새로운 영웅들과

120) 이 세대의 태도와 업적에 대해서는 Joyce Appleby, *Inheriting the Revolution. The First Generation of Americans* (Cambridge, MA, 2000)를 참조.

미래의 국가國歌('The Star Spangled Banner')를 갖다 주었다. 아메리카인들은 영국인들을 격퇴함으로써 자신들의 혁명을 지켜 냈으며, 제국에 의해 다시 정복될 수 있다는 망령을 마침내 떨쳐 버리게 되었다.[121]

그러나 새 공화국에서 형성되어 가고 있던 국민적 정체감은 모두를 포괄하지도 않았고 보편적으로 공유되지도 않았다. 그것은 나름의 성공에도 불구하고 파당과 파벌로 가득 찬 사회였다. 외국 관찰자들은 이 나라의 민주주의의 성격과 정도, 평등주의적 정신, 성·속적 통제의 거의 완전한 배제에 놀라움을 감추지 못했지만 이 사회는 아직도 경계 안에 살아가는 사람들 가운데 다수를 배제하고 있었다. 선거권은 법적으로 확대되어 가고 있었지만 대개는 백인 남성들의 수중에 있었고, 여기에서 여성과 노예뿐만 아니라 아메리카 인디언과 다수 자유 신분의 흑인들도 배제되고 있었다.[122] 무엇보다도 면제품 수출 붐으로 남부 지역 주들에서 노예제가 점점 더 억압적으로 되어 가자 남부와 북부를 가르는 해묵은 단층선이 점점 더 가시화되고 있었다.[123] 또 점점 공격적으로 되어 간 노예제 폐지론자들의 주장은 남부 주들을 궁지에 몰아넣고 있었으며, 북쪽 사회가 장차 새 공화국의 자아상을 만들어 가고, 나아가 세계에 제시할 이미지를 형성하게 될 가치와 열망을 선언할 여지를 활짝 열어놓고 있었다.

그 가치와 열망—사업가 정신과 혁신, 개인적·집단적 개선의 추구, 부단한 기회의 탐색—은 아메리카의 국민적 정체성의 결정적인 특

121) *Ibid*., p. 52; Steven Watts, *The Republic Reborn. War and the Making of Liberal America, 1790~1820* (Baltimore and London, 1987), pp. 283~9.

122) Appleby, *Inheriting the Revolution*, p. 28.

123) *Ibid*., pp. 69~71.

징이 될 것이었다. 그것은 적어도 부분적으로는 남부의 전통적인 명예 문화honour culture와 충돌하는 가치였다.[124] 그것은 또한 새로 독립한 에스파냐령 아메리카 국가들의 전통적인 문화와도 친숙치 않았는데, 이곳에서는 보편적 권리라는 용어로 표현되고 있던 헌법이 구래의 계서제가 지배권을 완전히 상실하지 않고 있던 사회들과 불편한 동거를 계속해 오고 있었다. 하지만 이제 생겨난 지 얼마 안 되는 아메리카 공화국이 산업화되어 가고 있던 서구 세계의 가혹할 정도로 경쟁적인 환경 속에서 더 큰 확신을 갖고 자신의 길을 나아가도록 만든 것도 바로 이 가치였다.

124) Wyatt Brown, *Southern Honor*를 참조; 또 Appleby, *Inheriting the Revolution*, ch. 8을 같이 보라.

에필로그

1770년대 초, 수 년 후 『한 아메리카 농부가 보낸 서한』*Letters of an American Farmer*이라는 책으로 유명해지는 크레브쾨르J. Hector St John de Crèvecoeur는 「에스파냐령 식민지와 영국령 식민지 간의 대조에 관하여」Sketch of a Contrast Between the Spanish and the English Colonies라는 미간행 논문을 썼다. 이 논문은 '우리가 만약 에스파냐령 식민지의 관습과 매너를 완벽하게 알 수 있고, 그것을 이곳(영국령 아메리카) 주들의 것들과 비교할 수 있다면 대단히 충격적인 대조를 보여 줄 것으로 생각한다. 하지만 그들은 외부인들의 접근을 철저하게 봉쇄하고 있어서 그들에 대해 어떤 확실한 정보를 얻는다는 것은 거의 불가능하다'라는 말로 시작하고 있다.[1] 그러나 에스파냐의 은폐와 자신의 무지에도 불구하고 크레브쾨르는 일련의 간단한 판단을 시도했는데, 그 판단은 북쪽 영국령 아메리카 식민지와 비교하여 에스파냐령 아메리카를 대단히 부정적으로 바라보고 있다.

---

1) Dennis D. Moore (ed.), *More Letters from the American Farmer. An Edition of the Essays in English Left Unpublished by Crèvecoeur* (Athens, GA and London, 1995), pp. 82~9. 여기서는 원래 문장의 구두점과 철자를 현대식으로 바꾸었다.

크레브쾨르의 (영국령 아메리카와 에스파냐령 아메리카 간) 대조는 종교적 측면에 방점을 둔 채 일단의 정형화된 이미지들을 나열하고 있다. 그에게는 북아메리카의 퀘이커교 신자들을 '황금과 다이아몬드, 루비와 황옥이 뒤섞여 찬란히 빛나고, 인간의 기술이 수행할 수 있는 모든 것으로 장식되어 있고, 관능적인 신자들의 광신적 상상이 창안해 낼 수 있는 저속하고 화려한 리마의 에스파냐인 신자들'과 비교하는 것만으로도 충분했다. 그는 리마와 쿠스코의 주민들이 '인류에게 아무런 쓸모도 없는 수많은 성인들의 전기를 읽는 대신, 그가 '북아메리카의 페루'라 불리는 펜실베이니아에 도착했을 때 '야만인들을 자신의 형제나 친구처럼 대한' 윌리엄 펜의 생애에 대해 공부해야 한다고 주장했다.

영국령 아메리카에 대해서는 크레브쾨르가 좀더 일반적인 어투로 서술하고 있는데, 그는 여기에서 '그들은 자신들의 온건하고 정의로운 법, 종교적 관용, 외부인들의 용이한 접근을 허용하는 분위기로부터 멋진 도시들을 건설하게 해 주고, 무역과 기술에서 엄청난 창조성을 과시하게 하고, '책, 신문, 그리고 세계 전역으로부터 온 유용한 발견물이 항구적으로 유통될 수 있게 해 주는 열정과 지조, 인내심을 끌어내 왔다'라고 썼다. 그는 '이 위대한 대륙은 현재 세계의 정치 시스템을 바꿀 위대한 제5제국이 되어 가는데 시간과 인적 자원 말고는 아무 것도 부족한 것이 없다'라고 결론지었다.

그렇다면 에스파냐의 아메리카 소유령은 어땠는가? 크레브쾨르는 '그들 사회의 대다수는 과거 정복자들과 정복당한 자들의 후손, 노예들 그리고 역사상 유례를 찾을 수 없을 정도로 다양한 온갖 종류의 혼혈인들로 구성되어 있어서 대규모의 산업 계획을 성공적으로 수행할 수 있을 만큼 조화로운 삶을 영위할 수 없을 것처럼 보인다. …… 남아메리카에서는 이런 강력한 정부가 세워질 것 같지 않다. 남아메리카 정부들은 얼마 안 가 허물어질 것처럼 보인다. 남아메리카 정부들은 다수의 창의성보다 소수의 순종이 훨씬 더 유용하다고 생각한다. …… 요컨대, 그들의 모국(에스파냐)의 뿌리를 침식하고 좀먹고 있는 무기력이 이 아름다운 지방들까지 허약하게 만들고 있다'라고 말하고 있다.

에스파냐와 그 아메리카 영토에 대한 18세기 유럽의 진부한 편견과 억측에 불과했던 크레브쾨르의 기소는 오늘날까지도 영향을 미치고 있다. 에스파냐의 아메리카 제국의 폐허 위에 세워진 공화국들의 19, 20세기 역사는 크레브쾨르가 신랄하게 지적한 결점과 결함을 부각시키는 데 기여했을 뿐이다. 독립 이후 라틴아메리카의 역사는 경제적 후진성과 정치적 실패의 연대기로 간주되었으며, 그들의 성취는 간과되고 무시되었다.

외부인과 라틴아메리카 논객들이 지적한 경제적, 정치적 결함 가운데 어떤 것들은 에스파냐로부터 독립하고 나서 2세기 동안 발생한 국제적인 상황과 세계적인 힘의 균형의 산물이었고, 또 어떤 것들은 독립 투쟁, 그러니까 북아메리카인들이 영국의 '압제자들'에 대항하여 수행한 것보다 훨씬 잔혹하고 장기적이었던 투쟁의 산물이었다. 그런가 하면 어떤 것들은 거의 무제한적으로 다양한 방대한 땅덩어리가 가진 지리적 혹은 환경적 특징에서 유래한 것이었으며, 또 어떤 것들은 식민지 사회들과 그들의 제국적 지배자들의 고유한 문화적, 사회적, 제도적 특징에 기인한 것이었다.[2)]

---

2) 이베로아메리카의 식민지적 유산에 관한 논의를 위해서는 Jeremy Adelman (ed.), *Colonial Legacies. The Problem of Persistence in Latin American History* (New York and London,

그러나 만성적인 부패 같은 에스파냐령 아메리카 식민지 사회의 몇몇 특징을 독립 이후 공화국들의 역사에 어두운 그림자를 던지는 것으로 거론하는 것과, '에스파냐적 유산'을 재난과 실패의 근본적인 원인으로 비난하는 것은 별개의 문제이다. 여러 가지 점에서 그 비난은 해외정복과 식민화 초기로까지 거슬러 올라가는 '흑색전설'이라는 대서사를 식민지 이후까지 연장시키는 것에 불과하다.[3] 그것은 유럽에서 에스파냐 군대가 보인 악행과 아메리카에서 (에스파냐) 정복자들이 자행한 만행을 중심으로 축적된 악행 이야기들로부터 구축된 것으로서, 그후 거기에 프로테스탄트 유럽이 에스파냐의 권력을 위축시키기 위해 싸우는 과정에서 생겨난 강력한 반反 가톨릭적 요소까지 더해졌다. 17세기가 경과하는 동안 세계 제국을 지향하는 세계 강국으로서 에스파냐가 갖고 있던 이미지가 허약한 거인의 그것으로 대체되면서, 에스파냐는 계몽주의 유럽이 즐겨 비난하고 조롱해마지 않았던 후진성, 미신, 나태의 이미지도 함께 갖게 되었으며, 그것은 (라틴아메리카) 독립운동 지도자들의 마음속에도 깊이 각인되었다. 그래서 그들은 자신들의 고귀한 이상을 실현하는 데 실패한 원인을 에스파냐적 유산에서 구하면서 거기서 위안

1999)를 참조.

3) 흑색전설은 훌리안 후데리아스(Julian Juderias)가 『흑색전설』(*La Leyenda Negra*, Madrid, 1914, 그후로도 계속 출간되었다)에서 처음으로 체계적으로 고찰하였고, 그후로도 많은 연구들이 생산되었다. 그 중에는 Sverker Arnoldsson, *La Leyenda Negra. Estudios sobre sus origenes* (Göteborg, 1960); William S. Maltby, *The Black Legend in England. The Development of Anti-Spanish Sentiment. 1588~1660* (Durham, NC, 1971); Ricardo García Cárcel, *La Leyenda Negra. Historia y opinión* (Madrid, 1992); J. N. Hillgarth, *The Mirror of Spain, 1500~1700. The Formation of a Myth* (Ann Arbor, MI, 2000) 등이 있다. Charles Gibson, The *Black Legend. Anti-Spanish Attitudes in the Old World and the New* (New York, 1971)은 당대와 후대 연구들의 초록을 모아 놓고 있다.

을 찾았다. 볼리바르에게 에스파냐는 애초에 헌법적으로 자유의 과실을 향유할 수 없는 사회를 만들어 놓고 있었다.[4]

반면에 신생 미국은 처음부터 성공으로 예정되어 있는 것처럼 보였다. 크레브쾨르와 그의 동시대인들은 영국령 식민지들이 독립하기도 전에 개인적 행복과 집단적 번영의 성취에 필요한 계몽사상의 모든 기준을 충족시킨 것처럼 보이는 미국 사회에 대해 빛나는 미래를 예언하고 있었다. 매사추세츠 주 총독을 역임하였고 처음에는 하원에서 노스 경의 정책을 지지했으나 후에는 새로운 미국의 열정적 옹호자가 된 토머스 포널Thomas Pawnall은 독립선언이 발표되고 나서 5년 후에 쓴 글에서 특유의 복잡한 어법으로 새 공화국과 그 시민들의 특징을 다음과 같이 설명했다:

> 아메리카에서는 모든 주민이 자유롭다. 그리고 원하는 모든 사람에게 보편적인 귀화universal naturalization를, 그들이 선택하는 생활 방식이 어떤 것이든지 그것을 영위할 수 있는 완벽한 자유를, 가진 재주가 그들을 이끄는 대로 삶을 살 수 있는 모든 수단을 허용한다. …… 아메리카에서는 모든 사람이 자신의 권리를 자유롭고 완전하게 행사할 수 있으며, 정신이 그 사람을 위해 해 줄 수 있는 이익과 권력을 획득하고 공유할 수 있다. 거기에는 줄어들지 않는 응용unabated application이 있고, 거기에서는 정신의 부단한 분투가 위트 를 날카롭게 하고 마음을 단련시킨다. …… 그들은 신철학New Philosophy 정신으로 고무되어 있다. 그들의 삶은 실험의 연속이며, 유럽의 가장 계몽된 지역들만큼이나 높은 수준의 개선에

4) Adelman (ed.), *Colonial Legacies*, p. 5를 보라.

기반을 두고 있다. 그들은 독수리처럼 전진하며, 매우 유리한 지점에서 첫발을 내딛는다.[5)]

19세기에 그 독수리가 비상을 시작하자 당대인들이 신생 공화국(미국)의 놀라운 비상을 보장해 줄 것이라고 언급한 바 있었던 자질들이 확인되고 또 강화되었다. 이상화된 영국령 아메리카(그곳의 원주민과 아프리카 출신 흑인들은 너무나 쉽게 그림에서 사라졌다)는 여전히 지상에 묶여 있는 에스파냐와 포르투갈령 아메리카와 너무나 뚜렷하게 대조되었다. 한쪽의 비교적 온화한 식민지 유산과 다른 한쪽의 악랄한 유산, 이것이 두 지역이 걷게 된 매우 다른 운명을 이해할 수 있는 열쇠처럼 보였다.

식민지 사회 역사를 회고적으로 관찰하는 것은 불가피하게 과거의 여러 측면들을 은폐하고 왜곡하게 된다. 과거는 그 자체로 이해되어야 하는 것이지 나중에 나타난 선입견과 편견에 영향을 받아 설명되어서는 안 된다. 나중에 사실을 다 알고 난 것이 제공하는 유리한 관점에서보다는 당대를 살았던 사람들의 맥락에서 사회를 바라보아야 한다는 것은 그들의 범죄와 어리석음을 변명하려거나 경감시키려는 것이 아니다. 아메리카 원주민과 수입된 아프리카인들의 운명이 너무나 분명히 말해 주고 있는 것처럼, 영국인들과 에스파냐인들에 의해 수행된 신세계 식민화의 기록은 이루 헤아릴 수 없을 정도로 많은 범죄 행위로 얼룩져 있다.

---

5) Thomas Townall, *A Translation of the Memorial of the Sovereigns of Europe Upon the Present State of Affairs Between the Old and New World* (London, 1781), p. 11. 파우놀의 이념의 발전에 대해서는 Shy, *A People Numerous*, ch. 3을 보라.

후대인들의 생각이 아니라 당대인들의 생각, 태도, 그리고 역량에 비추어서 두 제국이 남긴 기록을 살펴보면 에스파냐가 보통 선구자가 갖게 되는 유리한 점과 불리한 점을 모두 갖고 있었음을 알 수 있다. 에스파냐인들은 아메리카에 먼저 도착한 사람들이었기에 후에 도착한 라이벌 겸 후배들에 비해 좀더 큰 운신의 폭을 누릴 수 있었다. 나중에 온 사람들은 에스파냐 왕의 신민들에 의해 아직 점령되지 않은 땅들을 차지하는 것에 만족해야 했다. 에스파냐에 의해 점령된 땅들은 대규모의 정주 원주민과 풍부한 귀금속 광산을 포함하고 있었는데, 바로 그 점이 이 원주민들에게 기독교 신앙과 유럽식 '문명'을 가져다 주는 것, 그리고 귀금속을 국부와 동일시했던 당대인들의 경향에 따라 그들의 귀금속 자원을 이용하는 것을 목적으로 하는 제국 경영 전술을 수립하게 했다.

그러나 에스파냐인들은 아메리카에 처음 도착한 사람으로서 엄청난 문제들에 직면해야 했으며, 그에 대해 대응할 때 도움이 될 만한 전례를 갖고 있지도 않았다. 에스파냐인들은 지금까지 유럽이 그 존재조차 알지 못했던 엄청난 규모의 원주민들과 부딪혔고, 그들을 정복하고 개종시켜야 했다. 그들은 정복된 영토의 인적 자원과 자연 자원을 자신들(에스파냐인들)이 만들어 가고 있던 새 식민지 사회들의 생존을 보장하고, 동시에 이익이 지속적으로 모국에 흘러들어가게 하는 방식으로 이용해야만 했다. 또한 그들은 엄청나게 광대한 지역에 널리 산재해 있는, 그리고 본국에서 선박으로 가면 8주 이상 걸릴 정도로 멀리 떨어진 땅에서 제국적 전술을 추구할 수 있게 해 줄 통치 체계를 구축해야만 했다.

에스파냐 국왕과 그 대리인들이 이 과업을 수행하는 과정에서 초반에 수많은 실수를 한 것은 결코 놀라운 일이 아니다. 그들은 자신들이 제공하고 있다고 생각한 종교적 혹은 문화적 선물에 대한 원주민들의 적합성을 처음에는 과대평가했고 나중에는 과소평가했다. 교회는 원주민 개종의 과업을 좀더 용이하게 해 줄 수도 있었을 원주민 사제司祭의 개념을 거부함으로써 실수를 더 악화시켰다. 통치 문제에 있어서는 관리들의 통제와 식민지들의 복종을 보장해 줄 제도적 틀을 구축하려는 국왕의 단호한 의지가 지나치게 정교한 관료제 메커니즘의 창출을 자극했고, 그것은 그것들이 만들어진 목적 자체를 전복시키는 경향이 있었다. 해외 영토로부터 경제적 이익을 추구함에 있어서는 국왕이 아메리카 영토의 놀라운 광물 자원의 이용을 지나치게 중시한 것이 지역 경제 발전을 왜곡시키고, 에스파냐와 그 제국을 비생산적인 것이 될 정도로 과중하게 규제된 교역 시스템 안에 가두어 놓는 결과를 초래했다.

에스파냐의 정책은 비유럽인들의 본질, 자연과 부의 원천, 기독교 신앙의 세속적·종교적 가치 증진에 대해 16세기 초 유럽인들이 갖고 있던 생각과 궤를 같이하고 있었다. 그러나 일단 그 정책이 채택되자 그것을 바꾸기란 쉽지 않았다. 부르봉 개혁가들이 후에 많은 비용을 치르고 나서야 알게 되는 것처럼, 초기 과정의 준비에 너무나 많은 노력이 투입되었기 때문에 중요한 정책 변화가 결코 쉽지 않았다. 그러므로 에스파냐 왕정과 제국은 인디아스 항로를 항해하는 갤리언 선단의 배처럼 당당하게 제 갈 길을 갔고, 외국인 약탈자들은 그 왕정을 살해하기 위해 은밀하게 다가갔다.

그 약탈자들 중에는 (처음에는 그들이 선두에 서지는 않았지만) 영국인들이 있었다. 영국인들의 선박은 선택과 필요의 결합 때문에 에스파냐의 선박들보다 크기는 작았지만 기동성은 더 나았다. 엘리자베스 시대와 스튜어트 왕조 시대 영국인들은 에스파냐를 처음에는 모델로, 후에는 반면교사로 삼을 수 있었다는 엄청난 이점을 갖고 있기도 했다. 그들이 처음에는 에스파냐인들의 방식과 성취를 모방하려고 했지만 그들이 북아메리카에서 발견한 아메리카 환경이 남아메리카와는 매우 다른 성격을 갖고 있었고, 거기다가 프로테스탄트 종교개혁에 따른 영국 사회와 영국 정치에서 나타난 변화, 국가 권력과 국부에 대한 당대인들의 개념에서 나타난 변화도 함께 고려하여 에스파냐인들이 간 길과는 다른 길을 갔다.

중앙에서 명령하는 제국적 전술보다는 수많은 개인적 혹은 지역적 결정들의 산물이었던 그 경로는 비록 모종의 근본적인 특징은 공유하지만 많은 점에서 서로 다른 수많은 식민지 사회들을 만들어 냈다. 그 특징들 가운데 가장 중요한 것은 대의제 의회와, (대개는 마지못해서이기는 했지만) 다양한 신앙 혹은 신조의 인정이었다. 네덜란드 공화국이 이미 보여 준 바 있고, 17세기 잉글랜드가 후에 알게 되는 것처럼 정치적 동의와 종교적 관용의 결합은 경제적 성장으로 들어가는 문을 열어 주는 성공적인 방식이었다. 아메리카 본토 식민지들은 점점 강해져 간 영국 군사력의 도움을 받아 18세기에 좀더 빠르게 인구 증가와 영토 확대, 그리고 생산성 증가 쪽으로 나아가면서 그 방식의 효과를 다시 한번 확인할 수 있었다.

눈에 띄게 증가하는 식민지들의 번영은 18세기 영국인들에게 제국의 이익을 좀더 효과적으로 이용해야겠다는 생각을 갖게 만들었다. 모국은 항상 아메리카 식민지를 본국에서 생산되지 않는 잠재적으로 소중한 생산물의 원천으로 간주해 왔지만 점차 영국이 식민지로부터 받는 것보다 식민지 통치와 방어에 지출하는 비용이 더 많다는 것이 분명해졌다. 애덤 스미스는 1776년에 글을 쓰면서 이 딜레마를 다음과 같이 깔끔하게 정리했다:

영국의 지배자들은 한 세기가 넘게 국민들에게 그들이 대서양 서쪽에 대제국을 소유하고 있다는 생각을 불어넣어 왔다. 그러나 이 제국은 상상 속에서만 존재해 왔다. 지금까지 그것은 제국이 아니라 제국의 프로젝트였을 뿐이다. …… 만약 그 프로젝트가 실현되지 않는다면 포기되어야 할 것이다. 영국 제국의 여러 지역들 가운데 어떤 것이 제국 전체에 도움을 주는 쪽으로 기여할 수 없다면 영국 제국은 이제 전시에 그 지역들을 방어하는 데 들어가는 비용, 평시에 민간 혹은 군사적 기구들을 유지하는 데 소요되는 비용으로부터 자유로워져야 할 것이다. 이제 자신의 미래 관점과 계획을 여의치 않은 실제 환경에 적응시키도록 노력해야만 한다.[6]

오늘날의 비용 대비 이익 분석은 스미스의 이런 생각을 입증해 주는 경향이 있다. 비록 식민지들이 18세기 영국의 산업 생산물들을 위한 급성장하는 시장을 제공해 주었고, 비용과 이익의 비율에 부침이 있기는 했지만 오늘날의 평가는 아메리카 혁명 직전 시기에 북아메리카 본토의 13개 식민지와 영국령 서인도제도는 '영국에 별 이익을 가져다 주지 않았다'는 것을 말해 준다.[7] 순전히 측정되고 수량화될 수 있는 것으

---

6) Smith, *Wealth of Nations*, 2, p. 486 (book 5, ch. 3)

7) Stanley L. Engerman, 'British Imperialism in a Mercantilist Age, 1492~1849: Conceptual Issues and Empirical Problem', *Revista de Historia Económica*, 16 (1998), pp. 195~231, 특히 pp. 218~19를 참조. 제 12회 국제경제사학회에서 발표된 논문들을 싣고 있으며, 오브라이언(Patrick K. O'Brien)과 데 라 에스코수라(Leandro Prados de la Escosura)에 의해 *The Costs and Benefits of European Imperialism from the Conquest of Ceuta, 1415, to the Treaty of Lusaka, 1974*라는 제목으로 출간된 이 잡지 특별호는 제국의 비용-이익 분석 시도에는 많은 어려움이 따른다는 것을 인정하고 입증하고는 있지만 당시 지식 수준에 입각한 사례연구들을 통하여 귀중한 비교 연구를 제공하고 있다.

로 제한된 이 계산은 당연히 아메리카 식민지가 영국의 국제적인 힘과 위엄에 미친 기여, 그리고 아메리카 제국이 없었다면 영국 경제에 가져다 주었을지도 모를 폭넓은 대안적 가능성 같은 헤아리기 어려운 요소들을 고려하지는 않은 것이다.

적어도 겉으로 보기에 에스파냐의 경우는 비용 대비 이익의 비율이 훨씬 더 유리했다. 누에바에스파냐와 페루에서 생산되는 엄청난 규모의 귀금속은 3세기 동안 에스파냐가 아메리카를 운영하고 방어하는 데 들어가는 비용을 충당해 주었을 뿐 아니라 2세기 전 펠리페 2세 때 그랬던 것처럼 카를로스 3세 치세에도 국왕의 연간 수입 가운데 15~20퍼센트에 해당하는 액수를 세비야 혹은 카디스 항에 송금할 수 있게 했다. 그러므로 에스파냐령 아메리카는 영국령 아메리카와는 달리 자생적이었으며, 카스티야의 납세자들에게 재정적 부담을 지우지는 않았다.[8]

그러나 이런 사실이 에스파냐 본국이 풍부한 은을 가진 아메리카 제국을 소유함으로써 져야 했던 엄청난 비용과 후과를 가려서는 안 될 것이다.[9] 인디아스로부터 유입되는 귀금속이 16세기 중반부터 17세기 중반까지 에스파냐로 하여금 서구 세계에서 지배적 강국으로서의 국제적 위상을 유지할 수 있게 해 주기는 했지만 그것은 또한 에스파냐 왕정과 카스티야 사회가 지출이 수입을 초과하는 분에 넘치는 삶을 살게 만들기도 했다. 제국적 야심은 오랫동안 제국의 재원을 웃돌았고, 부르봉

8) John Tepaske, 'The Fiscal Structure of Upper Peru and the Financing of Empire', in Karen Spalding (ed.), *Essays in the Political, Economic and Social History of Colonial Latin America* (Newark, DE, 1982), pp. 69~94 참조.

9) Bartolomé Yun-Casalilla, 'The Amrican Empire and the Spanish Economy: and Institutional and Regional Perspective', *Revista de Historia Económica*, 16 (1996), pp. 123~56을 보라.

왕조의 개혁 프로그램은 바로 그 같은 상황을 시정하려 한 것이었다. 이 개혁은 아메리카로부터의 증대된 수입이 에스파냐 재정으로 하여금 30년 이상 동안 강대국의 지위를 유지하는 데 필요한 점증해 간 비용을 감당할 수 있게 해 주었다는 점에서 적어도 부분적으로는 성공적이었다. 프랑스와 영국이 급속히 증가하는 공적 부채에 직면하고 있을 때 에스파냐의 재정은 카를로스 3세 치세 동안(1759~88) 누에바에스파냐와 페루의 엄청난 재정적 기여 덕분에 심각한 적자를 면할 수 있었다. 그러나 이 수입 역시 결국 부족한 것으로 드러났다. 1790년대 이후 거의 끊임없는 전쟁으로 국가의 지불 능력은 점점 감소했고 결국 사라져 갔다.[10)]

아메리카 은의 규칙적인 유입으로 에스파냐 재정이 파산에 이르는 것을 막을 수는 있었지만 장기적으로 볼 때 에스파냐의 인디아스 제국으로부터 들어오는 수익은 모국(에스파냐)보다는 유럽 전체에 더 축적되었다. 아메리카의 정복과 식민화가 카스티야 경제에 가한 초기의 자극은 카스티야의 생산품이 국제 시장에서 경쟁력을 상실하게 되면서(그것이 발생하게 된 이유 가운데 적어도 일부는 아메리카 은의 유입에 따른 인플레이션 압박이었다) 급속히 감소해 갔다.[11)] 아메리카가 에스파냐의 경제 성장에 계속해서 얼마간의 유인을 만들어 내기는 했지만 본국 경제가 앞으로 나가도록 추진하지는 못했는데, 부분적으로 그것은 제국의 이익 가운데 너무나 많은 것이 외교 정책과 왕조 정책의 유지에 투입

---

10) Marichal, *La bancarrota*, pp. 22~3.

11) 16세기 카스티야의 인플레이션의 원인을 순전히 화폐량의 증가로만 설명하는 것은 더 이상 받아들여지지 않고 있다. 인구 증가와 같은 다른 점들도 고려될 필요가 있다. 에스파냐의 아메리카 제국 획득이 화폐 증가 혹은 그 외 다른 분야에 미친 영향에 관한 연구로는 Bartolomé Yun-Casalilla, *Marte contra Minerva. El precio del imperio español, c. 1450~1600* (Barcelona, 2004), ch. 3을 보라.

되어서 국내 경제 발전에 해롭게 되거나 혹은 유리하지 않게 되었기 때문이었다. 이런 정책은 다시 전통적인 사회적·정치적 제도와 구조들을 강화했고, 그럼으로써 에스파냐가 변화를 만들어 낼 수 있는 동력을 상실하게 만들었다.

에스파냐는 제국이 가져다 주는 보상을 국가적 생산을 증대시키는 쪽으로 효과적으로 이용하지도 못했지만 그 보상이 수중에서 빠져나가는 것을 막지도 못했다. 1741년 영국의 한 역사가는 에스파냐령 아메리카 제국에 대하여 '많은 사람들은 에스파냐를 거기에 무엇을 붓든지 채워지지 않는 밑 빠진 독과 비교한다'라고 썼다.[12] 인디아스의 은은 에스파냐의 소비자들이 그것을 외국 사치품을 구입하는 데 사용하고, 에스파냐 국왕이 해외 전쟁 비용으로 충당하면서 물이 밑 빠진 독을 빠져나가듯이 빠져나갔다. 에스파냐의 국내 경제가 팽창하는 식민지 시장이 필요로 하는 상품을 공급하지 못하자 그 부족분은 세비야나 카디스로부터 매년 정기적으로 출발하는 선대를 통해 운송된 외국 상품들, 혹은 어떤 중상주의적 입법도 제어하거나 통제하지 못한 대규모 국제 밀무역을 통해 에스파냐령 아메리카 영토로 직접 흘러들어 가는 상품으로 메워졌다. 그 결과, 에스파냐의 밑 빠진 독을 빠져나온 은은 유럽과 아시아 경제로 흘러들어 갔고, 그 과정에서 그 발전이 세계 무역의 팽창을 용이하게 하는 데 많은 역할을 한 국제 화폐 시스템을 창출하였다.[13]

---

12) James Campbell, *A Concise History of the Spanish America* (London, 1741; facsimile edn, Folkestone and London, 1972), p. 291.

13) Patrick Karl O'Brien and Leandro Prados de la Escosura, 'The Costs and Benefits for Europeans from their Empires Overseas', *Revista de Historia Económica*, 16 (1998), pp. 29~89를 참조. 또한 Renate Pieper, 'The Volume of African and American Exports of Precious Metals and its Effects in Europe, 1500~1800', in Hans Pohl (ed.), *The*

그러나 에스파냐의 아메리카 제국은 단순히 국왕의 금고를 채우고 세계 무역을 지속시키게 될 귀금속을 생산하고 수출하기 위한 메커니즘 가운데 하나에 불과하지는 않았으며, 그보다 훨씬 더 중요한 의미를 갖고 있었다. 그것은 새로 발견된 땅을 에스파냐 왕의 영토로 합병하고 통합하기 위해 의식적이고, 일관되고, 그리고 (적어도 이론적으로는) 중앙집권적으로 통제하려는 시도를 의미하기도 했다. 그것은 또한 원주민들을 기독교화하고, 그들이 유럽적 규범을 수용하게 하고, 그들의 노동과 기술을 제국의 필요에 부응하도록 통제하고, 대서양 건너편에 모국의 진정한 연장이자 모국의 가치와 이상을 고스란히 실현하게 될, 정복한 자들과 정복된 자들로 이루어진 새로운 사회의 건설을 포함하고 있었다.

이 거대한 제국의 계획 가운데 일부만이 실현될 수 있었고, 그것은 어쩔 수 없는 것이었다. 아메리카의 환경과 보다 친숙한 유럽의 환경 간에는 너무나 많은 차이가 있었다. 그 과업에는 너무나 많은 상충적相衝的 이해관계가 개입되어서 통일된 정책의 일관된 적용이 불가능했다. 정복 이전 사회의 수많은 원주민 생존자의 존재는 불가피하게 이베리아 반도의 에스파냐인들을 당황하게 만드는 방식으로 이후 사회들의 성격 형성에 큰 영향을 미쳤다. 반도 에스파냐인들은 정복자들과 정복당한 자들의 피가 뒤섞이는 것을 통해 인종적으로나 문화적으로 혼혈된 인구가 급증해 가는 현실에 놀라움을 금치 못했다. 여기에 수입된 다수의 아프

European Discovery of the World and its Economic Effects on Pre-Industrial Society (Papers of the Tenth International Economic History Congress, *Vierteljahrschrift für Sozial-Und Wirtschaftsgeschichte*, Beifefte, No. 89, Stuttgart, 1990), pp. 97~117을 보라.

리카인들까지 더해졌다. 이 모든 혼혈로 인해 크레브쾨르가 경멸적으로 언급하였듯이, '세상 어디에서도 그 유례를 찾을 수 없을 정도로 수많은 혼혈들과 잡종들'로 이루어진 사회들이 생겨났다.

에스파냐인들이 직면해야 했던 도전의 규모와 복잡성을 생각할 때, 그들이 자신들이 갖고 있던 제국적 꿈 가운데 그처럼 많은 부분을 실현해낸 것은 놀라운 일이라 하지 않을 수 없다. 그들은 폭력을 사용하거나 혹은 모범을 보임으로써 원주민 인구 가운데 다수를 기독교화하고 에스파냐화했다. 그것이 에스파냐인 자신들의 기대를 완전히 만족시키지는 못했지만 원주민들의 신념과 행동에 결정적이고 항구적인 영향을 미쳤다. 그들은 300년 동안 존속하게 될 아메리카 제국의 기구들을 만들었고, 또한 (원주민 신민들과 수입한 아프리카 노동력에 엄청난 대가를 치르게 한 뒤에) 정복된 땅의 경제를 유럽의 요구에 부응하게끔 재단된 모습으로 바꾸었다. 그것은 유럽에 수출할 수 있는 정규적인 잉여를 에스파냐인들에게 가져다 주었고, 동시에 아메리카 소유령에 특징 있고, 문화적으로 창조적인, 도시에 기반한 문명이 발전할 수 있는 조건을 만들어냈다.

세대가 거듭될수록 점점 더 인종적으로 복잡해져 간 이 문명은 교회와 국가라는 공통의 기구, 공통의 종교와 언어, 에스파냐인 후손으로 이루어진 엘리트층의 존재, 그리고 16세기 에스파냐의 신스콜라주의 철학자들에 의해 재구성되고 분명하게 표현된 정치 질서와 사회 질서의 작동에 관한 일련의 근본적인 가정에 의해 나름 일관성을 갖게 되었다.[14] 공동선의 성취를 지향하는, 신에 의해 운명 지어진 사회에 대한 신

---

14) Above, p. 131.

스콜라주의 철학자들의 유기체적 개념은 접근 방식에서 배타적exclusive 이라기보다는 포괄적inclusive이었다. 그 결과 에스파냐령 아메리카 원주민들에게는 새로운 정치적, 사회적 질서에서 제한적이기는 하지만 적어도 얼마간의 공간이 허용되었다. 원주민 개인들 혹은 공동체들은 자신들에게 허용된 종교적, 법적, 제도적 기회를 이용하여 권리를 확립하고, 정체성을 확인하고, 유럽의 정복과 점령이라는 트라우마 속에서 돌이킬 수 없을 정도로 파괴되어 버린 우주의 폐허 위에서 스스로의 힘으로 새로운 문화적 우주를 만들어 나갈 수 있었다.

영국인 정주자들은 쉽게 노동력으로 동원되기를 거부하는 널리 분산된 원주민들과 대면하게 되었고, 이에 그들은 그들과의 잠깐 동안의 불편한 동거 기간을 거친 후에 에스파냐인들이 취한 포괄적 방식이 아니라 이미 아일랜드에서 확립되어 있었던 노선에 따른 배타적 접근 방식을 택하였다. 에스파냐인들의 인디언들과는 달리 영국인들의 인디언들은 새로운 식민지 사회의 주변부로 내몰렸고, 식민정주자들의 경계 밖으로 추방되었다. 식민정주자들이 노동 수요에 부응하기 위해 이베리아인들의 예를 좇아 수입된 아프리카인들에게 눈길을 돌렸을 때, 그 노예들이 법과 종교에 의해 제공 받은 공간은 에스파냐령 아메리카의 노예들에게 허용된 것보다 더 제한적이었다.

인디언들과 아프리카인들을 그들(영국인 정주자들)이 상상한 공동체 안에 포함시키지 않기로 한 것이 미래 세대들에 끔찍한 유산을 물려주게 되기는 하지만, 다른 한편으로 그것은 영국인 식민정주자들에게 그들의 상상에 따라 현실을 만들어 나갈 수 있는 폭넓은 운신의 자유를 허용하기도 했다. 원주민들을 새로운 식민지 사회에 포함시켜야 하는 부담이 없었기 때문에 에스파냐령 아메리카인들은 수용해야만 했던 타협과 양보의 부담이 그만큼 덜했다. 마찬가지로 에스파냐인들이 인종적으로 뒤섞인 사회에서 안정과 사회적 결속을 유지하기 위해 택하지 않으면 안 되었던 제국적 정부를 통한 외부적 통제 메커니즘의 필요가 그만큼 덜했다.

북아메리카 사회들이 외부적 구속에서 대체로 자유로운 삶을 영위할 수 있게 영국 국왕이 허용한 자유재량은 에스파냐 국왕으로 하여금 개입주의적 정책을 채택하지 않을 수 없게 만들었던 광물자원과 대규모 원주민의 존재로 인해 생겨나는 압박이 북아메리카 본토에서는 나타나지 않아도 되게 했다. 또 그것은 스튜어트 잉글랜드에서 나타난 정치적, 사회적 힘의 균형의 변화를 반영하기도 했는데, 스튜어트 왕조의 상대적 취약성은 영국인 집단들이 대서양 건너편에서 제국 정부로부터 매우 간헐적이고 상대적으로 비효과적인 개입 외에는 간섭을 받지 않게 됨을 의미했고, 그것은 그들이 어느 정도는 자신들의 희망대로 삶을 영위해 나갈 수 있게 만들어 주었다. 그 결과, 18세기 영국은 다시 애덤 스미스의 표현대로 자신의 아메리카 제국이 '현실에서는 존재하지 않고 상상 속에서만 존재했다'는 사실을 뒤늦게 깨닫게 되었다.

제국의 취약성은 식민지 사회가 만들어 내는 부 가운데 더 많은 부분을 영국 국가가 전유專有할 수 없게 만들고, 식민지들의 내적인 문제에 더 효과적으로 개입할 수 없게 만들었으며, 그것은 장기적인 관점에서 식민지 사회들에게 큰 발전의 원동력이 되어 주었다. 식민지 사회들은 세상에서 자신들만의 방식을 만들어야 했고, 자신들만의 생존 메커니즘을 발전시켜야 했다. 이것은 그들이 역경에 직면하게 되었을 때 복원력을 제공해 주었고, 그들의 특수한 요구에 가장 적합한 방식으로 자신들의 제도적, 문화적 패턴을 만들어 나갈 수 있다는 확신을 가져다 주었다.

각 식민지들의 건설 동기가 서로 달랐고, 그 식민지들이 한 세기가 넘는 기간 동안 서로 다른 시점에 서로 다른 환경 하에서 생겨났기 때문에 그들이 택한 반응에는, 그리고 그 사회들이 갖게 된 성격에는 많은 차이가 있었다. 그리고 그 다양함은 그 사회 모두를 풍요롭게 만들었다.

영국령 식민지들은 그 다양성에도 불구하고 많은 특징을 공유하였다. 그렇지만 그 특징은 에스파냐령 아메리카 제국에서처럼 제국 정부가 강요하는 통일적인 행정부와 사법적 구조 그리고 단일한 종교로부터 유래한 것이 아니라, 정치적 대의제와 보통법에 의해 보호되는 일련의 자유를 무엇보다도 중시하는 서로 공유하는 정치문화 그리고 법문화에서 유래된 것이었다. 이런 문화를 공유함으로써 그들은 동의의 원칙과 신성한 개인 권리에 기반을 둔 사회를 발전시켜 나갈 수 있었다. 1760년대와 1770년대 위기의 시기에 서로 공유하고 있던 이 자유지상주의적 정치문화는 충분히 강력하여 공동의 대의를 수호하기 위해 그들을 하나로 집결시킬 수 있다는 것이 입증되었다. 식민지들은 그들의 영국적 자유를 수호하기 위해 힘을 합치는 과정에서 처음부터 자신들의 존재를 특징지었던 창조적 다원주의의 존속을 확고히 할 수 있었다.

그러나 이야기가 이와는 전혀 다르게 전개될 수도 있었다. 만약 헨리 7세가 콜럼버스의 첫번째 항해를 지원했더라면, 그리고 만약 '서부인들'West Contrymen(보통 잉글랜드 남서부 지역 사람들을 지칭한다—옮긴이)의 원정대가 헨리 8세를 위해 멕시코를 정복했더라면 이야기는 완전히 달라졌을 것이고, 그렇게 되었더라도 전혀 이상하지 않았을 것이다. 만약 그렇게 되었다면 점점 더 많은 양의 아메리카 은이 영국 왕의 금고로 흘러들어가 왕의 부는 급증했을 것이고, 신세계의 재원을 이용하기 위해 일관된 제국적 전술을 발전시켰을 것이고, 정주자 사회와 그 예속민들을 효과적으로 통치하기 위해 제국 관료제를 만들었을 것이고, 국민 생활에서 의회의 영향력은 감소되었을 것이고, 아메리카 은을 기반으로 하는 절대주의적인 영국 왕정이 수립되었을 것이다.[15)]

그러나 현실은 다르게 전개되었다. 멕시코를 정복한 자는 잉글랜드 국왕의 신하가 아니라 카스티야 국왕의 충성스런 신하였다. 그리고 전직 사략선 선장에게 북아메리카 본토에 가서 자신의 첫번째 식민지를 건설하게 한 것은 에스파냐의 무역회사가 아니라 잉글랜드의 무역회사였다. 대서양 세계의 영국 제국과 에스파냐 제국을 만들어 낸 문화적 가치와 경제적, 사회적 요구들의 이면에는 수많은 개인적 선택과 예상치 못한 사건들의 예상치 못한 결과들이 자리 잡고 있었다.

15) 필자는 Armitage and Braddick (eds), *The British Atlantic World*, pp. 241~3에서 이런 관점에서 간략한 가상의 역사를 시도해 본 적이 있다.

옮긴이 후기

존 H. 엘리엇 교수는 16~17세기 합스부르크 시대 에스파냐사 연구의 최고 권위자 가운데 한 사람이다. 그리고 그의 관심은 이미 30여 년 전부터 에스파냐를 넘어 에스파냐령 아메리카로까지 확대되었는데, 이 책은 그런 그의 연구 역정의 최신 결정판이라 할 수 있다.

이 책에서 엘리엇은 자신의 영국적 경험주의 전통에 입각하여 두 아메리카 제국, 즉 에스파냐령 아메리카 식민지와 영국령 아메리카 식민지의 발견과 정복으로부터 공고화를 거쳐 해방(혹은 독립)에 이르는 발전 과정을 비교사적 방법으로 고찰하고 있다. 이 책의 목적은 에필로그 부분에서 간접적으로 언급되고 있듯이, 영국 제국에서 유래한 미국은 결국 자유 민주주의에 기반을 둔 세계 최강국으로 발전해 간 데 비해 에스파냐 제국의 식민지에서 출발한 라틴아메리카 국가들은 왜 혼란과 정치적 독재 그리고 제3세계화 같은 반대의 길을 걷게 되었는가라고 하는 매우 흥미로운 의문에 대한 대답인 것이 분명하다. 에스파냐령 아메리카와 영국령 아메리카라는 두 아메리카 제국의 궁극적 결과물이라 할 수 있는 오늘날의 상황을 이해하고자 할 때 독립 이후에 펼쳐진 과정도 물론 중요하겠지만 본서에서 다루고 있는 식민지 시대 약 350년 또한 그 이후의 발전들을 이해하는 데 하나의 기반으로서 필수적이라 할 것이다.

이 책 서론에서 엘리엇은 자신의 접근 방식과 목표를 분명히 하고 있다. 즉 그는 "두 나라(에스파냐령 아메리카와 영국령 아메리카)의 스토리를 계속 비교하고 병치倂置하고 뒤섞음으로써 단편적 스토리를 새로 짜 맞추려고 했으며, 그를 통해 신세계에서 나타난 이 두 위대한 문명의 발전을 보여주려고 했다"고 말하고 있다. 이를 위해 그는 마치 아코디언 연주자처럼 차이와 공통점을 끊임없이 교차하면서 비교·분석·종합하여 독자들에게 제시한다. 하지만 그는 그 결과를 분류하여 일목요연하게 일반화하여 제시하지는 않으며, 따라서 일반 독자들이 전체적인 실체의 파악이 쉽지만은 않을 것 같다. 어찌 보면 일반인들보다는 에스파냐사, 영국사, 그리고 아메리카 식민지 역사에 대해 이미 많이 알고 있는 연구자들을 대상으로 하고 있는 것은 아닌가 하고 여겨지기도 한다. 아무튼 이 책에서 엘리엇은 어떤 하나의 이론적 틀에 구속되지 않고 민족역사학, 정치학, 사회학, 예술사학 분야에서 나타난 최근의 성과들을 종합하여 하나의 거대한 구조 속에 융합시키고 있다.

에스파냐와 영국의 아메리카 제국은 각각 '정복'의 제국과 '상업'의 제국으로 불려왔지만 엘리엇의 설명은 그 두 제국이 그렇게 깔끔하게 구분되지 않음을, 그리고 식민화 방식 또한 단순한 분류와는 거리가 멀다는 것을 말해 준다. 거의 집착이라고 할 정도로 정주에 열의를 보여준 코르테스를 단지 황금에 눈이 먼 정복자라고 말할 수는 없으며, 버지니아 사업의 주도자들 또한 오로지 상업적 기회에만 관심을 갖고, 그 밖에 다른 것은 모두 도외시했다고 말할 수 없다. 그렇지만 엘리엇은 에스파냐령 식민지와 영국령 식민지가 100년의 시차를 두고 나타난 복제품이라고 말하지도 않는다. 초창기에는 두 나라가 비슷한 경로를 걸어갔지만 그 두 제국과, 그 제국 안에서 살았던 민족과 그들의 영역에서 출현한 정치체들이 서로 달리했던 방식을 저자는 함께 강조하고 있다. 정치적 발전, 문화적 자기 인식, 유럽인과 원주민의 상호 작용, 지역적 계서와 권력 구조의 출현이 영국령 아메리카와 에스파냐령 아메리카에서 서로 다른 과정으로 나타났다는 것이다.

이 책은 시기별, 주제별로 크게 세 부분으로 나뉘어 있는데, '정복Occupation', '공고화Consolidation', 그리고 '해방Emancipation'이 그것이다. 그리고 이 세 부분은 또 3세기 반에 걸친 장기 과정을 좀더 쉽게 고찰하기 위해 다시 각각 네 개의 장章으로 구분되어 있다.

엘리엇은 자신의 접근 방식에 대해서 다음과 같이 말하고 있다: "지금까지 필자는 백인 이주민 사회의 발전과, 이주민 사회와 모국과의 관계에 관심을 기울여 왔다. 필자는 이 관심이 이 책의 내용에 얼마간의 일관성을 제공해 주었으면 좋겠다는 바람을 갖고 있다." 또한 그는 처음부터 이 책이 완전히 서로 다른 체제의 비교가 아니라고 말한다. 대신 그는 이 두 라이벌 제국을 수 세기 동안 묶어놓은 커넥션, 교차, 그리고 상호 차용借用을 탐구하고 있다. 초창기 영국 탐험가들은 에르난 코르테스와 프란시스코 피사로의 솜씨와 행운을 모방하고 싶어 했다. 18세기에 에스파냐 왕위를 계승한 부르봉 군주들은 유럽과 그 해외 제국에서 영국 왕정이 거둔 성공에 접근할 수 있는 군사적, 재정적, 상업적 체제를 갖고 싶어 했다.

또 15세기 말 에스파냐의 가톨릭 공동왕은 자신들의 지배 영토에서 종교적 정통성과 동질성을 강요하려고 했다. 그들은 1480년에 종교재판소를 설치하여 비밀리에 자신들의 옛 종교로 돌아가고 있다고 의심되는 콘베르소들(유대교에서 기독교로 개종한 사람들)을 탄압했다. 그리고 이 기구는 16세기에 누에바에스파냐(멕시코)와 페루 부왕령으로 확대되었다. 그에 반해 영국은 해외 팽창기에 종교적 분열을 경험했다. 당시 영국은 종교적으로 관용적인 사회는 아니었지만 다원적인 사회였고, 이 점은 17세기 북아메리카 정주에도 반영되었다. 두 아메리카에서 나타난 이 차이는 식민지의 정복당하고 노예화된 주민들에 대한 태도에서 표명되었다. 에스파냐의 관리들은 모든 원주민들을 제국의 지배적 종교와 법적 구조에 통합시키려고 한 반면에 영국인들은 자신들이 외부자 혹은 야만인이라고 생각한 그 사람들을 자신들의 사회로부터 배제하려는 경향이 강했다.

에스파냐의 종교적 정통주의의 추구가 가져온 또 하나의 중요한 결과는 신세계에서 강력한 통치 시스템을 만들어 냈다는 것인데, 여기에서 저자는 교회와 국왕은 자주 불화하기도 했지만 대개는 서로 협력하여 정주자들, 정복된 원주민들과 그들의 땅을 지배했다고 말한다:

"교회와 국왕 간의 강화되어 간 상호보완적 관계가 아메리카 내 에스파냐 왕정의 구조를 매우 단단하게 만들어 놓아서 1570년대에 후안데 오반도는 그것을 주저하지 않고 '인디아스 국가'estado de las Indias로 부를 정도였다. 해외팽창 사업이 시작되고 나서 한 세기가 채 지나지 않아 에스파냐 국왕은 자신의 권위에 완강하게 저항하는 귀족, 특권적 자치체, 반항적인 신분의회 등을 제어하기 위해 분투 중이었던 유럽의 다른 군주들이 부러워할 정도로 탄탄한 통치 체제와 통제 체계를 만들어 놓고 있었다."

엘리엇은 에스파냐의 이 '인디아스 국가'가 영국이 아메리카 영토에서 세운 제국의 허약한 통치와 날카로운 대조를 이룬다고 주장한다.

이 허약함에는 여러 가지 이유가 있었다. 영국 본국의 종교적 다원성은 내적 불화로 이어졌고, 식민화 초기 동안 영국을 전쟁의 수렁에 빠뜨렸다. 분열된 본국은 멀리 떨어진 식민지에 완전한 지배권을 행사할 수 없었다. 또 식민지의 여러 기구와 제도들이 중앙으로부터의 강력한 지배를 방해했다. 이 기구들 중에는 지역 의회와 배심원단이 있었고, 이 둘은 본국의 권위를 조정하고 순화시켰다. 여기에 두 식민지 정부 간의 근본적인 차이점이 있었다. 에스파냐의 정치 문화는 주권자와 인민들 간의 계약의 원칙에 기반을 두고 있었던 반면에 영국의 정치 문화는 의회를 중시하였고, 아메리카 식민자들에게 높은 수준의 자치와 권리의식을 부여하고 있었던 것이다.

허약한 제국의 지배는 "지속적인 혼란한 원자화된 사회"를 가져왔다. 그러나 이 혼란은 생산적이고 창조적이었으며, 영국령 제국이 에스파냐령 제국을 능가하는 데 기여했다. 영국은 식민지와 본국 모두를 부유하게 하는 상업 제국을 건설했다. 그에 비해 에스파냐령 아메리카에서는 철저한 무역 통제가 밀무역에 의해 구멍이 뚫린 침체한 경제를 만들어냈다. 시간이 지나면서 17세기에 에스파냐 본국 자체가 내적 갈등(네덜란드와 카탈루냐의 반란)과 유럽 내 전쟁으로 약화되면서 아메리카 식민지에 대한 지배도 마찬가지로 느슨해졌다. 지역 엘리트들은 민간 기구와 교회 기구들을 떠맡음으로써 그 틈을 메우고 자신들의 이익을 증대시킬 수 있었다. 에스파냐령 아메리카는 비록 본국에 대한 충성을 유지하기는 했지만 점차 자치적으로 되어 갔다.

18세기 초 부르봉 왕조의 스페인 왕위 계승은 하나의 분기점이었다. 부르봉 왕들은 합스부르크 선임자들의 유산을 지우려 했다. 그들은 보다 중앙집권적인 체제를 만들려 했고, 경제를 주의 깊게 규제함으로써 본국의 이익과 성장을 증대시키려고 했다. 그 정책은 후기 합스부르크 시대의 느슨한 통치에 익숙해 있었던 크리오요들과 충돌했다. 같은 시기에 영국령 아메리카에서는 본국이 지역 의회의 권위를 무시하고, 식민자들에게 제국 유지를 위해 좀더 많은 세금을 바치도록 강요했다.

7년 전쟁과 그 해결은 이로 인한 긴장들이 수면 위로 부상케 했다. 엘리엇의 서술에 의하면 그것은 제국의 공고화와 국가 독립의 여정에서 결정적인 순간이었다. 영국은 비록 프랑스를 쫓아내고 에스파냐의 영토를 획득했지만 북아메리카 식민 정주자들의 충성을 상실했다. 에스파냐령 제국에서도 패배에 대한 반응은 에스파냐와 식민지들을 서로 불화하게 만들었다. 그래서 18세기 후반에 아메리카 전체에서 제국적 권위에 대항하는 많은 반란이 나타났고, 그것은 "새로운 스타일의 유럽적 재정-군사 국가의 경계 내에 포함시키려는 노력"에 대한 저항과 결합했다. 이 기간 동안 북아메리카 식민자들은 영국의 지배를 벗어던지는 데 성공한 반면, 에스파냐령 남아메리카 반란자들의 시도는 실패로 돌아갔다. 에스파냐 인들은 페루의 투팍 아마루의 반란을 잔인무도하게 진압했다. 누에바그라나다에서는 마드리드 정부의 새로운 행정적·재정적 요구에 들고 일어난 크리오요들이 코무네로 반란을 일으켜 "국왕 폐하 만세, 폭정 타도"라는 슬로건 하에 싸웠다. 지역 당국은 결국 반란자들의 화를 북돋운 조치들을 일시적으로 철회함으로써 지배권을 되찾았다.

그러고 나서 역설적이게도 허약해진 에스파냐 왕정이 적어도 단기적으로는 막강한 영국 왕정보다 반란을 더 잘 제압할 수 있음을 입증했다. 북아메리카의 반란자들은 영국의 적들인 프랑스와 에스파냐의 지원을 받았다. 그에 비해 투팍 아마루의 지지자들과 코무네로들은 상대적으로 외부의 지지를 받지 못했다. 엘리엇은 두 체제의 상이한 정치 문화가 서로 다른 결과를 만들어 냈다고 주장한다. 영국령 아메리카에서는 식민자들이 더 큰 정치적·군사적 경험을 가지고 있었고, 그것은 자치를 상상하고 실행하는 것을 더 용이하게 만들었다. 그에 비해 에스파냐령 아메리카에서는 다툼과 반대보다는 제국 당국과의 타협의 습관이 결정적이었다.

그러나 에스파냐령 아메리카 대부분은 약 40년 후에 독립을 성취했다. 타협은 비록 미국 혁명과의 차이가 두드러지기는 하지만 분명 한계를 가지고 있었다. 1808년 에스파냐 제국에 위기가 닥쳤을 때 그것은 "제국 권위의 행사 때문에가 아니라 부재 때문에 나타난 것이었다." 프랑스의 스페인 군주 페르난도의 포로화와 반도 점령은 신세계 소유령에서 권력의 공백을 만들어 냈고, 그것을 크리오요들이 채웠다. 에스파냐와 그 지지자들과의 전쟁은 매우 치열했으나 식민지 대부분은 1820년대에 독립을 달성했다.

새로 독립한 공화국들의 식민지적 유산을 평가하면서 엘리엇은 다시 한 번 볼리바르의 통찰을 상기시킨다. 해방자 볼리바르는 에스파냐 식민 정부의 잔인함이나 무능을 공격한 것이 아니라 크리오요들을 독립에 적합하지 못한 상태로 만든 것에 대해 공격했다. 아메리카의 엘리트들은 절대주의 체제에 의해 응석받이로 자랐고, 권력 행사로부터 소외된 채 '항구적인 유아 상태'로 살아왔다는 것이다. 반면에 영국령 아메리카의 식민지들은 비록 의도적이지는 않았지만 정치적·경제적 자치의 방식으로 조기 교육을 받았다. 엘리엇은 이 상황의 돈키호테식 태도를 포착하기 위해 식민지 해방자들 가운데 한 사람의 판단이 아니라 제국에 관한 본국의 비판자 가운데 한 사람인 아담 스미스의 판단을 언급한다: "영국의 지배자들은 한 세기가 넘게 국민들에게 그들이 대서양 서쪽에 대제국을 소유하고 있다는 생각을 불어넣어 왔다. 그러나 이 제국은 상상 속에서만 존재해 왔다. 지금까지 그것은 제국이 아니라 제국의 프로젝트였을 뿐이다.... 만약 그 프로젝트가 실현되지 않는다면 포기되어야 할 것이다."

엘리엇의 분석은 이론을 강조하지 않는 대신 어떻게 문화가 서로 다른 식민지들의 발전을 추동했을 뿐 아니라 점차 자신들을 모국과 다른 존재로 보게 된 식민자들의 정체성 형성에도 기여했는지 강조한다.

이 책은 광범한 종합이면서 좀더 집중적인 연구를 위한 중요한 틀을 제공한다. 43장의 그림이 적절하게 사용되어 식민지들의 발전하는 성격을 반영하는 이미지들과 아메리카 특유의 문화 형성 과정을 생생하게 보여 준다. 열두 개로 구성된 장章은 각각 100개 이상의 주와 총 1,000개 이상의 참고 문헌을 가지고 있으며, 2차 사료뿐만 아니라 당대의 설명, 일기, 지도, 신문 그리고 그와 유사한 출간물들, 그리고 아메리카에 관한 가장 최근의 연구 성과들까지 망라하고 있어 일반 독자들뿐만 아니라 연구자들에게도 큰 도움을 제공할 것으로 생각된다.

역자는 엘리엇의 저서를 이미 두 번에 걸쳐 번역한 적이 있다(『스페인 제국』과 『히스패닉 세계』). 그때마다 그의 글을 번역하는 것이 한편으로 즐겁고 유익하기도 하지만 다른 한편으로 그 작업이 결코 녹록치 않다는 것을 절감한다. 한 시대 혹은 한 주제를 방대한 지식으로 뒷받침하고, 특유의 유려하고 문학적인 문체로 버무려 내는 그의 솜씨에 감탄하는 즐거움을 맛보기도 하지만 거기에 담긴 풍부하면서도 함축적인 내용을 정확하게 우리말로 풀어내는 작업이 쉽지가 않은 것이다. 특히 이번 작업의 경우 평소에 접해 왔었던 라틴아메리카 부분과는 달리 역자에게 생소한 분야인 북아메리카의 경우는 정확한 내용 파악에도 애를 먹었다는 것을 고백하지 않을 수 없다. 미국사를 전공하는 동료의 감수를 받아 최대한 오류를 줄이려고 노력했으나 필자의 뜻이 정확하게 옮겨졌는지 걱정이 되는 것이 사실이다. 만약 오류가 있다면, 그리고 기회가 된다면, 후에 독자들의 질정을 받아 수정할 것이라는 약속으로 마음의 위로를 삼아 본다. 끝으로 귀중한 시간을 내서 원고 전체를 정독하고 오류를 지적해 주신 박구병 선생과 최재인 선생께 감사의 말씀을 올린다.

2017년 7월 수리산 밑에서

김원중

참고문헌

Abbot, W. W., *The Colonial Origins of the United States: 1607~1763* (New York, London, Sydney, Toronto, 1975)

Abercrombie, Thomas A., *Pathways of Memory and Power. Ethnography and History Among an Andean People* (Madison, WI, 1998)

Acosta, José de, *Historia natural y moral de las Indias*, ed. Edmundo O'Gorman (2nd edn, Mexico City and Buenos Aires, 1962)

Adair, Douglas, 'Rumbold's Dying Speech, 1685, and Jcfferson's Last Words on Dcmocracy, 1826', WMQ, 3rd ser., 9 (1952), pp. 521~31

Adelman, jeremy, *Republic of Capital. Buenos Aires and the Legal Transformation of the Atlantic World* (Stanford, CA, 1999)

Adelman, Jeremy (ed.), *Colonial Legacies. The Problem of Persistence in Latin American History* (New York and London, 1999)

Adelman, jeremy, and Aron, Stephen, 'From Borderlands to Borders: Empires, Nation States, and the Peoples in Between in North Amcrican History', *AHR*, 104 (1999), pp. 814~41

Aiton, A. S., 'Spanish Colonial Reorganization Under the Family Compact', *HAHR*, 12 (1932), pp.269~80

Alberro, Solange, *Inquisition et société au Mexique* (Mexico City, 1988)

Alberro, Solange, *Les Espagnols dans le Mexique colonial. Histoire d'une acculturation* (Paris, 1992)

Alberro, Solange, *Del gachupín al criollo: O de cómo los españoles de México dejaron de serlo* (El Colegio de México, jornadas, 122, 1992)

Albònico, Aldo, *Il mondo americano di Giovanni Botero* (Rome, 1990)

Alencastro, Luiz Felipe de, *O trato dos viventes. Formação de Brasil no Atlântico Sul. Séculos XVI e XVll* (São Paulo, 2000)

Alexander, John K., *Samuel Adams. America's Revolutionary Politician* (Lanham, MD, 2002)

Alexander, William, *An Encouragement to Colonies* (London, 1624)

Altman, Ida, *Emigrants and Society. Extremadura and Spanish America in the Sixteenth Century* (Berkeley, Los Angeles, London, 1989)

Altman, Ida, and Horn, james (eds), *'To Make America'. European Emigration in the Early Modern Period* (Berkeley, Los Angeles, Oxford, 1991)

Alvarez de Toledo, Cayetana, *Politics and Reform in Spain and Viceregal Mexico. The Life and Thought of juan de Palafox, 1600~1659* (Oxford, 2004)

Amory, Hugh, and Hall, David D. (eds), *The Colonial Book in the Atlantic World* (Cambridge, 2000)

Anderson, Benedict, *Imagined Communities* (London and New York, 1983, repr. 1989)

Anderson, Fred, *Crucible of War. The Seven Years' War and the Fate of Empire in British North America, 1754~1766* (London, 2000)

Anderson, Virginia Dejohn, *New England's Generation* (Cambridge, 1991)

Andrés-Gallego, José, *El motín de Esquilache, América y Europa* (Madrid, 2003)

Andrews, Charles M., *The Colonial Period of American History* (4 vols, New Haven, 1934~8; repr. 1964)

Andrews, Kenneth R., 'Christopher Newport of Limehouse, Mariner', *WMQ*, 3rd ser., 11 (1954)

Andrews, Kenneth R., *Elizabethan Privateering* (Cambridge, 1964)

Andrews, Kenneth R., *The Spanish Caribbean. Trade and Plunder 1530~1630* (New Haven and London, 1978)

Andrews, Kenneth R., *Trade, Plunder and Settlement. Maritime Enterprise and the Genesis of the British Empire, 1480~1630* (Cambridge, 1984)

Andrews, K. R., Canny, N. P., and Hair, P. E. H. (eds), *The Westward Enterprise. English Activities in Ireland, the Atlantic and America 1480~1650* (Liverpool, 1978)

Andrien, Kenneth J., *Crisis and Decline. The Viceroyalty of Peru in the Seventeenth Century* (Albuquerque, NM, 1985)

Andrien, Kenneth J., 'Economie Crisis, Taxes and the Quito Insurrection of 1765', *Past and Present*, 129 (1990), pp. 104~31

Andrien, Kenneth J., and Adorno, Rolena (eds), *Transatlantic Encounters. Europeans and Andeans in the Sixteenth Century* (Berkeley, Los Angeles, Oxford, 1991)

Anna, Timothy E., *The Fall of the Royal Government in Peru* (Lincoln, NE and London, 1979)

Anna, Timothy E., *Spain and the Loss of America* (Lincoln, NE and London, 1983)

Annino, Antonio, 'Some Reflections on Spanish American Constitutional and Political History', *Itinerario*, 19 (1995), pp. 26~47

Appleby, Joyce Oldham, *Economie Thought and Ideology in Seventeenth-Century England* (Princeton, 1978)

Appleby, Joyce, *Inheriting the Revolution. The First Generation of Americans* (Cambridge, MA, 2000)

Aquila, Richard, *The Iroquois Restoration. Iroquois Diplomacy on the Colonial Frontier*, 1701~1754 (Lincoln, NE and London, 1983; repr. 1997)

Archer, Chrisron I., *The Army in Bourbon Mexico, 1760~1810* (Albuquerque, NM, 1977)

Archer, Richard, 'A New England Mosaic: a Demographic Analysis for the Seventeenth Century', *WMQ*, 3rd ser., 47 (1990), pp. 477~502

Arcila Farias, Eduardo, *Comercio entre Venezuela y México en los siglos XVII y XVIII* (Mexico City, 1950)

Armani, Alberto, *Ciudad de Dios y Ciudad del Sol. El 'estado' jesuita de los guaranfes, 1609~1768* (Mexico City, 1982; repr. 1987)

Armas Medina, Fernando de, *Cristianización del Perú*, 1532~1600 (Seville, 1953)

Armirage, David, *The Ideological Origins of the British Empire* (Cambridge, 2000)

Armirage, David, 'The Declaration of Independence and International Law', *WMQ*, 3rd ser., 59 (2002), pp. 39~64.

Armitage, David (ed.), *Theories of Empire, 1450~1800* (Aldershot, 1998)

Armitage, David, and Braddick, Michael J. (eds), *The British Atlantic World, 1500~1800* (NewYork, 2002)

Arnoldsson, Sverker, *La Leyend Negra. Estudios sobre sus orígenes* (Göteborg, 1960)

Axtell, James, *The Invasion Within. The Contest of Cultures in Colonial North America* (New York and Oxford, 1985)

Axtell, James, *After Columbus. Essays in the Ethnohistory of Colonial North America* (Oxford, 1988)

Axtell, James, *Natives and Newcomers. The Cultural Origins of North America* (Oxford, 2001)

Bacon, Francis, *The Works of Francis Bacon*, ed. J. Spedding (14 vols, London, 1857~74)

Bailey, Gauvin Alexander, *Art of Colonial Latin America* (London and New York, 2005)

Bailyn, Bernard, *The New England Merchants in the Seventeenth Century* (1955; New York, 1964)

Bailyn, Bernard, *Education in the Forming of American Society* (New York and London, 1960)

Bailyn, Bernard, *The Ideological Origins of the American Revolution* (1967; enlarged edn, Cambridge, MA, 1992)

Bailyn, Bernard, *The Origins of American Politics* (New York, 1970)

Bailyn, Bernard, 'Politics and Social Structure in Virginia', in Stanley N. Katz and John M. Murrin (eds), *Colonial America. Essays in Politics and Social Development* (New York, 1983)

Bailyn, Bernard, *The Peopling of British America. An Introduction* (New York, 1986)

Bailyn, Bernard, *Voyagers to the West* (New York, 1986)

Bailyn, Bernard, *To Begin the World Anew. The Genius and Ambiguities of the American Founders* (New York, 2003)

Bailyn, Bernard, *Atlantic History. Concept and Contours* (Cambridge, MA, and London, 2005)

Bailyn, Bernard (ed.), *Pamphlets of the American Revolution*, 1750~1776, vol. 1, 1750~1765 (Cambridge, MA, 1965)

Bailyn, Bernard (ed.), *The Debate on the Constitution* (2 vols, New York, 1993)

Bailyn, Bernard, and Morgan, Philip D. (eds), *Strangers Within the Realm. Cultural*

Margins of the First British Empire (Chapel Hill, NC and London, 1991)
Baker, Emerson W. *et al.* (eds), *American Beginnings. Exploration, Culture and Cartography in the Land of Norumbega* (Lincoln, NE, and London, 1994)
Bakewell, Peter, *Silver Mining and Society in Colonial Mexico, Zacatecas 1546~1700* (Cambridge, 1971)
Bakewell, Peter, *Miners of the Red Mountain. Indian Labor in Potosí 1545~1650* (Albuquerque, NM, 1984)
Bakewell, Peter, *Silver and Entrepreneurship in Seventeenth-Century Potosí. The Life and Times of Antonio López de Quiroga* (Albuquerque, NM, 1988)
Bakewell, Peter, *A History of Latin America* (Oxford, 1997)
Balmer, Randall H., *A Perfect Babel of Confusion. Dutch Religion and English Culture in the Middle Colonies* (Oxford and New York, 1989)
Barbier, Jacques, and Kuethe, Allan J. (eds), *The North American Role in the Spanish Imperial Economy, 1760~1819* (Manchester, 1984)
Barbour, Philip L. (ed.), *The Jamestown Voyages under the First Charter, 1606~1609* (2 vols, Hakluyt Society, 2nd ser., 136~7, Cambridge, 1969)
Bargellini, Clara, 'El barroco en Latinoamérica', in John H. Elliort (ed.), *Europa/América* (El País, Madrid, 1992)
Barnes, Viola Florence, *The Dominion of New England* (New Haven, 1923)
Barrert, Ward, *The Sugar Hacienda of the Marqueses del Valle* (Minneapolis, 1970)
Barrett, Ward, 'World Bullion Flows, 1450~1800', in James D. Tracy (ed.), *The Rise of Merchant Empires. Long-Distance Trade in the Early Modern World*, 1350~1750 (Cambridge, 1990)
Barrios Pintado, Feliciano (ed.), *Derecho y administración publica en las Indias hispànicas* (2 vols, Cuenca, 2002)
Barrow, Thomas C., *Trade and Empire. The British Customs Service in Colonial America*, 1660~1775 (Cambridge, MA, 1967)
Bataillon, Marcel, *Études sur Bartolomé de Las Casas* (Paris, 1965)
Baudot, Georges, *Utopía e historia en México. Los primeros cronistas de la civilización mexicana* (1520~1569) (Madrid, 1983)
Bauer, Arnold J., 'Iglesia, economía y estado en la historia de América Latina', in Ma. del Pilar Mardnez López-Cano (ed.), *Iglesia, estado y economía. Siglos XVI y XVII* (Mexico City, 1995)
Bauer, Arnold J., *Goods, Power, History. Latin America's Material Culture* (Cambridge, 2001)
Bauer, Ralph, *The Cultural Geography of Colonial American Literatures* (Cambridge, 2003)
Bédouelle, Guy, 'La Donation alexandrine et le traité de Tordesillas', in 1492. *Le Choc des deux mondes* (Actes du Colloque international organisé par la Commission Nationale Suisse pour l'UNESCO, Geneva, 1992)
Beeman, Richard R., 'Labor Forces and Race Relations: A Comparative View of the Colonization of Brazil and Virginia', *Political Science Quarterly*, 86 (1971), pp. 609~36

Beeman, Richard R., *The Varieties of Political Experience in Eighteenth-Century America* (Philadelphia, 2004)

Beeman, Richard R., and Isaac, Rhys, 'Cultural Conflict and Social Change in the Revolutionary South: Lunenburg County, Virginia', *The journal of Southern History*, 46 (1980), pp. 525~50

Belgrano, Manuel, *Autobiografía y otras páginas* (Buenos Aires, 1966)

Bennassar, Bartolomé, *Recherches sur les grandes épidémies dans le nord de l'Espagne à la fin du XVIe siècle* (Paris, 1969)

Bennett, Herman L., *Africans in Colonial Mexico. Absolutism, Christianity, and Afro-Creole Consciousness*, 1570~1640 (Bloomington, IN and Indianapolis, 2003)

Benson, Nettie Lee (ed.), *Mexico and the Spanish Cortes*, 1810~1822 (Austin, TX and London, 1966)

Benton, Lauren, *law and Colonial Cultures. Legal Regimes in World History*, 1400~1900 (Cambridge, 2002)

Bercovitch, Sacvan, *The Puritan Origins of the American Self* (New Haven and London, 1975)

Bercovitch, Sacvan, *The American Jeremiad* (Madison, WI, 1978)

Bercovitch, Sacvan, 'The Winthrop Variation: a Model of American Identity', *Proceedings of the British Academy*, 97 (1997), pp. 75~94

Berg, Maxine, *Luxury and Pleasure in Eighteenth-Century Britain* (Oxford, 2005)

Berlin, Ira, *Many Thousands Gone. The First Two Centuries of Slavery in North America* (Cambridge, Mass., 1998)

Bernal, Antonio-Miguel, *La financiación de la Carrera de Indias, 1492~1824* (Seville and Madrid, 1992)

Bernand, Carmen, *Negros esclavos y libres en las ciudades hispanoamericanas* (2nd edn, Madrid, 2001)

Bernand, Carmen and Gruzinski, Serge, *Histoire du nouveau monde* (2 vols, Paris, 1991~3), vol. 2 (*Les Métissages*, 1550~1640)

Bernardini, Paolo, and Fiering, Norman (eds), *The Jews and the Expansion of Europe to the West, 1450 to 1800* (New York and Oxford, 2001)

Bernardo Ares, José Manuel de (ed.), *El hispanismo anglonorteamericano* (Actas de la Conferencia lnternacional *Hacia un nuevo humanismo*, 2 vols, Córdoba, 2001)

Bernstein, Harry, *Origins of lnter-American lnterest, 1700~1812* (Philadelphia, 1945)

Berry, Charles R., 'The Election of the Mexican Deputies to the Spanish Cortes, 1810~1820', in Nettie Lee Benson (ed.), *Mexico and the Spanish Cortes, 1810~1822* (Austin, TX and London, 1966)

Bethel, Slingsby, *The lnterest of Princes and States* (London, 1680)

Beverley, Robert *The History and Present State of Virginia*, ed. Louis B. Wright (Chapel Hill, NC, 1947)

Biermann, Benno M., 'Bartolomé de las Casas and Verapaz', in Juan Friede and Benjamin Keen (eds), *Bartolomé de Las Casas in History* (DeKalb, IL, 1971)

Billings, Warren M., 'The Growth of Political Institutions in Virginia, 1634~1676', WMQ,

3rd ser., 31 (1974), pp. 225~42
Billings, Warren M., *The Old Dominion in the Seventeenth Century. A Documentary History of Virginia*, 1606~1689 (Chapel Hill, NC, 1975)
Billings, Warren M., 'The Transfer of English Law to Virginia, 1606~1650', in K. R. Andrews, N. P. Canny, and P. E. H. Hair (eds), *The Westward Enterprise. English Activities in Ireland, the Atlantic and America 1480~1650* (Liverpool, 1978)
Billings, Warren M., *Sir William Berkeley and the Forging of Colonial Virginia* (Baton Rouge, LA, 2004)
Billington, Ray Allen, 'The American Frontier', in Paul Bohannen and Fred Plog (eds), *Beyond the Frontier. Social Process and Cultural Change* (Garden City, New York, 1967), pp. 3~24
Biraben, J. N., 'La Population de l'Amérique précolombienne. Essai sur les méthodes', *Conferencia Internationale. El poblamiento de las Américas*, Vera Cruz, 18~23 May 1992 (Institut National d'Études Démographiques, Paris, 1992)
Bishko, Charles Julian, 'The Peninsular Background of Latin American Cattle Ranching', *HAHR*, 32 (1952), pp. 491~515
Blackburn, Robin, *The Making of New World Slavery. From the Baroque to the Modern*, 1492~1800 (London, 1997)
Bliss, Robert M., *Revolution and Empire. English Politics and the American Colonies in the Seventeenth Century* (Manchester and New York, 1990)
Bloch, Ruth H., *Visionary Republic. Millennial Themes in American Thought, 1756~1800* (Cambridge, 1985)
Boccara, Guillaume, and Galindo, Sylvia (eds), *Lógica mestiza en América* (Temuco, Chile, 1999)
Bodle, Wayne, 'Themes and Directions in Middle Colonies Historiography, 1980~1994', WMQ, 3rd ser., 51 (1994), pp. 355~88
Bolland, O. Nigel, 'Colonization and Slavery in Central America', in Paul E. Lovejoy and Nicholas Rogers (eds), *Unfree Labour in the Development of the Atlantic World* (Ilford, 1994)
Bolton, Herbert E., 'The Epie of Greater America', reprinted in Bolton, Herbert E., *Wider Horizons of American History* (New York, 1939; repr. Notre Dame, IL, 1967)
Bonomi, Patricia U., *A Factious People. Politics and Society in Colonial New York* (New York and London, 1971)
Bonomi, Patricia U., *Under the Cope of Heaven. Religion, Society and Politics in Colonial America* (New York, 1986)
Bonomi, Patricia U., *The Lord Cornbury Scandal. The Politics of Reputation in British America* (Chapel Hill, NC and London, 1988)
Borah, Woodrow, *New Spain's Century of Depression* (Berkeley and Los Angeles, 1951)
Borah, Woodrow, *Early Colonial Trade and Navigation between Mexico and Peru* (Berkeley and Los Angeles, 1954)
Borah, Woodrow, 'Representative Institutions in the Spanish Empire in the Sixteenth Century', *The Americas*, 12 (1956), pp. 246~57

Borah, Woodrow, *justice by Insurance. The Generallndian Court of Colonial Mexico and the Legal Aides of the Half-Real* (Berkeley, Los Angeles, London, 1983)
Bowser, Frederick P., *The African Slave in Colonial Peru, 1524~1650* (Stanford, CA, 1974)
Boyajian, James C., *Portuguese Bankers at the Court of Spain, 1626~1650* (New Brunswick, NJ, 1983)
Boyd, Julian P., *Anglo-American Union. joseph Galloway's Plans to Preserve the British Empire, 1774~1788* (Philadelphia, 1941)
Boyd-Bowman, Peter, *Indice geobiográfico de cuarenta mil pobladores españoles de América en el siglo XVI* (2 vols, Bogotá, 1964; Mexico City, 1968)
Boyd-Bowman, Peter, *Léxico hispanoamericano del siglo XVI* (London, 1971)
Bradford, William, *Of Plymouth Plantation, 1620~1647*, ed. Samuel Eliot Morison (New York, 1952)
Brading, D.A. *Miners and Merchants in Bourbon Mexico, 1763~1810* (Cambridge, 1971)
Brading, D.A., *Haciendas and Ranchos in the Mexican Bajío: León 1700~1860* (Cambridge, 1978)
Brading, D.A., *The First America. The Spanish Monarchy and the Liberal State, 1492~1867* (Cambridge, 1991)
Brading, D.A., *Church and State in Bourbon Mexico. The Diocese of Michoacán, 1749~1810* (Cambridge, 1994)
Brading, D.A., *Mexican Phoenix. Our Lady of Guadalupe: Image and Tradition Across Five Centuries* (Cambridge, 2001)
Brading, D.A., *et al., Cinco miradas británicas a la historia de México* (Mexico City, 2000)
Bradley, Peter T., *Society, Economy and Defence in Seventeenth-Century Peru. The Administration of the Count Alba de Liste*, 1655~61 (Liverpool, 1992)
Bradley, Peter T., 'El Perú y el mundo exterior. Extranjeros, enemigos y herejes (siglos XVI~XVII)', *Revista de Indias*, 61 (2001), pp. 651~71
Bradley, Peter T., and Cahill, David, *Habsburg Peru. Images, Imagination and Memory* (Liverpool, 2000)
Bray, Warwick (ed.), *The Meeting of Two Worlds. Europe and the Americas 1492~1650* (Proceedings of the British Academy, 81, Oxford, 1993)
Breen, T.H., *The Character of the Good Ruler. Puritan Political Ideas in New England, 1630~1730* (New Haven, 1970)
Breen, T. H., 'English Origins and New World Development: the Case of the Covenanted Miliria in Seventeenth-Century Massachusetts', *Past and Present*, 57 (1972), pp. 74~96
Breen, T. H., *Puritans and Adventurers. Change and Persistence in Early America* (New York and Oxford, 1980)
Breen, T. H., 'The Culture of Agriculture: the Symbolic World of the Tidewater Plamer, 1760~1790', in David D. Hall, John M. Murrin, Thad W. Tate (eds), *Saints and Revolutionaries. Essays on Early American History* (New York and London, 1984)
Breen, T. H., *Tobacco Culture. The Mentality of the Great Tidewater Planters on the Eve of Revolution* (Princeton, 1985)

Breen, T. H. '"Baubles of Britain": The American and Consumer Revolutions of the Eighteenth Century', *Past and Present*, 119 (1988), pp. 73~104

Breen, T. H., *Imagining the Past. East Hampton Histories* (Reading, MA, 1989)

Breen, T. H., 'Ideology and Nationalism on the Eve of the American Revolution: Revisions *Once More* in Need of Revising', *journal of American History*, 84 (1997), pp. 13~39

Breen, T. H., *The Marketplace of Revolution. How Consumer Politics Shaped American Independence* (Oxford and New York, 2004)

Breen, T. H., and Hall, Timothy, 'Structuring Provincial Imagination: the Rhetoric and Experience of Social Change in Eighteenth-Century New England', *AHR*, 103 (1998), pp. 1,411~39

Bremer, Francis J., *John Winthrop. America's Forgotten Founding Father* (Oxford, 2003)

Breslaw, Elaine, *Tituba, Reluctant Witch of Salem* (New York and London, 1996)

Brewer, Holly, 'Entailing Aristocracy in Colonial Virginia: "Ancient Feudal Restraints" and Revolutionary Reform', *WMQ*, 3rd ser., 54 (1997), pp. 307~46

Brewer, John, and Porter, Roy, *Consumption and the World of Goods* (London, 1993)

Bridenbaugh, Carl, *Cities in the Wilderness. The First Century of Urban Ufe in America, 1625~1742* (1939; repr. Oxford, London, New York, 1971)

Bridenbaugh, Carl, *Jamestown*, 1544~1699 (New York and Oxford, 1989)

Brigham, Clarence S. (ed.), *British Royal Proclamations Relating to America, 1603~1763* (American Antiquarian Society, Transactions and Collections, XII, Worcester, MA, 1911)

Brooks, James F., *Captives and Cousins. Slavery, Kinship and Community in the Southwest Borderlands* (Chapel Hill, NC and London, 2002)

Brown, Alexander, *The Genesis of the United States* (2 vols, London, 1890)

Brown, John Nicholas, *Urbanism in the American Colonies* (Providence, RI, 1976)

Brown, Kathleen M., *Good Wives, Nasty Wenches, and Anxious Patriarchs* (Chapel Hill, NC and London, 1996)

Bullion, John L., '"The Ten Thousand in America": More Light on the Decision on the American Army, 1762~1763', *WMQ*, 3rd ser., 43 (1986), pp. 646~57

Bullion, John L., 'British Ministers and American Resistance to the Stamp Act, October~December 1765', *WMQ*, 3rd ser., 49 (1992), pp. 89~107

Bumsted, J. M., '"Things in the Womb of Time": Ideas of American Independence, 1633 to 1763', WMQ, 3rd ser., 31 (1974), pp. 533~64

Bunes Ibarra, Miguel Angel de, *La imagen de los musulmanes y del norte de Africa en la España de los siglos XVI y XVII* (Madrid, 1989)

Burke, Peter, Harrison, Brian, and Slack, Paul (eds), *Civil Histories. Essays Presented to Sir Keith Thomas* (Oxford, 2000)

Burke, William, *An Account of the European Settlements in America* (1757; 6th edn, London, 1777)

Burkholder, Mark A., 'From Creole to *Peninsular*: the Transformation of the Audiencia of Lima', *HAHR*, 52 (1972), pp. 395~415

Burkholder, Mark A., 'Bureaucrats', in Louisa Schell Hoberman and Susan Migden

Socolow (eds), *Cities and Society in Colonial Latin America* (Albuquerque, NM, 1986)

Burkholder, Mark A., and Chandler, D. S., *From Impotence to Authority. The Spanish Crown and the American Audiencias, 1687~1808* (Columbia, MO, 1977)

Burnard, Trevor, *Mastery, Tyranny, and Desire. Thomas Thistlewood and his Slaves in the Anglo-Jamaican World* (Chapel Hill, NC, 2004)

Burns, Kathryn, *Colonial Habits. Convents and the Spiritual Economy of Cuzco, Peru* (Durham, NC and London, 1999)

Bushman, Richard L., *King and People in Provincial Massachusetts* (Chapel Hill, NC and London, 1985)

Bushman, Richard L., *The Refinement of America* (New York, 1992)

Butler, Jon, '"Gospel Order Improved": the Keithian Schism and the Exercise of Quaker Ministerial Authority in Pennsylvania', *WMQ*, 3rd ser., 31 (1974), pp. 431~52

Butler, Jon, *Awash in a Sea of Faith* (Cambridge, MA and London, 1990)

Butler, Jon, *Becoming America. The Revolution before 1776* (Cambridge, MA, and London, 2000)

Cabeza de Vaca, Alvar Núñez, *see under* Núñez Cabeza de Vaca, Alvar

Cahill, David, *From Rebellion to Independence in the Andes. Soundings from Southern Peru, 1750~1830* (CEDLA Latin American Studies, 89, Amsterdam, 2002)

Calloway, Colin G. *The American Revolution in Indian Country* (Cambridge, 1995)

Calloway, Colin G. and Salisbury, Neal (eds), *Reinterpreting New England Indians and the Colonial Experience* (Boston, 2003)

The Cambridge History of Latin America, ed. Leslie Bethell (11 vols, Cambridge, 1984~95)

Campbell, James, *A Concise History of the Spanish America* (London, 1741; facsimile edn, Folkestone and London, 1972)

Campillo y Cosío, Joseph del, *Nuevo sistema del gobierno económico para la América* (2nd edn, Mérida, Venezuela, 1971)

Cañeque, Alejandro, *The King's Living Image. The Culture and Politics of Viceregal Power in Colonial Mexico* (New York and London, 2004)

Cafiizares-Esguerra, Jorge, 'New World, New Stars: Patriotic Astrology and the Invention of Indian and Creole Bodies in Colonial Spanish America, 1600~1650', *AHR*, 104 (1999), pp. 33~68

Cañizares-Esguerra, Jorge, *How to Write the History of the New World. Histories, Epistemologies, and Identities in the Eighteenth-Century Atlantic World* (Stanford, CA, 2001)

Canny, Nicholas, *The Elizabethan Conquest of Ireland. A Pattern Established* (New York, 1976)

Canny, Nicholas, *Kingdom and Colony. Ireland in the Atlantic World, 1560~1800* (Baltimore, 1988)

Canny, Nicholas (ed.), *Europeans on the Move. Studies on European Migration, 1500~1800* (Oxford, 1994)

Canny, Nicholas, and Pagden, Anthony (eds), *Colonial Identity in the Atlantic World,*

1500~1800 (Princeton, NJ, 1987)
Canup, John, 'Cotton Mather and "Creolian Degeneracy"', *Early American Literature*, 24 (1989), pp. 20~34
Canup, John, *Out of the Wilderness. The Emergence of an American Identity in Colonial New England* (Middlerown, CT, 1990)
Cardaillac, Louis, and Peregrina, Angélica (eds), *Ensayos en homenaje a josé María* Muriá (Zapopan, 2002)
Cárdenas, Juan de, *Problemas y secretos maravillosos de las Indias* (1591; facsimile edn, Madrid, 1945)
Careri, Giovanni Francesco Gemelli, *Viaje a la Nueva España*, ed. Francisca Perujo (Mexico City, 1976)
Carlos III y la Ilustración (2 vols, Madrid and Barcelona, 1989)
Carmagnani, Marcello, 'Colonial Latin American Demography: Growth of Chilean Population, 1700~1830', *Journal of Social History*, 1 (1967~8), pp. 179~91
Carr, Lois Green, and Menard, Russell R., 'Immigration and Opportunity: the Freedman in Early Colonial Maryland', in Thad W, Tate and David L. Ammerman (eds), *The Chesapeake in the Seventeenth Century* (New York and London, 1979)
Carr, Raymond, *Spain, 1808~1939* (Oxford, 1966)
Carrera Stampa, Manuel, *Los gremios mexicanos* (Mexico City, 1954)
Carroll, Peter N., *Puritanism and the Wilderness* (New York and London, 1969)
Carson, Cary, Hoffman, Ronald, and Albert, Peter J. (eds), *Of Consuming Interests. The Style of Life in the Eighteenth Century* (Charlottesville, VA and London, 1994)
Carzolio, María Inés, 'En los orígenes de la ciudadanía en Castilla. La idenridad política del vecino durante los siglos XVI y XVII', *Hispania*, 62 (2002), pp. 637~92
Casey, James, *Early Modern Spain. A Social History* (London and New York, 1999)
Castañeda, Carmen, *Círculos de poder en la Nueva España* (Mexico City, 1998)
Castillo Gómez, Antonio (ed.), *Libro y lectura en la península ibérica y América* (Junta de Castilla y León, Salamanca, 2003)
Cavillac, Michel, *Gueux et marchands dans le 'Guzmán de Alfarache', 1599~1604* (Bordeaux, 1993)
Cervantes, Fernando, 'The Devils of Querétaro: Scepticism and Credulity in Late Seventeenth-Century Mexico', *Past and Present*, 130 (1991), pp. 51~69
Cervantes, Fernando, *The Devils in the New World. The Impact of Diabolism in New Spain* (New Haven and London, 1994)
Cervantes de Salazar, Francisco, *México en 1554 y el túmulo imperial*, ed. Edmundo O'Gorman (Mexico City, 1963)
Céspedes del Castillo, Guillermo, *La avería en el comercio de Indias* (Seville, 1945)
Céspedes del Castillo, Guillermo, *Lima y Buenos Aires. Repercusiones económicas y polfticas de la creación delvirreinato del Plata* (Seville, 1947)
Céspedes del Castillo, Guillermo, *América hispánica, 1492~1898* (Historia de España, ed. Manuel Tuiión de Lara, vol. 6, Barcelona, 1983)
Céspedes del Castillo, Guillermo, *El tabaco en Nueva España* (Madrid, 1992)

Céspedes del Castillo, Guillermo, *Ensayos sobre los reinos castellanos de Indias* (Madrid, 1999)

Chamberlain, Robert S., *The Conquest and Colonization of Yucatán, 1517~1550* (Washington, 1948)

Chapin, Howard Millar, *Roger Williams and the King's Colors* (Providence, RI, 1928)

Chaplin, Joyce E., *Subject Matter. Technology, the Body, and Science on the Anglo-American Frontier, 1500~1676* (Cambridge, MA, and London, 2001)

Chaplin, Joyce E., 'Enslavement of Indians in Earl y America. Captivity Without the Narrative', in Elizabeth Mancke and Carole Shammas (eds), *The Creation of the Atlantic World* (Baltimore, 2005)

Chapman, George, *Eastward Ho* (1605; repr. in Thomas Marc Parrott (ed.), *The Plays and Poems of George Chapman. The Comedies*, London, 1914)

Chaunu, Pierre, *L'Amérique et les Amériques* (Paris, 1964)

Chaunu, Pierre, *Conquête et exploitation des nouveaux mondes* (Paris, 1969)

Chaunu, Huguette and Pierre, *Séville et l'Atlantique, 1504~1650* (8 vols, Paris, 1955~9)

Chavez, Thomas E., *Spain and the Independence of the United States. An Intrinsic Gift* (Albuquerque, NM, 2003)

Chevalier, François, *La Formation des grands domaines au Mexique* (Paris, 1952). Eng. trans., *Land and Society in Colonial Mexico. The Great Hacienda* (Berkeley and Los Angeles, 1966)

Chiappelli, Fredi (ed.), *First Images of America* (2 vols, Berkeley, Los Angeles, London, 1976)

Child, Sir Josiah, *A New Discourse of Trade* (London, 1693)

Chipman, Donald E., *Spanish Texas, 1591~1821* (Austin, TX, 1992)

Chrisman, Miriam Usher (ed.), *Social Groups and Religious Ideas in the Sixteenth Century* (Studies in Medieval Culture, XIII, The Medieval Institute, Western Michigan University, Kalamazoo, MI, 1978)

Christian, Jr., William A., *Local Religion in Sixteenth-Century Spain* (Princeton, 1981)

Chust, Manuel, *La cuestión nacional americana en las Cortes de Cadiz* (Valencia, 1999)

Clark, J .D. G., *The Language of Liberty, 1660~1832* (Cambridge, 1994)

Clark, Peter, *British Clubs and Societies, 1580~1800* (Oxford, 2000)

Clark, Stuart, *Thinking with Demons. The Idea of Witchcraft in Early Modern Europe* (Oxford, 1997)

Clay, Henry, *The Papers of Henry Clay*, 11 vols, ed. James F. Hopkins (Lexington, KY, 1959~92)

Clavero, Bartolomé, *Derecho de los reinos* (Seville, 1977)

Clavijero, Francisco Javier, *Historia antigua de México*, ed. Mariano Cuevas (4 vols, 2nd edn, Mexico City, 1958~9)

Clendinnen, Inga, *Ambivalent Conquests. Maya and Spaniard in Yucatan, 1517~1570* (Cambridge, 1987)

Clendinnen, Inga, 'Ways to the Sacred: Reconstructing "Religion" in Sixteenth-Century Mexico', *History and Anthropology*, 5 (1990), pp. 105~41

Cline, Howard F., 'The Relaciones Geográficas of the Spanish Indies, 1577~1586', *HAHR*, 44 (1964), pp. 341~74
Coatsworth, John H., 'Obstacles to Economic Growth in Nineteenth-Century Mexico', *AHR*, 83 (1978), pp. 80~100
Coatsworth, John H., *Los orígenes del atraso. Nueve ensayos de historia económica de México en Los siglos XVlll y XIX* (Mexico City, 1990)
Cobb, Gwendolin B., 'Supply and Transportation for the Potosi Mines, 1545~1640', *HAHR*, 29 (1949), pp. 25~45
Cogley, Richard W., *John Eliot's Mission to the Indians before King Philips War* (Cambridge, MA and London, 1999)
Cohen, Charles L., 'The Post-Puritan Paradigm in Early American Religious History', *WMQ*, 3rd ser., 54 (1997), pp. 695~722
Coke, Roger, *A Discourse of Trade* (London, 1670)
Colley, Linda, *Britons. Forging the Nation 1707~1837* (New Haven and London, 1992)
Colley, Linda, *Captives. Britain, Empire and the World, 1600~1850* (London, 2002)
Collier, Simon, *Ideas and Politics of Chilean Independence, 1808~1833* (Cambridge, 1967)
Colon, Cristóbal, *Textos y documentos completos*, ed. Consuelo Varela (2nd edn, Madrid, 1992)
Columbus, Christopher, *Journal of the First Voyage*, ed. and trans. B. W. Ife (Warminster, 1990) *El Consejo de Indias en el siglo XVI* (Valladolid, 1970)
Conway, Stephen, 'From Fellow-Nationals to Foreigners: British Perceptions of the Americans, circa 1739~1783', *WMQ*, 3rd ser., 59 (2002), pp. 65~100
Cook, Alexandra Parma, and Cook, Noble David, *Good Faith and Truthful Ignorance. A Case of Transatlantic Bigamy* (Durham, NC and London, 1991)
Cook, Noble David, *Born to Die. Disease and New World Conquest, 1492~1650* (Cambridge, 1998)
Cope, R. Douglas, *The Limits of Racial Domination. Plebeian Society in Colonial Mexico City, 1660~1720* (Madison, Wl, 1994)
Corominas, Pedro, *El sentimiento de la riqueza en Castilla* (Madrid, 1917)
Cortés, Hernán, *Cartas y documentas*, ed. Mario Sánchez-Barba (Mexico City, 1963)
Cortés, Hernán, *Letters from Mexico*, trans. and ed. Anthony Pagden (New Haven and London, 1986)
Cosgrove, A. (ed.), *Marriage in Ireland* (Dublin, 1985)
Costeloe, Michael P., *Response to Revolution. Imperial Spain and the Spanish American Revolutions, 1810~1840* (Cambridge, 1986)
Countryman, Edward, *The American Revolution* (Harmondsworth, 1985)
Covarrubias, Sebastián de, *Tesoro de la lengua castellana o española* (facsimile edn, ed. Martín de Riquer, Barcelona, 1987)
Crane, Verner W., *The Southern Frontier 1670~1732* (Durham, NC, 1928; repr. New York, 1978)
Craton, Michael, 'Reluctant Creoles. The Planters' World in the British West lndies', in

Bernard Bailyn and Philip D. Morgan (eds), *Strangers Within the Realm. Cultural Margins of the First British Empire* (Chapel Hill, NC, 1991)

Craven, Wesley Frank, *Dissolution of the Virginia Company. The Failure of a Colonial Experiment* (New York, 1932)

Craven, Wesley Frank, 'Indian Policy in Early Virginia', *WMQ*, 3rd ser., 1 (1944), pp. 65~82

Craven, Wesley Frank, *The Southern Colonies in the Seventeenth Century* (Baton Rouge, LA, 1949)

Craven, Wesley Frank, *White, Red and Black. The Seventeenth-Century Virginian* (Charlottesville, VA, 1971)

Cressy, David, *Coming Over. Migration and Communication between England and New England in the Seventeenth Century* (Cambridge, 1987)

Cronon, William, *Changes in the Land. Indians, Colonists, and the Ecology of New England* (New York, 1983)

Crowley, John E., 'A Visual Empire. Seeing the Atlantic World from a Global British Perspective', in Elizabeth Mancke and Carole Shammas (eds), *The Creation of the Atlantic World* (Baltimore, 2005)

Curtin, Philip D., *The Atlantic Slave Trade. A Census* (Madison, WI, 1969)

Curtin, Philip D., *The Rise and Fall of the Plantation Complex. Essays in Atlantic History* (Cambridge, 1990)

Daniels, Christine, '"Liberty to Complaine". Servant Petitions in Maryland, 1652~1797', in

Christopher L. Tomlins and Bruce T. Mann (eds), *The Many Legalities of Early America* (Chapel Hill, NC and London, 2001)

Daniels, Christine, and Kennedy, Michael N. (eds), *Negotiated Empires. Centers and Peripheries in the Americas, 1500~1820* (London, 2002)

Daniels, John D., 'The Indian Population of North America in 1492', *WMQ*, 3rd ser., 49 (1992), pp.298~320

Darwin, John, 'Civility and Empire', in Peter Burke, Brian Harrison and Paul Slack (eds), *Civil Histories. Essays Presented to Sir Keith Thomas* (Oxford, 2000)

Davies, C. S. L., 'Slavery and Protector Somerset: the Vagrancy Act of 1547', *Economic History Review*, 2nd ser., 19 (1966), pp. 533~49

Davies, R. R., *The First English Empire. Power and Identities in the British Isles, 1093~1343* (Oxford, 2000)

Davis, David Brion, *The Problem of Slavery in Western Culture* (London, 1970)

Dawes, Norman H., 'Titles as Symbols of Prestige in Seventeenth-Century New England', *WMQ*, 3rd ser., 6 (1949), pp. 69~83

Deagan, Kathleen and Cruxent, José María, *Columbus's Outpost among the Taínos. Spain and America at La Isabela, 1492~1498* (New Haven and London, 2002)

Deive, Carlos Esteban, *La Española en la esclavitud del indio* (Santo Domingo, 1995)

Demos, John, *A Little Commonwealth. Family Life in Plymouth Colony* (London, Oxford, New York, 1970)

Demos, John Putnam, *Entertaining Satan. Witchcraft and the Culture of Early New*

England (New York and Oxford, 1982)
Demos, John, *The Unredeemed Captive* (1994; New York, 1995)
Díaz del Castillo, Bernai, *Historia verdadera de la conquista de la Nueva España*, ed. Joaquín Ramírez Cabañas (3 vols, Mexico City, 1944)
Diccionario de autoridades (Madrid, 1726; facsimile edn, 3 vols, Real Academia Española, Madrid, 1969)
Doerflinger, Thomas M., *A Vigorous Spirit of Enterprise. Merchants and Economic Development in Revolutionary Philadelphia* (Chapel Hill, NC and London, 1986)
Domínguez Ortiz, Antonio, *Los extranjeros en la vida española durante el siglo XVII y otros articulas* (Seville, 1996)
Domínguez Ortiz, Antonio, La sociedad americana y la corona española en el siglo XVII (Madrid, 1996)
Dorantes de Carranza, Baltasar de, *Sumaria relación de las casas de la Nueva España* (1604; ed. Ernesto de la Torre Villar, Mexico City, 1987)
Dowd, Gregory Evans, *War under Heaven. Pontiac, the Indian Nations and the British Empire* (Baltimore and London, 2002)
Draper, Theodore, *A Struggle for Power. The American Revolution* (London, 1996)
Drayton, Richard, *Nature's Government. Science, Imperial Britain, and the 'Improvement' of the World* (New Haven and London, 2000)
Dunn, John, 'The Politics of Locke in England and America in the Eighteenth Century', in John W. Youlton (ed.), *John Locke. Problems and Perspectives* (Cambridge, 1969)
Dunn, Mary Maples, *William Penn, Politics and Conscience* (Princeton, 1967)
Dunn, Richard S., *Puritans and Yankees. The Winthrop Dynasty of New England, 1630~1717* (Princeton, 1962)
Dunn, Richard S., *Sugar and Slaves. The Rise of the Planter Class in the English West Indies, 1624~1713* (New York, 1972)
Dunn, Richard S. and Dunn, Mary Maples (eds), *The Papers of William Penn* (5 vols, Philadelphia, 1981~6)
Dunn, Richard S., 'Servants and Slaves: the Recruitment and Employment of Labor', in Jack P. Greene and J. R. Pole (eds), *Colonial British America. Essays in the History of the Early Modern Era* (Baltimore and London, 1984)
Dunn, Richard S. and Dunn, Mary Maples (eds), *The World of William Penn* (Philadelphia, 1986)
Dunn, Richard S., Savage, James, and Yeandle, Laetitia (eds), *The Journal of John Winthrop 1630~1649* (Cambridge, MA and London, 1996)
Durán, Fray Diego, *Book of the Gods and Rites, and the Ancient Calendar*, trans. and ed. by Fernando Horcasitas and Doris Heyden (Norman, OK, 1971)
Durand, José, *La transformación social del conquistador* (2 vols, Mexico City, 1953)
Dusenberry, William H., *The Mexican Mesta* (Urbana, IL, 1963)
Dussel, Enrique, *Les Évêques hispano-américains. Défenseurs et évangélisateurs de l'Indien, 1504~1620* (Wiesbaden, 1970)
Duviols, Pierre, *La Lutte contre les religions autochtones dans le Pérou colonial* (Lima,

1971)
Eburne, Richard, *A Plain Pathway to Plantations* (1624), ed. Louis B. Wright (Ithaca, NY, 1962)
Echevarria, Durand, *Mirage in the West. A History of the French Image of American Society to 1815* (1957; 2nd edn, Princeton, 1968)
Egido, Teófanes (ed.), *Los jesuitas en España y en el mundo hispánico* (Madrid, 2004)
Egnal, Marc, 'The Economic Development of the Thirteen Colonies, 1720 to 1775', *WMQ*, 3rd ser. (1975), pp. 191~222
Eiras Roel, Antonio (ed.), *La emigración española a Ultramar, 1492~1914* (Madrid, 1991)
Ekirch, A. Roger, *Bound for America. The Transportation of British Convicts to the Colonies, 1718-1775* (Oxford, 1987)
Elkins, Stanley J., and McKitrick, Eric, *The Age of Federalism* (Oxford, 1993)
Elliott, John H., *Imperial Spain, 1469~1716* (1963; repr. London, 2002)
Elliott, John H., *The Old World and the New, 1492~1650* (Cambridge, 1970; repr. 1992)
Elliott, John H., 'Cortés, Velázquez and Charles V', in Hernán Cortés, *Letters from Mexico*, trans. and ed. Anthony Pagden (New Haven and London, 1986)
Elliott, John H., *The Count-Duke of Olivares. The Statesman in an Age of Decline* (New Haven and London, 1986)
Elliott, John H., *Spain and its World, 1500~1700* (New Haven and London, 1989)
Elliott, John H., 'A Europe of Composite Monarchies', *Past and Present*, 137 (1992), pp. 48~71
Elliott, John H., *Illusion and Disillusionment. Spain and the Indies* (The Creighton Lecture for 1991, University of London, 1992)
Elliort, John H., 'Going Baroque', *New York Review of Books* (20 October 1994).
Elliott, John H., 'Comparative History', in Carlos Barra (ed.), *Historia a debate* (3 vols, Santiago de Compostela, 1995), vol. 3
Elliott, John H., *Do the Americas Have a Common History? An Address* (The John Carter Brown Library, Providence, RI, 1998)
Elliott, John H., 'Mundos parecidos, mundos distintos', *Mélanges de la Casa de Velazquez*, 34 (2004), pp. 293~311
Elliott, John H. (ed.), *Europa/América* (El País, Madrid, 1992)
Ellis, Joseph, *Founding Brothers. The Revolutionary Generation* (London, 2002)
Eltis, David, *The Rise of African Slavery in the Americas* (Cambridge, 2000)
Eltis, David, 'The Volume and Structure of the Transatlantic Slave Trade: a Reassessment', *WMQ*, 3rd ser., 58 (2001), pp. 17~46
Emerson, Everett (ed.), *Letters from New England. The Massachusetts Bay Colony, 1629-1638* (Amherst, MA, 1976)
Engerman, Stanley L., 'British Imperialism in a Mercanrilist Age, 1492~1849: Conceptual Issues and Empirical Problems', *Revista de Historia Económica*, 16 (1998), pp. 195~231
Engerman, Stanley L., and Gallman, Robert E. (eds), *The Cambridge Economie History of the United States*, vol. 1, *The Colonial Era* (Cambridge, 1996)

Escandell Bonet, Bartolomé, 'La inquisición española en Indias y las condiciones americanas de su funcionamiento', in *La inquisición* (Ministerio de Cultura, Madrid, 1982)

Esteras Martín, Cristina, 'Acculturation and Innovation in Peruvian Viceregal Silverwork', in Elena Phipps, johanna Hecht, and Cristina Esteras Martín (eds), *The Colonial Andes. Tapestries and Silverwork, 1530~1830* (Metropolitan Museum of Art, New York, 2004)

Eyzaguirre, Jaime, *Ideario y ruta de la emancipación chilena* (Santiago de Chile, 1957)

Farriss, Nancy M., *Crown and Clergy in Colonial Mexico, 1759~1821* (London, 1968)

Farriss, Nancy M., *Maya Society under Colonial Rule* (Princeton, 1984)

Ferguson, Robert A., *American Enlightenment, 1750~1820* (Cambridge, MA and London, 1997)

Ferguson, Robert A., 'The Commonalities of *Common Sense*', *WMQ*, 3rd ser., 57 (2000), pp. 465~504

Fernandez de Oviedo, Gonzalo, *Sumario de la natural historia de las Indias*, ed. josé Miranda (Mexico City and Buenos Aires, 1950)

Fernandez de Oviedo, Gonzalo, *Historia general y natural de las Indias* (5 vols, BAE, 117~21, Madrid, 1959)

Fernandez Durán, Reyes, Gerónimo de Uztárz (1670~1732). *Una política económica para Felipe V* (Madrid, 1999)

Fernandez García, Antonio (ed.), *La constitución de Cádiz; (1812) y discurso preliminar a la constitución* (Madrid, 2002)

Fernandez-Armesto, Felipe, *The Canary Islands after the Conquest* (Oxford, 1982)

Fernandez-Armesto, Felipe, *Before Columbus. Exploration and Colonisation from the Mediterranean to the Atlantic, 1229~1492* (London, 1987)

Fernandez-Armesro, Felipe, The Americas. A Hemispheric History (New York, 2003)

Fernandez-Santamada, J.A., *The State, War and Peace. Spanish Political Thought in the Renaissance, 1516~1559* (Cambridge, 1977)

Ferry, Robert J., *The Colonial Elite of Early Caracas. Formation and Crisis, 1567~1767* (Berkeley, Los Angeles, London, 1989)

Finley, M. I., 'Colonies - an Attempt at a Typology', *TRHS*, 5th ser., 26 (1976), pp.167~88

Fischer, David Hackett, *Albion's Seed. Four British Folkways in America* (New York and Oxford, 1989)

Fisher, John R., *The Economic Aspects of Spanish Imperialism in America, 1492~1810* (Liverpool, 1997)

Fisher, John R., *Bourbon Peru, 1750~1824* (Liverpool, 2003)

Fisher, John R., Kuethe, Allan J. and McFarlane, Anthony (eds), *Reform and Insurrection in Bourbon New Granada and Peru* (Baton Rouge, LA and London, 1990)

Fisher, Lillian Estelle, *The Last Inca Revoit, 1780~1783* (Norman, OK, 1966)

Flint, Valerie I. J., *The Imaginative Landscape of Christopher Columbus* (Princeton, 1992)

Fior, Fernando R. de la, *La península metafísica. Arte, literatura y pensamiento en la España de la Contrarreforma* (Madrid, 1999)

Flores Galindo, Alberro, *Buscando un Inca* (Lima, 1988)
Flores Galindo, Alberto, 'La revolución tupamarista y el imperio español', in Massimo Ganci and Ruggiero Romano (eds), *Governare il mondo. L'impero spagnolo dal XV al XIX secolo* (Palermo, 1991)
Florescano, Enrique, *Memoria mexicana* (2nd edn, Mexico City, 1995)
Florescano, Enrique, *Etnia, estado y nación. Ensayo sobre las identidades colectivas en México* (Mexico City, 1997)
Florescano, Enrique, *La bandera mexicana. Breve historia de su formación y simbolismo* (Mexico City, 1998)
Floud, Roderick, and Johnson, Paul (eds), *The Cambridge Economic History of Modern Britain* (Cambridge, 2004)
Foner, Eric, *Tom Paine and Revolutionary America* (1976; updated edn, New York and Oxford, 2005)
Fontana, Josep, *La quiebra de la monarquía absoluta, 1814~1820* (Barcelona, 1971)
Fontana, Josep, and Bernal, Antonio Miguel (eds), *El comercio libre entre España y América Latina, 1765~1824* (Madrid, 1987)
Force, Peter, *Tracts and Other Papers Relating Principally to the Origin, Settlement and Progress of the Colonies in North America* (4 vols, Washington, 1836~46)
Foster, George M., *Culture and Conquest. America's Spanish Heritage* (Chicago, 1960)
Fradera, Josep M., *Gobernar colonias* (Barcelona, 1999)
Frankl, Víctor, 'Hernán Cortés y la tradición de las Siete Parridas', *Revista de historia de América*, 53~4 (1962), pp. 9~74
Fraser, Valerie, *The Architecture of Conquest. Building in the Viceroyalty of Peru 1535~1635* (Cambridge, 1990)
Frederickson, George M., 'Comparative History', in Michael Kammen (ed.), *The Past Before Us* (New York, 1980)
Friede, Juan, *Los Welser en la conquista de Venezuela* (Caracas, 1961)
Friede, Juan, and Keen, Benjamin (eds), *Bartolomé de Las Casas in History* (DeKalb, IL, 1971)
Gage, Thomas, *Thomas Gage's Travels in the New World*, ed. J. Eric S. Thompson (Norman, OK, 1958)
Galenson, David, *White Servitude in Colonial America* (Cambridge, 1981) *El galeón de Acapulco* (exhibition catalogue, Museo Nacional de Historia, Mexico City, 1988)
Los galeones de la plata (exhibition catalogue, Consejo Nacional para la Cultura y las Acres, Mexico City, 1998)
Galí Boadella, Montserrat, *Pedro García Ferrer, un artista aragonés del siglo XVII en la Nueva España* (Teruel, 1996)
Galí Boadella, Montserrat (ed.), *La catedral de Puebla en el arte y en la historia* (Mexico City, 1999)
Gallay, Alan, *The Indian Slave Trade. The Rise of the English Empire in the American South, 1670~1717* (New Haven and London, 2002)
Games, Alison, *Migration and the Origins of the English Atlantic World* (Cambridge, MA

and London, 1999)
Ganci, Massimo, and Romano, Ruggiero (eds), *Governare il monda. L'impero spagnolo dal XV al XIX secolo* (Palermo, 1991)
García, Gregorio, *Orígen de los indios del nuevo mundo, e Yndias Occidentales* (Valencia, 1607)
García Cárcel, Ricardo, *La Leyenda Negra. Historia y opinión* (Madrid, 1992)
García Cárcel, Ricardo, *Felipe V y los españoles. Una visión periférica del problema de España* (Barcelona, 2002)
García Fuentes, Lutgardo, *El comercio español con América, 1650~1700* (Seville, 1980)
García Melero, Luis Ángel, *La independencia de los Estados Unidos de Norteamérica a través de la prensa española* (Madrid, 1977)
García-Baquero Gonzàlez, Anconio, *Càdiz y el Atlàntico, 1717~1778* (2 vols, Seville, 1976)
García-Baquero Gonzàlez, Antonio, *Andalucla y la carrera de Indias, 1492~1824* (Seville, 1986)
García-Baquero Gonzàlez, Antonio, 'Las remesas de metales preciosos americanos en el siglo XVIII: una aritmética concroverrida', *Hispania*, 192 (1996), pp. 203~66
García-Gallo, Alfonso, *Los orígenes españoles de las instituciones americanas* (Madrid, 1987)
Garcilaso de la Vega, El inca, *Comentarios reales de los Incas*, ed. Angel Rosenblat (2 vols, Buenos Aires, 1943; English trans. by H.V. Livermore, 2 vols, Austin, TX, 1966)
Gardyner, George, *A Description of the New World* (London, 1651)
Garner, Richard L., 'Long-Term Silver Mining Trends in Spanish America. A Comparative Analysis of Peru and Mexico', *AHR*, 93 (1988), pp. 898~935
Garrerr, David T., '"His Majesry's Most Loyal Vassals": the Indian Nobiliry and Tupac Amaru', *HAHR*, 84 (2004), pp. 575~617
Gerbi, Antonello, *The Dispute of the New World. The History of a Polemic, 1750~1900*, trans. Jeremy Moyle (Pittsburgh, 1973)
Gerbi, Antonello, *Il mito del Perù* (Milan, 1988)
Gerhard, Dietrich, *Old Europe. A Study of Continuity, 1000~1800* (New York, 1981)
Gibson, Charles, *The Aztecs under Spanish Rule* (Stanford, CA, 1964)
Gibson, Charles, *The Black Legend. Anti-Spanish Attitudes in the Old World and the New* (New York, 1971)
Gillespie, Susan D., *The Aztec Kings* (Tucson, AZ, 1989)
Giménez Fernàndez, Manuel, *Las doctrinas populistas en la independencia de Hispano-América* (Seville, 1947)
Giménez Fernández, Manuel, Hernán Cortés y la revolución comunera en la Nueva España (Seville, 1948)
Giménez Fernández, Manuel, *Bartolomé de Las Casas* (2 vols, Seville, 1953~60)
Gleach, Frederic W., *Powhatan's World and Colonial Virginia. A Conflict of Cultures* (Lincoln, NE and London, 1997)
Godber, Richard, *The Devil's Dominion. Magic and Religion in Early New England*

(Cambridge, 1992)

Gold, Robert L., *Borderland Empires in Transition. The Triple Nation Transfer of Florida* (Carbondale, IL and Edwardsville, IL, 1969)

Gómara, Francisco López de, *see under* López de Gómara, Francisco

Gomez, Thomas, *L'Envers de l'Eldorado: Économie coloniale et travail indigène dans la Colombie du XVIème siècle* (Toulouse, 1984)

Góngora, Mario, 'Régimen señorial y rural en la Extremadura de la Orden de Santiago en el momento de la emigración a Indias', *Jahrbuch für Geschichte von Staat, Wirtschaft und Gesellschaft Lateinamerikas*, 2 (1965), pp. 1~29

Góngora, Mario, *Studies in the Colonial History of Spanish America* (Cambridge, 1975)

Gonzalbo Aizpuru, Pilar, *Historia de la educación en la época colonial. El mundo indígena* (Mexico City, 1990)

Gonzalbo Aizpuru, Pilar, *Historia de la educación en la época colonial. La educación de los criollos y la vida urbana* (Mexico City, 1990)

González de Cellorigo, Martín, *Memorial de la política necesaria y útil restauración a la república de España* (Valladolid, 1600)

González Sánchez, Carlos Alberto, *Los mundos del libro. Medios de difusión de la cultura occidental en las Indias de los siglos XVI y XVII* (Seville, 1999)

Gould, Eliga H., *The Persistence of Empire. British Political Culture in the Age of the American Revolution* (Chapel Hill, NC and London, 2000)

Gradie, Charlotte M., 'Spanish Jesuits in Virginia. The Mission that Failed', *The Virginia Magazine of History and Biography*, 96 (1988), pp. 131~56

Greenberg, Douglas, 'The Middle Colonies in Recent American Historiography', *WMQ*, 3rd ser., 36 (1979), pp. 396~427

Greenblatt, Stephen, *Marvelous Possessions. The Wonder of the New World* (Chicago, 1991)

Greene, Jack P., *The Quest for Power. The Lower Houses of Assembly in the Southern Royal Colonies, 1689~1776* (Chapel Hill, NC, 1963)

Greene, Jack P., 'The Seven Years' War and the American Revolution: the Causal Relationship Reconsidered', in Peter Marshall and Glyn Williams (eds), *The British Atlantic Empire Before the American Revolution* (London, 1980)

Greene, Jack P., *Peripheries and Center. Constitutional Development in the Extended Polities of the British Empire and the United States, 1607~1788* (Athens, GA and London, 1986)

Greene, Jack P., 'Changing Identity in the British Caribbean: Barbados as a Case Study', in Nicholas Canny and Anthony Pagden (eds), *Colonial Identity in the Atlantic World* (Princeton, 1987)

Greene, Jack P., *Pursuits of Happiness. The Social Development of Early Modern British Colonies and the Formation of American Culture* (Chapel Hill, NC and London, 1988)

Greene, Jack P., *Imperatives, Behaviors and Identities. Essays in Early American Cultural History* (Charlortesville, VA and London, 1992)

Greene, Jack P., Negotiated Authorities. Essays in Colonial Political and Constitutional History (Charlottesville, VA and London, 1994)
Greene, Jack P.,'"By Their Laws Shall Ye Know Them": Law and Identity in Colonial British America', *Journal of Interdisciplinary History*, 33 (2002), pp. 247~60
Greene, Jack P. and Pole, J.R. (eds), *Colonial British America. Essays in the New His tory of the Early Modern Era* (Baltimore and London, 1984)
Greene, Jack P. and Pole, J.R. (eds), *The Blackwell Encyclopaedia of the American Revolution* (Oxford, 1991)
Greene, Jack P., Mullett, Charles F., and Papenfuse, Edward C. (eds), *Magna Charta for America* (Philadelphia, 1986)
Greenfield, Amy Butler, *A Perfect Red. Empire, Espionage, and the Quest for the Color of Desire* (New York, 2005)
Greven, Philip J., *Four Generations. Population, Land and Family in Colonial Andover, Massachusetts* (lthaca, NY and London, 1970)
Griffin, Clive, *The Crombergers of Seville. The History of a Printing and Merchant Dynasty* (Oxford, 1988)
Griffiths, Nicholas, *The Cross and the Serpent. Religious Repression and Resurgence in Colonial Peru* (Norman, OK, and London, 1995)
Gross, Robert A., *The Minutemen and their World* (New York, 1981)
Gruzinski, Serge, 'La "segunda aculturación": el estado ilustrado y la religiosidad indlgena en Nueva España', *Estudios de historia novohispana*, 8 (1985), pp. 175~201
Gruzinski, Serge, *La Pensée métisse* (Paris, 1999)
Gruzinski, Serge, *Les Quatre Parties du monde. Histoire d'une mondialisation* (Paris, 2004)
Gruzinski, Serge, and Wachtel, Nathan (eds), *Le Nouveau Monde. Mondes nouveaux. L'Expérience américaine* (Paris, 1996)
Guerra, François-Xavier, *Modernidad e independencias. Ensayos sobre las revoluciones hispánicas* (Madrid, 1992)
Guilmartin, John F., 'The Cutting Edge: an Analysis of the Spanish Invasion and Overthrow of the Inca Empire, 1532~1539', in Kenneth J. Andrien and Rolena Adorno (eds), *Transatlantic Encounters. Europeans and Andeans in the Sixteenth Century* (Berkeley, Los Angeles, Oxford, 1991)
Guerin, L. D. (trans.), 'Shipwrecked Spaniards 1639. Grievances against Bermudans', *The Bermuda Historical Quarterly*, 18 (1961), pp. 13~28
Gutiérrez, Ramón A., *When jesus Came, the Corn Mothers Went Away. Marriage, Sexuality, and Power in New Mexico, 1500~1800* (Stanford, CA, 1991)
Guriérrez de Medina, Cristóbal, *Viaje del Virrey Marqués de Villena*, ed. Manuel Romero de Terreros (Mexico City, 1947)
Guy, Donna J., and Sheridan, Thomas E. (eds), *Contested Ground. Comparative Frontiers on the Northern and Southern Edges of the Spanish Empire* (Tucson, AZ, 1998)
Hagan, Kenneth J., and Roberts, William R. (eds), *Against All Enemies. Interpretations of American Military History from Colonial Times to the Present* (Greenwood Press,

Contributions to Military Studies, no. 51, New York, Wesrporr, CT and London, 1986)

Hakluyt, Richard, 'Discourse of Western Plaming' (1584) in E. G. R. Taylor, *The Original Writings and Correspondence of the Two Richard Hakluyts* (2 vols, Hakluyt Society, 2nd ser., vols 76~7, London, 1935) vol. 2, pp. 211~326

Hakluyr, Richard, *The Principall Navigations Voiages and Discoveries of the English Nation*, facsimile edn (2 vols, Hakluyr Society, Cambridge, 1965)

Hall, David D., *The Faithful Shepherd. A History of the New England Ministry in the Seventeenth Century* (Chapel Hill, NC, 1972)

Hall, David D., *Worlds of Wonder, Days of judgment. Popular Religious Beliefs in Early New England* (New York, 1989)

Hall, David D., Murrin, John M., and Tate, Thad W. (eds), *Saints and Revolutionaries. Essays on Early American History* (New York and London, 1984)

Hall, Michael Garibaldi, *Edward Randolph and the American Colonies, 1676~1703* (1960; New York, 1969)

Halperín Donghi, Tulio, *Politics and Society in Argentina in the Revolutionary Period* (Cambridge, 1975)

Hamilton, Earl J., *American Treasure and the Price Revolution in Spain, 1501~1650* (Cambridge, MA, 1934)

Hamilton, Earl J., *War and Prices in Spain, 1651~1800* (Cambridge, MA, 1947)

Hampe Martínez, Teodoro, *Don Pedro de la Gasca. Su obra política en España y América* (Lima, 1989)

Hampe Martínez, Teodoro, *Bibliotecas privadas en el mundo colonial* (Madrid, 1996)

Hancock, David, *Citizens of the World. London Merchants and the Integration of the British Atlantic Community, 1735~1785* (Cambridge, 1995)

Handlin, Oscar and Mary, 'Origins of the Southern Labor System', *WMQ*, 3rd ser., 7 (1950), pp. 199~222

Hanke, Lewis, *The Spanish Struggle for justice in the Conquest of America* (Philadelphia, 1949)

Hanke, Lewis, *Aristotle and the American Indians* (London, 1959)

Hanke, Lewis, *All Mankind is One* (DeKalb, IL, 1974)

Hanke, Lewis (ed.), *Do the Americas Have a Common History?* (New York, 1964)

Hanke, Lewis (ed.), *Los virreyes españoles en América durante el gobierno de la Casa de Austria. México* (BAE, vols 233~7, Madrid, 1967~8)

Hanke, Lewis (ed.), *Los virreyes españoles en América durante el gobierno de la Casa de Austria. Perú* (BAE vols 280~5, Madrid, 1978~80)

Haring, C. H., *The Spanish Empire in America* (New York, 1947)

Harley, C. Knick, 'Trade, Discovery, Mercantilism and Technology', in Roderick Floud and Paul Johnson (eds), *The Cambridge Economic History of Modern Britain* (Cambridge, 2004)

Harris, F. R., *The Life of Edward Mountague, K.G., First Earl of Sandwich, 1625~1672* (2 vols, London, 1912)

Harth-Terré, Emilio, and Márquez Abanto, Alberto, 'Perspectiva social y económica del

artesano virreinal en Lima', *Revista del Archivo Nacional del Perú*, 26 (1962), pp. 3~96
Hartz, Louis, *The Founding of New Societies* (New York, 1964)
Harvey, Robert, *Liberators. Latin America's Struggle for Independence, 1810~1830* (London, 2000)
Hatfield, April Lee, *Atlantic Virginia. Intercolonial Relations in the Seventeenth Century* (Philadelphia, 2004)
Headley, John M., 'The Habsburg World Empire and the Revival of Ghibellinism', in David Armitage (ed.), *Theories of Empire, 1450~1800* (Aldershot, 1998)
Helgerson, Richard, *Forms of Nationhood. The Elizabethan Writing of England* (Chicago and London, 1992)
Hennessy, Alistair, *The Frontier in Latin American History* (Albuquerque, NM, 1978)
Henretta, James, *'Salutary Neglect'. Colonial Administration Under the Duke of Newcastle* (Princeton, 1972)
Henretta, James A., Kammen, Michael, and Katz, Stanley N. (eds), *The Transformation of Early American Society* (New York, 1991)
Hermes, Katherine, '"Justice Will be Done Us". Algonquian Demands for Reciprocity in the Courts of European Settlers', in Christopher L. Tomlins and Bruce T. Mann (eds), *The Many Legalities of Early America* (Chapel Hill, NC and London, 2001)
Hernández González, Manuel, *Los canarios en la Venezuela colonial, 1670~1810* (Tenerife, 1999)
Hernández Palomo, José Jesús, *El aguardiente de caña en México* (Seville, 1974)
Hernández y Dávalos, Juan E. (ed.), *Colección de documentos para la independencia de México de 1808 a 1821*, 6 vols (Mexico City, 1877~82)
Herr, Richard, *The Eighteenth-Century Revolution in Spain* (Princeton, 1958)
Herzog, Tamar, *Defining Nations. Immigrants and Citizens in Early Modern Spain and Spanish America* (New Haven and London, 2003)
Hillgarth, J. N., *The Mirror of Spain, 1500~1700. The Formation of a Myth* (Ann Arbor, MI, 2000)
Himmerich y Valencia, Robert, *The Encomenderos of New Spain, 1521~1555* (Austin, TX, 1991)
Hinderaker, Eric, *Elusive Empires. Constructing Colonialism in the Ohio Valley, 1673~1800* (Cambridge, 1997)
Hinton, R. W., *The Eastland Trade and the Common Weal in the Seventeenth Century* (Cambridge, 1959)
Hirsch, Adam J., 'The Collision of Military Cultures in Seventeenth-Century New England', *The Journal of American History*, 74 (1988), pp. 1,187~212
Hoberman, Louisa Schell, *Mexico's Merchant Elite, 1590~1660. Silver, State and Society* (Durham, NC and London, 1991)
Hoberman, Louisa Schell, and Socolow, Susan Migden (eds), *Cities and Society in Colonial Latin America* (Albuquerque, NM, 1986)
Hodgen, T., *Early Anthropology in the Sixteenth and Seventeenth Centuries* (Philadelphia,

1964; repr. 1971)
Hoffer, Peter Charles, *Law and People in Colonial America* (Baltimore and London, 1992)
Hoffman, Paul E., *A New Andalucia and a Way to the Orient. The American Southeast During the Sixteenth Century* (Baton Rouge, LA and London, 1990)
Hoffman, Paul E., *Florida's Frontiers* (Bloomington, IN and Indianapolis, 2002)
Hoffman, Ronald, *Princes of Ireland, Planters of Maryland. A Carroll Saga, 1500~1782* (Chapel Hill, NC and London, 2000)
Hofstadter, Richard, *America at 1750. A Social Portrait* (1971; repr. New York, 1973)
Honour, Hugh, *The New Golden Land. European Images of America from the Discoveries to the Present Time* (New York, 1975)
Horn, James, *Adapting to a New World* (Chapel Hill, NC and London, 1994)
Hubbard, William, *General History of New England* (1680)
Huddleston, Lee Eldridge, *Origins of the American Indians. European Concepts, 1492~1729* (Austin, TX and London, 1967)
Humboldt, Alejandro de, *Ensayo político sobre el Reino de la Nueva España*, ed. Vito Alessio Robles (4 vols, Mexico City, 1941)
Hume, David, *Essays. Moral, Political and Literary* (Oxford, 1963)
Huyler, Jerome, *Locke in America. The Moral Philosophy of the Founding Era* (Lawrence, KS, 1995)
Imbruglia, Girolamo, *L'invenzione del Paraguay* (Naples, 1983)
Ingersoll, Thomas N., 'The Fear of Levelling in New England', in Carla Gardina Pestana and Sharon V. Salinger (eds), *Inequality in Early America* (Hanover NH and London, 1999)
Ingram, Martin, *Church Courts, Sex and Marriage in England, 1570~1640* (Cambridge, 1987)
Innes, Stephen, *Labor in a New Land. Economy and Society in Seventeenth-Century Springfield* (Princeton, NJ, 1983)
Isaac, Rhys, *The Transformation of Virginia, 1740~1790* (Chapel Hill, NC, 1982)
Isaac, Rhys, *Landon Carter's Uneasy Kingdom. Revolution and Rebellion on a Virginia Plantation* (Oxford, 2004)
Ishikawa, Chiyo (ed.), *Spain in the Age of Exploration* (Seattle Art Museum exhibition catalogue, 2004)
Israel, Jonathan, *Race, Class and Politics in Colonial Mexico, 1610~1670* (Oxford, 1975)
Israel, Jonathan, *Diasporas within a Diaspora. Jews, Crypto-Jews and the World Maritime Empires, 1540~1740* (Leiden, Boston, Cologne, 2002)
Izard, Miguel, *El miedo a la revolución. La Jucha por la libertad en Venezuela, 1777~1830* (Madrid, 1979)
Jackson, Robert H. (ed.), *New Views of Borderland History* (Albuquerque, NM, 1998)
Jacobs, Auke P., *Los movimientos entre Castilla e Hispanoamérica durante el reinado de Felipe III, 1598~1621* (Amsterdam, 1995)
Jara, Alvaro, *Guerre et société au Chili. Essai de sociologie coloniale* (Paris, 1961)
Jefferson, Thomas, *Notes on the State of Virginia*, ed. William Peden (Chapel Hill, NC and

London, 1982)
Jehlen, Myra, and Warner, Michael (eds), *The English Literatures of America, 1500~1800* (New York and London, 1997)
Jennings, Francis, *The Invasion of America* (Chapel Hill, NC, 1975)
Jennings, Francis, *The Ambiguous Iroquois Empire* (New York and London, 1984)
Jennings, Francis, *Empire of Fortune. Crown, Colonies and Tribes in the Seven Years War in America* (New York and London, 1988)
Jensen, Merrill, *The Articles of Confederation. An Interpretation of the Sociai-Constitutional History of the American Revolution, 1774~1781* (Madison, WI, 1940; repr. 1948)
Johnson, Cecil, *British West Florida, 1763~1783* (New Haven, 1943)
Johnson, Richard F., *Adjustment to Empire. The New England Colonies, 1675~1715* (Leicester, 1981)
Johnson, Richard R., 'The Imperial Webb', *WMQ*, 3rd ser., 43 (1986), pp. 408~59
Johnson, Richard R., '"Parliamentary Egotisms": the Clash of Legislatures in the Making of the American Revolution', *The Journal of American History*, 74 (1987), pp. 338~62
Jones, Maldwyn A., 'The Scotch-Irish in British America', in Bernard Bailyn and Philip D. Morgan (eds), *Strangers Within the Realm. Cultural Margins of the First British Empire* (Chapel Hill, NC and London, 1991)
Jordan, Winthrop D., *White Over Black. American Attitudes toward the Negro 1550~1812* (1968; Baltimore, 1969)
Juan, Jorge, and Ulloa, Antonio de, *Las 'Noticias secretas de América' de jorge juan y Antonio de Ulloa, 1735~1745*, ed. Luis J. Ramos Gómez (2 vols, Madrid, 1985)
Juderías, Julián, *La Leyenda Negra* (1914; 15th edn, Madrid, 1967)
Kagan, Richard L., *Lawsuits and Litigants in Castile, 1500~1700* (Chapel Hill, NC, 1981)
Kagan, Richard L., *Urban Images of the Hispanic World,1493~1793* (New Haven and London, 2000)
Kagan, Richard L., 'A World Without Walls: City and Town in Colonial Spanish America', in James D. Tracy (ed.), *City Walls. The Urban Enceinte in Global Perspective* (Cambridge, 2000)
Kagan, Richard L., and Parker, Geoffrey (eds), *Spain, Europe and the Atlantic World. Essays in Honour of John H. Elliott* (Cambridge, 1995)
Kammen, Michael, *Deputyes and Libertyes. The Origins of Representative Government in Colonial America* (New York, 1969)
Kammen, Michael, *Colonial New York. A History* (New York, 1975)
Kammen, Michael, 'The Problem of American Exceptionalism: a Reconsideration', *American Quarterly*, 45 (1993), pp. 1~43
Kammen, Michael (ed.), *The Past Before Us* (New York, 1980)
Kaplan, Y., Méchoulan, H., and Popkin, R.H. (eds), *Menasseh ben Israel and his World* (Leiden, 1989)
Katz, Stanley N., and Murrin, John M. (eds), *Colonial America. Essays in Politics and Social Development* (New York, 1983)

Karzew, Ilona, *Casta Painting. Images of Race in Eighteenth-Century Mexico* (New Haven and London, 2004)

Katzew, Ilona (ed.), *New World Orders. Casta Painting and Colonial Latin America* (Americas Society Art Gallery, New York, 1996)

Keith, Robert G., *Conquest and Agrarian Change. The Emergence of the Hacienda System on the Peruvian Coast* (Cambridge, MA and London, 1976)

Kelly, Kevin P., '"In dispers'd Country Plantations": Settlement Patterns in Seventeenth Century Surry County, Virginia', in Thad W. Tate and David L. Ammerman (eds), *The Chesapeake in the Seventeenth Century* (New York and London, 1979)

Keniston, Hayward, Francisco de Los Cobos. Secretary of the Emperor Charles V (Pittsburgh, 1960)

King, James F., 'The Colored Castes and the American Representation in the Cortes of Cadiz', *HAHR*, 33 (1953), pp. 33~64

Kingsbury, Susan Myra (ed.), *The Records of the Virginia Company of London* (4 vols, Washington, 1906~35)

Klein, Herbert S., *Slavery in the Americas. A Comparative Study of Virginia and Cuba* (Chicago, 1967)

Klein, Herbert S., *The American Finances of the Spanish Empire. Royal Income and Expenditures in Colonial Mexico, Peru, and Bolivia, 1680~1809* (Albuquerque, NM, 1998)

Klein, Herbert S., *A Population History of the United States* (Cambridge, 2004)

Klor de Alva, J. Jorge de, Nicholson, H. B., and Keber, Elise Quiñones (eds), *The Work of Bernardino de Sahagún. Pioneer Ethnographer of Sixteenth-Century Mexico* (Institute for Mesoamerican Studies, Albany, NY, 1988)

Knight, Alan, *Mexico. The Colonial Era* (Cambridge, 2002)

Kobayashi, José María, *La educación como conquista (empresa franciscana en México)* (Mexico City, 1974)

Koenigsberger, H. G., 'Composite States, Representative Institutions and the American Revolution', *Historical Research. The Bulletin of the Institute of Historical Research*, 62 (1989), pp. 135~53

Koenigsberger, H. G., *Monarchies, States Generals and Parliaments. The Netherlands in the Fifteenth and Sixteenth Centuries* (Cambridge, 2001)

Konetzke, Richard, 'Hernán Cortés como poblador de la Nueva España', *Estudios Cortesianos* (Instituto Gonzalo Fernández de Oviedo, Madrid, 1948)

Konetzke, Richard, 'La condición legal de los criollos y las causas de la independencia', *Estudios Americanos*, 2 (1950), pp. 31~54

Konetzke, Richard, *Colección de documentos para la historia de la formación social de Hispanoamérica 1493~1810* (3 vols, Madrid, 1953~62)

Konetzke, Richard, 'La legislación sobre inmigración de extranjeros en América durante el reinado de Carlos V', in *Charles-Quint et son temps* (Colloques Internationaux du Centre National de la Recherche Scientifique, Paris, 1959)

Konetzke, Richard, *América Latina. II. La época colonial* (Madrid, 1971)

Kornwolf, James D., Architecture and Town Planning in Colonial North America (3 vols, Baltimore and London, 2002)

Kramnick, Isaac, 'The "Great National Discussion": the Discourse of Politics in 1787', *WMQ*, 3rd ser., 45 (1988), pp. 3~32

Kuethe, Allan J., and Inglis, G. Douglas, 'Absolutism and Enlightened Reform: Charles III, the Establishment of the *Alcabala*, and Commercial Reorganization in Cuba', *Past and Present*, 109 (1985), pp. 118~43

Kulikoff, Allan, *Tobacco and Slaves. The Development of Southern Cultures in the Chesapeake, 1680~1800* (Chapel Hill, NC and London, 1986)

Kupperman, Karen Ordahl, *Settling with the Indians. The Meeting of English and Indian Cultures in America, 1580~1640* (Totowa, NJ, 1980)

Kupperman, Karen Ordahl, 'The Puzzle of the American Climate in the Early Colonial Period', *AHR*, 87 (1982), pp. 1,262~89

Kupperman, Karen Ordahl, *Providence Island, 1630~1641* (Cambridge, 1993)

Kupperman, Karen Ordahl, *Indians and English. Facing Off in Early America* (lthaca, NY and London, 2000)

Labaree, Leonard Woods, *Royal Government in America* (New Haven, 1930)

Labaree, Leonard Woods (ed.), *Royal Instructions to British Colonial Governors, 1670~1776* (New York, 1935)

Lafaye, Jacques, *Quetzalcoatl and Guadalupe. The Formation of Mexican National Consciousness, 1531~1813* (Chicago, 1976)

Lamb, Ursula, *Frey Nicolás de Ovando. Gobernador de las lndias, 1501~1509* (Madrid, 1956)

Landers, Jane, *Black Society in Spanish Florida* (Urbana, IL and Chicago, 1999)

Lang, James, *Conquest and Commerce. Spain and England in the Americas* (New York, San Francisco, London, 1975)

Langdon, George D. Jr., 'The Franchise and Political Democracy in Plymouth Colony', *WMQ*, 3rd ser., 20 (1963), pp. 513~26

Langford, Paul, *A Polite and Commercial People. England, 1727~1783* (Oxford, 1989)

Langley, Lester D., *The Americas in the Age of Revolution, 1750~1850* (New Haven and London, 1996)

Lanning, John Tate, *Academic Culture in the Spanish Colonies* (Oxford, 1940; repr. Port Washington and London, 1971)

Las Casas, Fray Bartolomé de, *Apologética historia sumaria*, ed. Edmundo O'Gorman (2 vols, Mexico City, 1967)

Las Casas, Fray Bartolomé de, *Tears of the Indians* (repr. Williamstown, MA, 1970)

Las Casas, Fray Bartolomé de, *A Short Account of the Destruction of the Indies*, trans. and ed. Nigel Griffin (Harmondsworth, 1992)

Lavallé, Bernard, *Las promesas ambiguas. Ensayos sobre el criollismo colonial en los Andes* (Lima, 1993)

Lavrín, Asunción (ed.), *Sexuality and Marriage in Colonial Latin America* (Lincoln, NA, and London, 1989)

Lee, Richard L., 'American Cochineal in European Commerce, 1526-1635', Journal of Modern History 23 (1951), pp. 205~24

Lee, Wayne E., 'Early American Warfare: a New Reconnaissance, 1600~1815', *Historical Journal*, 44 (2001), pp. 269~89

Lemon, James T., *The Best Poor Man's Country. A Geographical Study of Early Southeastern Pennsylvania* (Baltimore and London, 1972)

León Pinelo, Antonio de, *El Gran Canciller de Indias*, ed. Guillermo Lohmann Villena (Seville, 1953)

León Pinelo, Antonio de, Questión moral si el chocolate quebranta el ayuno eclesiástico (Madrid, 1636; facsimile edn, Mexico City, 1994)

Leonard, Irving, *Don Carlos de Sigüenza y Góngora. A Mexican Savant of the Seventeenth Century* (Berkeley, 1929)

Leonard, Irving A., *Books of the Brave* (1949; repr. Berkeley, Los Angeles, Oxford, 1992)

Leonard, Irving, *Baroque Times in Old Mexico* (Ann Arbor, MI, 1959)

Lepore, Jill, *The Name of War. King Philip's War and the Origins of American Identity* (New York, 1998)

Leturia, Pedro de, *Relaciones entre la Santa Sede e Hispanoamérica. 1. Época del Real Patronato, 1493~1800* (Caracas, 1959)

Levaggi, Abelardo, *Diplomacia hispano-indígena en las fronteras de América* (Madrid, 2002)

Levy, Barry, *Quakers and the American Family* (New York and Oxford, 1988)

Lewin, Boleslao, *La rebelión de Túpac Amaru y los orígenes de la independencia de Hispanoamérica* (3rd edn, Buenos Aires, 1967)

Lewin, Boleslao (ed.), *Descripción del virreinato del Perú* (Rosario, 1958)

Lewis, Clifford M., and Loomie, Albert J. (eds), *The Spanish Jesuit Mission in Virginia*, 1570~1572 (Chapel Hill, NC, 1953)

Liebman, Seymour B., *The Jews in New Spain* (Coral Gables, FL, 1970)

Ligon, Richard, *A True and Exact History of the Island of Barbadoes* (2nd edn, London, 1673)

Liss, Peggy K., *Atlantic Empires. The Network of Trade and Revolution, 1713~1826* (Baltimore and London, 1983)

Llombart, Vicent, *Campomanes, economista y polltico de Carlos III* (Madrid, 1992)

Lockhart, James, *Spanish Peru, 1532~1560. A Colonial Society* (Madison, WI, Milwaukee, WI and London, 1968)

Lockhart, James, *The Men of Cajamarca. A Social and Economic Study of the First Conquerors of Peru* (Austin, TX and London, 1972)

Lockhart, James, *The Nahuas After the Conquest* (Stanford, 1992)

Lockhart, James, *Of Things of the Indies. Essays Old and New in Early Latin American History* (Stanford, CA, 1999)

Lockhart, James (ed.), *We People Here. Nahuatl Accounts of the Conquest of Mexico* (Repertorium Columbianum, vol. 1, Berkeley, Los Angeles, London, 1993)

Lockhart, James, and Otte, Enrique (eds), *Letters and People of the Spanish Indies. The*

Sixteenth Century (Cambridge, 1976)
Lockhart, James, and Schwartz, Stuart B., *Early Latin America. A History of Spanish Colonial America and Brazil* (Cambridge, 1983)
Lockridge, Kenneth A., *A New England Town. The First Hundred Years. Dedham, Massachusetts, 1636~1736* (New York, 1970)
Lockridge, Kenneth A., *Literacy in Colonial New England* (New York, 1974)
Lockridge, Kenneth A., *The Diary and Life of William Byrd II of Virginia, 1674~1744* (Chapel Hill, NC and London, 1987)
Lohmann Villena, Guillermo, 'Las Cortes en Indias', *Anuario de Historia del Derecho Español*, 17 (1947), pp. 655~62
Lohmann Villena, Guillermo, *Los americanos en las ordenes nobiliarias* (2 vols, Madrid, 1947)
Lohmann Villena, Guillermo, *Las minas de Huancavelica en los siglos XVI y XVII* (Seville, 1949)
Lomax, D. W., *The Reconquest of Spain* (London and New York, 1978)
López de Gómara, Francisco, *The Pleasant Historie of the Conquest of the Weast India, now called New Spayne* (London, 1578)
López de Gómara, Francisco, *Primera parte de la historia general de las Indias* (*BAE*, vol. 22, Madrid, 1852)
López de Gómara, Francisco, *Cortés. The Life of the Conqueror by his Secretary*, trans. and ed. Lesley Byrd Simpson (Berkeley and Los Angeles, 1964)
López de Velasco, Juan, *Geografía y descripción universal de las Indias*, ed. Justo Zaragoza (Madrid, 1894)
López Piñero, J. M., *La introducción de la ciencia moderna en España* (Barcelona, 1969)
Losada, Angel, *Fray Bartolomé de Las Casas a la luz de la moderna crítica histórica* (Madrid, 1970)
Lovejoy, David S., *The Glorious Revolution in America* (New York, 1972)
Lovejoy, Paul E., and Rogers, Nicholas (eds), *Unfree Labour in the Development of the Atlantic World* (Ilford, 1994)
Lovell, Margaretta M., 'Painters and Their Customers: Aspects of Art and Money in Eighteenth-Century America', in Cary Carson, Ronald Hoffman and Peter J. Albert (eds), *Of Consuming Interests. The Style of Life in the Eighteenth Century* (Charlottesville, VA and London, 1994)
Lucas, Paul, V*alley of Discord. Church and Society along the Connecticut River, 1636~1725* (Hanover, NH, 1976)
Lucena Giraldo, Manuel, Laboratorio tropical. La expedición de límites al Orinoco, 1750~1767 (Caracas, 1993)
Lucena Giraldo, Manuel (ed.), *Premoniciones de la independencia de Iberoamérica* (Aranjuez and Madrid, 2003)
Lucena Giraldo, Manuel, and Pimentel Igea, Juan, *Los 'Axiomas políticos sobre la América' de Alejandro Malaspina* (Madrid, 1991)
Lucena Salmoral, Manuel, *La esclavitud en la América española* (Centro de Estudios

Latinoamericanos, University of Warsaw, Estudios y materiales, 22, Warsaw, 2002)
Lupher, David A., *Romans in a New World. Classical Models in Sixteenth-Century Spanish America* (Ann Arbor, MI, 2003)
Lustig, Mary Lou, *The Imperial Executive in America. Sir Edmund Andros, 1637~1714* (Madison, NJ, 2002)
Lydon, James (ed.), The English in Medieval freland (Dublin, 1984)
Lynch, John, *The Spanish American Revolutions, 1808~1825* (2nd edn, New York and London, 1973)
Lynch, John, *Bourbon Spain, 1700~1808* (Oxford, 1989)
Lynch, John, *Caudillos in Spanish America, 1800~1850* (Oxford, 1992)
Lynch, John, *The Hispanie World in Crisis and Change, 1598~1700* (Oxford, 1992)
Lynch, John, 'Spain's Imperial Memory', *Debate y Perspectivas. Cuadernos de Historia y Ciencias Sociales*, 2 (2002), pp. 47~73
Lynch, John (ed.), *Latin American Revolutions, 1808~1826* (Norman, OK, 1994)
McAlister, Lyle N., 'The Reorganization of the Army of New Spain, 1763~1766', *HAHR*, 33 (1953), pp. 1~32
McAlister, Lyle N., *The 'Fuero Militar' in New Spain, 1764~1800* (Gainesville, FA, 1957)
McAlister, Lyle N., 'Social Structure and Social Change in New Spain', *HAHR*, 43 (1963), pp. 349~70
MacCormack, Sabine, *Religion in the Andes. Vision and Imagination in Early Colonial Peru* (Princeton, 1991)
McCullough, David, *John Adams* (New York, London, 2001)
McCusker, John J., *Money and Exchange in Europe and America, 1600~1771. A Handbook* (London, 1978)
McCusker, John J., and Menard, Russell R., The Economy of British America, 1607~1789 (Chapel Hill, NC and London, 1985)
McFarlane, Anthony, *Colombia Before Independence. Economy, Society and Politics under Bourbon Rule* (Cambridge, 1993)
McFarlane, Anthony, *The British in the Americas, 1480~1815* (London and New York, 1994)
McFarlane, Anthony, 'Identity, Enlightenment and Political Dissent in Late Colonial Spanish America', *TRHS*, 6th ser., 8 (1998), pp. 309~35
McFarlane, Anthony, 'Hispanoamérica bajo el gobierno de los Borbones: desarrollo económico y crísis política', in José Manuel de Bernardo Ares (ed.), *El hispanismo anglonorteamericano* (Actas de la I Conferencia Internacional *Hacia un nuevo humanismo*, 2 vols, Córdoba, 2001)
Macías Márquez, Rosario 'La emigración española en el siglo XVIII a América', Rábida, 10 (1991), pp. 68~79
McKendrick, Neil, Brewer, John, and Plumb, J. H., *The Birth of a Consumer Society. The Commercialization of Eighteenth-Century England* (bloomington, 1982)
Mackesy, Piers, The War for America, 1775~1783 (London, 1964)
MacLachlan, Colin M., *Spain's Empire in the New World. The Role of Ideas in Institutional*

and Social Change (Berkeley, Los Angeles, London, 1988)
MacLeod, Murdo J., *Spanish Central America. A Socioeconomic History, 1520~1720* (Berkeley, 1973)
McMahon, Darrin, 'From the Happiness of Virtue to the Virrue of Happiness: 400 B.C.~A.D. 1780', *Daedalus* (Spring, 2004), pp. 5~17
McNeill, John Robert, *Atlantic Empires of France and Spain. Louisbourg and Havana, 1700~1763* (Chapel Hill, NC and London, 1985)
Madre de Dios, Efrén de la, and Steggink, O., *Tiempo y vida de Santa Teresa* (Madrid, 1968)
Maghalaes Godinho, Vitorino de, *A economia dos descobrimentos henriquinos* (Lisbon, 1962)
Maier, Pauline, From Resistance to Revolution. *Colonial Radicals and the Development of American Opposition to Britain, 1765~1776* (1971; repr. New York and London, 1992)
Maier, Pauline, 'The Transforming Impact of Independence Reaffirmed', in James A. Henretta, Michael Kammen and Stanley N. Katz (eds), *The Transformation of Early American Society* (New York, 1991)
Maier, Pauline, *American Scripture. Mak.ing the Declaration of Independence* (New York, 1997)
Main, Gloria L., *Tobacco Colony. Life in Early Maryland 1650~1720* (Princeton, 1982)
Malagón, Javier, and Ots Capdequi, José M., Solórzano y la política indiana (2nd edn, Mexico City, 1983)
Maltby, William S., *The Black Legend in England. The Development of Anti-Spanish Sentiment, 1558~1660* (Durham, NC, 1971)
Mancall, Peter C., *At the Edge of Empire. The Backcountry in British North America* (Baltimore and London, 2003)
Mancke, Elizabeth, and Shammas, Carole (eds), *The Creation of the British Atlantic World* (Baltimore, 2005)
Manzano, Juan, 'La visita de Ovando al Real Consejo de las Jndias y el código ovandino', in *El Consejo de las Indias* (Valladolid, 1970)
Maravall, José Antonio, *Utopía y reformismo en la España de los Austrias* (Madrid, 1982)
Marchena Fernández, Juan, 'The Social World of the Military in Peru and New Granada: the Colonial Oligarchies in Conflict', in John R. Fisher, Allan J. Kuethe and Anthony McFarlane (eds), *Reform and Insurrection in Bourbon New Granada and Peru* (Baton Rouge, LA and London, 1990)
Marchena Fernández, Juan, *Ejército y milicias en el mundo colonial americano* (Madrid, 1992)
Marichal, Carlos, *La bancarrota del virreinato. Nueva España y las finanzas del imperia español, 1780~1810* (Mexico City, 1999)
Marshall, P. J., 'Britain and the World in the Eighteenth Century: Il, Britons and Americans', *TRHS*, 9 (1999), pp. 1~16
Marshall, Peter and Williams, Glyn (eds), *The British Atlantic Empire Before the American*

Revolution (London, 1980)
Marston, Jerrilyn Greene, *King and Congress. The Transfer of Political Legitimacy, 1774~1776* (Princeton, 1987)
Martin, John Frederick, *Profits in the Wilderness* (Chapel Hill, NC and London, 1991)
Martin, Luis, *Daughters of the Conquistadores. Women of the Viceroyalty of Peru* (Dallas, 1983)
Martinell Gifre, Emma, *La comunicación entre españoles e indios: Palabras y gestos* (Madrid, 1992)
Martínez, José Luis, *Hernán Cortés* (Mexico City, 1990)
Martínez, José Luis (ed.), *Documentos cortesianos* (4 vols, Mexico City, 1990~2)
Martínez, María Elena, 'The Black Blood of New Spain: *Limpieza de Sangre*, Racial Violence, and Gendered Power in Early Colonial Mexico', *WMQ*, 3rd ser., 61 (2004), pp. 479~520
Martínez López-Cano, Ma. del Pilar (ed.), *Iglesia, estado y economia. Siglos XVI y XVII* (Mexico City, 1995)
Martínez Shaw, Carlos, and Alfonso Mola, Marina, *Felipe V* (Madrid, 2001)
Martínez Shaw, Carlos (ed.), *Sevilla siglo XVI. El corazón de las riquezas del mundo* (Madrid, 1993)
Marzahl, Peter, *Town in the Empire. Government, Politics and Society in Seventeenth Century Popayán* (Austin, TX, 1978)
Masur, Gerhard, *Simon Bolivar* (2nd edn, Albuquerque, NM, 1969)
Mather, Cotton, *A Christian at his Calling* (Boston, 1701)
Mather, Cotton, *Magnalia Christi Americana* (1702) (2 vols, repr. Edinburgh, 1979)
Mather, Cotton, *The Diary of Cotton Mather* (2 vols, Boston, 1911-12)
Matienzo, Juan de, *Gobierno del Perú* (1567), ed. Guillermo Lohmann Villena (Paris and Lima, 1967)
May, Henry F., *The Enlightenment in America* (Oxford, 1976)
Mayer, Alicia, *Dos americanos, dos pensamientos. Carlos de Sigüenza y Góngora y Cotton Mather* (Mexico City, 1998)
Maza, Francisco de la, *El guadalupanismo* (Mexico City, 1953)
Mazín, Oscar, *Entre dos majestades* (Zamora, Michoacán, 1987)
Mazín, Oscar, *L'Amérique espagnole, XVIe-XVIIIe siècles* (Paris, 2005)
Mazín Gómez, Oscar (ed.), *México en el mundo hispánico* (2 vols, Zamora, Michoacan, 2000)
Meek, Wilbur T., *The Exchange Media of Colonial Mexico* (New York, 1948)
Meinig, D. W., *The Shaping of America*, vol. 1, *Atlantic America, 1492~1800* (New Haven and London, 1986)
Melgar, José María, 'Puerto y puerta de las Indias', in Carlos Martínez Shaw (ed.), *Sevilla siglo XVI. El corazón de las riquezas del mundo* (Madrid, 1993)
Mena García, María del Carmen, *Pedrarias Dávila o 'la Ira de Dios'. Una historia olvidada* (Seville, 1992)
Merrell, James H., '"The Cusroms of Our Country". Indians and Colonises in Earl y

America', in Bernard Bailyn and Philip D. Morgan (eds), *Strangers Within the Rea/m. Cultural Margins of the First British Empire* (Chapel Hill, NC and London, 1991)
Mestre, Antonio, 'La acrirud religiosa de los carólicos ilusrrados', in Agustín Guimerá (ed.), *El reformismo borbónico. Una visión interdisciplinar* (Madrid, 1996)
Middlekauff, Robert, *The Mathers. Three Generations of Puritan lntellectuals, 1596~1728* (London, Oxford, New York, 1971)
Middleton, Richard, Colonial America. A History, 1585~1776 (2nd edn, Oxford, 1996)
Milhou, Alain, *Colón y su mentalidad mesiánica en el ambiente franciscanista español* (Valladolid, 1983)
Millar Corbacho, René, 'La inquisición de Lima y la circulación de libros prohibidos (1700~1800)', *Revista de Indias*, 44 (1984), pp. 415~44
Miller, Perry, *The New England Mind in the Seventeenth Century* (Cambridge, MA and London, 1939)
Miller, Perry, 'Errand into the Wilderness', *WMQ*, 3rd ser., 10 (1953), pp. 3~19. Repr. in *In Search of Early America. The William and Mary Quarterly 1943~1993* (Richmond, VA, 1993)
Miller, Perry, *Errand into the Wilderness* (Cambridge, MA, 1956)
Miller, Peter N., *Defining the Common Good. Empire, Religion and Philosophy in Eighteenth-Century Britain* (Cambridge, 1994)
Millones, Luis, *Una partecita del cielo* (Lima, 1993)
Millones, Luis, *Perú colonial. De Pizarro a Tupac Amaru II* (Lima, 1995)
Millones, Luis, *Dioses familiares* (Lima, 1999)
Mills, Kenneth, *Idolatry and its Enemies. Colonial Andean Religion and Extirpation, 1640~1750* (Princeton, 1997)
Minchom, Martin, The People of Quito, 1690~1810 (Boulder, CO, 1994)
Mínguez Cornelles, Victor, *Los reyes distantes. lmágenes del poder en el México virreinal* (Casrelló de la Plana, 1995)
Molinié-Benrand, Annie, *Au siècle d'or. L'Espagne et ses hommes* (Paris, 1985)
Moore, Dennis D. (ed.), *More Letters from the American Farmer. An Edition of the Essays in English Left Unpublished by Crèvecoeur* (Arhens, GA, and London, 1995)
Morales Padrón, Francisco, 'Descubrimienro y roma de posesión', *Anuario de Estudios Americanos*, 12 (1955), pp. 321~80
Morales Padrón, Francisco, *Historia general de América* (Manual de historia universal, vol. VI, Madrid, 1975)
Moraley, William, *The Infortunate* (1743), ed. Susan E. Klepp and Billy G. Smith (University Park, PA, 1992)
Morelli, Federica, 'La revolución en Quito: el camino hacia el gobierno mixto', *Revista de Indias*, 62 (2002), pp. 335~56
Moret, Michèle, *Aspects de la société marchande de Séville au début du XVIIe siècle* (Paris, 1967)
Morgan, Edmund S., *The Birth of the Republic, 1763~1789* (Chicago, 1956)
Morgan, Edmund S., Visible Saints. The History of a Puritan Idea (1963; repr. lrhaca, NY,

1971)
Morgan, Edmund S., *Roger Williams. The Church and the State* (1967; repr. New York, 1987)
Morgan, Edmund S., *American Slavery, American Freedom* (New York, 1975)
Morgan, Edmund S., *Benjamin Franklin* (New Haven and London, 2002)
Morgan, Edmund S., *The Genuine Article. A Historian Looks at Early America* (New York and London, 2004)
Morgan, Edmund S. and Helen M., *The Stamp Act Crisis. Prologue to Revolution* (1953; repr. New York, 1962)
Morgan, Philip D., 'British Encounters with Africans and African-Americans circa 1600~1780', in Bernard Bailyn and Philip D. Morgan (eds), *Strangers Within the Realm. Cultural Margins of the First British Empire* (Chapel Hill, NC and London, 1991)
Morgan, Philip D., *Slave Counterpoint. Black Culture in the Eighteenth-Century Chesapeake and Low Country* (Chapel Hill, NC and London, 1998)
Morineau, Michel, *Incroyables gazettes et fabuleux métaux. Les retours des trésors américains d'après les gazettes hollandaises, XVIe~XVIIIe siècles* (Cambridge and Paris, 1985)
Morison, Samuel Eliot (ed.), *Sources and Documents Illustrating the American Revolution, 1764~1788* (2nd edn, London, Oxford, New York, 1965)
Mörner, Magnus, *The Political and Economic Activities of the Jesuits in the La Plata Region. The Hapsburg Era* (Stockholm, 1953)
Mörner, Magnus, *Race Mixture in the History of Latin America* (Boston, 1967)
Mörner, Magnus, *La corona española y los foraneos en los pueblos de indios de América* (Stockholm, 1979)
Mörner, Magnus, 'Economic Factors and Stratification in Colonial Spanish America with Special Regard to Elites', *HAHR*, 63 (1983), pp. 335~69
Mörner, Magnus, *The Andean Past. Land, Societies and Conflicts* (New York, 1985)
Mörner, Magnus, 'Labour Systems and Patterns of Social Stratification', in Wolfgang Reinhard and Peter Waldmann (eds), *Nord und Süd in Amerika. Gegensätze - Gemeinsamkeiten - Europäischer Hintergrund* (Freiburg, 1992)
Morón, Guillermo *A History of Venezuela* (London, 1964)
Morris, Richard, Zoraida Vázquez, Josefina, and Trabulse, Elias, *Las revoluciones de independencia en México y los Estados Unidos. Un ensayo comparativo* (3 vols, Mexico City, 1976)
Morse, Richard, 'Toward a Theory of Spanish American Government', *Journal of the History of Ideas*, 15 (1954), pp. 71~93
Morse, Richard M., 'The Heritage of Latin America', in Louis Hartz, *The Founding of New Societies* (New York, 1964)
Morse, Richard M., 'A Prologomenon to Latin American Urban History', *HAHR*, 52 (1972), pp.359~94
Morse, Richard M., *El espejo de Próspero. Un estudio de la dialéctica del Nuevo Mundo*

(Mexico City, 1982)
Morton, Richard L., *Colonial Virginia* (2 vols, Chapet Hill, NC, 1960)
Morton, Thomas, *New English Canaan* (1632), in Peter Force, *Tracts and Other Papers Relating Principally to the Origin, Settlement and Progress of the Colonies in North America* (4 vols, Washington, 1836~46), vol. 2
Motolinía, Fray Toribio de Benavente, *Memoriales o libro de las cosas de la Nueva España y de los naturales de ella*, ed. Edmundo O'Gorman (Mexico City, 1971)
Moutoukias, Zacarias, *Contrabando y control colonial en el siglo XVII. Buenos Aires, el Atlántico y el espacio peruano* (Buenos Aires, 1988)
Mowat, C. L., *East Florida as a British Province, 1763~1784* (Berkeley and Los Angeles, 1943)
Moya Pons, Frank, *La Española en el siglo XVI, 1493~1520* (Santiago, Dominican Republic, 1978)
Mujica Pinilla, Ramón, Angeles apócrifos en la América virreinal (2nd edn, Lima, 1996)
Mujica Pinilla, Ramón, 'Santa Rosa de Lima y la política de la santidad americana', *in Perú indígena y virreinal* (Sociedad Estatal para la Acción Cultural Exterior, Madrid, 2004)
Muldoon, James, 'The Indian as Irishman', *Essex Institute Historical Collections*, 111 (1975), pp.267~89
Muldoon, James, *The Americas in the Spanish World Order. The Justification for Conquest in the Seventeenth Century* (Philadelphia, 1994)
Mundy, Barbara E., *The Mapping of New Spain* (Chicago and London, 1996)
Murra, John V., *Formaciones económicas y políticas del mundo andino* (Lima, 1975)
Murrin, John M., 'The Great Inversion, or Coure Versus Country: a Comparison of the Revolurionary Settlements in England (1688~1721) and America (1776~1816)', in J. G. A. Pocock (ed.), *Three British Revolutions: 1641, 1688, 1776* (Princeton, 1980)
Murrin, John M., 'Magisrrares, Sinners and a Precarious Liberty: Trial by Jury in SeventeenthCentury New England', in David D. Hall, John M. Murrin and Thad W. Tate, *Saints and Revolutionaries. Essays on Early American History* (New York and London, 1984)
Murrin, John M. 'English Rights as Ethnic Aggression: the English Conquest, the Charter of Liberties of 1683, and Leisler's Rebellion', in William Pencak and Conrad Edick Wright (eds), *Authority and Resistance in Early New York* (New York, 1988)
Nadal, Jordi, *La población española (Siglos XV a XX)* (2nd edn, Barcelona, 1984)
Nader, Helen (trans. and ed.), *The Book of Privileges Issued to Christopher Columbus by King Fernando and Queen Isabel 1492~1502* (Repenorium Columbianum, vol. 3, Berkeley, Los Angeles, Oxford, 1996)
Nash, Gary, *Quakers and Politics in Pennsylvania, 1681~1726* (Princeton, 1968)
Nash, Gary B., *The Urban Crucible. Social Change, Political Consciousness and the Origins of the American Revolution* (Cambridge, MA and London, 1979)
Nash, Gary B., *Race, Class and Politics. Essays on American Colonial and Revolutionary Society* (Urbana, IL and Chicago, 1986)

Nash, Gary B., 'The Hidden Hisrory of Mesrizo America' *The Journal of American History*, 82(1995),pp. 941~62

Nelson, William H., *The American Tory* (Westport, CT, 1961)

Nerrels, Cunis Purnam, *The Money Supply of the American Colonies before 1720* (University of Wisconsin Studies in the Social Sciences and History, no. 20, Madison, WI, 1934)

Newell, Margaret Ellen, 'The Changing Nature of Indian Slavery in New England, 1670~1720', in Colin G. Calloway and Neal Salisbury (eds), *Reinterpreting New England Indians and the Colonial Experience* (Boston, 2003)

Newson, Linda A., 'The Demographic Collapse of Native Peoples of the Americas, 1492~1650', in Warwick Bray (ed.), *The Meeting of Two Worlds. Europe and the Americas 1492~1650* (Proceedings of the British Academy, 81, Oxford, 1993)

Newton, A. P., *The European Nations in the West Indies, 1493~1688* (London, 1933; repr. 1966)

Nobles, Gregory, *American Frontiers. Cultural Encounters and Continental Conquest* (New York, 1997)

Norton, Mary Beth, *Founding Mothers and Fathers. Gendered Power and the Forming of American Society* (New York, 1997)

Norton, Mary Beth, *In the Devil's Snare. The Salem Witchcraft Crisis of 1692* (New York, 2002)

Núñez Cabeza de Vaca, Alvar, *Los naufragios*, ed. Enrique Pupo-Walker (Madrid, 1992)

Núñez Cabeza de Vaca, Alvar, *The Narrative of Cabeza de Vaca*, ed. and trans. Rolena Adorno and Pauick Charles Pautz (Lincoln, NE, 2003)

Núñez de Pineda y Bascuñán, Francisco, *Cautiverio feliz* (Santiago de Chile, 1863); abridged edn by Alejandro Lipschutz and Alvaro Jara (Santiago de Chile, 1973). Abridged English trans. by William C. Atkinson, *The Happy Captive* (Chatham, 1979)

O'Brien, Patrick K., and Prados de la Escosura, Leandro (eds), *The Costs and Benefits of European Imperialism from the Conquest of Ceuta, 1415, to the Treaty of Lusaka, 1974*, Twelfth International Economic History Congress, *Revista de Historia Económica*, 16 (1998)

O'Brien, Patrick Karl, and Prados de la Escosura, Leandro, 'The Costs and Benefirs for Europeans from their Empires Overseas', *Revista de Historia Económica*, 16 (1998), pp. 29~89

O'Callaghan, E. B., *The Documentary History of the State of New York* (4 vols, Albany, NY, 1850~1)

Offutt, William M., 'The Atlantic Rules: the Legalistic Turn in Colonial British America', in Elizabeth Mancke and Carole Shammas, *The Creation of the British Atlantic World* (Baltimore, 2005)

Olson, Alison, 'The British Government and Colonial Union, 1754', *WMQ*, 3rd ser., 17 (1960), pp.22~34

Olson, Alison Gilbert, *Anglo-American Politics, 1660~1775* (New York and Oxford, 1973)

Olson, Alison Gilbert, *Making the Empire Work. London and American Interest Groups,*

1690~1790 (Cambridge, MA, 1992)
Oltra, Joaquín, and Pérez Samper, Maria Ángeles, *El Conde de Aranda y los Estados Unidos* (Barcelona, 1987)
Operé, Fernando, *Historias de la frontera . El cautiverio en la América hispánica* (Buenos Aires, 2001)
O'Phelan Godoy, Scarlett, *Rebellion and Revolts in Eighteenth-Century Peru and Upper Peru* (Cologne, 1985)
O'Shaughnessy, Andrew J., *An Empire Divided. The American Revolution and the British Caribbean* (Philadelphia, 2000)
Otis, James, 'The Rights of the British Colonies Asserted and Proved', in Bernard Bailyn (ed.), *Pamphlets of the American Revolution, 1750~1776*, vol. 1, 1750~1765 (Cambridge, MA, 1965)
Ots Capdequi, J. M., El estado español en las Indias (3rd edn, Mexico City, 1957)
Otte, Enrique, *Las perlas del Caribe. Nueva Cádiz de Cubagua* (Caracas, 1977)
Otte, Enrique, *Cartas privadas de emigrantes a Indias, 1540~1616* (Seville, 1988)
The Oxford History of the British Empire, ed. Wm. Roger Louis (5 vols, Oxford, 1998)
Padrón, Ricardo, *The Spacious World. Cartography, Literature, and Empire* (Chicago, 2004)
Pagden, Anthony, *The Fait of Natural Man* (revised edn, Cambridge, 1986)
Pagden, Anthony, *Spanish Imperialism and the Political Imagination* (New Haven and London, 1990)
Pagden, Anthony, *The Uncertainties of Empire* (Aidershot, 1994)
Pagden, Anthony, *Lords of All the World. Ideologies of Empire in Spain, Britain and France c. 1500~c. 1800* (New Haven and London, 1995)
Paine, Thomas, *Common Sense*, ed. Isaac Kramnick (Harmondsworth, 1986)
Palacios Rubios, Juan López de, *De las islas del mar océano*, ed. S. Zavala and A. Millares Carlo (México and Buenos Aires, 1954)
Palm, Erwin Walter, *Los monumentos arquitectónicos de la Española* (2 vols, Ciudad Trujillo, 1955)
Palmer, Colin A., *Slaves of the White God. Blacks in Mexico, 1570~1650* (Cambridge, MA and London, 1976)
Palmer, R. R., *The Age of the Democratic Revolution*, 2 vols (Princeton, 1959~64)
Pané, Fray Ramón, *'Relación acerca de las Antigüedades de los Indios': El primer tratado escrito en América*, ed. José Juan Arrom (Mexico City, 1974). Eng. trans. by Susan C. Griswold, *An Account of the Antiquities of the Indians* (Durham, NC, 1999)
Paquerte, Gabriel, 'The lntellectual Context of British Diplomatie Recognition of the South American Republics, c. 1800~1830', *Journal of Transatlantic Studies*, 2 (2004), pp. 75~95
Parker, Geoffrey, *The Military Revolution* (Cambridge, 1988)
Parker, Geoffrey, *Empire, War and Faith in Early Modern Europe* (London, 1001)
Parker, John, *Books to Build an Empire* (Amsterdam, 1965)
Parry, J. H., *The Sale of Public Office in the Spanish Indies under the Hapsburgs* (Berkeley

and Los Angeles, 1953)
Paz, Octavio, *Sor Juana Inés de la Cruz* (3rd edn, Mexico City, 1985)
Pedro, Valentín de, *América en las letras españolas del siglo de oro* (Buenos Aires, 1954)
Peña, José F. de la, *Oligarquía y propiedad en Nueva España 1550~1624* (Mexico City, 1983)
Pencak, William, and Wright, Conrad Edick (eds), *Authority and Resistance in Early New York* (New York, 1988)
Pereña Vicente, Luciano, *La Universidad de Salamanca, forja del pensamiento político español en el siglo XVI* (Salamanca, 1954)
Pérez, Joseph, *Los movimientos precursores de la emancipación en Hispanoamérica* (Madrid, 1977)
Pérez, Joseph, *Histoire de l'Espagne* (Paris, 1996)
Pérez de Tudela, Juan, *Las armadas de Indias y los orígenes de la política de colonización, 1492~1505* (Madrid, 1956)
Pérez Prendes, José Manuel, *La monarquía indiana y el estado de derecho* (Valencia, 1989)
Pérez-Mallaína, Pablo E., *Spain's Men of the Sea. Daily Life on the Indies Fleets in the Sixteenth Century*, trans. Carla Rahn Phillips (Baltimore and London, 1998)
Perissac, Karine, 'Los incas representados (Lima-siglo XVIII): ¿supervivencia o renacimiento?', *Revista de Indias*, 60 (2000), pp. 623~49
Perú indígena y virreinal (Sociedad Estatal para la Acción Cultural Exrerior, Madrid, 2004)
Pesrana, Carla Gardina, *The English Atlantic in an Age of Revolution, 1640~1661* (Cambridge, MA, 2004)
Pestana, Carla Gardina, and Salinger, Sharon V. (eds), *Inequality in Early America* (Hanover, NH, and London, 1999)
Peterson, Mark A., 'Puritanism and Refinement in Early New England: Reflections on Communion Silver', *WMQ*, 3rd ser., 58 (2001), p. 307~46
Phelan, John Leddy, *The Kingdom of Quito in the Seventeenth Century* (Madison, WI, Milwaukee, WI, London, 1967)
Phelan, John Leddy, *The Millennial Kingdom of the Franciscans in the New World* (2nd edn, Berkeley and Los Angeles, 1970)
Phelan, John Leddy, *The People and the King. The Comunero Revolution in Colombia, 1781* (Madison, WI, 1978)
Phillips, Carla Rahn, *Life at Sea in the Sixteenth Century. The Landlubber's Lament of Eugenio de Salazar* (The James Ford Bell Lectures, no. 24, University of Minnesota, 1987)
Phillips, J. R. S., *The Medieval Expansion of Europe* (Oxford, 1988)
Phipps, Elena, Hecht, Johanna, and Esteras Martín, Cristina (eds), *The Colonial Andes. Tapestries and Silverwork, 1530~1830* (Metropolitan Museum of Art, New York, 2004)
Pieper, Renate, 'The Volume of African and American Exports of Precious Metals and

its Effects in Europe, 1500~1800', in Hans Pohl (ed.), *The European Discovery of the World and its Economic Effects on Pre-Industrial Society* (Papers of the Tenth International Economic History Congress, *Vierteljahrschrift für Sozial und Wirtschaftsgeschichte*, Beihefre, no. 89, Stuttgart, 1990), pp. 97~117

Pierce, Donna (ed.), *Painting a New World. Mexican Art and Life, 1521~1821* (Denver Arr Museum, 2004)

Pierschmann, Horst, *El estado y su evolución al principio de la colonización española de América* (Mexico City, 1989)

Pietschmann, Horst, *Las reformas borbónicas y el sistema de intendencias en Nueva España* (Mexico City, 1996)

Pietschmann, Horst (ed.), *Atlantic History and the Atlantic System* (Gôttingen, 2002)

Pike, Ruth, *Enterprise and Adventure. The Genoese in Seville and the Opening of the New World* (lthaca, NY, 1966)

Pimentel, Juan, *La física de la Monarquía. Ciencia y política en el pensamiento colonial de Alejandro Malaspina, 1754~1810* (Aranjuez, 1998)

Pinya i Homs, Romà, *La debatuda exclusió catalano-aragonesa de la conquesta d'Amèrica* (Barcelona, 1992)

Plane, Ann Marie, *Colonial Intimacies. Indian Marriage in Early New England* (lrhaca, NY and London, 2000)

Plumstead, A. W. (ed.), *The Wall and the Garden. Selected Massachusetts Election Sermons, 1670~1775* (Minneapolis, 1968)

Pocock, J. G. A., *Virtue, Commerce, and History* (Cambridge, 1985)

Pocock, J. G. A. (ed.), *The Political Works of James Harrington* (Cambridge, 1979)

Pocock, J. G. A. (ed.), *Three British Revolutions: 1641, 1688, 1776* (Princeton, 1980)

Pohl, Hans (ed.), *The European Discovery of the World and its Economic Effects on PreIndustrial Society* (Papers of the Tenth International Economic History Congress, *Vierteljahrschrift für Sozial und Wirtschaftsgeschichte*, Beihefte, no. 89, Stuttgart, 1990)

Pole, J. R., *Political Representation in England and the Origins of the American Republic* (1966; Berkeley, Los Angeles, London, 1971)

Pole, J. R., 'The Politics of the Word "State" and its Relation to American Sovereignty', *Parliaments, Estates and Representation*, 8 (1988), pp. 1~10

Ponce Leiva, Pilar, *Certezas ante la incertidumbre. Élite y cabildo de Quito en el siglo XVII* (Quito, 1998)

Poole, Stafford, *Juan de Ovando. Governing the Spanish Empire in the Reign of Philip II* (Norman, OK, 2004)

Popkin, Richard H., 'The Rise and Fall of the Jewish Indian Theory', in Y. Kaplan, H. Méchoulan and R. H. Popkin (eds), *Menasseh ben Israel and his World* (Leiden, 1989)

Porteous, John, *Coins in History* (London, 1969)

Porter, H. C., *The Inconstant Savage* (London, 1979)

Powell, Philip Wayne, *Soldiers, Indians and Silver. The Northwest Advance of New Spain,*

1550~1600 (Berkeley, 1952)

Pownall, Thomas, *A Translation of the Memorial of the Sovereigns of Europe Upon the Present State of Affairs Between the Old and New World* (London, 1781)

Prados de la Escosura, Leandro, and Amaral, Samuel (eds), *La independencia americana. Consecuencias económicas* (Madrid, 1993)

Prestwich, Menna (ed.), *International Calvinism, 1541~1715* (Oxford, 1985)

Price, Jacob M., 'Economic Function and the Growth of American Port Towns in the Eighteenth Century', *Perspectives in American History*, 8 (1974), pp. 123~86

Price, Jacob M., 'Who Cared about the Colonies? The Impact of the Thirteen Colonies on British Society and Politics, circa 1714~1775', in Bernard Bailyn and Philip D. Morgan (eds), *Strangers Within the Realm. Cultural Margins of the First British Empire* (Chapel Hill, NC and London, 1991)

Priestley, Herbert Ingram, *José de Gálvez, Visitor-General of New Spain, 1765~1771* (Berkeley, 1916)

Puente Brunke, José de la, *Encomienda y encomenderos en el Perú* (Seville, 1992)

Quinn, David Beers, *The Elizabethans and the Irish* (Ithaca, NY, 1966)

Quinn, David Beers, *England and the Discovery of America, 1481~1620* (London, 1974)

Quinn, David Beers, *Set Fair for Roanoke. Voyages and Colonies, 1584~1606* (Chapel Hill, NC and London, 1985)

Quinn, David Beers (ed.), *The Voyages and Colonizing Enterprises of Sir Humphrey Gilbert* (Hakluyt Society, 2nd ser., vols 83~4, London, 1940)

Quinn, David Beers (ed.), *The Roanoke Voyages* (2 vols, Hakluyt Society, 2nd ser., vols 104~5, London, 1955)

Quinn, David Beers and Alison M. (eds), *The New England Voyages 1602~1608* (Hakluyt Society, 2nd ser., vol. 161, London, 1983)

Quitt, Martin H., 'Trade and Acculturation at Jamestown, 1607~1609: the Limits of Understanding', *WMQ*, 3rd ser., 52 (1995), pp. 227~58

Rabb, Theodore K., *Enterprise and Empire* (Cambridge, MA, 1967)

Ramos, Demetrio, 'Las Cortes de Cádiz y América', *Revista de Estudios Políticos*, 126 (1962), pp. 433~634

Ramos, Demetrio, 'El problema de la fundación del Real Consejo de las Indias y la fecha de su creación', in *El Consejo de las Indias en el siglo XVI* (Valladolid, 1970)

Recopilación de leyes de los reynos de las Indias (facsimile of 1791 edn, 3 vols, Madrid, 1998)

Reeves, Marjorie, *The Influence of Prophecy in the Later Middle Ages. A Study in Joachimism* (Oxford, 1969)

Reid, John G., *Acadia, Maine and New England. Marginal Colonies in the Seventeenth Century* (Toronto, Buffalo, NY and London, 1981)

Reid, John Phillip, *In a Defiant Stance* (University Park, Pennsylvania, and London, 1977)

Reinhard, Wolfgang, and Waldmann, Peter (eds), *Nord und Süd in Amerika: Gegensätze - Gemeinsamkeiten- Europäischer Hintergrund* (Freiburg, 1992)

Reps, John W., *Tidewater Towns. City Planning in Colonial Virginia and Maryland*

(Williamsburg, VA, 1972)
Ricard, Robert, *La 'Conquête spirituelle' du Mexique* (Paris, 1933)
Richter, Daniel K., *Facing East from Indian Country. A Native History of Early America* (Cambridge, MA, and London, 2001)
Rink, Oliver A., *Holland on the Hudson. An Economic and Social History of Dutch New York* (lthaca, NY and London, 1986)
Ritchie, Robert C., *The Duke's Province. A Study of New York Politics and Society, 1664~1691* (Chapel Hill, NC, 1977)
Robbins, Caroline, *The Eighteenth-Century Commonwealthman* (Cambridgc, MA, 1959)
Robertson, John, 'Union, Srare and Empire: the Union of 1707 in irs European Setting', in Lawrence Stone (ed.), *An Imperial State at War. Britain from 1689 to 1815* (London, 1994)
Robertson, John, 'Empire and Union', in David Armitage (ed.), *Theories of Empire, 1450~1800* (Aldershot, 1998)
Rodríguez, Laura, *Reforma e Ilustración en la España del siglo XVIII: Pedro R. Campomanes* (Madrid, 1975)
Rodríguez, Mario, *'William Burke' and Francisco de Miranda. The Word and the Deed in Spanish America's Emancipation* (Lanham, MD, New York and London, 1994)
Rodríguez Cruz, Águeda Ma., *La universidad en la América hispánica* (Madrid, 1992)
Rodríguez Moya, Inmaculada, La mirada del virrey. lconografía del poder en la Nueva España (Casrelló de la Plana, 2003)
Rodríguez O., Jaime E., *The Independence of Spanish America* (Cambridge, 1998)
Rodríguez O., Jaime E., 'Las elecciones a las cortes constituyentes mexicanas', in Louis Cardaillac and Angélica Peregrina (eds), *Ensayos en homenaje a José María Muriá* (Zapopan, 2002)
Rodríguez O., Jaime E., 'La naturaleza de la represenración en Nueva España y México', *Secuencia*, 61 (2005), pp. 7~32
Rodríguez Salgado, María José, 'Patriotismo y politica exterior en la España de Carlos V y Felipe II', in Felipe Ruiz Martín (ed.), *La proyección europea de la monarquía espannola* (Madrid, 1996)
Romano, Ruggiero, *Conjonctures opposées. La 'Crise' du XVIIe siècle en Europe et en Amérique ibérique* (Geneva, 1992)
Rosenblat, Angel, *La población indígena y el mestizaje en América* (2 vols, Buenos Aires, 1954)
Rossirer, Clinton, *1787. The Grand Convention* (1966; New York, 1987)
Rountree, Helen C., *Pocahontas's People. The Powhatan Indians of Virginia Through Four Centuries* (Norman, OK, and London, 1990)
Roux, Jean Claude, 'De los límites a la fronrera: o los malenrendidos de la geopolítica amazónica', *Revista de Indias*, 61 (2001), pp. 513~39
Rowlandson, Mary, *The Sovereignty and Goodness of Cod* (1682)
Roys, Ralph, *The Indian Background of Colonial Yucatán* (1943; repr. Norman, OK, 1972)

Rubio Mañé, José Ignacio, *Introducción al estudio de los virreyes de la Nueva España, 1535~1746* (3 vols, Mexico City, 1955)

Ruiz Martín, Felipe (ed.), *La proyección europea de la monarquía española* (Madrid, 1996)

Russell, Peter, *Prince Henry 'the Navigator'. A Life* (New Haven and London, 2000)

Rurman, Darren B., *Winthrop's Boston. Portrait of a Puritan Town, 1630~1649* (Chapel Hill, NC, 1965)

Rurman, Darren B. and Anita H., *A Place in Time. Middlesex County, Virginia 1650~1750* (New York and London, 1984)

Sahagún, Fray Bernardino de, *Historia general de las cosas de Nueva España*, ed. Angel María Garibay K. (2nd edn, 4 vols, Mexico City, 1969)

Sahlins, Peter, *Boundaries. The Making of France and Spain in the Pyrenees* (Berkeley, Los Angeles, Oxford, 1989)

St George, Robert Blair (ed.), *Possible Pasts. Becoming Colonial in Early America* (Ithaca, NY and London, 2000)

Salas, Alberto Mario, *Las armas de la conquista* (Buenos Aires, 1950)

Salas, Alberto Mario, *Crónica florida del mestizaje de las Indias* (Buenos Aires, 1960)

Salinas y Córdova, Fray Bonaventura de, *Memorial de las historias del nuevo mundo Piru* (1630; ed. Luis E. Valcárcel, Lima, 1957)

Salvucci, Richard J., *Textiles and Capitalism in Mexico. An Economic History of the Obrajes, 1539~1840* (Princeton, 1987)

Sánchez Rubio, Rocío, and Testón Núñez, Isabel, *El hilo que une: Las relaciones epistolares en el viejo y el nuevo mundo, siglos XVI~XVIII* (Mérida, 1999)

Sánchez-Agesta, Luis, 'El "poderío real absoluto" en el resramento de 1554' , in *Carlos V. Homenaje de la Universidad de Granada* (Granada, 1958)

Sánchez-Bella, Ismael, *La organización financiera de las Indias. Siglo XVI* (Seville, 1968)

Sánchez Bella, Ismael, *Iglesia y estado en la América española* (Pamplona, 1990)

Sánchez-Bella, Ismael, 'Las reformas en Indias del Secretario de Estado José de Gálvez (1776~1787)', in Feliciano Barrios Pintado (cd.), *Derecho y administración pública en las Indias hispánicas* (2 vols, Cuenca, 2002)

Sandoval, Alonso de, *Un tratado sobre la esclavitud*, ed. Enriqueta Vila Vilar (Madrid, 1987)

Sarabia Viejo, Ma. Justina, *Don Luis de Velasco, virrey de Nueva España*, 1550~1564 (Seville, 1978)

Sauer, Carl Ortwin, *The Early Spanish Main* (Cambridge, 1966)

Schäfer, Ernesto, *El Consejo real y supremo de las Indias* (2 vols, Seville, 1935~47)

Schmidt, Benjamin, 'Mapping an Empire: Cartographic and Colonial Rivalry in Seventeenth Century Dutch and English North America', *WMQ*, 3rd ser., 54 (1997), pp. 549~78

Scholes, France V., 'The Spanish Conqueror as a Business Man: a Chapter in the History of Fernando Cortés', *New Mexico Quarterly*, 28 (1958), pp. 5~29

Schumpeter, Joseph A., *History of Economic Analysis* (1954; 6th printing, London, 1967)

Schurz, William Lytle, *The Manila Galleon* (1939; repr. New York, 1959)
Schwartz, Stuart B., 'New World Nobility: Social Aspirations and Mobility in the Conquest and Colonization of Spanish America', in Miriam Usher Chrisman (cd.), *Social Groups and Religious Ideas in the Sixteenth Century* (Studies in Medieval Culture, XIII, The Medieval Institute, Western Michigan University, Kalamazoo, MI, 1978)
Schwartz, Stuart B., *Sugar Plantations in the Formation of Brazilian Society. Bahia, 1550~1835* (Cambridge, 1985)
Scott, Jonathan, 'What Were Commonwealth Principles?', *Historical Journal*, 47 (2004), pp. 591~613
Seed, Patricia, *To Love, Honor, and Obey in Colonial Mexico* (Stanford, 1988)
Seed, Patricia, 'Taking Possession and Reading Texts: Establishing the Authority of Overseas Empires', *WMQ*, 3rd ser., 49 (1992), pp. 183~209
Seed, Patricia, 'American Law, Hispanic Traces: Sorne Contemporary Entanglements of Community Property', *WMQ*, 3rd ser., 52 (1995), pp. 157~62
Seed, Patricia, *Ceremonies of Possession in Europe's Conquest of the New World, 1492~1640* (Cambridge, 1995)
Seed, Patricia, *American Pentimento. The Invention of Indians and the Pursuit of Riches* (Minneapolis and London, 2001)
Seiler, William H., 'The Anglican Parish in Virginia', in James Morton Smith (ed.), *Seventeenth-Century America. Essays in Colonial History* (Chapel Hill, NC, 1959)
Sepúlveda, Juan Ginés de, *Democrates segundo o de las justas causas de la guerra contra los indios*, ed. Angel Losada (Madrid, 1951)
Serrano y Sanz, Manuel, *Orígenes de la dominación española en América* (Madrid, 1918)
Serulnikov, Sergio, *Subverting Colonial Authority. Challenges to Spanish Rule in the Eighteenth-Century Southern Andes* (Durham, NC and London, 2003)
Service, Elman R., *Spanish-Guaraní Relations in Early Colonial Paraguay* (1954; repr. Westport, CT, 1971)
Sewall, Samuel, *The Diary of Samuel Sewall, 1674~1729*, ed. M. Halsey (2 vols, New York, 1973)
Shammas, Carole, 'English Commercial Development and American Colonization 1560~1620', in K. R. Andrews, N. P. Canny and P. E. H. Hair (eds), *The Westward Enterprise* (Liverpool, 1978)
Shammas, Carole, 'English-Born and Creole Elites in Turn-of-the-Century Virginia', in Thad W. Tate and David L. Ammerman (eds), *The Chesapeake in the Seventeenth Century* (New York and London, 1979)
Shammas, Carole, 'Anglo-American Household Government in Comparative Perspective', *WMQ*, 3rd ser., 52 (1995), pp. 104~44
Shammas, Carole, *A History of Household Government in America* (Charlortesville, VA and London, 2002)
Sheridan, Richard B., 'The Domestic Economy', in Jack P. Greene and J. R. Pole (eds), *Colonial British America. Essays in the New History of the Early Modern Era* (Baltimore and London, 1984)

Shy, John, *Toward Lexington. The Role of the British Army in the Coming of the American Revolution* (Princeton, 1965)

Shy, John, 'Armed Force in Colonial North America: New Spain, New France, and AngloAmerica', in Kenneth J. Hagan and William R. Roberts (eds), *Against All Enemies. Interpretations of American Military History from Colonial Times to the Present* (Greenwood Press, *Contributions in Military Studies*, no. 51, New York, Westport, CT and London, 1986)

Shy, John, *A People Numerous and Armed* (revised edn, Ann Arbor, MI, 1990)

Las Siete Partidas del Sabio Rey Don Alonso el nono (Salamanca, 1555, facsimile edn, 3 vols, Madrid, 1985)

Los siglos de oro en los virreinatos de América, 1550~1700 (Sociedad Estatal, Madrid, 1999)

Sigüenza y Góngora, Carlos de, *Theatro de virtudes políticas* (1680; repr. in his *Obras históricas*, ed. José Rojas Garcidueñas, Mexico City, 1983)

Sigüenza y Góngora, Carlos de, *Relaciones históricas* (4th edn, Mexico City, 1987)

Silva Prada, Natalia, 'Estrategias culturales en el tumulto de 1692 en la ciudad de México: aportes para la reconstrucción de la historia de la cultura política antigua', *Historia Mexicana*, 209 (2003), pp. 5~63

Silverblatt, Irene, 'The Inca's Witches: Gender and the Cultural Work of Colonization in Seventeenth-Century Peru', in St George, Robert Blair (ed.), *Possible Pasts. Becoming Colonial in Early America* (Ithaca, NY and London, 2000)

Silverman, David J., 'Indians, Missionaries, and Religious Translation: Creating Wampanoag Christianity in Seventeenth-Century Martha's Vineyard', *WMQ*, 3rd ser., 62 (2005), pp. 141~74

Silverman, Kenneth, *A Cultural History of the American Revolution* (New York, 1976)

Simpson, Lesley Byrd, *The Encomienda in New Spain* (Berkeley and Los Angeles, 1950)

Simpson, Lesley Byrd (trans. and ed.), *The Laws of Burgos of 1512~1513* (San Francisco, 1960)

Skinner, Quentin, *The Foundations of Modern Political Thought* (2 vols, Cambridge, 1978)

Slotkin, Richard, *Regeneration through Violence. The Mythology of the American Frontier, 1600~1860* (Middletown, CT, 1973)

Smith, Adam, *The Wealth of Nations*, ed. Edwin Cannan (2 vols, 6th edn, London, 1950)

Smith, Billy G., *Down and Out in Early America* (University Park, PA, 2004)

Smith, James Morton (ed.), *Seventeenth-Century America. Essays in Colonial History* (Chapel Hill, NC, 1959)

Smith, Captain John, *The Complete Works of Captain John Smith*, ed. Philip L. Barbour (3 vols, Chapel Hill, NC and London, 1986)

Smith, Mark M., 'Culture, Commerce and Calendar Reform in Colonial America', *WMQ*, 3rd ser., 55 (1998), pp. 557~84

Smith, Paul H., 'The American Loyalists: Notes on their Organization and Strength', *WMQ*, 3rd ser., 25 (1968), pp. 259~77

Smith, Robert Sidney, *The Spanish Guild Merchant* (Durham, NC, 1940)
Smith, Robert Sidney, 'Sales Taxes in New Spain, 1575~1770', *HAHR*, 28 (1948), pp. 2~37
Smits, David D., '"Abominable Mixture": Toward the Repudiation of Anglo-Indian Intermarriage in Seventeemh-Century Virginia', *The Virginia Magazine of History and Biography*, 95 (1987), pp. 157~92
Smits, David D., '"We are not to Grow Wild": Seventeenrh-Century New England's Repudiation of Anglo-Indian Intermarriage', *American Indian Culture and Research Journal*, 11 (1987), pp. 1~32
Sobel, Mechal, *The World They Made Together. Black and White Values in Eighteenth-Century Virginia* (Princeton, NJ, 1987)
Socolow, S. M., 'Spanish Captives in Indian Societies: Cultural Contacts Along the Argentine Frontier', *HAHR*, 72 (1992), pp. 73~99
Solano, Francisco de (ed.), *Cuestionarios para la formación de las relaciones geográficas de Indias, siglos XVI/XIX* (Madrid, 1988)
Solano, Francisco de, *Ciudades hispanoamericanas y pueblos de indios* (Madrid, 1990)
Solano, Francisco de, and Bernabeu, Salvador (eds), *Estudios (nuevos y viejos) sobre la frontera* (Madrid, 1991)
Solórzano Pereira [y Pereyra], Juan de, *Obras varias posthumas* (Madrid, 1776)
Solórzano y Pereyra, Juan de, *Política Indiana* (5 vols, *BAE*, 252~6, Madrid, 1959~72)
Solow, Barbara L. (ed.), *Slavery and the Rise of the Atlantic System* (Cambridge, 1991)
Sosin, Jack M., *Whitehall and the Wilderness. The Middle West in British Colonial Policy, 1760~1775* (Lincoln, NE, 1961)
Sosin, J. M., *English America and the Restoration Monarchy of Charles II* (Lincoln, NE and London, 1980)
Sosin, J. M, *English America and the Revolution of 1688* (Lincoln, NA and London, 1982)
Sota Ríus, José de la, 'Spanish Science and Enlightenment Expeditions', in Chiyo Ishikawa (ed.), *Spain in the Age of Exploration* (Seattle Art Museum, 2004)
Spalding, Karen, *Huarochirí. An Andean Society under Inca and Spanish Rule* (Stanford, CA, 1984)
Spalding, Karen (ed.), *Essays in the Political, Economic and Social History of Colonial Latin America* (Newark, DE, 1982)
Spate, O. H. K., *Monopolists and Freebooters* (Minneapolis, 1983)
Speck, W. A. 'The International and Imperial Context', in Jack P. Greene and J. R. Pole (eds) *Colonial British America. Essays in the New History of the Colonial Era* (Baltimore and London, 1984)
Spicer, Edward H., *Cycles of Conquest* (Tucson, AZ, 1962)
Steele, Colin, *English Interpreters of the Iberian New World from Purchas to Stevens, 1603~1726* (Oxford, 1975)
Steele, Ian K., *Politics of Colonial Policy. The Board of Trade in Colonial Administration, 1696~1720* (Oxford, 1968)
Steele, Ian K., *The English Atlantic, 1675~1740* (Oxford, 1986)
Steele, Ian K., *Warpaths. Invasions of North America* (Oxford, 1994)

Stern, Stanley J., and Stein, Barbara H., *Silver, Trade and War. Spain and America in the Making of Early Modern Europe* (Baltimore and London, 2000)

Stein, Stanley J. and Stein, Barbara H., *Apogee of Empire. Spain and New Spain in the Age of Charles III, 1759~1789* (Baltimore and London, 2003)

Stella, Aldo, *La rivoluzione contadina del 1525 e l'Utopia di Michael Gaismayr* (Padua, 1975)

Stern, Steve J. (ed.), *Resistance, Rebellion, and Consâousness in the Andean Peasant World. 18th to 20th Centuries* (Madison, WI, 1987)

Stewart, George R., *Names on the Land. A Historical Account of Place-Naming in the United States* (New York, 1945; repr. 1954)

Stone, Lawrence (ed.), *An Imperial State at War. Britain from 1689 to 1815* (London, 1994)

Strachey, William, *The Historie of Travell into Virginia Britania* (1612), ed. Louis B. Wright and Virginia Freund (Hakluyt Society, 2nd ser., vol. 103, London, 1953)

Strong, Roy, *Gloriana. The Portraits of Queen Elizabeth I* (London, 1987)

Studnicki-Gizbert, Daviken, 'From Agents to Consulado: Commercial Networks in Colonial Mexico, 1520~1590 and Beyond', *Anuario de Estudios Americanos*, 57 (2000), pp. 41~68

Suárez, Margarita, *Comercio y fraude en el Perú colonial. Las estrategias mercantiles de un banquero* (Lima, 1995)

Suárez, Margarita, *Desafíos transatlánticos. Mercaderes, banqueros y el estado en el Perú virreinal*, 1600~1700 (Lima, 2001)

Suárez Roca, José Luis, *Lingüística misionera española* (Oviedo, 1992)

Super, John C., *Food, Conquest, and Colonization in Sixteenth-Century Spanish America* (Albuquerque, NM, 1988)

Sweeney, Kevin M., 'High-Style Vernacular. Lifestyles of the Colonial Elite', in Cary Carson, Ronald Hoffman and Peter J. Albert (eds), *Of Consuming Interests. The Style of Life in the Eighteenth Century* (Charlottesville, VA and London, 1994)

Sweet, David G., and Nash, Gary B. (eds), *Struggle and Survival in Colonial America* (Berkeley, Los Angeles and London, 1981)

Syme, Ronald, *Colonial Elites. Rome, Spain and the Americas* (Oxford, 1958)

Tannenbaum, *Frank, Slave and Citizen. The Negro in the Americas* (New York, 1964)

Tate, Thad W., and Ammerman, David L. (eds), *The Chesapeake in the Seventeenth Century* (New York and London, 1979)

Taylor, Alan, *American Colonies. The Settlement of North America to 1800* (London, 2001)

Taylor, E. G. R., *The Original Writings and Correspondence of the Two Richard Hakluyts* (2 vols, Hakluyt Society, 2nd ser., vols 76~7, London, 1935)

Taylor, William B., *Landlord and Peasant in Colonial Oaxaca* (Stanford, CA, 1972)

Taylor, William B., *Drinking, Homicide and Rebellion in Colonial Mexican Villages* (Stanford, CA, 1979)

Taylor, William B., *Magistrates of the Sacred. Priests and Parishioners in Eighteenth-Century Mexico* (Stanford, CA, 1996)

TePaske, John J., *The Governorship of Spanish Florida, 1700~1763* (Durham, NC, 1964)
TePaske, John J. and Herbert S. Klein, 'The Seventeenth-Century Crisis in New Spain: Myth or Realiry?', *Past and Present*, 90 (1981), pp. 116~35
TePaske, John J., 'The Fiscal Structure of Upper Peru and the Financing of Empire', in Karen Spalding (ed.), *Essays in the Political, Economic and Social History of Colonial Latin America* (Newark, DE, 1982)
Thomas, Sir Dalby, *An Historical Account of the Rise and Growth of the West-India Collonies* (London, 1690)
Thomas, Hugh, *Cuba, or the Pursuit of Freedom* (London, 1971)
Thomas, Hugh, *The Conquest of Mexico* (London, 1993)
Thomas, Hugh, *The Slave Trade. The History of the Atlantic Slave Trade 1440~1870* (New York and London, 1997)
Thomas, Hugh, *Rivers of Gold. The Rise of the Spanish Empire* (London, 2003)
Thomas, P. D., *British Politics and the Stamp Act Crisis. The First Phase of the American Revolution, 1763~1767* (Oxford, 1975)
Thomas, P. D., *The Townshend Duties Crisis. The Second Phase of the American Revolution, 1767~1773* (Oxford, 1987)
Tibesar, Antonine, 'The Alternative: a Study in Spanish-Creole Relations in Seventeenrh Century Peru', *The Americas*, 11 (1955), pp. 229~83
Tomlins, Christopher L., and Mann, Bruce T., *The Many Legalities of Early America* (Chapel Hill, NC and London, 2001)
Tooley, Marian J., 'Bodin and the Medieval Theory of Climate', *Speculum*, 28 (1983), pp. 64~83
Tracy, James D. (ed.), *The Rise of Merchant Empires. Long-Distance Trade in the Early Modern World, 1350~1750* (Cambridge, 1990)
Tracy, James D. (ed.), *City Walls. The Urban Enceinte in Global Perspective* (Cambridge, 2000)
Tucker, Robert W., and Hendrickson, David C., *The Fall of the First British Empire. Origins of the War of American Independence* (Baltimore and London, 1982)
Tucker, Robert W., and Hendrickson, David C., *Empire of Liberty. The Statecraft of Thomas Jefferson* (Oxford, 1992)
Tully, Alan, *Forming American Politics. Ideals, Interests and Institutions in Colonial New York and Pennsylvania* (Baltimore and London, 1994)
Turner, Frederick Jackson, 'The Significance of the Frontier in American History' (1893 lecture to the American Historical Association), reprinted in *Frontier and Section: Selected Essays of Frederick Jackson Turner* (Englewood Cliffs, NJ, 1961)
Twinam, Ann, 'Honor, Sexualiry and Illegitimacy in Colonial Spanish America', in Asunción Lavrín (ed.), *Sexuality and Marriage in Colonial Latin America* (Lincoln, NE and London, 1989)
Twinam, Ann, *Public Lives, Private Secrets. Gender, Honor, Sexuality and Illegitimacy in Colonial Spanish America* (Stanford, CA, 1999)
Uztáriz, Gerónimo de, *Theorica y práctica de comercio y de marina* (Madrid, 1724)

Val Julián, Carmen, 'La toponomía conquistadora', *Relaciones* (El Colegio de Michoacán), 70 (1997), pp. 41~61
Val Julián, Carmen, 'Entre la realidad y el deseo. La toponomía del descubrimiento en Colóny Cortés', in Oscar Mazín Gómez (ed.), México y el mundo hispánico (2 vols, Zamora, Michoacán, 2000)
Valcárcel, Carlos Daniel, 'Concepto de la historia en los "Comentarios reales" y en la "Historia general del Perú"', in *Nuevos estudios sobre el Inca Garcilaso de la Vega* (Lima, 1955)
Valenzuela Márquez, Jaime, 'La recepción pública de una autoridad colonial: modelo peninsular, referente virreinal y reproducción periférica (Santiago de Chile, siglo XVII)', in Oscar Mazín Gómez (ed.), *México y el mundo hispánico* (2 vols, Zamora, Michoacán, 2000)
Van Young, Eric, 'Islands in the Storm: Quiet Cities and Violent Countrysides in the Mexican Independence Era', *Past and Present*, 118 (1988), pp. 130~55
Van Young, Eric, *La crisis del orden colonial* (Madrid, 1992)
Vargas Machuca, Bernardo, *Refutación de Las Casas* (ed., Paris, 1913)
Varón Gabai, Rafael, *Francisco Pizarro and his Brothers* (Norman, OK, and London, 1997)
Vas Mingo, Milagros del, *Las capitulaciones de Indias en el siglo XVI* (Madrid, 1986)
Vaughan, Alden T., 'Blacks in Virginia: a Note on the First Decade', *WMQ*, 3rd ser., 29 (1972), pp. 469~78.
Vaughan, Alden, *American Genesis. Captain John Smith and the Founding of Virginia* (Boston and Toronto, 1975)
Vaughan, Alden T., *New England Frontier. Puritans and Indians 1620~1675* (1965; 3rd edn, Norman, OK and London, 1995)
Vázquez de Espinosa, Antonio, *Compendio y descripción de las Indias Occidentales*, transcribed by Charles Upson Clark (Washington, 1948)
Véliz, Claudio, *The New World of the Gothic Fox. Culture and Economy in British and Spanish America* (Berkeley, Los Angeles and London, 1994)
Venturi, Franco, *Utopia and Reform in the Enlightenment* (Cambridge, 1971)
Verlinden, Charles, *The Beginnings of Modern Colonization* (Ithaca, NY and London, 1970)
Vickers, Daniel, 'Competency and Competition: Economic Culture in Early America', *WMQ*, 3rd ser., 47 (1990), pp. 3~29.
Vila Vilar, Enriqueta, *Hispano-America y el comercio de esclavos* (Seville, 1977)
Vila Vilar, Enriqueta, *Los Corzo y los Mañara. Tipos y arquetipos del mercader con América* (Seville, 1991)
Vila Vilar, Enriqueta, 'El poder del Consulado y los hombres del comercio en el siglo XVII', in Enriqueta Vila Vilar and Allan J. Kuethe (eds), Relaciones del poder y comercio colonial. Nuevas perspectivas (Seville, 1999)
Vila Vilar, Enriqueta, and Kuethe, Allan J. (eds), *Relaciones del poder y comercio colonial. Nuevas perspectivas* (Seville, 1999)

Vila Vilar, Enriqueta, and Lohmann Villena, Guillermo, *Familia, linajes y negocios entre Sevilla y las Indias. Los Almonte* (Madrid, 2003)

Villalobos R., Sergio, 'Tres siglos y medio de vida fronteriza chilena', in Francisco de Solano and Salvador Bernabeu (eds), *Estudios (nuevos y viejos) sobre la frontera* (Madrid, 1991)

Villamarín, Juan A. and Judith E., *Indian Labor in Mainland Colonial Spanish America* (Newark, DE, 1975)

Villamarín, Juan A. and Judith E., 'The Concept of Nobility in Colonial Santa Fe de Bogotá', in Karen Spalding (ed.), *Essays in the Political, Economic and Social History of Colonial Latin America* (Newark, DE, 1982)

Vinson III, Ben, *Bearing Arms for His Majesty. The Free Colored Militia in Colonial Mexico* (Stanford, CA, 2001)

Vitoria, Francisco de, *Political Writings* , ed. Anthony Pagden and Jeremy Lawrance (Cambridge, 1991)

Vorhees, David William, 'The "Fervent Zeale" of Jacob Leisler', *WMQ*, 3rd ser., 51 (1994), pp. 447~72

Wagner, Henry R., *The Rise of Fernando Cortés* (Los Angeles, 1944)

Walker, Charles F., *Smouldering Ashes. Cuzco and the Creation of Republican Peru, 1780~1840* (Durham, NC and London, 1999)

Walker, Geoffrey J., *Spanish Politics and Imperial Trade, 1700~1789* (London, 1979)

Walsh, James P., 'Holy Time and Sacred Space in Puritan New England', *American Quarterly*, 32 (1980), pp. 79~95

Walsh, Lorena S., '"Till Death Us Do Part": Marriage and Family in Seventeenth-Century Maryland', in Thad W. Tate and David L. Ammerman (eds), *The Chesapeake in the Seventeenth Century* (New York and London, 1979)

Ward, Ned, *A Trip to New England* (1699), repr. in Myra Jehlen and Michael Warner (eds), *The English Literatures of America, 1500~1800* (New York and London, 1997)

Warman, Arturo, *La danza de moros y cristianos* (Mexico City, 1972)

Warman, Arturo, *La historia de un bastardo: maíz y capitalismo* (Mexico City, 1988)

Warren, Fintan B., *Vasco de Quiroga and his Pueblo-Hospitals of Santa Fe* (Washington, 1963)

Washburn, Wilcomb E., *The Governor and the Rebel. A History of Bacon's Rebellion in Virginia* (Chapel Hill, NC, 1957)

Washburn, Wilcomb E., *Red Man's Land/White Man's Law. A Study of the Past and Present Status of the American Indian* (New York, 1971)

Washburn, Wilcomb E., *The Indian in America* (New York, 1975)

Washington, George, The Writings of George Washington, ed. John C. Firzpatrick, vol 5 (Washington, 1932)

Watts, David, *The West Indies. Patterns of Development, Culture and Environmental Change since 1492* (Cambridge, 1987)

Watts, Steven, *The Republic Reborn. War and the Making of Liberal America, 1790~1820* (Baltimore and London, 1987)

Webb, Stephen Saunders, *The Governors-General. The English Army and the Definition of the Empire, 1569~1681* (Chapel Hill, NC, 1979)

Webb, Stephen Saunders, *1676. The End of American Independence* (New York, 1984)

Weber, David J., *The Mexican Frontier, 1821~1846* (Albuquerque, NM, 1982)

Weber, David J., 'Turner, the Boltonians and the Borderlands', *AHR*, 91 (1986), pp. 66~81

Weber, David J., *The Spanish Frontier in North America* (New Haven and London, 1992)

Weber, David J., 'Bourbons and Bárbaros', in Christine Daniels and Michael N. Kennedy (eds), *Negotiated Empires. Centers and Peripheries in the Americas, 1500~1820* (London, 2002)

Webster, C. K., *Britain and the Independence of Latin America, 1812~1830* (2 vols, London, New York, Toronto, 1938)

Wertenbaker, Thomas J., *Torchbearer of the Revolution. The Story of Bacon's Rebellion and its Leader* (Princeton, NJ, 1940)

Whitaker, Arthur P., *The Western Hemisphere Idea. Its Rise and Decline* (Ithaca, NY, 1954)

Whitaker, Arthur P. (ed.), *Latin America and the Enlightenment* (2nd edn, lthaca, NY, 1961)

White, Morton, *Philosophy, the Federalist, and the Constitution* (New York and Oxford, 1987)

White, Richard, *The Middle Ground. Indians, Empires, and Republics in the Great Lakes Region, 1650~1815* (Cambridge, 1991)

Wickman, Patricia R, 'The Spanish Colonial Floridas', in Robert H. Jackson (ed.), *New Views of Borderland History* (Albuquerque, NM, 1998)

Williams, G.H., *The Radical Reformation* (London, 1962)

Williams, Roger, *The Complete Writings of Roger Williams* (Providence, RI, 1866)

Wills, Garry, *Inventing America. Jefferson's Declaration of Independence* (1978; London, 1980)

Wilson, Charles, *Profit and Power* (London, 1957)

Wilson, Kathleen, *The Sense of the People. Politics, Culture and Imperialism in England, 1715~1785* (Cambridge, 1995)

Wilson, Samuel M., 'The Cultural Mosaic of the Indigenous Caribbean', in Warwick Bray (ed.), *The Meeting of Two Worlds. Europe and the Americas 1492~1650* (Proceedings of the British Academy, 81, Oxford, 1993)

Winthrop, John, *The Journal of John Winthrop 1630~1649*, ed. Richard S. Dunn, James Savage and Laetitia Yeandle (Cambridge, MA, and London, 1996).

Wood, Gordon S., 'A Note on Mobs in the American Revolution', *WMQ*, 3rd ser., 23 (1966), pp.635~42

Wood, Gordon S., 'Conspiracy and the Paranoid Style: Causality and Deceit in the Eighteenth Century', *WMQ*, 3rd ser., 39 (1982), pp. 401~41

Wood, Gordon S., *The Creation of the American Republic, 1776~1787* (Chapel Hill, NC, 1969; repr. 1998)

Wood, Gordon S., *The Radicalism of the American Revolution* (New York, 1992; repr. 1993)

Wood, Gordon S., *The American Revolution. A History* (London, 2003)
Wood, William, *New England's Prospect*, ed. Alden T. Vaughan (Amherst, MA, 1977)
Worden, Blair, *The Sound of Virtue* (New Haven and London, 1996)
Wright, J. Leitch Jr., *Anglo-Spanish Rivalry in North America* (Athens, GA, 1971)
Wright, Louis B., *The First Gentlemen of Virginia. Intellectual Qualities of the Early Colonial Ruling Class* (San Marino, CA, 1940)
Wright, Louis B., *The Cultural Life of the British Colonies, 1607~1763* (New York, 1957)
Wrigley, E. A., *People, Cities and Wealth* (Oxford, 1987)
Wuffarden, Luis Eduardo, 'La ciudad y sus emblemas: imagenes del criollismo en el virreinato del Perú', in *Los siglos de oro en los virreinatos de América, 1550~1700* (Sociedad Estatal, Madrid, 1999)
Wyatt-Brown, Bertram, *Southern Honor. Ethics and Behavior in the Old South* (New York, 1982)
Youings, Joyce, 'Raleigh's Country and the Sea', *Proceedings of the British Academy*, 75 (1989), pp. 267~90
Youlton, John W. (cd.), *John Locke. Problems and Perspectives* (Cambridge, 1969)
Yun-Casalilla, Bartolomé, 'The American Empire and the Spanish Economy: an Institutional and Regional Perspective', *Revista de Historia Económica*, 16 (1996), pp. 123~56
Yun-Casalilla, Bartolomé, *Marte contra Minerva: El precio del imperio español, c. 1450~1600* (Barcelona, 2004)
Zahadieh, Nuala, 'The Merchants of Port Royal, Jamaica, and the Spanish Contraband Trade, 1655~1692', *WMQ*, 3rd ser., 43 (1986), pp. 570~93
Zakai, Avihu, *Exile and Kingdom. History and Apocalypse in the Puritan Migration to America* (Cambridge, 1992)
Zaldumbide, Gonzalo, *Fray Gaspar de Villarroel. Siglo XVII* (Puebla, 1960)
Zárate, Agustín de, *The Discovery and Conquest of Peru*, trans. and ed. J. M. Cohen (Harmondsworrh, 1968)
Zavala, Silvio, *Ensayos sobre la colonización española en América* (Buenos Aires, 1944)
Zavala, Silvio, *Estudios indianos* (Mexico City, 1948)
Zavala, Silvio, La encomienda mexicana (1935; 2nd edn, Mexico City, 1973)
Zavala, Silvio, *Sir Thomas More in New Spain. A Utopian Adventure of the Renaissance* (*Diamante* III, The Hispanic and Luso-Brazilian Councils, London, 1955)
Zorita, Alonso de, *The Lords of New Spain*, trans. and ed. Benjamin Keen (London, 1963)
Zuckerman, Michael, 'Identity in British America: Unease in Eden', in Nicholas Canny and Anthony Pagden (eds), *Colonial Identity in the Atlantic World, 1500~1800* (Princeton, 1987)
Zúñiga, Jean-Paul, *Espagnols d'outre-mer. Émigration, métissage et reproduction sociale à Santiago du Chili, au 17e siècle* (Paris, 2002)

찾아보기

【ㄷ】

【ㄹ】

【ㅁ】

【ㅂ】

【ㅅ】

【ㅇ】

【ㅈ】

【ㅊ】

【ㅋ】

【ㅌ】

【ㅍ】

【ㅎ】